경찰학개론

배철효 · 박동균 · 배재경 · 김용현 · 박용수
지음

도서출판 대영문화사

머리말

모두 다 휴식과 평온을 추구하는 깊은 밤에도 새벽을 기다리는 파수꾼을 기억한다. 파수꾼은 이 사회를 지키는 든든한 버팀목이다. 많은 인재들이 앞다투어 파수꾼이 되고자 노력한다. 국민에게 친숙하게 봉사하며 자기를 희생하는 파수꾼의 역할을 이 시대는 요구하고 있다.

다른 사람들의 안전과 번영을 위하여 자기의 구차함과 피곤함을 이겨내는 그 아름다움을 기억하며 현 시대의 파수꾼이 되고자 노력하는 분들에게 좋은 지침서를 만들고자 노력하였다. 지금의 경찰은 이 사회를 지키는 파수꾼이라 생각한다.

양들에게는 목자가 꼭 필요하듯이 이 책은 경찰공무원이 되기 위하여 노력하는 학생들에게 꼭 필요한 교과서가 되도록 만들었다. 이 교과서를 통하여 좋은 결실을 많이 맺기를 기대한다.

학문적 체계가 날로 발전하는 '경찰학' 과목은 2001년 공개채용시험에 채택된 이후에 많은 좋은 교과서들이 만들어졌다. 이러한 기본 이론을 이해하고 암기할 수 있도록, 경찰대학에서 발간한 『경찰학개론』, 『비교경찰학』, 『한국경찰사』를 기본 근간으로 경찰실무 전서와 경찰 관련 서적을 참고로 하여 꼭 필요하다고 생각되는 부분을 빠짐없이 정리하였다.

이 책은 총 7편으로 이루어져 있는데, 제1편에는 경찰학의 학문적 기초, 제2편에는 경찰찰학, 제3편에는 경찰사학, 제4편에는 경찰행정법,

제5편에는 경찰관리, 제6편에는 경찰통제와 과제, 제7편에는 경찰학 각론으로 구성하였다.

대학에서 경찰학을 체계적으로 배우기를 원하는 학생, 경찰에 투신하고자 하는 예비경찰관, 승진시험을 준비하는 경찰관, 경찰간부후보생에게 이 책이 도움이 되기를 바란다.

끝으로 어려운 출판계의 환경에도 불구하고 이 책을 흔쾌히 출간하여 주신 대영문화사 임춘환 사장님과 임직원에게 감사의 말씀을 전해드린다.

2007년 1월
저자 일동

차 례

PART_Ⅱ 경찰철학

PART_Ⅲ 경찰사학

PART_V 경찰관리

제1편
경찰학의 학문적 기초

제 1 장 경찰의 개념

제 1 절 개 설

1 경찰의 개념

1) 경찰의 의의

경찰이란 공공의 안녕과 질서를 유지하기 위한 조직체로서, 주권자인 시민을 위하여 명령·강제 등 권력적 수단이나 수사 권한을 동원하여 법을 집행하거나 서비스를 통하여 적극적으로 봉사하는 임무를 수행하는 조직을 말한다.

경찰의 개념은 역사성을 띠고 있으며 국가마다 고유한 전통과 사상이 반영된 것이어서 일률적으로 정의하기가 어렵다. 그럼에도 불구하고 경찰 개념의 정립이 필요한 이유는 이를 통하여 경찰의 정체성을 확보하고, 경찰 구성원들에게 경찰의 존재 목적과 역할을 인식시켜 정당한 직무 수행을 가능하게 하고, 경찰의 미래 방향을 설정할 수 있기 때문이다.

2) 경찰의 출현

최초의 공식화된 경찰 활동의 형태는 고대 중국, 이집트, 그리스, 로마에서 볼 수 있다.

원시 사회에서의 경찰 활동은 개인이 자신의 생명과 재산을 지키기 위한 자위적 활동에서 시작된 것이지만, 사회가 발전함에 따라 개인이 경계·경비를 하는 것보다는 국가가 이러한 임무를 전문적으로 수행하는 것이 효과적이라고 여겨졌기 때문에, 경찰이라는 조직체가 생기게 되었다.

중세 유럽의 자유도시에서는 행정 당국자들이 안전과 보안 책임을 맡고 있었으며 조직화된 경찰력은 없었다. 중세 이후 출현된 유럽 대륙의 국가들은 정부 당국자들을 위하여 경찰 제도를 발전시켰다.

경찰은 어떠한 과정을 거쳐 탄생하였으며, 역사 속에서 어떠한 존재로 어떠한 역할을 수행해 왔는지를 고찰해 봄으로써, 오늘날의 경찰의 존재 이유와 목적, 그리고 미래의 나갈 방향을 설정해 볼 수 있다.

2 형식적 의미의 경찰과 실질적 의미의 경찰

1) 형식적 의미의 경찰

(1) 개념

① 실정법상(정부조직법, 경찰법 등) 보통경찰기관에 분배되어 있는 임무를 달성하기 위하여 행하여지는 경찰 활동을 의미한다.

② 형식적 의미의 경찰 범위는 각국의 전통이나 현실적 환경에 따라 다르다.

③ 형식적 의미의 경찰과 실질적 의미의 경찰은 반드시 일치하는 것은 아니다.

④ 역사적·제도적으로 발전해 온 개념이다.

(2) 형식적 의미의 경찰 중에서 실질적 의미의 경찰작용으로 볼 수 없는 것

① 정보경찰 활동이나 보안(대공)경찰 활동

② 범죄 수사 등 사법경찰 활동

③ 서비스 활동 등

2) 실질적 의미의 경찰 개념

(1) 개념

① 사회 공공의 안녕과 질서를 유지하기 위하여 일반통치권[1]에 의거해

서 일반 국민에게 명령·강제하는 권력적 작용을 의미한다.

② 경찰의 개념을 행정조직의 일부로서가 아니고, 작용을 중심으로 파악한 것이다.

③ 이론적·학문적으로 발전해 온 개념이다.

(2) 일반행정기관의 행정작용이면서도 실질적 의미의 경찰작용에 속하는 것

① 건축 허가와 같은 건축경찰 활동

② 유흥주점의 허가와 같은 위생(영업)경찰 활동

③ 산림경찰

④ 경제경찰 등

[표 1-1-1] 형식적 의미의 경찰과 실질적 의미의 경찰 비교[2)]

구분	형식적 의미의 경찰	실질적 의미의 경찰
개 념	(1) 실정법상 보통경찰기관에 분배되어 있는 임무를 달성하기 위하여 행하여지는 경찰 활동 (2) 실정법(제도)적 의미의 경찰, 조직 중심 (⇒ 법적 권한) 경직법 §2에 규정된 경찰관의 직무 범위	(1) 사회 공공의 안녕과 질서를 유지하기 위하여 일반통치권에 근거하여 국민에게 명령·강제하는 권력적 작용 (2) 학문 이론적 의미의 경찰, 작용(성질·활동) 중심
사 례	정보·보안(대공) 활동(정보경찰), 수사 활동(사법경찰), 서비스 활동(방범지도, 순찰 등)	건축 허가, 영업·위생감찰, 범죄의 예방 활동
관 계	형식적 의미의 경찰에는 실질적 의미의 경찰에 속하지 않는 것도 있으며(사법경찰), 실질적 의미의 경찰에 속하는 것이 모두 경찰행정기관의 임무인 것도 아니다(위생경찰). 따라서 형식적 의미의 경찰이 언제나 실질적 의미의 경찰이 되는 것은 아니고, 또한 실질적 의미의 경찰이 모두 형식적 의미의 경찰이 되는 것도 아니다. 그러나 생활안전 경찰의 불심 검문처럼 실질적 의미의 경찰이면서 형식적 의미의 경찰인 경우도 있다. 생활안전 경찰의 순찰 활동⇒양자는 불일치	

1) 일반통치권(모든 국민에 효력) ↔ 특별권력 관계(공무원, 군대, 교도소 등 특정 집단에만 효력)

2) 법정경찰과 의회경찰(국회경호권)은 형식적·실질적 의미의 경찰에 모두 해당되지 않는다.

[표 1-1-2] 실질적 의미의 경찰

구분	내용
목적	(1) 사회 목적적 작용⇒국가 목적적 작용은 제외된다(예: 외교·군사·재정·사법). (2) 사회 공공의 안녕과 질서 유지를 직접 목적으로 한다.⇒개인 상호간의 민사 관계는 제외된다. (3) 장래에 향한 질서 유지 작용임.⇒과거에 대한 체제인 형사 작용은 제외된다.
수단	(1) 국민에게 명령·강제하는 권력적 작용임.⇒비권력적 작용은 제외된다. (2) 자연적 자유를 대상으로 한다(명령적 행위). ⇒자연적 자유가 아닌 새로운 법률상의 권리나 능력을 좌우하는 형성적 행위는 제외된다.
권력의 기초	(1) 일반 통치권에 기초를 둠.⇒특별권력 관계에 기초하는 의원경찰·법정경찰은 제외된다. (2) 일반 통치권이란 주권을 실현하기 위한 국가의 권력으로서 국가와 국민 간의 관계를 전제하며 '일반권력 관계', 국가(조직) 내부의 부분 질서를 의미하는 특별권력 관계와 구분된다.

[표 1-1-3] 행정의 의미

<table>
<tr><td>조직 행정</td><td colspan="2">행정 주체의 대내적 조직의 유지·관리를 직접적인 목적으로 하는 행정</td></tr>
<tr><td rowspan="3">행정 작용</td><td colspan="2">(1) 행정 주체의 대외적 활동에 관한 행정을 의미
(2) 슈타인의 '행정 5分說' ⇒ 내무행정·재무행정·외무행정·사법행정·군사행정
(3) 현재에는 국가 목적적 행정과 사회 목적적 행정으로 분류함.</td></tr>
<tr><td>사회 목적적 행정</td><td>내무 행정으로서 질서행정과 복리행정(급부·규제·공유 부담)으로 나뉨.</td></tr>
<tr><td>국가 목적적 행정</td><td>재무행정·사법행정·외무행정·군사행정</td></tr>
</table>

3 경찰 개념의 정립

경찰의 개념은 역사적·사회적 배경에 따라 발전되어 왔기 때문에 한 마디로 정의하기는 어렵지만, 경찰 개념에 대하여는 크게 세 가지를 들 수 있다.

1) 대륙법계 경찰 개념(전통적 입장)

① 전통적 입장은 행정법학자들에 의하여 고수되어 온 것으로, 이는 경찰을 규범적 강제작용 측면에 한정하여 본 견해이다.

② 경찰이란 당위성을 전제로 권리 자유 행동을 제한하는 소극적 기능이라 보고, 경찰이란 “사회 공공적 안녕과 질서를 유지하기 위하여 일반 통치권에 의거하여 국민에게 명령·강제함으로써 그 자연적 자유를 제한하는 작용”이라는 것이다.

③ 권력적·명령적·강제적 요소가 있는 국가 기능을 경찰이라고 본다.

공공의 안녕과 질서의 유지에 관계되고 그 실행 방법이 명령적·강제적일 때에는 모두가 경찰에 해당한다고 봄으로써 경찰 개념을 넓혀 주고 있다.

경찰과 국민과의 관계는 권력 실행적 관계에 놓이게 되며, 그 역할·지위·규범은 수직적 관계에 한정된다.

2) 영미법계 경찰 개념(현대적 입장)

① 현대적 입장은 경찰행정학자들에 의하여 주장되어 왔으며, 이는 경찰을 사회공동체의 구성원이자 전문적인 문제 해결자로 봄으로써 기능과 기술, 봉사와 협력 요인을 강조하는 견해이다.

② 경찰이란 “사회적으로 공공의 질서를 유지하고 위해(危害)와 범죄로부터 국민 개개인의 생명과 재산을 보호하며 다양한 공공 서비스 또는 공공재를 제공해 주는 것”이라고 규정한다.

③ 경찰은 국민의 생명과 재산을 보호할 뿐만 아니라 사회 질서를 유지하는 기능을 수행하는 것을 기본 목적으로 하되, 이 목적 달성의 수단과 방법 및 전략은 반드시 권력작용에 한정하는 것이 아니라, 계몽·지도·봉사 차원의 비권력적인 서비스 제공에 크게 의존하는 공공 서비스 제공자이다.

3) 종합적 개념

① 전통적 경찰 개념이 실질적 의미로 개념이 확대된 것이라면, 현대적 경찰 개념은 기능의 다양화로 국민 생활의 필요한 요구에 의해서 목표 및 수단이 확대된 개념이다.

② 경찰은 국민에 대하여 명령·강제만 하는 권력 행사자가 아니라 국민에게 봉사·헌신하는 봉사자로서 기능하게 된다.

[표 1-1-4] 경찰의 개념에 대한 전통적 견해와 현대적 견해 비교

	전통적 견해	현대적 견해
기능	사회 공공의 안녕과 질서를 유지하기 위하여 일반통치권에 의거하여 국민에게 명령·강제함으로써 그 자연적 자유를 제한하는 작용	사회 공공의 질서를 유지하고 위해와 범죄로부터 국민 개개인의 생명과 재산을 보호하며 다양한 공공 서비스 또는 공공재를 제공해 주는 작용
특색	(1) 경찰을 규범적 강제작용 측면에 한정 (2) 경찰과 국민 간의 수직적 관계를 설정 (3) 경찰권이란 실질적 의미의 경찰이 사용하는 통치권적 권한을 의미	(1) 경찰을 문제해결자로 인식 (2) 비권력적인 공공 서비스 제공자임을 강조 (3) 경찰과 국민 간의 수평적 관계를 설정

제 2 절 경찰 개념의 형성 및 변천

1 대륙법계 국가

국가 이전	이동 생활–사냥, 어로	자연적 자유 상태, 만인에 대한 만인의 투쟁 자위권, 자치권
씨족 부족 고대 국가	정착 생활–농경 집단 생활–도시국가 질서 유지 필요	절도, 상해, 살인, 간음 율령 반포 생명, 재산, 자유, 권리 보호를 위하여 자신을 지킬 권리를 질서유지인에 위임
법치 국가	헌법 → 법률 → 행위	국민의 위임 국민의 자유를 침해할 권리를 국가에 수여한다.

1) 고대 시대의 경찰

(1) politia에서 유래

경찰 개념은 "도시국가(polis)에 관한 일체의 정치"를 말하는 라틴어 politia에서 유래한다.

(2) 경찰(police)

이 용어의 기원은 특히 헌법 또는 질서 있는 공동사회를 의미하는 그리

스어인 politia에서 유래하였다. 현대적인 표현인 police power(국가가 조정하거나 지배할 수 있는 힘)가 사용되었을 때에는 본질적인 뜻이 명백해졌다.

2) 중세 시대의 경찰

(1) 14세기 프랑스

14세기 말의 프랑스의 경찰(la police)이라는 개념은 국가 목적을 위한 모든 국가작용,[3] 국가의 평온한 질서 있는 상태를 의미하였다.

(2) 16세기 독일

"공공복지라는 국가 목적을 위하여 행하여지는 국가행정 중 교회행정 권한을 제외한 일체의 국가행정"이라는 프랑스의 경찰 개념이 15세기 말에 독일에 계수되어, 종래 봉건 제후의 통치권으로서 전통적으로 인정되던 재판권·입법권·과세권 등 영주고권의 체제에, 경찰권(ius politiae)이 접목되었다. 그 결과 공공의 질서와 복리를 위한 특별한 통치권으로서의 경찰권(ius politiae)이라는 말이 사용되어 국가행정 전반을 뜻하게 되었다.

이러한 경찰 개념이 1530년 독일의 제국경찰법(帝國警察法)에 의하여 교회행정의 권한을 제외한 일체의 국가행정을 의미하게 됨으로써 경찰은 세속적인 사회 생활의 질서를 공권력에 의하여 유지하는 작용으로 축소되었다.

3) 경찰국가 시대의 경찰(17~18세기)

일체의 국가행정에서 외교·군사·재정 및 사법이 제외되고, 사회 공공의 안녕과 복지에 직접적으로 관계되는 내무행정의 전반을 의미한다.

경찰국가에서는 소극적인 치안 유지뿐만 아니라 적극적인 공공복지의 증진을 위해서도 강제력 행사가 가능하다.

① 17세기에 이르러 국가 활동이 점차로 분업화되고 전문화되어 감에 따라 외교, 사법, 군사, 재정 등이 분리되어 경찰은 사회 공공의 안녕과 복지를 직접 다루는 내무행정만을 의미하게 되었다.

② 절대군주 체제가 강화됨에 따라 경찰로서 통치권의 전반을 행사하는 이른바 경찰국가 시대가 실현됨으로써, 내무행정에 관한 국가의 임무는 소

---

3) 외교, 군사, 재정, 사법, 내무(질서 유지+공공복리)

극적인 질서 유지뿐만 아니라 적극적인 복지 증진을 위한 모든 작용에도 강제력을 발동하게 되었다.

③ 국왕의 절대적인 통치권이 내무행정 전반에 미쳤으며, 당시 관료는 국왕의 절대적인 권력에 복종하고 헌신하는 대신, 국민에 대해서는 포괄적인 권한에 근거하여 재판 통제도 받음이 없이 일방적으로 국민의 권리 관계에 간섭하고 지배하는 체제가 갖추어졌다.

4) 법치국가 시대의 경찰(18세기 후반) 이후

(1) 독일

(가) 소극적인 질서 유지

① 계몽주의와 자유주의적 자연법 사상의 등장으로 법치국가 시대로 전환되었다.

② 경찰에서 적극적인 복지경찰 분야는 축소 또는 제외되고, 소극적인 질서 유지를 위한 위험 방지 분야만을 의미하며, 내무행정 가운데서도 치안행정만을 의미하게 되었다.

③ 복지의 증진은 본래 경찰의 임무가 아니다(Johann Stephane Putter).

④ 1794년 프로이센 일반란트법(一般州法)은 "경찰관청은 공공의 평온·안녕 및 질서를 유지하고, 또한 공중 및 그의 개개 구성원들에 대한 절박한 위험을 방지하기 위하여 필요한 수단을 강구하는 기관이다"라고 규정하여 경찰의 직무를 공공의 안녕·질서 유지에 한정하였다.

⑤ 1882년의 크로이츠베르크(Kreuzberg) 판결 이후 경찰의 임무는 위험 방지의 소극적 목적에 한정된다는 사상이 법 해석상 확립되었다.

〈크로이츠베르크 판결〉

독일의 프로이센 고등행정법원이 베를린의 크로이츠베르크 언덕에 있는 전승 기념비의 조망을 확보하기 위하여 주변의 토지에 대한 건축물의 높이를 제한한 베를린 경찰청장의 명령에 대하여 "… 그러한 명령은 심미적 이유로 내려진 것으로 복지의 증진을 위한 것이므로 무효…"라고 하였다.

이 판결은 경찰관청이 일반적 수권 규정에 근거하여 법규명령을 발할 수 있는 분야는 위험 방지 분야에 한정된다고 하여, ① 수권 조항에 근거한 경찰권 발동의 한계를 정하고 있고(위험 방지 분야에 한정), ② 일반적 수권 조항의 존재를 정당화하였다.

⑥ 1931년의 프로이센 경찰행정법은 "경찰관청은 일반 또는 개인에 대한 공공의 안녕과 질서를 위협하는 위험을 방지하기 위하여, 현행법의 범위 내에서 의무에 합당한 재량에 따라 필요한 조치를 취하지 않으면 안 된다."고 규정하여 경찰의 직무 범위를 소극 목적에 한정하였다.

⑦ 프로이센 경찰행정법의 제정에도 불구하고 제2차 세계대전 이전의 독일에서는 협의의 행정경찰 사무도 경찰에 포함되었고, 나치 정권에서는 주의 관할하에 있던 경찰을 국가경찰화하여 그 폐해가 극심하였다. 이에 따라 연합국 측이 점령 정책의 일환으로 비경찰화 정책을 실시하였다.

〈 비경찰화 〉

경찰 개념의 형성 과정에서 경찰의 사무이던 것을 다른 관청의 사무로 이관하는 현상, 즉 범죄의 예방과 검거 등 보안경찰 이외의 협의의 행정경찰 사무인 영업경찰·건축경찰·보건경찰 등의 경찰 사무를 다른 행정관청의 분장 사무로 이관하는 현상을 말한다.

제2차 세계대전 종전 후 영미 등 연합국이 독일, 일본, 우리 나라에서 협의의 행정경찰 사무에 대하여 행하였다.

(2) 프랑스

1795년 경죄처벌법전(죄와 형법법전) 제16조에서 "경찰은 공공의 질서, 개인의 자유·재산·안전을 유지함을 그 임무로 한다."고 규정한 것은 근대 법치국가적 경찰 개념을 분명히 표현한 것이다. 이러한 경찰 개념이 서구 여러 나라의 경찰 개념으로 정착되기에 이르렀다.

[표 1-1-5] 경찰국가 시대와 법치국가 시대의 비교

구 분	경찰국가 시대(17~18세기)	법치국가 시대(18세기 후반)
시대적 배경	군주주권론	계몽철학, 법치주의, 자연법 사상, 권력분립주의
경찰 업무의 범위	내무행정 전반(소극적인 질서 유지+적극적인 복지 증진)	소극적인 질서 유지
경찰관료의 지위	① 국왕의 절대적인 권력에 복종 및 헌신 ② 국민과는 대립 ③ 재판 통제를 받지 않는다.	법에 따라 재판 통제를 받는다.
시민의 지위	경찰권의 객체	경찰권의 주체

1884년 지방자치법전 제97조: "자치체 경찰은 공공의 질서 · 안전 및 위생을 확보함을 목적으로 한다."

(3) 소결

(가) 비경찰화

유럽 대륙, 특히 독일의 경찰 개념은 역사적으로 축소를 거듭하여 왔다. 경찰은 국정 전반을 의미하다가 외정, 군정, 재정과 사법 등 전문 분야가 독립되어 내무 행정만에 국한되었고, 그 후 내무행정 중에서도 적극적인 복지행정 분야를 제외한 소극적인 위험 방지 분야에 국한되었으며, 제2차 세계대전 이후에는 협의의 행정경찰 사무가 비경찰화의 과정을 거치면서 오늘날과 같이 공공의 안녕과 질서 유지 임무에 국한되었다.

(나) 경찰권의 발동 범위의 축소

경찰 개념의 특징은 국왕의 절대적 권력으로부터 유래하는 경찰권(police power)을 전제로, 권력에 봉사하는 경찰과 시민이 대립하는 구도하에서 계몽철학으로부터 말미암은 법치 사상의 등장으로 점차 시민의 자유와 재산에 대한 경찰권의 발동 범위를 축소시키고자 하였던 사상의 반영이었다.

5) 비경찰화 시대

협의의 행정경찰을 제외한 보안경찰에 한정되었다.

구 분	경찰의 개념	특 징
고 대	라틴어 politia에서 유래, 도시국가의 일체의 정치, 특히 헌법을 의미	경찰과 행정의 미분화
중 세	(1) 14세기 말 프랑스의 경찰 개념(국가 목적 · 국가작용을 의미, 15세기 말에 독일에 계수 (2) 교회 행정의 권한을 제외한 일체의 국가행정을 의미(예: 1503년 독일의 제국경찰법)	경찰과 행정의 미분화
경찰국가 17~ 18세기	(1) 경찰의 개념에서 외교 · 사법 · 군사 · 재정 작용 등이 분리 ⇒경찰과 행정의 분화 (2) 경찰은 사회 공공의 안녕과 복지에 직접 관계되는 내무행정(內務行政)의 전반을 의미 (3) 소극적 치안 유지뿐만 아니라 적극적인 공공 복리의 증진을 위한 강제력의 행사도 경찰에 포함 ⇒경찰은 강제력으로 대표되는 무제한적 국가 권력	경찰과 행정의 분화

법치국가 (야경 국가)	18~ 19세기	(1) 계몽주의, 자유주의, 자연법 사상, 권력분립주의의 영향으로 법치주의가 대두 (2) 경찰의 개념이 소극적 위험 방지 분야(치안 분야)에 한정된다. (예: 프로이센 일반란트법, 1794; 프랑스 경죄처벌법전, 1795 참고 크로이츠베르크(Kreuzberg) 판결[1882 : 경찰권의 발동은 소극적인 질서 유지에 한정]) (3) 실제로는 질서 유지를 위한 위험 방지라는 이름으로 협의의 행정경찰적 사무도 수행(⇒대륙법계 경찰의 특징)	경찰과 행정의 분화
	20세기	제2차 세계대전 이후 비경찰화 과정을 거치면서 보안경찰의 임무에 국한된다.	

* 대륙에서의 시대별 경찰 개념의 변천은 대륙법계 독일을 중심으로 한 것이다.
* 경찰과 행정이 분화되기 시작한 것은 경찰국가 시대부터이다.

2 영미법계

영·미법계의 경찰 제도는 노르만 정복(1066년) 이래 사회 질서 유지는 국가가 아닌 시민 또는 부락의 책임하에 두고 있었다. 따라서 영·미의 자치제 경찰은 통치권에 바탕을 둔 경찰이 아니라 주권자인 시민으로부터 자치권을 위임받은 경찰이 주권자인 시민에게 봉사한다는 경찰의 기능 또는 역할의 방향에서 발전하였다.

[표 1-1-6] 대륙법계와 영미법계의 비교

구 분	대륙법계	영미법계
경찰 개념의 형성	통치권을 전체로 경찰권 발동의 범위와 성질을 기준으로 형성된다.	자치 권한을 위임받은 조직체로서 역할을 중심으로 형성된다.
경찰 개념의 발전	경찰권의 발동 범위를 제한하는 과정에서 발전	주민의 안전을 위한 기능이라는 점에서 발전
경찰과 시민의 관계	대립 관계 경찰권의 객체	비대립 관계 경찰에 대한 경찰권의 위임, 동반자 관계
역 사	경찰권 발동 범위 축소의 역사	경찰 활동 범위 확대 경향
정 리	경찰이란 공공의 안녕과 질서를 유지하기 위한 조직체로서, 주권자인 시민을 위하여 때로는 명령, 강제 등 권력적 수단이나 수사 권한을 동원하여 법을 집행하고, 때로는 서비스를 통하여 적극적으로 봉사하는 임무를 수행하는 조직이다.	

구 분	영미법계(영국 · 미국)	대륙법계(독일 · 프랑스)
국가와 사회	국가와 시민사회의 대립 관계를 부정	국가와 시민사회의 대립을 긍정
자치권 본질	자연적 · 천부적 권리 ⇒ 주민자치	국가에서 전래된 권리⇒ 단체자치
자치의 중심	지방 정부와 주민과의 관계	중앙과 지자체와의 관계
권리 구제	절차적 권리 보장에 중점	실체적 권리 보장에 중점
판례의 구속성	법적 구속력이 인정 ⇒ 판례법(判例法)	사실상의 구속력만 인정
경찰 개념의 형성	시민으로부터 자치권을 부여받은 조직체로서의 역할을 중심으로 형성	국가의 통치권을 전제로 경찰권의 발동 범위와 성질을 기준으로 형성
경찰 개념의 초점	경찰 활동은 무엇인가에 중점 ⇒ 경찰은 시민을 위하여 법을 집행하고 서비스하는 기능 · 역할을 수행하는 조직체	경찰이란 무엇인가에 중점
행정 · 사법경찰	행정경찰과 사법경찰의 구분이 없다.	행정 · 사법경찰의 구분이 있다.
경찰의 조직	지방분권적 · 민주적 자치제 경찰	중앙집권적 · 관료적 국가경찰
경찰의 사명	소극적 보안 목적에 국한 국민의 생명 · 신체 · 재산의 보호에 중점	소극적 – 적극적 목적(복리 중심) 공공의 안녕과 질서의 유지에 중점
경찰의 수단	비권력적 보호를 중시	권력 발동 · 명령 강제를 중시

영 · 미의 경찰 개념은 경찰이란 무엇인가를 고찰하기보다는 경찰은 무엇을 하는가, 즉 경찰 활동이 무엇인가를 중심으로 경찰 개념이 논의 · 발전되고 있다.

영 · 미의 경찰은 시민을 위하여 법을 집행하고 서비스하는 기능 또는 역할을 수행한다.

3 우리 나라에서의 경찰 개념의 형성

프랑스법의 경찰 개념이 우리 나라의 경찰 개념을 형성하는 데 중요한 역할을 하였다.

1894년 6월 갑오경장 후 '각아문관제'에서 '법무아문 관리사법행정경찰'이라고 정하여 최초로 경찰이라는 용어를 사용하였다.

1894년 7월 경찰을 내무아문으로 소속을 변경시켰고, '경무청관제직장'과 '행정경찰장정'을 각각 제정하였다.

프랑스의 경죄처벌법전이 경찰관직무집행법의 기초가 되었다.

〈한국에서의 경찰 개념의 형성〉

(1) 경찰 개념의 형성: 프랑스 ⇒ 독일 ⇒ 일본 ⇒ 우리 나라

(2) 프랑스(경죄처벌법전) ⇒ 일본(행정경찰규칙: 1875) ⇒ 우리 나라(행정경찰장정: 1894)
우리의 행정경찰장정에서의 '행정경찰'의 용어 및 정의는 대륙법계 특히 프랑스에서 유래된다.

(3) 1945년 이후 영미법계의 민주주의적 이념에 따른 경찰 개념이 계수(국민의 생명·신체·재산의 보호) (예: 일본의 경찰관 등 직무집행법, 1947; 한국의 경찰관직무집행법, 1953)

제 3 절 경찰의 분류

1 행정경찰·사법경찰

행정(부)경찰과 사법(부)경찰의 구별은 3권 분립의 사상에 투철했던 프랑스에서 확립된 구분이다.

프랑스 경죄처벌법 제18조	행정경찰(광의)	공공 질서 유지, 범죄 예방
	사법경찰	범죄 수사, 범인 체포

행정경찰(광의)이 실질적 의미의 경찰을 의미하는데 대하여, 사법경찰은 경찰이 범죄에 대한 형벌권의 작용으로서 형사소송법의 적용을 받아 수사를 담당하는 경우에 그 직무로서 행하는 작용을 말한다.

우리 나라에서는 조직법상으로는 행정경찰과 사법경찰로 구분되어 있지 않으며, 보통경찰기관이 양 사무를 모두 담당한다.

[표 1-1-7] 행정경찰과 사법경찰의 비교

구분	행정경찰(광의)	사법경찰
기준	삼권분립 사상	
개념	공공 질서 유지 및 범죄 예방 활동	형사 사법권의 보조적 작용, 체포, 수사
비고	• 실질적 의미의 경찰 • 행정법규 적용 • 경찰청장의 지휘·감독 • 현재 및 장래의 사태에 대해 발동 • 비책임자에게도 발동 • 인권 침해 위험 작다. • 영장주의, 진술거부권, 미란다 원칙(×)	• 형식적 의미의 경찰 • 형사소송법 적용 • 검사의 지휘·감독 • 과거의 사태에 대한 작용, 진압경찰 • 관련자에게만 발동 • 인권 침해 위험 많다. • 영장주의, 진술거부권, 미란다 원칙(O)
기타	• 프랑스 경죄처벌법전 제18조에서 유래 • 한국의 경우 보통경찰기관이 양 사무를 모두 담당(조직법상 미분화)	

2 보안경찰 · 협의의 행정경찰

1) 보안경찰

광의의 행정경찰 중에서 경찰청의 분장 사무처럼 사회 공공의 안녕과 질서를 유지하기 위하여 다른 행정작용을 동반하지 아니하고 오로지 경찰작용만으로 행정의 일부분을 구성하는 경찰작용을 말한다.

2) 협의의 행정경찰

위생경찰, 건축경찰, 경제경찰, 산림경찰처럼 다른 행정작용과 결합하여 특별한 사회적 이익의 보호를 목적으로 하면서 그 부수 작용으로서 사회 공공의 안녕과 질서를 유지하기 위한 경찰작용을 말한다.

제2차 세계대전의 종전과 함께 미·영을 중심으로 하는 연합국의 점령 당국이 독일·일본·우리 나라에서 행했던 '비경찰화 작업'은 바로 협의의 행정경찰 사무에 대하여 이루어져서, 그러한 사무가 다른 관청의 분장 사무로 정리되었다.

[표 1-1-8] 보안경찰과 협의의 행정경찰 비교

구분	보안경찰	협의의 행정경찰
기준	업무의 독자성	
개념	경찰청의 분장 사무처럼 사회 공공의 안녕과 질서 유지를 위하여 다른 행정작용에 부수하여 수행되지 않고 그 자체로서 독립하여 행해지는 경찰작용	다른 행정작용에 부수하여 그 행정작용과 관련해서 발생하는 위험을 방지하기 위하여 행해지는 경찰 작용
비고	교통 · 풍속경찰 소방 · 해양경찰 일반경찰기관이 담당	산림 · 위생 · 경제 · 철도 · 건축 · 공물경찰 비경찰화와 관련 특별경찰기관(행정부 주무장관)이 담당

3 질서경찰 · 봉사경찰

이것은 형식적 의미의 경찰 중에서 경찰 활동의 질과 내용을 기준으로 한 분류이다.

1) 질서경찰 - 예방경찰, 진압경찰

보통경찰 조직의 직무 범위 중에서 강제력을 수단으로 사회 공공의 안녕과 질서 유지를 위하여 법집행을 주로 하는 경찰 활동을 말한다(예: 범죄 수사 · 진압, 즉시강제, 교통 위반자에 대한 처분 등).

2) 봉사경찰

강제력이 아닌 서비스 · 계몽 · 지도 등을 통하여 경찰 직무를 수행하는 경찰 활동을 말한다(예: 방범 지도, 청소년 선도, 교통 정보의 제공, 방범 순찰, 수난 구호 등).

[표 1-1-9] 질서경찰과 봉사경찰 비교

구분	질서경찰	봉사경찰
기준	형식적 의미의 경찰 중에서 경찰 활동의 질과 내용을 기준	
개념	보통경찰 조직의 직무 범위 중에서 강제력을 수단으로 공공의 안녕과 질서 유지를 위한 법집행을 주로 하는 경찰 활동	강제력이 아닌 서비스 · 계몽 · 지도 등을 통하여 경찰 직무를 수행하는 경찰 활동
비고	범죄 수사 · 진압, 즉시강제, 교통 위반자에 대한 처분(교통 통고처분)	방범 지도, 청소년 선도, 교통 정보의 제공, 방범 순찰, 수난 구호

4 예방경찰 · 진압경찰

경찰권 발동의 시점을 기준으로 한 분류이다.

1) 예방경찰

경찰상의 위해의 발생을 방지하기 위한 권력적 작용으로 행정경찰보다 좁은 개념이다(예: 타인에게 해를 끼칠 우려가 있는 정신착란자를 경찰이 보호 조치시키는 경우).

2) 진압경찰

이미 발생된 범죄의 수사를 위한 권력적 작용으로 사법경찰과 일치한다.

3) 경찰법 제3조와 경찰관직무집행 법 제2조의 '진압'

집단적 범죄 등에 대한 강력한 예방 작용을 의미함과 동시에 사법적 수사에도 관련되는 것으로, 예방경찰과 진압경찰의 양자에 모두 관련된다.

[표 1-1-10] 예방경찰과 진압경찰 비교

구분	예방경찰	진압경찰
기준	경찰권 발동의 시점	
개념	경찰상의 위하여 발생을 방지하기 위한 작용으로 행정경찰 작용보다 좁은 개념	이미 발생된 범죄의 수사를 위한 권력적 작용으로 사법경찰과 일치
비고	정신착란자에 대한 보호 조치, 총포 · 화약류의 취급 제한	사법경찰(범죄의 제지 · 수사, 피의자의 체포 등)

5 국가경찰 · 자치제 경찰

1) 국가경찰

국가가 설립하고 관리하는 경찰을 말한다.

2) 자치제 경찰

지방자치단체가 설립하여 관리하는 경찰을 말한다.

[표 1-1-11] 국가경찰 제도와 자치제경찰 제도의 비교

구분		국가경찰	자치제경찰
기준		권한과 책임의 소재	
개념		국가가 설립하고 관리하는 경찰	지방자치단체가 설립하여 관리하는 경찰
의의		경찰 유지의 권한과 책임이 국가에 있다.	경찰 유지의 권한과 책임이 지방자치단체에 분산되어 있는 경찰 제도이다.
임무		국민 개인의 권익 보호 외에 국가적 이익의 보호와 국가적 질서 유지 측면이 강조된다.	개인의 권익 보호와 사회 공공의 안녕·질서의 유지에 치중한다.
수단		권력적인 명령·강제를 주된 수단으로 한다.	권력적 명령·강제의 면보다 비권력적 수단을 중시한다.
조직		중앙집권적·관료적인 제도로서 단일화된 명령 체계를 갖추고 있다.	주민자치 사상에 따라 자치단체별 지방분권적인 조직 체계를 가지고 있다.
비고	장점	• 조직의 통일적 운영 • 경찰 활동의 능률성·기동성을 발휘 • 다른 행정 부문과의 긴밀한 협조·조정 원활 • 전국적인 통계자료의 정확성 • 국가 권력을 배경으로 하므로, 좀더 강력한 기능을 발휘할 수 있다.	• 지방 특성에 적합한 경찰행정 활동 • 인권 보장, 민주성 보장으로 주민의 지지 획득 용이 • 지방별로 독립된 조직이므로 조직·운영의 개혁이 용이하다.
	단점	• 국민을 위한 봉사 기능의 저하 • 지방의 특수성 간과, 창의성 저해 • 정부의 특정 정책의 수행에 이용되어 본연의 임무를 벗어날 우려가 있다. • 관료화되어 주민과 멀어지고 국민을 위한 봉사가 저해될 수 있다.	• 전국적·광역적 활동에 부적합 • 다른 경찰기관과의 협조·응원 체제 곤란 • 지방 세력이 간섭하여 정실에 흐르기 쉽다. • 통계자료에 정확을 기하기 힘들다. • 전국적인 기동성이 약하고, 조직 체계가 무질서해지기 쉽다.
현행 경찰법		현행 경찰법상으로는 중앙집권적 국가경찰만 인정되고 있으나, 2006년 7월 제주특별자치도 출범과 함께 탄생한 전국 최초의 자치경찰인 제주자치경찰이 탄생하였다. 담당 업무는 관광지 질서 유지와 대규모 지역 행사장 등의 경비·질서 유지 등이다. 제주자치경찰은 2006년 12월 27일 국가경찰과의 사무분담 및 사무수행 방법에 관한 업무협약을 체결하였다. 제주자치경찰은 우선 문화축제·체육행사·문화공연 등 지역 행사장 등에서의 주민 생활 안전 유지 업무를 맡고 있다. 또 제주도 본청과 직속기관 사업소 및 합의제 행정기관 등이 입주하거나 사용·관리하는 시설의 경비 업무도 전담한다.	

6 평시경찰 · 비상경찰

이것은 공공의 안녕과 질서에 대한 위해의 정도와, 그에 따른 적용 법규, 그리고 그러한 위해를 제거할 담당 기관에 따른 분류이다.

1) 평시경찰

평온한 상태하에서 일반경찰법규에 의하여 보통경찰기관이 행하는 경찰 작용을 말한다.

2) 비상경찰

전국 또는 어느 한 지방에 비상사태가 발생하여 계엄이 선포될 경우에 군대가 병력으로 공공의 안녕과 질서를 유지하기 위하여 계엄법에 따라 행정사무의 일환으로 경찰 사무를 관장하는 경우를 말한다(계엄법 제2조, 제7조).

7 고등경찰, 보통경찰

보호 법익을 기준으로 분류한다.

1) 고등경찰 - 국가적 법익

국정원, 정보경찰, 대공경찰

2) 보통경찰 - 사회적 법익

일반경찰

8 일반경찰, 청원경찰

1) 일반경찰

경찰공무원법

2) 청원경찰

(1) 청원경찰법－조직, 배치

(2) 경찰관직무집행법－작용

(3) 서장(경비과 관할)이 감독. 서장, 지방청장에게 승인 신청

발동 시기	예방경찰	사전에 범죄의 발생이나 위험의 발생을 방지하기 위한 권력적 작용으로서 범위는 행정경찰보다 좁다(예: 순찰 활동, 보호 조치; 직무집행법 §4, 정신착란자 보호).
	진압경찰	이미 발생한 경찰상의 장해를 제거하기 위한 작용으로 사법경찰과 범위가 일치(예: 범죄의 제지·진압·수사. 범인의 체포 등)
보호 법익	고등경찰	국가조직의 근본에 대한 위해(危害)의 방지를 위한 경찰작용으로서 정치경찰을 의미 ⇒ 정신적 자유권에 관련된 사항을 관장 비고: 프랑스에서 유래(예: 사상·종교·집회·결사·언론·출판 등)
	보통경찰	일반사회의 안전과 질서 유지를 위한 경찰작용
위해 정도 및 경찰 기관	평시경찰	평온한 상태에서 일반경찰 법규에 의하여 일반경찰기관이 행하는 경찰작용
	비상경찰	국가 비상사태시 군대가 경찰작용을 수행하는 경우(예: 계엄, 위수령)
권한 책임의 소재	국가경찰	(1) 경찰조직에 대한 권한과 책임의 소재에 의한 구분으로서, 우리의 경우 소방사무를 제외하고는 경찰은 중앙집권적 국가경찰 체제를 유지 (2) 현행법상 자치제 경찰은 인정되지 않는다.
	자치제 경찰	
활동의 내용	질서경찰	강제력을 수단으로 사회 공공의 안녕과 질서 유지를 위한 작용을 하는 경찰(예: 일반적인 경찰처분, 경찰강제, 범죄수사 등)
	봉사경찰	강제력이 아닌 서비스·계몽·지도 등을 통하여 경찰 직무를 수행하는 경찰(예: 방범지도, 청소년 선도, 정보의 제공, 수난구호)
목적	(광의의) 행정경찰	(1) 사회 공공의 안녕과 질서를 유지하는 권력작용 ⇒ 행정법규가 적용된다. (2) 실질적 의미의 경찰과 그 범위가 같다.
	사법경찰	(1) 범죄를 수사하고 범인을 체포하는 권력작용 ⇒ 형사소송법 적용 (2) 행정이 아닌 사법작용의 성격(국가 목적적 작용)을 가지나 우리의 경우 양자의 구분 없이 조직상으로 일반경찰기관이 모두 담당한다.
		(1) 프랑스의 권력분립 사상에서 유래 ⇒ '경죄처벌법전' (2) 대륙법계의 유산으로 영미법계에서는 양자의 구별이 없다.
업무의 독자성	보안경찰	다른 행정작용에 부수되지 않고, 오직 경찰작용만으로 독립하여 구성된 경찰(예: 방범경찰·교통경찰·풍속경찰·해양경찰·소방경찰)
	협의의 행정경찰	다른 행정작용에 부수하거나 결합하여 구성된 경찰조직(형식적 경찰이 아님)(예: 위생·산업·산림·건축·경제경찰)
		(1) 행정경찰을 재분류한 개념으로서 19세기 독일에서 비경찰화의 결과로서 생성된다. (2) 비경찰화 ⇒ 보안경찰 이외의 행정경찰사무, 즉 영업·건축·보건·위생경찰 등의 경찰사무를 다른 행정관청의 사무로 이관하는 현상, 일명 탈경찰화

[표 1-1-12] 경찰의 분류

기 준	분 류	내 용	비 고
3권분립 사상	행정경찰	공공질서 유지 및 범죄 예방 ※ 행정법규 적용	실질적 의미의 경찰
	사법경찰	형사사법권의 보조적 적용 ※ 형사소송법 적용	형식적 의미의 경찰
권한과 책임의 소재	국가경찰	국가가 설립하고 관리하는 경찰	
	자치제경찰	자치단체가 설립하고 관리하는 경찰	

9 우리 나라 경찰

(1) 1894년 갑오개혁

우리 나라에 서구적 의미의 경찰이라는 용어가 처음 사용된 것은 고종 31년(1894년)에 제정된 신관제 실시에 따라 포도청이 폐지되고 내무아문(內務衙門) 소속하에 경무청을 설치하여 경찰 사무를 관장한다는 구절에서 볼 수 있다.

(2) 보안경찰과 사법경찰로의 제한

우리의 제도적 경찰은 일반 공공의 안녕과 질서의 유지인 보안경찰과 사법경찰로 제한되어 있고, 복리행정상의 질서 유지를 위한 권력작용은 당해 주무 행정청에 맡겨져 있다.

(3) 복리행정상 질시 유지 행정에의 간접적 영향

복리행정상의 질서 유지 작용에 의한 하명 등에 위반한 경우에도 법률은 대개가 벌칙을 규정하고 있으며, 사법경찰권을 가지는 보통경찰기관은 이들 벌칙 규정에 위반한 범칙사건을 수사하고 범인을 체포하게 되며, 이에 의하여 복리행정상의 질서 유지 행정에 간접적으로 영향을 미치고 있다.

복리행정상의 질서 유지 행정을 담당하는 당해 행정기관에도 사법경찰권이 부여되기도 하지만, 그렇다고 그 분야에서의 보통경찰기관의 사법경찰권이 배제되는 것은 아니다.

10 현재 한국 경찰의 역할

(1) 과중한 다른 기관 협조 업무

우리 나라 경찰은 경찰의 고유한 업무라고 할 수 있는 국민의 생명·신체 및 재산의 보호, 범죄 통제, 질서 유지 이외에도 경찰 본연의 업무처럼 간주된 수많은 다른 기관 협조 업무를 담당하고 있다.

남북 분단이라고 하는 국가적 현실 때문에 대간첩작전의 수행이라는 안보 업무까지도 담당하고 있어서 다른 어느 나라보다도 과중한 업무에 시달려 왔다.

(2) 거대한 치안 수요의 변화

최근에는 정보산업 사회의 급속한 진전, 도시화의 가속화, 여기에서 파생되는 사회적 일탈행동의 증가, 국민들의 경찰에 대한 봉사행정 요구의 증대 등 과거에는 볼 수 없었던 거대한 치안 수요의 변화를 초래하고 있다.

(3) 안정 유지자 및 변화 담당자로서의 기능

경찰행정은 단순한 집행·관리 기능을 주로 하는 현상 유지, 질서 유지, 통제 등의 안정 유지자로서의 기능뿐만 아니라 급격한 사회 변동에 따르는 환경으로부터의 조건을 해결하며 좀더 적극적·능동적으로 변화·발전을 자발적으로 도모하는 변화담당자로서의 기능까지 담당하게 되었다.

제2장 경찰의 기본적 임무 및 수단

제1절 경찰의 기본적 임무

1 개 설

1) 경찰법과 경찰관직무집행법의 규정

경찰의 임무는 행정조직법상의 경찰기관을 전제로 한 개념이다.

[표 1-2-1] 경찰법과 경찰관직무집행법 비교

경찰법 제3조 조직법	경찰관직무집행법 제2조 작용법
1. 국민의 생명·신체 및 재산의 보호 2. 범죄의 예방·진압 및 수사 3. 치안정보의 수집 4. 교통의 단속 5. 기타 공공의 안녕과 질서 유지	1. 범죄의 예방·진압 및 수사 2. 경비·요인 경호 및 대간첩작전 수행 3. 치안정보의 수집·작성 및 배포 4. 교통의 단속과 위해의 방지 5. 기타 공공의 안녕과 질서 유지

경찰법 제3조는 국민의 생명·신체·재산의 보호, 범죄 예방·진압 및 수사, 치안정보의 수집, 교통의 단속, 공공의 안녕과 질서 유지를 그 임무로 한다고 정하고 있다.

민주주의적 경찰의 이념하에 국민의 생명·신체 및 재산의 보호가 강조되기는 하였으나, 국민의 생명·신체 및 재산의 보호 등은 공공 안녕의 일부분이므로, 경찰의 궁극적인 기본적 임무는 "공공의 안녕과 질서에 대한 위험의 방지"라고 할 수 있다.

어떠한 법익에 대한 손해가 발생한 경우에는 경찰 위반의 상태가 되고, 경찰 위반의 상태가 형법 또는 행정법규에 위배되는 범죄의 구성 요건을 충족시키는 경우에는 경찰의 수사 대상이 된다.

그리고 오늘날 전통적인 임무 뿐만 아니라, 경찰에게는 적극적인 서비스 활동을 통하여 국민에게 봉사하는 역할의 중요성이 강조되고 있다.

결국, 경찰의 세 가지 기본 임무에는 위험의 방지, 범죄의 수사 및 대국민 서비스 활동이 있다.

2) 경찰 임무 고찰의 필요성

경찰의 기본 임무에 대해 연구하는 이유는 ① 경찰의 활동 내용에 따라 근거 규정이 다르고, ② 근거 규정이 있더라도 임무의 성질에 따라 개입 여부가 결정되며, ③ 개입 여부에 대한 결정에 따라 배상 책임 등의 문제가 발생할 수 있기 때문이다.

법규정	(1) 경찰법 §3는 "국민의 생명·신체·재산의 보호"를 경찰관직무집행법 §2는 "공공의 안녕과 질서 유지"를 규정 ⇒ 경찰의 궁극적 임무는 "공공의 안녕과 질서에 대한 위험 방지" (2) 기타 범죄의 수사와 서비스 등도 경찰의 임무에 포함
연구 목적	(1) 경찰의 활동 내용에 따라 근거 규정(수권 규정)이 다름. (2) 수권 규정이 있는 경우에도 개입 여부의 결정은 임무의 성질에 따라 다름. (3) 경찰 개입의 여부를 잘못 결정한 경우 배상 책임 등의 책임 문제가 수반된다.

2 위험의 방지(공공의 안녕과 질서 유지)

1) 공공의 안녕

(1) 개념

공공의 안녕은 법질서, 개인의 법익, 국가 또는 기타 공권력 주체의 기관과 집행의 불가침성을 의미한다. 공공의 안녕은 일부가 개인과 관련되고 일부는 국가 등 집단과 관련되는 이중적 개념이므로 경찰의 임무를 수행하는 데 양자를 균형 있게 고려하여야 한다.

경찰의 위험 방지의 보호 대상은 공공의 안녕이다. 공공의 안녕이란 "법질서의 불가침성, 국가의 존립과 국가기관의 기능성의 불가침성, 개인의 권리 및 법익의 불가침성"을 뜻한다.

(2) **내용**

(가) 법질서의 불가침성

① 공공 안녕의 제1요소

법질서의 불가침성은 공공 안녕의 제1요소이다. 따라서 공법 규범에 대한 위반은 일반적으로 공공의 안녕에 대한 위험에 해당한다. 이 때 형법 또는 특별형법 등의 규범에 의하여 보호받은 법익의 위태 또는 침해가 객관적으로 존재하면 족하고, 주관적 범죄 구성 요건의 구비·유책성 및 구체적 가벌성은 요하지 않는다.

② 보충성의 원칙

사법상의 문제는 "법적 보호가 적시에 이루어지지 않고, 경찰의 원조 없이는 법을 실현시키는 것이 무효화되거나 사실상 어려워질 경우"에만 경찰이 개입할 수 있다. 이를 보충성의 원칙이라 한다.

③ 경찰권개입청구권[1)]

오늘날 복지국가에서는 경찰행정 분야에서도 각 개인이 경찰권의 발동을 요구할 수 있는 권리인 경찰권개입청구권이 인정된다. 경찰개입청구권은 재량권의 0(또는 1)으로의 수축이론과 반사적 이익의 보호이익화에 따라 인정되었다.

④ 법질서의 불가침성

㉠ 사법(私法) 규범의 위반

사법상의 문제에 대하여는 "사법상의 권리가 적시에 보호되지 않고, 경

---

1) 소극적 침해는 경찰개입청구권, 적극적 침해는 침해 배제청구권이 인정된다.

찰의 원조 없이는 법을 실현시키는 것이 무효화되거나 사실상 어려워질 경우"에만 경찰이 개입할 수 있다(보충성의 원칙).

㉡ 공법 규범의 위반

공법 규범에 대한 위반은 보통 공공의 안녕에 대한 위험으로 취급되며, 이는 특히 형법 및 특별형법 등의 범죄 구성 요건을 구성한다.

공법 규범에 의하여 보호받는 법익의 위태 또는 침해가 객관적으로 존재하느냐 하는 것이 문제이지만, 주관적 구성 요건의 실현, 유책성 및 구체적 가벌성은 요하지 않는다.

㉢ 경찰재량의 0으로의 수축, 반사적 이익의 보호이익화, 경찰개입청구권

오늘날 법질서의 구성 부분으로서 보호되고 있는 생명, 건강, 자유, 명예, 재산 등의 개인의 법익 보호를 위하여 경찰이 활동을 할 권한 또는 의무가 있는가 하는 문제가 제기되고 있다.

경찰재량의 0으로의 수축과 반사적 이익의 보호이익화가 논의되면서, 각 개인에게 경찰의 개입을 청구할 수 있는 경찰개입청구권을 인정하기에 이르렀다.

이러한 현상이 오늘날 복지국가적 행정을 요구하고 있는 시대적 요청에 따라 경찰행정 분야에서 특히 새로운 경향을 불러일으키고 있다.

(나) 국가의 존립과 기능성 보장

① 경찰은 사회 공공과 관련하여 국가의 존립을 보호할 임무가 있다. 따라서 경찰은 내란·외환의 죄에 이르기 전 단계에도 정보·보안·외사 활동을 통하여 국가의 존립에 대한 침해를 미리 방지하여야 한다.

② 경찰은 국회·정부·법원·자치단체 등 국가기관의 정상적인 기능 발휘를 보호하여야 한다.

③ 국가의 존립과 기능성은 형법 등에서 보호받고 있으므로 행정관청 또는 경찰의 활동에 대한 중대한 방해는 공공의 안녕에 대한 위험으로 간주된다.

④ 경찰의 활동은 형법적 가벌성의 범위 내에만 국한되는 것은 아니므로, 가벌성의 범위 내에 이르지 않았더라도 국민의 자유나 권리를 침해하지 아니하는 범위 내에서 수사나 정보·보안·외사 활동을 할 수 있다. 그러나

경찰은 방지되어야 할 위험의 범주를 지나치게 확대해서는 안 된다. 따라서 국가조직에 대한 비판이 폭력성과 명예훼손 행위 없이 표출되는 경우에는 경찰이 개입해서는 안 된다.

㉠ 국가 존립의 불가침성

공공의 안녕과 관련하여 우리 경찰은 국가의 존립을 보호하여야 한다. 군이 적국과의 관계에서 국가의 존립을 보호할 의무가 있는데 비하여, 경찰은 사회 공공과 관련하여 국가의 존립을 보호할 의무가 있다.

국가 존립에 대한 침해에 대해서는 형법이 대내적으로 국토의 참절과 군헌의 문란을 내란의 죄로 다스리는 외에, 대외적으로 외국 또는 적국과의 관계에서 국가의 존립을 보호하기 위하여 외환의 죄로 다스리고 있다.

경찰은 이러한 침해를 미리 방지하기 위하여 범죄의 예비·음모 단계에 관심을 가져서 정보경찰, 보안경찰, 외사경찰에 의한 정보 수집의 대상이 되고, 이것이 보안 수사 및 외사 수사의 대상이 될 수도 있다.

㉡ 국가기관의 기능성의 불가침성

경찰은 국가기관의 기능성을 보호하여야 한다. 즉, 국회, 정부, 법원, 자치단체 등 국가기관의 정상적인 기능 발휘를 보호하여야 한다. 형법은 이를 위해서 공무원의 직무에 관한 죄, 공무 방해에 관한 죄 등의 형벌 법령을 통하여 국가기관의 기능성을 보호하고 있다.

경찰의 활동은 형법적 가벌성의 범위 내에만 국한되는 것은 아니며, 가벌성의 범위 내에 이르지 아니하였을지라도 국민의 자유나 권리를 침해하지 아니하는 범위 내에서 수사나 정보, 보안, 외사 활동을 할 수 있다.

경찰은 방지되어야 할 위험의 범주를 지나치게 확대해서는 안 된다. 지나치면 오히려 시민과의 충돌이 나타날 수 있으며, 경찰 활동에 대한 시민의 저항을 불러일으킬 수 있다. 따라서 폭력성과 명예훼손 행위 없이 표출되는, 국가조직에 대한 모든 종류의 비판은 언론의 자유, 예술의 자유 및 집회의 자유에 관한 헌법적 보호의 대상이 되고 있어 경찰이 개입할 문제가 아니다.

(다) 개인의 권리와 법익의 불가침성

① 공공의 안녕과 관련하여 경찰은 인간의 존엄성·명예·생명·건강·

자유 등의 개인적 법익 외에도 사유재산적 가치 또는 무형의 권리도 보호하여야 한다.

② 사법상(私法上)의 문제에 대하여 개인은 효과적인 보호 시기를 놓쳐 권리가 무효화될 우려가 있을 때에만 경찰에 원조를 요청할 수 있으며, 이 경우에도 경찰은 잠정적 보호에 국한되어야 하고 최종적인 규제를 취해서는 안 된다. 최종적인 규제는 법원이 하여야 한다.

사법적(私法的)인 문제의 경우에 각 개인은 최종적으로는 법원을 통하여 권리와 법익을 보호받을 수 있으며, 위급한 경우에는 가처분과 같은 권리보호 수단을 활용할 수 있다.

개인 법익에 대한 침해가 동시에 형법이나 행정법 등의 공법 규범을 위반하는지 여부를 확인해 보아야 한다. 공법 규범을 위반하는 경우에 공공의 안녕이 이러한 이유로 위험 또는 침해받은 상태라면, 경찰은 단지 잠정적 조치만 취해서는 아니되고, 직접적으로 개입하여야 하기 때문이다.

2) 공공 질서

(1) 개념

공공 질서란 시대의 지배적인 윤리와 가치관에 따를 때, 그것을 준수하는 것이 인간의 원만한 국가 공동체 생활을 영위하기 위한 불가결적 전제조건으로서 공공사회에서의 각 개인의 행동에 대한 불문 규범의 총체를 말한다. 공공 질서의 개념은 절대적인 것이 아니며, 시대와 장소에 따라 변화하고 유동적인 개념이기 때문에 비판받기도 한다.

(2) 공공의 안녕과의 구별

공공 질서는 단지 불문화된 사회적 행동규칙과 가치관만을 포괄하는 점에서, 공공 안녕의 요소를 이루는 성문의 법규범과 구별된다. 오늘날 모든 생활 관계는 법률 관계로 볼 수 있는 상태에 있기 때문에 공공 질서의 사용가능 분야는 점점 축소되고 있다.

(3) 판단 방법

구체적 사안에서 공공 질서와 관련된 경찰의 개입 여부는 재량적 결정에 맡겨지지만 이 경우에도 의무에 합당한 재량 행사여야 한다.

[표 1-2-2] 공공의 안녕과 공공의 질서의 비교

<table>
<tr><td rowspan="4">공공의 안녕</td><td>의의</td><td>법질서, 권리, 각 개인의 법익, 국가 또는 기타 공권력 주체의 기관과 집행의 불가침성을 의미(成文)의 법규범 ⇒ 개인과 국가의 이중적 개념으로 구성</td></tr>
<tr><td rowspan="3">구성 요소</td><td>(1) 법질서의 불가침성 ⇒ 공공의 안녕 제1의 요소
공법(公法) 규범 위반: 원칙적으로 공공의 안녕에 대한 위험으로 취급
사법(私法) 규범 위반: 보충성의 원칙상 경찰의 개입은 최후·최소의 수단이 되어야 함</td></tr>
<tr><td>(2) 국가의 존립과 국가기관의 불가침성
– 군은 적국과의 관계에서, 경찰은 사회 공공과의 관계에서 국가 존립을 보호
– 정보·보안·외사경찰의 중요성 ⇒ 국가 목적적 치안 유지 작용</td></tr>
<tr><td>(3) 개인의 권리 및 법익의 불가침성
– 공공의 안녕과 관련된 개인 법익의 경우 경찰의 원칙적인 임무 사항
– 사법적 개인 법익의 침해의 경우 개인은 효과적인 보호 시기를 놓쳐 권리가 무효화되거나 사실상 어려워질 때만 경찰에 원조 요청을 할 수 있으며, 이 경우에도 경찰 원조는 잠정적 보호에 국한되어야 한다(보충성의 원칙).</td></tr>
<tr><td rowspan="2">공공의 질서</td><td>의의</td><td>당시의 지배적 윤리와 가치관을 기준으로 판단할 때, 원만한 공동체 생활을 위한 불가결의 전제 조건이 되는 각 개인의 행동에 대한 불문 규범의 총체</td></tr>
<tr><td>내용</td><td>(1) 유동적 개념으로서 제한적 사용과 엄격한 통제를 요한다.
(2) 오늘날 규범의 성문화(成文化)의 요청으로 인하여 공공 질서 개념의 사용 범위는 점차 축소되는 경향이 있다.</td></tr>
</table>

3) 위 험

(1) 개념

(가) 경찰 개입의 최소 요건

경찰상 위험이란 개인 및 공동의 법익에 대한 침해의 가능성이 충분히 존재하는 상태를 말한다. 따라서 단순한 성가심이나 불편함 등은 경찰 개입의 대상이 아니다. 즉 위험의 존재는 경찰 개입의 최소 요건이다.

법익에 대한 침해는 인간의 행동에 의한 경우뿐만 낙뢰·지진·침수·산사태 또는 전염병, 동물에 의한 피해 등 자연력의 결과에 의한 경우도 포함된다.

(나) '손해의 가능성'으로서의 위험

손해란 보호받는 개인 및 공동의 법익에 관한 정상적 상태의 객관적 감소, 즉 보호 법익에 대한 현저한 침해 행위를 말한다.

위험이란 "가까운 장래에 공공의 안녕(또는 질서)에 손해가 나타날 수 있는 가능성이 개개의 경우에 충분히 존재하는 상태"를 말한다.

단순한 성가심, 불편함 등은 경찰 개입의 대상이 아니며, 그 성가심의 빈도나 기간이 일정 수준에 도달하여 평균적 인간의 판단으로 볼 때 손해나 더 나아가서는 위험의 한계를 넘었다고 보여질 때 경찰의 개입 여지가 생긴다.

(2) 위험의 분류

(가) 구체적 · 추상적 위험

구체적 위험이란 개개의 경우에 존재하는 손해 발생의 가능성이 충분히 있는 경우이며, 추상적 위험이란 구체적 위험의 예상 가능성만을 일컫는다.

구체적인 위험은 개개의 경우에 실제로 존재하는 경우이고, 추상적 위험은 단순히 가설적이고 상상적인 경우이다.

구체적 위험의 존재는 경찰 개입을 위한 요건이다.

[표 1-2-3] 구체적 위험과 추상적 위험 비교

구분	구체적 위험	추상적 위험
개념	구체적인 사안에서 존재하는 손해 발생의 충분한 가능성	일반 · 추상적으로 고찰하였을 때 손해 발생의 가능성이 있다는 가설적인 경우(구체적 위험의 예상 가능성)
내용	경찰 개입은 구체적 위험이 존재하는 경우에 가능하지만, 반드시 보호 법익에 대하여 위험이 필수적으로 존재하여야 하는 것은 아니다. 따라서 밤 시간이나 차도에 차가 전혀 다니지 않는 경우일지라도 빨간 불에 차도를 건너는 자, 야간에 행인이 없는 도로에서 교통신호를 무시하고 운전한 자 등은 개인적 법익, 국가적 법익에 대한 손해 발생의 가능성은 없지만, 모두 법질서의 불가침성에 대한 침해의 충분한 가능성이 있으므로 경찰책임자가 되고 경찰권을 개입할 수 있다.	경찰의 개입은 추상적 위험이 있을 때에도 가능하다. 따라서 경찰은 순찰이나 교통 감시 등의 활동을 할 수 있다.
기타	경찰의 개입은 구체적 위험 또는 적어도 추상적 위험이 있을 때 가능하다. 따라서 사전 배려 원칙에 따라 추상적 위험 이전의 단계에서 사전 배려적 개입이 허용되는 환경법과는 다르다.	

(나) 일반적 위험과 위험 예방 조치(위험 방지)

일반적 위험이란 일반적인 경우에 손해의 발생 가능성이 충분한 경우를 말한다. 경찰의 일반적인 위험을 방지하기 위한 조치에는 구체적 위험이나 추상적 위험의 구성 요소에 제한을 받지 않는다.

위험 방지 활동의 예로는 범죄의 감시나 범인의 검거 등을 들 수 있다. 범죄의 예방이나 장래의 위험 방지를 위한 준비 행위(예를 들어 경찰이 범죄를 감시하거나, 또는 범인 검거를 통하여 일반적인 위험을 예방하는 조치)는 구체적인 위험이나, 추상적 위험의 구성 요소에 의해서도 제한되지 아니하므로, 그런 목적으로 경찰이 활동할 수 있다.

(다) 위험에 대한 인식-외관적 위험, 위험 혐의, 오상 위험

경찰에서 위험의 판단은 사실을 기초로 향후 사건의 진행에 대한 예측이다. 따라서 이러한 위험의 판단은 객관적으로 정당화되어야 한다. 따라서 객관화를 이루는 사전 판단이 정당화되지 않는 경우에는 의무에 반하는 개입이 되어 국가배상이나 손실보상의 문제가 제기된다.

① 외관적 위험

외관적 위험이란 경찰이 의무에 합당한 사려 깊은 상황 판단을 하였으나 상황 판단의 오류나 허위 정보 등으로 실제로 위험의 예측이 잘못된 경우를 말한다.

심야에 순찰중인 경찰이 "강도야!"라는 소리를 듣고 달려가 이를 제압하였으나 실제로는 한 친구가 다른 친구를 놀려 주려고 장난을 치고 있었던 경우, 심야에 순찰중인 경관이 살려달라는 소리를 듣고 출입문을 부수고 들어갔는데 귀가 어두운 노인이 TV를 크게 켜놓아 그 소리가 밖으로 들린 경우 등이 이에 해당한다.

외관적 위험의 경우는 객관화를 이루는 사전 판단이 정당화되는 경우이므로 배상 문제나 보상의 문제가 발생하지 않는다.

② 위험 혐의

위험 혐의란 경찰이 의무에 합당한 사려 깊은 상황 판단을 할 때 실제로 위험의 가능성은 예측되나 불확실한 경우를 말한다.

[표 1-2-4] 위험의 분류

의의	가까운 장래에 공공의 안녕(또는 질서)에 손해가 나타날 수 있는 가능성이 개개의 경우에 충분히 존재하는 상태⇒ 손해의 가능성으로서의 위험	
분류	구체적 위험	위험 발생의 충분한 가능성 ⇒ 경찰 개입의 법적 요건
	추상적 위험	(1) 구체적 위험의 예상 가능성 비교: 사전 배려 원칙(환경행정 분야) (2) 일반적 위험을 예방하는 조치는 구체적 위험이나 추상적 위험의 존재에도 항상 가능(주의)
	위험 혐의	경찰의 개입은 위험의 존재 여부가 명백해질 때까지는 예비적 조치(조사 차원의 경찰 개입)에만 국한되어야 한다는 것
	외관적 위험	합리적인 충분한 사전 판단했으나 위험의 추정을 실패한 경우
	오상 위험 (추정적 위험)	합리적인 충분한 사전 판단 없다.⇒위험의 추정을 실패한 경우 손해배상이나 손실보상의 문제가 발생한다.

이러한 위험 혐의의 상황에서 경찰의 위험 방지는 위험의 존재가 명백하게 드러날 때까지 예비적 조치에 국한하여야 함을 말한다.

이는 위험의 조사 차원에서의 경찰 개입을 정당화시키는 요소이므로 손해배상이나 손실보상의 청구 문제가 발생하지 않는다.

③ 오상 위험(추정적 위험)

오상 위험이라 함은 경찰이 위험을 예측하였으나 객관화를 이루는 사전 판단이 정당화되지 않는 경우를 말한다. 즉, 이성적이고 객관적인 상황 판단을 하였을 때 위험의 외관은 물론이고 위험의 혐의도 없는 경우에 경찰이 위험의 존재를 잘못 추정한 경우를 말한다.

오상 위험의 경우는 외관 위험이나 위험 혐의와는 달리 경찰의 의무에 반하는 개입 행위가 되어 손해배상이나 손실보상의 청구의 문제가 발생한다. 객관화를 이루는 사전 판단이 정당화되지 않기 때문이다.

④ 주관적·객관적 위험 개념

경찰에게 위험의 개념은 일종의 예측, 즉 사실에 기인하여 향후 발생할 사건의 집행에 관한 주관적 추정을 포함한다. 그러나 위험 개념이 주관적인 것이라 하더라도, 이는 경찰 조치들이 정당화될 수 있도록 일종의 객관화를 요구한다.

3 범죄의 수사

1) 성격 및 근거법

범죄 수사는 사법경찰 작용으로 수사경찰의 주된 임무이다.

경찰법과 경찰관직무집행법은 범죄 수사를 경찰의 임무로 규정하고 있고, 형사소송법도 검사의 지휘를 받는 한도 내에서 경찰에 수사 권한을 수권하고 있다.

형사법은 대부분의 경우 '하여야 한다'고 규정하여 법정주의 원칙을 천명하고 있으므로 경찰관은 수사를 할 것인지 여부에 대한 재량이 없다.

2) 위험 방지와의 관계

경찰의 수사 임무는 위험 방지 임무와 완전히 별개가 아니라 양자는 일련의 과정 속에서 상호 연관되어 있다.

(1) 수사경찰의 주된 임무

범죄의 수사는 사법경찰 작용으로서 수사경찰의 주된 임무이며, 이와 관련하여 경찰법과 경찰관직무집행법은 각각 범죄의 수사를 경찰의 임무로 규정하고 있다. 또한 형사소송법은 수사에 관한 일반법적 성질을 가지는 것으로서, 검사의 지휘를 받는 한도 내에서 경찰에 수사권을 수권하고 있다(형소법 제196조).

(2) 법정주의의 원칙

행정상의 경찰권의 행사는 행정편의주의에 따라 '할 수 있다'고 규정하고 있는 경우가 대부분인데 비하여, 수사에 관해서는 형사소송법 제195조가 '하여야 한다'고 규정함으로써 법정주의 원칙을 천명하고 있다. 따라서 경찰관은 범죄행위가 있으면 친고죄 등 특별히 법정된 경우를 제외하고는 수사를 하여야 할 의무가 발생한다.

4 서비스(service)

1) 적극적인 서비스 활동의 요청

21세기적 복지행정이 강조되는 오늘날 경찰에게는 좁은 의미의 소극적인 위험 방지를 위한 명령 강제나 범인의 체포 수사와 같은 법집행적인 임무뿐만 아니라, 적극적인 서비스 활동을 통하여 국민에게 봉사하는 역할이 요구되고, 국민에게 경찰권의 발동을 요구할 수 있는 권리인 경찰개입청구권을 인정하는 등의 자세가 필요하다.

2) 급부행정

경찰의 급부행정적 서비스 활동에는 교통정보 또는 지리정보의 제공, 인명구조와 같은 각종 보호의 제공, 어린이 교통안전 교육뿐만 아니라, 경찰의 가장 기본적인 활동인 순찰 활동을 통한 범죄의 예방 활동 등이 포함된다.

3) 사익 보호

경찰의 규제적 권한의 발동은 오로지 공익만을 보호하기 위한 것이 아니고 개인의 사익 보호와도 연결되어 있다.

(1) 행정국가에서 적극적인 급부행정적 서비스 활동을 통하여 국민에게 봉사하는 역할이 더욱 부각 (2) 현대 국가에서 경찰 활동은 서비스를 위한 위험 방지, 서비스를 위한 수사로 귀결

각국의 제도	영미법계	보안 목적(소극 목적)의 권력작용에 한정함.
	대륙법계	보안 목적(소극 목적)의 권력작용+복리 목적(적극 목적)의 질서 유지적 권력작용
경찰직무의 내용	(1) 국민의 생명·신체 및 재산의 보호 (2) 사회 공공의 안녕과 질서 유지 ⇒ 경찰의 궁극적 업무	

제 2 절 경찰의 수단

1 개 설

현대 사회에서는 복리주의적 급부행정의 중요성이 점증되어 경찰행정에서도 서비스적 활동이 강조되고 있다. 따라서 플레인트(Fritz Fleint)의 "교훈과 훈계가 아닌 강제를 통해서 경찰은 목적을 달성할 수 있다"라는 주장은 그 의미가 상실되어 가고 있다.

물론 강제적 수단이 의미가 없는 것은 아니지만 경찰에게 주어진 사명을 강제적인 수단만으로는 부족하다는 것이다. 이에 따라 비권력적인 경찰 수단의 필요성이 강조되고 있는 것이다.

경찰 수단이 범죄 수사와 관련이 있는 경우에는 형사소송법상의 임의 수단이나 강제 수단에 따라 수사 목적을 달성한다.

[표 1-2-5] 권력적 작용과 비권력적 작용 비교

권력적 작용	비권력적 작용
(1) 행정처분에 속하는 각종 활동 (2) 즉시강제를 위한 위험 방지 활동 (3) 범죄 수사를 위한 활동	(1) 행정지도에 속하는 활동 (2) 정보수집 활동(사실행위) (3) 급부행정에 속하는 각종의 서비스 활동 (4) 사유재산권의 보호 활동(유실물의 관리 등)

2 명령과 강제

1) 경찰 하명(질서 하명)

(1) 의의

경찰 하명이라 함은 경찰 목적을 달성하기 위하여 일반통치권에 의거하여 사인(私人)에게 일정한 작위 · 부작위 · 급부 또는 수인의 의무를 명하는 것을 말한다.

운전 면허가 없는 자는 자동차를 운전해서는 안 되는데, 이것은 경찰상의 금지에 속한다.

경찰의 하명이 발해지면 개인에게는 경찰 의무가 발생되고, 경찰 의무의 실현을 통해서 공공의 안녕과 질서에 대한 위험 또는 경찰 위반의 상태를 방지하고 제거하게 되는 것이다.

하명→의무 발생→의무 위반→위험 발생→경찰책임→경찰벌

(2) 종류

경찰 하명에는 작위하명·부작위하명·급부하명 또는 수인하명이 있다. 그런데 경찰의 목적은 주로 사회 장해의 제거에 있으므로 이러한 하명 중에서 일정한 행위를 금지시키는 부작위하명이 가장 많다.

(3) 경찰 하명의 위반

경찰 의무 불이행의 경우는 경찰상 강제집행과 즉시강제가 행해진다. 또 강제집행의 수단이 없는 경우에는 경찰벌을 과하도록 규정하는 것이 보통이다. 경찰 의무 위반의 경우에는 경찰벌을 과하는 것이 일반적이다.

의무 불이행	이행 가능성	이행 목적	경찰강제
의무 위반	이행 불능	처벌 목적	경찰벌

2) 경찰 허가(질서 허가)

(1) 의의

경찰 허가란 특정한 경우에 경찰 금지를 해제하여 일정한 행위를 적법하게 할 수 있도록 자연적 자유를 회복시켜 주는 경찰처분을 말한다.

(2) 성질

경찰 허가의 성질은 명령적 행위이며 기속행위이다. 경찰 허가는 자연적 자유를 회복시켜 준다는 점에서 권리나 능력, 기타의 법률상의 힘을 설정하여 주는 형성적 행위와 다르다.

(3) 효과

(가) 경찰 금지의 해제

경찰 허가의 효과는 경찰 금지를 해제하여 자연적 자유를 회복시켜 주는 데에 있다. 경찰의 금지의 해제가 사실상의 독점적 경제적 이익이 생기는 경우도 있으나 이는 반사적 이익에 지나지 않는다. 그러나 법규의 성질이 공익 외에 사익도 보호하고 있는 경우에는 법률상 이익이 있다. 따라서 관련 당사자는 그 효과를 권리로서 주장할 수 있다.

(나) 법률행위의 효력 문제

경찰 허가는 사법상(私法上) 법률행위의 효력을 규율하는 것이 아니므로 허가 없이 한 사법상 법률행위가 당연히 무효로 되는 것은 아니다.

3) 경찰강제

(1) 의의

경찰강제란 경찰 목적을 위하여 사인의 의사에 관계 없이 그의 신체 또는 재산에 실력을 가하여 질서 유지에 필요한 상태를 실현하는 권력적 사실행위를 말한다.

경찰 하명과 경찰 허가가 의무를 명하거나 의무를 해제하는 법률행위이지만, 경찰강제는 실력 행사를 통해서 일정한 상태를 실현하는 사실행위라는 점에서 차이가 있다.

경찰은 경찰강제를 통하여 실력으로 경찰 목적을 달성할 수 있는데, 경찰관직무집행법은 그 중에서도 즉시강제의 기본법으로서의 역할을 한다.

(2) 종류

(가) 경찰상 강제집행

경찰상 강제집행이란 사인이 경찰상 의무를 이행하지 않는 경우 경찰이 실력으로 의무 이행과 동일한 상태를 실현시키는 것을 말한다. 경찰상 강제집행 수단으로 대집행・강제징수・집행벌・직접강제 등이 있다.

(나) 경찰상 즉시강제

경찰상 즉시강제는 ① 목전에 급박한 경찰 위반 상태를 제거하거나 예방하기 위하여 의무를 명할 시간적 여유가 없거나, ② 사전에 의무를 명하는 것으로 질서 유지의 목적을 달성할 수 없을 경우에 사인의 신체 또는 재산에 실력을 가하여 경찰상 필요한 상태를 실현하는 작용이다.

(다) 경찰상 조사

경찰상 조사란 경찰 목적을 위한 자료 수집 활동인 질문, 검사, 조사 목적을 위한 영업소 등에의 출입 등을 말한다. 종래에는 경찰 목적을 위한 자료 수집 활동을 경찰상 즉시강제에 포함시켜 왔으나, 이를 경찰상 즉시강제와 분리하는 것이 일반적인 경향이다.

(3) **부수적인 것**

부수적인 것으로 경찰에게 법적으로 허용된 허가(예: 총포・도검・화약류 등의 허가)나 확인(예: 운전면허 시험의 합격, 불합격의 결정), 공증(예: 면허증의 교부) 또는 그 철회를 통해서도 경찰은 임무를 수행한다.

3 범죄 수사를 위한 수단

1) 임의수사의 원칙

범죄 수사를 위한 경찰 수단은 형사소송법에 근거 규정을 마련하고 있다. 수사의 수단에는 임의수사와 강제수사가 있는데 수사 목적의 달성과 인권 보장의 조화를 위하여 임의수사를 원칙으로 하고 있다(형사소송법 제199조). 강제수사의 경우에는 예외적으로 법률에 규정이 있는 경우에 한하여 인정된다.

그러나 임의수사이든 강제수사이든 경찰관은 사법경찰 관리로서 피의자 또는 다른 사람의 인권을 존중하는 데 특히 주의하여야 한다(형사소송법 제198조).

2) 인권의 존중

임의 수단이나 강제 수단을 사용할 경우에 경찰관은 사법경찰 관리로서 피의자 또는 다른 사람의 인권을 존중하는 데 특히 주의하여야 한다(동법 제198조).

2) 수사의 종류

(1) 임의수사

임의수사는 강제력을 행사하지 않고 상대방의 동의 또는 승낙을 받아서 행하는 수사 활동을 말한다. 예컨대 임의동행(형사소송법 제199조)·임의제출물의 압수(형사소송법 제108조) 등이 여기에 해당한다. 이러한 경우에는 영장이 없이도 가능하다.

임의수사의 경우에도 필요하고 상당한 경우에만 인정된다는 수사 비례의 원칙이 지배한다.

(2) 강제수사

강제수사는 강제처분에 의한 수사 활동을 말한다. 강제수사는 강제처분법정주의에 의하여 제한되므로, 강제처분의 종류와 요건·기간 등이 법률에 규정되어 있어야 행할 수 있는 것이다. 그리고 이러한 규정이 있는 경우라도 강제처분에 의한 인권의 침해는 심각한 것이므로 사건의 의미와 기대되는 형벌과의 관계에서 상당성이 유지되어야 한다(비례성의 원칙).

강제수사에는 체포·구속·감정유치·압수·수색·검증 등이 있다.

강제처분법정주의에 위반한 수사 활동은 위법 수사의 문제가 발생하며 경찰관은 형법상 직권남용죄로 처벌되고, 국가배상 책임이 발생한다.

4 비권력적 수단

1) 필요성

비권력적 수단을 사용하는 이유는 ① 권력적 수단만으로 모든 경우에 경찰 목적을 달성할 수 없고, 오히려 비권력적 수단을 사용하는 것이 경찰 목적을 달성하는 수단으로 적합한 경우가 있고, ② 오늘날 서비스 지향적 경찰 활동 수단의 증가가 그 원인이다.

(1) 비권력적 수단의 필요성 증가

오늘날 경찰에게 주어진 다양한 임무는 경찰 하명과 같은 고전적인 수단만으로는 수행할 수 없게 되었고, 이에 따라 점점 더 비권력적인 경찰 수단의 필요성이 요구되고 있다.

(2) 임무에 관한 일반 조항

오늘날 경찰 활동 중에 개인의 자유에 개입하지 않으면서 구체적 수권 조항이 없이도 임무에 관한 일반 조항만으로도 행할 수 있는 광의의 위험 방지 활동이 관심의 대상이 되고 있다.

2) 종 류

상대방의 임의적 협력을 요하는 경찰 수단에는 주의·권고·조언·지도 등의 행정지도와 검문, 물건의 임의 제출 등 범죄의 예방에 기여하는 수많은 활동 등이 있다. 그리고 상대방의 임의적 협력도 요하지 않는 비권력적 수단에는 주로 서비스 지향적 경찰 활동 수단이 포함된다. 예를 들면, 순찰 활동·일상적인 교통 정리·정보 제공·지리 안내·정보의 수집과 배포 등이 여기에 포함된다.

정보경찰이 수행하는 정보의 수집이나 작성·배포 활동도 비권력적 활동에 속한다.

3) 법적 근거의 필요성 여부

비권력적 경찰 수단에 대하여 구체적 수권 없이 임무에 관한 일반 조항만으로 가능한지가 논의되고 있다.

상대방의 임의적 동의조차 요하지 않는 비권력적 수단, 즉 서비스 지향적 경찰 활동 수단은 일반적 임무 조항만으로 가능하다고 본다.

문제는 상대방의 임의적 협력을 요하는 비권력적 경찰 수단에 있다. 상대방의 동의나 협력이 사실상 강제된다면 문제가 있기 때문에 법적 근거의 여부가 논의된다.

5 경찰행위에 대한 구제 수단

<table>
<tr><td rowspan="4">행정상 구제</td><td>징계 책임</td><td colspan="2">견책, 감봉, 정직, 해임, 파면</td></tr>
<tr><td>취소</td><td colspan="2">직권, 소청, 고충심사, 심판, 행정소송</td></tr>
<tr><td rowspan="2">손해전보</td><td>손실보상</td><td>적법, 특별희생</td></tr>
<tr><td>손해배상</td><td>위법</td></tr>
<tr><td rowspan="2">사법상 구제</td><td>형사 책임</td><td colspan="2">직권남용죄 등</td></tr>
<tr><td>정당방위</td><td colspan="2"></td></tr>
<tr><td>정치적 구제</td><td colspan="3">청원</td></tr>
</table>

6 경찰 활동의 유형과 법적 성질

유형	구체적 사례	법적 성질	구 제 수 단
즉시 강제	불심검문, 정신착란자 등의 보호, 위험 발생 방지, 범죄의 예방과 제지, 위험 방지를 위한 출입, 경찰 장구의 사용, 분사기 등의 사용, 무기의 사용	권력적 사실행위	항고소송 제기 곤란 손해배상청구 가능
범죄 수사	형사소송법상의 범죄 수사 활동	기속행위	부작위시 직무유기죄 손해배상청구 가능
행정 처분	범칙금납부통고서 발부, 운전 면허의 정지·취소, 총포 소지 허가	법률행위, 권력행위, 규제행정	항고소송 가능 손해배상청구 가능
급부 행정	① 금전급부: 중요 범죄 신고자 또는 검거자에 대한 포상금 지급 ② 서비스 제공: 정보 제공(교통·지리 정보 제공), 각종 보호의 제공(인명구조, 경호), 교육(어린이 교통안전교육), 순찰 활동 ③ 시설의 설치: 신호기·도로표지 등의 설치	비권력적 행위	손해배상 청구만 가능
사유 재산권 보호	유실물의 관리	보충적 작용	
행정 지도	방범 지도, 청소년 선도	비권력적 사실행위	손해배상 청구만 가능
정보 수집	각종 정보의 수집 활동	비권력적 사실행위	손해배상 청구만 가능

오늘날 경찰 활동은 서비스 제공·행정지도·정보 수집 활동 등 비권력적 수단에 의한 활동이 증대되고, 명령·강제 등 권력적 수단에 의한 활동은 점점 축소되고 있다.

제 3 절 경찰권과 관할

1 경찰권(경찰 활동의 기초)

1) 경찰권의 개념

종래 경찰권이란 실질적 의미의 경찰이 사용하는 통치권적 권한을 의미하였다. 그러나 경찰 활동에는 비권력적 수단을 통하여 임무 수행을 하는 분야가 있으며, 영미법계 국가에서는 경찰의 임무로서 범죄의 수사를 중요한 법집행의 하나로 인정하고 있으므로, 종래의 경찰권 개념은 타당하지 않다. 따라서 광의의 경찰권에는 협의의 경찰권과 수사권이 포함된다고 해야 한다.

경찰의 범죄 수사 활동은 종래의 경찰권과는 달리 형사소송법에서 수권하고 있는 수사권에 의한 경찰 활동으로서, 경찰 하명이나 의무 위반에 대한 강제집행, 또는 즉시강제 등과는 전혀 성질을 달리하는 것이다.

경찰의 모든 활동이 종래의 경찰권의 발동으로 포섭될 수 없다. 종래의 경찰권은 협의의 경찰권이며, 광의의 경찰권은 협의의 경찰권과 수사권을 포괄하는 개념이다.

2) 협의의 경찰권

(1) 개념

협의의 경찰권이란 사회 공공의 안녕과 질서를 유지하기 위하여 일반통치권에 의거, 국민에게 명령·강제하는 권한을 뜻한다.

경찰권의 상대방으로서 경찰 하명 또는 경찰강제의 대상은 법률에 특별한 규정이 없는 한 통치권에 복종하는 모든 자가 대상이 된다. 자연인이든 법인이든, 내국인이든 외국인이든 상관 없이 경찰권에 복종하여야 한다.

경찰작용은 일반통치 관계를 전제로 하는 것이므로, 국회의장의 국회경찰권(국회법 제143조 등), 재판장의 법정경찰권(법원조직법 제58조) 등과 같이 일반통치권을 전제로 하지 아니하고, 부분사회의 내부 질서를 목적으로 하는 경우에는 경찰작용이 아니다.

협의의 경찰권에 의해서는 통행 금지와 같은 일반처분이 가능하고, 경찰책임자 이외의 비책임자에게도 권한 행사가 가능하다.

(2) 발동 대상

경찰권의 상대방은 법률에 특별한 규정이 없는 한 통치권에 복종하는 모든 자가 대상이 된다. 따라서 자연인·법인, 내국인·외국인을 불문한다.

공공의 안녕과 질서를 유지하여야 할 경찰 의무를 특정인에 대하여 면제하는 것은 평등의 원칙에 반하므로 허용되지 않는다. 그러나 외교사절과 같이 국제법상 특례가 인정되는 경우에는 예외적으로 경찰 의무의 면제가 인정된다.

(3) 다른 행정기관과 경찰권

다른 행정기관이나 행정 주체가 사법적(私法的) 활동을 하는 중에 경찰의무를 위반한 경우에는 경찰권의 발동이 허용된다.

그러나 공행정 활동 중에 경찰 의무를 위반한 경우에는 공행정 활동을 저해하지 않는 범위 내에서 경찰권이 발동될 수 있다(예: 구청의 청소차, 위생차의 주차 위반에 범칙금 부과).

3) 수사권

(1) 개념

수사권이란 국가 형벌권을 행사하기 위하여 형사소송법에 의거 경찰에게 부여된 권한을 말한다. 경찰의 수사권은 검사의 지휘를 받아야 하는 일정한 제한이 있다(형사소송법 제196조). 형사사건에 관한 공소 제기 여부를 결정하거나 공소 제기 및 유지를 위한 준비로서, 범죄 사실을 조사하고 범인 및 증거를 발견·수집·보전하기 위한 경찰의 권한을 말한다.

(2) 발동 대상

경찰의 수사권은 자연인에게 발동될 수 있음은 물론이나, 법인에게 적용되는 경우도 많다. 수사권은 내국인・외국인을 불문하고 발동될 수 있으나, 면책특권이 있는 외교사절・SOFA에 의한 공무 집행중의 미군 범죄, 대통령의 형사상 특권, 국회의원의 면책특권 및 불체포특권 등 일부 제한이 인정된다. 외교사절에 대해서는 면책특권이 인정되고 있고, SOFA 협정에 의거 공무 집행중인 미군 범죄 등에 대해서는 1차적 재판권을 미군 당국이 가지므로 경찰의 수사권이 제한을 받고 있다.

그리고 협의의 경찰권에 의해서는 일반처분이 가능하고, 경찰책임자 이외의 비책임자에게도 권한이 발동될 수 있는데 대하여, 수사권은 피의자나 참고인 등 형사소송법에 규정된 관계자 이외에는 발동될 수 없다.

2 경찰의 관할

1) 사물 관할

(1) 개념

사물 관할이란 경찰이 처리할 수 있고(재량행위) 또 처리하여야 하는(기속행위) 사무 내용의 범위를 말한다. 사물 관할은 경찰권이 발동될 수 있는 범위를 설정하여 그 범위 외의 분야에는 경찰이 개입할 수 없도록 한다는 점에서 의미를 지닌다.

(가) 범죄 수사

우리 나라는 영・미 경찰 개념의 영향을 받아 범죄 수사에 관한 임무가 경찰의 사물 관할로서 인정되고 있다.

형사소송법 제197조와 '사법경찰 관리의 직무를 행할 자와 그 직무 범위에 관한 법률,' '사법경찰관리집무규칙' 등에 의거하여 국가정보원 직원, 군사법경찰관리, 교도소장, 근로감독관, 산림보호종사원, 선장 등은 원칙적으로 각 소속관서의 관할구역 내에서 법정의 범죄에 대해 사법경찰 관리로서의 직무를 행하게 되어 있으므로 수사 활동을 할 때에는 이에 유의하여야 한다.

이와 관련하여 범죄수사규칙(1997. 5.27, 경찰청훈령 제57호)은 일반사법 경찰관리와 특별사법 경찰관리와의 관계에 대하여 양자간의 공조 원칙 외에 직접수사, 이송, 인수, 경합 등에 관한 규정을 두고 있다(범죄수사규칙 제39조~제43조).

(나) 경찰법 제3조와 경찰관직무집행법 제2조

경찰법과 경찰관직무집행법은 여러 가지의 임무 또는 직무를 나열하고 있으나, 이는 궁극적으로 공공의 안녕과 질서 유지에 귀결된다.

경찰법 제3조와 경찰관직무집행법 제2조에 경찰의 임무(직무)로서 열거되어 있지 아니하더라도, 경찰은 공공의 안녕과 질서 유지를 위하며 다른 법령의 규정에 의거하여 직무를 수행할 수 있다.

(2) 입법 태도

사물 관할은 조직법적 임무 규정이므로, 경찰조직에 관한 일반법인 경찰법에 규정되어야 하는 것이 원칙이다. 그런데 일본과 달리 우리 나라는 경찰작용법에 해당하는 경찰관직무집행법에도 사물 관할에 관한 규정이 포함되어 있는 특색이 있다.

(3) 범위

경찰법과 경찰관직무집행법에는 위험 방지 및 서비스의 제공을 통한 공공의 안녕과 질서 유지를 경찰의 임무로 규정하고 있으며, 영미 경찰 개념의 영향으로 범죄 수사에 관한 임무를 경찰의 사물 관할로 인정하고 있다.

2) 인적 관할

(1) 개념

경찰권이 어떤 사람에게 적용되는가의 문제를 인적 관할이라 한다. 광의의 경찰권이 발동될 수 있는 인적 범위를 인적 관할이라고 할 수 있다.

(2) 범위

경찰권은 원칙적으로 모든 사람에게 적용되나, 국내법적으로는 대통령과 국회의원에 대해서, 그리고 국제법적으로는 외교사절과 주한 미군에 대해서 일정한 제한이 있다.

3) 지역 관할

(1) 개념

지역 관할이란 경찰권이 발동될 수 있는 지역적 범위를 말하고, 대한민국의 영역 내에 모두 적용됨이 원칙이다. 그러나 이 경우에도 다른 행정관청이나 기관 또는 국제법적 근거에 의거 일정한 한계가 있다.

(2) 한계

(가) 해양경찰청과의 관할 구분

해양에서의 경찰사무는 해양경찰청에서 원칙적으로 관할권을 갖는다(해양경찰청과 그 소속직무기관 등 직제 제3조). 따라서 일반경찰은 육상에서의 경찰사무를 관할함에 그친다.

(나) 건설교통부와 경찰청과의 수사업무 한계협정 고시(2005.2.3 제2005-1호)

① 철도시설 및 열차 안에서 발생하는 철도안전법에 규정된 범죄와 역 구내 및 열차 안에서 발생한 현행범 처리 일체를 건설교통부에서 책임 처리하고 그 밖의 범죄는 경찰청에서 처리한다.

② 역 구내 및 열차 안에서 발생한 현행범 중 살인·화재·변사 등 중요 사건에 대하여 건설교통부로부터 협조 의뢰가 있을 때에는 경찰청에서 처리한다.

③ 열차사고는 경찰청에서 처리함을 원칙으로 한다.

④ 경찰청에서 처리하여야 할 사건에 대하여 건설교통부는 신속하게 이를 통보하고, 사건 현장 보존 조치를 하는 등 사건 처리에 협조하여야 한다.

⑤ 건설교통부에서 처리하여야 할 사건에 대한 사건 수배는 건설교통부의 수사 협조 의뢰가 있을 때에만 수배한다.

⑥ 역 구내 및 열차 안, 철도부지 및 시설물에 대한 방범 활동과 행정 단속은 건설교통부에서 전담한다.

⑦ 즉결심판 청구사건은 건설교통부에서 관련 서류 등을 구비하여 관할 경찰서장에게 인계한다.

⑧ 건설교통부로부터 피의자의 입감 의뢰가 있을 때에는 협조한다.

⑨ 특별한 경우에는 역 구내에 경찰관을 배치할 수 있으며, 건설교통부와 경찰청은 위에서 정하는 사항 외에도 범죄 예방과 수사에 관하여 적극 협력한다.

(다) 의원경찰권(국회법 제143조 등)

국회의장에게는 국회경찰권(국회경호권)이 있어 국회 안에서 경찰권을 행사한다. 의장은 필요시에 정부에 대하여 경찰관의 파견을 요청할 수 있는데, 이 경우에도 파견된 경찰관은 회의장 건물 밖에서만 경호를 하여야 한다(동법 제144조).

국회 안에 현행 범인이 있을 때에는 경찰관은 이를 체포한 후 의장의 지시를 받아야 하며, 다만 회의장 안에 의원이 있는 경우에는 의장의 명령 없이 의원을 체포할 수 없다.

(라) 법정경찰권(법원조직법 제58조)

법정경찰권은 재판장에게 있다. 따라서 재판장의 요청으로 파견된 경찰관은 법정 내외의 질서 유지에 관하여 재판장의 지휘를 받아야 한다(제60조).

(마) 치외법권 지역

경찰권 면제이므로 처음부터 대상이 되지 않으므로, 경찰권 대상 중 제외되는 지역 관할의 예외와는 차이가 있다.

외교공관과 외교관의 개인 주택 및 외교사절의 승용차·보트·비행기 등 교통 수단 등은 국제법상 치외법권 지역이므로 외교사절의 요구나 동의 없이는 원칙적으로 들어갈 수 없다. 불가침의 대상이다.

그러나 경찰상의 상태 책임과 관련하여서는 예외적으로 화재나 전염병의 발생 등과 같이 긴급한 경우에는 외교사절의 동의 없이도 공관에 들어갈 수 있다(국제적 관습).

(바) 미군 영내

SOFA 협정(한미행정협정)은 군대 규율과 질서를 유지하여야 하는 군대의 특수성을 감안하여, 미군 당국이 부대 영내·외에서 경찰권을 행사하도록 함으로써 자체적으로 질서와 안전의 유지를 위하여 필요한 적절한 조치를 취할 수 있도록 하고 있다.

① 시설 및 구역 내부 경찰권

미군은 미군 시설 및 구역 내에서 범죄를 행한 모든 자를 체포할 수 있고, 대한민국 경찰이 체포하려는 자로서 한미행정협정의 대상이 아닌 자가 미군 시설 및 구역 내에 있을 때에는 대한민국 경찰이 요청하는 경우에는 그 자를 체포하여 즉시 인도하여야 한다.

대한민국 경찰은 미군이 동의한 경우와 중대한 범죄를 범하고 도주하는 현행범인을 추적하는 경우에는 미군 시설 및 구역 내에서 범인을 체포할 수 있다.

〈한미행정협정에 의한 경찰권 제한〉
신병인도요구권, 재판거부권, 재판권포기요구권, 미국정부대표입회권

[표 1-2-6] 경찰의 관할

사물 관할	의의	경찰이 처리할 수 있고 또 처리하여야 하는 사무 내용의 범위⇒조직법적 임무 규정 주의: 다만. 특별법상의 사법경찰 관리의 직무 범위에 대해서는 형사소송법·사법경찰의 관할에서 제외된다. ⇒'범죄수사규칙'에 상호간의 관계를 규정(예: 국정원 직원, 군 사법경찰기관, 교도소장, 산림보호 종사원, 선장 등)
	특색	(1) 범죄의 수사가 경찰의 사물 관할로서 인정(영미법의 영향) (2) 우리의 경우 작용법인 경찰관직무집행법에 조직법적 임무 규정이 포함되어 있다(제2조 5호).
인적 관할	의의	경찰권이 어떤 사람에게 적용되는가의 문제⇒원칙적으로 국가의 일반통치권에 복종하는 모든 사람이 경찰권의 대상
	예외	대통령·국회의원(헌법), 외교사절(국제법), 주한 미군(SOFA)
지역 관할	해양경찰청 관할	해양⇒육상·해양수산부와의 관할 구분의 필요성
	건설교통부의 관할	(1) 현행 범인(철)·비현행 범인(경)·살인·화재·변사사건(협조 의뢰) (2) 역 구역 내에는 일체 경찰관을 고정 배치하지 않는다.
	국호 및 법정 내부	국회경호권 국회의장이 행사. 경찰관은 회의장 건물 밖에서만 경호 법정경찰권 재판장이 행사
	치외법권 지역	(1) 외교공관·외교관의 사택·교통 수단 등이 대상 (2) 상태책임의 경우에 예외가 있다(예: 화재나 전염병의 발생시).
	미군 영내	시설 및 구역 내부 경찰권
		사람이나 재산·미군 재산에 관한 압수·수색·검증⇒동의를 요한다.

② 사람이나 재산에 관한 압수 · 수색 · 검증

대한민국 당국은 미군이 동의하는 경우가 아니면 시설 또는 구역 내에서 사람이나 재산에 관하여 압수 · 수색 · 검증을 할 수 없다.

미군 당국의 동의가 없으면 시설 및 구역 내외를 불문하고 미국 재산에 관하여 압수 · 수색할 수 없다.

그러나 이에 관한 대한민국 당국의 요청이 있을 때에는 미군 당국은 필요한 조치를 취하여야 한다.

3 경찰 활동의 유형과 법적 성질

1) 즉시강제를 위한 위험 방지 활동

경찰관직무집행법상의 불심검문(제3조), 정신착란자 등의 보호(제4조), 위험 발생의 방지(제5조), 범죄의 예방과 제지(제6조), 위험 방지를 위한 출입(제7조), 무기의 사용(제10조의4) 등의 활동이 여기에 속한다. 이들 활동은 모두 위험이나 위해를 이유로 경찰이 개입하게 되는 활동들이다.

즉시강제의 법적 성질은 일반적으로 사실행위에 해당되기 때문에, 취소소송 등 항고소송을 제기하기는 곤란하지만 침해를 받은 개인은 손해배상의 청구는 할 수 있다.

2) 범죄 수사를 위한 활동

범죄 수사 활동은 영미의 법집행(law enforcement)의 이론으로부터 유래하는 활동으로, 형사소송법상의 범죄 수사를 위한 활동들이 여기에 속한다.

범죄 수사 활동은 범죄를 원인으로 전개되며, 범죄 수사 활동에 관한 헌법 및 형사소송법상의 법리가 적용된다.

범죄 수사에는 행정편의주의가 적용되지 아니하고 법정주의가 적용되므로, 부작위시에는 형법상의 직무유기죄를 구성할 수 있고, 국가배상법상의 손해배상의 청구도 가능하다.

3) 행정처분

각종 풍속·영업적 규제행정과, 범칙금 납부통고서, 운전 면허의 정지 취소 등 교통 관련 규제행정이 권력적 성질을 갖는 행정처분적 활동이다.

경찰의 행정처분에 의하여 권리 또는 이익을 침해받은 개인은 취소소송 등 항고소송을 제기할 수 있을 뿐만 아니라, 경찰공무원의 고의 또는 과실에 의한 위법행위로 손해를 입은 경우에는 손해배상의 청구도 가능하다.

단순한 교통경찰관의 지시나 교통 정리 등은 사실행위에 속하기 때문에 성질상 손해배상 청구로만 다룰 수 있다.

4) 급부행정

이러한 활동은 비권력적 행정에 속한다.

(1) 금전의 급부

중요 범죄 신고자 또는 검거자에 대한 포상금의 지급 등이 있다.

범죄신고자 보호 및 보상에 관한 규칙(경찰청훈령 제474호 - 개정 2005. 12. 26) 참조).

[표 1-2-7] 범인 검거 공로자 보상금 지급 기준

보상액	대상 범죄
5천만 원 이하	•3인 이상 살해, 폭력행위 등 처벌에 관한 법률 제4조(단체 등의 구성·활동)에 해당하는 폭력조직 및 범죄단체의 수괴 •공직선거법 범죄 중 선거 무효·당선 무효의 사유에 해당되는 중요 사건
2천만 원 이하	2인 이하 살해, 기타 폭력조직 및 범죄단체의 수괴·간부, 화폐 위조사건 등 사회 물의 야기 사건, 약취 유인사건, 위 선거사범을 제외한 기타 선거법 위반 및 이에 상당한 사건
1천만 원 이하	조직폭력배의 폭력 및 갈취사건, 환경오염·해양오염사건
5백만 원 이하	조직적·반복적 강도·강간·성폭력사건, 연쇄 방화사건, 위·변조 화폐 소지 및 사용, 피해액 1억 원 이상의 절도·장물사건
2백만 원 이하	강도·강간·성폭력사건, 방화사건, 특정경제범죄사건, 보건범죄사건, 피해액 5백만 원 이상의 절도·장물사건, 기타 사회 이목 집중사건
1백만 원 이하	규칙 제5조의 보상 대상사건 중 위에 열거되지 않은 사건

[표 1-2-8] 교통사고 야기 도주사건 범인 검거 공로자 보상금 지급 기준

보상액	대상 범죄
1천 5백만 원 이하	교통사고 야기 후 도주사건으로 피해자 3명 이상이 30일 이내에 사망한 경우
1천백만 원 이하	교통사고 야기 후 도주사건으로 피해자 2명이 30일 이내에 사망한 경우
5백만 원 이하	교통사고 야기 후 도주사건으로 피해자 1명이 30일 이내에 사망한 경우
1백만 원 이하	교통사고 야기 후 도주사건으로 피해자가 부상 피해를 입은 경우

[표 1-2-9] 경찰공무원 비리 신고보상금 지급 기준

보상액	지급 기준
1천만 원 이하	사회적 파장이 큰 고질적 · 조직적 비리, 다액 금품 수수 등 경찰공무원 비리 신고로 부패 척결에 지대한 공로가 인정되는 경우
5백만 원 이하	위 공로에는 미치지 못하나 경찰공무원 비리 신고로 부패 척결에 크게 기여한 경우
1백만 원 이하	기타 경찰공무원 비리 신고로 부패 척결에 상당한 공로가 인정되는 경우

※ 제5조 제5호(특가법 제2조) · 제11호(형법상 뇌물죄)에 해당하는 경찰공무원의 비리 신고로 형사 입건 또는 징계 등 구체적 처분이 있는 경우에 지급함.

(2) 서비스의 제공

정보의 제공(교통정보 · 지리정보 등), 각종의 보호의 제공(인명구조, 경호), 교육(어린이 교통안전교육), 순찰 활동 등이 있다.

(3) 시설의 설치 활동

신호기 · 도로표지의 설치 등은 조장행정기관과 함께 한다.

5) 유실물의 관리 등 사유재산권의 보호 활동

독일의 경찰법 모범 초안 제1조 제2항에서 "경찰은 법원에 의한 사인의 권리 보호가 적시(適時)에 이루어질 수 없고, 경찰의 조력 없이는 권리의 실현이 불가능하거나, 현저하게 곤란한 경우에 한하여 사인의 권리를 보호해야 한다."고 규정하여, 사인에 대한 보충적 권리 보호가 경찰의 의무임을 명시하고 있다.

6) 행정지도

경찰의 행정지도 활동은 권력적 수단에 의한 규제가 아니다(예: 방범지도, 청소년선도 등).

7) 경비정보, 범죄정보, 보안정보, 외사정보 등의 정보 수집 활동

정보경찰 활동은 각종 경찰 활동을 하는 데 기초가 되는 활동으로, 그 법적 성질은 사실행위에 속한다.

제 3 장 경찰학

제 1 절 경찰학의 의의

1 경찰학

경찰학(Police Science 또는 Police Studies)은 실정법상의 경찰의 조직 및 활동에 관한 학문적 연구 성과의 총체이다.

여기서 학문적이라고 하는 것에는 철학적, 사학(史學)적, 법학적, 행정학적, 기타 경험과학적 분야를 망라한다. 그러므로 우리 나라에서 일반적으로 도입된 경찰행정학은 경찰학의 한 분야로 볼 수 있다.

2 '경찰학'의 등장

현대의 경찰행정학은 법집행의 오랜 역사 속에서 발전하여 왔으나, 그 학문의 출발은 16~18세기 중세의 절대군주국가의 통치학인 관방학(官房學)에서 찾을 수 있다. 『경찰학원리』(1756)라는 저서를 통하여 경찰학을 최초로 수립 체계화한 관방학자인 유스티(J. H. Justi)는 국가 목적을 실현하기 위한 국가 자원의 확보에 경찰학의 임무가 있다고 하였다.

그 당시의 경찰학이라고 하는 것은 내무행정 전체를 대상으로 한 것으로 국가의 목적을 수행하는 데 필요한 절대주의적 국가 권력을 기초짓는 학문으로서 성립한 것이다.

제 2 절 경찰학의 학문적 체계

1 기초이론에 의한 분류

경찰학의 토대가 되는 기초이론에 의하여 경찰학을 분류한다면, 경찰철학 · 경찰사학 · 경찰법학 · 경찰행정학, 기타 경찰과학으로 구성할 수 있다.

다시 세분하여 보면 ① 경찰철학에는 경찰이념론과 경찰윤리론이 있다. ② 경찰사학에는 경찰 제도와 조직 및 경찰 역사, 경찰사상사가 포함되며, 외국의 경찰사 등이 여기에 포함된다. ③ 경찰법학에는 경찰조직법학과 경찰작용법학이 있다. ④ 경찰행정학에는 경찰의 조직관리나 인사관리, 예산관리 등 경찰관리론을 중심으로 한다. ⑤ 기타 경찰과학은 경찰 활동의 모든 수단에 대하여 범죄학이나 사회학, 심리학, 범죄예방학, 수사학, 교통공학, 정보학 등 사회과학이나 자연과학의 성과를 이용하고 있다.

경찰학의 기초이론에 따라서 체계화를 시도해 보면 다음과 같다.

1) 경찰철학

경찰철학은 조직으로서의 경찰의 나아갈 방향을 논하는 경찰이념론의 분야와 경찰관 개개인에게 요구되는 바람직한 경찰상을 논하는 경찰윤리학의 분야로 나눌 수 있다.

2) 경찰사학

경찰사학은 그 대상에 따라 경찰의 조직과 제도 및 경찰 활동 등에 대한 역사와 경찰 사상(지도 이념)에 관한 역사가 포함되어야 하며, 나아가 국가

간의 법의 계수와 영향 등을 고려할 때, 우리 나라만의 경찰사를 규명하는 것으로는 부족하고, 선진 외국의 경찰사를 통하여 경찰의 뿌리에 접근해 보려는 노력이 필요하다.

3) 경찰법학

경찰법학에 대해서는 경찰조직법학과 경찰작용법학의 양 분야로 나누어 접근이 가능하다.

4) 경찰행정학

경찰행정학은 경찰의 조직관리, 인사관리, 예산관리 등 경찰관리론을 중심으로 연구할 수 있다.

5) 기타 경찰과학

기타 경찰과학은 경찰 활동의 제반 행위에 대하여, 예를 들면 범죄학, 사회학, 심리학, 범죄예방학, 수사학, 교통공학, 정보학 등의 사회과학이나 자연과학의 성과를 이용하면서 체계화가 시도될 수 있을 것이다.

3 응용론에 의한 분류

경찰학을 경찰의 실무를 기초로 분류하면, 경찰경무론 · 경찰방범론 · 경찰수사론 · 경찰교통론 · 경찰경비론 · 경찰정보론 · 경찰보안론 · 경찰외사론 등으로 나눌 수 있다.

(1) 응용론에 따른 체계화

응용론에 따라서 체계화해 보면 경찰경무론, 경찰방범론, 경찰수사론, 경찰교통론, 경찰경비론, 경찰보안론, 경찰외사론 등의 체계로 구성할 수 있다.

(2) 이론과 실무가 집약된 연구 성과의 습득

경찰학이라는 것은 기초이론도 중요하지만, 경찰의 조직 및 활동을 더욱 발전시킬 수 있도록 경찰의 지도 이념으로부터 도출된 실무론으로 연결되지 않으면 안 되며, 각 경찰관은 이와 같은 이론과 실무가 집약된 연구 성과를 습득함으로써 각각의 활동을 한 단계 더 발전시킬 수 있을 것이다.

제 3 절 외국의 연구 현황

1 일 본

일본에서는 1901년에 미야쿠니(宮國忠吉)의 『경찰학』이 출간되어 이미 경찰학에 대한 논의가 활발하였다. 그 후 1948년부터 『경찰학논집』이 경찰대학교에서 발간되면서 경찰의 학문적 발전과 경찰 발전에 크게 기여하였다.

또 1950년 『경찰학의 제 문제』에서는 공법학과 경찰행정학의 입장을 모두 포함하는 특징을 가지고 있다.

2 미 국

미국에서는 경찰학에 대한 연구가 1960년대 이후에 활발히 전개되었다. 그러나 미국은 경찰학에 대한 독자적인 학문적 체계를 세우려는 노력은 보이지 않는다. 미국에서는 경찰학이 형사사법학이나 경찰행정학의 일부로 연구되고 있다.

3 영 국

영국에서는 19세기 초에 범죄학의 한 분야로서 경찰학에 대한 연구가 시작되었다. 그 이후 1985년 엑서터대학에서 경찰 및 형사사법학과가 개설된 이후 경찰학에 관한 연구가 활발히 전개되었다.

[표 1-3-1] 외국의 연구 현황 비교

의의	경찰에 대한 학문의 총체로서 실정법상의 경찰의 조직·활동 및 그 구제에 대한 학문적 연구성과의 총체를 의미⇒'응용사회과학'으로서 과학성(이론)과 기술성(실무)의 통합이 중요	
체제	기초이론	경찰철학, 경찰사학, 경찰법학, 경찰행정학, 경찰과학
	응용론	경찰경무론, 경찰방범론, 경찰수사론, 경찰교통론, 경찰경비론, 경찰정보론, 경찰보안론, 경찰외사론, 경찰홍보론, 비교경찰론
연구	우리 나라	1981년 경찰대 개교(경찰학과 탄생)⇒1982년『경찰학개론』편찬
	일본	1901년 미야쿠니(宮國忠吉)의『경찰학』⇒총론과 각론의 체제로 편제 1950년『경찰학의 제 문제』⇒공법학과 경찰행정학의 입장을 모두 고려하여 편집
	미국	1060년 이후 활발, 특별히 경찰학의 학문적 독자성을 고려하지 않는다. ⇒형사사법학 또는 경찰행정학의 한 분야로서 경찰학이 연구
	영국	19세기 초반부터 범죄학(犯罪學)의 한 분야로서 연구가 시작
	독일	1756년 유스티(J. H. Justi)의『경찰학원리』에서 기원⇒내무행정 전반을 대상으로 한 개념으로서 오늘날의 경찰학과는 현격한 차이가 있다.

제 2 편

경찰철학

제 1 장 경찰 이념

제 1 절 개 설

1 이념 간의 관계

> (1) 경찰철학에는 경찰이념론과 경찰윤리 분야가 포함된다.
> (2) 경찰이념론은 조직으로서의 경찰의 기본 가치 · 기본 방향 · 규범 등이 이에 해당된다.
> (3) 경찰윤리에는 개개의 경찰관에게 요구되는 이상적인 경찰상(警察像)에 대한 것이 이에 해당한다.
> (4) 경찰이념론과 경찰윤리론은 완전히 독립적인 것이 아니고 상호의존적이다. 즉 민주경찰은 경찰의 기본 이념이 각 경찰관의 윤리의 바탕이 되어 바람직한 경찰상으로 나타날 때 국민의 신뢰를 받을 수 있다.

경찰 이념은 경찰조직이 추구하는 이상으로 현실과 괴리가 있을 수 있다. 또 경찰 이념은 그 시대나 그 사회의 요구에 따라 변천되거나 변화될 수 있기 때문에 항구성이나 동시성이 있는 것도 아니다. 그러나 경찰 이념은 경찰의 발전의 지표가 되고, 동시에 경찰의 평가 기준이 되기도 한다.

경찰의 기본 이념에는 ① 민주주의, ② 법치주의, ③ 인권존중주의, ④ 정치적 중립주의, ⑤ 경영주의(능률주의) 등이 있다.

1) 경찰철학(경찰이념론+경찰윤리론)

경찰철학에는 조직으로서의 경찰이 추구해 나가야 할 기본 가치·방향·규범을 의미하는 경찰이념론의 분야와, 경찰관 개개인에게 요구되는 바람직한 경찰상을 의미하는 경찰윤리론의 분야가 포함된다.

2) 양자의 관계

경찰의 기본 이념이 경찰관 개개인의 신념 체계(belief system)로서 경찰윤리의 바탕이 되어야 하고, 또한 이념 간의 충돌이 발생할 경우 종국적으로는 각 경찰관의 윤리의 문제로 귀결된다는 측면에서 양자는 상호 의존적이다. 법치주의나 인권존중주의, 정치적 중립주의 이념 등이 민주주의 이념과 서로 연결되어 있는 것처럼, 경찰의 기본 이념들도 각각 서로 독립적이지 않고 연관되어 있다.

제 2 절 경찰의 기본 이념

1 개 관

1) 경찰철학

경찰철학은 왜 경찰이 필요한가라는 명제에 대한 철학적 배경으로 경찰이념론과 경찰윤리로 구성된다.

① 경찰이념론 : 조직으로서의 경찰이 추구해 나가야 할 기본 가치·방향·규범이다.

② 경찰윤리 : 경찰관 개개인에게 요구되는 바람직한 경찰상이다.

2) 경찰이념론과 경찰윤리

경찰이념론과 경찰윤리의 관계는 상호 의존적이다.

2 민주주의

1) 의 의

민주주의라 함은 국가의 주권이 국민에게 있고, 모든 국가 권력은 주권자인 국민에게서 유래된다는 것을 의미한다. 헌법 제1조는 "대한민국은 민주공화국이며 주권은 국민에게 있고 모든 권력은 국민으로부터 나온다."고 하여 이를 확인하고 있다.

2) 내 용

경찰의 소극적 목적인 질서 유지는 민주적 질서 유지를 의미하고, 또 경찰은 국가의 존립과 안녕을 보호할 책무가 있는데 이 때의 국가는 민주국가이다.

경찰권은 국민에게 있고 경찰 권력은 국민으로부터 나온다. 경찰이 경찰권을 가지고 또 행사하는 것은 국민으로부터의 위임에 근거한 것이다. 따라서 경찰권은 권력 자체를 위하여가 아니라 경찰권을 위임한 국민을 위하여 행사되어야 한다. 경찰이 국민 전체에 대한 봉사자이며, 국민에게 책임을 지는 이유도 여기에 있다(헌법 제7조 제1항, 경찰법 제4조).

경찰은 민주적으로 조직되고 관리·운용되어야 한다(경찰법 제1조). 이것이 경찰법의 목적으로 표현되고 있다.

3) 경찰조직의 민주적 운용 방안

경찰에 대한 주권자인 국민의 경찰에 대한 민주적 통제와 참여 장치가 있어야 한다(경찰위원회).

경찰위원회와 같은 제도를 통하여 경찰권의 행사가 일반적인 주권자의 의사에 합치되는지가 검증되어야 하며, 그 검증에 따라 경찰은 국민에게 책임을 져야 한다. 경찰위원회 제도의 본래의 취지는 경찰에 대한 민주적 통제와 참여를 위한 장치로서의 역할과 권한이 주어질 때 가능하다.

주권자인 국민 개개인에게 경찰 활동에 참여할 기회가 제공되어야 한다.

또한 경찰 활동에 대한 국민의 참여가 보장되어야 하고, 경찰 활동이 투명한 유리병처럼 공개되어야 한다(행정절차법 · 공공기관의 정보 공개에 관한 법률 등). 경찰 활동이 폐쇄적이지 아니하고 투명해지고 열려 있을 때 경찰의 민주화는 촉진된다.

이러한 국민의 권리를 좀더 적절히 보장하기 위한 제도적 장치로서 '행정절차법'과 '공공기관의 정보 공개에 관한 법률'이 제정되었다. 그러나 경찰 활동의 공개는 다른 기본적 인권의 보호 등을 위하여 제한될 수 있다.

경찰조직 내부에서 책임에 알맞은 권한이 주어져야 하며, 중앙과 지방 간 · 상하 간에 권한 분배가 적절히 이루어져야 한다.

개개 경찰관의 민주 의식이 확립되어야 하며, 경찰 간부에게는 경찰조직 전체를 민주적으로 관리 · 운영하고 통합할 민주적 리더십이 필요하다.

3 법치주의

1) 의 의

법치주의라 함은 국민의 자유와 권리에 대한 제한이나 국민에게 새로운 의무의 부과는 법률에 근거가 있어야 하고, 집행과 사법도 법률에 의하여야 한다는 원칙을 말한다. 이 때의 법률은 의회가 제정한 법률이어야 함은 물론이고, 그 내용면에서도 정당한 것이어야 한다(실질적 법치주의).

영 · 미에서의 법의 지배(rule of law) 원리는 법치주의와는 달리 처음부터 법의 내용 자체도 문제로 삼아, 개인의 자유와 재산을 부당하게 제한하는 법률은 법의 지배에 위배되는 것으로 보았다.

2) 내 용

법치주의는 18세기 말에 대륙법계의 마이어(O. Mayer), 슈탈(F. J. Stahl), 슈타인(Lorenz von Stein) 등에 의하여 전개되었다. 일반적으로 법치주의는 마이어의 분류에 따라 법률의 법규 창조력, 법률의 우위, 법률 유보 등을 그 내용으로 한다.

(1) 법률의 법규 창조력

법률의 법규 창조력은 국가작용 중 국민의 권리 의무에 관한 새로운 규율은 의회가 제정한 법률에 의하여야 한다는 원칙이다. 모든 국민에게 효력이 있는 일반적 추상적 명령을 내릴 수 있는 것은 법규만이 가능하고, 행정행위로써는 불가능하다. 이 원칙에 의하여 행정의 법규 창조력은 부정된다.

(2) 법률 우위의 원칙(소극적 의미의 법률 적합성)

법률 우위의 원칙은 법률이 다른 국가기관의 의사(행정행위)보다 우월하다는 원칙이다. 이 경우의 법은 형식적 의미의 법(제정법)은 물론 불문법을 포함한다. 법률 우위의 원칙은 모든 경찰작용에 적용된다.

이에 의하여 행정기관에게는 법률의 내용에 따라 법률을 집행하고 적용하여야 하는 의무가 주어지므로 법률의 내용과 다른 행정작용은 위법하다.

하위인 행정행위는 우위인 법률에 위반될 수 없으므로, 법률은 행정행위에서 제약규범으로서 기능을 한다.

(3) 법률 유보의 원칙(적극적 의미의 법률 적합성)

법률 유보의 원칙은 행정작용은 법률에 근거가 있어야 한다는 원칙이다(성문법주의). 즉, 행정행위는 법률에 적혀 있는 것만이 가능하다. 이 때의 법률은 형식적 의미의 법률을 의미하지만 직접적인 법률(제정법)뿐만 아니라 법률의 위임에 의한 간접적인 법, 즉 법규명령도 포함한다.

법률 유보의 원칙은 모든 행정작용에 적용되는 것은 아니고, 행정작용의 성질에 따라 적용 여부가 달라진다. 그러나 국민의 기본권을 제한하는 경우에는 반드시 법적 근거를 요한다.

(4) 합법성의 원칙

합법성의 원칙이라 함은 경찰권의 발동은 법령에 근거가 있어야 하고, 발동도 법령의 기준에 따라 적합하여야 한다는 원칙이다. 경찰행정의 합법성은 법치주의와 법의 지배를 근거로 하는 법치국가의 당연한 전제이다.

경찰권 행사가 법률에 위배되거나 부적합할 경우, 경찰관청 자신이 직권취소 또는 정지할 수 있고, 이러한 경찰행정에 의하여 권리가 침해되거나

[표 2-1-1] 법률 유보의 범위에 관한 학설

침해유보설	국민의 자유와 권리를 침해하는 경우에만 법률의 근거를 요한다는 학설
권력행정유보설	국민의 권리·의무와 관계가 있는 모든 권력적 작용에는 법률의 근거에 의해서만 가능하다는 학설
급부행정유보설	침해적 영역 외에도 급부행정상의 행위에도 사회국가의 이념 및 평등권을 근거로 법률의 근거를 요한다는 학설
중요사항유보설 (본질사항유보설)	헌법의 법치국가 원칙, 민주주의 원칙, 기본권 보장 원리와 관련하여, 각 행정 부문의 본질적 사항에 관한 규율은 법률에 유보하여야 하되, 그 본질성 여부는 그 규율이 갖는 의미·효과·중요성을 고려하여 개별적·상대적·단계적으로 판단하여야 한다는 것. → 의회유보론과 연결
전부유보설	모든 행정작용에는 법률의 근거가 필요하다고 하는 견해로서, 국민주권주의와 의회민주주의 사상에 그 기초를 두고 있다.
신침해유보설	국민의 자유와 권리를 침해하는 경우뿐만 아니라, 특별 권력 관계에서도 구성원의 권리와 자유를 제한하는 경우 법률의 근거를 요한다는 학설

손해가 발생한 경우에는 행정심판이나 행정소송을 통하여 행정행위를 취소하거나, 손해배상을 받을 수 있다.

3) 효 과

국민의 자유와 권리를 제한하고 의무를 과하는 모든 활동은 법률로써만 가능하다(헌법 제37조 제2항, 경찰법 제4조).

경찰 활동의 경우에 그 작용 형태가 행정처분(예: 운전면허 취소처분)인 경우나, 경찰강제 중에서도 특히 상대방에게 사전에 의무를 과함이 없이 행사되는 즉시강제의 경우에 법치주의의 원리가 강하게 요구된다.

국민의 자유와 권리를 제한하지 아니하고, 국민에게 의무를 과하지 아니하는 활동은 경찰 직무 범위 내에서라면, 법률의 개별적 수권 규정이 없더라도 행할 수 있다(예: 도로 교통정보의 제공, 순찰 활동 등).

경찰관청에게 재량권이 인정되는 경우라고 하더라도 재량권을 일탈·남용하여서는 아니 되며, 재량권이 0으로 수축되는 경우에는 반드시 법률이 정한 권한에 따라 의무를 이행하여야 한다. 전자에 대하여는 하자 있는 재량 행사의 문제와 비례 원칙의 문제로서 경찰권의 행사에 대한 법적 제한을 받게 되고, 후자에 대하여는 경찰 재량의 영(0)으로의 수축론을 통하여 제한을 받는다.

국민은 경찰권의 적극적 행사로 인한 권리 침해에 대하여 침해배제청구권을 가짐과 동시에, 부작위 등 소극적인 행사에 대하여는 일정한 요건하에 경찰개입청구권이 인정된다.

경찰에 대한 법치주의의 요구와 관련하여, 경찰관직무집행법 제2조(직무의 범위) 제5호 규정이 일반적 수권 조항인가가 문제된다.

동법 제3조부터 제11조까지의 규정이 경찰관에게 구체적 조치 권한을 부여한데 비하여, 제2조는 단지 직무의 범위만을 규정하고 있기 때문이다.

제5호의 일반적 수권 조항성이 부정되고 있는 것이 다수설이다.

4) 관련 문제

(1) 권력적 활동과 비권력적 활동(임의 활동)

경찰작용이 행정처분(예: 운전면허 취소)이나 행정강제(특히 즉시강제)인 경우는 법치주의 원리가 더욱 강하게 작용한다.

국민의 자유나 권리에 제한이 없는 임의 활동(예: 도로 교통정보의 제공, 방범순찰 등)인 경우는 직무 범위 내에서 법률의 개별적 수권이 없더라도 행사가 가능하다. 그러나 임의 활동이라 할지라도 궁극적으로 국민의 자유나 권리를 제한하거나 의무를 과하는 경우에는 당해 당사자의 완전한 동의를 요한다(예: 경찰관직무집행법상의 임의동행 등). 이에 위반한 경찰 활동은 불법행위를 구성하여 국가배상책임 문제가 제기된다.

(2) 경찰작용이 재량행위인 경우

경찰 활동에 재량권이 있는 경우라도 재량권 행사가 그 한계를 일탈하거나 남용되어서는 안 된다.

재량권이 영(0)으로 수축되는 경우에는 재량권은 없고 법률이 정한 의무를 이행하여야 한다. 재량권이 영으로 수축되는 경우에는 경찰개입청구권이 인정된다.

[표 2-1-2] 재 량

<table>
<tr><td>의의</td><td colspan="3">행위의 여부의 결정, 행위 내용 선택시에서 자유로운 판단권</td></tr>
<tr><td rowspan="2">구별</td><td>기속행위</td><td>법 개념－법 해석 작용－일의적</td><td>법치주의, 국가 권력 제한</td></tr>
<tr><td>재량행위</td><td>공익 개념－합목적성 판단</td><td>입법 기술상 한계</td></tr>
<tr><td rowspan="2">실익</td><td>기속행위</td><td colspan="2">위법, 사법심사－소송(취소, 배상), 직권남용죄, 정당방위</td></tr>
<tr><td>재량행위</td><td colspan="2">부당, 사법상 구제 불가</td></tr>
<tr><td rowspan="4">학설</td><td>요건재량설</td><td colspan="2">공익 개념, 불확정 개념, 공백(처분권만) 규정에 재량</td></tr>
<tr><td>효과재량설</td><td colspan="2">수익행위에 재량행위, 침해행위는 기속행위</td></tr>
<tr><td>판단여지설</td><td colspan="2">불확정 개념 중 가치 개념에 대체 가능성(판단 여지, 재량)－
시험, 근무평정 ↔ 경험 개념－기속행위</td></tr>
<tr><td>개별적
판단설</td><td colspan="2">근거 조문의 규정 형식, 행위의 성질에 의하여 구별
요건－공익 개념, 불확정 개념, 공백 규정은 재량
효과－할 수 있다, 선택 규정은 재량, 하여야 한다는 기속</td></tr>
</table>

(3) 일반적 수권 조항의 인정 여부

경찰관직무집행법 제2조는 경찰의 목적으로 "공공의 안녕과 질서 유지"를 정하고 있다. 이러한 경관직무집행법 제2조가 법치주의와 관련하여 일반적 수권 조항인지가 문제되고 있다. 경찰권을 억제하여 국민의 자유와 권리를 보호하기 위하여 경찰행위를 법에 엄격히 기속시켜 법에 구체적·개별적으로 정해진 행위만 할 수 있도록 해야 한다.

헌법 제37조 2항은 국민의 자유와 권리를 제한하는 경우에는 반드시 법률에 근거하도록 하고 있으며, 특히 경찰권과 같은 권력적 행정작용의 경우에는 반드시 법률에 근거를 요한다. 그리고 이 때의 법률은 개별적 작용 법률을 의미한다. 따라서 경찰관직무집행법 제2조의 개괄적인 일반 조항성은 부정된다(다수설). 그러므로 별도의 개별적·구체적인 수권 규정이 필요하다.

판례는 조리로써 재량을 통제할 수 있으므로 일반적인 수권 조항에 근거하여 국민의 자유와 권리를 침해하는 것도 가능하다고 하여 긍정설을 따른다(독일 판례도 긍정설이다).

4 인권존중주의

1) 인권의 의의

인권이란 인간이 인간으로서 가지는 당연한 권리를 말한다. 인권 사상을 최초로 문서화한 것은 버지니아 권리장전과 프랑스 인권선언이다.

기본적 인권은 인간이 인간으로서 당연히 가지는 권리로서 ① 인종·성별·사회적 신분 등에 관계 없이 향유할 수 있는 보편성이 있으며, ② 헌법이나 기타의 법률에 의하여 창설된 것이 아니고 인간이 태어나면서부터 가지는 천부성이 있다. 또한 ③ 인권은 영구히 박탈되지 않는 항구성을 지니며, ④ 인권은 국가 권력으로 최대한 보호되어야 하며, 본질적 내용은 어떠한 경우에도 침해될 수 없는 불가침성이 있다.

2) 인간의 존엄성 존중

인간으로서의 존엄성이란 인간의 본질로 간주되는 존귀한 인격 주체성을 말하는데, 헌법 제10조에서는 인간의 존엄성 존중을 모든 인권의 핵으로 규정하고 있다. 그리고 국가는 개인이 가지는 기본적 인권을 확인하고 보장할 의무를 지며(헌법 제10조 2항), 국민의 자유와 권리는 헌법에 열거되지 아니한 이유로 경시되어서는 안 된다(헌법 제37조 1항).

따라서 경찰은 그 직무를 수행할 때 헌법과 법률에 따라 국민의 자유와 권리를 존중하여야 한다(경찰법 제4조).

그리고 국민의 자유와 권리의 제한은 국가 안전보장·질서 유지 또는 공공 복리를 위하여 필요한 경우에 한하여 법률로써만 제한할 수 있으며, 제한하는 경우에도 자유와 권리의 본질적인 내용을 침해할 수 없다(헌법 제37조 2항).

3) 비례의 원칙

경찰의 직무 수행으로 인한 인권 침해를 방지하고, 인권의 불가침성을 보호하기 위한 일정한 원칙이 있는데, 이것이 바로 '경찰 비례의 원칙'이다.

비례의 원칙은 경찰권 발동의 조건과 그 수단 및 정도는 질서 유지에 필요한 정도와 비교하여 사회 통념상 적절하다고 인정되는 비례가 유지되어야 한다는 원칙이다.

따라서 경찰권을 발동할 때는 취하는 수단은 목적 달성에 적합한 것이어야 하고, 인권 침해의 정도가 가장 낮은 수단을 선택하여야 하며, 경찰상 규제의 필요(위해 제거)와 경찰권 행사의 정도(자유 제한) 간에는 정당한 비례 관계가 유지되어야 한다.

4) 수사에서의 인권 존중

경찰은 법률의 규정에 의하여 그 권한을 행사함에 있어, 직무 수행에 필요한 최소 한도의 범위 내에서 행사되어야 하며 이를 남용하여서는 안 된다(경찰관직무집행법 제1조 제2항, 경찰법 제4조).

복수의 수단을 선택할 수 있는 경우에는 그 사태를 해결하는 데 인권 제한의 정도가 가장 낮은 수단을 선택하여야 한다.

경찰은 인권 침해 방지와 인권의 불가침성을 보호하여야 하는 의무가 있으므로, 인권을 침해하는 범죄에 대해서는 편의주의에 따라 결정할 수 없고 반드시 수사하여야 한다. 경찰은 국민의 기본권을 침해하는 범죄에 대하여는 수사할 것인가 말 것인가를 편의주의에 따라 결정할 수 없으며, 친고죄 등과 같이 피해자의 인권을 보호하기 위하여 제한되는 경우를 제외하고는 반드시 수사할 의무가 있다.

그리고 수사의 경우에 피의자의 인권은 존중되어야 한다(형사소송법 제198조). 피의자의 인권을 보호하기 위하여 형사소송법은 임의(적 수단에 의한) 수사를 원칙으로 하고, 예외적으로 강제처분법정주의를 채택하고 있다.

5) 경찰 자신의 인권 존중

국민의 인권 존중을 위해서는 경찰 자신의 인권도 존중되어야 한다. 경찰의 법적 권리는 물론 경찰의 운용도 인간의 존엄과 행복추구권 등의 기본적 인권이 존중되도록 하여야 한다. 경찰 자신의 인권이 존중될 때 비로소 경찰의 국민에 대한 인권 존중도 가능하기 때문이다.

5 정치적 중립주의

1) 의 의

경찰의 정치적 중립이란 경찰은 특정 정당, 기타 정치단체의 이익이나 이념을 위하여 활동하여서는 안 되며, 오로지 주권자인 전체 국민과 국가의 이익을 위하여 활동하여야 한다는 것을 말한다.

공무원은 국민 전체의 봉사자이기 때문에, 경찰은 국민 전체의 봉사자로서 공정 중립을 지켜야 한다(경찰법 제4조).

2) 정치적 중립의 필요성

① 중립적 위치에서 공익을 추구할 수 있다.

② 행정에 대한 간섭을 방지하여 행정의 전문성·민주성을 확보하여 엽관제로 인한 부패와 비능률 등의 폐해를 방지하여야 한다.

③ 변혁기에 정책의 계속성과 안정성을 유지할 수 있다.

④ 사회적·경제적 대립이 있는 경우 중재자 또는 조정자로서 기능을 수행할 수 있다.

3) 정치적 중립의 내용

공무원의 충원과 인사에 대한 정치적 영향력의 배제, 공무원의 신분 보장, 정치적 중립을 보장하는 필요한 범위 내에서 공무원의 정치적 자유를 제한하는 것 등이 있다.

경찰이 정치적 중립이 지켜지지 않음으로 인하여 발생한 대표적인 사건이 3·15부정선거이다.

경찰공무원에게는 정치적 중립을 훼손하는 소속 상관의 위법한 지시에는 따를 의무가 없다.

4) 정치적 중립의 확보 수단

① 평화적 정권 교체의 전통이 확립되어야 한다.

② 정치 체제와 정치 과정이 민주적이어야 한다.

③ 국민의 공무원에 대한 감시·통제가 필요하다.

④ 직업공무원제와 공직윤리를 확립하여야 한다.

⑤ 공무원의 인사에 정치권의 영향이 없도록 독립된 중앙인사위원회의 설치·운영이 필요하다.

5) 근거 법규

경찰공무원의 정치적 중립성은 법률이 정하는 바에 의하며 보장된다(헌법 제7조 제2항).

경찰은 국민 전체에 대한 봉사자로서 공정 중립을 지켜야 한다(경찰법 제4조).

경찰은 특정 정당이나 정치단체를 위하여 활동하여서는 아니 되며, 오로지 주권자인 전체 국민과 국가의 이익을 위하여 활동하여야 한다.

공무원이 정당이나 정치단체에 가입할 수 없고, 특정 정당 또는 특정인의 지지나 반대를 위한 행위를 해서는 안 되는 이유가 여기에 있으며(국가공무원법 제65조), 공무원의 신분이 법률로써 보장되는 것은 이를 뒷받침한다(헌법 제7조 제2항, 국가공무원법 제68조).

6 경영주의

1) 의 의

경영주의란 능률성이나 효과성의 차원을 넘어 경찰 경영의 차원에서 조직을 관리·운용하는 것을 말한다. 즉, 능률성과 효과성을 포함하면서도 ① 경찰조직이 경찰의 임무를 수행하는 데 적절한 조직구조를 가지고 있는지, ② 치안 요구 수준과 이에 합당한 예산과 장비 등의 자원의 분배가 잘 되고 있는지, ③ 경찰관이 경찰 이념이 요구하는 경찰환경에 능동적으로 대처할 마인드를 가지고 있는지 여부를 분석·평가하고 이를 토대로 해서 경찰을 운용하는 것을 말한다.

21세기를 맞아 경찰에게는 능률성의 차원이나 효율성의 차원을 넘어 경찰경영 차원에서 경찰조직을 조직하고 관리·운용해 나가야 할 이념을 안고 있다. 21세기적 행정은 경영 이념의 경찰행정을 강하게 요구하고 있다.

민간기업이 오늘날 맞고 있는 격심한 경쟁 상태의 경제환경을 극복하기 위하여 자기 평가를 통한 구조조정(예: 필요한 부서의 폐지, 통합, 축소 등 조직의 슬림화나 인력 재배치, 예산의 적재적소에의 사용)을 통하여 생산성을 높이고, 기업 구성원의 구태의연한 관행과 행태를 척결해 나가는 상황과 같다.

2) 경영주의의 내용

(1) 경찰의 생산성 개념의 공유

경찰은 주어진 임무를 수행할 때 생산성 개념을 공유하여야 한다.

(2) 경찰조직의 적절한 구조

경찰조직이 생산성 극대화를 위한 적합한 구조와 조직을 가지고 있어야 하므로, 현재의 경찰구조가 최적구조인가를 분석하여, 조직의 비대화를 없애고 좀더 나은 구조적 변경을 끊임없이 분석·평가하여 추구하여야 한다.

(3) 인적·물적 자원의 적절한 배분

주어진 인력과 예산 및 장비가 적재적소에 적정하게 배분되어 있어야 한다. 사회의 변화에 의하여 도시와 농촌이 인구나 교통, 치안 서비스의 요구 등 현저한 차이를 가지고 있으므로 인력과 예산·장비 등이 획일적으로 배분되어서는 안 되고, 치안 수요를 고려하여 적정한 배분이 이루어져야 한다. 또한 구체적 상황에 따른 경찰력 투입시에도 책임 회피식 과대 동원 또는 과대 투입에 따른 낭비 요소를 제거하고 경제성 있는 경찰을 운용하여야 한다.

(4) 국민 만족을 넘어선 국민 감동의 지향

경찰 활동은 궁극적으로 서비스이므로 고객인 국민 만족을 넘어 국민 감동을 지향하여야 국민들로부터 신뢰와 존경을 받게 될 것이다.

[표 2-1-3] 경찰의 기본 이념

<table>
<tr><td>민주주의</td><td colspan="3">(1) 헌법상의 주권재민(主權在民)의 원칙에서 파생⇒경찰권 재민(在民)의 원칙
(2) 경찰의 민주화를 위한 방안
국민의 경찰에 대한 민주적 통제와 참여 장치의 보장⇒경찰위원회
국민의 참여 기회의 보장 및 경찰 활동의 공개⇒행정절차법, 정보공개법
경찰조직 내부의 적절한 권한 분재⇒경찰관 개개인의 민주적 의식의 고양</td></tr>
<tr><td rowspan="3">법치주의</td><td>의의</td><td colspan="2">경찰권을 발동함에는 법률이 규정한 요건에 따라야 하고(법률에 의한 행정의 원리), 위법한 경찰작용에는 사법적 구제(司法的 救濟)를 보장하는 것
권력작용(처분·경찰강제·즉시강제)의 경우 특히 강하게 요구된다.
임의 활동(사실행위)⇒직무의 범위 내에서는 개별적 수권이 없어도 행사 가능
경찰관직무집행법 제2조 5호의 일반적 수권 조항성 여부 : 부정설(多)</td></tr>
<tr><td rowspan="2">작용</td><td>적극적 측면</td><td>(1) 법률에 근거하지 아니한 위법한 처분 등으로 국민의 법률상의 이익을 침해해서는 아니 된다는 것
(2) 위반시⇒재량 하자와 비례 원칙의 문제⇒행정구제의 문제</td></tr>
<tr><td>소극적 측면</td><td>(1) 경찰관청에게 법률로써 정한 의무를 이행하지 아니하여 국민에게 손해를 끼쳐서는 아니 된다는 것
(2) 위반시⇒의무이행심판·부작위위법확인소송
(3) 예외적으로 '재량의 0으로의 수축'을 통해 경찰개입청구권이 인정</td></tr>
<tr><td rowspan="2">인권존중주의</td><td>근거</td><td colspan="2">헌법 §10·§37, 경찰법 §4</td></tr>
<tr><td>구현</td><td colspan="2">(1) 경찰 비례의 원칙(경직법§1·경찰법§4)
(2) 수사에서의 법정주의 원칙과 임의 수사의 원칙(강제처분법정주의)
(3) 경찰의 인권 존중⇒경찰의 운용면에서 민주화의 요청</td></tr>
<tr><td>정치적 중립주의</td><td colspan="3">(1) 경찰은 특정 정당, 기타 정치단체의 이익이나 이념을 위하여 활동할 수 없으며, 오로지 주권자인 전체 국민과 국가를 위하여 활동하여야 한다는 원칙
(2) 이를 보장하기 위하여 '공무원의 신분 보장'과 '직업공무원제'를 채택하고, 국가공무원법상의 '정치운동 금지'의 의무를 부과한다.</td></tr>
<tr><td>경영주의</td><td colspan="3">(1) 종래의 능률성이나 효과성의 차원을 넘어서는 생산성 차원의 경영 마인드가 요구
(2) 경찰경영 이념⇒① 고객 만족, ② 효율성(투입-산출의 비율), ③ 효과성(목표 달성도). 이를 확보하기 위한 수단으로 조직혁신·구조조정·감축관리 등이 요구된다.</td></tr>
</table>

7 능률성

우리 나라에서는 중앙집권적인 국가 경찰조직으로 일원화되고 계층적 행정조직을 이루고 있음으로써 경찰조직의 능률성을 도모하고 있으며, 증가일로에 있는 각종 사회적 장해를 기동성 있게 제거하고 있다.

그러나 능률성은 민주성과 상대적·상반적인 성격을 지니고 있기 때문에 이를 조화시키는 것이 중요하다.

8 효과성

1960년대에 들어와서 발전행정(發展行政)이 강조되어 발전 목표가 어느 정도 달성되었느냐 하는 효과성 이념이 요청되었다.

효과성(效果性)이란 목표와 수단을 연결하는 목표의 달성도를 의미하는 동태적·정태적·사회학적 개념이다.

효과성과 능률성은 비슷한 개념이나 능률성은 제한된 자원과 중립적인 수단을 사용하여 산출의 극대화를 기하는 의미하는 정태적·기계적·경제학적 개념이다.

9 사회적 형평성

지금까지 전통적 행정학은 능률성을 강조하였고 발전행정은 효과성을 강조하여 왔다. 그러나 능률성은 인간의 수단화, 기계화, 소외화를 가중시켰고 효과성은 배분적 정의를 실현하지 못하였기 때문에 제기된 이념이 사회적 형평성이다.

제2장 경찰 윤리

제1절 윤리교육과 윤리학

1 윤리교육

1) 윤리교육의 필요성

경찰윤리의 확립 여부는 경찰에 대한 국민의 신뢰와 직결된다. 즉 경찰의 기본 이념이 신념 체계로서 윤리의 바탕이 되어 바람직한 경찰상(警察像)으로 나타날 때 국민의 신뢰를 얻게 된다. 국민의 신뢰와 지지가 없으면 경찰의 임무 수행에 지장을 가져오는 것은 물론 경찰이 회의적이고 냉소적인 시선의 대상이 될 것이기 때문이다.

2) 경찰 윤리교육의 접근 방법

경찰 윤리교육의 접근 방법에는 미시적 접근 방법과 거시적 접근 방법이 있다.

(1) 거시적 접근 방법

거시적 접근 방법은 사회적 조직문화, 사회적 전반의 윤리적 해이 등에서 부정부패의 원인을 찾고, 이에 대한 해결책으로 사회 조직문화의 개선,

제도의 개선, 사회 분위기의 쇄신 등을 논한다.

(2) 미시적 접근 방법

미시적 접근 방법은 개인의 부도덕심과 탐욕심 등을 부정부패의 원인으로 보고, 이에 대한 해결책으로 개인의 도덕성 회복 등을 논한다.

(3) 양자의 병행

종래 경찰 윤리교육은 미시적 접근 방법(경찰정신 위주의 접근 방법)을 채택하고 있었다. 그러나 경찰 업무와 경찰 업무 환경에 대한 윤리적 평가가 수반되지 않는 개인적 교육은 현실적 사회환경 내지는 업무환경에 동화되어 윤리 의식을 망각할 가능성이 있었다. 따라서 적절한 경찰 윤리교육 방법은 미시적 접근 방법과 거시적 접근 방법을 병행하는 것이 바람직하다.

3) 경찰 윤리교육의 목적

클라이니히(John Kleinig)는 『경찰윤리의 교육과 학습』, 『경찰 활동의 윤리성(*The Etics of Policing*)』(1966) 등에서 경찰윤리 교육의 목표로 도덕적 결의의 강화·도덕적 감수성의 배양·도덕적 전문 능력의 함양을 들고 있다.

[표 2-2-1] 윤리교육의 목적과 내용

목 적	내 용
도덕적 결의의 강화	경찰관이 실무에서 내부 및 외부로부터의 여러 압력과 유혹에도 굴복하지 않고 자신의 소신과 직업 의식에 따라 일을 처리하는 것을 말한다.
도덕적 감수성의 배양	경찰이 다양한 계층의 사람들(부자나 가난한 자)에 모두 인간으로서 존중하고 공평하게 봉사하는 것을 말한다.
도덕적 전문 능력의 함양	경찰이 비판적·반성적 사고방식을 배양하여 조직 내에 관습적으로 내려오는 관행을 비판적으로 검토하여 수행하는 것을 말한다.

4) 경찰 역할 모델과 작은 호의에 대한 찬반론

(1) 코헨(Howard Cohen)의 바람직한 경찰 역할 모델

① 범죄와 맞서 싸우는 자

㉠ 사회의 야만인으로부터 시민을 보호하기 위하여 법집행을 통한 싸움이 가장 이상적인 모델로 본다.

㉡ 법집행을 강조하여 사회봉사를 소홀히 한다는 비판이 있다.

② 위급시 조치자

㉠ 경찰은 법집행 외에도 평화의 유지와 사회봉사의 제공을 통한 경찰업무여야 한다는 이론이다.

㉡ 경찰은 법적 근거가 없이도 위급시의 대체적 관리자로서 위기 조치를 취하여야 한다.

③ 사회의 강제자

경찰은 사회의 강제자로서 공권력을 가지고 범죄 진압과 제반 사회 문제를 해결한다는 주장이다.

④ 사회의 평화 유지자

사회의 평화를 위하여 일체의 사회 교란 행위(범죄, 질서 문란) 등에 개입하여 평화를 유지한다.

(2) 작은 호의에 대한 찬반론

① 찬성 논거

㉠ 비록 자신이 하여야 할 일을 하는 경우이지만 고마움의 표시는 허용되어야 한다.

㉡ 경찰관이 비록 작은 호의를 받았다고 하더라도 편파적인 업무 처리를 하지 않는다.

㉢ 오히려 관내 순찰구역에서의 호의는 지역 주민과 온정이 넘치는 친밀감을 얻을 수 있다.

㉣ 관행상 공짜 커피 정도의 대접은 뿌리깊은 것으로 불식한다는 것이 지극히 어렵다.

② 반대 논거

㉠ 작은 선물이라도 정례화된다면 받은 사람은 늘 신세나 의무감을 지게

된다.

㉡ 경찰관이 만일 작은 호의를 받는다면 좀더 멈추기 어려운 부패의 미끄럼의 경사로에 있게 된다.

㉢ 많은 경찰관들이 작은 호의와 뇌물을 대부분 구별할 수 있다고 하지만 일부에서는 이를 구별할 능력이 없다.

㉣ 작은 호의를 제공하는 사람들 중에는 불순한 의도를 갖는 경우가 빈번하다.

(1) 미끄러운 경사이론 : 사소한 잘못이라도 나중에는 좀더 멈추기 어려운 미끄럼의 경사로에 있게 된다. 따라서, 사생활에 엄격한 제한을 가하여야 한다.
(2) 썩은 사과이론 : 사과상자의 사과 전체 중 일부가 썩으면 전체가 썩게 된다는 이론이다.
(3) 카오스(혼돈) 이론 : 혼돈은 초기치 민감성이 높은 현상이다. 처음에 입력한 데이터인 초기치, 초기적 조건을 조금만 바꿔도 그 결과가 큰 폭으로 변하게 되는 현상이다. 혼돈의 초기치 민감성을 로렌츠의 '나비 효과'라고 부르기도 한다.
－나비효과 : 나비 한 마리의 날갯짓처럼 사소하고 미묘한 움직임이 크게 증폭되어 엉뚱한 결과를 빚을 수 있음을 시사하는 말이다. 예컨대, 나비 한 마리가 서울에서 공기를 살랑거리면, 다음 달 뉴욕에서 폭풍이 일어날 수도 있다는 것이다.
(4) 깨진 유리창 이론 : 지하철의 깨진 유리창을 방치할 경우 시민의 준법 의식이 결여되어 더 큰 범죄를 야기한다는 이론이다(경범죄 처벌의 이론적 근거).

5) 경찰윤리학의 접근 방법

분 류	내 용	단 점
도덕행정가적 접근법(moral administrator)	경찰관의 윤리강령을 제정하고 경찰이 이에 따라 행동하게 하는 접근법으로, 경찰이 도덕적인 행정가가 되어야 한다는 입장	법령이나 규칙이 모호하거나 모순되는 경우, 여러 도덕적 규범 사이의 충돌이 있는 경우에 해결 방법이 없다.
무지한 철학자 접근법(armchair philosopher)	순수한 사변철학만으로 경찰윤리를 설명	경찰의 업무나 현실을 무시한 까닭에 경찰의 업무나 행동에 적절한 지침이 될 수 없다.
학제적(學際的) 접근법(interdisciplinary approach)	경찰윤리의 한 주제를 연구하기 위하여 사회과학·철학 등 관련 학문을 참고하는 방법으로서, 각 학문의 독립성보다는 상호 관련성을 중시	관련 학문의 정체성 문제를 야기한다.

제2절 경찰 윤리 확립의 필요성

1 개 관

경찰윤리 확립의 필요성은 한 마디로 말하면 국민의 지지와 신뢰의 회복에 있다. 민주주의 사회에서 경찰이 주권자인 국민의 신뢰와 지지를 받지 못한다면 경찰 자체의 존재 이유가 없어지기 때문이다. 따라서 경찰 윤리를 확립하기 위해서는 현대의 행정이 처해 있는 상황을 정확히 인식할 필요가 있다.

2 민주경찰의 윤리적 · 사상적 토대

1) 개 관

경찰의 기본 이념이 각 경찰관의 신념 체계로서 경찰 윤리의 바탕이 되어 바람직한 경찰상으로 나타날 때 경찰은 국민으로부터 신뢰를 받을 수 있으며, 나아가 경찰의 존재 이유를 찾을 수 있는 것이다.

2) 현대 행정과 행정윤리

(1) 행정윤리의 확립

행정윤리의 확립은 행정의 궁극적 목적이라고 할 수 있는 국가 목적의 실현과 공익의 추구라는 목표로 인하여 당연히 요구된다.

(2) 강조되는 이유

현대 행정이 처해 있는 상황으로 인하여 그 중요성이 더욱 강조되고 있다.

(가) 행정권의 강화

국민의 생명과 재산의 보호 임무에만 국한되던 야경국가 대신 국민의 복지 문제에까지 국가가 개입하는 행정국가가 등장하였고, 이에 따라 행정기능과 행정권이 대폭 강화되었다. 그런데 행정권이 강화되면 될수록 행정이 국민에 미치는 영향력은 더욱 더 커지게 되므로 윤리에 바탕을 둔 행정이 되어야 한다.

(나) 관료제의 역기능

현대 관료제의 복잡화, 대규모화로 인하여 권위주의와 형식주의, 번문욕례(red tape)와 같은 관료제의 역기능이 출현하고 있다.

(다) 일반사회의 바람직하지 않은 윤리의식의 영향

공직사회는 일반사회의 한 부분을 구성하고 있으므로 일반사회의 바람직하지 않은 윤리의식이 공직윤리에도 영향을 미친다(예: 미약한 윤리 기준, 이기주의, 불신 풍조, 금전만능 사상).

3) 경찰윤리 확립의 필요성

경찰윤리는 행정윤리 또는 공직윤리의 부분을 구성하는 동시에, 경찰 업무의 특수성으로 인하여 독자적인 경찰 윤리를 구성한다. 경찰도 행정의 일부를 구성하므로 행정윤리 확립의 필요성은 경찰에도 타당하다.

(1) 상당한 재량에 의한 경찰권 행사

경찰관은 상당히 강력한 권한, 심지어 각종 물리력을 사용하는 권한이 주어져 있으며, 그 권한을 사용하는 데 상당한 재량이 주어져 있다.

(2) 위기 상황하에서의 업무 수행

위기 상황에서의 의사 결정을 합리적으로 하기 위해서는 일상적인 도덕적 대응만으로는 불충분하고 경찰관으로서의 윤리의식이 확립되어 있어야 한다. 경찰관들이 그런 상황에 현명하게 대처하기 위해서는 잘 준비되고 적절히 발달된 도덕적 능력을 갖춘 상태에서 접근하는 것이 중요하다.

(3) 강한 유혹에의 직면

경찰관은 다른 사람보다 더 많은 유혹에 노출되어 있으며, 의무 불이행의 유혹은 외부로부터뿐만 아니라 내부로부터도 초래된다.

3 행정윤리 확립의 필요성

현대 행정이 처해 있는 상황은 ① 행정권의 강화, ② 행정의 권력화와 정치화, ③ 행정조직의 거대화로 인한 역기능, ④ 바람직하지 못한 사회 의식의 공직사회 침투 등을 들 수 있다.

1) 행정권의 강화

복지국가 또는 행정국가가 도래함에 따라 행정권은 강화되고, 행정권의 우위 현상이 나타나며, 전문적인 행정관료가 국가의 기본 계획을 수립·집행하고, 법률안 제출과 광범위한 위임입법권 등을 행사하게 되었다. 그런데 행정권이 강화되면 될수록 행정의 국민에 대한 영향은 커지므로 윤리에 바탕을 둔 행정이 되어야 한다.

2) 행정의 권력화와 정치화

행정권의 강화는 집행부에 권력의 집중을 가져왔고, 행정권이 전문화와 거대화·복잡화함에 따라 이에 대한 통제 또한 어려워지고 있다. 그리고 행정의 정치화 또는 권력화는 관료의 가치와 선호의 문제를 제기한다.

3) 행정조직의 거대화로 인한 역기능

행정권이 전문화되고 복잡화·거대화됨에 따라 권위주의·형식주의·번문욕례(繁文縟禮) 등의 역기능도 나타나고 있다. 이러한 부정적 기능을 억제하고, 봉사하는 관료제상(官僚制像)을 정립하기 위해서는 행동 준칙과 행정윤리의 확립이 필요하다.

4) 바람직하지 못한 사회윤리의 공직사회 침투

공직사회는 전체 사회의 한 부분이다. 따라서 사회의 일반적인 윤리 의식은 공직윤리에 영향을 미친다. 사회의 윤리 의식 중 공직사회에 영향을 주어 문제가 되는 것으로 윤리 의식의 해이, 이기주의, 불신 풍조, 배금주의(拜金主義: 금전만능사상) 등이 있다.

행정권의 강화	행정국가의 등장으로 국민에의 영향력이 더욱 커진다.
행정의 권력화 · 정치화	행정은 발전계획의 주도자이며 자원 배분자의 역할을 수행
관료제의 역기능	봉사(奉仕)행정의 정립을 위하여 행동 준칙과 행정윤리의 확립이 필요
일반사회의 윤리의식 타락	공직사회의 상위 체제로서의 사회 일반의 윤리의식은 경찰 윤리 수준을 결정(예: 이기주의 · 불신주의 · 보신주의 등의 경찰에의 침투)

4 경찰윤리 확립의 필요성

클라이니히(J. Kleinig)는 경찰 업무의 특수성과 관련하여 경찰윤리 확립이 필요한 이유를 ① 경찰관의 강력한 권한과 재량, ② 경찰 업무의 상당 부분이 비정상적인 상황과 관련, ③ 긴급한 상황시 빠른 판단으로 대처, ④ 위기 상황시 경찰 개입은 법과 명령에 의한 것, ⑤ 외부 유혹에의 유출(의지의 나약 문제), ⑥ 내부의 의무 불이행 유혹의 문제 등을 열거하고 있다.

1) 경찰관의 강력한 권한과 재량

경찰의 권한 행사는 재량에 해당하는 경우가 많다. 그런데 경찰의 재량 행위에 대한 사전적 통제는 사실상 불가능하다. 그러므로 경찰관 개개인은 그와 같은 결정이 개인적 감정이 개입되었는지, 단순한 편의에 의한 판단인지를 내면화된 윤리적 신념 체계를 바탕으로 양심의 심사를 하여야 한다.

2) 경찰 업무의 비정상적 상황 관련성

경찰 업무의 상당 부분이 비정상적인 상황과 관련이 있으므로 일상적인 도덕 기준만으로 합리적인 의사 결정을 할 수 없다. 그러므로 비정상적인 상황과 관련하여 합리적인 의사 결정을 위해서는 개개의 경찰관은 내면화된 윤리적 가치 체계를 가지고 있어야 한다.

3) 긴급 상황에서의 업무 수행

긴급한 상황에서 경찰의 업무 수행은 심사숙고할 여유가 없다. 이러한 상황에 잘 대처하기 위해서는 도덕적 주체로서 자율성(自律性)을 확보하고 있어야 한다.

4) 법과 명령에 의한 위기 상황 개입

위기 상황의 경찰 개입은 법과 경찰조직에 의하여 명령된 것이다. 따라서 경찰관이 상황에 따라 선택하는 것이 아니다. 결코 위기 상황은 좋은 상황이 아니지만 경찰은 여기에 개입하여야 하는 것이다.

5) 외부 유혹에의 노출

경찰은 업무의 특수성으로 인하여 주변으로부터 많은 유혹을 받는다. 이러한 유혹을 이기지 못하는 경우 주변인들의 비웃음은 물론 국민적 분노나 불신의 상황에 처하게 되고, 경찰조직 전체에 해악을 가져오는 것이다.

6) 내부 유혹의 문제

경찰은 하나의 조직 또는 단체이고, 경찰 행동 양식의 특징은 조직적 행동과 단체행동에 특징이 있다. 이러한 특성으로 인하여 의무 불이행에 대한 내부의 유혹, 즉 집단규범과 단체행동에 동조하라는 동료들의 압력이 있게 된다. 이러한 압력으로부터 도덕적 자율과 고결함을 유지하기 위해서는 내면화된 윤리적 가치 체계를 바탕으로 한 강한 도덕적 용기가 필요하다.

제3장 경찰의 사상적 토대

제1절 사회계약설

1 사회계약설의 의의

사회계약설은 국가의 기원을 인민의 동의에서 서구하고, 국가의 목적을 개인의 자유와 재산의 수호라고 하는 이론이다.

사회계약설의 공통점은 다음과 같다.

① 사회 질서는 인위적으로 형성된 것이다.

② 국가의 목적은 자유·평등·정의 등의 실현에 있다.

③ 사회 계약의 당사자인 국민은 규범을 준수하기 위한 공공 의식이 필요하다.

④ 국가 권력도 국가 창설 규범과 실정법에 의한 제한을 받아야 한다는 점에 있다.

사회계약설 모두 경찰 활동의 사상적 기초와 관련이 된다고 할 수 있으나, 이 중 특히 민주경찰 활동의 근거가 된 것은 로크의 사회계약설이다.

2 사회계약설의 주창자와 그 내용

홉스(Thomas Hobbes), 로크(Jonh Locke), 루소(Jean Jacques Rousseau)에 의하여 주장된 근대의 사회계약설은 계약이라는 개념을 통해서 경찰 제도를 포함한 제도나 정부 형태, 법 체계 등이 조직되는 원리를 도출하고 있다.

1) 홉 스

홉스는 자연 상태(국가 이전의 상태)를 만인에 대한 만인의 투쟁 상태(성악설적 인간관)로 상정한다. 이러한 투쟁 상태에서의 인간은 무제한한 자연권을 가지고 있으며, 이러한 무제한한 자연권을 자기 보존을 위하여 절대 복종을 조건으로 국가에 양도한다는 것이다(복종계약설).

2) 로 크

로크는 자연 상태를 인간들이 자연법에 따라 자신의 행동을 규율하고, 신체와 재산을 처리할 수 있는 상태, 즉 질서와 평화가 존재하는 상태로 상정한다(성선설적 인간관). 그러나 자연 상태에서 인간들 사이에 상반된 이해 관계가 대립되고 갈등이 있는 경우에 이를 조정하는 기관이 필요하다고 한다. 따라서 자연 상태에서 권리를 일정한 대표에게 위임하는 계약을 체결하여야 한다는 것이다(위임 · 신탁계약설).

시민사회 이전의 자연 상태(state of nature)에서 사람들은 자유를 가지고 있지만 안전을 결여하고 있고, 이러한 자연 상태의 결함으로 인하여 개인들은 자연 상태를 떠나 시민사회를 결성하게 되며, 이러한 정치적 사회를 결성하는 개인들의 결정을 계약이라고 부른다.

3) 루 소

루소는 자연 상태를 평화롭고 무조직의 사회로 본다. 그러나 인간의 욕망과 자유의 남용을 방치하면 평화와 질서는 무너지게 된다. 따라서 전체 인민은 합의에 의해서 국가를 건설하고, 질서를 유지하여야 자유와 평화를 누릴 수 있다고 한다(일반 의사).

[표 2-3-1] 사회계약설의 주창자와 그 내용

구분	홉 스	로 크	루 소
저서	『리바이어던(*Leviathan*)』	『시민정부론』	『사회계약론』
자연 상태	(1) 만인의 만인에 대한 투쟁 (2) 약육강식의 투쟁 상태	(1) 처음에는 자유·평등·정의가 지배하는 사회 (2) 인간 관계의 확대에 따라 자연권 유지가 불안	(1) 처음에는 자유·평등이 보장되는 목가적 상태 (2) 점차 강자와 약자의 구별이 생기고 불평등 관계가 성립
사회 계약	(1) 자연권의 전면적 양도 (2) 각 개인의 자연권 포기	(1) 자연권의 일부를 국가 또는 국왕에 신탁(일부 양도설) (2) 자연권의 보장	(1) 모든 사람의 의지를 종합 통일(일반 의지) (2) 자연적 자유 대신에 사회적 자유 확보 (3) 모든 사람에게 원시적 자유를 되찾아 줌.
특징	(1) 국왕의 통치 의지에 절대 복종 (2) 대군주제를 통한 평화와 안전의 기대 (3) 혁명은 절대 불가	(1) 반항권(혁명권)의 유보 (2) 제한군주제(2권분립) → 시민권의 확보 (3) 간접민주주의	(1) 국민 주권의 발동으로 불평등 관계 시정 (2) 일반 의지의 표현인 법을 통하여 인간의 자연권 및 정의 실현(저항권 부정) (3) 직접민주주의

제2절 경찰 활동의 기준

1 코헨과 펠드버그의 견해

코헨(Howard S. Cohen)과 펠드버그(Michael Feldberg)는 사회계약설로부터 도출한 경찰 활동이 지향하여야 할 것으로 ① 공정한 접근의 보장, ② 공공의 신뢰 확보 ③ 생명과 신체·재산의 안전 보호, ④ 협동, ⑤ 냉정하고 객관적인 자세 등 다섯 가지 기준을 제시하였다.

2 경찰 활동의 기준

1) 공정한 접근의 보장

(1) 공정한 접근의 개념

공정한 접근이라 함은 법에 정해진 경찰 서비스를 동등한 필요를 가진 사람들이 경찰 서비스에 대한 동등한 기회를 갖는 것을 말한다. 즉 경찰은 사회 전체의 필요에 의하여 생긴 기구이므로 경찰 서비스에 대한 공정한 접근이 허용되어야 한다. 따라서 누구나 자신의 안전이 위협을 받을 때에는 경찰의 도움을 청할 권리를 보장하여야 한다.

(2) 공정한 접근의 기준

경찰에 대한 공정한 접근의 기준은 필요이다. 즉 필요만이 경찰의 유일한 기준이고, 그 밖의 기준들(성별 · 나이 · 전과의 유무 등)은 제외되어야 한다. 따라서 가난하고 소외된 자가 범죄 신고를 하여도 치안 서비스는 공평하게 제공되어야 한다.

2) 공공의 신뢰 확보

시민들은 직접 자신의 권리를 행사하지 않고 경찰을 믿고 경찰권을 위임하였기 때문에 시민을 대신하여 경찰권을 행사하되 경찰은 그것에 합당한 수단을 통하여 경찰권을 행사하여야 한다.

국민의 위임에 의하여 공적 기관이 수사 · 공소 제기 · 재판 등 업무를 수행하기 때문에, 시민들은 특별한 경우가 아니면 자신의 권리 보호를 위하여 자력 구제는 원칙적으로 금지된다(예: 시민이 절도범을 직접 체포하지 않고, 수사기관에 신고해서 체포하게 하는 것은 공공의 신뢰 확보에 해당한다.

시민들은 경찰이 반드시 법집행을 할 것을 신뢰하고 있다(예: 경찰이 범죄자에 대하여 두려움을 느끼고 법집행을 회피한다면, 공공의 신뢰 확보에 위반되는 것이다).

시민은 경찰이 사익을 위하여 공권력을 사용하지 않을 것을 믿고 있다(예: '뇌물 수수'나 '공짜 접대'를 받는 것은 공공의 신뢰 확보에 위반된다).

시민은 경찰이 강제력을 행사할 때 필요 최소 한도의 강제력을 사용할 것을 신뢰하고 있다(예: '경찰의 과잉 진압').

3) 생명과 자유·재산의 안전 확보

경찰의 법집행은 사회계약의 궁극적 목적인 생명과 신체·자유·재산의 보호라는 대원칙에 따라 수행하여야 한다.

사회계약의 목적이 생명과 신체·자유·재산의 보호에 있는 것이지 법집행에 있는 것은 아니므로, 경찰의 법집행은 사회의 평화와 질서를 유지하는 여러 방법들 중 하나일 뿐이다.

생명과 재산의 안전이 사회계약의 목적이며, 법집행 자체가 사회계약의 궁극적인 목적은 아니다(예: 은행 강도가 어린이를 인질로 잡고 차량 도주를 하고 있다면, 경찰은 주위 시민들의 안전에 대한 위험에도 불구하고 추격[법집행]을 하여야 한다).

법은 생명과 재산의 안전을 도모하기 위한 하나의 수단이며, 법의 집행은 사회의 질서와 평화를 유지하는 데 사용되는 많은 기법들 중의 하나이다(예: 경찰의 과잉 대응으로 오토바이 폭주족이 전신주에 충격하여 사망하였다면, 경찰은 생명과 재산의 안전 보호에 실패한 것이다).

4) 협 동

사회계약설은 국민의 생명과 신체·자유·재산의 보호를 위하여 국가기능을 입법·사법·행정으로 분리하였다. 따라서 범죄행위로부터 사회를 보호하기 위한 업무는 여러 기구가 담당하고 있지만 경찰을 포함한 각 기구들은 협력(team work)의 의무가 있는 것이다.

경찰의 협력 의무에는 대외적 협력 의무뿐만 아니라 대내적 협력 의무도 있다. 국민의 생명과 신체·자유·재산의 보호를 위해서는 경찰조직 단위 사이, 경찰조직 내의 과(課)나 계(係) 사이 등에서의 협력은 필수적인 것이다.

탈주범이 자기 관내에 있다는 첩보를 입수하고도 이를 상부에 보고하지 않고 단독으로 검거하려다 실패한 경우는 협동이라는 경찰의 윤리에 위배된다.

범죄행위로부터 사회를 제대로 보호하기 위해서는 경찰은 행정부에 속하는 다른 기구들(예: 검찰에 대하여 공소 제기에 충분한 증거를 제공하는 행위)뿐만 아니라, 입법부(예: 법의 제정 및 개정과 관련된 자료의 제출) 등과도 협력하여야 한다.

협력하여야 할 의무는 경찰이 대외적으로 지켜야 할 의무일 뿐만 아니라, 내부적으로도 지켜야 할 의무이다.

5) 냉정하고 객관적인 자세

경찰관은 사회의 일부분이 아닌 사회 전체의 이익을 위하여 업무를 수행하여야 한다. 따라서 극한 상황에서도 냉정함을 유지하고 객관적인 자세를 지녀야 한다.

냉정하고 객관적인 자세를 잃고, 일방만 편을 들거나, 과도한 개입을 하거나, 감정적으로 대응하거나, 공정한 판단을 하지 못하거나, 무관심한 태도로 당사자의 말을 주의해서 듣지 않는다면 국민의 신뢰와 지지를 상실하게 될 것이다.

(1) 냉정하고 객관적인 업무 처리

사회계약론적 입장에서 볼 때 경찰관은 사회의 일부분이 아닌 사회 전체의 이익을 염두에 두어야 하며, 따라서 시민들에 의하여 냉정하고 객관적인 방식으로 업무를 처리하도록 기대된다.

(2) 냉정함을 잃어버리는 경우

과도한 개입(over involvement)으로서, 사태에 너무 감정적으로 깊숙이 개입해서 평정을 잃어버리고 제대로 판단을 하지 못하거나 어느 한쪽의 편을 드는 경우이다.

무관심한 태도로서 전혀 당사자들의 말을 주의해서 듣지 않는 태도이다.

[표 2-3-2] 경찰 활동의 기준

기준	공정한 접근의 보장	(1) 경찰은 사회 전체의 필요에 의하여 생겨난 기구로서, 경찰 서비스에 대한 동등한 필요를 가진 사람들이 그것을 받을 동등한 기회를 가져야 함을 의미⇒유일한 기준은 '필요.' (2) 필요 외의 기준, 즉 성(性)·나이·신분 등에 의한 차별 금지⇒평등 원칙이 도출 (3) 경찰 서비스에 대한 평등한 접근은 경찰 활동에 대한 시민의 동등한 복종(협조 의무)과 동전의 양면과 같은 관계에 있다.
	공공의 신뢰 확보	경찰은 시민을 대신해서 시민을 위하여 경찰권을 사용하므로 시민의 신뢰를 합당한 방식으로 경찰권을 행사하여야 한다. 국민의 신탁에 의하여 공적(公的) 기관이 수사·공소 제기·재판 등 업무를 수행하여야 함(⇒시민의 자력구제는 원칙적으로 금지된다). 경찰관은 시민들의 신뢰에 합당한 방식으로 권한을 사용하여야 할 의무를 부담하고 있다(⇒비례의 원칙이 도출된다).
	생명과 재산의 안전 보호	사회계약의 목적은 시민의 생명과 재산의 안전을 보호하는 것이며, 법집행은 사회계약의 실현을 위한 수단에 불과하다. 따라서 경찰의 역할은 단순한 법집행이 아니다.
	협동	(1) 권력 분립의 원칙상 경찰은 통치기구의 일부를 구성하며, 이러한 권력분립의 궁극적 목적은 '시민의 자유와 안전을 보장'임. 사회계약에 의하여 구성된 정부기구는 상호 협력하여야 한다. (2) 목적 달성을 위하여 행정기관 상호간이나 내부 구성원 간에 협력 의무가 도출 ▷법적 근거⇒경찰기관 상호간(경찰직무응원법), 경찰공무원 간(경찰법)
	냉정하고 객관적인 자세	경찰은 사회의 일부분이 아닌 사회 전체의 이익을 염두에 두고 업무를 수행하여야 한다. 경찰관의 평정(平靜)이 요구된다.⇒과도한 개입이나 무관심한 태도의 금지
유래	(1) 사회계약설⇒'계약'이라는 개념을 통하여 사회 제도가 조직되는 원리를 도출 (2) 홉스(T. Hobbes), 로크(J. Locke), 루소(J. J. Rousseau) 등에 의하여 주창	

3 실천 과제

1) 자 율

① 경찰 목표 달성을 위해서는 경찰관 개인에 대한 신뢰와 이를 바탕으로 한 자율적 임무 수행이 요구된다. 따라서 다양한 업무를 수행하는 경찰

관에게 엄격한 재량 준칙을 만들어 획일적인 통제와 감시로 경찰 목표를 달성하려고 해서는 안 된다.

② 자율은 책임과 윤리가 바탕이 되지 않으면 방종으로 흐를 위험이 있다.

③ 자율은 권한의 분배를 전제로 하므로 일선 부서 또는 근무자들에게 권한을 대폭 이양하여 자율적 업무 수행을 위한 여건을 조성해 주어야 한다.

④ 경찰관 개인은 업무에 대한 법률 지식 등 전문 지식과 직업윤리를 바탕으로 합리적인 판단 능력을 배양하도록 노력하여야 한다.

구성원인 경찰관 개개인에 대한 신뢰와 이를 바탕으로 한 자율적 임무 수행이야말로 절실히 요구되는 실천 과제이다. 경찰을 신뢰하고 자신들의 안전을 맡긴 시민 보호를 위하여 우리 경찰이 자율적인 역할을 발휘할 때, 경찰은 시민들로부터 신뢰를 받을 것이다.

자율은 그것을 가능케 하는 권한의 분배를 전제로 한다. 즉응성을 요구하는 경찰 업무의 특성상 일선 근무자들에게 자율성이 요구되고 이를 위해서는 권한이 대폭 이양되어야 한다.

2) 창 의

① 창의란 여러 가지 사안에 대하여 종래의 틀에 구속되지 않고 새롭게 독창적으로 사고하는 힘을 말한다.

② 창의적인 사고는 자율이 전제되어야 하므로, 자율과 창의는 동전의 양면과 같다.

③ 경찰 목표를 달성하기 위해서는 다양한 방법을 개발하고 그 중에서 가장 생산성이 높으면서도 국민의 지지를 받는 방법을 고안하는 창의적인 자세가 요구된다.

경찰은 임무 수행시에 광범위한 재량을 가지고 있으므로, 경찰 목표를 달성하는 다양한 방법의 개발을 통하여, 그 중에서 가장 비용이 적게 들면서 생산성이 가장 높은 방안을 강구하고, 그러면서도 국민들로부터 지지를 받을 수 있는 방법을 고안해 내고 선택하는 등 창의적인 자세가 필요하다.

3) 책 임

① 책임이란 책임감 또는 책임 관념을 말한다.

② 경찰관 개인이 자발적으로 임무 수행을 하지 않을 때 책임을 묻게 된다. 또한 조직의 구조적인 정책 결정의 과오나 구조적인 문제점 등에 대해서도 책임을 물어야 한다.

경찰은 그 구성원 개인에게 자율에 바탕을 둔 임무 수행을 요구하지만, 경찰관이 이에 자발적으로 따르지 않을 때 책임을 묻게 된다.

여기서 강조하여야 할 것은 경찰관의 위법행위나 비위(非違)에 대해서 형사책임·민사책임이나 징계책임 등의 책임(responsibility)을 묻는 데 있는 것이 아니라, 경찰관 스스로 책임감을 가지고 임무를 수행하는 데에 있다.

4) 양 심

양심이란 직업인으로서의 경찰관에게 요구되는 기본적인 마음가짐을 말하는데, 정직·책임 의식·사명감 등이 포함된다.

경찰윤리헌장에서도 경찰은 "오직 양심에 따라 법을 집행"하도록 규정하고 있다.

우리 나라 경찰윤리헌장은 "오직 양심에 따라 법을 집행"하는 공정한 경찰을 천명하고 있다. 여기서 양심은 직업인으로서의 경찰관에게 요구되는 기본적인 마음가짐이다. 그러한 양심에는 정직, 책임 의식, 사명감 등이 포함된다.

4 경찰서비스헌장

경찰청은 경찰행정을 국민 중심으로 전환하여 모든 국민에게 친절하고 신속 공정한 서비스의 제공을 약속하는 '경찰서비스헌장'을 제정하여 1998년 9월 30일 발표하였다. 경찰서비스헌장은 국민의 정부 출범과 더불어 좀 더 친근하고 국민 곁에 더욱 가까이 다가서는 새로운 경찰상 확립을 위하여 경찰관들이 직무 수행 과정에서 반드시 지켜야 할 사항과 필요한 자세 등을 담고 있다. 또한 기존의 경찰헌장이나 경찰윤리헌장이 선언적이고 추상적인 내용으로 구체적인 기준 제시가 미흡하였던 것과는 달리 경찰이 국민에게 제공하는 서비스 기준과 내용, 제공 방법 및 절차가 구체적으로 포함되어 있다.

〈경찰서비스헌장〉

• 우리는 국민의 생명과 재산을 보호하고 법과 질서를 수호하는 국민의 경찰로서 모든 국민이 안전하고 평온한 삶을 누릴 수 있도록 다음과 같이 실천하겠습니다.

1. 범죄와 사고를 철저히 예방하고 법을 어긴 행위는 단호하고 엄정하게 처리하겠습니다.
2. 국민이 필요로 하면 어디든지 바로 달려가 도와 드리겠습니다.
3. 모든 민원은 친절하고 신속·공정하게 처리하겠습니다.
4. 국민의 안전과 편의를 제일 먼저 생각하며 성실히 직무를 수행하겠습니다.
5. 인권을 존중하고 권한을 남용하는 일이 없도록 하겠습니다.
6. 잘못된 업무 처리는 즉시 확인하여 바로잡겠습니다.

제 3 편
경찰사학

제 1 장 한국 경찰의 역사

제1절 개 설

1 개 관

우리 나라의 경우도 고대부터 경찰 활동은 있어 왔다. 그러나 우리 나라에 근대적 경찰 제도가 도입된 갑오경장(甲午更張) 이전까지는 경찰 활동이 다른 국가작용과 구분되어 있지 않았다.

경찰사를 구분할 때 일반적으로 갑오경장(1894년)을 기준으로 근대적 경찰과 그 이전의 경찰로 구분하고, 현대적 경찰은 해방(1945년) 이후 1991년 경찰법의 제정으로 경찰청이 외청(外廳)으로 새로 탄생된 시점을 큰 획으로 잡는 것이 일반적이다.

1) 대한민국 경찰사를 연구하는 목적

대한민국 경찰 역사의 교훈을 통하여 현재의 경찰을 점검해 보고 경찰의 미래를 바르게 설계하는 데 있다.

2) 대한민국 경찰사의 구분

(1) 구분

대한민국의 경찰사를 1894년의 갑오개혁을 기준으로 그 이전의 전(前)근대적 경찰과 그 이후의 근대적 경찰로 나누고, 현대에는 1945년의 해방과 1991년의 경찰법의 제정을 하나의 획으로 양 시대를 나눈다.

(2) 이유

① 1894년 갑오개혁⇒한국 경찰의 조직법적·작용법적 근거를 마련하였다.

② 1945년 해방⇒경찰 사상에서도 새로운 출발을 지향하였다.

③ 1991년 경찰법 제정⇒경찰청이 외청으로 독립하여 경찰에 새로운 전기를 가져다 주었다.

제 2 절 갑오경장 이전의 경찰 제도

1 개 략

갑오개혁 이전에도 경찰의 존재를 추정할 수 있지만 법적인 체제와 근거를 갖추고 있지는 않았다. 그러나 이러한 경찰작용을 추정할 수 있는 형벌 법령의 존재는 여러 곳에서 발견된다. 따라서 이러한 형벌 법령의 존재를 통해서 경찰의 기능을 추정할 수 있다.

주의할 점은 어느 사회나 어떤 형태로든지 경찰작용의 근거가 되는 법령 등과 이에 따른 경찰작용은 있어 왔다는 점이다. 다만 이러한 법령에 따라 집행할 경찰기관, 즉 법적인 체제와 근거를 가진 전문적인 경찰기관이 따로 존재하지 않았다는 점이다.

우리 나라 경찰사에서 갑오개혁 이전에도 조선 시대의 포도청 등 어느 정도 경찰적인 기관의 존재를 확인할 수 있지만, 법적인 체제와 근거를 가진 제도화된 전문적인 경찰기관은 존재하지 아니하였다.

갑오개혁 이전에는 경찰작용이 다른 국가작용으로부터 분화되지 아니하였으며, 심지어 조선 시대의 경우에도 지방의 관찰사 등이 경찰권을 포함한 행정권·사법권을 모두 행사하는 등 미분화의 수준이었다.

시대를 거슬러 올라갈수록 우리는 형벌 법령 등의 존재를 통해서 경찰기능의 존재를 역으로 추정할 수밖에 없다.

2 부족국가 시대

1) 고조선

(1) 팔조금법

고조선 시대에는 팔조금법(八條禁法)이 있었는데 지금은 다음과 같은 3조목이 전해져 내려온다.

> 제1조 : 사람을 죽인 자는 바로 죽인다(相殺以當時償殺). －살인
> 제2조 : 사람을 상해한 자는 곡물로써 배상한다(相償以穀償). －상해
> 제3조 : 남의 물건을 훔친 자는 남자는 그 집의 노(奴)로, 여자는 비(婢)로 되나 스스로 속(贖)하려 하는 자는 오십만 전을 내야 한다. －절도

이를 통하여 다음과 같은 사실을 확인 또는 추정할 수 있다.

① 고조선 시대에 적어도 살인죄, 상해죄, 절도죄 등의 죄목을 정한 형벌 법령이 있었다.

② 살인죄, 상해죄, 절도죄의 처벌은 오늘날 경찰과 재판 및 형집행 기능에 해당하는 것이므로, 사회의 안녕과 질서의 유지가 필요할 만큼 사회 및 국가 체제가 갖추어져 가고 있었다.

③ 이러한 기능은 따로 분화되어 있지 아니하고 지배 세력이 모든 권한을 행사하였다.

④ 국민의 생명, 신체, 재산의 보호에 많은 관심을 가졌다.

(2) 경찰 활동

지배 체제 유지를 목적으로 하였다.

고조선 시대에는 살인죄, 상해죄, 절도죄 등의 범죄를 형벌로 다스렸으며, 이를 집행할 지배 세력이 존재하고 있었음을 알 수 있다. 또 이러한 법령에 의해서 사유재산제의 존재를 알 수 있고, 당시의 경찰의 이념도 오늘날과 같이 개인의 생명과 재산을 보호하여 사회 질서를 유지하려는 데에 있었음을 알 수 있다.

그러나 경찰과 재판 및 형집행 기능 등은 분화되어 있지 않았다.

2) 한의 군현

(1) 관직 제도

(가) 한사군의 설치

한(漢)의 침공으로 고조선이 멸망하고(기원전 108년) 옛 고조선 지역에 한사군(낙랑·진번·임둔·현도)이 설치되어 기원후 313년 낙랑이 멸망하기까지 지속되었다. 한은 군현경정리(郡縣卿亭里)의 행정 체제를 취하였다.

한사군(漢四郡)은 한반도의 일부이기는 하나, 중국의 지배하에 행정 체제가 갖추어지면서, 경찰 기능이 어느 정도 정비되어 한의 사군 지배를 위한 수단으로 활용되었다.

(나) 군현경정리의 행정 체제

① 군에는 문관직인 태수와 무관직인 도위(都尉)를 두었다.

② 현에는 현령(縣令 : 만호 이상의 현) 또는 현장(縣長 : 만호 미만의 현)을 두고 그 밑에 장리(長吏)인 승(丞)과 위(尉), 소리(小吏)인 두식(斗食)과 좌사(佐史)를 두어 각각 문치(文治)의 보좌와 도적을 잡아 가두는 일을 맡게 하였다.

③ 경(卿)에는 교화를 주관하는 삼로(三老)와 순찰과 도적을 방비하는 유요(遊徼)를 두었다.

④ 정(亭)에는 정장을 두어 도적을 잡게 하였다.

⑤ 이(里)에는 이괴(里傀)를 두어 풍속 등을 담당케 하였다.

(2) 경찰 활동

이들 관직 중 경찰의 임무를 담당한 것은 위(尉)와 유요 및 정장 등이다. 이들은 현(縣)·경(卿)·정(亭)의 도적을 검거하는 업무를 관장하고, 또 오병(五兵 : 활・창・검・방패・갑옷)이 주어졌다. 이들이 오늘날의 경찰 기능을 담당한 것으로 보인다.

3) 남북의 부족국가

(1) 부여

(가) 관직제

부여(夫餘)는 북만주의 송화강 유역에 자리잡은 부족으로 중앙에 왕이 있고, 그 밑에 마가(馬加)・우가(牛加)・저가(豬加)・구가(狗加) 등의 관직이 있었는데, 이들에 의하여 지배 세력이 형성되었고, 이들이 국방과 경찰의 기능을 담당하였다.

경찰제는 문헌상으로는 없고, 행정・군사・경찰이 모두 혼재하였다.

(나) 일책십이법(一責十二法)

① 살인자는 사형에 처하고 그 가족을 노비로 삼았다.

② 남의 물건을 훔친 자는 12배로 배상하였다.

③ 간음자나 부인으로서 투기한 자는 사형에 처하는 등 형벌이 엄하였다.

④ 제천(祭天) 행사인 영고(迎鼓) 때에는 형옥(刑獄)을 중단하고 죄인을 석방하였다.

(2) 고구려

① 초기의 고구려(高句麗)는 압록강 중류의 동가강 유역에 자리잡고 있던 부족국가이다. 부여와 비슷하게 뇌옥(牢獄: 감옥)이 없었다.

② 범죄자나 전쟁에 패한 자는 제가평의회의 결정으로 사형에 처하고 그 처자는 노비로 삼았다.

③ 절도범은 일책십이법에 따라 12배의 배상을 하도록 하는 등 엄하게 다스렸다.

(3) 옥저와 동예

① 옥저(沃沮)와 동예(東濊)는 고구려와 예속적 관계에 있어서 왕이 없고 거수(渠帥)들이 읍락을 지배하였다.

② 동예에서는 읍락마다 경계를 두어 이를 침범하면 노예나 우마(牛馬)

로 배상하는 책화(責禍) 제도가 있었으며, 살인자는 사형에 처하고, 도둑은 적었다.

(4) 삼한 사회

① 북쪽에서 고구려, 부여, 한군현이 존속하고 있는 동안 한강 이남에는 마한(馬韓), 진한(辰韓), 변한(弁韓)의 삼한(三韓)이 자리잡고 있었다. 삼한 사회는 부족공동체 사회로서, 제정이 분리되어 있었다.

② 이들은 모두 78개의 부족국가가 모인 부족공동체적 사회로 제사(祭祀)와 정치(政治)가 분리되어 있어, 세속의 질서는 그 크기에 따라 신지(臣智) 또는 읍차(邑借) 등으로 불렸던 각 부족의 지배자(신지 · 견지 · 읍차 등)가 유지하였다.

③ 제사장인 천군이 지배하는 소도(蘇塗)라는 별읍(別邑)은 천관(天官)이라는 신관(神官)이 다스리도록 하였는데, 범죄자가 도망하여도 잡지 못하였다.

한사군의 동북 지역 및 남쪽 지역에는 부여, 고구려, 옥저, 동예, 삼한 등의 부족국가가 자리잡고 있었는데, 이들에 관해서는 『삼국지』「위지동이전」에서 전하고 있다.

(4) 소결

① 당시의 지배 세력이 지배 체제를 유지하기 위하여 경찰 기능을 군사, 재판, 형집행, 공물 확보 등의 기능과 분화됨이 없이 통합적으로 행사하였다.

② 당시의 법조목(法條目)은 살인과 상해 및 절도에 대하여 엄벌에 처하도록 함으로써, 개인의 생명과 재산 및 신체의 보호에 관심을 가졌다.

③ 가부장적 사회 질서를 유지하기 위하여 간음(姦淫)과 투기(妬忌) 등에 대하여 강력히 처벌하였다.

3 삼국 시대

고대국가는 왕위 계승, 율령의 반포, 관료 제도의 정비 등 중앙집권적 국가 체제를 갖추면서 성립하였다. 그러나 고대국가들의 경찰 기능은 행정과 군사 기능 등의 다른 기능과 분화되지 않고 있었다.

이 시기에는 경찰의 기능도 어느 정도 모습을 드러내고, 또 처벌의 대상에서 공무원들에 해당하는 관인들의 범죄가 새롭게 처벌 대상이 되었다. 특히 왕권에 반하는 반역죄를 엄히 다스렸다.

한반도에도 고구려, 백제, 신라가 등장하면서 부족국가의 다원적인 조직을 청산하고 왕을 중심으로 하는 중앙집권적인 국가가 성립되었고, 이에 따라 법령과 제도의 발전이 이루어지는 바, 이 시기에 경찰 기능도 어느 정도 모습을 드러내는 등 변화가 이루어진다.

1) 고구려 - 중앙집권적

(1) 경찰 제도

고구려는 수도와 전국을 각각 5부로 나누어 다스리고 또 귀족 대표자 회의인 제가평의회가 있어서 여기에서 나라의 중요한 일을 의논하여 결정하였다.

중앙은 왕이 있고 그 아래 수상격인 대대로가 있었고, 지방의 5부에는 욕살(褥薩)이라는 지방장관을 두었다. 경찰권은 이러한 지배 세력들에 의해서 행사되었을 것이다.

한치윤의 『해동역사』에 "고구려에는 요수 지역에 무려라(武厲邏)를 설치하여 요수를 건너는 자들을 경찰(警察)하였다"는 기록이 있는데, 무려(武厲)는 요서에 있는 성의 이름이고, 여기에 라(邏)를 설치하여 국경을 경비한 것이다. 기록상 경찰이라는 용어가 최초로 사용되고 있는데 이 때의 경찰의 의미는 '경계한다'는 의미였다.

(2) 법제

중국의 『구당서(舊唐書)』에 의하면, 고구려에는 모반죄 등의 반역죄, 전쟁에 패한 죄, 전쟁에서 항복한 죄, 절도죄, 가축살상죄 등이 있었다고 한다.

고구려 사회는 이러한 엄격한 형벌과 부담으로 사회 질서를 유지하였다. 특히 절도의 경우는 12배로 배상을 하거나 자녀를 노비로 삼아 상환하여야 했다.

(가) 제도의 정비

고구려는 기원전 1세기경에 부족국가 수준의 초기 국가 형태를 이루다가 기원후 1세기 후반의 태조왕 시대에 부자 왕위 계승 체제의 확립, 4세기 중엽의 소수림왕의 율령 반포(372년) 등을 통하여 국가 체제를 정비하고, 5세기 장수왕 때에 이르러 정치·경제·군사 제도를 완비하는 등 대제국으로 발전하였다.

(나) 욕살

고구려는 신분 관계로서 수상인 대대로(大對盧)에서 선인(先人)에 이르는 14관등 체계를 갖추었고, 지방을 5부로 나누어 욕살(褥薩)이라는 지방 장관을 두어 다스렸다. 이들 지배 세력이 경찰권을 행사하였다.

(다) 율령

고구려의 법제인 율령(律令)은 오늘날 전해지지 아니하므로, 그 내용을 알 수 없으나, 중국의『구당서』등에 의하면 고구려에는 모반죄(謀叛罪; 외환죄)와 모반죄(謀反罪; 내란죄) 등의 반역죄(反逆罪), 전쟁에 임하여 패배하거나 항복한 죄, 살인행겁죄(殺人行劫罪), 절도죄, 가축살상죄 등이 있었다고 전해지는 바, 이것은 엄격한 형벌 또는 부담(절도죄의 경우 12배 배상 또는 자녀를 노비로 삼아 상환)으로써 사회 질서를 유지하였음을 보여 준다.

2) 백제 - 지방분권적

(1) 경찰 제도

백제는 왕 아래 6좌평(佐平)을 두고 16관등으로 나누었는데, 6좌평 중에서 경찰의 업무는 위사좌평, 조정좌평, 병관좌평이 관련이 있다.

지방에는 5방제를 취하여 방령(方領)을 파견하였고, 수도에는 5부(部)를 두어 달솔로 하여 다스리게 하였는데, 이들이 치안 책임을 병행하여 수행하였다.

(2) 법제

백제의 형벌은 매우 가혹하였다. 살인자·반역자 및 전쟁에서 퇴군(退軍)

한 자는 사형에 처하였으며, 부인을 범간(犯姦)한 자는 남편 집의 노예가 되게 하고, 뇌물을 받은 관리와 절도자는 2배의 배상을 하게 하며 옥에 가두거나 귀양도 보냈다. 그리고 특이한 것으로 관리들의 수재죄(受財罪)가 있었다.

(가) 제도의 정비

백제는 한강 유역을 중심으로 부족국가에서 발전하여 고이왕(234~286년) 때에 6좌평을 두고 16관등을 정하는 등 고대국가의 기틀을 마련하고, 근초고왕(346~375년) 때에 중앙집권적인 국가 체제를 갖추었다.

(나) 위사 · 조정 · 병관좌평

6좌평제는 내신(內臣 : 왕명 출납), 내두(內頭 : 재무회계), 내법(內法 : 의전, 제사), 위사(衛士 : 군사), 조정(朝廷 : 사법, 치안), 병관좌평(兵官佐平 : 지방군사)으로, 이중 경찰 기능은 위시좌평과 조정좌평 및 병관좌평과 관련되었다.

(다) 방령, 달솔

지방에는 5방제를 취하여 방령(方領)을 두어 다스렸고, 수도에는 5부를 두어 달솔(達率)로 하여금 다스리게 하였는데, 이들이 치안 책임을 병행하여 수행하였을 것이다.

(라) 율령

백제의 경우에도 반역죄, 절도죄, 간음죄, 관인수재죄(官人受財罪) 등에 대하여 엄격한 형벌을 가함으로써 국가 체제와 사회 질서를 유지하였다.

3) 신라 - 중앙집권적

(1) 경찰 제도

중앙에는 왕이 있고 그 아래 집사성(執事省)을 설치하여 수상격인 중시(시중)를 두어 국가 기밀사무와 왕권을 보좌하게 하였다. 그리고 집사성 밑에 설치된 좌우이방부가 형사와 법률을 담당하였다.

지방 제도는 5주 2소경이었다. 주(州)에는 주의 장관으로 군주를 파견하여 다스렸다. 각 주(州)에는 군단(軍團)인 정(停)을 두어 국방을 담당하게 하였다.

(2) 법제

신라의 법제도 고구려나 백제와 크게 다르지 않고, 고대사회의 특징인 엄격한 형벌로써 사회 질서와 국가 체제를 유지하였을 것이다. 물론 행정과 경찰의 임무는 지방관이 행사하였다. 행정책임자가 곧 군사지휘관을 겸하고 경찰권도 행사하였던 것이다.

(가) 제도의 정비

① 신라는 내물마립간(內勿麻立干, 356~402년) 때부터 김씨 왕권을 확립하고, 눌지마립간(417~458년) 때부터는 왕위의 부자 상속이 이루어지는 등 고대국가의 기틀을 마련한 후, 법흥왕(514~540년) 때에는 율령을 반포(520년)함으로써 중앙집권적인 국가 체제를 갖추었다.

② 신라는 엄격한 골품 제도와 이벌찬에서 조위(造位)에 이르는 17관등제를 통하여 신분 질서를 유지하는 지배 체제를 구축하였고, 필요에 따라 병부(법흥왕 3년), 품주(진덕여왕 5년), 사정부(태종무열왕 6년) 등의 관부를 설치하여 국사를 담당하였다.

(나) 군주

지방에는 5주(州)를 두고 군주로 하여금 다스리게 하였는데, 이들이 군사는 물론 경찰 업무도 담당하였다.

(4) 소결

① 삼국 시대는 왕권이 확립되고 관등이 정해지고 통치를 위한 율령이 반포되는 등 중앙집권적 국가 체제가 갖추어지는 시기로서, 왕권 보호의 이념이 대두되기 시작하였다.

② 아직까지는 경찰 기능의 분화가 이루어지지 아니하고, 행정과 군사 및 경찰이 일체를 이루고 있었다.

③ 이 시기에는 중앙집권적인 국가 체제가 확립됨에 따라 국가 또는 왕권의 존립에 반하는 반역죄를 특별히 엄벌하였고, 공무원에 해당하는 관인(官人)들의 범죄가 새롭게 처벌의 대상으로 떠오르는 등 경찰 활동의 대상도 부족국가 시대와는 다른 면모를 보여 준다.

4 통일신라 시대

1) 경찰 제도

통일신라의 중앙관제는 옛 신라의 것을 그대로 답습하였다. 경찰과 관련이 되는 것이 병부・사정부・이방부 등이다. 특히 이방부는 범죄의 수사와 집행을 담당하였다.

지방관제는 종래의 5주 2소경 제도를 9주 5소경 제도로 확대 개편하였다. 주의 장관을 총관(후에 도독)이라 하였다.

해양경찰로는 장보고의 청해진이 있었다.

2) 법제

통일신라는 사회구조가 복잡해지고 인구가 증가함에 따라 범죄의 유형도 다양화되었다. 통상적인 범죄인 부모에 대한 살인 등의 오역죄(五逆罪)나 절도죄 이외에 ① 왕권을 보호하기 위한 범죄(모반죄・모대역죄・知逆事不告言罪 등), ② 관리들의 직무와 관련된 범죄(불휼국사죄・배공영사죄 등)가 생겨났다.

그리고 형의 종류도 세분화되고 집행 방법도 잔혹해졌다. 즉 족형(族刑)・거열형(車裂刑)・사지해형(四肢解刑)・기시형(棄屍刑)・참형・자진형・유형・장형 등이 있었다.

(1) 삼국 통일

신라가 660년 백제를, 668년 고구려를 정복하여 삼국을 통일함으로써 대동강 이남 지역이 신라를 중심으로 통일되었다.

(2) 중앙행정

(가) 행정관제

신라는 통일 후에도 행정관제 등은 삼국 시대의 것을 그대로 답습하여, 예를 들어 병부, 창부, 예부, 조부, 사정부, 이방부 등이 그대로 존속되었고, 진덕여왕 5년에 설치된 집사부가 최고의 행정관청으로서 위치를 차지하고 있었다.

(나) 이방부

경찰과 관련되는 조직은 병부, 사정부, 이방부 등이며, 특히 이방부는 좌이방부(진덕여왕 5년), 우이방부(문무왕 7년)로 나뉘어 범죄의 수사와 집행을 맡아 보았다.

(3) 지방행정

신라의 지방 통치의 기본이 된 것은 주·군·현 제도였다. 신라는 지방을 9주 5소경으로 나누고, 주에 총관(摠管)을 두고 소경에는 사신(仕臣)을 두었으며, 주 밑에는 군(태수), 현(현령), 촌(촌장), 향·소·부곡 등을 두었다.

주의 총관에서부터 현령에 이르기까지 중앙귀족이 임명되어, 9서당(誓幢) 10정(停)의 군사조직과 함께 통일신라의 통치조직의 중요한 고리를 이루고 있었으므로, 경찰 기능도 이들에 의하여 수행되었다.

(4) 율령

당시의 범죄 유형은 부모에 대한 살인 등의 오역죄(五逆罪), 절도죄(竊盜罪) 등의 통상적인 범죄 유형 외에, 모반죄, 모대역죄, 지역사불고언죄와 같은 왕권을 보호하기 위한 범죄 및 불휼국사죄(不恤國事罪), 배공영사죄(背公營私罪) 등의 관리들의 직무와 관련된 범죄들이 등장하였다.

(5) 형벌

형의 종류도 세분화되고 집행 방법도 잔인하게 변화되어 족형, 거열형, 사지해형, 기시형, 참형, 자진형, 유형, 장형 등이 있었는데, 이는 모두 당시의 통치 체제를 유지하기 위한 수단이라고 여겨진다.

5 고려 시대

1) 경찰 제도

(1) 어사대·형부·병부와 중추원

고려의 중앙기관 중 어사대(뒤에 사헌부로 바뀜)는 시정의 득실을 논하고 감찰기관으로서 풍속 교정과 관리의 비리를 규찰하는 임무를 담당하여 풍속경찰의 임무를 수행하였고, 형부(刑部)는 법률과 소송을 다루면서 경찰 기능을 수행하였으며, 군사를 담당한 병부(兵部)도 경찰과 관련이 있다.

왕명의 출납, 왕궁경비와 군기를 장악하였던 중추원(추밀원)이 있었다.

(2) 위아와 현위

지방 제도는 오도 양계(五道兩界)의 지방 행정조직이 체계를 갖추고, 도(道) 아래 군과 현을 설치하였다. 여기서 주목할 만한 것이 현내에 현위(縣尉)를 장으로 하는 위아(尉衙)라고 하는 지방기관이 설치되었는데 위아의 임무는 현 내의 비행 및 범죄의 방지와 그 처리, 치안 불안 지역에서의 질서 유지 임무를 수행하였다(고종 43년에 폐지). 이를 두고 위아는 경찰서이고, 현위는 경찰서장이다.

(3) 금오위

군사 제도에는 중앙군으로 2군 6위(2군 : 응양군 · 용호군, 6위 : 천우위 · 금오위 · 감문위 · 좌우위 · 신호위 · 흥위위)가 있고 지방군으로는 5도에는 주현군, 양계에는 주진군이 있었다. 6위 중 금오위(金吾衛)가 수도의 경찰 임무를 맡아 수도인 개경의 순찰 임무 및 포도금란(捕盜禁亂)의 업무와 비위 예방을 담당하였다.

(4) 삼별초

무신정권하에서는 사병 역할을 했던 삼별초(三別抄)가 경찰과 전투 등의 공적인 업무를 수행하였다.

(5) 순마소(순군만호부)

원(元)의 지배하에서는 충렬왕 때에 원의 주현 포도기관이었던 순마소(후에 巡軍萬戶府)를 고려에도 설치하여 방도금란(防盜禁亂)의 업무와 왕권 보호 등의 정치경찰적 업무도 수행하였다.

2) 법 제

(1) 법률 제도

고려 시대의 법률 제도는 기본적으로 당의 법률을 모방하였으나, 우리 나라 실정에 맞는 법률을 가졌으며, 일상 생활은 관습법에 따랐다. ① 당률(唐律)을 모방한 법률과 보조 법률이 있었고, ② 특히 일상 생활에 관계되는 범죄는 관습법에 의하여 규제되었다. 형벌의 종류에는 태형, 장형, 도형, 유형, 사형의 오형(五刑) 제도[1]가 있었다.

918년에 태조 왕건이 즉위한 후 초기의 고려는 신라의 제도를 답습하다가, 제6대 성종대에 이르러 3성(중서성, 문하성, 상서성), 6부(이, 병, 호, 형, 예, 공)의 중앙관제와 지방 12목(牧)의 설치 등 정비를 보았다.

(2) 지방행정 – 안찰사, 병마사

지방관제는 12목(牧)에서 여러 차례 개폐를 본 후 5도 양계제로 정착되어, 도에는 안찰사, 계(界)에는 병마사가 그 장으로 임명되었고, 도 밑에는 군, 현이, 계 밑에는 진이 각각 설치되었다. 지방의 경우에는 각 지방의 장이 행정, 사법, 군사, 경찰 등의 사무를 그 관할구역 내에서 통합적으로 처리하였다.

(3) 율령

고려 시대에는 사회가 분화·확대되면서 범죄의 종류도 점차 늘어갔다. 모반죄나 대역죄·살인죄·절도죄 등의 통상적인 범죄 이외에, 공무원 범죄·문서훼손죄·무고죄·도주죄·방화나 실화 또는 연소죄·간(姦)범죄 등의 성범죄·도박죄·유기죄·장물죄·인신 매매에 관한 범죄 등이 새로운 처벌의 대상이 되었다. 특히 이들 범죄 중 모반죄와 불효죄는 엄중하게 처벌하였다고 한다. 이는 사회의 발달에 따른 범죄의 다양화에 대응하기 위한 것이다.

---

1) ① 태(笞) : 가는 채찍으로 때리는 것으로 10~50회를 5등급으로 구분
② 장(杖) : 굵은 채찍으로 때리는 것으로 60~100회를 5등급으로 구분
③ 도(徒) : 징역형으로 1~3년을 5등급으로 구분
④ 유(流) : 귀양 보내는 것으로 가깝고 먼 지역에 따라 3등급으로 구분
⑤ 사(死) : 교수형과 참수형의 2등급으로 구분

6 조선 시대

1) 경찰 제도

(1) 통치기구

1392년 개국한 조선도 중앙집권적인 전제국가 수준이었다. 조선 시대의 통치기구는 중앙에 의정부와 이(吏), 호(戶), 예(禮), 병(兵), 형(刑), 공(工)의 6조(曹) 외에 감찰기관으로서 시정을 논하고 백관을 규찰하며 풍속의 교정을 담당하던 사헌부 등의 기관이 있었다.

중앙의 경찰 기능은 의금부(義禁府)와 포도청(捕盜廳)이 있고, 지방에는 관찰사와 수령들이 경찰 기능을 일반행정과 함께 행사하였다. 특히 사헌부는 백관을 규찰하는 감찰관이기도 하고, 풍속경찰의 행정경찰 기능도 행사하였다.

(2) 관찰사와 수령

지방관제로는 전국을 8도로 나누어 관찰사가 임명되었고, 그 밑에 부·목·군·현을 두고 각각 부윤, 목사, 군수, 현령 등의 수령을 두었다. 도에는 관찰사를 두어 행정·군사 및 사법경찰권을 행사하며, 수령을 지휘·감독하고, 민생을 순찰하는 감찰관의 기능도 있다. 관찰사와 수령들이 지방행정과 함께 경찰 기능도 수행하였다.

다섯 집을 1통(統)으로 조직한 예방 경찰적인 자치적 인보(隣保) 조직으로 오가작통법(五家作統法)이 있었다.

(3) 의금부

경찰 기능은 중앙의 경우, 고려 시대 말기의 순군만호부가 태종 2년에 순위부, 태종 3년 의용순금사, 태종 14년에 의금부로 개칭되었다.

왕명을 받들고 왕족의 범죄 및 현관·음관(蔭官)으로 관규를 문란케 한 자, 국사범·모역죄·반역죄 등에 관한 사건, 사교(邪敎)에 관한 금령을 범한 자, 상인(常人)의 왕실 및 왕족에 대한 범죄사건, 사헌부에서 탄핵한 사건 등 중요한 특별범죄를 관장하였다.

(4) 포도청

① 포도청은 성종 2년(1471년) 당시에 전국적으로 도적이 창궐하자 '포도장제'를 설치하여, 그 후 성종 12년에 좌우 변(邊)으로 나누고 중종 23년(1528년)에 포도대장으로 승격시켰다. 포도청은 독립기관으로 관할구역을 가지고, 좌포도청이 한양의 동·남·중부와 경기좌도를, 우포도청이 한양 서·북부와 경기우도를 관할하면서, 도적을 잡고 야간 순찰을 실시하는 등의 임무를 수행하였다.

② 포도청이란 명칭은 중종 39년(1544년)에 처음으로 사용되었다.

③ 양반 집의 수색과 여자 도적 체포를 위하여 '다모(茶母)'라는 여자 관비를 두었다.

④ 포도청은 갑오경장 당시에 한성부에 경무청이 설치되면서 폐지되었다.

(5) 경찰권의 다원화 - 직수아문

경찰권은 일원화되지 못하고 병조, 형조, 한성부, 사헌부, 승정원, 관찰사, 수령과 나중에 추가된 비변사, 포도청 등에게는 소관사무와 관련하여 직권에 의하여 위법자를 체포·구금하는 직수아문(直囚衙門)의 형태로 경찰권이 주어져 있었다. 그리고 궁방이나 권문세가, 서원 등에서는 수금(囚禁)과 사형(私刑)이 자행되었다.

(6) 갑오개혁

1894년의 갑오개혁과 함께 경무청관제직장(警務廳官制職掌)이 제정되어 한성부에 경무청이 설치되면서 포도청은 폐지되고, 그 동안 시행되던 각부, 각 아문, 각 군문의 체포·시형(施刑)에 관한 권한도 불허되었다.

사법관의 재판 없이 죄벌을 가하는 것이나, 군영(軍營)의 발순(發巡)도 금지되었다.

2) 법 제

(1) 민·형사의 불구분

『경국대전』 등 법전에 의거하여 집행된 사법(司法)은 통치 또는 행정의 일환으로 운영되었고, 또 민사·형사의 구분이 명확치 않았다. 즉, 부·

[표 3-1-1] 갑오경장 이전의 경찰제도 핵심 요약

<table>
<tr><th>구분</th><th colspan="4">경 찰 제 도</th></tr>
<tr><td>고조선</td><td colspan="3">팔조금법(八條禁法 : 『한서』「지리지」에 전한다.) ⇒살인죄 · 상해죄 · 절도죄의 규정이 전한다.</td><td rowspan="6">군사, 형집행 기능과 통합 수행
가부장적 사회 질서 유지</td></tr>
<tr><td>한군현</td><td colspan="3">(1) 행정 자체로서 군(郡)(2) · 현(縣) · 경(卿) · 정(亭)리(里)의 체제를 취함
(2) 현(縣)의 위(尉), 경(卿)의 유요와 정(亭)의 정장에게 오병(五兵)을 주어서 경찰 기능을 담당케 함</td></tr>
<tr><td>부여</td><td colspan="3">관직으로 사출도(마가 · 우가 · 저가 · 구가)를 둠; 일책십이법(절도자는 12배 배상)</td></tr>
<tr><td>옥저</td><td colspan="3">왕이 없이 거수(渠帥)가 읍락을 지배</td></tr>
<tr><td>동예</td><td colspan="3">왕이 없이 거수가 읍락을 지배 : 책화(責禍) 제도⇒폐쇄적 씨족사회의 유산</td></tr>
<tr><td>삼한</td><td colspan="3">신지 · 견지 · 읍차 · 부례(정치적 지도자)⇔천관(종교적 지도자 : 소도라는 별읍을 둠.)</td></tr>
<tr><td>고구려</td><td>욕살(褥薩)</td><td>일책12법</td><td>감옥이 없다. ㅡ제가평의회ㅡ무려라</td><td rowspan="3">중앙집권적 국가
행정 · 군사와 일체
반역죄 엄벌</td></tr>
<tr><td>백제</td><td>방령(方領)</td><td>일책2법(宮人受財罪를 처벌).
수도의 달솔</td><td>위사 · 조정 · 병관좌평 ⇒ 경찰 기능</td></tr>
<tr><td>신라</td><td>군주(君主)</td><td></td><td></td></tr>
<tr><td rowspan="2">통일
신라</td><td>중앙</td><td colspan="3">이방부(理方府 : 범죄의 수사와 집행을 담당) · 병부 · 사정부. 형의 종류 세분</td></tr>
<tr><td>지방</td><td colspan="3">9주 '총관→도독' · 5소경 '仕臣': 해양경찰 활동이 활발(청해진)</td></tr>
<tr><td rowspan="3">고려</td><td>중앙</td><td colspan="3">형부(刑部) · 병부(兵部) · 어사대 · 금오위(수도의 순찰 · 포도금란[捕盜禁亂]의 업무와 비위 예방을 담당)</td></tr>
<tr><td>지방</td><td colspan="3">(1) 5도 양계의 행정 체제(道 · 郡 · 縣)에서 각 지방의 수령이 경찰을 담당. 지방의 안찰사, 병마사
(2) 현에 위아(尉衙 : 長 현위)라는 지방기관이 경찰 기능(현재의 경찰서) 수행</td></tr>
<tr><td>기타</td><td colspan="3">삼별초(경찰, 전투 등 공적 업무 수행) · 순마소(→순군만호부; 방도금란[防盜禁亂] 외에 왕권 보호의 정치경찰적 기능)</td></tr>
<tr><td rowspan="2">조선</td><td>중앙</td><td colspan="3">(1) 의금부 · 포도청(최초의 전문적 · 독립적 경찰기관으로서 갑오경장 때 폐지)
(2) 직수아문(直囚衙門) ⇒ 중앙의 각 관청이 소관사무와 관련하여 직권에 의하여 위법자를 체포 · 구금하여 경찰 기능을 수행 (경찰권의 다원화)</td></tr>
<tr><td>지방</td><td colspan="3">관찰사 등 각 지방의 수령이 경찰권을 담당</td></tr>
</table>

목·군·현의 수령인 부사·목사·군수·현령·현감과 도의 관찰사는 행정관인 동시에 사법관으로서, 수령은 민사소송과 태형(笞刑) 이하의 형사소송을 직결하였으며, 관찰사는 관내의 사법사무를 통할하며 도형(徒刑) 이하의 형사사건을 직결하고, 그 이상의 중죄는 상부의 지시를 받아야 하였다.

(2) 상급심기관

상급심을 위해서는 형조·의금부·한성부의 3법사가 설치되었는데, 형조는 사법행정의 감독기관인 동시에 수령이 관장하는 일반사건에 대한 상소심으로서의 재심기관이며 합의제였다.

(3) 형벌 제도

조선왕조의 형벌은 고려와 마찬가지로 태(笞)·장(杖)·도(徒)·유(流)·사(死)의 5형이 시행되었다. 형옥은 일반적으로 잔혹하게 다스려져 영조는 이를 개혁하여 압슬(壓膝)·낙형(烙刑)·묵자(墨刺)·난장(亂杖) 등을 폐지하였으나, 역적을 처벌함에는 참혹하였다.

형법 제도도 갑오개혁 때에 개정되어 죄인의 연좌제(緣坐制: 連坐制)가 폐지되고 고문을 금지하였으며, 사법관 이외의 관리가 마음대로 구속하지 못하게 하였다.

7 평 가

① 경찰 기능은 다른 행정작용 또는 군사작용과 미분화되었다.

고려 후기 및 조선조에 들어와 어느 정도 전문적인 경찰기관이 등장하기는 하였으나, 대체로 경찰은 다른 행정기관과 분리되어 있지 아니하고 행정기관과 통합적으로 경찰 기능을 수행하였다. 특히, 경찰은 군사조직 또는 군사 기능과 분화되지 아니하여, 군사조직이 경찰 업무를 수행하는 것이 보통이었다.

② 경찰 사상은 치안 질서를 유지함으로써 전제왕권의 공고화를 도모하는 데 있었다.

고조선 시대에는 살인, 절도, 간음 등 가부장적 질서와 생명, 신체 및 사유재산의 보호가 주요 대상이었으나, 초기 부족국가 시대 이후에는 왕권 등 통치 체제의 보호가 중심이 되었으며, 고려 시대의 순군만호부는 정치 경찰적 활동을 하기도 하였다.

③ 전제적인 경찰권이 행사되었다

경찰작용을 위한 법적 근거나 재판 통제도 받음이 없이 관청이나 지배 세력이 필요에 따라, 필요한 수단을 동원하는 등 전제적인 경찰권이 행사 되었다.

④ 갑오개혁 이전에는 중국의 영향을 많이 받았다.

이것은 갑오개혁 이후 우리 경찰이 주로 일본의 영향을 받게 되는 것과 대비되었다.

제 3 절 갑오경장부터 한일합병 이전의 경찰

1 개 설

경무청 → 내부 → 경부 → 경무청 → 경시청 → 경무국 → 헌병경찰 → 보통경찰

(1) 경찰과 일반행정작용 · 군사작용의 분화(分化)
(2) 경찰의 기능 ⇒ 광범위(감옥 · 위생 · 소방 · 영업)
경찰의 이념 ⇒ 일본 침략의 확보 수단(인권의 보호가 목적이 아님.)
(3) 경찰에 대한 최초의 '법적 규제'가 이루어졌다. ⇒ 근대 국가적 경찰 체제
(4) 일본의 경찰 제도가 이식되었다.

1) 최초의 근대적 의미의 경찰

우리 나라 경찰사에서 근대적 의미의 경찰(警察)이라는 용어가 처음 등장하고, 서구적인 근대 경찰 제도가 도입된 것은 1894년 갑오개혁 이후의 일이다.

갑오개혁을 통하여 경찰에 관한 조직법적 · 작용법적 근거가 마련되었다는 점에서, 비록 서구에서와 같은 법치주의적 사고의 발전에 따른 것은 아

닐지라도, 적어도 외형상으로는 근대 국가적 경찰 체제가 갖추어졌다.

2) 장기적인 전략의 일환

이 시기는 이미 프랑스 등 대륙법계의 경찰 체제를 갖춘 일본이 우리에게 그러한 체제를 이식시키는 시기였다.

궁극적으로는 우리 나라 경찰을 지배하기 위한 장기적인 전략의 일환이었다는 점에서 우리 나라 경찰의 역사에서 가장 치욕적인 시기이기도 하였다.

2 갑오경장과 한국 경찰의 창설

1) 경찰의 창설 과정

갑오경장에 의한 내정개혁의 일환으로 한국 경찰이 탄생하였으며, 일본의 경찰 체제가 우리 나라에 이식되었다.

(1) 청일전쟁과 잠정합동조관

1876년 강화도조약을 계기로 조선은 개국(開國)의 길에 들어서고, 일본은 메이지유신(明治維新) 정부의 부국강병의 국책을 기초로 점차 동양에서의 제국주의적 야심과 지위를 확고히 해 나가게 되는데, 그러한 의도가 결정적으로 표출된 것은 1894년의 동학란을 계기로 하는 청일전쟁부터이다.

일본은 청일전쟁의 구실의 하나로서 조선의 내정개혁을 요구하였고, 동년 8월 20일에는 대원군 친일정부의 조선에 잠정합동조관(暫定合同條款)을 체결하게 함으로써 내정개혁을 일본의 권고에 따라 시행하도록 하였는 바, 이것이 갑오개혁의 시발인 것이다.

근대적인 한국 경찰의 창설도 이러한 일본의 내정개혁 요구의 일환으로 이루어지는데, 조선은 자주적인 입장과 판단을 견지하지 못하고 경찰의 창설에서 제도 정비에 이르기까지 일본에게 완전히 주도권을 넘겨 주었다. 바로 이 시기부터 우리 나라에 일본의 경찰 체제가 뿌리내리기 시작하였다.

(2) 일본 내각에 의한 한국 경찰의 창설 결정과 그 시행

일본이 조선의 경찰제에 대한 개혁을 결정한 것은 '잠정합동조관' 이전에

(2) 내부관제와 지방관제의 제정

경찰조직법적 체제를 정비하고자 '내부관제(內部官制, 1895)'와 '지방관세(地方官制, 1895)'를 제정하였는데, 이는 일본의 내무성 경찰 체제를 모방한 것이다.

(3) 궁내경찰서 신설

다케모토 경시의 활동으로 '내부관제(1895년 칙령 53호)'에 의하여 내부대신의 경찰에 대한 지휘·감독권이 정비되고, 궁내경찰서가 신설되고, 한성부 내의 경찰지서도 경찰서로 변경되었다.

(4) 지방경찰에 대한 관찰사의 지휘

'지방관제(1895년 칙령 101호)'에 의하여 처음으로 한성부 이외의 부에 관찰사의 지휘·감독을 받는 경무관 1인, 경무관보 1인, 총순 2인이 배치되었다. 이는 일본의 내무성 경찰 체제와 맥락을 같이하는 것이다. 경찰작용법으로는 '지방경찰규칙(1896년 1월 8일, 음력)'이 제정되어 지방경찰의 작용법적 근거를 마련하였다. 이는 '행정경찰장정'과 동일한 내용을 가지고 있다.

(1) 1894년 6월 일본 각의에서 한국 경찰의 창설을 결정(소속 : 법무아문 → 내무아문)
7월 '경무청관제직장 : 조직법'과 '행정경찰장정 : 작용법'을 제정
(2) '경무청관제직장'에 의한 한성부에 경찰(경무청)이 창설 ⇒ 경찰·감옥사무를 담당
'경무청관제직장'은 일본의 '경시청관제'를 본뜬 것 ⇒ 일본의 경찰 제도의 이식
(3) '행정경찰장정'에 의한 경찰의 직무 범위
① 포괄성과 광범성
⇒ 영업·시장·회사에 대한 사무 및 일체의 위생사무, 소방사무까지 담당
⇒ 경찰 업무와 일반행정 업무의 미분화(경찰과 행정의 분화 시작)
② '행정경찰장정'은 일본의 '행정경찰규칙'과 '위경죄즉결례'를 혼합한 성격
(4) 경찰고문관 제도의 실시(1894)와 내부 경찰 체제의 정비
중앙 ⇒ '내부관제'가 제정되어 내부대신(內部大臣)의 경찰에 대한 지휘감독권이 정비
지방 ⇒ '지방관제(1895)'와 '지방경찰규칙(1896)'이 제정되어 체제가 정비

3 광무개혁과 경부경찰 체제

1) 개 설

조선이 일본을 멀리하고 러시아와 가깝게 되자 위기 의식을 느낀 일본은 을미사변(1895년)을 일으켰다. 이에 따라 국왕은 러시아 공관으로 피신하는 이른바 아관파천(1896년)이 있었다. 이로써 갑오개혁은 좌절되었다.

국왕의 파천에 대하여 비난의 소리가 높자 환궁하여 국정개혁을 단행하였는데 이것이 광무개혁(1899년)이다. 이 때 경찰을 '내부'에서 독립시켜 '경부(警部)'를 신설하였다(1900년).

조선은 1897년 국왕의 환궁 이후 연호를 광무로 개칭하고 국왕을 황제로 칭하며, 국호를 대한으로 바꾸는 등 개혁을 단행하는 외에, '대한국 국제'(1899년 음력 8월 17일)를 제정하는 등, 일본의 간섭에 의한 법령과 제도를 재개혁하고자 시도하였다.

2) 경부의 신설과 그 좌절

(1) 경부의 신설과 조직

(가) 신설

1900년 6월 9일(음력)의 '경부(警部)를 설치하는 건(件 : 詔勅)'과 동월 12일(음력)의 '경부관제(警部官制)'(칙령 20호)에 의하여 중앙관청으로서의 경부가 창설되었다.

(나) 조직

경부관제에 의하면, 내부 직할의 경찰을 경부에서 관장하도록 정하고 있으며, 경부는 한성 및 각 개항 시장의 경찰 업무와 감옥 업무를 통할하도록 하고, 일체의 경찰사무를 관리하도록 하였다. 경부에는 대신 1인, 경무관 15인, 총순 40인, 감옥서장 1인 등을 두었다.

또 경찰감독소를 두어 궁내의 경찰서와 한성부 내 5개 경찰서, 3개의 분서를 지휘·감독하도록 하였다. 그리고 한성부 이외의 각 관찰부에 총순 등을 두어 관찰사를 보좌하도록 하고 있다.

(2) 중앙과 지방의 이원적 운영 체제

경부 제도는 경찰이 내부 직할에서 중앙관청인 경부로 독립하였다는 점에서는 커다란 의의가 있다. 그러나 경부의 관장 범위가 한성 및 각 개항시장의 경찰사무 및 감옥사무로 한정되어 있고, 지방에는 총순을 두어 관찰사를 보좌하는 이원적 운영 체제였다.

(3) 경무청 관할로 복귀

경부 제도는 문제가 많아 1여 년 만에 다시 경부의 업무를 경무청에 환원하여, 경무청의 경무사가 국내의 모든 경찰사무를 관리하게 되었다. 이때의 경무청은 관할이 종래의 한성부에 국한되던 것이 전국적인 관할권을 갖는다는 점에서 차이가 있으며, 오늘날의 경찰청의 원형으로 볼 수 있다.

경부 신설 이래 약 1년 남짓한 기간 중에 대신이 12번이나 바뀌는 등 문제가 많아, 1901년 3월 8일의 조직 '경부관제를 전 경무청에 의해 시행하는 건'과 1902년 2월 18일의 칙령 3호 '경무청관제'를 통하여 경무청이 경부의 업무를 관리하게 되었다.

구 경무청이 한성부만을 대상으로 하였지만, 여기서의 경무청은 전국을 관할하는 기관이었던 점에서 오늘날의 경찰청의 원형이라고 볼 수 있어 양자간에는 현격한 차이가 있으며, 경무사가 국내 일체의 경찰사무를 관리하였다.

3) 일본 헌병의 주둔 – 헌병경찰제의 시초

일본은 한성과 부산 사이의 군사용 전신선을 보호한다는 명목으로 헌병을 주둔시켰다(1896년). 헌병대는 본부를 대구에 두고 있었다.

'헌병조례'에 의하면 헌병은 사실상 헌병경찰이었다. 즉, 군사경찰 이외에도 행정경찰이나 사법경찰을 겸하도록 되어 있으며, 특히 반란 등의 시찰이나 정탐 등의 임무를 띠고 있었다. 따라서 사회단체의 단속이나 항일인사의 체포는 물론 일본 관민의 보호 등의 고등경찰 업무도 수행하고 있었다.

헌병경찰은 한일합병 후의 헌병경찰제의 시발점이 되었다.

(1) 경찰이 '내부(內部)'에서 독립하여 중앙관청으로서 '경부(警部)'를 설치(1년 간 존속)⇒실패했다. '경부관제'에 의하여 한성 및 각 개항 시장의 경찰 업무와 감옥사무를 통할
'경무청관제(1902)'를 통하여 경무청이 경부의 업무를 관리⇒오늘날 경찰청의 원형
(2) 1896년 일본 헌병의 주둔⇒헌병경찰제의 시초
일본의 '헌병조례'에 의하여 헌병은 군사·행정·사법경찰을 결합
1903년부터 보통 및 고등경찰 활동 수행

4 을사조약과 한국 경찰권의 상실

1) 개 설

러일전쟁(1904년)은 일본의 조선에 대한 지배권 확립을 둘러싼 전쟁으로, 청일전쟁과 러일전쟁으로 일본의 제국주의화는 성공을 거두고, 제국주의국으로서의 국제적 공인을 얻게 되면서, 조선에 대한 침략 야욕도 더욱 노골화되어 한일의정서(1904년 2월), 외국인고문 초빙(招聘)에 관한 한일협정서(제1차 한일협약, 1904년 8월), 을사보호조약(1905년 11월)을 체결하였다. 그리고 헤이그 밀사사건을 기화로 한일협약(1907년 7월, 제2차 한일협약)을 체결하여 황제를 폐위시키고, 군대 해산, 사법권을 박탈하고, 나아가 '취극서(取極書)'를 통하여 경찰권을 박탈당하고, 마침내는 한일합병조약(1910년)을 체결하면서 나라의 주권마저도 상실하였다. 이러한 과정을 거쳐 마침내 한국은 1910년 8월 22일 한일합병조약을 통하여 주권마저 빼앗겼다.

한국 경찰권의 상실은 갑오경장 때부터 시작되어 왔으며, 일본의 경찰권의 이식은 주권 침탈의 장기적인 계획의 일부였던 것이다.

2) 고문경찰 제도의 성립

제1차 한일협약(1904년 8월)으로 고문(顧問)정치가 시작되었다. 경찰은 마루야마(丸山重俊) 경시가 경무아문으로 초빙되어 한국 경찰권을 장악해 갔다. 1905년 2월 3일에 체결된 '경무아문초빙계약'에 따르면, 이 당시의 경무고문은 경찰사무를 협찬 정리하고, 경찰사무상의 설비에 대한 심의 기안

을 책임지며, 조선국 정부는 경무에 관한 일체의 사무는 경찰고문의 동의를 얻어 시행하도록 하는 등 한국 경찰 제도에 관한 심의기안권이 일본으로 넘어가, 경찰권 강탈의 제1보가 시작되었다.

경무아문은 그 보좌기관으로서 경무청, 한성부 내의 5개 경찰서, 전국 각 지방에 경시, 경부 등을 배치하여 한국의 경찰을 장악해 나가기 시작하였다.

3) 통감부 경무부 경찰 체제의 출범

(1) 경무고문제의 확대와 한국 경찰 지배

을사보호조약(1905년 11월)에 기하여, 동년 12월 일본은 칙령(267호)으로 '통감부 및 이사청 관제'를 제정함으로써, 통감부에 의한 통감정치가 시작되었다. 이에 따라 1905년 2월의 내부관제(칙령 15호)와 경무청관제(칙령 16호)에 의거, 경무청이 다시 한성부 내의 경찰로 축소되고, 내부대신의 관할하에 있던 경찰이 '경무부'로 독립되어, 통감부에 경무부를 두고, 경무총장이 경찰사무를 관장하는 것으로 되어 있었다.

그러나 통감부가 실제 설치된 이후에는 이와는 별도로 통감부에 경무고문부를, 각도에는 경무고문지부를 두고, 고문 이하의 소속 관리는 직접 통감의 지배에 속하도록 하여, 경무고문은 통감의 지휘하에 통일적 · 체계적으로 관리되었다.

또한 '지방13도 각 관찰부 경무서 및 분개 관치에 관한 건'(칙령 30호, 1906. 6. 19)을 통하여 각 관찰부에 경무관을 장으로 하는 경무서가 처음으로 설치되고, 총순을 장으로 하는 경무분서가 설치되었다. 그리고 1906년 10월에 분파소(分派所)가 설치되었다.

지방의 경무관은 각도의 관찰사의 지휘를 받아 관내 경찰사무를 관장하는 등 이 시기에 비로소 지방경찰의 체제가 정비되었다.

(2) 경무고문에 의한 한국 경찰의 통합과 정비

한국 경찰은 내부관제(1905. 2. 26. 칙령15호)에 의하여 내부대신 밑에 속하게 되었고, 내부의 경무국이 행정경찰 및 고등경찰에 관한 사항 등을 담당하였다. 그리고 1902년의 경무청관제와는 달리 지방경찰을 경무청을 통하여 지휘 감독하는 것이 아니라 내부대신이 직접 관할하도록 하였다.

'경무청관제'(칙령 16호, 1905. 2. 26)를 제정하여 내부의 관할에 속하는 경무청은 다시 한성 내의 경찰·소방·감옥사무로 관할이 축소되었다.

이 시기에 경무고문의 활동과 더불어 한성 이외의 지방경찰 조직이 경무서·경무분서·분파소 등의 형태로 정비되고, 개항 시장의 경무서와 변경 경무서가 폐지되어 지방의 경찰조직이 처음으로 통합·정비되는 등 한국 경찰이 체계적으로 통합·정비되었다. 이것이 독립 이후의 경무부의 원형이라 할 수 있다.

일본은 한국의 경찰권을 장악하기 전에 먼저 한국의 경찰관청과 계급의 일본화를 추진하여, 1907년 7월 27일 경무청관제(칙령 1호)가 개정되어, 종래의 경무청이 경시청으로, 경무사는 경시총감으로, 경무관은 경시로 각각 개칭되었다.

한국 경찰을 일본 경찰과 일체화시킨 다음, 일본은 동년 8월 한일협약 제5조에 따라 경무고문 마루야마가 경시총감이 되고, 각도의 경무고문 보좌관은 각도의 경시로 임명되어 경무고문이 마침내 한국 경찰의 수뇌부를 구성하였다.

1907년 10월 30일의 '경찰관리 임용에 관한 건'(칙령 29호)으로 경시 21인, 경부 78인, 순사 1,205인이 한국 경찰로 임용되어 형식적으로는 한국에 있는 일본 경찰이 한국 경찰에 흡수 통합되었다. 그러나 이미 한국 경찰은 일본에 의하여 장악된 상태였다.

4) 경시청 체제의 출범과 한·일 경찰의 통합

일본 경찰과 한국 경찰의 통합을 위하여 일본은 먼저 한국 내에서 고문경찰과 이사청경찰의 이원화된 조직을 가지고 있던 일본 경찰의 통합을 시도한다.

그리고 한국 경찰권을 장악하기 위하여 한국의 경찰관청과 계급의 일본화를 추진하였다. 이 계획에 따라 종래의 경무청이 경시청으로, 경무사는 경시총감으로, 경무관은 경시로 개칭되었다. 이렇게 조직과 계급을 일원화시킨 다음 한일협약 5조에 의해 경무고문이 경무총감이 되어 한국 경찰의 수뇌부를 장악하였다(1907년).

5) 통감부 내부 경무국 체제의 출범

한국의 경찰권을 장악한 일본은 그 후속 조치로서 1907년 12월 18일의 내부관제(칙령 37호)로 종전처럼 일본은 내부에 경무국을 두고 경찰사무를 총괄하였는데, 이 때 감옥에 관한 사무가 경찰사무에서 제외되었다.

'경시청관제'와 지방관 관제의 개정으로 한성부와 경기도는 내부대신의 직접 지휘를 받는 경시청이 관할하도록 하였다(1908년 7월에 다시 한성부로 한정한다.).

'지방관제'의 개정으로 지방의 경우는 경무서와 경무분서가 일본과 마찬가지로 경찰서와 경찰분서로 명칭을 변경하고, 경찰서장이 관찰사를 보좌하여 경찰사무를 관장하였다. 그리고 하위계급인 총순은 경부로, 권임과 순검은 순사로 임용됨으로써 하위 계급의 통일도 이루어져, 한국 경찰의 일본화가 착착 진행되어 일본과 동일하게 통일이 되었다.

지방의 경우에 1908년 7월 칙령 49호로 다시 '지방관관제'를 개정하여 각 도에 내무부와 경찰부를 설치하여 경시의 경찰부장이 관찰사를 보좌하여 도내의 경찰사무를 관장함으로써, 종래 지방경찰을 통괄하는 지방경찰 조직이 없던 상태를 해소하였다. 이것이 오늘날 지방경찰청의 원형이라 할 수 있다.

6) 한국 경찰권의 완전 상실

(1) 재한국 일본인에 대한 경찰사무의 지휘감독권의 위양

경찰권은 상실은 1908년 10월 29일 한국의 내각총리대신 이완용과 통감 이토 히로부미(伊藤博文)와의 '경찰사무에 관한 취극서'(1908년)[2]에서 비롯되었다. 여기에서 종래의 재한국 일본인에 대한 경찰사무는 이사청경찰이 담당하고 있었는데, 일본인 경찰이 일본 관헌의 지휘 · 감독을 받아 행사하도록 하였다.

(2) 재한국 외국인에 대한 경찰사무의 지휘감독권의 위양

'재한국 외국 인민에 대한 경찰에 관한 한일협정'(1909년 3월 15일)에 의

2) 취극서는 내각총리대신 이완용과 이토 히로부미 간에 체결한 경찰사무의 지휘 · 감독권에 관한 협약으로, 재한국 일본인에 대한 경찰사무는 일본 관헌의 지휘 · 감독을 받도록 위양하였다.

하여 재한국 외국인에 대한 경찰사무의 지휘감독권을 일본인 경찰관이 일본 관헌의 지휘 · 감독을 받아 행사하도록 하였다.

(3) 사법경찰권의 침탈

'한국 사법 및 감옥사무 위탁에 관한 각서'(1909년 7월 12일)를 체결하여 한국의 사법경찰권을 포함하는 사법과 감옥사무가 일본에 위탁되었다. 이로써 한국 경찰권의 반은 일본으로 넘어가게 되었다.

(4) '한국 경찰사무 위탁에 관한 각서'

1910년 5월 30일 일본인 육군대신 데라우치 마사다케(寺內正毅)가 통감이 되면서 한국의 경찰사무를 일본 정부에 위탁한다는 내용의 각서인 이른바 '가유각서(己酉覺書)'를 체결하였다 (1910년 6월 24일). 기유각서의 표면적 목표는 "한국 경찰 제도를 완전히 개선"하는 데 있다고 하지만 이는 한국의 경찰권을 박탈하여 향후 일본의 침략에 장애물을 제거함과 동시에 한국 국민을 억압하여 제국주의 일본의 국익 보호, 즉 일본의 식민 체제를 공고히 함에 목적이 있었다.

기유각서에 의하여 '내부관제'와 '지방관제'에서 경찰에 관한 규정을 삭제하고 '경시청관제'를 폐지하였다. 그러나 비용에 관한 것은 한국 정부가 부담하도록 규정되는 등 불평등한 약정이 규정되었다.

7) 일본 헌병경찰제의 확장

초기의 일본의 임시 헌병대는 한성과 부산 사이의 군사통신시설의 보호 명목으로 대구에 본부를 두고(5월에는 한성으로 이전) 조선에 주둔하였다(1896년 2월 중순).

이 임시헌병대는 한국주차헌병대(韓國駐箚憲兵隊)라고 개칭(1903년)되면서 권한도 점차 확대되어 갔다. 이들은 군사경찰사무 이외에도 사회단체의 단속, 의병의 토벌, 항일인사의 체포, 일본 관민과 친일파 보호 등의 보통경찰 활동과 고등경찰 활동도 하였다.

1906년 통감부가 설치되면서 통감부 시대에는 일본의 헌병조례(1881년)에 의하며, 헌병은 군사경찰과 행정경찰은 물론 사법경찰 업무까지 수행하였다. 헌병의 사법 및 행정경찰 업무에 대한 지휘권은 통감에게 있었다. 특히 1907년 10월 8일 칙령 323호 '한국주차헌병(韓國駐箚憲兵)에 관한 제(制)' 제1조에서 헌병의 업무를 주로 치안 유지에 관한 경찰 업무를 관장하도록 규정하고 있다. 여기서 치안 유지라 함은 주로 한국 국민의 항일 활동의 억압 등 합병을 위한 기초를 닦는 데 있었다.

(1) 1904년 고문정치⇒고문경찰 제도 성립(경찰사무 일제에 일본의 동의를 요한다.)
(2) 1905년 통감정치⇒내부 소속의 경찰이 '경무부'로 독립되어 통감이 직접 경무부를 지휘하였고, 한국 독립 이후의 '경무부'의 원형이 출범되었으며, 지방경찰의 체제가 정비되었다.
(3) 1907년 경시청 체제의 출범과 한국 내 한일 경찰의 통합
- 경무청을 경시청으로 개칭⇒한국 경찰관청과 계급의 일본화를 추진
- 각 도(道)에 내무부와 경찰부를 두어 경시의 경찰부장이 관찰사를 보좌하여 도 내의 경찰사무를 관장한다. ⇒오늘날 지방경찰청의 원형
(4) 한국 경찰권의 상실 과정
① 1908년 10월 '경찰사무에 관한 취극서'
② 19090년 3월 '재한국 외국 인민에 대한 경찰에 관한 한일협정'
③ 1909년 7월 '한국 사법 및 감옥사무 위탁에 대한 각서'
④ 1910년 6월 '한국 경찰사무 위탁에 관한 각서'⇒한국 경찰권의 완전 상실

5 평 가

이 시기는 한국에서 경찰이 일반행정 기능 또는 군 기능과 분리되기 시작한 시기이다. 그 동안 행정과 군사 및 경찰이 통합적으로 운용되던 미분화 상태에서 갑오개혁을 통하여 비로소 분화 과정을 거쳐 제도적 의미의 경찰이 탄생되고, 근대적인 경찰이라는 용어가 처음으로 등장하였다.

경찰의 임무 영역은 감옥경찰, 위생경찰, 소방경찰, 영업경찰 등을 포괄하는 광범위한 영역에 미쳤다.

이 시기의 경찰 이념은 국민이 인권을 보호하는 데 있지 아니하고, 통치권의 보호와 그 뒤에 숨겨진 일본의 제국주의적 침략을 확보하는 데 있었다.

경찰작용에 관한 '행정경찰장정'이 제정되는 등 법적 규제가 이루어지지만, 그 임무가 포괄적일 뿐만 아니라 각종 명령을 통하여 경찰권이 발동되는 등 경찰권은 전제주의적 수준에 머물러 있었고, 그러한 경찰권은 일본의 제국주의적 침략을 위한 수단으로 활용되었다.

철저하게 일본의 의도와 계획하에 경찰 제도가 창설·정비·통일되어 일본 경찰화되는 과정이었으며, 법제면에서도 일본의 경찰 제도 그대로 이식되었다.

제 4 절 식민지 시기의 경찰

1 개 설

1) 식민지 지배 체제의 공고화

일제 36년 간의 식민지 기간 중, 총독부 권력의 최대의 무기는 헌병을 포함한 경찰력이었으며, 경찰력 행사의 목표는 오로지 일제의 식민지 지배 체제의 공고화에 있었다.

2) 식민지 시기의 경찰 제도의 전개

1919년 3·1운동을 기준으로 두 시기로 나눌 수 있다.

① 1910년의 한일합병부터 1919년까지 ⇒ 무단통치 시기의 헌병경찰 제도

② 1919년 이후 ⇒ 보통경찰 제도

이 시기의 경찰의 이념은 한국민을 억압하고 제국주의 일본의 식민지를 공고히 하는 데에 있었다. 그래서 경찰은 일상 생활의 영역에서 경제 영역, 나아가 인간의 사상이나 이념까지 통제하는 사상경찰의 영역까지 확대하여 경찰에 대한 불신의 풍조와 두려움의 존재가 된 계기가 되었다. 즉 경찰에 대한 국민의 뼈저린 불신의 풍토가 축적된 시기였다.

이러한 경찰 활동을 뒷받침할 법제적 근거까지도 일본 총독과 경무총장이나 경무부장에게 각각 제령권과 명령권을 부여하여 전제주의적이고 제국주의적인 경찰권 행사를 가능케 하였던 것이다.

(1) 경찰은 일본 식민지 지배의 중추기관
총독의 제령권(制令權) : 일종의 입법권
경찰(경찰총장의 명령권(命令權)을 통하여 전제주의적 경찰권 행사가 가능
(2) 경찰에 대한 불신(不信) 풍조가 축적

2 경찰과 헌병의 통합

1) 경무총감부의 설치

경찰과 헌병의 통합 작업은 한일합병 이전부터 진행되어 왔다. 일본은 한일합병 전인 1910년 6월 29일에 이미 헌병경찰제의 기초가 되는 '통감부 경찰관서관제'에서, 이미 헌병과 경찰의 통합은 진행되고 있었다. 통감부에 경무총감부를 설치하고 경무총장에 헌병장교인 육군장관을, 각도의 경무부장에는 당해 도의 헌병대장인 헌병좌관으로 채워, 서울과 황궁의 경찰사무는 경무총감부 직할로, 각도는 경무총장의 지휘를 받아 경무부가 경찰사무를 관장하도록 하였다.

2) 헌병과 경찰의 통합

1910년 6월 29일 '통감부 경무총장, 경무부장, 경시, 경부의 임용 및 분한에 관한 건'(일본 칙령 302호)으로, 헌병 장교가 경무총장, 경무부장, 또는 경시에, 헌병준사관, 하사는 경부에 임용될 수 있게 되어 헌병과 경찰이 통합되었다.

3) 한일합병 후의 승계

한일합병 후인 9월 30일의 '조선총독부경찰관서관제'(칙령 358호)는 '통감부경찰관서관제'가 그대로 승계되었다.

3 제령권과 경찰명령권

1) 제령권

일본은 칙령 318호 한일합방(1910년 8월 29일) 후 국호를 대한제국에서 조선으로 바꾸고, '조선총독부 설치에 관한 건'(칙령 319호)을 통하여 조선총독부라고 하는 새로운 통치기구를 탄생시켰다. 그리고 '조선총독부 및 소속관서관제'(칙령 354호)를 통하여 그 하부조직으로서 총무부, 내무부, 탁지부(度支部), 농상공부, 사법부를 두었다.

조선총독에게는 '조선에 시행할 법령에 관한 법률'(30호)을 통해서 제령권(制令權, 입법권)이 주어졌는데 이를 통하여 입법·행정·사법의 삼권을 장악하고 식민지 체제를 유지할 수 있었다. 총독부 권력의 핵심인 경찰권의 행사도 총독의 제령권을 통해서 충족되었다. 제령권을 통하여 경찰권 행사에 관한 총독의 법적 근거가 마련되었으며, 헌병경찰 제도의 창설이나 그 밖의 경찰작용도 이러한 입법권을 통해서 가능하였던 것이다.

2) 경찰명령권

경무총장은 경성에, 경무부장은 그 관내에 효력을 가지는 명령을 각각 그의 직권 또는 위임에 의하여 발할 수 있었다.

경무총장과 경무부장은 그들의 명령에 불응하는 자에게 구류 또는 과료를 부과할 수 있었다.

4 헌병경찰 제도의 시행(1910~1919년)

1) 조선주차헌병조령

헌병의 일반 경찰 활동의 근거가 되는 것은 '조선주차헌병조령(朝鮮駐箚憲兵條令)'(1910년 9월 10일, 칙령 343호)이다. 이에 의하여 헌병이 일반 치안을 담당하는 법적 근거가 마련되어, 헌병은 그 신분을 유지한 채로 경찰관의 직무를 수행할 수 있게 되었다.

2) 헌병경찰 활동과 치안 입법

(1) 헌병경찰의 임무

일반경찰이 주로 개항장이나 도시에 배치된 것과 달리, 헌병은 군사경찰상 필요한 지역, 의병 활동 지역 등에 배치되었다. 헌병경찰의 임무는 첩보의 수집·의병의 토벌뿐만 아니라 민사소송의 조정·집달리·국경 세관·일본어 보급·부업의 장려 등 그 업무 범위가 광범위하고 막강하였다. 특히 지방에서는 한국민의 생사여탈권을 쥐고 있었다.

(2) 헌병경찰 제도를 지탱해 준 법령

헌병경찰 제도를 유지하는 데 필요한 법률에는 보안법, 집회 단속에 관한 법률, 신문지법, 출판법 등이 있고, 총독의 제령권에 의한 법령으로는 범죄즉결례(犯罪卽決例), 조선태형령(朝鮮笞刑令), 경찰범처벌규칙, 행정집행령 등이 있었다.

(3) 경찰명령권

경무총감부의 경무총장과 경무부의 경무부장에게는 '통감부 경무총장 및 경무부장이 발하는 명령에 관한 건'(일본 칙령 296호)을 통하여 경찰명령권이 주어졌으며, 이러한 헌병정치 또는 무단통치는 결국 1919년 3·1운동의 주원인이 되어 헌병경찰 제도는 마감하게 되었다.

5 보통경찰 제도로의 전환(1919~1945년)

1) 3·1운동과 보통경찰제로의 전환

항일독립만세운동(3·1운동)을 계기로 헌병경찰 제도를 보통경찰 제도로 전환하였다. 동년 8월 19일 '조선총독 및 동 소속 관서제'(칙령 386호)에서 종래의 총독부 직속의 경무총감부가 폐지되고, 총독부에 경무국을 설치하여 전국의 경찰사무와 위생사무를 감독하게 하였다. 지방에서도 각도에 제3부(1920년에 경무부로 개칭)를 두어 경찰사무와 위생사무를 맡도록 하였다. 경찰권을 도지사에 이양하여 분권화하였다.

이러한 변화에도 불구하고 경찰의 직무와 권한에는 거의 변화가 없고 오히려 정치범처벌법, 치안유지법 등을 제정하여 탄압을 강화하였다.

2) 경찰 활동과 치안 입법

헌병경찰 제도로부터 보통경찰 제도로 전환되었다고는 하나, 기본적으로 보통경찰 제도에서도 종래의 경찰의 직무에는 변화가 없었다. 따라서 치안유지 업무 이외에 각종 조장 행정에의 원조, 민사조정사무, 집달리사무도 여전히 경찰이 수행하였다.

오히려 3·1운동을 기화로 정치범처벌법(제령 7호)을 제정하여 단속 체제는 한층 강화되었으며, 일본에서 1925년에 제정된 치안유지법도 우리 나라에 적용되는 등 탄압의 지배 체제는 한층 강화되었다.

1937년 중일전쟁 이후에는 경찰의 업무가 '총후(銃後)의 정비'에 초점을 두고 경제경찰·외사경찰에까지 확대되었고, 제2차 세계대전 중에는 예비검속법(1941년)을 제정하여 독립운동의 탄압을 강화하고 전시 동원 체제를 공고히 하였다.

구분	내용
헌병경찰제도	(1) 헌병경찰 제도의 시행⇒경찰과 헌병의 통합. '조선주차헌병조령' (2) 임무 분담 : 일반경찰 '개항장·도시' ⇔ 헌병경찰 '군사경찰상 필요지·의병활동지' (3) 치안 입법 : 보안법·신문지법·출판법·집회단속법
보통경찰제도	(1) 3·1운동 이후 보통경찰 제도로 전환 ⇒경찰의 조직(구조)은 변화하였으나, 직무와 권한에 대한 기본적 변화는 없다. (2) 각종 치안 입법으로 경찰의 대상 영역 확대⇒사상경찰·경제경찰·외사경찰 (3) 치안입법 : 치안유지법·정치범처벌법·예비검속법

6 평 가

식민지 시기의 경찰은 1919년 이전의 헌병경찰기이든 그 이후의 보통경찰기이든 관계 없이 일본의 식민 지배의 중추기관이었다.

조선총독에게 주어진 제령권과 경무총장, 경무부장 등의 경찰명령권 등을 통한 각종 치안입법으로 전제주의적 · 제국주의적 경찰권의 행사가 가능하였다. 이 당시의 경찰 이념은 그러한 경찰권을 행사함으로써 한국 국민을 억압하고 탄압하는 존재로서 제국주의국 일본의 식민 지배를 공고히 하는데 있었다.

경찰의 대상 영역이 특고경찰 활동을 통해서 인간의 사상이나 이념까지도 통제하는 사상경찰적 영역까지 확대되었고, 중일전쟁이 발발하면서부터는 경제경찰, 외사경찰 영역까지 미치는 등 광범위하였다.

우리 경찰에 대한 국민의 뼈저린 불신의 풍토는 이 시기에 축적된 것으로, 해방 이후에도 식민지 시기의 경찰 체제에 대한 철저한 청산의 미흡으로 이러한 풍토가 불식되지 못하였다.

제 5 절 미군정하의 경찰

1 개 설

독립 후에 진주한 미군은 미군정만이 남조선의 유일한 정부임을 선포하고, 당시의 사회 혼란을 이유로 일제 시대의 경찰조직을 그대로 유지하였다. 이리하여 경찰에서 인적 청산을 하지 못하고 그 관리들이 계속해서 관직을 유지함으로써, 오늘날까지 국민들이 경찰에 대한 불신을 갖게 하는 원인이 되었다.

긍정적인 면으로는 조직법적 · 작용법적 정비가 이루어져 이른바 비경찰화가 진행되었고, 특히 경찰위원회의 도입 등 경찰의 이념에 민주적 요소가 도입되었다. 그리고 해방 후의 혼란기에 공공의 안녕과 질서 유지의 임무를 수행하여 건국의 기초를 쌓는 데 기여하기도 하였다.

1945년 8월 15일의 일본의 패망은 우리나 해방임과 동시에, 우리 경찰에게는 제국주의적 식민경찰 체제를 벗어버리는 계기가 되었어야 하였다. 그러나 유감스럽게도 청산되어야 할 식민경찰 체제가 남북 간의 냉전 체제를 빌미로 해방 이후에도 그대로 유지되었다. 패전국 일본이 미군정의 통치를 받으면서 경찰 체제를 비롯한 모든 전제주의적이고 비민주적인 제도와 그 정신들에 대한 청산 절차를 밟게 되는 것과 비교된다.

(1) 최초로 자주적 입장에서 경찰을 운용
(2) '경찰관직무집행법'의 제정⇒영미법적 사고의 도입(국민의 생명·재산의 보호)

2 식민경찰 체제 청산

1) 경찰 제도와 인적 청산의 미흡

미군의 한국에 대한 정책 방침은 한국을 독립의 대상으로 삼지 아니하고, 점령 통치의 대상으로 삼아 조선총독부(1945년 9월 19일에 미군정청으로 개칭)를 통한 통치를 유지하고, '태평양미군총사령부 포고 1호'를 통하여 군정의 실시와 구관리들의 현직 유지를 포고하였다. 이에 따라 조선총독부 내의 경무국과 지방의 도지사 밑에 경찰부가 그대로 유지되어, 경무국이 군정청의 한 국(局)으로서 유지되었다. 그러므로 우리 경찰은 해방 이후 새롭게 창설된 것이 아니라, 일제 시대의 경찰을 그대로 유지한 것에 불과하다. 영어가 공용어였다.

그러나 위생사무가 위생국으로 이전되고, 경제경찰과 고등경찰을 폐지하여 비경찰화(非警察化) 작업을 진행하였고, 정보 업무를 담당하였다.

2) 조직법적 · 작용법적 정비

① 그 동안 경찰이 담당하였던 위생사무가 위생국으로 이관되었다.

② 경제경찰과 고등경찰이 폐지되는 등, 그 동안 광범위하게 이루어지던 행정경찰사무가 경찰의 관할에서 분리되는 비경찰화 작업이 진행되어 일제 시대보다 경찰의 역할을 축소하였다.

③ 정보 업무를 담당할 정보과를 신설하였다.

④ 사법권 폐지－즉결처분 이관

⑤ 여자 경찰 채용(1946년 5월)－최초

3) 일제 치안 입법의 청산

식민지 시대의 경찰관제나 경찰관리들이 유지된 것과는 달리, 일제의 치안 입법인 치안유지법·정치범처벌법·예비검속법 등은 1945년 10월 9일의 군정법령 제11호에 의하여 폐지되었고, 1948년 4월 8일의 군정법령 제183호로 보안법 등이 비교적 철저히 폐지되었다.

3 군정기의 경찰 제도

1) 군정 초기

(1) 부대로서의 경찰조직

미군정 초기(1945년 11월 13일부터 1946년 3월 29일까지)에는 해방 이후의 혼란에 대비하기 위하여 일시적으로 경찰은 국방사령부의 지휘 감독을 받았는데, 이에 따라 1945년 12월 27일에 경찰은 '한국 국립경찰의 조직에 관한 건'에 의하여 일종의 부대로서 경찰을 조직하고 국방사령부의 지휘·감독을 받게 하였다.

(2) 시·도지사로부터의 지방경찰 분리

지방경찰도 시·도로부터 분리하여 각 시도 경찰부장이 경찰 업무를 수행하며, 도지사에 대하여 각 시도 내의 법률과 질서를 유지할 책임을 졌다. 경찰부장이 인사권과 재정이나 조직관리에 관한 권한을 갖고 있었다.

2) 경무부

(1) 경무부로의 승격

1946년 3월 29일 법령 46호에 의거하여 국방사령부 등과 같이, 경찰은 경찰부(警察部)로 승격되었다가, 그 뒤 남조선 과도정부가 구성된 서울·대구·전주의 3개소에 경무총감부를 설치하고 그 산하에 11개 관구경찰청을 두는 등 조직 개편이 이루어졌다.

(2) 경무총감부 및 관구경찰청의 설치

동년 5월 17일의 군정 법령 제141호로 남조선 과도정부가 구성된 뒤에 다시 조직 개편(1946년 9월 18일)이 이루어졌다. 이 때 경찰조직은 중앙에 경무부(警務部)가 있고, 종래의 도 경찰부는 폐지되고, 1946년 9월 18일부터, 서울 · 대구 전주의 3개소에 경무통감부(警務總監部)를 설치하여 그 밑에 11개의 관구경찰청(管區警察廳)을 두었다. 이 관구경찰청은 도지사로부터 독립되어 있었다.

다만, 여기의 경무총감부는 관할구역 내의 경찰 활동에 대한 감찰 · 감독기구에 불과하여 중앙의 경무부장(警務部長)의 명령이 없는 한 각 관구경찰청에 대하여 독자적인 명령을 발할 수 없었다.

관구경찰청은 도지사로부터 독립되어 있었기 때문에 동년 10월 23일부로 도경찰부가 법령 제114호에 의거하여 폐지되었다.

3) 중앙경찰위원회의 설치

경찰의 민주화를 이룰 수 있는 6인의 위원으로 구성된 중앙경찰위원회(National Police Board)가 법령 제157호로 설치되었다 (1947년 11월 25일). 중앙경찰위원회는 중요한 경무정책의 수립과 경무부장이 회부한 경무정책을 심의 · 결정하고, 경찰관리의 소환 · 심문, 경찰관리의 임면 · 이동, 기타 군정장관이 회부한 사항의 심의 등의 경찰의 민주화를 위한 업무를 수행하였다.

그러나 경찰 제도와 인력에 대한 개혁이 이루어지지 못하여 국민의 경찰에 대한 부정적인 태도가 불식되지는 못하였다.

4 평 가

① 조직법적 · 작용법적 정비가 이루어졌다.

그 동안 국민들을 감시 통제하던 고등경찰이 폐지되고, 위생사무가 위생국 사무로 전환되었을 뿐 아니라, 일제의 전쟁 수행을 위하여 맡아 왔던 경제경찰 업무도 경찰로부터 제외되는 등 사무 범위가 상당히 축소되었다.

② 경찰 제도와 인력의 개혁은 이루어지지 아니하였다.

해방 이후 남북의 분할 통치와 좌우의 대립이라는 혼란 상황 속에서 질서 유지 세력은 경찰뿐이었고, 따라서 당시의 미군정청은 좌익에 대항하기 위해서 식민지 경찰 제도와 인력을 그대로 활용하는 정책을 택하게 되었다.

③ 경찰의 이념에 민주적인 요소가 도입되었다.

· 경찰의 임무면에서 그 동안 제국주의적 치안 유지에 몰두하는 것에서부터 국민의 생명과 재산의 보호라는 새로운 자각이 일어났다. 조직면에서도 중앙경찰위원회를 통한 경찰통제가 시도되는 등 민주적 요소가 강화되었다.

④ 건국의 기초를 쌓는 데 기여하였다.

사회 공공의 안녕과 질서 유지라는 임무를 부여받은 경찰로서는 해방 이후의 좌우 대립과 혼란의 극한 상황을 극복함으로써 건국의 기초를 쌓는 데 기여하였다.

식민체제 청산 미흡	(1) 군정의 실시와 구(舊)관리의 현직 유지 '태평양미군총사령부 포고 1호' (2) 비경찰화 작업 진행(경제 · 고등경찰 폐지), 정보과 신설 (3) 식민지 시기 악법 청산 치안유지법 · 정치법처벌법 · 예비검속법(1945. 10) · 보안법 (1948. 4)
경찰 제도	(1) 군정 초기 국방사령부의 지휘 감독을 받는 부대로서의 경찰이 창설 ⇒미군정청에 '경무국'을 창설(1945년 10월 21일⇨우리의 공식적 경찰창설일) ⇒후에 '경무부'로 승격(1948) (2) 1947년 중앙경찰위원회가 설치(경찰의 민주화를 추진) (3) 여자 경찰관 제도 신설 (1946. 5), 경찰검을 경찰봉으로 대체

(1) 경찰 제도와 인력의 개혁이 없다.
(2) 조직법적 · 작용법적 정비가 이루어진다(非警察化). ⇒경찰의 활동 영역이 축소
(3) 경찰 이념에 민주적 요소가 도입(영미법적 요소의 도입)

제6절 건국 이후 1991년 이전의 경찰

1 개 설

독립과 더불어 시작된 군정으로 경찰 체제로 과거의 틀을 벗지 못한 채 출발하였다. 그 후 건국(1948년)을 하였으나 기존의 체제를 그대로 유지함

으로써 과거의 틀을 벗는 데 한계가 있었다. 그리고 이어지는 6·25전쟁, 경제 개발과 민주화 과정의 시련 등의 혼란 속에서 경찰은 정치에 관여하여 3·15부정선거의 중추적 역할을 담당함으로써 정치적 중립을 해하는 과오를 범하기도 하였다. 그러나 경찰은 유일한 사회 질서 유지 세력으로서 국가 체제를 지켜온 조직이라는 점에서 영욕(榮辱)이 함께하였다.

이 시기에는 최초로 독립국가로서 자주적인 입장에서 경찰을 운용하여 처음으로 경찰이 대한민국 국민의 생명과 신체·재산의 보호를 위하여 봉사하였고, 경찰작용의 기본법인 경찰관직무집행법을 마련하여 경찰작용의 원칙을 갖게 되었다는 점이다. 그러나 경찰조직에 관한 기본법이 부재하여 조직법적 체계는 갖추지 못하였다.

한국 경찰에게 독립 이후 가장 큰 변화는 1991년의 경찰법 제정일 것이다. 그것은 경찰법으로서는 처음으로 제정된 것이고, 그에 따라 우리 경찰의 조직과 위상에 많은 변화를 초래하였기 때문이다.

내무부 경찰 체제	(1) 중앙경찰 조직 : 치안국(治安局, 1948) ⇒치안본부(治安本部, 1975) 정부 수립시 경무부를 치안국으로 격하 조정하여 그 지위를 보조기관화. (2) 지방경찰 조직: 시도(市道)경찰국(시·도의 보조기관) 경찰서장은 1991년 이전에도 경찰에서 유일하게 행정관청으로서의 지위를 보유한다. (3) 국립과학수사연구소와 해양경찰대 설치(1953), 전투경찰대 설치(1968), 의무경찰 제도 도입(1983) (4) 소방 업무(1975)의 배제
경찰 관련 법령	(1) 경찰관직무집행법 제정(1953) ⇒ 영미법적 사고가 도입되었다.. (2) 경찰공무원법(1969)·행정대집행법·경범죄처벌법 제정

2 정부 수립과 자주경찰의 기반 구축

1) 치안국

1948년 8월 15일 대한민국 정부가 수립되어 우리 경찰은 제헌헌법에 따라 새로운 행정조직의 체계 속에서 미군정하의 경무부를 치안국으로 격하 조정함으로써 그 지위를 보조기관화하였다. 그러나 이는 미군정 경찰과는 본질적으로 다른 현대 법치국가의 민주경찰이라는 새로운 기치하에 만들어진 자주경찰인 것이다.

2) 새로운 과업의 부과

건국 이후 극복하지 못한 이념 및 사상 대립에서 비롯된 사회 혼란 때문에 경찰의 임무도 국민의 생명·신체·재산의 보호라는 본래의 사명 이외에 대한민국의 기반을 공고히 하고 민주 발전을 달성하며, 국민 사상을 통일하고, 북한 실지(失地)를 회복하는 통일 조국의 수립이라는 과업이 부과되었다. 이에 따라 좌익 극렬분자들의 반란·파업·폭동 및 공비를 진압하기 위한 비상경비사령부를 설치하여 전투경찰과 구국경찰의 기능을 수행하였다. 이 때의 경찰을 '경찰봉 시대' 대신 '카빈 소총 시대'로 부르는 것도 이 시대 상황을 대변하는 것이다.

3) 자주적·독립적 조국 수립

이 시기 우리 경찰의 목표는 자주적이며 독립적인 조국을 수립하겠다는 건국 정신으로 일관되었다.

3 내무부 경찰 체제

1) 중앙경찰조직 - 내무부 치안국(치안본부)

(1) 내무부의 경무부 인수

건국 후부터 경찰법이 제정되기까지의 경찰의 중앙조직은 내무부 치안국이다. 내무부 경찰 체제는 '남조선 과도정부기구 인수에 관한 건'에서 내무부가 경무부를 인수하도록 규정함으로써 시작된다.

(2) 내무부의 보조기관

경찰이 내무부의 일개 국(局)으로 약화된 배경에는 법 제정 기간이 촉박하였고, 정부조직법 제정에 참여한 구성원의 대부분이 일제 시대의 관리들이어서 구 총독부나 일본의 행정조직을 모방하였기 때문이다.

(3) 경찰기구의 설립

내무부 치안국 시기에 국립과학수사연구소(1953년), 해양경찰대(1953년), 전투경찰대(1968년), 경찰대학(1979년) 등이 설립되었다.

2) 지방경찰 조직 - 시도 경찰국

(1) 시도지사의 보조기관

지방경찰도 경찰법 제정 전까지 시도지사의 보조기관에 불과하였다. '남조선 과도정부기구 인수에 관한 건'에서 서울시가 제1경무총감부와 수도관구경찰청을, 각도는 관내의 관구경찰청을, 제주도는 도내의 경찰감찰청을 각각 인수하고, 나머지 제2경무총감부는 경상북도가, 제3경무총감부는 전라북도가 인수하도록 하였다.

(2) 행정관청으로서의 경찰서

경찰서는 경찰법 제정 전부터 행정관청으로서의 지위를 유일하게 갖고 있었다.

4 경찰의 시련

1) 6·25 전란과 구국경찰의 시련

(1) 구국경찰로서의 기능

1950년 6·25 전란은 민주경찰로서의 기반을 다지기도 전에 주로 좌익 공산주의와 대처하여야 하는 방위 기능을 수행하는 시련기였다.

건국 전부터 본격화된 반란·폭동·파괴는 국지적인 것이었으나 6·25 전란은 전면전으로 발전하였다. 그 당시 경찰 활동은 주로 전투였으며, 그 주된 임무는 구국경찰로서의 기능과 전시 치안 유지 기능이었기 때문에, 경찰로서의 최소한의 기본 임무도 수행하기 어려웠다.

(2) 이원 구조

그 당시의 경찰조직도 일반경찰 조직과는 별도로 전투경찰대 조직을 유지함으로써 이원구조를 형성하게 되었으나 전란의 진전과 더불어 전투경찰대 조직을 확대하고 일반경찰 조직은 전투지원 기구로 전환되었다.

2) 전후 복구와 정권 유지의 도구

(1) 경찰 제도의 정비

휴전 후 공비 잔당의 소탕을 위한 경비기구가 확대·개편되기도 하였으나, 전투 임무가 끝나게 되자 인적·물적·법적 제도의 정비가 마련되어 경찰은 본연의 기능을 발휘할 수 있게 되었다.

(2) 경찰행정의 본질적 기능 회복

범죄 수사의 현대화를 위한 국립과학수사연구소의 신설(1955년), 경찰 활동의 법적 근거를 마련하기 위한 경찰관직무집행법(1953년), 행정대집행법, 경범죄처벌법 등의 제정 및 업무의 표준화를 위한 기획기구의 설치 등은 경찰행정의 본질적 기능 회복과 능률화를 위한 새로운 전기를 맞게 되었다.

(3) 정권 유지의 도구

경찰행정 체제와 정비가 어느 정도 완성되어 강력한 기능을 발휘하기도 전에 집권당의 정권 수호라는 시련 앞에 직면하게 되었다.

전시 체제를 벗어나면서부터 해이해진 기강은 경찰의 다른 부처 협조 업무가 확대되면서 부패를 심화시켰고, 정권 연장을 위한 방편으로 이용하려는 정략이 상승 작용하여 이 시기의 경찰상은 민폐와 정권의 도구일 수밖에 없었다.

3) 1960년대 경찰의 위기와 경찰행정의 복원

(1) 4·19와 5·16혁명에 따른 경찰의 위기

(가) 4·19혁명으로 인한 경찰조직의 위기

반공 이념을 표방하면서 집권당의 정권 유지를 강요당하는 시대적 상황 속에서 1950년 3·15 부정선거에의 개입과 4·19혁명시(1950년 4월~1961년 5월)의 과잉 진압으로 경찰이 국민의 지탄의 대상이 되면서 데모가 빈발하여 무정부적인 상태 속에서 경찰조직의 위기를 맞게 되었다.

신뢰가 실추된 경찰은 사기가 극도로 저하되어 질서 유지가 사실상 불가능하였으며 경찰력의 무력화를 가져왔다.

(나) 경찰의 정치적 중립화 모색

이 시기는 경찰이 국민으로부터 신뢰를 가장 많이 잃었던 혼돈의 시기였으며, 경찰의 정치적 중립성 보장이 기본 목표로 되었다. 이에 따라 경찰의 정치적 중립화가 헌법에 조문화되었으며, 이를 실질적으로 보장하기 위하여 정부조직법에 공안위원회를 두도록 규정하였다.

또한, 경찰중립화 법안을 기초하여 공청회를 열었으며 그 당시 논의의 초점은 경찰의 관리기관 문제, 경찰의 주체 문제, 즉 국립경찰로 일원화하느냐 또는 국립경찰과 자치경찰로 이원화하느냐 하는 문제, 경찰관의 자격 문제, 범죄 수사의 주체 문제 등이었다. 그러나 민주당도 여당이 된 뒤 경찰의 중립화에 소극적이어서 결국 좌절되고 말았다.

(다) 5·16 군사혁명

경찰의 자체 정화와 함께 재출발을 시도하던 중 맞게 된 1961년의 5·16 군사혁명은 경찰 존립의 정당성과 자주성을 위협하는 격동기의 시련으로 나타났다. 특히 120명에 달하는 군 장교 출신의 경찰간부직 특채로 경찰 인사행정상의 변화를 가져왔으며, 이것은 경찰행정상의 정책 결정이나 집행면에서 기존 경찰직업 관료(police technocrats)에게는 위협적인 요인으로 작용하였다.

(라) 경찰 발전의 전환점

군사혁명정부는 경찰 고유 기능의 회복, 교육훈련의 강화, 실추된 신뢰의 회복을 위하여 노력하였으며, 경찰행정에 관리적 접근 방법의 도입·운용으로 인하여 경찰행정의 미래 적응적 제도 확립을 요청하게 되었고, 경찰 본연의 임무 수행을 위하여 경찰의 정치적 중립화를 당면 목표로 삼게 되었다.

(2) 경찰행정의 복원

(가) 봉사경찰

1953년 12월 17일 제3공화국 수립 이후 조국 근대화라고 하는 국가 목표 달성 과정에서 새로운 치안 수요가 발생함에 따라 경찰 본연의 임무 수행을 위한 관리의 개선, 질의 향상, 수사의 과학화 등을 통하여 봉사경찰 내지는 보호경찰로서의 실질적 발전을 도모하였다.

(나) 치안행정의 민주화

한국적 특수 사정하에서 치안 유지를 위하여 실시해 오던 야간 통행 금지 제도가 부분적으로 해제되어 치안행정의 민주화를 위한 계기가 되기도 하였다.

(다) 경찰윤리헌장의 제정

1966년 7월 경찰관 개개인의 투철한 이성과 냉철한 사명감을 가지고 모든 위해(危害)와 불법과 불의에 과감하게 대처하며 항상 청렴·검소한 생활로써 영리를 멀리하고 오직 양심에 따라 행동한다는 '경찰윤리헌장'을 제정하였다. 이것은 자율적이고도 적극적인 봉사자로서 갖추어야 할 기본 정신과 실천하여야 할 윤리적 행동 지표를 제시하여 민주경찰 발전의 발판이 되고 정신적 지주가 되었다.

(라) 경찰공무원법의 제정

1969년 경찰공무원법의 제정으로 경찰 직무의 강제성, 긴급성, 위험성 등 일반 공무원과는 다른 특성을 제시하여 직능별 전문화와 자질 향상을 도모함으로써 직업공무원제의 기틀을 마련하였다.

4) 1970년대의 시국치안 강화

(1) 전투경찰대 창설

정치적 변동 과정에서 당면한 1964년의 한·일 회담 반대에 따른 학생데모와 각종 시국사건, 그리고 북한의 계속적인 도발로 인하여 1970년대에 반공 체제가 강화되어 대간첩 작전 업무를 전담할 전투경찰대를 창설하는 등 시국치안 기능을 상대적으로 강화하여 결국 민주·민생경찰로서의 방향 설정을 지체시키게 되었다.

(2) 치안본부 승격

민주헌정이 중단되는 사태를 초래한 1972년의 10월 유신에 의한 제4공화국 이후 안보치안에 역점을 두는 경찰조직 개편과 함께 1974년 내무부 치안국에서 치안본부로 승격되었다.

(3) 안보치안 강화

이 시기에는 학생 데모 진압과 대공 간첩 섬멸의 임무 수행을 위한 기능 강화가 이루어졌을 뿐, 정치적 중립 보장에 의한 직무 수행의 독자성 확보, 경찰 인사관리에 대한 외부 영향 배제, 전문 경찰 인력의 체계적 양성, 인적·물적 자원의 효율적 관리 등 내적 충실화에서는 여전히 발전의 한계를 해소하지 못했다.

(4) 정풍운동 전개

1976년에는 서정쇄신(庶政刷新)의 방침에 따라 경찰 자체 정풍(整風) 운동이 전개되어 1,400여명이 숙청되는 등 경찰 정신의 재무장이 요구되기도 하였다. 이에 따라 경찰 새마을교육과 호국안민(護國安民)의 새로운 민주 경찰상을 구현하기 위한 정신교육이 강화되었지만, 경찰을 보는 국민의 시각을 바꾸어 놓지는 못하였다.

5) 1980년대 민주화 요구와 시국치안

(1) 사회적 혼란

1979년 10·26 사태에 이은 5·18 광주민주화 운동으로 인한 정권의 정당성 상실, 정책의 신뢰성 저하, 정치적 공백 상태에서 빚어지는 갈등과 분열, 극도의 사회적 혼란으로 인하여 시국 상황에 대처하기 위한 치안 수요가 격증하게 되었다.

(2) 6·29 민주화 선언

이와 같은 상황에서 점증하는 사회적 요구인 민주화 주장과 그에 대한 강화된 경찰 대응은 과격한 데모 진압으로 나타나, 1987년 6·10 민주화 항쟁에서 극한 상황을 초래하였고, 1987년 6·29 민주화선언으로 다시 한 번 역할 한계를 느끼게 되었다.

(3) 의무경찰 제도의 도입

경찰의 업무량을 덜기 위하여 1983년에 의무경찰 제도를 도입하여 치안 업무를 보조하게 하였으나, 전문직업인으로서의 사명감이 부족하다는 비판이 일고 있어 직업경찰로의 대체가 시급한 상황에 있다.

(4) 새 경찰 신조 제정

제5공화국 정부는 정의로운 민주복지 국가 건설에 국가 목표를 두었기 때문에 경찰에서도 정의 사회 구현을 뒷받침하기 위하여 사회 기강 확립에 역점을 두면서 경찰관의 자질 향상과 대민봉사 자세를 확립함으로써 새 시대 새경찰의 참된 경찰상을 부각시키기 위한 '새경찰 신조'를 제정하여 자기 정화(淨化)에 노력하였다.

(5) '경찰공무원 복무규정'의 개정

"경찰공무원은 국민의 수임자로서 일상의 직무 수행에 있어서 국민의 자유와 권리를 존중하는 호국, 봉사, 정의의 정신을 바탕으로 삼는다."고 규정하였다. 따라서 경찰 사상 처음으로 우리 나라 경찰 정신을 '호국, 봉사, 정의'의 3개 항으로 새로 정립하고 호국안민의 의식개혁운동을 지속적으로 전개해 나갔다.

6) 제6공화국

(1) 민주화와 개방화

제6공화국에 들어와 민주화와 개방화가 추진되면서 경찰의 정치적 중립에 대한 국민적 요구와 정치권의 합의가 이루어지고 남북 간의 상호 교류 및 협력 관계도 개선되고, 사회주의와 공산주의 국가의 몰락에 따라 학생 시위가 위축되어 정치적 부담을 경감시켜 주는 계기를 마련해 주었다.

(2) 범죄와의 전쟁

전환기적 사회 분위기에 편승하여 민생 침해 사범이 국민 불안을 가중시켜 1991년 10월 13일 '범죄와의 전쟁'을 선포하는 등 민주・민생치안에 전념할 수 있는 풍토가 조성되기도 하였다.

5 경찰 업무의 변화

1) 해양경찰대 · 전투경찰대의 설치

6 · 25동란과 남북이 대치하며 무장간첩이 남파되는 상황을 계기로 경찰은 사회 공공의 안녕과 질서 유지라는 본연의 업무 이외에 전투경찰적 활동도 하게 되었다. 따라서 해양경찰대가 설립되고, 전투경찰대가 설치되어 전투경찰의 업무가 정식으로 경찰 업무가 되었다.

2) 소방 업무의 이관

그 동안 경찰 업무였던 소방 업무가 내무부의 민방위본부로 이전(1975년)되면서 경찰의 업무에서 제외되었다.

6 경찰 관련 법령의 제정

1) 경찰관직무집행법

독립 전부터 계속된 경찰작용에 관한 법률은 '행정집행령(行政執行令)' 등 극히 소수에 불과하고 새로운 경찰관 직무 집행에 관한 근거 법령이 없었으나, 1953년에 경찰관의 직무 집행에 관한 일반법인 경찰관직무집행법이 마련되었다. 이 법은 엄밀한 의미에서 경찰의 즉시강제에 관한 기본법이어서 경찰작용을 통괄하지 못한다.

경찰관직무집행법 제1조에는 '국민의 자유와 권리의 보호'라는 영 · 미법적인 사고가 반영되었다.

2) 경찰공무원법

경찰공무원법을 제정하여 경찰공무원을 특별법으로 규율하고 있다.

7 평 가

1) 독립국가

이 시기는 독립국가로서 한국 역사상 최초로 자주적인 입장에서 경찰을 운용해 나간 시기였다.

군정기의 미국 지배는 물론 일제 시대와 그 이전에도 사실상 일본의 지배하에 운용되던 경찰이 처음으로 주권국가로서의 주체성과 자주성을 회복하게 된 것이다. 그러나 경찰 제도는 군정기와 마찬가지로 내무부 소속하의 국가경찰 제도를 그대로 유지하였다.

2) 경찰관직무집행법 제정

경찰작용에 관한 기본법으로서 경찰관직무집행법(1953년)이 제정되었다. 이것은 엄밀한 의미에서 경찰의 즉시강제에 관한 기본법이어서 모든 경찰작용을 통괄하지 못하는 한계가 있다. 그리고 경찰조직에 관한 기본법이 부재하는 등 조직법적 체계를 갖추지 못하였다.

종래 식민 지배 또는 군정 통치에 봉사하던 경찰이 처음으로 대한민국의 존립과 안녕, 대한민국 국민의 생명과 신체 및 재산의 보호를 포함하는 공공의 안녕과 질서 유지 임무를 수행하게 되었다(영미법적 사고의 반영, 동법 제1조).

3) 경찰사무의 변화

우리 경찰은 독립 이후의 혼란기와 1950년에 발발한 6·25 동란을 통해서 경찰 본연의 업무를 떠나 전투경찰적 활동을 수행하였다.

1953년에는 해양경찰 업무가 경찰의 업무에 추가되었다.

1970년에는 1968년 1월 21일 김신조 사건을 계기로 전투경찰대설치법이 제정되어 전투경찰 업무가 정식으로 경찰의 업무 범위에 추가되었다.

그 동안 경찰이 맡아 왔던 소방 업무가 1975년에 내무부 민방위본부로 이관되면서 경찰의 업무에서 배제되었다.

4) 정치적 중립의 위반

이 시기 미숙한 민주주의 상황하에서 경찰은 선거관리를 그 하나의 업무로 하는 내무부의 일국으로서 1960년 3·15 부정선거에 개입하는 등 정치적 중립을 위반하였다.

이 시기의 경찰에 대한 최대의 요구는 정치적 중립이었으며, 조직 내부적으로도 경찰의 기구 독립이 하나의 숙원이었다. 1991년의 경찰법은 이러한 배경 속에 제정되었다.

제 7 절 경찰법 제정 이후의 경찰

1 경찰법 제정의 역사적 의의

경찰법의 제정(1991년)에도 불구하고 경찰청이 내무부의 외청으로 되어 있기 때문에 경찰이 완전한 정치적으로 중립성을 확보한 것은 아니다. 그러나 경찰법의 제정으로 경찰청과 각 지방경찰청이 독립된 관청으로서의 지위를 갖게 되었다는 점에서 그 의의가 크다.

경찰법에 경찰위원회 제도를 도입함으로써 경찰에 대한 민주적 통제를 할 수 있는 제도적 장치가 마련되었다.

(1) '경찰법'의 제정(1991) ⇒우리의 경찰 개혁의 최대 과제는 정치적 중립성의 확보에 있었다.
(2) 정치적 중립성의 확보를 위한 제도적 방안
경찰청의 내무부 외청화 및 각 지방경찰청의 독립관청화
경찰위원회제의 신설
(3) 지방행정과 치안행정의 업무 협조를 위하여 치안행정협의회를 설치한다.

2 경찰법 제정 이후의 경찰

1) 내무부 외청화

경찰법의 제정으로 치안본부가 내무부의 외청으로 승격되고, 지방경찰도 독립관청으로 되었다.

2) 경찰위원회 · 치안행정위원회

내무부에는 경찰위원회를 두고, 지방에는 시도지사 밑에 치안행정위원회를 두도록 하였다.

3) 해양경찰의 이관

해양경찰이 1996년 8월부터 해양수산부로 이관되었다.

4) 행정자치부 체제하의 경찰

1998년 2월 정부의 조직이 개편되면서 종래의 총무부와 내무부가 합쳐져 행정자치부가 되었다. 이에 따라 경찰은 종래의 내무부의 외청에서 행정자치부의 외청으로 전환되었으나 업무의 내용에는 변화가 없다.

5) 경찰 대개혁

'3불(不 : 불친절 · 불공정 · 불성실) · 3금(禁 : 금품수수 · 인사 청탁 · 정보유출) 운동' 전개로 친절 · 공정 · 청렴성 제고

3 경찰법 제정의 역사적 의의

1) 내무부의 외청화

우리 경찰 제도의 개혁 논의는 주로 선거 부처인 내무부로부터의 독립, 즉 정치로부터의 중립성 확보에 초점이 맞추어져 왔다. 그러한 점에서 1991년에 제정된 경찰법은 경찰을 내무부의 외청으로 존속시켰다.

2) 경찰위원회 도입

경찰법을 통하여 경찰위원회 제도를 도입함으로써 향후 경찰에 대한 민주적 통제 시스템의 구축을 위한 발판을 마련하였다.

3) 독립관청화

경찰청과 각 지방경찰청을 독립관청화하였다.

4 경찰청 시대의 전개와 민주봉사 경찰

1) 경찰헌장

1991년 경찰법이 제정되고 경찰청 시대가 개막되면서 국민에게 봉사하는 신뢰받는 민주경찰상을 정립하고자 '경찰헌장'을 제정하여 경찰의 정신적 지표가 되도록 하였다.

이 경찰헌장에서 국립경찰 창설 이래 어려운 치안 여건을 훌륭하게 극복한 경찰의 명예와 긍지를 바탕으로 국민 모두에게 신뢰받는 경찰상을 제시하고 국민의 행복한 삶을 보장하기 위하여 경찰이 하여야 하는 본분을 실천 덕목으로 구체화하였다.

2) 민주성과 효율성

1991년 경찰법은 "민주적인 관리 운영과 효율적인 임무 수행"을 기본 목적으로 설정하여 민주성과 효율성이라는 경찰행정의 기본 이념을 분명히 제시하면서, 국민의 외사를 반영하고 정치적 중립성을 실현하기 위하여 경찰위원회를 설치하였다.

또한 경찰조직에 교통·방범 등 민생 치안 기능을 강화하여 대민 봉사에 전념할 수 있게 하였다.

3) 경찰청, 경찰위원회, 치안행정협의회

1991년 경찰법은 내무부 장관 소속하에 반독립적인 외청 형태의 경찰청을 두도록 하여 독자적인 관리 체제로서의 기반을 마련하였으며, 합의제 의결기관인 경찰위원회를 두어 경찰행정에 관한 주요 정책을 심의·의결하도록 하였다.

또한 민생치안의 효율화를 위하여 일선 경찰서의 인력을 보강하였다. 그리고 지방에는 시·도지사 밑에 치안행정협의회를 두도록 하였다.

4) 양질의 치안 시비스 제공

문민정부가 출범하면서 경찰은 변화와 개혁을 통하여 민주화·지방화·세계화 시대에 걸맞은 양질의 치안 서비스를 제공할 수 있는 토대를 마련하게 되었다고 할 수 있다.

5 행정자치부 체제하의 경찰

1998년 2월 여야간 정권이 교체되고, 종래의 내무부가 총무처와 합쳐 행정자치부로 바뀌면서, 경찰은 내무부의 외청에서 현재 행정자치부의 외청으로 전환되었으나 업무 내용에는 변함이 없다.

6 한국 경찰사의 교훈

1) 개 관

우리가 한국 경찰사를 배우는 목적은 경찰 역사의 교훈을 통하여 현재의 경찰을 바르게 진단하고 경찰의 미래를 바르게 설계하는 데 의의가 있다. 그런 의미에서 우리 경찰의 역사를 통하여 얻은 교훈을 몇 가지 살펴보면 다음과 같다.

2) 교 훈

① 한국 경찰의 역사를 바르게 인식할 필요가 있다.

근대적인 우리 경찰의 창설은 우리의 자주적인 노력과 능력에 의하여 이루어진 것이 아니다. 1894년 일본 내각의 결정과 제국주의 일본의 주도면밀한 계획 가운데 추진 진행되었으며, 해방 후의 경찰 체제의 경우에도 식민지 시기의 경찰 체제를 유지하는 미군정의 정책에 의하여 총독부하의 경무국을 그대로 활용한 것에 지나지 않았다.

② 경찰의 존재 목적 또는 경찰의 이념을 바로잡을 필요가 있다.

과거와 같이 정치적 중립성을 훼손하는 경찰 활동은 더 이상 반복되어서는 아니 되며, 국민을 위한 존재로서 헌법이 요구하는 국민 전체에 대한 봉사자로서의 경찰 역할에 충실하여야 할 것이다.

③ 경찰 스스로 개혁에 대한 준비와 충분한 연구가 필요하다.

개혁의 거센 물결을 거부하고 안주하던 우리는 주도 면밀하게 준비된 일본에 의하여 경찰권을 상실하고, 나아가 국권을 상실당한 뼈아픈 역사를 가지고 있다. 이러한 역사는 만약 우리 경찰이 21세기의 거센 개혁의 물결을 거부한다면 다시 닥칠지도 모르는 일이다.

④ 우리 경찰은 역사적으로 다른 나라의 영향을 많이 받았다.

갑오개혁 이전에는 중국으로부터, 갑오개혁 이후에는 일본으로부터, 그리고 해방 이후에는 미국으로부터 일부 영향을 받았다.

한국은 한국 나름의 독특한 환경이 있으므로, 이제 더 이상 다른 국가의 제도를 모방하거나 수용하는 데 그치지 말고, 우리의 노력과 연구로 우리에게 맞는 독창적인 제도의 개발이 필요하다.

제2장 외국 경찰의 역사와 제도

제1절 외국 경찰의 역사와 제도를 연구하는 목적

1 개 관

한국 경찰이 다른 국가와 전혀 관계 없이 발전해 온 것이 아니고, 법의 계수와 이식 등을 통하여 가깝게는 일본, 멀리는 미국이나 유럽 등으로부터도 영향을 받았음을 고려할 때, 다른 나라의 경찰사에도 관심을 가져야 한다.

2 이 유

다른 나라의 경찰사는 한국 경찰의 뿌리를 근원적으로 규명하는 데 유용하다.

세계의 경찰을 넓은 시야로 바라봄으로써 세계 경찰사에 흐르고 있는 사상과 이념, 제도의 변화 과정 등을 상호 비교할 수 있게 된다.

한국 경찰에 접목되어 있는 이른바 대륙법계의 경찰 제도와 영·미법계의 경찰 제도에 대한 비교 연구는, 우리 나라 경찰 제도에 관한 새로운 입법 및 실정법의 해석에 도움을 주고, 우리 경찰의 나아갈 방향을 시사해 줄 것이다.

(1) 경찰 제도의 일반 원리를 탐구하는 데 유용⇒우리 경찰 제도의 근원적 고찰이 가능 (2) 외국의 경찰 제도를 계수하는 데 실천적 도움을 제공 (3) 법의 해석·제정시에 지침의 역할을 한다. (4) 우리 경찰이 향후 나아갈 방향을 제시

3 경찰 제도의 유형

1) 서 설

어떠한 경찰 제도를 취하는가는 국가마다 다르고, 또한 경찰 활동의 내용이나 임무의 범위도 국가에 따라 차이가 있다.

경찰 개념 자체가 시대성·역사성을 반영하듯이, 경찰 활동의 내용이나 임무도 각국의 역사와 전통에 따라 차이가 있으며, 시대 사상의 영향을 많이 받는다.

2) 독일과 프랑스

독일이나 프랑스 등 대륙법계의 국가들은 경찰 활동을 공공의 안녕과 질서에 대한 위험 방지라고 하는 이른바 행정경찰 활동에 국한하며, 범죄 수사 등 사법경찰 활동은 경찰 개념의 범주에 포함시키지 아니하고 단지 편의상 경찰기관으로 하여금 집행케 하고 있다.

3) 영국과 미국

영·미와 같이 전통적인 민주주의 국가에서는 경찰 활동의 내용으로서 범죄 수사 활동을 당연시하고 있다.

4) 일본과 한국

대륙법계의 영향을 받아 왔던 일본이나 우리 나라는 제2차 세계대전 후 연합국의 군정 등을 거치면서, 영·미의 영향을 받아 경찰의 범죄 수사에 관한 임무가 정식으로 형사소송법이나 경찰법 등에 규정되었다.

4 경찰의 창설과 경찰 활동의 중점

1) 대륙법계 국가

과거 대륙법계 국가들이나 일본에서는 경찰이 전제주의 국왕의 통치상 필요에 따라 창설되고, 경찰이 국왕의 관리로서 국민과 대립적인 관계 속에서 통치 체제의 유지에 중점을 두었다.

2) 영·미법계 국가

영·미에서는 경찰이 시민들의 자발적인 필요에 따라 창설되어, 시민과 협력적인 관계 속에서 시민들의 생명과 재산의 보호에 중점을 두었다.

제2절 영국 경찰

1 영국 경찰의 역사

1) 고대 경찰(앵글로 색슨 시대)

(1) 집단안전 체제

고대 영국에서 공공의 안녕을 유지하는 제1차적 책임은 집단안전 체제 또는 사회계약이라는 테두리 안에서 각각의 마을에 속해 있었다.

(2) 10인 조합

앵글로 색슨 시대에는 경찰조직이 없었고, 지역마다 10가구씩 하나의 집단을 이루어 치안을 유지하였는데 이를 10인 조합(Tithing) 제도라고 부른다. 이는 국왕의 평화(King's of peace)를 달성하기 위한 10인 상호보증 제도(Frank-Pledge System)에서 유래하였다.

10인 조합장(Chief Tithingman)은 ① 도적을 "도적을 잡아라!"라고 고함을 질러 추적하고, ② 범죄자를 체포하며, ③ 형벌을 부과할 책임이 있다.

(3) 100인 조합

10인 조합이 다시 모여 100인 조합을 형성하였고, 이를 관리하기 위하여 1명의 관리책임자(Constable)를 임명하였으며, 오늘날의 영국 경찰의 기원이 되었다.

(4) 샤이어

100인 조합은 다시 합쳐져 샤이어(Shire)가 되고, 이것이 오늘날 군(郡, County)이 되었다. 국왕은 각 샤이어의 치안을 유지하기 위하여 군인이면서 법관인 국왕대관(Shire Reef)을 임명하고 이들이 바로 후에 보안관(Sheriff)이 되었다.

국왕대관들은 국왕을 대표하여 ① 세금을 징수하고 ② 치안을 유지하며, ③ 재판권을 행사하는 등 국왕의 각종 권한을 행사하였다.

2) 에드워드 1세 시대 경찰

(1) 앵글로 색슨족 전통 모습으로의 복귀

12세기 말을 기점으로 노르만인과 색슨인 사이의 결혼 등을 통하여 노르만 정복 초기의 가혹하였던 법집행은 점차 완화되어 가는 한편, 중앙집권적인 통제 체제에서 차츰 앵글로 색슨족 전통의 모습을 되찾아 갔다.

(2) 윈체스터법의 제정

범죄의 증가로 인하여 사회 불안이 증가하자 에드워드 1세는 지방도시를 위하여 '윈체스터법'과 '수도 런던에 관한 법률'을 제정하여 일대 개혁을 하였다.

1285년 '윈체스터법(Statute of Winchester)'의 주요 내용은 다음과 같다.

① 주야간 감시 제도(Watch and Ward) : 중소도시(Town)에 야경인(Watchman) 제도를 도입하여 종래 경찰관(Constable)의 의무를 보좌하게 하였다.

② 범인 추적 협조 제도의 부활 : 종래 앵글로 색슨인 전통인 '도둑잡아라(Hue and cry)'를 법령화함으로써 그러한 의무가 모든 주민(남녀 불문)에게 부과되었다.

③ 주요 범인의 체포

④ 공공 도로의 단속 등

⑤ 15세에서 60세 사이의 남자들에게 계급에 따라 일정량의 장비 보유 의무가 부과되었다.

윈체스터법은 노르만 침공과 1829년의 수도경찰청법(Metropolitan Police Act) 사이의 600여년 동안에 거의 유일하게 존재하는 경찰 활동을 규율하는 일반 원칙이다.

(3) 수도 런던에 관한 법률

치안 유지 권한을 가진 치안법관과 경비원이 24개로 나눈 런던 시를 관할하도록 하였다.

3) 중세 경찰

(1) 특색

일반행정 조직이 발달하지 않았던 중세에는 경찰의 권한이 광범위하게 인정되었고, 개인의 일상 생활에까지 관여하였으며, 그에 따라 경찰 법규가 다수 생기게 되었다.

(2) 특별경찰의 등장

상공업의 발달로 범죄 대처 능력이 부족하게 되자, 이러한 문제를 해결하기 위하여 특히 산림경찰과 상업경찰과 같은 특별경찰이 등장하였다.

(3) 공동책임 단위로서의 장원

이러한 변화와 더불어 공동 책임의 단위가 봉건영지인 장원(莊園)으로 바뀌어 갔는데, 각 장원의 법원(영주)은 매년 장원의 영주가 장원을 다스리는 데 필요한 경찰관(Constable)을 포함한 지방관리들을 선출하였다.

13세기 말에는 장원에서 공공의 안녕과 질서를 유지하는 경찰관의 지위가 왕에 의해서 인정되었다.

(4) 지방정부 단위로서의 교구

튜더(Tudor) 왕조를 지나면서, 원래 교회 지역의 사회 단위가 교구(Parish)가 행정력을 갖춘 지방정부 단위로서 변천을 가속화하게 되었다. 각 교구는 종래 봉건 제도하의 경찰 제도를 많은 부분 답습하게 되었다. 16세기 중반까지 경찰관은 각 교구가 임명하는 직위 중 가장 우월한 지위에 있었으나 차츰 늙고 열등한 사람이 맡는 지위로 전락해 갔다

교구경찰(Parish Constable)은 명예혁명기를 넘기지 못하고 1689년경부터 도시 지역을 중심으로 급격히 쇠퇴해 갔다. 경찰관으로서 봉사하여야 할 의무는 타이번 티켓(Tyburn Ticket)을 취득함으로써 면제받을 수 있었다. 따라서 18세기 말경의 교구경찰관 대부분은 문맹자들이거나 심지어 범죄집단 출신들도 다수 있었다.

법과 질서를 회복하기 위해서는 법률의 개혁과 더불어 교구경찰 제도와 야경인 제도 등에 대한 근본적인 개혁이 요구되었다. 이 시기에 주목할 만한 점은 당시의 경찰 개혁가들이 수도인 런던 지역의 문제 해결에 주력하였다는 것이다.

(5) 통일적인 경찰조직 설립 시도

청교도혁명 이후에는 전국에 육군 헌병으로 통일적인 경찰조직을 만들었지만 곧 국민들의 반감으로 폐지되었다.

4) 산업혁명과 신경찰

(1) 절도체포대 · 기마순찰대 · 도보순찰대

산업혁명 이전에는 경찰이 조직화되지 못하였는데, 이러한 경찰조직의 무질서 · 무통제에서도 헨리 필딩(Henry Fielding) 법관이 정부의 허가를 얻어 절도체포대(Bow Street Runners), 기마순찰대(Bow Street horse Patrol), 도보순찰대(Bow Street Foot Patrol)의 세 가지 경찰조직을 만들어 이후 경찰청의 기본을 이루었다.

(2) 미들섹스사법법

1792년에는 미들섹스사법법(Middlesex Justice Act)에 따라 런던에 7개의 간이 재판소를 설치하고, 3명의 치안법관과 6명의 경찰관을 임명하기도

하였다.

(3) 수도경찰법의 제정 및 수도런던경찰의 설립(2001년 7월)

산업혁명으로 치안 유지가 어렵게 되자, 1829년 내무부 장관인 로버트 필 경(Sir Robert Peel)의 제안으로 수도경찰법(Metropolitan Police Act)이 제정되고, 수도경찰청(Metropolitan Police Service)을 설립하였다.

수도경찰법에 따라 여러 경찰조직을 통합하여 일원화하고, 계급 · 제도 · 정복 착용 등 개혁을 이루었으며, 수도와 그 주변을 6개 구로 나누어 경찰서와 순찰구역을 설정하였고 그 책임자는 경찰청장(Commissioner)이 되었다.

수도경찰청장은 1829년 창설부터 국제적 정치 · 금융 · 문화 · 외교의 중심지인 런던의 중요 시설 및 요인 경호, 북아일랜드 공화국군의 테러 위협 등 특수성으로 인하여 영국 경찰의 전통인 자치제 경찰과는 다른 내무부 장관 관리하의 특수한 경찰 형태(국가경찰 제도)를 취하고 있었다.

5) 지방경찰 제도의 개혁

농촌 지역에서는 1829년의 군(郡)경찰법(County Police Act)에 의하여 인구 1천 명당 1인의 경찰관을 임용하고자 하였다.

지방도 1835년 도시자치법(Municipal Corporation Act)을 제정하여 경찰위원회(Watch Committee)를 발족하는 등 전국 경찰 표준화 작업을 하였다.

정부에서는 1856년 군 및 특별시 경찰법(County and Brought Police Act)을 제정하여 자치경찰에 대한 내무부 장관의 감독권과 통제권을 강화하였다.

치안법관이 행정 업무나 재판 업무, 영장 발부 등의 업무를 새롭게 맡으면서 지방의 치안 · 사법 업무의 진보에 많은 역할을 하였다.

6) 신경찰 제도 이후의 개혁

(1) 1919년 경찰법

1900년 초에는 경찰관의 근무 여건에 대한 개선 요구가 있었고, 여러 노력 끝에 1919년 경찰법(Police Act)을 제정하였지만 실현되지는 못하였다.

(2) 트렌차드의 개혁

1931년 치안총감이 된 트렌차드는 구(區) 중심의 제도를 확립하고, 순찰제도를 개선하고 경찰교육기관 및 경찰 설비를 확충하였으며, 장기 근무자의 문제점에 대한 대책으로 10년의 단기 순경제를 도입하는 등의 개혁을 실시하였다.

(3) 1946년 경찰법

제2차 세계대전 중에는 경찰의 임무 증가, 인력 감소, 방공(防空) 대비 등을 이유로 1942년 '긴급국방조례'로 경찰의 합병명령을 발하였고, 그 후 1946년의 경찰법(Police Act)으로 45개 시경찰이 주위의 군경찰과 합병하였다. 그리고 1952년까지 52개 군 경찰, 72개 특별시 경찰, 여기에 수도런던경찰청과 런던경시청을 합쳐 126개로 축소되었다.

(4) 왕립경찰위원회(경찰갸혁위원회)와 1946년 경찰법

1959년에는 노팅엄 경찰위원회와 경찰청 간에 분쟁이 발생하여 경찰위원회에서 경찰청장에 대한 정직처분을 하여 3자 간에 업무 한계 및 상호관계가 문제가 되었다.

이런 문제 등을 조사하기 위하여 1960년 1월 의회에서 왕립경찰위원회(경찰개혁위원회: Royal Commission on the Police)를 구성하여 약 2년 4개월간의 광범위한 조사 결과 1964년 경찰법이 제정됨으로써 오늘날 영국 경찰 제도의 근간이 되었다.

왕립경찰위원회 보고서의 내용은 다음과 같다.

① 지방경찰의 난립에 따른 조직과 권한 행사 불통일의 시정

② 경찰관의 근무 조건 개선

③ 효율성의 극대화란 측면에서 프랑스식의 국가경찰제로의 전환

1964년 경찰법에 따라 수도런던경찰청과 런던 시를 제외한 모든 경찰본부가 관리기구인 경찰위원회(Police Authority)로 통합되고, 내무부 장관에게 경찰본부 합병권을 부여하여 비능률적인 소규모 경찰본부의 통합을 추진하여 126개의 잉글랜드·웨일스 경찰이 1974년까지 43개로 축소되었다.

(5) 1980년대 이후의 개혁

(가) 경찰 및 형사증거법, 경찰 및 치안판사법원법

1980년대에 치안 상황이 악화되면서 경찰력을 강화하고 국민을 범죄자로부터 보호할 목적으로 1984년에 경찰 및 형사증거법(Police and Criminal Evidence Act)이 제정되었으며, 1994년에는 경찰 및 치안판사법원법(Police and Magistrates's Court Act)이 제정되어 삼원 체제에서 내무부 장관의 영향력을 강화시켰다.

(나) 중앙범죄정보국과 중앙범죄수사국의 창설

광역화·조직화·국제화되어 가는 범죄에 효율적으로 대처하기 위하여 1992년의 중앙범죄정보국(National Criminal Intelligence Service: NCIS)과 1997년의 중앙범죄수사국(National Crime Squad Service: NCS)이 창설되어 중앙통제 장치를 강화해 나가고 있다.

중앙범죄정보국은 1992년애 내무부 장관 직속의 경찰기관으로 창설되어 범죄정보의 수집·분석·배포 업무를 수행하다가, 1997년 경찰법으로 자체 수사 기능을 보유하게 하고 그 관리기관으로서 중앙범죄위원회(National Criminal Intelligence Service Authority)를 신설하였다. 전문화하는 범죄에 대처하고 영국 내의 주요한 범죄자를 체포하여 범죄 예방을 위한 범죄 정보를 제공하기 위하여 창설되었고, 이는 미국의 FBI에 유사한 국가 수사 기구로 광역·조직·국제 범죄에 대응하기 위한 것이다(2003년 11월).

중앙범죄수사국도 1997년 경찰법에 의하여 창설되었으나, 1998년 4월 1일부터 활동을 시작하였다. 중앙범죄수사국 수사대는 기존의 지역수사대(Regional Crime Squards)를 일원화하여 중대한 범죄와 조직범죄, 국제범죄에 대한 수사를 담당하는 기구로서, 중앙범죄수사위원회((National Criminal Intelligence Service Authority)의 관리하에 있다.

(다) 수도경찰청의 자치경찰화

수도경찰청은 1998년 5월에 '런던자치정부 수립을 위한 법안'이 런던 시민 투표로 통과됨에 따라 2000년부터 시장의 직선과 대런던회의를 구성하고 경찰위원회를 창설하도록 되어 있어서 자치경찰화의 길을 걷게 된다.

2 영국의 경찰 제도

1) 서 설

(1) 자치경찰 제도의 운영

영국은 잉글랜드 및 웨일스, 스코틀랜드, 북아일랜드로 크게 나뉘어 있으며, 각각 독특한 경찰 제도를 운영하고 있다. 경찰 제도는 전통적으로 자치경찰 제도를 취하고 있어 내무부의 조정·통제를 받는 북아일랜드 경찰을 제외하고는 원칙적으로 상호 지휘나 감독 혹은 통제를 받지 않는 자치경찰을 운영하고 있다.

(2) 일반경찰과 특별경찰

영국 경찰은 일반경찰과 특별경찰이 있는데, 일반경찰은 1946년과 1964년 등의 경찰법 개정에 따라 52개의 경찰청(Constabulary)들이 독립적으로 활동하고 있다.

잉글랜드와 웨일스의 경우 다시 수도경찰과 지방경찰로 나눌 수 있다. 특별경찰은 군대·하천·대학 등 특수목적 수행을 위한 경찰이다.

2) 잉글랜드·웨일스 경찰

(1) 수도경찰청

(가) 연혁

수도경찰청(Metropolitan Police Force)은 산업혁명으로 인한 도시 인구의 집중화, 범죄의 다양화에 대응하기 위하여 1829년에 창설되었는데, 이것은 당시 영국의회 의원이던 필(Robert Peel)의 노력으로 의회에서 수도경찰청법안이 제정됨으로써 이루어졌다.

영국의 경찰 가운데서도 그 역사가 가장 오래된 수도경찰청은 경찰력도 전체 경찰의 다수를 차지한다, 또한, 수도경찰은 수도 지역뿐만 아니라 형사·경비 등 실무 분야에서도 전국 경찰의 중추적 역할을 한다.

(나) 지위

① 2000년 이전

수도경찰청은 1829년 창설부터 국제적 정치 · 금융 · 문화 · 외교의 중심지인 런던의 중요 시설 및 요인 경호, 북아일랜드 공화국군의 테러 위협 등 특수성으로 인하여 영국의 전통적인 자치경찰과는 다른 내무부 장관 직속의 특수한 형태를 취하고 있다.

② 2000년 이후

최근 수도경찰청은 지방자치화를 추진하여 1998년 5월 '런던 자치정부 수립을 위한 법안'이 런던 시민 투표로 통과됨에 따라 2000년부터 직선 시장 및 의회 의원으로 구성된 런던자치정부를 수립하고, 23명의 경찰위원회를 설치하여 다른 지방경찰청과 동일한 삼원 체제로 변경되었다. 다만, 왕실 경호 · 대테러 등 국가적 사무와 외국의 공조 수사 등 국제적 사무는 여전히 내무부 장관과 수도경찰청장 사이에 직접 논의하여 결정하는 이원 체제를 취하고 있다.

(다) 관할구역

현재 법제 및 관례에 근거하녀 보면 런던 시(City of London)를 제외한 대런던(the Greater London Area)의 32개 특별구(Borough) 전체와 그 주변 에섹스(Essex) · 하트퍼드셔(Hertfordshire) · 켄트(Kent) · 서리(Surrey) 카운티의 일부를 포함하여 인구 약 700만 명을 관할한다.

수도경찰구(Metropolitan Police District : MPD)는 관할구역을 북부 · 중부 · 남부의 3개의 광역지역(Territorial Command Area)으로 나누고 있다. 각 광역 지역은 8개 내지 수개의 분구(Subdivision)로 나누며, 구에는 구경찰서(Divisional Police Station)를, 분구에는 광역파출소를 둔다.

(라) 업무

① 기본적 업무

수도경찰청의 임무는 기본적으로는 법집행과 질서 유지이고, 구체적으로는 수도 지역의 치안 유지 외에도 다음과 같은 업무를 수행한다.

㉠ 왕궁 및 의사당 경비

㉡ 범죄 기록 · 정보의 관리 · 조회, 감식 자료의 제공, 국제형사경찰기구

(Interpol)의 연락

㉢ 중요 또는 특이한 형사사건의 수사 활동, 경찰청 및 지방경찰의 요청을 받아 다른 경찰 관할 내에서의 수사 활동

㉣ 국가의 안전에 관한 범죄 및 외사범죄 등에 관한 수사 및 정보 수집·연락 등

② 다른 경찰기관에 대한 지원 업무

수도경찰은 다른 경찰기관에 대하여 다음과 같은 지원 업무도 수행한다.

㉠ 지명 수배자 및 도난품에 대한 특징을 기재한 경찰공보의 발행

㉡ 지방경찰의 요청에 따른 살인사건 수사 원조를 위한 출동

㉢ 런던시 경찰청과 합동으로 특별사기수사반을 편성하여 영국 전역에 걸친 주요 사기사건 수사에의 출동

(마) 조직

① 개요

㉠ 수도경찰의 조직은 행정관청이라는 관념보다는 치안 유지를 위하여 전적으로 집행권을 행사하는 경찰 특성이 많이 반영되어 있어, 순찰경찰의 배치·감독·사무 편리를 위하여 경찰서라는 파견소를 두고 있다.

㉡ 근무의 중점은 시내순찰에 있고, 우리의 파출소와 유사한 것으로서 미대사관 정문과 트라팔가 광장의 2개 출장소가 경비 임무를 위하여 예외적으로 있을 뿐이다.

㉢ 수도경찰청의 예산은 의회의 심의 없이 관청 내부에서 전적으로 결정한다. 또한, 경비 지출을 위하여 수도경찰기금이라고 하는 특별기금이 지방경찰채권, 국고지출금, 기타 수입으로 이루어져 있다.

② 본부 조직

㉠ 경찰청장

ⓐ 임명 : 전국의 고위 경찰간부나 민간인 중에서 내무부 장관의 요청으로 국왕이 임명한다.

ⓑ 지위 : 최고책임자로서 경찰에 관한 고유한 권한이나 위임받은 권한을 가지며, 선서함으로써 치안법관의 자격도 가진다. 또한 경찰청장은 내무부 장관의 관리 외에는 대외적으로 독립된 지위를 가진다.

㉡ 차장

경찰청장 유고시 그 직무를 대행하고 기율 및 감찰, 광역경찰서장의 감독, 행정관리 전반의 감독을 하며, 직속 참모로 감사관이 있다.

㉢ 수도경찰청 자문위원회(Metropolitan Police Committee)

런던 거주자 중 덕망 있는 인사 중에서 경찰청장이 위촉한다. 이들은 자문 기능을 하며, 지방경찰의 경찰위원회와 같은 경찰관리·통제를 하지는 못한다.

③ 내부 조직

외근·형사국, 기획국, 인사·교육국, 특별업무국을 두고 4명의 보좌관이 국장의 업무를 담당하고 각 국장은 내무부 장관의 추천으로 국왕이 임명한다.

㉠ 외근·형사국(Territorial Operations)

방범·보안·경비 등 정복경찰 분야와 형사경찰의 관리 운영, 각 광역경찰서의 교통 및 각 기능의 감독 업무 등을 담당한다.

㉡ 특별업무국(Specialist Operations)

영국 전역에 걸친 국가 안전 보장과 관련 있는 범죄 수사 및 정보 수집, 영국 왕실·각료·외국 귀빈 등의 보호, 귀화·여권·외국인·폭발물 및 총기 등 국가의 이해와 관계되는 사항의 조사, 외국 공관의 경계 및 출입 외국인의 내사 등을 담당하고 있다. 또한, 전국의 중앙기관으로서 범죄 기록이나 범죄 정보의 수집·관리, 지방경찰에게 정보 제공 및 감식 자료 제공, 국제형사경찰기구와의 연락 등도 행한다.

㉢ 기획국(Management Service)

기획국은 기획, 통계, 심사분석, 관리 지원, 대민 업무를 관장한다.

㉣ 인사·교육국(Personnel and Training)

인사교육국은 경찰 모집, 교육훈련, 인사 배치, 후생 관계 업무를 수행한다.

㉤ 기타

ⓐ 재무관 : 차장과 동일한 직위의 재무관(Receiver)이 경찰청장 직속으로 있어서 예산과 관리 등의 업무를 한다.

ⓑ 법률 자문실 : 업무 관련 변호사로서 경찰청 관계 법률사무를 담당하고 경찰관의 소송이나 기소 업무를 지원한다.

ⓒ 정책협의회 : 민간인으로 구성되어 있고 회사의 이사회 역할을 한다.

ⓓ 감찰국(Complaints Investigation Bureau) : 규율 위반 경찰관에 대한 조사를 행한다.

④ 하위조직

㉠ 광역경찰서

수도경찰청은 최근 종합지휘 통신 체계(C3I)를 도입·운영하면서 그 지역 특성과 효율성을 도모하기 위하여 관할구역을 3개 광역지역으로 나누어 각각 본부를 두고 보좌관급을 책임자로 하여 경찰청 외근·형사국의 소속으로 하고 있다.

광역경찰서는 주로 감독을 하므로 경찰관은 소수이다. 광역지역 밑에는 46개 관할이 있고 여기에 관할대장이 있는데, 각 광역지역마다 인구·치안 수요·업무량에 따라 구(區)와 동(洞)으로 나누고, 다시 통반(統班, Section)과 순찰구역(Beat)으로 나뉜다. 구와 동은 경찰 활동의 거점으로서 구경찰서, 광역파출소를 설치한다.

㉡ 경찰서

ⓐ 기능 : 경찰서는 영국 경찰사무의 중추기관이면서 직접 경찰사무를 집행하는 가장 주요한 조직으로서 국민에 대한 경찰사무의 처리, 사법 업무의 집행 장소뿐만 아니라 외근경찰관의 거점으로 출근시 점검·지시·휴게 등이 이루어진다. 특히 영국은 파출소가 없으므로 국민과의 접촉이 경찰서나 전화를 통하여 이루어진다.

ⓑ 조직 : 경찰서장을 중심으로 실무과, 수사과, 경무과가 있다.

(2) 런던시(市) 경찰청

(가) 개설

런던 시는 런던특별시의 중심부에 위치하고 금융·산업·문학·예술 등의 중심지이며, 독자적인 자치경찰로서 런던시 경찰청(City of London Police Force)을 두고 있다.

(나) 조직 및 관리기관

① 경찰청장

ⓐ 임명 : 런던시의회에서 임명하고 국왕의 승인을 얻는다.

ⓑ 지위 : 경찰청장에 해당하는 관직 이름인 Commissioner는 수도경찰청과 런던시경찰청장에게만 인정하며 선임에 특별한 절차를 취하는 지위이다. 따라서 수도경찰청장과 런던시경찰청장은 동일한 계급이며, 인선에서도 동격의 사람을 임명한다.

ⓒ 권한 : 경찰청장은 그 지휘를 받는 전 경찰관에 대한 임명권과 징계권이 있다.

② 경찰서

ⓐ 일선기관으로 총경급을 장(長)으로 하는 3개의 경찰서가 있다.

ⓑ 경찰서는 독립하여 직원을 징계하는 권한은 없으며, 정해진 업무 이외에는 런던 시 경찰청의 지휘를 받아 처리한다.

ⓒ 관할구역이 좁아 경찰서의 하부기관은 없다.

③ 런던시의회

ⓐ 런던 시 경찰의 관리권은 시의회 의원과 순회판사로 구성하는 런던시의회가 가지고 있다.

ⓑ 런던시의회는 입법기관인 동시에 집행기관으로 런던시의회 내의 경찰위원회를 통하여 경찰을 관리한다.

ⓒ 런던시의회의 권한으로는 경찰청장의 임명, 경찰 예산의 의결, 법률 집행에 필요한 규칙·조례의 제정 등이며, 실제 업무는 경찰청장이 행한다.

(다) 지방의회 및 지방경찰청과의 관계

① 지방의회와의 관계

ⓐ 지방의회는 경찰위원회 17명 중 9명을 선임하고, 지방치안관련 질의·답변을 요구할 수 있다

ⓑ 지방의회는 경찰의 지휘·운영에는 관여하지 못하며, 경찰청장에 대해서는 출석 요구를 할 수 없다.

② 수도경찰청과의 협력 관계

ⓐ 런던시경찰청과 수도경찰청은 긴밀히 협력하고 있으며, 수도경찰청의 관할 내에서는 같은 체포권을 가지고 있다.

ⓑ 런던시경찰청은 수도경찰청의 관할구역 내의 중심지에 있는 별개의 독립한 경찰이므로 런던시경찰청 직원은 수도경찰청 관할구역 내에서는 직

무를 행할 수 없다.

ⓒ 관할구역의 중첩에 따른 여러 부작용을 해결하기 위하여 경찰청 상호 간의 형사 파견, 순찰차의 특별 배차, 경찰 전화 통신의 공동 사용, 비상시의 상호 지원 등의 대책을 마련하고 있다.

(라) 런던시경찰청 및 수도경찰청 · 지방경찰의 예산

① 경찰 예산의 관리

경찰 예산은 시(市)에서 지출하고, 시청이 이를 관리하고 있다.

② 재원

일반세금과 기타 기부금 명목으로 교부하는 국고보조금으로 이루어지는데, 경찰보조금(Police Grant)이라고 하는 내무부 지원금 50%와 중앙정부 보조금 25%, 지방정부 주민세 25%로 구성된다.

③ 수도경찰청 · 지방경찰

지출액의 2분의 1을 정부에서 보조금으로 교부받는다.

④ 런던시경찰청

지출액의 3분의 1을 정부에서 보조금으로 받는다.

(3) **지방자치 경찰**(Provincial Police Force)

(가) 연혁

① 자치경찰 체제

영국에서는 경찰사무가 자치사무이고, 북아일랜드의 특수한 경우를 제외하고는 모든 지역의 경찰행정은 지방자치단체가 하는 이른바 자치경찰 체제이다 따라서 경찰관은 경찰직원이든 경찰청장이든 모두 지방자치단체가 임명하는 지방경찰관이다.

② 1946년 경찰법에 의한 지방경찰의 통합

㉠ 1946년 경찰법 이전

도(County) 밑에 시(Borough)가 있고, 시에는 특별시와 보통시가 있어 독립한 경찰조직을 가지고 있었다.

㉡ 1946년 경찰법 이후

시경찰이 도경찰에 합병되었고, 특별시 경찰은 도경찰과 통합하여 광역경찰만이 존재한다.

ⓒ 영국 경찰기관의 수

잉글랜드 · 웨일스에 43개, 스코틀랜드에 8개, 북아일랜드에 1개로 총 52개의 독립된 경찰기관으로 조직되어 있다.

③ 조직의 개요

㉠ 관리기관

지방경찰의 관리기관은 경찰위원회이다.

㉡ 최고책임자

지방경찰의 최고책임자는 내무부 장관의 동의를 얻어 경찰관리기관(경찰위원회)을 임명하는 경찰청장이고, 1개 이상의 경찰대의 최고책임자로 겸직할 수 있다.

ⓒ 차장 및 보좌관

경찰청장 밑에는 경찰청장의 궐위, 업무 정지 또는 부재 중 권한을 대행하는 차장이 1명 있는데, 차장은 경찰위원회에서 경찰청장의 의견을 반영하여 내무부 장관의 승인을 얻어 임명한다. 그리고 경찰대의 규모가 400명을 넘으면 1명의 보좌관을 두는데, 규모가 큰 경찰대에서는 여러 명의 보좌관을 둔다.

④ 영국의 경찰관리 · 통제 방식의 특징

㉠ 삼원 체제(tripartite system)

㉮ 기본 구조

영국의 경찰관리와 통제는 기본적으로 내무부 장관, 지방경찰위원회, 지방경찰청장의 삼원 체제를 취하고 있다.

㉯ 취지 및 근거

삼원 체제는 3자 사이에 권한과 책임을 분담하여 상호 견제 · 균형을 이루고, 민주성과 효율성을 동시에 확보하기 위해 1964년 경찰법을 근거로 성립한 것이다.

㉡ 내무부 장관

㉮ 역할

전국적 경찰 업무의 수행 및 경찰 업무의 통일성 유지를 위한 역할을 담당하며 이를 위하여 지방경찰위원 5명을 사실상 선발하고, 지방경찰청장 · 차장 임명의 승인 및 해임 요구, 예산의 50% 부담 및 이에 따른 감사, 치안 목표 설정과 달성도 평가 및 그에 따른 보조금 지급에의 반영, 연구·교육·기술·정보의 지원, 제반 규칙의 제정을 행한다.

㈏ 권한

ⓐ 경찰의 능률성 향상을 위한 권리 행사 기능을 한다.

ⓑ 능률성 향상을 위하여 경찰위원회에 특정 경찰청장을 퇴직시키도록 요구할 수 있다.

ⓒ 각 경찰청장에 대하여 특정 사안의 진상보고서 제출요구권을 갖는다.

ⓓ 매년 각 경찰의 활동 내역을 담은 연례보고서를 경찰청장들로부터 보고받는다.

ⓔ 각 경찰의 예산을 50% 지원한다.

ⓕ 경찰의 근무 조건·행정 등에 관한 규칙제정권을 갖는다.

ⓖ 공공의 안녕과 질서 유지를 위하여 필요한 경우 특정 경찰청장에 대하여 다른 경찰청을 원조하도록 지휘할 수 있다.

㉢ 경찰위원회

㈎ 역할

경찰위원회는 지역 주민의 대표로서 지방정부의 영향을 차단하여 경찰의 정치적 중립을 확보하는 데 기여한다. 경찰위원회는 독립법인체인 경찰관리기관으로서 경찰청장·차장에 대한 임명, 지방경찰청의 예산·재정을 총괄함으로써 경찰에 대한 감독·통제의 역할을 담당한다.

㈏ 구성

70세 미만의 연임 가능한 4년 임기의 17명의 위원으로 구성된다. 즉, 지방의회에서 선임한 지방의회 의원 9명, 치안법관위원회에서 선임한 치안법관 3명, 특별한 선발위원회에서 선발하거나 내무부 장관이 추천한 독립적 위원 5명으로 구성되며, 위원장은 위원 중에서 호선한다.

㈐ 권한

ⓐ 해당 지역 경찰의 적절하고 효율적인 경찰력의 확보를 위한 권한을 행사한다.

ⓑ 내무부 장관의 동의하에 경찰청장을 임명한다.

ⓒ 내무부 장관의 동의하에 건물·구조·토지 등을 경찰에 제공한다.

ⓓ 차량·장비·피복 등을 경찰에 제공한다.

ⓔ 매년 해당 지역 경찰청의 활동 내역을 담은 연례보고서를 제출받는다.

㉣ 지방경찰청장

㉮ 역할

지방경찰의 최고책임자로서 경찰 업무 수행시에 독자적이고 고유한 지휘·운영권을 보장받아 자율적으로 임무를 수행한다. 즉, 관할경찰을 지휘·운영하고, 누구의 관여도 받지 않는 독자적 지휘권을 가지며, 차장 이외의 모든 경찰에 대한 인사권을 가진다.

㉯ 임명

경찰위원회가 선임하고 내무부 장관의 승인을 얻어 임명한다.

㉰ 권한

ⓐ 해당 지역경찰을 지휘·통제한다.

ⓑ 매년 자신의 지휘하에 있는 경찰의 활동 내역을 담은 보고서를 내무부 장관과 경찰위원회에 제출한다.

ⓒ 특정 사안과 관련하여 내무부 장관과 경찰위원회로부터 보고 요구시 보고서를 제출한다.

(4) 중앙정부의 조정·통제

(가) 재정보조와 감사를 통한 통제

내무부에서 지방정부 예산의 50%를 부담하고, 이에 대하여 감사관실에서 합법성 및 합목적성에 대한 감사를 실시하며, 내무부가 제정한 국가 치안 목표의 달성도를 다음 해의 보조금 액수 산정에 반영한다.

내무부 장관은 지방경찰청장에게 경찰 및 치안과 관련된 특정 사안에 대한 보고 요구권이 있으며, 이에 지방경찰청장은 응하여야 하고 매년 종합적인 연례보고서를 제출할 의무가 있다.

(나) 인사를 통한 간접통제

내무부 장관이 지방경찰위원회 위원 중 5명을 실질적으로 선임하고, 지방경찰청장 및 차장의 임명에 대한 승인권, 수도경찰청장 및 경찰감사관 등 경찰 고위직 임명권 등에 의한 통제가 이루어진다.

(다) 행정입법을 통한 통제

내무부 장관이 전국 경찰의 인사·승진·교육·복무규율·복제·보수 등을 정하는 여러 규칙을 제정하여 전국적인 통일성을 유지한다.

(라) 교육 · 연구 · 정책 · 기술을 통한 통제

내무부 장관 직할 경찰참모대학에서 경감 이상 간부를 교육시키고, 치안연구소 및 정책국에서 경찰 관련 연구 및 정책 개발을 행하고, 경찰정보기술실 · 과학수사연구소 · 무선통신시설을 보유하여 지방경찰을 지원한다.

(5) 도(道)경찰(County Police)

(가) 개요

도경찰 업무에 대한 최고책임자로 임명되는 자는 도경찰청장이다. 따라서 도경찰은 도의회의 일부 위원회인 경찰위원회의 관리를 받고 경찰청장의 임명과 경찰 비용도 경찰위원회가 결정한다.

(나) 도경찰위원회

① 구성

도의회가 임명하는 도의원 3분의 2와 법원이 임명하는 치안법관 3분의 1로 이루어진다.

② 임무

관할구역 내의 충분한 경찰력의 확보 및 유지, 경찰의 시설 · 차량 · 장비 · 피복 · 기자재 등의 확보 및 유지를 주요 임무로 한다.

③ 권한

경찰청장 · 차장 · 보좌관을 내무부 장관 동의하에 임명하고, 내무부 장관의 동의로 경찰청 계급별 정원을 결정하며, 경찰 활동을 위한 건물 · 시설 · 장비 등을 제공할 의무가 있다.

(다) 도경찰청장

① 지위

경찰위원회가 결정하여 내무부 장관의 승인을 얻어 임명하고, 일단 임명된 경찰청장은 경찰위원회의 간섭을 받지 아니하고 독립하여 경찰 업무를 수행한다.

② 권한

도경찰청장은 특별시 경찰청장에 비하여 광범위한 권한을 갖는다. 특히 직원의 임명, 상벌에 관하여는 거의 독자적인 권한을 갖는다.

(라) 도경찰의 지방조직

① 광역경찰서 또는 경찰서

경찰이 아주 작은 경우를 제외하고는 보통 관내를 수개의 광역구(廣域區)나 구(區)로 나누어 이에 총경 또는 경정을 장으로 하는 광역경찰서나 경찰서를 둔다.

② 파출소(Section)

광역경찰서와 경찰서는 다시 경사가 장인 파출소를 갖는데, 이 때의 파출소는 순찰구역(Beat)의 집합에 불과하기 때문에 우리 나라와 같은 파출소는 아니다. 다만, 농촌에서는 몇 명의 순경이 파견된 출장소를 감독하는 곳이기도 하다.

(6) **광역경찰**(Combined Police Force)

(가) 개요

1946년 경찰법으로 창설하여 지금은 광역계획에 따라 광역지역을 관할한다. 도와 도 또는 도와 이전의 특별시의 경찰 업무를 단일 조직으로 통합하여 광역에 걸치는 지역을 관할한다.

(나) 취지

교통·통신의 발달, 범죄의 광역화에 따라 이에 대처하는 경찰의 관할구역은 클수록 활동에 편리하고 능률도 향상되지만, 자치제 경찰을 근본 원칙으로 하는 영국에서는 자치단체가 가지고 있는 경찰권을 박탈하는 것은 자치권 박탈의 의미로 받아들일 수 있다. 따라서 양자의 조화를 목적으로 통합의 기준을 인구 10만 명 미만에 두고 자치 업무 가운데 경찰만을 통합할 필요성에서 비롯된 것이다.

(다) 합병의 방식

광역경찰은 관계 자치단체 간 임의의 협의를 통하여 합병하는 경우와 내무부 장관이 공익상 특별히 필요가 있다고 인정하여 명령을 발하여 강제적으로 합병하는 경우로 나뉜다.

(라) 광역경찰의 특징

① 광역경찰은 대부분 도경찰의 성격을 가지며 본부 및 관내의 광역경찰서, 경찰서의 배치, 경찰시설, 경찰관의 활동 등도 도경찰과 같다.

② 경찰관리자인 경찰위원회에는 차이가 있는데, 광역경찰의 관리자는 광역경찰위원회(Combined Police Authority)라고 하고, 도경찰의 경우는 도경찰위원회라고 한다.

③ 광역경찰위원회는 광역경찰을 구성하는 도경찰위원회가 선출하는 위원으로 구성한다. 광역경찰위원회는 도의회 의원 3분의 2, 치안법관 3분의 1로 구성한다.

④ 경찰위원회의 권한은 광역경찰이 도경찰의 성격을 가지는 경우에는 강하고, 경찰예산도 경찰위원회가 결정한다. 광역경찰을 구성하는 도에서 종전의 경찰위원회가 그대로 존속하는 경우도 있는데, 이 경찰위원회는 직접적으로 경찰을 관리하지 않지만 광역경찰 관리자를 구성하는 위원을 선출하는 모체가 될 뿐만 아니라 광역경찰위원회로부터 위임된 지정 사항에 대하여 허가권을 갖는다.

(7) 기타 경찰 관련 기관

(가) 내무부(Home Office)

① 영국에서 경찰 및 범죄 관련 업무는 내무부의 관할로 정책·교육·목표 수립 및 평가 등 전국적 경찰 업무의 효율성 향상을 위한 기능을 수행한다.

② 구체적으로 내무부는 법률과 질서의 유지, 경찰 업무, 소년범을 포함한 범법자의 처리, 보호 관찰 업무, 치안법원의 조직, 형사재판에 관한 법안 작성 등의 치안 관련 업무를 담당한다.

③ 내무부의 경찰 업무는 '경찰 및 범죄예방국'에서 담당한다. 실무를 담당하는 '국장'과 기본계획·범죄·경찰 지원을 위한 업무를 담당하는 '경찰 및 대형범죄 담당과장'이 있다. 또한, 전국적인 통일과 지방자치단체의 재원 부족을 이유로 내무부가 관리하는 부속기관이 있다.

④ 경찰에 대한 지원 및 통제

㉠ 전국적 경찰사무의 효율적 수행

내무부는 전국적 경찰사무의 수행 및 경찰 업무의 효율화를 도모하기 위

[표 3-2-1] 내무부 산하 경찰 및 범죄예방국 조직

경찰 및 범죄예방국	국 장	제1계 감사관실
		제2계 기획계
		제3계 경찰실무 및 과학기술운영계
		제4계 과학기술계
	경찰·대형범죄 담당과장	제5계 기본계획
		제6계 범죄와 반질서행위예방계
		제7계 범죄감소계획계
		제8계 약물방지과
		제9계 경찰장비계
		제10계 경찰지도 및 권한담당계
		제11계 경찰과학 발전계
		제12계 국립경찰 훈련계
		제13계 경비업 및 경찰법안팀

해 지방경찰을 다음과 같이 지원·조정·통제하고 있다.

ⓐ 지방경찰청장·차장 임명 승인
ⓑ 지방경찰 예산의 50% 지원
ⓒ 지방경찰 간부 교육
ⓓ 치안 목표 시달 및 감사 결과를 보조금 지급에 반영
ⓔ 지방경찰위원 중 5명의 사실상 선발
ⓕ 과학수사연구소 및 경찰연구 기능 운영 등

㉡ 지방경찰에 대한 간접 관리자

내무부는 지방경찰에 대한 간접 관리자로서 다음과 같은 권한을 갖는다.

ⓐ 경찰의 조직·경무 등 여러 방면의 경찰규칙 제정권
ⓑ 각종 경찰 업무에 관한 승인
ⓒ 지방경찰에 대한 국고보조금 지급
ⓓ 개개의 사건에서 지방경찰에 대한 원조
ⓔ 국내 치안을 위한 병력 지원 요구권

㉢ 경찰감사실의 운용

ⓐ 내무부는 경찰에 대한 관리를 위하여 자문기관으로서 경찰감사실을 운용하고 있는데, 이는 1960년대 국가경찰위원회 보고서에 따라 설치된 것이다.

ⓑ 경찰감사실은 경찰감사관, 수석감사관 및 4명의 지방감사관으로 구성된다.

ⓒ 경찰감사관은 매년 1회씩 정기감사를 실시하여 연례보고서를 작성하여 내무부 장관에게 보고하고 의회에 제출한다. 이 때 이 보고서가 지방경찰에 대한 국고보조금 지급 기준이 된다. 또한 수시로 자기가 담당하는 경찰기관과 연락을 유지하면서 감사 및 권고 활동을 실시한다.

(나) 중앙범죄정보국(National Criminal Intelligence Service : NCIS)

① 연혁

1992년 4월에 전문화하는 범죄에 대처하고 영국 내의 주요한 범죄자를 체포하여 범죄 예방을 위한 범죄 정보를 가진 전국적 규모의 범죄 정보기관이다.

② 주요 업무

㉠ 범죄 정보를 분류·처리하고 방향을 제공해 주며, 주요한 범죄를 분석하여 국내와 외국에서 법집행기관이나 기타 기관의 활동을 지원한다.

㉡ 중앙범죄정보국이 처리하는 정보는 영국의 중대 범죄를 수사하는 데 중요한 역할을 하고, 다른 나라의 경찰을 지원하는 데도 사용한다.

㉢ 중앙범죄정보국은 마약, 돈 세탁 및 조직범죄뿐만 아니라 아동 학대, 운동 경기의 난동 등 다양한 범법자에 대한 정보를 취급하고 있다.

③ 조직

독립된 관리위원회인 중앙범죄정보국 관리위원회 밑에 국장·차장·부장들과 각 지방 지부를 두고, 국가수사기구로서 내무부 장관·관리위원회·중앙범죄정보국장의 삼원 체제를 이루고 있다. 주요 부서로서 본부(Headquarters division), 국내부(United Kingdom division), 국제부(International division), 서무부(Resources division)가 있다.

(다) 중앙범죄수사국(National Crime Squad Service : NCS)

① 연혁 및 주요 업무

중앙범죄수사국은 1997년 경찰법에 따라 1998년 4월 1일부터 성립하였다. 중앙범죄수사국은 1992년에 성립한 중앙범죄정보국(NCIS)과 함께 미국연방수사국(FBI)과 같은 중앙의 수사기구로서 자치경찰의 단점인 국가적·사회적 범죄나 국제적 범죄에 대한 대처 능력을 보완하는 기능을 한다.

② 조직

내무부 장관, 중앙범죄수사국 관리위원회, 중앙범죄수사국장의 삼원 체제를 이루고 있으며, 독립한 관리위원회 밑에 수사국장과 지부가 있다.

본부는 런던에 있고 지역적으로 동부·북부·서부의 지부가 있으며, 런던·웨이크필드·브리스톨에 각각 위치하면서 각각의 지부장이 지휘한다.

(라) 특별시경찰(County Borough Police)

1970년 지방 제도 개혁 이전에는 도와 대립하는 상급 지방단체로 특별시를 두고 있었다. 하지만 1972년 지방자치법에 의하여 특별시 제도가 폐지됨에 따라 특별시경찰도 소멸하여 현재는 자치경찰로는 도경찰과 광역경찰만이 존재한다.

(마) 특별경찰 제도

잉글랜드와 웨일스는 특수 목적 수행을 위하여 군대, 철도, 대학, 항만, 하천, 민간 항공, 공원에서 일정한 경찰권을 행사한다.

(바) 예비경찰

① 특별예비경찰(Special Constabulary)

㉠ 전쟁 또는 대재난과 같은 국가·지방 비상 사태가 발생하여 통상의 경찰력만으로 치안을 유지하기 어려운 경우에 소집할 수 있도록 하는 상근 유급 특별경찰이다.

㉡ 이들은 치안법관에게 선서함으로써 신분이 발생하고, 사태 발생으로 소집한 경우 급료를 받는다.

㉢ 일부는 전직 경찰관으로 구성된다.

㉣ 소집되어 임무를 수행하는 경우 경찰관과 동일한 권한을 갖는다.

㉤ 범죄 예방 및 검거, 민경 친선의 역할을 한다.

② 경찰후보생(Police Cadets)

1964년 경찰후보생법 제정 이후 대부분의 경찰기관에서 모집된 것으로

[표 3-2-2] 잉글랜드와 웨일스의 특별경찰

구분	내용
군대 및 원자력위원회 경찰	• 군대 및 원자력위원회의 소유나 특별구역 및 군대의 군사 목적이나 그 목적 수행과 관련하여 사용하는 지역과 15마일 이내의 구역을 관할 • 육군최고회의, 해군본부, 공군최고회의 및 원자력 위원회의 지명으로 임명 • 임명기관이 배타적으로 관리하고 경찰관을 정직하거나 해직할 수 있음.
철도경찰	• 운수위원회의 소유 및 임차중인 철도 · 항만 · 수로 · 정류장 · 방파제 · 호텔 · 공장 및 그 인접 지역 관할 • 운수위원회의 요청으로 치안법관이 임명
운하 및 하천경찰	• 운하 및 하천, 이에 소속한 공장 또는 위 회사에 소속한 철도 · 궤도 · 방파제 · 수문 · 육영시설 및 인접 4분의 1 마일 이내의 지역을 관할 • 하천경영 회사관리위원회 등의 신청으로 치안법관이 임명하고, 치안법관이나 추천자는 경찰관을 면직할 수 있음. • 경찰관에 대한 봉급 기타 비용은 회사가 부담
타인강 경찰	• 타인강과 그 연안을 관할 • 관리기관은 타인강개발위원회이나 실제로는 그 밑의 경찰위원회에 모든 권한을 위임 • 최고책임자는 경찰국장
항만경찰	• 부두, 운하, 다리, 철도와 공장이나 토지 및 인접 1마일 이내 지역을 관할 • 런던항만경찰과 전국항만경찰로 아루어지며, 전자는 런던항만관리청이 임명하고, 후자는 치안법관이 임명
민간항공경찰	• 교통부 장관 관할구역 내에서 민간항공 관련 경찰 임무 수행 • 교통부 장관의 추천으로 치안법관이 임명 • 교통부 장관은 경찰을 전속 지휘하고 정직하거나 면직할 수 있음.
대학경찰	• 대학 구내 및 인접 4마일 이내를 관할 • 대학법에 의하여 대학총장(부총장)이 임명 · 면직
공원경찰	• 공중위생법이 정한 공원과 유원지를 관할 • 지방자치단체가 소속 직원을 공원관리 목적으로 경찰관으로 임명

서 장래 경찰관으로 훈련을 받고 경찰직에 대한 이해와 현실 체험을 가지게 하는 목적으로 설립한 것이다. 그러나 경찰관과 같은 체포 권한은 없다.

3) 스코틀랜드 경찰

(1) 개요

스코틀랜드에서는 스코틀랜드부가 경찰을 포함한 업무를 총괄한다. 스코틀랜드에서는 보안관이 전통적인 치안법관으로 계속 유지되고 있으나, 치안법관 제도가 충분히 발달하지 않았다.

(2) 조직

① 스코틀랜드에서는 현재 8개의 지방경찰청이 있으며 자치제 경찰이다.

② 경찰의 관리 방식, 중앙과 지방경찰의 관계, 경찰의 권한 활동은 거의 잉글랜드·웨일스와 비슷하다.

③ 경찰청장은 경찰관리 기관인 경찰위원회가 내무부 장관의 동의를 얻어 임명하고 경찰청장은 경찰의 운영에 책임을 지고 부장급의 보좌관의 임명·승진 권한을 가지며, 경찰청장의 부재·유고시는 차장이 권한을 대행한다.

④ 경찰청장은 관할지역의 경찰 임무 수행을 위해서 필요한 경우에 다른 경찰청의 지원을 요청할 수 있고, 경찰 운영에 관하여 내무부 장관 및 경찰관리 기관에 연례보고를 할 의무를 진다.

4) 북아일랜드 경찰

(1) 개요

북아일랜드는 아일랜드의 독립 후에도 영국령으로 있으면서 신구 교도 간의 분쟁이 계속되고 있고, 지하조직인 북아일랜드공화국군(IRA)이 각종 테러를 계속하여 치안 유지에 어려움이 많다. 이러한 치안 유지에 대처하기 위하여 내무부 장관 직속의 강력한 국가경찰을 가지고 있다.

(2) 조직

① 1949년 아일랜드 공화국 독립에 따라 왕립얼스터경찰청(Royal Ulster Constabulary: R.U.C.)이 설치되어 오늘에 이르고 있다.

② 북아일랜드 경찰은 내무부 직속의 국가경찰로서 전통에 따라 일반적인 업무와 관할 내외에서의 무장 반란과 폭동의 진압 업무를 함께 하는 헌병대 조직을 가지고 있다.

③ 특수 상황에 대응하기 위하여 정규 경찰조직 이외에 유사시를 대비한 보조경찰 조직인 왕립얼스터예비경찰(Royal Ulster Constabulary Reserve)이 있다. 이들은 북아일랜드 경찰청장의 지휘와 감독을 받는 비상근 직원

이다.

5) 경찰 관련 법령과 주요 경찰 업무

(1) 경찰 관련 법령

① 경찰의 업무에 관한 경찰법(Police Act)으로는 1946년과 1964년의 신경찰법과 1984년의 경찰 및 형사증거법이 있다. 제2차 세계대전 이후에 영국경찰 제도에 대한 재검토가 이루어져 1946년 경찰에 관한 2개 법안을 통하여 지방경찰을 통합함으로써 광역경찰화와 스코틀랜드 경찰의 개혁이 이루어졌다. 1964년 경찰법을 통하여 중앙범죄정보국(NCIS)과 중앙범죄수사국(NCS)의 양대 국가 수사기구를 창설하였다.

② 수도경찰법(Metropolitan Police Act)은 1829년과 1839년에 제정되었다. 1829년의 경찰법에 따라 최초의 근대 경찰인 수도런던경찰청이 창설되었다. 1839년에도 여러 내용을 재조직하였으며, 수도경찰과 관련하여 1998년 런던지방자치법이 통과하여 2000년부터는 새로운 자치체 경찰로 발전하고 있다.

③ 1994년에는 경찰 및 치안법관법(Police and Magistrates's Courts Act)과 형사사법 및 공공질서법(Criminal Justice and Public Order Act)을 통하여 경찰의 중요한 영역에서 확대된 권한을 가지게 되었다.

④ 경찰연금법(Police Pensions Act)이 1936년과 1948년에 있었다.

⑤ 지방경찰을 위한 도 및 특별시 경찰법(County and Borough Police Act)이 1919년에, 특별경찰을 위한 특별경찰법(Special Constables Act)이 1923년에, 총포・도검류단속법(Firearm Act)이 1943년에 각각 제정되었다.

(2) 주요 경찰 업무

영국은 중앙정부와 지방정부가 각각 그 기능을 분담하고 있다. 중앙정부가 행하는 국가치안 업무는 내무부를 통하여 이루어진다. 내무부의 기능은 국가질서법 관련 업무를 총괄하는 부서로 경찰 업무의 효율성을 향상시키고, 효과적 범죄예방책 및 피해자 보호 등 치안 업무를 수행한다.

지방경찰이 수행하는 업무는 방범・경비・교통・수사 등 법질서를 지키고, 범죄를 예방하고, 범죄자를 추적・체포하고, 증거를 수집하며, 주민들을 보호하고 도와 주는 광의의 실질적 경찰 업무이다.

(가) 행정경찰과 사법경찰의 일원화

영국에서는 독일과 프랑스에서와 같은 사법경찰에 관한 문제들이 존재하지 않는다. 영국에서는 행정경찰과 사법경찰의 구별이 이론적으로도 존재하지 않으며 범죄수사라고 하는 사법경찰 작용도 본래적으로 경찰 기능에 포함하고 있다.

(나) 경찰의 업무

독립한 공무 수행자인 경찰관은 ① 법과 질서의 유지 및 국민의 생명과 재산의 보호, ② 범죄의 예방, ③ 범인의 추적·검거, ④ 피의자에 대한 기소·불기소의 결정, ⑤ 도로 교통에 대한 통제 및 지방정부에게 도로 교통 문제에 대한 조언, ⑥ 국민에 대한 긴급구조업무 등을 일반적으로 수행하고 있다.

(다) 제한된 경찰의 권한

영국 경찰의 업무 범위는 협소하다. 이것은 독일·프랑스 등의 대륙법계 국가가 방대한 권한을 가지는 것과 차이가 있다. 영국 경찰은 규칙을 제정하는 권한이 없고, 구류 및 과료의 즉결처분권이 없다. 따라서 행정상 처분권까지도 거의 없는 집행기관에 불과하다.

(3) 형사기소

① 1985년 이전에는 경찰이 소추를 하는 것이 보통이었고, 경찰은 범죄수사에서 모든 책임을 지고, 소수의 중대한 사건에 대해서만 검사가 기소하는 것을 제외하고는 기소 역시 경찰이 담당하였다. 1985년 범죄기소법에 의하여 국립검찰청이 창설하여 경찰이 범죄 수사로 입건한 자에 대한 기소를 전담하고 있다.

② 경찰은 범죄수사권과 수사종결권을 가지는데, 여기서 수사종결권은 수사에 대하여 최종적으로 검사에게 사건을 보내 기소할 것인지의 여부를 결정하는 권한을 말한다.

③ 현재 검사는 경찰이 수사한 범죄의 소추기관으로서만 존재하고 독일·프랑스처럼 수사상의 주도적 지위를 가지는 지위는 존재하지 않고, 전문적

인 법률 대변인의 지위를 갖고 있으며, 검사가 직접 수사에 종사하는 것은 극히 한정된 경우에 지나지 않는다.

(4) 범죄수사 절차

① 체포에는 영장으로 하는 체포와 영장으로 하지 않는 약식 체포의 두 종류가 있다.

② 체포된 피의자는 경찰 유치장에 수감한다. 치안법원이 피의자 출두의 가능성, 기타의 범죄를 범할 염려 등을 고려하여 보석을 허락하지 않는 한 피의자는 구류된다.

③ 범죄 사실 고지는 범죄에 대하여 소추가 될 수 있다는 취지를 경찰관이 피의자에 대하여 고지하는 것을 말하고, 피의자가 영장에 의하지 않고 체포된 경우는 기소된 범죄 사실의 내용 및 묵비권에 대하여 경고 등을 기재한 서면을 교부한다.

(5) 사법경찰의 지위

구 분	사법경찰	검 사
잉글랜드 · 웨일스	수사 주재자–수사 종결권자	수사 주재자–공소 제기권, 예외적 범죄수사권
스코틀랜드 · 북아일랜드	수사 보조자	수사 주재자
상호 관계	• 잉글랜드와 웨일스–상호 협력 관계 (단, 법률 자문 · 중죄의 수사 상황 보고의 의무는 있음.) • 스코틀랜드, 북아일랜드–명령 복종 관계 (범죄 발생 보고 의무, 검사 지시 복종 의무)	
사법경찰의 지위	• 독자적 수사권 보유, 기소 여부를 결정하기 위한 수사 종결권 (잉글랜드, 웨일스) ⇒ 예외적으로 경찰관에 대한 고소사건 수사에서 검사명령 복종 의무, 법무 장관 또는 검찰총장에게 관할지역 내 범죄정보, 체포 후 즉시 치안판사에게 인치 의무 • 수사 보조자(스코틀랜드, 북아일랜드)	

6) 기 타

(1) 경찰 계급

영국의 경찰 계급은 경찰청장, 총경, 경위, 경사, 순경을 기본으로 한다. 하지만 지방자치단체마다 책임이나 관할의 차이로 필요한 중간 계급, 보좌관, 경정, 경감을 추가하고 있다.

(2) 교육기관

영국의 경찰교육은 내무부 소속의 경찰대학이 있어 여기에서 경찰고위간부의 교육 및 전국 비간부 경찰관 중 일부를 선출하여 양성하고 있다.

(3) 경찰 이익대변기관

경찰조직과 경찰관의 복지·근무 조건 등 경찰 운영에 관한 경찰 이익을 대변하는 기관으로서 경찰협회, 경찰간부협회, 경찰협의회, 경찰자문위원회 등이 있다.

〈영국 경찰의 중앙통제장치 강화〉

(1) 영국은 시민들의 자유 제한에 대한 두려움을 불식시키기 위해서 초기의 경찰 제도는 경찰력의 제한과 지방적 통제를 강조한 분권적인 것이었다. 그러나 경찰기관 간의 통일성의 부족 등 비효율을 극복하기 위하여 내무부 장관의 자치경찰에 대한 감독권과 통제권을 강화하고, 전문화하는 범죄에 효과적으로 대처하기 위하여 내무부 소속으로 중앙범죄정보국을 창설하는 등 중앙통제 장치를 강화하고 있다.

(2) 영국은 외형적으로는 자치경찰을 운영함으로써 주민의 참여와 치안 서비스의 확대를 도모하는 동시에, 실질적으로는 중앙통제 장치를 강화함으로써 민주성과 효율성을 동시에 추구하는 절충적인 입장을 보이고 있다. 그러한 현상은 특히 수도경찰청의 지방자치경찰화와 2개의 국가수사기구의 창설을 통하여 분명히 드러나고 있다.

제 2 절 미국 경찰

1 미국 경찰의 역사

1) 식민지 시대와 독립 초기의 경찰

(1) 영국의 영향

미국의 경찰은 영국의 경찰 제도(치안관과 보안관 제도)가 각 지방 나름대로 도입되면서 시작되었다.

미국은 영국을 비롯한 유럽의 여러 나라에서 이주한 사람들이 신대륙에 정착·개척하면서, 식민지 정책을 강요하는 영국과의 독립을 위한 투쟁을 거쳐서 창설된 국가이다.

정치나 행정 제도도 이민자들의 본국인 유럽의 여러 나라의 제도를 기초로 하여 발달하였고, 미국 경찰 제도는 영국 경찰 제도가 각 지방 나름대로 도입되면서 시작되었다.

(2) 작은 정부 지향 사상

미국은 전통적으로 작은 정부를 선호하고 분권적인 지방정부를 선호한다. 로크(J. Locke) 등의 영향을 받은 제퍼슨(T. Jefferson)은 "지방정부는 빈곤한 자의 보호, 도로의 관리, 경찰, 경미한 사건에 관한 사법행정, 시민군의 기본 훈련 등 강력한 권한을 행사하여야 한다"고 하여 미국의 지방자치 제도와 더불어 경찰 제도에도 영향을 미쳤다.

오늘날 미국의 경찰이 고도로 분권화된 체제를 갖추게 된 것은 강력한 중앙정부에 의하여 시민의 자유와 권리가 침해당할 것을 우려한 미국인들의 작은 정부(little Republics) 지향 사상에 기인한다.

(3) 자연적 환경의 영향

(가) 북부 지역－치안관 제도

초기 북부 지역에서는 거주자들에 대한 인디언의 공격 등 외부적 침입에 대한 효과적 방어를 하기 위하여 특정 지역에 마을(Town)을 형성하고, 마을에서는 영국의 도시경찰과 같은 치안관(Constable)이나 야경꾼(Watchman)이 치안을 담당하였다. 마을이 산업혁명 과정을 거치면서 인구가 증가하고 기능이 복잡해진 도시로 발전함에 따라 치안관이나 야경꾼이 체계화된 조직을 정비하면서 도시경찰(City police)로 발전하였다.

(나) 남부 농촌 지역－보안관 제도

군정부(county government)가 지방정부의 주요 단위였으며, 영국의 보안관(Sheriff)이 시골 지역에서 기본적인 법집행관(law enforcement official)으로서 임무를 수행한 것처럼, 카운티(County)를 관할하는 보안관이 기본적인 법집행관으로서 농촌 지역에서 경찰 기능을 담당하였다.

(다) 서부 지역

서부 지역에서는 동부나 남부에서 이주해 온 사람들이 출신지의 지역적 특성에 따른 제도를 도입하였다. 제도가 혼합되어 발달하였다. 그래서 동부나 북부 도시 지역 출신들의 경우는 치안관이나 타운 마셜(Town Marshal), 남부 지역 출신자들과 광활한 농촌 지역 출신들은 카운티 보안관(County Sheriff)과 같은 경찰을 두었다.

(4) 독립 초기의 경찰

(가) 미국 도시경찰의 시초

보스턴 시의 야경 제도(fight watch system)가 1636년에 시작되었으며, 1658년에 뉴욕 시, 1700년에 필라델피아에서도 비슷한 조직을 갖추었다.

(나) 미국 독립 이후 1790년대까지의 뉴욕 경찰 개혁

미국은 독립 후에 새로운 경찰 제도를 도입하였다. 이러한 영국식 경찰이 점차 개혁되어 1790년대까지 뉴욕에서는 시장, 상급 치안관(High Constable), 치안관(Constable), 마셜(Marsha1), 야경원(Nightman)으로 구성되는 새로운 경찰 제도가 성립하였다.

(다) 연방보안관과 연방지방검사

연방정부도 연방보안관(U. S. Marshal)을 각 주에 1명씩 임명하였고, 각

주에 1명씩 연방지방검사를 두어 연방법 위반을 소추하게 하였다.

(라) 주 군인경찰

이 때 주지사의 지휘·감독하에 있던 민간방위대도 주의 군인경찰(State Militia)이 되었다.

2) 근대 경찰의 창설

(1) 보스턴 등 근대 경찰의 탄생

(가) 근대 경찰로의 개혁

1830년대에서 1840년대의 급속한 산업혁명(1830~1840년)으로 도시화, 산업화 및 새로운 이민의 증가로 인구가 증가하여 범죄에 대하여도 종래의 경찰 제도로는 치안을 유지하기 어렵게 되어 치안관, 보안관, 야경원만으로 대처할 수 없게 되었다.

1838년에 보스턴 시 경찰, 1844년에 뉴욕 시 경찰, 1833년과 1848년에 필라델피아 경찰이 근대적 경찰로 개혁하는 등 미국의 대도시에 경찰개혁이 시작되었다.

(나) 보스턴 시

오늘날 도시경찰의 원형이라고 할 수 있는 시보안관(City Marshal) 제도가 탄생하였고, 밑에 9인의 경찰관리를 임명하여, 이들에게 치안관과 같은 권한이 주어졌고, 이후에 30명으로 보강하였으며, 다시 보스턴 시 경찰국(Boston City Police Department)이 탄생하였다.

이 때에 최초의 제복 경찰관도 등장하였다.

(2) 민간경비의 시초

서부 개척 당시는 민간방범대(Vigilance Committee), 보안관(Sheriff) 등과 함께 역마차나 철도를 통한 금괴나 현금을 보호하기 위한 경호·경비를 전담하는 경비회사가 생겨나, 오늘날 미국 민간경비의 시초가 되었다.

3) 경찰개혁과 발전

(1) 주(州) 경찰기관 설립

19세기의 미국 경찰은 비전문적이고 지나친 분권화와 정치적 영향 등으로 효과적인 범죄에 대한 대처가 불가능하고 부패와 비능률이 지배하였다. 이에 대한 반성으로 각주별 경찰을 재조직하여 주경찰기관을 설립하였는데 텍사스 레인저(Texas Ranger, 1835), 매사추세츠 지구 경찰(Massachusetts District Police, 1865) 펜실베이니아 주 경찰대(Pennsylvania State Constabulary, 1905), 등 주(州) 경찰기관을 설립하였고, 점차 다른 주에서 주경찰을 보유하게 되었다. 이러한 경찰기관은 주지사 밑에 경찰위원회를 두어 이 경찰위원회로 하여금 경찰을 지휘・감독하게 한 반면, 펜실베이니아 주 경찰기관은 주지사 직속으로 직접 주지사의 지휘・감독을 받도록 하였다.

(2) 연방범죄수사국 창설

일반 치안 유지는 주(州)의 임무로서 자치단체가 담당하였으며, 주(州)간 통상이나 화폐 위조, 도량형 표준화, 우편 사무의 증가 등에 의한 연방경찰의 필요성으로 1935년에 연방수사국(FBI)이 창설되었다.

(3) 정치적 시대(1840~1920년대)

19세기의 미국 경찰은 비전문적이었고, 정치와 경찰의 강한 유착 등 부패와 비능률이 지배하고 있어서 여러 가지 경찰개혁이 주장되었으나 별다른 성과가 없었고, 지나친 지방분권화와 정치적 영향으로 효과적인 범죄 대처가 불가능하게 되었다.

(4) 경찰의 개혁(전문 직업경찰 시대; 1920~1970)

(가) 경찰 업무의 혁신과 전문직화

20세기 초에는 미국 사회의 혁신운동과 함께 '경찰로부터 정치의 분리와 정치로부터 경찰의 분리'를 기본 목표로 경찰의 전문직화(police professionalism)가 주장되었다.

① '준법 및 법집행에 대한 실태조사위원회(The National Commission on Law Observation and Enforcement」, 위커샴위원회)'의 보고서(1931) 경찰에 대한 정치적 간섭의 배제, 경찰 채용의 기준 강화, 근무 조건의 개

〈FBI와 후버〉

(1) 1924년부터 1972년 사망시까지 FBI 국장으로 재직한 후버(J. Edgar Hoover)는 파머(Palmer) 법무부 장관이 실시한 공산주의 용의자 수색 활동에 공로가 인정되어 29세에 연방수사국장이 되어 정보원을 충원하여 훈련하고 범죄 수사에 새로운 과학적 기법을 도입하여 정착시켰다.
(2) 구호, 일단 '공산주의자 공포'가 사라지자 업무의 수행 범위가 더욱 한정적이게 되고, 연방수사국이 할 일이 별도 없다는 것이 문제가 되었다. 1932년 미국의 신문들은 아마도 연방수사국이 폐지되고 후버는 해직될 것이라고 하였다.
(3) 그러나 1932년 린드버그 II세 납치사건이 발생하자 납치범 추적 임무가 연방수사국에 부여되었다. 캔자스 시의 학살사건은 1933년 우편물 절도범을 캔자스 시의 유니온 역으로 호송하던 5인의 연방수사국 직원과 지방경찰관이 깡패들에 의하여 희생되는 사건이 발생하였다. 이 때 후버는 이를 기화로 삼아 연방수사국의 위상과 명성을 높이는 계기를 만들었다. 많은 국민적 지지를 얻은 후버는 의회를 통하여 1934년 FBI에 엄청난 권한을 부여하게 된다.
(4) 즉, 그 권한은 국립은행에 대한 강도, 주간경계를 벗어난 피고 및 증인의 탈주사건, 연방 공무원에 대한 협박행위, 주간 교역 종사자의 밀매매행위, 주간 경계를 벗어난 장물 수송사건, 연방공무원 공무집행 방해행위 등 신종 범죄가 수사국의 관할하에 들어오게 되었다.

선, 교육의 강화 등을 제안

② 윌슨(O. W. Wilson)

경찰의 조직구조, 자동차를 이용한 순찰 운용, 1인 순찰제, 시민 신고에 대한 즉응 체제, 주기적인 담당 구역 변경, 무선통신의 효율성을 통한 경찰 업무의 혁신화, 전문 직업경찰 제도화를 주장

③ 볼머(August Vollmer)

㉠ 경찰은 정치로부터 독립되어야 한다.

㉡ 경찰관은 잘 훈련되고 체계적으로 조직화되어야 한다.

㉢ 법은 공평하게 집행되어야 한다.

㉣ 경찰은 과학 기술을 적극적으로 수용하여야 한다.

㉤ 실적주의에 의한 인사 운용이 기본이다.

㉥ 경찰은 기본으로 범죄 척결자(Crime Fighter)로서의 역할을 하여야 한다.

(나) 적법 절차의 요구 등

연방대법원은 인권의 보호 차원에서 경찰관 직무 집행시에 적법 절차(due process of law)를 요구하고, 명백한 증거에 의해서만 처벌을 받는다는 증거 법칙도 채택되었다. 우리에게 익숙한 형사소송법의 증거 법칙도 바로 이 시기에 나타난 것들이다.

㉠ 1914년 윅스(Weeks) 판결
㉡ 1943년 맥납(McNabb) 판결
㉢ 1957년 맬로리(Mallory) 판결
㉣ 1951년 맵(Mapp) 판결
㉤ 1964년 에스코베도(Escobedo) 판결
㉥ 1956년 미란다(Miranda) 판결

(다) 연방과 주의 경찰 제도 조화

이후에도 경찰의 조직과 업무에 대한 여러 위원회의 여러 연구기관의 조사연구에 의한 개선 노력과 법집행원조청(Law Enforcement Assistance Administration: LEAA)을 통한 경찰기관에의 자금 지원, 경찰 개선을 위한 조사연구, 경찰 관련 교육 지원 등의 정부의 지원을 통하여 지방자치경찰을 기본으로 연방경찰과 주의 경찰 제도가 조화를 모색하고 있다.

(5) 전문 직업경찰 시대의 한계 극복과 지역사회 경찰 활동의 대두 (1970년대 이후)

(가) 배경

기존의 전문화된 직업경찰 제도가 경찰의 고립화, 시민 협조의 축소를 가져온다는 문제점이 대두되자, 1970년대 이후부터 경찰 활동은 시회 질서를 유지하면서도 지역 주민에게 봉사하는 역할로 그 기능의 변화가 요구되면서, 지역사회 경찰 활동이라는 개념이 형성되었다..

(나) 지역사회 경찰 활동의 중점

지역에 근거를 둔 대다수의 경찰조직은 도보순찰의 강화, 문제 해결 지향적인 근무, 권한의 하부 위임, 시민들의 협조에 의한 치안 유지 등을 중심으로 지역사회 경찰 활동을 강화하고 있다.

2 미국의 경찰 제도

1) 서 설

(1) 경찰조직

미국의 경찰조직은 행전 단위의 구성 형태에 따라 연방경찰, 주경찰, 지방경찰로 나눌 수 있다. 이와 같은 경찰 제도의 분권화로 인하여 우리 나라의 경찰청과 같이 전국 경찰을 일원적으로 지휘하는 제도나 기구는 없고, 각 경찰기관 상호간에는 상하 관계가 아닌 지원·협력·응원 관계이다.

(2) 민간경비업

미국의 경비업은 공적 경찰(public police)과 구별하여 민간경찰(private police)이라고 부를 정도로 권한이나 실제 활동에서 매우 유사한 점이 많고, 그 발전 과정이나 규모로 보아 공적 경찰에 거의 버금가는 수준이다.

2) 연방경찰 제도

(1) 의의

(가) 권한 행사의 범위

연방과 주는 형사소송법이나 법원이 별개의 체계로 되어 있어 연방경찰

[표 3-2-3] 미국 경찰제도의 구성

연방경찰	연방정부는 헌법상 명문으로 경찰권을 가지고 있지 않지만 헌법이 부여한 과세권, 주간 통상규제권 등의 행사로 사실상 경찰권을 행사하게 되었으며, 최근 그 기능은 강화 내지 확대되는 경향이 있다.
주경찰	연방수정헌법 제10조에 따라 경찰권은 각 주의 고유한 권한으로 유보되어 있다. 주정부는 경찰권을 직접 행사하거나 지방자치단체에 위임하여 행사하고 있다. 따라서 각 지방자치단체의 지방경찰이 사실상 광범위한 경찰권을 행사하고 있다.
지방경찰	지방경찰에는 도시경찰과 카운티 경찰인 보안관, 검시관 및 전통적인 비도시 지역의 타운을 담당하는 치안관이 있고, 그 밖에 대학경찰·공원경찰 등 특별한 업무를 담당하는 특별경찰이 있다.

은 연방법만을 집행하며 주법이나 지방자치법을 집행하지 못한다. 이러한 연방법의 성격 및 체계로 인하여 연방경찰기관의 권한은 국가적 범죄 및 주(州) 간의 범죄 단속에 한정된다.

(나) 사건 관할

① 국가적 범죄

연방정부의 기능이나 수단에 대하여 직접적으로 유해하거나 파괴하는 범죄로서 밀수, 유가증권 위조, 우편물 약탈, 대통령 암살 등이다.

② 주간(州間) 범죄

일정한 범죄의 다른 주(州)로의 이송, 도난 자동차나 도난품의 다른 주로의 운송, 우편 이용 범죄 등을 말한다.

③ 연방경찰의 다양성

연방경찰은 연방의 여러 부처에 연방법 집행기관의 형태로 존재하는데, 연방의 일반경찰기관이라 할 수 있는 연방수사국(FBI)을 제외하면 모두 특정한 법 영역만을 담당하는 좁은 분야의 법집행기관이다.

④ 연방경찰의 당면 문제

연방정부의 여러 부서가 자체적인 법 집행력을 확보하기 위하여 스스로의 조직기관을 설립하면서 많은 연방법 집행기관이 난립하게 되고 임무의 중복도 많아져 비경제적이라는 비판과 함께 조직 재편성의 필요성이 긴급한 과제로 등장하고 있다.

(2) **법무부**(Department of Justice)

법무부는 1870년 법무부 장관의 사무량 증가에 따라 설치되었다. 법무부 장관은 미국 정부의 수석법무관이며, 법률 문제에 관하여 미국 정부를 대표하고 대통령이나 다른 부처 장관으로부터의 상담에 법률 조언을 하는 것이 임무이다. 이러한 임무를 수행하기 위하여 연방범죄수사국을 비롯한 연방검찰청, 연방보안관실 등 여러 형태의 법집행기관이 있다.

(가) 연방범죄수사국(Federal Bureau of Investigation : FBI)

① 연혁

20세기 초 사회의 분화·발전에 따라 국민의 생명·재산의 보호를 위한 수사기관의 필요성이 높아짐에 따라 수사국이 1908년 법무부 소속기관으로 창설되었다.

㉠ 초기 수사국 당시

초기 수사국 당시에는 수사 대상 범죄의 종류도 많지 않았고, 경찰권과 관련하여 주정부와도 갈등을 겪어 범죄를 해결하는 데 크게 기여하지 못하였다.

㉡ 제1차 세계대전

제1차 세계대전을 계기로 책임의 범주는 점차 확대되어 첩보 활동 예방과 파업 방지, 전후 야기되었던 인권 침해 등도 처리하게 되었다. 특히 1924년 후버(J. Edgar Hoover) 국장의 과감한 개혁과 함께 비약적인 발전을 이루어 1935년에 연방범죄수사국(FBI)으로 되었다. 후버 국장은 개혁과 함께 각종 범죄 자료의 수집·분석을 위한 과학수사연구소를 설치하였고, 교육기관인 FBI 경찰학교를 설립하였다.

㉢ 제2차 세계대전

제2차 세계대전 때는 태업·전복·간첩 행위자를 검거하는 업무를 통하

[표 3-2-4] 연방범죄수사국의 주요 임무

구분	내용
연방범죄 수사	• 악취, 유인, 자동차 절도, 은행 강·절도, 중요 도망 범죄, 장물의 주간 운반, 수표 위조·행사, 항공기 파괴 및 기타 특정 물자의 주간 이동 규제 등 약 200여 가지의 범죄 수사 • 역점 사항 : 조직범죄 및 마약, 사무직 공무원 범죄, 외국인의 첩보 활동(스파이 범죄), 보복테러행위, 폭력범죄
국내 공안 정보 수집	• 첩보 활동, 파괴 활동, 반란, 소요, 정부 전복 등의 범죄에 대한 수사뿐만 아니라 범죄 방지를 위한 사찰(1939년 루스벨트 대통령의 명령으로 개시)
특정 공무원 신원조사	• 연방정부 관계 부처의 요청으로 특정 직종의 공무원 및 그 지원자에 대한 신원조사 실시 • 정부 관계의 계약에 관하여 상대방 관계자들의 신용조사 실시
범죄 감식 및 범죄통계 작성	• 과학수사연구소의 설치가 의무화되어 있고, 범죄 기록의 취득·수집·교환·분류 및 보존 업무를 수행하고, 전국범죄정보센터(NCIC)도 설치 • 통일범죄보고서는 미국의 유일한 전국적인 정보통계
지방경찰관의 교육훈련	• 법집행관 훈련기획에 따라 내부직원 외에 전국의 지방경찰관의 교육훈련도 담당하고, 이를 위하여 FBI 경찰학교 설치

여 수사기관인 동시에 정보기관으로서의 역할을 하였다. 그리고 1930년에는 새로운 통일범죄보고서(UCR) 체계를 만들어 미국 역사상 최초로 전국적인 범죄 통계 자료를 발간하였다.

② 주요 임무 및 권한

㉠ 주요 임무

FBI는 연방 범죄에 대한 일반적인 수사기관으로서, 연방범죄의 수사는 특히 다른 기관에 대한 지정이 없는 한 FBI의 관할에 속한다. 주된 임무는 연방범죄 수사, 국내 공안정보 수집, 특정 공무원 신원조사, 범죄 감식・범죄통계 작성, 지방경찰관의 교육훈련 등이다.

㉡ 권한

연방범죄수사국의 특별수사관은 직무를 수행하면서 필요한 경우 무기를 휴대하고, 영장과 소환장을 집행하며, 연방법 위반 현행범을 체포할 뿐만 아니라 중죄를 범하였다고 믿을 수 있는 상당한 이유가 있는 때에는 영장 없이 체포할 권한이 있다.

(나) 연방검찰청(U. S. Attorney's Office)

① 연방법무부 내의 경찰청과 93개의 각 지역연방 검찰청이 있는데, 연방법무부는 우리의 대검찰청과 고등검찰청의 일부 기능을, 지역연방검찰청은 우리의 지방검찰청과 고등검찰청의 일부 기능을 수행하고 있다.

② 연방검찰총장은 관할지역에서 법무부 장관을 대리하는 수석 법집행관이며, 모든 연방법령을 집행한다.

③ 연방정부가 당사자로 되는 민사소송에서 미국 정부의 대리인 역할을 한다. 최근 연방검찰청이 역점을 두고 있는 범죄는 마약사범, 조직범죄, 화이트칼라 범죄, 공직자 비리, 강력범죄, 환경범죄, 공안사범 등이다.

(다) 연방보안관(United States Marshals Service)

① 연혁

연방보안관은 영국의 보통법의 전통을 이어받아 1789년 워싱턴 대통령이 처음 13명을 임명한 이래 지금까지 지속되고 있다. 건국 초기 연방정부의 일반적 법집행권을 가진 유일한 조직이었고 형사사법 관련 각종 임무를 수행한 적도 있었다.

② 임무

관할법원의 법정관리와 법정경비, 체포영장·기타 영장·소환장의 집행, 연방범죄 피의자의 호송, 증인의 신변 안전 도모, 지역적 소요의 진압 등의 업무와 법무부 장관의 특별한 지시에 따르는 등의 임무를 담당하고 있다.

③ 지위

연방보안관은 상원의 조언과 승인에 따라 대통령이 임명하며, 임기는 4년이고 현재는 총 95명으로 증원되었다. 또한 이들은 담당 임무를 수행하기 위하여 통상의 연방공무원 시험에 합격한 일반직 공무원을 부(副)보안관(Deputy Marshal)으로 임명할 수 있다.

④ 연방보안관실

이러한 연방보안관은 대통령이 임명하는 독립관직이지만 그 임무의 효율적 수행을 위하여 법무부 내에 수석연방보안관(Chief Marshal)을 장(長)으로 하는 연방보안관실(United State Marshal Service)을 두고 있다.

(라) 형사국(Criminal Division)

형사국은 현재 900여종 이상의 연방형사법령의 집행에 대한 일반적 지휘와 감독을 주된 임무로 한다. 이를 위하여 특수범죄과, 사기과, 보안과, 외사과 등이 업무를 수행하고 있다.

[표 3-2-5] 형사국의 주요 임무

특수범죄과 (조직범죄 및 부당이득 담당과)	• 형사국 내 최대 규모의 과(課) • 마피아 등 조직범죄 처리 및 범죄조직의 부당이득 근절 임무 담당 • 조직범죄 관련 26개 이상의 연방수사관으로부터 조직범죄 및 구성원의 정보를 수집·분석하여 법원, 기타 법집행기관에 제공 • 조직범죄가 뿌리깊은 곳에서는 관계 수사기관의 대표자를 연합한 특별단속조직(Strike Force)을 만들어 각 기관의 활동을 조정
사 기 과	• 화이트칼라 범죄(지능범 등), 국가 예산의 부정 사용 적발
보 안 과	• 국가의 공안위해범죄, 스파이범죄의 수사 지휘 및 감독·조정 업무
외 사 과	• 도망 범죄인의 인도, 외국 정부와의 교섭, 국제범죄 수사

(마) 마약단속국(Drug Enforcement Administration)

마약단속국은 마약 재배·제조·운수 등 약품 관련 법규 위반에 대한 수사뿐만 아니라, 마약 및 규제 약물 관련 미국 정부의 정책을 기획하여 관계 기관에 대하여 권고·조언 및 필요한 원조를 실시하고 있다.

(바) 이민국(Immigration and Naturalization Service : INS)

이민국은 외국인 불법 입국의 단속, 불법 체제 외국인의 구류와 송환, 체류 자격의 심사, 귀화 심사 및 승인 신청을 임무로 한다.

(사) 법무교육국(Office of Justice Programs' : OJP's)

법무교육국은 범죄를 예방하고 통제하는 법집행뿐만 아니라 피해자 보호에 대한 국가 능력을 향상시키기 위한 연방의 교육을 제공할 목적으로 마련된 것이다. 법무교육청은 그 밑에 5개의 국(국)을 두고, 범죄 관련 자료 수집 및 분석, 신유형 범죄의 파악 분석, 프로그램의 운영 결과 평가 및 분석, 개발된 프로그램이나 자료의 주정부·지방정부에의 전파 등의 책임을 담당한다.

(아) 국제형사경찰기구 중앙사무국(United State National Central Bureau of INTERPOL)

국제형사경찰기구(interpol : ICPO)의 미국 대표기관으로서 법무부에 설치되어 있고, 각국 경찰기관과 범죄정보 교환 및 수사의 협력을 하는 것을 임무로 한다.

(자) 알콜·담배·무기·폭발물국(Bureau of Alchol, Tabacco, Firearms : ATF)

재무부 내의 독립한 법집행기관으로 알코올·음료의 밀조·탈세의 적발, 불법 담배의 단속, 총기의 제조·수입·판매에 관한 연방법 위반 단속과 폭발물 규제와 단속을 주된 임무로 하고 있다.

(차) 지역치안사무국(Office of Community Oriented Policing Service : COPS)

국가의 법집행 차원에서 지역사회 경찰 활동을 유지·발전시키고, 지역사회 경찰 활동에 새로운 경찰력을 배치하여 지역사회 경찰 활동의 유지를 위한 협력자 강화, 지역사회의 무질서·폭력·범죄를 감소하게 하여 삶의 질을 향상시키기 위한 지역사회 경찰 활동의 평가와 확인 등을 목적으로 하는 기관이다.

(3) 재무부(Department of Treasury)

재무부는 법무부와 함께 미국 연방법집행기관 중에서 중요한 역할을 한다. 20세기 에는 연방법 집행기관은 재무부에만 설치되어 있었다. 현재 재무부가 하는 법집행 영역은 위조 통화·유가증권 위조의 단속, 탈세 단속, 밀수 수사와 밀수 방지, 대통령 기타 요인의 경호, 알코올·무기·담배·폭발물의 규제와 단속 등 다방면에 걸쳐 있다.

(가) 관세청(U. S. Customs Service : USCS)

관세청은 관세의 징수나 밀수의 방지, 미국에 입국·출국하는 모든 교통기관, 사람·화물에 대한 규제·단속을 주임무로 한다.

(나) 국세청(Internal Revenue Service : IRS)

국세청은 연방의 과세·징세·탈세 단속을 임무로 하며, 이를 위하여 수사부와 감찰부를 두고 있다. 수사부는 각종 연방세법의 위반, 특히 탈세 수사를 임무로 한다.

(다) 연방법집행훈련센터(Federal Law Enforcement Training Center : FLETC)

연방정부는 소규모의 법집행기관이 다수 존재하므로 자체 교육시설을 갖고 있지는 않다. 따라서 별도로 재무부 내에 연방법집행훈련센터를 설치하여 공통적으로 교육을 실시하며 훈련시설 및 교관을 제공한다. 기초교육과정에서는 경찰조사관에게 기초적인 법집행 방법을 교육하고 고급 과정에서는 화이트칼라 범죄, 컴퓨터 활용, 사진, 국제 돈세탁, 특별법의 집행 등을 교육한다.

(라) 특별업무국(U. S. Secret Service : USSS)

① 연혁

1869년 연방 최초의 법집행기관이자 수사기관으로서 창설되었는데, 당시 미국의 치안 유지는 주나 지방정부의 임무였으나, 연방정부 발행의 통화에 대한 위조가 만연하면서 각종 문제를 야기하자 연방정부의 재정·경제 질서의 확립을 위하여 창설한 것이다. 그 후 여러 변화를 거치면서 그 임무와 권한을 확대하였는데, 특히 1901년 매킨리(T. W. McKinley) 대통령 암살을 계기로 대통령 경호의 임무가 미연방정보국에서 특별업무국으로 부여되었고, 1906년에 명문으로 그 임무가 합법화되었다. 그러나 1970년대 이러한 특별업무국의 활동을 제한하려는 움직임이 일어나 재무부와 직접 관계 없는 분야에 특별업무국을 이용하는 것을 제한하였다. 2003년부터 국토안보부 소속으로 이관되었다.

② 임무

㉠ 연방정부의 화폐·지폐·공채·연방정부 발행 증권의 위조를 금지하는 법률을 집행한다.

㉡ 국고·은행·통화에 관한 법을 집행한다.

㉢ 대통령 및 대통령 가족, 대통령 후보자의 경호를 담당한다.

㉣ 백악관 및 외국 대사관의 경비를 담당한다.

(4) 내무부(Department of Interior)

내무부는 1849년 3월 3일에 기존의 토지국, 인디언업무국, 연금국, 특허국 등이 합병되어 창설된 이후에 여러 기능이 가감되면서 현재는 주로 국가의 천연자원을 보호하는 역할을 담당하고 있다.

(가) 개간국(Bureau of Reclamation)

미국 서부의 여러 주에서 토지 개간·간척을 하는 관청이며 수력발전소의 관리·운영도 한다. 따라서 이들 개척지의 치안 유지·범죄 수사를 임무로 하고 있다.

(나) 동물보호국(U. S. Fish and Wildlife Service)

전국 391개소의 연방 조수보호구역 내의 어류, 야생동물을 보호하는 것을 임무로 하며, 보호구역 내의 불법 수렵이나 환경 파괴 등을 단속하고 있다. 이를 위하여 수렵감시관을 두고 각종 법령을 집행한다.

(다) 국립공원국(U. S. National Park Police)

수도 워싱턴 등 국립공원국의 관할구역 내에서의 치안 유지, 교통 정리,

관광객 안내와 보호, 동식물 및 자연 보호 등의 임무를 담당하고 있다. 공원경찰은 1948년에 수도 워싱턴 경찰국의 경찰관과 전적으로 동일한 권한과 책임이 정해져 현재는 같은 계급 제도를 사용한다. 이러한 공원경찰은 평상시의 공원경찰 임무 이외에도 수도경찰의 하나로 독립기념식, 대통령 취임식 경호와 외국 요인 경호 등의 임무를 행하고 있다.

(라) 토지관리국(Bureau of Land Management)

미국의 국유지 관리와 광산재원, 목재, 천연자원, 동식물 등 중요한 자원에 관한 업무를 담당하고 있다. 이를 위하여 제복순찰대원, 범죄수사관, 사막순찰관 등이 있고, 각 국유지가 소재하는 지방경찰의 협력을 받고 있다.

(마) 인디언보호국(Indian Reservation)

인디언보호구역에서의 인명·재산의 보호, 범죄의 방지 및 수사, 위반자의 구류 집행을 임무로 하는 법집행관이 배속되어 있다.

(5) **교통부**(Department of Transportation)

(가) 연방항공국(Federal of Administration)

미국 민간 항공에 관한 행정을 관장하고 하이재킹 등 공항 및 항공범죄를 담당한다.

(나) 해안경비대(Coast Guard)

해난구조, 항해안전, 해양환경 보존, 수산자원 보호, 해상에서의 범죄 예방 및 진압·수사, 범죄인의 체포 등을 담당하고 있다.

(다) 연방도로국(Federal Highway Administration : FHA)

고속도로, 주(州)를 잇는 주요 도로의 건설과 유지 관리를 주된 임무로 하고 도로건설자금의 부정 지출 점검, 안전도로 구조, 사고분석 등의 업무를 수행하고 있다.

(라) 교통안전국(National Highway Traffic Safety Administration : NHTSA)

도로교통 관련 인명과 경제적 손실의 감소 활동, 교통 관련 소비자 보호 활동 등을 수행하며, 연방계획에 위반한 자동차의 제조, 교통 관련 소비자기만 업자에 대한 수사를 위한 조사관을 두고 있다.

(6) 기타 연방경찰기관

(가) 농림부(Department of Agriculture)

농림부 예산의 집행 상황에 관한 회계감사와 농림부의 사업에 관계하는 부정, 직원의 비행(非行)에 관한 일반 시민으로부터의 신고·고발에 대한 조사를 하고, 연방자금 부정 사용의 적발을 임무로 한다. 특히 산림청에는 산림감시관과 수사관이 있는데, 이들만으로 전국의 국유림을 지킬 수 없으므로 주나 지방정부에 자금을 원조하여 협력 원조를 받고 있다.

(나) 상공부(U. S. Department of Commerce)

상공부의 수산청, 개발청, 감찰관실, 통상산업청. 수출관리국, 수출법집행과 등이 법집행 업무와 관련한 업무를 담당하고 있다.

(다) 동력자원부(U. S. Department of Energy)

에너지연구개발국과 연방에너지국이 있는데, 전자는 미국의 에너지 문제에 관한 장기적인 계획을 담당하고 그와 관련하여 각종 기밀문서의 보호, 직원 또는 대학 등 위탁연구 대상자에 대한 신원조사 및 법령 위반 수사를 임무로 한다. 후자는 에너지 관련 각종 법령의 실시 및 위반에 대한 수사를 임무로 하고, 청사 기타 시설의 보호, 직원의 비행·부정에 대한 내부조사, 에너지 사용·판매에 관한 사기행위의 수사를 담당하고 있다.

(라) 보건사회부

보건사회부에는 감찰관실, 사회보험청, 연방보험청, 식품의약국(FDA) 등이 해당 법집행 업무를 담당하고 있다. 특히 사회보험청은 사회보험계약에 따른 신청자·수급자 및 직원의 부정 수급 또는 지급 등의 법령 위반을 수사하고, 연방보험청은 노인 및 생활극빈자에 대한 의료 지급 관청으로서 의료비의 부정 신청 및 부정 수급 등을 심사한다. 또한 식품의약국(Food and Drug Administration: FDA)은 소비자 보호를 위한 시품·약품·화장품의 품질검사와 기준 위반의 적발을 임무로 한다.

(마) 체신부

미국의 우편사업은 1971년까지는 체신청의 관할이었지만, 1971년 체신청이 폐지되고, 독립채산제의 산업으로서 운영한다. 이전의 경찰 업무를 담당하던 부서로서 체신감찰국이 있었는데, 체신감찰관은 우편사업에 관계하는 범죄(우체국 강도, 우편 이용 사기, 우편물 갈취, 음란 문서의 우송, 직원의 부정 등)의 수사, 우편사업에 대한 내부감사, 우편물·우편시설·직원·내객의 보호를 임무로 하였다.

(바) 노동부(Labor Management Service Administration)

노사 관계나 노동조합에 관한 법령을 취급하고, 이러한 법령에 위반되는 범죄를 수사하기 위하여 수사관을 두고 있다. 특히 노동조합과 마피아 등 범죄조직과 관련되는 경우가 많아 그에 대한 수사도 임무로 하며, 감찰관실과 노무관리기준청이 법집행 업무를 담당하고 있다.

(사) 기타 연방 법집행 관련 기관

체신감찰국(US PIS)	• 우편사업의 적정성 감독
테네시안전공단(TVA)	• 뉴딜정책 시대에 루스벨트 대통령이 설립 • 대구모 댐의 유지 관리를 임무로 하고, 이러한 시설의 치안 유지를 목적으로 한 안전관리공단을 설치·운영
환경청(EPA)	• 대기·수질·토양오염, 유해물질, 방사선, 소음 등 공해 규제 및 방지
핵규제위원회(NRC)	• 핵물질 사용 허가 및 규제, 원자로 건설 허가 및 안전 기준 검사
연방통신위원회(FCC)	• 유·무선, 라디오, TV 등 주간 방송 또는 국제통신 규제
증권거래위원회(SEC)	• 일반 투자가 보호를 위한 증권시장·증권회사에 대한 규제 업무 • 허위정보의 유포, 정보의 은닉행위 단속
조달청(GSA)	• 조달 업무 관련 조사관과 조사에 수반한 직원의 부정 수사를 담당하는 법집행원을 두고 있음.
국방부 경비국	• 미국의 모든 재외공관의 경비, 미국 외교관·가족의 안전 확보, 방미 외국 요인의 경호, 국무장관의 경호 등
국회경찰	• 의회 시설 내의 건물·재산·인명 보호
박물관경찰	• 워싱턴 국립박물관 등을 포함하는 미국의 역사적 재산에 관한 특별경찰
국가보훈처	• 국가유공자 관련 의료시설과 그 경비를 위한 경찰관 보유

3) 주경찰 제도

(1) 의의

하와이 주를 제외한 모든 주는 주정부에 주경찰을 갖고 있다. 그러나 주경찰은 각 주마다 임무가 다르고, 조직의 형태도 그 지역적 특색, 임무의 차이, 발전 과정에 따라 다르다.

주 경찰기관은 통상 주경찰국(State Police), 고속도로 순찰대(Highway Patrol), 공안국(Department of Public Safety)의 세 가지 유형으로 나눌 수 있다. 현재 하와이를 제외한 모든 주에는 세 가지 유형 중 어느 하나를 주의 일반경찰기관으로 가지고 있다.

보통법 이래의 전통으로 자원자를 중심으로 구성된 주군인경찰(National Guard)이 있다.

(2) 일반주 경찰기관

(가) 주경찰국(State Police)

주경찰국은 주민의 생명·신체·재산의 보호 및 치안 유지, 범죄 수사, 교통경찰 등 일반적 경찰 권한을 가지고 주 전역에 걸쳐 법을 집행한다. 따라서 통상적으로 주 전역에 걸쳐 일선기관을 두고 있다.

주경찰국은 동부의 여러 주에 많이 설치되어 있는데 미시간, 뉴욕, 버지니아 등 21개 주에서 주경찰국을 가지고 있고, 이러한 주에는 고속도로 순찰대가 설치되어 있지 않아서 자치단체 관할 이외 지역의 교통경찰 업무는 주경찰국의 임무에 속하게 된다.

범죄 수사는 주 전역에 걸쳐 권한을 행할 수 있지만, 통상적인 범죄 수사는 자치단체에 맡기고 주경찰은 주로 특수범죄·중요 범죄에 대한 수사를 담당한다.

(나) 고속도로 순찰대(Highway Patrol)

고속도로 순찰대는 주순찰대(State Patrol) 또는 기동순찰대(Motor Patrol)라고도 불리며, 1929년 캘리포니아 주가 최초로 설치하였다. 현재는 미국 남부·서부의 주에 주로 설치되어 캘리포니아, 오하이오, 사우스캐롤라이나 등 19개 주에서 고속도로 순찰대 형태의 주경찰을 가지고 있다.

고속도로 순찰대는 일반적으로 차량의 운행을 규제하는 교통 관계 업무와 교통 법규의 집행을 임무로 한다. 따라서 주경찰의 형태 중 권한·업무영역이 가장 작은 형태이다. 하지만 주에 따라서는 고속도로 순찰대가 자치단체가 아닌 지역의 유일한 경찰조직이어서 일반교통 관계 업무뿐만 아니라 범죄 수사의 권한을 행사하기도 한다.

(다) 공안국(Department of Public Safety)

제2차 세계대전 이후 범죄의 급증에 대비하여 각종 법집행기관이 설립되었으나 조직·임무의 중복에 따라 비능률이 발생하였고, 이에 따른 법집행기관 통합의 필요성이 증대되었다.

이러한 통합의 대표적인 형태가 공안국이다. 이러한 공안국은 애리조나, 조지아, 뉴저지, 텍사스 등 9개 주에 있는데, 뉴저지는 공안국 안에 주경찰국을 두고, 나머지 8개 주는 공안국 안에 고속도로 순찰대를 두고 있다. 특히 텍사스 공안국은 가장 오랜 역사와 정돈된 조직을 가지고 있다. 공안국의 직원 구성은 제복경찰관, 사복수사관 및 각종 기술전문가를 중심으로 구성되어 있다.

(3) 특별주 경찰기관

자동차국	• 자동차 및 자동차 취급자에 대한 각종 인·허가, 규제 • 차량 등록, 차량검사에 관한 사무, 수수료 징수, 등록 기록의 관리 • 번호판 개조·차량검사, 면허 위반 등 자동차 관계의 각종 법령 위반 심사 • 차량 절도 수사, 차량 불법 이전의 수사 등
마약단속국	• 주의 마약, 약물 관계 단속 법령의 집행 • 실제 마약사범의 단속은 자치경찰이 하고, 마약단속국은 위반자의 기록 유지, 정보 제공 업무 수행 • 법률상 합법적으로 마약 소지가 허용되는 자의 부정 사용·부정 유출 방지
주류국	• 주류를 수입·제조·판매하는 자에 대한 규제 • 미성년자에 대한 주류 판매, 미성년자의 음주 및 주류 소지, 주취자에 대한 술 판매행위, 부당한 가격의 판매행위 등 단속
수렵감시관	• 조류·어류 등 자연동물의 보호, 수렵꾼에 대한 감시 • 수렵 기간 중의 수렵 허가, 수렵 정보 제공, 조난당한 사냥꾼의 구출, 이상 기온에 따른 동물의 부족한 먹이 제공 및 농장에 유해한 동물의 포획 허가 업무 담당

노동감독관	• 각 주의 노동부에 소속하여 노동 관계 법령 집행 • 임금 지불, 여자·미성년자의 고용, 민간 직업 소개, 노동 알선 감찰, 노동환경·노동시간·휴가 기타 노동 조건에 관한 법령 집행 • 산업재해 조사, 노동 안전 위생에 관한 출입·검사, 노동 통계 작성
소방국	• 화재 발생 방지 활동, 관계 법령 집행 • 화재 위험 조사 및 제거, 화재 방지를 위한 안전 기준의 준수 여부 검사, 화재 예방, 각 단체·기업의 부내 규칙 제정, 범죄 관련 화재의 수사, 화재 예방을 위한 교육·홍보, 가연성 섬유의 제조·판매·사용에 대한 규제
경마국	• 경마 개최의 허가, 도박금의 지불에 관한 감독, 사전 조작 감시, 부정 약물 사용 검사, 사설마권의 단속, 장내에서의 부정 범죄 방지

(4) 주경찰의 조직과 관리

(가) 조직

특별경찰기관을 포함한 주경찰의 조직·관리구조는 아주 다양하다. 고속도로 순찰대는 일반적으로 주의 교통부에 속하고, 주경찰조직은 지사에 직결하지 않고 중간에 주 법무부 장관, 경찰청장, 법집행청장을 두는 것이 보통이다.

(나) 관리

㉠ 일반적 형태

주경찰의 관리 형태는 지사에게 속하는 곳(펜실베이니아 주), 지사 밑에 공안위원회 또는 경찰위원회를 두어 관리하는 곳(조지아, 뉴멕시코, 텍사스 주), 지사 밑에 법집행청을 두고 이 안에 경찰국·형사국·소방국을 두는 곳(일리노이 주) 등이 있다.

㉡ 주별 관리 형태

텍사스 주	지사 밑에 주공안위원회, 다시 그 밑에 주경찰을 두고, 다시 그 밑에 형사과·교통과(고속도로 순찰대)를 두고 있다.
플로리다 주	지사 밑에 법집행국과 교통국을 두고, 법집행국에는 형사과·범죄정보과·법집행교육과를 두며, 교통국은 다시 고속도로 순찰대와 운전면허과를 두고 있다.
네바다 주	네바다 주의 고속도로 순찰대는 범죄 연구·범죄수사·교육을 지원하는 주검찰청과 주법집행지원청에서 파견하는 수사관과 함께 근무하기도 한다.

(5) 주경비대(National Guard)

(가) 연혁

역사적으로 식민지 시대에 기원을 둔 아주 오래된 조직으로서, 이전에는 민간방위대(Militia) 또는 주군병(State Militia)이라고도 하였다.

(나) 임무

예비 병력 및 주의 경찰력으로서의 역할을 수행하고, 경찰 활동·재해 활동·지역사회 봉사 활동 등을 임무로 한다. 즉, 폭동 기타 대규모의 소요·혼란시에는 치안 회복을 위하여 동원되고, 지역적인 비상 사태에서의 구조에 동원되어 인명과 재산을 보호하며, 최근 봉사 활동으로서 도로 청소나 교량 건설 등의 활동이 급증하고 있다.

(다) 지휘 체계

대통령이 각 주 경비대의 총지휘관이지만, 주지사도 지휘권을 가지고 있어서 폭동이나 소요가 발생하면 자치단체장의 요구 또는 자의로 소집하나, 다만 주경비대가 미국 전체의 요구에 응하여 근무하면 주지사의 권한은 없어지는 이중적 지휘 체계를 가지고 있다. 즉, 평시에는 주지사의 지휘를 받는 부대이지만 전시, 기타 국가 비상시에는 군대에 편입한다.

(마) 관리

평상시의 관리는 각 주에서 하는데, 최고사령관은 주지사이고, 관리는 주경비대가 한다. 주경비대는 현재 약 3천 개의 주둔지에 4천 개가 넘는 부대가 있고, 육상경비대와 항공경비대로 다시 나뉜다. 연방정부 국방부 내에 육군과 공군의 국가경비국(National Guard Bureau)이 있어서 각 주가 부대를 적절히 관리하고 있는가를 감찰·감독한다.

4) 도시경찰

(1) 의의

도시경찰(City Police)은 지방자치도시인 시(city), 법인격을 인정받은 타운(incorporated town), 빌리지(village) 또는 버로(borough)의 경찰을 총칭한다.

도시경찰은 미국의 법집행기관 중에서 그 규모나 역할, 대외 활동 및 정치적 특징 등에서 가장 규모가 큰 것은 뉴욕시경찰(NYPD)이다.

시 이외의 자치단체인 타운, 빌리지, 버로 등에도 시경찰과 유사한 경찰 조직이 있지만 일반적으로 조직이 간단하고 활동도 미약하다.

(2) 임무와 권한

주요 임무는 평온과 질서의 유지, 범죄의 예방과 수사, 범인의 체포, 주법과 시조례에 따라 개인의 생명·재산과 인권의 보호, 기타 공공의 복리와 안전에 관한 각종 임무 수행이다. 이러한 도시경찰의 권한은 대개 시헌장으로 규율하고 있다.

도시정부는 주정부로부터 경찰행정에 관한 입법·행정의 권한을 부여받고 있으며, 그 경찰행정에 대한 의무·책임을 가지고 있다.

도시경찰은 특히 주법의 주요 규정 중 도시의 위생·주택·도덕·교통·경제 등의 폭넓은 조례 집행 의무를 가지고 있어 현실로 도시경찰에게 부여한 권한 범위는 상당히 광범위하다.

(3) 도시경찰의 관리

(가) 주체별 관리 방식

경찰관리는 그 주체에 따라 외부적 관리와 내부적 관리로 나눌 수 있다.

[표 3-2-5] 주체별 관리 방식

	외부적 관리	내부적 관리
개 념	보통 민간인으로 구성하는 관리기관이 관리하는 방식이다.	경찰기관의 집행책임자(경찰청장)가 부하 직원을 관리하는 방식이다.
특 징	주민의 경찰통제의 일환으로 행하여짐으로써 주민의 의사 반영이 용이하고, 민주성 확보 및 정치적 부패 예방이 가능하다	경찰의 부패, 정치적 오염 등이 문제될 수 있다.

(나) 관리 형태

① 경찰위원회

㉠ 개념

수 명의 위원으로 구성된 경찰위원회(Board of Police, Commission of

Public Safety)가 합의제로 도시경찰을 관리하는 형태를 말하고, 정당정치를 배제하는 초당적 위원회로서의 역할을 한다. 이러한 경찰위원회 제도는 로스앤젤레스(LA) 시, 세인트루이스 시, 캔자스 시, 디트로이트 시에서 채택하고 있다.

ⓛ 위원 선출

일반적으로 시장이 임명하고 시의회가 승인하지만, 기타 시의회의 직접 임명, 지사의 임명, 주민의 선거를 통한 방식이 있다.

ⓒ 구성 인원 및 임기

경찰의원회는 보통 3~5명이며, 일반적으로 경찰 또는 일반 시민 중에서 선발하고, 1~4년을 임기로 하고 있다.

ⓔ 문제점

합의제에 따른 통일성과 결단력이 결여되고, 비전문적인 비상근 근무로 인한 책임 한계가 불명확하다.

② 공안의원의 경찰관리 제도

㉠ 개념

위원회정부 제도를 채택한 도시에서 볼 수 있는 형태로 통상 5명의 위원이 시행정의 각 부문을 분담하고, 그 중 공안위원(Commissioner of Public Safety)으로 선출된 1명의 위원이 시경찰을 관리하는 형태이다.

ⓛ 연혁

1901년 텍사스 주의 캘버스턴 시에서 처음 시행되었고, 20세기 초 일시적으로 유행하였다가 제2차 세계대전 이후 급속히 폐지하는 도시가 확산되었다. 현재는 포틀랜드 시, 털사 시 등 일부 중·소규모 자치단체에서만 시행하고 있다.

ⓒ 공안위원

선거로 임명된 비전문적이고 일시적인 경찰관리자로서 대부분이 비전문적인 경찰관리자이다. 통상적으로 소방·위생·일반복지행정도 같이 담당한다.

ⓔ 문제점

비전문적이고, 공안위원과 경찰청장 사이에 분쟁이 발생할 수 있다.

③ 단일 경찰관리 제도

1900년 이후 비전문적인 경찰관리 제도(경찰위원회, 경찰위원의 경찰관리 제도)에 대한 대안의 필요성이 대두되어 점차 경찰 전문가에 의한 단일 경찰관리, 즉 독임제의 경찰관리자 제도로 바뀌고 있다.

㉠ 경찰관리관(Direct or Administrate of Public Safety)

경찰관리관(단독제) 아래 경찰청장을 두어 경찰을 통제하는 방식으로서 합의제 경찰위원회의 비능률을 개선하고자 합의제를 단독제로 변경한 것이다. 이는 조직이 잘 정비되지 않은 상태에서 여러 부서가 혼재되어 있을 때 아주 유용한 제도이다. 경찰관리관은 법집행 경험이 풍부하고, 법률 지식이나 조직관리에 능한 자를 임명하며 다양하고 광범위한 직무 권한을 가진다. 외부관리를 그 본질로 하므로 경찰관리관은 일상의 사건에 대해서 경찰청장의 보고를 받고, 개개의 경찰관을 직접 지휘하거나 개별 사건에 대하여 지휘 감독하지는 않는다.

㉡ 경찰위원(Police Commissioner)

경찰위원회 제도에서 유래하여 단일의 경찰위원으로 전환시킨 것으로서 대부분의 도시경찰에서 경찰위원은 곧 경찰청장의 지위를 뜻하는 경우가 많다. 이들은 경찰조직 내부에 있으면서 경찰에 관한 관리·통제를 행한다. 경찰위원은 시경찰청의 경찰관 중에서 선발하거나 민간인 중에서 선발할 수 있는데, 시장이 시의회의 동의를 얻어 임명하는 방법이 가장 보편적이다. 그러나 시장 단독 임명이나 일반선거로 하는 경우도 있다. 현재 뉴욕 시, 보스턴 시, 볼티모어 시, 버펄로 시 등 특히 대도시를 중심으로 폭넓게 이용되고 있다.

㉢ 경찰청장(Chief of Police)

경찰청장은 경찰관리자와 경찰의 최고지휘·감독책임자의 두 가지 의미를 가진다.

단독의 경찰관리자	시장이 경찰위원을 임명하지 않고 경찰청장을 직접 임명하며 그에게 시경찰을 관리하는 책임을 부여한다. 따라서 경찰청장 이외의 외부기관이 관리하는 경찰관리는 존재하지 않는다.
시경찰 책임자	경찰청장은 시경찰의 책임자로서 제복경찰관의 최고위직이며, 도시경찰청의 지휘·감독 임무를 수행한다.

(4) 도시경찰의 조직

(가) 특징

① 경찰조직의 다양성

미국의 도시경찰은 지방자치경찰이어서 상호 독립적이고, 각 지역의 특성에 따라 각 도시는 서로 다른 형태의 경찰조직을 가지고 있으므로 기본적 형태를 제시하기는 어렵다.

일선 활동은 실무 부서에서, 후방 지원 활동은 업무 부서에서 담당하고 있다. 업무 부서에서는 통신, 컴퓨터, 차량관리, 감식과 같은 법집행에 따른 전문기술적인 분야이고 관리 부서는 인사, 교육, 후생, 노무관리, 감찰과 기획 계발, 공보, 예산 회계 등의 부문을 담당하고 있다.

② 외근경찰 활동 중심

미국의 경찰은 외근경찰 활동에 최우선을 두고 있다. 즉, 순찰을 통하여 범죄를 예방하고 필요한 정보는 무선을 통하여 제1선에 통보하는 구조로 되어 있다.

우리의 파출소에 해당하는 말단조직이 없고 관할지역이 광범위하여 도보순찰보다는 차량순찰이 주로 행해진다. 경찰과의 접촉은 대부분 전화를 통하여 이루어지고, 정보의 중추로서 본부통신의 비중이 컴퓨터의 발달과 더불어 더욱 강화되고 있다.

대도시의 경우 시내를 다시 구(區)로 나누어 구(區)경찰서를 두고 있는 경우도 있지만, 대부분 외근 경찰만이 근무하고, 사복 경찰관은 본부의 형사과나 수사과에 속하는 경우가 많다.

(나) 대도시 경찰

① 워싱턴특별시 경찰청(수도경찰)

㉠ 워싱턴 시는 경찰위원회와 같은 경찰관리기관은 없고, 시장이 직접 관리하고 경찰 책임자는 경찰청장(Chief of Police)이다.

㉡ 시장은 시의 법률에 의거하여 능률적인 경찰을 유지하기 위하여 필요한 규칙·계획·방침·예산을 결정하고 이 결정을 제시하여 경찰을 관리한다.

㉢ 경찰청장은 시장의 관리를 받으면서 시경찰청 전체의 관리·운영을

관할하고 직무 집행 방침을 정하며 경찰 예산과 경찰 법령·규칙의 제정에 관한 조언을 시장에게 하는 것을 임무로 한다.

② 뉴욕시 경찰청

도시경찰 중 가장 규모가 큰 뉴욕시 경찰청의 조직은 단독제 경찰관리자인 경찰위원 제도를 채택하고 일반적으로 경찰청장이라고 한다. 경찰청장은 시의회의 승인을 받아 뉴욕시장이 임명하고, 경찰청장은 경찰 최고책임자로서 6명의 차장과 수 명의 참모를 임명한다.

③ 로스앤젤레스 시경찰

로스앤젤레스 시는 캘리포니아 주에 있는 합의제 경찰위원회를 가지고 있는 도시이다. 시장 밑에 5인의 경찰위원회가 있고, 경찰위원회의 관리하에 경찰청이 있다.

④ 콜럼버스 시경찰

콜럼버스 시는 오하이오 주에 있는 도시로서 시경찰청은 시장이 임명하는 경찰관리관의 관리를 받는다. 경찰청장 밑에 차장이 있고, 경무부·실무부·운용부·수사부의 4개 부가 있다.

⑤ 세인트루이스 시경찰

세인트루이스 시는 미주리 주에 있는 도시로 경찰위원회를 두고 있고, 경찰 주지사가 임명한다.

(다) 중·소도시 경찰

중·소도시 경찰의 형태도 각 지방자치단체마다 다양하다. 소도시 경찰의 경우 특별한 조직이나 지휘의 문제도 없고, 직원의 교육훈련을 위한 특별한 기구도 가지고 있지 않다. 하지만 점차 범죄가 증가하고 기동성이 높아짐에 따라 이에 대응하기 위하여 통합·상호 협력의 문제가 중시되고 있다.

(5) 도시경찰의 문제점

미국의 경찰조직은 연방경찰, 주경찰, 지방경찰 등으로 과도하게 분산하여 경찰행정의 비능률을 초래하고 있다. 따라서 주와 지방 사이에는 동일한 주형사법이나 주형사 소송 절차를 사용하고 주 자체의 감식 제도의 공유, 통신시설의 이용, 경찰 직원의 공동교육 등을 통하여 이러한 문제를 해결하고 있다.

도시경찰은 특히 사법경찰 분야에서 시민의 적극적 협조를 얻지 못하는 경우가 많은데, 각 도시경찰마다 공보실이나 홍보과를 두어 경찰홍보 활동에 전력하여 해결 방법을 모색하고 있다.

겸직이 금지됨에도 불구하고 경찰관의 열악한 지위 때문에 경찰관이 아르바이트를 하는 경우가 많아 문제가 되고 있다.

5) 지방경찰

(1) 카운티 경찰

카운티 경찰기관으로 식민지 시대부터 현재까지 존속하고 있는 보안관과 검시관 및 이러한 전통적 경찰기관이 갖고 있는 문제점을 보완하기 위하여 최근 각 카운티마다 새롭게 조직한 카운티 고속도로 순찰대, 카운티 정찰대, 공원도로 순찰대, 카운티 검찰소속 형사대, 민간방범대 등이 있다.

(가) 카운티 보안관(County Sheriff)

① 개념

보안관은 미국 최초의 경찰관으로 미국의 지방자치와 함께 긴 역사를 가진 기관이다.

② 임무

도시가 아닌 지역의 치안 유지가 기본적인 임무지만, 법원의 집행기관으로서 소장의 송달 및 영장의 집행, 배심원·피고인의 소집, 재판 비용의 징수, 카운티 교도소의 관리 및 사형의 집행과 재판의 증인으로서의 역할도 담당하고 있다.

일부 지역에 따라서는 조세의 징수, 상석인 없는 재산의 관리인이 되기도 하고, 치안과 질서 유지를 위한 범인 체포, 민병의 조직·지휘, 주경비대 파견 요청의 권한 행사 임무를 수행하기도 한다.

③ 지위

주민의 선거로 선출하는 것이 일반적이고 임기는 통상 2~4년으로 한다. 보수는 대부분 직무 수행을 하였을 때 그 대가로 받는 수수료제로 하는 곳이 많다. 교육도 각 주가 준비한 교육을 받는 것으로 대체하는 경우가 많다.

④ 조직

보안관 사무소를 중심으로 업무가 행해지고, 카운티의 규모에 따라 그 인원이 7,000명 이상인 곳에서부터 보조자가 전혀 없이 1인이 근무하는 곳도 있다.

(나) 검시관(Coroner)

검시관은 보안관과 같이 식민지 시대부터 현재에 이르는 긴 역사를 가지고 있는 제도로서 의학적 견지에서 보안관을 보좌하는 것을 목적으로 한다.

주된 임무는 범죄의 혐의가 있는 변사자를 검시하여 그 결과 범죄로 사망한 것으로 인정되면 증거를 보존하고, 보안관에게 범인 수사에 필요한 조언을 하며, 비교적 복잡한 사건에서는 6인의 검시배심원을 소집할 권한을 갖는다.

[표 3-2-6] 기타 카운티 경찰 제도

구분	내용
보안관 도로순찰대	• 최근에 조직한 경찰 제도로서 보안관 사무소의 한 부서로 편성하는 제복 착용의 순찰대 • 보안관의 통제에 따르며 도로 순찰 및 도로 부근의 경찰 업무 수행
카운티경찰대	• 보안관으로부터 완전히 독립한 경찰조직 • 보안관과 독립하여 경찰대 구성원의 임명·감독권이 군 위원회나 경찰위원회에 있는 경우(비교적 큰 카운티)와 당해 카운티에서 선출한 주의원의 추천으로 주지사가 행하는 경우 등 다양한 조직 형태 • 전통적인 보안관의 경찰 활동이 카운티 경찰대에 대체되는 경우가 많다.
공원순찰대	• 대도시 지역의 주변에 있는 모든 카운티에서 볼 수 있다. • 관할구역 내 공원의 경찰 업무, 특히 교통 단속과 도로 순찰이 주요 임무 • 보안관의 관할에 속하지 않고, 공원위원회나 기타 특별기관의 관리에 속한다.
검찰형사대	• 많은 주의 군에서 검사가 중대 사건을 수사할 때 보안관이 비능률적이거나 무능하여 검사의 보조자로서 형사를 배치한다.
민간방범대	• 1920년대 미국은행가협회가 창설하여 중서부 여러 주의 군에 배치하였던 제도 • 일리노이 주, 인디애나 주, 아이오와 주, 캔자스 주 등에서 시행 • 주경찰의 발달로 점차 소멸

검시관은 선거제 선출로 인하여 비전문적인 경우가 많다. 따라서 전문지식, 수사·법률지식 등의 결여로 범죄의 의학적 해결에는 한계가 있다는 비판에 따라 많은 주에서는 이를 폐지하거나 다른 형태로 개혁을 시도하고 있다.

(다) 기타 카운티 경찰

보안관이나 검시관은 전통적 경찰 제도의 문제점으로 점차 폐지되는 추세이고, 이에 따라 새로운 카운티 경찰로 재편하고 있다.

(2) 면경찰

면(town)이나 이에 준하는 읍(township) 경찰조직으로 전통적 경찰관인 치안관(constable)이 있다. 이러한 치안관은 대부분 선거로 선출하지만 예외적으로 카운티 경찰위원, 주지사 또는 상원, 주지방법관, 타운 위원회 등이 임명하기도 한다.

일반적으로 치안 유지와 지방법원의 민사소송에 관한 사법사무를 담당하고, 세금 징수나 수감자 감호 등의 업무도 수행한다. 또한 지방선거시에는 특히 치안관의 권한으로 선거지령 고시를 발하는 등 지방선거에 관한 사무도 관장한다.

치안관 제도는 일반인을 선출할 경우 비전문적이라는 비판과 함께 비능률적이며 중대한 사건에 대한 처리 능력이 부족하다는 점 등 많은 문제점이 제기되고 있다.

(3) 특별구 경찰

미국은 많은 특별구(Special-district)가 존재하는데, 이러한 특별구에 설치하여 특정 기관이나 지역의 경찰 활동을 위하여 특별구경찰을 두고 있다.

현재 특별구경찰의 규모·기능·성격이 다양하지만, 주로 교통(지하철경찰)·주택단지(주택공사경찰)·공원(공원경찰)·대학(대학경찰)이 가장 보편적이다.

특별구경찰은 비록 주경찰의 부담을 덜어 주기도 하지만, 통신 및 협력과 관련하여 많은 문제점을 야기하고 있다.

(4) 지방경찰의 문제점

카운티 이하의 지방에는 보안관·치안관·검시관 외에도 기타 카운티경찰, 특별경찰 등 다수의 경찰조직이 혼재한다. 특히 오늘날 교통 수단이 발달하고 지역 간의 교류가 성행하면서 소규모 지방의 실정에 맞지 않고, 상호간 업무 중복, 통신 및 조정 체제의 미흡 등 많은 문제점이 야기되고 있다.

각 지방경찰의 주경찰로의 통합, 지방경찰과 도시경찰의 합병이 논의되고 있고, 주경찰권이 다소 확대되는 경향이다. 하지만 이는 기본적으로 지방경찰에 대한 기능 보완의 측면이 강하므로 적극적인 통합에는 이르지 못하고 있다.

6) 경찰 관련 법령과 주요 경찰 업무

(1) 경찰 관련 법령

연방국가인 미국에서 경찰에 관한 기본 법령은 연방과 각 주에 따라 각각 다르다. 연방의회에 국민의 공동 방위와 복리 증진을 위한 입법을 할 수 있다는 포괄적인 권한을 부여한 연방 수정헌법 제1조 제8항 제18호의 규정이 연방정부가 연방수사기관을 설치할 수 있도록 하는 규정으로 해석함에 따라 연방의회에서 개개의 연방법 집행기관의 설치 및 운영(봉급, 훈련 및 예산)에 관한 구체적인 입법을 하고 있다.

연방수정헌법 제10조 규정이 주 및 지방정부 수준의 경찰기관은 연방에 위임하지 않고 각 주에 금지하지 않은 권한을 각기 각 주 또는 국민에 유보하도록 되어 있어 각 주의 입법으로 다양하게 설치·운영하고 있다.

주법에도 통일적·포괄적인 법전을 가진 곳은 없고 형법·형사소송법·도로교통법이나 각종 법집행 관련 법령에 산재해서 규정하고 있다.

(2) 주요 경찰 업무

미국에서 경찰 활동은 프랑스나 독일에서 볼 수 있는 사법경찰과 행정경찰의 구별에 관한 문제가 존재하지 않고 이론상으로도 범죄 수사, 증거 수집, 범인 체포 등의 사법경찰은 모든 경찰에게 권한이 있으며, 행정경찰의 업무도 경찰의 기본 업무로 파악하고 있다.

(3) 범죄 수사 절차

수사 절차에서 수사는 단지 재판기관이 형사재판을 실시하기 위한 준비 활동으로의 성격이 강하고 적법 절차의 원칙이 중요시된다. 구속 중인 피의자의 조사도 당사자주의를 채택하여 증거법상 엄격한 제약을 받으므로 신체를 구속받은 피의자를 조사하는 일이 많지 않고, 중요 사건을 제외하고는 피의자의 자백을 중시하지 않으며, 증인의 신체 구속 면책특권으로 증언 유도, 도청, 답변거래 제도로 얻어지는 증거로 범죄 수사를 보강하고 있다.

(4) 사법경찰의 지위

<table>
<tr><td rowspan="3">수사기관</td><td colspan="2">사법경찰 : 수사 주재자</td><td colspan="2">검사 : 수사 주재자</td></tr>
<tr><td>연방
경찰</td><td>연방범죄 수사</td><td>연방
검사</td><td>연방범죄 사건의 수사 지휘 및 소추</td></tr>
<tr><td>지방
경찰</td><td>연방범죄 이외의 범죄에 대한 독자적 수사권 보유</td><td>지방
검사</td><td>원칙적 소추기관 실제로는 조직범죄·도박 기타 사회구조적 범죄의 적극 수사</td></tr>
<tr><td>상호 관계</td><td colspan="4">•상호 협력 관계
•예외적으로 수사 지휘 및 상하 관계</td></tr>
<tr><td>사법경찰의 지위</td><td colspan="4">•원칙적으로 독자적 수사권 보유
•연방경찰–연방수사국, 마약청, 이민귀화국은 연방법무부 소속·감독
•비밀근무국–알코올·담배·무기국은 연방재무부 소속·감독
•지방경찰–주정부 및 지방의 위원회 소속·감독
•범인 체포 후 즉시 치안판사에게 인치 의무</td></tr>
<tr><td>검찰의 지위</td><td colspan="4">•공소제기권, 예외적 수사지휘권
•연방범죄수사국 수사 지휘(연방수사국 내규)
–수사 개시, 증거 수집, 체포, 가택 수색을 할 때 연방검사에게 사전 보고
–수사보고서 제출
–범죄 인정시 송치 의무
•25개 도시에 연방검찰총장 직속 조직범죄 단속반 창설–수사 지휘
–주에 따라 검사의 수사관 또는 형사임명권 인정(하와이, 펜실베이니아 주)
–주검찰총장의 사법경찰에 대한 일반적 지휘감독권 인정(캘리포니아 주)</td></tr>
</table>

7) 기 타

(1) 경찰 계급

보편적으로 사용하는 경찰 계급은 경찰청장(Chief of Police), 차장(Deputy Chief), 경감(Captain), 경위(Lieutenant), 경사(Sergeant), 경장(Corporal), 순경(Patrol Officer) 정도이다.

(2) 교육기관

연방경찰에서는 주로 연방범죄수사국 경찰학교와 연방법집행훈련센터를 들 수 있다. 특히 존슨 대통령이 법집행원조청을 만들었고, 그 중요 업무의 하나가 경찰관의 질적 향상에 기여하는 것이다.

(3) 경찰관의 노동조합

미국에서는 전 경찰관의 73%가 노조에 가입하고 있다. 미국의 경찰노조는 강력한 경제단체와 정치단체로서의 성격을 가지고 있어 여러 이익을 대변하고 여러 분야에서 발언권을 가지고 있다. 하지만 노조 활동은 극도로 개별화되어 전국적인 통일적 경찰노조는 존재하지 않는다.

〈미국 경찰의 주요 특징과 시사점〉

(1) 미국 경찰에 대하여 일반적으로 자치경찰이라고 하지만 실제는 미국은 자치경찰인 도시경찰·지방경찰을 중심으로 주경찰·연방경찰이 자치경찰의 단점을 보완하고 있다. 미국에서 경찰은 도시에서 주민의 합의로 자기들을 방어하기 위하여 결성한 것으로 생각한다. 따라서 주정부 또는 연방정부가 그 목적 달성을 위하여 조직하는 수사기관은 경찰이라고 부르지 않고 그것을 총칭하여 법집행기관이라고 한다.

(2) 이와 같은 미국 경찰의 특성은 그 조직 및 운영에서 아주 민주적이긴 하지만 한편으로 각 자치단체나 행정 분야마다 경찰기관을 설치·운영하여 경찰기관의 세분화와 중복 및 협력결여 등의 문제점도 발생하고 있다.

제 3 절 독일 경찰

1 독일 경찰의 역사

1) 14세기 이후 - 봉건영주의 영주고권

독일에서는 14세기 이후부터 봉건영주에게 영주권 행사의 최대한 보장을 위하여 포괄적 경찰권을 부여하였다. 경찰의 형태는 도시에서는 자치경찰, 농촌에서는 기마경찰 형태로 출발하였으며, 경찰은 국가사무였다.

2) 19세기 초 - 국가사무로서의 경찰

1808년 자치행정을 도입한 후에도 이 당시에도 경찰은 국가사무였다는 전통에는 변함이 없었다. 그리고 이 때에 종래의 기마경찰과 자치경찰을 개편하였다. 즉, 기마경찰대를 개편하여 정식 경찰대를 창설(1812)하였고, 자치제경찰은 베를린에서 처음으로 국가경찰인 정복경찰화하였다(1848). 다른 도시에도 마찬가지였다.

이러한 전통은 비스마르크 시대와 바이마르공화국 시대에 이르기까지, 즉 비스마르크의 독일 통일 때인 1871년 4월의 제국헌법 제정 당시와 바이마르 공화국의 1918년 10월의 국가개혁 시대에도 이러한 전통에는 별다른 변화가 없었다.

3) 제1차 대전

중앙집권적인 경찰은 제1차 세계대전 중에 치안을 확보하기 위하여 창설되었다(1919년). 그러나 독일의 패전과 연합군의 점령으로 그 다음 해 연합국은 중앙집권적 경찰의 해체를 요구하고 중앙집권적 조직을 금지하여 이전과 같은 중앙집권적인 경찰은 각 지방경찰로 재편성되었다. 이러한 경찰조직이 다시 중앙집권적인 경찰조직화를 시도한 때는 제2차 세계대전 전인 히틀러의 집권기 때였다. 이에 따라 1934년까지의 독일의 경찰 제도는 대체로 각 주에 따라 상이하여 전국으로 통일된 제도가 없었다.

4) 히틀러 시대

히틀러는 각 주의 주권(主權)을 박탈하고 경찰권을 중앙정부로 귀속시켜 국가사회주의 시대의 중앙집권적·관료적 국가경찰 제도를 만들었다. 그리고 이와는 별도의 조직으로서 프로이센 내무 장관 소속하의 비밀경찰(Gheime Staatspolizei)을 창설하여 정치범 예방의 정치경찰 사무의 책임을 부여하였다. 비밀경찰인 게슈타포(Gestapo)는 외부로부터 간섭을 받지 않는 완전한 독립된 기관이었다.

5) 제2차 세계대전 후

(1) 기본적 개편 방향

제2차 세계대전이 끝난 후 연합군은 독일 경찰을 개편하였는데 그 개편 방향은 탈나치화, 탈군사화, 비정치화, 민주화, 지방분권화, 비경찰화를 설정·추진하였다.

(2) 비경찰화 작업

소방·영업·도로·위생·건축 등의 업무를 경찰로부터 분리하여 일반 행정기관에 이관시키는 비경찰화 작업을 단행하였다.

(3) 1949년 독일 기본법

1949년 제정된 본 기본법에서는 일반경찰 행정권은 주 정부의 권한에 속하도록 하였고, 독일 경찰조직의 중점이 1933년 이전과 같이 다시 주(州)에게 이전되어, 각 주는 고유의 경찰법을 제정하게 되었다.

각 주의 경찰법은 경찰의 임무와 권한 및 경찰의 구조와 편제 및 재정에 관한 법규가 중심이 되었다.

이것이 자치제 경찰 제도로의 전환은 아니며, 대부분의 주 정부에서는 자치입법으로 주 단위의 국가경찰 제도를 채택하고 있다.

동독은 중앙집권적 경찰을 창설하였다.

6) 1950년대 이후

1950년에는 독일연방 단위의 헌법보호청, 국경경비대, 연방범죄수사국 등이 창설되었다. 그 이후 국경경비대 산하에는 대테러부대(GSG-9)가 설치되었다 (1972년).

(1) 1977년 '연방 및 각주 통일 경찰법 모범 초안'

연방 및 각 주 내무부 장관들로 된 내무부장관회의가 설치·운용되기 시작하여, 그 결실로 주 경찰 임무 및 권한 등의 통일을 기하기 위한 서독의 대내안전계획이 채택되었다.

1976년에는 '연방 및 각주 통일 경찰법 모범 초안'을 마련하여, 1977년 최종안(1986년 재개정)을 제정하기에 이르렀다. 이에 따라 대부분의 주에서는 전체 또는 부분적으로 경찰법을 개정하여, 경찰법의 통일을 기하고 있다.

(2) 1989년 동·서독의 통일

1989년에는 서독이 동독을 흡수 통일하면서 경찰의 통합도 이루어져, 분단국가인 우리에게 시사하는 바가 크다.

근대 시대	(1) 14세기 이후부터 봉건영주에게 영주권 행사를 보장하기 위하여 포괄적 기능을 행하는 경찰권을 부여(농촌은 기마경찰, 도시는 자치경찰의 형태) (2) 1848년 베를린에서 최초로 국가경찰인 정복경찰이 탄생
나치 시대	(1) 1934년(나치 독일)까지 전국적으로 통일된 경찰 제도가 존재하지 않는다. (2) 나치 독일 당시 내무부 장관 소속하여 비밀국가경찰을 설치 정치경찰 사무를 담당케 한다. (3) 제2차 세계대전 후 연합국의 4D정책의 추진과 더불어 비경찰화 작업이 진행
경찰개혁	(2) 독일 기본법에서 일반경찰행정권은 주(州)정부의 권한으로 귀속(州 단위의 국가경찰 제도) (2) '연방 및 각 주(州) 통일경찰법 모범 초안'(1976)을 기초로 경찰법의 통일을 기한다.
	(1) 4D정책 ⇒ 탈나치화, 탈군사화, 탈정치화, 민주화·지방분권화

2 독일의 경찰 제도

1) 서 설

독일의 경찰 제도에 대하여 독일의 헌법에 해당하는 기본법(GG)은 연방과 주의 입법 사항을 배분하여 규정하고 있는데, 경찰조직은 각 주의 입법 사항으로 규정하고 있다.

독일은 연방제 국가로서 각 주는 미국의 주와 같이 그대로 하나의 국가이며, 주내무부 장관 밑에 주경찰을 두고 있다. 연방경찰과 주경찰은 상호 독자적인 지위를 유지하며 양자 사이에 연방경찰을 상위에 두는 상명하복의 관계는 인정하지 않는다.

예외적으로 연방경찰 관할에 속하는 업무에 관하여 주경찰에 대한 통제를 인정하고 있다. 연방경찰은 반헌정 질서 범죄에 대한 정보 수집 및 수사, 국경경비와 같은 특수한 업무만을 담당하고 있고 지역 치안은 사실상 주경찰이 전담하고 있어서 독일 경찰조직의 핵심은 주경찰이다.

2) 연방경찰

독일은 연방국가로서 안보·외교·국경경비 등의 중요한 업무 외에는 주에게 권한이 이양되어 있다. 연방내무부에는 내무부 장관 밑에 12개의 국이 있는데, 특히 범죄 예방 및 마약 업무 등에 대하여는 경찰국이 담당한다. 연방경찰은 전국적 사항, 긴급사태 등에 대처하기 위하여 경비·공안 등 제한된 범위에서 독자적인 경찰권을 가지고 있다.

(1) 연방헌법보호청(Bundesamt fur Verfassungsschutz : BFVS, BVS)

(가) 주요 임무

1950년 독일 기본법을 근거로 설치된 연방헌법보호청은 극좌·극우의 합법·비합법단체, 스파이 등 기본법 위반의 혐의가 있는 모든 행위에 대한 감시 업무와 정보 수집·분석 업무를 그 임무로 한다. 특히 정보 수집과 관련하여 군정보기관인 연방정보지원처의 협조를 받는다.

(나) 특징

연방헌법보호청은 넓은 의미에서는 경찰기관의 하나이지만, 법률상 집행 업무를 할 수 없고, 경찰 권한도 없어서 구속·압수·수색을 할 수 없으며, 신문(訊問)을 위한 소환이나 강제 수단도 행할 수 없다. 다만, 정보 수집을 위하여 의회의 감독 아래 우편 개봉이나 전화 도청은 할 수 있다.

(다) 주 헌법보호청과의 관계

지방조직으로는 각 주에 주헌법보호청을 두어 연방 또는 주 헌법의 파괴·변경 등에 관한 정보의 수집·분석·평가 업무를 처리한다. 주헌법보호청도 범인체포권 등의 경찰권은 없으며, 연방헌법보호청과 조직상 상하 관계가 아니고 각각 독립하여 헌법 보호와 관련된 일을 하지만, 서로 긴밀한 협조 및 연락 체제에 의하여 유지하고 있다.

(2) 연방국경경비대(Bundesgrentchut : BGS)

(가) 조직 구성

1951년에 창설된 연방국경경비대는 연방내무부에 소속되어 있고, ① 국경경비대본부, ② 국경경비대관리국, ③ 국경경비국, ④ 국경경비학교, ⑤ 경찰특공대(GSG-9)로 구성되어 있다.

[표 3-2-7] 연방국경경비대(BGS)의 주요 조직

국경경비대 관리국	• 국경경비지역사령부의 행정관리 기획 업무를 담당 • 독립된 관청을 가지지 않고 각 국경경비사령부의 제3과에 구성되나, 국가수비사령부로부터는 업무상 독립되어 있고 연방내무부 장관의 직접 지휘·감독을 받음.
국경경비국	• 독일 전 지역을 관할하며 중요한 육상·해상의 국경 지역과 공항 등의 차량 및 인원의 통제, 테러 등 조직범죄의 예방 담당 • 9개의 국경경비대와 9개 학과의 국경경비교육대를 지휘·감독
국경경비학교	• 국경경비경찰 전체의 신임 및 보수교육 담당 • 연방국경경비대의 중간관청으로서 연방내무부 장관에 직속
경찰특공대 (GSG-9)	• 1972년 뮌헨 올림픽 당시 검은 9월단의 이스라엘 선수 테러사건 이후 대테러부대의 필요성에 의하여 창설 • 연방국경경비대(BGS) 안의 200명으로 구성 • 연방내무부 장관의 명령으로 주경찰이나 그 이하 단위의 경찰이 해결할 수 없는 테러사건을 담당

(나) 주요 임무

임무 및 조직과 관련하여 연방국경경비대 경찰에 관한 법률이 있고, 주된 임무는 ① 국경 보호 업무, ② 국가 비상 사태의 방지 업무 및 경찰력 지원, ③ 연방조직의 보호, ④ 해안 경비 및 보호 등이 있다.

(3) 연방범죄수사국

(가) 조직

연방내무부에 소속된 연방경찰기관으로서 연방범죄수사국장 밑에 참모부 및 12개 과(Abteilung)가 있다. 1951년 독일의 각 주에서 발생하는 전국적인 범죄에 대처하기 위하여 연방범죄수사국설치법의 제정으로 창설된 연방범죄수사국은 연방내무부 장관의 감독을 받으며, 국제형사경찰기구(Interpol) 독일 국가사무국(NCB)이다.

(나) 임무

① 기본 임무

연방범죄수사국은 범죄 수사 분야에서 각 주의 협조 및 지원관서이다. 즉, 범죄수사 활동에 필요한 정보와 자료를 수집하고, 신원 조회 및 과학 수사에 필요한 정보와 자료를 수집하고, 신원 조회 및 과학 수사에 필요한 시설을 운영하면서 형사 통계를 작성·분석하며, 형사소추기관의 요청이 있는 경우에 감정 의견을 제출하는 임무를 담당한다.

② 임무의 확대

각 주에서 발생하는 범죄행위의 수사는 원칙적으로 주의 권한에 속하고 예외적인 경우에만 연방범죄수사국의 관할을 인정하였다. 따라서 연방범죄수사국은 관할 주 수사기관의 요청 또는 위임, 연방내무부 장관의 지시, 연방검사의 요청이 있을 경우에만 제한적으로 수사 임무를 행하도록 하였다.

1973년 법률 개정으로 그 임무가 확대되어 주에서 수사가 어려운 일정한 범죄에 대한 고유한 관할권을 가지게 되었다. 즉, 국제적으로 조직된 불법무기, 탄약, 폭발물 또는 마약류, 위조 화폐의 제조 및 행사 등의 범죄 수사 및 외국의 범죄 수사 협조 업무, 연방대통령, 연방정부 및 의회, 헌법재판소의 구성원 및 외국 국빈, 외교 사절에 대한 요인 신변 보호 업무, 정치적 동기의 범죄 수사, 경찰 분야의 전산 업무, 수사경찰의 교육 업무에 대한 고유한 관할권을 가지고 있다.

(4) 연방특별경찰

연방경찰로서 그 밖의 연방철도경찰·수상경찰 등이 있는데, 연방철도경찰은 교통부 장관을 최고 책임자로 하여 전국 철도를 보호하고 각 역과 철도시설을 경비·보호하는 업무를 맡고 있다.

3) 주경찰

(1) 의의

독일 기본법에 따르면 "경찰의 시설 및 조직은 기본적으로 주의 관할 사항이며"라고 규정하여 일반경찰행정권은 각 주정부에 속하는 것이 원칙이다. 또한 대다수의 주에서는 이러한 주를 국가로 하는 국가경찰을 원칙적으로 하고 있고, 예외적으로 국가경찰에 자치경찰을 가미하는 주가 있을 뿐이다. 따라서 주내무부는 주의 최상급 경찰관청이며 각 경찰관서는 내무부 소속기관이고, 내무부는 경찰법의 시행을 위한 각종 법규명령·행정규칙 등을 제정한다.

독일의 주 경찰조직은 행정경찰, 사법경찰, 기동경찰의 3개 기능이 있고, 일부 주에서는 수상경찰을 두기도 한다. 또한 읍·면·시·군에는 각각 읍·면·시·군경찰이 있고, 시와 군은 대등한 위치의 행정조직이며, 경찰책임자는 모두 임명제이다. 특히 시경찰조직은 규모에 따라 차이가 있으나 일반적으로 관리·보안·수사 부서가 있다.

(2) 주경찰의 종류

(가) 행정경찰과 사법경찰

① 개념

행정경찰	행정경찰은 보안경찰이라고도 하는데, 전통적이고 전형적인 경찰 업무를 수행하는 기능이다. 즉 정복을 착용하고, 순찰·교통·방범 등 제반 경찰 업무를 수행하는 일반 경찰이다.
사법경찰	사법경찰은 사복으로 근무하면서 범죄의 수사 및 예방 업무를 담당하는 기능이다. 또한 각 주에서는 주의 수사 업무를 관할하고, 연방범죄수사국과의 업무 협조를 위한 주범죄수사국을 운영한다.

② 경찰의 구성 방식

행정경찰과 사법경찰의 구성은 일반 주 행정관청(주행정부, 주상원, 자치단체장 등)에 대한 관계에 따라 각 주마다 다르며, 크게 다음과 같이 나눌 수 있다.

일원주의	• 개념 : 행정경찰과 사법경찰이 일반 주 행정관청에 속하며 독자적인 경찰관서(특히, 경찰서)가 아니다. • 특징 : 주경찰은 주정부의 최고책임자, 주상원 또는 자치단체장 등 행정관청의 일부를 이룬다(예: 노르트라인, 브레멘, 라인란트, 베스트팔렌, 팔츠, 헤센 등).
다원주의	• 개념 : 행정경찰과 사법경찰이 내무부 장관 밑에 있는 독자적인 경찰관서이다(예: 바덴, 바이에른, 뷔르템베르크, 자를란트, 홀슈타인 주, 슐레스비히 등).
혼합주의	• 개념 : 여러 개의 파출소를 가진 독창적인 경찰서가 존재하는 형태를 취한다 • 특징 : 경찰감독관청은 행정구역의 장이 되고, 행정 및 사법경찰의 중간기관만이 일반 주행정과 결합한다(예: 니더작센 주).

③ 행정경찰과 사법경찰의 관계

행정경찰과 사법경찰은 정복 경찰관 중에서 형사경찰 요원을 뽑는 경우를 제외하고는 원칙상 상호 교류를 하지 않는다.

(나) 기동경찰

폭동이나 시위 등 전국적인 긴급 치안 상황에 대처하기 위하여 1950년 연방과 각 주정부의 행정협정에 의하여 기동경찰이 설립되었다. 이에 따라 각 주에서는 기동대의 설치·교육 및 배치 업무를 담당하고, 연방에서는 이들에 대한 통일적인 근무규칙을 제정하고 무기·통신·차량 장비 등을 지원하고 있다.

(다) 수상경찰

독일의 수상로·내수면·포구 및 부두 등에서 경찰 업무를 수행하는데, 일반경찰서와는 처음부터 분리되어 각 주의 내무부 장관에 직속되어 있다. 주요 임무로는 ① 각급 경찰관서, 주범죄수사국, 경찰국, 국경경비대 등으로부터의 위임 업무, ② 해난사고의 조사 및 예방, ③ 항만에서의 각종 경찰통제 업무, ④ 환경오염 범죄 단속 등이다.

(라) 일반 행정경찰과 질서 행정경찰

실질적인 경찰사무인 건축경찰, 산림경찰, 위생경찰, 도로경찰 등은 일반 행정경찰의 비경찰화 정책으로 주나 자치단체의 사무를 행하는 각 소관 행정기관들에게 이관되었으며, 이들은 경찰관청이 아닌 질서관청이다. 대부분의 주는 집행경찰에 적용하는 것과 동일한 실질적 경찰 법규를 질서행정에 적용하고 있으나, 형식적으로는 일반 행정경찰과 질서 행정경찰로 분리되어 있다.

(3) 주경찰과 연방경찰의 관계

독일에서 주는 연방이나 다른 주에 완전히 동등한 독립한 지위에서 상호간에 지휘·명령할 수 없다.

어느 주가 연방의 존립 또는 민주적인 기본 질서에 대한 급박한 위험을 방지하기 위하여 다른 주 또는 연방경찰의 지원을 요청할 수 있다. 이 때 그 요청권은 원칙적으로 주의 수상에게 있다.

일정한 경우 다른 주의 경찰관도 해당 주 경찰관의 업무를 수행할 수 있는데, 그 공무원의 조치도 본래 당해 지역에서 권한이 있는 경찰관의 조치와 동일한 효력을 가진다. 이러한 관계는 연방경찰관에게도 같다.

(4) 주경찰의 조직 형태

독일 대다수의 주는 주를 국가로 하는 국가경찰을 원칙으로 하고, 각 주는 대개 독자적인 경찰법을 제정하여 경찰을 운영한다. 다만, 일부 주에서는 국가경찰 형태에 읍·면경찰이라는 자치경찰을 가미하기도 하지만, 이러한 주들도 차츰 국가경찰 형태로 바뀌고 있다. 특히 바이에른 주경찰은 이전에 주경찰과 읍·면경찰을 가지고 있었지만 1978년 경찰법 이후에는 국가경찰로 일원화하였다.

대부분의 주에서는 경찰청장을 경찰관이 아닌 민간인으로 임명하고 있다. 이것은 민간의 경찰통제를 통하여 경찰권의 비대화를 방지하기 위한 조치이다.

4) 경찰 관련 법령과 주요 경찰 업무

(1) 경찰 관련 법령

독일에서의 경찰 관련 법령은 연방경찰법률과 주경찰법률로 나누어 볼 수 있다. 연방경찰 법률은 연방경찰기관의 업무에 따라 각각의 법률이 있다. 경찰법은 주입법에 속하는 사항이므로 연방 수준의 통일적인 경찰법은 존재하지 않는다. 연방의 경찰 관련 입법과 관련하여 연방국경경비대법, 연방범죄수사국법, 연방행정 경찰의 공권력 행사에서 직접강제에 관한 법률, 행정명령, 행정규칙이 있다.

(2) 주요 경찰 업무

연방경찰은 한정된 범위의 경찰 업무를 담당한다. 헌법 보호, 국경 수비, 연방 전체의 범죄사건만을 담당한다. 주경찰은 주마다 각각의 차이가 있지만 크게 행정경찰과 사법경찰로 나누어 각각의 업무를 수행한다.

(3) 범죄 수사 절차

독일은 수사 절차에서 검사를 수사 주재자로 하고 법정기소주의를 채택하고 있다. 소송 절차에서는 구문주의를 원칙으로 하고 영미법상의 당사자주의를 보충적으로 가미하고 있다. 증거법으로는 위법 수집 증거의 증거능력 배제, 전문 증거 배제의 원칙을 채택하고 있으며, 법관의 자유심증주의에 입각하고 있다.

(4) 사법경찰의 지위

독일의 사법경찰의 업무는 주로 형사사건의 처리이다. 사법경찰은 공공의 안녕과 질서에 대한 위해 방지라는 미래 지향적 경찰 업무를 수행하면서 이미 발생된 형사사건의 처리와 범죄인의 처벌이라는 과거 지향적 형사사법의 업무를 동시에 행한다.

<table>
<tr><th>수사기관</th><td>사법경찰 : 수사 보조자</td><td>검사 : 수사 주재자</td></tr>
<tr><th>상호 관계</th><td colspan="2">명령 복종 관계</td></tr>
<tr><th>사법경찰의 지위</th><td colspan="2">수사 보조자
• 명령 복종 의무, 보고 의무, 심문 조사 송부 의무, 변사체 발견보고 의무 (매장시 검사 허가 필요) 등
• 현행범의 체포시 익일까지 검사 신청의 구속영장을 발부받아야 함.</td></tr>
</table>

검찰의 지위	수사 주재자 • 검사는 직접 또는 사법경찰 지휘 수사 • 중요 사건, 경제범죄, 기타 중요 범죄는 압수 · 수색 등 수사 지휘 (사법경찰은 구인 · 구속권 없음.) • 수사 방향 · 범위 지정, 구체적 · 개별적 지시, 변사체 처리 지휘 • 연 2회 사법경찰 교양 및 유치장 감찰 • 공소제기권

5) 기 타

(1) 경찰 계급

경찰 계급은 통일적으로 비간부, 간부, 고급간부의 3등급으로 나뉘며, 각 등급마다 3~4개의 계급이 있다.

각 등급은 별의 색깔에 따라 나누고 동일 등급에서는 별의 수로써 나눈다. 헤센 주경찰에서는 세분된 계급을 없애고, 녹색 · 은색 · 금색의 3계급만으로 나눈다.

(2) 교육기관

독일 경찰의 교육기관은 모두 주정부 내무부 장관의 직속이고, 고급 간부의 통일적인 교육을 위하여 설립한 경찰지휘관 학교의 총경 임용 교육 과정은 2년이며, 초급간부를 위한 교육은 연방 및 각 주에 소재한 전문대학의 경찰행정 분야에서 3년의 교육 과정으로 실시한다.

〈독일 경찰의 주요 특징과 시사점〉

(1) 연방제 국가에서는 우선 연방경찰과 주경찰이 각각 존재하는데, 독일의 경우 연방경찰은 국가의 보호나 국가 전체를 고려하여 보호할 필요가 있는 제한된 업무만을 담당한다.

(2) 연방제 국가 내에서 경찰조직이 분권화하면서도 각 주의 경찰법이 차츰 전체적인 법적 통일의 경향을 가지는 것은 경찰의 업무 수행에는 어느 정도 통일이 필요하고 또한 그런 통일이 가능하다는 것을 알 수 있게 한다.

(3) 다수의 민간인이 경찰조직에서 경찰관과 근무하는 2차원적인 구조를 취하고 있다.

제 4 절 프랑스 경찰

1 프랑스 경찰의 역사

1) 구체제하의 경찰 제도

(1) 프레보

프레보(prévôt)는 1789년 프랑스혁명 전에 파리 내 치안을 담당하기 위하여 앙리 1세가 창설한 것(1032년)으로 국왕친위순찰대의 성격을 지닌다. 프레보는 경찰과 재판 업무를 담당하였다.

(2) 자치제

11세기 도시가 영주로부터 자치권을 획득하면서 코뮌(commune)의 시장(maire)이 질서 유지를 위한 행정경찰권을 행사하기 시작하면서 자치제(police municipale)가 생겼는데 이것이 자치제의 시초이다.

(3) 국립 군경찰

국립 군경찰(Gendarmerie Nationale)의 기원은 12세기 기마순찰대에서 기원한다. 100년 전쟁과 종교전쟁을 거치면서 지방의 치안이 무질서해지자 14세기에 이르러 1373년 샤를 5세가 각지의 주둔군의 군부대 내의 치안담당관인 마레쇼세(maréchaussée)에게 영지(領地 : 성내, 영주 권한) 이외의 지역의 범죄자에 대한 처리를 할 권한을 주면서 정착되었다. 오늘날의 농촌 지역에서의 군경찰(헌병)이 경찰 업무를 담당하는 것은 여기에서 유래되었다.

(4) 경찰국

17세기 루이 14세 때 인 1667년에 프레보로부터 경찰 업무를 분화하여 경찰국을 창설하였다.

2) 프랑스대혁명과 경찰 제도

프랑스혁명 후 나폴레옹 집권 전까지 경찰은 국립 민간방위대, 군경찰이 있었다.

(1) 국립 민간방위대(Garde Nationale)

대혁명 당시에 치안을 담당하기 위해서 민간방범대(약 1,800명)를 설치하였는데 이것이 혁명 후 국립민간방위대의 근간이 되었다. 국립민간방위대가 설치되고 파리 시내의 경찰 업무를 담당하면서 종래의 경찰국이 폐지되었다.

대혁명을 거치면서 시위대의 무질서를 바로잡기 위하여 민간방범대(Garde Civique)라고 부르는 약 1,800명의 자원병이 시내 질서 유지를 담당하였는데, 이것이 혁명 후의 국립 민간방위대(Garde Nationale)의 근간이 되었다. 이에 따라 경찰국은 폐지되고, 파리 시는 국립민간방위대, 지방은 군경찰(헌병; Gendarmerie Nationale)이 치안을 담당하였다.

(2) 군경찰(Gendarmerie Nationale)

군경찰은 지방에서의 경찰 업무를 담당하였다. 이 군경찰은 과거의 군경찰과 차이가 없고 명칭만 바뀌었다.

(3) 파리경찰청과 지방군사령부

나폴레옹 집권시에 프랑스경찰은 중앙집권화되었고, 경찰청과는 별도로 파리경찰청을 설치하였으며, 군경찰의 경우에는 지방 군경찰 사령부를 설치하였다.

나폴레옹이 정권을 잡고 행정기구와 지방 제도를 중앙집권화하면서 경찰 제도도 집권화되었으며, 파리에는 직접 중앙 권력에 종속하는 경찰기관으로서 파리경찰청이 창설되었고, 그 장은 경찰청장(Lieutenant general de Police)이 되었다.

군경찰도 이 기간에 그 조직이 더욱 강화되어 지방 군경찰 사령부를 설치하였다.

3) 근대 프랑스 경찰

19세기의 프랑스 경찰은 중앙집권화를 위하여 내무부 소속하의 경찰청(1881년)과 군경찰기동대를 창설하였다. 중앙집권화의 강화에 따라 설치된 내무부 소속의 경찰청은 업무가 확대되었으며, 군경찰 기동대는 관할 구역에 관계 없이 활동할 수 있도록 하였다.

19세기 프랑스 경찰은 중앙집권화가 강화되어 1881년에는 경찰을 감독하기 위하여 내무부 안에 새로 경찰청이 창설되었고, 그 업무도 점차 확대되었다. 이 시기의 군경찰은 정치경찰화하여 많은 비난을 받았지만, 군경찰 기동대 등을 창설하였고, 중앙으로부터의 예산 지원을 받는 등의 개혁이 이루어졌다.

20세기에 이르러 중앙집권화 경향은 더욱 가속화되어 경찰의 자치적 성격을 제거하는 노력이 계속되었다. 1934년 4월 28일 법률은 내무부 소속하의 경찰청을 국립경찰청(1934년)으로 변경하고, 중앙집권화를 강화하였다.

1941년 4월 23일의 법률과 1941년 6월 6일 및 7월 7일의 명령도 단순화와 통일화라는 의미에서 경찰 제도에 큰 개혁을 가하여, 인구 1만 명 이상

[표 3-2-8] 프랑스 경찰의 역사

<table>
<tr><td rowspan="1">구체제 시대 (11~17세기)</td><td colspan="2">(1) 국왕 친위대격인 프레보(prèvôt)가 재판·경찰을 담당
(2) 자치권을 획득한 코뮌 시장이 질서 유지를 위한 행정경찰권을 당당한 것이 오늘날 지방자치 경찰의 시초가 되었다.
(3) 12세기 기마순찰대에서 농촌의 경찰 업무 담당한 것이 오늘날 군경찰의 기원이 되었다.
(4) 루이 14세 때 경찰국이 창설되었다(1667년).</td></tr>
<tr><td>프랑스 대혁명기</td><td colspan="2">(1) 경찰국 폐지⇒파리 시는 국립민간방위대가, 지방은 군경찰(헌병)이 치안을 담당
(2) 나폴레옹 집권시 중앙집권화의 과정에서 파리경찰청이 창설되었다.</td></tr>
<tr><td rowspan="2">근대 경찰</td><td>19세기</td><td>중앙집권화 강화⇒내무부 안에 경찰청 창설</td></tr>
<tr><td>20세기</td><td>(1) 1934년 내무부 경찰청을 국립경찰청으로 변경⇒중앙집권화를 강화
(2) 1941년 인구 1만 명 이상의 도시는 모두 국가경찰화(1996년부터는 2만 명으로 완화)
(3) 1966년 국립경찰청과 파리경찰청을 통합하여 국립경찰로 일원화</td></tr>
</table>

의 도시는 모두 국가경찰화하였다. 그러나 1996년부터는 인구 2만 이상의 도시에서 국가경찰을 운영하고 있다.

제2차 세계대전 이후에도 이러한 경찰의 중앙집권화는 그대로 유지되었을 뿐만 아니라, 1966년 7월 9일 법률로 내무부의 국립경찰청과 파리경찰청을 통일하여 국립경찰로 일원화함으로써 중앙집권화를 더욱 강화하였다.

2 프랑스의 경찰 제도

1) 서 설

(1) 일원화된 국가경찰 제도

프랑스 경찰은 주로 국가경찰로 일원화하고 있다. 경찰은 내무부 장관의 지휘를 받는 전국적인 조직을 가지고 중앙에서 일반적 지휘·감독을 행하고 있다. 중요한 도시에서는 기본적으로 국가경찰 형태를 가지고 있지만, 자치체 경찰도 인구 2만 명 미만의 읍·면 자치단체에서 극히 제한적으로 실시하고 있다.

(2) 국가경찰과 자치경찰

프랑스 경찰조직으로는 크게 국가경찰과 자치체 경찰이 있고, 국가경찰에는 다시 국립경찰과 군인경찰이 있다. 국립경찰은 경찰청을 말하며, 이에는 경찰청 본부조직, 파리경찰청, 지방경찰조직 등이 있다.

국립경찰에는 인구 2만 명 이상의 읍·면과 기타 도·지방 등의 지방조직에 배치되는 전국적 조직을 가지는 국립경찰청과 국가경찰기동대 및 파리와 센(Seine)도를 관할하는 파리경찰청이 있다.

인구 2만 명 이상의 읍·면에서는 도지사가 경찰 업무를 관장한다. 이런 도지사의 권한은 자치경찰을 시행하는 읍·면에도 미치며, 지방자치법에도 읍·면장(코뮌장)은 도지사의 감독을 받도록 규정하고 있고, 읍·면장의 경찰행정에 관한 권한을 공공 도로의 통행 편의와 안전·공공의 질서, 소란, 분쟁, 집회, 장례 등 구체적으로 열거하고 있어 자치경찰의 분야는 매우 제한되어 있다. 그 결과 국립경찰과 자치체 경찰은 상호 충돌이 없다.

인구 2만 명 미만의 읍·면에서의 경찰 업무는 읍·면장의 권한에 속하는데, 그 권한은 삼림감시관이나 지방자치단체의 요청에 따라 특별히 설치한 국가경찰이 행한다.

(3) 군인경찰

국방부 장관 밑에 있으면서 전국적인 제2의 국가경찰로서 군인경찰(Gengamerie)이 있다. 이 군인경찰은 국립경찰이 배치되지 않은 읍·면에서 도지사의 지휘를 받으며 지방경찰의 인원 부족을 보충하는 역할을 하고, 국립경찰과 협동으로 일반경찰사무를 수행한다. 그 예로 교통경찰, 사법상의 명령에 의한 수사를 들 수 있다.

외근·교통 및 일부 간단한 형사 문제를 취급하는 정복경찰의 행정경찰 업무는 일반적으로 인구 2만 명 이상의 읍·면에서는 국립경찰이, 2만 명 미만의 읍·면에서는 군인경찰이 담당한다. 하지만 사법경찰 업무에서는 이런 구별은 존재하지 않고, 국립경찰과 군인경찰의 관할은 명확하지 않으며, 경찰력의 배분은 이러한 기관들을 지휘·감독하는 도지사와 검사의 재량에 따른다.

(4) 기타

예외적으로 도지사의 허가를 얻어 민간경비를 담당하는 경찰을 둘 수 있다. 체신부에서 고액 현금 수송을 위한 전문 호송인을 고용하는 것이 그 예이다.

2) 국립경찰

프랑스의 국가경찰은 프랑스 경찰의 중심으로 인구 2만 명 이상의 도시지역에서 운영되고 있다. 경찰청은 내무부 장관의 지휘를 받는 경찰청장이 담당한다. 프랑스의 국가경찰은 정복경찰관, 사복경찰관, 일반직원을 가지고 있는데 이들 직원들은 모두 내무부 소속의 국가공무원이다.

지방의 국가경찰은 내무부 장관이 임명하는 도지사를 통하여 관리된다. 내무부 소속 경찰관은 정복경찰과 사복경찰의 둘 중 어느 하나에 속하며, 정복경찰은 외근·교통·경비 등의 업무를 담당하고, 사복경찰은 수사나 형사 업무를 담당한다.

(1) 경찰청의 조직

(가) 개요

경찰청장은 국무회의에서 임명하며 그 신분은 내무부의 공무원이다. 경찰청장은 국립경찰의 중앙조직을 관할하고, 파리경찰을 포함하여 전국 국가 경찰 업무의 지시 및 조정을 담당한다. 또한 경찰청은 파리 등 수도권 지역 치안을 담당하는 파리경찰청장의 관할 이외의 전국을 담당한다.

경찰청장 직속의 부속기관으로는 대테러연구반, 대테러대책실, 교통지령실, 마피아전담반, 도시경찰관, 내무부장관 경호실, 청소년 고용대책반 등이 있다. 경찰청장 밑에는 경무국과 실무국이 있고, 이를 담당하는 차장이 각각 1명씩 있다.

(나) 주요 조직

① 경무국

경무국은 1985년에 인적 자원의 통일적 관리를 위하여 창설되었고 인사과, 교육과, 지방담당과를 두고 있다.

② 장비국

장비국은 1985년에 경찰현대화법에 따라 조직되었고, 경찰장비를 관리하기 위하여 연구개발과와 장비과를 두고 있다.

③ 감찰국(DGPN)

감찰국은 경찰의 경찰 역할을 한다. 비리를 적발하고, 행정적인 징계와 소청 업무를 담당하며, 1986년 이래 파리경찰청의 경찰관을 포함한 전국의 경찰관에 대한 감찰 업무를 담당한다.

④ 형사국(DCPJ)

형사국은 모든 종류의 범죄를 진압하고 조사한다. 프랑스 경찰을 행정경찰과 사법경찰로 구분할 때 형사국은 경찰청보다는 검찰청과 직접적인 업무 연락 관계에 있다.

⑤ 경비국과 경찰특공대

경비국은 인구 2만 명 이상의 시·읍·면에서 경비 업무를 담당하는 제복경찰관으로서 외근·방범 업무를 담당한다. 지방경찰에게 부여된 권한을 침해하지 않고 도시 지역 경찰의 조직, 고용 및 운용에 관한 전반적인 권한을 가진다. 특히 경비국은 대테러특수부대인 경찰특공대(Groupe d'Intervention de la Police Nationale : GIPN)를 가지고 있다. 이 부대는 1972년 뮌헨 올림픽 사건을 계기로 창설되어 약 10여개의 부대가 전국에 배치되어 있다.

⑥ 정보국(DCRG)

정보국은 과거에 비밀경찰(Police Special)이라고 부르던 것으로 정부기관에 필요한 모든 정보를 제공할 임무가 있다. 그 임무는 혐의가 있는 인물 및 단체를 감시하고 치안 유지에 필요한 정치·경제·사회·언론 등 전반적 정보 활동과 정치적 폭력·테러 감시 및 분석, 유흥장·도박장·승마장의 감시를 통하여 정보를 수집하는 것이다.

⑦ 보안국(DST)

보안국은 국토감시국이라고도 하며 수 개의 도를 관할로 하여 업무를 행하며 국가의 질서를 침해하는 외부의 행위를 조사하여 관할 재판기관으로 인도한다. 그 역할은 국가 주권에 대한 침해 행위의 증거를 법원에 제공하는 것이며, 주된 임무는 프랑스 영토 내의 국가 전복·내란·파괴행위의 적발, 수사 및 국가 기밀의 보호라는 대간첩 업무 수행, 국제기관·외국 공관의 동향 파악 등이다.

⑧ 경찰기동단(CRS)

경찰기동단은 우리 나라의 전투경찰의 임무를 수행하는 경찰관으로 편성된 경비부대로 시위 진압·폭동 진압 등의 임무를 수행한다. 경찰기동단은 1948년 이후 내무부 직속부대로 활동하였지만, 1968년 법령 개정으로 경찰청에 편입하였다. 경찰기동단은 정복경찰관으로 구성되며, 내무부의 중앙본부를 중심으로 전국에 63개 기동대가 있고, 그 중 2개는 해외에 있는 도(道)에 위치한다.

⑨ 출입국관리국

출입국관리국은 국경수비대라고도 하며, 종래는 보안국에 속하였지만 1973년에 독립하였다. 공항·항구·육상 국경 초소의 출입국 관리 및 안전 유지가 그 임무이다. 특히 비행기 납치의 방지, 공항시설의 보안 경비, 마약 범죄 등 국제범죄 방지, 민간 항공사 감독, 철도·항공기 사고 처리도 겸하고 있으며, 담당 업무에서 사법경찰이나 행정경찰의 업무를 중첩적으로 행사한다.

(2) 내무부의 조직

프랑스의 내무부 장관은 치안 업무에 대하여 국방부 장관, 시장, 읍·면장과 함께 치안책임자이다. 내무부 장관 밑에는 행정감찰국, 치안문제연구소, 공보실이 있다. 또한 중앙행정청, 지방자치청, 국립경찰청의 3개청, 법제국, 민간구조국, 기획예산국, 정보통신국의 4개국을 가지고 있다.

내무부 장관의 업무는 국가 업무 전반에 대한 관리와 시민의 재산·안전 보장이 있는데, 특히 재산 및 안점 보장과 관련하여 경찰을 지휘·감독한다.

(3) 최근(1990년대)의 경찰 개혁

(가) 개혁의 필요성

프랑스의 국립경찰은 1990년대에 들어오면서 이전과는 달리 경찰개혁을 계속적으로 시도하고 있다. 이러한 개혁의 배경은 도시 범죄로 증가되는 사회적 요구와 사회 질서의 혼란에 대한 경찰의 효과적 대응구조, 지역주의와 현대화에 따른 문제 발생, 경찰과 시민의 동조 및 협력의 필요 증대가 그 원인이 되었다. 경찰개혁의 방향은 경찰의 교육개혁, 경찰 활동의 과학화에 의한 효율적 대응, 지역의 실정에 맞는 경찰 활동의 전개, 다른 경찰기관 상호간의 협력 증진을 중심으로 하였다.

(나) 경찰개혁의 주요 내용

① 교육개혁을 통한 경찰개혁

1980년대 초반 교육개혁을 통한 경찰개혁의 기본을 마련하기 위해서 교육국(1981년)을 창설하고, 교육계획 및 장기교육계획(1982년)을 수립하였으며, 경찰현대화법(1986년)·경찰관직무집행법(1986년)을 제정하여 이를 뒷받침하였다.

② 지방 실정의 반영

경찰조직의 새로운 이념으로 지방 실정의 반영 및 청렴성의 원칙이 제기되어 담당구역제, 경찰서 민원 접수의 절차 개선, 이의 제기의 처리, 주민과 경찰의 대화 등에 그 중점을 두었고, 지방경찰과 자치단체협의회를 창설하여 협력 치안을 실시하였다.

③ 정복경찰과 사복경찰의 일원화 시도

조직의 유연성과 효율적인 업무 수행을 위하여 1995년부터 정·사복 경찰관의 모집·계급·승진 등에서의 구분을 폐지하고, 3단계 직급과 계급으로 일원화하였다.

④ 경찰조직의 유연성 제고 및 업무의 현대화

경찰 예산의 도 단위 지방으로의 집행 강화, 정복 및 사복경찰의 업무 영역의 유연화(인사 교류, 모든 경찰관의 수사 기술 습득), 책임의 명확화, 근무 시간의 합리적 조정, 대테러특공대의 창설, 보조경찰의 경찰에서의 군복무에 대한 근거를 마련하였다.

⑤ 경찰기관 간의 공조 및 협력

자치경찰과 민간경비를 통하여 국가경찰의 경찰력에 대한 의존도를 감소하게 하고, 경찰과 군인경찰의 협력을 위한 법령상 근거를 마련하였다. 또한 파리경찰청도 이러한 방향에서 경찰개혁 모델(1999년)을 마련하여 이웃 경찰(une police de proximite) 개념을 도입하고 있다.

⑥ 기타

이 밖에도 경찰권과 기본권과의 상충 문제에 대한 입법적 해결을 시도하고, 업무 한계의 명확화와 상호 조화, 도지사의 역할 강화에 의한 경찰권 통제, 형사중재 제도 마련 등의 개혁을 실시하였다.

3) 파리경찰청

파리는 정부의 소재지이고 경제의 중심지이며 인구도 많고 역사적으로는 폭동의 발생지이기도 해서 직접 중앙 권력에 종속하는 경찰기관을 설치할 필요성이 있어서 수도경찰로서 파리경찰청을 설치하였다.

(1) 파리경찰청의 업무

파리경찰청장은 파리 및 주위의 6개 도의 도지사와 같이 내무부 장관의 추천으로 대통령이 임명하며, 파리경찰청장은 파리 시와 파리 주위의 6개 도의 경찰권을 가지고 있다.

주요한 업무로는 파리 시와 주변 도의 경찰권, 수도의 안전·위생 및 공공질서를 위한 경찰권, 수도에서 국가의 행정경찰 사무의 관장, 파리 및 인근 3개 도의 경찰도지사, 파리의 광역 국방지역의 책임자이며, 파리와 파리 주변 다른 도에 관한 공공질서 침해 행위를 예방하기 위하여 파리 주변 행정도지사의 활동을 조정・협력한다. 또한, 상훈이나 징계권을 통하여 형사국(사법경찰)을 포함한 경찰공무원의 장으로서의 역할도 담당한다.

(2) 파리경찰청의 본부조직

(가) 조직의 개관

파리경찰청은 종래 내무부 장관에게 직속하면서도 내무부의 국립경찰과는 별개의 조직이었는데, 1996년 법률로 국립경찰로 편입되었다. 경찰청은 그 독자적인 형태에도 불구하고 다른 도경찰과 같이 내무부 장관의 지휘를 받는 국가경찰의 일부이다. 따라서 현재 파리경찰청은 내무부 소속이 아니라 경찰청장 밑에 있다.

파리경찰청은 청장 밑에 2명의 차장이 있어 사법경찰 업무와 행정경찰 업무를 담당하고, 그 밑에 실무 부서와 경무(행정) 부서가 있다. 실무 부서 밑에는 경비교통국・방범국(자역사회경찰국)・형사국・장비국・감찰국이 있고, 경무(행정) 부서 밑에는 법무국・교통국・위생안전국・경무후생국이 있다.

(나) 주요 업무 및 기능

경찰청의 주요 업무는 여권・신분증명서, 기타의 일반경찰 업무, 교통 운송과 상업의 조사 단속, 보건・위생・공안, 비상사태시 시민 보호 등이다.

경찰청의 활동 기능으로는 모든 기관의 감찰, 정복경찰의 방범, 사복경찰의 범죄수사, 경제・금융 및 무역 관계의 범죄 처리, 대통령을 비롯한 요인 경호 등의 임무를 수행한다.

(3) 경찰서와 하부조직

(가) '이웃 경찰' 개념의 도입

1999년 파리경찰청은 이전의 경찰조직에서 새로운 경찰개혁 모델을 제시하였다. 이에 따라 파리경찰은 경찰공조 및 시민연대를 위한 '이웃 경찰(une police deproximite)' 개념을 도입하였다. 이는 더 나은 민원 처리와 더 나은 경찰 업무를 확보하여 시민과 더 가까운 경찰, 체감 치안의 경찰, 쉽게 접근할 수 있는 경찰을 확보하는 데 그 목적이 있다.

(나) 지역사회경찰국(Police Urbaine de Proximite)

이러한 시민의 이웃으로서 행동하는 이웃 경찰의 임무를 수행하기 위한 담당 부서로 지역사회경찰국과 그 하부조직을 신설하였다. 또한, 민원 접수의 원활화를 위한 현대화 계획 수립, 경찰민원처리규정 등을 마련하여 이를 뒷받침하고 있다.

(다) 민원실 조직

민원실 조직(points d'accueil)은 각 구에 지역사회 경찰로서 이웃 경찰의 기능을 수행하기 위하여 마련된 조직이다. 이러한 조직은 24시간 운영하는 상설 조직으로서 1개 구에 1개의 경찰서를 두었으며, 경찰서에 직속하여 민원 접수 및 조사 업무를 수행하는 민원실을 각 구에 1개씩 두었다.

(4) 보조경찰

경찰행정 업무 및 시위 등 경비 상황의 진압 업무를 보조하기 위한 보조경찰이 있다. 이는 우리의 전투경찰대 및 의무경찰과 비슷한 제도로서 일반경찰관을 지원·보조하도록 하고 있다. 법적으로 시위 진압·경찰구조·교통 등 공공질서 유지 활동에 종사하고 있으나 강도·대테러·금융범죄와 같은 사법경찰의 전문 분야에는 참여할 수 없다.

4) 군인경찰

(1) 의의

(가) 연혁

군인경찰 제도는 군대 내의 경찰 업무를 수행하기 위하여 구성된 12세기의 기마순찰대에서 찾아볼 수 있는 제도로서, 중세에 경찰기관이 설치되지 않은 농촌 지역에서 치안 유지를 위하여 설치되기 시작하였다. 현재의 명칭(Gendarmerie)은 1791년부터 가지게 되었다.

관할 군인경찰은 국가경찰로서 경찰기관이 없는 인구 2만 명 미만의 소도시와 농촌 지역, 주로 간선도로 등 전국토의 95%에 해당하는 지역에서 경찰 업무를 수행한다.

(나) 군인경찰의 지위

군인경찰은 내무부 장관 밑에서 근무하지만 군인이므로 소속은 국방부이다. 즉, 군인경찰은 군 임무를 수행할 때는 군인이고, 경찰 업무를 집행할 때는 국가경찰의 모든 법령에 따라야만 한다.

군인경찰은 그 일부가 파리시내에 있다. 이들은 친위대의 기능을 할 때는 경찰청장의 지휘를 받게 되는데, 이것이 기동군인경찰(Gendamerie mobile)이다. 기동군인경찰이 경찰 업무 지원에 동원되면 경찰청장, 각 도지사, 파리경찰청장의 지휘를 받는다.

(다) 국가경찰과 차이

장교, 하사관 및 5년 이상 근속한 근인경찰은 사법경찰관리의 권한을 가진다.

일부 관리 부서를 제외하고는 전원 정복경찰로서, 국가경찰과 같은 정복·사복의 구별은 없다.

국립경찰은 인구 2만 명 이상의 대도시나 중소도시의 치안을 담당하고, 군인경찰은 2만 명 미만의 소도시·농촌 지역 차안을 지방자치경찰과 함께 담당한다.

신분상 국방부에 소속된 군인은 노동조합의 결성이 금지되므로, 군인경찰도 노동조합을 결성할 수 없다.

군인경찰의 기동대는 전쟁이나 내란의 경우에는 군대로서 출동하므로 전차, 장갑차 등 중화기를 가지고 있다.

(2) 군인경찰의 조직

(가) 개관

군인경찰 조직은 각 지역의 도 군인경찰, 기동군인경찰, 특수 임무의 공화국경비대와 군 경찰 본래의 임무를 수행하는 항공헌병, 해상헌병, 병기헌병, 전략무기헌병으로 분류할 수 있고, 이 밖에도 국방 의무로 소집되어 병역에 보조군인경찰이 있다.

(나) 도군인경찰(Departmental Gendamerie)

도군인경찰은 인구 2만 명 미만의 읍·면에서 사법, 행정의 일반경찰 활동을 행한다.

(다) 기동군인경찰대(Gendamerie Mobile)

기동군인경찰대는 1921년에 군인경찰이 일반사회의 질서 유지 업무에 관여하고자 창설된 조직으로서, 전국 각 지역에 분쟁이나 폭동이 발생하면 신속하게 출동하도록 잘 훈련된 기동부대이다.

기동군인경찰대는 경찰력의 행사를 위하여 행정구역에 관계 없이 전국에 걸쳐 활동하고 있고, 군의 예비부대로서의 성격도 가지고 있다.

주요 임무는 폭동 진압, 각종 집회 및 시위의 경비 등과 같이 사회 공공의 안녕과 질서를 유지하는 것이다.

(라) 공화국경비대(Garde republicaine)

파리 관할 제1군사령부 직할부대로서 대통령 등 요인을 경호하고 중요시설경비 및 의전 행사를 주된 임무로 한다. 공화국경비대는 대통령경비대, 관리경비대, 오토바이부대, 군악대 등으로 편성되어 있다.

(3) 군인경찰의 업무

프랑스의 군인경찰은 군인 자체의 업무를 수행하면서도 행정경찰과 사법경찰의 기능도 아울러 수행한다.

(가) 행정경찰로서의 군인경찰

행정경찰로서 군인경찰은 소도시와 농촌의 순찰대를 맡고 있는데 주로 교통질서와 관련된 업무를 수행한다. 또한 항공경찰, 식민지경찰, 산악구조대와 같은 특수 임무와 전국 교통정보의 수집 업무도 행하고, 기마경찰은 파리의 각종 의식이나 행사에 참가하기도 한다.

(나) 사법경찰로서의 군인경찰

사법경찰로서 군인경찰은 그 조직이 전국에 걸쳐 있어 사법기관에게 매우 중요한 역할을 하고 있다.

(4) 교육훈련

군인경찰은 국방부 소속이므로 군인 계급을 가지고 있는데, 이는 크게 장교·하사관·사병의 세 가지로 구성되어 있다. 그리고 일반인으로부터의 채용은 순경에 상당하는 군인경찰 대원인 사병뿐이다. 지원병 외에도 국방의무로서 병역에 복역할 자들 중에서 군인경찰이 되는 보조군인 경찰도 있다.

교육은 군인경찰중앙본부에 군인경찰부가 있어 각종 학교교육의 기획·조정·관리를 행한다.

5) 자치경찰

(1) 의의

자치경찰은 인구 1만 명 이상 2만 명 미만의 기초자치단체에서 읍·면장이 자치단체 내의 공공의 안녕과 질서 유지를 위하여 설치할 수 있는데, 읍·면장이 경찰 임무를 수행할 사람을 자치적으로 모집하고 배치하므로 이를 자치경찰이라고 한다.

자치경찰은 각 자치단체의 읍·면장의 책임하에 지방자치단체의 사정에 따라 삼림감시관을 두거나 별도의 국가경찰기관을 두는 두 가지가 있다.

(2) 자치경찰의 조직 및 활동

(가) 삼림감시관(Garde Champetre)

보통의 지방자치단체에서 경찰 업무는 자치단체장의 경찰 업무에 속하고 그 업무는 삼림감시관이 행한다. 이들의 임명은 임의적이며 군수의 동의를 얻어 자치단체장(시장, 읍·면장)이 행한다.

이들은 업무와 관련하여 사법경찰관으로서 권한을 행사하여 그 관할구역 내에서 발생한 경찰 법령에 위반하는 행위를 수사하고, 조서를 작성하며, 그 직무를 수행하면서 무장할 수 있다. 삼림 보호뿐만 아니라 경찰 법령의 위반 행위를 조사하기 위하여 부여된 기타의 권한을 행사할 수 있다. 삼림감시관은 업무를 행할 때 신분증을 패용하여야 하고, 경찰사범에 대한 보고를 24시간 이내에 행하지 않으면 손해배상 책임이 있다.

(나) 지방자치단체의 국가경찰

경우에 따라 삼림감시관 대신에 지방자치단체장은 경찰 임무 수행자인 경찰을 자치적으로 모집하고 배치할 수 있는데, 내무부 장관과 재무부 장관은 읍·면의회의 요구나 동의를 얻어 부령으로 읍·면에 국가경찰을 설치하고, 기타의 경우는 행정법원의 심의를 거친 명령으로 국가경찰을 설치한다.

(다) 자치경찰의 유형

자치경찰의 규모와 활동의 대소에 따라 소형 자치경찰, 중간 자치경찰, 대형 자치경찰의 세 가지가 있다.

[표 3-2-9] 자치경찰의 규모별 유형

소 형 자치경찰	• 통학로의 안전 확보, 주차 위반 단속, 관청으로부터 서류 송달, 시장 경비 등 일반경찰 활동 중에서 신체의 구속을 수반하지 않는 극히 좁은 분야의 활동만을 행한다. • 광의의 경찰 활동 중 예방 활동을 주로 한다. • 노르(Nord)도 데케르크·릴면
중 간 자치경찰	• 24시간 체제로 순찰, 경계 활동 중 거동 수상자 발견, 범죄 인지시 국가 또는 군인경찰에의 통보·인계 등을 행한다. • 국가경찰 또는 군인경찰의 영역을 범하지 않는 범위에서 최대한의 활동을 행한다. • 애슨(Asine)도 생·캉탱면
대 형 자치경찰	• 24시간 체제로 순찰, 경계 활동 중 직무 질문, 파출소로의 임의 동행, 신체 수색 등을 행한다. • 국가경찰과 거의 같은 내용의 활동을 행한다. • 오 드 센(Hauts-de-Seine)도의 뤼레이·망매종면, 알프스·마리팀므도의 니스·칸면

(라) 자치경찰의 활동

삼림감시원을 제외한 자치경찰은 범죄 수사를 할 수 없으며, 범죄를 인지한 경우 보고서를 작성하여 국가경찰인 경찰서에 보고·인계한다.

6) 경찰 관련 법령과 주요 경찰 업무

(1) 경찰 관련 법령

프랑스에서는 국가경찰을 일원화하여 그 임무와 조직을 규정하는 경찰법이 존재하지 않는다. 프랑스의 경찰조직은 시대에 따라 수많은 법률과 명령을 통하여 점차적으로 발전해 왔다.

(2) 주요 경찰 업무

프랑스는 경찰 업무와 관련하여 행정경찰과 사법경찰을 엄격히 분리하고 있다. 이것은 기본적으로 프랑스의 권력 분립 이론에 근거하고 있으며, 공공질서의 유지라는 행정경찰은 행정권에 속하고, 범죄 수사의 사법경찰은 사법권에 속하는 것으로 본다.

(3) 범죄수사 절차

경범죄는 치안법원에서, 경죄는 경죄법원에서, 중죄는 중죄법원에서 각

[표 3-2-10] 사법경찰과 검사의 관계

수사기관	사법경찰 : 수사 보조자	검사 : 수사 주재자
상호 관계	명령 복종 관계	
사법경찰의 지위	수사 보조자 • 일반적 보고 및 사건 송치 의무, 중죄 및 경죄 형행범의 경우 출동 전 검사에게 보고, 각종 정보 보고 • 구속권이 없고, 24시간 보호 유치만 가능	
검찰의 지위	수사 주재자 • 일반적 사항은 고등검사장이 감독 –사법경찰은 고등검사장으로부터 근무지 부여명령을 받은 뒤 근무 가능 –근무자 부여명령 정지 또는 취소명령, 사법경찰의 징계 회부 • 구체적 직무는 검사가 감독 –일반적 지휘, 수사 및 기소를 위한 사법경찰 지휘 –정보 수집 지시 및 기타 구체적 지시 –각종 범죄 수사명령, 수사 중지명령, 관할구역 외 수사명령 보호 유치 명령 –변사처리 지휘, 현장수사 지휘, 보호 유치 적법 여부 감독 • 공소제기권	

각 재판하고 있다. 이에 따라 각기 다른 소추 절차와 재판 절차를 거친다. 가령 예심법원은 중죄에 대하여는 필수이고 경죄에 대하여는 선택적이나, 미성년자의 경죄에 대해서는 필수적이다.

(4) 사법경찰의 지위

수사의 주체는 검찰이고 사법경찰은 수사의 보조자이다. 물론 프랑스에서도 실무상 대다수의 사건에서 수사의 주체는 경찰이다. 하지만 예심판사가 사건을 공판에 보낼 것인가를 결정하므로 광범위하게 피의자의 심문, 증거의 수집 등을 행한다. 그러므로 수사를 공소 제기 전의 공판 준비 활동으로 본다면 예심판사도 기능적으로 수사의 주체로 보아야 할 것이다.

7) 기 타

(1) 경찰 계급(Grade)

프랑스 경찰 계급은 정복 경찰관과 사복 경찰관이 엄격히 구분되어 있어 정복 경찰관은 주로 행정경찰의 업무를 행하고, 사복 경찰은 수사경찰의 업무를 행하였다. 그러나 이러한 계급과 사복·정복의 구분은 점차 없어졌고, 현재 프랑스의 경찰 계급은 경사 이하 계급으로 순경시보·순경·경장·경사의 4단계가 있다.

(2) 경찰교육기관

국립최고경찰학교에서는 경찰서장의 교육을 담당하고 있고, 경위급의 초급간부는 국립경찰간부 고급학교에서 담당하고 있으며, 비간부 경찰관은 담당 분야에 따라 11개의 국립경찰학교와 12개의 경찰교육센터 중에서 8개월의 학교교육과 3개월의 경찰서 실무실습을 한다.

(3) 경찰노동조합

경찰에 정식으로 노동조합 결성권이 인정된 것은 1948년 9월 28일 법에 의해서이다. 다만, 이 법은 경찰관의 동맹파업권을 금지하였다. 현재 전 경찰관의 약 70%가 다양한 노조에 가입하고 있다. 노동조합으로는 경찰자치노동조합, 경찰부문노동조합, 경찰독립연맹, 사복경찰노동조합, 고급간부노동조합 등이 있다.

〈 프랑스 경찰의 주요 특징과 시사점 〉

(1) 프랑스 경찰 업무는 도시 지역에서는 내무부 소속의 국가경찰이, 농촌 지역에서는 국방부 소속의 군인경찰이 수행하면서 궁극적으로는 정부의 치안 책임자인 내무부 장관의 지휘를 받고 있는 다원적인 구조를 가지고 있다.
(2) 프랑스의 경찰 업무는 행정경찰과 사법경찰이 분리된다. 경찰의 임무가 두 가지로 나뉘면서 이들 임무를 수행하는 경찰관들도 같은 경찰기관에서 신분상 나뉘고 있다.

제 6 절 일본 경찰

1 일본 경찰의 역사

1) 메이지 이전의 경찰

1868년의 메이지유신(明治維新)으로 왕정복고를 통한 중앙집권적인 왕정 체제가 이루어지기 이전의 일본 경찰은 지방분권적인 번(藩)을 중심으로 지방 토호적인 체제가 형성되어 있었다. 각 번에는 맹주인 번주(藩主)와 번주에게 충성하는 사무라이(侍 : 武士)가 각 그들의 조직과 방법으로 자기 지방의 치안을 담당하였다.

2) 메이지유신 - 1945년 이전의 경찰

일본은 메이지유신으로 근대적 경찰 제도를 정비하였다. 그러나 이 당시의 경찰은 민주주의의 이념과는 거리가 먼 군국주의와 제국주의의 필요에 의한 경찰 제도의 정비였다.

메이지 헌법상 일왕에게 독립명령권(제29조)을 인정하여 경찰권 발동의 근거를 마련하고, 출판법(1893년), 치안경찰법(1900년), 신문지법(1909년), 사상범보호관찰법(1936년), 경찰범처벌법(1908년) 등의 치안법을 통하여 광범위한 경찰권 발동의 근거를 마련하였다.

일본은 1868년 메이지유신 후 식산흥업(殖産興業)을 통한 부국강병을 꾀

함으로써 궁극적으로는 동양의 제국주의 국가로 군림하려는 국가 목표를 세우게 되었다. 이러한 국가 목표를 달성하기 위해서는 가장 우선되어야 할 것이 국내의 안정이었으며, 이를 위해서 근대적 경찰 제도를 정비하는 것이 긴급한 과제가 되었다.

일본의 근대적 경찰은 시민의 필요나 자치적 의지에 따라 창설된 것이 아니라, 제국주의국으로 발돋움하려는 국가적 의지에 따라 국내적 안정 기반을 확보하기 위한 차원에서 창설되었으며, 천황의 독립명령권 등은 이를 잘 뒷받침하는 것이었다.

우리 나라 경찰권을 침탈한 것도 바로 이러한 시기에 탄생된 일본의 경찰에 의해서였다.

(1) 병부성(兵部省) 시대

메이지 초기 병부성 시대의 경찰조직은 군무관(軍務官 : 후의 병부성)의 지휘 아래 에도(江戶 : 東京府)와 각 지방에 번병(藩兵), 부병(府兵)과 현병(縣兵)을 두어 치안을 담당하였다.

그러나 1871년 폐번치현(廢藩治縣)에 따라 번이 폐지되고 현이 설치되면서 부병·현병은 폐지되었다.

(2) 사법성(司法省) 시대

(가) 나졸의 창설

일본의 군대적 경찰은 폐번치현으로 부병과 현병이 사라지고 동경부에 나졸(邏卒 : 3,000인)이 창설(1871년 10월)되면서부터이다. 따라서 일본의 근대적 경찰의 시초는 나졸이라 할 수 있다.

(나) 경찰직무규정의 제정

이러한 나졸이 사법성의 관할로 이전되면서(1872년 8월), 경찰의 조직과 직무에 관한 규정인 '경보찰직제장정(警保察職制章程)'과 '사법직무정제(司法職務定制)'가 제정되었다.

경보찰직제장정은 행정경찰의 조직과 그 임무를 규정한 것 이외에 일종의 자치경찰인 민설민급(民設民給)의 번인(番人) 제도를 규정하고 있고, 사법직무정제는 사법경찰의 업무를 규정한 것으로 검사가 수행하도록 한 것이다.

(다) 경찰조직

① 중앙 : 자치제 민설민급의 번인(番人), 관설관급의 경시(警視) · 경부(警部), 관설민급의 순사(巡査)의 세 가지 형태가 병존하였다.

② 지방 : 현치조례(縣治條例)가 제정되어 경라(警邏)에 관한 규정을 두어 전국적으로 통일된 경찰조직을 정비하였다.

(3) 내부성(內務省) 시대

(가) 내무성의 설치

사법성의 대경시였던 가와미치(川路利良)가 1872년 10월부터 약 1년간 프랑스 등 유럽 대륙의 경찰을 시찰하고 경찰 제도에 관한 조사보고서를 제출하였는 바, 일본 경찰의 창시자인 가와미치의 건의로 1873년 11월 내무성이 설치되었다. 그리고 이듬해인 1874년 1월 사법성의 경보국을 내무성으로 이관하였다. 그리고 '경보료직제'를 제정하여 경찰의 중심 업무를 사회 안전과 질서에 대한 장해의 사전 예방하는 행정경찰 업무에 두었다.

(나) 도쿄경시청의 설치

내무성이 설치되면서 1874년 1월 내무성 관할하에 도쿄경시청이 설치되었다. 도쿄경시청이 창설되면서 종래의 나졸(邏卒)은 순사가 되고, 자치경찰제적인 번인 제도를 가와미치의 건의에 따라 폐지하여 자치경찰제적인 요소를 완전히 제거하였다.

도쿄경시청은 지휘 체계가 태정대신(太政大臣 : 總理大臣)과 내무대신으로 이원화되어 있었다. 즉 일반적인 경찰사무는 내무대신의 지휘를 받지만 국사사무(정치경찰 · 고등경찰 사무 등)는 총리대신의 지휘를 받는다. 이처럼 정치관료가 경찰을 지휘하게 함으로써 정치경찰화가 시작되었다.

도쿄경시청은 농민의 반란을 계기로 이를 진압하기 위하여 일시 폐지(1877년 10월)되고, 그 업무는 내무성의 경보찰(후에 경보국⇒경시국⇒경보국)이 대신하다가 1881년 1월에 다시 경시청으로 부활하였다. 경시청은 전후 경찰 제도의 일대 개혁시에도 변함 없이 존치되었으며, 1911년에는 특별고등경찰(정치경찰)이 경시청에 설치되었다

(다) 기타 지방경찰

일본의 지방경찰은 1875년 경찰 활동의 근거 법규인 행정경찰규칙을 제정한 이후, 내무성은 전국 지방의 실태를 조사하여, 동년 11월에 종전의 현치조례를 폐지하고, '부현직제병사무장정(府縣職制並事務章程)'을 제정하여 부현 내의 제4과가 경찰사무를 담당하도록 하였다가, 이 장정은 1878년 7월에 폐지하고, '부현관직제(府縣官職制)'에 의거 '경부(警部)'가 지사나 현령의 지휘·감독하에 관할 경찰사무를 담당하도록 하였다. 지방경찰의 경우에도 국사사무만큼은 내무대신의 지휘와 명령을 받도록 되어 있어, 정치경찰에의 편향을 드러냈다.

다시 1886년에 와서 '지방관관제(地方官官制)'에 의하여, 현(縣)에도 지사를 두고 관할 내 경찰사무를 총괄하도록 하고, 각 부현에는 '경찰본부(警察本部)'를 설치하여 경찰사무를 관할하도록 하였다. 이 경찰본부는 '경찰부(1890년)', '제4부(1905년)' 등의 변천을 거쳐 1907년에 이르러 각 부현에 내무부와 경찰부가 설치되었고, 경찰부가 경찰사무를 관장하였다.

그 하부조직으로는 1888년 10월에 '경찰관리 배치(警察官吏配置) 및 근무 개칙(勤務概則)'이 제정되어, 일군일구(一郡一區) 경찰서주의의 채택으로, 부현(府縣) 밑의 군(郡) 단위에는 경찰서가 설치되어 경찰 업무를 담당하였다. 이로써 전국적인 경찰망이 완성되고 이러한 내무성 체제 경찰조직은 1945년 일본이 연합국에 패망할 때까지 계속되었다.

보통경찰기관 외에 1881년 '헌병조례(憲兵條例)'에 의하여 설치된 헌병도 군사경찰 이외에 행정경찰과 사법경찰을 겸하고 있어 경찰기관으로서 활동하고 있었다.

(라) 행정경찰규칙과 천황의 독립명령권

유럽대륙의 중앙집권적인 경찰조직을 갖춘 일본은 행정경찰규칙을 통하여 광범위한 경찰 활동의 근거 법규를 마련하였다.

1889년에 제정된 메이지 헌법상의 천황의 독립명령권(제29조)을 통하여 경찰권 발동의 근거 부여가 가능하였다.

출판법(1893년), 치안경찰법(1900년), 행정집행법(1900년), 신문지법(1909년), 치안유지법(1925년), 사상범보호관찰법(1936년), 국방보안법(1941년),

위경죄즉결례(1885년), 경찰범처벌령(1908년) 등 각종 치안입법을 통하여 경찰은 후발 제국주의, 군국주의 일본의 국내 안정과 해외 침탈의 핵심 세력으로서 국민의 사상까지도 감시하는 등 국민의 인권이나 생명, 재산의 보호 등과는 상관 없이 철저히 정부를 보호하는 데 중심을 두고 활약하였던 것이다. 일본의 조선 침략은 이러한 사상과 철학을 가진 경찰을 통한 침략의 과정이었다.

일본에서도 1890년대 후반부터 민권운동이나 대정(大正) 데모크라시를 통하여 1905년에는 국민적 저항을 받기도 하였다.

3) 미군정하의 경찰

(1) 법률의 개폐 및 인적 청산

미군은 메이지 헌법을 폐지하고 인권 보장과 지방자치를 보장하는 신헌법을 제정하였다. 또한 각종의 치안 입법을 폐지하고 내무부, 정치경찰, 헌병대 등을 폐지하였으며, 내무대신 이하 경찰 수뇌부와 사상경찰 관계자 등을 파면 조치하여 과거를 철저히 청산하였다.

미국의 초기 대일 방침은 군국주의 및 그 침략의 정신을 나타내는 제도를 철저히 일소하는 데 있었는데, 그 구제책으로 비밀경찰 조직의 철폐와 경찰 제도의 개혁이 단행되었다.

1945년 10월 4일 이른바 인권지령에 의해서 종래의 각종 치안 입법이 폐지되고, 경찰 수뇌부와 사상경찰 관계자 등이 파면되었으며, 특고경찰 등 정치경찰이 철폐되고 헌병대도 폐지되었다. 그리고 내무경찰이라고도 불리는 경찰 체제의 정점에 서 있던 내무부도 폐지되었으며, 천황의 독립명령권 등 전제적 요소를 가지고 있던 메이지 헌법도 폐지되고 국회를 유일한 입법기관으로 하고, 기본적 인권의 불가침성과 지방자치를 보장하는 신헌법이 제정되었다.

또한 경찰이 그 동안 관리해 오던 각종의 경찰사무 중 위생사무와 같은 협의의 행정경찰사무를 다른 행정기관에 이관하는 등 독일에서와 같은 비경찰화 작업이 일본에서도 전개되었다.

1948년 7월에는 경찰관 등 직무집행법이 제정되어 경찰관의 권한 행사의 범위나 수단을 엄격히 제한하였다.

그러나 일본은 패전으로 말미암은 미군정의 지배를 통하여 타율적이기는 하지만 다행히도 과거를 청산할 수 있는 기회를 가짐으로써 오늘날 일본 내에서 가장 신뢰받을 수 있는 조직으로 발전하는 발판을 마련하였다.

(2) 비경찰화와 수사권의 분산

경찰들의 업무 중 위생사무와 같은 협의의 행정경찰사무는 다른 행정기관으로 이전하였다(비경찰화).

반면에 영·미의 경찰의 영향으로 범죄 수사가 경찰법에 경찰의 책무로 정식 규정되었고, 검사의 수사권 독점을 막고자 경찰에게도 수사권을 인정하였다.

영·미의 영향으로 범죄 수사가 경찰법에 경찰의 책무로 정식 규정되고, 수사권에 대해서도 전제적인 요소로 보아 온 검사의 수사권 독점을 철폐하고 경찰에게도 수사권을 분산하는 등 변혁을 가져왔다.

(3) 경찰법의 제정

미군정 당국은 경찰법을 제정(1947년 12월)하여 독립적인 공안위원회를 도입하는 등 경찰 제도의 근본적인 개혁을 하였는데, 그 특징은 이원적 구조이다.

그러나 이 제도는 실패하였고, 경찰법의 개정을 통하여 주민투표로 자치경찰을 포기할 수 있게 하였으며(1차 개정), 내각총리에 대한 경찰행정에 대한 개입을 강화(2차 개정)하는 등 경찰법이 개정되었다. 경찰법은 1954년에 이르러 전면 개정하였는데 이 경찰법을 신경찰법이라 한다.

(4) 지방자치경찰 제도의 도입

(가) 근본적인 개혁

시와 인구 5,000인 이상의 시가적 마치(町), 무라(村)에 자치제를 두고, 그 밖의 지역에는 국가지방경찰을 두었다. 1948년 3월부터 시행하기에 이르렀다.

(나) 실패

이러한 경찰법은 일본이 미국과는 달리 시민에 의한 민주적 자치의식이 미약하다는 점을 감안하지 못하고, 시 및 인구 5,000인 이상의 시가적 마치,

무라라고 하는 지나치게 세분화되어 있는 자치제에 경찰의 창설을 의무화하는 등 문제가 노출되어 실패하였다.

(5) 경찰관직무집행법의 제정

경찰관의 권한 행사의 범위나 그 수단을 엄격히 제한하기 위해서 1948년 7월에는 경찰관직무집행법을 제정하였다.

4) 현행 도도부현 경찰제의 정착

신경찰법에서 도도부현(都道府縣) 단위의 도도부현 경찰 제도와 공안위원회에 의한 경찰관리 제도가 마련되는 등 현행 경찰 제도의 골격이 완성되었다.

1951년 5월에는 1차 개정이 이루어져 주민 투표에 의하여 자치제 운영을 포기할 수 있는 길을 열어 놓았고, 1952년에는 내각총리대신의 경찰행정에 대한 개입을 강화하는 등 2차 개정이 이루어졌으며, 일본이 독립한 이후인 1954년에는 전면 개정이 이루어졌다.

1952년 일본이 독립한 이후에는 점령정책의 과오를 시정하기 위한 일환으로 경찰 제도의 개혁이 추진되어, 결국 1954년 5월에 경찰법의 전면 개정안이 통과됨으로써, 도도부현 단위의 도도부현 경찰 제도와 공안위원회에 의한 경찰관리라는 현행 제도의 골격이 마련되었다.

신경찰법의 주요 내용은 다음과 같다.

① 국가경찰과 도도부현 경찰의 이중 체계

국가경찰인 경찰청과 관구경찰국과, 도도부현 경찰인 도쿄도 경시청과 도부현 경찰본부로 이루어진 이중 체계를 취한다.

② 공안위원회의 설치

경찰관리기관으로 국가와 도도부현에 공안위원회를 설치, 운영하여 민주성과 정치적 중립성을 확보한다.

③ 경비의 부담

경찰청과 관구 경찰국 등의 국가경찰의 운영에 따른 경비는 국고 부담이다. 또한 도도부현 경찰의 경비는 원칙적으로 도도부현이 부담하고, 예외적으로 국가가 부담한다.

④ 경찰관의 신분

국가경찰기관에 소속된 경찰관은 국가공무원이고 도도부현에 소속된 경찰은 지방공무원이다. 다만, 경시정 이상으로서 도도부현에 근무하는 지방경찰관은 국가공무원이고, 이들은 국가공안위원회가 도도부현 공안위원회의 동의를 얻어 임명한다.

⑤ 국가적 요청에 따른 통제

대규모의 재해나 소요 등에 따른 긴급사태의 포고가 있는 경우에는 내각총리대신이 일시적으로 경찰을 통제할 수 있고 경찰청 장관을 직접 지휘·

[표 3-2-11] 일본 경찰의 역사

<table>
<tr><td>메이지 이전</td><td colspan="2">번(藩) 중심의 봉건제⇒번주(藩主)와 그에 봉사하는 무사들이 치안을 담당</td></tr>
<tr><td rowspan="4">메이지 유신 ~ 1945년</td><td colspan="2">(1) 국가 목표 달성을 위한 중앙집권적 왕정 체제 구축
(2) 천왕의 독립명령권 등 강력한 경찰 체제를 보유
(3) 경찰은 각종 치안 입법을 통하여 국민의 사상까지도 감시⇒정부 보호에 중점</td></tr>
<tr><td>병부성 시대</td><td>(1) 번에서 차출된 무사들로 번병·부병이 조직되어 치안을 담당
(2) 폐번치현(廢藩置縣) 조치에 따라 부병·현병은 존재 기반이 상실되었다.</td></tr>
<tr><td>사법성 시대</td><td>(1) 도쿄부에 나졸이 창설⇒근대적 경찰이 최초로 등장(1871년)
(2) '경보찰직제장정'을 제정⇒행정경찰의 조직과 업무에 관한 규정
(3) 지방에는 '현치조례'가 제정⇒지방경찰이 정비</td></tr>
<tr><td>내무성 시대</td><td>(1) 가와미치(일본 경찰의 아버지)의 건의로 내무성 및 내무성의 관할하에 도쿄 경시청을 설치(1874년)
(2) 기타 지방경찰
① '행정경찰규칙', '부현관직제'를 통하여 지방경찰도 국사사무는 내무대신의 지휘와 명령을 받도록 하여 전국 경찰의 중앙집권화를 추구
② 일군일구(一郡一區) 경찰서주의를 채택, 전국적 경찰망을 완성
③ '헌병조례'에 의하여 설치된 헌병은 군사 및 행정·사법경찰을 겸임한다.</td></tr>
<tr><td>미 군정하</td><td colspan="2">(1) 군국주의의 일소책으로 메이지 헌법·각종 치안 입법·정치경찰·헌병대·내무부 등의 폐지를 추진하고 경찰 수뇌부와 사상경찰 관계자 등을 파면 조치⇒철저한 개혁
(2) 비경찰화 작업을 추진, 검사의 수사독점권을 폐지하여 경찰에게도 수사권을 분산
(3) 공안위원회제 도입, 국가경찰과 자치제 이원적 구조를 가진 경찰 제도를 창설
(4) 경찰관 등 직무집행법 제정(1948년)</td></tr>
<tr><td>현행 경찰</td><td colspan="2">1954년의 경찰법의 전면 개정을 통하여 도도부현(都道府縣) 단위의 도도부현 경찰 제도와 공안위원회에 의한 경찰관리라는 현행 제도의 골격이 완성</td></tr>
</table>

감독한다. 또한 이러한 경우 경찰청 장관도 포고지역 관할 경시총감 또는 경찰본부장에 대하여, 관구경찰국장은 부현의 경찰본부장에 대하여 지휘·감독할 수 있다.

2 일본 경찰의 조직

1) 개 략

<table>
<tr><th colspan="2">구 분</th><th>관리</th><th>소할</th></tr>
<tr><td rowspan="2">국가경찰</td><td>경찰청</td><td rowspan="2">국가 공안위원회</td><td rowspan="2">총리대신</td></tr>
<tr><td>관구경찰국</td></tr>
<tr><td rowspan="2">지방자치경찰</td><td>도쿄도 경시청</td><td rowspan="2">도도부현 공안위원회</td><td rowspan="2">지사</td></tr>
<tr><td>도부현 경찰본부(시경찰부)</td></tr>
</table>

(1) 국가경찰과 도도부현 경찰

신경찰법에 따른 일본의 경찰조직은 국가경찰과 도도부현 경찰로 이루어져 이중적인 것이 특징이다.

신경찰법에서는 경찰의 민주화와 능률화, 국가적 성격과 자치적 성격, 정치적 중립과 책임의 명확화의 조화를 어떻게 구현할 것인가를 신중히 고려하여 현실 조직에 반영하였다.

국가경찰에는 경찰청과 관구경찰국, 자치제 도도부현 경찰에는 도쿄도경시청과 도부현 경찰본부(43개)로 이루어진 이중 체계이다.

(2) 경찰관리기관 - 공안위원회

경찰관리기관으로 국가와 도도부현에 공안위원회를 둔다.

국가경찰인 경찰청은 내각총리대신의 관할인 국가공안위원회가 관리하고, 자치제 도도부현 경찰은 도도부현지사의 관할인 도도부현 공안위원회가 경시청과 도부현 경찰본부를 관리한다. 그러나 내각의 총리대신이나 도도부현 지사는 공안위원회에 대한 지휘·감독권이 없다.

그러나 대규모의 재해나 소란, 기타 국가 긴급사태가 발생한 경우에는 내각총리대신과 경찰청장관에 의한 중앙통제가 인정되고 있다. 그 밖에 광

〈 국가공안위원회 〉

1) 지위

국가공안위원회는 경찰관리기관으로서 국가 공안에 관한 경찰의 운영을 담당하며, 경찰 교양·통신·범죄통계·경찰 장비에 관한 사항을 통할하고, 도도부현 공안위원회와 밀접한 연락하에 재해 및 지방의 평온을 해하는 혼란 또는 국가 비상사태에 대처하기 위한 계획 및 실시, 기타 경찰행정에 관한 조정 등에 관하여 경찰청을 관리하고, 공안위원회규칙 제정 등의 권한을 가진다.

2) 조직

① 국가공안위원회는 자치성 장관이 겸임하는 내무대신을 위원장으로 하고 5명의 위원으로 구성되어 있다. 위원은 임명 전 5년간 경찰 또는 검찰의 경력이 없는 자 중에서 내각총리대신이 의회의 동의를 얻어 임명한다.

② 위원 자격을 제한하는 이유는 국민의 의사를 대변하고 경찰 운영의 독선화와 관료화를 방지하며, 경찰행정의 민주적 보장과 정치적 중립성의 확보를 위하여 설치한 취지에 비추어 경찰행정에 관하여 일반적인 지식과 경험을 가지고 관료적인 영향력이 있는 자를 임명하여 제도의 취지를 반감시키는 것을 막기 위해서이다.

3) 임무

① 국가 공안에 관한 경찰 운영 관장

국가공안위원회는 국가의 치안 확보 책임을 명확하게 하기 위하여 특히 중앙기관에서 하여야 하는 국가의 공안에 관한 경찰 운영을 관장한다. 합리적인 경찰의 교양·통신·장비·범죄감식·범죄 통계에 관한 사항을 통괄하며, 경찰사무의 특성상 지방기관에 맡기는 것보다 중앙에서 통제하는 것이 필요한 경찰행정에 관한 조정을 한다.

② 경찰청의 관리

국가공안위원회는 경찰행정의 조정 및 감찰 등에 관하여 경찰청을 관리할 수 있다. 경찰청에 대한 관리는 모두 경찰청 장관을 통하여 이루어지며, 주요 업무들은 국가경찰로서 당연히 중앙에서 총괄·조정할 사무이거나 대규모 재해 및 소요, 국왕 경호 등 국가 공안에 관한 업무들이다.

4) 권한

① 경찰청 장관과 지방경찰관의 신분에 관한 의견 개진권

② 긴급사태시 내각총리대신의 직권 행사에 필요한 조언 의무

③ 검찰총장 및 지자체 공안위원회와 긴밀한 연락 유지

④ 그 권한에 속하는 사무에 관한 법령의 특별한 위임에 따라 국가공안위원회규칙 제정

⑤ 사법경찰 직원의 징계파면권, 사법경찰 직원의 지정, 통상산업성대신으로부터 특정 물질의 제조나 무기 제조의 허가 등에 관한 통보받을 권한

5) 운영

위원장은 회의만 주재하고 위원으로서의 표결권은 없고, 가부 동수인 경우에만 표결권을 주고 있다. 위원장을 장관으로 한 것은 정부의 치안에 관한 책임을 분명이 하기 위한 것이지만, 위원회의 정치적 중립성을 보장하기 위하여 표결권을 제한하고 있다. 또한 위원은 일체의 정치 활동은 할 수 없고, 지방공공단체의 상임 역원이 되지 못하며 유급제이다.

6) 한계

국가공안위원회는 상설위원회가 아닐 뿐만 아니라 정치와 경찰과의 완충 역할 내지는 치안 책임을 명확히 하는 의미 외에는 형식화되어 있다. 따라서 국가공안위원회의 업무는 대부분 권한위임 등에 의하여 경찰청이 처리하고 있는 실정이다.

역 수사를 위한 필요에서 국가경찰의 개입 또는 도도부현 간 관할의 극복 등을 위한 제도적 장치가 마련되어 있다.

(3) 경비 부담

국가경찰의 경비는 국가에서 부담한다. 그러나 도도부현 경찰의 경비는 원칙적으로 도도부현에서 부담하고 예외적인 경우에 국가에서 부담한다.

경비 부담은 도도부현 경찰에 요하는 경비 가운데 경시정(간부) 이상의 경찰관의 봉급 기타의 급여, 경찰교육시설의 유지 관리, 경찰통신시설의 유지 관리 등 경찰법 제37조 제1항이 정하는 경비로서 정령으로 정한 사항은 국고에서 부담한다.

그 이외의 경비는 도도부현에서 부담한다.

(4) 경찰관의 신분

경찰관의 신분은 국가공무원(국가경찰)과 지방공무원(도도부현 경찰)이다. 그러나 경시정 이상으로 도도부현에 근무하는 지방경찰관은 국가공무원이다. 이들은 국가공안위원회가 지방공안위원회의 동의를 얻어 임면한다.

2) 국가경찰

(1) 경찰청

경찰청은 국가공안위원회에 속해 있으나 단순한 보조기관은 아니고 관청이다. 경찰청 장관은 국가공안위원회가 내각총리의 동의를 얻어 임면한다. 경찰청은 독립한 권한을 가진 행정기관이며 국가공안위원회의 단순한 사무부국은 아니다. 즉, 경찰청은 국가행정조직법상 총리부의 외국이 아니며, 총리부의 외국인 국가공안위원회에 설치된 기관이다.

경찰청의 관리기관으로서 내각총리대신의 소할하에 있는 국가공안위원회는 경찰 예산, 경찰교양, 경찰통신, 범죄 감식, 경찰장비, 황궁경찰(경위) 등에 대해서 경찰청을 관리한다.

경찰청 장관은 소장 사무의 범위에서 도도부현 경찰을 지휘·감독한다. 국가공안위원회가 도도부현 경찰을 직접 지휘·감독할 수는 없다.

경찰청 장관은 국가공안위원회가 내각총리대신의 승인을 얻어 임명한다.

경찰청에는 장관관방과, 생활안전국, 형사국, 교통국, 경비국, 정보통신국이 있으며, 장관관방 밑에 국제부, 형사국 밑에 폭력단대책부가 있다. 그리고 부속기관으로서 경찰대학교, 과학경찰연구소, 황궁경찰본부가 있다. 또한 지방기관으로 7개 관구경찰국과 2개의 통신부를 두고 있다.

(2) 관구경찰국

(가) 지위

관구경찰국(管區警察局)은 경찰청의 지방기관으로서 경찰청 소관 사무의 일부를 분장한다.

(나) 설치 계기

관구경찰국은 ① 전국적인 경찰통신시설을 확보하기 위하여 광역센터의 설차, ② 경찰 중견 간부 양성기관인 관구경찰학교 운영의 필요, ③ 지방자치단체의 경찰행정에 관하여 국가적 또는 전국적 입장에서 조정을 필요로 하는 경우, ④ 고등검찰청 등 다른 기관과의 상호 긴밀한 연락을 유지하고 경찰 운영의 원활을 도모할 필요가 있어서 설치되었다.

(다) 조직

관구경찰국은 경찰국의 사무를 총괄하고 지휘·감독하는 국장(局長)과 내부조직으로서 총무부·공안부·통신부 및 각부의 하부조직 등으로 조직되어 있다. 또한 전국적으로 7개의 관구경찰국이 있는데, 도쿄경시청은 수도경찰의 특수성을 고려하여 이 관할구역에서 제외하였고, 홋카이도(北海道)에는 도 전체를 관할하는 홋카이도경찰본부가 있어서 관구경찰국은 설치하지 않고 있다.

3) 자치제 경찰-도도부현(都道府縣) 경찰

(1) 개요

도도부현 경찰은 당해 구역 내에서 경찰행정을 수행하며, 국고에서 지출되는 지방재정법상 국고보조금을 제외한 필요경비는 당해 도도부현이 담당하는 자치제 경찰이다.

(가) 도쿄도 경시청과 경찰본부

경찰본부는 도부현 경찰의 본부로서 관리기관인 공안위원회의 관리하에 있는 집행기관이다. 다만, 도쿄도(東京都)에는 경찰본부로서 경시청을 둔다, 이러한 경찰본부는 경찰 업무를 관리하고 공안위원회를 보조하며 위원회의 서무 업무를 처리한다.

(나) 경시총감과 경찰본부장

경시총감인 경시청장은 국가공안위원회가 도쿄도 공안위원회의 동의와 내각총리내신의 승인을 얻어 임명한다. 경시청장은 도공안위원회의 관리에 따르고 경시청 사무를 총괄하며 경찰관을 지휘·감독한다.

경찰본부장은 국가공안위원회가 도부현 공안위원회의 동의를 얻어 임명한다. 경찰본부장은 도부현 공안위원회의 관리에 따르고 각각 경찰사무를 총괄하며 소속 경찰관을 지휘·감독한다.

(2) 내부조직

도쿄도의 경시총감 산하에 총무부·경무부·형사부·방범부·경비부·지역부·공안부·교통부가 있고, 부설기관으로 경시청 경찰학교가 있다. 또한 하부조직으로는 경찰서·파출소·주재소가 있다. 한편 경시청은 도쿄도지사의 소할하에 있는 도쿄도 공안위원회의 관리를 받고, 홋카이도에는 도(道)경찰로서 도경찰본부가 있다.

(3) 관할구역 및 지방조직

(가) 방면본부

홋카이도의 구역을 5개 이내의 방면으로 나누어 경찰 업무를 담당하도록 한다.

(나) 시경찰부

인구 50만 이상의 대도시에 해당하는 지정시에 있는 도부현 경찰본부의 사무를 분장하기 위하여 설치되었다.

(다) 경찰서·파출소

도도부현을 나누어 각 구역을 관할하는 경찰서를 두는데, 경찰서의 관할구역은 경찰의 임무를 능률적으로 수행하기 위하여 인구와 다른 관공서의 관할구역 및 교통·지리·기타의 사정을 참작하여 결정한다. 또한 경찰서의 하부기구로서 교번(交番)과 주재소(駐在所)를 둘 수 있다.

(3) 도도부현 경찰 상호간의 관계

(가) 상호 협력 관계

도도부현 경찰은 상호간의 협력 의무를 지고, 원조를 요구할 수 있는 등 밀접한 관계를 가지며 이들은 상호 협력할 의무를 부담한다. 도도부현 경찰은 상호 독립하고 있어 상하의 지휘 명령 관계는 없다. 다만, 경찰 운영의 능률화 차원에서 도도부현 공안위원회는 경찰청 또는 다른 도도부현 경찰에게 원조를 요구할 수 있다.

(나) 관할구역의 제한

도도부현 경찰은 당해 도도부현의 관할구역에 한하여 경찰의 업무에 임하므로 경찰권을 행사할 수 있는 지역은 당해 경찰의 관할구역으로 제한되는 것이 원칙이다. 다만, 예외적으로 필요한 한도에서 그 관할구역 밖에서도 일정한 범위 내에서 권한을 행사할 수 있도록 하고 있다.

(4) 도도부현 지사

(가) 공안위원회를 지휘·감독하지 않는다.

도도부현지사는 공안위원회를 자신의 소할하에 두고 있을 뿐 경찰의 운영에 관하여 공안위원회를 지휘·감독할 권한을 가지고 있지 않다.

(나) 권한

① 도도부현 공안위원회 위원의 임명에 관한 권한

② 지방자치법상 가지고 있는 직무 권한

도도부현 경찰에 관한 조례안 및 예산안의 의회제출권, 예산의 지출명령권, 경찰서의 설치권 등을 가지고 있다.

(5) 경찰 예산

도도부현 경찰의 경비는 원칙적으로 도도부현이 부담하고, 예외적으로 국가가 부담한다.

경비 부담은 도도부현 경찰에 요하는 경비 가운데 경시정(총경) 이상의 경찰관의 봉급, 기타의 급여, 경찰교육시설의 유지 관리, 경찰통신시설의 유지 관리 등 경찰법 제 37조 제1항이 정한 경비로서 정령으로 정한 사항은 국고에서 부담한다.

그 이외의 경찰경비는 도도부현에서 부담한다.

(6) 대규모의 재해나 소란 등 긴급사태의 경우

도도부현 경찰 체제하에 발생될 수도 있는 대규모의 재해나 소란 등 긴급사태를 대비하여 내각총리대신에게 국가공안위원회의 권고에 의거하여 전국 또는 일부의 지역에 대한 긴급사태의 포고권을 부여하고 있다.

일시적으로 내각총리대신이 직접 경찰청 장관을 지휘·감독하고, 경찰청 장관은 도도부현 경찰 책임자를 직접 지휘 또는 명령하여 사태를 수습할 수 있도록 규정하고 있다(경찰법 제71조~제75조).

(7) 도도부현 공안위원회

(가) 지위

도도부현 공안위원회는 도도부현 경찰의 관리기관으로서 도도부현 지사의 소할하에 설치된다.

도도부현 지사는 공안위위원회를 그 소할하에 두고 있을 뿐이므로 경찰의 운영에 관하여 공안위원회를 지휘·감독할 권한을 갖고 있지는 않다. 다만, 공안위원회위원의 임명에 관한 권한 외에 지방자치법상 도도부현 경찰에 관한 조례안 및 예산안의 의회제출권, 예산의 집행권, 경찰서 설치권 등이 인정되고 있다.

(나) 조직

도도부현 공안위원회는 도(都)·도(道) 및 지정시를 포함하는 부현은 5인이고, 그 밖의 현과 홋카이도의 공안위원회는 3인의 위원으로 조직한다.

위원장은 위원의 호선으로 선출되며, 임기는 1년으로서 재임할 수 있고, 위원회 업무를 총괄하고 공안위원회를 대표한다.

위원은 특별직에 속하는 지방공무원으로 지방공무원법은 적용되지 않으나 복부의 근본 기준·법령 준수 의무 등의 규정은 준용된다. 또한 위원은 지방공공단체 의회 의원 또는 상근 직원을 겸할 수 없고, 정당 기타 정치단체의 임원이 되거나 적극적으로 정치운동을 할 수 없다.

(다) 권한

① 경찰법상의 권한

공안위원회는 경찰에 대한 관리를 경시총감 또는 당해 도부현 경찰본부장을 통하여 행한다.

그 권한에 속하는 업무에 관하여 법령 또는 조례의 특별위임에 근거하여 규칙을 제정할 수 있다.

국가공안위원회 및 다른 도도부현 공안위원회와 항상 긴밀한 협조를 유지한다.

개별적 권한으로서 지방경무관의 임명에 관한 동의권, 도도부현 경찰관에 대한 징계 및 파면에 대한 권고권, 경찰조직의 세목(細目)에 관한 제정권, 경찰청 또는 다른 도도부현 경찰에 대한 원조요구권 등이 인정된다.

② 특별법에 따른 권한

경찰법 이외에 특별법에 따른 공안위원회의 권한에는 도로 통행의 금지 또는 제한, 차량의 최고 속도 제한, 도로에서 금지행위 규정, 풍속 영업의 허가 및 정지·취소, 총포·도검류의 소지 허가 등의 제한·취소, 사법경찰직원의 지정, 체포장을 청구할 수 있는 경부 이상의 경찰관 지정, 사법경찰직원의 징계와 파면 등이 인정된다. 이 밖에도 지방자치법상의 권한으로서 권한 내에 속하는 사무집행에 관한 감사청구, 위원의 해직 청구, 의회의 공안위원회 사무관리 및 의결의 집행 감사, 의회 조사의 출두와 증언 및 기록의 제출 청구 등이 있다.

(4) 특별경찰 조직

(가) 행정경찰기관

일반경찰이 담당하는 사무 이외에는 각자의 행정사무를 관할하는 행정기관이 그 경찰권을 행사한다. 위생·교통·산업 등에 관한 여러 행정을 담당하는 각 부처의 장 및 그 아래의 특별지방관청은 법령이 정함에 따라 각자 특별경찰관청으로서 경찰권을 행사할 수 있는 지위를 가진다.

행정경찰 중 방위청·자위대·해상보안청·소방청·공안심사위원회·공안조사청 등은 그 임무가 개인의 생명·신체 및 재산의 보호·공안의 확보·치안의 유지이므로 일반경찰기관과 밀접한 관계를 가지고 있다.

(나) 특별사법경찰기관

일반사법경찰기관(일반경찰기관에 속하는 경찰에게는 경찰법으로 범죄의 수사와 피의자 체포 등의 사법경찰 업무가 그 고유한 업무로서 인정되고 있고, 형사소송법상 일반사법경찰 직원으로 규정되어 있으므로 경찰은 일반사법경찰기관으로서의 역할을 수행한다.), 이 밖에 사법경찰사무 중 특정한 내용 또는 특정한 지역의 사무에 관하여 특별사법경찰이 있다. 이는 기술적 · 전문적 견지에서 이것을 일반사법경찰과는 다른 전문적 기관에서 행하게 하는 것이 낫기 때문에 조직된 것이다.

특별사법경찰관으로는 감옥 또는 교도소의 장 및 감옥 직원, 공유임야 담당 직원, 수렵 단속 직원, 선장 기타의 선원, 황궁경호관, 국유철도의 임직원, 노동기준감독관, 선원노무관, 해상보안관, 마약단속관, 우편국 감찰관, 광업감독관, 어업감독관 등이 있다.

(다) 준사법경찰기관

사법경찰 직원으로서 지정은 없지만 그 직무 내용이 임검 · 수색 · 압수 등 사법경찰 업무와 유사하고 특정한 범죄에 제1차적으로 강제조사권을 행사하는 기관을 준사법경찰기관이라고 한다.

준사법경찰로는 철도공안 직원, 국세청 감찰관, 국세조사관, 세부서 직원, 전매공사 임직원, 세관장, 세무직원, 입국 경비관, 소방장, 소방서장, 공안조사관 등이 있다.

(라) 해상보안청

해상보안청은 우리의 해양경찰청과 유사한 업무를 행하는 조직으로서 해난구조, 해상교통 안전의 확보, 해상 범죄의 단속, 해상오염 방지 등의 경비구난 업무와 수로의 측정, 해상기상 관측, 해도(海圖) 간행 등의 수호 업무, 항로 표지의 건설, 보수, 운용의 항로 표시 업무를 행한다.

(5) 경찰 관련 법령과 주요 경찰 업무

(가) 경찰 관련 법령

경찰의 업무에 관한 기본 법령으로는 '경찰법'과 우리 나라의 경찰관직무집행법과 유사한 '경찰관직무집행법'이 있다. 이 중 행정경찰에 관한 가장 중요

[표 3-2-12] 사법경찰과 검사의 관계

구 분	사법경찰	검 사
수사기관	• 수사 주재자 • 통상사건의 1차적 수사권	• 수사 주재자 • 소추권 및 범죄 수사권
상호 관계	• 원칙적 상호 협력 관계 • 예외적으로 지휘·감독 관계	
사법경찰의 지위	독자적 수사권을 가진 수사 주재자 : 체포 후 48시간 내 검사에게 인치, 송치, 검사 지시·지휘 복종	
검찰의 지위	• 범죄에 대한 수사 주재자 • 모든 범죄 수사가 가능하지만, 통상적으로 정치·금융·경제·저병인사 사건 등 중요 사건에 대하여만 검찰이 직접 수사 –검찰총장, 검사장 또는 검사장의 지시 불복종에 대한 징계 및 파면 요구 –일반적 지시·지휘권, 공정 수사를 위한 일반 준칙으로 지시 –검사 수사의 협력을 위한 일반적 지시 • 공소제기권	

한 법률은 경찰관직무집행법이고 사법경찰에 관한 법률은 형사소송법이다.

(나) 주요 경찰 업무—행정경찰과 사법경찰

일본의 경찰법은 "경찰은 개인의 생명·신체 및 재산을 보호할 의무가 있으며, 범죄의 예방·진압 및 수사, 피의자의 체포, 교통 단속, 기타 공공의 안정과 질서 유지를 그 임무로 한다."고 규정하여 행정경찰과 사법경찰 양자를 포함하고 있다.

(다) 수사 업무

제2차 세계대전 후 일본의 수사 제도 개혁은 경찰 제도의 개혁과 같이 미국의 대일 점령정책의 기조인 민주화 시책의 하나로 출발하여 1948년 경찰법 제정과 형사소송법 개정으로 경찰이 독립하여 수사를 하는 권한을 가지게 되었다. 형사소송법상 경찰은 독자적 수사권을 자진 대등한 지위이며 검사와는 상호 협력 관계에 있다.

(6) 기타

(가) 경찰 계급

경찰관의 계급은 경찰청 장관을 제외하고 경시총감, 경시감, 경시장, 경시정, 경시, 경부, 경부보, 순사부장, 순사의 9계급이다.

(나) 교육기관

초임 순사의 초임과와 순사·경부보 이하의 보수교육을 담당하는 교육기관으로 경시청 경찰학교, 부현 경찰학교, 황궁 경찰학교가 있다.

경부보 승진자인 중간간부와 순사부장 승진자인 초급간부, 경부보 이하의 전과교육 등을 위한 기관으로 관구 경찰학교와 도 경찰학교가 있다.

경찰대학교는 경찰관에게 상급간부로서 필요한 교육훈련을 실시하고 경찰에 관한 학술의 연수를 관장하고 있으며, 부설기관으로서 수사간부연구소, 국제수사연수소, 경찰통신학교 연구부 등이 있다.

(다) 경찰 예산

예산에 대하여는 도도부현 경찰에 필요한 경비 중 국가공무원인 경시정 이상의 경찰관의 봉급, 국가공안 관련 범죄 및 특수범죄의 수사비, 경찰 차량과 선박장비의 비용, 경찰학교, 기타 교양시설의 관리 및 교육훈련 비용, 경찰통신·감식·범죄 통계 비용 등은 국가가 부담하고 나머지는 지방자치단체가 부담한다.

〈일본 경찰의 주요 특징과 시사점〉

(1) 수사권 독립을 전후한 경찰자치의 노력과 수사권 독립 후에도 실질적이고 효율적인 수사권 행사를 위한 여러 가지 제도 개혁을 단행한 것은 우리에게 무엇을 준비하여야 할 것인가를 잘 보여 준다. 일본의 경찰 제도의 개혁에서 우리가 염두에 두어야 할 것은 경찰개혁이 시민 중심의 경찰로 전환하여야 한다는 점이다.
(2) 경찰법의 정비를 통한 경찰 업무 범위의 명확화, 경찰 예산, 광역수사에서 자치경찰이나 국가 경찰의 상호 관계 등 다수의 문제에 대한 충분한 검토가 있어야 할 것이다.

3 1994년 일본 경찰조직의 개편

1) 1994년 경찰청 조직 개편

1994년 경찰청의 조직을 개편하여 장관관방 및 생활안전국, 형사국, 교통국, 정보통신국의 5국을 두었으며, 장관관방에 국제부, 형사국에 폭력단대책부를 두었다.

2) 광역수사대

범죄 수사에 따른 경찰 활동의 광역화에 대응하기 위하여 1994년 7월 새로운 제도로서 광역수사대가 3개 지역에 발족되었으며 그 후 다시 7개 지역에도 광역수사대가 설치되었다.

광역수사대는 도도부현의 경계 부근 지역에서 범죄가 발생한 경우 그 발생지를 관할하는 도도부현 경찰이 관계 도도부현 경찰에서 수사관의 파견을 받아 관구 광역수사대와 일체가 되어 기동수사대를 편성하여 초동 수사를 행하고 있다.

3) 생활안전센터로서의 교번과 주재소

지역경찰이 지역사회에서의 생활안전센터로서 교번, 주재소를 중심으로 하여 순찰 등 지역의 안전을 수호하는 모든 활동에 종사함으로써 좀더 지역에 뿌리를 둔 경찰 활동을 전개하여 주민과의 접촉이 깊은 다양한 활동을 추진하고 있기 때문이라고 한다.

1994년 4월 현재 교번은 사건, 사고 등 경찰 대상이 비교적 많은 도시를 중심으로 전국에 약 6,500개소가 설치되어 있으며, 주재소는 주로 도시 이외의 지역을 중심으로 전국에 약 8,500개소가 설치되어 있다.

일본은 교번, 주재소가 단위가 되어 이웃 중심으로 배치되어 있어서 지역사회에 대한 침투력이 미국에 비하여 훨씬 강하다. 특히 일본 경찰은 주민과의 공식적인 것보다는 일상적이고 탈권위적이며 인권적인 접촉을 활성화시키고 있다. 그들의 침투력은 은밀하고 은근하면서도 봉사적이다.

제7절 스페인 경찰

1 스페인 경찰 역사

1) 근대 경찰

(1) 1908년 2월 27일 법에 따라 치안대, 순찰대, 특수업무대가 창설되었다.

① 치안대

경비 및 방범 기능을 수행하는 제보 경찰로 군법이 적용되고 군대 단위로 이루어진다.

② 순찰대

수사 및 정보 기능을 담당하는 사법경찰이다.

③ 특수업무대

외국인 및 국경 통제 업무를 담당한다.

(2) 스페인 내란 후 순찰대는 일반경찰대로, 치안대는 무장순찰대로 변경되었다.

(3) 전국적 관할을 가진 4개 경찰국과 6개 지방경찰청이 탄생하였다.

2) 1978년 12월 4일 경찰법

일반경찰대는 정복 근무의 전문경찰대로, 무장경찰대는 사복 근무의 국립경찰로 개편하고 민병대와 함께 국가경찰의 2대 조직을 이루었다.

3) 1986년 3월 13일 경찰조직법

1978년 두 조직을 국립경찰로 통합하여, 정복경찰과 사복경찰을 1인의 청장 밑에 두는 형태가 되었다.

4) 1987년 12월 4일 왕령

경찰의 계급과 직위에 따라 그 복제 및 장비를 정하는 내부규정이 생기고, 이에 따라 국가경찰은 내무부 장관의 지휘를 받는 완전한 경찰조직을 형성하였다.

5) Somanten

14세기 카스티야(Castilla) 왕국에서는 도둑이 나타나면 종을 쳐서 집결하여 대항하였다.

아르곤 왕국에서는 왕실경비대 또는 일반경비대로, 발렌시아에서는 Minones(경보병)라고 한다.

기본 임무는 공공 질서 유지 및 범죄 행위로부터 시민의 생명과 재산을 보호하는 것이다.

6) 군인경찰대 창설

제1차 카를로스 왕위 계승전쟁으로 야기된 혼란을 해결하기 위하여 1844년 왕령으로 창설되었다.

2 스페인 경찰조직

1) 개 설

① 국가경찰과 자치경찰 제도
　㉠ 국가경찰 : 국립경찰과 군인경찰
　㉡ 자치경찰 : 광역자치경찰과 기초자치경찰
② 군인경찰 : 인구 5만 이하의 소도시나 농촌

2) 국가경찰

① 내무부 장관과 경찰차관하에 국립경찰과 군인경찰로 구성

② 각 도별로 도의 범위 안에서만 관할지휘권을 가진 도지사

③ 국립경찰과 군인경찰만 각각 지휘통제권을 갖는 경찰청장과 군인경찰대장과 하위조직이 있다.

3) 군인경찰

① 육군중장이 지휘하는 무장 준군사조직

② 주로 시골의 질서 유지, 국경 지역과 도로의 순찰 등 경찰조직법이 정하는 임무

③ 소속은 내무부

④ 군사적인 임무 수행시, 전시, 비상계엄시에는 국방부 장관에 소속

4) 자치경찰

① 광역자치단체인 지방을 중심으로 하는 자치경찰

② 자치경찰을 조직하지 않은 지역에서는 기초자치단체와 광역자치단체에 지정하게 되어 있는 국가경찰을 통하여 경찰 임무 수행→기능적으로 광역자치단체 소속이지만 조직상 내무부 소속

③ 기초자치경찰

㉠ 전국에 8천여 개에 이르는 기초자치단체에 조직

㉡ 경비원, 순찰대원 등이 경찰 업무를 행함

㉢ 계층적 구조를 가진 민간 성격의 무장 조직이며 자치단체장이 임명

5) 사법경찰관의 지위

① 수사기관

㉠ 사법경찰 : 수사 보조자

㉡ 검 사 : 수사 주재자

② 상호 관계 : 상명하복 관계

③ 사법경찰의 지위

㉠ 수사 보조자

㉡ 일반적 수사 보조, 협력, 수사 개시 보고, 검사의 명령·결정 및 강제력 행사 지휘에 대한 이행, 범죄 행위 책임자 및 정황 수사, 범인 체포, 증거 수집할 때 보고, 사법경찰의 수사 착수 사건에 대한 검사가 개입할 때 체포 용의자·수사 자료 인도 및 수사 중지

④ 검사의 지위

㉠ 수사 주재자

㉡ 범죄 수사에서 사법경찰의 직무상 검찰에 종속하고, 이러한 경우에만 수사 업무 수행, 사법경찰은 범죄 수사, 범인 색출 피의자 확보시 검찰에 종속, 검찰의 수사 업무 보조 요구권, 검찰의 사법경찰에 대하여 조사의 참여 요구

㉢ 지시나 요구에 응하지 않는 경찰관에 대한 명령불복종죄, 검찰의 사법경찰에 대한 징계 요청, 검사의 사법경찰에 대한 구체적 사건에서의 수사 중지 요구 또는 수사박탈 결정권, 직무상 얻은 비밀 준수 및 이의 위반이나 직무 소홀에 대한 징계 요청

㉣ 공소제기권

〈스페인 경찰 핵심 요약〉

1. 국가경찰
   -국립경찰+군인경찰
   -공통 상급조직으로 내무부 장관과 경찰차관이 있음.
   -각 도별 도의 범위 안에서만 관할 지휘권을 가진 도지사가 있음.
2. 자치경찰
   -광역자치경찰+기초자치경찰
3. 스페인 경찰 제도는 영미법계 경찰조직의 영향을 크게 받았다.(X)
   -스페인 경찰 제도는 프랑스 등 대륙법계 경찰조직의 영향을 크게 받았다. 1984년 왕령 제1조 1항에 따라 내무부 장관은 국가경찰 조직의 최고책임자의 지위를 가지며 법령이 정한 범위 내에서 직접 경찰청장에게 권한을 위임할 수 있다.
4. 행정경찰과 사법경찰의 이원주의를 택하고 있다.(X)
   -일원주의
5. 스페인 경찰은 국가경찰과 자치경찰이 있고, 그 중 국가경찰에는 국립경찰과 군인경찰이 있고, 국가경찰의 공통 상급조직으로 내무부 장관과 경찰차관이 있다. (○)
6. 지방경찰청장은 경찰청장의 건의로 내무부 장관이 임명권을 가지지만, 이들이 사임한 때 임시 직무 수행자의 지정권은 경찰청장이 갖는다.(○)
7. 내무부 장관 아래에는 일반 내무행정을 담당하는 내무차관(행정차관)과 치안담당 경찰차관이 있는데, 경찰차관은 내무차관에 비하여 독립성이 강하다.(○)
8. 경찰차관 밑에 경찰청장과 군인경찰대장이 있고, 경찰차관이 주로 국가안보 문제에 관여하며, 치안 문제에 대하여는 경찰청장이 직접적인 영향력을 행사한다.(○)
9. 스페인 국립경찰청장은 경찰차관의 지휘를 받으나, 치안 문제에 직접적 영향력을 행사한다. 차관급 상당의 고급공무원으로 현재 민간인이 맡고 있고 국립경찰과 군인경찰을 지휘한

다.(X)

-군인경찰은 경찰차관 밑에 군인경찰대장(내무부 장관의 제청으로 국왕이 임명)이 지휘한다.

10. 스페인 경찰에는 경찰서 밑에 파출소 조직이 있다.(X)

-파출소 조직이 없다.

11. 스페인 군인경찰은 평상시는 내무부 소속이고, 군사적인 임무 수행시는 국방부 장관의 지휘를 받고, 전시나 비상계엄 때는 국방부 장관에게 소속된다. 내무부 장관은 대원의 보수, 근무지, 병영시설에 관한 업무와 시민의 안전에 관계된 업무 수행의 모든 것을 관할하고, 국방부 장관은 대원의 승진, 근무 체제 등에 관한 사항을 관할한다.(○)

12. 스페인 군인경찰 조직의 지방조직은 기본적으로 시민과 직접 상대하지 않는 관할 지구대 원칙적 도 단위 조직)와 군인경찰의 최하급 기본 조직인 출장소(1개 또는 수 개의 읍면 관할)의 두 가지로 되어 있다.(○)

13. 스페인 군인경찰의 지방조직은 행정구역 단위와 일치한다.(X)

-행정구역 단위와 다르다. 지방조직의 기본 구성인 관할 지구대와 출장소의 구성원은 주기적으로 상호 교환 근무하거나 다른 출장소로 이동하면서 근무하는 역동적 순환근무 체계를 가지고 있다.

14. 스페인 전역에 모두 자치경찰 제도가 정착되어 시행되고 있다.(X)

-자치경찰이 없는 곳에서 기초자치단체와 광역자치단체에 지정되어 있는 국가경찰을 통하여 경찰 임무를 수행한다.

15. 스페인의 광역자치 경찰은 대부분의 지방에서 창설되어 있다.(X)

-일부만 창설되어 있고, 창설되지 않은 지역에서는 국가경찰을 통하여 경찰 임무를 수행한다.

16. 스페인에서 우리 나라 경찰법에 해당하는 것으로는 경찰조직법과 사법경찰의 직무에 관한 왕령이 가장 기본적이며, 그 중 경찰의 기능과 기본원칙, 지위를 정하고 있는 것은 경찰조직법이다.(○)

17. 광역자치단체경찰은 기초자치단체에 대한 감독 업무는 하지 않는다.(○)

18. 기초자치단체 중 도(道)는 자체 도경찰을 보유하고 있지 않고, 국가경찰, 광역자치경찰 또는 다른 기초자치경찰을 통해 경찰 기능을 수행한다.(○)

19. 스페인의 기초자치경찰에는 교통 단속과 사고조사 기능을 하는 교통경찰, 시설보호 및 경비 기능을 가진 경비경찰, 범죄 수사를 담당하는 특별사법경찰, 경무경찰이 있다.(○)

20. 기초자치단체경찰은 정보보안 업무도 수행하고 있다.(X)

-정보보안 업무를 하지 않는다.

〈스페인 경찰차관〉

1. 지위
   - 내무부 장관의 직접 위임으로 국가경찰 조직의 지휘권 보유
   - 차관급 상당의 정무직 공무원으로 민간인 임명
   - 국가안전위원회의 상임위원
2. 임무
   - 국립경찰과 민병대의 지휘・조정・통제

〈스페인 국가경찰의 공통 업무〉

① 권한의 범위 안에서 법령과 명령의 준수
② 위험에 직면한 국민의 생명과 재산의 보호 및 원조
③ 공공시설의 감시와 보호, 요인 보호
④ 공공질서와 시민의 안전 유지
⑤ 범죄의 예방, 범인의 체포, 증거의 수집 확보, 조서와 감정서를 통한 범죄 수사
⑥ 치안정보의 수집 분석 및 범죄 예방 대책의 수립 시행
⑦ 시민보호법이 정한 범위 내에서 중대한 위험이나 천재지변 발생시 재해방지국과의 협조

〈스페인 국립경찰의 보충적인 특별 업무〉

① 신분증과 여권 발급 ② 내·외국인의 출입국 통제 ③ 망명 및 피난
④ 범죄인 인도 ⑤ 강제 추방, 이민·이주 등 외국인관리법에 규정되 업무
⑥ 사행행위의 단속과 감시 ⑦ 마약범죄 수사, 국제경찰 공조
⑧ 용역경비단체와 그 경비원에 대한 감시 통제 감독 ⑨ 기타 법령에 정한 업무

〈스페인 군인경찰의 특별 업무〉

① 무기 폭발물 관련 업무 일체 ② 세관 업무 ③ 밀수 방지 및 수사
④ 공공 도로의 교통 통제, 단속, 감시 ⑤ 육·해·공군의 통신망 보고
⑥ 자연환경 관련 범죄 수사 ⑦ 죄수 및 피의자의 장거리 호송
⑧ 기타 법령에 정한 임무

〈스페인 광역자치단체 경찰 본래의 업무〉

① 광역단체 제정 법령의 이행 여부 감사 ② 광역단체 소속 요인의 보호 및 시설 보호
③ 광역단체 규칙 위반행위의 감시 ④ 광역단체 법령에 따른 강제집행

〈스페인 광역자치단체 경찰과 국가경찰의 공조 업무〉

① 중앙정부 제정 법령의 이행 여부 감시 및 공공 서비스의 제공 담보
② 사법경찰에 대한 협조자로서의 업무
③ 공공장소 감시, 시위 보호, 다중집회 장소의 질서 유지(단, 이 경우 국가경찰은 자치경찰의 사전 요청이 없어도 자체 결정으로 개입 가능)

〈스페인 광역자치단체 경찰의 업무 중 국가경찰과 유사한 기능에서 생기는 업무〉

① 민사 문제의 우호적 해결을 위한 협조
② 천재지변 등 시민보호법에 따른 보호
③ 자연환경 보보 관련 법령의 준수 여부

〈스페인 기초자치단체 경찰의 업무〉

① 기초단체 소속 기관 및 시설물의 보호 감시
② 도로교통법령이 정하는 바에 따라 도시 내의 교통단속·소통·지도
③ 도시 내의 교통사고의 조사
④ 자치단체 조례의 집행과 관련한 행정경찰의 기능
⑤ 사법경찰과의 협약(수집한 증거 자료나 피의자 등은 사법경찰에게 인계)
⑥ 시민보호법에 따른 사고, 천재지변 등에 의한 구조 활동 원조
⑦ 지역방범위원회에서 정한 범위 내에서의 범죄 예방
⑧ 국가, 광역경찰과의 협조, 공공장소의 감시, 시위 보호, 다중집회 장소의 공공질서 유지
⑨ 민사 문제의 원만한 해결을 위한 협조
⑩ 교통이나 천재지변의 경우에 관한 기능 수행시 국가경찰 조직에의 통보 의무

제3장 경찰 제도의 세 가지 모델

제1절 민주주의와 경찰 제도

1 이념의 충돌과 조화

경찰의 이념인 공공의 안녕과 질서 유지는 국민의 자유 · 정의 보호와는 이념상 충돌한다. 그러나 민주주의 국가에서는 국민의 자유 · 정의의 보호와 범죄의 통제를 포함하는 공공의 안녕과 질서 유지 사이에는 조화와 균형을 요구한다.

따라서 특정 국가 내에서 경찰의 역할과 구조의 결정은 국민들이 범죄와 무질서로부터 안전함을 느끼기 위해서 희생할 자유가 어느 정도인지와 관련된다.

> (1) 분류의 기준⇒경찰에 대한 통제 권한이 중앙정부와 지방정부 중 어디에 있는가?
> (2) 집권화와 분권화라는 제도 그 자체가 민주주의의 직접적인 연관성을 갖는 것이 아님.
> ⇒ 제도의 선택은 국가적 · 국민적 가치 판단의 문제(정책적 · 역사적 · 연혁적인 문제)

[표 3-3-1] 민주경찰 제도의 모델

<table>
<tr><td rowspan="7">분권화 체제</td><td>의의</td><td colspan="3">(1) 특색⇒다수의 자치적인 경찰기구를 가지며 경찰력의 행사에 많은 제한을 가함.
(2) 입법례⇒미국, 벨기에, 캐나다, 네덜란드, 스위스</td></tr>
<tr><td rowspan="6">미국</td><td rowspan="3">특색</td><td>제한된 경찰력</td><td>경찰권이 법에 의하여 제한받는다.</td></tr>
<tr><td>지방통제</td><td>경찰력을 제공하는 책임이 지방정부에 있다.</td></tr>
<tr><td>분권화된 법집행기관</td><td>다양한 경찰기관들이 경찰력을 제공한다.</td></tr>
<tr><td>장점</td><td colspan="2">시민의 자유를 보호하고 시민들을 가장 잘 봉사하는 원동력이 되었다.</td></tr>
<tr><td>단점</td><td colspan="2">(1) 연방정부와 주정부 간에 경찰 활동을 위한 기본 구조(framework)가 없음.
(2) 국제범죄 및 광역범죄에 대처 능력이 미약
(3) 기관 간 할거주의, 관할 분쟁, 통일적 기준의 미비, 의사 전달·조정의 미비</td></tr>
<tr><td>대책</td><td colspan="2">집권화의 강화가 아니라 현존 기관들 간의 조정과 협조의 강화가 필요</td></tr>
<tr><td rowspan="4">집권화 체제</td><td>의의</td><td colspan="3">경찰력이 중앙정부의 직접적인 통제하에 있는 체제(중앙정부가 책임을 부담) ⇒사회의 권리를 개인적인 시민의 권리보다 더 중시하는 특징을 보임.
입법례⇒프랑스, 한국, 이태리, 핀란드, 이스라엘, 대만, 덴마크, 스웨덴</td></tr>
<tr><td>프랑스</td><td>특색</td><td colspan="2">(1) 강력한 관료제와 집권화된 중앙정부 형태라는 정치적 하부구조를 가짐.
(2) 경찰의 기능은 중앙정부의 보호자</td></tr>
<tr><td rowspan="2">프랑스</td><td>장점</td><td colspan="2">(1) 범죄통제에 매우 효율적·효과적인 대처 가능
(2) 경찰력 행사로부터 시민의 권리를 보호하기 위한 장치 보유
⇒시민의 인권 보호에 다른 유형의 체제에 비하여 소홀하지 않음.</td></tr>
<tr><td>단점</td><td colspan="2">국가경찰 위주의 임무 수행 과정에서 자치도시들의 이익이 무시됨.</td></tr>
<tr><td rowspan="4">절충형 체제</td><td>의의</td><td colspan="3">(1) 중앙정부와 지방정부가 경찰에 대한 통제 권한을 공유(=순화된 분권형, 통합형)
(2) 원래 분권화 체제를 취한 국가에서 경찰의 통합성·능률성의 향상을 위하여 '국가적인 기준'을 채택하여 분권적 기반 위에 집권화된 능률을 추구하는 모형
(3) 입법례⇒ 영국, 일본, 독일, 호주, 브라질</td></tr>
<tr><td rowspan="3">영국</td><td>특색</td><td colspan="2">(1) 분권화 체제보다는 경찰기관의 수가 적은 편이다.
(2) 1856년의 'County and Borough Police Act'를 통하여 전국적인 평준화에 대한 모델을 제공</td></tr>
<tr><td>장점</td><td colspan="2">(1) 경찰기관들의 통일적인 경찰 업무 수행 가능
(2) 경찰 서비스의 열악화 및 부패를 방지</td></tr>
<tr><td>단점</td><td colspan="2">(1) 범죄통제와 시민의 자유 보호 간의 균형이 어려움.
(2) 분권화에 따른 비효율성을 극복하기 위하여 국립범죄정보국(NCIS)과 국가범죄수사국(NCS)을 창설⇒국가경찰적 임무를 수행하게 함.</td></tr>
</table>

2 민주경찰 제도의 모델

민주주의를 추구하는 나라들은 전통이나 사상이 다르므로 다양한 경찰 제도를 채택하고 있다. 그러나 이념적 충돌의 조화의 문제는 동일한 것으로서, 민주경찰 제도는 분권화 체제(fragmented system), 집권화 체제(centralized system), 절충적 체제(integrated system)의 세 가지 모델로 나눌 수 있다.

세계의 모든 국가들 간에는 통치 형태와 방법, 그리고 역사성에서 상당한 차이가 있기 때문에 경찰의 역할과 구조도 커다란 차이가 있다. 그러나 민주경찰 제도는 세 가지 뚜렷한 패턴이나 패러다임, 즉 지방분권화 체제, 중앙집권화 체제, 그리고 통합형 체제로 범주화할 수 있다.

전통적으로 지방분권화된 지방자치제 경찰은 시민 보호에 중점을 두는 데 반하여, 중앙집권화된 국가경찰은 정부 보호에 중점을 두고 있는 것으로 여겨져 왔다. 그래서 이들 제도를 적절히 조화시키는 통합형 체제를 채택하는 경향이 있다.

제 2 절 분권화 체제

1 개 설

1) 의 의

집권화에 따른 경찰권의 남용에 대한 두려움으로 인하여 분권화된 경찰 제도가 탄생하였다. 그러나 분권화된 경찰 제도는 경찰력 행사에 제한을 가함으로써 상당 수준의 범죄를 감수하여야 하는 단점도 있다. 그리고 분권화된 경찰 제도하에서는 경찰력을 제공하는 책임이 여러 형태의 기관들에 분산되어 있어 중앙정부는 책임이 없다.

계층제에 의하여 준(準)군대식으로 조직화된 경찰구조를 가지고 있었던 국가는 경찰권 남용의 두려움 때문에 매우 많은 자치경찰기관을 탄생시켰다. 더구나 경찰의 조직화된 구조를 반대하고 있는 국가들은 경찰권에 대해서도 엄격한 제한을 가하고 있다. 이러한 국가들은 보통 좀더 광범위한 시민의 자유를 보장해 주는 대가로 그들 사회에서 범죄의 상당 수준을 관대하게 취급하는 경향이 있다.

2) 채택 국가

분권화된 경찰을 가진 국가는 미국·캐나다·네덜란드·벨기에·스위스 등이다. 이러한 국가들의 경찰에 대한 통제와 조정의 수준은 나라마다 차이가 있다. 그리고 경찰의 효과성도 국가의 크기, 지형, 인구밀도·지리적 여건, 산업화 정도, 역사, 사회적 조건, 정치 체제 등에 의해서 영향을 받기 때문에 다양하게 나타난다.

2 미국 경찰의 특징

미국은 영국의 박해를 받고 신대륙에 정착한 청교도들에 의하여 건설된 나라이므로 정치적으로도 지방분권을 선호하였다. 이에 따라 경찰도 각 지방마다 나름대로 영국 경찰 제도를 받아들여 발전시켜 나갔다.

분권화된 경찰 체제의 대표적인 국가인 미국의 경우를 살펴보자. 미국의 경찰 활동에서 지배적인 세 가지 특성은 영국으로부터 전해졌다고 할 수 있다.

1) 제한된 경찰력

미국은 경찰력이 법에 의해서 철저히 제한을 받는다. 이에 반하여 개인의 자유는 사회통제를 희생해 가면서 철저히 보장을 받는다.

① 경찰권은 법률에 의하여 엄격히 제한되었다.

② 대법원은 경찰권 행사에 관한 특정한 지침을 마련할 때 경찰보다는 시민의 권익과 인권을 우선하는 판결들을 내렸다.

③ 국민은 법집행 절차의 적법성에 대한 기대를 갖고 있으며, 경찰관이

헌법상의 기본적 기준에 순응할 것이 기대되고 있다.

2) 지방통제

미국에서는 경찰의 조직과 관련해서 다양한 형태가 있지만 대부분의 경우 매우 분권화되어 있다.

경찰 업무에 대한 책임은 주로 지방정부에 맡겨져 있다. 미국의 경찰기관은 일반적으로 법집행기관으로 불리는데 도시경찰, 군 보안관, 읍·면 치안관, 주 경찰, 연방 법집행기관 등 매우 다양하다.

경찰에 대한 관리 방식에서도 군이나 읍·면 등의 보안관·치안관은 주민의 직접선거에 의하여 임명되고 도시에서는 시민으로 구성된 경찰위원회 혹은 공안위원회를 두어 시민에 의한 관리 방식이 취해지고 있다.

3) 분권화된 법집행기관

미국은 경찰력을 제공하는 책임이 다양한 형태의 기관들에 분산되어 있다. 이에 의하여 각 기관 간의 의사소통, 협조, 통제 등의 문제를 일으키기도 한다.

지방경찰기관들이 대부분 담당하고 있는 법집행의 책임은 보통 그 지역내의 다른 기관들에게도 분담되고 있다.

이것은 종종 업무상의 중복 또는 복합성을 보여 주고 있어서 그 기관들 간에 커뮤니케이션, 협력과 통제 문제를 일으킨다. 이러한 법집행 책임의 분산으로 효과적이고 능률적이며 전문적인 치안행정을 펴기가 어렵다는 비판이 있기도 하여 법집행기관의 통합을 위한 방안이 제기되어 왔다.

4) 소 결

위에서 지적한 특징은 강력한 주(州)정부 또는 연방정부에 의한 직권 남용으로부터 시민을 보호하기 위하여 미국의 경찰 활동에 잘 적용되어 있다. 미국 정부가 독립되었던 때와 마찬가지로 오늘날까지도 적절한 보호 장치로서 경찰 권한이 엄격히 제한되어 있다.

그러나 지방 개척 사회에서 적용되었던 적절한 지방통제와 분권화된 법집행은, 인구가 많고 복잡한 현대 사회에서는 적응하기에 어렵다.

3 미국 경찰 제도의 장·단점

1) 장 점

① 시민의 자유를 최대한 보호한다.
② 국민들의 많은 지지를 받는다.

2) 단 점

① 연방정부나 주정부가 지방경찰 활동을 위한 기본 구조를 갖추지 못한 것이 미국 경찰의 가장 큰 단점이다. 미국의 범죄 통제에서 가장 근본적인 약점은 지역의 치안 유지를 위한 기본 틀을 만드는 데 지나친 분권화로 인하여 연방과 주정부의 관심이 적다는 점이다.

② 지나친 분권화로 인한 단편적이고 효율성이 떨어진다. 경찰의 커다란 문제점은 주민 2,500명 이상이 거주하는 모든 지방자치단체의 90%가 그들 자신의 경찰기관을 가지고 있어서 17,000개 이상의 지방경찰기관이 불합리하고, 지나치게 분권화되어 있고, 비실제적·비체계적·비효율적으로 설치되어 있다는 점이다.

③ 급증하는 국제적 범죄와 광역화되어 가는 범죄에 대처가 곤란하다. 오늘날과 같이 사회가 발전함에 따라 교통과 통신의 기술적 혁신이 지방기관에 의하여 개별적인 노력으로 이루어지고 있지만, 규모가 작은 경찰에서는 복잡하고 미묘한 범죄에 대해서는 효과적으로 대처하지 못하였다. 개별적인 기관들의 분권화로 인하여 범죄에 대처하는 것은 어렵다.

④ 기관할거주의, 관할 분쟁, 통일적 기준의 미비, 통신의 미비, 조정의 미비 등으로 범죄 대처 능력이나 서비스 제공에서 비효율성을 초래한다.

3) 대 책

① 경찰의 전문화와 서비스화가 이루어져야 한다. 해결책은 집권화를 더욱 강화하는 것이 아니라 각 기관 간의 서비스의 조정과 협조를 더욱 강화하는 것이다.

② 경찰관의 자질 향상, 기관 간의 통신망 구축, 정책 결정과 집행, 연구와 기술 개발 등을 위한 통일적인 기준이 있어야 한다. 주(州)의 위임에 따라 경찰 표준을 마련하여 경찰훈련과 채용 기준을 개선시킨 것은 특히 소규모 기관에 근무하는 경찰관의 자질을 크게 향상시켰다.

③ 현존 기관 간의 협조와 조정의 강화가 필요하다. 경찰통신 체제와 컴퓨터화의 진전은 더욱 조정과 통제를 향상시켰다.

④ 특정한 범죄행위를 다루기 위하여 지방·주·연방기관의 대표자들로 구성된 SWAT와 같은 특수부대의 창설은 매우 효과적이었다.

제 3 절 집권화 체제

1 개 설

1) 의 의

중앙집권화된 경찰 체제는 경찰의 관리 형태나 구조의 단일화 또는 분권화와 관계 없이 경찰력이 중앙정부의 직접적인 통제하에 놓이는 것을 말한다. 따라서 법집행의 성공과 실패에 대한 직접적인 책임은 중앙정부가 진다.

집권화 체제의 국가는 시민의 권리보다는 사회의 권리를 더욱 중시한다. 중앙집권화된 경찰 체제(centralized police system)는 경찰력이 중앙정부의 직접적인 통제하에 있는 것이다. 실제로 경찰조직은 관리 형태와 운영구조에서는 분권화될 수도 있다.

중앙집권화된 경찰 체제는 민주적 이념과는 대립되지 않는다. 그러나 집권화된 체제를 채택하는 민주국가들은 영국 보통법(Common Law)의 전통 속에서 얻어진 시민의 자유를 위한 열성적 관심을 갖고 있지 않다. 이것은 권위주의적인 경향의 결과라기보다는 국가가 민주주의를 성취하였던 발전과정의 결과이다.

미국인들은 그들의 개인적 자유를 보호하기 위하여 많은 범죄와 범죄성을 기꺼이 감수하고 있는 반면에, 중앙집권화 체제에서 오랜 전통을 가지고 있는 국가들은 시민 개개인의 권리보다는 사회의 정의를 더욱 중요하게 생각한다. 이러한 견해는 비민주적인 것으로 보이는 것이 아니라 민주주의를 보호하기 위하여 필수적인 것으로 보인다.

분권화된 체제를 채택하고 있는 국가에서와 같이, 조정과 통제의 정도는 각 국가마다 다양하다.

2) 채택 국가

중앙집권화된 경찰조직을 가지고 있는 나라는 프랑스·이태리·핀란드·이스라엘·아일랜드·덴마크·스웨덴·태국·대만·한국 등이다.

2 프랑스 경찰의 특징

① 단일의 성문법 체제와 단일의 형사법 체제를 갖고 있다.

② 경찰이 내무부 또는 국방부 소속이다. 즉 이들은 예외는 있지만, 지방정부에의 봉사자가 아니라 중앙정부에의 봉사자이다.

③ 복잡하고 다양한 민주적 국가가 국가경찰에 의해서 지원될 수 있다.

④ 중앙집권화된 경찰 체제를 채택하고 있는 대표적인 국가는 프랑스이다. 프랑스는 대륙법계 국가의 종주국이다. 우리나 법체계는 독일의 법체계를 계수한 것이라고 하나, 경찰의 기능면에서는 프랑스의 체제에 더욱 유사하다.

⑤ 프랑스는 나폴레옹 황제 시대에 기원을 둔 단일의 성문법 체계와 단일의 사법행정 체계를 가지고 있었다. 더구나 프랑스는 강력한 시민봉사관료 체제와 중앙정부에 집권화된 운영 형태를 가지고 있어서 지방기관의 자주성이나 재량권은 극히 제약되고 있다. 헌법적으로 보장된 권한을 가지고 있는 미국의 주정부와는 달리 프랑스에서의 정치적 하부조직은 기본적으로 파리의 중앙관료조직의 통치를 용이하게 하기 위하여 설계되었다.

⑥ 프랑스는 경찰작용을 전부 국가의 작용으로 하여 경찰권 행사를 원칙적으로 국가 자신이 담당하고 있으며, 경찰의 직무 범위를 넓게 해석하여

국가의 광범위한 행정 전반에 미치고 있다. 따라서 경찰행정은 자연히 권력적이며 중앙집권적으로 되지 않을 수 없어서 전국적으로 통일성 있는 관료적인 국가경찰 조직을 취하고 있다.

⑦ 프랑스 경찰은 1789년 혁명 이전에 통치하였던 황제들에 의하여 운용되었던 선발된 경찰대에서 그 기원을 찾을 수 있다. 민주통치로 비교적 평화스럽게 변화된 후에 형성된 영국과 미국의 경찰과는 달리, 프랑스 경찰은 민주주의를 지향하는 프랑스혁명의 정치적 혼란과 유혈 속에서 새롭게 태어났다.

3 프랑스 경찰 제도의 단점

경찰이 내무부 소속과 국방부 소속의 두 종류로 되어 있어, 두 종류의 국가경찰 제도를 조정하고 통제하는 과정에서 자치단체의 이익이 무시된다. 이에 따라 일부 자치도시들은 시경찰을 창설하여, 수나 권한에서 제한적이지만 시장의 지휘하에 경찰 업무를 수행한다.

이러한 관점은 1983년 이래 수많은 지방경찰의 설치로 증명되고 있다. 전국적으로 약 1천여 지역에 인구 2만 명 이하의 코뮌(commune)의 권한 아래 운영되는 자치경찰은 최근 약 25,000명이 활동하고 있다.

4 프랑스 경찰 제도의 장점

범죄의 통제에 대한 효과적이고 효율적인 대처가 가능하다. 집권화된 경찰은 복잡다양한 현대 사회에서 범죄나 사회적 필요에 효과적으로 대처하기 위해서는 필요하다.

프랑스 경찰 제도는 선진 민주국가에서도 국가경찰력에 의하여 훌륭하게 봉사가 이루어질 수 있다는 점에서 특기할 만하다.

프랑스의 이러한 국가경찰 제도가 정치적 중립성 보장, 운영면에서의 민주성, 국민의 신뢰성 확보라는 문제에 취약한 구조라는 인식에도 불구하고 지방자치경찰 제도에 손색 없는 민주화·중립화를 보장받고 있다.

제 4 절 절충적 체제

1 개 설

1) 의 의

경찰 활동의 통합형 체제(integrated systems of policing, 절충형 체제)는 중앙정부와 지방정부가 경찰에 대한 통제 권한을 공유하고 있는 형태를 말한다. 이를 순화된 분권형 또는 통합형이라고도 한다.

절충형 체제에서는 경찰 서비스에 대한 지방적 통제가 이루어지고 있지만, 국가적인 기준이 커지고 있다. 그리고 분권화 체제보다 경찰기관의 수가 적다.

통합형 체제는 분권화 체제에서 보았던 것보다는 더욱 효과적인 조직, 운영의 능률성, 업무의 일관성을 제공하고, 전국적으로 조직된 경찰력의 잠재적인 직권 남용에 대해서 두려워하는 사람들에게 관심의 대상이 되고 있다.

통합형 체제에서는 경찰 업무가 지방정부에서 통제되고 있지만 국가적 표준에 따라야 한다.

2) 채택 국가

영국 · 일본 · 호주 · 독일 · 브라질 등이 여기에 속한다.

2 영국 경찰

1) 영국 경찰의 특징

영국 경찰의 변천은 민주사회에서의 자유 이념과 사회 공공의 안녕과 질서 유지의 이념을 조화시키는 방향에서 발달하였다.

영국의 초기 경찰은 시민의 자유를 제한하는 것에 대한 두려움으로 분권적인 제도를 택하였으나, 경찰기관의 통일성 부족과 적정한 법 집행력의 부족으로 이를 극복하고자 '카운티 및 버로 경찰법(County and Borough Police Act)'(1856)이 제정되었다.

2) 영국 경찰 제도의 단점

① 분권화된 경찰 체제보다는 조정과 통제의 측면에서 우수하지만, 다양화되고 광역화되어 가는 사회에 대해서 좋은 치안 서비스가 곤란하다.

② 조직범죄나 국제범죄 등에 대처하기 위하여 경찰력의 중앙집권화를 강화하기 위하여 국립범죄정보국(NCSI, 1992), 국가범죄수사국(NCS, 1997) 등의 국가경찰이 설립되었다.

3) 영국 경찰 제도의 장점

① 지방정부와 중앙정부의 합동 통제는 경찰 활동의 통일적 수행을 가능하게 한다.

② 중앙정부가 지방의 이익을 무시하지 않도록 할 수 있다.

③ 중앙정부의 영향력으로 지방정부의 경찰 서비스의 열악화와 부패를 방지한다.

3 일본 경찰 제도의 특성

① 신경찰법의 목표는 민주성과 능률성의 조화, 분권성과 집권성의 균형, 그리고 정치적 중립성과 책임성의 실현 등이었다. 그래서 중앙의 경찰조직은 국가경찰로서 국가공안위원회의 관리하에 두고, 지방은 자치제로서 도도부현 공안위원회의 관리하에 두었으며, 지방의 경우에는 종래의 국가지방 경찰을 폐지하여 자치제로 일원화하였고, 국가공안위원회를 내각총리대신의 소할하에 설치하여 내각이 치안 책임을 맡도록 명확히 하였다.

② 일본의 경찰조직은 도도부현을 단위로 하여 도도부현 공안위원회의 관리하에 경찰 직무를 직접 수행하는 도도부현 경찰이 설치되어 있으며, 여기에는 250,957명의 경찰관이 배치되어 있다.

③ 도도부현 경찰을 국가적·전국적 입장에서 지도·감독 또는 조정하

는 국가경찰기관으로서 국가공안위원회의 관리하에 경찰청이 설치되어 있다.

④ 일본의 경찰 체제는 중앙집권적인 체제와 지방분권적인 체제를 일본의 배경과 현실적 여건에 부합되게 적절히 조화시킨 절충적인 체제이다.

4 현행 일본 경찰 제도의 문제점

일본의 현행법은 경찰조직 또는 경찰행정에서 지방자치의 관념을 거의 결여함으로써 주민으로부터 격리된 중앙집권적 경찰의 확립과 그 임무의 비민주적·능률적 수행을 법제적으로 보장하고 있다는 비판이 있다.

제 4 편

경찰행정법

제 1 장 경찰행정법

제 1 절 경찰행정법의 기본 원리

1 개 관

1) 자유 보호

경찰의 임무는 개인의 생명과 신체 및 재산을 보호하고 공공의 안녕과 질서를 유지하는 중요한 것이지만 한편으로 경찰의 권한 행사는 인간의 자유와 권리를 제한하는 일면이 있다.

따라서 경찰조직법적으로는 경찰 임무를 확실히 수행함과 동시에 권한이 남용되지 않도록 통제가 가능한 조직을 만들고, 작용법적으로는 경찰의 권한 행사를 일정한 요건이 충족되는 경우로 한정하고 있는 것이다.

2) 경찰행정의 특수성

경찰행정의 특수성에는 위험성, 조직성, 정치성, 권력성, 보수성, 고립성, 돌발성, 기동성 등이 있다.

2 경찰행정법의 구성

경찰행정법은 다음과 같은 법들로 구성되어 있다.

1) 경찰조직법

경찰행정을 운영하는 조직이나 기구에 관하여 정한 법(예: 경찰법 등)

2) 경찰작용법

경찰조직이 실시해야 할 행정의 내용을 정한 법(예: 경찰관직무집행법 등)

3) 경찰공무원법

경찰조직의 구성원에 관한 내용을 정한 법(예: 경찰공무원법 등)

4) 경찰구제법

위법한 경찰 활동에 의하여 불이익을 받은 국민의 구제절차를 정한 법(예: 행정절차법, 국가배상법, 행정소송법)

[표 4-1-1] 경찰행정법의 구성

경찰조직법	경찰의 조직과 기구에 관한 법⇒경찰법(형식적 의미)과 경찰공무원법
경찰작용법	경찰이 실시하여야 할 행정의 내용을 정한 법
행정구제법	경찰 활동에 대하여 피해를 입은 국민의 권리구제 절차를 정한 법
행정절차법	(1) 사후적 권리구제는 그 실효성이 낮기 때문에 오늘날 일종의 사전(事前) 구제절차로서 절차적 권리가 부각되고 있다. (2) 행정절차법은 행정절차에 관한 일반법으로서, 처분절차·신고절차·행정상 입법예고 절차·행정예고절차·행정지도절차 등을 규정

3 경찰과 헌법

헌법은 모든 조직법과 작용법의 근거가 되는 우리 나라 최고의 법이다.

헌법은 "국민의 자유와 권리는 헌법에 열거되지 아니한 이유로 경시되지 아니한다."라고 규정하여 개인의 기본적 인권을 존중하고, 국민의 모든 자유와 권리를 국가의 안전 보장 · 질서 유지 · 공공 복리를 위하여 필요한 경우에 법률로써 제한하도록 하고, 제한하는 경우에도 기본권의 본질적 내용을 침해할 수 없도록 하고 있다(헌법 제37조).

따라서 경찰권의 행사는 헌법 원리에 따라 권리의 제한은 근거 법률이 있어야 하고, 또 제한하는 경우에도 필요한 한도를 넘어서는 안 된다.

4 경찰과 법치행정

1) 법치행정

<table>
<tr><td>의의</td><td colspan="2">(1) 행정권의 활동이 법의 지배를 받고, 위법한 행정작용에 대하여는 사법심사를 통하여 인권 보장을 달성하려는 원리
(2) 경찰행정이 국민의 권리 · 의무에 관계되는 작용을 행할 경우에는 반드시 국민의 대표기관인 국회에서 제정한 법률에 따라야 한다는 원칙(법률에 의한 행정의 원리)</td></tr>
<tr><td rowspan="3">내용</td><td>법률의 법규 창조력</td><td>입법권의 수권이 없는 한 행정권은 스스로 법규를 만들지 못한다는 것이고, 법규⇒국민의 권리 · 의무에 영향을 미치거나 그 범위를 확정하는 성문의 일반 · 추상적 규범</td></tr>
<tr><td>법률의 우위</td><td>법률은 모든 형식의 국가작용보다 상위에 있으며, 행정은 법률에 저촉할 수 없다는 것(저촉규범)</td></tr>
<tr><td>법률의 유보</td><td>국민의 기본권을 제한하는 사항은 법률로만 규정할 수 있고, 행정권의 발동에는 개별적인 법률의 근거(수권)를 요한다는 것⇒민주적 정당성이 요구되기 때문</td></tr>
</table>

(1) 개념

법치행정의 원리는 국민의 권리 · 의무에 관계되는 행정작용은 국회에서 제정한 법률에 따라야 한다는 원칙을 말한다. 법치행정의 원리는 법치국가 원리의 내용을 이루는 것으로 법률에 의한 행정이라고도 한다.

(2) 내용

법률은 경찰과 국민 모두를 구속한다(쌍면적 구속력). 따라서 경찰관은 법을 준수하여야 할 책임을 지는 동시에 법률에 따라 경찰행정을 수행할 책임을 지는 것이다. 만약 경찰관의 위법한 조치로 인하여 국민이 불이익을 받았을 경우에는 재판이나 다른 구제 절차에 의하여 조치를 시정하거나 또는 배상을 받을 수 있다.

2) 법과 경찰 활동의 관계

경찰행정 활동은 ① 조직규범, ② 제약규범, ③ 근거규범(수권규범) 등에 의한 제약을 받는다.

(1) 조직규범에 의한 구속

경찰의 활동은 '조직규범(組織規範)'으로서의 법률이 정하고 있는 직무 범위 내의 활동이어야 한다. 조직법적 근거가 없는 경찰관의 직무 활동은 경찰작용이 아니고, 그 효과는 국가에 귀속되지 않는다. 경찰의 직무는 경찰의 조직규범인 경찰법 제3조에서 정한 범위 내에서 행하여져야 한다.

(2) 제약규범에 의한 구속

조직법적인 근거를 가지고 있다 하더라도 '제약규범(制約規範)'에 반하는 경찰 활동을 하여서는 안 된다. 즉, 경찰관청은 국민에게나 경찰조직 내부에서나 법률의 취지에 반하는 명령이나 직무명령을 하여서는 안 된다. 이를 법률 우위의 원칙이라 하고, 이는 모든 경찰 활동을 구속한다.

(3) 근거규범(수권규범)에 의한 구속

경찰 활동은 일정한 행위를 일정한 요건하에 수행하도록 하는 수권 법률에 근거가 있어야 한다. 이를 법률유보의 원칙이라 한다.

법률유보 원칙에 의하여 경찰기관은 수권규범이 없이 독자적인 경찰 활동을 할 수 없는 것이 원칙이다. 그러나 비권력적이고 순수한 서비스적 활동의 경우에는 수권규범의 근거는 필요치 않다고 보는 것이 옳다. 따라서 근거규범은 권력적 수단에 의한 경찰 활동에 제한하는 것이 옳다.

오늘날 생활보호자로서의 창조적 경찰행정이 크게 요구되고 있는 상황 속에서 비권력적 수단이나 순수한 서비스 활동조차도 수권규범을 요구할 수는 없고 경찰기관이 권력적 수단으로 활동하는 경우에만 법률의 수권이 필요하다(권력유보설).

3) 경찰조직법상의 원리

민주성	(1) 헌법은 민주주의를 그 기본적 원리의 하나로 하고 있으므로 경찰조직은 그 민주주의적 이념을 다하여야 한다. (2) 경찰은 본래 국민을 위하여 국민에 의하여 그 권한을 부여받아 조직으로 이루어진 것이기 때문에 그 권한 행사는 국민의 대표자가 결정하는 바에 따라 어디까지나 국민 본위로 행하여져야 한다.
정치적 중립성	(1) 공무원은 국민 전체에 대한 봉사자이며, 국민에 대하여 책임을 진다. 공무원의 신분과 정치적 중립성은 법률이 정하는 바에 의하여 보장된다(헌법 제7조 제1항, 제2항). (2) 공무원의 정치운동 금지를 명문화하고 있다(국가공무원법 제65조). (3) 경찰의 공정중립성(경찰법 제4조)과 정당에 소속되었던 사람은 당적을 이탈한 날로부터 3년이 경과하지 아니한 자는 경찰위원회 위원이 될 수 없도록 규정하고 있다(동법 제6조, 제7조).
효율성	(1) 국민의 세금으로 유지되는 이상, 조직의 중복 등으로 인해 쓸데없는 경비를 요하지 않고 효율적으로 직무를 수행할 수 있는 합리적인 조직이어야 한다. (2) 효율적인 임무 수행을 위하여 경찰의 기본 조직 및 직무 범위, 기타 필요한 사항을 규정한다(경찰법 제1조). (3) 경찰청장 또는 해양경찰청장은 돌발 사태의 진압이나 특수지구의 경비에 충당하게 하기 위하여 특히 필요한 때에는 경찰관으로서 경찰기동대를 편성하여 필요한 지역에 파견할 수 있다(경찰직무응원법 제4조).
경찰 조직의 집권성	(1) 우리 나라 경찰조직은 중앙정부의 직접적인 통제하에 놓여 있는 집권화된 체제이다. (2) 관리 형태나 구조와 관련해서 경찰조직이 분권화되어 있을지라도 중앙정부가 법집행의 성공과 실패에 대한 직접적인 책임을 지게 된다. (3) 집권적 경찰조직이 민주주의와 반드시 대립되는 것은 아니다.

4) 경찰작용법상의 원리

(1) 법률행정의 원칙(법률에 의한 행정)

경찰행정이 국민의 권리·의무에 관계되는 작용을 행할 경우에는 반드시 국민의 대표기관인 국회에서 제정한 법률에 따라야 한다는 원칙을 말한다.

경찰관은 국가에 대하여 법을 준수할 책임을 짐과 동시에, 국민에 대해서도 법에 따라 경찰행정을 수행할 책임을 진다. 만약 경찰관이 법에 위반하여 국민에게 불이익한 조치를 취하였다면, 국민에게는 재판, 기타 법적 구제 절차를 통하여 경찰관에 대하여 위법한 조치의 시정을 구할 권리가 보장된다.

직무명령은 하급자가 상급자에 대하여 편면적(片面的)으로 준수 의무를 지지만, 법은 경찰관을 국가에 대하여 구속할 뿐만 아니라, 국민을 구속하기도 한다. 이를 쌍면적 구속력이라고 한다.

(2) 기본적 인권의 존중

헌법은 기본적 인권 존중을 그 기본 원리 중의 하나로 하고 있으며 기본적 인권은 공공 복리에 반하지 않는 한 입법권으로도 침해할 수 없도록 하고 있다.

모든 경찰기관은 이 헌법에 따라 활동하여야 한다. 특히 경찰 활동은 국민의 권리·자유와 관련되는 것이 많기 때문에 국민의 자유와 권리를 존중하고, 국민 전체에 대한 봉사자로서 공정 중립을 지켜야 하며, 부여 권한을 남용하여서는 안 된다(경찰법 제4조).

제 2 절 경찰행정법의 법원(法源)

1 법원의 의의

법원(法源)이란 법의 존재 형식 또는 인식 근거를 말하는 것으로서, 성문 법원과 불문 법원이 있다.

경찰행정법원은 대체로 성문 법원이다. 이유는 경찰권의 발동은 국민의 자유와 권리에 제한이 가해지는 경우가 많으므로, 국민에게 예측 가능성을 보장하여야 하며, 경찰권 발동에 민주적 정당성이 요구되므로 국민의 대표기관인 국회에서 정립한 법률의 근거가 요구되기 때문이다.

그러나 경찰행정법은 통일된 단일 법전으로 되어 있지 않고, 경찰조직에 관해서는 경찰법이 있고, 경찰작용에 관해서는 경찰관직무집행법과 개별적인 법률들로 구성되어 있다.

경찰법의 법원이란 경찰행정에 관한 법이 어떻게 성립하고 어떠한 형식으로 존재하는가와 같은 법의 존재 형식을 말한다.

의의	경찰의 조직·작용 및 통제에 대한 법의 존재 형식 내지 인식 근거
내용	(1) 법치주의의 원칙상 성문법에 의한 규율이 바람직하나, 성문법이 미비한 부분에서는 불문법이 예외적·보충적으로 경찰법의 법원이 될 수 있다. (2) 행정규칙(훈령)은 원칙적으로 법규성을 가지지 않으나, 경찰사무의 기준이 되고 인식 근거가 된다는 점에서 경찰법의 법원이 될 수가 있다.

2 성문 법원

1) 헌 법

헌법의 행정조직이나 행정작용에 관한 규정은 경찰행정법의 법원이 된다. 예컨대, 각부의 조직과 직무를 정한 헌법 제96조, 국민의 자유와 권리의 존중·제한에 관한 규정인 헌법 제37조 2항이 그 예이다.

헌법은 국가의 기본적인 통치구조를 정한 기본법으로서, 헌법전 중에서 행정의 조직이나 작용의 기본 원칙을 정한 부분은, 그 한도 내에서 경찰법의 법원이 된다. 예를 들어 행정조직법정주의를 정한 헌법 제96조나, 국가안전보장·질서 유지 또는 공공 복리를 위한 국민의 자유와 권리 제한의 법정주의를 정한 헌법 제37조 제2항은 경찰법의 법원이 된다.

2) 법 률

경찰권의 발동은 법률에 근거가 있어야 한다. 법률은 경찰행정상 법률관계에서 가장 핵심적인 법원이다.

일반경찰행정법의 법원으로 중요한 것을 보면, 경찰법·경찰공무원법·경찰관직무집행법·행정절차법·행정대집행법·도로교통법·국가배상법·행정심판법·행정소송법 등이 있으며, 범죄 수사와 관련하여 형사소송법이 있다. 그 밖에 특별경찰행정법원으로는 건축법 · 공중위생법 · 식품위생법 · 폐기물관리법 등이 있다.

① 국민의 권리와 의무에 관계되는 국가의 일체의 법규는 국회가 제정하는 법률에 의하여 정해진다.

② 경찰권 발동의 근거도 법률에 근거하여야 하므로, 법률의 수권 없이 경찰관청은 국민에 대하여 명령 · 강제할 수 없다.

③ 법률은 경찰행정상의 법률 관계에서 가장 중심적인 법원이며, 경찰행정상의 조직이나 작용에 관한 기본적 사항은 모두 법률에 의하여 정해진다.

3) 조약 · 국제법규

헌법에 의하여 체결 · 공포된 조약과 일반적으로 승인된 국제법규는 국내법과 같은 효력을 가진다(헌법 제6조 1항). 따라서 조약이나 국제법규가 경찰 활동에 관한 구체적인 규정을 가지고 있다면 별도의 국내법 제정 절차 없이도 경찰법의 법원이 된다(한미행정협정, 외교특권과 관련한 비엔나 조약).

4) 명 령

명령이란 행정권이 정립하는 일반 · 추상적 규율을 말한다.

국회가 제정하는 법형식을 법률이라고 부르는 데 대하여, 행정부가 정립하는 법 형식을 총칭해서 명령이라고 부른다. 이러한 명령은 경찰법의 법원의 한 분야이기는 하나, 입법권이 국회에 속해 있는 헌법하에서, 행정기관이 법률의 규정을 떠나 독자적으로 입법작용을 할 수는 없다.

제정권자에 따라 대통령령(시행령) · 총리령 · 부령(시행세칙) 등이 있다.

대외적 구속력 인정 여부에 따라 법규명령과 행정규칙(행정명령)으로 나뉜다. 법규명령은 행정기관이 헌법과 법률에 근거하여 국민의 권리 · 의무에 관한 사항을 규정하는 명령이고, 행정규칙(행정명령)은 국민의 권리 · 의무와 직접적인 관련이 없는 명령을 말한다. 법규명령은 일정한 범위에서 경찰법의 법원이 된다.

법규명령에는 법률의 개별적 · 구체적 위임에 근거해서 법률의 내용을 보충하고 구체화하는 위임명령과 법률을 집행하기 위하여 필요한 부수적 ·

세목적 사항을 정하는 집행명령이 있다.

5) 조 례

(1) 개념

지방자치단체의 의회가 법령의 범위 안에서 지방자치권에 의거하여 제정하는 법규를 말한다(지방자치법 제15조).

(2) 범위

조례로 주민의 권리를 제한하거나 의무 부과나 벌칙을 정할 때에는 법률의 위임이 있어야 한다.

조례 위반 행위에 대해서는 1천만 원 이하의 과태료에 처할 수 있다(지방자치법 제20조). 조례로써는 형벌을 부과할 수 없다.

[표 4-1-2] 성문 법원의 종류

<table>
<tr><td>헌법</td><td colspan="3">헌법전 중에서 행정의 조직이나 작용의 기본 원칙을 정한 부분
(예: 행정조직법정주의, §96, 국민의 자유·권리 제한의 법정주의, §37②)</td></tr>
<tr><td>법률</td><td colspan="3">가장 중요한 경찰법의 법원</td></tr>
<tr><td>조약·국제법규</td><td colspan="3">헌법에 의하여 체결·공포된 조약과 일반적으로 승인된 국제 법규는 국내법과 같은 효력을 가진다(헌§6). ⇒특히 수사 및 외사경찰의 경우 유의할 것</td></tr>
<tr><td rowspan="4">명령</td><td rowspan="3">법규명령</td><td>의의</td><td>행정권이 정립하는 일반적·추상적 규정으로서 법규의 성질을 가지는 것</td></tr>
<tr><td>위임명령</td><td>법률의 위임에 근거해서 법률의 내용을 보충·구체화하는 규정</td></tr>
<tr><td>집행명령</td><td>법률의 집행에 필요한 부수적·세목적 규정</td></tr>
<tr><td>행정규칙</td><td colspan="2">(1) 행정조직 내부에서 상급행정기관이 하급행정기관에 대하여 그 조직이나 업무 처리의 절차·기준 등에 관하여 발하는 일반·추상적 규범⇒법규상 부정
(2) 법령 해석 규칙(규범 해석적 행정규칙)이나 재량준칙은 법규성을 인정(多)</td></tr>
<tr><td></td><td></td><td colspan="2">시행령(대통령)과 시행규칙(총리령·부령). 법률 우위의 원칙이 적용</td></tr>
<tr><td>조례 규칙</td><td colspan="3">(1) 지방의회가 제정⇒'조례' : 자치단체장이 제정⇒'규칙'
(2) 법률의 위임이 없는 한 조례로써 형벌을 규정할 수 없다.
(3) 현행 국가경찰제하에서 자치입법인 조례·규칙은 경찰 활동과는 관련성이 적다.</td></tr>
</table>

(3) 향후 전망

국가경찰 제도를 택하고 있는 현재로서는 경찰 활동과 관련성이 적다. 경찰 제도의 개혁으로 자치경찰 제도가 시행된다면, 일본에서의 공안조례와 같이 경찰 활동의 법원으로서 중요하게 여겨질 것이다.

6) 규 칙

지방자치단체의 장이 법령 또는 조례가 위임한 범위 안에서 그 권한에 속하는 사무에 관하여 제정하는 법규를 말한다(동법 제16조).

3 불문 법원

행정상의 법률 관계는 주로 성문 법규로써 규율되지만, 때로는 성문 법규의 공백을 메우거나 또는 의문점을 보충 해석하기 위하여 불문 법원이 이용되기도 한다.

1) 관습법

(1) 개념

관습법이란 행정 영역에서 국민의 전부 또는 일부 사이에 계속하여 동일한 사실이 반복되어 관행이 성립하고, 이 관행을 준수함이 국민 일반의 법적 확신(정의감)을 얻게 됨으로써 성립하는 법규범을 말한다.

(2) 성립 요건

행정선례법과 같이 경찰의 취급이 수년간 걸쳐 반복적으로 행하여져 관행이 성립하고 그것이 국민들 사이에 법적 확신에 이른 것이 있는 경우 경찰법의 법원이 될 수도 있다. 경찰도 이에 구속된다.

관습법이란 사람과 사람 사이에 다년에 걸쳐 행해진 관습이 법적 확신을 얻어 법적 규율로서 여겨지는 것을 말한다.

행정상의 법률 관계에서는 민사의 법률 관계와 비교하여 관습법이 성립할 여지는 많지 않다.

2) 판례법

(1) 의의

개개의 판례가 내포하고 있는 법의 해석·운용의 기준이 대법원의 판결로 지지될 때에 일반인이나 행정청도 법이라고 인식하게 되는데, 이를 판례법이라 한다.

(2) 법원성 여부

행정법 관계에서 법규의 불비·결함·모순 등으로 인하여 법해석상 의문이 있는 경우 판례에 의하여 제시된 법해석이 사실상 일반적인 법으로 인식되어, 이후 유사한 경우에 해석의 기준이 된다. 따라서 이러한 법원의 법해석이 법이라고 인식되어 사실상 법원으로 간주되기도 한다. 이후 유사한 법률 관계를 규율하게 된다.

그러나 전통적인 판례법 국가인 영·미의 경우와는 달리, 우리 나라에서는 판례에 법적인 구속력이 없고 사실상 구속력만 인정되므로 법원성을 인정하는 것은 곤란하다고 본다. 그러나 대법원 판례가 갖는 하급심 법원에 대한 사실상 구속력을 이유로 법원성이 있다고 하는 견해도 있다.

법원의 판결은 개별적 분쟁을 해결하기 위한 것이지, 일반적으로 통용하는 법을 정립하는 것은 아니다. 그러나 동일 내용의 판결이 반복되어 그 내용이 법으로서 승인된 것을 판례법이라고 한다.

3) 법의 일반 원칙(조리)

(1) 의의

(가) 개념

사회의 정의감에 비추어 이와 합치되는 사물의 본질적 법칙을 조리 또는 법의 일반 원칙이라 한다. 법령상 명령되어 있지는 않으나, 일반적으로 정의에 합치되는 보편적 원리로서 인정되고 있는 원칙들이다. 조리는 법 해석상의 의문이 있는 경우에 법해석의 기본 원리로서, 또 다른 법원이 없는 경우에 최후의 보충적 법원으로서 의미를 갖게 된다.

법의 일반 원칙(조리)에는 평등의 원칙, 비례의 원칙, 금반언(禁反言)의 법리, 신의성실의 원칙, 신뢰 보호의 원칙 등이 있다.

법의 일반 원칙(조리)은 불문 법원으로서 사인 간의 법률 관계뿐만 아니라, 행정상의 법률 관계도 구속한다. 경찰관청의 행위가 형식적으로는 적법하다 하더라도 조리에 반하는 경우는 위법이 될 수 있는 것이다.

(나) 조리의 실정법화

오늘날 조리로서 인정되는 것이 실정법화되는 경우도 있다. 그 대표적인 예가 경찰관직무집행법상의 비례의 원칙(동법 제1조 2항), 행정절차법상의 신의성실 또는 신뢰 보호의 원칙(동법 제4조)이 그것이다.

조리의 실정법화는 조리가 법의 일반 원칙임을 강조하기 위한 것으로 보아야 하며, 이를 실정법화함으로써 그 중요성을 확인시켜 주는 확인적 의미로 이해하여야 한다.

(2) 종류

조리로서 논의되는 것으로는 ① 신뢰 보호의 원칙, ② 평등의 원칙, ③ 비례의 원칙, ④ 부당결부 금지의 원칙, ⑤ 자기 구속의 원칙 등을 들 수 있다.

(가) 신뢰 보호의 원칙

신뢰 보호의 원칙이란 행정관청의 적극적 또는 소극적 행위의 정당성 또는 존속성에 대한 개인의 보호 가치 있는 신뢰를 보호해 주는 원칙을 말하며, 법치국가 원리의 구성 요소인 법적 안정성을 근거로 인정된다.

(나) 평등의 원칙과 자기 구속의 원칙

평등의 원칙이란 특별한 합리적인 사유가 존재하지 않는 한 행정기관은 상대방에게 다른 자에 대한 처분보다 불리하지 않게 공정하게 대우하여야 한다는 원칙이다. 평등의 원칙이 구체적으로 적용되어 나타난 것이 행정의 자기 구속의 원칙이다. 행정의 자기 구속의 원칙은 행정기관이 행정 결정을 할 때 동종의 사안에 대하여 이전의 제3자에게 행한 결정과 동등한 결정을 상대방에게 하도록 스스로 구속하는 원칙을 말한다.

(다) 비례의 원칙

① 의의

비례의 원칙이란 행정 목적을 실현하기 위한 구체적 수단의 선택시에 달성하고자 하는 공익과 이로 인하여 제한되는 개인의 권리 사이에 일정한 비례 관계가 유지되어야 한다는 원칙을 말한다.

② 근거

비례의 원칙은 헌법상의 원리로서, 실정법적 근거로는 헌법 제37조 2항,[1] 경찰관직무집행법 제1조 2항,[2] 행정소송법 제27조[3] 등을 들 수 있다.

③ 내용

비례의 원칙은 과잉 금지의 원칙이라고도 하는데 ① 적합성의 원칙, ② 필요성의 원칙 또는 최소 침해의 원칙, ③ 협의의 비례의 원칙 또는 상당성의 원칙을 그 내용으로 한다. 이들 세 가지의 원칙은 단계구조를 이룬다.

따라서 행정작용에 의한 권리 자유의 침해는 행정이 추구하는 공익 목적의 달성에 법적으로나 사실적으로나 적합하고 유용한 수단을 선택하여야 하며(적합성의 원칙), 적합한 수단이 여러 가지인 경우에는 공익상의 필요에 따른 최소한의 침해를 가져오는 수단을 선택하여야 하며(최소 침해의 원칙), 침해의 정도는 공익상의 필요의 정도와 상당한 비례가 유지되어야 한다(상당성의 원칙).

(라) 부당결부 금지의 원칙

부당결부 금지의 원칙이란 행정작용을 할 때 이와는 실질적으로 관련이 없는 상대방의 반대급부를 조건으로 하여서는 안 된다는 것을 말한다. 이 원칙은 헌법상의 법치국가 원리와 자의 금지에서 도출되는 것이다.

대법원은 "한 사람이 여러 종류의 자동차 운전 면허를 취득하는 경우뿐만 아니라 이를 취소 또는 정지함에 있어서도 별개의 것으로 취급하는 것이 원칙이고, 오토바이는 1종 대형 면허나 보통면허를 가지고서는 이를 운전할 수 없는 것이어서, 이륜 자동차의 운전은 1종대형 면허나 보통면허와

1) 第37조 ② 국민의 모든 자유와 권리는 국가 안전보장·질서 유지 또는 공공 복리를 위하여 필요한 경우에 한하여 법률로써 제한할 수 있으며, 제한하는 경우에도 자유와 권리의 본질적인 내용을 침해할 수 없다.

2) 제1조(목적) ② 이 법에 규정된 경찰관의 직권은 그 직무 수행에 필요한 최소한도 내에서 행사되어야 하며 이를 남용하여서는 아니 된다.

3) 제27조(재량처분의 취소) 행정청의 재량에 속하는 처분이라도 재량권의 한계를 넘거나 그 남용이 있는 때에는 법원은 이를 취소할 수 있다.

는 관련이 없는 것이므로 이륜자동차를 음주 운전한 사유만을 가지고 제1종 면허나 보통면허의 취소나 정지를 할 수 없다."고 판시하였다.

[표 4-1-3] 불문법원의 종류

<table>
<tr><td rowspan="4">관습법</td><td>의의</td><td colspan="2">(1) 다년간 행하여진 관습+법적 확신으로써 성립
(2) 행정청은 법령 등의 해석 또는 행정청의 관행이 일반적으로 국민들에게 받아들여진 때에는 공익 또는 제3자의 정당한 이익을 현저히 해할 우려가 있는 경우를 제외하고는 새로운 해석 또는 관행에 의하여 소급하여 불리하게 처리할 수 없는 한계를 가진다(행정절차법 §4②).</td></tr>
<tr><td rowspan="2">유형</td><td>행정선례법</td><td>경찰 측에서 이루어진 관습→경찰도 이에 구속</td></tr>
<tr><td>민중관습법</td><td>성립 가능성이 희박</td></tr>
<tr></tr>
<tr><td rowspan="3">판례법</td><td>의의</td><td colspan="2">동일 내용의 판결이 반복되어 그 내용이 법으로서 확신되는 경우</td></tr>
<tr><td rowspan="2">효력</td><td>법원성인정설</td><td>영미법계: 통설의 태도(사실상의 구속력, 변경의 곤란성)</td></tr>
<tr><td>법원성부정설</td><td>대륙법계: 판례의 태도</td></tr>
<tr><td rowspan="2">조리</td><td>의의</td><td colspan="2">법의 일반 원칙, 사물의 본질적 법칙을 의미하며 최후의 보충적 법원이 된다.</td></tr>
<tr><td>예</td><td colspan="2">평등, 비례, 신의성실, 금반언(禁反言), 자기 구속의 법리</td></tr>
</table>

제 2 장 경찰조직법

제 1 절 기초 개념

1 행정 주체

1) 행정 주체

행정 주체라 함은 행정을 행할 권리와 의무의 주체로서, 자기의 이름과 책임하에 행정을 실시하는 단체(법인)를 말한다. 따라서 행정기관은 법률효과가 귀속되지 않으므로 행정 주체가 아니다.

행정 주체에는 국가와 공공단체, 공무수탁 사인이 있다. 공공단체에는 지방자치단체, 영조물법인(정부투자기관), 공법상의 사단 또는 공공조합(지방공사 및 지방공단), 공법상의 재단이 있다.

<table>
<tr><td rowspan="2">행정 주체</td><td>의의</td><td>행정을 행할 권리와 의무를 가지며, 자기의 이름과 책임하에 행정을 실시하는 단체(法人) ⇒ 행정의 법적 효과가 귀속된다.</td></tr>
<tr><td>종류</td><td>(1) 국가 · 지방자치단체 · 영조물법인 · 공공조합 · 공법상 재단 · 사인(私人)
(2) 현행 국가경찰 제도에서는 국가만이 경찰행정의 주체임.</td></tr>
<tr><td>행정 기관</td><td colspan="2">(1) 행정 주체를 위하여 현실적으로 그 직무를 수행하는 (경찰)기관
⇒ 경찰행정기관이 권한 범위 내에서 행하는 행위의 법적 효과는 행정 주체인 국가에 귀속
(2) 직무의 수행에는 일정한 범위가 존재 ⇒ 사항적 · 지역적 · 기능적 한계를 가진다.</td></tr>
</table>

2) 경찰행정 주체

경찰행정 주체에는 국가와 지방자치단체가 있으며, 그 밖에 영조물법인, 공공조합 등이 있다.

경찰법은 국가경찰 제도를 채택하고 있으므로 국가가 경찰행정을 행할 권리·의무를 가진다. 국가의 이름과 책임하에 경찰행정을 실시한다. 자치경찰제를 실시하면 지방자치단체도 경찰행정의 주체가 된다.

3) 경찰관청 권한의 한계

(1) 개념

경찰행정 관청에게는 경찰행정 주체를 위하여 행위할 수 있는 직무의 한계가 정해져 있다.

(2) 구체적 내용

구 분	내 용
사항적 한계	경찰에 관한 일정한 사무만을 관장할 수 있다(소관사무). 상급 경찰관청이 하급 경찰관청의 권한 행사를 지휘·감독할 수 있으나 특별한 규정 없이 대행할 수는 없다(사물관할).
지역적 한계	경찰관청의 권한이 전국에 미치는 중앙관청과 일정한 관할지역 내에서만 효력이 발생하는 지방관청이 있다(지역적 권한 또는 토지 관할).
대인적 한계	경찰관청의 권한이 일정한 인적 범위에 한정(대인적 권한 또는 인적 관할) (예: 경찰관청의 권한이 군인 등에 미치지 않는 경우 경찰대학장의 권한이 교직원과 학생에게만 미치는 경우)
형식적 한계	경찰관청의 권한 행사가 형식에 의하여 제한되는 경우 (예: 행정자치부령 제정권이 행정자치부 장관에게만 있는 경우)
시간적 한계	경찰관청의 권한 행사가 일정한 시간에 의하여 제한되는 경우

2 경찰행정기관

1) 의 의

법인인 경찰행정 주체를 위하여 실제로 업무를 수행하는 경찰기관을 경찰행정기관이라 한다. 경찰행정기관에게는 법률에 의하여 일정한 범위의 권한과 책임이 부여되어 있으며, 이 범위 내에서 행하는 행위의 효과는 법률상 행위 주체인 국가에 귀속된다.

경찰행정기관의 직무 범위에는 사항적 한계(직무의 내용), 지역적 한계(직무관할), 기능적 한계(경찰행위의 제한)가 있다.

경찰행정은 경찰행정 주체가 자기 이름과 책임하에 실시하지만, 경찰행정 주체는 법인이므로 현실적으로 경찰행정 업무를 수행하는 것은 경찰행정 주체를 위한 경찰행정기관이 수행한다.

2) 종 류

경찰행정기관은 기능에 따라 ① 경찰행정관청, ② 경찰자문기관, ③ 경찰참여기관(경찰의결기관), ④ 감사기관, ⑤ 경찰집행기관, ⑥ 보조기관 등으로 나눌 수 있다.

(1) 경찰행정관청

경찰행정관청이라 함은 경찰사무에 관한 국가 의사 또는 판단, 즉 경찰행정 주체의 법률상의 의사를 결정하여 이를 외부에 표시하는 권한을 가진 경찰행정기관을 말한다.

이에는 경찰청장, 지방경찰청장·경찰서장이 있고, 순찰지구대장은 해당되지 않는다. 경찰청은 행정자치부 소속에 두며, 행정자치부 장관은 경찰청장 임명을 제청하고, 중요 정책 수립에 청장을 직접 지휘할 수 있으므로, 넓은 의미에서 보면 행정자치부 장관도 보통경찰관청이라 할 수 있다.

또한 국민에게 명령하여 그 권리·의무를 결정한다든지, 행정 주체를 위하여 계약을 체결하려고 상대방에 대하여 의사 표시를 하는 등의 권한을 가진 행정기관을 말한다.

경찰의 경우에는 경찰청장, 지방경찰청장, 경찰서장이 계층적 구조를 이루는 가운데, 상급의 경찰관청이 하급의 경찰관청을 지휘·감독하는 상명하복의 구조를 가지고 있으며, 행정책임은 종국적으로는 최상급의 경찰관청인 경찰청장에 귀속된다.

(2) 경찰자문기관

경찰자문기관이란 경찰행정관청으로부터 자문을 받아 의견을 제시하는 기관으로서 각종의 심의회가 여기에 속한다(지방의 치안행정협의회).

심의회의 의견은 경찰행정관청에 대하여 법적 구속력이 없다. 그러나 법률상 반드시 자문 절차를 거치도록 한 사항에 대하여 경찰관청이 심의회의 자문을 거치지 아니하거나 불공정한 심의를 거친 경우에는 절차상의 하자가 있는 경우에 해당되므로 위법한 결정이 된다(예: 지방의 치안행정협의회, 경찰청의 시민단체 경찰협력위원회, 2000년).

(3) 경찰참여(의결)기관

경찰행정관청의 의사를 구속하는 의결을 행하는 행정기관을 말한다(경찰위원회).

경찰의결기관의 의결은 경찰관청의 의사를 구속하므로 경찰행정관청이 경찰법상의 심의·의결 사항을 의결을 거치지 않고 결정하고 행위한 경우에는 무권한의 행위로서 무효이다.

주의할 점은 경찰위원회는 법문상 심의·의결(경찰법 제5조)을 하기 위한 기관이지만, 경찰위원회의 결정 사항에 대하여 행정자치부 장관에게는 재의권이 있으므로 경찰위원회는 행정자치부 장관과의 관계에서는 행정관청의 의사를 구속하지 못한다는 점에서 심의기관에 불과하다.

(4) 감사기관

감사기관이란 행정기관의 사무나 회계를 검사하여 그 적부를 감사하는 기관을 말한다(감사원).

(5) 경찰집행기관

경찰행정 목적을 달성하기 위하여 필요한 실력을 행사하는 기관으로서, 경찰행정상의 의무를 국민이 이행하지 아니하는 경우에 강제집행 또는 위법 상황을 배제하기 위하여 긴급의 필요가 있는 경우에 즉시강제를 행하는 경찰공무원이 이에 해당한다(예: 순경에서 치안총감까지 각 경찰관).

(6) 보조기관

보조기관이라 함은 행정관청에 소속되어 의사 또는 판단의 결정이나 표시를 보조함을 임무로 하는 행정기관이다. 즉 행정관청의 직무를 보조하기 위하여 일상적인 직무를 수행하는 기관을 말한다. 보조기관에는 차장 · 국장 · 부장 · 과장 · 계장 등이 여기에 속한다.

제 2 절 경찰조직과 법

1 개 설

1) 경찰조직법의 의의

(1) 개념

경찰조직법이라 함은 경찰에 존립 근거를 부여하고, 경찰이 설치할 기관의 명칭과 권한, 직무 범위, 경찰관청의 임면 · 신분, 경찰관청 상호간의 관계 등에 대한 것을 규정하는 법을 말한다.

(2) 경찰법

국가행정 조직에 관한 기본법은 정부조직법이고, 국가경찰의 설치와 직무 범위에 관한 기본법은 경찰법이다. 경찰법은 1991년에 제정되어 시행되고 있다.

우리 나라 경찰조직은 중앙집권적 국가경찰로 원칙으로 하고 있다. 그리고 경찰조직법은 경찰기관이 국민의 통제하에 국민에 대하여 통일적인 책임을 지면서 민주적이면서 효율적으로 경찰사무를 수행할 수 있도록 하는데 그 목적이 있다(경찰법 제1조).

경찰조직에 관한 사항만 살펴보면, 정부조직법 제32조에서 "치안에 관한 사무를 관장하기 위하여 행정자치부 장관 소속하에 경찰청을 둔다."고 되어 있으며, 경찰청의 조직, 직무 범위, 기타 필요한 사항은 따로 법률로 정하도록 되어 있는 바, 그 법률이 경찰법인 것이다.

경찰조직법의 특징은 경찰기관이 국민의 통제하에 국민에 대하여 통일적인 책임을 지면서 민주적이면서 효율적으로 경찰사무를 수행할 수 있도록 하는 데 있다(경찰법 제1조 참조).

(3) 경찰조직의 기본 원리

경찰조직의 기본 원리에는 민주성, 정치적 중립성, 집권성, 능률성 등이 있다.

<table>
<tr><td>경찰
조직법</td><td colspan="2">경찰에 존립 근거를 부여하고, 경찰이 설치할 기관의 명칭, 권한, 관청 상호간의 관계 나아가 경찰관청의 임명·신분·직무 등에 대해서 규정하는 법⇒일반법 '경찰법'</td></tr>
<tr><td rowspan="3">경찰행정
관청</td><td>경찰청장</td><td>행자부 소속의 중앙 보통경찰관청</td></tr>
<tr><td>지방경찰청장</td><td>상급 보통 경찰행정 관청(광역시·도지사 소속임.)</td></tr>
<tr><td>경찰서장</td><td>지방하급 보통 경찰행정관청</td></tr>
<tr><td>경찰집행
기관</td><td colspan="2">(1) 순경에서 치안총감까지 모든 경찰관으로서 특정직 공무원에 해당
(2) 제복 착용권, 무기의 휴대·사용권을 보유</td></tr>
</table>

2) 경찰조직법의 특징

(1) 경찰청의 설립

경찰은 종래 내무부 소속의 보조기관인 치안본부였으며, 지방경찰도 시·도지사의 보조기관인 시경찰국과 도경찰국이었다. 그러나 정부조직법의 개정과 경찰법의 제정(1991. 5. 10)으로 비로소 경찰조직에 관한 기본법을 갖게 되었으며, 경찰의 위상도 보조기관에서 내무부의 외청으로 승격되어 경찰청도 행정관청이 되었다. 그리고 지방경찰도 시·도의 보조기관에서 시·도지사 소속의 독립된 관청으로 승격되었다. 그런데 정부조직법의 개정(1999. 5)으로 현재는 행정자치부의 외청이 되었다.

(2) 경찰위원회와 치안행정협의회 설치

경찰법은 경찰의 중립화 요구에 대한 타협의 산물인 경찰위원회와 치안행정협의회를 두고 있다. 경찰법은 경찰청과는 별도로 행정자치부에 경찰위원회를 두어 경찰청장에 대한 임명 동의와 경찰에 관한 주요 사항을 의결하도록 하고 있다.

(3) 보통경찰청의 이원화

해양경찰청이 해양수산부 소속으로 되면서 보통경찰청은 행정자치부 장관 소속하의 경찰청과, 해양수산부 장관 소속의 해양경찰청으로 이원화되어 있다.

3) 경찰조직의 구조

경찰조직은 경찰에 관한 국가 의사를 결정하여 표시할 수 있는 기관인 경찰행정 관청과 그 의사를 구체적으로 실현하는 기관인 경찰집행기관이 있고, 상하 계층적 및 지역적으로 중앙의 경찰청과 지방의 지방경찰청과 경찰서로 나눌 수 있다. 치안에 관한 의결 및 협의기관으로서 경찰위원회와 치안행정협의회가 있다.

4) 경찰법의 기본 원리

경찰법의 기본 원리에는 민주화, 능률화, 책임주의, 법정주의가 있다.

2 일반(보통)경찰기관

1) 개 설

일반(보통)경찰기관은 기능에 따라 경찰관청, 경찰의결기관, 경찰집행기관으로 나눌 수 있다.

(1) 경찰관청

경찰관청이란 경찰사무에 관한 국가의 의사를 결정·표시하는 권한을 가진 경찰행정기관을 말한다. 정부조직법과 경찰법은 경찰청장을 중앙경찰관청으로 하여 전국을 통하여 계층적 구조를 이루는 지방경찰청장, 경찰서장으로 되어 있다.

2) 경찰행정 관청

(1) 경찰청장

(가) 권한

경찰청장은 행정자치부 장관 소속의 중앙 보통경찰관청으로서, 경찰에 관한 사무를 통할하고 관장하며 소속 공무원 및 각급 경찰기관의 장을 지휘 · 감독한다.

(나) 임면

① 소속

치안에 관한 사무를 관장하기 위하여 행정자치부 장관 소속하에 경찰청을 두고 있다(정부조직법 제32조, 경찰법 제2조).

② 경찰청장의 임명

㉠ 경찰청장은 치안총감으로 보하며, 경찰위원회의 동의를 얻어 행정자치부 장관의 제청으로 국무총리를 거쳐 대통령이 임명한다.

㉡ 경찰청장의 임기는 2년이고 중임할 수 없다.

㉢ 경찰청장이 그 직무 집행에 있어서 헌법이나 법률을 위배한 때에는 국회는 탄핵의 소추를 의결할 수 있다.

㉣ 2003년도부터는 대통령의 경찰청장 임명 전에 국회 인사청문회를 거치도록 하고 있다. 다만, 인사청문특별위원회는 구성하지 않고 소관 상임위원회에서 실시하기 때문에 대정부 구속력은 없다.

㉤ 종전에는 경찰청장이 퇴직일부터 2년 이내에는 정당의 발기인이 되거나 당원이 될 수 없었으나, 이는 정당 설립 및 가입의 자유와 평등의 원칙을 침해한다고 하여 헌법재판소에서 위헌 결정을 받았다.

㉥ 경찰청장은 경찰에 관한 사무를 통할하고 경무를 관장하며, 소속 공무원 및 각급 경찰기관의 장을 지휘 · 감독한다.

③ 차장의 임명

경찰청에는 차장으로 치안정감 1인을 두고 있다.

차장은 경찰청장을 보좌하며 경찰청장에게 부득이한 사유로 직무를 수행할 수 없게 된 때에는 그 직무를 대행한다.

(다) 보조기관 및 보좌기관

경찰청장의 보조기관으로 차장 · 국장 · 과장 등이 있고 그 밑에 정책의 기획이나 계획의 입안 및 연구조사를 통하여 그를 직접 보좌하는 담당관을 둘 수 있다.

(라) 조직

경찰청에 총무과(청장 직속과) · 경무기획국 · 방범국 · 수사국 · 경비교통국 · 정보국 및 보안국을 둔다. 각 국에 국장 1인씩을 두고 있다.

청장 밑에 공보관 1인을, 차장 밑에 감사관 · 정보통신관리관 및 외사관리관 각 1인을 둔다.

<table>
<tr><td rowspan="2">경찰청</td><td>설치 근거</td><td>정부조직법(§32④⑤), 경찰법 (§2①)</td></tr>
<tr><td>경찰
청장</td><td>(1) 국가경찰 체제의 특징상 경찰사무 전반의 지휘 · 감독권이 집중된다. ⇒독임제
(2) 경찰위원회의 동의 → 행자부 장관의 제청 → 국무총리 → 대통령이 임명
(3) 임기: 2년 중임 불가(신분 보장)
(4) 경찰법상 탄핵 대상자</td></tr>
</table>

(2) 지방경찰청장

(가) 광역지방자치단체 소속

경찰사무를 지역적으로 분담 수행하기 위하여 특별시장 · 광역시장 및 도지사 소속하에 지방경찰청을 둔다. 지방경찰청은 관할구역 안에서의 치안에 관한 사무를 수행하는데, 지방경찰청의 명칭, 위치 및 그 관할구역은 행정자치부령으로 정한다.

(나) 권한

지방경찰청에 지방경찰청장을 두되, 지방경찰청장은 치안감으로 보한다. 단, 서울특별시 경기도 지방경찰청장은 치안정감으로, 제주도 지방경찰청장은 경무관으로 보한다.

지방경찰청장은 경찰청장의 지휘 · 감독을 받아 관할구역 안의 경찰사무를 관장하고 소속 공무원 및 소속 경찰기관의 장을 지휘 · 감독한다. 그리고 그 보조기관으로 차장, 부장, 과장 등이 있다.

(다) 차장

지방경찰청장을 보좌하기 위하여 서울특별시, 부산광역시, 대구광역시, 인천광역시, 울산광역시, 강원도, 충청북도, 충청남도, 전라북도, 전라남도, 경상북도 및 경상남도의 지방경찰청에 차장 각 1인을 둔다.

서울특별시 지방경찰청 차장은 치안감으로, 그 밖의 지방경찰청 차장은 경무관으로 보한다. 다만, 경기지방경찰청의 경우에는 차장이 없이 경무관급의 1,2,3부장을 두고 있으며, 제주지방경찰청에는 차장이 없다.

지방경찰청장은 행정자치부령이 정하는 범위 내에서 차장(지방경찰청에 차장을 두지 아니하는 경우에는 지방경찰청장) 밑에 직할대를 둘 수 있다. 직할대의 장은 특정한 경찰사무에 관하여 지방경찰청장 또는 지방경찰청 차장을 보좌한다.

(라) 직할대

지방경찰청장은 행정자치부령이 정하는 범위 내에서 차장 밑에 직할대를 둘 수 있다. 직할대의 장은 특정한 경찰사무에 관하여 지방경찰청장 또는 지방경찰청 차장을 보좌한다.

<table>
<tr><td rowspan="3">지방경찰</td><td>지방
경찰청</td><td>(1) 특별시장·광역시장 및 도지사 소속(경찰청 소속이 아님)
(2) 지방경찰청장의 지휘·감독권은 경찰청장이 보유(경찰법§11,14)</td></tr>
<tr><td>경찰서</td><td>지방경찰청 소속, 경찰서장 소속하에 지서·파출소 또는 출장소를 둠.</td></tr>
<tr><td>파출소</td><td>지방경찰청장이 경찰청장의 승인을 얻어 경찰서장 소속하에 설치</td></tr>
<tr><td>치안행정
협의회</td><td colspan="2">(1) 지방행정과 치안행정 간의 업무 협조를 위한 자문기관(제주특별자치도지사를 제외한다.)
(2) 시·도지사 소속하에 설치하며, 위원장은 부시장·부지사</td></tr>
</table>

(3) 경찰서장

(가) 권한 및 소속

지방경찰청의 소관사무를 분장하기 위하여 지방경찰청장 소속하에 경찰서를 두고 있다.

지방 하급 보통경찰관청인 경찰서에 경찰서장을 두되, 경찰서장은 총경 또는 경정으로 보한다. 경찰서장은 지방경찰청장의 지휘·감독을 받아 관할구역 안의 소관사무를 관장하고 소속 공무원을 지휘·감독한다.

경찰서의 하부조직, 명칭·위치·관할구역, 기타 필요한 사항은 행정자치부령으로 정한다.

(나) 지구대 등

지방경찰청장은 경찰서장의 소관사무를 분장하기 위하여 행정자치부령이 정하는 바에 따라 경찰청장의 승인을 얻어 지구대 또는 파출소를 둘 수 있다(경찰청과 그 소속기관 등 직제 제44조).

지방경찰청장은 임시로 필요한 때에는 출장소를 둘 수 있다.

지구대·파출소 및 출장소의 명칭·위치 및 관할구역과 기타 필요한 사항은 지방경찰청장이 정한다.

(4) 해양경찰청장·지방해양경찰청장·해양경찰서장

(가) 해양경찰청장

해양에서의 경찰, 해상 경비, 해난구조 및 오염 방제에 관한 사무를 관장하기 위하여 해양수산부 장관 소속하에 해양경찰청을 둔다. 해양경찰청에 청장 1인과 차장 1인을 두되, 청장 및 차장은 경찰공무원(치안총감)으로 보한다(정부조직법 제43조). 해양경찰청장은 해양수산부 장관의 제청으로 국무총리를 거쳐 대통령이 임명한다.

해양경찰청의 보조기관에는 총무과·경무국·경비구난국·정보수사국 및 해양오염관리국이 있다.

해양경찰청은 경찰법이 적용되지 않지만, 협의의 행정경찰이 아닌 보통경찰관청에 해당한다. 그리고 해양경찰청의 구성원도 경찰공무원법에 의한 경찰공무원이다.

해양경찰청장 소속하에 정비창과 지방해양경찰청과 해양경찰서를 둔다. 경찰청이 육상의 모든 경찰사무를 관장하는 것과 마찬가지로 해양경찰청은 해양수산부 장관이 관장하는 행정작용에 부수하여 일어나는 질서 유지에 관한 사무만을 담당하는 것이 아니고 해양에서의 모든 경찰사무를 담당하며 그 구성원도 경찰청의 구성원과 동일한 경찰공무원법에 의한 경찰공무원이기 때문이다.

(나) 해양경찰서장

해양경찰청의 하부해양경찰관청으로 지방해양경찰청과 해양경찰서장이 있다. 해양경찰서장은 해양경찰청장의 명을 받아 소관사무를 통할하고, 소속 공무원을 지휘·감독한다. 해양경찰서장은 총경으로 보한다.

그리고 해양경찰서장의 소관사무를 분장하기 위하여 해양경찰서장 소속하에 해양경찰지서를 둔다. 해양경찰서장은 총경으로 보한다(해양경찰청과 그 소속기관 직제 제19조, 제21조).

〈 해양경찰청(특별경찰행정기관) 〉

(1) 종래 경찰청에 속해 있던 해양경찰청은 1996년 8월부터 해양수산부의 외청으로 이관되어, 해양경찰청장과 해양경찰서장을 관청으로 하여 운영되고 있다(지방해양경찰청. 2002. 6. 12. 신설).
(2) 해양경찰은 조직법인 경찰법의 적용 대상은 아니나, 경찰공무원법이 적용되고 경찰관직무집행법에 의한 직무를 계속하여 수행하고 있다.

3) 경찰의결기관과 경찰협의기관

(1) 경찰위원회

(가) 의의

경찰법은 행정자치부 소속하에 경찰위원회를 두고 있다. 경찰위원회는 경찰청의 중요한 정책 결정에 참여하고, 인권 보호에 관계되는 경찰의 운영·개선에 관한 사항 등을 심의·의결하며, 경찰 발전을 위한 장기적 계획, 경찰의 민주적 운영과 정치적 중립, 민주적 통제, 합의제 다수결 기관을 통하여 민주적 토론에 의한 결정으로 경찰의 단독 결정의 단점을 보완함으로써 경찰 활동과 그 조직에 대하여 객관성과 타당성을 높이는 데에 그 의의가 있다.

경찰위원회는 합의제 심의·의결기관이며, 관청이 아니다.

(나) 경찰위원회의 구성

① 위원회의 구성

경찰위원회는 위원장 1인을 포함한 7인의 위원으로 구성되어 있다. 위원장 및 5인의 위원은 비상임으로, 1인의 위원은 상임으로 한다. 상임위원은 정무직 차관급이다.

② 위원장과 위원의 임명

위원장은 비상임 위원 중에서 호선하며, 위원장의 유고시에는 상임위원·연장자 순으로 위원장의 직무를 대리한다. 위원은 행정자치부 장관의 제청으로 국무총리를 거쳐 대통령이 임명한다.

③ 위원의 자격 요건

행정자치부 장관은 위원을 제청할 때 경찰의 정치적 중립이 보장되도록 하여야 한다. 위원 중 2인은 법관의 자격이 있는 자이어야 한다.

④ 위원의 결격 사유(경찰법 제6조)

다음의 자는 위원이 될 수 없다.

1. 당적을 이탈한 날부터 3년이 경과되지 아니한 자
2. 선거에 의하여 취임하는 공직에서 퇴직한 날부터 3년이 경과되지 아니한 자
3. 경찰·검찰·국가정보원 직원 또는 군인의 직에서 퇴직한 날부터 3년이 경과되지 아니한 자
4. 국가공무원법 제33조 각 호의 1에 해당하는 자

⑤ 위원의 임기와 신분 보장

위원의 임기는 3년으로 하며, 연임할 수 없다. 이 경우 보궐위원의 임기는 전임자의 잔임 기간으로 한다.

위원은 정당에 가입하거나 선거에 의하여 취임하는 직에 취임 또는 임용되거나, 국가공무원의 결격 사유에 해당하게 된 때에는 당연히 퇴직된다.

그리고 위원은 중대한 심신상의 장애로 직무를 수행할 수 없게 된 경우를 제외하고는 그 의사에 반하여 면직되지 아니한다. 위원이 중대한 심신장애로 인하여 직무를 수행할 수 없어서 면직하는 경우에는 행정자치부 장관 또는 위원장이 의결을 요구하여 경찰위원회의 의결로 결정한다(경찰위원회규정 제4조).

⑥ 위원의 의무

국가공무원법 제60조의 비밀 엄수 의무와 제65조의 정치운동 금지 의무를 준용한다.

경찰위원회 위원은 재직 중은 물론 퇴직 후에도 직무상 지득한 비밀을 엄수하여야 하며, 정당이나 정치단체 결성에 관여하거나 가입해서는 안 된다. 또 위원은 선거에서 특정 정당 또는 특정인의 지지나 반대를 하기 위하여 일정한 행위를 하여서는 안 된다.

(다) 경찰위원회의 권한과 의결

① 경찰위원회의 권한(심의·의결 사항)(경찰법 제9조 제1항)

의결	찬반 결정	구속력, 집행력
심의	못한다	없다

㉠ 심의·의결권: 경찰 업무 중에서 중요한 것으로 다음 사항은 경찰위원회의 심의·의결을 거쳐야 한다.

1. 경찰의 인사·예산·장비·통신 등에 관한 주요 정책 및 경찰 업무 발전에 관한 사항
 ① 경찰 인사에 관계되는 법규·훈령·예규 및 운영 기준에 관한 사항
 ② 경찰교육 기본계획
 ③ 경찰장비와 통신의 개발·보강 및 운영에 관한 기본 계획
 ④ 경찰 예산 편성 기본 계획
 ⑤ 경찰 중·장기 발전계획에 관한 사항
2. 인권 보호와 관련되는 경찰의 운영·개선에 관한 사항
 ① 국민의 권리·의무와 직접 관계되는 경찰행정 및 수사 절차
 ② 경찰행정과 관련되는 과태료·범칙금, 기타 벌칙에 관한 사항
 ③ 경찰행정과 관련되는 국민의 부담에 관한 사항
3. 경찰 임무 외의 다른 국가기관으로부터의 업무 협조 요청에 관한 사항
4. 제주특별자치도의 자치경찰에 대한 국가경찰의 지원·협조 및 협약 체결의 조정 등에 관한 주요 정책 사항
5. 기타 행정자치부 장관 및 경찰청장이 중요하다고 인정하여 위원회에 부의한 사항

㉡ 경찰청장 임명시의 동의권

② 위원회의 의결

위원회의 회의는 재적 위원 과반수의 출석과 출석 위원 과반수의 찬성으로 의결한다. 위원회의 의결로 결정된 사안은 경찰청을 구속한다. 위원회의 사무는 경찰청에서 수행한다. 이러한 임무와 권한을 행사하기 위하여, 위원장은 위원회 심의에 필요한 경우에는 관계 공무원 또는 관계 전문가의 출석, 발언이나 자료의 제출을 요구할 수 있다.

③ 행정자치부 장관의 재의 요구

행정자치부 장관은 경찰위원회에 의하여 심의·의결된 내용이 부적정하다고 판단될 때에는 재의를 요구할 수 있다. 따라서 경찰위원회는 행정자치부 장관에 대해서는 심의기구 또는 자문기구에 불과하다. 재의 요구는 10일 이내에 하여야 하고, 위원회는 7일 이내에 재의결하여야 한다.

(라) 위원회의 운영

① 정기회의와 임시회의

위원회의 회의는 정기회의와 임시회의의 두 종류가 있다. 정기회의는 특별한 사유가 있는 경우를 제외하고는 매월 1회 위원장이 소집한다. 임시회의는 위원장이 필요한 경우 임시회의를 소집할 수 있으며, 위원 3인 이상과 행정자치부 장관 또는 경찰청장은 위원장에게 임시회의의 소집을 요구할 수 있다. 임시회의 소집 요구가 있는 경우 위원장은 특별한 사유가 없는 한 회의를 소집하여야 한다.

② 간사

위원회에는 간사 1인을 두되, 간사는 경찰청 기획담당관이 된다. 간사는 위원장의 명을 받아 의안의 작성, 회의 진행에 필요한 준비, 회의록 작성과 보관, 기타 위원회의 사무 등을 처리한다.

(마) 경찰위원회 규정

경찰위원회 운영에 관한 사항 중 위원회 운영 및 위원회의 심의·의결 사항의 구체적 범위, 재의 요구 등에 관하여는 경찰위원회규정(1991. 7. 23. 대통령령 제13432호)에 규정되어 있다. 이 규정에 규정된 사항을 제외하고 필요한 사항은 위원회의 의결을 거쳐 위원장이 정하도록 하고 있다.

경찰 위원회	구성	(1) 행정자치부 소속. 위원은 7인(위원장 및 5인은 비상임. 1인은 상임) (2) 위원의 임명: 행자부 장관의 제청 → 국무총리 → 대통령이 임명 (3) 위원장은 호선, 위원의 임기 3년, 연임은 불가 (4) 재적 위원 과반수의 출석과 출석 위원 과반수의 찬성으로 의결
	임무와 권한	(1) 경찰의 주요 정책 및 경찰 업무 발전에 관한 사항 (2) 인권 보호 관련 사항 (3) 경찰 임무 외의 다른 국가기관으로부터의 업무 협조 요청에 관한 사항 (4) 제주특별자치도의 자치경찰에 대한 국가경찰의 지원·협조 및 협약 체결의 조정 등에 관한 주요 정책 사항 (5) 기타 행자부 장관 및 경찰청장이 위원회에 부의한 사항
	성격	심의·의결기관(경찰법 § 5①)
	재의 요구권	(1) 행정자치부 장관이 10일 이내 재의 요구 → 위원회는 7일 이내 재의결해야 함. (2) 이는 경찰위원회의 의결기관으로서의 위상을 낮추는 기능을 하고 있다.
	특징	(1) 경찰 활동의 객관성과 타당성을 높이고 민주성·정치적 중립에 기여 (2) 위원회의 사무는 경찰청에서 수행. '경찰위원회규정(대통령령)'

(2) 치안행정협의회

(가) 의의

치안행정협의회는 지방행정과 치안행정의 업무 협조, 기타 필요한 사항을 협의·조정하기 위하여 시·도지사(제주특별자치도지사를 제외한다) 소속하에 둔다(경찰법 제16조).

경찰위원회가 의결기구로서 경찰행정관청을 구속하는 데 반하여, 치안행정협의회는 지방행정과 치안행정의 업무 협조를 위한 협의기구에 불과하므로 지방행정관청을 구속하지는 않는다. 즉 단순한 자문기구에 불과하다.

(나) 목적

우리 나라 경찰은 경찰청장을 정점으로 하는 중앙집권적 국가경찰 제도를 채택하고 있으므로 지방자치가 실시되고 있는 현재의 상황에서 지방행정기관과의 유기적인 업무 협조가 필요하기 때문에 이와 같은 협의 기구를 둔 것이다.

(다) 치안행정협의회의 구성

① 구성

치안행정협의회는 위원장을 포함한 위원 9인으로 구성한다. 위원장은 서울특별시·광역시 또는 도의 부시장 또는 부지사가 된다.

지방경찰청이 설치되지 아니한 시·도의 치안행정협의회는 지방경찰청이 설치될 때까지 당해 시·도의 치안 업무를 담당하는 지방경찰청과 당해 시·도 간에 구성한다.

㉠ 위원의 임명과 위촉

위원은 임명제와 위촉제를 혼용하고 있는데, 공무원의 경우는 인사 이동이 잦아 임명제를 적용하고 있으며, 일반인은 위촉하는 방법을 사용하고 위촉된 일반인에 한해서 2년의 임기를 적용시키고 있다.

㉡ 회의

회의는 분기별로 정기회의를 개최하며, 필요한 경우 수시로 임시회를 개최할 수 있다.

② 위원의 임명

치안행정위원회위원은 시·도 소속 공무원 중 시·도지사가 임명하는 2

인, 지방경찰청 소속 경찰공무원 중 지방경찰청장이 추천하여 시·도지사가 임명하는 3인, 그리고 지방행정과 치안행정에 관한 학식과 경험이 있는 자로서 지방경찰청장의 의견을 들어 시·도지사가 위촉하는 3인으로 구성된다. 시·도지사가 위촉하는 위원 3인의 임기는 2년으로 한다. 그 밖의 위원의 임기는 정하여져 있지 않다.

(라) 치안행정협의회의 권한(협의 사항)

1. 지역 안정 및 질서 유지에 관한 사항
2. 민방위 및 재해 대책 운영에 관한 사항
3. 질서 확립운동 등 지역사회운동의 효율적 추진에 관한 사항
4. 지역 주민과 경찰 간의 협조 및 요망 사항
5. 기타 지방행정과 치안행정 간 상호 지원에 관한 사항과 시·도지사 및 지방경찰청장이 회의에 부치는 사항

(마) 치안행정협의회의 운영

회의는 위원장이 소집한다. 회의는 매 분기마다 1회 개최한다. 그러나 특정 사안에 관하여 지방행정과 치안행정과의 업무 협조 등을 위하여 필요한 경우에는 수시로 개최할 수 있다.

협의회의 사무를 처리하게 하기 위하여 간사 2인을 둔다. 간사는 시·도의 기획담당관 및 지방경찰청 경무과장이 된다.

4) 경찰집행기관

(1) 보통경찰집행기관

경찰집행기관에는 순경에서 치안총감까지 모두 포함된다. 경찰집행기관은 제복을 착용하고 무기를 휴대·사용할 수 있다.

경찰집행기관인 경찰공무원은 사법경찰관(경위에서 경무관)과 사법경찰리(순경에서 경사)로서 사법경찰사무도 함께 담당한다(형사소송법 제196조).

또 다른 경찰집행기관으로 기동단과 기동대가 있다.

순경부터 치안총감에 이르기까지의 경찰관을 말한다.

(2) 특별경찰집행기관

특별경찰집행기관은 일반경찰작용 중에서도 특정 분야의 경찰작용에 관한 경찰집행기관을 말한다. 여기에는 전투경찰대, 헌병, 소방공무원, 청원경

찰 등이 있다.

(가) 전투경찰대

간첩의 침투 거부·포착·섬멸, 기타의 대간첩 작전을 수행하고 치안 업무를 보조하기 위하여 지방경찰청장 및 해양경찰청장 소속하에 두는 특별경찰집행기관이다.

〈비상사태시의 특별 조치(신설 2006. 7. 19)〉

제25조(비상사태시 자치경찰에 대한 지휘·명령) ① 경찰청장은 전시·사변, 천재·지변, 그 밖에 이에 준하는 국가 비상사태, 대규모의 테러 또는 소요 사태가 발생하였거나 발생할 우려가 있어 전국적인 치안 유지를 위하여 긴급한 조치가 필요하다고 인정할 만한 충분한 사유가 있는 경우에는 제2항의 규정에 따라 제주특별자치도의 자치경찰공무원(이하 "자치경찰공무원"이라 한다)을 직접 지휘·명령할 수 있다. 다만, 제주특별자치도 지역 단위의 치안 유지를 위한 경우에는 제주특별자치도지방경찰청장이 지휘·명령할 수 있다.

② 경찰청장 또는 제주특별자치도 지방경찰청장은 제1항의 규정에 따른 조치가 필요한 경우에는 미리 제주특별자치도지사에게 자치경찰 공무원을 직접 지휘·명령하고자 하는 사유 및 내용 등을 적시하여 통보하여야 한다. 이 경우 제주특별자치도지사는 정당한 사유가 없는 한, 즉시 소속 자치경찰 공무원에 대하여 경찰청장 또는 제주특별자치도 지방경찰청장의 지휘·명령을 받을 것을 명하여야 한다.

③ 경찰청장 또는 제주특별자치도 지방경찰청장이 제1항의 규정에 따라 지휘·명령권을 인수한 경우에는 경찰청장은 경찰위원회에 즉시 보고하여야 하고, 제주특별자치도 지방경찰청장은 "제주특별자치도 설치 및 국제자유도시 조성을 위한 특별법" 제113조의 규정에 따른 관할 치안행정위원회에 즉시 통보하여야 한다.

④ 제3항의 규정에 따라 자치경찰공무원에 대한 지휘·명령권자의 변동 사실을 보고받은 경찰위원회는 제1항에 규정된 사유에 해당되지 아니한다고 인정하는 때에는 그 지휘·명령권을 반환할 것을 의결할 수 있으며, 같은 사실을 통보받은 치안행정위원회는 제1항에 규정된 사유에 해당되지 아니한다고 인정하는 때에는 경찰청장 또는 제주특별자치도 지방경찰청장에게 그 지휘·명령권의 반환을 건의할 수 있다.

⑤ 경찰청장 또는 제주특별자치도 지방경찰청장은 제1항의 규정에 따라 경찰청장 또는 제주특별자치도 지방경찰청장이 자치경찰공무원을 지휘·명령할 수 있는 사유가 해소된 때에는 자치경찰공무원에 대한 지휘·명령권을 즉시 제주특별자치도지사에게 반환하여야 한다.

⑥ 제1항 및 제2항의 규정에 따라 제주특별자치도의 자치경찰공무원이 경찰청장 또는 제주특별자치도 지방경찰청장의 지휘·명령을 받는 경우 그 지휘·명령의 범위 안에서는 국가경찰공무원으로 본다.

경찰청장 또는 해양경찰청장은 필요한 때에는 그 소속하에 따로 전투경찰대를 두거나 전투경찰대의 통할기관을 둘 수 있다(전투경찰대설치법 제1조).

(나) 헌병

헌병은 군사 및 군인, 군무원에 관한 경찰집행기관으로서 그에 대한 행정경찰 또는 사법경찰사무를 관장한다(군사법원법 제43조 내지 46조, 헌병령 제2조 제1항).

헌병은 행정경찰사무의 수행에 있어서는 서울특별시장, 광역시장, 도지사의 지휘를 받고 사법경찰사무의 수행에 있어서는 서울특별시장, 광역시장, 도지사 또는 지방검찰청 검사의 지휘를 받는다(헌병령 제2조).

헌병은 일반인에 대하여는 수사하지 못하는 것이 원칙이나, 군사 또는 군인, 군무원의 범죄에 관련 있는 일반인의 범죄 및 군용물 등 범죄에 관한 특별조치법에 의한 군용물과 군사시설에 관한 범죄에 관하여는 일반인을 수사할 수 있다(군사법원설치법 제44조 제1항, 사법경찰관리의 직무를 행할 자와 그 직무 범위에 관한 법률 제9조).

(다) 소방공무원

화재를 예방, 진압, 경계하는 데 종사하는 기관을 말한다.

국가 소방공무원에는 소방총감, 소방정감, 소방감, 소방정, 소방령, 소방경, 소방위, 소방장, 소방교, 소방사가 있다.

(라) 청원경찰

청원경찰은 ① 국가기관 또는 공공단체와 그 관리하에 있는 중요 시설 또는 사업장, ② 국내 주재 외국기관, ③ 기타 행정자치부령으로 정하는 중요시설·사업장 또는 장소의 기관장 또는 경영자가 소요경비(청원경찰경비)를 부담할 것을 조건으로 경찰의 배치를 신청하는 경우에 지방경찰청장의 승인에 의하여 그 기관·시설 또는 사업장 등의 경비를 담당하게 하기 위하여 배치하는 경찰을 말한다(청원경찰법 제2조).

청원경찰은 관할경찰서장(경비과 담당)의 감독을 받아 그 경비구역 내에 한하여 경찰관직무집행법에 의한 경찰관의 직무를 행한다(동법 제3조). 사법경찰 사무는 제외된다.

3 특별경찰기관

1) 협의의 행정경찰기관

협의의 행정경찰이라 함은 다른 주된 행정작용에 부수하여 발생하는 장애를 제거함으로써 사회 공공의 안녕과 질서를 유지하기 위하여 행하여지는 권력적 작용을 말한다. 이를 관장하는 기관은 각 주무장관이다. 따라서 협의의 행정경찰기관은 협의의 행정경찰관청의 소속 공무원이다. 예컨대, 산림보호 주사·약사감시원·마약감시원·철도공안원 등이 여기에 해당한다.

또 형사소송법상 인정되는 특별사법경찰기관이 있다(형사소송법 제197조). 그러나 특별사법경찰기관의 관장 사항에 대하여 일반사법경찰기관의 직무가 배제되는 것은 아니다. 이는 학문상의 개념이며 제도상으로는 경찰이 아니다. 이를 관장하는 기관은 각 주무장관이다.

협의의 행정경찰 집행기관은 협의의 행정경찰관청의 소속 공무원이 된다.

2) 비상경찰기관

비상경찰기관은 전국 또는 일부 지역에 비상 사태가 발생하여 일반경찰조직으로 공안을 유지할 수 없다고 인정되는 경우에 병력으로써 공안을 유지하게 된다. 이 경우 군사기관이 비상경찰기관이 되는데, 비상경찰기관으로는 계엄사령관·위수사령관이 있다. 그리고 비상사태와는 관계 없이 수도 일원의 공안 유지를 담당하고 있는 수도방위사령관이 있다.

(1) 계엄사령관

전시·사변 또는 이에 준하는 국가 비상사태에서 병력으로써 군사상의 필요에 응하거나 공공의 안녕과 질서를 유지할 필요가 있을 때에는 대통령은 계엄을 선포할 수 있는데, 이 때 계엄사령관은 병력으로 당해 지역 내에서 경찰작용을 수행한다.

계엄은 비상계엄과 경비계엄으로 구분되는데, 비상계엄이 선포되면 계엄사령관은 계엄지역 내의 모든 행정사무와 사법사무를 관장하며, 경비계엄의 경우에는 계엄지역 내의 군사에 관한 행정사무와 사법사무를 관장한다(계엄법 제7조).

(2) 위수사령관

재해 또는 비상사태에서 특히 병력에 의한 공안의 유지를 필요로 하는 경우에 위수(衛戍)사령관은 당해 지역의 도지사, 시장·군수 및 경찰서장과의 협의에 의하여 또는 요청에 의하여 육군참모총장의 승인을 받아 병력으로써 공안 유지의 임무를 맡게 할 수 있다.

이러한 공안 유지를 위한 위수사령관의 출병은 행정 응원의 일종이라 할 수 있으며, 따라서 경비순찰과 같은 본래의 위수 활동과 구분되는 경찰작용의 성질을 가지며, 그 한도 내에서 경찰관직무집행법이 정한 활동을 할 수 있다고 본다.

(3) 수도방위사령관

수도 일원의 공안 유지를 담당하는 군사조직이며 육군참모총장 소속의 상설기관이다.

<table>
<tr><td rowspan="5">보통 경찰기관 (보안경찰 작용을 담당하는 경찰기관)</td><td rowspan="2">경찰관청</td><td>보통경찰관청</td><td>경찰청장 – 지방경찰청장 – 경찰서장</td></tr>
<tr><td>특별경찰관청</td><td>해양경찰청장 – 해양경찰서장</td></tr>
<tr><td colspan="2">경찰의결기관·자문기관</td><td>경찰위원회, 치안행정협의회</td></tr>
<tr><td rowspan="2">경찰집행 기관</td><td>보통경찰관청</td><td>경찰공무원(치안총감~순경)</td></tr>
<tr><td>특별경찰관청</td><td>소방공무원, 헌병, 전투경찰대, 해양경찰대, 청원경찰</td></tr>
<tr><td rowspan="2">특별 경찰기관</td><td colspan="2">협의의 행정경찰기관</td><td>산림청장(산림경찰), 건설교통부 장관(건축경찰)</td></tr>
<tr><td colspan="2">비상경찰기관</td><td>계엄사령관, 위수사령관</td></tr>
</table>

<table>
<tr><td rowspan="2">협의의 행정 경찰기관</td><td>의의</td><td>다른 행정 부문의 부수 작용으로 그 부문에서 생길 수 있는 사회 공공의 안녕·질서를 유지하기 위한 권력적·강제적 작용을 담당하는 기관</td></tr>
<tr><td>예</td><td>보건복지부 장관(보건·위생경찰). 해양수산부 장관(어업경찰) 등</td></tr>
<tr><td rowspan="2">비상 경찰기관</td><td>의의</td><td>보통경찰기관의 힘만으로는 치안을 유지할 수 없는 비상시에 병력으로써 치안을 담당하는 기관</td></tr>
<tr><td>예</td><td>계엄사령관, 위수사령관</td></tr>
</table>

제 3 절 경찰조직과 권한 행사

1 개 설

권한은 관할이라고도 하는데, 이는 행정관청이 법령상 유효하게 국가 의사 또는 판단을 결정 · 표시할 수 범위를 말한다. 실정법은 '직무 범위' · '직무 권한' 등의 용어를 사용한다.

권한은 행정관청이 법령의 범위 내에서 정해진 권한을 스스로 행사하는 것이 원칙이다. 다만 예외적으로 업무 처리의 효율이나 기타 사유로 행정관청의 권한을 위임(委任) · 대리(代理) · 대결(代決)과 같이 다른 기관에 권한을 행사하게 하는 경우가 있다.

의의	경찰관청이 법률상 유효하게 직무를 수행할 수 있는 범위, 즉 관할을 의미	
권한의 한계	사항적 한계	(1) 경찰에 관한 일정한 사무만을 관장함(⇒소관 사무 · 사물 관할) (2) 상급관청이 하급관청의 권한 행사를 지휘 · 감독할 수 있으나, 특별한 규정이 없는 한 이를 대행할 수는 없다는 것
	지역적 한계	일정한 관할지역 내에서만 효력을 발생(토지 관할)
	대인적 한계	일정한 인적 범위에 한정된다(인적 관할).
	형식적 한계	(1) 권한 행사의 형식에 일정한 한계가 있는 경우(예: 행정자치부령의 제정권) (2) 형식적 권한은 타 기관에의 위임이나 대리의 대상이 될 수 없다.
	시간적 한계	권한 행사가 일정한 시간에 의하여 제한되는 경우
권한의 효과	적극적 효과	경찰관청이 소관사무에 관하여 권한을 행사한 경우에는 그 행위는 국가(행정 주체)의 행위로서 효력을 발생함.⇒법적 행위, 사실행위를 불문함.
	소극적 효과	경찰관청이 그 권한의 한계를 넘어서서 권한을 행사한 때에는 그 행위는 권한 외의 행위로서 당연 무효임.

2 상하 관청 상호간의 관계 - 권한의 대리

1) 의 의

(1) 개념

권한의 대리란 행정관청의 권한의 전부 또는 일부를 다른 행정기관 또는 보조기관이 피대리청을 위한 것임을 표시하여, 자기의 이름으로 행사하고 그 행위의 법률적 효과는 피대리청의 행위로서 효과를 발생하는 것을 말한다.

이 경우 대리기관은 자신의 명의로 사무처리를 하는 것이나, 그 법적 효과는 피대리관청의 행위로서 발생한다는 점에서 대리 관계의 발생에 의하여 법령상의 권한 분배에는 영향이 없다.

<table>
<tr><td>위임</td><td colspan="3">(1) 행정청이 법령에 근거하여 권한의 일부를 하급행정청 또는 보조기관에 이전하고 수임기관이 위임받은 권한을 자기의 이름과 책임으로 행사하는 것
(2) 행정관청의 권한 중 형식적 권한은 위임의 대상이 될 수 없다.</td></tr>
<tr><td rowspan="4">대리</td><td colspan="3">행정청의 권한의 전부 또는 일부를 다른 행정기관이 피대리청을 위한 것임을 표시하여 자기의 이름으로 행하고 그 행위는 피대리청의 행위로서 효과를 발생하는 것</td></tr>
<tr><td>수권대리</td><td colspan="2">피대리청의 수권에 의하여 대리 관계가 발생하는 경우로서 일반적인 대리의 유형 (임의대리·위임대리)</td></tr>
<tr><td rowspan="2">법정대리</td><td>협의의 법정대리</td><td>법정 사실의 발생과 함께 당연히 대리 관계가 발생(보충대리)
(예: 경찰청장 유고시 차장이 직무를 대행, 경찰법 § 12 ②)</td></tr>
<tr><td>지정대리</td><td>법정 사실이 발생하였을 때 일정한 자의 지정이 있어야 대리 관계 발생
(예: 국무총리 유고시 대통령이 지정하는 국무위원이 직무를 대리)</td></tr>
<tr><td>대결</td><td colspan="3">(1) 행정관청이 보조·하급기관에 사무처리에 관한 결정을 맡기지만, 대외적인 권한 행사는 본래의 행정청의 이름으로 표시하는 경우를 의미
(2) 대결자 명의로 권한을 행사하면 그 권한 행사는 무효가 된다.
(3) 전결 또는 내부위임 ⇒ 권한의 이전이 없는 권한의 사실상 대행으로 법적 근거는 불요</td></tr>
<tr><td></td><td colspan="3">(1) 복대리: 대리자가 그 대리권의 행사를 다시 타인으로 하여금 대리하게 하는 것으로서 그 성격은 임의대리(수권대리)에 해당함.
(2) 위탁·수탁·촉탁: 본질은 위임과 같으나 수임기관이 하급·보조기관이 아닌 경우를 의미</td></tr>
</table>

(2) 구별 개념

위임	권한 이전	법적 근거	자기 권한	자기 이름	일부만
대리	않는다	불요	타인 권한	자기 이름	전부 가능
대결(전결)	않는다	불요	타인 권한	타인 이름	일부만

(가) 위임

위임과 대리의 공통점은 행정관청의 권한을 다른 행정기관이 대신한다는 점이다.

위임은 위임청의 권한이 위임됨으로써 다른 행정기관(수임청)의 권한이 되고 동시에 위임청은 권한을 상실하지만, 대리의 경우에는 권한 그 자체가 이양되는 것은 아니다.

위임은 법령상 정하여진 권한 분배를 변경하는 것이므로 법령상 근거를 요하지만, 대리(특히 수권대리)의 경우에는 반드시 법령의 명시적 근거를 요하지는 않는다.

위임에서의 수임자는 하급기관이 되고, 대리의 경우에는 보조기관이 대리인이 되는 것이 일반적이다.

(나) 대표

대표자인 행정청의 행위가 직접 국가 또는 지방자치단체의 행위가 되는 점에서 대리와 구별된다.

국가를 당사자 또는 참가인으로 하는 소송에서 법무부 장관이 국가를 대표하는 경우, 감사원장이 감사원을 대표하는 경우 등이 이에 해당한다.

(다) 위임전결

위임전결이란 행정관청이 일정한 경미한 사항을 보조기관이나 담당자 또는 하부행정기관에게 외부적인 표시 없이 내부적으로 결정권을 위임하여 보조기관이나 담당자 또는 하부행정기관이 행정관청의 이름으로 그의 권한을 사실상 행사하는 것을 말한다.

대리의 경우에는 대리자의 대리행위임을 표시하지만, 위임전결의 경우에는 본래 행정관청의 이름으로 행하며, 권한대리는 외부적 · 법률상의 것이지만, 위임전결은 내부적 · 사실상의 것이다.

(라) 대결

대결이란 행정관청 구성자의 일시 부재시 보조기관이 사무처리에 관한 결정을 외부에 표시함이 없이 본래의 행정청의 이름으로 결재하는 경우를 말한다. 대결(代決)은 내부적 위임이라고도 하고, 법령상의 근거를 요하지 않는다.

① 권한위임과 권한대리의 구별

<table>
<tr><th>구 분</th><th colspan="2">권한의 대리</th><th>권한의 위임</th></tr>
<tr><td>공통점</td><td colspan="3">경찰관청의 권한을 다른 자가 대신하여 행사한다는 점에서 공통점이 있다.</td></tr>
<tr><td>권한 귀속의 차이</td><td colspan="2">행정관청의 권한이 다른 행정기관에 이전되지 않는다.</td><td>경찰관청의 권한이 피위임 관청에 이전되어 수임자의 권한으로 된다.</td></tr>
<tr><td>법적 근거</td><td colspan="2">임의대리는 불요, 법정대리는 필요</td><td>경찰관청의 권한이 이전되기 때문에 반드시 법령의 명시적 근거를 필요로 한다.</td></tr>
<tr><td>기관 지위상의 차이</td><td colspan="2">대리기관은 피대리관청의 보조기관이 되는 것이 보통이다.</td><td>하급관청・보조기관・자치제 등. 수임기관은 하급기관이 되는 것이 보통이다.</td></tr>
<tr><td>발생 원인</td><td colspan="2">수권행위(임의대리)
법정 사실 발생(법정대리)</td><td>법령에 근거한 위임행위</td></tr>
<tr><td>법적 성질</td><td colspan="2">수권행위는 피대리 관청의 일방적 행위(동의나 공시는 불필요)</td><td>위임청의 일방적 행위(권한이 이전되므로 공시가 필요)</td></tr>
<tr><td>행위 방식</td><td colspan="2">현명주의가 요구</td><td>수임기관의 자기 명의로 행위</td></tr>
<tr><td rowspan="2">권한의 범위</td><td>임의</td><td>일반적・포괄적 권한의 일부에 대해서만 가능(형식적 권한은 대리가 불가능)</td><td rowspan="2">위임청의 일반적・포괄적 권한의 일부에 한하여 인정</td></tr>
<tr><td>법정</td><td>전부대리가 원칙</td></tr>
<tr><td>권한 행사의 귀속・책임</td><td colspan="2">피대리관청(임의대리)
대리관청(법정대리)
(행정소송의 피고도 동일)</td><td>수임청이 책임을 부담
(행정소송의 피고는 수임청)</td></tr>
<tr><td>사무처리의 지휘・감독</td><td colspan="2">임의대리－지휘・감독이 가능
법정대리－지휘・감독이 불가</td><td>원칙적으로 불가
(감독권에 기한 지휘・감독은 가능)</td></tr>
<tr><td>종료 사유</td><td colspan="2">임의대리 수권행위의 철회, 실효 대리자의 사망 및 신분의 상실
법정대리 원인된 법률 관계의 소멸</td><td>위임의 해제, 근거 법령의 소멸, 실효
(종기의 도래・해제 조건의 성취)</td></tr>
<tr><td>복대리 복위임</td><td colspan="2">임의대리 원칙적으로 불가(신임 관계)
법정대리 복대리가 가능(이는 임의대리)</td><td>복위임이 가능(법령의 근거를 요구함.)</td></tr>
<tr><td>피고 적격의 차이</td><td colspan="2">권한대리를 한 행정행위에 대한 항고소송의 피고는 피대리관청이 된다.</td><td>권한위임을 한 행정행위에 대한 항고소송의 피고는 수임관청이 된다.</td></tr>
</table>

② 위임전결과 대결과 권한대리의 구별

권한대리	위임전결	대 결
경찰관청의 권한의 전부 또는 일부를 타인이 피대리관청을 위한 것임을 표시하고 자기의 명의로 대행하여 그 행위가 피대리관청의 행위로서 법률상 효력을 발생하는 것을 말한다.	경찰관청의 보조기관 등이 당해 경찰관청의 이름으로 권한을 사실상 대리 행사하는 경우를 말한다. 비교적 경미한 사항의 편의적 처리를 위한 내부적 사무처리 방법이다.	경찰관청의 구성자가 일시 부재한 경우에 보조기관이 경찰관청에 갈음하여 외부에 표시함이 없이 결재하는 것을 말한다.
대리행위임을 표시하고 대리 경찰관청의 이름으로 행하는 외부적 법률상 행위라는 점에서 위임전결 및 대결과 구별된다.	대리행위임을 표시하지 않고 본래의 경찰관청의 이름으로 행해지는 내부적 사실상 행위라는 점에서 같다.	

2) 권한대리의 종류

권한의 대리에는 대리권 발생의 원인에 따라 수권대리(임의대리)와 법정대리가 있다.

(1) 수권대리(授權代理)

(가) 의의

수권대리란 피대리관청(본래의 행정청)의 일방적 수권행위에 의하여 대리 관계가 발생하는 경우를 말한다. 이를 임의대리·위임대리라고도 한다. 즉, 본래의 행정청이 다른 기관에 대하여 자기를 대리하여 그 권한의 일부를 행할 권능을 부여하는 것이다.

(나) 법적 근거

수권대리는 권한의 이전을 가져오는 것이 아니므로 위임과는 달리 법률에 특별한 규정을 요하지 않는다.

(다) 대리권의 행사와 범위

대리권의 행사는 대리관청이 대리 관계와 피대리 관청(본래의 관청)을 명시하여 의사 표시를 하여야 한다.

대리권은 수권행위에 의해서 정하여지는 것이 원칙이다. 그리고 수권은 반드시 권한의 일부여야 하고, 전부대리는 허용되지 않는다.

(라) 대리행위의 효과

대리관청의 행위는 법률적으로 본래의 관청(피대리 관청)의 행위로 귀속된다.

의의	피대리 관청의 수권에 의하여 대리 관계가 발생하는 경우이다.
근거	행정사무의 능률을 위해서 명문의 규정이 없는 경우에도 그 성질상 대리를 허용하지 못할 사항을 제외하고는 임의대리는 인정된다.
범위	(1) 일반적·포괄적 권한에 대해서만 수권이 가능하며, 법령에서 개별적으로 지정되어 있는 권한은 당해 경찰관청 스스로 행할 것이 요구되므로 이를 수권할 수 없다. 즉 일부대리에 한한다. (2) 수권은 권한의 일부에 대해서만 가능하며, 권한의 전부를 수권할 수 없다.
감독 및 책임	피대리 관청은 대리자의 권한 행사를 지휘·감독할 수 있고, 대리인의 행위에 의하여 지휘·감독의 책임을 진다.

(2) 법정대리(法定代理)

(가) 의의

법정대리란 행정관청이 사고 등으로 부재하는 경우에 법률의 규정에 따라 다른 행정기관이 본래의 행정관청의 권한의 전부를 당연히 대행하거나 일정한 자의 지정에 의하여 행하는 것을 말한다.

(나) 법적 근거

법정대리에 대한 법적 근거로는 헌법 제71조, 정부조직법 제6조 2항, 제12조 2항, 제22조, 직무대리규정 제3조 등이 있다.

(다) 법정대리의 종류

① 협의의 법정대리(보충대리)

협의의 법정대리는 법령에 대리인이 명시되어 있으므로 법정 사실의 발생과 더불어 당연히 대리 관계가 형성되는 경우를 뜻한다. 지정대리와의 차이점은 대리자에 대한 별도의 지정이 필요치 않다는 것이다.

경찰법 제12조 2항에 의하여 경찰청장의 유고시 경찰청 차장이 그 직무를 대행하는 경우가 이에 해당한다.

② 지정대리

지정대리는 법정 사실이 발생한 경우에 일정한 자가 다른 자를 대리관청으로 지정함으로써 대리 관계가 발생하는 경우를 말한다.

(라) 대리권의 범위와 효과

대리관청은 피대리 관청의 권한을 자기 책임하에 행사한다.

대리권은 협의의 법정대리나 지정대리를 묻지 않고 피대리 관청의 권한 전부에 미친다.

대리관청의 행위의 효과는 당연히 피대리 관청에 미친다.

<table>
<tr><td>의의</td><td colspan="2">법정 사실이 발생하였을 때 직접 법령의 규정에 의하여 대리 관계가 발생하는 경우를 말한다.</td></tr>
<tr><td>근거</td><td colspan="2">반드시 법령상 근거를 요구하며, 일반법령으로는 ‘직무대리규정’(대통령령)이 있다.</td></tr>
<tr><td rowspan="2">종류</td><td>협의의 법정 대리</td><td>(1) 일정한 법정 사유가 발생하면 법률상 당연히 대리권이 발생하는 경우를 말한다.
(2) 대통령의 궐위시에 국무총리의 대리(헌법 제71조), 국무총리에게 사고가 있을 때 부총리에 의한 대리(정부조직법 제22조), 장관에 사고가 있을 때 차관, 기타 이에 준하는 자의 대리(동법 제6조 제2항), 경찰청장이 부득이한 사유로 직무를 수행할 수 없을 때에는 그 직무를 대행(경찰법 제12조 제2항).</td></tr>
<tr><td>지정 대리</td><td>(1) 일정한 법정 사유가 발생하면 지정권자가 대리자를 지정함으로써 성립된다.
(2) 국무총리 및 부총리 모두 유고시 대통령이 지정하는 국무위원이 국무총리를 대리하는 것이 그 예이다(정부조직법 제22조).
(3) 지정대리는 피대리 관청의 구성자에 일시적인 사고가 있는 때에 행하여지는 것이 보통이나, 그 궐위에도 일시적으로 그 대리자를 지정하는 경우가 있는데 이를 서리라고 한다.</td></tr>
<tr><td>범위</td><td colspan="2">대리권은 피대리 관청의 권한의 전부에 미친다.</td></tr>
<tr><td>감독 및 책임</td><td colspan="2">피대리 관청은 대리자의 권한 행사를 지휘·감독할 수 없고 대리자는 자기의 책임으로 권한을 행사한다.</td></tr>
</table>

(마) 복대리

개념	경찰관청의 대리자가 그 대리권의 행사를 다시 타인으로 하여금 대리하게 하는 것을 말한다. 복대리는 대리인의 대리가 아니라 피대리 관청의 대리이다.
허용 여부	임의대리에서는 일부대리이며 신임 관계에 의한 대리권의 수여이므로 복대리가 허용되지 아니하나, 법정대리에서는 복대리가 가능하다.
방식	민법상의 현명주의에 따라 피대리 관청을 위한 것임을 표시하고 다른 행정기관 자기의 이름으로 한다.

(바) 대리권의 소멸

임의대리	피대리 관청에 의한 대리명령의 철회에 의하여
법정대리	대리권을 발생케 한 법률 사실의 소멸에 의하여

3 상하 경찰관청의 상호 관계

1) 권한위임

(1) 의의

권한의 위임이란 행정관청이 그의 권한의 일부를 법령에 근거하여 다른 행정기관, 즉 하급관청 또는 보조기관에 위양하여 수임기관의 권한으로 행사하게 하는 것을 말한다.

지휘·감독 관계에 있는 행정관청 간에는 협의의 위임이라 하고, 대등기관 간에는 위탁이라고도 한다.

(2) 법적 근거와 위임의 방식

권한의 위임에는 반드시 법령의 근거를 요한다. 일반적 근거로서 정부조직법(제6조), 행정권한 위양·위탁에 관한 규정, 지방자치법(제95조)이 있고, 그 밖에 많은 개별적인 법률 규정들이 있다. 법률에 특별한 규정이 없는 경우에 정부조직법 제6조를 근거로 권한을 위임할 수 있다.

위임에는 수임기관에의 통지가 있어야 한다. 그리고 권한의 전부 또는 주요 부분에 관한 위임은 허용되지 않는다.

(3) 위임의 효과

권한의 위임에 의하여 위임청은 당해 위임 사항을 처리할 수 있는 권한을 상실하고, 그 권한은 수임청의 권한으로 된다. 따라서 수임청은 자기의 이름으로 권한을 행사하며, 쟁송법상으로도 수임기관이 직접 피고·피청구인이 된다.

의의	(1) 경찰관청이 권한의 일부를 다른 경찰기관(보통 하급관청)에 이전하여 그 수임기관의 권한으로 그 수임기관 자신의 명의와 책임하에 행사하도록 하는 것을 말한다. (2) 권한의 위임이 있으면 그 권한은 위임의 범위 안에서 수임기관의 권한으로 되고 수임기관은 자기의 명의와 책임하에 이를 수행하게 된다.
내부위임과 구별	권한의 내부위임이란 경찰관청의 내부적인 사무처리의 편의를 도모하기 위하여 그의 보조기관 또는 하급 경찰관청에게 대외적으로 본래의 경찰관청(위임청)의 명의로 권한을 행사하게 하는 것이다.
근거	(1) 권한의 위임은 법률상의 권한을 다른 경찰관청에 이전하여 권한의 법적 귀속을 변경하는 것이므로 반드시 법적 근거가 있어야 하며, 법률의 근거가 없는 권한의 위임은 무효이다. (2) 권한이 위임되면 그 권한은 수임기관의 것이므로 수임기관은 다른 경찰기관에 재위임할 수 있다.
권한위임의 한계	권한의 위임은 경찰관청의 권한의 일부에 관해서만 가능하다.
권한위임의 형태	① 보조기관 또는 하급 경찰기관에 대한 위임 ② 대등 경찰관청, 기타 다른 행정기관에 대한 위임 ③ 지방자치단체 또는 그 기관에 대한 위임 ④ 사인에 대한 위탁(민간위탁)의 형태
효과	(1) 권한의 귀속 변경 (2) 위임 사항에 대한 지휘·감독 위임기관 및 위탁기관은 수임기관 및 수탁기관의 수임 및 수탁사무처리에 대하여 지휘·감독하고, 그 처리가 위법 또는 부당하다고 인정되는 때에는 이를 취소하거나 정지시킬 수 있다. (3) 비용 부담 위임사무의 처리에 소요되는 인력, 예산, 시설, 설비 등은 법령에 특별한 규정이 있는 경우를 제외하고는 위임자가 부담하는 것이 원칙이다.
권한위임의 종료	직접 법령의 규정에 의한 권한의 위임은 그 법령의 개폐에 의하여 종료된다. 법령에 의거한 위임청의 의사 표시에 의한 것일 때에는 위임 해제의 의사 표시에 의하여 종료된다. 종기의 도래 또는 해제 조건이 성취되면 당해 위임은 종료된다. 근거 법령이 소멸하게 되면 위임은 당연히 실효되어 위임이 종료하게 된다.

구분	권한의 위임	임의대리	법정대리
의의	법령에 근거하여 자기의 의사로써 자기의 권한의 일부를 위임	대리권을 부여하는 일방적 수권행위에 의하여	법령의 규정에 의하여 법정된 사실의 발생으로, 또는 일정한 자의 지정
근거	근거 필요	불필요(일부의 경우)	근거 필요
가능 범위	권한의 일부	권한의 일부	권한의 전부
책임 소재	수임기관	피대리기관	대리인
감독	감독(대등기관은 이설 있다.)	감독	감독 불가
복대리·복위임	가능	원칙적 불가	가능
소멸	의사 표시에 의한 해제, 위임 근거 소멸, 조건의 성취, 기간의 경과	수권행위의 철회, 기한의 경과, 조건의 성취	대리 관계의 발생 원인의 소멸

그러나 위임청이 수임청에 대한 지위·감독할 지위까지 상실하는 것은 아니므로 수임청의 위임사무처리가 위법·부당한 경우에는 위임청이 이를 취소하거나 중지시킬 수 있다.

2) 권한의 감독

(1) 의의

권한의 감독이란 하급관청의 권한 행사에 대한 적법성과 합목적성을 확보하고, 국가 의사의 통일을 도모하기 위한 통제적 작용을 말한다.

(2) 근거

감독권은 상급관청이 하급관청에 대하여 일반적으로 가지는 권한이다. 따라서 개별적인 법령에 근거가 있어야 할 필요는 없다.

그러나 일반적이고 추상적인 조직법적 근거는 필요한데, 경찰법 제11조, 제14조, 제17조에 상급 경찰관청의 지휘·감독권을 규정하고 있다.

(3) 지휘 · 감독의 수단

(가) 감시권

감시권이라 함은 하급관청으로부터 업무를 보고받거나, 실제로 사무감사를 행하는 권한을 말한다. 감시권의 발동에는 특별한 법적 근거를 요하지 않는다.

감시권은 원칙적으로 사전적 · 예방적 감독 수단이지만, 예외적으로 사후적 · 교정적 감독 수단이 되는 경우도 있다.

(나) 훈령권

훈령이라 함은 감독 행정관청이 하급 행정관청에 대하여 법률 해석이나 재량 판단의 구체적 지침을 제시하는 등으로 행정 의사의 통일을 기하기 위하여 발하여지는 구속력 있는 명령을 말한다. 훈령권은 감독권의 당연한 작용으로서 법적 근거가 없어도 발할 수 있다.

<table>
<tr><td>의의</td><td colspan="2">상급관청이 하급관청에 대하여 상당한 장기간에 걸쳐 하급관청의 권한 행사를 일반적으로 지시하기 위하여 발하는 명령(행정규칙). 행정 의사의 통일⇒'훈령에 의한 행정'(예: 도로교통법의 특정 조항에 대하여 경찰청이 내린 법률 해석의 지침)</td></tr>
<tr><td>효력
성질</td><td colspan="2">(1) 훈령의 법규성⇒부정(원칙)
⇒하급관청을 구속함에 그치고 국민에 대하여는 구속력이 없다(대판).
⇒따라서 훈령에 대한 위반행위는 하급관청을 구성하는 공무원의 직무상 의무 위반에 그치며(징계 사유가 될 뿐), 당해 행위가 위법이 되는 것은 아님(대판).
(2) 단, 훈령 중 행정사무처리 또는 법령 해석의 기준을 제시하는 것을 내용으로 하는 경우(재량준칙)에는 평등 원칙에 의한 '자기 구속의 법리'에 의하여 법규성이 긍정된다.
⇒훈령의 외부화(外部化) 현상 (예: 국무총리 훈령인 개별 토지가격 합동지침; 대판 1994)</td></tr>
<tr><td>위반</td><td colspan="2">훈령에 위반한 행위는 위법이 아니며, 그 자체의 효력에는 영향이 없다.→징계 사유가 될 뿐</td></tr>
<tr><td rowspan="2">심사</td><td>형식적 요건</td><td>심사권이 있다.⇒복종을 거부할 수 있다.</td></tr>
<tr><td>실질적 요건</td><td>(1) 심사권이 없다(원칙).⇒단, 범죄 구성 · 명백한 위법으로 인한 당연무효의 경우에는 심사권이 있다.
(2) 이 경우 훈령에 복종하면 그 책임은 하급관청이 부담하여야 한다(대판).</td></tr>
<tr><td>경합</td><td colspan="2">(주관 상급관청→) 직근 상급관청→권한(주관) 쟁의</td></tr>
</table>

	훈 령	직무명령
의의	하급관청에 대한 상급관청의 명령	상관이 직무에 관하여 부하에게 발한 명령
효력	하급관청의 기관 의사를 구속 구성원이 변동되어도 효력에 영향이 없다.	기관구성원인 공무원 개개인을 구속 공무원이 교체되면 효력을 상실한다.
범위	행정관청의 소관사무에 국한	직무와 관련된 개인의 사생활까지 규제 가능
관계	훈령은 직무명령을 겸할 수 있다.	직무명령은 훈령의 성질을 가질 수 없다.
	(1) 직무명령은 훈령적 직무명령과 비훈령적 직무명령으로 나눌 수 있다. (2) 직무명령에 대한 심사⇒절충설(多·判) 범죄 구성·당연무효의 경우는 복종을 거부하여야 한다. (3) 직무명령의 경합 : 직근상관설(多)⇔ 상급상관설	

〈훈령과 직무명령〉

(1) 훈령이라 함은 상급행정관청이 소관의 하급행정관청에 대하여 법률 해석이나 재량판단의 구체적 지침을 제시함으로써 행정의사의 통일을 기하기 위하여 발해지는 구속력 있는 명령을 말한다.

(2) 직무명령이 상사가 부하인 경찰공무원 개인에 대하여 직무를 지휘하기 위하여 발하는 명령인데 대하여, 훈령은 상급 경찰관청이 하급 경찰관청에 대하여 발하는 명령이라는 점에서 차이가 있다. 또한 기관의 구성원이 변경되더라도 훈령의 효력에는 영향이 없으나, 직무명령의 경우에는 수명 경찰공무원이 변경되면 그 효력을 잃는다.

(3) 훈령에 의한 행정선례법의 변경은 법률의 개정에 의하지는 않는 한 불가하다(행정절차법 제4조 참조).

(4) 훈령이 평등 취급 원칙에 위배된다면 그 한도 내에서는 평등 원칙에 반하는 위법이 된다(훈령의 외부화 형상).

(5) 훈령은 일반 국민에 대해서 대외적 구속력이 없으므로 법원이라고 볼 수 없다(통설). 훈령은 법령의 구체적인 근거 없이도 발할 수 있다.

형식적 요건	주체·내용·형식·절차에 대한 요건
실질적 요건	내용에 관한 요건 ⇒실현 가능·명백·적법·타당·공익에 적합

협의의 훈령	일반적 업무에 대하여 장기간에 걸쳐 일반적으로 지시하기 위하여 발하는 것
지시	개별적·구체적으로 발하는 명령
예규	반복적 행정사무의 기준을 제시하는 명령
일일명령	당직·출장·특근·휴가 등 일일업무에 관하여 발하는 명령

[표 4-2-1] 상하기관 상호간의 관계

구분		내용
의 의		상급관청이 하급관청의 권한 행사를 지휘하며, 적법성과 합목적성을 확보하고 국가 의사의 통일적인 실현을 도모하기 위하여 행하는 통제적 작용을 말한다.
근 거		감독권은 상급관청이 하급관청에 대하여 일반적으로 가지는 권한이므로 그에 관한 개별적인 법령의 근거는 필요 없으나 일반적·추상적인 법적 근거는 필요하다.
수단	감시권	보고를 받고, 서류 및 장부를 검사하며, 실제로 사무감사를 행하는 등의 권한이다. 감시권 발동에 특별한 법적 근거는 필요하지 않다.
	훈령권	(1) 의의 : 상급관청이 하급관청의 권한 행사를 지휘하기 위하여 사전에 발하는 명령을 말한다. (2) 성질 ① 훈령은 법규성이 없는 행정규칙의 일종이기 때문에 수명기관이 훈령에 위반하더라도 위법이 되지 않고 행위의 효력도 유효하다. ② 위반된 공무원은 징계사유가 될 뿐이다. 훈령은 일반 국민을 구속하지 않는다. (3) 근거 : 명문의 규정이 없어도 발할 수 있다. (4) 종류 ① 협의의 훈령 : 상급관청이 하급관청에 대하여 그 권한 행사를 일반적으로 지휘하기 위하여 직권으로 발하는 명령 ② 지시 : 상급관청이 하급관청에 대하여 개별적·구체적 지휘를 위하여 발하는 명령 ③ 예규 : 행정사무의 기준을 제시하기 위하여 발하는 명령 ④ 일일명령 : 당직, 출장, 특근, 휴가 등 일일업무에 관하여 발하는 명령 (5) 요건 ① 형식적인 요건 ㉠ 정당한 권한을 가진 상급관청이, ㉡ 하급관청의 권한 내의 사항에 관하여, ㉢ 그 하급관청의 직무상 독립성이 보장되어 있지 않는 사항에 대하여 할 수 있다. ② 실질적 요건 ㉠ 훈령이 법규에 저촉되지 않아야 하며, ㉡ 공익에 반하지 않아야 하며, ㉢ 실현 가능하고 명백하여야 한다.
	주관쟁의 결정권	하급관청 간의 주관 권한에 대한 쟁의가 있을 때 상급관청이 이를 결정하는 권한을 말한다.
	인가권 (승인권)	하급관청의 권한 행사 전에 상급관청이 갖는 인가권을 말한다.
	취소·정지권	상급관청이 직권으로 또는 당사자의 신청 등의 청구에 의하여 하급관청의 위법·부당한 행위를 취소하거나 정지할 수 있는 권한이다.

(다) 주관 쟁의 결정권

주관 쟁의 결정권은 예방적 감독 수단으로서, 하급관청 간의 주관 권한에 관한 쟁의가 있을 때 상급관청이 이를 결정하는 권한이다(행정절차법 제6조 2항). 경찰관청 간의 주관 권한 쟁의의 결정권자는 경찰청장이다.

(라) 인가권(승인권)

하급관청의 권한 행사에 적법성과 타당성을 보장하기 위한 예방적 감독 수단이다. 여기서의 인가는 조직법상의 인가이므로 행정행위로서의 인가와는 다르다.

(마) 취소・정지권

취소・정지권은 상급관청이 직권으로 또는 당사자의 신청 등의 청구에 의하여 하급관청의 위법・부당한 행위를 취소하거나 정지할 수 있는 권한을 말한다. 성질상 사후적・교정적 감독 수단이다. 원칙적으로 취소・정지권자는 처분청이지만, 감독청도 취소・정지할 수 있다.

4 대등 관청 상호간의 관계

대등 관청 상호간의 관계는 상호 존중 관계이다. 따라서 대등 관청 상호간에는 권한을 존중하여야 하며, 대등 관청 상호간에 주관 쟁의가 있는 경우 공통 상급관청의 결정 또는 협의에 의하여 해결하여야 하며, 관청 상호

구분	내용
권한의 불가침	대등 관청 상호간에는 서로 다른 관청의 권한을 존중하여야 하며 이를 침범하여서는 안 된다.
주관쟁의	대등 경찰관청 사이의 소관에 대한 다툼은 적극적 쟁의와 소극적 쟁의가 있다.
상호 협력 관계	(1) 협의 행정청은 행정의 원활한 수행을 위하여 서로 협조하여야 한다. (2) 사무위탁 대등 관청 사이에서 한 관청의 직무상 필요한 사무가 다른 행정청의 관할에 속하는 경우에 그 행정청에 사무처리를 위탁하는 것을 말한다. (3) 행정응원 직무상 필요한 특정 행위를 행정관청 사이에 지원하는 것을 말한다.

간에는 원활한 업무 수행을 위하여 서로 협력하여야 한다.

상호 협력의 형태는 협의 · 사무위탁 · 행정응원 등이 있다.

제 4 절 경찰공무원과 법

1 개 관

1) 공무원의 의의

공무원이라 함은 일반적으로 국가 또는 지방자치단체에 대하여 공법적인 근무 관계에 있는 사람을 말한다. 이러한 공무원에는 경비 부담의 주체에 따라 국가공무원과 지방공무원이 있다. 또한 경찰공무원은 국가공무원과 지방직 공무원이 있다.

의의	경찰공무원법의 대상이 되는 국가의 공무원으로서 경찰의 직무에 종사하는 자
특징	(1) 경찰기관에 근무하는 일반적 · 기능적 공무원이나 전경 · 의경 등은 경찰공무원이 아니다. (2) 현행 경찰공무원은 국가직과 지방직 공무원이 있다.

2) 경찰공무원의 의의

경찰공무원이란 국가공무원법 및 경찰공무원법의 적용을 받는 특정직 공무원으로 국민의 자유와 권리의 보호 및 사회 공공의 안녕과 질서 유지를 목적으로 하는 공무원을 말한다.

경찰공무원법이 적용되는 경찰공무원은 순경에서부터 치안총감의 계급을 가진 공무원이 이에 해당된다. 따라서 조직상 경찰기관에 근무하는 일반직 · 기능직 공무원 및 전투경찰 · 의무경찰은 경찰공무원이 아니다. 하지만 작전전투경찰순경이나 의무전투경찰순경도 형법상의 공무집행방해죄와 국가배상법상의 공무원에는 포함된다.

국가공무원법과 경찰공무원법의 관계는 일반법과 특별법의 관계에 있다고 볼 수 있으나, 실제로 경찰공무원법은 많은 경우에 국가공무원법을 준용하고 있다.

공무원은 경비 부담 주체가 국가인가, 지방자치단체인가에 따라 국가공무원 또는 지방공무원으로 나뉜다.

> (1) 공무원은 경비(經費) 부담의 주체에 따라 국가공무원과 지방공무원으로 분류된다.
> (2) '국가공무원법'과 '경찰공무원법'의 관계는 일반법과 특별법의 관계에 있다.

3) 현행 공무원 제도의 특징

(1) 민주적 공무원 제도

공무원은 국민 전체에 대한 봉사자이고, 국민에 대한 책임을 진다. 따라서 직무상 불법행위를 하였을 경우에는 형사책임 또는 공무원법상의 징계나 변상 등의 법적 책임은 물론, 국무위원이나 국무총리 등과 같이 정치적 책임을 지는 경우도 있다. 그러나 국민소환제(recall)는 인정되지 않는다.

그리고 공무원 임용시에 민주성과 국민의 공무 담당에 대한 기회 균등이 보장되어야 한다. 또 공무원에 대한 기본적 사항은 법률로 정하여야 하며, 그 운용 역시 민주적인 책임 체제하에서 행하여져야 한다.

(2) 과학적 공무원 제도

비정치적이고 과학적인 공무원 제도의 수립을 위해서 엽관제에 대립되는 실적제와 직위분류제와 직업공무원 제도를 도입하고 있다. 공무원의 인사관리에서 성적주의를 원칙으로 하고 정치적 중립성을 보장하고, 공무원이 공무에 전념할 수 있도록 신분을 보장하고 있다.

4) 국가공무원법과 경찰공무원법과의 관계

국가공무원법과 경찰공무원법은 일반법과 특별법의 관계에 있다. 경찰공무원은 그 책임 및 임무의 중요성과 신분 보장 및 근무 조건의 특수성으로 인하여 그 임용·교육훈련·복무·신분 보장 등에 관하여 국가공무원법과는 별도로 경찰공무원법(1982. 12. 31. 법률 제3606호)을 제정하여 국가공무원에 대한 특례를 규정하고 있다.

2 경찰공무원법제의 기본 구조

1) 공직의 분류

[표 4-2-2] 공무원의 분류

경력직 (실적 주의와 신분보장이 적용된다.)	일반직	기술·연구 또는 행정 일반에 대한 업무를 담당하며 직군·직렬별로 분류되는 공무원(예: 행정(9급~1급), 공안, 기술, 연구, 지도직 공무원)
	특정직	법관, 검사, 외무공무원, 경찰, 소방, 교육공무원, 군인, 군무원, 국가정보원 직원 등 특수 분야의 업무를 담당하는 공무원
	기능직	현업관서 등에서 기능적인 업무를 담당하는 공무원(예: 사무원, 교환원, 방호원, 위생원 등)
특수 경력직	정무직	권한과 책임의 정도가 높고 고도의 정치적·정책적 업무를 담당하는 공무원. 선거로 취임, 임기제, 정치적 임용(예: 국회의원, 지방의원, 자치단체장, 국무총리, 장·차관, 감사원장 등)
	별정직	특정 업무를 담당하기 위하여 일반직과 다른 방법에 의하여 임용된 공무원. 특별한 신임을 요한다(예: 비서관, 비서, 비상계획업무담당관, 노동위원회상임위원, 예비판사 등)
	계약직	국가와 채용 계약에 의하여 일정 기간 전문지식이 요구되는 업무에 종사하는 공무원(예: 문화재 발굴·보존, 헬기 조종, 우표 디자인 등)
	고용직	단순노무에 종사하는 공무원(예: 사환)

2) 경찰공무원의 분류

경찰공무원법은 경찰관을 직책의 난이도와 보수의 차이를 두기 위한 계급과, 개인의 능력·적성·자격 등에 따른 경과와 특기에 의해서 분류한다.

국가공무원법은 공무원을 크게 직업공무원제의 성격이 강한 경력직과 직업공무원제의 성격이 약한 특수경력직으로 구분하고 있는데, 경찰공무원은 경력직에 속하면서 특정직으로 분류되어 있다.

경찰공무원법은 경찰공무원을 다시 계급, 경과와 특기 등 세 가지 기준으로 분류하고 있다.

(1) 계급제

계급제는 공무원이 가지는 개인의 특성, 즉 학력·경력·자격을 기준으로 하여 유사한 개인적 특성을 가진 공무원을 여러 범주와 집단으로 구분하여 계층을 구분하는 것을 말한다.

경찰공무원의 계급은 순경·경장·경사·경위·경감·경정·총경·경무관·치안감·치안정감·치안총감의 11개 계급으로 되어 있다.

순경·경장·경사는 형사소송법상 사법경찰관에 해당하며, 경위부터 경찰청에 근무하는 경무관을 제외한 경무관은 사법경찰관에 해당하여 형사소송법의 적용을 받는다.

(2) 경과와 특기

(가) 개념

경과와 특기는 인사관리의 기준이 된다.

경과와 특기는 경찰 업무의 여러 가지 특성에 따라 그에 적합한 경찰공무원의 모집·채용을 위하고, 능력과 경력을 전문화시킴으로써 경찰 업무의 효율화를 위한 제도인 것이다.

계급제는 경찰공무원을 상하로 구분하여 권위와 책임·보수 등에 차등을 위한 수직적인 분류이고, 경과와 특기는 경찰관의 특성, 자격과 능력·경력 등을 활용하기 위한 수평적인 분류이다.

[표 4-2-3] 경과별 직무의 종류(경찰공무원임용령 시행규칙 제19조)

<table>
<tr><td colspan="2">일반경과</td><td>일반경찰기관에서 특수경과 부서에 근무하지 않는 총경 이하의 경찰관에게 주어지는 경과</td></tr>
<tr><td colspan="2">보안경과</td><td>경정 이하만 부여, 일반경찰기관 근무</td></tr>
<tr><td colspan="2">수사경과</td><td>경정 이하만 부여, 일반경찰기관 근무</td></tr>
<tr><td rowspan="3">특수경과</td><td>항공경과</td><td>경찰항공대 근무</td></tr>
<tr><td>통신경과</td><td>통신부서 근무</td></tr>
<tr><td>운전경과</td><td>경사 이하만 부여, 운전 부서 근무</td></tr>
</table>

(나) 경과

경과는 직무의 성격에 따라 구분된다. 따라서 경찰관은 경과에 따라 개인이 담당하는 임무가 달라진다.

경과는 일반경과와 보안경과, 수사경과 및 특수경과로 대별된다. 경과는 총경 이하에 적용되는 것이 원칙이다. 그러나 보안경과, 수사경과는 경정 이하, 운전경과는 경사 이하에만 적용된다.

(다) 특기

경찰관의 보직은 크게 경과에 의해서 구분되지만 다시 그 보직은 특기에

[표 4-2-4] 일반특기와 전문특기(경찰공무원임용령 시행규칙 제20조)

의의	개념	(1) 능력과 경력을 전문화시키고 업무의 효율성을 높이기 위한 수평적 분류 ⇒직무의 성격에 따르는 분류 (2) 경찰관의 보직은 경과에 의하여 결정되지만, 그 보직은 다시 특기에 의하여 제약을 받는다.	
	경과	총경 이하의 경찰관에게 적용⇒경과의 부여는 기속 사항	
	특기	경위 이상 경정 이하의 경찰관에게 부여⇒특기의 부여는 재량 사항	
경과	일반경과	보안경과 및 특수경과에 속하지 아니하는 직무	
	보안경과	보안경찰에 관한 직무(보안경과는 경정 이하에 적용된다.)	
	수사경과	수사경찰에 관한 직무(수사경과는 경정 이하에 적용된다)	
	특수경과	항공경과	항공·해양·통신·운전(운전경과는 경사 이하에만 부여한다.) 경과 자체가 전문특기(항공·통신·운전)
		통신경과	
		운전경과	
특기	일반특기	기획·감사·경무·방범·교통·경비·작전·형사·수사·정보·보안·외사 등 12가지. 보안경과 및 특수경과에 속하지 아니하는 직무	
	전문특기	형사·조사·감식·정보관리·정보분석·보안수사공작·보안수사심문·외사 및 기술(통신·항공·운전)⇒특수경과는 그 자체가 전문특기에 해당)	

의해서 제약을 받는다. 특기는 경찰구조의 전문화의 필요성에 의하여 제도화된 것이다.

특기는 경위 이상 경정 이하 모든 경찰관에게 주어진다. 전문특기를 부여할 수 있는 범위는 해당 일반 특기 분야 정원의 3할 이내로 하되 경찰 교육훈련 기간에 해당 분야 전문화 과정이 설치되어 있는 경우에는 그 교육을 받은 자에 한하여 전문특기를 부여한다.

특기는 일반특기와 전문특기가 있다. 일반경과는 일반특기와 전문특기를 부여받는데, 특수경과는 그 자체가 전문특기에 해당한다(운전경과는 제외).

3 인사기관과 권한

1) 경찰인사권자

(1) 경정 이하

경정 이하는 경찰청장이 임용한다. 그러나 경정에의 신규채용·승진임용 및 면직은 경찰청장 또는 해양경찰청장의 제청으로 국무총리를 거쳐 대통령이 행한다.

(2) 총경 이상

총경 이상은 경찰청장 또는 해양경찰청장의 추천을 받아 행정자치부 장관 또는 해양수산부 장관의 제청으로 국무총리를 거쳐 대통령이 임명한다.

총경의 전보·휴직·직위해제·정직·복직은 경찰청장 또는 해양경찰청장이 결정한다.

임명	국가가 특정인과 신규로 공법상의 근무 관계를 설정하는 것, 즉 신규채용을 의미
임용	신규채용 외의 승진·전보·파견·휴직·직위해제·면직·해임·파면을 모두 포함하는 개념

대통령	(1) 총경 이상의 경찰관은 대통령이 임용(경찰청장 추천→행자부 장관 제청) (2) 경정에의 임면(신규채용·승진임용·면직)은 대통령이 행한다.
경찰청장	(1) 경정 이하의 경찰관은 경찰청장이 임용 (2) 총경의 임면 외의 사항(전보·휴직·직위해제·정직·복직)은 경찰청장이 결정
지방경찰청장	경찰청장이 위임이 있는 경우 경정의 신분변경 및 경감 이하의 임용권을 행사
경찰서장	(1) 경찰청장의 위임이 있을 경우 경감 이하의 경찰공무원에 대한 전보를 행한다. (2) 경찰서장은 경찰공무원의 임명권이 없다.

2) 경찰인사위원회

(1) 인사위원회의 기능

경찰 인사에 대한 방침과 기준 및 기본계획에 대하여 심의하고, 경찰공무원 인사에 대한 법령의 제정 또는 개폐에 관한 사항을 취급하며, 기타 경찰청장 또는 해양경찰청장이 부의하는 사항에 대하여 심의한다(비상설, 자문기관).

(2) 인사위원회의 구성

인사위원회는 5인 이상 7인 이하의 위원으로 구성된다. 위원장은 경찰청 인사담당국장이 된다. 위원은 경찰청 소속 총경 이상의 경찰관 중에서 경찰청장(해양경찰청장)이 임명한다.

(3) 인사위원회의 운영

위원장은 회의를 대표하며, 회의를 통할한다. 위원장은 경찰청 소속의 공무원 중 약간 명을 간사(경찰청 기획담당관)로 임명하고, 인사위원회의 업무를 담당하게 할 수 있다. 위원장이 사고로 직무를 수행할 수 없는 경우에는 위원 중 최상위 계급 또는 선임 경찰관이 직무를 대행한다.

회의는 재적 위원 과반수의 찬성으로 의결한다.

〈 **경찰공무원인사위원회** 〉

경찰은 경찰공무원인사에 관련된 중요 사항을 처리해야 할 경우에 경찰청장의 자문에 응하기 위하여 경찰청에 경찰공무원인사위원회를 두고 있다(경찰공무원법 제4조).

(1) 인사위원회의 기능

㉠ 경찰공무원의 인사행정에 관한 방침과 기준 및 기본계획에 대한 심의

㉡ 경찰공무원의 인사에 관한 법령의 제정 또는 개폐에 관한 사항 취급

㉢ 기타 경찰청장이 부의하는 사항에 대한 심의

(2) 인사위원회의 구성과 의결 방법

㉠ 인사위원회는 5인 이상 7인 이하로 구성되는데, 위원장은 경찰청 인사담당국장이 되고, 위원은 경찰청 소속 총경 이상의 경찰관 중에서 경찰청장이 임명한다.

㉡ 위원장은 회의를 통할하며, 인사위원회를 대표한다.

㉢ 위원장은 경찰청 소속의 경찰공무원 중에서 약간 명을 임명하여 간사로서 인사위원회의 사무를 담당하게 할 수 있다.

㉣ 위원장이 사고가 있을 때에는 위원 중에서 최상위 계급 또는 선임경 찰관이 그의 직무를 대행한다.

4 경찰공무원의 근무 관계

1) 경찰공무원 관계의 발생

(1) 의의

공무원 관계의 발생이란 특정인에게 공무원으로서의 신분을 부여하여 근무 관계를 설정하는 행위를 말한다. 경찰공무원의 발생 원인에는 임명·선거·법률에 의한 강제 설정 등이 있는데 임명이 가장 보편적인 것이다. 경찰공무원법에서는 채용이라는 용어를 사용한다(경찰공무원법 제8조).

경찰공무원의 임명권자는 계급에 따라 대통령, 경찰청장(해양경찰청장), 지방경찰청장(지방해양경찰청장) 등이다. 임명은 임용장(辭令書)의 교부에 의하는 것이 원칙이다. 그러나 임명은 요식 행위가 아니므로 임용장의 교부는 임용의 유효 요건이 아니다. 따라서 임용의 효과는 임용장에 기재된 날짜에 임용된 것으로 본다.

> (1) 일반고용계약과는 달리 근로조건 법정주의가 지배한다.
> (2) 경찰공무원 관계에서 경찰공무원의 인권을 어떻게 이해할 것인가의 문제가 주된 논점이 된다.

공무원 관계에는 공무원의 직무 전념 의무라든지, 봉급청구권과 같은 파생적인 권리·의무가 존재하나, 공무원의 기본적 지위 그 자체에 관한 기본 관계의 법적 성질을 어떻게 이해하여야 할 것인가가 문제된다.

오늘날 공무원 관계를 특별권력 관계로 보는 견해와 부정설이 있다.

① 공무원은 국민 전체에 대한 봉사자이면서, 한편으로 근로자로서 한 사람의 인격체이며 인권 보장의 대상이 된다.

② 국가공무원법이나 경찰공무원법도 경찰공무원의 근무 관계의 내용에 관하여 상세히 규정하고 있을 뿐만 아니라, 징계처분이나 휴직, 면직처분, 기타 의사에 반한 불리한 처분에 대해서는 행정소송을 제기할 수 있다(경찰공무원법 제28조).

③ 경찰공무원의 근무 관계가 일반 시민 관계와 완전히 동일할 수는 없으며, 근로 3권의 제한 등 일반 시민 관계와는 다른 공익성이 강한 부분사회를 형성하고 있다.

경찰공무원 관계의 성립이란, 특정인에게 경찰공무원으로서의 신분을 부여하여 근무 관계를 설정하는 행위이다. 경찰공무원 관계를 성립시키는 행위의 법적 성질의 문제는 채용행위의 법적 성질의 문제로 귀착된다.

[표 4-2-5] 특별 권력 관계

의의	특별한 공법상 원인(특별한 규정 또는 합의)에 의하여 성립되어 공법상 필요한 한도 내에서 권력 주체의 포괄적 지배권이 인정되고, 상대방이 특별한 신분에 있는 자가 이에 복종하는 관계
특색	(1) 기본권의 제한, (2) 포괄적 지배권의 행사(법률유보의 제한), (3) 사법심사의 배제

> **〈특별권력관계 부정론〉**
> (1) 전통적 특별권력관계론은 실질적 법치주의의 발전에 따라 극복이 되었고 현재는 이를 특별행정법 관계 등 권력 관계가 아닌 법 관계로 보아야 한다.
> (2) 하지만 공직사회는 '근로 3권의 제한'이나 '이중배상의 금지' 등 일반권력(시민) 관계와는 다른 '공익성(公益性)이 강한 부분사회'를 형성하고 있다.

(2) 법적 성질

임용행위의 법적 성질에 대해서는 누구도 의사에 반해서 공무를 담당할 의무가 없으므로 상대방의 동의를 요하는 쌍방적 행정행위라는 것이 다수설이다. 따라서 상대방의 동의가 없는 공무원 임명은 무효이다.

채용행위의 법적 성질에 대해서는 상대방의 동의를 요하는 행정행위라고 보는 행정행위설, 단독행위설, 상대방의 신청에 대해서 행정(임명권자)측이 승낙하는 것이므로 일종의 공법상의 계약에 해당된다고 보는 계약설로 견해가 나뉘고 있으나, 어느 설에 의하든 실익상의 차이는 없다.

문제가 되는 것은 채용이 거부되었을 경우에 이를 다투기 위한 소송 형식인데, 현행법 가운데는 이에 관한 직접적인 규정이 없다. 다만 근무 관계의 소멸(면직처분)에 관하여 이를 불이익 처분으로 취급하고 행정소송을 통하여 권리의 구제를 인정하고 있으므로(제28조), 성립행위도 소멸행위와 마찬가지로 처분으로 해석된다.

(3) 경찰공무원 관계의 성립 요건

(가) 능력 요건(소극 요건)

경찰공무원은 신체 및 사상이 건전하고, 품행이 방정한 자 중에서 임용한다. 그러나 경찰공무원법상의 결격자는 경찰공무원으로 임용될 수 없다. 능력 요건을 결한 자를 채용하는 경우에는 당연무효이다. 또 재직중이라도 이러한 사유가 발생하면 당연퇴직 사유가 된다.

다음에 해당하는 자는 경찰공무원이 될 수 없다.

〈 **경찰공무원법** 〉

제7조(임용 자격 및 결격 사유) ① 경찰공무원은 신체 및 사상이 건전하고, 품행이 방정한 자 중에서 임용한다.

② 다음 각호의 1에 해당하는 자는 경찰공무원으로 임용될 수 없다. <개정 2005. 3. 31>

1. 대한민국 국적을 가지지 아니한 자
2. 금치산자 또는 한정치산자
3. 파산선고를 받은 자로서 복권되지 아니한 자
4. 자격정지 이상의 형의 선고를 받은 자
5. 자격정지 이상의 형의 선고유예를 받고 그 선고유예 기간 중에 있는 자
6. 징계에 의하여 파면 또는 해임의 처분을 받은 자

〈국가공무원법〉

제33조(결격 사유) ① 다음 각호의 1에 해당하는 자는 공무원에 임용될 수 없다. <개정 1973. 2. 5, 1978. 12. 5, 1981. 4. 20>

1. 금치산자 또는 한정치산자
2. 파산자로서 복권되지 아니한 자
3. 금고 이상의 형을 받고 그 집행이 종료되거나 집행을 받지 아니하기로 확정된 후 5년을 경과하지 아니한 자
4. 금고 이상의 형을 받고 그 집행유예의 기간이 완료된 날로부터 2년을 경과하지 아니한 자
5. 금고 이상의 형의 선고유예를 받는 경우에 그 선고유예 기간 중에 있는 자
6. 법원의 판결 또는 다른 법률에 의하여 자격이 상실 또는 정지된 자
7. 징계에 의하여 파면의 처분을 받은 때로부터 5년을 경과하지 아니한 자
8. 징계에 의하여 해임의 처분을 받은 때로부터 3년을 경과하지 아니한 자

(나) 자격 요건(적극 요건)

공무원의 자격 요건으로는 신규채용은 공개채용시험, 퇴직 공무원의 재임용인 특별채용 등 시험 또는 근무성적, 경력평가 등을 고려하여 채용한다. 공개시험 합격자는 우선 채용하도록 되어 있다.

능력주의(성적주의)가 적용되어, 경정에서 순경까지의 신규채용은 공개경쟁시험의 성적에 의하는 것이 원칙이다. 경위의 신규채용은 경찰대학 졸업자나 경찰간부 후보생 등에 대한 예외가 있다. 그리고 제한 경쟁시험에 의하는 특별채용도 있다. 시보는 신분 보장이 되지 않는다.

(다) 임명권자

총경 이상의 경찰관은 대통령이 임용하고, 경정 이하의 경찰관은 경찰청장이 임용하는 것으로 되어 있다.

총경의 전보·휴직·직위해제·정직·복직은 경찰청장이 결정하고, 경정의 신규채용·승진임용·면직은 대통령이 행한다.

경찰청장은 대통령령에 규정된 내용에 의하여 경찰공무원에 대한 임용권을 그 소속기관의 장에게 위임할 수 있다.

<table>
<tr><td>법적 성질</td><td colspan="2">쌍방적 행정행위설(통) ⇔ 공법상 계약설(판)⇔동의를 전제로 하는 단독행위설
문제: 채용 거부의 법적 성격⇒처분성을 긍정</td></tr>
<tr><td rowspan="2">성립 요건</td><td>소극</td><td>① 대한민국 국적을 가지지 아니한 자
② 금치산자 또는 한정치산자
③ 파산자로서 복권되지 아니한 자
④ 자격정지 이상의 형의 선고를 받은 자
⑤ 자격정지 이상의 형의 선고유예를 받고 그 선고유예 기간 중에 있는 자
⑥ 징계에 의하여 파면 또는 해임의 처분을 받은 자
결격 사유에 해당하는 자를 경찰공무원으로 이용하는 행위는 무효가 된다.
재직 중 결격 사유에 해당하는 사유가 발생하면 당연퇴직이 된다.</td></tr>
<tr><td>적극</td><td>능력주의(성적주의)가 적용된다.
⇒경정과 순경의 신규채용은 공개경쟁시험의 성적에 의함이 원칙</td></tr>
</table>

2) 경찰공무원 관계의 변경

(1) 의의

경찰공무원 관계의 변경이란 경찰공무원으로서 신분을 유지하면서 경찰공무원 관계의 전부 또는 일부를 일시적으로 또는 영구적으로 변경함을 말한다.

변경 사유로는 승진 · 전직 · 전보 · 복직 · 파견근무 · 휴직 · 정직 · 직위해제 · 감봉 · 강임 등이 있다.

(2) 승진 · 전직 · 전보 · 복직 · 파견

이들은 공무원의 신분을 가진 자에 대하여 국가가 행하는 일방적 단독행위이다. 일방적 단독행위지만 반드시 법령의 규정에 따라야 한다.

(가) 전직－타직렬로 수평적 이동(예: 세무9급 → 행정9급)

전직시험에 합격하여야 가능하며, 경찰은 전직이 불가능하다.

(나) 전보 － 동일 직렬로 수평적 이동(예: 지구대 순경 → 경찰서 순경 － 시험 불요(순환보직))

(3) 휴직 · 정직 · 직위해제 · 강임 · 감봉

이들은 공무원 본인에게 불이익하게 변경하는 것이므로 반드시 법령에 규정된 사유가 발생하여야 한다. 특히 감봉은 징계처분에 의해서만 할 수 있다. 임용권자의 임의로 당해 공무원의 의사에 반해서 행할 수 없다(국가공무원법 제68조).

(가) 직위해제

① 의의

㉠ 일정한 사유가 발생하면 임용권자가 직위만 부여하지 아니하는 조치로서 휴직과는 달리 복직이 보장되지 아니한다.

㉡ 직위해제의 여부는 재량 사항으로서 필요적 직위해제는 인정되지 않는다.

㉢ 지휘관 등에게 징계 책임을 묻는 대신에 활용하는 경우가 많으나, 직위해제는 징계가 아니므로 직위해제와 징계처분은 병과할 수 있다.

제재적 성격이지만, 징계가 아니므로, 직위해제 처분 후 다시 감봉 처분하더라도, 일사부재리 금지 원칙에 반하지 않는다.

② 사유

㉠ 직무 수행 능력이 부족하거나 근무 성적이 극히 불량한 자(3월 이내의 대기명령을 발하고 능력 회복이나 근무 성적의 향상을 위한 교육훈련 또는 연구 과제의 부여)

㉡ 파면 · 해임 · 정직 등 중징계 의결이 요구중인 자(감봉 · 견책은 제외)

㉢ 형사사건으로 기소된 자(약식명령이 청구된 자는 제외)

-㉠과 ㉡ 또는 ㉢이 직위해제 사유로 경합하는 때에는 ㉡ 또는 ㉢의 사유로 직위해제 처분을 하여야 한다.

③ 효과

㉠ 직위해제된 자는 직무에 종사하지 못하고 출근 의무도 없으며, 직위해제 기간은 승진소요 최저 연수에 산입되지 않고, 기간 중 보수의 80%만을 지급한다.

㉡ 직위해제 사유가 소멸된 때에는 임용권자는 지체없이 직위를 부여하여야 한다.

(나) 휴직

① 의의

㉠ 경찰공무원으로서의 신분을 보유하면서 일정한 기간 동안 직무 담임

을 해제하는 것이다.

㉡ 휴직 기간 중 그 사유가 소멸된 때에는 30일 이내에 임용권자 또는 임용 제청권자에게 이를 신고하여야 하며, 임용권자는 지체없이 복직을 명하여야 한다.

㉢ 휴직 기간이 만료된 경찰공무원이 30일 이내 복귀 신고를 한 때에는 당연 복직된다.

② 유형

㉠ 직권휴직

ⓐ 신체정신상의 장애로 장기 요양을 요할 때(1년)

ⓑ 병역법에 의한 병역 복무를 필하지 위하여 징집 또는 소집되었을 때(복무 기간 만료)

ⓒ 천재·지변 또는 전시·사변이나 기타의 사유로 인하여 생사 또는 소재가 불명하게 되었을 때(3월 이내, 단 경찰공무원은 법원의 실종선고를 받는 날까지), 이 규정에 의한 휴직자가 있는 경우에는 그 휴직자의 계급에 해당하는 정원이 따로 있는 것으로 보고 결원을 보충할 수 있다.

ⓓ 기타 법률의 규정에 의한 의무를 수행하지 위하여 직무를 이탈하게 되었을 때(복무 기간 만료)

ⓔ 노동조합 전임자로 종사하게 된 때(전임 기간)

㉡ 의원휴직

ⓐ 국제기구, 외국기관, 국내외의 대학·연구기관·다른 국가기관 또는 대통령령이 정하는 민간기업, 그 밖의 기관에 임시로 채용될 때(채용 기간, 민간기업은 3년 이내)

ⓑ 해외 유학을 하게 된 때(3년 이내, 2년 연장 가능)

ⓒ 중앙인사 관장기관의 장이 지정하는 연구·교육기관 등에서 연수하게 된 때(2년 이내)

ⓓ 자녀(휴직 신청 당시 3세 미만인 자녀에 한함)를 양육하지 위하여 필요하거나, 여성 공무원이 임신 또는 출산하게 된 때(1년)

ⓔ 사고 또는 질병 등으로 장기간의 요양을 요하는 부모·배우자·자녀 또는 배우자의 부모의 간호를 위하여 필요한 때(1년 이내, 재직 기간 중 3년 초과 불과)

ⓕ 외국에서 근무·유학 또는 연수하게 되는 배우자를 동반하게 된 때(3년 이내, 2년 연장 가능)

(4) 처분성 인정 여부 - 행정소송으로 다툴 수 있는지의 여부

공무원 관계가 변경되는 행위 중 파면·해임과 같은 징계처분과 같이 처분성이 명백한 경우나 승진임용과 같이 이익처분인 승진·복직 등의 경우를 제외한 나머지의 경우가 처분에 해당되어 행정소송으로 다툴 수 있는지가 문제된다.

학설과 판례는 처분성을 인정하여 행정소송의 대상이 된다고 하고 있다.

경찰공무원법도 행정소송의 대상으로서 징계처분이나 휴직·면직처분, 기타 의사에 반한 불리한 처분에 대한 행정소송에서는 경찰청장 또는 해양경찰청장을 피고로 하는 행정소송을 예상하고 있다.

따라서 인사권자의 재량권을 일탈한 자의적인 인사 조치는 경찰공무원

의의	경찰공무원으로서의 신분을 유지하면서 경찰공무원 관계의 내용의 전부 또는 일부를 변경하는 것(국가의 일방적 행정행위로서의 성질)	
유형	전직	타직렬로 수평적 이동(경찰은 전직 불가)
	전보	동일 직렬로 수평적 이동(전보 제한 기간-1년)
	전과	경과를 바꾸는 임용
	휴직	신분 보유, 직무 담임 해제, 복직 보장됨.
	직위해제	신분 보유, 직위 부여하지 않는것. 복직 보장 안 됨.
	승진	상위 계급으로 수직적 이동 (예: 심사, 시험, 특별, 근속[자동] 승진
	강임	동일 또는 타직렬의 하위 직급에 임명 경찰에게는 적용 안함(경공법 30조)
	파견	국가기관, 공공단체, 국내외 교육·연구기관 등으로 이동 근무
	복직	휴직, 정직, 직위해제 중에 있는 경찰공무원을 직위에 복귀시키는 것
	정직	징계의 일종으로 일정 기간 직무에 종사하지 못하게 하는 것 1월 이상 3월 이하, 이 기간 동안 보수의 2/3 감액
징계처분이나 승진 이외의 조치에 대한 처분성 인정 여부: 긍정(판), 경착공무원법, 제28조		

법상의 '기타 의사에 반한 불리한 처분'(제28조)에 해당되어 위법이 되는 경우가 있으므로 이를 행정소송으로 다툴 수 있다.

경찰공무원 관계의 변경은, 경찰공무원으로서의 신분을 유지하면서 경찰공무원 관계의 내용의 전부 또는 일부를 변경함을 말한다(예: 승진, 전보, 파견, 휴직, 직위해제, 정직 등의 징계처분).

3) 경찰공무원 관계의 소멸

(1) 종류

경찰공무원 관계는 경찰공무원의 신분을 상실함으로써 소멸한다. 이에는 경찰공무원법상의 당연퇴직(제21조), 정년퇴직(제24조), 의원면직, 직권면직(제22조), 파면·해임 등의 징계처분 등 여러 가지가 있다.

징계처분, 직권면직 등은 처분성이 인정되어 행정소송의 대상이 된다.

<table>
<tr><td rowspan="4">퇴직</td><td>당연
퇴직</td><td colspan="2">임용의 소극 요건에 해당하는 사유가 발생함에 따라 당연히 공무원의 신분을 상실하는 것으로서 법률의 규정에 의한 소멸에 해당 (§21)⇒ 처분성 없다(통·판).</td></tr>
<tr><td rowspan="2">정년
퇴직</td><td>연령정년</td><td>경정 이상은 60세, 경감 이하는 57세</td></tr>
<tr><td>계급정년</td><td>치안감(4년)·경무관(6)·총경(11)·경정(14)</td></tr>
<tr><td>주의</td><td colspan="2">경감 이하는 계급 정년의 적용이 없다.</td></tr>
<tr><td rowspan="3">면직</td><td>의원
면직</td><td colspan="2">경찰공무원 자신의 의사 표시에 기초하여 임용권자가 이를 수리함으로써 공무원 관계를 소멸시키는 쌍방적 행정행위⇒임명권자의 수리(면직행위)가 요구된다.
임용권자의 수리행위 이전에는 공무원 관계가 계속된다.</td></tr>
<tr><td rowspan="2">일방적
면직</td><td>징계면직</td><td>징계로서 공무원의 신분을 박탈하는 행위⇒파면·해임</td></tr>
<tr><td>직권면직</td><td>임용권자의 직권으로 공무원 관계를 소멸시키는 행위</td></tr>
</table>

(1) 의원면직

의원면직의 경우에는 사직의 의사 표시만으로는 부족하고, 서면에 의한 사직서를 제출하여 임명권자의 승인을 받아야 한다. 따라서 사직서를 제출한 후 무단 결근한 경우에는 징계 사유에 해당한다. 그리고 강요에 의한 의원면직은 위법하여 취소 또는 무효의 사유가 된다.

(2) 정년퇴직

계급 정년	치안감 4년, 경무관 6년(2년 연장 가능), 총경 11년, 경정 14년
연령 정년	경정 이상 60세, 경감 이하 57세

당연 퇴직	일정한 사유가 발생하면 법률의 규정에 의하여 경찰공무원 관계가 소멸하는 경우 (1) 경찰공무원 결격 사유에 해당하는 경우 (2) 사망, 임기 만료, 정년의 경우 *자격정지 이상의 형의 선고유예를 받고 그 선고유예 기간 중에 있는 자는 당연 퇴직되지 않는다.
의원 면직	(1) 경찰공무원 자신의 의사 표시를 전제로 하여 임용권자의 처분으로 경찰공무원 관계를 소멸시키는 경우 (2) 사직의 의사 표시만으로는 부족하고, 서면에 의한 사직서를 제출하여 임명권자의 승인을 받아야 한다.
강제 면직	징계를 통하여 강제로 면직시키는 경우 (1) 파면 : 경찰공무원의 신분을 박탈하는 것으로 5년 간 공무원에 임용될 수 없으며 퇴직금의 1/2을 감액 지급 (2) 해임 : 경찰공무원 관계를 해제하는 징계처분으로 3년 간 공무원 임용이 불가능하다.
직권 면직	법정 사유(경찰공무원법 제22조)가 발생하여 본인의 의사 여부에 상관없이 임용권자가 직권으로 경찰공무원의 신분을 상실시키는 경우
	(1) 직제와 정원의 개폐 또는 예산의 감소 등에 의하여 폐직 또는 과원이 되었을 때 (2) 휴직 기간 만료 또는 휴직 사유 소멸 후에도 직무에 복귀하지 아니하거나 직무를 감당할 수 없을 때 (3) 당해 경과에서 직무를 수행하는 데 필요한 자격증의 효력이 상실되거나 면허가 취소되어 담당 직무를 수행할 수 없게 된 때 (4) 대기명령을 받은 자가 그 기간 중 능력 또는 근무 성적의 향상을 기대하기 어렵다고 인정된 때 (5) 경찰공무원으로서 부적합할 정도로 직무 수행 능력 또는 성실성이 현저히 결여된 자로서 대통령령이 정하는 사유에 해당된다고 인정될 때 (6) 직무 수행시에 위험을 일으킬 우려가 있을 정도의 성격 또는 도덕적 결함이 있는 자로서 대통령령이 정하는 사유에 해당된다고 인정될 때 ① 인격 장애, 알코올 중독, 약물 중독 등의 정신장애가 있거나 사행행위 또는 재산의 낭비로 인한 채무과다로 도덕적 결함이 현저한 경우 ② 기타 불순한 이성 관계 등 도덕적 결함이 현저하여 타인의 비난을 받는 경우 ⇒(4),(5),(6)의 경우는 해당 징계위원회의 동의를 얻어야 한다.

직권강임	직제 또는 정원의 변경이나 예산의 감소 등으로 인하여 직위가 폐직되거나 감동되어 과원(過員)이 된 때 또는 본인이 동의한 경우에 하위 계급으로 임명하는 조치 ⇒경찰공무원에게는 적용치 아니한다(경공법 § 30).
직권휴직	공무원이 신체·정신상의 장애로 장기요양을 요할 때, 병역 복무시, 생사·소재 불명시 본인의 의사에도 불구하고 휴직을 명하는 조치
직위해제	직무 수행 능력이 부족하거나 근무 성적이 극히 불량한 자 징계의결을 요구중인 자 형사사건으로 기소된 자(약식명령 제외)에 대하여 직위를 부여하지 아니하는 조치 ⇒3월 이내의 기간 동안 대기를 명하고, 능력 회복이나 근무 성적의 향상을 위한 교육훈련 또는 특별한 연구 과제의 부여 등 필요한 조치를 취한다(대기명령).

(2) 행정소송으로 다툴 수 있는지의 여부

징계처분에 대하여 행정소송으로 다툴 수 있음은 물론 기타 의사에 반하는 불이익한 처분에 의한 경찰공무원 관계의 소멸의 경우에도 행정소송으로 다툴 수 있다(제28조).

4) 경찰공무원의 권익 보호 제도

경찰공무원의 권익 보호를 위한 제도로는 처분 사유 설명서의 교부, 소청, 행정소송, 고충심사의 청구 등이 있다. 이 중에서 처분 사유 설명서의 교부는 사전구제 절차에 해당한다.

(1) 처분 사유 설명서의 교부

공무원에 대하여 징계처분을 행할 때나 강임·휴직·직위해제 또는 면직처분을 행할 때에는 그 처분권자 또는 처분제청권자는 처분의 사유를 기재한 설명서를 교부하여야 한다(공무원법 제75조).

처분 사유 설명서를 받은 공무원은 그 처분에 불복이 있을 때에는 그 설명서를 받은 날부터, 공무원이 국가공무원법에서 정한 처분 이외의 그 의사에 반한 불리한 처분을 받았을 때에는 그 처분이 있은 것을 안 날부터, 각각 30일 이내에 소청심사위원회에 이에 대한 심사를 청구할 수 있다.

(2) 소청

(가) 의의

① 공무원이 징계처분이나 강임, 휴직, 직위해제, 면직처분, 기타 그의 의사에 반하는 불리한 처분을 받았을 때에는 그 시정을 요청할 수 있도록 소청심사위원회가 행정부, 사법부, 그리고 입법부에 별도로 설치되어 있다(국가공무원법 제9조).

② 경찰공무원은 중앙인사위원회에 설치되어 있는 소청심사위원회에 소청심사를 청구한다.

③ 전경대의 대원 중 경사 이하의 경찰공무원(전경 포함)은 그 소속에 따라 경찰청, 각 시·도 지방경찰청에 소청을 제기하여야 하며, 이 때 각 소속의 장들은 경찰공무원보통징계위원회를 구성하여 소청 내용을 심사한다.

(나) 소청심사위원회의 구성

① 소청심사위원회는 위원장 1인을 포함하여 5인 이상 7인 이내의 상임위원으로 구성되며, 필요할 때에는 약간 명의 비상임 위원을 둘 수 있다.

② 위원장과 위원은 중앙인사위원회 위원장이 제청하여 대통령이 임명한다.

③ 그 자격은 법관, 검사 또는 변호사의 직에 5년 이상 근무한 자, 대학에서 행정학, 정치학 또는 법률학을 담당한 부교수 이상의 직에 5년 이상 근무한 자, 3급 이상의 공무원으로 3년 이상 근무한 자이다.

④ 위원의 임기는 3년이며 1차에 한하여 연임될 수 있고, 겸직은 허용되지 않는다.

⑤ 소청심사위원회의 상임위원은 금고 이상의 형벌 또는 장기의 심신쇠약으로 직무를 수행할 수 없게 된 때를 제외하고는 그의 의사에 반하여 면직되지 아니한다.

(다) 소청심사

① 소청인(대리인)의 의견 진술의 기회가 부여된다. 그렇지 않으면 소청심사위원회의 결정은 무효이다.

② 결정은 재적 위원 2/3 출석과 재적 위원 과반수의 합의에 의하되, 의

견이 아주 분열되어 재적 위원 과반수의 찬성이 어려울 때에는 유리한 의견의 서열을 정한 후 각 의견의 지지표를 합하여 과반수를 통과하면 결정된 것으로 한다.

(라) 소청심사 결정과 불복

① 소청심사위원회의 결정은 징계처분보다 중한 징계처분을 할 수 없다.

② 제14조 의한 소청심사위원회의 결정은 처분행정청을 기속한다(제15조).

③ 소청심사위원회가 징계처분기관에서 잘못 처분한 것으로 결정하여 본래의 징계처분을 파기하여 돌려보낸 소청 건은 징계처분기관이 소청심사위원회로부터 결정을 받은 지 3월 이내에 완결지어야 한다.

소청심사위원회의 결정에 불복할 경우에는 행정소송을 제기할 수 있다.

구분	내용	
소청의 의의	공무원이 징계처분이나 강임·휴직·직위해제·면직처분 기타 본인의 의사에 반하는 불이익한 처분을 받은 자가 관할 소청심사위원회에 심사를 청구하는 특별행정심판	
소청의 대상	(1) 원칙⇒징계처분·강임·휴직·직위해제·면직처분(국공법§9, 소청절차규정§2) (2) 기타 본인의 의사에 반하는 불리한 처분 ⇒의원면직의 형식에 의한 면직, 전직, 전보, 대기발령, 감점평정, 복직청구 등	
구성	중앙인사위 소속, 5인 이상 7인 이내의 상임위원, 임기 3년, 1차에 한해 연임 가능	
소청 심사 및 결정	(1) 30일 이내에 심사청구, 소청인에게 의견진술의 기회가 보장 ⇒위반시 무효 사유 (2) 재직 위원 ⅔ 이상의 출석과 재직 위원 과반수의 합의로 접수일로부터 60일 이내에 결정 ⇒의견이 분립될 경우에는 재적 위원 과반수에 달하기까지 소청인에게 가장 불리한 의견에 순차 유리한 의견을 가하여 그 가장 유리한 의견을 합의된 의견으로 봄. (3) 불이익 변경 금지 원칙이 적용, 파기 소청건은 징계처분기관이 3월 이내에 과한다. (4) 소청위는 처분의 취소·변경을 직접 하거나, 처분청에 취소·변경을 명할 수 있다.	
불복	경찰공무원	행정소송을 제기(피고는 경찰청장 및 위임을 받은 자)
	행자부 장관	10일 이내에 재심청구는 폐지(2004. 3. 11)

(3) 행정소송

소청심사위원회에 소청을 제기한 자가 심사에 불복이 있는 경우, 또는 소청심사위원회가 60일이 경과하여도 결정하지 않을 때에는 관할 행정법원에 행정소송을 제기할 수 있다(행정소송법 제18조). 이 때 행정소송은 소청심사위원회의 심사·결정을 거치지 아니하면 소를 제기할 수 없다(필요적 전치주의).

이 때의 피고는 경찰청장 또는 해양경찰청장이다. 그러나 임용권을 위임한 경우에는 위임을 받은 자를 피고로 한다.

소청을 제기한 자가 소청심사위원회의 결정에 불복이 있는 때에는 결정서의 정본을 송달받은 날로부터 90일 이내에, 또는 위원회가 60일이 지나도록 결정을 하지 않는 때에는 징계처분 사유 설명서를 받은 날로부터 90일 이내에 행정법원에 행정소송을 제기할 수 있다(행정소송법 제18조).

이 경우의 행정소송은 소청심사위원회의 심사·결정을 거치지 아니하면 제기할 수 없다(국가공무원법 제16조 제2항).

이 경우의 행정소송의 피고는 경찰청장 또는 해양경찰청장이 됨이 원칙이나, 임용권을 위임한 경우에는 그 위임을 받은 자를 피고로 한다(경찰공무원법 제28조).

(4) 고충심사의 청구

고충심사 제도는 공무원으로서의 권익을 보장하고 적정한 근무환경을 조성하여 주기 위하여 근무 조건 또는 인사관리, 기타 신상 문제에 대하여 법률적인 쟁송의 절차에 의해서가 아니라 사실상의 절차에 의하여 그 시정과 개선책을 청구하여 줄 것을 임용권자에게 청구할 수 있도록 한 제도로서, 고충심사 결정 자체에 의해서는 어떠한 법률 관계의 변동이나 이익의 침해가 직접적으로 생기는 것은 아니므로 고충심사 결정은 행정상 쟁송의 대상이 되는 행정처분이라고 할 수 없다.

공무원은 누구나 인사·조직·처우 등 각종 직무 조건과 기타 신상 문제에 대하여 인사상담이나 고충의 심사를 청구할 수 있으며, 이를 이유로 불이익한 처분이나 대우를 받지 아니한다.

경찰공무원의 경우에는 인사상담 및 고충을 심사하기 위하여 경찰청·

해양경찰청 · 지방경찰청 · 대통령령이 정하는 경찰기관 및 지방해양경찰관서에 경찰공무원고충심사위원회를 두고 있다.

경찰공무원고충심사위원회의 심사를 거친 재심청구와 경정 이상의 경찰공무원의 인사상담 및 고충심사는 국가공무원법에 의하여 설치된 중앙고충심사위원회에서 심사한다.

경찰공무원의 인사상담이나 고충심사를 위하여 경찰청, 지방경찰청 등에 경찰공무원고충심사위원회를 둔다.

경찰공무원고충심사위원회의 심사를 거친 고충심사와 경정 이상의 경찰공무원의 고충심사는 국가공무원법에 의하여 설치된 중앙고충심사위원회에서 심사한다(경찰공무원법 제25조)

이 경우 중앙고충심사위원회의 기능은 소청심사위원회에서 관장한다.

<table>
<tr><th>의의</th><td colspan="2">공무원의 직무 조건과 인사관리, 기타 신상 문제에 대한 인사상담이나 고충 등에 대하여 고충심사위원회에 심사를 청구할 수 있는 제도
직무와 관련된 모든 문제가 심사의 대상이 된다.</td></tr>
<tr><th rowspan="2">심사
기관</th><td>중앙고충심사위원회</td><td>(1) 소청심사위원회에서 관장
(2) 경정 이상의 고충심사와 경찰심사위의 심사를 거친 고충심사</td></tr>
<tr><td>경찰공무원고충심사위원회</td><td>경감 이하의 고충심사</td></tr>
</table>

공무원 관계의 발생	임용(신규채용, 특별채용)
공무원 관계의 변동	승진 · 전직 · 전보 · 복직 · 휴직 · 정직 · 직위해제 · 파견근무 · 감봉
공무원 관계의 소멸	당연퇴직, 직권면직, 정년, 의원면직, 파면 · 해임

5 경찰공무원의 권리 · 의무

1) 개 관

공무원은 일반적인 고용 관계와는 달리 이중적인 지위를 갖는다. 일반 국민으로서의 지위와 공적 사무를 담당하는 국가기관 구성원으로서의 지위를 갖는다.

이와같이 국가공무원은 일반적인 계약 관계와는 다른 특징을 갖는다. 특히 경찰공무원의 경우에는 근무조건 법정주의를 취하고 있다.

헌법이 보장하고 있는 기본권과 국가공무원법, 경찰공무원법 등의 개별법상의 권리로 나눌 수 있으며, 개별법상의 권리는 신분상의 권리와 재산상의 권리로 나눌 수 있다. 그리고 이러한 실체적 권리를 보장하기 위한 절차적 권리가 경찰공무원에게 보장된다.

(1) 공무원도 헌법상 기본권의 주체로서 모든 기본권을 향유할 수 있다. (2) 예외적으로 노동3권, 국가배상청구권, 거주이전의 자유 등의 제한을 받는다.

2) 경찰공무원의 권리

(1) 개설

경찰공무원은 공공의 안녕과 사회 질서 유지라는 업무의 특수성으로 인하여 다른 공무원과는 다른 권리를 가진다. 경찰공무원의 권리는 헌법상의 기본권, 국가공무원법과 경찰공무원법상 인정되는 신분상의 권리와 재산상의 권리로 대별할 수 있다. 그리고 이러한 권리를 보장하기 위한 절차법적 권리도 인정되고 있다.

지금까지는 경찰공무원 관계 가운데 경찰공무원의 지위 그 자체에 관한 것, 즉 기본 관계에 관한 것이고, 지금부터는 이러한 기본 관계로부터 파생하는 개별적인 권리·의무 관계에 관한 것이다.

권리·의무는 일반 고용 관계에서라면 고용계약의 내용에 해당하지만, 경찰공무원의 권리·의무의 내용은 법령에 의하여 규정되어 있다는 점, 즉 근무조건 법정주의가 취해지고 있다.

(2) 헌법상의 기본권

경찰공무원도 한 사람의 국민으로서 그리고 근로자로서 헌법이 보장하는 기본권을 향유하지만, 근무 관계의 특수성으로 인하여 일정한 제한이 가해진다.

경찰공무원은 근로자이지만(헌법 제33조 제2항) 헌법상의 단결권·단체행동권·단체교섭권의 향유 주체는 아니다. 헌법 제33조 제2항이 법률이 정하는 자에 한하여 근로 3권을 가진다고 규정하고 있어, 근로3권이 제한되어 있다.

경찰공무원도 한 사람의 인격체로서 양심·표현의 자유 등 기본적 인권의 주체이다.

경찰공무원의 기본적 인권은 현실적으로는 경찰공무원의 의무 측면에서 각종의 제약을 받는다.

거주 이전의 자유 등은 경찰공무원이 가지는 임무의 특성상 직무에 즉시 복귀하기 어려운 지역으로 여행을 하고자 할 때에는 신고 또는 허가를 받아야 하는 등의 제한(경찰공무원복무규정 제13조)이 있다.

(3) 신분상의 권리

신분상의 권리는 일반공무원과 공통되는 권리와 경찰공무원 특수의 권리로 나누어 볼 수 있다.

(가) 공무원 공통의 권리

① 신분 및 직위보유권

공무원은 형의 선고·징계처분 또는 국가공무원 법 및 경찰공무원법 등 법률이 정하는 사유에 의하지 아니하고는 그 의사에 반하여 휴직·강임 또는 면직 등 그 신분 및 직위를 상실 당하지 아니한다(국가공무원법 제68조). 다만, 시보임용 기간 중인 경우와 치안총감 및 치안정감에 대하여는 이 권리가 인정되지 않는다(경찰공무원법 제30조).

② 직무집행권

경찰공무원은 자기가 담당하는 직무 집행을 할 권리가 있다. 따라서 이러한 경찰관의 직무 집행에 대해서 방해를 하면 형법상 공무집행방해죄를 구성한다.

③ 쟁송제기권

경찰공무원이 위법·부당하게 권리를 침해당한 경우에는 소청, 기타 행정법원에 행정소송을 제기할 수 있다(행정소송법 제18조).

행정소송에서는 경찰청장을 피고로 한다. 다만, 경찰청장이 임용권을 위임한 경우에는 그 위임을 받은 자를 피고로 한다(동법 제28조).

(나) 경찰공무원의 특수한 권리

① 제복 착용권

경찰공무원은 제복을 착용할 권리가 있다. 경찰관의 제복 착용은 권리인 동시에 의무이다.

② 무기 휴대 및 사용권

경찰공무원은 직무 수행을 위하여 필요한 때에는 무기를 휴대할 수 있다(경찰공무원법 제20조 제2항). 경찰관은 범인의 체포·도주의 방지, 자기 또는 타인의 생명·신체에 대한 방호, 공무 집행에 대한 항거의 억제를 위하여 필요하다고 인정되는 상당한 이유가 있을 때에는 그 사태를 합리적으로 판단하여 필요한 한도 내에서 무기를 사용할 수 있다(경찰관직무집행법 제11조).

(4) 재산상의 권리

(가) 보수청구권

① 개념

경찰공무원은 근로의 대가로서 국가에 대하여 보수를 청구할 권리를 가진다.

② 내용

보수는 봉급과 기타 각종 수당을 포함한 액수를 말한다.

일반 노사 관계의 경우에는 기본적으로 당사자 간의 계약으로 정해지지만, 공무원의 경우에는 근무조건법정주의의 일환으로서 급여법정주의가 규정되어 있다(국가공무원법 제46조).

③ 성질

보수의 성질에 대하여 반대급부설과 생활자료설이 있으나, 우리 현행법상으로는 생활 자료의 성질과 반대급부의 성질을 모두 갖고 있다.

보수청구권은 공법상의 권리이므로 이에 대한 분쟁은 행정소송의 방법으로 해결하여야 한다.

④ 소멸 시효 및 압류

보수청구권의 소멸 시효는 5년(예산회계법 제95조)이고, 보수에 대한 압류는 1/2까지로 제한된다(민사소송법 제579조 제4호). 포기는 불가능하다.

경찰공무원의 보수와 관련하여 경찰 독자적인 보수에 관한 법령은 없고, 대통령령인 공무원보수규정에 의하고 있다.

(나) 연금청구권

① 개념

경찰공무원의 연금은 경찰공무원의 퇴직 또는 사망과 공무로 인한 부상·질병·폐질에 대하여 적절한 급여를 실시함으로써, 공무원 및 그 유족의 생활 안정과 복리 향상에 기여함을 목적으로 지급하는 급여를 말한다(공무원연금법 제1조).

연금은 봉급에서 매월 납부되는 기여금과 국가 또는 지방자치단체가 부담금을 기금으로 하여 지급한다.

또 공무원연금법상의 장해급여나 유족급여는 불법행위로 인한 손해배상과는 아무런 관련이 없다. 따라서 이 법에 의한 급여의 지급 책임에는 법률에 특별한 규정이 없는 한 과실 책임의 원칙이나 과실상계이론이 적용되지 않는다.

② 종류

연금은 단기연금과 장기연금으로 나뉜다. 단기연금에는 공무상 요양비, 공무상 요양일시금, 재해부조금, 사망조의금 등이 있으며, 장기연금에는 퇴직급여금, 장해급여, 유족급여, 퇴직수당 등이 있다.

③ 실비변상청구권 및 보상을 받을 권리

경찰공무원은 보수를 받은 외에 여비 등 공무 집행상 특별한 비용을 요할 때에는 대통령령이 정하는 바에 의하여 직무 수행에 소요되는 실비 변상을 받을 수 있다. 또 경찰공무원이 소속기관의 장의 허가를 받아 본래의 업무 수행에 지장이 없는 범위 안에서 담당 직무 외의 특수한 연구과제를 위탁받아 이를 처리한 경우에는 그 보상을 지급받을 수 있다.

또한 경찰공무원은 경찰공무원 급여품 및 대여품 규정에 의하여 제복, 기타 물품의 급여 및 대여를 받는다.

④ 보상청구권

공무원이 질병·부상·폐질·퇴직·사망 또는 재해를 입었을 때에는 본인 또는 그 유족에게 법률이 정하는 바에 따라 적절한 급여를 지급한다(국가공무원법 제77조 제1항).

또 경찰공무원으로서 전투 기타, 직무 수행 또는 교육훈련 중 사망한 자(공무상 질병으로 사망한 자를 포함한다) 및 상이(공무상의 질병을 포함한다)를 입고 퇴직한 자와 그 유족 또는 가족은 국가유공자 등 예우 및 지원에 관한 법률이 정하는 바에 의하여 예우를 받는다(경찰공무원법 제16조).

보수청구권	공법상 권리→당사자 쟁송의 대상, 압류는 1/2까지로 제한, 소멸시효 5년(판례는 3년)
연금청구권	공법상 권리→당사자 쟁송의 대상, 압류는 절대 금지된다.
기타	실비변상청구권, 보급품 수령권(실물 대여를 받을 권리), 보상청구권

3) 경찰공무원의 의무

(1) 개관

공무원은 국민 전체에 대한 봉사자이므로 일정한 의무를 진다(헌법 제7조). 특히 경찰관 등의 특수한 공무원은 일반 경력직 공무원보다도 가중된 의무를 부담한다. 따라서 경찰관직무집행법은 경찰관의 직무 수행을 국민의 자유와 권리의 보호 및 사회 공공의 질서 유지를 위한 것에 한정하고, 경찰관의 직권은 그 직무 수행에 필요한 최소 한도 내에서 행사되어야 하며, 이를 남용하여서는 아니 된다(경찰관직무집행법 제1조).

그리고 경찰공무원 복무규정은 지정 장소 외에서의 직무 수행 금지, 근무 시간 중 음주 금지, 민사 분쟁에의 부당 개입 금지(경찰공무원법 10조) 등을 규정하고 있다.

공공의 이익을 위하여 근무하며, 직무를 수행할 때는 전력을 다하여 전념하지 않으면 안 된다. 이것이 현행 국가공무원법에서 정하는 복무의 근본 기준이며, 이를 기초로 각종의 직무상의 의무가 경찰공무원에게 부여된다.

(2) 선서 의무

공무원은 취임시 소속기관장 앞에서 선서를 하여야 하는데, 다만 불가피한 경우에는 취임 후에 선서할 수 있다(국가공무원법 제55조).

선서 의무	취임시 소속기관장 앞에서 선서를 하여야 할 의무(§55)
성실 의무	(1) 최대한 공익을 도모하고 전인격과 양심으로서 성실히 직무를 수행하여야 할 의무(§56) (2) 공무원의 임무 중 가장 기본적 의무

〈선 서 문〉

본인은 공직자로서 긍지와 보람을 가지고 국가와 국민을 위하여 신명을 바칠 것을 다짐하면서 다음과 같이 선서합니다.
1. 본인은 법령을 준수하고 상사의 직무상의 명령에 복종한다.
1. 본인은 국민의 편에 서서 정직과 성실로 직무에 전념한다.
1. 본인은 창의적인 노력과 능동적인 자세로 소임을 완수한다.
1. 본인은 재직 중은 물론 퇴직 후에라도 직무상 알게 된 기밀을 절대로 누설하지 아니한다.
1. 본인은 정의의 실천자로서 부정의 발본에 앞장선다.

(3) 성실 의무

모든 공무원은 법령을 준수하며 성실히 직무를 수행하여야 한다(동법 제56조). 공무원의 의무 중 가장 중요하고 기본적인 의무로서, 최대한으로 공공의 이익을 도모하고 그 불이익을 방지하기 위하여 전인격과 양심을 바쳐서 성실히 직무를 수행하여야 함을 뜻한다. 국가공무원법에 명문으로 규정되어 있다.

(4) 직무상의 의무

(가) 법령 준수 의무

공무원은 법령을 준수하며 성실히 직무를 수행하여야 한다(국가공무원법 제56조). 공무원이 법령 준수 의무를 위반한 경우에는 징계 책임뿐만 아니라 형사 책임·민사 책임을 지는 경우도 있다.

법령의 위헌·위법 여부에 대한 심사권은 헌법재판소 또는 법원이 가지므로 공무원은 원칙적으로 법령의 적법성 여부에 대한 심사권을 갖지 못하며, 예외적으로 법령이 명백히 효력을 발생하지 않는 것인지의 여부에 대한 심사권만을 갖는다고 해야 한다. 즉 공무원은 법령의 시행 시기가 도래되지 않았는지 또는 이미 폐지되었는지 등에 관한 심사권을 갖는다고 본다.

공무원의 법령 준수 의무는 법치주의에 뿌리를 두는 것으로서, 법치주의는 직접적으로는 행정이 법률에 적합할 것을 요구하는 것으로, 그 행정은 행정조직의 단위인 행정기관에 의하여 이루어지고, 당해 행정기관은 공무원법상의 공무원에 의하여 구성되기 때문에, 이들 공무원에게 직무 의무로서 법령 준수 의무를 과함으로써 궁극적으로 법치주의가 달성되는 것이다.

(나) 복종 의무

공무원은 직무를 수행할 때 소속 상관의 직무상의 명령에 복종하여야 한다(국가공무원법 제57조). 공무원이 소속 상관의 직무상의 명령에 복종할 의무는 조직체의 통일적·효율적 운영의 확보를 위하여 필요한 것이다.

소속 상관에는 직무상의 상관과 신분상의 상관이 있는데, 여기서는 직무상의 상관만을 의미한다. 직무명령이 경합하는 경우에는 직근상관의 명령에 복종하여야 한다.

여기서의 소속 상관이라 함은 신분상의 상관이 아니라 직무상의 상관을 말하며, 직무명령은 직무에 관하여 소속 상관이 발하는 일체의 명령을 말한다. 직무상의 명령에는 직무집행에 직접 관계되는 것뿐만 아니라 복장 등 직무와 간접적 관련 사항도 그 대상이 된다. 그러나 직무와 관련 없는 사생활에까지 미치는 것은 아니다.

직무명령에 대한 복종 의무와 관련하여 상대방 공무원은 직무명령이 위법한 경우에 복종하지 아니할 수 있는가가 문제가 된다.

직무명령이 헌법에 저촉되는 등 그 하자가 중대하고 명백하여 무효가 아닌 한 공무원은 소속 상관의 직무명령에 복종하여야 한다(통설). 그러나 직무명령이 위법함을 알면서도 복종하였다면, 비록 소속 상관의 명령이 있었다고 하더라도 복종한 부하 공무원은 책임을 면할 수 없다.

(다) 직무 전념 의무

공무원은 전력을 다하여 직무를 수행하여야 한다. 이에 따라 국가공무원법은 공무원에게 직장 이탈 금지 의무와 영리 금지·겸직 금지 의무를 규정하고 있다.

① 직장 이탈 금지 의무

공무원은 소속 상관의 허가 또는 정당한 이유 없이 직장을 이탈하지 못하며, 수사기관이 공무원을 구속하고자 할 때에도 현행 범인을 제외하고는 사전에 그 소속기관의 장에게 통보하여야 한다(동법 제58조).

② 영리 업무 및 겸직 금지 의무

공무원은 대통령령 등으로 정하는 공무 이외의 영리를 목적으로 하는 업무에 종사하지 못하며, 소속기관의 장의 허가 없이 다른 직무를 겸할 수 없다(동법 제64조). 이것은 직무 전념 의무의 표현이라고 볼 수 있다.

(라) 친절 · 공정 의무

경찰공무원은 국민 전체의 봉사자로 친절 · 공정히 집무하여야 한다. 친절 · 공정 의무는 윤리적 의무가 아닌 법적 의무이다. 따라서 여기에 위배되면 징계처분을 받게 된다.

[표 4-2-5] 직무상의 의무

<table>
<tr><td>법령 준수 의무</td><td colspan="2">(1) 직무 수행시에 법령을 준수하여야 할 의무 (§56)
(2) 법치주의에 근거, 직무 수행의 가장 기본적 의무⇒위반시 책임을 부담</td></tr>
<tr><td>복종 의무</td><td colspan="2">(1) 직무를 수행할 때 소속 상관의 직무상의 명령에 복종하여야 할 의무(§57)
소속 상관⇒신분상의 상관이 아닌 직무상의 상관을 의미
(2) 공무원의 복종 의무는 직무의 성질상 독립이 보장된 공무원의 직무 수행에는 인정되지 않는다(예: 감사위원, 의결기관의 구성원 등).
(3) 직무명령에 대한 심사의 문제(법령 준수 의무와 충돌)
⇒당연무효(위법) 또는 범죄 구성시 거부의 의무가 존재
⇒위법함을 알고 복종하였다면 그에 대한 책임을 부담하여야 한다.</td></tr>
<tr><td rowspan="3">직무 전념 의무</td><td>직장 이탈 금지</td><td>(1) 소속 상관의 허가 또는 정당한 이유 없는 직장 이탈을 하지 못한다(§58①).
(2) 공무원 구속시 현행범을 제외하고는 사전에 통보하여야 한다(§58②).</td></tr>
<tr><td>영리 업무 금지</td><td>공무 이외의 영리를 목적으로 하는 업무에 종사하지 못한다(§64).
⇒소속 기관장의 허가를 받아도 영리 업무에 종사할 수 없다.</td></tr>
<tr><td>겸직 금지</td><td>소속 기관장의 허가 없이 다른 직무를 겸하지 못한다(§64).</td></tr>
<tr><td>친절 공정 의무</td><td colspan="2">공무원은 국민 전체에 대한 봉사자로서 공사를 분별하고 인권을 존중하며, 친절 공정하게 집행하여야 한다(§59). ⇒법적 의무</td></tr>
</table>

공무원은 국민 전체의 봉사자로서 친절 공정히 집무하여야 한다(국가공무원법 제59조).

(5) 경찰공무원법상의 의무

(가) 허위보고 금지 의무

경찰공무원은 직무에 관하여 허위의 보고나 통보를 하여서는 아니 된다. 또한 경찰공무원은 직무를 태만히 하거나 유기하여서는 아니 된다(경찰공무원법 제18조).

(나) 지휘권 남용 금지 의무

경찰공무원을 지휘·감독하는 자는 전시·사변, 기타 이에 준하는 비상사태에 처하거나, 작전 수행중인 경우 또는 많은 인명 손상이나 국가재산 손실의 우려가 있는 위급한 사태가 발생한 경우에 정당한 사유 없이 그 직무 수행을 거부 또는 유기 하거나 경찰공무원을 지정된 근무지에서 진출·퇴각 또는 이탈하게 하여서는 아니 된다(경찰공무원법 제19조).

(다) 제복 착용 의무

경찰공무원은 특수한 경우를 제외하고 제복을 착용하여야 한다(경찰공무원법 제20조).

(라) 직장 이탈 금지

공무원은 소속 상관의 허가 또는 정당한 이유 없이 직장을 이탈하지 못하며, 수사기관이 공무원을 구속하고자 할 때에도 현행 범인을 제외하고는 사전에 그 소속기관의 장에게 통보하여야 한다(동법 제58조).

(6) 경찰공무원 복무 규정상의 의무

① 지정 장소 외에서의 직무 수행 금지(동 규정 제8조)

② 근무 시간 중 음주 금지(동 규정 제9조)

③ 민사분쟁에의 부당 개입 금지(동 규정 제10조) 등

경찰공무원법	경찰공무원 복무규정
(1) 허위보고 등의 금지(§18) (2) 지휘권 남용 금지(§19) (3) 제복 착용 의무(§20)	(1) 지정 장소 외에서의 직무 수행 금지(§8) (2) 근무 시간 중 음주 금지(§9) (3) 민사분쟁에의 부당 개입 금지(§10)

(7) 신분상의 의무

(가) 비밀 엄수 의무

공무원은 재직 중은 물론 퇴직 후에도 직무상 지득(知得)한 비밀을 엄수하여야 한다(국가공무원법 제60조). 비밀 엄수 의무의 위반에 대하여는 형사벌 및 징계처분이 가능하며, 퇴직 후에는 형사벌에 의한 제재가 가능하다.

직무상 비밀이란 당해 사실이 외부에 알려질 경우에 그러한 행정 목적의 달성을 해(害)할 우려가 있는가를 기준으로 판단하여 그러한 우려가 있는 것을 말한다. 즉 형식적으로 비밀로 분류하여 놓은 것이 아니라 실질적으로 비밀로서 보호할 가치가 있는 것을 말한다(실질설: 통설). 따라서 실제적으로는 비밀 사항이 아니나 형식적으로 비밀로 분류해 놓은 것을 누설할 경우에는 비밀 엄수의 의무에 대한 위반이 아니라 비밀 엄수에 관한 직무명령에 위반한 것으로 징계의 대상이 될 수 있다.

실질적으로 비밀에 해당되지 아니하더라도 형식적으로 비밀로 분류되어 있다면, 그 비밀을 누설하였을 경우에는 비밀 엄수 의무 위반의 문제가 아니라, 비밀 엄수에 관한 직무명령 위반의 문제로서 징계 책임의 대상이 될 수 있다.

퇴직한 공무원이 직무상 취득한 비밀을 누설한 경우에는 공무상 비밀누설죄(형법 제127조)를 구성하는 것은 별론으로 하더라도 징계 책임은 물을 수 없으나, 다음에 공무원 관계 설정을 거부할 수 있다는 것이 다수설이다.

공무원 또는 공무원이었던 자가 법원, 기타 법률상 권한을 가진 기관의 증인 또는 감정인이 된 경우, 직무상 비밀에 관하여 신문을 받은 때에는 소속 공무원 또는 감독관공서의 허가를 받은 사항에 한하여 진술할 수 있다(형사소송법 제147조, 제177조, 민사소송법 제276조, 제305조).

국회에서의 증언·감정 등에 관한 법률에도 특례규정이 있다. 최종적으로 서류의 제출이 국가의 중대한 이익을 해한다는 취지의 국무총리의 성명발표가 없는 한 증언이나 서류의 제출을 거부할 수 없다(증언 감정 등에 관한 법률 제4조).

(나) 청렴 의무

공무원은 직무와 관련하여 직접 또는 간접을 불문하고 사례·증여 또는 향응을 수수할 수 없다. 그리고 공무원은 직무상의 관계 여하를 불문하고 그 소속 상관에 증여하거나 소속 공무원으로부터 증여를 받아서는 아니 된다 (국가공무원법 제61조). 증·수뢰행위가 이에 해당되는 대표적인 행위이다.

공직자윤리법(1981. 12. 31. 법률 제3420호)은 경찰공무원에 대하여 경사 이상의 경우는 등록 의무를 부여하고(동법 제3조 및 동 시행령 제3조), 치안감 이상인 경우와 경무관 이상으로서 지방경찰청장인 경우는 재산을 공개하도록 하고 있다(동법 제10조 제1항).

또 선물 신고 의무도 부과하고 있는데, 경찰공무원 또는 그 가족이 외국 또는 외국인(단체)으로부터 선물을 받은 때는 즉시 소속기관·단체의 장에게 신고하여야 하고, 당해 선물을 인도하여야 한다(공직자윤리법 제15조).

(다) 품위 유지 의무

공무원은 직무 내외를 불문하고 그 품위를 손상하는 행위를 하여서는 아니 된다(국가공무원법 제63조). 공무원의 품위 유지 의무에 반하는 경우에는 징계 사유가 될 수 있다.

공무원은 직무의 내외를 불문하고 그 품위를 손상하는 행위를 하여서는 아니 된다(동법 제63조). 그러나 품위 유지 의무를 공무원의 징계 사유로 남용하여서는 아니 될 것이다.

(라) 외국 정부로부터 영예의 제한

경찰공무원은 대통령의 허가 없이 외국 정부로부터 영예(표창은 아니고, 훈장, 작위) 또는 증여를 받지 못한다(국가공무원법 제62조).

이는 공무원에 대한 외국 정부의 영향력을 배제하기 위한 것이다.

(마) 정치운동 금지 의무

경찰공무원의 신분과 정치적 중립성은 법률에 정하는 바에 의하여 보장된다(헌법 제7조).

공무원은 정당, 기타 정치단체의 결성에 관여하거나 이에 가입할 수 없으며, 선거에서 특정 정당이나 개인의 지지나 반대를 위하여 아래의 행동을 하면 안 된다. 또한 공무원은 다른 공무원에게 법에서 금하는 행위를 하도록 요구하거나 또는 정치적 행위의 보상 또는 보복으로서 이익 또는 불이익을 약속하여서는 아니 된다.

1. 투표를 하거나 하지 아니하도록 권유운동을 하는 것
2. 서명운동을 기도·주재하거나 권유하는 것
3. 문서 또는 도서를 공공시설 등에 게시하거나 게시하게 하는 것
4. 기부금을 모집 또는 모집하게 하거나 공공자금을 이용 또는 이용하게 하는 것
5. 타인으로 하여금 정당, 기타 정치단체에 가입하게 하거나 또는 가입하지 아니하도록 권유운동을 하는 것

공무원의 정치적 행위에 대해서는 공무원의 기본적 인권과 관련되고, 행정의 정치적 중립성의 확보라고 하는 양자의 조정이 문제된다. 국가공무원법은 그러나 매우 엄격한 제한을 가함으로써 정치적 중립성의 확보에 좀더 큰 비중을 두고 있다.

공무원은 다른 공무원에게 위의 사항의 위배되는 행위를 하도록 요구하거나 또는 정치적 행위의 보상 또는 보복으로서 이익 또는 불이익을 약속하여서는 아니 된다(동법 제65조).

(바) 집단행위의 금지

경찰공무원은 사실상 노무에 종사하는 공무원을 제외하고, 노동운동, 기타 공무 이외의 일을 위한 집단적 행위를 하여서는 아니 된다(국가공무원법 제66조 1항). 이것은 근로자의 노동 3권에 관한 헌법 제23조 제2항의 구체적 표현이다.

공무 이외의 집단행위란 공무원으로서 직무에 관한 기강을 저해하거나 기타 그 본분에 배치되는 등 공무의 본질을 해치는 특정 목적을 위한 다수인의 행위로서 단체의 결성 단계에는 이르지 아니한 상태에서의 행위를 말한다.

(사) 공직자윤리법

① 재산의 등록과 공개

㉠ 등록 의무자 : 총경 이상의 경찰공무원 및 대통령령이 정하는 특정 분야의 공무원(경사 이상)

[표 4-2-6] 신분상의 의무

비밀 엄수 의무	재직 중은 물론 퇴직 후에도 직무상 지득한 비밀을 엄수하여야 한다. (§60) 비밀의 범위: 실질설(實質說) (통) ⇒ 형식적 비밀의 경우 징계 책임의 대상이 된다. 문제: 법원의 증인(허가를 받아야 진술 가능) ⇔ 국회의 증인(원칙적으로 증언 거부 불가)
청렴의 의무	(1) 어떠한 경우에도 증여를 하거나 증여를 받아서는 안 되는 의무(§61) (2) '공직자윤리법' ⇒ 재산등록 · 공개 제도를 규정 등록의무자 ⇒ 공직자윤리법 시행령에서 경사 이상 공개의 대상 ⇒ 치안감 이상과 경무관으로서 지방경찰청장인 자
품위 유지 의무	(1) 직무의 내외를 불문하고 그 품위를 손상하는 행위를 하여서는 아니 될 의무(§63) (2) 직무와 관련성이 없는 공무원의 단순한 사생활에는 미치지 않음이 원칙
영예 등의 제한	공무원은 대통령의 허가 없이 외국 정부로부터 영예 또는 증여를 받을 수 없다 (§62).
정치운동 금지	(1) 정치적 중립성의 확보를 위하여 일정한 정치적 목적을 가진 행위를 금지(§55) (2) 공무원의 기본적 인권과 행정의 정치적 중립성의 확보라는 양대 가치의 조정이 요구된다. 국공법은 엄격한 제한을 유지⇒공무원의 정치적 중립에 더 비중을 둔다.
집단행동 금지	(1) 노동운동, 기타 공무 이외의 일을 위한 집단행동을 금지(§66) (2) 경찰공무원은 노동3권(단결 · 단체교섭 · 단체행동권)을 가지지 못한다 (프랑스는 노동3권을 가지나, 동맹파업권은 제한된다).

㉡ 범위 : 본인, 배우자(사실혼 관계자 포함), 본인의 직계존비속(출가한 여와 외조부모 및 외손자 자녀는 제외)

㉢ 내용(공개) : 경찰공무원은 등록 의무자가 된 날부터 1월 이내에 등록의무자로 된 날 현재의 재산을 경찰청에 등록을 하여야 한다. 치안감 이상인 경우와 특별시 · 광역시 · 도의 지방경찰청장은 공개하여야 한다.

② 선물 신고

경찰공무원이 외국 또는 그 직무와 관련하여 외국인(외국단체 포함)으로부터(미화 100달러 또는 10만 원 이상) 선물을 받는 때에는 지체없이 소속기관 단체의 장에게 신고하고 당해 선물을 인도하여야 한다.

신고된 선물은 신고 즉시 국고에 귀속된다.

③ 취업 제한

총경 이상의 경찰공무원은 퇴직일로부터 2년간 퇴직 전 3년 이내에 소속하였던 부서의 업무와 밀접한 관련이 있는 일정 규모 이상의 영리사기업체 또는 협회에 취업할 수 없다.

단, 관할 공직자윤리위원회의 승인을 얻은 때에는 예외로 한다.

6 경찰공무원의 책임

1) 개 설

경찰공무원의 책임이란 의무 위반에 대한 법률적 제재를 받거나 법률상 불이익한 결과를 받게 되는 지위를 말한다. 경찰공무원에 대한 책임에는 협의의 책임과 광의의 책임이 있다.

경찰공무원이 법률상의 의무를 위반하는 경우에는 그 책임을 추궁하여 경찰 업무의 적정을 확보하여야 한다.

<table>
<tr><td>의의</td><td colspan="3">공법상 근무 관계에서 경찰공무원이 그 임무를 위반함으로써 국가로부터 불리한 제재나 결과를 받게 되는 지위</td></tr>
<tr><td rowspan="5">유형</td><td rowspan="2">행정상 책임</td><td>징계 책임</td><td>공무원이 공무원법상의 의무를 위반한 경우에 공무원 관계의 질서 유지를 위하여 처벌을 받게 되는 책임</td></tr>
<tr><td>변상 책임</td><td>공무원이 국가에 손해를 끼친 경우에 그 손해를 배상하여야 하는 책임</td></tr>
<tr><td rowspan="2">형사상 책임</td><td>행정벌 책임</td><td>공무원이 행정법규를 위반한 데 대하여 행정법이 정한 벌을 받게 되는 경우(예: 국가공무원법상의 금지 의무 위반에 대한 징역 또는 벌금)</td></tr>
<tr><td>형사벌 책임</td><td>공무원의 행위가 공무원법상 의무 위반에 그치지 않고 일반 법익도 침해한 경우에 지게 되는 형법상의 책임⇒ 직무 범죄와 준직무 범죄로 나뉜다.</td></tr>
<tr><td>민사상 책임</td><td colspan="2">공무원이 직무상 불법행위로 인하여 국민에게 손해를 끼친 경우에 직접 피해자에 대하여 손해배상책임을 질 것인가에 대한 문제⇒ 선택적 청구권의 인정 문제
판례는 제한적 선택청구권을 인정(대판 1996.2.15)
⇒고의·중과실의 경우는 선택청구권을 인정, 경과실의 경우는 부정</td></tr>
</table>

경찰공무원의 책임 추궁의 제도로서는 징계 책임이 중심을 이루고 있지만, 그 밖에 변상 책임과 민사 책임 및 형사 책임이 있다.

여기서 형사 책임은 단지 형법상의 책임만을 의미하는 것이 아니며, 예를 들어 경찰관직무집행법 제12조의 벌칙과 같이 행정법상의 책임도 포함한다.

(1) 협의의 책임

협의의 책임은 공무원이 공무원으로서의 의무에 위반함으로써 받는 법률적 제재를 말하며, 그 제재는 국가가 사용주의 입장에서 과하는 점에 그 특색이 있다. 협의의 책임은 공무원법상의 책임 또는 행정상의 책임이라고도 하는데, 징계 책임과 국고에 대한 변상 책임이 그 내용이다.

(2) 광의의 책임

광의의 책임은 공무원의 의무 위반 행위가 공무원의 의무 위반은 물론이고 사회 법익을 침해하는 행위로서 형사상 책임, 민사상 책임까지 포함하는 책임을 말한다.

2) 징계 책임

(1) 의의

징계란 공무원의 의무 위반이 있는 경우 또는 비행(非行)이 있는 경우 공무원 내부 관계의 질서 유지를 위해서 임용권자에 의해서 과해지는 제재로서, 징계벌이라고도 한다.

징계 책임이란 공무원이 공무원법상의 의무를 위반한 경우에 공무원 관계의 질서 유지를 위하여 처벌을 받게 되는 지위를 말한다.

징계벌은 공무원 관계에 의해서 특별권력에 기초하고 있는데 대하여 형벌은 일반통치권에 근거하여 과해진다는 점에서 구별된다.

형사벌	징계벌
일반통치권	특별권력 관계
고의, 과실	불요
사회 일반질서	기관 내부 질서
형사법 위반	공무원법 위반
생명, 신체, 재산 불이익	공무원 관계 불이익

(2) 징계벌과 법치주의

종래에는 경찰공무원의 법률 관계는 특별권력 관계에 있으므로 법치주의가 적용될 여지가 없는 것으로 보았으나 오늘날에는 특별권력 관계에서도 법치주의는 적용된다는 것이 지배적인 학설이다. 따라서 공무원의 징계에도 법률의 수권을 요한다.

징계 사유가 발생하면 반드시 징계를 요구하여야 하는 기속성이 인정되고 징계의 종류에 대해서는 재량성이 인정된다.

(3) 재량의 유무

징계 사유가 발생하는 한 징계권자는 반드시 징계를 요구하여야 하는 점에서 징계를 요구할 수도 안 할 수도 있는 의미의 결정 재량은 부인되고 있다.

징계의 종류 중 어느 것을 선택하는가에 관하여 대법원은 최근 재량행위로 보고 있다.

(4) 징계의 종류와 효과

① 배제징계 : 파면, 해임

② 교정징계 : 정직, 감봉, 견책

[표 4-2-7] 징계의 종류

징계의 종류		내 용	효 과
중징계 (15일 내 집행)	파 면	공무원 관계 소멸, 연금 제한 지급 퇴직금은 1/2만 지급	5년 간 공무원 결격
	해 임	파면과 동일	3년 간 공무원 결격
	정 직	1~3월 직무정지, 급여 2/3 감액	신분 보유
경징계 (10일 내 집행)	감 봉	1~3월 급여 1/3 감액	승진 및 승급 제한
	견 책	훈계	승진 및 승급 제한
실무상 징계	징계기각 계고 일반계고 특별 교양	근무성적평정시 감점 대상이지만 법적 근거가 없어 문제된다.	
전투경찰대설치법상의 징계	영창, 근신	전투 경찰	

계고	경미한 견책	3회면 징계회부, 경정 이상 - 경고
장려	경미한 표창	

(5) 징계의 사유(요건)

징계 사유는 법정주의(재량 없다)를 택하고 있다. 그러나 직무명령의 위반도 직무상 의무 위반이 되는 경우는 징계 사유가 되므로 이 한도 내에서 징계사유 법정주의는 축소된다.

공무원의 행위가 징계 사유에 해당하면 반드시 징계 의결을 요구하여 징계의결의 결과에 따라 징계처분을 행하여야 한다(국가공무원법 제78조).

그리고 징계에 관하여 다른 법률의 적용을 받는 공무원이 국가공무원법의 징계에 관한 규정의 적용을 받는 공무원으로 임용된 경우에 임용 이전의 다른 법률에 의한 징계 사유는 그 사유가 발생한 날로부터 국가공무원법에 의한 징계 사유가 발생한 것으로 본다.

1. 국가공무원법 및 국가공무원법에 의한 명령에 위반하였을 때
2. 직무상의 의무(다른 법령에서 공무원의 신분으로 인하여 부과된 의무를 포함한다)에 위반하거나 직무에 태만한 때
3. 직무의 내외를 불문하고 그 체면 또는 위신을 손상하는 행위를 한 때

(6) 징계권자

징계권자는 원칙적으로 인사권자가 가진다. 경찰공무원의 징계는 반드시 징계위원회의 의결을 거쳐 징계위원회가 설치된 소속기관의 장이 행하는 것이 원칙이다. 그러나 국무총리 소속의 중앙징계위원회에서 의결한 경무관 이상의 징계는 경찰청장 또는 해양경찰청장이 행한다.

다만, 파면·해임·정직은 징계위원회의 의결을 거쳐 당해 경찰공무원의 임용권자가 행하되, 경무관 이상의 정직과 경정 이상의 파면 및 해임은 경찰청장(해양경찰청장)의 제청으로 행정자치부 장관(해양수산부 장관)과 국무총리를 거쳐 대통령이 행하고, 총경 및 경정의 정직은 경찰청장(해양경

찰청장)이 행한다.

(7) 징계의 양정

징계권자는 징계 사유가 발생하면 반드시 징계 의결을 요구하여야 한다. 징계의 종류 중 어느 것을 선택하는가에 대해서는 재량행위로 보는 것이 판례의 입장이다.

징계위원회가 징계 사건을 의결할 때는 징계 심의 대상자의 소행, 근무성적, 공적, 개전의 정과 징계의결을 요구한 자의 의견을 참작하여야 한다(경찰공무원징계령 제16조).[1]

(8) 징계의 절차

(가) 징계위원회

국무총리 소속의 중앙징계위원회에서는 경무관 이상의 경찰관에 대한 징계사건을 의결하고, 총경 이하에 대해서는 경찰공무원징계위원회에서 행한다.

경찰공무원징계위원회에는 경찰청에 둔 경찰공무원중앙징계위원회와 경찰공무원보통징계위원회가 있다.

요구	발생 후 2년 내(뇌물, 횡령은 3년)
의결	요구 후 30일 내

(나) 징계위원회의 구성과 직무 범위

경찰공무원중앙징계위원회는 위원장을 포함한 5인 이상 7인 이하로 구성되고 총경 및 경정에 대한 징계사건을 심의·의결한다.

경찰공무원보통징계위원회는 위원장을 포함한 3인 이상 7인 이하로 구성되고 당해 징계위원회가 설치된 기관의 소속인 경감 이하의 경찰공무원에 대한 징계사건을 심의·의결한다.

1) 정상 참작 사유: 비번, 휴가, 부임 후 2개월 이내인 자.

구 분	설치(소속)	관할(심의 · 의결)
중앙징계위	국무총리 소속(행정부)	경무관 이상의 경찰공무원
경찰중앙 징계위	경찰청	총경 및 경정에 대한 징계사건
경찰보통 징계위	경찰청	경찰청장이 징계 의결을 요구하는 경찰공무원에 대한 징계사건
	지방경찰청, 경찰대학 · 경찰종합학교 · 중앙경찰학교, 경찰병원	소속 경감 이하의 경찰공무원
	경찰서, 경찰기동대, 전투경찰대, 경비정 및 경찰청장이 지정하는 경감 이상의 경찰 공무원을 장으로 하는 기관 (하급보통 징계위)	소속 경사 이하의 경찰공무원

경찰서, 경찰기동대, 전투경찰대, 해양경찰서, 경비함정 및 경찰청장이 지정하는 경감 이상의 경찰공무원을 장으로 하는 기관 등에 두는 경찰공무원 보통징계위원회는 당해 경찰기관 소속 경사 이하의 경찰공무원에 대한 징계사건을 심의 · 의결하고, 여기서 제외된 경찰공무원의 징계는 직근 상급 경찰기관에 설치된 보통징계위원회에서 심의 · 의결한다.

(다) 징계 절차

경찰공무원의 징계는 징계 의결의 요구, 징계위원회의 심의, 징계의 의결, 징계의 집행, 징계에 대한 구제의 절차로 되어 있다.

경찰공무원에 대한 징계는 행정절차법의 불이익처분에 대한 사전 절차적 규정이 적용되지 않는다.

① 징계의결 기간

징계 시효의 기산일은 징계 사유 발생일부터이다.

징계의결 요구를 받은 징계위원회는 그 요구서를 받은 날로부터 30일 이내에 징계에 관한 의결을 하여야 한다. 다만, 부득이한 사유가 있을 때에는 당해 징계 의결을 요구한 자의 승인을 얻어 30일 이내의 범위 안에서 그 기간을 연장할 수 있다.

징계 절차의 진행이 감사원의 조사 개시에 의하여 중지된 때에는 그 중지된 기간은 징계의결 기한에 산입하지 아니한다.

② 당사자의 심문과 진술권

징계위원회는 징계 사건을 심의할 때에는 미리 당해 징계 심의 대상자에게 출석하도록 통지하여야 한다. 징계위원회는 징계 심의 대상자가 그 징계위원회에서의 진술을 위한 출석을 원하지 아니할 때에는 진술권포기서를 제출하게 하여 이를 기록에 첨부하고 서면심사에 의하여 징계 의결을 할 수 있다.

징계위원회는 출석한 징계 심의 대상자에게 징계 사유에 해당하는 사실에 관한 심문을 행하고 심사상 필요하다고 인정될 때에는 관계인의 출석을 요구하여 심문할 수 있다.

징계위원회는 징계 혐의자 또는 그 대리인에게 충분한 진술을 할 수 있는 기회를 부여하여야 하며, 징계 심의 대상자는 서면 또는 구술로써 자기에게 이익이 되는 사실을 진술하거나 증거를 제출할 수 있다.

징계 심의 대상자는 증인의 심문을 신청할 수 있는데, 이 경우에 징계위원회는 의결로써 채택 여부를 결정하여야 한다.

이러한 절차를 거치지 아니한 징계는 무효이다.

③ 징계위원회의 의결

징계위원회의 의결은 위원장을 포함한 위원 과반수의 출석과 출석 위원 과반수의 찬성으로 의결한다. 단, 과반수가 3인 미만인 때에는 3인 이상의 출석으로 의결한다.

의결된 경우는 징계의결서를 작성하여야 한다. 그리고 징계위원회의 의결 내용은 공개하지 아니하며, 징계위원회의 회의에 참여한 자는 직무상 알게 된 비밀을 누설하여서는 아니 된다.

④ 징계 의결의 통고

징계위원회가 징계 의결을 한 때에는 지체 없이 징계의결서의 정본을 첨부하여 징계 의결을 요구한 자에게 이를 통고하여야 한다.

⑤ 징계의 집행

㉠ 경징계(감봉 · 견책)의 경우

징계 의결을 요구한 자는 감봉 또는 견책의 징계 의결의 통고를 받은 날로부터 10일 이내에 이를 집행하여야 한다. 징계 의결을 요구한 자가 징계 의결을 집행함에 있어서는 징계의결서의 사본을 첨부한 징계처분 사유 설명서를 징계 의결된 자에게 교부함으로써 이를 행한다.

㉡ 중징계(파면 · 해임 · 정직)의 경우

징계 의결을 요구한 자는 징계위원회로부터 파면 · 해임 또는 정직의 의결을 통고받은 때에는 지체없이 징계의결서의 정본을 첨부하여 당해 경찰공무원의 임용권자에게 파면 · 해임 또는 정직처분을 제청하여야 한다.

이 경우에 경무관 이상의 정직, 경정 이상의 파면 및 해임처분의 제청과 총경 및 경정의 정직처분의 집행은 경찰청장 또는 해양경찰청장이 이를 10일 내에 행한다.

(8) 징계의 효력

(가) 승진 및 승급의 제한

공무원으로서 징계처분을 받은 자에 대하여는 그 처분을 받은 날 또는 그 집행이 종료된 날로부터 일정한 기간 승진임용 또는 승급할 수 없다. 다만, 징계처분을 받은 후 직무 수행상의 공적으로 포상 등을 받은 공무원에 대하여는 대통령령이 정하는 바에 따라 승진임용이나 승급의 제한 기간을 단축하거나 면제할 수 있다.

(나) 징계처분의 의제

징계에 관하여 다른 법률의 적용을 받는 공무원이 국가공무원법의 징계에 관한 규정의 적용을 받는 공무원이 된 경우에는 다른 법률에 의하여 받은 징계처분은 그 처분일로부터 국가공무원법에 의한 징계처분을 받은 것으로 본다.

(다) 철회 금지

공무원의 징계처분에 대해서는 이를 철회하지 못한다.

(9) 징계에 대한 불복

(가) 소청심사청구

징계처분에 대한 불복은 공무원이 처분 사유 설명서를 받은 때에는 그 설명서를 받은 날부터, 공무원이 징계처분이나 강임 · 휴직 · 직위해제 또는 면직처분 이외의 그 의사에 반한 불리한 처분을 받았을 때에는 그 처분이 있은 것을 안 날부터 각각 30일 이내에 소청심사위원회에 이에 대한 심사

[표 4-2-8] 징계의 요약

<table>
<tr><td>의의</td><td colspan="3">근무 관계의 질서 유지를 위하여 경찰공무원의 의무 위반 행위에 대하여 그 책임을 추궁하여 과하는 제재(징계벌)⇒특별권력 관계의 내부질서 유지가 목적
징계벌과 형벌은 병과가 가능(判). 형사소송 우선의 원칙은 적용이 없다.</td></tr>
<tr><td>징계 자유</td><td colspan="3">(1) 법정주의의 원칙(§78)⇒그러나 실제로 법정주의는 축소 적용된다.
① 법령 위반, ② 직무상의 의무 위반, ③ 체면 또는 위신을 손상하는 행위
(2) 징계의 사유는 고의·과실을 불문한다.
(3) 징계의 소멸 시효⇒2년(원칙), 뇌물·횡령의 경우는 3년</td></tr>
<tr><td>징계권자</td><td colspan="3">(1) 인사권자가 보유. 징계는 징계위원회 의결을 거쳐 징계위원회가 설치된 소속기관의 장이 행사. 총리 소속 징계위에서 의결을 경무관 이상의 징계는 경찰청장이 행사
(2) 중징계(파면·해임·정직)는 징계위원회의 의결을 거쳐 당해 경찰공무원의 임용권자가 행한다.
경무관 이상의 정직과 경청 이상의 파면·해일→대통령
총경 및 경청의 정직과 경감 이하의 파면·해일·정직→경찰청장</td></tr>
<tr><td>징계의 양정(量定)</td><td colspan="3">징계의 종류(효과)에 대한 재량은 있으나, 징계의 요건 자체에 대한 재량은 없다.⇒징계의 요건은 법정화되어 있기 때문</td></tr>
<tr><td rowspan="2">절차.</td><td colspan="3">징계에는 행정절차법상의 사전 절차는 적용되지 않고 반드시 징계위원회의 의결을 거쳐야 한다.
경찰기관장의 요구 또는 요구 신청⇨징계위의 의결⇨징계권자의 집행</td></tr>
<tr><td>징계위의 의결</td><td colspan="2">요구서를 받은 지 30일 이내에 의결하여야 한다.
출석 통지 및 의견 진술의 기회를 부여하여야 한다.⇒결여시 무효 사유
위원장을 포함한 위원 과반수의 출석과 출석 위원 과반수의 찬성으로 의결한다.</td></tr>
<tr><td>절차</td><td>징계권자의 집행</td><td colspan="2">(1) 징계 의결의 통고 : 지체 없이 징계 의결을 요구한 자에게
(2) 집행(10일 이내)
경징계 : 징계처분 사유 설명서를 징계 의결이 된 자에게 교부
중징계 : 징계 의결을 요구한 자가 임용권자에게 제청→임용권자가 사유설명서를 징계 의결이 된 자에게 교부
(3) 경무관 이상의 정직, 경정 이상의 파면 및 해임처분의 제청과 총경 및 경정의 정직처분의 집행은 경찰청장이 수행</td></tr>
<tr><td>효력</td><td colspan="3">승진임용과 승급에 제한, 파면·해임 처분시 경찰공무원의 임용 자격 박탈
징계처분은 처분의 철회가 제한된다.</td></tr>
<tr><td rowspan="3">불복(不服)</td><td colspan="2">소청심사위에 심사청구</td><td>처분사유 설명서를 받은 날로부터 30일 이내</td></tr>
<tr><td colspan="2">행정소송</td><td>피고는 경찰청장(또는 임용권의 위임을 받은 자)</td></tr>
<tr><td colspan="3">문제 강임·휴직·면직처분, 직위해제와 징계⇒심사청구 및 행정소송이 가능하다.</td></tr>
</table>

를 청구할 수 있다.

(나) 행정소송의 제기

소청심사위원회의 결정에 불복이 있는 자는 행정소송을 제기할 수 있다. 이 때의 피고는 경찰청장 또는 해양경찰청장이 되며, 다만 임용권을 위임한 경우에는 그 위임을 받은 자를 피고로 한다(경찰공무원법 제28조).

3) 변상 책임

(1) 의의

변상 책임이라 함은 공무원이 그 의무를 위반함으로 인해서 국가에 대하여 재산상의 손해를 끼친 경우에 국가에 대하여 지는 책임을 말하다. 변상 책임은 '국가배상법상의 변상 책임'과 '회계 관계 직원 등의 책임에 관한 법률'에 의한 회계 관계 직원 등의 변상 책임이 있다.

변상 책임의 법적 성질에 대해서는 공법적 성질설과 사법적 성질설이 나뉘어 있다. 판례는 사법적 성질설로 파악하고 있다. 변상 책임의 내용은 구상 책임이다.

(2) 국가배상법에 의한 변상 책임

(가) 직무상 불법행위로 인한 책임

국가 또는 지방자치단체는 공무원이 그 직무를 집행함에 당하여 고의 또는 과실로 법령에 위반하여 타인에게 손해를 가하거나, 자동차손해배상보장법의 규정에 의하여 손해배상의 책임이 있는 때에는 그 손해를 배상하여야 한다. 공무원이 관용차를 사적(私的) 용무로 운전하다 타인에게 상해를 입혔을 경우는 당해 공무원 개인이 책임을 진다.

다만, 가해 공무원이 고의 또는 중대한 과실이 있는 때에는 국가 또는 지방자치단체는 그 경찰공무원에게 구상할 수 있으므로 그 경찰공무원은 국가에 대하여 변상 책임이 있다(국가배상법 제2조 제1항).

대위책임설	국가가 공무원의 책임을 대신 부담
자기책임설	국가의 공무원 관리 책임, 선택적 청구
중간설	절충설
판 례	고의 중과실 경우에만 선택적 청구

(나) 영조물의 설치·관리상 하자로 인한 책임

도로·교통신호기 등 공공의 영조물의 설치·관리상의 하자로 인하여 타인에게 손해를 끼친 경우에도 국가가 손해를 배상하지만, 공무원에게 고의 또는 중과실이 있는 경우에는 국가에 대하여 변상 책임이 있다.

(다) 사경제적 행위로 인한 책임

경찰공무원이 사경제적 직무 행위를 행하여 고의 또는 과실로 타인에게 손해를 입힌 경우에 국가는 민법상 사용자 책임을 지고, 당해 공무원은 국가에 대해서 변상 책임이 있다.

(3) 회계 관계 직원 등의 책임에 관한 법률에 의한 책임

제4조(회계 관계 직원의 변상 책임) ① 회계 관계 직원은 고의 또는 중대한 과실로 법령 그 밖의 관계 규정과 예산에 정하여진 바에 위반하여 국가·지방자치단체 그 밖에 감사원의 감사를 받는 단체 등의 재산에 대하여 손해를 끼친 때에는 변상의 책임이 있다.

② 현금 또는 물품을 출납·보관하는 회계 관계 직원은 선량한 관리자로서의 주의를 게을리하여 그가 보관하는 현금 또는 물품이 망실되거나 훼손된 때에는 변상의 책임이 있다.

③ 제2항의 경우 현금 또는 물품을 출납·보관하는 회계 관계 직원은 스스로 사무를 집행하지 아니한 것을 이유로 그 책임을 면할 수 없다.

④ 제1항 및 제2항의 경우에 손해가 2인 이상의 회계 관계 직원의 행위로 인하여 발생한 때에는 각자의 행위가 손해 발생에 미친 정도에 따라 각각 변상의 책임을 진다. 이 경우 손해 발생에 미친 정도가 분명하지 아니한 때에는 그 정도가 동일한 것으로 본다.

제5조(변상 금액의 감면) 감사원은 감사원법 제31조의 규정에 의하여 변상 금액을 정함에 있어서 다음 각호의 1에 해당하는 사유가 있는 경우에는 그 금액의 전부 또는 일부를 감면할 수 있다. 다만, 그 손해가 고의에 의하여 발생한 경우에는 그러하지 아니하다.

1. 국가·지방자치단체, 그 밖에 감사원의 감사를 받는 단체 등이 손해의 발생 및 확대를 방지하지 못한 데에 일부 책임이 있다고 인정되는 경우
2. 회계 관계 직원의 회계사무의 집행 내용, 손해 발생의 원인, 회계 관계 직원의 과실이 손해 발생에 미친 정도, 손해의 확대 방지를 위하여 행한 노력 등 제반 정황으로 미루어 보아 당해 회계 관계 직원으로 하여금 손해액 전부를 변상하게 하는 것이 적정하지 아니하다고 인정되는 경우
3. 회계 관계 직원이 평소 예산의 절약이나 회계 질서의 확립에 기여한 사실이 있는 경우

제6조(감사원의 판정 전의 회계 관계 직원의 변상 책임) ① 중앙관서의 장('국가재정법' 제6조의 규정에 의한 중앙관서의 장을 말한다. 이하 같다), 지방자치단체의 장, 감독기관(국가기관이나 지방자치단체의 기관이 아닌 경우에 한한다. 이하 같다)의 장 또는 당해 기관(국가기관이나 지방자치단체의 기관이 아닌 경우로서 감독기관이 없거나 분명하지 아니한 경우에 한한다. 이하 같다)의 장은 회계 관계 직원이 제4조의 규정에 의한 변상 책임이 있다고 인정되는 때에는 감사원이 판정하기 전이라도 당해 회계 관계 직원에 대하여 변상을 명할 수 있다. <개정 2006. 10. 4>
② 제1항의 경우 중앙관서의 장, 지방자치단체의 장 또는 감독기관의 장은 필요하다고 인정되는 때에는 대통령령이 정하는 바에 따라 기관별·직위별로 위임 한도액의 범위 안에서 해당 기관 또는 직위에 있는 자로 하여금 변상명령의 조치를 하게 할 수 있다.
③ 제1항 또는 제2항의 규정에 의하여 변상명령을 받은 회계 관계 직원은 이의가 있는 때에는 감사원장이 정하는 판정청구서에 의하여 감사원에 판정을 청구할 수 있다.
④ 제1항 또는 제2항의 규정에 의하여 변상명령을 한 자는 감사원이 당해 회계 관계 직원에 대하여 변상의 책임이 없다고 판정하거나 제5조의 규정에 의하여 변상금액을 감면한 때에는 회계 관계 직원이 이미 낸 변상금의 전부 또는 그 차액을 지체없이 반환하여야 한다.
⑤ 감사원의 판정에 의한 변상명령서나 제1항 또는 제2항의 규정에 의한 변상명령서가 당해 회계 관계 직원에게 송달된 때에는 시효 중단의 효력이 있다.

<table>
<tr><td rowspan="2">국가배상법</td><td>2조</td><td>공무원이 그 직무를 집행함에 당하여 고의 또는 과실로 법령에 위반하여 타인에게 손해를 가한 경우⇒이 경우 공무원에게 고의 또는 중과실이 있는 경우 국가는 공무원에게 구상권(求償權)을 행사할 수 있다.</td></tr>
<tr><td>5조</td><td>공공의 영조물의 설치·관리의 하자로 인하여 손해가 발생한 경우</td></tr>
<tr><td>회계 관계 직원 등의 책임에 관한 법률</td><td colspan="2">(1) 회계 관계 경찰공무원이 고의 또는 중대한 과실로 직무상 업무에 위배하여 국가에 손해를 배상하여야 하는 책임
(2) 현금·물품의 출납보관자가 이를 망실·훼손하였을 경우 '선량한 관리자의 주의'를 태만
*변상 책임의 유무 및 변상액은 모두 감사원이 판정</td></tr>
<tr><td></td><td colspan="2">⇒ 선관주의: 구체적 사람을 기준으로 그의 능력에 따른 주의 의무가 아닌, 평균적·추상적 사람이 마땅히 기울여야 할 일반적·객관적 주의 의무</td></tr>
</table>

4) 민·형사상 책임

(1) 민사상 책임

경찰공무원이 직무상 불법행위로 인하여 국민에게 손해를 끼친 경우에 직접 피해자가 가해 공무원에 대하여 손해배상을 청구할 수 있는가에 대해서 견해가 나뉜다. 판례는 공무원의 고의 또는 중과실이 있을 때는 공무원에 대해서 손해배상 책임을 인정하고 있다.

(2) 형사상 책임

(가) 개설

형사상 책임이라 함은 경찰공무원의 위법한 행위에 대한 형법이 적용되는 경우를 말한다. 여기에는 협의의 형사 책임과 행정벌 책임으로 나뉜다.

(나) 협의의 형사 책임

협의의 형사 책임은 경찰공무원이 형법상의 공무원의 직무에 관한 죄를 범하는 경우의 형사 책임을 말한다. 형법이 규정하고 있는 공무원의 직무에 관한 죄는 직권남용죄와 직무위배죄, 뇌물죄로 구분하여 규정하고 있다.

(다) 행정형벌 책임

행정형벌 책임이라 함은 경찰공무원이 행정 법규에 위배하여 형벌 책임을 지는 경우를 말한다. 형법이 정한 벌을 받게 되는 경우를 말한다.

여기에는 시험 또는 임용의 방해행위 금지(국가공무원법 제44조), 인사에 관한 부정한 행위 금지(국가공무원법 제45조), 정치 활동 금지(국가공무원법 제65조), 집단행위 금지(국가공무원법 제66조) 등을 위반한 경우에는 1년 이하의 징역 또는 100만 원 이하의 벌금에 처하게 된다. 경찰관직무집행법 제12조의 벌칙과 같은 책임을 말한다.

제 3 장 경찰작용법

제1절 개 설

1 경찰작용법의 의의

1) 개 념

경찰작용법은 경찰행정의 내용을 규율하는 법규로서, 경찰행정상의 법률관계의 성립·변경·소멸에 관한 모든 법규를 말한다. 이것은 경찰의 임무, 경찰권 발동의 근거와 한계, 경찰행정의 유형, 경찰상 처분의 법적 효력, 경찰강제 등에 관한 규율을 그 내용으로 한다.

2) 명확한 법적 근거의 규정

경찰작용은 다른 어떤 행정작용보다도 국민의 자유와 권리에 긴장 관계를 일으킬 가능성이 크므로, 개인의 기본권을 보장하면서도 공공의 안녕과 질서에 대한 위험의 방지 및 제거라는 경찰의 기본적 임무를 충실히 수행할 수 있도록, 경찰작용의 근거·요건·한계 등에 관하여 가능한 한 명백히 규정하여, 그 법적 뒷받침을 하는 것이 바람직하다.

그러나 경찰작용의 성질상 입법기관이 미리 모든 경찰권의 발동 사태를 상정해서 그 요건을 법률에 규정하는 것은 불가능하다.

> (1) 경찰행정의 내용을 규율하는 법규로서, 경찰행정상의 법률 관계의 성립·변경·소멸에 관련된 모든 법규
> (2) 경찰 대상의 복잡·다기성으로 주로 개별 입법에 의존⇒체계적 통합성과 법적 명확성이 부족
> (3) 경찰작용의 특성인 복잡성·개량성과 경찰작용에 대한 법치주의의 요청이 상호 긴장 관계를 형성

2 경찰작용법의 필요성과 한계

경찰이 기본적 임무에 충실하여 개인의 기본권을 보장하면서도 공공의 안녕과 질서에 대한 위험의 방지와 제거라는 양 이념의 조화를 이룰 수 있도록 법적 근거가 필요하다.

그러나 모든 경찰 상황을 법규화한다는 것은 입법 기술상으로나 사실상으로도 불가능하다. 그리고 개별적인 경찰작용에 대한 근거 규정을 둔다 하더라도 경찰권 발동에 대한 재량은 불가피하다. 이러한 이유로 경찰작용에 관한 일반 조항의 필요성이 논의되고, 법적 근거가 있는 경우에도 경찰권 발동에 관한 한계이론이 논의되고 있다.

> (1) 경찰작용은 국민에 대하여 명령·강제하는 대표적인 침해적·권력적 행정작용으로서 법률에 의한 행정의 원칙, 즉 법치주의가 강하게 요구된다.⇒법율유보 원칙이 요구
> (2) 경찰작용의 법적 근거로서는 조직법적 근거와 작용법적 근거가 있다.
> 성문법원 : 법률·조약, 행정입법(긴급재정경제처분·법규명령), 조례·규칙(근거가 되지 않는다.)
> 불문법원 : 관습법(예가 드물다.), 조리(부정 : 多)

3 경찰작용법의 토대

1) 경찰관직무집행법

경찰작용에 관한 일반법은 경찰관직무집행법이다. 경찰관직무집행법이 과연 일반법으로서의 체계나 내용을 담고 있는지가 의문시되고 있으며, 각 단행법도 개별 목적의 개별 입법에 의하여 존재하고 있어, 경찰관직무집행법은 일반법으로서의 체계적 통합성이나 법적 명확성을 갖지 못한 것이 현실이고 한계이다. 따라서 작용법의 일반법으로서 체계적인 법률의 입법을 요한다.

2) 경찰작용에 관한 단행법

일반법이라고 할 수 있는 경찰관직무집행법 외에도 개별적으로 많은 경찰작용법이 있는데, 주로 방범에 관한 규정들과 교통에 관한 규정, 경비에 관한 규정 등이 있다.

(1) 방범에 관한 경찰작용법

방범에 관한 법률로는 사격 및 사격장 단속법, 총포·도검·화약류 등 단속법, 신용정보의 이용 및 보호에 관한 법률, 신용조사업법, 사행행위 등 규제법, 청소년보호법, 경범죄처벌법, 경비업법 등이 있다.

(2) 교통에 관한 경찰작용법

교통에 관한 법률로는 도로교통법, 교통사고처리특례법, 도로법 등이 있다.

(3) 경비에 관한 경찰작용법

경비에 관한 법률로는 경찰직무응원법, 수난구호법, 청원경찰법 등이 있다.

제 2 절 경찰권 발동의 근거와 한계

1 경찰권 발동의 근거

조직법적 근거	경찰이 처리할 수 있고 처리하여야 하는 직무 범위를 규정한 것으로서, 경찰관청의 사물 관할의 범위를 의미⇒임무규정·직무규범
작용법적 근거	(1) 경찰이 행할 수 있는 조치에 대한 수권(授權) 및 그 조치의 발동 요건과 한계를 정한 것으로서 권한 규정을 의미 (2) 경찰의 행위 중 국민의 자유와 권리에 개입·침해를 가져오는 조치 권한(권력적·부담적 행위)의 행사는 반드시 구체적 수권을 요한다. ⇒법치주의의 원칙

법치행정의 원칙을 적용⇒즉 경찰법규는 경찰권의 근거이자 한계

1) 일반적(개괄적) 수권 조항

(1) 직무(임무) 규정과 권한(수권) 규정

(가) 의의

법치국가에서는 경찰권 행사에 관한 규범을 직무규범과 권한규범으로 나누어 규정하고 있다.

직무(임무) 규정은 경찰이 처리할 수 있고 또 처리하여야 하는 사무 내용의 범위를 설정한 것으로서, 경찰의 사물 관할의 범위라고 할 수 있다. 직무규범으로는 원칙적으로 당사자의 권리에 직접적인 부담을 주지 않는 수단만이 허용된다. 경찰관의 순찰 활동이나 일반적인 교통관리 같은 경우가 이에 해당한다.

권한 규정은 경찰이 행할 수 있는 조치에 대한 수권 및 그 조치의 발동 요건과 한계를 정한 것을 말한다.

(나) 법률유보의 원칙과 수권 규정

부담적 성질의 강제처분을 할 경우에는 직무규범 외에도 구체적 행위를

할 수 있는 권한을 부여하는 수권 규정이 있어야 한다. 법치주의 원칙상 이러한 법률유보는 당연한 것이다.

수권 규정에는 일반경찰행정법상의 일반규정(개괄 조항)에 의한 수권과 개별 규정에 의한 수권, 특별경찰행정법상의 개별 조항에 의한 수권이 있다.

경찰은 공공의 안녕과 질서에 대한 위험의 방지를 그 임무로 하는 바, 이러한 임무의 수행을 위해서는 국민의 자유와 권리를 침해하는 명령적이고 부담적인 행정행위를 그 수단으로 사용하는 것이 보통이고, 이러한 명령・강제 작용에서 그 근거 또는 한계가 중요한 의미를 가진다.

경찰권의 행사는 다른 어떤 행정작용 분야보다 법치행정의 원리가 강하게 요구되며, 그 결과 개별적인 경찰상의 처분은 법률의 근거가 있어야 한다는 법률유보의 원칙이 적용된다. 즉, 위험 방지를 위하여 개인의 자유와 권리를 침해하는 구체적인 경찰상의 조치는 당연히 경찰의 직무에 속하여야 하며, 그 조치 권한을 정당화할 수 있는 별도의 법적 근거가 있어야 한다.

경찰 조치를 위한 법적 근거의 형태는 일반적 수권 조항과 개별적 수권 조항의 형태로 논의될 수 있다.

[표 4-3-1] 법적 근거 형태

일반적 수권 조항	법률에 의한 개별적 수권 없이 경찰권의 발동 권한을 포괄적으로 수권하는 규정(일반조항・개괄조항)(예: 독일 경찰법 모범초안 §8)
개별적 수권 조항	개별적・구체적 사안에 대하여 특정한 종류・내용의 조치에 관한 법적 근거를 두는 경우(특별수권 조항). 법률유보의 원칙에 철저→그러나 탄력성이 저하된다.
특징	(1) 독일의 경우 우리와는 달리 수권 조항과 임무 규정을 따로 두어 양자를 분리하여 규정한다. (2) 일반적 수권 조항과 개별적 수권 조항은 일반법과 특별법의 관계에 있다.

(2) 일반수권 조항의 의의

(가) 개념

일반 조항(일반적 수권 조항)이란 법률에 의한 개별적 수권이 없이도 경찰권의 발동 권한을 포괄적으로 수권하는 규정을 말한다. 즉, 일반적인 위험 방지를 위한 추상적인 내용으로 된 규정을 말한다.

이와 관련해서는 경찰작용에 관한 일반적 수권 조항의 필요성과 일반 조항의 인정 여부, 그리고 경찰관직무집행법 제2조(특히 제5호)가 일반 조항인지가 문제된다.

① 일반적 수권 조항(개괄적 수권 조항, 일반 조항)

법률에 의한 개별적 수권 없이 경찰권의 발동 권한을 포괄적으로 수권하는 규정을 말하는데, 이와 같은 규정은 독일의 경찰법 모범 초안에서 찾아볼 수 있다.

여기에서 사용된 공공의 안녕, 공공의 질서, 위험 등의 개념은 학문상 재량 개념이 아닌 불확정 개념으로서, 학설과 판례를 통하여 구체화될 수 있는 법률 개념이기 때문에 법원은 구체적 사안에서 일반적 수권 조항에 의한 경찰권의 발동이 그 요건을 충족하고 있는지의 여부를 제한 없이 심사할 수 있다.

② 개별적 수권 조항(특별 수권 조항)

개별적·구체적 사안에 대하여 특정한 종류와 내용의 조치에 관한 법적 근거를 마련하는 경우이다.

독일경찰법 모범 초안 제8조의 a로부터 제24조의 규정들이 여기에 속한다.

③ 일반적 수권 조항과 특별 수권 조항의 관계

특별 수권 조항이 있는 한도 내에서 일반적 수권 조항은 적용되지 않으며, 일반적 수권 조항은 특별수권 조항에 대하여 보충적으로만 적용된다는데 의미가 있다.

④ 우리 나라의 경우

경찰관직무집행법 제3조(불심검문)부터 제10조의4(무기의 사용)에 관한 규정이 경찰권 발동의 요건, 대상, 내용, 효과 등에 관하여 구체적으로 규정하고 있어, 이것이 이른바 특별 수권 조항에 해당한다. 다만 제2조(직무의 범위) 제5호를 일반적 수권 조항으로 인정할 수 있는지가 논란의 대상이 되고 있다.

⑤ 독일의 경우

권한에 관한 특별 수권 조항을 두고 있는 외에, 모범 초안 제1조 제1항에서 "경찰은 공공의 안녕 또는 질서에 대한 위험 방지를 그 임무로 한다."고 규정함으로써 임무에 관한 일반적 규정을 두어 양자를 분리 규정하고 있고, 각 주(州)에서도 일반적으로 모범 초안을 따라 같은 입법 태도를 취하고 있다. 그것은 우리의 경찰관직무집행법의 입법 태도와 비교된다.

(나) 연혁

일반 조항의 연혁은 프로이센 일반란트법의 경찰의 '직무 범위' 규정에서 비롯된다. 그 이후 프로이센의 고등행정법원의 크로이츠베르크 판결에 의하여 일반적 수권 조항의 존재가 정당화되어 왔으며, 이것이 프로이센 경찰행정법에서 작용법적 근거인 일반적 수권 조항으로 명문화되었다.

"경찰관청은 공공의 평온·안녕·질서를 유지하고, 또한 공중 및 그의 개개 구성원들에 대한 절박한 위험을 방지하기 위하여 필요한 기관이다"(프로이센 일반란트법 제10조 2항 17호).

(3) 일반 수권 조항의 필요성과 인정 여부

(가) 일반 조항의 필요성

위험 방지를 위한 개인의 자유와 권리를 침해하는 경찰 수단은 법률에 근거가 있어야 함이 원칙이다(법률유보의 원칙). 그러나 사회적 사정의 변화와 복잡한 현실로 인하여 입법자가 예상할 수 없는 위해(危害)가 발생하는 경우에는 개별적인 수권 규정이 없으므로 이러한 위해에 대처할 수 없게 된다.

그리고 일반 조항에서 사용되는 '공공의 안녕'·'공공의 질서'·'위험', 교통 안전, 원활, 공익, 공공복리, 정당, 야간, 장애 등의 개념은 재량 개념이 아니라 불확정 개념으로서 학설과 판례를 통해서 구체화될 수 있는 법률 개념인 것이다. 따라서 일반적 수권 조항에 의해서 경찰권이 발동된 경우에도 그 경찰권 발동이 요건을 충족하고 있는가를 법원이 심사할 수 있다. 따라서 일반적 수권 조항은 필요하다고 본다.

(나) 일반 조항의 인정 여부

① 종래의 논의

경찰권의 발동에 관한 우리 나라 종래의 논의는 경찰작용의 근거 규정이 성질상 포괄적이고 막연하므로 경찰기관에서는 광범위한 재량권이 인정되고 있다고 보고, 그러한 경찰권의 남용을 방지하기 위하여 경찰권 발동의 조리상의 한계론이 거론되어 왔다.

㉠ 긍정설(한국, 독일 판례)

긍정설은 경찰관직무집행법 제2조 5호의 규정을 개괄 조항으로 보고, 개별적 근거 규정이 없을 때에는 이를 근거로 경찰권을 발동할 수 있다고 한다.

공공의 안녕과 질서를 유지는 경찰의 고유의 직무이고, 모든 위해의 사항을 법률에 규정할 수 없기 때문에, 개별적인 수권 규정이 없는 경우에도 경찰의 임무 수행을 위해서는 일반 규정이 필요하다는 점, 일반 조항은 개별적 규정이 없을 때 한하여 보충적으로 적용된다는 점, 일반 조항에 의한 경찰권 남용의 가능성은 조리상의 한계 등으로 통제가 가능하다는 점 등을 논거로 한다.

독일에서는 이전부터 공공의 안녕·질서에 대한 위험 방지를 경찰의 직무로서 정하고 그 직무 조항을 보충적인 수권 조항(개괄 조항)으로서 여기는 전통이 확립되어 있는 바, 우리 역시 그와 같은 개괄 조항의 존재를 긍정할 수 있는가 하는 것이다.

경찰관직무집행법 제2조 제5호의 규정, 즉 공공의 안녕과 질서 유지를 독일식의 개괄 조항으로 간주하고 있다고 하면서, 우리 나라의 경우에도 일반 조항이 있다고 보고, 개별적인 근거 규정이 없을 때에는 이 조항에 의거하여 경찰권을 발동할 수 있다고 주장하고 있다.

㉡ 부정설

부정설은 국민의 권리와 자유는 법률로써 제한할 수 있으며(헌법 제37조 2항), 이 경우의 법률은 개별적인 경찰작용법이어야 하므로 개괄적·포괄적인 수권 규정은 허용되지 않는다고 한다. 따라서 경찰관직무집행법 제2조 5호는 경찰권의 발동 근거에 관한 개괄 조항이 아니라 경찰의 직무 범위만을 정한 것으로서 조직법적 성질의 규정이라고 한다.

헌법(제37조 제2항 후단)은 질서 유지를 위한 국민의 자유와 권리의 제한은 법률로써만 할 수 있도록 하고 있어서, 경찰권의 발동에는 반드시 법률의 근거가 있어야 하며, 이 경우의 법률은 당연히 경찰작용의 근거로서의 개별적인 경찰작용법이어야 하고, 포괄적·일반적 수권법은 허용되지 아니한다.

경찰관직무집행법 제2조 제5호는 경찰권의 발동 근거에 관한 개괄 조항은 아니고, 그것은 다만 경찰의 직무 범위만을 정한 것으로서, 본질적으로는 조직법적 성질의 규정이라고 하면서 일반적 수권 조항성을 부정하고 있다.

㉢ 절충설

이 견해는 실정법상 개괄 조항의 필요성과 허용성을 인정하면서도, 경찰법이나 경찰관직무집행법의 규정은 권한 규정이 아니라 단순한 임무 규정으로 파악하고, 입법을 통하여 개괄 조항을 도입할 것을 주장한다.

부정설(多)	긍정설(判)
(1) 헌법 §37② 후단의 '법률주의의 원칙' 경찰작용의 분야가 법률유보의 본령이었음을 근거로 발동에는 개별적인 수권을 요구한다. (2) 이는 경찰의 직무 범위만을 정한 것으로서, 본질적으로는 조직법적 성질(사물 관할)의 규정	(1) 모든 요건을 미리 규정하는 것은 불가 – 입법 기술상의 한계 (2) 일반 조항은 보충적으로 적용되며, 경찰권의 조리상 한계 등을 통해 일반 조항의 남용 가능성에 대한 법원의 통제가 가능하다. (3) 독일의 학설·판례가 일반 조항을 긍정하고 있다.

2) 경찰개입청구권

(1) 의의

경찰개입청구권은 일반 국민이 주위의 상황이나 환경 또는 제3자로부터 생명·신체·재산 등에 심각한 위험이 초래하거나 위험이 현실화하고 있는 경우에 경찰관청에 대하여 경찰권의 발동을 촉구하는 것을 내용으로 하는 실체적 권리를 말한다.

종래에는 반사적 이익론과 행정편의주의를 근거로, 경찰권 발동 요건의 충족과 경찰권 발동 여부는 별개의 것으로서 경찰권 발동 여부는 경찰관청이 자유재량에 의하여 결정할 권한이 있다고 보아 경찰개입청구권을 부정적으로 보는 것이 일반적이었다.

그러나 오늘날 사회적 법치국가에서는 반사적 이익의 법적 이익화와 재량이 영(0)으로 수축하는 상황에서는 형식적 권리인 무하자 재량행사청구권이 실체적 권리인 경찰개입청구권으로 전환된다는 이론이 제기되고 있다.

의의	공법 관계에서 직접 자기의 이익을 위하여 일정한 행위(작위·부작위·급부·수인)를 요구할 수 있는 법률상의 힘⇒소송을 통하여 권리가 실현될 수 있다(소구[訴求] 가능성).	
성립 요건 (Buhler)	강행법규성	강행법규의 존재(⇒기속행위) 또는 재량권이 0으로 수축되어야 한다.
	사익보호성	강행법규가 단순히 공익 실현의 목적 외에 특정 개인의 이익 보호를 의욕하여야 한다.
	청구권능성	강행법규에 의하여 행정 주체에 부과된 의무를 소송을 통하여 관철할 수 있는 법률상의 힘이 개인에게 부여되어야 한다. →개괄주의로 중요성이 감소

(2) 논의의 전제

(가) 반사적 이익론의 극복

① 반사적 이익의 의의

반사적 이익이란 행정법규가 공익을 실현하기 위하여 행정 주체 또는 제3자에 대하여 작위 또는 부작위 의무 등을 규정하고 있는 결과로 인하여 그 반사적 효과로서 개인이 어떤 사실상의 이익을 얻는 경우를 말한다.

반사적 이익은 그 침해의 경우에도 법적 보호를 받지 못한다는 점에서 공권(公權)과 구별된다.

의의	행정권의 발동 여부는 원칙적으로 행정편의주의에 따른 재량 사항이나, 예외적으로 국민의 생명·신체·재산에 중대한 침해를 받을 우려가 있는 상황하에서는, 오직 하나의 결정(조치)만이 의무에 합당한 재량권 행사로 인정되는 경우⇒경찰개입청구권이 긍정된다.
요건	(1) 원칙적⇒개인의 법익 침해 위험의 절박성 또는 피침해 법익의 중대성 (2) 요건의 완화 (독일 판례)⇒과도한 교통 소음, 도저히 받아들이기 어려운 교회 종소리 등
효과	재량행위의 기속행위화⇒반사적 이익이 아닌 공권으로서의 효력이 발생 (행정구제 가능)

㉠ 전통적 반사적 이익론

행정관청의 규제 권한의 행사는 오로지 공익 목적만을 위한 것으로 보고, 권한 행사로 인하여 사인(私人)이 어떠한 이익을 향유하더라도 그것은 반사적 이익에 불과하고 법률상의 권리라고 할 수 없다.

경찰관청이 권한의 행사를 게을리하여 그 결과 관계자가 반사적 이익에 관하여 손해를 입더라도 행정소송상 원고 적격이 인정되지 아니하고, 국가배상법상 보호의 대상으로도 되지 아니하였다.

반사적 이익론이 행정소송에서는 원고 적격의 문제로서, 국가배상법상으로는 배상청구권의 성립 요건의 문제로서, 행정편의주의와 함께 행정권에 대한 국민의 책임 추궁을 면하게 하는 법리로서 종래 널리 애용되어 왔다.

㉡ 반사적 이익의 보호법익화

<table>
<tr><th>반사적 이익</th><td colspan="2">행정법규가 사회 공공의 이익, 즉 불특정 다수의 이익을 보호하고 있는 결과로서 간접적으로 개인에게 돌아오는 사실상의 이익(간접적 이익으로서 소구[訴求]가 불가능하다.)</td></tr>
<tr><th rowspan="2">보호 이익</th><td colspan="2">국민 생활의 행정에의 의존도가 높아짐에 따라, 종래와 같은 의미에서의 권리는 아니나 그렇다고 반사적 이익으로도 볼 수 없는 이익으로서, 행정소송을 통하여 구제되어야 할 이익</td></tr>
<tr><td>판례</td><td>인근 주민의 연탄공장 설치 허가 취소청구(1976.6.25)
인근 주민의 자동차LPG충전소 설치 허가처분 취소청구(1983. 7.12)</td></tr>
</table>

오늘날에는 종래의 반사적 이익으로 보았던 것도 공권(公權)으로 인정되는 경우가 점차 증가하고 있다.

독일에서는 학설과 판례에서 반사적 이익의 공권화를 주장하였고, 더 나아가 국가조직은 개인의 이익을 충족시키기 위한 조직이므로 개인은 자신의 이익 충족에 필요한 법규의 실현을 요구할 청구권을 가진다고 하여 행정개입청구권(경찰개입청구권)의 근거를 마련하였다. 판례의 경우 눈썰매 사건, 별장 점탈사건, 혼잡 교차로 교통 정리 미실시 사건, 지뢰 사건 등의 판결을 통해서 경찰권 불행사를 이유로 손해배상 책임을 인정하였고, 나아가 띠톱 판결(석탄 소음, 먼지 사건)에서는 경찰개입청구권을 인정하기에 이르렀다. 특히 띠톱 판결은 반사적 이익론의 극복과 재량권의 영으로의 수축 법리를 모두 채용하고 있다.

우리의 경우도 학설과 판례는 종래의 태도에서 벗어나 관련 법규가 공익의 보호와 더불어 사익도 보호하고 있다고 해석함으로써 반사적 이익의 법적 이익화가 실현되었다.

종래에는 반사적 이익으로 보았던 것도, 관계 법규가 공익과 동시에 개인적 이익도 보호하는 것으로 해석함으로써, 반사적 이익에 법적으로 보호되는 이익 또는 공권으로서의 성격이 인정되는 경우가 점차 증대하고 있다.

그 결과 사법적 규제의 폭을 넓히고 있다. 국가 배상의 경우에도 규제 권한의 불행사를 위법으로 구성하여 배상의 범위를 확대하고 있는 것이다.

(나) 경찰재량의 영으로의 수축

① 경찰권 행사와 편의주의

경찰권 행사는 재량행위이므로, 경찰 위반 상태가 있는 경우에 경찰권 발동을 할 것인지 여부를 결정하고(결정재량), 경찰권 발동의 경우에도 어떤 수단으로 어떠한 활동을 할 것이지를 선택할 수 있다(선택재량). 이를 편의주의라 한다.

그러나 경찰편의주의는 경찰권의 발동은 당해 경찰관청의 의무에 합당한 재량에 따른다는 것을 말하므로, 경찰권 행사는 완전한 재량은 아니다.

전통적인 행정법 이론에 의하면 경찰권을 발동할 것인가 말 것인가는 경찰관청이 공익적 견지에서 자유롭게 판단할 수 있으므로, 경찰권 발동의 요건이 구비되어 있을지라도 경찰관청은 그 자유재량에 의하여 권한을 발동하지 아니할 자유도 가지고 있는 것으로 여겨져 왔다(행정편의주의의 법리).

경찰 위반의 상태가 있는 경우에 반드시 경찰권을 발동하여야 하는 것은 아니고, 발동의 여부 또는 수단의 선택시에, 당해 경찰관청의 의무에 합당한 재량에 따른다는 원칙이다(재량 원칙).

행정편의주의의 원칙은 경찰이 가벌적인 행위에 대하여 수사하도록 의무지워져 있다(형사소송법 제195조)는 법정주의 원칙과 반대되는 개념이다.

② 재량권의 영으로의 수축

경찰권 발동의 상황이 있는 경우에 경찰권은 '의무에 합당한 재량'에 의해 행사되어야 한다. 즉, 기속행위화하는 것이다.

경찰적 상황에서 경찰이 경찰권을 행사하든 행사하지 않든 반드시 위법은 아니다. 그러나 일정한 경우, 즉 경찰적 상황이 중대하고 긴박하고, 그로 인하여 국민의 중대한 법익이 침해될 우려가 있는 경우에는 경찰권 발동에 대한 재량은 영이 되고, 오직 의무에 합당한 경찰권을 발동하여야 한다고 한다. 이것이 경찰권의 영으로의 수축이론이다.

㉠ 편의주의의 한계로서 경찰재량권의 0으로의 수축

경찰작용에서 재량 문제로서 결정하여야 하는 것은 다음과 같다.

ⓐ 위험의 방지 또는 경찰 위반의 방지를 위하여 개입할 것인가 말 것인가에 관한 결정

ⓑ 복수의 경찰 위반자가 존재하는 경우에 어느 경찰 위반자에게 요구할 것인가에 관한 결정

ⓒ 여러 가지 조치 가운데 어느 조치를 선택할 것인가에 관한 사용 수단에 관한 결정

이 경우에 결정은 의무에 합당한 재량에 따라 결정되어야 한다. 재량권의 행사가 의무에 합당하지 아니한 경우에는 위법의 문제가 생길 수 있다. 특히 이 문제는 위의 첫 번째 결정시에 중요한 의미를 가지며, 편의주의의 한계 문제로서 논의의 대상이 된다.

이 경우에 편의주의의 한계의 문제는 다음과 같다.

ⓐ 경찰관청이 적극적으로 경찰권을 행사한 경우(작위)에는 하자 있는 재량 행사의 문제와 비례의 원칙의 문제로서 경찰권의 개입에 대한 법적 제한을 가하게 된다.

ⓑ 부작위의 경우에는 경찰재량권의 0으로의 수축론의 법리가 작용한다.

경찰권 행사의 편의주의의 원칙상, 경찰관청이 현존하는 위험에 대하여 개입하지 않더라도 반드시 위법한 것은 아니다.

경찰권의 행사 여부는 원칙적으로 재량처분이 인정되고 있으나, 목전의 상황이 매우 중대하고 긴박한 것이거나, 그로 인하여 국민의 중대한 법익이 침해될 우려가 있는 경우에는, 경찰개입 결정만이 의무에 합당한 재량 행사, 즉 적법한 재량 행사로 인정된다는 것이다.

이처럼 경찰재량권이 0으로 수축되는 경우에 당해 재량행위는 내용적으

로는 기속(羈束)행위로 전환되고, 부작위에 대하여는 의무 이행 심판 및 부작위 위법 확인소송, 그리고 손해가 발생한 경우에는 손해배상소송을 제기하여 구제받을 수 있다.

의의	경찰권의 부작위(不作爲)로 인하여 권익을 침해당한 자가 당해 경찰권에 대하여 제3자에 대한 경찰권의 발동(규제 또는 단속)을 청구할 수 있는 권리(多)	
성립 요건	재량권의 0으로의 수준	개입 의무의 발생⇒강행법규성이 도출
	제3자 보호규범의 존재	반사적 이익의 보호 이익화 ⇒ 사익 보호성이 도출

㉡ 판례

판례는 피해자로부터 범죄신고와 함께 신변 보호 요청을 받은 경찰관의 보호 의무 위반을 인정한 사례에서 피해자의 생명·신체에 계속 위해를 가할 것이 명백하여 피해자의 신변이 매우 위험한 상태에 있어 피해자가 살해되기 며칠 전 범죄신고와 함께 신변 보호를 요청하고 가해자를 고소한 경우, 피해자에 대한 범죄의 위험이 일상적인 수준으로 감소할 때까지 피해자의 신변을 특별히 보호하여야 할 의무가 있다고 판시하여 재량권의 영으로의 수축론을 인정하고 있다. 또 1·21사태(김신조 사건)와 관련된 경찰관 등의 부작위로 인한 손해배상청구사건에서, 대법원은 경찰권 발동의 불행사로 인한 직무 유기를 인정하여 국가의 배상 책임을 인정하고 있다.

경찰편의주의 (재량 원칙)	경찰 위반의 상태가 있는 경우 반드시 경찰권을 발동하여야 하는 것이 아니라, 발동의 여부 및 수단의 선택시에 당해 경찰관청의 의무에 합당한 재량에 따른다는 원칙⇒법치가 아닌 합목적성을 위한 수단
반사적 이익론	행정관청의 구체 권한의 행사를 오로지 공익 목적만을 위한 것으로 본다.⇒이로 인한 사인(私人)의 이익은 반사적 이익에 불과하다고 봄.

(3) 경찰개입청구권의 인정 여부

일정한 경찰권 발동의 상황에서 경찰권을 발동하지 않을 경우 재량권이 영으로 수축되어 경찰권 발동에 대한 재량은 없어지고 의무에 합당한 경찰권의 발동을 하여야 하는 것이다. 이럴 경우에 개인에게 경찰권 발동을 청구할 수 있는 경찰개입청구권이 인정되는가는 별개의 문제이다.

학설은 재량권이 영으로 수축하는 경우에는 경찰권 발동의 의무만 남기 때문에 당연히 경찰개입청구권이 인정된다고 한다(통설). 그러나 판례는 이러한 경우에 국가배상사건과 관련하여 행정청의 작위 의무를 인정하고 있으나 행정소송과 관련하여서는 경찰개입청구권을 인정하고 있지 않다.

(4) 경찰개입청구권에 대한 쟁송

경찰개입청구권을 행사하였음에도 불구하고 경찰권 발동을 하지 않는 경우 의무이행소송을 인정할 때 가장 이상적이다. 그러나 우리 나라는 의무이행소송을 인정하고 있지 않으므로 의무이행심판과 거부처분취소청구소송 또는 부작위위법 확인소송 및 간접강제 제도에 의하여야 할 것이다.

2 경찰권 발동의 한계

1) 전통적 한계이론

전통적으로 우리 나라에서 논의되는 경찰권 발동에 대한 한계이론으로는 ① 경찰 소극 목적의 원칙, ② 공공의 원칙, ③ 경찰 책임의 원칙, ④ 비례의 원칙, ⑤ 평등의 원칙 등이 있다.

경찰 소극 목적의 원칙과 경찰 공공의 원칙은 "경찰권은 어떤 경우에 발동될 수 있는지"에 관한 것이므로, 경찰권 발동의 요건에 관한 원칙이다.

경찰 책임의 원칙은 경찰권 발동의 대상에 관한 것이고, 비례의 원칙은 경찰권 발동의 수단 및 정도에 관한 원칙이다. 전통적인 경찰권 발동의 한계이론은 경찰에 광범위한 재량권이 있음을 전제로 이를 한계짓기 위한 것으로서 우리 나라나 일본에서 발전되어 온 이론을 말한다.

(1) 경찰 소극 목적의 원칙

경찰권은 공공의 안녕과 질서의 유지라는 소극 목적을 위해서만 발동되고, 적극적인 복리 증진을 위해서는 발동할 수 없다는 원칙이다. 따라서 공공 복리를 증진을 위한 경찰권 발동은 경찰작용이 아니며, 위법한 작용이다.

(2) 경찰 공공의 원칙

경찰은 사회 공공의 안녕의 확보와 질서의 유지를 목적으로 하는 작용이므로 공공의 질서 유지와 관련이 없는 사적 관계에 발동되어서는 안 된다는 원칙이다.

(가) 사생활 불간섭의 원칙

사생활 여부의 판단은 사회 통념에 의한다. 사생활 불간섭의 원칙은 사회 공공질서와 직접적인 관계가 없는 개인의 생활이나 행동에는 간섭을 하여서는 안 된다는 원칙을 말한다. 여기에 반하는 경찰권 발동은 프라이버시의 침해는 물론이고, 권한 외의 행위로서 위법하다. 자녀에 대한 징계행위에 대하여 경찰권이 발동될 수 없는 근거이다.

(나) 사주소 불가침의 원칙

경찰 활동은 공공의 안녕과 질서의 유지가 목적이므로 공공 장소에서만 대상이 된다. 유흥장 등 공개된 장소가 대상이 된다. 일반사회와 직접 접촉이 없는 가택 내의 생활에는 간섭을 할 수 없다. 예컨대 사택 내의 나체는 단속할 수 없는 것이다. 여기서의 사주소(私住所)는 직접 공중과 접촉하지 않는 장소를 말하므로 공장·사무실·내실·창고 등과 같이 비거주 건축물도 여기에 포함된다.

(다) 민사 관계 불간섭의 원칙

민사 관계 불간섭의 원칙은 개인의 재산권 행사나 계약 관계 등 민사 관계에 대해서는 경찰권이 개입하여서는 안 된다는 원칙이다. 민사 관계의 분쟁은 원칙적으로 사법권에 의해서 보호될 뿐이고, 경찰권이 관여할 사항은 아니라는 것이다.

의의	사회 공공의 안녕과 질서 유지에 관계가 없는 생활 관계는 경찰권 발동의 대상이 아니라는 원칙	
내용	사생활 불가침	(1) 사회 공공의 질서와 관계 없는 개인 생활은 간섭할 수 없다는 원칙 (2) 사생활의 범위는 사회 통념에 의해서 결정된다.
	사주소 불가침	일반사회와 직접 접촉이 없는 가택 내의 생활 활동인 사주소(私住所)를 침해하여서는 안 된다는 원칙
	민사 관계 불간섭	(1) 민사상 법률 관계의 형성·유지는 사법권(司法權)의 작용 영역으로서 경찰권의 관여 대상이 아니다. (2) 민사상 법률 관계⇒민법상 법률 관계인 매매·임대차·불법행위·채무를 이행 등을 의미
	사경제 불간섭	경찰은 원칙적으로 상품의 가격·품질, 영업의 종류·방법과 같은 사경제 생활에는 관여하지 못한다는 원칙

(3) 경찰 책임의 원칙

(가) 의의

경찰권은 경찰 위반의 상태에 대하여 책임이 있는 자에 대해서만 발동하여야 한다는 원칙을 말한다. 다만 예외적으로 경찰 긴급 사태에 대하여는 비장애자에 대해서도 경찰 책임이 인정된다. 경찰권은 원칙적으로 경찰 위반의 상태를 야기한 자, 즉 공공의 안녕과 질서에 대한 위험에 대하여 행위 책임 또는 상태 책임을 질 자(경찰책임자)에게만 발동될 수 있다는 원칙이다. 경찰 책임의 부과는 처벌이 목적이 아니라 위험의 제거가 목적이다.

경찰 책임의 원칙은 경찰권 발동의 대상에 관한 것이다.

(나) 경찰 책임의 본질

경찰 위반의 상태는 행위 또는 상태의 특별한 위법성을 요하지 않는다. 또한 경찰 책임은 행위자의 의사 능력 · 행위 능력 · 불법행위 능력 · 형사책임 능력과도 관련이 없다.

그리고 경찰 책임자에게 고의 · 과실이 있는지 여부를 불문하므로 단지 사회 공공의 안녕과 질서에 대한 객관적인 위험 상황이 존재하기만 하면 된다. 따라서 도로 교통을 위협하는 간질병자나 만취 상태에서 차도에 누워 있는 자도 경찰 책임을 진다.

(다) 경찰 책임의 주체

① 자연인

모든 자연인이 경찰 책임자가 될 수 있다. 행위 능력 · 불법행위 능력의 유무, 외국인 · 무국적자인지 여부는 불문한다. 행위 무능력자의 경우에는 무능력자 자신 외에도 그들의 법정대리인도 책임을 진다.

② 사법인

사법상의 법인 외에 사법상 권리 능력 없는 법인도 경찰 책임을 진다.

③ 국가 등 공권력 주체

㉠ 실질적 경찰 책임

실질적 경찰 책임이란 경찰 법규를 준수해서 공공의 안녕과 질서에 대한 위해를 발생시키지 말아야 할 의무를 말한다. 그런데 국가 또는 행정기관도 법률 우위의 원칙에 의하여 경찰 법규의 구속을 받아야 하므로 실질적 경찰 책임을 진다.

㉡ 형식적 경찰 책임

형식적 경찰 책임이란 국가 등이 경찰상의 위험을 야기한 경우에 경찰이 경찰권을 발동하고 상대방은 이에 복종하여야 하는 의무를 말한다.

사법작용 (국고작용)	국가기관이 국고작용을 행하는 과정에서 경찰상 위해를 발생시킨 경우에는 경찰권 발동의 대상이 된다.
권력작용 (고권작용)	국가기관이 권력작용을 행하는 과정에서 경찰상 위해를 발생시킨 경우에는 ① 당해 국가기관이 스스로 위해를 제거하여야 하고, 경찰이 경찰권을 발동할 수 없다는 견해와, ② 법익을 비교 형량하여 공공 안녕 질서 유지라는 경찰 목적이 우월한 경우에는 당해 국가기관의 업무 수행을 방해하지 않는 범위에서 경찰권을 행사할 수 있다는 견해가 있다(다수설).

(라) 경찰 책임의 유형

경찰 책임의 종류에는 행위 책임과 상태 책임 및 복합적 책임이 있다.

① 행위 책임

㉠ 의의

자기 또는 자기의 지배에 속하는 사람의 행위로 질서 위반의 상태가 발생한 경우에 지는 책임이다. 타인의 행위를 관리하는 자가 지는 책임은 대위 책임이 아니라 자기 책임이다.

㉡ 책임의 대상

행위 책임을 발생시키는 행위에는 작위뿐만 아니라 부작위도 포함된다. 그러나 법적 작위 의무가 없는 단순한 부작위는 행위가 아니다.

㉢ 책임의 귀속

다수의 인과 관계적 요소의 결합에 의하여 경찰상의 위험이 야기되는 경우 누가 경찰 책임자인지를 결정하여야 하는데, 이 때 경찰 위반 상태와의 인과 관계가 문제된다.

직접조건설에 의해서 질서 위반의 상태에 직접적인 원인을 야기한 자에 대해서만 행위 책임이 귀속한다고 할 것이다. 따라서 간접적인 원인 제공자는 원칙적으로 경찰 책임자가 아닌 것이다. 화가가 그리고 있는 장면을 보기 위하여 군중이 운집해 교통의 장애를 발생케 한 경우에 화가는 직접적 책임이 없다.

그러나 스스로 위험을 직접적으로 실현하지는 않았으나 행위책임을 지게 되는 제3자로 하여금 질서 위반 행위를 하도록 한 자는 예외적으로 의도적 간접 원인 제공자라 하여 예외적으로 행위 책임을 물을 수 있다(의도적 간접 원인 제공자 이론).

㉣ 책임의 소멸

행위 책임은 인간의 행위로 인한 결과 책임이므로 행위 책임자의 사망으로 소멸한다.

② 상태 책임

㉠ 의의

상태 책임은 물건의 소유자, 점유자, 기타 물건을 사실상 지배하고 있는 자가 그 물건으로부터 경찰 위반의 상태가 발생한 경우에 지는 책임을 말한다. 물건을 사실상 지배하고 있는 것을 요하므로 관리권에 대한 권원(權源)은 그 적법성 여부를 불문한다.

㉡ 책임의 귀속

상태 책임은 원칙적으로 물건을 현실적으로 지배하고 있는 자가 1차적인 경찰 책임자이고, 물건의 소유자는 통상적으로 2차적인 경찰 책임자이다. 그러나 물건의 사실상 지배자가 소유자의 의사에 반하여 지배권을 행사하고 있는 경우에는 소유권자는 경찰 책임이 없다.

㉢ 책임의 정도

상태 책임자는 물건으로부터 발생하는 손해에 대하여 원인 여하를 불문하고 언제나 완전히 책임을 진다.

㉣ 책임의 소멸

상태 책임은 그 대상인 물건과 함께 타인에게 이전될 수 있다.

③ 복합적 책임(다수자 책임)

㉠ 의의

하나의 질서 위반의 상태가 다수인의 행위 또는 다수인이 지배하는 물건의 상태에 기인하거나, 행위 책임과 상태 책임의 중복에 기인한 경우이다. 이러한 경우에 경찰 책임자가 누구인가 또는 각 책임자가 부담할 경찰 책임의 범위가 문제된다.

㉡ 책임의 귀속

이 경우에는 장애에 결정적인 역할을 하고 있는 자와 장애를 효율적으로 제거할 수 있는 자에게 경찰권이 발동된다. 그리고 행위 책임과 상태 책임이 경합하는 경우에는 우선적으로 행위 책임자에게 경찰권이 발동된다.

(마) 비용의 청구 금지

다수자 책임의 경우에는 특정인에게만 경찰권을 발동하더라도 원인행위의 중대성에 비추어 위해 방지를 위한 흠없는 재량행위로 볼 수 있는 경우

의의		경찰권은 원칙적으로 경찰 위반의 상태에 대하여 책임이 있는 경찰 책임자에 대해서만 행사되어야 하고 이와 관계 없는 제3자에게는 발동할 수 없다는 원칙
목적		(1) 경찰 책임은 객관적인 위험 상황(사회적 장애)의 존재라는 사실을 중심으로 하여 이의 방지에 대한 책임자로서 취급 ⇒자신의 생활 범위(지배권)로부터 발생하였다고 하는 외면적 표상에 의하여서만 판단한다. (2) 따라서 자연인 · 법인의 여부, 고의 · 과실의 유무, 정당한 권원의 유무 등을 묻지 않는다.
종류	행위 책임	(1) 자기 또는 자기의 지배 범위 내에 속하는 사람의 행위로 인하여 질서 위반의 상태가 발생한 경우에 지는 책임 책임의 성격⇒대위 책임이 아닌 자기의 생활 범위 안에서의 자기 책임(自己責任) (2) 귀속의 기준⇒직접원인설 경찰 위반의 상태에 대하여 직접적인 원인을 야기한 자가 책임을 부담한다.
	상태 책임	(1) 물건 또는 동물의 소유자 · 점유자 · 관리자가 당해 물건 또는 동물의 일정한 상태로 인하여 질서 유지의 위해 상태가 발생한 경우에 지는 경찰 책임 (2) 상태 책임의 인정 범위에는 제한이 없으나, 비정형적 사건에 의하여 당해 물건의 위반 상태가 발생한 경우에는 책임이 귀속되지 않는다(예: 불가항력, 자연재해 현상 등).
	복합적 책임	(1) 행위 책임과 상태 책임이 결합되어 있는 경우(예: 소량의 오물을 계속 배출⇒이 경우에는 행위 책임자에게 먼저 경찰권이 발동되는 것이 효율적임.) (2) 하나의 경찰 위반 사실이 다수인의 행위 또는 다수인이 지배하는 물건의 상태에 기인하는 경우⇒이 경우 경찰권의 발동은 경찰의 재량에 의하여 행해진다.
경찰 책임의 예외	의의	긴급한 필요가 있는 경우 질서 위반의 책임이 없는 제3자에 대하여 경찰권을 발동하는 경우로서 경찰긴급권 또는 제3자에 대한 경찰책임이라고 한다 (예: 화재 현장의 소화작업 동원, 수난 구호를 위한 징용 등).
	요건	(1) 경찰 위반의 상태가 현존하고 급박할 것 (2) 본래의 경찰 책임자에 대한 경찰권의 발동으로는 위해의 제거를 기대할 수 없을 것 (3) 법적 근거가 있을 것(제3자의 승낙은 불요) (4) 제3자의 특별 희생에 대한 손실보상이 있을 것

에는 당해 당사자는 다른 당사자에 대한 민법상의 사무관리규정이나 연대채무에 근거한 비용상환청구권을 인정할 수 없다.

(바) 경찰 책임의 승계

경찰상 행위 책임자가 사망 또는 물건을 양도하더라도 행위 책임은 승계되지 않는다. 그러나 상태 책임은 물건의 상태와 관련이 있으므로 책임의 승계가 인정된다. 그러므로 피승계인에게 발하여진 행정행위를 근거로 승계인에게 집행할 수 있다.

(사) 경찰 책임에 대한 예외(경찰긴급권)

① 의의

경찰 책임은 직접적인 질서 위반 책임자에게만 발동되는 것이 원칙이지만, 예외적으로 직접 질서 위반의 책임이 없는 자에게도 경찰권이 발동되는 경우가 있는데, 이를 경찰긴급권이라 한다.

3자에 대한 질서 유지를 위한 경찰권 발동의 예로는 화재 현장에 있는 자에 대한 소화 작업 등에의 동원(소방법 제77조), 수난구호를 위한 징용(수난구호법 제8조) 등이 있다.

② 요건

경찰긴급권은 ㉠ 경찰상의 위해가 이미 존재하거나 목전에 급박한 상황에 있고, ㉡ 경찰 책임자에 대한 경찰권 발동으로는 위해의 제거 또는 방지가 곤란하여야 하고(보충성), ㉢ 경찰기관 자신의 행위나 타인에의 위임에 의해서는 위해를 제거 또는 방지할 수 있는 상황에 있지 않아야 하며, ㉣ 경찰권 발동의 대상이 되는 자가 그로 인하여 생명·신체를 침해당하거나 기타 중대한 불이익을 받지 아니하여야 한다. 책임이 없는 자에게 경찰 책임의 부과로 인한 손실은 보상해 주어야 한다.

그리고 긴급경찰권은 비책임자에게 경찰권을 발동하는 것이므로 반드시 법적 근거가 있어야 하는지에 대해서는 견해가 대립하고 있는데, 반드시 개별적인 법적 근거를 요하는 것은 아니나, 개인의 기본권 보호 이념과 법치주의 원칙상 법적 근거를 요하는 것으로 보는 것이 타당하다.

구분	내 용	
의 의	사회 공공의 안녕·질서가 침해되거나 침해될 우려가 있는 경우, 경찰권은 그러한 상태의 발생에 책임이 있는 자에 대하여만 발동할 수 있다.	
경찰 책임자	(1) 자기의 생활 범위 안에서 객관적으로 경찰 위반 상태가 발생한 경우, 그에 대한 고의·과실의 존부와는 무관하게 경찰 책임을 지게 된다. (2) 자연인과 법인 모두 해당된다. (3) 자기 지배 범위에 속하는 한 타인의 행위 또는 물건의 상태에 대해서도 책임을 진다.	
경찰 책임의 종류	행위 책임	사람의 행위로 경찰 위반 상태가 발생한 경우의 책임
	상태 책임	물건·동물의 소유자·점유자·기타 관리자가 그 지배 범위에 속하는 물건·동물로 인하여 경찰 위반 상태가 발생한 경우에 지는 책임
	복합적 책임	다수인의 행위 또는 다수인이 지배하는 물건의 상태에 기인하거나, 행위 책임과 상태의 중복에 기인하여 하나의 경찰 위반 상태가 발생한 경우의 책임
예외(경찰 비책임자에 대한 경찰권의 발동)	경찰 책임자가 아닌 자에 대해서는 (1) 긴급한 필요가 있는 경우에 (2) 법령상의 근거에 기하여서만 경찰권을 발동할 수 있다. 이 경우 제3자가 받은 손해는 보상되어야 한다.	

③ 효과

경찰긴급권은 질서 위반의 책임이 없는 자에게 부과된다는 점에서 경찰권 발동의 범위가 제한되며, 좀더 엄격한 요건을 요한다. 그리고 상대방이 특별한 희생을 받은 경우에는 손실보상을 해 주어야 한다.

(4) 경찰 비례의 원칙

(가) 의의

경찰 비례의 원칙이란 경찰권은 사회 공공의 안녕과 질서 유지를 위하여 필요한 최소 한도에서 발동되어야 하고, 그 조건과 수단 및 정도는 질서 유지와 비교하여 사회 통념상 적절하다고 인정되는 비례가 유지되어야 한다는 것을 말한다.

경찰 비례의 원칙은 수단의 적합성의 원칙, 필요성의 원칙, 상당성의 원칙을 그 내용으로 한다.

<table>
<tr><td>의 의</td><td colspan="2">(1) 경찰권 발동의 조건과 정도(수단)는 질서 유지의 필요의 정도와 비교하여, 그 사이에 사회 통념상 적당하다고 인정되는 비례가 유지되어야 한다는 원칙
(2) 경찰권 발동의 조건과 정도에 관한 원칙
(3) 헌법상 과잉 금지 원칙(§37②)에서 도출된 원칙이며, 경찰관직무집행법에도 명문의 규정이 있다(§1②).</td></tr>
<tr><td>발동의 조건</td><td colspan="2">사회 공공의 안녕·질서에 대한 "묵과할 수 없는 위해가 있을 때", "묵과할 수 없는 위해 발생의 직접적 위험 또는 상당한 확실성이 있을 때"에만 발동</td></tr>
<tr><td rowspan="3">발동의 정도 (수단)</td><td>적합성</td><td>목적 달성에 적합한 수단을 택하라는 원칙</td></tr>
<tr><td>필요성</td><td>(1) 목적 달성에 적합한 여러 수단 중 국민에게 가장 적은 부담을 주는 수단을 선택하라는 원칙⇒최소 침해의 원칙
(2) 독일의 경찰법에서는 '대체 수단의 제공'이 명문화</td></tr>
<tr><td>상당성</td><td>(1) 경찰의 조치에 따른 불이익이 그 이익보다 큰 경우에는 그 조치를 취해서는 안 된다는 원칙⇒이익 형량의 문제
(2) 협의의 비례 원칙⇒"경찰은 참새를 쫓기 위하여 대포를 쏘아서는 안 된다"는 말로 표현</td></tr>
</table>

(나) 경찰권 발동의 조건

경찰권 행사에 의한 개인의 자유와 권리의 제한은 사회 질서 유지를 위해서는 "용인할 수 없는 위해"를 제거하기 위해서만 허용된다. 여기서 "용인할 수 없는 위해"는 사회에 주는 해악과 이익을 비교하여 질서 유지상 해악이 용인할 수 없을 정도로 큰 경우를 말한다. 이 때의 판단 기준은 주관적인 판단이 아닌 사회 통념에 의하여야 한다.

그리고 경찰권이 '용인할 수 없는 위해'가 확실히 예측되는 경우에도 발동할 수 있는데 이 경우에도 사회 통념에 따라 성실한 재량으로 하여야 한다. 경찰권은 공공의 안녕과 질서의 유지를 위하여 묵과할 수 없는 장해가 발생한 경우에(경찰권 발동의 조건), 이를 해결하기 위하여 필요한 최소 한도의 범위 내에서 발동되어야 한다(경찰권 발동의 정도)는 원칙이다.

(다) 경찰권 발동의 수단 및 정도

경찰권 발동의 수단 및 정도는 비례성의 원칙에 따라 정하여진다. 비례의 원칙은 조리상의 원칙에서 발전하여 오늘날에는 실정법상의 원칙이 되었다.

비례의 원칙에 대한 실정법적 근거로는 헌법 제37조 2항 단서에서 비례의 원칙을 도출할 수 있으며, 경찰관직무집행법 제1조 2항의 규정이 직접적인 근거 규정이라 할 수 있다.

경찰기관은 권한을 행사할 때 성실한 재량에 따라야 한다. 즉 경찰권 발동에 대하여는 합법성의 원칙이 아니고 합목적성의 원칙이 적용된다. 비례의 원칙 중 목적의 정당성 판단이 첫 단계로 검토되어야 하고, 목적의 정당성이 인정될 때에만 다음 단계인 수단의 적합성을 검토하여야 한다. 즉, 단계적 계층구조를 이루고 있다.

① 적합성의 원칙

경찰권이 취하는 조치 또는 수단은 목적 달성에 적합한 것이어야 한다. 이미 취해진 조치가 부적합한 경우에는 경찰기관은 당해 조치를 중지하여야 하고 원상 회복에 힘써야 한다.

② 필요성의 원칙(최소 침해의 원칙)

경찰권이 취하는 조치 또는 수단은 목적 달성에 적합한 것 중에서 필요하고도 최소 침해의 것이어야 한다. 예컨대, 시설 개수 명령에 대한 요건과 영업 정지에 대한 요건을 모두 충족하고 있는 경우라도 시설 개수 명령으로 목적을 달성할 수 있음에도 영업 정지를 명하는 것은 필요성의 원칙에 반한다.

③ 상당성의 원칙(협의의 비례 원칙)

경찰상 규제의 필요와 경찰권 행사의 정도 사이에는 정당한 비례 관계가 유지되어야 함을 의미하며, 협의의 비례 원칙이라고도 한다. 침해되는 개인의 사익과 보호하려는 공익을 비교하여 공익이 커야 한다. 이것을 법익의 균형성이라고도 한다. 공익을 위한 사익의 침해에 대하여 수인 가능성이 있어야 하기 때문이다, 이 원칙 때문에 경미한 경찰상의 위해를 제거하기 위하여 중대한 자유를 제한하는 것은 위법하다. 이는 "비록 그것이 유일한 수단이라 하더라도 경찰은 참새를 쫓기 위하여 대포를 쏘아서는 안 된다"는 말로 표현된다.

④ 비례성의 원칙에 대한 예외

목전의 급박한 사회적 위해를 제거할 수 없는 경찰 긴급 상태에서는 비례의 원칙에 대한 예외로서 통상의 수단을 넘는 경찰권 발동을 인정하여야 하는 경우가 있다.

(5) **경찰 평등의 원칙**

경찰권은 모든 국민에게 대하여 성별·종교·사회적 신분·인종 등을 이유로 차별하여서는 안 되며, 그 대상이 되는 모든 사람에게 차별 없이 평등하게 행사되어야 한다는 원칙이다.

(6) **보충성의 원칙**

(1) 개인에게 불이익을 주는 실력 행사를 비롯한 공권력의 행사는 행정 목적 달성을 위하여 다른 수단이 없을 때 최후의 수단으로 행하여야 한다는 원칙
⇒경찰청 즉시강제나 경비경찰의 발동 영역에서 요구된다.
(2) 행정기관의 권한 영역에서 일어난 장애에 대해서 당해 행정기관이 그 권한 행사를 하지 못하는 경우, 그 한도 내에서 다른 행정기관이 위해 방지를 위한 조치를 할 수 있다는 원칙
⇒보안경찰과 협의의 행정경찰의 접촉 영역에서 요구된다.

2) 전통적 한계이론의 재검토

우리 나라나 일본에서 경찰권 발동의 조리상의 한계이론으로 논의되고 있는 원칙들이 독일에서는 개괄적 수권 규정을 전제로 그 수권의 범위를 한정하기 위하여 경찰권 발동의 기준으로 제시되고 있다. 개별적 수권 규정의 해석에서도 당연히 적용된다.

그리고 이러한 기준은 조리(條理)가 아닌 법률로 규정하고 있다는 점이다. 즉 독일의 경찰법전은 ① 소극 목적의 원칙, ② 보충성의 원칙, ③ 비례성의 원칙, ④ 편의성의 원칙 또는 재량 원칙, ⑤ 경찰 책임의 원칙을 명문화하고 있다. 조리상의 한계이론으로서가 아니라 법률 또는 기본법을 통해서 구체적으로 규정되어 있거나 표현되어 있다.

(1) **소극 목적의 원칙**

경찰권을 위험 방지 임무의 범위 내로 한정하려는 것으로서, 실정법상의 일반 조항을 전제로 하여 그 이외의 분야에 대해서는 법률의 유보를 요하게 하려는 원칙이다.

크로이츠베르크 판결에서 가장 명백하게 표명된 바 있으며, 모범 초안은 제1조 제1항에서 경찰의 임무를 공공의 안녕 또는 질서에 대한 위험 방지에 한정하고 있다.

(2) 보충성의 원칙

경찰권의 작용은 일반 조항에 근거하므로 다른 국가기관의 작용 또는 다른 법령의 규정에 의한 작용과 중복될 수 있으므로, 특별히 권한 있는 기관이 있으면 먼저 그 기관의 권한 행사가 우선되며, 특별법이 있으면 그에 의한다는 원칙이다.

이에 관한 모범 초안의 규정으로는 제1조 제2항(민사 문제), 제1조의 a (다른 관청과의 관계), 제8조 제2항(다른 법령의 집행)을 들 수 있다.

(3) 비례의 원칙

비례 원칙은 경찰의 작용이 위험 방지를 위하여 필요한 조치를 취할 수 있고, 경찰권 행사시에 광범위한 재량이 인정되므로 그 권한 행사의 태양・정도 등에 관한 기준을 제시하기 위한 것이다.

그 내용(모범 초안 제2조)은 다음과 같다.

① 경찰이 가능하고 적정한 다수의 조치 중에서 개인과 공공에 대하여 침해를 최소화하는 조치를 취하여야 한다(제1항).

② 조치는 얻어지는 효과에 비하여 현저하게 비례 관계를 잃는 불이익을 초래해서는 안 된다(제2항).

③ 조치는 그 목적이 달성되거나 목적 달성의 불가능이 명백해진 때까지만 허용된다(제3항).

(3) 편의주의 원칙(재량 원칙)

경찰권의 작용은 일반 조항에 근거하므로 경찰 위반의 상태가 있는 경우일지라도 반드시 경찰권을 발동하여야 하는 것은 아니고, 권한의 발동 여부 또는 수단의 선택, 즉 발동할 것인가・말 것인가, 또는 어떠한 수단을 택할 것인가 등에 관해서 경찰관청의 의무에 합당한 재량 행사에 의한다는 원칙이다. 이에 관한 모범 초안의 규정으로는 제3조 제1항(재량), 제3조 제2항(수단의 선택)이 있다.

(4) 경찰 책임의 원칙

경찰권의 작용은 사람의 행위 또는 사물의 상태에 대하여 책임 있는 자에게 취해야 한다는 원칙이다.

이에 관한 모범 초안의 규정으로는 제4조(사람의 행위에 대한 책임), 제5조(사물의 상태)가 있다.

(5) 소결

위에서 말한 원칙들은 경찰권이 일반적 수권 규정에 근거하고 있음을 전제로 하며, 그것도 조리상의 한계가 아닌 법률상의 원칙, 나아가 헌법상의 원칙으로 확립되고 있다.

제 3 절 경찰작용의 유형

1 경찰행위(처분)

1) 경찰행위의 의의

행정처분은 행정청이 구체적 법집행으로 하는 권력적 단독행위인 공법행위이다. 이는 법원이 아니다.

법 규	국민, 공무원	일반적, 추상적
행정행위(처분)	국민	구체적, 개별적
훈령	공무원	일반적, 추상적
직무명령	공무원	개별적, 구체적

구 분	추상성(내용이 추상적)	구체성(내용이 구체적)
일반성(일반인이 대상)	법령	일반처분
개별성(개개인이 대상)	개별적 · 추상적 규율	처분(- 행정행위)

2) 경찰행위의 종류

(1) 법률행위와 준법률행위

<table>
<tr><td rowspan="2">법률행위</td><td rowspan="2">의사 표시를 요소로 하는 법률 요건 의사 표시대로 효과 발생</td><td>명령적 행위</td><td>허가, 하명, 면제</td></tr>
<tr><td>형성적 행위</td><td>특허, 인가, 대리</td></tr>
<tr><td>준법률 행위</td><td>의사 표시 이외의 법률 사실을 법률 요건으로 행위</td><td>표현행위</td><td>공증(예, 면허증 교부), 통지, 수리, 확인</td></tr>
</table>

<table>
<tr><td>법률행위적 행정행위</td><td>의사 표시를 구성 요소로 하고, 그 효과 의사의 내용에 따라서 법률적 효과를 발생하는 행위
의사 표시 : 당사자가 목적한 데로의 법률 효과(권리나 의무의 변동)를 가져오는 법률행위의 요소</td></tr>
<tr><td>준법률행위적 행정행위</td><td>(1) 의사 표시 이외의 정신작용(판단·인식·관념 등)의 표시를 요소로 하고, 그 법률적 효과는 행위자의 목적 여하를 불문하고 직접 법률의 규정에 의하여 발생하는 행위
(2) 법률적 효과가 법률의 규정에 의하여 발생하므로 이론적 고찰의 중요성이 낮다.</td></tr>
<tr><td>명령 (의무)</td><td>행정행위의 상대방에 대하여 일정한 의무를 부과하거나, 이를 해제함을 내용으로 하는 행정행위⇒소극적 작용으로서 경찰작용의 핵심</td></tr>
<tr><td>형성적 행위 (권리)</td><td>(1) 상대방에게 특정한 권리·능력 또는 포괄적 법률 관계, 기타의 법률상의 힘을 설정·변경·소멸시키는 행정행위
(2) 경찰작용은 소극적 질서 유지가 목적이므로 적극적 작용인 형성적 행위는 경찰에서는 수행하지 않는다.⇒경찰작용에서는 형성적 행위의 중요성이 낮다.</td></tr>
</table>

(2) 법률행위와 사실행위

<table>
<tr><td colspan="2">법률 행위</td><td colspan="2">(1) 법적 효과(권리·의무)를 외부적으로 발생·변경·소멸시키는 행위(예: 경찰처분)
(2) 법적 효과의 발생 원인에 따른 법률행위적 행정행위(표시된 효과 의사의 내용)와 준법률행위적 행정행위(법률의 규정)로 나뉜다.
(3) 구제 수단으로서 손실보상이나 손해배상은 물론 원칙적으로 행정쟁송의 대상이 된다.</td></tr>
<tr><td rowspan="2">사실 행위</td><td>의의</td><td colspan="2">일정한 법적 효과의 발생을 목적으로 하는 것이 아니라, 직접적으로 사실상의 결과만을 가져오는 행정 주체의 행위 형식의 전체(행정처분이 아니다.)(예: 경찰강제·경찰벌).</td></tr>
<tr><td>유형</td><td>권력적 사실행위</td><td>법령 또는 행정행위를 집행하기 위한 공권력의 행사로서 사실행위(예: 경찰강제작용[강제집행, 즉시강제], 음주 용의 차량의 정지 지시)</td></tr>
</table>

<table>
<tr><td rowspan="4"></td><td></td><td colspan="2">비권력적 사실행위</td><td>공권력의 행사와 관계 없는 사실행위(명령 · 강제성이 없다.)
(예: 금전출납, 쓰레기 수거, 행정지도 등)</td></tr>
<tr><td rowspan="3">권리구제</td><td colspan="2">손해전보</td><td>국가배상 · 손실보상⇒청구 기능</td></tr>
<tr><td rowspan="2">행정쟁송</td><td>권력적</td><td>처분성 긍정(계속적 사실행위의 경우에만 소익[訴益]이 긍정)</td></tr>
<tr><td>비권력적</td><td>처분성 부정(判)</td></tr>
<tr><td></td><td colspan="4">(1) 행정청의 사실행위에 대한 권리구제 방법으로서는 손해전보, 즉 국가배상이 가장 효과적이고 직접적인 방법이다(행정소송의 경우 권리구제의 실효성이 낮다).
(2) 행정지도⇒행정 주체가 행정 목적을 실현하기 위하여 상대편의 임의적 협력을 기대하여 행하는 비권력적 사실(非權力的 事實; 行爲)(예: 자동차 10부제 운행)</td></tr>
</table>

(3) 재량행위와 기속행위

<table>
<tr><td rowspan="2">의의</td><td>재량행위</td><td>(1) 법률이 행정청에 요건의 판단이나 효과의 결정시에 일정한 독자적 판단권을 인정하는 행위(선택과 결정의 재량)
(2) 행정은 공익과 합목적성을 추구하므로 행정행위는 재량행위가 원칙(행정편의주의)
(3) 결정재량⇒관계 법률상 행정청에 당해 행위를 할 것인가의 여부
선택재량⇒법적으로 허용되는 다수의 행위 중에서 어떠한 행위를 할 것인가의 여부</td></tr>
<tr><td>기속행위</td><td>행정법규가 요건과 효과에 대해 일의적 · 확정적으로 규정함으로써 행정청은 법규가 정한 바를 단순히 집행하는 데 그치는 경우의 행위(집행행위)</td></tr>
<tr><td rowspan="2">유형</td><td>기속행위</td><td>(1) 법규재량 · 합법성재량
(2) 무엇이 법인가(법의 목적 · 취지)에 대한 재량, 법문상으로는 재량을 허용하는 것 같지만 법의 취지는 일의적으로 확정되어 있는 경우⇒법원의 심사 대상이 된다.</td></tr>
<tr><td>자유재량</td><td>(1) 공익재량 · 편의재량 · 합목적재량
(2) 무엇이 행정상 편의성 · 합목적성이 있는가에 대한 재량으로서 재량을 그르쳐도 원칙적으로 부당에 불과⇒법원의 심사 대상이 아니다.
(3) 자유재량의 경우에도 재량의 일탈이나 남용의 경우에는 사법심사의 대상이 된다.</td></tr>
<tr><td>통제</td><td colspan="2">(1) 통제의 방법⇒① 입법적 통제, ② 행정적 통제, ③ 사법적 통제(행정소송)
(2) 사법적 통제⇒재량의 일탈 · 남용, 재량권의 0으로의 수축 등
재량의 일탈 : 행정청에게 부여된 재량권의 외적 한계를 넘어서는 경우
재량의 남용 : 조리상의 원칙에 위배하여 재량권을 행사하는 경우</td></tr>
</table>

(4) 명령과 형성적 행위

법률행위적 행정행위	명령적 행위	하명	일반통치권에 기하여 국민에게 작위·부작위(禁止)·수인·급부의 의무를 명하는 행정행위
		허가	법률로써 정하여진 일반적·상대적 금지를 특정한 경우에 해제하여, 적법하게 그 금지된 행위를 할 수 있게 하는 행정행위
		면제	일반적으로 과하여진 작위·급부·수인 의무를 특정한 경우에 해제하는 행정행위
	형성적 행위	특허	특정인을 대하여 새로운 권리·능력 또는 포괄적 법률관계를 선정하는 행정행위로서 설권행위(設權行爲)
		인가	행정 객체가 제3자와 사이에서 하는 법률적 행위를 행정주체가 보충하여 그 법률적 효력을 완성시켜 주는 행정행위
		공법상 대리	행정 주체의 공권력에 의거한 행정행위로서, 제3자가 하여야 할 일을 행정 주체가 행함으로써 제3자가 행한 것과 같은 효과를 일으키는 것(법정대리에 해당)
준법률 행위적 행정행위	확인		특정한 사실 또는 법률 관계의 존부에 관하여 행정청이 공권적으로 판단하는 행위(판단의 표시) (예: 재결, 결정, 조사, 인정, 특허 등)
	공증		다툼이나 의문이 없는 사실·법률 관계의 존재에 대하여 형식적으로 증명하고 공적인 증거력을 부여하는 행위(인식의 표시) (예: 등기·등록·등재, 각종 증명서의 발급, 영수증·허가증 등의 교부)
	통지		특정·불특정의 상대방에 대하여 특정한 사실을 알리는 행위(예: 특허출원의 공고, 납세 독촉, 귀화 고시, 대집행의 계고 등)
	수리		타인의 행정청에 대한 행위를 유효한 것으로서 수령하는 행위

[표 4-3-2] 허가와 예외적 승인의 비교

구 분	대 상	법적 성질	예
허가	일반적·상대적 금지의 해제	기속(재량)행위	주거 지역 내의 주택 건축
예외적 승인(허가)	억제적·진압적 금지의 해제	(자유)재량행위	개발제한구역 내의 건축

〈허가 · 특허 · 인가의 비교〉

- 행정행위 내용
  - 법률행위적 행정행위
    - 명령적 행위
      - 하명; 작위 · 부작위 · 급부 · 수인 의무의 부과
      - 허가
      - 면제
    - 형성적 행위
      - 직접 상대방을 위한 행위
        - 설권행위(특허)
        - 변권(變權)행위
        - 박권(剝權)행위
      - 타인을 위한 행위
        - 보충행위(인가)
        - 대리행위(대리)
  - 준법률행위적 행정행위
    - 확인
    - 공증(公證)
    - 통지
    - 수리(受理)

[표 4-3-3] 허가 · 특허 · 인가의 비교

구 분	허 가	특 허	인 가
의 의	일반적 · 상대적 금지를 특정한 경우에 해제하여 자연의 자유를 회복시켜 주는 행정행위	특정인에게 권리 · 능력 · 포괄적 법률 관계 등을 설정하여 주는 행위	제3자의 법적 행위를 보충하여 그 법적 효과를 완성시켜 주는 행위
특 징	명령적 행위, 일반적 · 상대적 금지의 해제(절대적 금지의 해제는 불가), 쌍방적 행정행위성(예외 있음), 출원이 필요 요건은 아님. 수정 허가 가능	형성적 행위(설권행위), 쌍방적 행정행위성, 출원이 필요 요건, 수정 불가	형성적 행위(보충행위), 언제나 처분의 형식, 반드시 출원 필요, 수정 인가, 무인가 행위는 무효. 기본 행위에 하자가 있을 경우, 인가의 무효나 취소 확인을 구할 필요는 없다.
위반의 효과	행위 자체는 유효(적법 요건)	무효(효력 요건)	무효(효력 요건)
예	① 영업 허가 ② 건축 허가 ③ 운전 면허 ④ 의사 면허 ⑤ 통행금지 해제 ⑥ 연초 소매인 지정 ⑦ 일시적 도로 사용 허가	① 공기업 특허 ② 공물사용 특허 ③ 하천점용 허가 ④ 광업 허가 ⑤ 귀화 허가 ⑥ 운수사업 면허 ⑦ 공유수면 매립 면허	① 법인 설립 인가 ② 공공조합의 정관 승인 ③ 수도공급규정의 인가 ④ 지방채 기채의 승인 ⑤ 하천점용권 양도의 인가 ⑥ 공기업사업 양도의 인가 ⑦ 외국인 토지 취득의 인가

3) 경찰행위의 요건

<table>
<tr><td rowspan="4">성립
요건</td><td>주체</td><td>(1) 정상적인 상태의 행위
(2) 행정기관의 권한 내의 행위
(3) 정당한 권한을 가진 행정기관의 행위(형식적 권한 내 행위)</td><td rowspan="3">형식적
요건</td></tr>
<tr><td>절차</td><td>(1) 상대방의 협력(동의 · 신청)
(2) 공고 또는 통지
(3) 이해관계인의 참여 · 협의
(4) 청문 · 공청 또는 변명의 기회</td></tr>
<tr><td>형식</td><td>(1) 문서의 형식
(2) 필요적 기재의 형식
(3) 서명 · 날인의 형식</td></tr>
<tr><td>내용</td><td>(1) 실현 가능한 내용
(2) 확정 · 명확한 내용
(3) 적법한 내용
(4) 타당(공익에 적합)한 내용</td><td>실질적
요건</td></tr>
<tr><td>효력
요건</td><td colspan="3">(1) 현실적으로 행정 주체 또는 행정 객체를 구속하는 효력을 발생시키기 위한 조건
(2) 상대방에게의 도달(到達)이 효력 발생 요건</td></tr>
<tr><td>특징</td><td colspan="3">(1) 행정행위의 성립 요건이나 효력 요건에 흠(하자)이 있게 되면 무효나 취소의 원인이 된다.
(2) 훈령이나 직무명령의 경우에도 동일한 요건을 요하나 심사 가능성의 유무에서 형식적 요건과 실질적 요건에 차이가 있음에 주의할 것</td></tr>
</table>

4) 경찰행위의 효력

(1) 효력

① 구속력

행정청의 의사 내용대로 효과가 나타나는 힘이다.

② 공정력(예선적 효력)

취소 전까지 유효하게 통용되는 힘이다. 근거는 행정소송법이다.

공정력의 효과로는 집행부정지, 쟁송취소 등이다.

③ 강제력

④ 존속력(확정력)

그 종류로서 불가쟁력, 불가변력이 있다.

구 분	불가쟁력	불가변력
차이점	(1) 절차법적 효력 (2) 행정행위의 상대방 및 이해관계인에 대한 구속력 (3) 적용 범위–모든 행정 영역	(1) 실체법적 효력 (2) 처분청에 대한 구속력 (3) 적용 범위–일부의 행정 영역 (주로 확인·판단적 행위)
공통점	목적–법률 생활의 안정성을 위하여 인정	

⑤ 집행력

구속력	행정행위가 성립 요건과 효력 요건을 갖춤으로써 그 내용에 따라 상대방과 관계 행정청 및 관계인을 구속하는 효력	
공정력	행정행위에 하자가 있는 경우에도 그것이 절대 무효인 경우를 제외하고는 권한 있는 기관에 의하여 취소될 때까지 그 행위의 상대방·이해관계인은 물론 처분행정청 및 다른 국가기관 등도 이에 구속되어 그 효력을 부정할 수 없는 힘	
확정력	불가쟁력	행정행위의 상대방 또는 기타 관계인이 행정행위의 효력을 법적인 쟁송수단에 의해서 더 이상 다툴 수 없는 효력(예: 제소 기간의 경과, 심급의 종료 등)
	불가변력	(1) 행정행위를 한 행정청이나 또는 그 상급 감독청이 직권으로 당해 행정행위를 취소·철회할 수 없는 행정행위의 구속력 (2) 일정한 쟁송 절차를 거쳐 행해지는 확인적 행위 등 준 사법적 행정행위에 발생(예: 행정심판의 재결, 징계처분의 결정, 징계처분에 대한 소청위의 결정)
집행력	행정행위의 내용을 행정기관이 스스로 실현할 수 있는 힘(경찰하명에서 문제) 처분행위와 집행행위는 별개의 행정작용⇒각각의 법적 근거가 요구된다.	

(2) 무효, 취소

무효	(1) 행정행위의 하자가 중대하고 명백하여, 권한 있는 기관의 취소를 기다리지 아니하고 처음부터 당연히 그 법률적 효력을 발생하지 못하는 행정행위 (2) 무효한 하명은 효력이 없으므로 이를 불이행해도 경찰강제나 경찰법의 대상이 될 수 없다.
취소	(1) 일단 유효하게 성립된 행정행위에 관하여 성립에 하자가 있음을 이유로 효력을 소급적으로 소멸시키는 것⇒직권취소(처분청)와 쟁송취소(감독청·법원)가 있다. (2) 취소가 있게 되면 그 행위의 효력은 소급적으로 무효가 된다.) (3) 취소 원인은 권한의 초과, 착오, 사기 등 부정한 수단에 의거한 행위 등이다.
철회	유효하게 성립된 행정행위가 성립 후 발생한 새로운 사정에 의하여 더 이상 존속시킬 수 없게 된 경우에, 장래에 향하여 효력의 전부 또는 일부를 소멸시키는 독립된 행정행위

[표 4-3-4] 무효와 취소의 구별

구 분		무 효	취 소
원 인		(1) 공무원이 아닌 자의 행위 또는 적법하게 구성되지 않은 합의체의 행위 (2) 내용이 실현 불능이거나 불명확한 행위 (3) 필요한 문서에 의하지 아니한 행위 (4) 필요한 공고나 통지를 결여한 행위	(1) 필요한 자문을 결여한 행위, 사기·강박·착오에 의한 행위 (2) 단순 위법·공익 위반·반사회 질서의 행위 (3) 행위가 정당한 기관에 의하여 행해졌음을 표시하는 등의 형식을 결여한 행위 (4) 행정의 능률·원활·참고 등을 위한 편의적 절차를 위반한 때
구별의 실익	효력	처음부터 효력을 발생하지 않음.	취소될 때까지는 효력 인정
	공정력	인정되지 않음.	인정
	행정쟁송의 형식	• 효확인 심판·소송 • 무효선언을 구하는 의미에서의 취소소송	취소심판·취소소송
	행정소송의 제기 요건(행정심판전치주의, 제기 기간)	불필요(단, 무효 선언을 구하는 의미에서의 취소소송에서는 필요)	(예외적) 행정심판전치주의, 제기 기간에 관한 요건 충족을 요함.
	사정재결(사정판결)	불가능	가능
	선결 문제	민·형사사건의 수소법원(受訴法院)이 위법성 심사 가능(학설 일치), 효력 부인 가능	위법성 심사 가능성 여부에 대한 학설 대립(효력 부인 불가능)
	하자의 승계	독립하여 별개의 효과를 가져오는 경우에도 승계	독립하여 별개의 효과를 가져오는 경우에는 승계 불가능
	하자의 치유와 전환	전환만 가능	치유만 가능

(3) 흠 있는 행정행위의 치유 - 취소할 수 있는 행위의 치유

(가) 의의

행정행위가 성립 당시에 흠이 있었음에도 불구하고 일정한 요건하에서 행정행위를 유효하게 다루는 것

(나) 요건

① 사후(事後)에 요건 불비가 보완

② 흠이 경미하거나 기타 사유로 인하여 행정행위를 취소할 가치가 없어졌을 경우

③ 행정행위의 흠이 취소 사유일 것(통설)

(다) 판례

① 징계처분이 중대하고 명백한 하자 때문에 당연무효라면 비록 상대방이 이를 용인하였더라도 그 하자가 치유되는 것은 아니다.

② 원고가 국가공무원으로 임용된 후 명예퇴직하였으나 임용 전에 당시 국가공무원법상의 임용 결격 사유가 있었으면 국가가 과실에 의하여 이를 밝혀내지 못하였다고 하더라도 그 임용 행위는 당연무효이고 그 하자가 치유되는 것은 아니다.

(4) 무효인 행정행위의 전환

(가) 의의

행정청이 본래 의도한 행정행위로서는 흠이 있을지라도, 일정한 요건하에 흠 없는 다른 행정행위로서의 효력을 인정하는 것(예: 사자[死者]에 대한 광업 허가를 그 상속인에 대한 처분으로 보는 것)

(나) 요건

① 전환될 행정행위의 성립·효력 요건 갖출 것

② 당초의 행위와 전환될 행위의 실질적 공통성이 있을 것

③ 당사자의 전환 의사가 있는 것으로 인정될 것

④ 제3자의 이익을 침해하지 않을 것

⑤ 행위의 중복을 회피하는 의미가 있을 것

(다) 전환의 효과 및 구제

전환으로 생긴 새로운 행정행위는 종전의 행정행위의 발령 당시로 소급하여 효력이 발생한다. 또한 무효인 행위의 전환은 그 자체가 독립된 행정행위로서의 성질을 가진다고 할 수 있으므로, 관계자는 행정쟁송의 방법을 통하여 그 전환을 다툴 수 있다고 할 것이다.

(5) 행정행위 하자의 승계

(가) 의의

둘 이상의 행정행위가 연속적으로 행해지는 경우, 선행행위(先行行爲)의 하자가 있으면 후행행위(後行行爲) 자체에 하자가 없어도 후행행위에 영향을 미치는가의 문제

(나) 하자의 승계가 문제되는 영역

① 선행행위가 무효가 아니어야 한다.

② 선행행위에 불가쟁력이 발생하여야 한다.

(다) 판례

① 하자가 승계되는 경우

ⓐ 독촉과 체납처분(압류－공매－청산) 사이

ⓑ 대집행의 계고→통지→실행→비용 징수

ⓒ 개별 공시지가 결정과 이에 근거한 양도소득세 부과처분 사이

ⓓ 귀속재산 임대처분과 후행(後行) 매각처분

ⓔ 한지 의사시험(限地醫師試驗) 자격 인정과 한지 의사 면허처분

ⓕ 암매장 분묘 개장명령과 후행 계고처분 사이

ⓖ 안경사국가시험 합격무효 처분과 안경사 면허취소처분 사이

[표 4-3-5] 쟁송취소와 직권취소

구 분	쟁송취소(爭訟取消)	직권취소(職權取消)
기본적 성격	적법성의 실현을 목적으로 함.	적법성 실현과 행정 목적의 실현을 동시에 추구
취소권자	행정심판의 재결청, 법원	처분청, 감독청(학설 대립)
형식	재결(裁決)·판결의 형식	원칙적으로 특별한 형식 불필요
취소의 제한	흠있는 행정행위는 취소함을 원칙으로 함.	수익적 행정행위의 경우, 비록 흠이 있는 경우에도 관계 이익을 비교형량하여 취소 여부를 결정함.
취소의 효과	소급효를 가짐.	수익적 행정행위의 취소의 효과는 장래에 향하여 발생하는 것이 일반적
적극적 변경	통설·판례는 부인	가능

② 하자가 승계되지 않는 경우
ⓐ 과세행위와 체납처분
ⓑ 철거하명과 계고처분
ⓒ 직위해제처분과 면직처분
ⓓ 표준 공시지가 결정과 개별 토지가격 결정
ⓔ 사업 인정(도시계획 결정)과 수용재결 사이

(6) 행정행위의 실효

(가) 의의

아무런 하자 없이 성립·발효한 행정행위가 그 목적의 달성 등 사후(事後)에 발생한 일정한 사유로 말미암아 그 효력이 소멸되는 것

(나) 특징

① 하자로 인한 소멸이 아님
② 장래에 향하여 효력 소멸
③ 별도의 행정행위 없이 당연히 효력이 상실

(다) 사유

① 상대방의 사망–운전 면허, 의사 면허 등 대인적(對人的) 행정행위의 경우
② 목적물의 멸실–징발 대상·철거대상 건축물이 화재로 소실되어 버린 경우
③ 목적의 달성 – 영업정지·면허정지 처분 기간이 경과된 경우
④ 해제 조건의 성취, 종기(終期)의 도래

2 경찰 하명(질서하명)

1) 의 의

경찰 하명이라 함은 경찰 목적을 달성하기 위하여 일반통치권에 의거하여 사인(私人)에게 일정한 작위·부작위·급부 또는 수인(受忍)의 의무를 명하는 것을 말한다. 좁은 의미의 하명은 행정행위에 의한 하명을 의미하고, 넓은 의미의 하명에는 법률이나 명령(대통령령, 총리령, 부령 등 법규명

령)에 의한 하명을 포함한다.

대부분의 경찰작용은 주로 하명의 형식으로 한다. 다른 경찰강제에 비하여 개인의 자유와 권리에 대한 제한이 경미하기 때문이다.

2) 종 류

(1) 내용 분류

경찰 하명에는 작위하명·부작위(금지)하명·급부하명 또는 수인하명이 있다. 그런데 경찰의 목적은 주로 사회장해의 제거에 있으므로 일정한 행위를 금지시키는 부작위 하명이 가장 많다.

(2) 대상 분류

① 대인적 하명－면허 취소

② 대물적 하명－주차 금지 구역 지정

③ 혼합적 하명

3) 경찰 하명의 형식

(1) 법규에 의한 경찰 하명(법규하명, 경찰명령)

(가) 의의

법규에 의한 경찰 하명은 경찰 하명이 직접 법률 또는 법규명령에 의하여 일반적·추상적으로 행하여지는 것을 말한다. 법규에 의한 경찰 하명의 효력은 법률 또는 볍규명령의 공포에 의하여 발생한다.

법규에 의한 경찰 하명의 예로는 미성년자의 음주 금지(미성년자보호법 제2조), 특수시설 관계자의 소방시설 설비 의무(소방법 제30조), 총포의 소지 금지(총포·도검·화약류단속법 제10조), 도로교통법상의 갓길 통행금지·야간등화 의무 등이 있다.

국민의 경찰명령 위반행위에 대해서는 강제집행이 아니라 경찰법에 의하여 실효성을 확보하는 것이 원칙이다.

경찰명령에 하자가 있는 경우에는 원칙적으로 무효이며, 취소의 대상이 되지 않는다. 또한 경찰명령은 처분이 아니므로 원칙적으로 항고소송의 대상이 되지 않는다.

경찰명령이란 경찰행정법상의 법규명령을 말한다. 즉, 경찰 목적 달성을 위하여 경찰권이 정립하는 일반적 명령으로서 법규의 성질을 가지는 것을 말한다.

경찰처분이 경찰 목적 달성을 위한 개별적·구체적 형식인 반면, 경찰명령은 일반적·추상적 형식을 취한다.

(나) 종류

① 내용에 따른 분류

㉠ 위임명령

법률 또는 상위명령에 의하여 개별적·구체적으로 위임된 사항에 관하여 발하는 명령이다.

㉡ 집행명령

법률 또는 상위명령의 규정의 범위 안에서 그 시행에 관한 세부적 사항을 정하는 명령이다(예: 경범죄처벌법시행령, 경범죄처벌법시행규칙).

② 법 형식에 따른 분류

㉠ 대통령령

대통령이 법률에서 구체적으로 범위를 정하여 위임받은 사항이나 법률을 시행하기 위하여 필요한 사항에 관하여 발하는 명령이다.

㉡ 총리령·부령

국무총리 또는 행정 각부의 장이 법률이나 대통령령의 위임 또는 직권으로 발하는 법규명령으로 총리령과 부령의 효력은 동등하다고 본다(다수설).

③ 경찰명령의 근거와 한계

㉠ 근거

경찰명령은 헌법 또는 법률, 기타 상위명령의 직접적 또는 간접적인 수권(授權)이 있어야 한다.

㉡ 한계

위임명령의 경우 법률에서 구체적으로 범위를 정하여 위임받은 사항에 한정되며, 집행명령의 경우는 오직 상위명령의 시행에 필요한 구체적인 절차·형식 등에 한정된다.

④ 경찰명령의 효력

경찰명령은 법규범의 일종이므로 그것을 구체화하는 경찰처분에 의하여 개인에 대하여 구체적인 법적 효과를 발생시킨다.

경찰명령의 실효성은 경찰벌을 통하여 확보되는 것이 원칙이며, 경찰명령에 대한 직접적인 강제집행은 인정되지 않는다.

⑤ 경찰명령과 행정소송

경찰명령은 법규적 성질(일반적 · 추상적)을 가지고 행정소송법상의 처분에 해당되지 않아 그에 대한 취소소송을 제기할 수 없다.

다만, 경찰명령의 위법 여부가 구체전인 사건에서 재판의 전제가 되면 사법심사의 대상이 된다.

(2) 경찰처분에 의한 경찰 하명(협의의 경찰 하명, 경찰처분)

(가) 개념

경찰 목적, 즉 사회 공공의 안녕 · 질서를 유지하기 위하여 일반통치권(경찰권)에 의거하여 특정인에게 작위(作爲) · 부작위(不作爲) · 급부(給付) · 수인(受忍) 등의 의무를 부과하는 행정행위를 말한다.

여기서 처분이란 행정청이 행하는 구체적 사실에 관한 법집행으로서 공권력의 행사 또는 그 거부와 기타 이에 준하는 행정작용을 말한다.

<table>
<tr><td rowspan="3">의의</td><td colspan="2">행정청이 법 아래에서 구체적 사실에 관한 법집행으로서 행하는 권력적 단독행위인 공법행위</td></tr>
<tr><td>처분
(處分)</td><td>행정청이 행하는 구체적 사실에 관한 법집행으로서의 공권력의 행사 또는 그 거부와 그 밖에 이에 준하는 행정작용</td></tr>
<tr><td>부작위
(不作爲)</td><td>행정청이 당사자의 신청에 대하여 상당한 기간 내에 일정한 처분을 하여야 할 법률상 의무가 있음에도 불구하고 이를 하지 아니하는 것</td></tr>
<tr><td>개념
요소</td><td colspan="2">(1) 행정청의 행위, (2) 법적 행위, (3) 공법행위, (4) 구체적 법집행행위, (5) 권력적 단독행위</td></tr>
</table>

(나) 근거와 한계

경찰처분에 의한 경찰 하명은 개별적 · 구체적 작용에 대하여 엄격한 법적 근거를 요한다. 경찰 재량이 인정되는 경우에도 재량권의 한계에 관한 원칙에 구속된다.

개괄적 수권 조항에 기인한 경찰 하명을 '독립처분'이라 하고, 개별적 수권 조항에 근거한 경찰처분을 '비독립처분'이라 한다. 그런데 개괄적 수권 조항을 부정하는 견해에 의하면 '독립처분'은 인정할 수 없다.

(다) 형식과 권한

경찰처분에 의한 경찰 하명은 상대방이 알 수 있는 정상적인 상태에 있을 때 효력이 발생한다. 따라서 이러한 경찰 하명의 형식은 구술·문서·고시 행동, 기타 여러 가지 표시를 통해 상대방에게 고지되어야 효력을 발생한다.[2] 물론 법규에 특별한 형식을 요구하는 경우에는 이에 의한다. 예컨대, 도로교통법상의 도로교통 표지, 신호기, 안전 표시 등이 그것이다.

경찰처분의 권한은 원칙적으로 경찰관청이 갖지만 예외적으로 경찰집행기관이 경찰관청에 갈음하여 행하는 경우도 있다. 또 사인에게 위임된 경우도 있다.

(라) 종류

① 작위처분

특정인 등에게 일정한 행위를 행할 의무를 부과하는 행정행위(예: 교통방해물 제거명령)

② 부작위처분

일정한 행위를 하여서는 아니 될 의무를 명하는 행정행위(예: 통행금지, 일방통행 지시, 교통신호에 의한 정지 신호)

③ 수인처분

경찰기관에 의한 실력 행사를 감수하고 이에 저항하지 말아야 할 의무를 명하는 행정행위(예: 유치장 입감자에 대한 신체 수색)

④ 급부처분

특정인 등에게 금전 물품·노동력을 제공할 의무를 명하는 행정행위(예: 면허시험의 수수료 납부)

---

2) 교통경찰관이 교차로에서 원활한 차량 소통을 위하여 신호에 관계 없이 행하는 수신호는 경찰 하명에 해당한다. 이렇게 경찰 하명은 신속을 요하거나 사안이 경미한 경우에는 구술·행동 등에 의해서도 행할 수 있다.

(마) 경찰처분의 효력의 범위

① 대인적 범위

㉠ 대인적 처분: 일신 전속적이므로 처분의 상대방에게만 효과 발생(이전 불가)

㉡ 대물적 처분: 처분 대상이 되는 물건의 점유나 소유권이 이전하면 처분의 효과도 이전(이전 가능)

② 지역적 범위

㉠ 원칙: 경찰처분을 발한 경찰기관의 관할구역 내에서만 효력을 미친다.

㉡ 예외: 처분의 성질상 관할구역 밖에까지 효력이 미치는 것도 있다.

(바) 경찰처분 위반

① 의무 부과

경찰처분은 상대방에게 일정한 의무를 부과할 뿐 그 의무에 위반하여 상대방이 행한 법률적 행위의 효력에는 아무런 영향을 미치지 않는다(예: 경찰기관이 총포·도검 등의 무단 양도를 금지시킨 경우에 그러한 금지에 위반하여 매매가 이루어진 경우 그 매매의 법률적 효력은 유효하다).

② 경찰상 강제집행 및 경찰벌

ⓐ 경찰 의무자가 의무를 불이행하는 경우→경찰상의 강제집행

ⓑ 경찰 의무자가 의무를 위반한 경우→경찰벌

(사) 경찰처분에 대한 구제

① 경찰처분이 위법한 경우

위법한 경찰처분으로 법률상의 이익을 침해받은 자는 행정심판 또는 행정소송으로 그 처분의 취소·변경을 구할 수 있다. 이 경우 재산상의 손해를 입었다면 국가배상법에 따라 국가배상의 청구가 가능하다.

② 경찰처분이 적법한 경우

적법한 경찰처분으로 상대방이 입은 재산상의 손실에 대하여는 보상하지 않음이 원칙이다. 다만, 그 손실이 수인 한도를 넘어 과중할 경우에는 그에 대한 손실보상청구권의 행사가 가능하다.

4) 효 과

(1) 경찰 의무의 발생과 자연적 자유의 제약

경찰 하명의 효과는 경찰 의무의 발생이다. 경찰 의무는 경찰 하명을 받은 각인에게 인정된 자연적 자유를 사회 공공의 질서 유지를 위하여 제한하는 것이다. 그러나 경찰 하명의 효과가 자유의 제한에 있으므로, 경찰 하명에 위반한 사법상의 계약 또는 법률 행위에 영향을 미치는 것은 아니다. 별도로 유효성을 판단하므로 사법행위는 공법 관계와 관계 없이 유효하다.

그리고 경찰 하명의 수명자는 국가 또는 지방자치단체에 대하여 의무를 이행할 의무를 부담하는 것이고 제3자에 대하여 법상의 의무를 부담하는 것은 아니다. 예컨대, 의료법상의 의사의 진료 의무는 국가에 대한 의무이지 환자에 대한 의무는 아니라는 것이다(의료법 제16조). 따라서 이 경우에 환자는 반사적 이익을 누릴 뿐이다.

경찰처분의 내용에 따라 특정인 또는 특정의 다수인에게 작위(作爲)·부작위(不作爲)·급부(給付)·수인(受忍) 등의 의무를 발생시킨다.

(2) 경찰 의무 이행의 결과로서 새로운 법률 관계의 발생

경찰 하명의 직접 효과인 경찰 의무 이행의 결과 사법상 또는 공법상의 법률 관계의 변화를 가져오기도 한다.

의사가 경찰 의무인 진료 의무를 이행한 결과 환자와 의사 사이의 사법상의 계약 관계가 성립하고, 전염병 환자를 국공립병원에 강제 수용함으로써 공법상의 특별 권력 관계가 성립하는 것이다. 사회 장애를 제거하기 위하여 특정인에게 경찰 의무를 부과한 결과 재산상의 특별한 손해를 끼친 경우 공법상의 손실 보상의 문제가 제기되기도 한다.

5) 경찰 하명의 위반

경찰 하명의 위반의 형태에는 경찰 의무의 불이행과 경찰 의무 위반이 있다.

경찰 의무 불이행의 경우는 경찰상 강제집행이 행해진다. 경찰상 강제집행의 수단으로 대집행·강제징수·집행벌·직접강제가 있다. 또 강제집행의 수단이 없는 경우에는 경찰벌을 과하도록 규정하는 것이 보통이다. 그리고 경찰 의무에 위반하는 경우에는 경찰벌을 과하는 것이 일반적이다.

6) 경찰 하명의 흠

경찰 하명에 흠(하자)이 있는 경우에는 그 하자의 정도에 따라서 무효 또는 취소 원인이 되고, 경찰 법률이나 명령이 헌법과 법률에 위반된 경우에는 위헌 또는 위법의 문제가 발생한다. 따라서 무효 원인이 있는 하명에 대해서는 이행의 의무가 없고, 이에 대한 집행에 대한 반격행위는 정당방

[표 4-3-6] 경찰 하명

<table>
<tr><td>의의</td><td colspan="3">경찰 목적을 위하여, 국가의 일반통치권에 의거, 개인에게 특정한 작위·부작위·수인 또는 급부의 의무를 명함으로써 개인의 자연적 자유를 제한하는 경찰처분</td></tr>
<tr><td>대상</td><td colspan="3">사실행위(예: 교통방해물 제거) 또는 법률행위(예: 무기의 매매 금지)</td></tr>
<tr><td rowspan="4">종류</td><td>작위 하명</td><td colspan="2">적극적으로 일정한 행위를 행할 의무를 부과하는 행위(예: 집회의 신고 의무, 제 차의 야간등화 의무 등)</td></tr>
<tr><td>부작위 하명</td><td colspan="2">일정한 행위를 하여서는 아니 될 의무를 명하는 행위⇒금지(禁止)라고 한다.
절대적 금지－어떠한 경우에도 허가의 대상이 될 수 없는 금지(예: 마약의 판매 금지, 불량 식품 판매 금지 등)
상대적 금지－일정한 경우에는 허가의 대상이 될 수 있는 금지(예: 음식점·유흥업소 영업 금지, 사람의 차도 통행 금지 등)</td></tr>
<tr><td>수인 하명</td><td colspan="2">경찰강제에 대하여 저항하지 못하고, 실력 행사를 감수하여야 하는 의무(예: 위험방지를 위한 출입시 관계인이 조사에 응할 의무)</td></tr>
<tr><td>급부 하명</td><td colspan="2">금품·물품 등을 납부할 의무를 명하는 행위(예: 수수료의 납부)</td></tr>
<tr><td rowspan="2">형식</td><td>법규 하명</td><td colspan="2">행정행위에 의한 구체화라는 법집행 과정을 필요로 하지 않고 법령 자체에 의하여 하명의 효과가 발생하는 경우</td></tr>
<tr><td>경찰 처분</td><td colspan="2">법령에 근거한 개별적·구체적인 행정처분에 의하여 부과하는 하명</td></tr>
<tr><td rowspan="3">효과</td><td></td><td colspan="2">경찰 의무의 발생과 자연적 자유의 제한</td></tr>
<tr><td rowspan="2">범위</td><td>인적 범위</td><td>(1) 대인적 하명·대물적 하명·혼합적 하명
(2) 대인적 하명은 효과가 이전·승계되지 않으나, 대물적 하명은 하명의 효과가 이전·승계된다.</td></tr>
<tr><td>지역적 범위</td><td>(1) 원칙적으로 당해 처분청의 관할구역 내에서만 발생
(2) 예외적으로 관할구역 밖에까지 미치는 경우도 있다.</td></tr>
<tr><td>위반의 효과</td><td colspan="3">(1) 경찰상 강제집행이나 경찰벌 등의 제재의 대상이 된다.
(2) 하명에 위반한 행위의 사법상(私法上) 효과에도 영향이 없다.</td></tr>
</table>

위가 성립하여, 공무집행방해죄가 성립하지 않는다.

이와는 달리 취소의 원인이 있는 경우에는 비록 그것이 위법하더라도 권한 있는 기관에 의하여 취소되기까지는 행정행위의 공정력에 의하여 구속력이 있다.

경찰 하명에 위법이 있는 경우 위법한 경찰 하명을 행한 공무원이 범의(犯意)가 있는 경우에는 직권남용죄(형법 제7장)로 처벌된다. 또 경찰 하명을 행하거나 집행함에 있어 고의 또는 과실로 법령에 위반하여 손해를 끼친 때에는 국가 또는 관계 공무원이 배상책임을 진다(국가배상법 제2조).

3 경찰 허가(질서 허가)

1) 의의와 성질

(1) 의의

경찰 허가라 함은 특정한 경우에 일반적 경찰 금지(부작위 하명)를 해제하여 일정한 행위를 적법하게 할 수 있도록 자연적 자유를 회복시켜 주는 경찰처분(행위)을 말한다. 금지에는 절대적 금지(진압적 금지)와 상대적 금지(예방적 금지)가 있다.

허가는 상대적 금지를 해제하는 것을 말하므로 절대적 금지는 허가의 대상이 될 수 없다. 절대적 금지의 해제를 예외적 승인이라 한다.

법령에 의한 일반적·상대적 경찰 금지를 특정한 경우에 해제하여 적법하게 일정한 행위를 할 수 있게 하는 경찰상의 행정행위로서, 허가가 유보된 상대적 금지의 경우에만 인정된다.

(2) 성질

경찰 허가의 성질은 명령적 행위이며, 기속행위이다. 재량허가와 기속허가가 있으나 기속허가가 원칙이므로 요건을 갖추면 반드시 허가하여야 한다.

경찰 허가는 자연적 자유를 회복시켜 준다는 점에서 권리나 능력 기타의 법률상의 힘을 설정하여 주는 형성적 행위와 다르다.

2) 형식과 요건

(1) 허가의 형식

허가의 형식은 행정행위의 형식으로만 이루어진다. 보통 서면으로 이루어지지만 요식행위는 아니다.

(2) 허가의 요건

허가의 요건으로는 신청(쌍방적 행위 경우)·시험·수수료나 조세의 납부·공적증명의 교부 등이 있다. 그러나 항상 상대방의 신청(출원)을 요하는 것은 아니다.

3) 종 류

(1) 대인적 허가

사람의 주관적 요소를 심사 대상으로 하는 허가로서, 이전이 불가능하다(운전 면허).

(2) 대물적 허가

물건의 객관적 사정에 착안하여 행하는 허가로서, 이전이 가능하다(차량 검사 합격 처분).

(3) 혼합적 허가

사람과 물건을 모두 심사 대상으로 하는 허가로서, 이전이 제한된다(전당포 영업 허가, 총포류 제조 허가).

종 류	내 용	실 례
대인적 허가	사람의 주관적 요소를 심사 대상으로 하는 허가 (이전 불가능)	운전 면허, 의사 면허
대물적 허가	물건의 객관적 사정에 착안하여 하는 허가 (이전 가능)	자동차 검사
혼합적 허가	사람과 물건을 모두 심사대상으로 하는 허가 (이전 제한)	총포류 제조 허가

4) 효 과

(1) 경찰 금지의 해제

경찰 허가의 효과는 경찰 금지를 해제하여 자연적 자유를 회복시켜 주는 데에 있다. 경찰의 금지의 해제가 사실상의 독점적 경제적 이익이 생기는 경우도 있으나 이는 반사적 이익에 지나지 않는다. 그러나 법규의 성질이 공익만을 보호하고 있지 않고 사익도 보호하고 있는 경우에는 법률상 이익이 인정된다.

경찰 허가는 경찰상의 금지만 해제하여 줄 뿐이고, 다른 법률상의 제한까지 해제하여 주는 것은 아니다.

(2) 법률행위의 효력 문제

경찰 허가는 어떤 행위의 효력 요건이 아니라 적법 요건이다. 따라서 허가 없이 한 사법상 법률행위가 당연히 무효로 되는 것은 아니다.

그러나 경찰 허가의 간접적 효과로서 사법상의 법률 관계에 영향을 미치는 경우가 있다. 예를 들면 화약류의 양수에 대하여 경찰서장의 허가를 받지 못하면 양수인은 화약류를 소지할 수 없으므로 양수 계약은 이행 불능이 된다(총포 · 도검 · 화약류 등 단속법 제21조 4항).

5) 경찰 허가의 흠(하자)

경찰 허가에 하자가 있는 경우 그 경찰 허가는 하자의 정도에 따라 무효 또는 취소의 원인이 된다.

일정한 취소의 원인이 있는 경우에 반드시 취소하도록 법령에 규정이 있는 경우는 기속된 취소이다. 그러나 일정한 취소 원인이 있는 경우에 경찰 관청에게 취소 여부를 맡긴 경우가 많다. 이 경우는 경찰의 목적과 경찰 비례의 원칙에 의하여 제한을 받는 기속재량이다.

취소의 경우 일단 경찰 허가를 받은 자가 사업에 착수한 경우에는 허가의 취소가 허가를 거부를 정당화할 정도 이상의 중대한 경찰상의 필요가 있는 경우가 아니면 허가를 취소할 수 없다.

일반적 금지가 해제됨으로써 피허가자는 적법하게 허가된 행위를 할 수 있게 되지만, 타법상의 제한까지 해제되는 것은 아니다.

공무원이 음식점 영업 허가를 받은 경우 식품위생법상의 금지만을 해제한 것이고, 공무원법상의 영리 업무 금지까지 해제해 주는 것은 아니다.

경찰 허가는 특정 행위를 사실상 적법하게 할 수 있도록 하는 적법 요건에 불과하다. 따라서 무허가 행위는 강제집행이나 행정벌의 대상은 되지만, 행위 자체는 유효하다.

<table>
<tr><td>개념</td><td colspan="3">일반적·상대적 경찰 금지를 특정한 경우에 해제함으로써, 일정한 행위를 적법하게 행할 수 있도록 자연의 자유를 회복시켜 주는 경찰처분(상대적 금지의 경우에만 가능)</td></tr>
<tr><td rowspan="2">성질</td><td>명령행위성</td><td colspan="2">상대적 금지를 해제하여 자연의 자유를 회복⇒반사적 이익의 성격을 가진다.</td></tr>
<tr><td>기속재량성</td><td colspan="2">경찰상 필요가 없음에도 금지를 유지함은 기본권 보장의 원칙에 반하기 때문</td></tr>
<tr><td>형식</td><td colspan="3">(1) 항상 구체적 처분의 형식임.
(2) 법규에 의한 허가는 일반적 금지 자체를 소멸시키기 때문에 불가하다.</td></tr>
<tr><td>요건</td><td colspan="3">(1) 허가의 요건으로 신청, 시험·검사 등, 수수료·조세의 납부나 공적 증명을 요하는 경우가 있다.
(2) 경찰 허가는 원칙적으로 신청을 요하는 쌍방적 행정행위이나, 예외적으로 신청을 요하지 않고 직권으로 허가하는 경우도 있다(예: 통행 금지의 해제, 보호관세의 해제 등).</td></tr>
<tr><td rowspan="2">효과</td><td>경찰금지의 해제</td><td colspan="2">(1) 개인의 자연적 자유의 회복⇒새로이 권리를 설정하는 행위가 아니므로 허가로 인한 이익은 공권이 아니라 반사적 이익에 불과하다(⇔특허와의 차이).
(2) 허가는 행위의 적법 요건이지 유효 요건은 아니다.
⇒무허가 행위의 사법상(私法上) 법률 관계는 원칙적으로 유효하다.
(3) 허가는 경찰 금지만을 해제할 뿐이고 다른 법률상의 제한은 계속 존재한다.</td></tr>
<tr><td>경찰 허가의 갱신 문제</td><td colspan="2">허가의 갱신의 여부는 기속재량이고, 이는 새로운 허가가 아닌 종래의 허가에 대한 기한의 연장으로 보아야 한다.</td></tr>
<tr><td rowspan="4">범위</td><td rowspan="3">인적 범위</td><td>대인적 허가</td><td>인적 사정에 기초한 허가(예: 의사 면허, 운전 면허)</td></tr>
<tr><td>대물적 허가</td><td>물적 사정에 기초한 허가(예: 건축 허가, 자동차 검사)</td></tr>
<tr><td>혼합적 허가</td><td>인적·물적 사정에 기초한 허가(예: 풍속영업의 허가)</td></tr>
<tr><td>지역적 범위</td><td colspan="2">(1) 원칙적으로 당해 처분청의 관할구역 내에서만 발생한다.
(2) 예외적으로 관할구역 밖에까지 미치는 경우도 있다.</td></tr>
</table>

4 경찰 면제

경찰 면제는 경찰상의 작위·급부·수인의 의무를 특정한 경우에 해제하여 주는 것을 말한다. 법령에 의하여 과하여진 작위, 급부, 수인 의무를 특정한 경우에 해제하여 주는 경찰상의 행정행위이다. 예컨대 시험의 면제, 수수료의 일부 면제, 납기의 연기 등이 여기에 속한다.

경찰 허가와의 차이는 경찰 허가는 경찰 금지를 해제하여 주는 것이고, 경찰 면제는 경찰상의 작위·급부·수인의 의무를 행한다는 점에서 차이가 있다.

경찰 의무의 이행 연기나 유예의 성질이 무엇인가에 대하여 견해가 대립된다. 경찰 하명의 변경에 해당한다는 설이 있으나, 경찰의무의 이행의 연기나 유예가 있으면 원래의 이행기까지의 의무는 이행하지 않아도 되므로 그 한도에서 이를 경찰 면제의 일종으로 보는 것이 타당하다.

1) 경찰 허가와 구별

의무를 해제한다는 면에서는 경찰 허가와 성질이 같다.

경찰 허가는 부작위 의무를 해제하고, 경찰 면제는 작위·급부·수인 의무를 해제한다.

5 경찰상 명령과 부관

1) 부관의 의의

종래의 통설은 부관(附款)을 "행정행위의 효력을 제한하기 위하여 주된 의사 표시의 내용에 부가된 종된 의사 표시"라고 하였으나, 최근의 유력설은 부관이란 "행정행위의 효과를 제한 또는 보충하기 위하여 주된 행위에 부가된 종된 규율"이라고 정의한다. 경찰 허가의 효과를 제한 또는 보충하기 위하여 주된 행위에 부가된 종된 규율을 말한다. 부관은 원칙적으로 법률행위, 재량행위에만 부가할 수 있다. 준법률행위와 기속행위에는 붙일 수 없다.

2) 부관의 종류

(1) 조건

조건이란 행정행위의 효력의 발생이나 소멸을 장래의 불확실한 사실에 의존시키는 부관을 말한다.

이에는 조건의 성취에 의하여 비로소 행정행위의 효력을 발생하는 정지 조건과 행정행위의 발령에 의하여 효력은 발생하나 조건의 성취에 의하여 그 법적 효과가 소멸하는 해제 조건이 있다. 경찰 허가의 효과의 발생을 장래의 불확실한 사실에 의존시키는 정지 조건과 경찰 허가의 효과의 소멸을 장래의 불확실한 사실에 의존하게 하는 해제 조건이 있다.

(2) 기한

행정행위의 효력의 발생이나 소멸을 장래 발생이 확실한 사실에 의존시키는 부관을 말한다.

기한에는 특정 사실의 발생에 의하여 행정행위의 효력이 발생하는 시기(始期)와 특정 사실의 발생에 의하여 행정행위의 효력이 소멸하는 종기(終期), 확정 기한과 불확정 기한이 있다.

(3) 부담

행정행위의 주된 내용에 부가하여 행정행위의 상대방에게 작위·부작위·수인·급부 등의 의무를 부과하는 종된 의사 표시로서, 주로 수익적 행정행위를 대상으로 한다. 경찰 허가의 주된 내용에 부가하여 그 경찰 허가의 상대방에게 경찰 의무를 부과하는 부관이다.

부담은 주된 행정행위의 효력을 제한하는 것이 아니고 이를 보충하는 역할을 하는 것이므로, 부담부 행정행위는 부담과 관계 없이 완전하게 효력이 발생한다.

부담은 독립하여 취소소송의 대상이 된다는 것이 통설·판례이다.

(4) 철회권의 유보

의무 위반 등 일정한 요건하에서 행정행위를 철회할 수 있는 권한을 유보하는 부관이다. 장래에 일정한 사유가 발생하는 경우에는 경찰 허가를 철회하여 그의 효력을 소멸시킬 수 있는 권한을 유보해 놓은 부관이다.

이는 행정행위 당사자의 지속적인 의무 이행을 확보할 필요가 있을 때에 사용되며, 당사자에게 사후에 철회의 가능성이 있음을 시사하여 보호 가치 있는 신뢰가 성립하는 것을 미리 배제하는 의미도 있다(신뢰 보호의 원칙 성립 방지).

구 분	취 소	철 회
원인	원시적 하자로서 무효 원인이 아닌 하자	후발적인 새로운 사정에 의한 사정 변경
행사권자	처분청(감독청 · 재결정), 법원	처분청
철회	특별절차 아니다(직권). ⇔특별절차이다(쟁송).	특별절차 아니다(하나의 행정행위).
효과	소급효 있다.	소급효 없다.

(5) 법률 효과의 일부 배제

법령이 행정행위에 부여하고 있는 법률 효과의 일부의 발생을 배제하는 행정기관의 행위로서, 이는 반드시 법률의 근거를 요한다고 할 것이다.

경찰 허가에 부여하는 법률 효과의 일부를 배제하는 것을 내용으로 하는 부관이다.

택시의 부제(部制) 운행이 대표적이다.

(6) 수정 부담

당사자가 신청한 내용의 행정행위와 다르게 행정 주체가 행정행위의 내용을 정하여 발령하는 것으로서, 당사자의 신청에 반하여 행정행위의 내용이 제한 · 변경된다는 점에 특징이 있다. 상대방이 신청한 것과는 다르게 경찰 허가의 내용을 정하는 부관이다.

부관의 일종으로 보는 견해도 있으나, 수정 부담은 신청된 행정행위의 내용 자체를 질적으로 변경시키는 것이므로 부관이 아니라 독립적인 행정행위로 보아야 할 것이다.

(7) 사후 부관

이는 사후에 부관을 붙일 수 있도록 하는 것으로, 부관의 일종으로 인정할 수 없다.

(8) 사후 변경 유보

[표 4-3-7] 부 관

<table>
<tr><td>의의</td><td colspan="2">(1) 경찰처분의 일반적인 효과를 제한하기 위해서 그 행위의 요소인 의사 표시의 주된 내용에 부가되는 종된 의사 표시(규율)
(2) 법정 부관 ⇒효과가 직접 법규에 의해서 부여되는 것으로서 부관에 해당되지 않는다(예: 자동차 검사중의 유효 기간).</td></tr>
<tr><td rowspan="6">종류</td><td>조건</td><td>행정행위 효과의 발생 또는 소멸을 불확실한 장래의 사실에 의존시키는 부관
정지 조건－효력의 발생(예: 시설 완성을 조건으로 한 학교법인 설립 허가
해제 조건－효력의 소멸(예: 1년 이내 공사 착수를 조건으로 한 건축 허가</td></tr>
<tr><td>기한</td><td>행정행위 효과의 발생 또는 소멸을 확실한 장래의 사실에 의존시키는 부관
시기(始期)－기한의 도래로 효력이 발생
종기(終期)－기한의 도래로 효력이 소멸
확정기한－도래의 시기까지 확실한 기한(예: 기간(몇 월 며칠까지)
불확정기한－도래의 시기는 확실하지 않은 기한</td></tr>
<tr><td>부담</td><td>(1) 행정행위의 주된 내용에 부가하여 행정행위의 상대방에게 작위·부작위·수인·급부의 의무를 과하는 부관⇒보통 수익적 행정행위에 부가된다.
(2) 그 자체가 하나의 행정행위로서의 성격을 지니기 때문에 분리가 가능하여 독립하여 행정쟁송 및 행정강제의 대상이 될 수 있다.</td></tr>
<tr><td>수정
부담</td><td>새로운 의무를 부가하는 것이 아니라, 상대방이 신청한 것과는 다르게 행정행위의 내용을 정하는 부관⇒상대방의 동의로 효력이 발생한다.</td></tr>
<tr><td>철회권의
유보</td><td>(1) 행정행위에 부가된 특정한 사유가 발생하는 경우에 당해 행위를 철회할 수 있는 권한을 유보하는 부관(예: 미성년자를 고용하면 유흥업소 허가를 취소
(2) 철회권의 행사를 위해서는 부가된 특정 사유의 발생뿐만 아니라 철회의 일반 요건이 충족되어야 하고, 행정청의 철회의 의사 표시가 있어야 비로소 행정행위의 효력이 소멸한다(해제 조건과 차이).</td></tr>
<tr><td>법률효과의
일부배제</td><td>주된 내용에 부가하여 법령에서 일반적으로 그 행위에 부여하고 있는 법률효과의 일부를 발생 배제(제한)시키는 행정행위의 부관(예: 격일제 운행 택시영업 허가 등)</td></tr>
<tr><td rowspan="2">한계</td><td>가능성</td><td>(1) 법률행위적 행정행위에만 가능(通)
(2) 재량행위에만 가능(通·判)</td></tr>
<tr><td>자유성</td><td>법령에 위반되지 않는 한 자유로이 붙일 수 있다.</td></tr>
<tr><td>행정
쟁송</td><td colspan="2">(1) 부담의 경우⇒독립하여 쟁송의 대상이 될 수 있다.
(2) 기타의 부관의 경우⇒부관 그 자체를 독립한 쟁송의 대상으로 할 수 없다.</td></tr>
</table>

3) 부관의 하자와 행정행위의 효력

(1) 부관의 하자와 부관의 효력

부관도 행정작용의 한 유형이고, 주된 행정행위의 효력을 제한 또는 보충하는 성질을 갖는 것이므로, 부관의 하자는 주된 행정행위의 효력과 관련하여 이해 당사자의 권리 구제의 문제가 발생한다.

부관의 하자는 부관의 가능성과 한계를 일탈한 경우에 발생하며, 하자의 중대·명백성에 따라 무효 또는 취소할 수 있다. 하자가 중대하고 명백한 경우에는 그 부관은 무효이고, 그 밖의 경우에는 취소할 수 있다.

(2) 부관의 하자와 주된 행정행위의 효력

무효인 부관이 주된 행정행위의 중요 부분(본질적 요소)에 해당하는 경우에만 행정행위가 무효가 된다. 무효인 부관이 본체인 경찰 허가의 중요한 요소를 이루는 때에는 본체인 경찰 허가도 무효가 된다.

6 준법률행위적 행정행위

1) 의 의

행정청의 효과 의사 이외의 정신작용, 즉 인식·판단·관념 등을 내용으로 하고, 법이 정한 효과를 발생하는 행정행위 → 부관 불가/기속행위/요식행위를 말한다.

2) 종 류

(1) 확인

① 개념 : 특정한 사실이나 법률 관계의 존부 또는 정부에 관하여 의문이나 다툼이 있는 경우에 행정청이 이를 공권적으로 판단·확정하는 행위

② 종류 : 구역 결정, 발명 특허, 당선인 결정, 합격자 결정, 교과서 검정, 행정심판 재결, 소득 금액 결정, 준공검사, 징병검사 등

③ 성질 : 판단 표시 행위, 준사법적 행위, 불가변력 발생

(2) 공증

① 개념 : 특정한 사실 또는 법률 관계의 존재를 공적으로 증명하는 행정행위

② 성질 : 일정한 사실·법률 관계의 존재를 증명하는 인식의 표시행위이며 기속행위

③ 효과 : 공적 증거력의 발생하고, 반증(反證)이 있을 때까지만 일단 진실한 것으로 추정되는 진실 추정력을 갖는 데 그친다. 따라서 반증에 의하여 번복이 가능하고 공정력(公定力)이 인정되는 것은 아니다. 판례는 반증에 의하여 전복되는 사실적 효력에 불과한 공증은 처분이 아니라는 견해를 보이고 있다(예 : 토지대장·임야대장·건축물대장·광업원부·지적도 등의 지적 공부에 등재하는 행위에서 처분성을 부인).

"멸실된 지적공부를 복구하거나 지적공부에 기재된 일정한 사항을 변경하는 행위는 … 실체상의 권리관계에 어떤 변동을 가져오는 것이 아니고, … 항고소송의 대상이 되는 행정처분이라고 할 수 없다"(대판 91누 8357).

(3) 통지

① 의의 : 특정인 또는 불특정 다수인에 대하여 일정한 사실을 알리는 행정행위

② 종류 : 대집행계고, 납세 독촉－처분성 인정, 당연퇴직 통보－처분성 부정

"성업공사가 당해 부동산을 공매하기로 한 결정 자체는 내부적인 의사결정에 불과하여 항고소송의 대상이 되는 행정처분이라고 볼 수 없고, 또한 위 공사가 한 공매 통지는 공매의 요건이 아니고 공매 사실 그 자체를 체납자에게 알려 주는데 불과한 것으로서… 처분에 해당한다고 볼 수 없다"(대판 1998.6. 26, 96누12030).

(4) 수리

① 의의 : 타인의 행정청에 대한 행위를 유효한 것으로 받아들이는 행정행위이며, 단순한 사실행위인 도달이나 접수와는 구별된다.

② 효과 : 법령이 정하는 바에 따라 다름. 수리에 의해 사법상의 효과가 발생하기도 하며(예: 혼인 신고의 수리), 행정청에게 결정 등을 행할 의무

가 발생하기도 한다(행정심판청구서의 수리).

7 경찰상의 사실행위

1) 개 념

경찰기관의 행위 가운데 직접적으로는 사실상의 효과의 발생만을 목적으로 하는 일체의 행위 형식을 말한다.

사실상의 효과 발생을 목적으로 하며 정신작용의 유무와는 관계가 없다는 점에서 특정한 법적 효과의 발생을 목적으로 하는 경찰상의 행정행위 등 법적 행위와 구분된다.

2) 종류-권력적 유무에 따른 분류

(1) 권력적 사실행위

일정한 법령 또는 행정행위를 집행하기 위한 공권력의 행사로 이루어지는 사실행위를 말한다(예 : 경찰상 강제집행. 경찰상 즉시강제).

(2) 비권력적 사실행위

공권력 행사를 요소로 하지 않는 사실행위를 말한다(예 : 공물의 설치 공사 및 유지관리행위).

(3) 법적 근거

적어도 침해적 성질의 경찰상 사실행위에는 법률유보의 원칙이 엄격히 적용된다.

(4) 권리 구제

(가) 손해전보

손해배상청구, 손실보상청구

(나) 행정쟁송

경찰상 사실행위 중 단순한 사실행위에 대하여는 취소소송을 활용하여 다툴 수 없음이 원칙이다. 권력적 사실행위가 장기간에 걸쳐서 행하여지는 계속적 성질을 가진 경우에는 그를 쟁송법상의 처분으로 보아 그에 대한 취소소송의 제기가 허용된다.

(다) 결과제거청구권

(5) 경찰행정의 자동기계 결정

경찰행정 과정에서 컴퓨터 등 전자데이터 장비를 투여하여 경찰행정 업무를 자동화하여 수행하는 경찰행정 활동을 경찰행정의 자동기계 결정이라고 한다.

제 4 절 경찰상 의무 이행 확보 수단

1 경찰강제

1) 의의와 성질

(1) 의의

경찰강제라 함은 경찰 목적을 달성하기 위하여 사인(私人)의 의사에 관계 없이 그의 신체 또는 재산에 실력을 가하여 질서 유지에 필요한 사실상의 상태를 실현하는 사실상의 작용을 말한다.

행정처분은 법적으로 국민의 권리, 의무를 변동시키는 데 비하여, 경찰강제는 국민에게 직접 실력을 행사하여 행정 목적을 실현하는 작용이라는 점에서 기본적 인권에 중대한 위협이 될 수 있다.

(2) 성질

경찰강제는 경찰 하명이나 경찰 허가와 같이 질서 유지를 위하여 일반통치권에 기한 권력적 작용이다. 경찰 하명과 경찰 허가가 의무를 명하거나 의무를 해제하는 법률행위이지만, 경찰강제는 실력 행사를 통해서 일정한 상태를 실현하는 사실행위라는 점에서 차이가 있다.

또 상대방의 의무 이행에 관한 의사의 유무에 관계 없이 경찰권에 의하여 직접 일정한 경찰 상태를 실현하는 점에서 경찰 하명이나 경찰 허가와 다르다.

(가) 경찰 하명 및 경찰 허가와의 성질상 동이(同異)

같은 점	차이점	
경찰 목적 달성을 위하여 행정청이 개인보다 우월한 의사의 주체로서 실력을 행사하는 권력적 작용	경찰 하명 및 경찰 허가	경찰 의무를 명하거나 해제하는 법률행위
	경찰강제	실력 행사를 통하여 경찰상의 필요한 상태를 실현시키는 사실행위

(나) 경찰벌과의 성질상 동이(同異)

같은 점	차이점				
경찰 목적이 실현을 확보하기 위한 수단	경찰벌	이미 경찰 의무를 위반한 자에 대한 제재	이행 불능	처벌 목적	과거 행위 대상
	경찰 강제	경찰 의무 불이행에 대비하여 미리 이행을 강제(경찰상의 강제집행)하거나 목적의 긴급한 위해 제거를 위하여 경찰 의무를 명하는 것과 상관없이 실력을 행사(경찰상 즉시강제)	이행 가능	이행 목적	장래 행위 대상

2) 종 류

경찰강제의 종류에는 경찰상 강제집행·경찰상 즉시강제·경찰조사 등이 있다.

(1) 경찰상 강제집행

경찰상 강제집행은 사인이 경찰상 의무를 이행하지 않는 경우 경찰이 실력으로 의무 이행과 동일한 상태를 실현시키는 것을 의미한다.

경찰상의 강제집행은 경찰 하명에 따른 경찰 의무의 불이행이 있는 경우에 상대방의 신체 또는 재산이나 주거 등에 실력을 행사하여 경찰상 필요한 상태를 실현시키는 작용이다.

경찰 의무자가 스스로 의무를 이행하지 않는 경우에는 경찰상 의무가 확실히 이행된 것과 마찬가지의 상태를 실현하기 위하여 실력으로 강제할 수 밖에 없다. 하명과 강제가 별개의 단계 절차를 통하여 이루어진다.

[표 4-3-8] 경찰상 강제집행

<table>
<tr><td rowspan="3">의의</td><td>개념</td><td colspan="2">경찰 하명에 대한 경찰법상의 의무 불이행에 대하여 경찰권이 실력을 가하여 그 의무를 이행시키거나, 이행이 있는 것과 같은 상태를 실현시키는 작용</td></tr>
<tr><td rowspan="2">근거</td><td>일반법</td><td>행정대집행법, 국제징수법</td></tr>
<tr><td>개별법</td><td>건축법 · 도로교통법 · 출입국관리법 · 식품위생법 등</td></tr>
<tr><td rowspan="4">수단</td><td>대집행</td><td colspan="2">(1) 의무자가 대체적 작위 의무를 이행하지 않은 경우에, 경찰권이 의무의 이행이 있은 것과 같은 상태를 실현시킨 후, 비용을 의무자로부터 징수하는 작용 (예: 주차 위반 차량의 견인, 불법 건축물의 철거 등)
(2) 대집행의 절차: 대집행의 계고→통지→실행→비용 징수 계통 설비)
(3) 대집행에 대한 구제
대집행 종료 이전에는 준법률적 행정행위인 계고 · 통지나 권력적 사실행위인 실행에 대해서 각각 행정쟁송을 제기할 수 있다.
대집행 종료 이후에는 손해배상이나 원상 회복의 청구가 주된 구제 방법 (법률상의 이익이 있는 경우에는 행정쟁송도 가능)</td></tr>
<tr><td>집행벌</td><td colspan="2">(1) 부작위 의무 또는 비대체적 작위 의무를 이행하지 아니할 때 그 의무를 강제적으로 이행시키기 위하여 과하는 금전벌(이행강제금)
(2) 성질은 과태료이고, 개별법에서 예외적으로 인정된다.
(3) 의무 위반의 상태가 존재하는 한 계속적 부과가 가능, 엄격한 절차가 요구되지 않는다.</td></tr>
<tr><td>직접
강제</td><td colspan="2">(1) 의무자가 의무를 이행하지 아니하는 경우에 직접적으로 의무자의 신체 · 재산에 실력을 과함으로써 의무의 이행이 있었던 것과 같은 상태를 실현하는 작용(예: 연도 공작물 등의 위험 방지 조치, 도로교통법 §67)
해산명령 후 집회자 해산(집시법 §18)
(2) 대체적 · 비대체적 작위의무, 부작위 의무, 수인 의무 등에 대하여 강제가 가능
(3) 강제집행 중 가장 강력한 수단으로서 2차적 · 보충적으로 활용되어야 한다.</td></tr>
<tr><td>강제
징수</td><td colspan="2">(1) 금전급부 의무의 불이행이 있는 경우에 행정청이 강제적으로 의무자의 재산에 실력을 가하여 그 의무가 이행된 것과 같은 상태를 실현하는 작용(국제징수법)
(2) 절차 : 독촉→체납처분(압류→매각→청산)</td></tr>
</table>

경찰상의 강제집행에는 대집행, 직접강제, 집행벌, 강제징수가 있으나, 직접강제는 인권 침해의 가능성이 높아 원칙적으로 허용되지 않는다.

(2) 경찰상 즉시강제

경찰상 즉시강제는 ① 목전에 급박한 경찰 위반 상태를 제거하거나 예방하기 위하여 의무를 명할 시간적 여유가 없거나, ② 사전에 의무를 명하는 것으로 질서 유지의 목적을 달성할 수 없을 경우에 사인의 신체 또는 재산에 실력을 가하여 경찰상 필요한 상태를 실현하는 경찰작용이다.

경찰상의 강제집행과는 달리, 경찰상의 즉시강제는 미리 의무를 과하여 의무자의 이행을 기다리지 않고 처음부터 경찰강제에 들어가는 것으로서, 즉시강제는 개인의 자유와 재산을 침해하는 정도가 현저하므로 예외적인 경우에 한하여 인정된다. 하명과 강제가 결합하여 하나의 단계 절차를 통하여 이루어진다.

경찰상의 즉시강제는 주로 급박한 필요에 의한 것이므로, 경찰권의 한계 내에서 공공의 안녕과 질서를 유지할 수 없는 경우에 행해진다.

[표 4-3-9] 경찰상 즉시강제

<table>
<tr><td>의의</td><td colspan="3">목전의 급박한 경찰상 장해를 제거할 필요가 있는 경우에, 미리 의무를 명할 여유가 없거나 또는 성질상 의무를 명함에 의하여서는 목적의 달성이 곤란할 때에 즉시 국민의 신체 또는 재산에 실력을 가하여서 행정상의 필요한 상태를 실현하는 작용
⇒ 의무의 존재 및 불이행을 요하지 아니한다. ⇒인권 침해의 가능성이 크다.</td></tr>
<tr><td>근거</td><td colspan="3">이론적으로 '국가긴급권' 발동⇒그러나 전형적 권력작용으로 법적 근거가 요구된다.
일반법(경찰관직무집행법) : 개별법(소방법 · 식품위생법 · 마약법 등)</td></tr>
<tr><td rowspan="6">수단</td><td rowspan="2">대인적 강제</td><td>경직법</td><td>불심 검문, 보호 조치, 위험 발생 방지 조치, 범죄의 예방 · 제지 조치, 무기 및 장구 · 잡비 · 분사기 및 최루탄의 사용</td></tr>
<tr><td>개별법</td><td>강제 격리, 교통 차단, 강제 진찰, 강제 수용, 원조 강제</td></tr>
<tr><td rowspan="2">대물적 강제</td><td>경직법</td><td>물건 등의 임시영치, 위해 방지 조치(위험 발생 방지 조치)</td></tr>
<tr><td>개별법</td><td>물건의 폐기처분, 위법 광고물 철거, 불량의 약품 · 식품 폐기</td></tr>
<tr><td rowspan="2">대가택 강제</td><td>경직법</td><td>위험 방지를 위한 가택 출입 · 검색 등</td></tr>
<tr><td>개별법</td><td>영업소 등의 조사, 총포 · 화약류의 저장소에 대한 임검 등</td></tr>
<tr><td rowspan="3">한계</td><td rowspan="2">실체적 한계</td><td>법규상</td><td>전형적인 침해적 권력작용⇒엄격한 법적 근거가 요구된다.</td></tr>
<tr><td>조리상</td><td>① 급박성, ② 보충성, ③ 비례성, ④ 소극(목적) 달성</td></tr>
<tr><td>절차적 한계</td><td colspan="2">(1) 영장주의의 적용 여부⇒절충설(통설)
(2) 원칙적으로 적용되나, 합리적 이유가 있는 경우에는 예외적으로 배제된다.</td></tr>
</table>

(가) 강제집행과 즉시강제의 동이(同異)

같은 점	차이점	
• 권력적 실력 행사 • 사실행위 • 경찰 목적의 실현을 확보하기 위한 수단	강제집행	의무 불이행을 전제
		하명과 강제가 별개 단계
	즉시강제	의무 불이행을 전제하지 않는다.
		하명과 강제가 결합

대체적 작위 의무	비대체적 작위 의무	부작위 의무	수인 의무	급부 의무
대집행	집행벌		–	강제 징수
직접강제				–

(3) 경찰상 조사

(가) 의의

경찰상 조사라 함은 경찰 목적을 위한 자료 수집 활동인 질문, 검사, 조사 목적을 위한 영업소 등에의 출입 등을 말한다. 종래에는 경찰 목적을 위한 자료 수집 활동을 경찰상 즉시강제에 포함시켜 왔으나, 이를 경찰상 즉시강제와 분리하는 것이 일반적인 경향이다.

(나) 특성

경찰상 조사는 권력적, 준비적, 부수적 행위이며, 수인 의무가 발생한다.

3) 근 거

(1) 경찰강제의 근거

경찰강제는 실력 행사를 그 수단으로 하는 권력작용이기 때문에 국민의 자유와 권리를 침해가 심각하므로 법률상 엄격한 근거를 요한다.

경찰상 강제집행 중 대집행의 일반법은 행정대집행법이고, 강제 징수의 일반법은 국세징수법이다. 그리고 경찰상 즉시강제의 일반법은 경찰관직무집행법이다.

(2) 경찰상 즉시강제와 영장주의

경찰상 즉시강제의 경우에도 법관이 발부한 영장이 필요한가에 대해서는 여러 견해가 있다.

(가) 영장불요설

경찰상 즉시강제의 경우는 목전에 급박한 경찰 위반 상태를 제거하거나 예방하기 위하여 의무를 명할 시간적 여유가 없거나, 사전에 의무를 명하는 것으로 질서 유지의 목적을 달성할 수 없을 경우에 발동되는 경찰작용이므로 영장주의를 고집하면 경찰상 즉시강제를 부정하는 결과를 가져오고, 영장주의는 사법작용에 적용하기 위하기 만들어진 것이므로, 헌법상의 사후 영장제는 경찰상 즉시강제의 경우에는 거의 적용의 여지가 없다.

(나) 영장 필요설

국민의 기본권 보호, 법치주의, 적법 절차, 경찰권 행사의 적정성 보장을 위하여 영장주의가 필요하다. 인권 침해를 방지하기 위하여 영장이 있어야 한다.

(다) 절충설

즉시강제의 급박성도 고려하여 사후 영장제로 경찰권 행사의 통제를 가할 수 있다는 점에서 절충설이 타당하다.

4) 수 단

(1) 경찰상 강제집행의 수단

(가) 대집행

대체적 작위 의무의 불이행에 대해서만 행정대집행법상 대집행이 허용되고, 비대체적 작위 의무나 부작위 의무에 대해서는 대집행이 원칙적으로 인정되지 않는다. 원칙적으로 처분청이 스스로 실시하거나, 제3자를 통하여 실시한다. 원칙적으로 대집행 자체는 취소가 불가능하나, 배상, 원상회복, 비용은 취소가 가능하다.

(나) 강제징수

경찰상 금전 지급 의무 불이행에 대해서는 대체로 국세징수법상의 국세징수 절차에 의한다. 적법한 강제 징수로 인해 특별희생이 생긴 경우에는 손실보상을 청구할 수 있다.

(다) 집행벌

집행벌이란 비대체적 작위 의무 또는 부작위 의무의 불이행이 있는 경우에 의무자에게 금전의 납부를 명함으로써 심리적 압박을 가하여 의무의 이행을 간접적으로 강제하는 수단을 말한다. 이는 집행 과정에 부과하는 벌이다. 이 때 사용하는 수단은 과태료이다. 이에는 위법 건축물에 대한 시정명령을 강제하기 위한 건축법상의 이행강제금 제도가 있다.

(라) 직접강제

직접강제란 경찰상의 일체의 의무 불이행이 있는 경우에 직접 의무자의 신체나 재산에 실력을 가하여 의무의 이행이 있었던 것과 같은 상태를 실현하는 작용을 말한다. 최후 수단으로 행사하여야 한다. 법적 근거로는 식품위생법, 공중위생법 등이 있다. 이에는 외국인의 강제 퇴거 조치, 무허가 영업소의 폐쇄 조치, 해산명령에 불응하는 집회자의 강제 해산 등이 있다.

대집행	경찰상의 대체적 작위 의무를 이행하지 않는 경우 경찰기관이 스스로 또는 제3자로 하여금 의무 이행과 동일한 상태를 실현시킨 후, 그 비용을 의무자로부터 징수하는 것을 말한다(예 : 도로교통법 제31조의 주·정차 위반 차량에 대한 대집행).
집행벌	경찰상의 비대체적 작위 의무 또는 부작위 의무를 이행하지 않는 경우에 그 의무 이행을 간접적으로 강제하기 위해 과하는 수단을 말한다(예 : 도로교통범 제119조의 범칙금 납부 기간 초과시 범칙금의 100분의 20을 더한 금액 부담).
직접 강제	경찰상의 의무 불이행이 있는 경우에 의무자의 신체·재산 등에 직접적으로 실력을 가함으로써 의무의 이행과 동일한 상태를 실현하는 작용을 말한다(예 : 집회 및 시위에 관한 법률 제18조에 따른 해산명령 불이행에 대한 해산조치).
강제 징수	경찰상의 금전급부 의무를 이행하지 않는 경우에 경찰기관이 의무자의 재산에 실력을 가하여 의무 이행이 있었던 것과 동일한 상태를 실현하는 작용을 말한다(예 : 도로교통법 제31조의 주·정차 위반 차량에 대한 대집행에 따른 비용의 강제 징수).

(2) 경찰상 즉시강제 수단

경찰상 즉시강제에 대한 일반법은 경찰관직무집행법이다. 경찰관의 직무수행의 수단은 일반법인 경찰관직무집행법과 개별법에 구체적으로 규정하고 있다.

경찰상 즉시강제 수단은 대상에 따라 대인적 강제 수단, 대물적 강제 수단, 대가택강제가 있다.

이러한 경찰상 즉시강제는 국민의 자유와 권리의 보호 및 사회 공공의 질서 유지를 위하여 행사하는 것이지만 그 인권 침해와 권리 제한의 정도가 크기 때문에, 경찰관의 직권은 직무 수행에 필요한 최소 한도 내에서 행사되어야 하며, 이를 남용하여서는 안 된다(경찰관직무집행법 제2조 2항).

(가) 대인적 즉시강제

대인적 강제는 사람의 신체에 실력을 가하여 경찰상 필요한 상태를 실현시키는 것을 말한다. 대인적 강제는 사람의 자유를 구속하는 경찰강제를 말한다.

경찰관직무집행법상의 대인적 강제로는 불심 검문, 보호 조치, 위험 발생 방지 조치, 범죄의 예방·제지, 사실 확인·출석 요구, 장구 사용, 최루탄 사용, 무기 사용 등이 있다.

개별적 경찰법규상의 대인적 강제로는 강제 격리·강제 수용 및 응급 입원(전염병예방법, 정신보건법 등), 강제건강진단(전염병예방법), 우생 시술의 실시(모자보건법), 신원 확인·신원이나 거주 관계 입증 요구(주민등록법) 등이 있다.

보건위생 관계법상의 강제 격리나 강제수용(전염병예방법 제29조, 제42조 제1항, 마약법 제50조), 경찰관직무집행법상의 불심검문(제3조), 보호 조치(제4조), 위험 발생의 방지(제5조), 범죄의 예방과 제지(제6조), 경찰 장구의 사용(제10조의2), 분사기 등 사용(제10조의3), 무기의 사용(제10조의4) 등이 있다.

(나) 대물적 즉시강제

대물적 강제 수단은 물건의 소유자나 점유자 등의 의사에 반하여 물건에 대하여 실력을 행사함으로써 재산권을 사실상 침해하는 즉시강제를 말한다. 대물적 강제는 물건에 대한 소유권, 기타의 권리를 침해하는 경우를 말한다.

경찰관직무집행법상의 대물적 강제 수단으로 임시 영치, 위험 발생 방지 조치, 방역(전염병예방법)이 있다.

개별적인 경찰 법규상의 대물적 즉시강제로는 폐기(식품위생법, 약사법), 소지의 박탈 또는 사용의 제한(총포법), 위법 광고물 철거(광고물관리법),

소화를 위한 강제처분(소방법) 등이 있다.

특별법의 규정으로는 불량식품의 폐기(식품위생법 제24조), 불량 의약품의 폐기(약사법 제65조 제2항), 불법 광고물의 철거(광고물단속법 제5조 제2항) 등이 여기에 속한다.

경찰관직무집행법상으로는 피구호자의 무기·흉기 등의 임시 영치(제4조 제3항)와, 미성년자보호법상 경찰서장의 권한으로 되어 있는 담배, 주류, 불량 만화, 음란물 등의 폐기 처분(제5조)이 여기에 해당된다.

(다) 대가택 즉시강제

대가택 강제는 거주자나 소유자의 의사에 반하여 주거나 창고, 영업소 등에 출입하고 검사·수색하는 조치이다. 대가택 강제는 소유자나 관리자의 의사에 반하여 타인의 건물 등에 들어가 위해의 방지나 구조 등 경찰상 필요한 조치를 취하는 경우이다. 이에는 위험 방지를 위한 가택 출입 검색과 가택 수색, 임검 등이 있다.

경찰관의 총포·도검·화약류 등의 제조소·판매소·저장소·사용 장소 등의 출입 및 조사(총포·도검·화약류 등 단속법 제44조), 경찰관직무집행법상의 위험 방지를 위한 출입(제7조)이 이에 해당한다.

(3) 즉시 강제의 한계

(가) 경찰상 즉시강제와 영장주의

경찰상의 즉시강제의 과정에서 경찰관이 신체의 자유를 제한하거나 가택에 출입하는 경우에 헌법 제12조와 제16조의 규정에 의하여 영장이 필요한지가 문제된다.

영장불요설	헌법상의 영장주의는 형사사법권의 행사시에 국민의 기본권을 보장하기 위한 규정이므로 경찰상의 즉시강제에는 적용되지 않는다는 견해
영장필요설	헌법상의 영장주의는 통치권의 부당한 행사로부터 국민의 자유와 권리를 보장하기 위한 수단이므로 경찰상의 즉시강제에도 필요하다는 견해
절충설	원칙적으로 헌법상의 영장주의는 경찰상 즉시강제에도 적용되어야 하나, 즉시강제의 특수성을 고려하여 경찰목적 달성에 불가피한 합리적인 사정이 있는 경우에는 영장을 요하지 않는다는 견해(통설)

(나) 경찰상 즉시강제와 유형력의 행사

경찰상의 즉시강제와 관련하여, 경찰관이 상대방의 저항을 받는 경우에 실력을 행사하여 이러한 저항을 배제할 수 있는지가 실무상 문제될 수 있다.

원칙적으로 경찰관은 즉시강제를 규정한 법의 목적을 실현하기 위하여, 구체적 상황에 따라 경찰 책임자에 대해서만 필요한 최소한의 강제력을 행사할 수 있다. 필요 이상으로 실력을 행사하여 상대방의 신체를 침해하거나, 경찰 책임자 이외의 자에게 유형력을 행사하는 것은 위법이 되며, 국가배상법상의 손해배상의 대상이 될 수 있다.

(다) 보충성, 급박성, 소극성, 비례성

의무를 명할 시간적 여유가 없는 경우에 한하는 것은 아니다.

(4) 경찰상 즉시강제에 대한 구제

(가) 행정쟁송

즉시강제는 공권력의 행사에 해당하는 사실행위로서, 성질상 단시간 내에 종료되어 버리므로, 행정처분과 같이 취소·변경을 구할 법률상의 이익(이른바 협의의 소익)이 존재하지 않는 것이 대부분이므로, 행정쟁송에 의한 구제는 즉시강제의 성질상 적합하지 아니하다.

다만 장기간에 걸친 강제수용이나 물건의 영치와 같은 경우에는 행정소송에 의한 구제도 가능하다고 하겠다.

(나) 손해전보 제도

불법한 즉시강제에 의하여 권리나 이익의 침해를 받은 개인은 국가배상법에 의한 손해배상을 통해서 구제를 받을 수 있다.

적법한 즉시강제에 의하여 수인(受忍)의 한도를 넘는 특별한 희생을 받은 경우에는 개별법(예를 들어 소방법 제5조)에 의한 보상 이외에 수용적 침해의 법리에 의하여 손실보상을 청구할 수 있다.

(다) 정당방위

경찰상의 즉시강제는 성질상 사전에 의무를 과함이 없이 행사되므로, 만약 그것이 자기 또는 타인의 법익에 대한 현재의 부당한 침해에 해당되는 경우에는 정당방위가 가능하다(형법 제21조).

(2) **경찰상 조사**

(가) 개념

경찰기관이 경찰작용을 적정하고 효과적으로 수행하기 위하여 필요한 자료를 얻기 위하여 하는 권력적 조사 작용을 말한다.

(나) 근거

법률에 구체적인 수권 조항이 있는 경우에 한하여 당해 법률이 정하는 바에 따라서만 할 수 있다.

의의	경찰 목적을 위한 자료 수집을 위하여 행하는 일체의 권력적·비권력적 조사 작용(예: 질문·검사, 조사 목적을 위한 영업소 등에의 출입 등)
근거	강제조사는 구체적·법적 근거를 요하나, 임의조사는 조직법상의 근거만으로도 충분하다.

2 경찰벌

1) **의 의**

(1) **개념**

경찰법규상의 의무 위반에 대하여 일반 통치권에 의거하여 사후적으로 과하는 처벌을 말한다.

(2) **기능**

(가) 직접적 기능

과거의 의무 위반에 대한 제재를 가함으로써 경찰법규의 실효성을 확보하는 기능을 말한다.

(나) 간접적 기능

과거의 의무 위반자에 대한 제재를 통하여 경찰 의무자에게도 심리적 압박감을 가함으로써 장래의 의무 이행을 확보하는 기능을 말한다.

(3) 성질

(가) 징계벌과의 구별: 권력의 기초가 다르다.

구 분	경찰벌	징계벌
권력적 기초	일반통치권	특별권력 관계
목적	사회 질서 유지	내부 질서 유지
대상	일반국민	경찰공무원

(나) 집행벌과의 구별: 제재의 시기가 다르다.

경찰벌	집행벌
과거의 의무 위반에 대한 제재	장래의 의무 이행을 확보하기 위한 제재

(다) 형사벌과의 구별: 부과되는 범죄의 성격, 비행의 성질이 다르다.

구별설	자연범(형사벌)과 법정범(경찰벌)으로 구분된다.
구별 부정설	형벌 부과가 동일하다

경찰벌	형사벌
법정범에 대한 제재의 성격	자연범에 대한 제재의 성격
경찰법규가 정한 명령·금지에 위반함으로써 비로소 반(反)사회성이 되는 행위	형사범이 법규를 기다리지 않고도 반(反)사회성이 인정되는 행위

경찰책임 원칙	고의 과실 불필요	
징계벌(책임)	불필요	특별권력 관계
민사 책임	불필요	
경찰벌	필요	일반 통치권
형사벌(책임)	필요	일반통치권
변상 책임	고의 중과실	

(4) 근거

경찰벌은 성질상 처벌적 성격을 가지고 있기 때문에 반드시 법률의 근거가 있어야 한다.

법률은 경찰벌의 벌칙을 명령에 위임할 수 있으나, 일반적으로 위임은 허용되지 않고 '구체적으로 범위를 정하여' 위임하여야 한다.

지방자치단체는 조례로써 조례 위반 행위에 대하여 1천만 원 이하의 과태료의 벌칙을 정할 수 있다.

(5) 종류

(가) 경찰형벌

행정 목적을 직접 침해한 행위에 부과된다.

경찰법규상의 의무 위반에 대한 제재로서 형법상의 형(사형 · 징역 · 금고 구류 · 자격 정지 · 자격상실 · 벌금 · 과료 · 몰수)을 과하는 경찰벌

원칙적으로 형법 총칙이 적용된다.

(나) 경찰질서벌

행정 목적을 간접적으로 침해한 경우에 부과된다.

① 경찰법규상의 의무 위반에 대한 제재로서 과태료를 과하는 경찰벌

② 형법총칙이 적용되지 않는다.

(6) 경찰벌의 과벌 절차

(가) 경찰형벌의 과벌 절차

① 원칙

형사소송법상의 절차에 따라 법원에서 부과한다.

행정질서벌인 과태료와 행정형벌은 과벌 절차가 다르지만, 다 같이 행정벌이므로 동일한 행정범(行政犯)에 대하여 양자를 병과(倂科)할 수는 없다.

판례는 근거 법령의 성질과 목적이 다른 경우는 양자의 병과가 가능하다고 한다. "피고인이 거주지를 이전한 후 퇴거신고와 전입신고를 하지 아니하였다는 이유로 과태료 처분을 받고 이를 납부한 일이 있다 하더라도 그 후에 형사처벌을 한다고 해서 일사부재리의 원칙에 어긋하는 것이라고 할 수 없다. 일사부재리의 효력은 확정재판이 있을 때에 발생하는 것이고 위의 과태료는 행정법상의 질서벌에 지나지 아니하기 때문이다"(대판 1989. 6. 13. 88도1983).

② 예외

㉠ 통고처분

형사소송 절차에 대신하여 경찰행정청이 벌금 또는 과료에 상당하는 금액(범칙금)의 납부를 명하는 행위로서(예 : 도로교통사범) 즉심 회피, 신속이 목적이다.

제재금(범칙금) 성질, 서장 등 행정기관이 부과하며 행정소송이 불가(정식재판 보장)하다.

의 의	(1) 절차의 간이·신속을 주안으로 행정청이 정식재판에 갈음하여 일정한 벌금 또는 과료에 상당하는 금액의 납부를 명하는 준사법적 행정처분 (2) 경미한 법규 위반의 조세법·관세법·출입국관리법 및 경범죄처벌법 위반사범과 도로교통법상의 교통사범에 대하여 인정
특 징	(1) 도로교통법·경범죄처벌법상의 통고처분권자 ⇒경찰서장 (2) 통고처분은 처분의 일종이지만 행정소송의 대상이 아니다. ⇒형사소송 절차로 이행 (3) 통고처분은 이행하면 불가변력이 발생⇒다시 소추할 수 없다(일사부재리의 원칙).

㉡ 즉결심판 절차

20만 원 이하의 벌금·구류 또는 과료의 경찰 형벌은 '즉결심판에 관한 절차법'에 따라 즉결심판이 과하여진다.

주소, 성명 불상자, 도주자, 범칙금 통고서 수령 거부자, 60일 내 미납자는 즉심 대상이며, 즉심에 대한 이의는 7일 이내에 경찰서장에게 정식재판 청구를 하여야 한다.

의 의	판사가 경찰서장의 청구에 의하여 경미한 범죄사건에 관하여 공판 절차에 의하지 아니하고 20만 원 이하의 벌금·구류·과료에 처하는 간이 심판 절차
특 색	(1) 청구권자⇒관할 경찰서장(검사의 기소독점주의에 대한 예외) (2) 공소장 일본주의의 배제⇒청구와 동시에 필요한 서류 또는 증거물을 판사에게 제출 (3) 증거에 관한 특칙이 인정⇒자백의 보강 법칙 등의 적용이 배제 (4) 결석재판⇒벌금·과료를 선고하는 경우에는 가능 (5) 유치명령(유치명령) ⇒주거 부정·도망 염려시에 5일을 초과하지 않는 기간 경찰서 유치장에 유치할 것을 명령할 수 있다(즉심 피의자는 비보호가 원칙임). (6) 형의 집행⇒경찰서장이 행한다. (7) 정식재판의 청구⇒즉심에의 불복은 선고·고지일로부터 7일 이내에 정식재판청구서를 경찰서장에게 제출(경찰서장은 지체 없이 판사에게 송부)

구 분	경범죄처벌법	도로교통법
유형	−10만 원 이하의 벌금·구류·과료(§2) −구류와 과료의 병과가 가능	−20만 원 이하의 벌금·구류·과료 −구류와 과료의 병과가 가능
통고처분 제외 사유	(1) 통고처분서 받기를 거부한 사람 (2) 주거·신원 불명자 (3) 통고처분하기가 매우 어려운 사람	(1) 성명·주소가 불명자 (2) 달아날 염려가 있는 사람 (3) 법칙금납부통고서를 받기를 거부한 사람
효과	(1) 통고처분서를 받은 날로부터 10일 이내 납부(부득이한 사유시 5일간 유예 기간) (2) 미납부자는 납부 기간 만료일 20일 이내에 100분의 20을 더한 금액을 납부	
즉결심판	(1) 통고처분 적용 제외자는 경찰서장이 즉결심판을 청구하여야 한다. (2) 납부 기일 내에 범칙금을 미납부한 자 교통사범⇒납부 기간 만료일로부터 30일 이내에 즉결심판에 회부(령§76②) 경범죄처벌법 위반사범⇒지체없이 즉결심판에 회부	

③ 그 형(刑)은 경찰서장이 집행한다.

(나) 경찰질서벌의 과벌 절차

① 국가의 법령에 근거한 과태료

일반적으로 과태료에 처할 자의 주소지의 지방법원의 결정으로 비송사건절차법에 따라 정한다.

② 조례에 의한 과태료

조례에 의한 과태료는 지방자치단체의 장이 징수하며 기한 내에 납부하지 않은 경우에는 지방세 징수의 예에 따라 강제 징수한다.

(7) 경찰벌과 구제

(가) 경찰형벌에 대한 구제

항소 및 상고와 같은 불복 방법, 정식재판청구권, 형사보상청구권

(나) 경찰질서벌에 대한 구제

이의 신청이 가능하며, 관할법원은 비송사건절차법에 따라 과태료의 재판을 하게 된다. 즉시항고를 할 수 있다.

범칙금	과태료
경찰형벌	경찰질서벌
행위책임	상태책임
경찰서장 입증	행정기관의 고발과 검사의 입증
행정기관이 부과	법원
형소법	비송법
통고처분에 의하여 부과	소송에 의한 결정
정식재판 청구	항고에 의한 상소
과속 운전자에 부과	과속 차량 차주에 부과
벌점 부과	없음.

[표 4-3-10] 경찰벌

<table>
<tr><td>의의</td><td colspan="4">경찰법상의 의무 위반, 즉 과거의 비행에 대하여 일반통치권에 근거하여 과하는 제재로서의 벌(의무 불이행에 대하여서도 경찰벌을 과하도록 함으로써 간접적으로 의무 이행을 확보한다.)</td></tr>
<tr><td>근거</td><td colspan="4">(1) 경찰벌에 대한 일반법은 없고, 개별법에 특칙을 두고 있다.
(2) 법률·법규명령·조례(1천만 원 이하의 과태료 부과 가능)</td></tr>
<tr><td rowspan="3">종류</td><td>경찰형벌</td><td colspan="3">형법상의 형벌을 부과하는 경찰벌(직접적으로 경찰 목적을 침해한 행위)</td></tr>
<tr><td>경찰 질서벌</td><td colspan="3">과태료(過怠料)를 과하는 경찰벌 ⇒간접적으로 질서 유지에 장해를 줄 위험이 있는 경미한 경찰 의무의 위반 사항이 대상이 된다(예: 신고·보고·등록·서류 비치·장부 기재 의무 등의 위반).</td></tr>
<tr><td>조례에 의한 과태료</td><td colspan="3">(1) 지방자치법의 규정에 의하여 조례로써 과하는 행정벌
(2) 조례에 의한 과태료는 성질상 행정질서벌적인 것에 한정된다.</td></tr>
<tr><td rowspan="5">특수성</td><td rowspan="3">경찰형벌</td><td>적용</td><td colspan="2">원칙상 형법총칙이 적용되나, 적용 예외의 경우가 많다(예: 범의[고의는 불요, 법인의 범죄 능력 인정], 공범[적용이 배제되는 경우가 있다.], 책임 능력[한정책임 능력자도 책임이 인정], 책임주의[행위자 이외의 자를 벌하는 경우가 있다.→양벌 규정]).</td></tr>
<tr><td rowspan="2">과벌</td><td>원칙</td><td>형사소송법이 적용되고 법원에서 형사절차에 의하여 과벌</td></tr>
<tr><td>예외</td><td>통고처분·즉결심판·보호처분</td></tr>
<tr><td rowspan="2">경찰 질서벌</td><td>적용</td><td colspan="2">형법총칙의 적용이 없다.⇒고의·과실을 불문, 위법성의 인식도 불필요</td></tr>
<tr><td>과벌</td><td colspan="2">(1) 비송사건절차법의 적용
(2) 주무 행정기관의 부과 결정이나 주소지 관할 지방법원의 결정으로 과벌</td></tr>
</table>

3 기타 의무 확보 수단

① 과징금—이익 환수
② 공급 거부—위법 건축물, 무허가 업소에 전기, 수도, 가스 공급 거부
③ 여행 제한—여권 발급 제한
④ 공표—부동산 투기자, 고액 체납자 명단 공표—간접적·심리적 강제
⑤ 철회—허가, 인가 철회
⑥ 업소 폐쇄

제 5 절 경찰관직무집행법

1 경찰관직무집행법의 성격과 연혁

1) 성 격

경찰작용은 법률행위적 작용과 사실상의 작용으로 구분할 수 있는데, 경찰 하명이나 경찰 허가와 같은 행정행위는 법률행위적 작용이고, 경찰강제와 경찰벌은 사실상의 작용에 해당한다. 경찰강제에는 강제집행과 즉시강제가 있는데, 경찰관직무집행법은 경찰상 즉시강제에 관한 일반법이다.

우리의 경찰작용법은 1945년 일본의 패전에 따라 미군정이 실시되면서, 종래의 대륙법계의 치안 유지 중심의 행정경찰적 개념으로부터, 영미법계의 민주주의적 경찰 개념이 강조되면서 '국민의 생명·신체·재산의 보호'(1953년 경찰관직무집행법 제1조)가 경찰의 책무로서 강조되기에 이르렀다.

경찰관직무집행법은 경찰작용에 관한 법으로는 그 일반법이라고 할 수 있으며, 특히 즉시강제의 기본법으로서 각종의 즉시강제를 규정하고 있다.

경찰관직무집행법의 원전은 프랑스의 경죄처벌법전이다.

목적 (§1)	(1) 이 법은 국민의 자유와 권리의 보호 및 사회 공공의 질서 유지를 위한 경찰관의 직무 수행에 필요한 사항을 규정함을 목적으로 한다. ⇒ 영미법계 사고의 반영 (2) 이 법에 규정된 경찰관의 직권은 그 직무 수행에 필요한 최소한도 내에서 행사되어야 하며 이를 남용하여서는 아니 된다. ⇒ 비례의 원칙을 규정	
직무 범위 (§2)	범죄의 예방·진압 및 수사	
	경비·요인 경호 및 대간첩 작전 수행	경찰관직무집행법에만 규정(경찰법에는 없다.)
	치안정보의 수집·작성 및 배포	
	교통의 단속과 위해의 방지	
	기타 공공의 안녕과 질서 유지	일반 조항성의 인정 여부: 부정(多)⇔긍정(判)

2) 연 혁

(1) 행정경찰장정(1894년)

행정경찰장정은 우리 나라 최초의 경찰작용법으로서, 일본의 행정규칙을 모방한 것이다.

(2) 경찰관직무집행법(1953년)

경찰관직무집행법은 미군의 비경찰화 정책으로 경찰의 직무를 보안경찰 또는 사법경찰로 국한하고, 경찰권 발동에 제약과 한계를 분명히 하여 개인의 기본권 보호라는 소극적 측면에 중점을 둔 일본의 '경찰관 등 직무집행법(1948년)'을 계수한 것이다.

따라서 영미법계의 민주주의적 이념에 따라 '국민의 생명 · 신체 · 재산의 보호'가 경찰의 책무로서 강조되었다. 그러나 작전 · 경호 · 정보 업무 등 국가 목적적 경찰작용에 대한 법적 근거가 없어 불법 시비 및 권한 남용의 문제점을 지니고 있었다.

(3) 1차 개정(1981년)

① 직무규정(제2조)을 마련하여 국가 안전 보장 업무인 경호 · 작전 · 정보 업무 등의 수행 근거를 신설

② 경찰 장구 사용 · 사실 조회 등에 대한 규정 신설

③ 유치장의 설치 근거 신설

(4) 2차 개정(1988년)

① 임의동행의 요건과 절차 강화

② 임시 영치 기간을 10일로 단축

③ 경찰관의 직권 남용에 대한 벌칙을 1년 이하의 징역 · 금고로 강화

(5) 3차 개정(1989년)

'화염병 사용 등 처벌에 관한 법률'의 제정으로 최루탄 사용 조항 추가

(6) 4차 개정(1991년)

① 범죄와의 전쟁을 선포하고 경찰 활동의 활성화 방향으로 개정

② 임의 동행시 사전 고지 의무 삭제, 임의 동행에 의한 경찰관서 체류

시간을 6시간으로 완화

③ 경찰관의 장구 사용 대상에 현행 범인 추가

(7) 5차 개정(1996년)

해양경찰의 해양수산부로의 이관에 따라 해양경찰에게도 경찰관직무집행법을 적용하기 위하여 개정

(8) 6차 개정(1999년)

① '장비'의 정의 규정 신설

② 인신에 위해 염려가 있는 경찰 장비에 대한 종류·사용 기준.·안전교육·안전검사 기준을 대통령령으로 정하도록 규정

③ 분사기 또는 최루탄의 사용 기록 보관 및 경찰장비의 임의 개조 금지 규정의 신설

2 경찰관직무집행법의 목적과 한계

1) 경찰관직무집행법의 목적

(1) 경찰의 기본적 임무 수행을 위한 즉시강제 수단 등의 규정

경찰관직무집행법은 국민의 자유와 권리의 보호 및 사회 공공의 질서 유지를 위한 경찰관의 직무 수행에 필요한 사항을 규정함을 목적으로 한다(제1조 1항). 그러나 범죄의 수사와 교통의 단속과 관련해서는 형사소송법과 도로교통법이 우선 적용되고 경찰관직무집행법은 보충적으로 적용된다.

경찰관직무집행법은 경찰법이 규정하는 국민의 생명·신체 및 재산의 보호와 공공의 안녕과 질서 유지라고 하는 경찰의 기본적 임무 수행을 위해서 필요한 즉시강제 수단 등을 규정한 것이다.

범죄의 수사와 교통의 단속에 관해서는 형사소송법과 도로교통법이 있기 때문에 경찰관직무집행법은 공공의 안녕과 질서 유지를 위해서 필요한 한도 내에서 보충적으로 적용된다.

(2) 적용 범위

여기서 경찰관이란 경찰 업무를 수행하는 국가공무원으로서 모든 경찰관을 말한다.

경찰관직무집행법은 경찰공무원법상의 경찰공무원과 전투경찰대설치법상의 작전전투 경찰순경 및 의무전투 경찰순경의 직무 수행에 적용된다.

해양경찰은 경찰법의 적용 대상은 아니나, 경찰공무원법의 적용 대상이며, 해양에서는 경찰관직무집행법에 의하여 직무를 수행한다.

청원경찰은 청원경찰법 제3조에 의거하여 그 경비구역 내에 한하여 경비임무를 수행하기 위하여 경찰관직무집행법에 의한 직무를 수행하도록 되어 있다.

> ① 경찰공무원법상의 순경에서 치안총감까지의 모든 공무원
> ② 전투경찰대설치법상의 전투경찰순경(의경 포함)
> ③ 사법경찰관리의 직무를 행할 자와 그 범위에 간한 법률 및 국가정보원법에 규정된 소정의 직무를 수행하는 특별사법경찰관리
> ④ 청원경찰법상 그 경비구역 내에 한하여 경비 임무를 수행하는 청원경찰
> ⑤ 해양경찰은 경찰법의 적용 대상은 아니지만, 경찰공무원법과 경찰관직무집행법은 적용된다.

2) 경찰관직무집행법의 한계

(1) 광의의 비례 원칙

경찰관의 직권은 그 직무 수행에 필요한 최소 한도 내에서 행사되어야 하며 이를 남용하여서는 아니 된다(제1조 2항). 이러한 경찰 비례의 원칙에 위반한 경우에는 1년 이하의 징역이나 금고에 처한다(제12조).

이 원칙은 경찰관직무집행법상의 모든 직무를 수행하는 데 기본 원칙이 된다.

(2) 상당성의 원칙

경찰관은 불심 검문, 보호 조치, 사실의 확인, 경찰 장구의 사용, 무기의 사용 등의 경우에, 이러한 조치를 취하여야 할 상당한 이유가 있어야만 즉시강제가 가능하다.

(3) 필요성의 원칙

경찰관은 사실의 확인, 경찰 장구의 사용, 분사기 등의 사용, 무기의 사용 등의 경우에, 이러한 조치를 취하여야 할 필요 또는 부득이한 경우에 한하여 직권의 행사가 가능하다.

(4) 보충성의 원칙

경찰관의 무기 사용은 무기를 사용하지 않고는 다른 수단이 없을 때에 한하여 가능하다. 다만, 대간첩 작전 수행시에 무장간첩이 경찰관의 투항명령을 받고도 이에 불응하는 경우에는 보충성을 요하지 않는다.

3 경찰관직무집행법상 직무 범위(제2조)

1) 개 관

종래에는 경찰관의 직무를 제1조의 목적에서 추상적으로 규정하고 있던 것을 1981년 1차 개정시 제2조에서 구체적으로 예시하였다.

직무의 범위는 본래 조직법에서 사물 관할의 범위로서 규정되어야 할 내용이나, 우리 나라 경우 조직법과 작용법에서 모두 규정하고 있는 특징을 가지고 있다.

2) 범죄의 예방 · 진압 및 수사

(1) 범죄의 예방 · 진압

경찰의 주임무로서 특히 범죄의 진압보다 예방이 더욱 중요하다.

범죄 예방을 위한 일반적 수단으로 경찰관직무집행법상의 불심 검문, 범죄의 예방과 제지 등이 있으며, 특별 수단으로 총포 · 도검 · 화약류 등 단속법에서 총포 · 도검 등 소지 시 관할 경찰서장의 허가, 집회 및 시위에 관한 법률에서 옥외 집회 및 시위의 신고 등이 있다.

(2) 범죄의 수사

범죄의 수사는 형사소송법 제196조에서 규정하고 있는 바, 사법경찰 활동인 수사를 본법에서 직무로 규정하고 있는 것은 경찰법 제3조에서와 마찬가지로 사물 관할의 범위를 규정한 것이라고 보여진다.

(3) 경비 · 요인 경호 및 대간첩 작전의 수행

경비는 특정 지역과 시설 및 행위 등에 대하여 경계 · 순찰 및 방위하는 임무를 말한다.

요인 경호는 특수한 사람에 대하여 가해지는 위해의 방지 또는 제거 활동으로서 종래 대통령경호실법, 경호규정 등에 근거하였으나, 본법에서 경찰의 고유 업무로 명시하고 있다.

대간첩작전 수행의 임무도 1970년 전투경찰대설치법에서 근거를 두고 있으나, 본법에 직접 명시하였다.

(4) 치안정보의 수집 · 작성 및 배포

과거에는 관행이나 각종 법령에 단편적으로 규정되어 시행되어 오던 것을 명문화하여 경찰의 직무로 규정하였다.

경찰은 공공의 안녕과 질서에 대한 위험 또는 경찰 위반의 상태를 제거하기 위하여, 그 전제가 되는 치안정보 또는 그 배경이 되는 내외의 정치 · 경제 · 사회 · 문화 등의 일반적 정보 등을 수집 · 분석 · 작성 · 배포하는 임무를 수행한다.

(5) 교통의 단속과 위해의 방지

교통에 의해 발생될 위해를 예방하기 위한 단속 · 방지 활동을 의미한다.

(6) 기타 공공의 안녕과 질서 유지

앞에 나온 제1호에서 제4호를 모두 포괄하는 개념일 뿐만 아니라, 이에 예시되지 않은 사항일지라도 공공의 안녕과 질서 유지에 관계되는 사항은 경찰의 직무 범위에 포함된다.

> 1. 범죄의 예방 · 진압 및 수사
> 2. 경비 · 요인 경호 및 대간첩 작전의 수행
> 3. 치안정보의 수집 · 작성 및 배포
> 4. 교통의 단속과 위해의 방지
> 5. 기타 공공의 안녕과 질서 유지
>
> 공공의 안녕과 질서 유지는 다른 모든 임무를 포괄하는 개념으로, 경찰관직무집행법 제2조에 예시되지 않은 사항일지라도 공공의 안녕과 질서 유지에 관계되는 사항은 경찰의 직무 범위에 포함된다.

4 경찰관직무집행법의 주요 내용

1) 경찰상 즉시강제 수단

사실작용이다.

(1) 대인적 즉시강제 수단

(가) 불심검문(제3조)

① 의의

불심검문이란 경찰관이 범죄의 수사 및 범인의 검거 등 그 직무를 수행하기 위하여, 거동이 수상하다고 인정되는 자를 정지시켜 직접 질문하여 조사하는 것으로서 넓게 보면, 동행, 흉기 조사까지 포함하는 개념이다.

② 법적 성격

행정경찰작용 특히 방범경찰작용에 속한다.

③ 법적 근거

ⓐ 경찰관직무집행법 제3조 1항~7항

ⓑ 형사소송법 제211조

ⓒ 주민등록법 제17조의10(주민등록증 제시 요구)

④ 필요성

범죄 예방과 수사에서 가장 기초적인 경찰 활동이라 할 수 있다.

범죄인에게는 심리적 제약을 주어 범행의 예비 및 실행 단계에서 이를 포기 또는 저지시켜 범죄 예방의 효과를 거둘 수 있고, 나아가 장물 발견 등으로 수사의 단서가 되어 검거하는 데 중요한 역할을 하고 있다.

일반인에게는 경찰이 활동하고 있다는 인식과 함께 안정감을 주어 대(對)국민 신뢰를 얻을 수 있는 수단이기도 하다.

⑤ 불심검문의 요건

㉠ 판단 요소

ⓐ 수상한 거동

ⓑ 주위의 사정

㉡ 판단 표준

직무를 행하는 경찰관의 주관적이고 독단적인 판단이 아닌 객관적인 합리성이 담보되어야 한다.

㉢ 검문의 대상자

경찰관은 수상한 거동, 기타 주위의 사정을 합리적으로 판단하여 어떠한 죄를 범하였거나 범하려 하고 있다고 의심할 만한 상당한 이유가 있는 자 또는 이미 행하여진 범죄나 행하여지려고 하는 범죄행위에 관하여 그 사실을 안다고 인정되는 자(참고인)를 정지시켜 질문할 수 있다.

㉣ 준비 요소

침착, 치밀, 과감, 기민성

⑥ 불심검문의 수단

㉠ 정지

정지라 함은 움직이고 있는 행동을 경찰관 앞에서 중지하게 함을 말한다.

㉡ 질문

질문이란 경찰관이 특정인에 대하여 일정한 사항을 물어봄으로써 그에 대한 의심을 풀거나, 경찰 목적상 필요한 사항을 알아내는 것을 말한다.

㉢ 소지품 검사

불심검문에 수반하여 흉기 등의 소지 여부를 밝히기 위하여 거동이 수상한 자의 옷이나 휴대품을 조사하는 것을 말한다. 검사의 수단은 관찰과 제시 요구 및 외표 검사이다. 경찰관은 거동 수상자에 대하여 질문을 할 때에 흉기의 소지 여부를 조사(강제 가능)할 수 있다. 소지품 검사의 대상은 흉기에 한한다.

⑦ 자동차 검문

자동차 운행자의 경우 일반 보행자와 달리 외관으로부터 불심검문의 요건 사실을 발견하기 어렵기 때문에 일체의 차량을 정지 또는 서행시켜야 한다는 점에서 그 허용 한계가 논란이 되고 있다.

⑧ 임의동행

㉠ 의의

경찰관은 불심검문을 할 때 그 장소에서 질문하는 것이 당해인에게 불리하거나, 도로가 좁다든지 교통량이 많아서 일반 교통에 방해가 되는 때에 질문하기 위하여 부근의 경찰관서에 동행할 것을 요구할 수 있다(제3조 제

2항).

㉡ 법적 성질: 임의성

임의동행은 피질문자 등의 편의를 위하여 인정되고, 경찰관직무집행법 제3조 제2항 단서에서 동행요구거절권을 규정하고 있는 만큼 임의처분임이 명백하다. 따라서 경찰관이 임의동행을 할 때에는 상대방의 동의나 승낙을 얻어야 한다.

㉢ 동행 사유

그 장소에서 질문을 하는 것이 당해인에게 불리하거나 교통의 방해가 된다고 인정되는 때에는 질문하기 위하여 부근의 경찰서・지서・파출소 또는 출장소(이하 "경찰관서"라 하되, 지방해양경찰관서를 포함한다)에 동행할 것을 요구할 수 있다. 이 경우 당해인은 경찰관의 동행 요구를 거절할 수 있다.

ⓐ 본인에게 불리한 경우: 사람이 많이 있는 장소에서 본인의 명예나 수치심을 해하는 경우, 계절적으로 혹서, 혹한 등의 경우 등과 같이 객관적으로 볼 때 물리적・심리적・경제적으로 본인에게 불리한 것이 명백한 경우이다.

ⓑ 교통의 방해가 된다고 인정되는 경우: 그곳에서 질문하고 있는 것 자체가 다른 교통에 방해가 되는 경우와 질문을 하고 있는 중 사람이 모여들어 그것이 교통 방해가 되는 경우 등이다.

㉣ 동행 절차

직무 질문을 하거나 동행을 요구할 경우 경찰관은 당해인에게 자신의 신분을 표시하는 증표를 제시하면서 소속과 성명을 밝히고 그 목적과 이유를 설명하여야 하며, 동행의 경우에는 동행 장소를 밝혀야 한다.

ⓐ 임의동행을 한 경우 경찰관은 당해인의 가족 또는 친지 등에게 동행한 경찰관의 신분, 동행 장소, 동행 목적과 이유를 고지하거나 본인으로 하여금 즉시 연락할 수 있는 기회를 부여하여야 하며, 변호인의 조력을 받을 권리가 있음을 고지하여야 한다(경찰관직무집행법 제3조 제5항). 불심검문자는 피의자가 아니므로 진술거부권을 고지할 필요가 없다.

ⓑ 임의동행을 한 경우 경찰관은 당해인을 6시간 초과하여 경찰관서에 머물게 할 수 없다(동법 제3조 제5항).

ⓒ 임의동행시 경찰관은 소속 관서의 장에게 이를 보고하여야 한다(시행령 제7조).

ⓓ 신체의 구속 및 답변의 강요 금지

경찰관이 불심검문시에 질문을 하거나 경찰관서에 동행하여 질문을 할 경우에 당해인은 형사소송에 관한 법률에 의하지 아니하고는 신체를 구속당하지 아니하며 그 의사에 반하여 답변을 강요당하지 아니한다(제3조 제7항).

[표 4-3-11] 불심검문

<table>
<tr><td>의의</td><td colspan="2">(1) 경찰관이 범죄의 예방 및 범인 검거를 목적으로 거동이 수상한 자를 정지시켜서 질문・조사하는 작용(일반경찰작용+사법경찰작용)
(2) 자동차 검문도 불심검문에 해당</td></tr>
<tr><td rowspan="3">방법
(수단)</td><td>(직무)질문</td><td>(1) 거동 수상자에게 행선지・성명・주소・소지품의 내용 등을 물어보는 방법
(2) 피의자에 대한 조사작용이 아니므로 '진술거부권'을 알릴 필요는 없다.
(3) 질문시 상대방의 의사를 제압하지 않는 정도의 물리력의 행사는 허용한다.</td></tr>
<tr><td>임의동행</td><td>(1) 당해 장소에서 질문을 하는 것이 당해인에게 불리하거나 교통에 방해가 되는 경우 본인의 승낙을 얻어 부근의 경찰관서에 동행하는 것⇒당사자는 동행 요구를 거절할 수 있고, 동행 후 언제든지 퇴거의 자유가 있다.
(2) 동행한 당해인을 6시간을 초과하여 경찰관서에 머물게 할 수 없다.</td></tr>
<tr><td>흉기소지 조사</td><td>(1) 피질문자에 대하여 흉기의 소지 여부를 조사하는 것
(2) 이 때의 신체 수색은 오직 흉기의 소지유무를 조사하는 데 그쳐야 한다.</td></tr>
<tr><td>당사자의 절차적 권리</td><td colspan="2">(1) 검문하는 경찰관의 신분과 불심검문의 목적・이유를 알 권리(경찰관의 증표에 제시)
(2) 임의동행시 동행 장소를 알릴 권리
(3) 자신의 의사에 반하여 답변을 강요당하지 않을 권리
(4) 임의동행시 가족 또는 친지 등에게 즉시 연락할 수 있는 기회와 변호인의 조력을 받을 권리가 있음을 고지하여야 한다.</td></tr>
</table>

(2) 보호 조치(제4조)

(가) 의의

보호 조치라 함은 경찰관이 긴급구호를 요하는 자를 발견한 때에 관계기관에 긴급구호를 요청하거나 경찰관서에 일시적으로 보호하여 구호의 방법을 강구하는 조치를 말한다. 경찰관은 수상한 거동, 기타 주위의 사정을 합리적으로 판단하여 다음 각 호의 1에 해당함이 명백하며 응급의 구호를 요한다고 믿을 만한 상당한 이유가 있는 자를 발견한 때에는 보건의료기관 또는 공공구호기관에 긴급구호를 요청하거나 경찰관서에 일시적으로 보호하는 등 적당한 조치를 할 수 있다.

(나) 법적 성격

경찰강제 중 경찰상 대인적 즉시강제 수단의 일종이며, 다만 긴급구호의 요청은 즉시강제 자체가 아니라 즉시강제에 수반한 후속적 조치로서 사실행위이다.

(다) 보호 조치의 대상자

① 강제보호 대상자

정신착란 또는 술취한 상태로 인하여 자기 또는 타인의 생명·신체와 재산에 위해를 미칠 우려가 있는 자와 자살을 기도하는 자는 본인의 의사와는 관계 없이 강제 보호할 수 있다.

② 임의보호 대상자

미아, 병자, 부상자 등으로서 적당한 보호자가 없으며 응급의 구호를 요한다고 인정되는 자이다. 다만 당해인이 이를 거절하는 경우에는 보호할 수 없는 점에서 임의보호 대상자이다.

1. 정신착란 또는 술취한 상태로 인하여 자기 또는 타인의 생명·신체와 재산에 위해를 미칠 우려가 있는 자와 자살을 기도하는 자(강제보호 대상자)
2. 미아·병자·부상자 등으로서 적당한 보호자가 없으며 응급의 구호를 요한다고 인정되는 자. 당해인이 이를 거절하는 경우에는 예외로 한다(임의보호 대상자).

(라) 보호 조치의 방법

① 보호 조치의 요건

수상한 거동, 기타 주위의 사정을 합리적으로 판단하여 응급 구호를 요한다고 믿을 만한 상당한 이유가 있는 자에 대하여 보호 조치할 수 있으며, 이 경우 경찰은 제1차적으로 보호 조치를 발동해서는 안 될 것이며, 최후 보충적 수단으로 행하여져야 한다.

② 긴급구호의 요청

경찰관이 긴급구호를 요하는 사람을 발견한 때에는 보건의료기관이나 공공구호기관에 긴급구호를 요청할 수 있다. 의료기관이나 구호기관에서 보호하는 것이 원칙적 방법이고, 경찰관서에서의 보호는 예외적·일시적 보호이다.

③ 경찰관서에서의 일시 보호

피구호자를 보호자나 관계 기관에 인계할 때까지 일시 보호하거나, 보호 조치 사유가 해제될 때까지 일시 보호하는 것을 말한다. 보호 조치를 취하는 경우에 피구호자가 휴대하고 있는 무기·흉기 등 위험을 야기할 수 있는 것으로 인정되는 물건은 경찰관서에 임시 영치할 수 있다.

④ 긴급구호 요청의 거부 금지

경찰관의 긴급구호 요청을 받은 보건의료기관이나 공공구호기관은 정당한 이유 없이 긴급구호를 거부할 수 없다(제4조 제2항).

⑤ 보호 및 임시 조치 기간

경찰관서에서의 보호는 24시간을 초과할 수 없다. 따라서 24시간 내에 병원·구호기관 등에 인계하거나 귀가시키거나 보호 조치를 해제하여야 한다. 임시 영치는 10일을 초과할 수 없다.

(마) 사후 조치

① 통지와 인계

경찰관이 긴급구호를 요하는 자를 발견하여 긴급구호를 요청하거나 경찰관서에 보호하는 등 조치를 했을 때는 지체없이 이를 피구호자의 가족, 친지 기타의 연고자에게 그 사실을 통지하여야 하며, 연고자가 발견되지 아니할 때에는 피구호자를 적당한 공중보건의료기관이나 공공구호기관에 즉시 인계하여야 한다(제4조 제4항).

② 소속 경찰서장에게 보고

경찰관은 피구호자를 공중보건의료기관 또는 공공구호기관에 인계한 때에는 즉시 그 사실을 소속 경찰서장 또는 지방해양경찰관서의 장에 보고하여야 한다(제4조 제5항).

③ 경찰서장의 통보

보고받은 소속 경찰서장은 다시 이를 당해 공중보건의료기관이나 공공구호기관의 장 및 그 감독행정청에 서면으로 통보하여야 한다. 이는 보호시설의 수용 과정에 있을지도 모를 인권 침해의 소지를 사전에 제거하려는 것이다.

[표 4-3-12] 보호 조치

의의	경찰관이 긴급구호를 요하는 자를 발견할 때 보건의료기관·공공구호기관에 긴급구호를 요청하거나 경찰관서에 일시적으로 보호해 구호의 방법을 강구하는 조치	
성질	원칙적으로 재량행위이나 구체적 상황하에서는 기속성이 인정되어 국가배상 책임이 인정되는 경우도 있다(大判).	
대상	강제보호	(1) 정신착란 또는 술취한 상태로 인하여 위해를 미칠 우려가 있는 자 (2) 자살 기도자
	임의보호	미아·병자·부상자 등⇒당해인이 이를 거절하는 경우에는 예외로 한다.
내용	(1) 무기·흉기 등의 임시 영치⇒보호 조치시 피구호자가 휴대하고 있는 무기·흉기 등 위험을 야기할 수 있는 것으로 인정되는 물건은 경찰관서에 임시 영치할 수 있다. (2) 경찰관서에서의 보호 조치는 24시간을, 임시 영치는 10일을 초과할 수 없다.	

(3) 위험 발생의 방지(제5조)

(가) 의의

위험 발생의 방지란 경찰관이 인명·신체에 위해를 미치거나 재산에 중대한 손해를 끼칠 위험한 사태가 발생한 경우에 취하는 경찰상 즉시강제 조치를 말한다.

(나) 법적 성격

대인적·대가택적 경찰상 즉시강제 수단이다.

(다) 일반적 위험 방지 조치

① 조치를 취할 수 있는 요건

인명 또는 신체에 위해를 미치거나 재산에 중대한 손해를 끼칠 우려가 있는 위험이 절박한 사태로서, 천재·사변·공작물의 손괴·교통사고·위험물의 폭발·광견·분마류 등의 출현, 극단의 혼잡, 기타 위험한 사태가 있어야 한다.

② 조치의 수단

㉠ 경고 조치

경찰관은 위험한 장소에 집합한 자, 사물의 관리자에게 필요한 경고를 발할 수 있다.

㉡ 억류 또는 피난의 조치

경찰관은 특히 긴급을 요할 때에는 위해를 받을 우려가 있는 자에 대하여 필요한 한도에서 이를 억류하거나 피난시킬 수 있다.

㉢ 위험 방지의 조치

경찰관은 위험 사태의 발생 장소에 있는 자, 사물의 관리자, 기타 관계자에 대하여 위험 방지상 필요하다고 인정되는 조치를 취하게 하거나, 또는 스스로 그 조치를 취할 수 있다.

㉣ 대간첩작전 수행과 소요 사태 진압을 위한 통행 제한 조치

경찰관서의 장은 대간첩 작전 수행 또는 소요 사태의 진압을 위하여 필요하다고 인정되는 상당한 이유가 있을 때에는 대간첩 작전지역 또는 경찰관서·무기고 등 국가 중요 시설에 대한 접근 또는 통행을 제한하거나 금지할 수 있다(접근 또는 통행의 제한·금지).

ⓐ 조치권자

본 조에서의 접근 또는 통행의 제한·금지의 주체는 개개 경찰관이 아니고 경찰관서의 장으로 표현되고 있다. 이는 신중한 발동을 위하여 파출소장 이상의 각급 경찰관서의 장만이 이를 할 수 있도록 한 것이다.

ⓑ 조치의 요건

대간첩 작전 수행 또는 소요 사태 진압을 위하여 필요하다고 인정되는 상당한 이유가 있을 때이다.

ⓒ 조치의 수단

i) 접근 또는 통행의 제한 및 금지

ii) 고지

제한·금지는 국민의 일상 생활에 직접 영향을 미치므로 이러한 조치를 국민이 사전에 알도록 충분히 알려야 할 것이다.

1. 그 장소에 집합한 자, 사물의 관리자, 기타 관계인에게 필요한 경고를 발하는 것(경고)
2. 특히 긴급을 요할 때에는 위해를 받을 우려가 있는 자를 필요한 한도 내에서 억류하거나 피난시키는 것(억류 또는 피난)
3. 그 장소에 있는 자, 사물의 관리자 기타 관계인에게 위해 방지상 필요하다고 인정되는 조치를 하게 하거나 스스로 그 조치를 하는 것(위해 방지 조치)

(마) 사후 조치

경찰관이 위험 발생 방지의 조치를 한 때에는 소속 경찰관서의 장에게 보고하여야 한다. 경찰관서의 장은 대간첩 작전 수행 또는 소요 사태 진압을 위하여 접근 또는 통행의 제한·금지 조치를 하거나, 위험 발생 방지 조치에 대한 보고를 받은 경우에는 관계 기관의 협조를 구하는 등 적당한 조치를 하여야 한다.

[표 4-3-13] 위험 발생 방지 조치

의의	(1) 경찰관이 임명 또는 신체에 위해(危害)를 미치거나 재산에 중대한 손해(損害)를 끼칠 우려가 있는 위험한 사태가 발생할 때에 이를 방지하기 위하여 취하는 특정 조치 (2) 경찰 비책임자에 대한 경찰권의 발동을 예정하고 있다.	
성격	대인적 강제+대물적 강제+(대가택 강제)	
내용(수단)	경고	경고를 받은 상대방은 수인 의무를 부담
	억류·피난 조치	(예 : 화재나 건물 붕괴 현장에서 사람들을 대피)
	위해 방지 조치	(예 : 예견 등의 사살을 명하거나 경찰관이 직접 사살하는 경우)
	접근·통행의 제한·금지	대간첩 작전 수행 또는 소요 사태의 진압시 대간첩 작전지역 또는 국가 중요시설에 대한 접근 또는 통행을 제한하거나 금지하는 조치

(4) 범죄의 예방과 제지(제6조)

(가) 의의

범죄의 예방과 제지란 경찰관이 범죄행위가 목전에서 행하여지려 하고 있다고 인정될 때 이를 예방하기 위하여 관계인에게 필요한 경고를 발하고, 그 행위로 인하여 인명·신체에 위해를 미치거나 재산에 중대한 손해를 끼칠 우려가 있어 긴급을 요할 때 그 행위를 제지하는 것을 말한다.

(나) 법적 성격

경찰상 대인적 즉시강제 수단의 일종이다.

(다) 요건

① 범죄행위가 목전에 행하여지려고 하고 있다고 인정될 때이다.

② 목전에서 행하여지려고 하는 범죄행위로 인하여 인명·신체에 위해를 미치거나, 재산에 중대한 손해를 끼칠 우려가 있어 긴급을 요할 때이다.

③ 경고와 제지의 목적은 '예방하기 위하여'이다.

(라) 대상

경고의 대상은 '관계인'이다. 관계인이란 그 범죄행위가 실행되려고 하는 사태에 직·간접으로 관계가 있는 사람을 널리 지칭한다. 그러므로 가해자로서의 범인뿐만 아니라 범행의 대상이 되리라고 생각되는 자를 의미한다.

제지의 대상은 목전의 범죄를 범하려고 하는 자 및 당해 행위자에 한정된다.

(마) 수단

① 경고

경고라 함은 범죄의 예방을 위하여 범죄행위로 나아가려고 하는 것을 중지하도록 통고하는 것을 말한다. 경고의 방법에는 제한이 없으며 구두, 신호, 문서, 확성기, 경적 등 사태에 따라 적당한 방법으로 하면 된다.

② 제지

제지라 함은 실력에 의한 행위의 강제적 중지 또는 중지하지 않을 수 없는 상태로 만드는 것을 의미한다. 제지의 형태에는 제한이 없다. 무기 사용을 의미하는 것은 아니다.

[표 4-3-14] 범죄의 예방과 제지

의의	경찰관이 범죄행위가 목전에 행하여지려고 하고 있다고 인정될 때에 이를 예방하기 위하여 관계인에게 필요한 경고를 발하고, 그 행위로 인하여 인명·신체에 위해를 미치거나 재산에 중대한 손해를 끼칠 우려가 있어 긴급을 요하는 경우에는 그 행위를 제지하는 조치
범죄행위	모든 형벌 법령에 저촉되는 일체의 행위를 의미

(5) 경찰장비의 사용(제10조)

(가) 의의

경찰관직무집행법 제10조 제1항은 경찰관은 직무 수행 중 경찰장비를 사용할 수 있다고 규정하고, 다만 인명 또는 신체에 위해를 가할 수 있는 경찰장비에 대해서는 필요한 안전교육과 안전검사를 실시하여야 한다고 규정하고 있다. 경찰장비의 종류 및 그 사용 기준, 안전교육·안전검사의 기준 등에 대하여는 대통령령으로 정한다.

(나) 경찰장비의 개념

경찰장비라 함은 무기, 경찰장구, 최루제 및 그 발사 장치, 감식 기구, 해안감시기구, 통신기기, 차량·선박·항공기 등 경찰의 직무 수행을 위하여 필요한 장치와 기구를 말한다. 특히 무기, 경찰 장구, 최루제 및 그 발사 장치 등과 같이 그 장비의 통상의 용법대로 사용하는 경우 사람의 생명 또는 신체에 위해를 가할 수 있는 장비를 위해성 장비라 한다.

(다) 경찰

경찰장비는 임의로 개조하거나 임의의 장비를 부착하여 통상의 용법과 달리 사용함으로써 타인의 생명·신체에 위해를 주어서는 아니 된다.

경찰장비는 통상의 용법에 따라 필요한 최소한의 범위 내에서 이를 사용하여야 한다.

경찰장비 사용으로 부상자가 발생한 경우 즉시 구호, 기타 필요한 긴급 조치를 하여야 한다.

경찰장구	수갑·포승·호송용 포승, 경찰봉·호신용 경봉, 전자충격기·방패·전자방패
무기	권총·소총·기관총(기관단총 포함)·산탄총·유탄발사기·박격포·3인치포·함포·크레모아·수류탄·폭약류·도검
분사기 등	근접분사기·가스분사기·가스발사총(고무탄 발사겸용 포함)·최루탄(발사장치 포함)
기타	가스차·살수차·특수진압차·물포·석궁·다목적발사기·도주차량차단장비

(6) **경찰장구의 사용**(제10조의2)

(가) 경찰장구

'경찰장구'라 함은 경찰관이 휴대하여 범인 검거와 범죄 진압 등 직무 수행에 사용하는 수갑·포승·경찰봉·방패 등을 말한다. 이 밖에도 호승용 포승, 경찰봉·호신용 경봉, 전자충격기·전자방패 등이 있다.

의의	경찰관이 경찰 활동을 위하여 휴대하는 일체의 물건으로서 인명·신체에 실력을 가하는 데 사용되는 장구로서 수갑·포승·경찰봉·방패 등을 의미
요건	(1) 현행 범인인 경우와 사형·무기 또는 장기 3년 이상의 징역이나 금고에 해당하는 죄를 범한 범인의 체포·도주의 방지 (2) 자기 또는 타인의 생명·신체에 대한 방호 (3) 공무 집행에 대한 항거의 억제를 위하여 필요한 경우

경찰관이 직무를 집행하는 과정에서 상대방을 물리적으로 제압하기 위하여 필요한 기본적 도구가 경찰장구이다.

경찰관직무집행법은 경찰장구로서 수갑·포승·경찰봉·방패를 예시하고 있으나 그 외에도 경적·호신용구·진압장구 등을 포함한다.

의의	경찰 목적을 위한 자료 수집을 위하여 행하는 일체의 권력적·비권력적 조사작용(예: 질문·검사, 조사 목적을 위한 영업소 등에의 출입 등)
근거	강제조사는 구체적·법적 근거를 요하나, 임의조사는 조직법상의 근거만으로도 충분하다.

(나) 사유

① 상황적 요건

㉠ 현행 범인인 경우

㉡ 사형·무기 또는 장기 3년 이상의 징역이나 금고에 해당하는 죄를 범한 범인의 체포·도주의 방지

㉢ 자기 또는 타인의 생명·신체에 대한 방호

㉣ 공무 집행에 대한 항거의 억제

② 상당성

경찰관은 장구의 사용이 필요하다고 인정되는 상당한 이유가 있을 때에는 그 사태를 합리적으로 판단하여 필요한 한도 내에서 경찰장구를 사용할 수 있다.

의의	무기, 경찰장구, 최루제 및 그 발사 장치, 감지기구, 해안 감시기구, 통신기기, 차량·선박·항공기 등 경찰의 직무 수행을 위하여 필요한 장치와 기구
한계	경찰장비를 임의로 개조하거나 임의의 장비를 부착하여 동상의 용법과 달리 사용함으로써 타인의 생명·신체에 위해를 주어서는 아니 된다.

(다) 사용 기준

① 수갑, 포승, 호송용 포승

경찰관은 체포·구속영장을 집행하거나 신체의 자유를 제한하는 판결 또는 처분을 받은 자를 법률이 정한 절차에 따라 호송하거나 수용하기 위하여 필요한 때에는 최소한의 범위 내에서 수갑·포승 또는 호송용 포승을 사용할 수 있다.

범인, 주취자 또는 정신착란자의 자살 또는 자해 기도를 방지하기 위하여 필요한 때에는 수갑, 포승 또는 호송용 포승을 사용할 수 있다.

② 경찰봉, 호신용 경봉

경찰관은 불법 집회 및 시위로 인하여 발생할 수 있는 타인 또는 경찰관의 생명·신체의 위해와 재산·공공시설의 위험을 방지하기 위하여 필요한 때에는 최소한의 범위 안에서 경찰봉 또는 호신용 경봉을 사용할 수 있다.

③ 전자충격기, 전자방패

경찰관은 14세 미만의 자 또는 임산부에 대하여 전자충격기 또는 전자방패를 사용하여서는 아니 된다.

수갑·포승·호송용 포승	(1) 체포·구속된 자, 자유형 선고를 받은 자를 호송 또는 수용하는 경우, (2) 범인·주취자 또는 정신착란자의 자살·자해 기도를 방지하기 위한 경우. 단 이 경우에는 소속 경찰관서장에게 사용 사실을 보고하여야 한다.
경찰봉·호신용 경봉	불법 집회·시위의 경우 사용 가능
전자충격기·전자방패	14세 미만의 자 또는 임산부에 대해서는 사용 금지

(7) 분사기 등의 사용(제10조의3)

분사기, 최루작용제와 최루탄은 최루가스를 발생시켜 일시적으로 신체·정신적 기능의 장해를 주는 것으로서 사람의 살상을 목적으로 제조된 무기는 아니나 그 사용 여하에 따라서는 생명·신체에 중대한 위해를 발생시킬 수 있으므로 엄격한 규제가 필요하다.

(가) 사유와 판단자

경찰관은 범인의 체포·도주의 방지 또는 불법집회·시위로 인하며 자기 또는 타인의 생명 · 신체와 재산 및 공공시설 안전에 대한 현저한 위해의 발생을 억제하기 위하여 부득이한 경우에 현장 책임자의 판단으로 필요한 최소한의 범위 안에서, 신체에 직접적인 위해를 가하지 않는 범위 내에서 분사기(총포 · 도검 · 화약류 등 단속법의 규정에 의한 분사기와 최루 등의 작용제) 또는 최루탄을 사용하여야 한다.

요건	(1) 범인의 체포 · 도주의 방지 (2) 불법 집회 · 시위로 인하여 자기 또는 타인의 생명 · 신체와 재산 및 공공시설 안전에 대한 현저한 위해의 발생을 억제
한계	(1) 부득이한 경우, (2) 현장책임자의 판단, (3) 필요한 최소한의 범위 내

(나) 사용 제한

① 가스발사총

경찰관은 범인의 체포 또는 도주 방지, 타인 또는 경찰관의 생명 신체에 대한 방호, 공무 집행에 대한 항거의 억제를 위하여 필요한 때에는 최소한의 범위 안에서 가스발사총을 사용할 수 있다. 이 경우 경찰관은 1미터 이내의 거리에서 상대방의 얼굴을 향하여 이를 발사하여서는 아니 된다.

② 최루탄

경찰관은 최루탄 발사기로 최루탄을 발사하는 경우 45도 이상의 발사각을 유지하여야 하고, 가스차, 살수차 또는 특수진압차의 최루탄 발사대로 최루탄을 발사하는 경우에는 15도 이상의 발사각을 유지하여야 한다.

(다) 기록 보관

분사기나 최루탄의 사용시 책임자는 사용 일시, 장소, 대상, 현장 책임자, 종류, 수량 등을 기록 · 보관하여야 한다.

(8) 무기의 사용(제10조의4)

(가) 무기의 휴대와 사용

경찰공무원은 직무 수행을 위하여 필요한 때에는 무기를 휴대할 수 있다(경찰공무원법 제20조 2항). 그리고 경찰공무원은 경찰관직무집행법에 의하여 비례의 원칙(필요성의 원칙, 상당성의 원칙), 합리성의 원칙, 보충성의 원칙 등을 준수하여 무기를 사용할 수 있다. 무기의 사용은 상대방을 살상하는 중대한 결과를 야기할 개연성이 극히 높으므로 실력의 행사가 인정되는 경우에도 무기의 사용에 관해서는 본 조의 요건이 필요하고 본 조에 정한 요건에 합치되면 위법성은 조각되지만 그렇지 않을 경우 위법하게 된다.

(나) 경찰관직무집행법상 무기의 개념

무기란 사람을 살상하는 성능을 가진 기구 일반을 총칭하는데, 성질상 무기는 사람을 살상하는 용도에 쓸 목적으로 제작된 기구를 말하며, 용법상 무기는 제작 목적은 사람의 살상이 아니나 사용에 따라 사람의 살상에 이용할 수 있는 기구를 말한다. 따라서 용법상의 무기(채찍, 돌팔매, 각목, 쇠파이프 등)는 경찰관직무집행법상의 무기에 해당하지 않는다. 경찰관직무집행법 제10조의4의 적용을 받는 무기는 인명 또는 신체에 위해를 가할 수 있도록 제작된 권총, 소총, 도검 등 성질상의 무기만 해당된다. 개정 법률에서는 용법상의 무기(예: 채찍, 돌팔매)는 다른 경찰장비로 규정하여 여기의 무기에서 배제하였다.

(다) 무기 사용의 요건

① 위해를 수반하지 않는 무기의 사용

㉠ 범인의 체포, 도주의 방지를 위하여 필요한 때

㉡ 자기 또는 타인의 생명, 신체에 대한 방호를 위하여 필요한 때

㉢ 공무 집행에 대한 항거를 억제하기 위하여 필요한 때

㉣ 기타 필요하다고 인정되는 상당한 이유가 있을 때

② 위해를 수반해서 무기를 사용할 수 있는 경우

㉠ 형법에 규정한 정당방위와 긴급피난에 해당하는 때

㉡ 사형·무기 또는 장기 3년 이상의 징역이나 금고에 해당하는 죄를 범하거나 범하였다고 의심할 만한 충분한 이유가 있는 자가 경찰관의 직무 집행에 대하여 항거하거나 도주하려고 할 때 또는 제3자가 그를 도주시키려고 경찰관에게 항거할 때에 이를 방지 또는 체포하기 위하여 무기를 사용하지 아니하고는 다른 수단이 없다고 인정되는 상당한 이유가 있을 때

㉢ 체포·구속영장과 압수·수색영장을 집행할 때에 본인이 경찰관의 직무 집행에 대하여 항거하거나 도주하려고 할 때 또는 제3자가 그를

도주시키려고 경찰관에게 항거할 때 이를 방지 또는 체포하기 위하여 무기를 사용하지 아니하고는 다른 수단이 없다고 인정되는 상당한 이유가 있을 때

㉣ 범인 또는 소요 행위자가 무기·흉기 등 위험한 물건을 소지하고 경찰관으로부터 3회 이상의 투기 명령 또는 투항 명령을 받고도 이에 불응하면서 계속 항거하여 이를 방지 또는 체포하기 위하여 무기를 사용하지 아니하고는 다른 수단이 없다고 인정되는 상당한 이유가 있을 때

㉤ 대간첩 작전 수행시에 무장간첩이 경찰관의 투항 명령을 받고도 이에 불응하는 경우

무기	인명 또는 신체에 위해를 가할 수 있도록 제작된 권총·소총·도검 등	
요건	위해 수반 불가능	(1) 범인의 체포·도주의 방지 (2) 자기 또는 타인의 생명·신체에 대한 방호 (3) 공무 집행에 대한 항거의 억제
	위해 수반 가능	(1) 형법상의 정당 방위와 긴급피난에 해당되는 경우 (2) 사형·무기 또는 장기 3년 이상의 징역이나 금고에 해당하는 죄 (3) 체포·구속영장과 압수·수색영장을 집행할 때 (4) 무기·흉기 등 위험한 물건을 소지한 범인 또는 소요 행위자가 3회 이상의 투기 명령 또는 투항 명령을 받고도 이에 불응시 (5) 대간첩 작전 수행시

(라) 무기 사용의 한계

① 경찰 비례의 원칙

필요하다고 인정되는 상당한 이유가 있을 때에는 그 사태를 합리적으로 판단하여 필요한 한도 내에서 사용하여야 한다.

② 보충성의 원칙

무기를 사용하지 아니하고는 다른 수단이 없다고 인정되는 상당한 이유가 있을 때에 사용하여야 한다.

(마) 사용 기준

① 총기 사용의 경고

경찰관이 총기를 사용할 때에는 미리 구두 또는 공포탄에 의한 사격으로

상대방에게 경고하여야 한다.

그러나 상황이 급박하고 경고의 시간적 여유가 없는 때, 즉 경찰관에 대한 급습, 타인의 생명·신체에 중대한 위험야기, 범행이 목전에 실행되는 때와 인질·간첩·테러사건에서 은밀한 작전 수행의 경우에는 예외가 인정된다.

② 사용 제한

총기는 범죄와 무관한 다중(多衆)의 생명, 신체에 위해를 가할 우려가 있는 때에는 사용하여서는 아니 된다. 단, 타인 또는 경찰관의 생명, 신체에 대한 중대한 위험을 방지할 수 있는 다른 수단이 없다고 인정되는 때에는 필요 최소한의 범위에서 사용할 수 있다.

총기 또는 폭발물을 가지고 대항하는 경우를 제외하고는 14세 미만자, 임산부에 대해서는 총기를 사용하지 못한다.

③ 동물의 사살

공공의 안전을 위협하는 동물을 사살하기 위하여 부득이할 때 총기를 사용할 수 있다.

(바) 기록 보관

무기를 사용한 경우 책임자는 사용 일시, 장소, 대상, 현장 책임자, 종류, 수량 등을 기록 보관하여야 한다.

(사) 공용화기의 사용

대간첩·대테러작전 등 국가 안전에 관련되는 작전을 수행할 때에는 개인화기 외에 공용화기를 사용할 수 있다.

(2) 대물적 즉시강제 수단: 임시 영치(제4조 3항)

보호 조치를 취하는 경우에 피구호자가 휴대하고 있는 무기·흉기 등 위험을 야기할 수 있는 것으로 인정되는 물건은 경찰관서에 임시 영치할 수 있다(제4조 제3항). 임시 영치는 10일을 초과할 수 없다. 임시 영치된 물건이 금제품으로 형사소송법이나 총포·도검·화약류 등 단속법 등의 규정에 의하여 영치·몰수 처리하고 있는 경우가 아닌 한 10일 이내 본인에게 반환하여야 한다.

(3) **대가택적 즉시강제 수단 : 위험 방지를 위한 출입(제7조)**

(가) 의의 및 법적 성격

개인의 주거 내 일지라도 인명, 신체와 재산에 대하여 위해 또는 중대한 손해가 일어나려고 하는 응급한 경우에 범죄 또는 위해의 예방을 위하여 개인의 주거 및 공개의 장소에 출입하는 권한을 경찰관에게 부여한 즉시강제이다.

경찰관은 그 위해를 방지하거나 피해자를 구조하기 위하여 부득이하다고 인정할 때에는 합리적으로 판단하여 필요한 한도 내에서 타인의 토지·건물 또는 선 차내에 출입할 수 있다.

(나) 긴급 출입(제1항)

① 요건

㉠ 위험 사태의 발생

인명 또는 신체에 위해를 미치거나 재산에 중대한 손해를 끼칠 수 있는 천재·사변, 공작물의 손괴, 교통사고, 위험물의 폭발, 광견(狂犬) 등의 출현 및 극단의 혼잡 등 기타 위험한 사태가 있을 때이다(제5조 제1항의 사태).

대간첩 작전 수행 중이거나 소요 사태가 발생한 경우이다(제5조 제2항의 사태).

범죄행위가 목전에서 행하여지려고 하는 것을 인정한 때이다(제6조 제1항의 사태).

㉡ 위해의 절박

인명 신체 또는 재산에 대한 위해가 절박하였을 때이다.

㉢ 위해 방지나 피해자 구조상 부득이할 것

이 요건은 출입의 목적을 한정한 것으로서 예컨대 범죄 수사나 기타 다른 행정 목적(예: 풍기의 단속)을 위해서는 본 조에 정한 출입이 허용되지 아니한다. 부득이하다 함은 소위 보충성의 원리를 말하며 그 장소에 출입하는 이외에는 달리 적당한 수단이 없다고 인정될 때를 말한다.

② 내용

㉠ 출입의 한계

합법적으로 판단하여 필요한 한도 내에서 출입하여야 한다. 이것은 경찰 비례의 원칙으로서 경미한 장해 제거를 위하여 필요 이상의 출입권 행사를 금지케 한 것이다.

㉡ 출입의 객체

타인의 토지·건물 또는 선, 차의 내이다. 토지·건물 또는 선, 차는 출입의 대상을 예시한 것으로서 그 이외의 장소, 예컨대 항공기, 광갱 등도 이에 포함된다고 보아야 할 것이다.

㉢ 출입권의 성질

여기에서의 출입은 상대방의 동의를 요하지 않는 강제 조치로서 현실적 장해를 제거할 필요가 절박하기 때문에 하명에 의하여 경찰 의무를 과할 시간적 여유가 없을 때 발동되는 경찰상 즉시강제이다. 승낙을 요하지 아니하며. 야간을 불문한다.

㉣ 출입권의 내용

출입에는 정차(停車)·정선(停船)도 포함된다고 본다. 왜냐하면 이것은 출입의 전 단계로서의 수단이기 때문이다.

선박·항공기에의 출입시에는 합리적이고 필요한 한도 내에서 승차(乘車)·승선(乘船)도 할 수 있어야 한다고 본다. 이러한 출입 대상에 입장한 후에는 절박한 위해를 예방하고 인명을 구조하기 위한 활동을 할 수 있어야 하므로 불심검문, 동행 요구, 현행 범인 체포, 범죄의 제지 등을 할 수 있을 것이다.

(다) 예방 출입(제2항)

흥행장·여관·음식점·역 기타 다수인이 출입하는 장소의 관리자 또는 이에 준하는 관계인은 그 영업 또는 공개 시간 내에 경찰관이 범죄의 예방 또는 인명·신체와 재산에 대한 위해 예방을 목적으로 그 장소에 출입할 것을 요구한 때에는 정당한 이유 없이 이를 거절할 수 없다.

① 경찰상 공개된 장소

흥행장, 여관, 음식점, 역 기타 불특정 다수인이 출입하거나 집합하는 장소를 말한다.

② 영업 시간 또는 공개 시간 내의 출입

관서의 장에게 보고하여야 한다.

③ 출입권의 성질

여기서의 출입권은 장소 관리자 등의 정당한 이유가 있는 출입 거부가 없는 때에만 출입할 수 있는 것으로 표현되어 있지만, 실제로는 강제출입권의 성질을 가진다고 보아야 한다. 수사 목적이 아니므로 영장을 필요로 하지 아니한다.

(라) 대간첩 작전을 위한 검색(제3항)

경찰관은 대간첩 작전 수행에 필요한 때에는 작전지역 안에서의 제2항에 규정된 장소 안을 검색할 수 있다.

① 요건

㉠ 대간첩 작전에 필요하여야 한다.

㉡ 작전지역 내이어야 한다.

㉢ 영업 시간이나 공개 시간 외에도 가능하다.

㉣ 장소 관리자의 동의가 필요하지 않다.

㉤ 검색의 대상은 본 조 제2항에게 설명한 경찰상 공개된 장소이다.

② 검색

검색이란 직접 수색하는 것을 말한다. 그러나 간첩을 발견하는 것에 한하지 않으며 발견하였을 때 이를 체포·진압하는 작용도 당연히 포함된다.

<table>
<tr><td>의의</td><td colspan="2">(1) 경찰관이 인명·신체·재산에 대한 위해가 절박한 때에 또는 범죄·위해의 예방을 위하여 또는 대간첩 작전 수행에 필요할 때에 그 위해·손해의 발생 장소에 출입할 수 있는 권한
(2) 위험 방지를 위한 출입시에는 관계인의 정당한 업무를 방해하여서는 아니 된다.</td></tr>
<tr><td rowspan="3">방법
(유형)</td><td>예방 출입</td><td>(1) 공개된 장소에 대하여 영업 또는 공개 시간 내에 한정된다.
(2) 관리자 등에게 출입에 대한 승인을 얻어야 가능하다.</td></tr>
<tr><td>긴급출입</td><td>(1) 긴급출입의 장소는 타인의 토지·건물·선박과 차량 등이며, 시간은 주·야를 불문한다. ⇒ 상대방의 동의는 불요(상대방은 수인 의무를 부담)
(2) 위해 방지가 목적이므로 범죄 수사를 위해서는 이용될 수 있다.</td></tr>
<tr><td>작전지역에서의 검색</td><td>(1) 대간첩 작전 수행에 필요한 대에는 작전지역 안에서의 공개된 장소 안을 검색하는 것(긴급검색)
(2) 법관의 영장 없이 주·야간을 가리지 않고 가능</td></tr>
</table>

(마) 출입시 주의 사항(제4항)

경찰관이 위험 방지를 위하여 필요한 장소에 출입할 때에는 그 신분을 표시하는 증표를 제시하여야 하며, 함부로 관계인의 정당한 업무를 방해하여서는 아니 된다. 위험방지를 위한 출입시에는 출입보고서를 작성하여 소속 경찰서장에 보고하여야 한다.

2) 직무 수행을 위한 임의적 사실행위 : 사실의 확인 등(제8조)

경찰관서의 장이 직무 수행에 필요하다고 인정되는 상당한 이유가 있을 경우에 국가기관 또는 공사단체 등에 대하여 사실을 조회하거나 경찰관이 사실의 확인을 위하여 관계인에게 출석을 요구하는 사실행위를 말한다.

사실확인행위는 임의적 사실행위로서 법적 효과를 발생시키는 법률행위가 아니며, 목전에 급박한 장해 제거를 위한 즉시강제 수단도 아니다.

(1) 사실 조회 및 직접 확인(제1항)

경찰관서의 장은 직무 수행에 필요한 때에는 국가기관 또는 공사 단체 등에 대하여 직무 수행에 관련된 사실을 조회할 수 있다.

(가) 주체

경찰관서의 장이다. 여기서 경찰관서의 장은 넓게 해석하여 파출소장까지 포함한다.

(나) 요건

직무 수행상 상당한 이유가 있어야 한다. 범죄 수사를 위해서는 형사소송법에 의하여 관계 기관 등에 보고를 요청할 수 있기 때문에 사실상 여기의 직무에는 범죄 수사 이외의 모든 경찰작용을 의미한다. 상당한 이유에 대한 판단은 경찰관서의 장이 할 수밖에 없다.

(다) 대상

국가기관 또는 공사단체이다. 국가기관에는 모든 행정관청·국회·법원을 포함하며, 공사단체에는 지방자치단체 및 공사의 모든 단체를 불문한다.

(라) 조회

조회란 사람, 동산, 부동산, 기타 모든 유체물·무체물에 대해서 그 성상(性狀)을 물어보는 것을 말하며, 공문서에 의하는 것이 일반적인 방법이다.

(마) 직접 확인

긴급을 요할 때 경찰관서의 장의 지시에 의하여 소속 경찰관이 현장에 출장하여 당해 기관 또는 단체의 장의 협조를 얻어 그 사실을 확인할 수 있다.

(2) 출석 요구(제2항)

(가) 주체

상사의 결재에 의해서만 출석 요구할 수 있으므로 개개 경찰관의 권한으로 보기 어려우며 출석요구서 명의인인 경찰관서장으로 보아야 한다.

(나) 출석 요구 사항

① 미아를 인수할 수 있는 보호자인가의 확인

② 유실물을 인수할 권리가 있는 자인가의 확인

③ 사고로 인한 사상자의 신원 확인

④ 행정처분을 위한 교통사고 조사에 필요한 사실 확인을 위해서 관계인에게 출석을 요구할 수 있다.

의의	(1) 경찰관서의 장이 직무 수행에 필요한 경우 국가기관 또는 공사단체 등에 대하여 사실을 조회하거나, 경찰관이 사실의 확인을 위하여 관계인에게 출석을 요구하는 행위 (2) 사실의 조회·확인 및 출석 요구는 비권력적(임의적) 사실행위에 해당
출석 요구 사유	(1) 미아를 인수할 보호자의 여부 (2) 유실물을 인수할 권리자의 여부 (3) 사고로 인한 사상자를 확인 (4) 행정처분을 위한 교통사고 조사상의 사실을 확인

(다) 형사 책임을 규명하기 위한 사실조사

이것은 수사이므로 경찰관직무집행법상의 출석 요구에 의할 수는 없고 형사소송법상의 출석 요구에 의해야 할 것이다.

(라) 출석 요구의 방식

관계인에게 출석을 요하는 사유·일시 및 장소를 명확히 한 출석요구서에 의하여 경찰관서에 출석할 것을 요구할 수 있다. 원칙적으로 출석요구서에 의하나, 시간적 여유가 없을 때는 전화 등으로 관계인에게 출석을 요구할 수 있다.

출석 요구는 임의적 사실행위이므로 명시된 사유 이외의 경우에도 출석요구서를 발부할 수 있다.

3) 기 타

(1) 유치장(제9조)

(가) 의의

경찰서 및 지방해양경찰관서에 법률이 정한 절차에 따라 체포·구속되거나 신체의 자유를 제한하는 판결 또는 처분을 받은 자를 수용하기 위하여 경찰서에 두는 시설이다. 유치장은 구치소나 교도소와는 달리 경찰의 적법 절차에 따라 체포·구속된 자, 구류형 선고자, 입감 의뢰자가 주로 수용된다.

(나) 수용 대상자

① 법률이 정한 절차에 의하여 체포·구속된 자

② 신체의 자유를 제한하는 판결 또는 처분을 받은 자

(다) 처우

미결수의 경우 무죄 추정의 법리에 따라 일반 시민에 해당하는 처우를 하여야 한다.

(라) 유치장 감찰

형사소송법 제198조의2는 지방검찰청 검사장 또는 지청장은 불법 체포·구속의 유무를 조사하기 위하여 검사로 하여금 매월 1회 이상 관할 수사관서의 피의자의 체포·구속 장소를 감찰하게 하여야 하며, 감찰하는 검사는 체포 또는 구속된 자를 심문하고 관련 서류를 조사하여야 한다고 규정하고 있다.

경찰서의 유치장도 검찰의 감찰 대상 장소이다.

(마) 즉심 유치명령 – 5일 – 주소 부정, 도주 우려

의의	경찰서에 법률이 정한 절차에 따라 체포·구속되거나 신체의 자유를 제한하는 판결 또는 처분을 받은 자를 수용하기 위하여 유치장을 둠. ⇒유치장 설치의 법적 근거

(2) 사용 기록의 보관(제11조)

분사기나 최루탄 또는 무기 사용의 경우 그 책임자는 사용 일시·사용 장소·사용 대상·현장 책임자·종류·수량 등을 기록하여 3년간 보관하여야 한다.

사용 기록의 보관	분사기나 최루탄 또는 무기를 사용하는 경우 그 책임자는 사용 일시·사용 장소·사용 대상·현장 책임자·종류·수량 등을 기록하여 보관하여야 한다.
벌칙	이 법에 규정된 경찰관의 의무에 위반하거나 직권을 남용하여 다른 사람에게 해를 끼친 자는 1년 이하의 징역이나 금고에 처한다.

(3) 벌칙(경찰관직무집행법 제12조)

이 법에 규정된 경찰관의 의무에 위반하거나 직권을 남용하여 다른 사람에게 해를 끼친 자는 1년 이하의 징역이나 금고에 처한다.

경찰관이 의무에 위반하거나 직권을 남용하여 다른 사람에게 해를 끼치는 행위를 범죄행위로 규정하여 형벌을 부과하고 있다.

4) 경찰관직무집행법상의 기본 원칙

(1) 협의의 비례의 원칙

경찰관직무집행법에서 규정된 직권은 직무 수행을 위하여 필요한 최소한도의 범위 내에서 행사하여야 한다는 원칙이다(경찰관직무집행법 제1조 제2항).

협의의 비례의 원칙은 경찰관직무집행법상의 모든 직무를 수행하는 데 있어 기본 원칙이므로, 위험 방지를 위한 출입이나 분사기 등의 사용, 무기

사용의 경우에 추가로 규정하고 있는 것은, 인권 침해의 가능성이 높아서 비례의 원칙이 특히 요구되기 때문이다.

경찰관의 직권 남용은 형법상의 법령에 의한 정당행위(형법 제20조)에 포함되지 않아서 위법성이 조각되지 아니하며, 이에 대한 상대방의 저항은 정당방위에 해당되므로 공무집행방해죄를 구성하지 아니하고, 오히려 당해 경찰관의 징계 책임 또는 형사 책임과 국가배상 책임의 문제를 발생시킨다.

(2) **상당성의 원칙**

경찰관은 불심검문(제3조), 보호 조치(제4조), 사실의 확인(제8조), 경찰 장비의 사용(제10조) 등의 경우에, 그러한 조치를 취하여야 할 상당한 이유가 있어야 즉시강제가 가능하며, 상당한 이유가 없는데도 직권을 행사하여서는 안 된다.

(3) **필요성의 원칙**

경찰관은 사실의 확인(제8조), 경찰 장비의 사용(제10조), 경찰 장구의 사용(제10조의 2), 무기의 사용(제10조의 4) 등의 경우에, 그러한 조치를 취하여야 할 필요가 있거나 또는 부득이한 경우에 한하여 직권의 행사가 가능하다.

협의의 비례 원칙이 모든 직권의 행사시에 필요성을 요구하고 있으나, 위와 같은 경우에는 특히 필요성의 원칙이 추가로 요구된다.

(4) **보충성의 원칙**

경찰관은 무기를 사용하지 않고는 다른 수단이 없을 때에 한하여 무기를 사용할 수 있다(제10조의 4). 무기의 사용은 최후 수단이며, 이로 인한 생명의 살상 등 위해를 미칠 수 있으므로, 이를 엄격히 제한하고자 하는 데 의미가 있다.

대간첩작전의 수행시 무장간첩이 경찰관의 투항명령을 받고도 이에 불응하는 경우에는 보충성을 요하지 아니한다.

적합성의 원칙	경찰기관이 취하는 조치 또는 수단은 그의 목적을 달성하기 적합하여야 한다.
필요성의 원칙 (최소 침해의 원칙)	경찰기관의 조치는 그의 목적 달성을 위하여 필요한 한도 이상으로 행해져서는 안 된다.
상당성의 원칙 (협의의 비례 원칙)	경찰기관의 어떤 조치가 경찰 목적 달성을 위하여 필요한 경우라 하여도, 그 조치를 취함에 따른 불이익이 그 조치로 인하여 발생하는 이익보다 큰 경우에는 그 조치를 취해서는 안 된다.

5 경찰구제법

1) 개 관

모든 경찰기관의 활동은 헌법을 비롯하여 법령에 따라서 적법하게 행하여야 하지만, 경찰기관이 이에 위반하여 위법한 활동을 하거나 그 결과 국민의 권리 · 이익을 침해한 경우에는 그 피해를 받은 국민의 권리 · 이익을 회복하는 제도(경찰구제 제도)가 필요하게 된다.

경찰구제 제도는 경찰권의 남용으로부터 국민의 자유와 재산을 보호함으로써 헌법이 지향하는 법치주의 원칙의 확립과 기본권 보호를 핵심으로 하는 실질적 법치국가주의를 뒷받침하는 절대 불가결의 전제가 되고 있다.

2) 경찰 활동에 대한 구제제도의 종류

(1) 사전구제 제도

사전구제 제도란 위법 · 부당한 경찰작용 등으로 인한 구체적인 권익 침해가 발생하기 이전에 그와 같은 침해를 예방하기 위한 구제 수단을 인정하는 경찰구제 제도를 말한다.

사전구제 제도로는 직권에 의한 취소, 정지, 정당방위, 행정절차, 청원, 국민고충처리위원회 등이다.

취소심판	처분의 취소 · 변경을 구하는 심판
무효 등 확인심판	처분의 효력 유무 또는 존재 여부에 대한 확인을 구하는 심판
의무이행심판	행정청의 거부처분이나 부작위에 대한 일정한 처분을 구하는 심판

(2) 사후구제 제도

사후구제 제도란 경찰작용으로 인하여 권익을 침해당한 자가 경찰기관이나 법원에 대하여 원상 회복, 손해전보 또는 당해 경찰작용의 시정을 구할 수 있게 하는 사후적 경찰 구제를 인정하는 제도를 말한다.

사후구제 제도로는 행정상 손해전보, 행정쟁송, 형사 책임(공무원에 대한 고소·고발), 공무원의 징계·처벌, 헌법소원 등이 있다.

2) 청 원

청원이란 국민이 국가에 대하여 불만 또는 희망을 개진하고 시정을 구하는 것을 말한다.

헌법 제26조 제1항은 "모든 국민은 법률이 정하는 바에 의하여 국가기관에 문서로 청원할 권리를 가진다"고 규정하여 청원권을 보장하고 있다.

헌법의 청원권을 구체화한 청원법 제9조 제4항에서는 "모든 국가 또는 공공단체의 기관은 청원을 수리하여 성실, 공명, 신속히 심사·처리하고 그 결과를 청원인에게 통지하여야 한다."고 규정하고 있다.

3) 옴부즈맨 제도

옴부즈맨(Ombudsman)이란 의회에서 임명되나 의회로부터 광범위한 독립성을 부여받은 의회의 의뢰인으로서 개개 국민의 권리를 보호하는 역할을 하는 자를 말한다.

옴부즈맨은 재판관 및 행정관의 법령 준수 여부를 감시하며, 부당한 행정작용에 대한 민원이 제기된 경우에 직권에 의하여 공무원의 직무 집행을 조사하고, 그 결과 필요하다고 인정되는 경우에는 관계 기관에 시정하도록 권고하는 것을 주된 임무로 하는 기관이다.

행정절차	행정기관의 제1차적인 행정권 행사 과정을 규율하는 사전 절차	
청원	국민이 국가에 대하여 불만 또는 희망을 개진하고 사정을 구하는 제도	사후 구제적 기능도 수행
옴부즈맨	의회에서 임명되는 독립성을 부여받은 의회의 의뢰인인 옴부즈맨이 개개 국민의 권리를 보호하는 역할을 하는 제도	
기타	정당방위, 행정청에 의한 직권사정 등	

4) 손해배상

행정상 손해배상 제도란 공무원의 위법한 직무 집행행위로 인하여 개인에게 손해를 가한 경우에 국가나 공공단체가 그 손해를 배상하여 주는 제도를 말한다.

5) 손실보상

행정상 손실보상이란 공공 필요에 의한 적법한 공권력 행사로 인하여 개인에게 가하여진 특별한 희생에 대하여 사유재산권의 보장과 전체적인 공평 부담의 견지에서 행정 주체가 행하는 재산적 전보를 말한다.

<table>
<tr><td rowspan="3">손해배상</td><td>의의</td><td colspan="2">공무원이 위법한 직무집행행위(§2) 또는 공공영조물의 설치·관리상의 하자(§5)로 인하여 개인에게 재산상의 손해를 가한 경우에 국가나 공공단체가 그 손해를 배상하는 제도</td></tr>
<tr><td rowspan="2">요건</td><td>2조</td><td>① 공무원의 직무 집행 ② 고의 또는 과실
③ 법령에 위반한 가해행위 ④ 손해의 발생(인과 관계)</td></tr>
<tr><td>5조</td><td>① 공공시설 등 (공공의 영조물) ② 손해의 발생
③ 설치·관리상의 흠(하자)⇒무과실 책임(고의·과실은 불필요)</td></tr>
<tr><td rowspan="2">손실배상</td><td>의의</td><td colspan="2">공공 필요에 의한 적법한 공권력의 행사에 의하여 개인에게 가하여진 특별한 희생에 대하여 행정 주체가 행하는 조정적인 재산적 보상</td></tr>
<tr><td>요건</td><td colspan="2">(1) 재산권에 대한 공권적 침해
(2) 공공의 필요에 의한 적법한 행위
(3) 보상 규정의 존재
(4) 재산권에 가하여진 특별한 희생</td></tr>
</table>

<table>
<tr><th>구 분</th><th>대 상</th><th>재판기관</th></tr>
<tr><td>행정심판</td><td>위법+부당한 처분</td><td>행정부소속의 재결정(⇒ 행정작용)</td></tr>
<tr><td>행정소송</td><td>위법한 처분</td><td>법원(⇒ 권력 분립에 의한 제한을 받는다.)</td></tr>
<tr><td>특 징</td><td colspan="2">(1) 행정쟁송의 대상⇒처분(거부처분)·부작위 등
(2) 행정심판 전치주의
행정소송의 제기에 앞서 전심절차(前審節次)로서 행정심판을 제기하여야 한다는 원칙으로서 종래 필수적 전치주의에서 현재 임의적 전치주의로 전환한다. 그러나 법률에 특별한 규정이 있는 경우에는 종전과 같이 필수적 전치주의를 채택한다(예: 공무원의 신분상 처분에 대한 불복[소청심사], 도로교통법상의 처분에 대한 불복).</td></tr>
</table>

6) 경찰상 결과제거청구권

경찰상 결과제거청구권은 위법한 행정작용의 결과로 인하여 자기의 법률상의 이익을 침해받고 있는 자가 행정 주체를 상대로 하여 그 위법 상태를 제거하여 침해 이전의 상태로 회복하여 줄 것을 청구하는 실체법상의 권리를 말한다.

7) 행정심판

행정심판은 널리 행정기관이 행하는 행정법상의 분쟁에 대한 심리·판정 절차를 말한다.

실정법상으로는 이의신청, 심사청구, 심판청구, 행정심판 등의 여러 가지 명칭으로 불리고 있다.

8) 행정소송

행정법규의 적용에 관한 분쟁에 대하여 제3자적 지위에 있는 법원의 재판 절차에 따라 판단하는 정식쟁송을 말한다. 행정쟁송은 행정의 합법성 회복을 통한 개인의 권익 구제를 위한 수단인 동시에, 행정작용의 적법성, 타당성을 보장하기 위한 수단이다.

<table>
<tr><td rowspan="4">항고
소송</td><td colspan="2">행정청의 처분 등이나 부작위에 대하여 제기하는 소송</td></tr>
<tr><td>취소소송</td><td>행정청의 위법한 처분 등을 취소 또는 변경하는 소송</td></tr>
<tr><td>무효 등
확인소송</td><td>행정청의 처분이나 재결의 효력 유무 또는 존재 여부의 확인을 구하는 소송</td></tr>
<tr><td>부작위 위법
확인소송</td><td>행정청의 부작위가 위법하다는 것을 확인하는 소송
재처분 의무와 간접강제로서 실효성을 확보하고 있다.</td></tr>
<tr><td>당사자
소송</td><td colspan="2">(1) 행정청은 처분 등을 원인으로 하는 법률 관계에 관한 소송, 그 밖에 공법상의 법률 관계에 관한 소송으로서 그 법률 관계의 한쪽 당사자를 피고로 하는 소송
(2) 공법상 법률 단계에 기한 민사소송적 성격을 가진다(예: 공무원의 지위 확인소송, 공무원의 봉급지급청구소송 등).</td></tr>
</table>

9) 행정상 손해전보

(1) 행정상 손해배상(국가배상): 행정 주체의 위법(違法)한 작용으로 인하여 발생한 손해를 국가 또는 공공단체가 배상하는 것

(2) 선택적 청구와 구상: 피해자가 국가(또는 지방자치단체)와 가해 공무원에 대하여 선택적으로 배상청구를 할 수 있는 지의 문제를 선택적 청구

의 문제(외부적 책임 문제)라 하며, 배상 책임자 상호간의 책임 문제(내부적 책임 문제)는 구상의 문제라 한다.

(3) 행정상 손실보상: 적법한 공권력의 행사에 의하여 개인에게 가해진 재산상의 특별한 희생에 대한 보상

(4) 생활보상: 침해된 재산권의 객관적 가치를 보상하는 것에 그치지 않고 피침해자의 생활 기반의 재건까지 보상해 주어야 한다는 것을 의미(예: ① 영업손실보상, ② 소수잔존자보상, ③주거의 총체적 가치의 보상, ④ 이전료 보상)

(5) 수용 유사적 침해: 타인의 재산권에 대한 위법·무책의 공권적 침해, 즉 공용 침해의 요건은 모두 갖추었으나 보상 규정을 결여하고 있는 경우

(6) 수용적 침해: 적법한 행정작용이 이의적·비의욕적(異意的·非意慾的)인 부수적(附隨的) 결과로서 타인의 재산권을 침해한 경우

(7) 행정상 결과제거청구권: 행정작용의 결과로서 위법하게 남아 있는 상태로 인하여, 법률상 이익을 침해받고 있는 자가 행정 주체에게 그 위법한 상태를 제거해 줄 것을 청구하는 권리

(8) 희생보상: 생명·건강·명예 등과 같은 비재산적 법익(非財産的 法益)의 침해에 대한 보상

제 5 편

경찰관리

제1장 서 론

제1절 경찰 경영

1 경찰 경영의 이념

경찰 경영의 이념에는 고객만족성, 효율성, 효과성의 3대 이념이 있다. 고객 만족은 고객에 대한 관심을 높이고, 고객에 대한 대응성과 서비스의 질 향상이 중요하다.

고객 만족을 이끌어 내기 위한 방법으로는 공공기관의 서비스에 대한 기준을 공표하고, 이에 대하여 권리로서 고객에 대한 상담, 서비스에 대한 만족도 조사, 조사 결과의 반영, 고객 불만의 접수 및 시정 장치 등을 들 수 있다.

그리고 경찰 서비스에 대한 개선책으로 정보통신 기술을 대폭적으로 수용하고, ① 복잡한 행정의 결재 단계를 축소하여 한 명의 공무원이 해결할 수 있는 원스톱 서비스(one-stop service), ② 직접 찾아오지 않고도 온라인상에서 해결할 수 있는 온라인 서비스(on-line service), ③ 시민헌장(citizen's charter) 제도, ④ 옐로 카드(yellow card) 제도 등이 있다.

2 경무의 범위와 기능

경무란 경찰조직을 경영하는 것을 말한다. 경무경찰의 범위는 자원과 인력의 효율적 활용, 부족한 자원을 확보하기 위한 예산 활동, 조직 구성의 요구를 합리적으로 해결해 주는 활동, 국민의 신뢰를 얻기 위한 홍보 활동, 미래를 준비하는 활동 등이다.

경무의 주요 기능에는 현재보다는 미래에 중점을 두는 조직 혁신관리, 사회로부터 지지를 받는 경찰 구현, 경찰조직의 효율적 관리, 범죄에 대한 대응력 향상을 위한 조직의 혁신관리 등을 들 수 있다.

경무의 과정은 기획, 집행, 평가의 순으로 구분된다.

3 기획과 정책 결정

1) 의 의

기획은 계획을 세워 가는 과정이다. 기획이란 행정이 달성하고자 하는 목표를 선정하고, 이 목표를 위하여 최적의 수단을 선택하고 준비하는 과정이다. 이것은 발전을 관리하는 것이다. 이는 장기적, 포괄적, 동적, 절차적 개념이다. 행정기획은 민주성·자율성과는 직접적인 관련이 없다.

경찰의 기획은 경무에서부터 생활 안전·수사·통신 등 모든 경찰 기능에서 기획과 정책 결정을 하고 있으며, 기획이나 정책의 결정에 우열이 없다. 경찰의 경우에는 참모와 계선이 불명하여 기획에 정책 결정이 포함되어 있다고 본다. 기획의 책임자는 기관장이다.

2) 기획의 기능

기획의 기능에는 ① 목표 의식, ② 성과평가, ③ 효율적 배분, ④ 업무 개선, ⑤ 행정통제, ⑥ 직무지침 등이 있다.

3) 기획의 과정

기획의 과정은 목표의 설정→상황의 분석(현재)→기획 전제의 설정(장래)→대안의 탐색과 평가→최종안의 선택 등의 순으로 나타난다.

4) 기획의 원칙

기획의 원칙에는 목적, 표준화, 경제성, 신축성, 단순성, 계속성, 안정성, 예측성 등이 있다.

5) 최근의 기획이론

규범적, 가치 지향적, 인간 행동 중심적·포괄적 기획(사회 전체의 목적 구조 변동 유도) 등이 있다.

6) 기획의 제약 요인

(1) 기획 수립상의 제약 요인

㉠ 목표의 갈등, 대립
㉡ 정확한 예측의 곤란성
㉢ 전제 설정의 불확실성
㉣ 정보·자료의 부족과 정확성의 결여
㉤ 재원의 부족과 시간상의 제약
㉥ 개인의 창의성의 제한
㉦ 기획의 그레셤의 법칙

〈기획의 그레셤의 법칙〉

"악화(惡貨)는 양화(良貨)를 구축한다"는 그레섬(Thamas Grersham)의 화폐 법칙이 기획에도 적용되는 것으로, 기획을 수립할 책임이 있는 관리자 혹은 결정자는 비정형적인 상황과 정형적 상황에서 기획 수립에 직면하는 경우에 그는 용이한 관례적·정형적인 업무와 활동에 몰두하여, 어려운 쇄신적·비정형적인 기획을 등한시하는 경향이 있다. 다시 말해서, 일상적·정형적인 업무가 창조와 쇄신을 요하는 힘든 기획 업무를 밀어내고 그 자리를 차지하게 된다는 것이다.

(2) **기획 집행상의 제약 요인**

㉠ 경직화 경향과 수정의 곤란
㉡ 기획 집행에 대한 관계자의 저항
㉢ 즉흥적 결정에 의한 빈번한 수정
㉣ 반복적 사용의 제한
㉤ 자원 배분의 비효율성
㉥ 기획 수정의 불가피성

(3) **기획에 대한 정치적·행정적 저해 요인**

㉠ 정치적 불안정과 정치적 개입
㉡ 불합리한 인사행정
㉢ 조정의 결여
㉣ 기획에 대한 인식 부족
㉤ 행정조직의 비능률성과 확산
㉥ 번잡한 행정 절차, 예산의 부족 등

4 정책평가

1) 의 의

협의의 정책평가는 목표의 달성도나 부작용을 평가하는 것을 의미하고, 광의의 정책평가는 협의의 평가는 물론 정책집행의 과정에서 나타나는 문제점도 평가하는 것이다.

평가는 책임의 소재를 파악하기 위한 것이 아니다. 공정한 평가를 통해서 실패의 원인을 명확히 하고, 성과에 따른 보상을 공정히 하며, 실패를 거울삼아 실패를 되풀이하지 않는다는 데에 평가의 의의가 있다.

2) 평가의 종류

평가의 종류에는 과정평가와 결과평가로 구분된다. 과정평가에는 착수직전분석, 형성적 평가, 협의의 과정평가, 모니터링 등이 있으며, 결과평가에는 효과성(영향)평가, 효율성평가, 적합성평가, 메타평가 등이 여기에 속한다.

3) 평가의 절차

평가의 절차는 정책 목표의 확인→기준의 설정→인과적 영향모형의 설정→적절한 연구설계→측정 자료의 수집 및 자료의 분석과 해석 순으로 한다. 이러한 정책의 평가로 얻은 자료는 정책에 반영되어야 하는데, 관료조직은 변화에 적응하는 것이 아니라 변화에 저항하는 것이 일반적인 현상이다.

4) 정책평가의 활용 방안

정책평가의 활용 방안으로 평가자들은 객관적이고 직접적인 자료들을 얻도록 노력해서 평가의 적실성을 높이도록 하여야 한다. 고객의 입장을 고려하여 의사 결정에 활용하기 쉽게 하여야 하고, 효과의 유무를 떠나서 계속적으로 평가하고 개선하는 노력이 필요하고, 평가는 공정성과 객관성을 생명으로 하여야 한다.

5 경찰혁신 경영

1) 경찰혁신의 필요성

경찰의 이미지 개선을 위해서는 경찰의 혁신이 필요하다. 경찰의 혁신이 있어야 선진 경찰로의 진입이 가능하며, 국민의 신뢰나 지지를 기대할 수 있다.

2) 경찰혁신 전략

비전 만들기 (vision making)	올바른 목표와 방향을 제시하는 미래의 조직 모습
구조 조정 (restructuring)	구조를 개편하는 데 그치는 것이 아니라 조직이 현재하고 있는 역할을 효과적으로 수행하도록 조직의 인력관리 체계나 물적 관리 체계를 재조정하고 경영혁신을 목적으로 하는 것

벤치마킹 (benchmarking)	사회환경과 조직환경의 변화에 적응한 경험을 가지고 있는 조직을 통해서 배우는 전략
학습조직(learning organization)	학습을 하면서 비전을 공유하고 개인의 실전 능력과 방법론을 바탕으로 학습과 토론을 하는 조직
영기준예산(zero-based budgeting)	과거의 연장선상에서 예산을 편성하는 전통적인 예산 마인드를 버리고 새로운 출발점에서 예산을 편성하도록 변화시키는 것
신인사 제도(new personnel planning)	연공서열보다는 능력을 중시하고, 직급 체계를 단일화하고, 연봉제 및 성과급제의 도입, 고과 방식의 개선 등을 취하는 인사 제도
리엔지니어링 (reengineering)	프로세스 중심의 경영이며, 업무 처리의 프로세스를 재설계하는 것, 즉 경영 성과에서 극적인 개선을 가져오기 위해 비즈니스 프로세스를 근본적으로 재사고(再思考)하고 혁명적으로 재설계하는 것
전사적 품질경영 (total quality management: TQM)	소비자가 만족할 수 있는 서비스를 제공하기 위해서 조직 내 품질 개발·유지·개선 노력 등 다양한 활동들을 조정·통합하는 효과적 시스템이고, 가장 중요한 평가 기준은 '고객의 만족'이다.

제 2 절 경찰관리와 경찰관리자

1 경찰관리

1) 경찰관리의 의의

(1) 개념

경찰관리란 경찰 목적의 신속하고도 효율적인 달성을 위하여 경찰조직과 그 밖의 인적·물적 자원을 관리하는 것을 말한다. 즉, 조직을 구성하고, 인력과 장비 및 예산을 확보하여 이를 적소에 배치 또는 분배하여 직무 수행을 원활히 하게 하는 작용이라 할 수 있다. 경찰관리란 경찰 목적을 달성하기 위하여 조직을 구성하고 있는 요소들인 인력, 장비, 시설, 예산 등을 확보하고 조직화하며 이를 유기적으로 연결함으로써 경찰 전체의 활동을 효율적이고 신속하게 운영하기 위하여, 경찰관 각자에게 직무를 부여하고 이들의 활동을 적절하게 수행시키는 작용이라고 할 수 있다.

비록 경찰이 임무를 수행함으로써 창출하는 재화가 사회 공공의 안녕과 질서 유지라는 공공재이지만 그 조직과 운영면에서는 자원의 낭비가 없는 시장경제 원리로 이루어져야 한다.

(2) 경영주의 이념

우리는 조직의 기본 이념으로서의 경영주의 이념을 다시 되새기지 않을 수 없다. 경찰의 업무 자체가 가지는 공공재적 성질에도 불구하고, 그 관리는 궁극적으로 시장경제 원리에 바탕을 둔 조직 구성과 인적·물적 자원의 배분이 이루어지지 않고서는 오늘날의 사회환경에 우리가 대처할 수 없는 상황에 직면해 있다.

(3) 부분 활동들의 원활한 운영

경찰은 경무, 형사, 보안, 경비, 교통, 통신 등의 소관 업무를 분담하여 각각의 부분별로 활동하고 있다. 이들 활동이 좀더 바람직한 효과를 거두기 위해서는 이들 부분 활동이 원활하게 운영되어야 할 뿐 아니라 이들이 종합되어 소기의 경찰 목적이 충분히 달성되도록 하는 활동이 바로 경찰관리이다.

(4) 급변하는 환경에의 적응

관리 기능은 경찰조직을 둘러싼 환경의 변화가 급격하게 진행되고 있으므로 여기에 적응하기 위하여 경찰조직과 그 경찰 활동을 다시 기술적·효율적·합리적으로 발전시켜 나가야 한다.

2) 경찰관리의 구조

관료제 속성의 '계층' 개념을 이용하여 경찰조직의 구조를 기능별로 3등분할 수 있다. 조직의 규모가 커지고 조직관리의 기능이 계층적으로 분화함에 따라 경찰관리의 수준을 권한·책임·의무의 정도에 따라서, 최고관리층·중간관리층·하위관리층으로 구분할 수 있다.

2 경찰관리자

경찰관리자는 경찰조직의 목적을 위하여 조직의 인적·물적 자원을 활용하여 경찰 업무를 조직적이고 체계적으로 관리하는 자이다. 경찰관리자는 조직의 목적을 위해서 경찰의 업무를 관리하지만, 또한 경찰조직이 속해 있는 사회로부터 이해와 협력을 이끌어 내는 것도 경찰 목적 달성에 중요하다.

경찰관리자는 리더십과 창의성을 가지고 조직관리에 임하여야 한다. 따라서 조직구성원에 대해서는 리더십을 가지고 조직을 이끌면서 직원들의 자질 향상에 힘써야 하고, 업무에 임해서는 창의적인 사고로 과거의 좋지 않은 관행은 타파하여 업무에 효율성을 기하는 데 앞장서야 한다.

나아가 조직원들에게 좋은 환경과 근무 조건을 만들며, 직원들의 사기진작을 위해서도 노력하여야 한다.

개념	경찰 목적의 달성을 위하여 조직을 구성하고 있는 요소들은 유기적으로 연결하여(組織化), 경찰관 각자에게 직무를 부여하고 이들의 활동을 적절히 수행시키는(動作化) 작용
목표	경영주의의 실천⇒경찰 업무의 공공재적 성격에 불구하고, 관리는 시장경제 원리에 바탕을 두어야 한다.

독임제	(1) 단독의 공무원이 책임으로 행정을 처리하는 경우⇒능률성·책임성·통일성 (2) 행정은 그 성질상 독임제를 원칙으로 한다.
합의제	수인(數人)의 공무원의 합의(合議)에 의하여 행정을 처리하는 경우⇒민주성·공정성(예: 감사원, 소청심사위원회, 중앙선거관리위원회, 헌법재판소, 행정위원회 제도)

1) 관리자의 역할

(1) 경찰조직의 관리자

경찰조직에서는 총경급 이상을 관리자라고 부른다. 그러나 총경 이상을 고위관리자, 그 이하 과장·계장·반장을 중간관리자라고도 칭한다.

관리자	조직 목적을 달성하기 위해서 조직의 인적·물적 자원을 활용하여 업무를 추진해 가는 사람	
경찰조직의 관리자	고위관리자	총경급 이상
	중간관리자	과장 이하 반장까지
경찰관리자의 요건	(1) 넓은 시야(視野), (2) 기획 능력, (3) 리더십, (4) 집행력, (5) 대외 교섭력, (6) 판단력, (7) 업무 지식	

(2) 고위관리자의 역할

(가) 최고관리층의 개념

경찰조직의 계층적 구조에서 행정의 기본적인 정책과 방침을 결정할 뿐만 아니라 조직 전체의 활동을 지휘·조정·통제하는 역할과 정치적·행정적·대표적 기능을 수행하는 계층을 말한다.

경찰조직에서 최고관리층은 중앙에서는 행정자치부 장관, 경찰위원회, 경찰청장과 차장이, 그리고 지방에서는 지방경찰청장과 차장, 경찰서장이 이에 해당한다.

(나) 최고관리층의 기능

① 일반적 기능 : POSDCoRB(L. Gulick)

㉠ 기획(planning)

수행하여야 할 업무를 기획하고, 나아가 그 사업 목적을 달성하기 위한 방법을 계획하는 것이다.

㉡ 조직(organizing)

권한의 공식적인 구조를 설정하고, 한정된 행정 목적을 위하여 직무를 조정하는 것이다.

㉢ 인사(staffing)

조직화된 구조에 따라 직원을 채용·훈련하고, 행정 업무를 효율적으로 수행하기 위한 인사 기능 전반을 가리킨다.

㉣ 지휘(directing)

관리 과정에서 결정을 내리고 명령과 지시를 구체화하는 것을 말한다.

㉤ 조정(coordinating)

직무의 여러 부문을 서로 유기적으로 관련시켜 행정 업무가 효율적으로 수행되도록 조정하는 것이다.

ⓑ 보고(reporting)

집행자가 행정책임자에게 무엇이 어떻게 진행되고 있는가를 보고하는 것이다.

ⓢ 예산(budgeting)

재정계획·회계 등 예산과 관련된 모든 것을 포함한다.

② 경찰 최고관리층의 기능

㉠ 조직의 목표 및 정책의 결정

목표 및 정책이 발전적인 성격을 지니고 있어야 하며, 국회·정당·언론 등의 의견을 감안하고, 이익집단, 전문가 집단의 의견을 참작하여야 한다.

㉡ 자원의 동원

자원의 동원은 인적·물적·상징적인 것 모두를 포함하며, 이 과정에서 무엇보다도 중요한 것은 정치적 지원, 즉 국민의 지지와 협조를 얻는 것이 더욱 중요하다.

㉢ 통제·통합·조정

조직 및 집단 간의 상충되는 이익의 통합·조정을 비롯하여, 조직 간 및 국민 계층 간의 이익 조정 등이 특히 중요하다.

③ 최고관리층의 자질

㉠ 정책 결정 능력

경찰의 직무에 대한 의사 결정이나 정책 결정은 비정형적인 유형이 대부분이므로, 최고관리층에 속하는 행정자치부 장관, 경찰위원회, 청장은 중간관리층과는 달리 전문가·기술자의 요건은 요하지 않더라도 긴 안목으로 새 정책을 구상·결정·통합할 수 있는 능력을 가질 필요가 있다.

일반행정가적 능력이 있어야 하며, 이를 위해서 창의력·판단력·직관력 등이 요구된다.

㉡ 지도력(리더십)

경찰집행의 책임자인 경찰청장 등은 특히 조직화·동작화·조정화에 필요한 자발적 참여를 유도할 수 있는 지도력이 요구된다.

조직 관련 역할	비전의 제시	조직의 비전(vision)을 제시하고 여기에 따른 구체적인 목표를 제시하고 이를 실천해 나가도록 하여야 한다.
	환경에 대한 적응성 확보	경찰조직을 최적화하여 효율적인 경찰조직을 운영하여야 하며, 조직이 속해 있는 지역사회의 지지와 협력을 이끌어 내야 한다.
	조정과 통합	경찰관리자는 모든 업무가 경찰의 목적에 이바지하도록 부서나 기관을 조정하고 통합하는 역할을 하여야 한다.
직원 관련 역할	직원의 지도 육성	직원 스스로 창의성을 발휘하여 능동적으로 업무의 효율적 수행을 하도록 하는 역할을 하여야 한다
	직원의 사기관리	직원들이 창의성을 가지고 능동적으로 업무 수행에 힘쓸 수 있도록 업무환경을 조성하여야 한다.
	직원의 생활지도	근무 이외의 생활이 조직 전체에 미치는 경우도 있기 때문에 직원들의 생활지도도 염두에 두어야 한다.

(3) 중간관리자의 역할

(가) 중간관리층의 개념

최고관리층 밑에서 정책 결정에 참여하여 보조적 역할을 수행하고 정책을 집행하는 수준의 계층을 말한다.

중앙에서는 국·과장, 지방에서는 과장이 이에 해당한다.

중간관리자는 기획, 평가, 예산, 리더십 같은 관리 도구를 사용하여 임무를 수행하며 행위 지향적이라기보다는 미래 설계 지향적이다.

(나) 중간관리층의 기능

① 부분 계획 수립 기능

최고관리층의 정책은 일종의 방향 제시이므로, 이는 중간관리층의 부분계획 수립으로 좀더 구체화된다.

② 중간관리층의 정책 집행 기능

중간관리층의 일반적인 기능은 이미 확립된 정책이나 법률 및 규칙의 범위 내에서 행정 업무의 집행을 감독·지휘·통제하는 것이다.

③ 중간관리층의 리더십

리더십은 최고관리층의 중요한 속성이기도 하지만, 동시에 중간관리층에서도 충분히 발휘되어야 한다. 중간관리층은 부하 직원들로 하여금 정책을 충실히 집행하도록 고무시킬 책임이 있다.

④ 중간관리층의 조정 기능

중간관리층은 최고관리층으로부터 내려오는 명령·지시를 하위층으로 전달하며, 한편 하위층으로부터 상위층으로 올라가는 건의 등을 전달하는 기능을 수행하고 또한 이것들의 조정 과정에서도 핵심적 역할을 한다(상하 계층 간의 의사소통).

⑤ 중간관리층의 감독 기능

최고관리층도 감독 기능을 수행하지만, 중간관리층, 특히 제일선 감독자의 감독은 매우 중요한 의미를 가지고 있다.

(다) 중간관리층의 자질

① 전문적 지식과 기술

경찰조직의 중간관리자의 역할은 부문 간의 상호 조정을 행하며, 상하 및 종횡 간의 의사 전달을 원활히 하는 것이므로 자기가 담당하는 업무 등에 대해서는 전문가적인 지식과 기술을 가져야 한다.

전문성은 특정 분야에 대한 전문성과 전문가들이 행하는 행동을 종합하는 일반행정가적 능력을 포함하며, 이는 임용의 조건으로 부여되기도 하지만 임용 후의 교육이나 훈련 등을 통하여 습득되기도 한다.

② 성실성

자기의 능력 발휘를 통하여 위로는 상사를 잘 보좌하여 업무를 성공적으로 달성하는 충성심을 가지며, 아래로는 부하로 하여금 소속감과 기대감을 가지고 목표 달성에 적극적으로 기여하도록 하는 리더십을 발휘하는 것을 말한다.

(라) 중간관리층의 감소

최근에는 컴퓨터의 발전에 따라 의사결정권자의 자료분석과 접근이 용이해졌을 뿐만 아니라 상하간의 직접적인 의사 소통 라인을 개설하여 계층구조를 좀더 얇고 유연한 조직으로 대체시키려는 참여관리 때문에 중간관리층이 감소하고 있다.

(마) 바람직한 권한과 책임의 위임

우리 나라에서는 권한이 과도하게 최고관리층에 집중되어 중요한 정책이 과학적 분석 없이 행해지고 있으므로 권한과 책임의 바람직한 위임이 필요하다.

(바) 중간관리자의 역할

① 상사의 보좌

중간관리자는 중간자로서 상하의 원만한 관계의 형성과 조정의 역할을 하고, 경찰관리자의 경찰 목표 달성을 위한 결정 사항을 실천하는 데에 책임을 가지고 최선을 다하여야 한다.

② 커뮤니케이션(communication, 의사 전달)

중간관리자는 상하 그리고 좌우에 걸쳐 의사소통이 원활하게 이루어지도록 하여야 한다. 고위직의 의사와 하위직의 의사가 전달되는 않는다면, 이것을 파악하여 제거하는 데도 힘써야 한다.

③ 지도 감독

중간관리자는 업무를 추진할 때 감독 업무도 수행하여야 한다. 이러한 감독 업무는 업무를 추진하는 데 중요한 역할을 할 뿐만 아니라 하위 직원을 육성하는 기능도 있다.

고위관리자의 역할	중간관리자의 역할
① 비전(vision)의 제시 ⇒ 계획의 수립 ② 환경에 대한 적응성의 확보 : 지지와 협력을 획득 ⇒관리자의 기획 능력이 요구된다. ③ 조정과 통합 : 갈등의 최소화와 관할권 분쟁을 해결 ④ 직원의 지도 육성 ⑤ 직원의 사기관리 ⑥ 직원의 생활지도	① 상사의 보좌(補佐) 자신감 · 책임감이 요구 ② 커뮤니케이션 ③ 지도 감독 : 계획의 실시 및 평가 단계 ④ 정책 형성의 보조 · 조언 ⑤ 행정의 안정성 확보

(4) 하위관리층

(가) 하위관리층의 개념

경찰 계층구조상 최하위층에 위치하면서 중간관리층의 지시와 통제하에서, 일선의 현장 업무에 대한 감독책임을 지는 계층을 말한다. 대민 접촉이 많다.

하위관리층에는 계장, 주임, 반장, 조장 등이 이에 속한다.

(나) 하위관리층의 자질 및 기능

일선감독자는 부하 직원에게 영향력이 있어야 하며, 직원의 복종, 신뢰, 존경, 진심에서 우러나오는 협동을 이끌어낼 능력이 있어야 한다.

일선감독자는 훈련자, 통제자, 동기부여자, 의사결정자, 지도자로서의 역할을 행한다.

2) 경찰관리자의 요건

조직 관련 요건	넓은 시야	전체적 균형을 잃지 않기 위해서 경찰관리자는 조직을 전체적인 시야로 파악하여야 한다.
	대외 교섭력	경찰관리자는 조직의 대외적인 대표자로서 외부기관은 물론 지역의 시민들과 협조하는 능력을 키워야 한다.
직무 관련 요건	기획 능력	경찰관리자는 조직의 관리자로서 조직 목적을 달성하기 위한 기획 능력이 요구된다.
	집행력	경찰관리자는 기획된 업무를 강력하게 추진해 나가는 능력도 갖추어야 한다.
	업무 지식	업무 추진에는 업무에 대한 깊은 지식을 가지고 있어야 한다.
	판단력	경찰 활동에는 예상치 못한 사건 사고가 빈발하므로 경찰관리자는 신속하고 정확한 판단력을 배양하고 있어야 한다.
자기 자신	리더십	관리자는 다수의 직원을 상대로 하여 업무를 추진하므로 리더십을 배양하여 이러한 능력을 갖추어야 한다.

[표 5-1-1] 리더십(leadership, 지도력)

의의	(1) 조직 목표의 달성을 위하여 구성원이 적극적으로 행동을 하도록 동기를 부여하고 영향력을 미치는 관리자의 쇄신적·창의적인 능력(기술) ⇒ 사람의 권위를 근거로 한다. (2) 직권력(職權力: headship) ⇒ 직위에 따르는 공식적인 권위를 근거로 하는 지도력
성격	(1) 부하와의 상호 작용 (2) 동태적·신축적·가변적 성격 (3) 목표 지향성

자질론 (요소론)	**단일적 자질론**	자질의 단일성·고정성 강조(예; 인내·결단·설득·책임·지성)
	성장적 자질론	자질의 복합성·가변성 강조
상황론		리더십의 본질은 상황에 따라 결정된다.

제2장 경찰 조직관리

제1절 개 설

1 경찰조직의 의의

1) 조직의 개념

조직 개념의 고도의 추상성으로 개념 정의가 곤란하다. 경찰조직은 경찰 목적을 신속하고도 효율적으로 달성하기 위하여 인적·물적 요소를 갖춘 일체화된 조직체를 말한다.

경찰조직도 다른 사회조직이 일정한 조직의 목적을 가지고 존재하는 것과 마찬가지로 일정한 목적을 가지고 존재한다. 이러한 조직은 단절되거나 고정된 조직이 아니라 생명력이 있는 유기체와 같이 변화하고 활동하는 것이다. 피드백이 이루어지는 개방 체제를 이루어야 한다. 환경은 선택, 창조하는 유동적·가변적 조직이어야 한다.

2) 공식 · 비공식 조직의 공존

공식 조직	인간의 감정을 배제하여 과학적 합리성의 근거와 기준을 전제로 하여 인위적으로 제도화한 조직으로 법령 또는 직제에서 규정된 조직
비공식 조직	(1) 구성원 상호간의 현실적인 접촉이나 동질감으로 말미암아 자연발생적으로 형성되는 조직(예: 각종 동호회, 향우회, 동창회, 같이 술마시는 집단 등) (2) 비공식적 조직은 조직의 운영에 부정적인 면도 있으나, 공식적 조직을 보완하고 원활하게 움직이게 하는 긍정적인 측면도 있다.

공식적 조직(과학적 관리론)	비공식적 조직(인간관계론)
인위적 · 제도적인 조직→합리적	자연발생적 · 현실적 조직→비합리적
능률의 논리 (합리적 경제인관)	감정의 논리(사회인관)
외면적 · 외향적 · 가시적(可視的)	내면적 · 내향적 · 불가시적
논리적인 대규모 조직⇒전체적 질서를 형성	대면적 · 현실적인 소집단⇒부분적 질서를 형성
합법적 절차에 의한 규범	구성원 상호 행위에 의한 규범

3) 파슨스(T. Parsons)의 조직 기능의 분류 - 목표, 적응, 유지, 통합 기능(AGIL)

경찰조직의 의의	(1) 인간의 집합체로서 경찰 목적은 추구하기 위하여 의식적으로 구성된 사회적 단위로서 경찰조직은 경찰 목적을 달성하기 위한 수단적 성격을 지님. (2) 고정된 불가변의 기계적 조직이 아닌 생명력을 가진 하나의 유기체(有機體)로 인식하여야 한다. ⇒ '조직' 개념은 고도의 추상성으로 인하여 정확한 정의를 내리기 어려움.
경찰조직의 이념	(1) '민주성'과 '능률성 · 효율성'⇒ 양자는 반비례의 관계에 있으나 조화가 요구된다. (2) 종래 우리 경찰은 능률성 또는 효율성에 치중하고 민주성은 경시하여 왔으나, 앞으로는 양자의 조화를 이루어야 한다. ⇒ 참다운 효율성은 민주성에 의하여 뒷받침될 때 달성될 수 있다는 것을 인식하여야 한다.

2 경찰조직의 특징

1) 관료조직

관료조직은 정부의 법률과 정책을 운영하고 있는 기관이다. 경찰기관은 이러한 관료조직 중의 하나이다. 그러나 관료조직은 그 구조가 완전한 봉사기관이 되기에 적합하지 않으며 지역사회와 협력하여 직무를 수행하기 어렵다는 비판이 있다.

2) 조직의 원리

경찰조직은 분업과 전문화, 명령 계통 체계, 의사 전달 과정, 지휘 감독의 범위, 권한과 책임의 분담, 조정과 통합 등의 특수성을 가진 조직체이다. 따라서 대면적 리더십이 형성되기가 어렵다. 즉, 경찰 특유의 목적을 수행하기 위하여 경찰 구성원과 물적 자원을 결합하는 체계적인 협동 방식을 특징으로 하는 조직체인 것이다.

조직의 원리는 복잡하고 거대한 조직을 가장 능률적이고도 합리적으로 편제하고 관리하며, 목표를 효율적으로 달성하기 위한 일반적·보편적 원칙을 말한다. 이러한 조직의 원리는 능률주의적 행정을 추구하는 모든 조직에서 공식적인 구조의 형성과 운영에 대한 보편적 기준이 되는 것으로 인식되어 왔다. 그러나 오늘날 이러한 원리는 기계적으로 어떠한 상황에서나 적용될 수 있는 것은 아니며, 행정환경의 변화에 대응하여 탄력적으로 적용되어야 한다.

3) 경찰조직을 편성할 때 고려하여야 할 요인

경찰조직을 편성할 때 고려하여야 할 요인에는 기술적인 요인 이외에도 정치적인 요인, 인간적인 요인, 환경적인 요인이 있다.

경찰조직은 정부의 하위 체제이다. 그러므로 국정원과도 보완 관계를 이룬다. 또 정치권으로부터 영향이 크다. 언론과는 노 코멘트의 사용을 자제하고 정직하고 우호적인 관계를 형성하여야 한다. 언론으로부터는 사생활까지 검증받게 된다.

국민은 경찰권의 시원적 권한이므로 국민과 거리감, 불신을 해소하도록 하여야 한다. 함정 단속, 법령 준수 의식에 대한 회의, 시위 과잉 진압 등은 국민에 대한 경찰의 불신의 예이다. 경찰작용의 공개성·민주성으로 이를 극복하여야 한다.

4) 로버트 필 경의 기본 원리

로버트 필(Robert Peel) 경이 1829년에 런던에 수도경찰청을 창설하면서 그 조직과 운영의 개혁을 위한 기본적인 원리를 제시한 것 가운데 중요한 몇 가지를 들면 다음과 같다.

① 경찰관은 그 권위를 드러내려고 부주의하게 간섭하는 일이 없어야 한다.
② 경찰관은 완벽하게 자기 기분을 다스릴 줄 알아야 한다. 완전한 감정 통제 이상으로 경찰관에게 절대 필요한 자질은 없으며 평온하고 결의에 찬 태도는 실력 행사 이상의 효과를 갖는다.
③ 임무와 권한에 관하여 잘못된 관념을 형성하지 않도록 신임 경찰관들에 대한 특별한 보살핌이 필요하다.
④ 범죄 방지와 혼란 상태의 정리에는 엄격하게 선발된 자들로 조직된 보호기관이 필요하다. 경찰의 1차 목적은 진압이 아니라 방지이다.
⑤ 경찰은 안정되고 능률적이며 군대식으로 조직되어야 한다.
⑥ 경찰은 정부의 통제, 지배를 받아야 한다.
⑦ 범죄의 부재는 경찰 효과의 가장 좋은 증명이다.
⑧ 경찰력을 시기별 또는 지역별로 배치하여 전개하는 것이 필요하다.
⑨ 단정한 외모는 존경을 산다.
⑩ 적격자의 선발 훈련은 능률의 근본 요소이다.
⑪ 경찰본부는 중앙에 위치하고, 시민이 쉽게 찾을 수 있어야 한다.
⑫ 경찰관의 채용에는 시보 기간을 두어야 한다.
⑬ 경찰력의 적절한 배치를 위하여 경찰 기록, 경찰문서가 필요하다.

3 경찰 조직상의 이념

경찰법은 조직의 이념을 "경찰의 민주적인 관리·운영과 효율적인 임무 수행을 위하여 경찰의 기본 조직 및 직무 범위, 기타 필요한 사항을 규정함이 목적"이라고 규정하고 있다. 따라서 경찰의 조직의 운영과 관리는 민주적이어야 하고, 효율적인 임무 수행에 적합하게 조직되어야 한다.

1) 민주주의

경찰법에서는 민주적 통제 장치라 할 수 있는 경찰위원회를 도입하고, 경찰사무에 관한 독자적인 국가 의사를 결정할 수 있는 경찰청을 설치하여 상호 견제와 균형을 통한 민주적인 경찰 운영을 도모하고 있다.

2) 신속성과 효율성

경찰의 업무는 그 특성상 신속성과 효율성을 그 생명으로 한다. 따라서 이를 위하여 하나의 지휘 체계(경찰청→지방경찰청→경찰서)를 갖는 국가 경찰제를 채택하고 있으며, 각 계층의 조직 내부에서도 업무를 기능적으로 분장하여 업무의 효율성을 높이고 있다.

3) 이념 간의 관계

업무의 효율성과 신속성은 민주성과는 이념적 대립 관계에 있다. 민주성은 합의제를 전제하는 개념이므로 신속하고 효율적인 대처를 요하는 것(신속성과 효율성)은 심사숙고와 합의(민주성과 공정성)를 요하는 것과는 거리가 있다. 그러나 진정한 효율성은 민주성에 바탕을 둔 때에 비로소 달성된다는 것을 염두에 두어야 한다.

4 경찰조직의 기본 과제

1) 기본 과제

① 경찰행정은 민주적 · 논리적 · 합법적 · 헌법적이어야 한다.

② 민주적 규범과 가치를 유지하면서 능률성(efficiency)을 개선하여야 한다.

③ 효과성(effectiveness)으로서 치안 공공재 생산성의 제고가 요청된다.

④ 경찰력의 적응성(responsiveness)이 있어야 한다. 변화해 가는 사회,

특히 이미 선진화된 국가들보다 짧은 기간에 선진화에 도전하고 있는 우리나라는 그 변화의 정도가 양적·질적인 면에서 복잡 다기하고 급속한 면이 있으므로, 국민의 욕구가 어떤 것인지 그 행정 수요를 잘 수용하고 이에 적응해 나가는 것이 무엇보다 중요하다.

⑤ 치안 공공재(서비스)가 공정하게 배분되어야 한다. 배분 공정의 기준으로는 세 가지 원칙이 있다. 즉, 사람들의 능력이나 공헌도에 따른 형평의 원칙(equity)과 인간 생활 및 생존에 필요한 만큼을 공급하는 평등의 원칙(equality)과 이에 공평성(fairness)의 원칙이 그것이다.

⑥ 경찰 기능의 확장이다. 치안 서비스의 공급은 당연히 평등 원칙으로 배분되어 모든 사람이 원하는 기본적 안전 욕구 충족에 기여하여야겠지만, 복지행정 기능이 확대·강화된 현대 국가에서는 사회 공공의 안녕·질서 유지자로서의 경찰 기능보다는 여러 가지 다양한 조정적·촉진적 또는 규제적 조정자로서의 의미도 강하게 띠는 경우가 많다.

2) 한국 경찰조직의 과제

(1) 행정자치부로부터의 독립

중앙경찰행정기관인 경찰청을 행정자치부의 외청으로 하였으나 행정자치부 장관의 법적 권한은 경찰위원회 위원과 경찰청장에 대한 임명제청권, 총경 이상의 경찰관에 대한 임용제청권, 경찰위원회의 심의 의결 사항에 대한 재의요구권 등을 가지고 있어서 주요 치안정책 결정에 대하여 광범위한 관여를 하고 있어 경찰의 정치적 중립성의 보장은 어렵다.

(2) 경찰위원회 위상의 재정립

경찰위원회는 행정자치부 소속의 합의제 의결기관으로 하였으나, 단순한 심의기관에 불과하고 행정자치부 장관의 영향력을 받을 수밖에 없는 상황에 있다. 경찰위원회의 설치, 위치와 역할에 대한 재정립이 필요하다.

(3) 수사권 독립 등 경찰 업무의 독자적인 수행

수사권의 독립 등 경찰 업무의 독자적인 수행을 위한 바람직한 정책대안이 제시되어야 한다.

(4) 경찰 역할의 적정화

과중한 다른 부처의 협조 업무로 경찰 본연의 업무를 소홀히 하게 되고 경찰의 이미지를 손상시키는 결과를 낳고 있어 경찰 역할의 적정화가 필요하다.

(5) 자치제 경찰 제도의 도입

한국적 특수 여건으로 인하여 국가경찰 제도를 고수하고 있으나 이것은 경찰이 관료화되기 쉽고 지방의 특수성을 제대로 살리지 못하는 단점이 있기 때문에, 국민의 신뢰와 협력에 의한 경찰행정을 전개하기 위해서는 민주성과 봉사성을 동시에 추구할 수 있도록 자치제 도입으로 적절한 조화를 도모하여야 한다.

(6) 경찰 업무 수행의 효율화

경찰조직 원리의 주된 내용인 전문화의 원리, 계층제의 원리, 통솔 범위의 원리, 명령 통일의 원리 등은 업무의 효율성을 제고하기 위한 필수적인 요소이나, 경과(警科) 제도의 형식화, 11개 계급에 따른 필요 이상의 계층구조, 경찰청장의 과다한 통솔 범위, 범죄 수사 업무 등에 대한 이원적 지휘·감독 등으로 효율적인 치안 정책을 펴기가 어렵다.

제 2 절 조직과 인간

1 인간관리 전략에 대한 동기부여 이론

동기부여는 인간의 욕구가 무엇인가를 알고 그것을 충족시키는 방법에 의하여 이루어지기도 하며, 혹은 그 충족을 억제하는 방법에 의해서 이루어지기도 하는데, 머레이(E. J. Murray)는 "타인의 행동을 유발하고 행동의 방향을 제시해 주며 다양한 행동을 통합시키는 내적인 요인"이라 하였다. 이와같이 동기부여란 조직구성원에게 바람직한 행동을 계발 내지 유발하고 그것을 유지하며 일정한 방향으로 유도해 가는 과정을 총칭한다.

동기부여이론은 크게 내용이론(욕구이론)과 기대이론(과정론)으로 구별된다.

① 내용이론

㉠ 인간의 동기 요인에 대하여 체계적·객관적으로 연구한다.

㉡ 인간의 동기를 자극하는 요인을 체계적으로 연구한다.

㉢ 모든 인간은 경제적 보상이나 물질만 제공하면 동기부여가 가능하다고 보는 입장이다.

㉣ 대부분의 학자가 여기에 해당한다.

(예: 맥그리거의 X이론과 Y이론, 머슬로의 욕구5단계설, 허즈버그의 욕구충족이원론[동기, 위생요인], 아지리스의 성숙·미성숙이론, 맥클리랜드의 성취동기이론 등)

구 분	Maslow	Alderfer	Herzberg	Ramos
X이론	생리적 욕구	생존의 욕구(E)	위생(불만) 요인	작전인
	안전 욕구			
Y이론	애정, 사회적 욕구	관계의 욕구(R) 성장의 욕구(G)	동기(만족) 요인	반응인
	존경 욕구, 자아실현 욕구			
Z이론				괄호인

구 분	Schein	Argyris	Likert	이론적 배경	동기부여	리더십
X이론	경제적·합리적 인간관	미성숙	체제 I	인간 불신 과학적 관리	물질적 욕구 저개발국형	권위형
			체제 II			
Y이론	사회인간	성숙인	체제 III	상호 존재 인간관계론	정신적 욕구 선진국형	민주형
	자아실현인관		체제 IV			
Z이론	복잡인관					방임형

② 기대이론(과정론)

㉠ 인간의 동기 요인에 대하여 주관적·심리적으로 연구한다.

㉡ 인간의 동기란 어떠한 기대심리나 보상에 의하여 나타난다고 본다.

㉢ 인간의 동기나 기대는 각기 다르며 주관적인 요인에 의한다고 본다. (예: 브룸의 기대이론, 포터와 로울러의 업적·만족이론, 애덤스의 공평성[형평성]이론, 조지오풀러스의 통로목표이론, 강화이론[학습이론·순치이론] 등)

2 머슬로의 욕구계층론

1) 인간관

인간의 욕망은 충동적·동물적이며 늘 욕구가 있고 더 많은 욕구 충족을 위하여 노력하며, 충족된 욕구·동기는 행동의 동기에 거의 작용하지 못하며, 단계 욕구가 충족되면 다음 단계의 욕구가 일어난다.

(1) 의의

머슬로(A. H. Maslow)는 대부분의 사람은 다섯 가지의 기본적 욕구를 가지고 있으며, 하위 욕구로부터 상위 욕구로 발전한다고 보았다.

(2) 전제

인간의 다섯 가지 기본 욕구가 서로 연관되어 우선 순위의 계층을 이루고 있다.

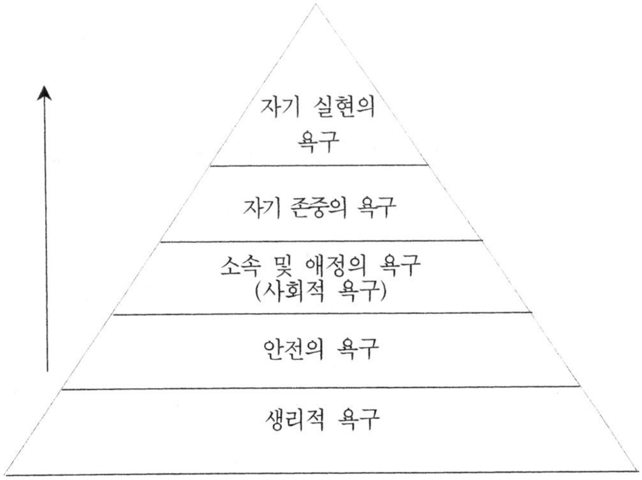

욕구는 한 단계의 욕구가 충족되어야 다음 단계로 순차적·상향적으로 표출된다.

한 계층의 욕구가 만족되면 그 욕구는 더 이상 동기부여 요인으로서의 의미가 없어진다.

2) 욕구단계설

머슬로에 따르면, 인간의 욕구는 다섯 개의 단계적 구조를 갖고 있는데 항상 부족함을 느끼게 되고, 이를 충족시켜 나가는 것이 동기부여이다.

(1) 욕구의 유형

(가) 생리적 욕구(physiological needs)

공기, 물, 음식, 주거, 취침, 성적 욕구 등 가장 선행되어야 할 욕구이다. 욕구 중에서 최하위에 있는 가장 기초적인 욕구로서 우선 순위가 가장 높은 욕구를 말한다.

만일 경찰관의 임금 수준이 곤궁할 정도로 책정된다면 의·식·주에 대한 생리적 욕구는 동기 유발 요소가 될 것이다.

(나) 안전 욕구(safety needs)

신체적 안전, 직무상의 안전, 질서에 대한 욕구, 노년의 대비 등에 대한 욕구이다.

수준 이하의 장비, 운송 수단, 부적절한 인사 배치, 군중 통제 문제 등과 같은 요소가 이 단계에서 고려된다.

(다) 소속 및 애정 욕구(사회적 욕구, belongingness and love needs)

애정·우정을 주고받는 것, 동료와 친우에 의하여 받아들여지는 것, 친밀한 인간 관계, 집단에의 소속감 등이다.

이 단계는 조직구성원으로서 소속감과 일체감 때문에 부서 내 경찰관의 동료애 욕구를 다룬다.

머슬로는 대부분의 사람들이 이 단계 이상을 넘어서지 못한다고 하였다.

(라) 자기 존중 욕구(esteem needs)

자신을 중요하고, 가치 있고 그리고 야망이 있는 사람으로 보는 것이다.

이 욕구는 개인 자신의 자질을 나타낼 기회를 찾는 동기를 유발한다.

한 경찰관이 이 단계에서 부서 내 힘든 업무를 수행하려는 것이다. 경찰관서는 '이 달의 경찰관'과 같은 시상 제도로 이 단계를 충족하려 한다.

(마) 자기 실현 욕구(self-actualization)

창조적이고, 잠재성을 실현시키고, 무엇이든 할 수 있다는 존재가 되려는 것이다. 자기 실현의 욕구는 임무 수행을 통한 개인적 만족에 초점을 맞춘다. 자기 발전·창의성과 관련되는 욕구라 할 수 있다.

이 단계에서 인간은 스스로 동기를 유발하며 관리자의 역할은 동기 유발이 아니라 개인에 대한 지원만이 있을 뿐이다.

머슬로는 극소수만이 이에 이를 수 있다고 하였다.

(2) 소결

① 인간의 욕구는 최하위 단계에 있는 생리적 욕구와 마지막 단계에 있는 자기 실현의 욕구로 계층화되어 있다.

② 두 개의 낮은 욕구(생리적 욕구와 안전의 욕구)는 사람에게 가장 필요한 것이다.

③ 각 욕구가 비교적 만족되었을 때까지(위로 올라가는 순서에서) 사람은 다음의 더 높은 욕구를 충족시키려고 노력하지 않을 것이다.

④ 다섯 가지 욕구의 서열은 절대적인 서열을 나타내는 것은 아니지만 일반적으로 예외가 있다고 하기는 어렵다.

⑤ 인간의 기본적 욕구의 불만은 보상 행동을 일으키도록 기대될 것이다.

⑥ 정상적인 사람의 궁극적인 목표는 자기 실현을 이루는 것이다.

⑦ 인간 관계 접근 방법을 채택한 관리자는 노동자들을 자기 실현에 이르도록 도와 주기 위하여 노력하여야 한다.

⑧ 자기 실현이 된 인간은 더욱 자신만만하고, 원숙하고, 생산적인 노동자이다.

[표 5-2-1] 머슬로의 5단계 기본 욕구

구 분	내 용	동기부여 제도
생리적 욕구	가장 기본적이며 선행되어야 할 요구로서 의식주 및 건강 등에 대한 충족이며, 이 욕구 충족 이전에는 어떤 욕구도 일어나지 않으며, 모든 욕구가 충족되지 못할 때 가장 강렬하게 추구하는 욕구 단계이다.	보수 체계의 적정화 휴양·휴가 제도
안전 욕구	자기의 생명과 소유물을 안전하게 보호하고 싶어하는 욕구이며, 질서 있고 안정된 생활 유지를 위하여 공포나 불확실·위협으로부터 벗어나고 싶어하는 욕구이다. 공무원의 현재 및 장래의 신분이나 생활에 대한 불안을 해소, 낮은 보수에도 불구하고 공무원을 선호하는 이유는 안전 욕구 때문이다.	신분 보장, 연금 제도, 작업환경의 안전성
애정 욕구 (사회적 욕구)	조직 내외적 환경 변수에 대한 적응 욕구이며, 이웃과의 따뜻한 정, 사상, 소속감을 유지하고자 하는 소속이나 친밀의 욕구이다. 동료·상사·조직 전체에 대한 친근감, 귀속감을 충족	인간 관계 개선(개인간의 갈등 제거), 고충처리 상담
존경 욕구	존경받거나 존경하고 싶어하는 욕구로서 자존심·명예·위신·안정감 등이다. 타인의 인정·존중·신망을 받으려는 욕구	제안 제도, 포상 제도, 참여 확대, 권한 위임, 교육훈련 등
자기 실현 욕구	자기가 진실로 바라고 원하는 일을 자긍심을 가지고 자율적으로 수행함으로써 자기를 구현하고자 하는 욕구이다. 가장 고차적이며 최종적인 욕구 단계이다. 머슬로는 이를 인간이 될 수 있는 가능한 모든 것이 되어 보려는 욕망이라고 하였다. 자신의 잠재 능력이나 소질 개발을 중시하고, 조직 목표와 가장 많은 갈등을 야기한다. 장래에의 자기 발전·자기 완성의 욕구 및 성취감 충족	공정하고 합리적인 승진, 공무원단체 활용, 사명감 고취, 공직의 사회적 평가의 제고

3 맥그리거(D. McGregor)의 X·Y이론

구 분	X이론	Y이론
인간관	(1) 본성적으로 일을 싫어하며 되도록 일을 회피하려고 한다. (2) 일을 시키려면 강제·명령·위협·벌칙 등을 요한다. (3) 명령받기를 좋아하며 책임지기를 싫어하며, 야심 없이 안정된 생활을 추구하는 수동적·피동적 인간이다.	(1) 일을 반드시 싫어하는 것은 아니며 대체로 좋아한다. (2) 조직의 목표 달성을 위한 활동은 자발적·능동적 활동이다. (3) 자발적이고 의욕적인 참가를 통하여 보람을 느끼고, 책임 의식과 자기존경 욕구를 갖고 적극적으로 일한다.

관리전략	규율과 물질에 의한 관리 ① 경제적 보상 체계의 강화 ② 권위주의적 리더십 ③ 상부 책임 제도의 강화 ④ 조직구조의 계층성 ⑤ 공식적 조직의 의존 ⑥ 집권제와 참여의 제한	심리적 성공감(목표 성취 등) ① 경제적·인간적 보상 체계의 혼용 ② 민주적 리더십 ③ 분권화와 권한의 위임 ④ 조직구조의 평면성 ⑤ 비공식조직의 활용 ⑥ 목표에 의한 관리(MBO)

X이론	의의	인간은 좋은 말로 해서는 안 되고, 물리적인 제재와 강압이 수반되어야 소기의 목적을 달성할 수 있다는 견해⇒성악설적(性惡說的) 입장; '당근과 채찍'
	관리전략	경제적 보상 체계의 강화, 엄격한 감독과 통제 체제, 권위주의적인 리더십
Y이론	의의	인간은 스스로 통제와 발전이 가능하기 때문에 민주적·인간적인 동기 유발 전략이 필요하다는 견해⇒성선설적(性善說的) 입장
	관리전략	분권화와 권한의 위임, 민주적 리더, 목표관리 및 자기평가 제도의 강화

4 허즈버그의 욕구충족이원론

허즈버그(F. Herzberg)의 이론은 동기 요인과 위생 요인으로 이원화되어 있으며, 조직 생활에서 만족을 주는 요소와 불만을 주는 요소는 서로 다르다고 한다. 불만 요인의 제거는 단순히 불만족을 제거하는 소극적 단기적인 효과만 있으며, 동기를 유발시켜 사기를 높이기 위해서는 만족 요인의 개선이 필요하다고 본다.

만족의 반대는 불만족에서 아니라 만족이 없는 상태이며, 불만족의 반대는 만족이 아니라 불만족에서 벗어나는 상태로 규정한다.

위생 요인은 그것이 충족되지 않을 경우 조직구성원에게 불만족을 주지만, 그것이 충족되더라도 조직구성원의 직무 수행 동기를 유발시키는 것은 아니다.

위생 요인(불만 요인)	동기 요인(만족 요인)
<작업환경> 정책이나 목표 보수 작업 조건 대인 관계	<직무 자체> 성취감 인정감 보람 있는 일 책임의 증대나 승진

5 Z이론

1) 오우치(W. G. Ouchi)의 이론

오우치는 일본식 관리 방식(type J)이 미국식 관리 방식(type A)보다 우월하다는 전제하에서, 미국식 type A에 일본식 경영관리 방식(type J)을 채택한 조직을 type Z라고 하였다.

type Z의 특성으로는 ① 평생고용제, ② 장기에 걸친 평정과 승진, ③ 비전문적인 경력 통로(다양한 순환보직), ④ 내적 통제 방식(자율적 규범으로 통제의 실효성 확보), ⑤ 참여와 조정을 거친 집단적 의사 결정과 책임을 통한 만족감 고취, ⑥ 전체적인 관심 등이 있다.

2) 룬드슈테트(S. Lundstedt)의 이론

X이론적 인간은 지나치게 수동적이고 편협한 해석이고, Y이론적 인간은 지나치게 이상적이므로, 인간에 대한 기계적인 가정을 포기하고 각 개인의 개성과 잠재 능력을 최대한 발휘할 수 있는 분위기 형성에 역점을 둔다. 즉 인간은 간섭을 싫어하고 자유로운 상태를 추구하므로, 인간의 관리전략 역시 자유방임적이어야 한다는 것이다.

[표 5-2-2] 샤인(E. Schein)의 4대 인간관 이론

인간관	특 징	관련 행정이론
합리적 경제인관	타산적·경제적 존재	과학적 관리론
사회인관	인간 관계 등 사회적 욕구를 중시하는 존재	인간관계론
자아실현인관	잠재 능력을 최고도로 발휘하고 싶어하는 자율적 존재	현대적 조직론
복잡인관	다양한 욕구와 변이성을 지닌 존재	현대적 조직론

6 과정이론

1) 브룸(V. Vroom)의 기대이론

① 브룸은 동기를 사람이 자발적으로 여러 행동대안을 선택할 수 있을 때 하나의 대안을 선택하는 과정으로 정의하고 있다. 이러한 동기의 강조는 기대×유인가(valence)로 나타난다고 한다. 즉, "동기의 강도 = F(Σ기대×유인가)"

② 유인가는 "개인이 행위에 대하여 결과 보상을 바라는 정도"를 말한다.

③ 생산성의 확대는 그것이 자신의 목표 달성을 위한 통로인 때에 한하여 이루어진다.

④ 브룸은 이에 대한 실증적 연구에서 ① 개인의 성취욕이 강할수록, ② 일에 비하여 과분한 보상을 받고 있다고 생각할 때, ③ 결정에의 참여시, ④ 자기의 재능과 일치되는 일을 할 때 조직의 업적은 높아진다고 하였다.

2) 포터(L. Porter)와 롤러(E. Lawler)의 업적 만족이론

① 업적은 개인이 원하는 목적과 결과를 성취하려는 노력에 의하여 결정되고 만족은 실제로 달성하는 결과에 의하여 결정된다.

② 보상이 직접적인 만족이 되는 것이 아니라 보상의 공평성에 대한 인지가 개입해 만족의 정도를 결정한다.

③ 업적은 만족의 원인이 될 수 있으나 이들의 관계는 내외적인 보상에 의하여 연결된다.

④ 외적 보상 : 보수, 승진, 지위, 안전 등을 말한다.

⑤ 내적 보상 : 높은 업적에 대하여 개인이 스스로 얻는 만족으로 이것이 외적인 보상보다 중요하다.

3) 애덤스(J, Adams)의 공평성 이론

① 사람들은 타인과의 관계에서 공평성을 유지하는 쪽으로 동기부여를 받는다고 본다.

② 과다 과소 보상을 받고 있다고 생각되면 이를 공평한 방향으로 이끌도록 동기부여

③ 자기 노력의 결과와 결과의 보상 간에 불일치가 지각될 경우 동기부여를 받음.

④ 불공정의 해소 방안 : 투입 또는 산출의 변경, 투입과 산출에 대한 지각의 변경(왜곡), 준거 인물의 변경, 동료집단에 대한 행동의 표현, 직장 이동 등

과소 보상	급료 인상 등 편익 증대 요구, 투입 감소, 산출의 왜곡, 이직
과다 보상	편익 감소의 요청, 노력의 증가 등 투입의 증대

⑤ 기대이론과의 차이 : 기대이론이, 보상이 최대로 될 가능성이 있는 직무 수행 수준을 선택한다면, 공정성 이론은 준거인(準據人)에 비추어 공평한 직무 수행 수준을 선택한다.

4) 강화이론(학습이론 · 순치[馴致]이론)[1)]

(1) 의의

외부 자극에 의하여 학습된 행동이 유발되는 과정 또는 어떤 행동이 왜 지속되는가를 밝히는 것으로, 행동은 그 결과의 함수로 보는 행태주의 심리학의 학습이론이다.

행동의 원인보다 결과에 초점을 두며, 보상받는 행태는 반복되지만 보상받지 않는 행태는 중단되는 손다이크(E. L. Thorndike)의 '효과의 법칙'에 근거를 두고 있다.

(2) 내용

① 이론적 구조 : 환경적 자극(직무 수행 명령), 그에 반응하는 행동(순응, 불응), 행동의 결과로서의 유인 기제(inducement) 등의 관계를 설명하고, 유인 기제 활용의 전략을 처방한다.

② 유인 기제 : 선행 자극과 반응 행동의 연계를 강화하려면 유인 기제인

1) 순치(馴致) : 원래는 짐승을 길들이거나, 점차 어떠한 목표의 상태에 이르게 함을 의미한다.

강화를, 연계를 약화시키려면 처벌이나 중단(소거)을 적절하게 처방함으로써 특정한 행동을 유도한다.

반응 행동	결과 내지 유인 기제	영 향
바람직한 행동	적극적 강화 : 원하는 상황을 제공(급여 인상)	바람직한 행동의 반복
바람직한 행동	소극적 강화(회피) : 싫어하는 상황을 제거(징계의 면제)	바람직한 행동의 반복
바람직하지 않은 행동	처벌 : 싫어하는 상황을 제시하거나 바람직한 상황 제거(징계)	바람직하지 않은 행동의 감소
바람직하지 않은 행동	중단 : 유인 기제의 제공을 중단시키는 중립적 자극(타인의 행동 무시)	바람직하지 않은 행동의 감소

③ 강화 일정 : 보강(보상)은 상황에 따라 달리 나타날 수 있다. 행동이 일어날 때마다 강화를 제공하는 연속적 강화와 아래의 네 가지 부분적 강화가 있다.

ⓐ 고정간격 강화 : 일정한 시간 간격으로 보강이 제공된다(예: 월급).

ⓑ 변동간격 강화 : 가변적 시간 간격으로 보강이 제공된다(예: 승진).

ⓒ 고정 비율 강화 : 일정한 횟수의 행동에 대하여 보강이 제공된다(예: 성과급).

ⓓ 변동 비율 강화 : 가변적 횟수의 행동에 대하여 보강이 제공된다(예: 칭찬).

제 3 절 조직이론

1 관료제의 의의

공공의 안녕과 사회 질서 유지에 그 목적을 둔 경찰은 군대조직에 가까운 관료제(bureaucracy)를 띠고 있다.

베버(M. Weber)에 의하면, 관료제는 합리성과 능률성에 의하여 요소와 요소가 관계가 유지되고, 상하가 복종·협동하는 조직의 존재 양식을 말한다. 그는 관료제가 사회의 발전에 따른 복잡하고 대규모적인 조직에서 가장 능률적으로 모든 문제를 해결할 수 있는 수단이라고 보았다.

관료제	(1) 계층제적 형태를 가진 복잡한 대규모 조직(구조적 개념) (2) 베버(M. Weber)의 관료제 모형에서는 관료제의 계층제적(구조적) 측면을 가장 중시한다.
대표 관료제	인종·종교나 성별·계층·지역 등 여러 기준에 의하여 분류되는 모든 사회집단들이 한 나라의 인구 전체 안에서 차지하는 비율에 맞게 관료조직의 지위들을 차지하여야 한다는 원리가 적용되는 관료제(예: 인재 지역할당제, 여성고용할당제, 장애인 의무고용 등)

1) 관료제이론의 개념

(1) 전통적 조직이론(베버의 관료제)

행정의 전통적 또는 고전적 접근 방법으로 부르고 있는 베버의 관료제이론은 상관에 의한 통제의 정당성과 부하에 의한 복종의 의무에 근거하고 있다.

관료제이론은 본질적으로는 형식주의적이지만, 실제로는 강압적이며 제재와 보상의 체계를 강하게 주장하고 있다.

이를 위해서 관료들은 권위, 직위 그리고 계급에 근거를 둔 계층제의 명령에 따라 조직되어야 하고 엄격한 규칙의 지배를 받아야 한다는 것이다.

베버는 조직의 관료제 형태가 정확성·안정성·규율성·신뢰성에서 어떤 다른 형태보다 우위에 있다고 강조하였다.

2) 관료제이론의 기초적 가정

① 지휘를 받고 통제를 받고자 하는 인간의 욕구
② 이기적으로 행동하는 인간의 성향
③ 인간의 자제심의 결핍과 책임성의 부족
④ 작업에 대한 가장 중요한 보상으로서 인간의 경제적 이득에 대한 추구
⑤ 경쟁에 대한 - 주로 불공정한 태도로서 - 인간의 본능
⑥ 권한과 복종에 패한 인간의 불쾌감
⑦ 그 자신만의 독특한 방법으로 일을 하려는 인간의 성향

3) 관료제모형의 기본적 특징

(1) 직무의 분할

기관의 목표를 달성하는 데 필요한 모든 직무는 가능한 한 가장 규모가 적은 단위로 체계적으로 분할되어 있다.

경찰 업무는 과, 계, 반, 파견대, 교대조 등으로 분할되어 있다.

(2) 직무의 할당(분업)

직무 할당은 훈련받은 직원들이 가장 많이 경험하는 직무들로 배분하기 위한 것이다.

(3) 규칙화

각 직무는 균일성과 통일성을 달성하기 위하여 설정된 규칙에 따라서 수행되고 있다.

(4) 권한의 계층제

조직의 직위에는 (리더로부터 가장 낮은 직위까지) 각각의 권한뿐만 아니라 각기 다른 책임이 부여되어 있다. 그러므로 수직적 계층제에서 계급과 직위의 설정은 기관의 가장 중요한 책임인 것이다.

계층제는 조직의 더 높은 수준에서 중요한 결정을 하도록 하기 때문에, 행정 책임에 대한 중요한 안전 장치로서 계급과 직위의 설정을 인정하고 있다.

(5) 책임성

조직의 각 구성원은 그들 자신이 내린 결정이나 그들의 부하가 내린 결정에 대하여 책임을 지게 된다.

(6) 형식주의

조직의 피라미드에 있는 각 직원은 비인간적이고 공식적인 태도로 그의 업무를 수행하도록 기대되고 있다. 이것은 직원들이 그들 간에, 그리고 고객들 간에 사회적 차이를 유지할 것을 요구하고 있다.

이러한 분리의 목적은 구성원들이 기관의 목표를 능률적으로 달성하는 데 지장을 주지 않도록 하는 데 있다.

(7) 생애직

관료조직에서 임용은 전문적인 자격에 의거하고 있으며 직원들은 자의적인 면직으로부터 보호를 받고 있다. 승진은 선임 순위와 업적에 근거하고 있다. 관료 직업을 생애직으로 보게 하고 무계획적이고 일시적인 기분에 의한 면직을 제거하려는 목적은 조직에 대하여 높은 충성심을 일으키려는 것이다.

(8) 시보임용

모든 임명된 직원들은 시보 기간 동안 참고 견디어야 하며, 시보 기간을 성공적으로 달성한다면 퇴직할 때까지 직업이 보장될 것이다.

(9) 훈련

직원의 능력은 계속되는 훈련을 통하여 유지되고 있다.

(10) 문서주의

조직의 관리는 원본대로 보존되어 있는 서류에 근거하여야 한다.

(11) 징계

기관 내에서의 질서는 처벌과 보상의 체계인 징계규칙을 통하여 유지되고 있다.

5) 이론의 적용

오늘날 대부분의 경찰기관은 기본적으로 관료적 계선에 따라 조직되어 있다. 일반적인 조직도표는 조직의 피라미드의 정점에 한 사람의 경찰책임자가 있다. 경찰 및 군대조직에 의하여 수행되고 있는 업무는 매우 위험하고, 중요하며, 많은 노력을 요구하기 때문에, 관료제모형은 조금은 덜 엄격한 형태보다 우수하다고 여겨진다.

6) 이론의 비판

(1) 엄격한 통제

엄격한 통제가 민주사회에서 모든 사람들로 하여금 똑같이 처신하게 한다고 여긴다.

(2) 비현실성

조직의 직원은 처벌의 위협을 받을 때 좀더 열심히 또 효과적으로 일할 것으로 생각되고 있다.

(3) 사기 저하

관료 구조의 꼭대기에 있는 상관들에 의한 권력의 독점은 부하 직원의 독창성이나 동기 부여를 억압하고 있으며, 계급에 상응하는 권한이 없다는 감정을 불러일으킨다.

(4) 억압성

관료제의 권위에 의한 명령과 엄격한 형식주의는 직원들에 대하여 그들의 의견을 제시하는 것에서부터 일을 수행하는 방법까지도 억압할 수 있다.

(5) 낭비성

직원으로 하여금 협력을 하도록 하기 위하여 감독자와 관리자가 광범위하게 억압을 계속하는 것은 공공자금의 불필요한 낭비로 간주된다.

(6) 고립성

관료조직이 너무 빠르게 성장해서 그들이 봉사하고 있는 국민들로부터 고립되어 가는 경향이 있다.

차갑고, 냉담하고, 비인간적이고, 무관심한 조직이라는 관료제의 이미지는 국민들에게 부담을 주는 경향이 있다.

2 관료제의 특성

① 관료의 권한과 직무 범위는 법률에 규정되어 있어 전통이나 개인적인 카리스마에 의하여 지배되는 것이 아니다.

② 직무조직은 계층적으로 되어 있다. 이는 베버의 관료제의 특성 중에서 가장 큰 특성이다.

③ 직무의 수행은 서류에 의해서 이루어지고 그 기록은 장시간 보관된다.

④ 업무의 수행은 개인적인 감정을 억제하고 오직 법규에 의하여 수행한다.

⑤ 모든 직무는 전문지식과 기술을 지닌 관료가 담당하고 이들은 시험

또는 자격에 의하여 공개적으로 채용된다. 그리고 관료들은 지속적인 교육훈련을 통해서 전문화되고 구성원은 직업인으로 자리잡는다.

⑥ 관료는 직무의 대가로 보수를 받고, 승진 및 퇴직금 등의 직업적 보상을 받는다. 겸직은 금지된다.

⑦ 관료제에서 구성원은 신분의 계급에 의한 관계가 아니라 계약 관계이다.

특 징(막스 베버)	역기능(병리 현상)
(1) 법규 위주의 행정⇒명확한 관청직 권한 (2) 계층제적 조직구조 (3) 문서주의 (4) 공·사(公·私)의 구분 ⇒ 몰정의성(沒情誼性, impersonalism), 개인적 감정을 배제한 법규에 의한 직무 집행 (5) 전문지식·기술을 지닌 관료에 의한 직무 수행 (6) 전임직 (7) 고용 관계의 자유계약성	(1) 동조과잉 ⇒ 수단의 목표화 (2) 형식주의(red tape) ⇒ 서면주의 (3) 전문가적 무능 (4) 할거주의 ⇒ 조정·협조의 곤란 (5) 변화에 대한 저항과 보수주의⇒ 복지부동(伏地不動) (6) 인격·인간성의 상실 (7) 무사안일주의 ⇒ 상급자의 권위에 의존

제 4 절 조직 편성의 원리

1 개 관

조직의 원리란 일정한 업무를 어떻게 하면 가장 효율적이고도 합리적으로 수행할 수 있는가 하는 주로 조직 편성의 관리 기술이라고 볼 수 있다.

2 분업의 원리(전문화의 원리)

1) 개 념

분업의 원리란 업무를 세분화하여 분담시키고 이를 반복하게 함으로써 업무의 숙련성·능률성을 증진하고자 하는 원리이며, 기능화의 원리 또는 직능화의 원리라고도 한다.

분업의 원리는 인간의 능력을 향상시켜 더 많은 양의 업무를 효율적으로 수행하게 한다. 한 사람이 한 가지를 계속적으로 하면 기술이 축적되고 전문화되어 분업의 효과는 극대화되는 것이다. 분업에는 수평적 분업과 수직적 분업이 있는데, 위에서 본 것은 수평적 분업의 원리이다. 분업의 원리는 모든 계층에 적용된다. 경찰 업무는 협동행위로 이루어진다.

전문화란 조직의 전체 기능을 성질별로 나누어 가급적 한 사람에게 동일한 업무를 분담시키는 것을 말한다. 계선, 참모, 그리고 보조 기능의 분리는 관료적 조직 내에서 전문화의 대표적인 예라고 할 수 있다. 그러나 전문화가 될수록 할거주의가 심화되어 조정과 통합이 곤란해진다.

2) 장·단점

(1) 장점

① 애로와 업무 지연을 제거 또는 최소화함으로써 작업을 능률화시킨다.

② 업무는 그 업무를 가장 잘 알고 있는 경찰관에 의하여 수행되기 때문에 경찰기관 내에서 직무 수행의 질을 향상시킨다.

③ 직무를 좀더 신속하게 수행하도록 도와 준다.

④ 경찰 업무에 대한 비용을 절감한다.

⑤ 직원들에게 동기를 부여하고, 그들의 전문가적 기술을 증진시키며, 경찰관들 간에 좀더 큰 직무 만족을 가져다 준다.

(2) 단점

① 전문가들은 높은 지위 의식을 나타낼 수도 있다.

② 전문가들은 평범한 용어 사용의 부족 때문에 일반행정가와 의사소통

하는 데 어려움을 발견할 수도 있다.

③ 전문가들은 경찰기관의 종합적인 목표와 조직 내의 다른 전문가들의 업무를 알 수 없기 때문에 그들의 업무가 고립될 수도 있다.

④ 너무 지나친 전문화는 과도한 경쟁을 초래하고, 비밀을 증가시키고, 경찰기관 내부에 더 많은 부패를 불러일으킬 수도 있다.

⑤ 전문가들은 그들보다 우수한 일반행정가에 의한 엄격한 징계 또는 면밀한 감독을 불쾌하게 느낄 수도 있다.

3 계층제

1) 의 의

계층제의 원리는 구성원의 임무를 책임과 난이도에 따라 상하로 나누고, 상위로 갈수록 권한과 책임이 무거운 임무를 수행하도록 하는 것을 말한다. 계층제의 조직 원리로서 베버는 관료제모형을 주장하였다.

계층제는 경찰이나 군대의 편성 원리로서 명령과 지시를 거의 여과 없이 수행하도록 하는 데에 적합한 원리로서, 분업의 원리의 수직적 분담이기도 하다.

① 계층제(hierarchy)란 권한과 책임의 정도에 따라 직무를 등급화함으로써 상하 계층 간에 직무상 지휘·감독 관계(상관과 부하의 관계)에 있도록 하는 것을 말한다.

② 조직에서 계층제라고 하는 것은 기능상의 차이에 의한 구분이 아니라, 권한과 의무 및 책임의 정도에 의한 구분이며, 직무를 몇 단계의 등급으로 구분하는 통제 체계의 수립을 의미한다.

③ 우리 나라의 경찰기관이 행정자치부 장관→경찰청장→국장→과장의 구조를 형성하고 있음은 실제적인 계층제의 실현을 의미한다. 대법원장, 헌법재판소장, 선거관리위원장, 국회의장은 상관이 되나, 국회의원은 상관이 아니다.

2) 장점(순기능)

경찰조직은 계층제의 원리로 조직을 편성하고 상명하복을 기본적인 원리로 하고 있다. 따라서 계층제는 조직의 일체감과 통일성을 가장 큰 강점으로 하고 있다.

① 지휘 계통을 확립하고 대규모의 경찰조직을 효율적으로 운용한다.
② 업무 수행에 통일성을 기할 수 있다.
③ 권한과 책임을 적절히 배분함으로써 그 한계가 분명하다.
④ 업무 처리에 신중을 기할 수 있다.
⑤ 조직 내의 갈등이 조직에서 해소된다.
⑥ 지휘·명령과 의사 전달의 통로
⑦ 권한과 책임 한계의 경로
⑧ 내부통제의 경로
⑨ 조직 내의 분쟁 및 갈등의 조절 수단
⑩ 승진의 유인
⑪ 행정조직의 질서와 통일의 확보
⑫ 행정 업무의 적정 배분

3) 단점(역기능)

① 항상 지시와 명령으로 이루어지므로 계층구조가 늘어날수록 의사소통의 단계가 기하급수적으로 늘어나, 의사 전달이 왜곡되고, 이로 인한 업무 지연은 긴급성을 요하는 경찰 업무의 특성과 거리가 있다.

② 지시와 명령에 의존하므로 계층 간에 갈등의 소지도 있다(동태적 인간관계 형성의 저해).

③ 조직의 경직화
④ 할거주의
⑤ 새로운 기술·지식 도입의 곤란
⑥ 기관장의 독단화
⑦ 동태적 인간관계 형성 저해
⑧ 의사소통의 왜곡
⑨ 끊임없이 변동하는 환경에 대한 조직의 적응성 저해
⑩ 조직의 직무 수행을 위한 체계로서보다는 인간을 지배하는 신분상의 상하 관계 형성

⑪ 관리비용 증가

4) 소 결

계층은 조직의 필연적인 구성 요소이지만, 너무 지나친 계층제의 확대는 오히려 역기능을 초래한다. 그런데 우리 나라 경찰의 경우에는 필요 이상으로 계층의 수가 많아 성과와 능률이 저하되어 있다고 할 수 있으므로 가급적 계층의 수를 줄이는 것이 바람직하다.

의의	(1) 권한·의무와 책임의 정도에 따라 상·하로 등급화하고 등급 간에 명령 복종과 지휘감독 체계를 확립하는 조직의 원리 (2) 가톨릭의 교권 조직에서 유래, 관료제 조직을 구조적으로 형성시키는 모체적 역할
순기능	(1) 질서 유지 및 조직의 통일성·일체화의 수단 (2) 권한 위임 및 상하 간 권한 배분·공식적 의사 전달의 기준 및 경로 (3) 승진의 경로 (4) 명령·지시 등 공식적 권위의 행사 수단 (5) 내부통제 수단(갈등 및 대립의 조정 수단)
역기능	(1) 계층제의 심화시 경직성(보수성)을 초래 ⇒의사소통의 왜곡, 환경 변동에의 부적응(신지식·신기술의 도입이 용이하지 못하다). (2) 구성원의 인격 상실 등 비민주적 관리 (3) 비민주적·독단적 결정 ⇒ 집단적 의사 결정이 어려움. (4) 지나친 수직적 서열주의의 강조 ⇒ 할거주의나 배타주의, 조직의 보수화를 초래

4 통솔 범위의 원리

1) 의 의

계층제 구조를 가진 조직의 상위자가 직접 지휘·감독할 수 있는 부하의 수는 한계가 있으므로 적정 수의 부하를 관리하여야 한다는 것을 말한다. 통솔 범위의 원리는 한 사람의 관리자가 통솔할 수 있는 사람이 몇 명이 적절한가의 문제이고 효율성을 좌우하는 중요한 원리가 된다.

현재 경찰의 구조조정과 관련하여 중간계층이 많다고 하는 것은 바로 통솔의 범위의 문제인 것이다.

① 통솔의 범위(span of control)는 한 사람의 상관이 효과적으로 감독할

수 있는 최대한의 부하의 수를 말한다.

② 조직이 효과적으로 기능하기 위해서는 한 사람의 상관이 주어진 시간에 통제할 수 있는 부하만을 감독하여야 한다. 물론 이 부하의 수는 모든 조직마다 다르다.

2) 피라미드 모양의 조직

모든 조직은 상관보다는 부하가 많다. 이러한 이유 때문에 경찰이나 다른 공공기관의 조직표는 사다리 모양보다는 피라미드 모양으로 보인다.

조직의 피라미드 높이는 직위 및 계급 제도에 따라 아래로 향한 권한에 따른 책임의 산물이다. 그리고 피라미드 바닥의 넓이는 통솔 범위의 산물이다.

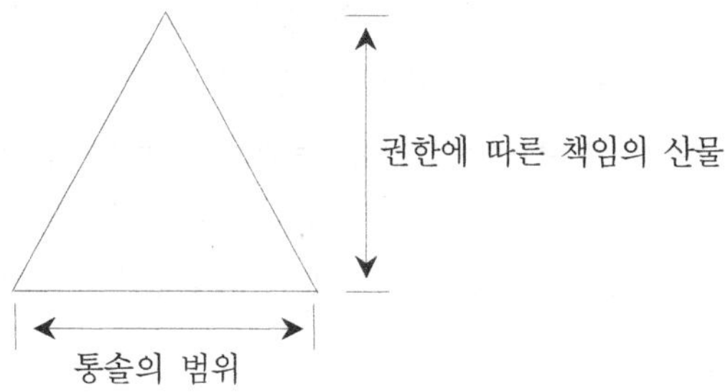

3) 적정 범위(통솔 범위의 결정 요인)

① 업무의 성질이 기계적·반복적·상규적인 것일수록 감독상의 주의는 단순하므로 통솔의 범위가 확대된다.

② 업무의 성질이 동질적인 것은 이질적인 것에 비해서 사고 방식 등의 전환에 소요되는 시간적 손실을 방지하고 감독상의 숙련을 기대할 수 있기 때문에 통솔의 범위가 확대된다.

③ 감독자의 능력과 능숙도, 부하에 대한 신임도, 부하의 자발적 협력도가 높을수록 그리고 부하가 잘 훈련되어 있을수록 통솔의 범위가 확대된다.

④ 조직체 내에서의 감독자의 상대적인 위치에 따라 상이하다. 즉 감독자의 최고관리자에 의한 신임도가 높을수록 통솔의 범위가 확대된다.

⑤ 행정조직체가 권한 위임과 책임 체제가 확립되어 있을수록 그 범위는

확대된다.

⑥ 업무의 내용이 정적이고 안정되어 있을수록 통솔의 범위가 확대된다.

⑦ 감독자의 업무에 대한 개인적 관심도, 흥미도가 높을수록 통솔의 범위가 확대된다.

⑧ 감독자가 위치하는 곳과 부하의 집무 장소와의 거리가 멀수록 통솔의 범위는 협소해진다.

⑨ 신설 부서보다는 오래된 부서, 복잡한 업무보다는 단순한 업무의 경우에 통솔 범위가 확대된다.

4) 적절한 통솔 범위 변수

① 운영의 자연적인 짜임새

② 업무의 복잡성: 업무의 종류가 단순할수록 통솔의 범위는 넓어지고, 업무의 종류가 복잡할수록 통솔의 범위는 좁아진다. 조직계층의 상층부에서는 주로 정책을 작성하는 복잡한 업무를 수행하며, 하층 부에서는 일상적으로 기계적이고 단순한 업무에 종사하므로, 조직계층의 상층부에 올라갈수록 통솔의 범위는 좁아지고, 하층부에 내려올수록 통솔의 범위는 넓어진다.

③ 작업 조건(정상, 위기 등)

④ 부하 경찰관의 교육과 기술: 유능한 부하 경찰관을 감독한다면 많은 부하를 거느릴 수 있다.

⑤ 감독자의 리더십의 질: 감독자가 유능하고 정력적이면 하부 감독에 바칠 수 있는 시간적 여유가 많고, 활동적인 성격의 소유자일 때는 통솔의 범위는 넓어진다.

⑥ 경찰관 간의 의사 전달의 질

⑦ 더 많은 감독자를 고용할 수 있는 기관의 재정 능력

⑧ 당해 기관의 역사와 전통: 시간적인 면에서 기성 조직의 책임자는 신설 조직의 책임자보다 많은 수의 부하를 거느릴 수 있다. 왜냐하면 행정사무의 대부분은 시간이 경과할수록 SOP 및 관례화되어 가나, 행정사무가 새로운 것이면 모든 사람은 그것에 대하여 생소하여 각 감독자는 소수의 부하만을 감독할 수 있게 된다.

⑨ 조직의 대소: 조직의 규모가 클수록 통솔의 범위는 좁아지고, 조직의 규모가 작을수록 통솔의 범위는 넓어진다. 왜냐하면 조직이 작으면 공식적 접촉 이외에 많은 비공식적 접촉이 가능하므로 감독 범위는 자연히 넓어지게 되기 때문이다.

⑩ 공간상의 거리: 공간상으로 어떤 조직이 그 하부조직 및 인원을 전부 한 건물 내에 갖고 있는 경우에는 분산되어 있는 경우보다 통솔의 범위는 넓어진다.

의의	(1) 한 명의 장관 또는 감독자가 직접 효과적으로 통솔할 수 있는 부하의 수에 관한 원리 (2) 인간의 주의력에는 생리적 · 심리학적인 한계가 있다는 입장을 전제	
고려 요인	시간적 · 공간적 요인	신설 조직 < 기존 조직, 지리적 분산 < 근접한 부서
	조직 및 직무의 성질	전문적 · 창의적 업무 < 동질적 · 단순한 업무
	관리자 및 부하의 능력	유능하고 훈련이 잘된 경우 통솔 범위가 확대
	관리자 및 부하 집단의 특징	신임도나 사기 · 인간 관계가 양호할수록 통솔 범위가 확대
	참모기관과 정보관리 체계	참모기관과 정보관리 체계가 발달할수록 통솔 범위가 확대
	통솔 범위와 계층제 ⇒ 상충적 관계이므로 계층수의 결정시에 고려되어야 함. 통솔 범위의 확대 ⇨ 계층의 수 단축, 의사소통이 용이, 사기가 아양 통솔 범위의 축소 ⇨ 계층의 수 증가, 의사소통의 장애 및 왜곡	

5 명령 통일의 원리

1) 의 의

명령 통일의 원리란 지시는 한 사람만이 하고, 보고는 한 사람에게 하여야 한다는 원칙을 말한다. 지시나 명령에 혼선으로 인한 업무의 비능률을 막기 위한 원칙이다.

어떤 구성원이라도 조직체에서는 오직 한 사람의 상관에게서만 명령을 받고 그에게만 보고하여야 한다는 원리를 말한다.

이와 같은 1 : 1의 원리를 지향하는 것은 그 조직의 최종 권위는 한 사람에게 부여되어야 하고 명령을 주고받는 사람이 통일적으로 정해져야 능률적이고 체계적으로 조직의 목표를 달성할 수 있다는 것이다.

2) 장 · 단점

(1) 장점

① 기관 내의 권한과 통제를 강화한다.

② 행동에 대한 책임을 결정하는 데 도움이 된다.

③ 의사 전달을 촉진시키고 모순된 명령을 제거함으로써 조직의 갈등을 감소시킨다.

④ 직원에 대한 효과적인 감독을 강화시킨다.

(2) 단점

① 직접 감독하지 않는 참모 및 계선 조직이 부하들에게 유익한 자문을 하도록 허용하지 않는다.

② 계층제 때문에 상하 계층 간의 의사 전달 과정이 길어지고 있다.

③ 감독자가 경청하지 않는 경우에는 그들 부하들의 사기를 꺾을 수 있다.

④ 부하는 비상 사태 또는 그들의 직접적인 감독자가 감독을 할 수 없을 때에는 필요한 자문을 받지 못하게 된다.

⑤ 한 사람의 상관을 통한 의사 전달을 고집한다면 오히려 업무의 능률을 저하시킬 우려가 있다.

3) 문제점 및 보완책

명령 통일의 원리를 철저하게 지키면 오히려 지시 · 명령자의 사고 등으로 인한 지시와 보고를 받을 수 없는 경우에는 오히려 혼란을 가져온다. 따라서 이러한 관리자의 사고의 경우를 대비하여 대행 체제를 가지고 있는 것이다.

또한 이와 관련된 것으로 권한 위임이 있는데 이 권한 위임 제도는 관리자의 임무를 하위 관리자에게 분담시켜 통솔 범위의 한계를 재조정하거나 명령 통일 제도의 한계를 완화할 수 있는 제도이다. 따라서 경찰관리자는 대리나 위임 제도를 적절히 활용하여 계층제의 통솔 범위나 명령 통일의 원리가 갖는 단점을 보완하여 업무에 공백이나 차질이 없도록 하여야 할 것이다.

의의	조직체의 구성원은 오직 한 사람의 상관으로부터 명령을 받고 보고를 하여야 한다는 원리 ⇒ 업무 수행의 혼선으로 인한 비능률을 방지하기 위한 것
한계	(1) 행정 기능이 전문화될수록 타당성이 희박해진다(예: 계선과 막료). (2) 명령 통일의 원리를 너무 철저히 관철하면 업무의 공백과 혼란을 초래할 수 있기 때문에 조직은 관리 기능의 대행 체제를 갖추어야 한다. ⇒ 적절한 권한의 위임과 대리의 활용이 필요

6 조정과 통합의 원리

1) 개 설

분업의 원리, 계층제, 명령 통일, 통솔 범위의 원리 등은 조직 목적을 효율적으로 달성하는 데에 있다. 그러나 조직에는 계층 간의 갈등이나 부서 간의 갈등, 또 구성원 간의 갈등 등 내부의 갈등이 존재하는 것이다. 바로 이러한 갈등을 조정하여야 한다는 원리가 조정과 통합의 원리이다. 즉 조직의 공동 목적을 달성하기 위하여 구성원의 행동 통일을 기하도록 집단적 노력을 질서 있게 배열하는 과정을 조정의 원리라 한다. 조정이란 조직의 공통된 목적을 달성하기 위하여 모든 기능을 조화 있게 조절하는 집단적 노력이라고 정의할 수 있다. 무니(James D. Mooney)는 조정의 원리를 제1원리라고 강조하였다.

2) 갈등의 원인

(1) 원리에 따른 갈등

분업의 원리는 능률적인 면에서 장점이 있으나 다른 업무에 대한 무지로 의사소통의 단절로 인하여 오해가 생길 수도 있으며, 한 부서에서 처리하여도 되는 업무를 분담하여 하는 경우 지휘 계통이 과다하게 많은 경우 등이 모두 갈등의 소지가 있는 것이다.

또 분업으로 인한 전문화도 타부서와 공유되지 않으면 이기주의화되어 갈등의 요소가 되기도 한다.

(2) 일반적 갈등의 원인

부서의 목표나 이해 관계의 대립으로 인한 갈등, 인적·물적 자원에 대한 경쟁, 가치관이나 신념의 차이, 의사 전달 과정에서의 왜곡 현상, 대안 선택의 기준에 대한 차이, 자기의 역할의 불확실성 등이 갈등의 원인이 되기도 한다. 이 중에서 가장 많은 갈등의 원인은 인적 자원에 대한 경쟁에서 비롯되는 갈등과 신분 이동의 불공정성이다.

(3) 갈등의 조정과 통합 방법

복잡하게 전개되는 구조적 모순을 모두 제거하기란 곤란하므로, 갈등이 나타나는 것을 부정적인 시각에서 처리할 것이 아니라 긍정적인 시각을 가지고 적극인 자세로 그 원인을 규명하여 처리하여야 한다. 따라서 갈등이 표출될 소지가 있는 사안과 업무에 대해서는 업무 처리 과정을 통합한다든지, 대화의 채널을 마련하여 갈등의 소지를 방지하는 것이 좋은 방법일 것이다.

문제 해결에 어려움이 있는 경우에는 갈등을 완화하거나 양자의 타협을 이끌어내야 한다. 상위 관리자는 갈등을 초래할 수 있는 결정을 보류 또는 회피하거나, 갈등 관계가 첨예화하여 급박한 경우에는 상위 관리자의 판단과 명령에 의한 해결도 있다.

그러나 장기적인 대응 방안으로는 조직구조의 개선, 보상 체계의 마련, 인사에서 투명성 등 제도 개선을 통하여 해결하여야 한다.

<table>
<tr><td>의의</td><td colspan="2">(1) 조직 내의 의사 결정 과정에서 대안의 선택 기준이 모호하여 개인이나 조직이 대안을 선택하는 데 어려움을 겪는 상황
(2) '건설적 갈등'의 긍정적 기능을 인식 ⇒ 갈등을 회피하지 말아야 한다.</td></tr>
<tr><td rowspan="2">원인</td><td>원리에 따른 갈등</td><td>과도한 분업(전문화)으로 인한 의사소통의 단절</td></tr>
<tr><td>일반적 갈등</td><td>이해 관계 및 기관 목표의 차이, 가치관 및 태도의 차이, 의사 전달에 왜곡, 인적·물적 자원에 대한 경쟁, 지위나 신분 이동의 불공정성</td></tr>
<tr><td rowspan="2">해결 방안</td><td>단기</td><td>(1) 갈등의 원인을 해결하거나 갈등을 완화, 결정 등의 보류·회피
(2) 과도한 분업에 따른 갈등의 경우에는 업무의 통합(직무충실·확장)이 요구된다.</td></tr>
<tr><td>장기</td><td>조직의 구조, 보상 체계, 인사 등의 문제점을 제도 개선을 통하여 해결</td></tr>
</table>

7 계선 · 참모조직

1) 계선조직(line)

(1) 개념

① 계선조직은 경찰 기능의 중추적인 위치에 있으며, 법령을 집행하고 정책을 결정하여 국민에게 직접적으로 봉사하는 임무를 맡고 있다. 조직상 최고책임자를 정점으로 하여 수직적 관계에 있는 운영 조직이다.

② 계선조직은 경찰조직에서 본질적이며 중추적이다. 계선조직은 경찰청장→국장→과장의 집행 체계를 말한다

③ 계선조직은 계원, 반장, 계장, 과장 그리고 경찰서장 자신을 포함하여 계선 직원에 의하여 운영되고 있으며, 명령적 · 집행적 기능을 갖는다.

④ 계선조직의 임무에는 경찰관의 감독뿐만 아니라 순찰, 범죄 수사, 교통 단속, 비범죄 행위의 단속, 비행(非行) 행위의 규제 등이 있다.

(2) 장점

① 권한과 책임의 한계가 명확하여 업무 수행이 능률적이다. 조직 전체의 목적에 대한 직접 책임을 진다.

② 단일기관으로 구성되어 정책 결정이 신속히 이루어진다.

③ 업무가 단순하고 비용이 적게 드는 조직에 적합하다.

④ 강력한 통솔력을 행사할 수 있다.

⑤ 조직 목적을 직접 수행하므로 국민과의 접촉이 밀접하고 국민에게 직접적인 봉사를 한다.

(3) 단점

① 업무량의 과중

② 기관장의 독단

③ 부문 간의 조정 곤란

④ 전문가의 지식 활용 곤란

⑤ 조직의 경직성

2) 참모조직(staff)

(1) 개념

① 참모조직은 계선 조직을 보조 지원하기 위한 조직이다. 경찰청에서는 주로 심의관의 기능이 이에 해당되며 경무기획국 기능도 이에 포함된다.

② 전형적인 참모조직의 임무는 인사행정, 교육훈련, 법률 자문, 공공 관계(PR), 지역사회 관계, 감찰, 정보, 연구 및 기획, 예산통제, 범죄분석 등의 기능을 수행하는 것이다.

③ 조직 내의 활동이기 때문에 국민과 직접 접촉하거나 서비스를 제공하지 않는다. 구체적인 집행권이 없기 때문에 명령이나 지휘권을 행사할 수 없다.

(2) 장점

① 기관장의 통솔 범위를 확대시킨다.

② 전문적인 지식과 경험을 활용함으로써 기관장이 좀더 합리적인 지시와 명령을 내릴 수 있도록 한다.

③ 업무의 수평적인 조정과 협조를 가능하게 한다.

④ 조직이 신축성을 띨 수 있다.

(3) 단점

① 계선과 막료의 대립·알력

② 경비의 증가

③ 책임의 증가

④ 중앙집권화의 촉진

⑤ 의사 소통 경로의 혼란

계선	(1) 조직 존립의 목적을 수행하기 위해서 지휘명령권을 행사할 수 있는 기관 (line) (2) 조직법학에서 '보조기관'에 해당
막료	계선 기관에게 정보·지식·기술을 제공하여 계선 기관으로 하여금 효과적인 목표 달성을 하게끔 보좌하는 기관 ⇒ 행정 목표의 달성에 간접적으로 기여 (참모: staff)

계선(line : 보조기관)	막료(staff : 보좌기관)
계층제적 성격	비계층적 성격
목표 달성에 직접적으로 기여⇒국민과 직접 접촉	목표 달성에 간접적으로 기여
명령권 · 집행권의 행사⇒수직적 명령 · 복종 관계	명령권 · 집행권이 없다.⇒수평 대등한 관계
일반행정가(generalist)	전문행정가(specialist)

8 한국 경찰조직의 구조

1) 개 관

우리 나라 경찰은 1945년 10월 21일 국립경찰로 출범한 이래 1991년에 경찰법이 법률 제4369호로 제정 · 공포되어, 46년 만에 내무부 장관의 보조기관에서 내무부 소속의 외청으로 독립하여 경찰행정의 책임성과 독자성을 행사할 수 있는 체제를 갖추게 되었다. 1998년 정부조직법의 개정으로 내무부가 행정자치부로 바뀌었지만 경찰청은 여전히 행정자치부의 외청 형태로 있다.

경찰법은 경찰의 민주적인 관리 · 운영과 효율적인 임무 수행을 위하여 경찰의 기본 조직 및 직무 범위를 정하고 있으며, 분단 국가로서의 안보 상황과 치안 여건에 효율적으로 대처하기 위하여 중앙집권적인 국가경찰 체제를 고수하고 있는 것이 특징이다.

경찰의 정치적 중립성과 민주성을 확보할 수 있도록 하기 위하여 행정자치부에 경찰위원회를 두어 경찰행정에 관한 심의 · 의결 기능을 수행하고 있으며, 국립과학수사연구소의 경우 그 소속은 행정자치부로 되어 있으나 경찰청장의 지휘 · 감독하에 운영되며, 경찰 과학수사의 중추적인 역할을 수행하고 있다.

한국 경찰은 국립경찰로서 중앙경찰기구인 '경찰청'을 정점으로 2005년 4월 현재 14개의 '지방경찰청', 234개의 '경찰서', 872개의 '지구대'를 두고 있으며, 부속기관으로 경찰대학, 경찰종합학교, 중앙경찰학교, 경찰병원, 운전면허시험관리단을 두고 있다.

2) 경찰행정기관

(1) 경찰청

치안에 관한 사무를 관장하게 하기 위하여 행정자치부 장관 소속하에 경찰청을 둔다. 경찰청장은 치안총감으로 보하며, 경찰위원회의 동의를 얻어

[그림 5-2-1] 경찰청조직 및 기구

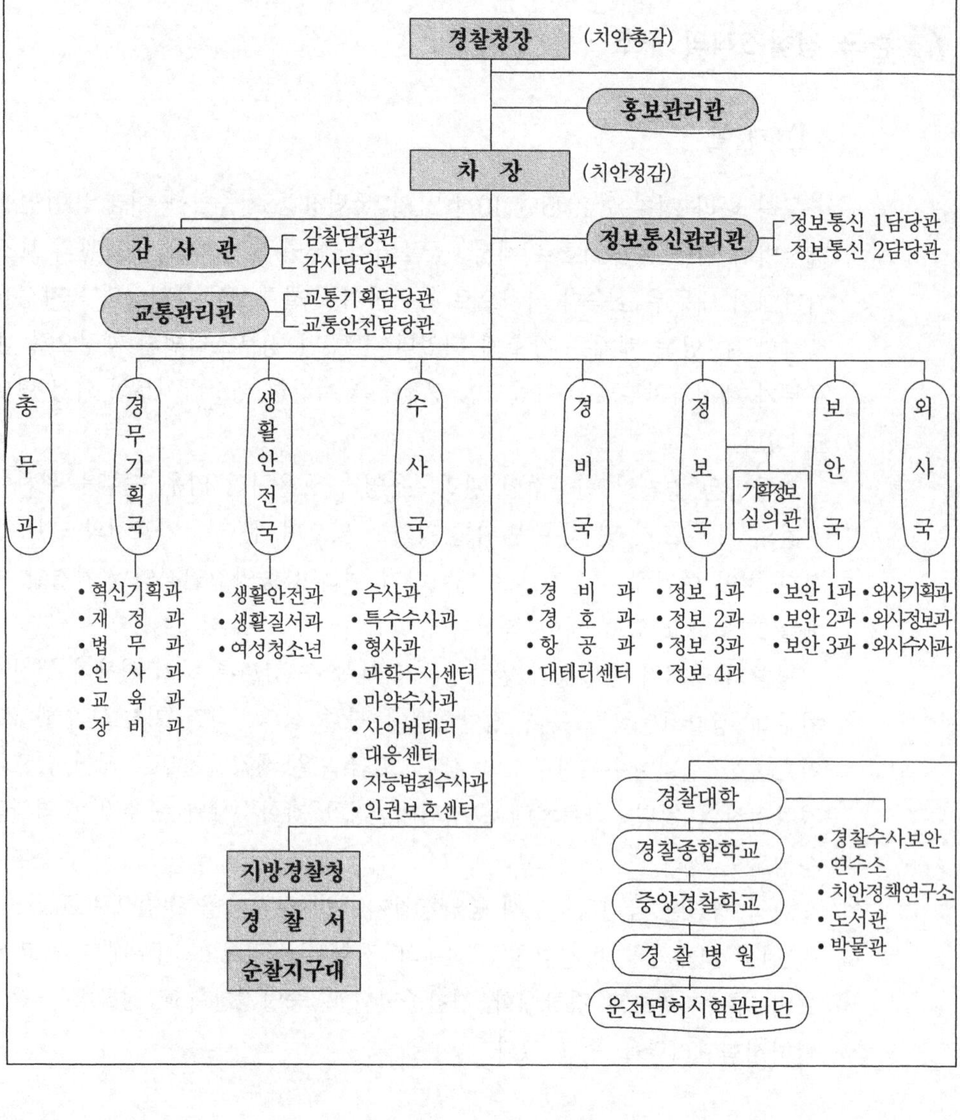

행정자치부 장관의 제청으로 국무총리를 거쳐 대통령이 임명한다. 경찰청장은 각급 경찰기관장을 지휘·감독하는 권한을 갖는 중앙경찰기관장으로서의 지위를 갖고 있다.

경찰청에는 차장이 있고, 참모기관으로서 공보관, 감사관, 정보통신관리관, 외사관리관, 교통관리관, 기획정보심의관이 있다. 계선기관으로서 총무과, 경무기획국, 생활안전국, 수사국, 경비교통국, 정보국, 보안국, 외사국이 있다.

2006년 12월 현재 경찰청은 7국 4관 7심의관 9담당관 31과로 나뉘어 있다.

[그림 5-2-2] 서울지방경찰청 조직 및 기구(1차장 7부 2담당관 16과)

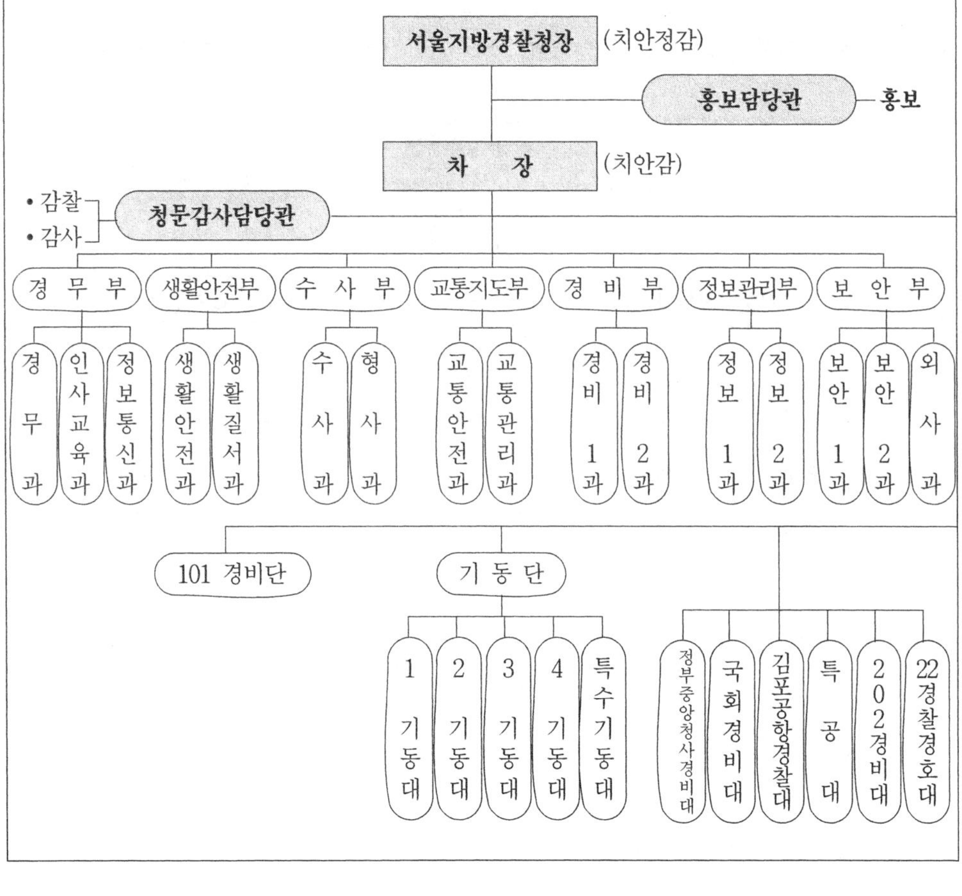

(2) 지방경찰청

경찰청의 사무를 지역적으로 분담하여 수행하기 위하여 시·도지사 소속하에 지방경찰청을 둔다. 지방경찰청장은 치안정감, 치안감 또는 경무관으로 보한다.

지방경찰청은 서울지방경찰청이 7부 16과, 경기지방경찰청이 3부 9과, 그 밖의 지방경찰청이 6~9과로 편성되어 있다.

지방경찰청장은 시·도지사의 지휘·감독을 받지 않고 경찰청장의 지휘·감독을 받아 경찰사무를 처리한다. 그러나 지방경찰청장을 시·도지사 소속하에 둔 것은 지방경찰사무도 지방행정사무의 일환으로서 시·도지사의 통할 아래 지방행정과 협의·조정을 거쳐 처리되어야 함을 의미한다.

[그림 5-2-3] 광역시·도 지방경찰청 조직 및 기구(서울, 경기, 부산, 제주 제외)

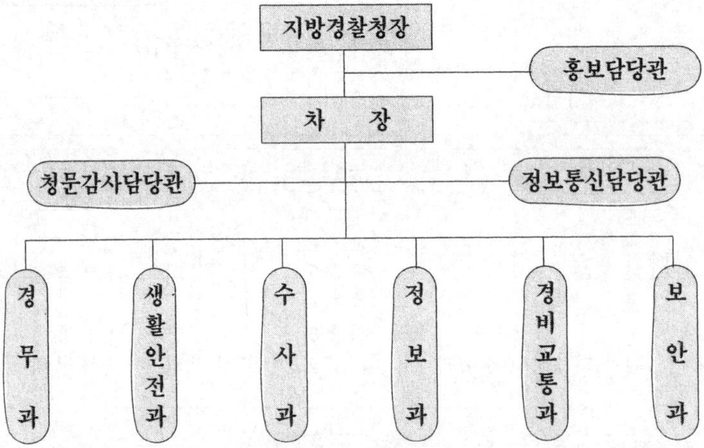

- 부산: 9과
- 대구, 인천, 울산, 강원, 충북, 충남, 전북, 전남, 경북, 경남, 제주: 6과
- 경기 ─1부장(경무·교통·경비·정보통신)
  - 2부장(생활안전·수사·형사)
  - 3부장(정보·보안·외사)
  - 4부장(생활안전·수사·경비교통)

[그림 5-2-4] 경찰서의 조직

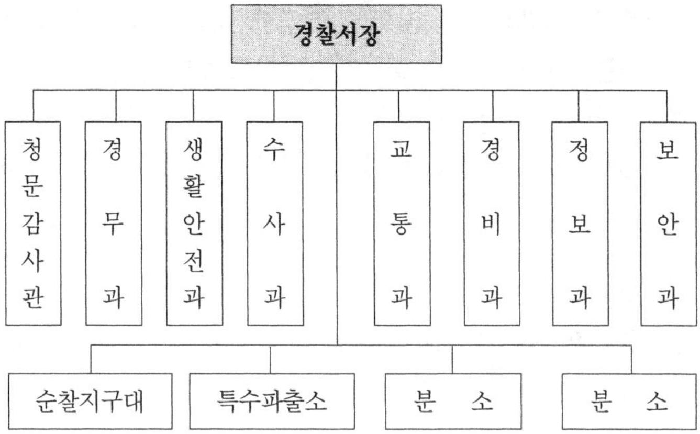

(3) **경찰서**

지방경찰청장 소속하에 경찰서를 둔다. 경찰서장은 총경으로 보한다.

경찰서는 1~3급 서로 나뉘어 3~9과로 구성되어 있다.

경찰서장은 지방경찰청장의 지휘·감독을 받아 관할구역 안의 소관사무를 관장하고 소속 공무원을 지휘·감독한다.

경찰서 등급 결정 기준은 경찰청훈령인 경찰기관의 조직 및 정원관리규칙에 규정되어 있어나, 행정자치부령인 경찰청과 그 소속기관 등 직제시행규칙에서 각 경찰서별 등급을 구분하고 있어 기준에 해당하더라도 위 행정자치부령을 개정하지 않으면 등급 조정이 되지 않는다.

등 급	등급 결정 기준
1급지(대도시형)	특별시, 광역시, 도청소재지 경찰서 인구 25만 명 이상 시에 소재한 경찰서 인구 25만 명 이상 관할 경찰서
2급지(중소도시형)	인구 25만 명 미만 시에 소재한 경찰서 인구 15만 명 이상 25만 명 미만 관할 경찰서
3급지(농어촌형)	인구 15만 명 미만 군에 소재한 경찰서

(4) 경찰대학

경찰대학은 경찰간부를 양성하기 위하여 설립된 4년제 국립대학으로서, 경찰대학생 및 경감 이상 현직 경찰관에 대한 필수 기본 교육과 수사 지휘 등 일부 분야에 대한 전문화 교육을 담당하고 있다.

경찰대학에는 부설기관인 경찰수사보안연구소가 있어 직무교육 과정 및 전문화 교육 과정을 통하여 경찰간부에 대한 전문 능력 배양에 주력하고 있다.

(5) 경찰종합학교

경찰종합학교에서는 간부 후보생과 초급 간부(경사, 경위) 필수 기본교육 및 일선 현장에서 직접 필요로 하는 대부분의 기능별 직무교육을 담당하고 있다.

(6) 중앙경찰학교

1987년 충주에 설립된 중앙경찰학교에서는 신임 순경에 대한 신규채용 교육 및 전·의경 교육을 담당하고 있는데, 신임 순경에 대하여 6개월 동안 실시하는 신규채용 교육은 일반 공개채용자와 101경비단·전산·경찰특공대·여경 요원 등을 대상으로 하고 있으며, 전·의경교육은 신임교육을 포함한 각종 전문교육 과정을 전담하고 있다.

신임 교육생들은 교육 과정을 통하여 경찰 정신과 공직자로서의 윤리 의식을 함양하고 필요한 실기 및 전문지식을 습득하게 되며, 교육 후에는 바로 일선 경찰기관에 배치되어 업무를 수행하게 된다.

(7) 경찰병원(경찰청 소속 책임운영기관)

경찰병원은 경찰관(전·의경 포함) 및 일반 시민들의 진료 및 건강관리를 위하여 설립된 국립병원. 경찰관(전·의경 포함)에게는 무료 진료를 실시하고 있다.

(8) 운전면허시험관리단(경찰청 소속 책임운영기관)

운전면허시험관리단은 운전면허시험, 운전면허증의 제작·교부, 적성검사, 면허전산실 운영 등 운전 면허 관련 사무와 운전면허시험장의 유지·관리에 관한 사무를 관장한다.

3) 경찰의결기관 및 협의기관

(1) 경찰위원회

경찰의 정치적 중립성 보장과 민주적 관리 운영을 위하여 행정자치부에 합의제 의결기관인 경찰위원회를 둔다.

(2) 치안행정협의회

시·도지사 소속 하에 지방행정과 치안행정의 업무 협조, 기타 필요한 사항을 협의·조정하기 위하여 치안행정협의회를 둔다.

9 경찰계급별 인력구조 개선

경찰의 계급구조는 상위직은 소수이며 중간관리층은 부족하고 하위직이 지나치게 많아 마치 에펠탑과 같은 기형적인 조직 형태로 되어 있다. 2005년 1월을 기준으로 보면 전체 경찰관 95,336명 중 경사 이하의 계급이

[그림 5-2-5] 경찰 계급별 인력 구성

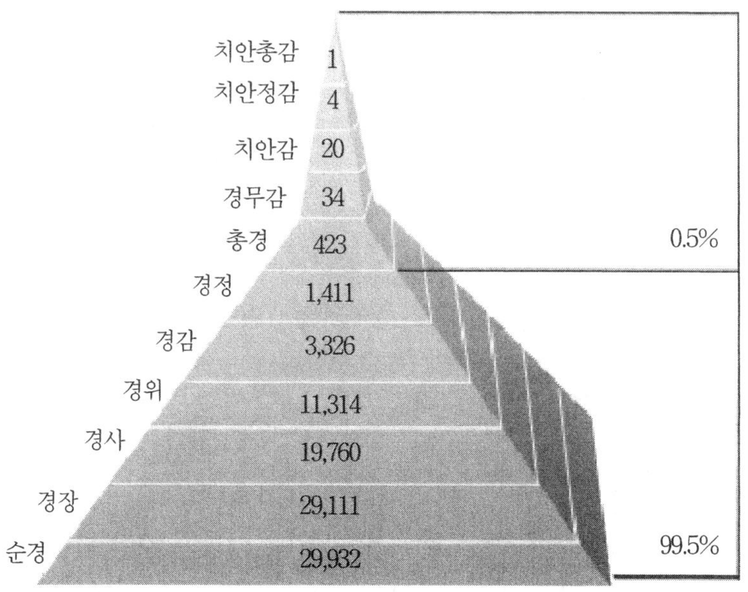

[그림 5-2-6] 경찰 인력 및 1인당 담당인구 변화

(단위: 명)

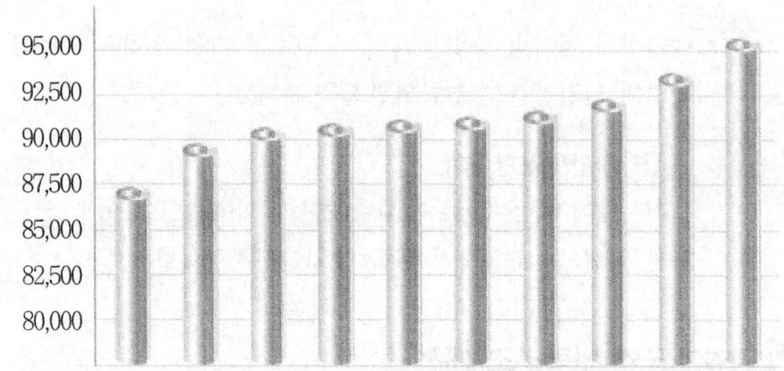

구 분	1996	1997	1998	1999	2000	2001	2002	2003	2004	2005
경찰인력	87,419	89,629	90,515	90,623	90,670	90,819	91,592	92,165	93,271	95,336
1인당 담당인구	524	516	516	518	522	526	527	523	519	513

[그림 5-2-7] 경찰조직의 변화 추이

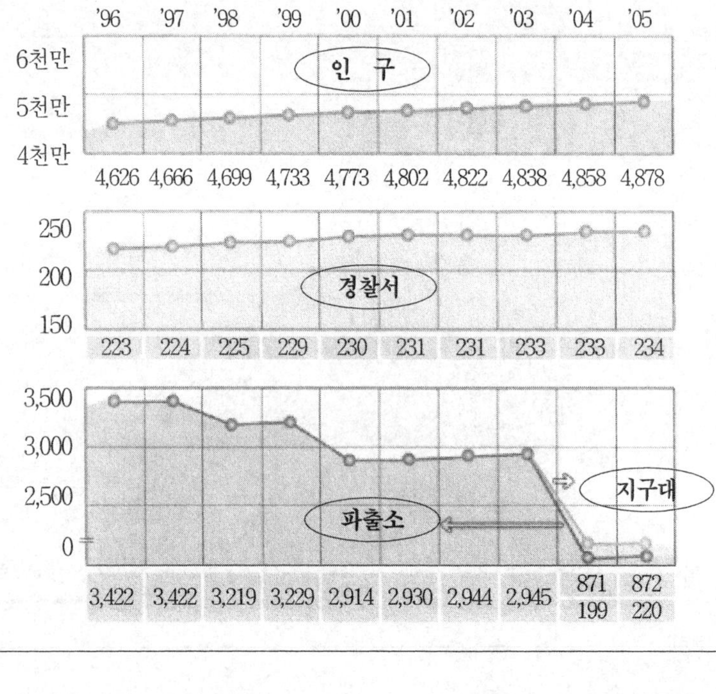

[표 5-2-3] 경찰공무원 계급별 퇴직 현황(2000~2002년)

(단위: 명, %)

구분	순경	경장	경사	경위	경감	경정	총경	경무관 이상
인원	373	669	2260	828	157	169	109	27
비율	7.4	13.4	53.2	16.6	3.1	3.3	2.1	0.5

[표 5-2-4] 일반공무원 계급별 퇴직 현황(2000~2002년)

(단위: 명, %)

구분	9급	8급	7급	6급	5급	4급	3급 이상
인원	1,562	2,320	4,455	6,750	4,905	2,009	835
비율	6.8	10.2	19.5	29.6	21.5	8.8	3.6

86.2%를 차지하는 반면 총경 이상은 0.5% 미만에 불과하다.

이러한 불합리한 경찰의 계급구조는 다른 국가공무원이나 일본의 경찰과 비교해 보면 그 심각성이 여실히 드러난다. 구체적으로 살펴보면, 일반직 국가공무원의 5~6급 비율은 35.8%, 7급 이하는 57.7%인 반면 경찰의 경정~경위 비율은 13.2%에 불과하고 경사 이하는 86.2%나 된다. 일본 경찰의 경우도, 우리의 경정~경위에 해당하는 경시~경부보 비율이 38.5%, 순사부장(경사) 이하가 60.7%로 우리의 계급구조보다는 훨씬 더 안정적인 구조임을 알 수 있다.

경찰의 중간관리층이 부족한 계급구조는 일선 현장의 사법경찰관 부족 현상을 초래하여 긴급체포권이 없는 인접 경감 지구대장이나 경찰서 계장의 조력을 받아 사건을 처리하는 등 수사 업무의 대부분을 경사 이하인 사법경찰리가 수행함으로써 법 따로 현실 따로의 권한과 책임의 불일치 현상을 일반화시켰으며 국민의 인권 보장을 위한 법집행상의 정당성과 적법성의 확보가 미흡하였다. 결국 고도의 판단력과 전문지식을 요하는 현장에서의 대응 역량이 부족하여 국민에게 만족할 만한 치안 서비스를 제공하지 못하고 있는 실정이다.

제 5 절 한국 경찰의 조직상의 과제

1 민주성 관련 과제

민주성과 관련하여 우리 경찰법은 민주적 통제 장치라고 할 수 있는 경찰위원회를 설치하고 있다. 그러나 경찰위원회의 운영면에서 보면, 경찰에 대한 실질적인 통제 장치, 예컨대 직무감찰권 등이 없어 미흡하다. 또 자치제 문제도 충분한 연구가 이루어져야 한다.

2 효율성 · 능률성 관련 과제

중간관리층이 지나치게 많은 관계로 이를 적정화할 필요가 있고, 농어촌 등과 도시 지역의 인구밀도와 사회의 여건 등에 따른 조직의 재구성과 구성원의 재분배 문제, 경찰 정책 입안의 기능과 정책 집행의 기능의 혼재에 대한 적합성 여부 등을 근본적으로 검토하는 것이 필요하다.

3 명령 통일의 원리와 관련된 과제

명령 통일의 원리와 관련해서는 경찰 업무의 외부기관의 지휘 · 통제 등의 극복이 필요하다.

외부기관의 지휘 · 통제를 보면, 경찰의 정보 · 보안 업무와 관련하여 국가정보원의 조정과 통제를 받으며, 대간첩 작전 수행 업무와 관련해서는 국방부의 통제를 받고, 수사와 관련하여는 검사의 지휘를 받도록 되어 있다. 이러한 것들 중에서는 본질적으로 불가피한 것도 있지만 그렇지 않은 경우도 있으므로 해결되어야 할 과제이다.

제 3 장 경찰 인사관리

제 1 절 인사관리

1 인사관리의 의의

인사관리란 경찰의 목적을 효과적인 달성을 위하여 경찰 인력을 효율적이고 공정하게 운용하는 동태적 과정으로서, 경찰관을 체계적이고 합리적인 기준에 따라 분류·모집·채용·관리 등을 해나가는 활동을 말한다.

인사관리는 경찰관의 배치 전환이나 교육훈련, 동기 부여 등에 의하여 경찰관이 경찰 업무를 의욕적으로 수행할 수 있게 하는 중요한 것이다.

1) 경찰 인사관리의 개념

경찰 인사관리(personnel management)란 경찰조직의 목적을 달성하기 위하여 자질이 있는 인적 자원(경찰관)을 찾아내고, 경찰조직의 이용 가능한 모든 자원을 효율적으로 활용하여, 생산성의 극대화를 추구하는 것을 말한다.

경찰 인사관리 업무는 경찰관의 모집, 선발, 교육훈련, 보수, 승진, 퇴직관리, 그리고 복지 등을 다룬다.

2) 경찰 인사관리의 중요성

경찰 업무는 기술이라기보다는 고도의 서비스 산업이다. 따라서 경찰 업무의 성공은 경찰장비에 의하여 결정된다기보다는 경찰관의 자질과 다른 사람과의 상호 작용 능력에 의하여 결정된다.

경찰 인사관리는 시민의 권리와 생명에 직접 관련된 업무를 담당하는 경찰조직의 인적 자원을 관리하기 때문에 그 중요성은 더욱 강조되는 것이다. 따라서 고도로 향상된 양질의 치안 서비스를 제공하는 인적 자원의 효율적인 활용을 위해서 인사 부서의 계속적인 발전 노력이 필요하다.

3) 우리 나라 경찰 인사행정의 발전

(1) 조선 시대

(가) 인사행정

조선 시대는 관리 채용을 위한 시험 제도뿐만 아니라 인사행정 전반에 걸친 제도들이 수립·시행되었다.

(나) 과거(科擧) 제도

이 시대의 인사 제도 중 과거 제도는 학습에 대한 높은 가치를 부여하였다는 긍정적인 평가를 할 수 있으나, 안정성이나 예측성을 기대하기 어려울 뿐만 아니라 공복성(公僕性)이 결여된 상태였다.

(다) 포도청

도둑 체포와 야간 순찰을 임무로 하는 전문적 경찰기관인 포도청이 성종 때 설치되어 포도청의 간부는 왕의 낙점을 받아 임명하는 형태로서 임시의 권설직(權設職)으로 하였다가 중종 때 항구직(恒久職)으로 하였다.

(라) 경무청

1894편 갑오개혁으로 포도청과 같은 봉건 제도하의 경찰을 신관제의 실시에 따라 폐지하고 근대 경찰로서 내무아문의 소속 아래 경무청이 설치되어 신경찰의 헌장이 제정되었다.

경무청관제에 의거 경무청의 정원을 규정하고, 경찰의 목적과 규정 및 순검의 채용 방법을 정하였다.

(2) 일본 통치 시대

일본은 1910년 한국의 경찰사무를 전담하는 것을 기점으로 하여 합병조약 체결 후 '조선총독부 관제'가 공포됨과 함께 우리 나라 정치·경제·사회 전반에 걸친 통치권을 장악하여 총독하의 집권적 관료계급제를 확립시켰다. 따라서 우리 나라 경찰권은 완전히 상실되었다.

일본은 대륙법계의 관료제를 기초로 한 관료적 통치 방법을 사용하였으며, 대부분의 관리들은 일본인들로 채워졌으므로 한국인들은 행정 능력의 향상이나 이에 대한 훈련과 경험을 쌓을 기회가 거의 없었다.

(3) 미군정 시대

해방 후 미군정이 실시되어 군정장관 포고령과 성명서, 그리고 군정 법령들이 인사관리의 기준이 되었다.

1945년 10월 21일 군정청에 경무국을 두어 경무국장에게 경찰의 조직·관리·임명·훈련·수속·활동·인사 등에 대한 책임이 주어졌으며, 민주경찰로의 전환을 서둘렀다.

경찰력의 수요에 따라 교육기관이 설치되었고, 처음으로 여자 경찰이 탄생하였다.

이 때 직위분류제가 도입되었고, 관리의 등용은 채용시험을 원칙으로 하였다.

미군정 당국의 경찰 이미지 쇄신 노력은 일제 출신 경찰 간부 및 자격미달 경찰관의 채용으로 성공하지 못하였다.

(4) 대한민국 정부 수립 후

정부 수립 후 경무부가 내무부 치안국으로 축소되었다.

1949년 8월 실적주의를 표방한 국가공무원 법(법률 제44호)을 제정, 인사행정의 기본법으로 운영하였으나 실적주의 취지의 실효성을 거두지 못하였다.

경찰관의 자질 향상을 목적으로 교육 제도를 정비하여 신임자와 재직자에 대한 교육이 실시되었다. 경찰의 질적 저하를 막기 위하여 경찰인사 제도를 개선하였는데 '순경임용규정'과 '경찰관승진시험규정'을 제정하여 시행하였다.

채용 방법은 공개채용 방법이 원칙이었으나 특채가 차지하는 비율이 높았으며 승진시험도 매년 실시되지 않았고 빈번한 전보로 근무 의욕이 상실되었다.

사회적·정치적 환경 요인인 한국 동란과 자유당 정권의 경찰 사병화(私兵化)로 경찰 인사관리의 전문화와 능률화는 기대할 수 없었다.

자유당 말기와 민주당 집권 후 경찰 중립화를 위한 경찰법안이 마련되었으나 좌절되고 말았다. 민주당 말기의 경찰 인사관리는 무질서와 정실인사로 얽혀 있었다.

(5) 5·16 군사정부 이후

(가) 5·16 군사혁명

5·16 군사혁명으로 과학적 인사관리 제도를 도입하여 '국가공무원법'과 '공무원임용령'을 개정하여 경찰 인사행정도 일대 혁신을 단행하였다.

중앙에는 인사위원회를 설치하였고, 직위분류제, 공개경쟁시험제, 신분 및 권익보장제, 정년제, 특기분류제를 실시하였다.

경사 이상의 승진은 승진시험에 합격한 자에 한하되 특수공로자는 특별승진하도록 하였고, 5급 이상의 승진시험은 총무처에서 주관하였다.

군 장교 출신자가 상당수 특채되었다.

이 시기는 비록 군사행정문화를 바탕으로 하였다고는 하나 대폭적인 행정개혁의 단행으로 최소한 인사행정의 발전 방향을 제시하였다는 긍정적인 평가를 할 수 있다.

(나) 1969년에 '경찰공무원법'이 제정되었다.

① 경찰관의 계급구조를 8개에서 10개로 확대하였다.

② 내무부에 경찰인사위원회를 두었다.

③ 경찰관의 직능별 전문화를 위하여 경과제를 채택하였다.

④ 시험승진과 심사승진을 병행하였다.

⑤ 교육훈련 제도를 개선하여 직급별·직능별 전문화 교육의 기틀을 마련하였다.

⑥ 경찰 고유의 보수 체계와 연금 제도를 도입하였다.

⑦ 연령별 정년퇴직제에 계급별 정년제를 도입하였다.

⑧ 경찰윤리를 명시하여 내적 충실과 기강을 세우려고 하였다.
⑨ 경찰관으로 구성된 징계위원회를 두도록 하였다.

(6) 제5공화국

제5공화국 시대에는 제3·4공화국의 군사문화의 맥을 이어 내려온 획일성·능률성에 근거하여 발전한 시기이므로 발전의 속도는 빨랐으나, 상대적으로 군 출신에 대한 공무원 등용 특혜와 같은 인사 제도로 인하여 군 출신과 직업관료들 사이에 많은 갈등을 초래하였다.

(7) 제6공화국

집권자의 민주화 의지를 담고 출범한 제6공화국에 들어와서 현재의 정부 인사행정에 관한 법규의 기본 틀이 갖추어졌다.

4) 경찰 인사기관의 기능

(1) 인사정책의 수립 및 집행에 대한 평가

경찰조직의 최상급 인사기관은 인적 자원의 모든 영역에서(모집, 선발, 승진) 정책의 수립과 집행의 평가에 대하여 책임이 있다.

우리 나라 경우 인사정책 과정의 대부분이 중앙(경찰청)에서 일괄적으로 이루어지고 있으며, 지방청에서는 그 정책을 이행만 하고 결과를 보고하는 형태에 불과한 실정이다.

(2) 인사 기준의 설정과 유지

경찰 인사기관은 경찰 인사 기준을 명료하게 설정하고 유지할 책임이 있다. 이것은 각 경찰 단위의 모든 직위에 있는 기존 구성원을 위한 관리 기준(자격, 훈련, 특별 및 과외 업무, 그리고 특별급여 등)뿐만 아니라 신입자를 위한 선발 기준(신체, 학력, 인성 등)을 포함한다.

(3) 효과적인 모집계획의 개발

모집 기능의 목적은 직위에 채용할 수 있는 가장 적합한 지원자를 채용하는 것이다. 이것은 공고, 지원 절차, 지원자의 배경 조사, 그들의 능력평가 등의 절차를 거친다.

(4) 선발시험의 준비

경찰 인사기관은 선발시험을 준비하고 선발 후 배치 절차를 사전에 수립하여야 한다. 시험은 보편적으로 선발 과정의 가장 중요한 단계로서 선발의 가·부 결정에 큰 영향을 준다. 우리 나라 경우 경찰청장의 위임을 받아 각급 경찰교육기관에서 담당하고 있다.

(5) 직무분석과 직위 분류

경찰 인사기관은 항상 발전적인 직위 분류 절차를 검토·개발하여야 한다. 특히 경찰 인사담당관은 직위 분류가 경찰의 필요성을 정확히 반영하고 있는가에 관심을 기울여야 한다.

이러한 직위 분류 절차는 직무분석(job analysis)을 필요로 하며, 직위 분류를 통하여 그 업무의 책임성과 업무의 질과 양에 합당한 공정한 보수가 보장된다.

〈 직위분류제 〉

① 1909년 미국 시카고 시에서 처음 실시하였다.
② 보수 제도의 합리적 기준을 제시할 수 있다.
③ 직무 중심의 분류 방법이다.

(6) 교육훈련

경찰 인사기관은 모든 경찰의 임용 전과 임용 후의 교육훈련에 대하여 직접적인 책임이 있다.

인사기관은 법규에 따른 공식적인 기준과 수립된 교육훈련 계획을 알고 있어야 하고, 모든 구성원들이 양질의 교육훈련을 받고 있는지에 대한 점검과 그 효과에 대하여 평가하여야 한다.

(7) 승진 기준의 개발

경찰 인사기관은 합리적이며 공정한 승진 절차를 위한 제도를 수립하고, 이의 효율적 운영을 위한 지침을 개발하여야 한다. 이러한 기능은 좀더 구체적인 승진 기준과 각 직급 내지 계급에 적합한 경찰관의 자격을 세부적으로 명시할 필요가 있다.

(8) **공정한 보수 체계 수립**

경찰 인사기관은 구성원들의 계급과 그 임무에 따라서 좀더 공정한 배분을 할 수 있는 합리적 보수 체계를 수립하여야 한다. 이러한 보수 체계는 객관적이며 기본적 생활을 보장할 수 있어야 하고, 나아가 근무 의욕을 향상시킬 수 있도록 만들어져야 한다.

(9) **엄격하고 공정한 징계**

경찰 인사기관은 위법행위의 책임이 있는 조직구성원에 대하여 그 벌로써 징계를 결정하고 실행한다.

징계는 모든 해당자에게 공정하게 실행되어야 할 것이다.

(10) **보수와 편익 등에 대하여 경찰기관을 대표**

경찰 인사기관은 대외적으로 그 구성원들의 보수와 편익 등과 관련된 제반 사항에 대하여 다른 기관 및 단체들과 교섭 또는 토의를 할 때, 경찰기관을 대표한다.

(11) **인사 기록의 보존**

경찰 인사기관은 경찰 구성원들에 관한 개인 및 직무상 관련 자료를 보관·관리한다. 이들은 대부분 각 개인별로 보존되며 자료의 성격상 또는 필요에 따라 보완·갱신하게 된다.

(12) **업무 수행 평가 기준의 개발**

경찰 인사기관은 조직과 그 구성원들의 활동을 발전시키고 모든 구성원들에 대하여 공정한 기회를 부여하기 위하여, 필요한 업무 수행 평가 기준을 수립하여 객관적인 평가를 하고 그 내용을 필요한 기간 동안 보존하여야 한다.

(13) **퇴직 면접 결과의 활용**

경찰 인사기관은 퇴직하는 경찰관에게 퇴직 면접을 행하여야 하며, 그 면접에서 얻어진 정보를 부서 내의 불만족스러운 근무 조건을 또는 평가 방법들을 개선하는 데 활용하여야 한다.

(14) 연구와 기획

경찰 인사기관은 근무 조건, 새로운 인사정책, 그리고 인사 문제 개선에 관한 연구를 행하여야 한다. 이러한 연구는 경찰기관의 내부에서는 물론 외부기관의 협조를 얻어 이루어져야 할 것이다.

(15) 사기의 제고

경찰 인사기관은 구성원들이 높은 수준의 사기를 유지할 수 있도록 하기 위하여 사기 앙양에 저해되거나 도움이 되는 제반 요인을 연구·분석하여 사기 증대에 유익한 정책 개발과 제도 개선에 최선의 노력을 기울여야 한다.

(16) 고충상담

경찰 인사기관은 구성원들의 공적·사적 업무, 조직 내·외 업무에 관계없이 구성원 자신이 당면하고 있는 고충들에 대하여 적절한 상담을 하여야 한다. 어떤 경우이든 구성원 자신이 현실적으로 겪고 있는 욕구 불만이나 불평들은 조직구성원으로서 정상적인 업무 수행에 부정적인 영향을 주게 되므로 고민의 해결 노력은 본인뿐만 아니라 인사기관의 중요한 책임인 것이다.

2 인사관리의 목적

인사관리의 목적은 ① 효율적인 경찰 운영, ② 인사 운영의 공정성, ③ 경찰조직과 경찰관 개개인의 욕구의 조화, ④ 우수 인력 확보, ⑤ 경찰 환경 변화에 대한 적응 등이 있다.

1) 효율적인 경찰 운영 및 인사 운영의 공정성

인사관리는 경찰의 효율적 운영을 위하여 치안 수요에 따라 개개인의 능력과 자질 등을 고려하여 인원을 적재적소에 배치하고, 인사 운영에서는 정실이나 연분에 구애되지 않고 기회가 균등하게 보장되고 정원관리·채용·교육훈련·보직·근무성적의 평가·승진 등 모든 면에서 그 기준이 공평하게 적용되어야 한다. 효율적인 경찰 인력의 운영이다. 치안 수요에 맞게 경찰력을 적재적소에 배분하고, 이들의 근무 의욕과 사기를 높은 수준으로 유지하도록 하는 데 있다. 수많은 경찰관을 효율적으로 관리하기 위해서는 개개인의 능력과 자격 및 경력을 고려하여 관리해 나가야 한다.

합리적이고 객관적인 기준을 중심으로 인사 운영을 공정하게 하는 것이다. 임기응변식, 정실주의, 연고주의가 아니라, 객관적이고 실적에 기반을 둔 인사관리가 경찰관의 동기부여나 사기관리에 기여하게 된다. 인사권자에 따라 구성원의 욕구 충족, 동기부여, 그리고 능력 발전이 좌우된다면 인사관리가 공정하다고 할 수 없다.

2) 경찰조직과 경찰관 개개인의 욕구의 조화

경찰관도 인간으로서 다른 사람들처럼 욕구를 가지고 있다(인간의 욕구이론).[1] 이처럼 경찰관의 욕구와 경찰 활동의 조화시키는 것이 경찰 인사의 중요한 목적이다.

경찰조직은 조직을 구성하고 있는 경찰관들 사이의 협동을 통하여 임무를 수행할 수 있는 것이지, 수직적 조직 체계와 명령에 의해서만 임무를 수행하는 것은 아니다. 조직에서는 조직 체계 그 자체보다는 경찰관 개인의 능력과 의욕이 더 중요하다고 볼 수 있다.

① 경찰조직과 경찰관 개개인의 욕구를 잘 조화시키는 것이다.

② 조직의 경우에 인력관리가 무엇보다 중요하며, 조직에서 개인의 만족을 좌우하는 요인은 성취감, 안정감, 일 그 자체, 책임, 승진, 그리고 성장으로 밝혀지고 있다.

3) 우수 인력 확보 및 경찰 환경 변화에 대한 적응

개개의 경찰관의 능력을 계발시켜 발전시켜야 하며, 그리하여 변화하는 환경에 적응을 할 수 있도록 하여야 할 것이다. 교육 계발을 통한 과거의 구습 등의 타파는 실천적 의미를 갖기도 하는 것이다.

우수한 사람들을 확보하여 그들의 능력을 계속적으로 발전시키고, 또한 그들이 근무 의욕을 갖고 열심히 일하게 함으로써 조직의 효과성을 높인다.

---

1) 맥클리랜드(David McClelland)는 그의 『인간의 욕구이론』에서 인간은 대체로 성취욕, 권력욕, 친교 욕구 등을 가지고 있다고 하는 이론을 전개하였다.

관행과 구습이 현재와 그리고, 미래에는 적합하지 않음이 명백함에도 경찰이 그러한 것에 얽매인다면, 유능한 인재가 경찰을 떠날 것이다.

의의	(1) 경찰관은 체계적이고 합리적인 기준에 따라 분류·모집·채용·관리 등을 해 나가는 활동⇒동태적(動態的) 과정 (2) 3대 변수 : 채용⇒능력 발전(훈련·근무성적평정·승진·전직·전보 등)⇒사기(士氣)
인사기관	(1) 종래에는 실적주의의 확립을 위하여 외부로부터의 압력에 대항하고자 집권적인 중앙인사기관의 형태가 주류를 이루었으나 오늘날은 실적주의가 확립됨에 따라 행정의 탄력성과 민주적 능률의 확보를 위하여 분권적인 부처 인사기관의 형태가 보편적임. (2) 경찰의 경우 경무과의 경찰청의 인사교육과에서 보좌 역할을 담당 (정원관리-기획과, 전경 인사 경비2과)
목적	(1) 효율적인 경찰 인력의 운영 (2) 인사 운영의 합리성·객관성·공정성 (3) 환경 변화에 대한 적응성 (4) 경찰조직과 경찰관 개개인의 욕구 조화 (5) 우수 인력의 확보와 계속적인 능력 발전의 지원

[표 5-3-1] 경찰인사 관련 위원회

구 분	내 용
경찰 공무원 인사위원회	구성 : 5인 이상 7인 이하의 총경 이상 경찰관(위원장 경무기획국장) 경찰 인사행정에 관한 방침과 기준 등의 심의
승진심사 위원회	중앙승진심사위원회(경찰청, 해양경찰청) : 총경 이상에의 승진 심사 보통승진심사위원회(각급 경찰기관) : 경정 이하에의 승진 심사 ※경사 이하에의 승진심사는 경찰서에서 행한다.
경찰공무원 징계위원회	경찰공무원중앙징계위원회(경찰청, 해양경찰청) : 총경 및 경정에 대한 징계사건 처리 ※경무관 이상의 징계 의결은 국무총리 소속하의 징계위원회 관할 경찰공무원보통징계위원회(각급 경찰기관) : 경감 이하에 대한 징계사건 처리 ※경찰서 이하의 보통징계위원회는 경사 이하의 징계사건 처리
소청심사 위원회	경찰공무원의 징계처분 강임·휴직·면직처분·기타 의사에 반하는 처분의 시정 요구 중앙인사위원회에 설치된 소청심사위원회에 심사 청구 ※전경대원의 경사 이하 경찰공무원에 대해서는 특칙이 있다. (경찰보통징계위원회에서 소청심사)

3 경찰 인사관리 기관 및 담당 부서

1) 경찰 인사관리 기관

공무원의 인사는 실적주의에 따라 이루어지므로 인사관리 기구는 분권적인 부처 인사기관이 보편적인 형태이다. 부처 인사기관의 장점은 각 부처의 실정에 맞는 융통성이 있고 능률적인 인사관리가 가능하며, 구성원의 능력 계발을 효과적으로 추진할 수 있다는 점이다.

경찰공무원법에 따른 인사권자는 총경 이상은 대통령이 임용하고, 경정 이하의 경찰은 경찰청장이 임용하고, 총경의 전보·휴직·직위해제·정직·복직은 경찰청장이 한다. 경찰청장은 임용권을 대통령령에 따라 소속 기관의 장에게 위임할 수 있다.

2) 담당 부서

경찰조직에서 인사권자를 보좌하는 부서는 경찰청에서는 인사과에서 하고 그 외는 경무과에서 한다. 그리고 정원관리는 기획관리관 산하의 기획과에서 하고, 전경에 대한 인사는 경비과에서 관리한다.

3) 인사권자

직급별 인사 내용	인사권자	임명 절차	비 고
경찰청장 임명	대통령	경찰위원회 동의→행자부 장관 제청→국무총리 경유→대통령 임명	경찰법 제11조
시·도시경찰청장 등 총경 이상 경찰공무원 임명	대통령	경찰청장 추천→행자부 장관 제청→국무총리 경유→대통령 임명	경찰공무원법 제6조 제1항
총경의 전보·휴직·직위해제·정직·복직	경찰청장		경찰공무원법 제6조 제1항
경정의 신규채용·승진임용·면직	대통령	경찰청장 제청→국무총리 경유→대통령 임명	경찰공무원법 제6조 제2항

직급별 인사 내용	인사권자	비 고
경정 이하 경찰공무원 임용	경찰청장	경찰공무원법 제6조 제2항
*경감 이하 임용권, 경정의 전보·파견·휴직·직위해제·복직권	지방경찰청장 등 소속 기관장에게 위임	경찰공무원임용령 제4조 제1항 다만 정원 조정·인사 교류·파견에 필요할 경우 예외적으로 경찰청장이 임용권 행사(경찰공무원임용령 제4조 제4항)
경감 이하 경찰서 내 전보권	경찰서장	경찰공무원임용령 제4조 제2항
*경감·경위 신규채용 *경위 승진	경찰청장의 승인을 얻어 지방경찰청장이 임용	경찰공무원임용령 제4조 제3항

4 인사행정 제도의 발달

1) 엽관주의(정실주의)

(1) 의의

정실주의(patronage system)는 당파성, 학벌·문벌·지연·혈연·금력(金力) 등의 사회적 배경이나, 인사권자의 개인적인 신임이나 친밀 관계에 의한 임용 제도이다. 그리고 엽관주의(spoils system)는 본래 선거에서 승리한 정당이 그 공헌이나 충성도에 따라 관직을 차지하는 것으로 정치적 신임·충성·당파성 등에 의한 임용 제도이다.

그러나 오늘날에는 엽관주의와 정실주의는 엄격하게 구분되지 않고, 정치적 이해 관계나 인사권자와의 개인적 관계에 따른 인선 제도를 말한다. 미국의 잭슨 대통령의 인사정책이 대표적인 예이다.

(2) 엽관주의의 장점(효용)

민주통제의 강화와 민주적 리더십의 증진	다수 국민의 지지를 받은 정당의 당원이 관직에 임용되므로, 민주통제의 강화와 행정의 민주화에 기여하며, 국민의 요구에 대한 관료적 대응성이나 정치적 리더십을 증진시킨다.
평등 이념 구현	관직의 특권화를 배제하여 평등의 이념에 기여한다.
정당정치 이념 구현	정당이 재집권을 위하여 선거공약을 실천하므로 정당정치 이념을 실현할 수 있다.
관료제의 쇄신화	공직의 교체로 관료제의 침체화·보수화·관료주의화를 방지한다.
의회와 정부 간 조정 및 정책의 강력한 추진	의회와 행정부 간의 조정을 활성화시키며, 국민의 지지에 의하여 선출된 정치지도자의 국정 리더십을 강화하여 정책 추진을 용이하게 한다.

(3) 엽관주의의 단점(폐해)

(가) 민주주의의 발전

근대 민주주의의 발전 과정에서 관료는 의회와 정당의 시녀로 전락하여 이들의 지배를 받고 이들에게 개인적 충성을 하였다. 이와 같은 배경으로 영국에서의 공직 임면은 업적보다는 정치성 · 금력 · 문벌 · 학벌 등의 '정실 요인'이, 그리고 미국에서는 '당파성'이 그 기준이 되었다. 이 때 전자의 경우를 정실주의라 부르고, 후자의 경우를 엽관주의라 불러 이 양자를 구분하고 있다.

(나) 공무원의 임용

공무원의 임용이 능력과 자질이 아닌 다른 요인에 의하여 행하여졌다는 점에서는 양자가 크게 다를 바 없다.

(다) 엽관제의 폐해

① 무능한 인재 유입과 비능률 · 무질서 : 행정 능률이 저하된다

② 정치적 · 행정적 부패 : 부패를 조장한다.

③ 정당 사병화의 초래와 책임 있는 서비스의 곤란 : 무책임성을 초래한다.

④ 관직의 남설과 예산 증가 : 직무에 관계 없이 관직을 신설하여 예산의 낭비를 초래한다(파킨슨의 법칙)

⑤ 행정의 지속성과 직업공무원제의 저해

⑥ 기회 균등의 저해

(4) 실적주의의 대두

(가) 개혁운동

이와 같은 폐해를 지양하려는 개혁운동이 영국에서는 1870년에, 미국에서는 1883년에 각각 일어나 실적주의를 성립하게 되었으며, 그 후 현재까지 엽관주의 요소를 불가피하게 제한적으로 인정은 하나 점차적으로 공무원 관리의 정책 방향은 실적주의를 중심으로 발전해 가고 있다.

(나) 직업공무원제의 선행 조건

직업공무원제가 국가 행정의 계속성 · 전문성 · 다양성에 대처하기 위한 필연적 요청이 된다고 할 때, 실적주의는 직업공무원제의 선행 조건이라고

할 수 있다.

(다) 영국과 미국에서 근대 공무원 제도의 의의

실적주의의 채택과 그 확립을 위한 기반을 마련하였다는 데 근대 공무원 제도의 의의가 있다.

(라) 1883년 펜들턴 법(Pendleton Act)

① 기회 균등의 보장

② 능력·자격·실적 중시

③ 정치적 중립

④ 공무원의 신분 보장

(5) 발탁 인사-제너럴 일렉트릭 사의 잭 웰치(Jack Welch) 회장이 주장

① 장점-연공제 극복

② 단점-구성원 간 갈등 유발

(6) 정년제의 단점

유능 인재 상실

2) 실적주의(성적주의)

(1) 의의

실적주의란 정치적·사회적 배경에 의한 임용이 아닌 개인의 성적·능력·자격에 의한 인사 제도이다.

실적주의는 반엽관주의적 보호주의, 소극적(획일주의적)·비융통적인 인사행정, 과학적 인사행정, 통일적·전문적인 중앙인사행정기관에 의해서 추진되는 집권주의적 인사행정의 특성을 지니고 있다.

실적주의는 공무원의 정치적 중립, 기회 균등, 공개경쟁시험에 의한 능력·업적에 의한 임용을 주요 내용으로 한다.

실적주의란 공무원에 대한 공직 임면 등의 인사관리를 당파성이나 정실에 의하지 않고 '자격과 능력'에 따라 행하는 것을 말한다.

이것은 19세기 말 이래 영·미의 공무원 관리의 기본 철학이 되었고, 우리 나라도 건국 이후, 즉 공무원제 수립 이래 이러한 정신과 이념하에 이 제도를 발전시켜 왔다.

(2) 장점

① 행정의 안정성 · 중립성 · 전문성 · 공정성에 기여
② 능률 향상과 공무원의 자질 향상
③ 진정한 공익의 대변자 역할
④ 직업공무원제 확립에 기여
⑤ 관직 도덕성의 조성
⑥ 정치적 · 행정적 부패의 감소

(3) 단점

① 정치성의 과소 평가와 정책의 강력한 추진의 곤란
② 지나친 소극화 및 비융통성(경직성)
③ 지나친 집권성과 창의성 저해
④ 형식화 및 비인간화
⑤ 관료의 특권화 · 보수화(보호주의) 및 민주통제의 곤란
⑥ 사회적 약자나 소수 계층에게 불리
⑦ 행정관리적 측면의 등한시
⑧ 정치적 성격을 배제한 정치적 중립성의 비현실성

(4) 실적주의의 한계

① 고위 정책 입안자와 최고책임자와의 이념의 불일치성
② 정책의 수립 및 집행시에 의욕적 충성심의 부족

대체로 이와 같은 실적주의의 한계로 인하여 엽관주의를 현실적으로 요청하게 된다.

(5) 적극적 인사행정의 대두

본래 실적주의가 엽관주의를 극복하기 위하여 대두된 것인 만큼 이에 의한 공무원 관리는 지나치게 소극화 · 형식화 · 집권화되고 말았다.

엽관주의의 현실성과 필요성도 어느 정도 재검토하면서 실적주의를 좀 더 과학화 · 적극화하는 노력이 요청되었는데, 이것이 1935년 이후의 경향으로서 적극적 인사행정 혹은 과학적 공무원 관리라고 부르는 것이다.

실적주의	의의	인사행정의 기준을 개인의 자격과 능력에 두는 제도
	장점	① 신분 보장과 직업공무원제의 확립 ② 행정의 능률성과 전문성 향상 ③ 정치적 중립의 확보 ④ 기회 균등의 보장
정실주의 (엽관주의)	(1) 인사행정의 기준을 당파성(정당에 대한 충성도)이나 인사권자에 대한 개인적 충성·혈연·금력·문벌·학벌에 두는 제도⇒민주주의의 기회 균등(평등)에 적합 (2) 행정의 전문성을 간과하여 일반인 누구나 행정을 수행할 수 있다는 가정을 전제	

3) 직업공무원제

(1) 의의

직업공무원 제도란 젊고 유능하고 인품 있는 남녀의 인재들이 공직(公職)을 매력적인 직장으로 인식하고, 그들을 신규 채용할 수 있게 장치를 마련하고, 재직자로서 각자의 업적과 능력을 발전시키고, 업적·능력에 따라 명예롭고 높은 지위에 승진할 수 있는 기회를 최대한 마련하여, 공직자로서 한 평생을 살아가는 것이 매우 보람 있는 일이라고 생각할 수 있게끔 제도적 장치를 마련하는 것이다. 유능한 인재를 경찰직에 흡수·확보함은 물론 이들이 경찰직에 근무함으로써 이를 일생의 영예로 생각하고 긍지를 느끼게 하는 공직관을 갖도록 하는 제도를 말한다.

(2) 직업공무원제의 확립 방안

① 실적주의 정신의 확립
② 공직의 높은 사회적 평가
③ 유능하고 젊은 인재 유입의 채용
④ 승진 기회의 최대한 보장과 폐쇄형 충원, 승진 제도의 합리화
⑤ 재직자의 능력 발전
⑥ 보수의 적정화(현실화)와 적절한 연금 제도
⑦ 직급별 인력 수급계획의 수립, 공무원의 신분 보장

(3) 실적 제도와의 관계

실적주의가 공무원의 채용을 정실에 의하지 아니하고 실적과 자격에 의하고 신분 보장을 하는 등 엽관주의와 대립된 개념이라면, 경찰직업공무원 제도는 실적주의가 의미하는 실적과 자격에 의한 채용, 그리고 신분 보장은 물론 더 나아가 젊은 나이에 공무원으로 들어와 평생을 통하여 근무하며 이로 인하여 보람된 삶을 향유하도록 하는 제도를 의미한다.

구 분	직업공무원제	실적 제도
차이점	영국·독일·프랑스·일본·한국 농업사회(미분화 사회, 혼합직) 인간-경력 근무 연한 중시→폐쇄형 생활급·승급제(호봉) generalist(장기적 시야) 인간화(사기·사회적 능률성 등) 계급제(배치의 신속성) 횡적 협조	미국·캐나다·호주 산업사회(분화사회, 분리직) 직무-업적 능력 중시→개방형 직무급·근속호봉제 없다. specialist(단기적 시야) 합리화(명확화, 능률화, 전문화) 직위분류제(비신축성)
공통점	정치적 중립성 능력·업적에 따른 공개경쟁시험에 의한 임용 신분 보장(직업공무원제 > 실적주의) 기회 균등(직업공무원제 < 실적주의)	

(4) 경찰직업공무원 제도와 직위분류제

직업공무원 제도가 가장 발달한 영국이나 프랑스가 직위분류제가 아닌 계급제를 택하고 있으므로 직위분류제가 직업공무원 제도의 전제 조건은 아니다.

직위분류제	(1) 행정기관을 구성하는 개개의 직위에 내포되어 있는 '직무'의 종류와 책임도 및 곤란도에 따라 여러 직종과 등급 및 직급으로 분류하는 제도(미국) (2) 직무 중심의 분류로서 보수 제도의 합리적 운영이 가능 ⇒ '동일 직무에 동일 보수'
계급제	(1) 직위에 모임하고 있는 공무원의 자격 및 신분을 중심으로 계급을 만드는 제도 (2) 인간 중심의 분류로서 관료제의 전통이 강한 영국·독일·프랑스 등에서 채택
⇒우리의 경우 계급제를 원칙으로 직위분류제적 요소를 기대한다.	

바람직한 것은 직위분류제를 토대로 하는 전문경찰 제도가 확립되는 것이 경찰직업공무원 제도를 충실화하는 길이다.

(5) **직업공무원 제도와 폐쇄형 제도**

직업공무원 제도는 일반적으로 계급제에 입각하면서 폐쇄형을 채택하는 국가에서 확립되고 있다.

직업공무원 제도가 확립된 영국이나 프랑스에서는 신규 채용자는 하위 계급에 임용하여 결원은 승진 임용에 의하여 충원하는 폐쇄형을 채택하고 있다.

직업공무원 제도가 확립되어 있지 않은 미국은 반대로 개방형을 채택, 다른 직업에 종사하던 사람이라도 승진 과정을 거치지 않고 상위직에 임용될 수 있는 기회를 부여하고 있다.

개방형과 폐쇄형이 각각 장·단점이 있으므로 양 유형을 조화 있게 운용함으로써 직업공무원 제도의 확립에 기여할 수 있다.

4) 임용 원칙

직업공무원의 임용 원칙에는 실적주의, 적격자 임용 원칙, 평등주의가 있다.

5 경찰 채용(모집과 선발)

채용은 경찰공무원이 될 수 있는 자격을 갖춘 사람에게 균등한 기회를 제공하여 동일한 조건 아래에서 공정한 선발 과정을 거쳐 적재적소에 배치하는 것이다. 이러한 채용 과정은 모집, 채용시험, 시보, 임용의 순서에 따라 이루어진다.

1) 모 집

(1) 개념

모집은 경찰조직이 원하는 인력을 확보하기 위해서 행하는 유인(誘因) 활동이다. 종래에 모집은 임용시에 정실을 없애는 것으로 또는 유능한 사람을 채용하는 것보다는 부적격한 사람을 제거하는 것으로 생각하여 왔으나, 오늘날에는 적극적으로 많은 사람으로 하여금 공직에 응시하도록 흥미를 끄는 것을 뜻한다.

(2) 적극적 모집

적극적 모집을 위해서는 인력 수요 예측을 정확히 하여 선발 후에 임용이 지연되거나 근무 조건이 달라지는 일이 없도록 하여야 한다.

특히 모집 시기와 모집 인원을 규칙화하여 언론 매체나 컴퓨터를 통한 홍보는 물론 대학생에 대한 인턴십, 취업설명회 등을 하는 적극적 자세를 취하여 우수한 인력의 응시를 가능하게 하여야 할 것이다.

(3) 응시 자격 기준

(가) 개관

우리 나라 행정인에게 요구되는 일반적인 자격은 두 가지로서, 하나는 종래에 요청되어 오던 지식·기술이며, 다른 하나는 새로 강조되는 태도·가치관이라고 한다.

(나) 구체적 기준

① 연령

㉠ 경찰공무원의 자격 요건으로서 연령은 매우 중요한 의미를 갖는다. 사회 생활에 대한 경험이 많으면 많을수록 사회 생활의 가치를 이해하고 주민과 호흡을 같이하게 된다고 하나 오늘날의 일반적인 경향은 연령 조건을 관대하게 하고 있다.

㉡ 우리 나라 경찰에서는 계급에 따라 연령 제한을 엄격히 하여 경찰관을 공개 채용하는 경우 경정 이상은 25~40세, 순경은 18~30세, 경위급의 간부후보생은 21~30세이며, 특별 채용하는 경우 경정 이상은 27~40세, 경감과 경위는 23~40세, 경사 이하는 20~40세이다. 단, 제대군인 응시 상한 연령은 복무 기간 1년 미만 1세, 1년 이상 2년 미만 2세, 2년 이상 3세 연장한다.

㉢ 연령 조건의 설성에 관련된 환경적 요인은 대단히 많지만 그 중에서도 국민 전체의 연령구조, 노동시장의 상태, 직업구조의 분화, 교육 제도의 성격, 인사 제도의 유형 등이 있다.

② 신체 조건

㉠ 경찰 업무는 신체적 민첩성과 인내력이 요구되기 때문에 의학적·신체적으로 적합한 자가 선발되어야 한다. 경찰공무원의 신체적 적합성으로는 좋은 호흡기관, 낮은 비만도, 적절한 근력 그리고 인내와 유연성과 같은 특성을 지녀야만 효과적으로 경찰 업무를 수행할 수 있게 된다.

㉡ 우리 나라 경찰공무원 채용의 신체 조건은 경찰공무원임용령 시행규칙에서 규정하고 있는 바 신장 167cm 이상(여경은 157cm 이상, 101단 170cm), 체중 57kg 이상(여경은 47kg 이상, 101단 60kg), 흉위는 신장의 2분의 1 이상, 시력은 양쪽 눈이 각각 0.8 이상이며 교정 시력인 자는 나안으로는 0.2 이상이어야 하며, 단, 101단은 1.0 이상이며 교정 시력 불가능하다. 미국에서는 1980년대 중반 이후 최저 신장, 최저 체중, 시력과 같은 객관적 채용 기준은 없어졌다.

③ 학력

㉠ 사회의 복잡성과 그에 따른 경찰 봉사 기능의 확대 요구는 좀더 지성적이고 성숙된 경찰 인력을 필요로 한다.

㉡ 범죄수사 또는 헌법에 보장된 시민의 권리 보호 등과 관련된 업무를 효과적으로 달성하기 위해서는 앞으로 경찰의 최저 학력을 점차 대졸자로 상향 조정할 필요가 있을 것이다.

④ 병역

남자의 경우 병역을 필하여야 한다.

⑤ 1종 보통 이상 운전면허증 소지자

2) 채용시험

(1) 개념

경찰관으로서 필요한 자격 요건을 심사하기 위하여 지원자에게 여러 가지 시험을 실시하고 있다. 채용시험은 실적 제도를 확립하는 기초가 됨은 물론 경찰직업공무원 제도의 확립에도 공헌한다.

시험이란 경찰의 역할을 실행하는 데 필요한 높은 수준의 기술, 지식, 능력, 그리고 직무행위(skills, knowledge, ability and job behavior : SKA/JB)를 소유한 지원자를 선발하는 것이다.

(2) 우리 나라의 경우

(가) 개관

우리 나라는 신체검사, 체력검사, 필기시험, 종합적성검사, 면접시험 또는 실기시험과 서류 전형의 방법을 채택하고 있는 바, 이는 경찰 직무의 특수성 때문이다.

〈채용시험 최종 합격자 선발 기준〉
필기(실기)시험 65%, 체력검사 10%, 면접시험 25%

(나) 신체검사

직무 수행에 필요한 신체 조건 및 건강 상태를 검정하는 것이다. 경찰공무원의 직무가 신체적 조건과 건강을 전제로 하고 있기 때문에 일정한 수준의 신체와 건강 기준에 미달되는 지원자는 필기시험과 기타 시험의 성적 여하를 막론하고 채용할 수 없게 된다.

신체검사에는 의학적 검사(일반내과, X-Ray, 혈압 등), 형태적 검사(신장, 체중 등), 기능적 검사(시력, 청력 등)가 포함된다.

(다) 체력검사

직무 수행에 필요한 민첩성·지구력 등 체력을 검정하는 것이다. 경찰의 직무는 범죄와의 투쟁과 같은 업무를 수행하기 때문에 신체적 민첩성과 인내력이 요구된다. 이 검사는 신체적 소질과 능력을 평가하는 유효한 변수가 되고 있다.

업무 내용의 특수성, 기타 사유로 필요하다고 인정되는 경우에는 체력검사를 실시하지 않을 수도 있다.

체력검사로서 100m 달리기, 윗몸 일으키기, 제자리 멀리뛰기를 실시하며, 합격자 결정은 현장에서 당락이 판정된다.

(라) 필기시험

필기시험은 공무원의 채용 과정에서 가장 오래되고 널리 쓰이는 시험 방법이다. 경찰공무원의 채용을 위한 필기시험은 교양 부문과 전문 부문으로 구분하되, 교양 부문은 일반교양 정도를, 전문 부문은 직무 수행에 필요한 지식과 그 응용 능력을 검정하는 것으로 하고 있다.

필기시험은 선택형·기입형·논문형의 형식에 따라 실시하되, 그 출제 수준은 경위 이상은 대졸 정도, 경사 및 경장은 전문대 졸 정도, 순경은 고졸 정도, 경찰간부 후보생은 대졸 정도로 한다.

(마) 종합적성검사

적성검사는 앞으로 적합한 훈련을 받고 경험을 쌓으면 일정한 경찰 직무를 잘 수행할 수 있는 소질 또는 잠재적 능력을 측정하려는 시험이다. 우리 나라 경찰에 종합적성검사를 인성검사와 정밀 신원조회로 구분하여 실시하는데 직무 수행에 필요한 적성과 자질을 종합적으로 검정하고 있다.

경찰관의 직무가 심리적 긴장 상태와 사람과의 접촉은 물론 직권 남용과 유혹의 기회가 많기 때문에 심리적 부적응자나 유혹에 약한 자를 선별하기 위해서는 인성검사를 하는 것이 무엇보다 중요하다.

(바) 면접시험

면접시험은 필기시험이나 배경 조사를 통하여 평가할 수 없는 지원자의 직무 수행에 필요한 능력·발전성·적격성을 검정하는 것이다. 우리 나라 경찰에서 실시하고 있는 면접시험의 평정 요소로는 ① 경찰공무원으로서의 정신 자세, ② 전문지식과 그 응용 능력, ③ 의사 발표의 정확성과 논리성, ④ 용모, 예의, 품행 및 성실성, ⑤ 창의력, 의지력, 기타 발전 가능성 등이 있다.

복수시험관 제도를 채택하고 있지만 표준적 질문의 사전 준비, 면접 기법의 개발, 시험관의 훈련 등을 통하여 가능한 한 효용도를 높여야 할 것이다.

(사) 실기시험

실기시험은 직무 수행에 필요한 지식 및 기술을 실습 또는 실기의 방법에 의하여 검정하는 것이다. 도구나 장비를 써서 일을 해보거나 기계 조립을 시켜 보거나 또는 작업에 쓰는 설비의 모형을 놓고 일을 해보게 하는 방법 등이 여기에 해당한다.

실기시험은 다른 어떤 시험보다 직무 수행과 밀착되는 시험이므로 높은 타당성을 기대할 수 있으며, 우리 나라 통신·운전 전산 등의 분야에 종사할 사람들을 선발할 때 흔히 쓰인다.

필기시험 합격자는 공채의 경우 매 과목 4할 이상, 특채의 경우 전과목 총점의 6할 이상의 득점자 중에서 선발예정 인원의 300% 범위 내에서 결정한다.

(아) 서류 전형

서류 전형은 직무 수행에 관련되는 자격 및 경력 등을 서면에 의하여 심사하는 것이다. 퇴직 경찰공무원을 복직시키거나 또는 자격증 소지자와 대학이나 전문대학 재학생 중 장학금을 지급받은 자 등을 경찰공무원으로 채용하는 경우에 주로 이용된다.

이것은 다른 시험 방법에 비하여 비용이 덜 들고 응시자들에 관한 자세한 정보를 얻어 평가할 수 있으나 평정 과정의 표준화가 곤란하므로 평정자의 편견이 개입될 염려가 있다.

3) 시보임용

(1) 개념

시보임용(probation)이란 신규채용시험에 합격한 자를 바로 정규 경찰공무원으로 임명하는 것이 아니고 시보로 임용하여 일정한 기간을 거치게 하여 그 기간 내에 공무원으로서의 자질과 적성 등을 검토하고 부적격이라고 인정될 때에는 임용권자의 자유재량으로 면직시킬 수 있는 제도로서, 조건부 임용 제도라고도 한다.

(2) 목적

시험으로 알아내지 못하였던 점을 검토하여 보고 직무를 감당할 능력이 있는가를 알아보는 데 그 목적이 있다.

(3) 신분 보장의 정도

시보임용 중에 있는 경찰공무원은 신분이 보장되지 못하여, 근무 성적이나 교육훈련 성적이 현저히 불량하고 앞으로 경찰공무원으로 근무하기에 부적당한 때에는 징계 절차를 거치지 않고 정규임용심사위원회의 심사를 거쳐 자유재량으로 면직시키거나 면직을 제청할 수 있다.

제10조(시보임용) ① 경정 이하의 경찰공무원을 신규 채용하는 경우에는 1년의 기간 시보로 임용하고, 그 기간이 만료된 다음 날에 정규 경찰공무원으로 임용한다.
② 휴직 기간·직위해제 기간 및 징계에 의한 정직 또는 감봉 처분을 받은 기간은 제1항의 규정에 의한 시보임용 기간에 산입하지 아니한다.
③ 시보임용 기간 중에 있는 경찰공무원이 근무 성적 또는 교육훈련 성적이 불량한 때에는 '국가공무원법' 제68조 및 이 법 제22조의 규정에 불구하고 면직시키거나 면직을 제청할 수 있다. <개정 2006. 7. 19>
*제68조(의사에 반한 신분 조치) ① 공무원은 형의 선고·징계처분 또는 이 법에 정하는 사유에 의하지 아니하고는 그 의사에 반하여 휴직·강임 또는 면직을 당하지 아니한다. 다만, 1급 공무원은 그러하지 아니하다
*제22조(직권면직) ① 경찰공무원이 다음 각호의 1에 해당될 때에는 임용권자는 직권에 의하여 면직시킬 수 있다.
④ 다음 각호의 1에 해당하는 경우에는 시보임용을 거치지 아니한다. <개정 2006. 7. 19>
1. 경찰대학을 졸업한 자 또는 경찰간부 후보생으로서 소정의 교육을 마친 자를 경위로 임용하는 경우
2. 경찰공무원으로서 대통령령이 정하는 상위 계급에의 승진에 필요한 자격 요건을 갖추고 임용 예정 계급에 상응한 공개경쟁채용시험에 합격한 자를 당해 계급의 경찰공무원으로 임용하는 경우
3. 퇴직한 경찰공무원으로서 퇴직시에 재직한 계급의 채용시험에 합격한 자를 재임용하는 경우
4. 자치경찰 공무원을 그 계급에 상응하는 경찰공무원으로 임용하는 경우

6 경찰 보직관리

1) 의 의

(1) 개념

경찰 보직관리는 개인적으로 다양한 경험의 축적을 통하여 자신의 적성을 개발함으로써 구성원 개개인의 자아를 발전시키고 직위에 상응한 임무를 효율적으로 달성할 수 있도록, 개개의 경찰관을 적재적소에 배치하는 것이다.

(2) 목적

경찰 보직관리는 경찰공무원이 동일 직위에서 장기 근무로 인하여 직무수행의 침체 현상을 방지하여 창의적이며 활력 있는 직무 성과를 증진시키는 것이 그 목적이다.

2) 보직의 원칙

(1) 일반적 원칙

경찰공무원을 보직할 때는 경과, 특히 교육훈련·근무 경력 등을 고려해서 능력을 적절히 발전시킬 수 있도록 하여야 한다.

특별한 사정이 없는 한 연고지를 고려하여 보직하고 있다.

(2) 초임 경찰관의 보직

경위 이상 자는 관리 능력을 배양할 수 있도록 전공 및 적성을 고려하여 최하급 경찰기관에 보직하여야 한다.

순경으로 임용된 자는 최하급 경찰기관에 보직하되 수사 및 정보 업무를 제외한 외근 부서에 보직하여야 한다.

특수기술요원(운전이나 통신)은 임용 예정 직위에 보직하여야 한다.

(3) 교육훈련 이수자의 보직

국외훈련이나 국내위탁 등 특별훈련을 받은 자는 특별한 사정이 없는 한 그 교육훈련 내용과 관련되는 직위에 보직하여야 한다.

위탁교육 훈련을 받은 자의 최초 보직은 교관으로 하여야 하며 그렇지 못한 경우에는 받은 교육훈련과 관계되는 직위에 보직하여야 한다.

(4) 전문 특기자의 보직

전문 특기를 부여받은 자는 당해 전문 부서에 또는 전문 분야의 교육을 위한 교관으로 보직하여야 한다.

3) 전 보

(1) 개념

전보란 동일한 직급에 속하는 어느 한 직위에서 다른 직위로 횡적 이동하는 것을 의미한다.

(2) 원칙

당해 직위에 임용된 날로부터 1년 이내에 다른 직위로 전보할 수 없다.

지나치게 잦은 전보로 인한 능률 저하를 방지하고 안정적인 직무 수행을 기할 수 있도록 특별한 사정이 없는 한 정기적으로 전보를 실시하고 있다.

1년을 기준으로 하는 보직 기간은 너무 잦은 보직 이동으로 경찰의 전문성을 향상시키기에는 어렵다고 할 것이다.

(3) **예외**

직제상의 최저 단위 보조기관 내에서의 전보, 경찰청과 소속기관 등 상호간의 교류를 위한 전보, 승진임용의 경우, 특수한 기술을 가진 자를 당해 직무 분야에 보직하는 경우, 징계처분을 받은 경우, 형사사건에 관련되어 수사기관에서 조사를 받고 있는 경우, 경찰기동대 기타 특수 업무 부서와의 정기적인 교체에 의하는 경우, 교육훈련기관의 교관으로 보직하는 경우, 시보임용 중인 경우, 신규 채용된 경위 이상으로서 순환보직 중인 자의 전보는 예외로 한다.

(4) **경찰교육기관 교관으로 임용된 자**

그 임용일로부터 1년 이상 3년 이하의 범위 안에서 경찰청장이 정하는 기간 안에는 다른 직위에 전보할 수 없다.

(5) **도서·벽지 등 특수 지역에 근무할 것을 조건으로 특별 채용된 자**

그 채용일로부터 5년 이내에는 다른 부서로 전보할 수 없도록 하고 있다.

7 경찰 근무성적 평정

1) 개 념

근무성적 평정은 조직과 구성원의 활동을 향상·발전시키고 구성원들에게 승진 등의 공정한 기회를 부여하기 위하여, 구성원들의 능력·태도·근무 수행 가치 등과 같은 필요한 정보를 수집하여 객관적인 평가를 통하여 그 결과를 각종 인사관리에 활용하는 인사행정 활동이다. 근거는 경찰공무원승진임용규정이다.

우리 나라는 도표식 평정척도법을 사용하고 있다.

의의	(1) 공무원의 근무 실적·근무 수행 태도·직무 수행 능력 등을 일정한 기준에 따라 체계적·정기적으로 그의 감독자가 평가하는 제도⇒공무원의 능력 발전과 평가가 목적 (2) 근무평정에서는 객관성·신뢰성·타당성 등이 보장되어야 한다.
효용	(1) 인사관리(상벌)의 목적 (2) 교육훈련 수요의 파악 (3) 시험의 타당도 측정 기준 (4) 적재적소의 인사 배치 기준
대상	총경 이하의 경찰공무원(경무관 이상 → '인사평정 제도'를 실시)
특징	(1) 4등급의 평정 등급 및 2：3：4：1의 강제 배분 비율을 채택 (2) 평가 결과의 비공개주의를 채택

2) 목 적

(1) 조직과 구성원의 능력 발전: 임상적 접근법

각 개인의 구체적인 취약점을 파악하여 보완할 수 있도록 도와 주는 역할을 함으로써, 구성원 개개인의 능력 발전을 도모하게 되며, 이것이 곧 조직 발전의 기초가 된다.

(2) 공정하고 객관적인 인사정책의 기준 확보

근무성적평정은 인사정책을 좀더 공정하고 객관적으로 집행할 수 있도록 객관적인 기준을 제공하여 준다.

(3) 인사행정 기술의 타당성평가 기준 제시

근무성적평정의 제반 결과들은 지원 자격 결정, 시험 입안, 보직 결정, 훈련 수요 결정 등에 관한 각종 인사 기술의 타당성 평가에 필요한 자료를 제공한다.

(4) 채용시험의 타당도 측정

경찰채용시험의 타당도를 파악하려면 시험 성적과 채용된 후의 근무성적 간의 상관 관계를 알아야 한다.

(5) 훈련의 필요성 파악

개개 공무원의 능력을 알게 되고 현재 그가 담당하는 직책이 요구하는 능력과 비교하여 양자 사이의 차이가 명백해진다. 여기서 나오는 부족한 부분을 훈련을 통하여 어떻게 충족시킬 수 있는가를 판단하게 한다.

(6) 적재적소의 배치에 이용

경찰공무원의 능력이 아무리 보아도 현 직책에 부합되지 않을 뿐만 아니라 훈련을 통한 발전의 가능성도 보이지 않는 경우에 그에 알맞은 새로운 직책으로 전직시키게 되는데, 이러한 것의 파악을 용이하게 한다는 것이다.

(7) 청렴도 파악과 근무 능률 향상

경찰공무원의 직무 수행과 관련한 정직성 여부를 관찰하고, 시정을 촉구하여 근무 능률을 높인다.

3) 근무평정

(1) 우리 나라 경찰공무원의 평정 대상

총경과 경정 이하의 경찰관이다.

(2) 총경의 근무성적 평정 요소

근무 실적, 직무 수행 능력 및 직무 수행 태도로 구분하여 주관적으로 평정한다. 근무성적의 평정자는 3인으로 한다. 평정자를 특정하기 곤란한 경우에는 경찰청장이 지정한다. 제1차 평정자(직근 상급감독자, 파출소장)와 제2차 평정자(과장)는 각각 15점을, 제3차 평정자(경찰서장)는 20점을 최고점으로 하여 총평정점은 50점을 만점으로 하고, 그 분포 비율은 수 20%, 우 30%, 양 40%, 가 10%로 하되 가에 해당하는 자가 없을 때에는 양에 가산한다(강제배분법). 특수지 근무자, 교관, 조사 업무 처리 경위 등에는 수, 우, 양, 가의 강제배분 비율을 적용하지 않을 수 있다.

(3) 경정 이하의 근무성적 평정 요소

(가) 제1 평정 요소(30점)－객관적 평가 요소

경찰 업무 발전 기여도 15점, 포상 5점, 직장훈련 5점, 첩보 제출 3점, 근무 태도 2점

(나) 제2 평정 요소(20점)－주관적 평가 요소

근무 실적(근무성적, 추천, 상벌) 6.5점, 직무 수행 능력 7점, 직무 수행 태도 6.5점

(4) 평정 결과

근무성적 평정의 결과는 공개하지 아니한다. 10월 말일까지 제출한다.

경찰공무원의 근무성적 평정 결과는 승진, 보직, 상벌, 전보, 특별승급 및 특별상여금 지급 등에 크게 작용한다.

근무성적 평정은 심사승진 대상자 명부 작성시에 50%의 비율을 차지하고 있으며, 시험승진의 경우에는 25%의 비율을 차지하여 중요한 위치를 점하고 있다.

(5) 기본 요소

기본 요소에는 객관성, 신뢰성, 타당성이 있다.

(6) 다면평정법(360도 회전식 평정법, 집단평정법 또는 복수평정법)

(가) 개념

근무성적 평정에 피평정자 본인, 상관, 동료, 부하 직원, 프로젝트 팀 구성원, 그리고 고객 등 다양한 관련 당사자가 참여하여 평가하는 집단 평정 제도이다. 다면평가란 피평정자의 능력과 직무 수행을 관찰할 기회가 있는 여러 방면의 사람들이 가담한다는 뜻이다. 최근 민간기업은 물론 공기업, 정부에도 도입되고 있다.

(나) 다면평가의 장점

① 공정한 평정 : 평가자의 익명성에 의하여 공정하고 객관적인 평가가 가능

② 의사 전달의 촉진 : 행정 서비스에 관한 다방향적 의사 전달을 촉진한다. 다양한 의견을 수렴하여 공무원과 행정 발전을 위하여 활용할 수 있다.

③ 관료적 병폐 시정 : 관료적 행태의 병폐를 시정할 수 있다. 충성심의 방향을 다원화하고, 특히 국민 중심적 · 고객 중심적 충성심을 강화하는 데 기여할 수 있다.

④ 힘 실어 주기 촉진 : 행정의 분권화, 그리고 부하들에 대한 힘 실어 주기에 유리한 조건을 형성할 수 있다. 작업집단의 팀워크 발전에도 기여할 수 있다.

⑤ 리더십 발전에 기여 : 관리자 · 감독자들의 리더십 발전에 기여할 수

있다. 추종자들의 솔직한 의견을 들어 자신의 리더십 행태를 반성하고 개선할 수 있다.

⑥ 자기 개발 동기 유발 : 직무 수행과 능력에 대한 정확하고 공정한 환류는 피평정자의 자기 개발에 대한 동기를 유발할 수 있다.

(다) 다면평가의 문제점

① 심리적 손상 : 근무성적 평정을 둘러싼 평정상의 불쾌감이나 스트레스가 커질 수 있다. 감시자가 늘고 통제의 망이 확대된다고 생각하면, 그러한 부작용은 확대된다.

② 평정자의 실책 : 평정자들이 평정의 취지와 방법을 잘 모르고 저지를 실책도 문제이다. 평정자들이 담합을 하거나 모략성 응답을 하는 등 돌출행동을 할 우려가 있다.

③ 목표 전환 현상 : 능력과 업무 목표의 성취보다는 원만한 대인 관계의 유지와 대중연합주의(populism)를 조장할 수 있으며, 상관들도 부하들의 눈치를 살피게 된다.

④ 평정자의 유동 : 평정자들의 유동이 심한 경우 평정의 신뢰성을 확보하기 어렵다.

⑤ 복잡한 관리 업무 : 다면평가제의 관리 업무는 시간 소모가 많고 복잡하다.

⑥ 책임 소재의 불면확과 형평성 저해 : 평가자의 분산으로 평가의 책임 소재가 불명확하며, 평가자 간 평가 기준이 다르면 평가 결과의 형평성이 저해될 수 있다.

(라) 성공 요건

평정목표의 명료화, 평정자집단의 대표성 확보, 평정자들의 능동적 참여 동기와 평정 능력 향상, 피평정자의 신뢰와 수용 확보 등이 필요하다.

(마) 우리 나라

2004년 6월 현재 중앙행정기관의 94.4%(54개 기관 중 51개 기관)가 도입하고 있으며, 평가자의 익명성이 최대한 보장된다. 법적 근거 없이 행해져 오다가 1999년에 법적 근거가 마련되었다. 공무원임용령 제35 조의 4에 규정되어 있다.

① 평가 참여자의 범위 : 피평정자의 동료, 하급자, 민원인이 참여하고 있다.

② 평가 결과의 활용 : 승진, 특별승급, 성과상여금 지급, 교육훈련, 보직관리 등 각종 인사관리에 반영할 수 있다.

③ 평가 방법 및 절차, 평가 결과의 반영 등에 관한 사항은 소속 장관이 정한다.

④ 적용 대상 : 중앙행정기관(대통령 및 국무총리 직속기관을 포함)의 경력직 공무원 또는 별정직 · 계약직 공무원을 대상으로 하며, 특정직 공무원은 자체 실정에 맞게 조정 · 운영이 가능하다.

⑤ 다면평가의 활용 목적

서열화 목적	일정 기준(성과 · 능력 · 태도 등)에 의하여 직원을 서열화하고, 승진이나 성과상여금 지급 등 인사고과에 활용하는 것을 말한다.
능력 개발 목적	직원을 상대평가하기보다는 절대평가하여 개개인의 장 · 단점을 파악하고, 교육훈련 등을 통하여 이를 개선하기 위한 목적에서 실시하는 것이다.

8 경찰 승진

1) 경찰 승진의 의의

(1) 개념

승진(promotion)은 하위 직급 또는 하위 계급에서 상위 직급 또는 상위 계급으로 이동하는 것을 뜻하며, 이 경우에는 보수가 올라가는 것과 함께 직무의 책임과 곤란성이 증대된다.

(2) 구별 개념

승진은 하위 직급(하위 계급)에서 상위 직급(상위 계급)으로 이동하는 것을 뜻하므로 보수만 증액되는 승급이나, 횡적 인사 이동을 의미하는 전보와 구별된다.

(3) 가치

승진 제도는 경찰공무원의 사기 앙양과 발전을 위한 주요 수단이 된다.

결원을 보충하기 위하여 일정한 경력을 가진 자에게 승진의 기회를 부여하는 것은 행정 능률과도 밀접한 관련이 있으며, 과학적 인사관리의 기준이 된다.

2) 경찰 승진 제도의 장점과 단점

(1) 장점

승진은 조직구성원의 사기 제고와 행정 업무의 능률화를 위하여 중요한 요소가 되므로 유능한 인재들을 확보·유치하는 데 좋은 수단이 될 수 있다.

(2) 단점

공정하고 공개되어야 할 승진 절차들이 자주 불합리하게 운용되어 구성원의 욕구 불만이 쌓이게 되고, 따라서 많은 유능한 경찰관들은 상급자와의 친분 정도, 정치적 배려 또는 뇌물 등에 의하여 불합리하게 승진되는 사람들로 인하여 피해를 보게 되는 경우가 많다.

3) 경찰 승진의 범위

(1) 경찰 승진의 한계

(가) 장·단점

일반적으로 승진의 한계가 높을 때는 조직구성원의 사기 앙양, 행정 능률, 그리고 기술의 향상을 꾀하여 직업공무원제를 확립시킬 수 있는 장점이 있다.

민주적 통제가 어려워지면서 관료주의화할 우려가 있다.

(나) 외국 및 우리 나라

영국, 독일, 일본 등의 국가에서는 일반직 공무원의 승진 한계가 높은 편이며, 미국의 경우는 승진 한계가 가장 낮은 국가의 하나이다.

우리 나라나 프랑스는 그 중간 형태로 볼 수 있다.

(2) 신규채용과 승진임용

조직구성원을 충원하는 데는 주로 개방형(신규채용)과 폐쇄형(승진임용)의 두 가지 방법이 활용된다. 일반적으로 폐쇄형 공무원제의 경우에는 승진임용의 비율이 높은 반면 개방형 공무원제의 경우에는 신규채용을 주로 하고 있다.

(가) 폐쇄형 공무원제(closed system)

이것은 개방 제도의 결점을 시정할 수 있는 제도이며, 만일 폐쇄형이 채택되지 않는다면 직업공무원 제도는 근본적으로 동요하게 되는 것이다. 그러므로 우리 나라에서는 원칙적으로 이 제도를 채택하고 있다.

유능한 인재 등용이 어려우며, 따라서 행정의 질이 저하되거나 관료주의화할 우려가 있다.

(나) 개방형 공무원제(open system)

이것은 승진을 기존 경찰조직 내에 한정시키지 않고 광범위하게 일반 또는 타부처 직원에게도 공개하는 제도를 말하는 것인 바, 그 주요 목적은 당해 관청 내에서의 인사의 고답적 침체성과 그것으로 인한 관료주의의 발생경향을 방지하는 데 있다.

개방 제도는 당해 관청에서 하급 공무원들의 승진 통로를 막을 뿐더러, 승진 기회의 감소로 인하여 구성원의 사기가 저하되고 행정 능률이 떨어지게 되어 직업공무원제를 확립하기 어려운 단점이 있다.

(다) 소결

승진임용과 신규채용의 비율을 적절히 조정하여 구성원의 사기와 질은 물론 행정 능률의 문제까지 골고루 고려되는 제도가 필요할 것이다.

4) 경찰 승진의 기준(실적과 경력)

(1) 실적(merit)

(가) 개념

실적 위주의 기준이란 주관적인 방법인 인사권자의 판단, 승진심사위원회의 결정, 근무성적 평정 등의 방법과 객관적인 방법인 시험 등이 여기에 해당된다.

(나) 장 · 단점

객관적인 방법인 시험을 제외하고는 일반적으로 인사권자의 주관적 판단에 따르게 되어 정실 개입의 가능성이 강하므로 합리적인 운영이 요청되고 있다.

침체성을 방지하고 적응력, 근면성, 협동성 그리고 충성심 등을 평가하는데 유용하다.

(2) **경력**(seniority)

(가) 개념

경력 위주의 기준이란 근무 연수, 학력, 경험 등을 의미하나, 이것을 승진의 기준으로 할 경우에는 계급과 직책에 따라 비중을 달리할 필요가 있다.

우리 나라 당해 계급에서의 근무 연수만을 평정하여 반영한다.

〈경력평정의 기준〉
기본 경력 : 평정 기준으로부터 최근 4년
초과 경력 : 경감~경사 ⇒ 기본 경력 전 1~6년

(나) 장 · 단점

이러한 경력 위주의 기준은 고도의 객관성, 정실 배제, 행정의 안정성을 유지한다는 장점이다.

경력이 짧은 유능한 인재 등용이 어렵고 행정이 침체되어 비능률적이며, 유능한 젊은 인재의 이직률이 높다는 단점이 있다.

(다) 소결

일반적인 추세를 보면 후진국에서는 실적보다 경력 위주의 경향을 나타내고 있고, 선진국에서는 실적 위주의 경향이 있으며 주관적 방법도 많이 이용된다.

5) 현행 경찰 승진 제도

(1) 연봉 제도

우리 나라 경찰공무원의 승진은 근무성적 평정, 경력평정, 적성, 기타 능력의 실증에 의한다. 현행 경찰공무원의 승진은 크게 심사승진, 시험승진, 특별승진, 근속승진(자동승진)으로 구분하여 실시하고 있다.

경무관 이하 계급에의 승진은 심사승진에 의하며, 다만 경정 이하의 승진에서는 대통령령에 의한 비율에 따라 승진시험을 병행할 수 있도록 되어 있다.

(2) 심사승진

(가) 심사승진 대상자명부

심사승진에 필요한 요건을 갖춘 총경 이하의 경찰공무원에 대하여는 근무성적평정점 5할, 경력평정점 3.5할, 교육훈련평정점 1.5할, 가점 3점의 비율에 따라 계급별로 승진대상자명부를 작성하여야 한다.[2]

(나) 승진심사위원회

승진심사위원회는 총경 이상 경무관 이하를 승진심사하기 위하여 경찰청에 중앙심사승진위원회를, 경정 이하를 심사하기 위하여 경찰청 · 지방경찰청 · 대통령령이 정하는 경찰기관에 보통승진심사위원회를 둔다.

(다) 선발 과정(3단계)

승진시키고자 하는 결원 수의 5배수의 범위 안에 있는 자 중에서 승진대상자명부의 선순위자 순으로 승진 후보자를 심사 · 선발한다.

1단계에서는 배제 기준에 의한 부적격자를 배제하고, 2단계에서는 승진심사표에 따라 평가한 후 고득점자 순으로 심사승진 예정자의 2배수 범위로 인원을 결정하고, 3단계에서는 심사위원 전원의 무기명 투표로 최종 심사승진임용 예정자를 선발하여 승진후보자명부를 작성한다.

(3) 시험승진

객관적 성격을 지니고 있으므로 인사권자에 의한 정실이 개입될 여지가 적고, 승진의 공정성을 확보할 수 있다는 장점을 지니고 있다.

시험에 지나치게 중점을 둘 경우에는 성실하게 근무한 공무원의 과거 근무성적이나 근무 연한이 무시되어 사기를 저하시킬 우려가 있다.

---

2) 경정 이상은 청장이 작성, 경감 이하는 기관장, 경장 이하는 서장 및 부서장이 작성한다.

시험 6할, 근무성적 2.5할(최근 1년 60%, 최근 2년 40%), 교육성적 1.5할을 합산한 고득점자 순으로 합격자를 결정하여 승진후보자명부를 작성한다.

(4) 특별승진(경감 이하)

직무 수행 중 현저한 공적을 세웠거나 다른 공무원들의 귀감이 되는 행적을 남겼을 경우 그 공로를 인정하여 정기승진과는 별도로 실시된다(경찰공무원법 제14조).[3]

(5) 근속승진(자동 승진) – 경위 이하

순경으로 6년간 근무한 자는 경장으로, 경장으로 7년간 근무한 자는 경사로, 경사로 8년간 근무한 자는 특별한 사유가 없는 한 자동 승진된다.

2년간 근무성적평정이 각 37.5점(7.5할) 이상인 자 중에서 승진심사위원회가 최종 선발한다.

(6) 최저 근무연수

승진임용에는 승진에 필요한 최저 근무연수가 경과되어야만 한다.

총경은 4년, 경정과 경감은 3년, 경위 이하 순경까지는 1년이 지나야 한다.

9 경찰 징계

1) 경찰 징계의 의의

(1) 경찰 징계의 개념

조직구성원들의 잘못된 행동을 통제하기 위한 인사행정 활동이다.

징계(discipline) 목적에는 사후적인 처벌이나 불이익 처분으로서 구성원의 그릇된 행동을 교정하고자 하는 의도와 함께 사전에 잘못된 행동을 예방하고자 하는 의도가 포함되어 있다.

(2) 경찰 징계의 현행법상의 근거

우리 나라 현행법 중에는 국가공무원법, 경찰공무원법, 경찰공무원징계

---

3) 경감은 1계급, 경위 이하는 2계급 특별승진이 가능하다.

령, 경찰공무원징계규정, 그리고 소청 절차 규정이 징계의 사유 종류·결정 기관·절차·소청 절차 등에 관하여 규정하고 있다.

2) 경찰 징계 사유와 경찰 징계처분의 종류

(1) 경찰 징계 사유

(가) 징계처분

경찰공무원은 다음과 같은 행위를 하였을 때 징계처분을 받게 된다.

① 국가공무원 법 및 경찰공무원법에 의한 명령에 위반한 때

② 직무상 의무에 위반하거나 직무를 태만히 한 때

③ 직무의 내외를 불문하고 그 체면 또는 위신을 손상하는 행위를 한 때

(나) 형사처벌

직권 남용, 수뢰, 절도, 위증 등과 같은 형사법의 위반 행위를 한 경우에 조직 내에서의 징계처분과 함께 형사소송 절차에 따른 형사처벌을 받게 된다.

(2) 경찰 징계처분의 종류

우리 나라 경찰공무원징계령에는 ① 파면, ② 해임, ③ 정직, ④ 감봉, ⑤ 견책의 다섯 가지 종류의 징계처분을 규정하고 있다. 이들을 간단히 살펴보면 다음과 같다.

(가) 파면

① 경찰공무원의 신분을 박탈하는 처분이다.

② 향후 경찰관 임용이 불가하며, 5년간 공직 재임용이 제한된다.

③ 이는 구성원에 대한 교정 목적이라기보다 조직의 보호 차원에서 행하여지는 것이다.

④ 5년 이상 근무한 자에게는 퇴직 급여액의 1/2을 지급하고, 5년 미만 근무한 자에게는 3/4을 지급한다.

(나) 해임

① 파면과 마찬가지로 경찰공무원을 강제 퇴직시키는 것이지만 그 효과가 파면의 경우보다 가벼운 처분이다.

② 향후 경찰관 임용이 불가하며, 3년간 공직 재임용이 제한된다.

③ 퇴직연금 원칙적 전액 지급

단, 금품 및 향응 수수, 공금의 횡령, 유용시 ⇒재직 기간이 5년 미만은 1/8 감액, 재직 기간 5년 이상은 1/4 감액

(다) 정직

① 경찰 직무 수행을 정지시키는 처분이다.

② 정직처분 기간 중 경찰공무원은 그 신분은 보장되나 직무에 종사하지 못한다.

③ 정직의 기간은 1~3개월 사이이다. 또한 정직 기간에는 보수의 2/3 및 각종 수당을 감한다.

④ 정직 기간 이후 18개월 동안은 승진이 제한된다.

⑤ 정직 기간만큼 승진 소요 최저연수 및 경력평정 기간에서 제외한다.

⑥ 정직 기간 이후 18개월 동안은 호봉 승급이 제한된다.

(라) 감봉

① 1월 이상 3월 이하의 기간 동안 보수의 1/3 및 각종 수당을 감액하는 처분이다.

② 감봉 기간 이후 12개월간은 승진 및 호봉 승급이 제한된다.

③ 감봉 기간만큼 승진 소요 최저연수에서 제외되나, 직무에는 종사하므로 경력평정에는 산입한다.

(마) 견책

① 전과(前過)에 대하여 훈계하고 해당자를 회개하도록 하여 추후 재발을 방지하고자 하는 교정의 차원에서 행하여지는 처분이다.

② 6개월간 승진 및 호봉 승급이 제한된다.

(바) 기타

인사행정의 실제에서는 이상의 징계처분 이외에도 징계 제도의 권외에서 사실상 징계와 같은 목적에 많이 활용되고 있는 인사 처분들이 있다(예 : 직위해제, 좌천, 권고사직 등).

징계처분을 위하여 필요한 제재의 종류는 여러 가지가 있다. 여기에는 경고, 견책, 전보, 근무성적 평정점수의 감점, 승진 선임 순위 박탈, 감봉,

벌금, 정직, 강임, 파면 등을 예로 들 수 있다.

전투경찰대 대원 중 경사 이하 경찰관은 위 다섯 가지 징계 외에 영창·근신을 더하여 일곱 가지 징계가 있다(전투경찰대설치법).

비위(非違)의 정도가 경미한 사안에 대하여 징계 의결을 요구하지 않고 1차 특별교양, 2차 직권계고(경정급 이상 지휘관에 대해서는 경고) 등 조치를 할 수 있다. 특별교양이나 계고 등은 징계 유형에는 해당되지 않지만, 근무성적 평정시에 감점의 대상임에도 불구하고 법률상 근거가 없어 문제가 제기되고 있다.

(3) 징계의 결정기관과 절차

(가) 징계결정기관

징계권 남용을 억제한다는 의미에서 합의제 기관에서 징계 결정을 하도록 하고 있다. 이 합의제 기관을 징계위원회라 한다.

① 경무관 이상

우리 나라 현행법은 경무관 이상의 경찰관에 대한 징계의 의결은 국무총리 소속하에 설치된 징계위원회에서 행한다.

② 총경과 경정

총경과 경정에 대한 징계사건을 심의·의결하기 위하여 경찰청에 설치되어 있는 경찰공무원중앙징계위원회가 설치되어 있으며, 이 위원회는 위원장을 포함하여 5~7인으로 구성된다.

③ 경감 이하

경찰공무원보통징계위원회는 경찰청, 시·도 지방경찰청을 비롯한 전체 경찰기관에 설치하여 경감 이하의 경찰공무원의 징계사건을 관장한다.

이 위원회는 위원장을 포함한 3~7인의 위원으로 구성하되 징계 심의 대상자보다 상위 계급의 경위 이상의 소속 경찰공무원 중에서 당해 경찰기관의 장이 임명하고 위원장은 위원 중 최상위 계급 또는 선임의 경찰공무원이 된다.

(나) 절차

① 징계 의결의 요청

각급 경찰기관장은 징계 사유가 있거나 징계의결 요구의 신청을 받은 때에는 관할 징계위원회에 지체없이 징계 의결을 요청하여야 하고 그 징계위원회는 그 요구서를 받은 날로부터 30일 이내에 징계 의결을 하여야 한다.

다만 부득이한 사유가 있을 때에는 징계 의결을 요구한 자의 승인을 얻어 30일 이내의 범위 안에서 그 기간을 연장할 수 있다.

② 출석 심사

징계사건을 심의할 때에는 미리 당해 징계 심의 대상자에게 그 사실을 통지하여 출석케 하여야 한다.

출석한 징계 심의 대상자에게 징계 사유에 해당하는 사실에 관한 심문을 행하고, 필요한 경우에는 관계인들의 출석을 요구하여 심문할 수 있으며, 징계 심의 대상자에게는 충분한 진술 기회를 주어야 한다.

③ 서면심사

징계심의 대상자가 출석을 원하지 않거나, 정당한 사유 없이 출석하지 아니하거나 도피하였거나, 해외 체류 또는 해외 여행 등으로 지정한 기일에 출석할 수 없을 때에는 서면 심사에 의하여 징계 의결할 수 있다.

(다) 징계의 의결 및 기피

징계위원회의 의결은 위원장을 포함한 위원 과반수의 출석과 출석 위원 과반수의 찬성으로 결정된다.

징계위원회의 위원 중 징계 심의 대상자의 친족 또는 그 징계 사유와 관계가 있는 자는 심의에 참석하지 못하며 불공정한 의결을 할 우려가 있다고 의심할 만한 상당한 이유가 있는 때에는 당해 위원의 기피를 신청할 수 있다.

〈징계의 양정〉

징계위원회가 징계 사건을 의결함에 있어서는 징계 심의 대상자의 소행, 근무성적, 공적, 개전의 정과 징계 의결을 요구한 자의 의견을 참작하여야 한다.

(라) 징계 의결의 통고 및 집행

징계위원회가 징계 의결을 한 때에는 지체없이 징계 의결을 요구한 자에게 통고하여야 한다. 이 때 징계의결서의 사본을 첨부한 징계처분 사유 설명서를 징계 의결된 자에게 교부함으로써 이를 행한다.

감봉 또는 견책의 징계 의결을 통고받은 때에는 징계 의결을 요구한 자가 10일 이내에 이를 집행하여야 한다. 이 때 징계의결서의 사본을 첨부한 징계처분 사유 설명서를 징계 의결이 된 자에게 교부함으로써 이를 행한다.

징계 의결을 요구한 자는 징계위원회로부터 파면·해임 또는 정직의 의결을 통고받은 때에는 지체없이 징계의결서의 정본을 첨부하여 당해 경찰공무원의 임용권자에게 파면·해임 또는 정직처분을 제청하되, 경무관 이상의 정직, 경정 이상의 파면 및 해임처분의 제청과 총경 및 경정의 정직처분의 집행은 경찰청장 또는 해양경찰청장이 이를 행한다.

파면 또는 해임처분의 제청을 받은 임용권자는 10일 이내에 징계 의결서의 사본을 첨부한 별지 제4호 서식의 징계처분 사유 설명서를 징계 의결이 된 자에게 교부하여야 한다.

(마) 징계 의결에의 불복

징계 의결에 불복하는 경우에 징계 요구자는 그 처분을 하기 전에 직근 상급기관에 설치된 징계위원회에 심사 또는 재심사를 청구할 수 있다.

징계심의 대상자는 소청을 제기할 수 있다. 소청은 공무원의 신분을 보장하는 장치로서 행정자치부에 설치되어 있는 소청심사위원회에서 심의·결정한다.

소청심사위원회의 결정에 대해서 불복이 있는 경우에는 행정소송을 제기할 수 있다.

10 경찰 보수

1) 개 념

경찰 보수(police compensation)란 경찰공무원이 대가로 받는 금전적인 보상을 말한다. 보수는 조직구성원과 그 가족의 생계 유지 및 사회적 품위를 유지하는 조직관리상의 필수 요소이다.

보수는 조직구성원의 근무 의욕과 사기, 그리고 조직에 필요한 유능한 인재를 확보·유지하는 중대한 역할을 하게 된다.

2) 경찰 보수의 체계

(1) 개관

보수 체계란 보수의 종류와 구체적인 보수 지급 항목에 대한 구성을 말한다.

경찰 인사행정에서의 보수는 모든 형태의 금전적 보상을 포함하고 있으며, 여기에는 기본 급여인 봉급과 각종 수당으로 구성되어 있다.

(2) 봉급(직무급+근속급)

기본 급여인 봉급은 직무의 곤란성, 책임성의 정도에 따라 계급별 및 호봉별로 지급되는 직무급과 계급에 관계 없이 재직 기간에 따라 지급되는 근속급을 합한 금액으로 하고 있다.

(3) 수당

(가) 수당의 의의

경찰관의 직책·능력·자격에 따라 일률적으로 지급되는 것이 아니고 근무 조건이나 생활 조건의 특수성에 따라 일부에게만 지급된다.

기본급의 미비점을 보완해 주는 역할을 하기 때문에 보수 제도의 탄력성을 유지해 주는 수단이 된다.

(나) 종류

① 공무원수당규정에 근거한 것

㉠ 상여수당으로 기말수당, 정근수당, 특별상여수당, 장기근속수당, 모범공무원수당

㉡ 가계보전수당으로 가족수당과 자녀학비보조수당, 특수지 근무수당

㉢ 특수근무수당으로 위험근무수당과 특수업무수당

㉣ 초과근무수당으로 시간외근무수당, 야간근무수당, 휴일근무수당, 관리업무수당

② 공무원수당규정에 근거하지 않은 것

특별생활안전수당, 교통요원수당, 경호수당, 비상경계수당, 해난구조수당과 일·숙직수당 및 명예퇴직수당

(4) 실비 변상

업무 수행상의 필요로 특별한 비용이 들 때에는 따로 실비 변상을 받는다(예 : 여비, 일당, 숙박료).

(5) 연금

공무원이 상당한 기간 동안 근무하다가 퇴직 또는 사망하였거나 공무로 인한 부상, 폐질, 병원에 대하여 적절한 급여를 실시함으로써 경찰공무원 및 그 유족의 경제 생활의 안정을 기하고 복지를 향상시키기 위하여 지급하는 것이다.

3) 경찰 보수의 기본적인 역할

(1) 경제적 역할

인사행정 발달의 초기 단계의 보수는 직무에 대한 대가로서 생활에 필요한 기본적 욕구를 만족시키기 위한 것으로서 단순히 경제적 보상의 성격으로 이해되었다.

(2) 심리적 역할

보수의 심리적 역할은 구성원들의 직무에 대한 자기 만족, 자기 실현, 자존심과 같은 동기 부여를 하는 것을 말한다.

(3) 정치적 역할

일반적으로 경찰의 보수가 상대적으로 높은 자치경찰 체제의 선진국들의 경우에는 보수가 다른 자치단체 또는 그 구성원들에 대한 경찰의 힘을 상징하는 정치적 도구로서 생각되었다.

(4) 신분상의 역할

대부분의 경찰관은 자신의 보수율이 다른 기관의 그것과 비교하여 현저하게 떨어진 경우에는 자신의 정당한 신분상의 지위 또는 위상이 침해당하는 것으로 생각한다.

4) 경찰 보수 수준의 결정 요인

(1) 개관

공공조직의 구성원에 대한 보수는 생활비의 변동에 부응하여 구성원들의 적당한 기본 생활을 보장할 수 있는 정도가 되어야 하고 직무의 책임에 상응하는 보수가 책정되어야 한다.

우리 나라 경찰의 경우에 보수는 직무의 곤란성이나 그 책임 또는 근무시간 등을 고려할 때 적절하게 책정되었다고 할 수 없다.

(2) 경찰 보수 수준을 결정할 때 고려하여야 할 주요한 요소

(가) 민간 기업체의 임금 수준

경찰기관의 보수 수준을 결정할 때에는 민간 기업체의 임금 수준을 고려하여 그것과 균형을 이루도록 한다. 따라서 민간 기업체에 의하여 채택된 보수를 보수율 또는 표준으로 적용하여야 할 필요가 있다.

(나) 지불 능력

현대 경찰 업무는 많은 비용을 필요로 한다. 그러나 정부의 재정 규모는 국민이 납부하는 세금의 양에 달려 있기 때문에 그 지불 능력에는 한계가 있다. 따라서 경찰 보수율을 인상할 수도 있고 때에 따라서 동결시킬 수도 있다.

(다) 자질 있는 사람을 흡수할 수 있는 정도

최근 민간 기업에서 제공되는 높은 보수 때문에 자질 있는 유능한 인재들을 공조직으로 흡수하지 못하고 민간 기업으로 빼앗기는 실정이며, 특히 경찰조직은 열악한 보수와 근무 조건들로 인하여 그러한 현상이 더욱 심하다.

(라) 경찰 보수 정책

경찰관의 임금을 결정할 때는 경찰 보수 정책을 고려하여야 하나, 현재 경찰기관은 최소한의 임금, 초과근무수당 등에 관한 경찰 보수 정책을 합리적으로 수립하고 있지 못하다.

(마) 생계비의 증가

생계비의 증가에 비례하여 경찰 보수가 인상되어야 한다.

(바) 휴가 기간, 근무 시간, 보건 및 후생

현재 경찰공무원이 보수 이외에 받는 편익과 특혜는 다른 기관과 비교하여 불리한 입장에 있다. 휴가 기간은 고사하고 근무 시간이 더욱 길고 신분보장도 약하고 보건 및 후생에 관한 지원도 열악하며 승진 기회도 제한되어 있다.

(사) 경찰 업무의 특수성

과다한 근무 시간과 업무 부담, 높은 부패의 가능성, 그리고 계급정년제와 퇴직 후 낮은 재취업률 등을 고려할 때, 일반공무원보수규정의 적용과는 달리 독자적인 경찰 보수 체계를 확립하여야 한다.

제2절 사기관리

1 사기의 의의

사기(士氣, morale)란 경찰조직의 구성원으로서 경찰관이 개인적·집단적으로 경찰조직의 목적을 달성하기 위하여 갖는 열의와 솔선, 결의와 용기 등을 고취시키는 정신적 태도(mental attitude)라 할 수 있다.

이러한 사기가 진작될 때에 자기에게 부과된 열과 성을 다하여 맡은 바 임무를 충실히 수행하게 된다.

의의	(1) 조직의 구성원들이 소속된 조직 내에서 조직 목표를 인식하고 그 목표를 달성하려는 자발적인 의욕을 가지는 것 (2) 사기와 생산성의 관계 ⇒ 사기는 생산성에 영향을 미치는 여러 변수 중의 하나	
효과	① 충성심과 동질감의 강화, ② 직업에 대한 자부심 제고, ③ 생산성·창의성 향상	
성격	개인적·자발적 성격	사기의 직무에 대한 애착심·보람·책임감·적응성을 의미
	집단적·조직적 성격	사기는 조직의 목표 달성에 기여하여야, 협동심·단결성을 전제
	사회적 성격	사기는 사회적 가치 또는 발전에 공헌하는 것이어야
결정 요인	경제적·물질적 요인	보수 제도
	사회적·심리적 요인	인정감·성취감, 성공감, 안정감 등

2 사기의 성격

1) 자발적 · 자주적 성격

타율적이고 강제적인 근무 의욕 고취는 자주성이 결여됨으로써 장기적으로 지속될 수 없을 뿐만 아니라, 수동적이며 무책임한 행동을 하게 한다.

자발적이고 자주적인 성격을 갖는 사기는 스스로 행동에 책임감과 적응성을 길러 주고, 나아가서는 창의성과 자기 개발을 통한 자기 혁신을 계속하게 함으로써 조직 목표 달성에 기여하게 한다.

2) 집단적 · 조직적 성격

각 경찰관의 사기는 개인의 직무뿐만 아니라, 그가 소속하고 있는 경찰기관의 목표 달성에 기여하며, 다른 경찰관의 근무 의욕을 고취하는 데도 공헌한다.

사기는 협동심, 단결성, 단체성 등을 전제로 한다.

3) 사회적 성격

사기는 단순히 개개 경찰관 또는 개개 경찰기관의 자기 만족만을 의미하는 것이 아니며, 좀더 큰 사회적 가치 및 효용과 결부될 때에 참 의미가 있다.

자발적 · 자주적	타율적이거나 강제적이지 않고 자발적인 성격의 사기는 스스로의 행동에 책임감과 적응성을 길러 준다. 그리고 사기는 창의성을 길러 주고 자기 계발을 통한 자기 혁신을 계속적으로 추구하여 조직 목적에 기여한다. 이러한 자발적인 성격은 사기의 제1 요소이다.
집단적 · 조직적	사기는 개인적 직무와 소속 경찰기관의 목적을 달성하는 데에 기여할 뿐만 아니라, 다른 경찰관의 근무 의욕을 고취시키는 데에 기여하여야 한다. 따라서 사기는 협동성 · 단결성 · 단체성을 전제로 하여야 한다.
사회적	사기는 단순히 개인의 만족에 그치는 것이 아니라 사회적 가치와 효용에 결부될 때 더 큰 의미가 있다.

3 사기의 결정 요인

경찰 사기는 조직 내의 인간 관계, 근무 조건, 신분의 안정, 보수, 승진 등 복합적 요인에 의하여 결정된다.

경제적 · 환경적 요인	보수의 현실화나 합리화, 주택의 지원, 급식 보조, 의료보험과 연금 혜택, 고용과 신분의 안정, 작업환경의 안전성과 재해 방지시설
사회 심리적 요인	승진의 합리적 운영, 공정한 인사관리, 핵심적 업무 활동에 대한 재량권의 부여, 의사 소통의 활성화, 권한의 위임과 분산화에 의한 책임감과 참여 의식 부여, 공무원 단체의 활성화, 직무 충실과 직무 확대

4 사기의 앙양 방법

경찰관의 사기를 앙양시키는 기초적이고 근본적인 방법은 사기의 결정 요인들을 충족시켜 만족감을 얻게 해 주는 것이다.

(1) 인간의 자율성을 존중해 주어야 한다

모든 인간은 타율적이고 통제적일 때 자발적 근무 의욕과 창의성이 발휘될 수 없다. 획일적인 지시와 그것의 기계적 수행을 강요하면 할수록 근무 의욕은 저하되고 타성적인 근무와 면종복배(面從腹背)의 결과를 낳기 때문이다.

(2) 인간으로서의 인격을 존중해 주어야 한다

경찰관 개개인을 계급으로서가 아니라 인격의 주체로서 합당하게 대우해 주어야 하며, 그러할 때 경찰관은 강사에 대해서가 동료, 부하에 대해서 인간적인 안정감이나 귀속감을 갖게 될 것이고, 그것은 원만한 인간 관계를 유지시켜 주며 사기와 직결된다.

(3) 경찰관 개인의 기본적 인권을 존중해 주어야 한다

인간은 일할 때가 있으면 반드시 쉴 때가 있는 것이며, 자기 및 자기 가족의 행복을 추구할 기본적 인권이 있는 것이다. 경찰관이 근무 시간이나 근무 방법에서 기본적 인권을 침해당한다고 생각할 때에 자발적인 근무 의욕이 창출될 수 없다.

(4) 기회의 평등성이 보장되어야 한다

경찰관은 능력주의에 따라 승진·전보 등의 기회가 주어진다. 그러나 지연·학연 등에 의한 편파적인 인사나 대상에 따라 다른 기준이 적용된다면 자기 완성의 욕구가 크게 훼손될 것이다.

(5) 정당한 보상이 이루어져야 한다

경찰공무원에게 기본적 생활의 안정과 국가공무원법이 요구하는 품위 유지가 가능한 수준의 적정한 보수가 주어져야 할 뿐만 아니라 그 업적에 따라 상훈(賞勳) 등이 공정하게 이루어져야 한다.

(6) 인사상의 불이익 처분, 불만, 갈등 등을 해결할 수 있는 통로가 마련되어야 한다

인사상의 불이익 처분이나 불만, 갈등 등의 문제가 신속하고도 적절하게 해결되지 않을 때 사기 저하로 연결된다.

자율성의 존중	인간의 자율성이 존중될 때 자발적인 근무 의욕과 창의성이 발휘되는 것이다. 만약에 획일적인 지시와 이에 따른 기계적인 임무 수행을 강조하면 근무 의욕의 상실은 물론 인간 관계에서도 심대한 악영향을 줄 것이다.
인권과 인격 존중	경찰조직은 계층적 구조를 가지고 있으나, 계급에 따라 인격에 차이가 있는 것이 아니므로 인격의 주체로서 합당하게 대우하여야 하며, 기본적인 인권을 존중하여야 한다.
기회의 균등	능력에 따라 승진과 전보가 이루어져야 한다. 그렇지 않고 지연이나 학연 등으로 이루어진다면, 자기 완성의 욕구는 훼손이 되고, 근무 의욕이 상실될 것이다.
정당한 보상	정당한 보상으로 인한 안정된 생활은 경찰공무원의 사기 앙양에 빼놓을 수 없는 것이다. 성과급 또는 능력의 검토는 정당한 보상을 위한 제도로서 사기 진작에 도움이 된다.
인사의 공정성	인사상 불이익 처분이 있어서는 안 된다. 불만이나 갈등 관계를 해결할 수 있는 통로가 마련되어야 한다.

5 사기의 효과

사기가 높으면 능률적인 직무 수행으로 임무를 열성적으로 완수하며, 경찰기관의 이미지가 좋아져 우수한 자질의 인재가 경찰기관에 지원을 하게 되며, 경찰관들은 경찰기관을 자랑스럽게 생각하고, 관리자에 충성을 다한다.

또한 경찰관들은 규칙이나 규범을 자발적으로 준수하며, 자발적인 협력을 바탕으로 경찰기관의 위기 극복 능력을 증대시킨다. 또, 경찰관들의 조직 활동과 담당 직무에 대한 관심으로 창의성이 발휘된다.

제3절 교육훈련

1 개 관

1) 의 의

경찰의 교육훈련이라 함은 경찰관이 직무 수행에 필요한 지식과 기술을 습득하여 경찰 목적의 달성에 민주적이고 능률적으로 기여할 수 있도록 경찰관의 능력을 계발·향상시키는 훈련을 말한다.

여기서의 교육훈련에는 경찰관 태도의 발전적 변화를 촉진하는 활동도 포함된다. 경찰공무원의 교육훈련이란 그들의 직무 수행상 필요한 지식과 기술을 습득시키고, 그들의 가치관과 태도를 발전적으로 형성·보충시키는 과정을 말한다.

2) 필요성

국민들의 경찰 서비스에 대한 요구의 변화에 부응하기 위하여, 경찰의 직무 수행에 따른 지식 습득과 직무 수행에 적합한 태도와 가치관의 확립

의의	협의	특정 업무 수행에 직접 필요한 지식·기술의 습득 활동(종래의 견해)	
	광의	경찰공무원이 직책을 수행할 때 필요로 하는 전문적 지식이나 기술·가치관·태도를 발전시키려는 체계적·계속적인 과정(현대의 개념)	
목적	경찰 지식과 가치의 학습		민주적 가치관의 확립하고 직업 의식을 고양시키는 수단
	효율성·경영 마인드 향상		실무 교육의 필요성과 경찰 업무의 특수성 때문 직무를 표준화·개선하며, 통제와 조정의 필요성을 감소시킴.
	새로운 관리 기법의 도입		기술의 혁신
	승진 대비와 발전성 유지		국가 발전과 안정에 구심점 역할을 담당하게 한다.

⇒교육훈련의 효과는 교육훈련의 내용, 직장에서의 관리자의 관리 방식, 조직의 공식 규칙이 조화되고 일관성을 이룰 때 극대화된다.

을 위해서 교육훈련이 필요하다.

경찰공무원법은 경찰청장 또는 해양경찰청장은 모든 경찰공무원에게 균등한 교육훈련의 기회가 부여되도록 교육훈련에 관한 종합적인 기획 및 조정을 하여야 하는 교육훈련 실시의 의무를 부여하고 있다(경찰공무원법 제17조). 이에 따라 경찰기관의 장은 소속 경찰공무원에게 그 직무와 관련된 학식·기술 및 응용 능력을 배양할 수 있도록 교육훈련계획과 교육 순위에 따라 교육훈련을 시켜야 하는 것이다(경찰공무원교육훈련규정 제6조).

경찰조직에는 일정한 자격을 갖춘 자라야만 경찰관으로 임명되도록 제도상 규정되어 있으나 아무리 우수하고 유능한 자가 임명되더라도 새로운 변화와 발전에 대응할 능력을 갖출 것이 요청된다.

2 경찰 교육훈련의 목적

교육훈련은 직무 수행에 필요한 지식과 기술을 습득하고, 경찰관으로서의 가치관을 정립하여 경찰의 임무를 원활히 수행하여, 국민의 경찰 서비스에 대한 만족과 나아가 경찰관의 발전을 도모하는 데에 그 목적이 있다.

3 경찰 교육훈련기관과 그 내용

1) 교육훈련기관

경찰의 교육훈련기관으로는 경찰대학, 경찰종합학교, 중앙경찰학교 등이 있다.

경찰대학은 4년제 정규 대학이고, 여기의 부속기관으로는 경찰수사연구소, 보안경찰연구소가 있다. 여기에서 수사나 보안 업무에 종사하는 경찰공무원의 연수를 담당한다.

경찰종합학교는 경찰공무원 및 경찰간부후보생에 대한 교육훈련을 관장한다. 전문화교육을 한다.

중앙경찰학교는 경찰공무원으로 임용될 자의 교육훈련을 담당한다.

[표 5-3-2] 교육훈련기관

경찰대학	경찰종합학교	중앙경찰학교
(1) 4년제 정규대학 교육 (2) 고급간부 과정(경정 · 경감) (3) 경찰고위정책 과정 (총경) (4) 수사보안연구소(부설 교육기관)	(1) 경찰간부후보생의 교육 (2) 경위 이하 경찰관의 재교육 (3) 특수 분야의 전문화교육	경찰공무원(전경 포함)으로 임용될 자에 대한 교육훈련

2) 교육훈련의 내용

경찰교육훈련은 학교교육, 위탁교육, 직장훈련 등으로 나누어 실시한다(경찰공무원훈련규정).

(1) 학교교육

경찰교육가관인 경찰대학 · 경찰종합학교 · 중앙경찰학교에서 실시하는 교육훈련을 말한다.

(가) 신임교육

신규채용자를 대상으로 실시하는 기초교육훈련으로서, 간부후보생은 52주간 경찰종합학교에서, 순경은 24주간 중앙경찰학교에서 실시한다.

내용은 소양교육, 실무에 필요한 법규 등, 직무 수행에 필요한 기초지식, 체력 연마와 무술훈련 등으로 임용 후 맡아야 할 직무를 수행하는 데 요구되는 기초적 전문지식과 능력을 갖추도록 하는 것이 목적이다.

(나) 기본교육

계급별 기본교육은 경정(4주), 경감·경위·경사(3주)(승진후보자명부에 등재된 자를 포함)는 해당 계급별 기본교육을 받아야 한다.

치안정책교육(22주)은 총경(승진후보자명부에 등재된 자 포함)을 대상으로 하는 기본교육으로서 종래의 이론 중심의 강의 수업에서 탈피하여 참여식 교육으로 수업 방식을 전환하고 현장교육과 해외연수를 통한 견문 확대 및 주5일 수업 방식으로 실시한다.

(다) 전문교육

경정 이하의 경찰공무원에게 직무와 관련된 능력 발전을 위하여 실시한다.

(2) 직장훈련

경찰기관의 장이 소속 경찰공무원의 직무 수행 능력을 향상시키기 위하여 일상 업무를 통하여 행하는 훈련으로서 경정 이하의 경찰공무원을 대상으로 하며 직무 수행에 지장이 없도록 유의하여야 한다. 직장훈련의 평가는 연 1회 실시하되 10월 말일을 기준으로 한다.

(가) 직장교육

기관·부서·그룹 단위의 업무 관련 직무교육은 월 1회 이상 실시하고, 정서함양동호회 및 연구모임 활동은 월 2회 이상 실시한다.

(나) 체력 단련

체력단련동호회(무도훈련 포함) 활동은 월 2회 이상 실시한다.

(다) 사격훈련

정례사격은 연 2회 이상, 외근요원 특별사격은 연 6회 이상 실시한다. 사격훈련의 평가는 경위 이하 경찰관에 한하여 평가한다.

(라) 현장훈련(On the Job Training : OJT)

직책을 수행하면서 담당 업무의 수행 능력을 향상시키도록 하는 훈련으로, 고도의 전문성을 요하는 훈련에 적합하다.

① 실무수습 : 취업 예비자들로 하여금 이론적으로 수습한 지식·기술을 실무에 적용시켜서, 이론과 실무를 연계시키는 능력을 함양하도록 하는 교육훈련 방법이다.

② 임시대역 : 상급자의 직무 수행을 대리하게 함으로써 부하 능력의 발전을 도모할 수 있다. 상급자의 출장이나 부재에 대비하거나 직위를 인계받기 위해서 이루어진다.

③ 순환보직 : 사전의 장기적이고 체계적인 계획을 기초로 피훈련자들 직무 간에 또는 조직 단위 간에 순환시키는 교육훈련 방법이다.

④ 기타 : 감화, 대화, 훈화, 업무의 계획적인 지도, 회의, 과제연구 등이 있다.

(3) 위탁교육(특수교육)

재직 경찰관들을 국내외의 교육기관 등에 위탁하여 실시하는 교육훈련으로서 교육훈련기관의 성격에 따라 국외파견교육과 국내위탁교육이 있다. 위탁교육을 이수한 자는 교육훈련 결과보고서를 이수 후 출근하는 날로부터 30일 안에 경찰청장(해양경찰청장)에게 제출하여야 한다.

(4) 수료 점수 미달자

교육훈련에서 수료 점수에 미달된 경찰공무원은 1회에 한하여 다시 그 과정의 교육훈련을 받게 할 수 있다. 임용권자는 다시 교육훈련을 받은 경찰공무원이 재차 수료 점수에 미달하고 직무 수행 능력 또는 성실성이 현저히 결여되어 직권 면직 사유에 해당된다고 인정하는 때에는 관할 징계위원회에 직권면직의 동의를 요구할 수 있다.

(5) 퇴학처분

(가) 사유

① 입교 명령을 받은 자가 타인으로 하여금 대리로 교육훈련을 받게 한 때

② 정당한 이유 없이 결석한 때

③ 수업을 극히 태만히 한 때

④ 생활 성적이 극히 불량한 때

⑤ 시험 중 부정한 행위를 한 때

⑥ 경찰교육기관의 장의 교육훈련에 관한 지시에 따르지 아니한 때

⑦ 질병, 기타 피교육자의 특수 사정으로 인하여 교육훈련을 계속 받을 수 없게 된 때

(나) 기타

소속기관 등의 장은 퇴학처분을 당한 자 또는 정당한 이유 없이 등록을 기피한 자로서 징계 사유가 있는 자는 관할 징계위원회에 징계 의결을 요구하여야 한다.

퇴학처분을 받은 자는 차후 다시 교육훈련을 받아야 한다.

3) 경찰 교육훈련의 개선 방안

(1) 개관

우리 나라는 국립경찰 초창기부터 교육의 중요성이 꾸준히 논의되고 강조되어 왔으나 다른 기관의 경우와 마찬가지로 장기적이고도 종합적인 교육계획과 그 적절한 실시가 미흡한 상황이다.

(2) 교육훈련 수요의 파악

교육훈련의 수요와 공급을 잘 부합시켜 교육훈련의 실질적 효용을 높이도록 교육훈련 수요를 철저히 조사하여야 한다. 현재의 교육훈련 수요 조사는 훈련 차출 인원의 수를 사무적으로 파악하는 정도의 형식적인 것이다.

(3) 교육훈련 프로그램에 대한 평가

교육훈련 프로그램에 대한 진단평가를 주기적으로 실시하여 교육훈련의 내실화를 기하여야 한다.

교육훈련 프로그램을 개발하고 공급할 때에는 사회 환경과 과학 기술의 급속한 발전과 변화에 대응할 수 있는 새로운 지식과 기술을 습득시키도록 하여야 한다.

(4) 훈련의 개별화 및 새로운 기법의 활용

각 과정별 교육 내용은 중복이 심하고 교과목 또한 과다한 것으로 여겨지나 각 과정마다 선택 과목을 개방하여 훈련의 개별화라는 요청에 더욱 접근하여야 한다.

교육 방법에서도 현장실습(OJT), 분임 토의 등이 확대되어야 하며, 새로운 기법인 모의실습(simulation training), 역할연기(role playing) 등의 비중을 높여야 한다.

(5) 위탁교육의 확대

국내의 위탁교육의 범위를 확대하고 특히 박사학위, 석사학위 또는 해외파견 교육 등의 프로그램으로 나누어 피훈련자를 선발하고 각 프로그램에 적합한 재정 지원을 하여야 한다.

회계, 공해, 마약, 컴퓨터 등에 대한 교육은 관련 교육기관 및 단체에 위탁교육을 통하여 분야별 전문가를 양성하여야 할 것이다.

(6) 교관요원의 확보

경찰관의 자격 수준을 높여야 하고 새로운 훈련 방법과 기술이 발전됨에 따라서, 유능한 교관을 확보하여야 할 필요성이 더욱 커지고 있다.

교관의 자격 기준은 경위 이상의 경찰공무원으로서 담당할 분야와 관련된 실무·연구 또는 강의 경력이 2년 이상인 자나 석사 이상의 학위를 가진 자로 정하고 있다.

(7) 직장훈련의 강화

직장훈련 또는 현장훈련(On the Job Training)의 중요성을 인식하여 경찰 활동 전반에 걸친 광범위한 교육훈련계획을 수립하여 지속적으로 실시하여야 한다. 본래 경찰 업무는 학교교육만으로는 만족할 수 없는 일정한 한계성을 가지고 있기 때문에 현장 실무와 직장훈련을 통해서 이를 보완하여야 한다.

제 4 장 경찰 예산관리

제 1 절 예산관리의 의의

1 예산의 개념

예산이라 함은 회계연도에서 국가의 세입과 세출의 예정계획을 말한다. 국가의 정책이나 사업은 예산을 통하여 구체화된다.

예산은 헌법과 예산회계법에 의거하여 일정한 형식에 따라 편성되어 국회의 심의·의결을 받은 각 회계연도의 재정계획을 말한다.

경찰조직에서의 예산은 일반적으로 일정한 기간 동안(보통 1년 동안) 경찰 운영자금을 공급하기 위한 공식적인 계획이라고 부른다.

예산의 개념	일정 기간 동안의 국가와 수입과 지출의 예정적 계획
경찰 예산의 기능	경찰 활동은 조장·유도하고 경찰의 기본적 수요를 충족 ⇒국민 생활의 안녕과 질서 유지

2 경찰 예산의 기능

경찰 예산은 그 재원은 조세에 있으며, 확보된 재원을 경찰 목적 수행을 위하여 사용한다. 이 재원을 이용하여 경찰조직의 인적·물적 자원을 구비하고 경찰 목적 수행을 통하여 사회 공공의 안녕과 질서 유지라는 공공재를 생산하여 궁극적으로 국민의 생활에 도움이 된다.

경찰 예산은 국민의 조세 부담을 전제로 하며, 적정 재원의 확보와 확보된 재원의 배분을 통하여 범죄에 대처하는 경찰 활동을 조장·유도하는 한편, 경찰의 보수, 교육훈련, 물적 시설 제공, 근무환경 개선 등 기본 수요를 충족시켜 나감으로써, 궁극적으로는 국민 생활의 안녕과 질서를 유지하게 된다.

3 경찰 예산의 분류

1) 일반회계와 특별회계

일반회계는 중앙정부 예산의 중심 회계로서 치안, 사법, 국토 방위 등 국가의 안녕과 질서 유지를 위한 기본적인 기능은 거의 모두 일반회계를 통하여 이루어지고 있다.

특별회계로는 자동차교통관리개선 특별회계와 국유재산관리 특별회계, 책임운영기관 특별회계가 있다.

구분	내용
일반회계	일반회계란 국가 활동에 관한 세입·세출에 관한 회계를 말하고, 중앙정부의 예산의 중심 회계로서 치안·사법·국토 방위 등 국가의 안녕과 질서 유지를 위한 기본적인 기능은 거의 모두 일반회계를 통하여 이루어진다.
특별회계	특별회계란 일반회계와 구분하여 특정한 세입으로 특정한 세출을 충당하는 회계로서, 점차 증가하는 추세에 있다. 특별회계는 원칙적으로 기획예산처의 직접적 통제를 받지 않고 설치 소관 부서가 관리한다. 경찰 특별회계로는 자동차교통관리개선 특별회계와 국유재산관리 특별회계, 책임운영기관 특별회계가 있다.

구분	내용
일반회계	일반적 국가 활동에 관한 총세입·총세출을 망라하여 편성한 예산
특별회계	특정한 세입이나 자금으로 특정한 세출(사업)을 충당함으로써 일반의 세입·세출과 구분하여 경리하는 회계(예: 자동차교통관리개선 특별회계[무인속도측정기 속도위반 과태료], 국유재산관리 특별회계. 책임운영기관 특별회계[운전면허수수료]

2) 성립 과정에 따른 분류

예산은 예산 성립의 과정을 중심으로 본예산, 수정예산 추가경정예산, 준예산으로 분류되기도 한다.

본예산	최초로 편성되어 국회의 의결을 얻어 확정된 당초의 예산 : 90일~30일
수정 예산	정부가 예산안을 편성하여 국회에 제출한 이후 성립·확정되기 전에 국제 정세나 국내외 사회·경제적 여건의 변동으로 예산의 일부 내용을 변경하여 국회에 제출하는 것. 예산의 수정은 예산 금액의 합계를 증가시키지 못한다.
추가 경정 예산	예산이 국회를 통과하여 성립한 후에 생긴 사유로 인하여 이미 성립한 예산에 변경을 가할 필요가 있을 때 편성하는 예산으로서 금액을 추가하는 추가예산과 비목 간 조정을 하는 경정예산이 합쳐진 것이다. 추가경정예산은 예산이 성립한 후에 그 내용을 변경하는 점에서, 예산이 국회에서 성립·확정되기 전에 그 내용을 변경하는 수정예산과 다르다.
준예산	회계연도 개시 전까지 예산의 불성립시에 전년도에 준해서 지출하는 예산 제도로서 예산 집행의 신축성을 부여하고 예산 불성립으로 인한 행정의 중단을 방지한다. 지출 용도는 ① 헌법이나 법률에 의하여 설치된 기관 또는 시설의 유지·운영비, ② 공무원의 보수와 사무 처리에 관한 기본경비, 법률상 지출 의무의 이행, ③ 이미 예산으로 승인된 사업의 계속비 등이다.

3) 예산 제도의 종류

(1) 품목별 예산

(가) 개념

품목별 예산 제도(line-item budget system: LIBS)은 지출의 대상과 성질에 따라 세출예산을 인건비, 운영경비, 시설비 등으로 구분하는 방법이다.

이 분류는 가장 오래되고 가장 많이 사용되고 있는 방법으로서 우리 나라에서 사용하고 있는 방법이다. 차기 회계연도의 예산 증가 또는 감소를 산출하기 위한 평가 기준으로서 전년도의 예산을 활용한다.

현재 정부 예산은 품목별로 편성되고 배정되는 시스템이다.

(나) 장점

① 회계 책임의 명확, 심의 통제 용이

② 인사행정에 유용한 정보 및 자료 제공

③ 지출의 합법성에 치중하는 회계검사의 용이

④ 행정의 재량 범위 축소

(다) 단점

① 품목별 예산은 경직되어 있어서 한 품목에서 다른 품목으로 지출의 융통성 있는 대체가 허락되지 않는다.

② 재정적 지출과 기관 목표의 실질적인 달성과의 관계가 결여되어 있다. 기능의 중복이 단점이다.

③ 작업량과 우선순위, 성과에 대한 질의 측정이 어려워서 경찰 업무의 정확한 평가를 하게 할 수 없다.

(2) **성과주의 예산**

성과주의 예산(performance budget: PBS)은 하나의 제안된 사업계획과 다른 제안된 또는 현존하는 사업계획과 비교하여 경찰 부서 사업계획의 목표를 달성하는 데 효과성을 측정하기 위하여 설계되었다.

성과주의 예산은 품목별로 지출될 품목이 마련되어 있지 않고 경찰 부서 내의 사업계획별로 자금이 할당된다. 각 사업계획은 연구 및 개발비, 운영, 감독, 리더십, 간접비 등이 포함되어 있다. 그것은 성과 단위 또는 업무 측정 단위로서 계획된 산물을 가리킨다.

수립, 심의가 용의하고, 책임이 명확하다. 배분의 합리화를 기할 수 있다.

(3) **계획예산 제도**

(가) 개념

계획예산제도(plamning programing budgeting system: PPBS)는 사업계획 구조에서 계획 기능과 예산 기능이 혼합된 것이다. 계획예산이란 경찰 활동을 순찰, 수사, 청소년, 교통 등의 프로그램으로 구분하여 각 프로그램에 대한 지출에 근거하여 예산을 책정한다.

PPBS는 프로그램의 실행과 영향을 분석하여 그 결과를 금년도의 예산과 연결짓게 만든다.

장기적인 계획 수립과 단기적인 예산 편성을 유기적으로 결합시킴으로써 자원 배분에 관한 의사 결정을 일관성 있게 그리고 합리적으로 행하려는 생각을 제도화한 것이다.

간접비 배분 문제, 통제 약화 등 단점이 있다.

(나) 구성 요소

① 사업계획의 목표와 목적에 의하여 기대한 결과를 확인하는 프로그램 구조(program structure)

② 각 사업계획의 목표와 목적을 달성하는 데 드는 비용을 결정하는 예산구조(budget structure)

③ 관련된 문제와 그것을 교정하는 데 드는 비용을 확인하는 보고 체계(reporting system)

④ 공식화하고, 평가하고 그리고 문제의 해결 방법을 선택하는 기획 체계(planning system)

(4) 영기준 예산 제도

(가) 개념

영기준 예산 제도(zero-base budgeting system: ZBB)란 예산을 편성·결정할 때 전년도의 예산에 구애됨이 없이 조직체의 모든 사업과 활동에 대하여 영기준을 적용해서 각각의 효율성과 효과성 및 중요도 등을 체계적으로 분석하고 그에 따라 우선순위가 높은 사업과 활동을 선택하고 실행예산을 결정하는 예산 제도를 말한다.

이러한 제도를 활용하는 관리자는 프로그램의 평가 및 순위를 정하는 예산계획을 개발하여야 한다. 예산계획에 특정 활동의 목표, 비용, 성과의 척도, 활동 대안, 비용 편익 등에 관한 정보가 포함되어야 한다.

작은 정부 시대에 각광받고 있는 예산 제도이다.

<table>
<tr><td rowspan="3">품목별 예산 (LIBS)</td><td>의의</td><td>(1) 세출예산의 대상과 성질에 따라 편성한 예산⇒재정통제에 초점
(2) 현재 우리 나라의 예산 제도</td></tr>
<tr><td>장점</td><td>(1) 회계 책임의 명확화, (2) 재정통제가 용이</td></tr>
<tr><td>단점</td><td>(1) 예산의 신축성 저해, (2) 성과측정이 곤란, (3) 지출 목적 불분명</td></tr>
</table>

성과주의 예산 (PBS)	의의	예산 과목을 사업계획·활동별로 분류한 다음 각 세부사업별로 '단위원가×업무량 = 예산액'으로 표시하여 편성하는 예산⇒예산의 관리 기능에 초점
	장점	(1) 국민이 사업과 목적을 이해하는 데 적합, (2) 자원 배분의 합리성 유지
	단점	총괄예산 계정에는 부적합→일부 부국(部局)의 수준, 계량적 업무가 협소
기획예산 (PPBS)	의의	장기적인 계획과 단기적인 예산 편성을 구체적인 실시계획을 통하여 유기적으로 연결하여 예산 배분에 관한 의사 결정을 합리적으로 일관성 있게 행하려는 예산
	장점	(1) 예산과 기획의 통합이 가능, (2) 자원 배분의 합리화
	단점	(1) 예산 편성의 집권화(의회의 통제 기능이 약화), (2) 계량화 곤란
영기준 예산 (ZBB)	의의	조직체의 모든 사업·활동에 대하여 영기준을 적용해서 각각의 효율성·효과성 및 중요성 등을 체계적으로 분석하고 사업의 존속·축소·확대 여부를 원점에서 새로 분석·검토하여 우선순위별로 실행예산을 결정하는 예산. 합리적 배분을 할 수 있다. ⇒ 자원난 시대의 예산 제도
	장점	(1) 예산의 팽창 방지, (2) 조세 부담 증가의 방지, (3) 국가 자원의 절약
	단점	(1) 시간·노력이 과다하게 소모, (2) 사업 축소나 폐지의 곤란성

(5) 감축관리

① 조직의 효과성, 정책 유효성 확보가 목적이다.

② 기구 축소, 예산 절감 의미보다는 기능의 감축이 바람직하다.

일몰법	특정의 행정기관이나 사업이 일정 기간(3~7년)이 지나면 의무적·자동적으로 폐지되게 하는 법률 ⇒ 정책의 자동적 종결과 주기적 재심에 초점
자본예산 (CBS)	정부 예산을 경상지출과 자본지출로 구분하고 경상지출은 경상수입으로 충당시켜 균형을 이루도록 하지만, 자본지출은 적자재정과 공채 발행으로 그 수입에 충당케 함으로써 불균형 예산을 편성하는 제도

4) 경찰 예산의 특성

(1) 특별회계

경찰 예산 중 특별회계는 국유재산관리 특별회계와 자동차교통관리개선 특별회계로 구성되어 있는데, 이 예산은 그 사용에 특정한 제한이 있으며 또한 다른 일반 부처가 사용하지 못한다는 점에서 특색이 있다.

자동차교통관리개선 특별회계는 자동차 운전 면허의 효율적 관리 운영과 교통 업무 개선을 위하여 1993년부터 설치·운영하고 있다.

(2) 예비비의 활용

경찰은 예측치 못한 돌발 사태가 발생할 경우에 제일 먼저 출동하여 그 사태를 해결하여야 할 책무를 지고 있다. 집단시위나 천재지변 등이 발생하여 다중(多衆)이 위험한 경우에 특히 경찰의 활동이 요구된다.

비상동원 매식비, 치안대책비 등 통상적 경찰 활동과 관련된 경비가 예비비에서 처리되고 있다. 따라서 경찰은 다른 부처에 비하여 예비비를 사용하는 몫이 크다.

제 2 절 경찰 예산의 편성

1 신규 및 주요 계속사업계획서 제출

경찰청은 예산 요구에 앞서 매년 1월 말까지 차년도 신규 사업 및 기획예산처 장관이 정한 주요 계속사업에 대한 사업계획서를 기획예산처 장관에게 제출하여야 한다. 이러한 신규 사업 및 주요 계속사업 계획서의 제출은 경찰청의 입장에서는 다음 연도의 주요 정책이나 새로운 사업계획을 수립하고 이를 제시하는 계기가 된다.

2 예산편성지침 시달

기획예산처 장관은 매년 2월 말까지 국무회의의 심의를 거쳐 대통령의 승인을 얻은 다음 연도의 예산편성지침을 각 중앙관서의 장에게 시달하여야 한다. 이를 위하여 기획예산처 장관은 예산편성지침에 포함시킬 사항을 중앙관서의 장으로부터 제출받아 이를 토대로 예산편성지침, 예산요구서 작성 기준을 확정하여 경찰청에 시달한다. 경찰청 등 각 부서는 각 부서의 예산 의견을 개진한다.

3 예산요구서 제출

경찰청장은 예산안편성지침에 따라 그 소관에 속하는 다음 연도의 세입세출예산·계속비·명시이월비 및 국고채무 부담행위요구서 등 예산요구서를 작성하여 매년 4월 말까지 기획예산처 장관에게 제출하여야 한다(국가재정법 제25조 3항). 예산의 조정 과정에는 관련 기관과의 협의가 수시로 이루어진다. 이러한 요구에 대하여 기획예산처는 가용재원을 가지고, 각 부처의 주요 정책 사업이나 단위사업에 대하여 어떻게 하면 재원 배분을 가장 합리적으로 할 것인가를 조정한다. 예산요구서의 액수는 사업계획서의 액수와 반드시 일치하는 것은 아니다.

4 정부안의 확정 및 국회 제출

기획예산처 장관은 예산안을 편성하여 국무회의의 심의를 거쳐 대통령의 승인을 얻어야 한다. 확정된 예산안은 국회의 심의에 필요한 첨부 서류와 함께 회계연도 개시 90일 전까지 국회에 제출한다(헌법 제54조 2항).

5 국회의 심의 의결

기획예산처 장관은 확정된 예산안을 회계연도 개시 90일 전까지 국회에 제출하여야 한다. 정부의 예산안이 회계연도 개시 90일 전까지 국회에 제출되면 예산안 심의를 위한 국회가 개회되고, 예산안의 종합심사를 위하여 예산결산특별위원회가 구성된다. 국회는 예산특별위원회를 구성하여 예산을 심사하고 회계 연도 개시 30일 전까지 예산안을 의결 확정하여야 한다.

예산결산특별위원회의 종합심사는 ① 종합정책 질의, ② 부처별 심의, ③ 계수조정소위원회의 계수 조정, ④ 예결위 전체회의에서 소위원회의 조정안 승인의 순서로 행하여진다.

이 과정에서 가장 중요한 것은 부처별 심의와 소위원회의 계수 조정이라 할 수 있는데, 예산안의 실질적인 조정 작업이 여기서 이루어진다.

예산결산특별위원회의 종합심사가 끝나면 예산안은 본회의의 의결을 거침으로써 확정된다.

예산 편성	신규 및 주요 계속사업계획서 제출(1월 말까지)	경찰청→기획예산처
	예산안편성지침의 시달(2월 말까지)	기획예산처→경찰청
	예산요구서 제출(4월 말까지) 사업계획서에서 제시된 예산과 실제 예산 요구 사이에는 상당한 차이가 있다.	경찰청→기획예산처
	국무회의 심의→대통령 재가(회계 연도 개시 90일 전까지)	정부안의 확정 및 국회 제출
예산 심의	대통령(예산안 제안 설명→기획예산처 장관)	시정연설
	상임위원회의 예비심사→예산결산특별위의 종합심사	예결위의 계수 조정
	회계연도 개시 30일 전까지→'예산 확정'	본회의 의결
예산 집행	기획예산처 장관→경찰청장	예산 배정
	경찰청장→산하기관	예산의 재배정
예산 결산	결산 보고서를 기준으로 총결산서 작성→대통령의 승인	기획예산처 장관
	8월 20일까지 재경원 장관에게 결과보고서 송부	감사원(회계검사)
	예비심사(상임위)→종합검사(예결위)→본회의 보고	차기 국회에 제출

제 3 절 경찰 예산의 집행

1 예산 집행의 의의

예산의 집행이란 국회에서 의결·확정된 예산에 따라 재원을 조달하고 경비를 지출하는 재정 활동을 의미한다. 각 중앙관서의 장은 세출예산이 정한 목적 이외에 경비를 사용하거나 예산이 정한 각 기관 간, 각 장·관·항 간에 상호 이용할 수 없다.

집행	국회에서 의결·확정된 예산에 따라 재원을 조달하고 경비를 지출하는 재정 활동
배정	(1) 기획예산처 장관이 각 중앙관서의 장에게 일정 기간 동안 집행할 수 있는 금액과 책임 소재를 명확히 하는 절차(자금 할당)⇒예산 집행은 예산의 배정으로 시작된다. (2) 예산이 확정되었더라도 해당 예산이 배정되지 않으면 지출원인행위를 할 수 없다.
재배정	중앙 관서의 장이 산하 각 기관에 대하여 분기별로 예산을 다시 배정해 주는 제도
특징	지출원인행위는 국가의 지출의 원인이 되는 계약 또는 기타의 행위를 의미하며, 지출원인 행위는 배정된 예산의 범위 내에서 수행되어야 한다.

예산의 이용		입법 과목(장·관·항) 간의 상호 융통을 의미⇒ 국회의 승인을 요한다.
예산의 전용		행정 과목(세항·목)간의 상호 융통을 의미⇒기획예산처 장관의 승인을 요한다.
예산의 이체		정부조직의 변동에 따른 예산의 책임 소관 변경을 의미한다.
이월	명시 이월	세출예산 중 경비의 성질상 연도 내에 그 지출을 끝내지 못할 것이 예측될 때에 미리 국회의 승인을 얻어 예산을 다음 연도에 넘겨서 사용하는 것
	사고 이월	연도 내에 지출원인행위를 하고 불가피한 사유로 인하여 연도 내에 지출하지 못한 경비와 지출원인행위를 하지 아니한 그 부대경비의 금액을 다음 연도에 넘겨서 사용하는 것(사고이월은 1회에 한한다.)

2 예산 집행의 절차

예산이 성립되면 각 중앙관서의 장은 사업운영계획 및 이에 의한 세입세출예산·계속비와 국고 채무부담행위를 포함한 예산배정요구서를 기획예산처 장관에게 제출하여야 한다(예산회계법 제39조).

기획예산처 장관은 예산배정요구서와 월별자금계획에 의거하여 4분기별 예산배정계획을 작성하고, 재정경제부 장관이 제출한 월별자금계획과 같이 국무회의의 심의를 거쳐 대통령의 승인을 얻어야 한다. 다만, 기획예산처 장관은 세출예산배정계획을 작성할 때 재정경제부 장관이 제출한 월별 자금계획을 수정할 필요가 있을 때에는 재정경제부 장관과 협의하여야 한다.

기획예산처 장관은 각 중앙관서의 장에게 예산을 배정한 때에는 재정경제부 장관과 감사원에 통지하여야 한다.

① 예산이 국회에서 통과되어 행정부로 넘어오면 각 중앙관서의 장은 사

업운영계획에 의한 예산배정요구서를 기획예산처 장관에게 제출한다.

② 기획예산처 장관은 4분기별 예산배정계획을 작성하고 월별 자금계획과 함께 국무회의의 심의를 거쳐 대통령의 승인을 얻는다.

③ 예산배정계획에 대한 대통령의 승인이 나면 기획예산처 장관은 중앙관서의 장에게 4분기별로 예산을 배정한다.

④ 각 중앙관서의 장이 기획예산처 장관으로부터 배정 받은 범위 내에서 다시 산하기관에 대하여 예산을 배정한다.

⑤ 예산 집행은 예산의 배정으로 시작된다.

㉠ 현행 예산회계 제도에 의하면 각종 정부예산사업의 수행과 경비 지출을 위한 지출원인행위(대부분 계약 형태)는 배정된 예산의 범위 내에서 하도록 되어 있다.

㉡ 국회를 통과하여 예산이 확정되었더라도 해당 예산이 배정되지 않은 상태에서는 지출원인행위를 할 수 없다.

예산총칙	예산에 대한 총괄적 규정
세입 · 세출예산	
계속비	완공에 수년을 요하는 사업의 경우 경비의 총액 및 연도별 할당액을 정하여 미리 국회의 의결을 얻은 범위 안에서 수년도에 걸쳐 지출할 수 있게 하는 제도
명시이월비	세출예산 중 경비의 성격상 연도 내에 그 지출을 완료하지 못할 것이 예측되는 경우 그 취지를 명시하여 미리 국회의 승인을 얻어 다음 연도에 이월하여 사용할 수 있는 경비
국고채무부담행위	법률에 의한 것과 세출예산 금액 또는 계속비의 총액의 범위 내에서 지출하는 경비 이외에 국가가 채무를 부담하는 권한을 부여받는 행위

제 4 절 지출원인행위 및 지출과 그 특례

1 지출원인행위 및 지출

예산은 지출원인행위를 한 때부터 예산의 지출을 할 수 있는 근거가 생기는 것이다. 예산 지출의 원인행위를 할 수 있는 자는 경찰의 경우는 경찰청장 또는 위임을 받은 자이다.

예산 지출의 원인행위는 계약 체결 등이 여기에 해당하고, 이에 대한 지출이 지출행위이다. 지출은 자금 배정을 받은 범위 내에서 지출하여야 한다.

1) 지출원인행위

예산이 배정되면 경찰청은 예산의 범위 내에서 계약 등 지출원인행위를 하게 된다. 모든 예산은 지출원인행위를 한 때로부터 예산을 지출할 수 있는 근거가 생기게 되는데, 경찰의 경우 경찰청장 또는 위임을 받은 자가 지출원인행위를 할 수 있다.

(1) 지출원인행위 : 국가의 지출의 원인이 되는 계약 및 기타의 행위
(2) 경찰의 경우 경찰청장 또는 위임을 받는 자가 지출원인행위의 수행 가능

2) 지출행위

계약 체결 등 지출원인행위를 한 후 사업계획에 의한 공사나 사업 진행 진도에 따라 자금 배정을 받은 범위 내에서 국고를 지출하게 되는데, 이를 지출행위라고 한다.

2 지출의 특례(국고금관리법)

제24조(관서운영경비의 지급) ① 중앙관서의 장 또는 그 위임을 받은 공무원은 관서를 운영하는 데 드는 경비로서 그 성질상 제22조에서 규정한 절차에 따라 지출할 경우 업무 수행에 지장을 가져올 우려가 있는 경비(이하 "관서운영경비"라 한다)에 대하여는 필요한 자금을 출납공무원으로 하여금 지출관으로부터 교부받아 지급하게 할 수 있다.
② 제1항의 규정에 따라 관서운영경비를 교부받아 지급하는 출납공무원(이하 "관서운영경비 출납공무원"이라 한다)은 대통령령이 정하는 바에 따라 제1항의 규정에 의하여 교부된 자금의 범위 안에서 지급 원인행위를 할 수 있다.
③ 관서운영경비는 관서운영경비 출납공무원이 아니면 지급할 수 없다.
④ 관서운영경비 출납공무원은 관서운영경비를 금융기관에 예치하여 관리하여야 한다.

⑤ 관서운영경비 출납공무원이 관서운영경비를 지급하고자 하는 때에는 정부 구매카드(여신전문금융업법 제2조의 규정에 따른 신용카드로서 대통령령이 정하는 바에 따라 관서운영경비의 지급을 위하여 사용되는 것을 말한다. 이하 같다)를 사용하여야 한다. 다만, 경비의 성질상 정부구매카드를 사용할 수 없는 경우에는 대통령령이 정하는 바에 따라 현금 지급 등의 방법으로 지급할 수 있다.

⑥ 관서운영경비의 범위·지급 절차 및 정부 구매카드의 사용 방법 등에 관하여 필요한 사항은 대통령령으로 정한다.

제29조(지출금의 반납) ① 지출된 금액이 반납되는 경우에는 대통령령이 정하는 바에 따라 각각 그 지출한 과목에 반납하여야 한다.

〈지출의 특례(국고금관리법시행규칙) 재정경제부령〉

제52조(관서운영경비의 범위) ① 영 제31조 제1호의 규정에 따라 관서운영경비로 지급할 수 있는 경비 의 최고 금액은 건당 500만 원으로 한다. 다만, 다음 각호의 경우에는 그러하지 아니하다.

1. 기업특별회계상 당해 사업에 직접 소요되는 경비
2. 관서운영비 중 공과금 및 위원회 참석비
3. 특수활동비 중 수사 활동에 소요되는 경비
4. 그 밖에 재정경제부 장관이 정하는 경비

② 영 제31조 제5호의 규정에 따라 관서운영경비로 지급할 수 있는 경비는 다음 각호와 같다.

1. 기본급 중 현역병사 봉급 및 현역 병사 기말수당
2. 수당 중 함정근무수당 및 특수지근무수당
3. 보상금 중 군인사망보상금, 국가유공자 또는 유족 사망일시금, 병사 전역급여금, 예비군 여비, 상근예비역 및 공공봉사제 운영여비, 군 입영신체검사 불합격자 귀가여비, 군유가족 접대비, 포상금 및 상금
4. 배상금 중 법령에 따른 증인·감정인·통역인 또는 번역인에 대한 일비 등 실비변상금
5. 민간경상이전 중 구료비
6. 그 밖에 재정경제부 장관이 경비의 성질상 관서운영경비로 지급하는 것이 적합하다고 인정하는 경비

제65조(현금 지급) 영 제36조 제1항 제1호의 규정에 따라 현금으로 지급할 수 있는 용도는 다음 각호와 같다.

1. 기본급 중 현역 병사 봉급 및 현역 병사 기말수당
2. 수당 중 함정근무수당 및 특수지근무수당
3. 관서운영비 중 각종 수수료·사용료 및 운영수당
4. 업무추진비 중 월정 직책급 및 과 운영비
5. 보상금 중 군인사망보상금, 국가유공자 또는 유족 사망일시금, 병사 전역급여금, 예비군 여비, 상근예비역 및 공공봉사제 운영여비, 군 입영신체검사 불합격자 귀가여비, 군유가족 접대비, 포상금 및 상금

> 6. 배상금 중 법령에 따른 증인·감정인·통역인 또는 번역인에 대한 일비 등 실비변상금
> 7. 민간경상이전 중 구료비
> 8. 위문금·위로금 등 계좌 이체 또는 카드를 사용하여 지급하기 곤란하여 불가피하게 현금을 지급하여야 하는 경비
> 9. 특수활동비 중 수사·정보 활동 등 특정 업무 수행에 직접 소요되는 경비로서 불가피하게 현금을 지급하여야 하는 경비
> 10. 그 밖에 재정경제부 장관이 경비의 용도상 현금 사용이 불가피하다고 인정하는 경비
>
> **제69조(지급금의 반납)** ① 관서운영경비 출납공무원은 지급한 금액을 당해 국고예금 계좌에 반납할 수 있다.
> ② 관서운영경비 출납공무원은 제1항의 규정에 따라 지급한 금액을 국고 예금 계좌에 반납하고자 하는 때에는 별지 제14호의 3 서식의 반납결의서에 따른 반납 결의를 하고, 별지 제15호 서식의 국고금반납고지서를 반납하여야 할 자에게 송부하여야 한다. <개정 2003. 12. 31>
> ③ 관서운영경비 출납공무원은 제2항의 규정에 따라 당해 회계연도에 반납 고지한 반납금이 다음 회계연도 1월 15일을 경과하여 수납된 경우에는 이를 수입징수관에게 반납하고 그 내용을 보고하여야 한다.
> ④ 관서운영경비 출납공무원은 국고금반납고지서의 분실·훼손 등의 신고가 있는 경우에는 별지 제16호 서식의 반납금 납부서를 작성하여 반납하여야 할 자에 송부하여야 한다.

(3) 전용

관서운영경비는 일반적인 전용 절차를 거쳐서 목간에는 전용이 불가능하지만 세목 간에는 전용이 가능하다.

제 5 절 결산 기타

1 결 산

① 결산이란 1회계 연도 내의 정부의 세입과 세출의 실적을 확정 계수로 표시하는 행위를 말한다. 정부의 지출이 예산에 의하여 국회의 사전 감독을 받는 것처럼 결산도 국회의 사후 감독을 받는다.

중앙관서의 장은 매 회계연도마다 그 소관에 속하는 세입세출의 결산보고서, 계속비결산보고서 및 국가의 채무에 관한 계산서를 작성하여 다음

연도 2월 말일까지 재정경제부 장관에게 제출하여야 한다(예산회계법 제42조).

예산에 의하여 수입과 지출을 행한 정부의 사후적 재정보고이다.

② 결산의 기능은 입법부의 재정통제 이외에도 장래의 예산의 편성과 심의, 재정계획의 효율적인 운영을 위한 자료의 역할도 한다.

③ 결산은 회계감사기관인 감사원의 결산 확인과 국회의 심의·의결에 의하여 확정되며 이러한 확정을 통하여 정부의 정치적 책임이 해제된다.

④ 회계 관계 경찰공무원이 고의 또는 중대한 과실로 직무상 업무에 위배하여 국가에 손해를 끼친 경우에 그 손해를 배상하여야 한다(변상 책임).

2 회계 관계 공무원의 책임

회계 관계 경찰공무원이 고의 또는 중대한 과실로 직무상 업무에 위배하여 국가에 손해를 끼친 경우에는 이를 변상할 책임이 있다.

(1) '회계 관계 직원 등의 책임에 관한 법률' ⇒ 예방과 신속한 손해의 해결을 위한 손해 배상의 목적
(2) 회계 관계 공무원의 변상 책임

3 경찰 예산관리의 과제

경찰의 국민에 대한 치안 서비스가 적절하게 이루어지는 조직구조를 가지고 있는지, 이러한 구조에 적절한 인력과 예산이 배정되어 있는지를 항상 검토하는 자세가 필요하다.

도시와 농촌에 큰 격차가 있음에도 불구하고 치안 수요를 고려하지 않은 획일적인 구조와 인력·예산·장비 등의 배분이 합당한 것인지를 고려해 보아야 한다.

제5장 장비관리와 보안관리

제1절 장비관리

1 장비관리의 의의

장비관리 또는 물품관리란 경찰 업무를 수행하는 데에 필요한 물품을 취득하여 효율적으로 사용·보관하고, 사용 후 합리적으로 처분하는 과정을 말한다(물품관리법 제1조).

[표 5-5-1] 물품관리의 4단계

취득	소요 산정, 취득 시기 및 방법 결정, 구매관리 전환	수급관리
보관	수납, 출급, 배분, 보존, 저장, 정비	재고관리
사용	사용·운용, 중고품 저장 활용	재물 활용
처분	불용 결정과 처분, 관리 전환, 매각 등	불용품 처리

경찰의 장비관리의 목표는 능률성·효과성·경제성에 있으므로, 절약과 능률을 근간으로 과학적인 관리 기법을 적용하여 경찰 업무 수행의 원활한 지원과 사용에 낭비적 요소가 없도록 예산과 물자를 절약하여야 한다.

정부물품 관리의 기본법인 물품관리법 제1조는 "이 법은 국가물품의 취득, 보관, 사용 및 처분에 관한 기본적 사항을 규정함으로써 물품의 효율적이며 적정한 관리를 도모함을 목적으로 한다."고 규정하고 있다.

<table>
<tr><td>의의</td><td colspan="2">경찰 업무를 수행하는 데 필요한 물품을 취득하여 효율적으로 보관·사용하고, 사용 후에 합리적으로 처분하는 과정
경찰 장비관리의 목표 ⇒ 능률성, 효과성, 경제성
민주성은 포함되지 아니한다.</td></tr>
<tr><td rowspan="3">주요
경찰장비
관리</td><td>무기 및
탄약관리</td><td>'무기탄약관리규칙'(경찰청훈령)
책임간부 입회시의 입·출고 조치</td></tr>
<tr><td>진압장비
관리</td><td>(1) 다중 범죄 진압의 경우 중요성 부각⇒경찰관직무집행법
(2) 특히 최루탄의 경우 파급 효과가 커서 피해의 최소화에 주의하여야 한다.</td></tr>
<tr><td>차량관리</td><td>단위기관별 집중관리를 원칙 ⇒ 항상 긴급출동 태세를 유지하여야 한다.</td></tr>
</table>

2 주요 경찰장비 관리

1) 개 관

경찰장비에는 차량 등 기동장비, 무기·탄약 및 화약장비, 진압장비, 전투장비, 통신장비, 항공장비 등 여러 가지가 있으나, 어느 경우에나 장비 본래의 목적에 맞게 사용하여야 한다.

특히, 국민의 생명·신체·재산에 위해를 미칠 우려가 있는 장비는 사용 전 안전교육과 안전검사를 실시하고, 사용시 안전 수칙을 준수하여 경찰 목적 달성을 위하여 최소 한도 내에서 적법하게 사용하여야 한다.

2) 무기 및 탄약관리

(1) 총기 사용의 법적 근거

경찰공무원은 경찰공무원법 제20조에 의거 직무 수행을 위하여 필요한 때에는 무기를 휴대할 수 있다.

경찰관직무집행법 제10조의 4에 의거 대간첩작전 수행 등 일정 요건하에서 총기를 사용할 수 있다.

(2) 관리상 주의할 점

법정 요건과 직무상의 지침에 어긋나는 총기 사용으로 인하여 타인에게 침해를 입힌 경우에는 형사상·민사상 책임을 면할 수 없을 뿐만 아니라, 무기 사용 요건 위반 등 남용시에도 1년 이하의 징역 또는 금고에 해당하는 책임(경찰관직무집행법 제12조)을 지게 되어 있다.

총기·탄약관리 및 사용시에는 반드시 법정 요건을 준수하고 안전수칙을 지켜야 할 뿐만 아니라, 총기 지급 및 회수시에는 반드시 책임 간부의 입회하에 출·입고 조치하여야 하며, 부적격자에게는 총기 휴대를 금지시키는 등 주의를 하여야 한다.

무기탄약관리규칙에 의거하여 무기고 시설을 갖추고, 열쇠관리는 일과 시간 중에는 관리책임자가, 일과 후에는 상황실장(파출소는 소장 또는 부소장)이 철저하게 관리하여야 한다.

(3) 무기 탄약의 회수 및 보관

구분	내용
즉시 회수·보관하여야 하는 경우	① 직무상 비위로 인하여 징계 대상이 된 자 ② 형사사건으로 인하여 조사 대상이 된 자 ③ 사의를 표명한 자
회수 또는 보관할 수 있는 경우	① 평소 불평이 심하고 염세 비관한 자 ② 주벽이 심한 자 ③ 변태 성벽이 있는 자 ④ 가정환경에 불화가 있는 자 ⑤ 경찰관서의 장이 부적합하다고 판단한 자
대여 무기 탄약을 보관하여야 하는 경우(무기고 보관 사유) - 일시적	① 술자리 또는 연회 장소에 출입할 경우 ② 상사의 사무실을 출입할 경우 ③ 정황을 판단하여 필요하다고 인정되는 경우

(4) 무기고 관리 - 유동순찰, 정기적 탄약조사

구분		관리책임자	비고
집중무기고		① 일과 시간 : 경무과장(총무과장) ② 일과 후 : 상황실장	휴가·비번 등으로 관리책임자 공백시는 별도 관리책임자를 지정하여야 한다.
간이 무기고	**상황실**	상황실장	
	지구대 (파출소) 등	지구대장(파출소장)	
	기 타	설치 부서 책임자(야간은 당직관 등 열쇠 인수 책임자)	

(5) 경찰 총기 4대 안전수칙

① 총구는 공중(안전 지역)을 지향

② 실탄 장전시는 반드시 안전 장치(방아쇠 울에 설치 사용)

③ 1탄은 공포탄, 2탄 이하는 실탄 장전(단, 대간첩작전, 살인·강도 등 중요 범인이나 무기·흉기 등을 사용하는 범인의 체포 및 위해의 방호를 위하여 불가피한 경우에 1탄부터 실탄을 장전할 수 있다.)

④ 조준은 대퇴부 이하

2) 진압장비 관리

(1) 개설

다중범죄 진압장비의 사용은 안정성과 장비 사용으로 인한 피해를 최소화하기 위하여 노력하여야 하고 남용을 해서는 안 된다. 그리고 장비의 구입에서도 안전성과 효과성이 탁월한 장비를 구입하여야 하고, 장비 개선과 관리 방법의 연구에도 힘써야 한다.

① 잘 정비된 고성능의 장비를 갖추고 있어야 시위 군중의 폭력행위를 효과적으로 진압할 수 있을 뿐만 아니라, 시위대와 진압경찰의 안전을 도모할 수 있으므로 진압장비 관리는 특히 중요하다.

② 경찰은 안전성과 효과성을 최대화한 진압장비를 구비하고 관리하는 것은 경찰력의 효율적 운용의 기초로서, 진압 업무 완수의 첩경이 된다.

③ 비례성의 원칙: 최루탄과 같은 진압장비의 사용은 경찰 위반의 상태를 야기한 경찰 책임자뿐만 아니라 이와는 무관한 시민에게도 영향을 미치므로, 그 사용시 안전성과 피해의 최소화에 노력하여야 하고 남용하지 않도록 주의하여야 한다.

(2) 경찰관직무집행법상의 요건

경찰관은 범인의 체포·도주의 방지 또는 불법 집회·시위로 인하여 자기 또는 타인의 생명·신체와 재산 및 공공시설 안전에 대한 현저한 위해 발생을 억제하기 위하여 부득이한 경우, 현장 책임자의 합리적인 판단하에 신체에 직접 위해를 가하지 않는 범위 내에서 분사기 또는 최루탄을 사용할 수 있다(경찰관직무집행법 제10조의 2 제1항).

그리고 책임자는 최루탄을 사용한 경우에 사용 일시 · 사용 장소 · 사용 대상 · 현장 책임자 · 종류 · 수량 등을 기록하여 보관하도록 하여(경찰관직무집행법 제10조의2 제2항) 사후에 경찰관의 사용에 대한 남용이 여부를 알 수 있도록 함으로써, 최루탄 사용에 관하여 법적인 통제를 가하고 있다. 물론 이 경우에도 남용시에는 벌칙이 적용된다.

본 조에서 최루탄의 사용 근거와 한계를 명시하고 있으므로 경찰관은 이를 엄격히 준수하여야 한다.

3) 차량관리

차량은 기동화 · 광역화되어 가는 범죄에 대비한 경찰의 기동성을 확보하는 데에 중요한 장비이지만, 차량사고는 차량의 운행에 따른 교통사고의 발생시 인명 등에 손상을 입히는 등 대형의 사고를 불러오기 때문에 적정한 차량관리가 필요하다.

차량은 단위기관별로 집중관리(공동 사용)를 원칙으로 하며, 개인용으로 사용해서는 안 된다(지휘용은 제외). 차량의 운행 전 사전 정비를 철저히 하여야 하고, 운행시에는 운행 수칙을 준수하여야 한다. 차량 운행의 절차를 준수하여야 하고, 차량 점검이나 운전자 교육에도 주의를 기울여야 한다. 배차 신청을 하고 사용 허가를 받아야 한다.

경찰 차량은 범죄에의 대응이나 작전 등에 대비하여 항상 긴급출동의 태세를 갖추고 만일의 사태에 대비하여야 한다.

경찰 차량의 운전자들이 흔히 빠지기 쉬운 특권 의식의 불식에도 힘써야 하며, 운행시 교통 법규를 준수하여 다른 운전자들의 모범이 되도록 주의하여야 한다.

망실한 경우에는 경무과장에게 보고하고 감찰조사가 이루어진다. 이 때 경찰청장을 경유하여 감사원장이 최종적으로 확정한다.

제 2 절 보안관리

1 보안의 의의

1) 보안의 개념

(1) 개념

보안이란 국가안전 보장을 위한 소극적 예방 활동과 국가안전 보장을 해치는 자에 대한 적극적 예방 활동을 말한다.

여기서 소극적 예방 활동이란 국가의 안전 보장을 위하여 국가가 보호를 필요로 하는 비밀이나 인원(보호 대상+경계 대상)·문서·자재·시설, 통신 등 또는 지역을 보호하는 것을 말하고, 적극적인 예방 활동이란 국가안전 보장을 해치는 간첩·태업이나 전복으로 국가를 위태롭게 하는 불순분자에 대하여 탐지·조사·체포하는 것을 말한다. 적극적 예방 활동은 보안경찰에서 다루고 있으므로, 여기서는 소극적인 예방 활동에 국한하여 설명한다.

보안의 개념	소극적 보안	국가가 필요로 하는 비밀·인원·문서·자재·시설 및 지역 등을 보호
	적극적 보안	간첩이나 불순분자에 대한 탐지·조사·체포 등의 활동
보안 책임	보안관계 공무원이 부담하는 행정 책임(징계 책임)과 형사 책임(보안규정 §3)	

*경계의 대상 : 인원(공작원, 불순분자 등)·행위·단체·각종 사회운동·기타

(2) 중요성

오늘날 통신과 컴퓨터의 발달로 전산통신과 컴퓨터 보안이 필요해지는 등 보안의 중요성은 날로 증가하고 있으며, 비밀 보호나 비밀에 대한 침투를 예방하기 위한 적극적인 대책이 요구된다.

경찰 활동의 대부분은 국가안보와 개인의 비밀과 밀접하게 관련되어 있어서 외부로 유출되는 경우에는 국가안보에 해를 가하거나, 개인의 비밀이

침해되는 위험을 가져올 수 있다.

인원보안	인원 보안 업무의 취급	각급 경찰기관의 인사 업무 부서에서 분장
	인원 보안의 대상	공무원⇒경찰공무원 및 국가·지방공무원
	인원 보안의 수단	① 신원조사, ② 보안교육, ③ 보안조치
문서보안	(1) 비밀의 구분⇒비밀을 작성하거나 생산하는 자가 그 비밀 내용의 중요성과 가치에 따라 Ⅰ급, Ⅱ급, Ⅲ급 비밀로 분류한다. (2) 비록 Ⅰ·Ⅱ·Ⅲ급의 비밀 구분이 되어 있지 않은 문서라도 국가 기밀에 해당하는 문서는 모두 보안의 대상이 된다.	
시설보안	보안책임자(각급 기관의 장과 중요 시설의 장)는 보호구역의 설정이 가능	

2) 보안 책임

보안업무규정 제3조는 "국가 안전 보장에 관련되는 인원, 문서, 자재, 시설 및 지역을 관리하는 자와 관계 기관의 장은 이에 대한 보안 책임을 진다."라고 규정하고 있다.

(1) 행정 책임

보안 업무를 담당하는 공무원과 관계 기관의 장이 고의와 관계 없이 보안 누설이나 보안사고 등 또는 보안 업무 처리상 하자로 인하여 부담하는 징계 책임을 말한다.

보안 업무를 담당하는 공무원과 관계 기관의 장이 고의 없이 보안 누설이나 보안사고 등에 대하여 또는 보안 업무 처리상 하자로 인하여 부담하는 징계 책임을 말한다.

(2) 형사 책임

공무원이 자기가 취급하는 비밀이나 업무상 지득(知得)한 비밀을 누설하는 경우 형사상 공무상 비밀누설죄를 구성한다.

형사 책임은 공무상 비밀누설죄(형법 제127조)로 처벌받게 되는 것을 말한다.

공무원은 자기가 취급하는 비밀이나 업무상 전해 들은 비밀을 누설하여 실제로 국가정책에 차질을 초래할 수도 있으므로 특히 주의하여야 한다.

3) 보안 업무의 원칙

보안 업무의 원칙이란 비밀 보호를 효과적으로 하기 위하여 보안 대상에 대한 최소한의 접근만을 허용하는 방법을 말한다.

알 사람만 알아야 하는 원칙	보안 대상이 되는 사실은 전파할 때 전파가 꼭 필요한가 또는 피전파자가 반드시 전달받아야 하며 필요한 것인가를 검토하여야 한다는 원칙으로서, 보안에서 가장 기본이며 중요한 원칙이다.
부분화의 원칙	알 사람만 알게 하고 한 번에 다량의 비밀이나 정보가 유출되지 않도록 하는 원칙. 부분화의 방법으로는 조직에서는 종적·횡적 분화의 방법이 있고, 문서에서는 내용과 가치의 정도에 따라서 다른 비밀과 관련되지 않게 독립시키거나 부분적으로 있게 한다.
보안과 효율의 조화	지나친 비밀주의는 꼭 알 필요가 있는 사람이 알지 못하게 하는 단점이 있어 보안과 업무 효율은 반비례 관계에 있으므로 양자의 적절한 조화를 유지하여야 한다는 원칙.

2 비밀의 개념과 구분

1) 비밀의 구분

경찰이 보유하는 문서, 음어 자재, 정보자료 등이 외부로 유출되었을 때에는 국가 안보나 사회 안전 또는 개인의 비밀을 침해할 수도 있으므로 비밀로 구분하고 유출을 막는 보호 조치를 하여야 한다.

비밀의 구분은 비밀을 작성하거나 생산하는 자가 그 비밀 내용의 중요성

[표 5-5-2] 비밀 구분

구분	개 념	비밀 취급자
1급 비밀	누설되는 경우 대한민국과 외교 관계가 단절되고 전쟁을 유발하며, 국가의 방위계획·정보 활동 및 국가 방위상 필요불가결한 과학과 기술의 개발을 위태롭게 하는 등의 우려가 있는 비밀	
2급 비밀	누설되는 경우 국가 안전 보장에 막대한 지장을 초래할 우려가 있는 비밀	통신·항공 경과 소지자(운전경과는 3급 비밀취급권자이다.) 경비·경호·작전 담당 부서 정보·보안·외사 부서상황실

3급 비밀	누설되는 경우 국가안전 보장에 손해를 끼칠 우려가 있는 비밀	경찰공무원은 임명과 동시에 3급 비밀 취급권을 갖는다.
대외비	직무상 특별히 보호를 요하는 사항으로 비밀에 보호 기간을 명시하고 비밀에 준하여 취급 및 관리하는 것.	

※비밀의 구분은 비밀을 작성하거나 생산하는 자가 그 비밀 내용의 중요성과 가치의 정도에 따라 분류한다.

과 가치의 정도에 따라 Ⅰ급 비밀, Ⅱ급 비밀, Ⅲ급 비밀, 대외비로 분류한다(보안업무의 규정 §4).

3 보안의 대상

1) 인원 보안

(1) 대상 및 취급

경찰공무원을 포함한 국가공무원·지방공무원 등은 인원 보안의 대상이다. 이들에 대한 인원 보안은 각급 경찰기관의 인사 업무를 취급하는 부서에서 분장한다.

의무경찰 및 전투경찰은 그 인사 업무를 담당하는 부서에서 취급한다. 인원 보안의 수단에는 신원조사, 보안교육, 보안조치가 있다.

(2) 비밀 취급자

비밀의 취급이란 비밀을 수집·작성·관리·분류·재분류 및 수발하는 등 일체의 비밀관리 행위를 말하고, 비밀 취급자란 권한 있는 행정청으로부터 해당 등급의 비밀 취급 인가를 받은 자를 말한다.

(가) 인원 보안 업무의 취급

인원 보안에 관한 사무는 각급 경찰기관의 인사 업무 취급 부서에서 분장한다.

작전전투 경찰순경 및 의무전투 경찰순경에 대한 인원보안 업무는 그 인사 업무를 취급하는 부서에서 담당한다.

(나) 인원 보안의 대상

경찰공무원을 포함하여 국가·지방공무원 등도 인원 보안의 대상이다.

2) 문서보안

(1) 개념

문서 보안은 국가 기밀을 담고 있는 문서를 각종 위험으로부터 보호하는 것을 말한다. 문서보안의 대상이 되는 문서는 일반문서와 비밀문서 모두를 포함하므로 Ⅰ,Ⅱ,Ⅲ급 등 비밀 표지가 없더라도 국가 기밀에 해당하는 문서는 보안의 대상이 된다. 다른 등급의 문서를 혼합 보관해서는 안 된다. 용기에 비밀 표시를 해서도 안 된다. 비밀문서의 조회 기록은 3년간 보관한다.

(2) 문서 비밀 분류의 원칙(보안업무규정 §10)

과도 분류 또는 과소 분류 금지	비밀은 적절히 보호할 수 있는 최저 등급으로 분류하여야 하며, 과도 또는 과소하게 분류하여서는 안 된다는 원칙
독립 분류	비밀은 그 자체의 내용과 가치의 정도에 따라 분류하여야 하며 다른 비밀과 관련하서는 안 된다는 원칙. 예컨대 상급 부서가 지시문서가 2급이라고 해서 하급 부서에게 획일적으로 보고문서(응신 문서)에 대하여 2급으로 비밀 등급을 지시하는 것은 독립 분류의 원칙에 반한다.
외국 비밀 존중	외국 또는 국제기구로부터 접수한 비밀은 그 발행기관이 필요로 하는 정도 또는 그 이상으로 보호할 수 있도록 분류하여야 한다는 원칙

(가) 국가 기밀

보안의 대상이 되는 문서는 일반문서와 비밀문서를 모두 포함하는 바, Ⅰ·Ⅱ·Ⅲ급 등의 비밀 표시가 되어 있지 않은 문서라도 국가 기밀에 해당하는 문서는 보안의 대상이 된다.

(나) 문서보안

문서보안은 국가 기밀을 담고 있는 문서를 각종 위험으로부터 보호하는 것을 의미한다.

(다) 암호자재

통신보안을 위하여 통신문의 내용을 보호할 목적으로 문자, 숫자, 기호 등의 암호로 만들어진 문서나 기구를 말한다.

암호자재는 2급 이상, 음어 자재는 3급 이상으로, 약호 자재는 대외비 이상으로 분류하여야 한다.

(라) 문서의 성질에 따른 분류

① 법규문서 : 헌법 · 법률 · 법규명령 · 조례 · 규칙에 관한 문서

특별한 규정이 없는 한 관보 게재 후 20일 경과 후 효력 발생

② 지시문서 : 행정기관의 장이 그 하급기관 또는 소속 공무원에 대하여 일정한 사항을 지시 또는 명령하는 문서(예: 협의의 훈령, 지시, 예규, 일일명령 등)

③ 공고문서 : 고시 및 공공 등과 같이 일정한 사항을 일반인에게 알리기 위한 문서로 특별한 규정이 없는 한 고시 · 공고 후 5일이 경과하면 효력 발생

④ 전자문서 : 전산망을 활용하여 작성 · 시행 · 또는 접수 · 처리되는 문서로, 전자문서는 수신자의 컴퓨터 파일에 등록이 된 때에 효력 발생

⑤ 민원문서 : 민원인이 행정기관에 대하여 허가 · 인가 · 기타 처분 등 특정한 행위를 요구하는 문서

⑥ 비치문서 : 비치대장 · 비치카드 등 행정기관의 일정한 사항을 기록하여 행정기관 내부에 비치하면서 업무에 활용하는 문서

⑦ 일반문서 : 법규 · 지시 · 공고 · 비치 · 전자 · 민원문서에 속하지 아니하는 모든 문서

3) 시설보안

(1) 보호구역의 설정

각급 기관의 장과 국가 주요 시설장비 및 자재를 관리하는 자는 국가 비밀 보호와 국가시설 장비 및 자재의 보호를 위하여 필요한 장소에 일정한 범위를 정하여 제한구역 · 제한지역 · 통제구역 등의 보호구역을 설정할 수 있으며, 보호구역의 설정자는 보안상 불필요한 인원의 접근 또는 출입을

제한하거나 금지시킬 수 있다.

(2) **보호구역의 구분(보안업무규정시행규칙 §42)**

제한 지역	비밀 또는 정부 재산의 보호를 위하여 울타리 또는 경호원에 의하여 일반인의 출입 감시가 요구되는 지역	
제한 구역	비밀 또는 주요 시설 및 자재에 대한 비인가자의 접근 방지를 위하여 출입에 안내가 요구되는 구역	전문수발실, 경찰교환실·기계실, 발간실(경찰기관), 송신 및 중계소, 경찰청 및 지방경찰청 항공대, 작전·경호·정보·보안·외사 부서 전역, 과학수사과, 자동무선전화실
통제 구역	비인가자의 출입이 금지된 보안상 극히 중요한 구역	암호취급소, 정보보안기록실, 무기창(무기고) 및 탄약고, 종합상황실(치안), 정보상황실, 비밀발간실, , 컴퓨터실, 암호장비 및 관리장비실, 정보 보호.

치안상황실—야간에 발생하는 사태에 대응하기 위하여 경찰서에 설치

4) 시설 및 지역보안

각급 기관의 장과 국가 중요 시설 장비 및 자재를 관리하는 자는 국가비밀의 보호와 국가 중요 시설 장비 및 자재의 보호를 위하여 필요한 장소에 일정한 범위를 정하여 제한지역, 제한구역, 통제구역 등의 보호구역을 설정할 수 있다.

보호구역 설정자는 보안상 불필요한 인원의 접근 또는 출입을 제한하거나 금지시킬 수 있다.

4 보안감사

보안감사란 보안 대상인 인원·문서·자재·시설·지역 및 장비 등의 모든 보안관리 상태와 그 적정 여부를 조사하는 것을 말한다.

보안감사는 중앙행정기관의 장이 실시하며, 정기감사와 수시 감사가 있다.

5 보안심사위원회

경찰보안 업무의 효율적인 운영과 중요 보안 사항을 심의 · 결정하기 위하여 경찰청, 직속기관, 각 시 · 도 지방경찰청, 경찰서에 보안심사위원회를 설치 · 운영한다.

경찰보안 업무의 효율적인 운영과 중요 보안 사항을 심의 · 결정하기 위하여 경찰청, 직속기관, 각 시 · 도 지방경찰청, 경찰서에 보안심사위원회를 운영한다.

제6장 경찰 홍보

제1절 의의 및 목적

1 경찰 홍보의 의의

1) 경찰 홍보

경찰 홍보란 협의로는 경찰의 활동이나 업무와 관련된 사항을 외부에 알려서 경찰 목적 달성에 유리한 환경을 조성하는 대외적 공보 활동 행위를 말하고, 광의로는 지역 주민의 경찰 활동에 대한 참여를 확대하고 각종 기관·단체 및 언론 등과 상호 협조 체제를 강화하여 이를 경찰이 수행하는 모든 업무에 연계시키는 것을 포함한다.

구분	내 용	
홍보의 의의	협의	경찰의 활동이나 업무와 관련된 사항을 널리 알려서 경찰 목적 달성에 유리한 환경을 조성하는 행위
	광의	지역 주민의 경찰 활동에 대한 참여를 확대하고 각종 기관·단체 및 언론 등과의 상호 협조 체제를 강화하여 이를 경찰이 수행하는 모든 업무에 연계시키는 것까지를 포함

협의	협의의 홍보 (Public Relations : PR)	유인물, 팸플릿 등 각종 매체를 통하여 개인이나 단체의 좋은 점을 일방적으로 알리는 활동. 불특정 다수인 대상으로 대중 매스컴을 통한 간접적 수단이다.
광의	지역공동체 관계 (Community Relations : CR)	지역사회 내의 각종 기관, 단체, 주민 등과 유기적인 관계를 유지하고, 협조 체제를 구축하는 것 등을 통하여 지역사회 각계각층의 요구에 부응하는 경찰 활동을 하는 동시에, 경찰 활동의 긍정적인 면을 지역사회에 널리 알리는 종합적인 지역사회 홍보 체계. 특정 다수인 대상으로 주민과 대화를 통한 직접적 수단이다.
	언론 관계 (Press Relations)	신문이나 잡지·TV·라디오 등의 보도나 뉴스에 대응하여 사건·사고에 대한 기자들의 질의에 답하는 대응적이고 소극적인 홍보 활동
	대중매체 관계	언론 관계의 대상과 범위가 확대되고 발전한 종합적인 홍보 활동으로 신문이나 TV·라디오 등의 영상물 등 각종의 대중매체 제작자와 긴밀한 협조 관계를 구축·유지하여 대중매체의 필요를 충족시켜 주는 한편, 경찰의 긍정적이 측면을 널리 알리는 활동
	기업 이미지식 경찰 홍보	• 경찰 서비스 개념의 도입으로 적극적인 광고 홍보를 전개하는 소비자 관점의 광고 활동 • 소비자 주권 시대를 맞아 경찰 업무의 서비스 개념, 즉 주민을 소비자로 보는 관점에서 발달한 개념 • 친근한 상징물을 이용하는 등 조직 이미지를 고양하여 높아진 주민 지지도를 바탕으로 예산 획득, 형사사법 환경하의 협력 확보 등의 목적을 달성하는 종합적이고 계획적인 홍보 활동. 독점 치안기구 의식 탈피 • 캐릭터를 이용한 활동이 여기에 해당(포돌이)

2) 경찰 공보

경찰이 그 목적의 수행을 용이케 하기 위하여 경찰의 시책·업무·관계 법규 등을 일반 국민에게 공개함으로써 경찰에 대한 국민의 신뢰와 협조를 구하는 적극적이고 지속적인 활동이다.

2 경찰 홍보의 목적 및 중요성

경찰 홍보의 목적은 경찰의 시책이나 활동 상황을 국민에게 전달하고, 국민의 경찰에 대한 의견이나 요망을 경찰 활동에 반영시키는 데에 있다.

홍보는 경찰 활동에 대한 국민의 이해나 협력을 촉진시키는 중요한 역할을 한다.

중요성	경찰에 유리한 여론을 형성하고 경찰 정책결정자들의 관심을 확보하기 위한 주요 수단
Sir Robert Mark	(1) "단란하고 행복스럽지는 않더라도, 오래 지속되는 결혼 생활" (2) 1970대 영국 경찰개혁의 주도자이자, 적극적인 대언론 정책을 수행
G. Crandon	경찰과 대중매체는 공생 관계(共生關係)가 발달
R. Ericson	경찰과 대중매체는 서로 얽혀서 범죄와 정의(正義), 사회 질서를 해석·규정하는 역할을 수행

제 2 절 경찰 홍보 전략의 유형 및 기본 원칙

1 경찰 홍보전략의 유형

1) 소극적 홍보전략

경찰청의 언론에 대한 소극적 태도로 홍보전략은 공보실과 기자실, 비밀주의와 공개 최소화의 원칙, 언론 접촉 규제, 홍보와 다른 기능과의 분리 등으로 실제 홍보 활동을 제대로 수행하지 못하고 있다.

2) 적극적 홍보전략

영·미의 선진 경찰에서는 적극적인 홍보전략을 구사하고 있는데, 그 대표적인 예가 대중 매체의 적극 이용, 공개주의와 비밀 최소화의 원칙, 모든 경찰관의 홍보 요원화, 홍보와 다른 기능의 연계를 통한 총체적 홍보전략 등이다.

소극적 홍보전략	적극적 홍보전략
(1) 현행 공보실과 기자실의 운영 (2) 비밀주의와 공개 최소화 원칙 (3) 언론 접촉 규제 ⇒조직문화를 통하여 수행되고 있다. (4) 홍보와 다른 기능의 분리	(1) 대중매체의 이용⇒전문가의 채용 (2) 공개주의와 비밀 최소화 원칙 (3) 전 경찰의 홍보 요원화⇒특정 사안을 제외한 모든 경우 공개와 홍보의 대상으로 하여야 한다. (4) 홍보와 다른 기능의 연계를 통한 총체적 홍보전략

2 대언론 홍보 활동의 기본 원칙

1) 신문 기자와의 인터뷰 10원칙

① 모든 발언에 주의하라.
② 필요하면 확인할 시간을 달라고 요청하라.
③ 계속 이어질 질문을 예상하라.
④ 확실하고 명확하게 답변하라.
⑤ 사실에 입각한 얘기만 하라. 주관적 의견을 주장하지 마라.
⑥ 자신 스스로의 말을 하라.
⑦ 말 다듬어 주기는 받아들여라.
⑧ 단호하게 말하되 실수에 대해서는 사과하라.
⑨ "No Comment"라고 답하지 말라.
⑩ 혼자 고민하지 말라.

2) 라디오 인터뷰 10원칙

① 겁내지 말라.
② 인터뷰의 주제를 파악하라.
③ 생방송일 때와 녹음 방송일 때를 구분하여 대응하라.
④ 관련 자료와 통계의 정확성 여부를 확인하라.
⑤ 주요 메시지에 집중하라.
⑥ 청취자를 의식하라.
⑦ 평이한 용어로 쉽게 설명하라.
⑧ 간결히 설명하라.
⑨ 너무 장황하게 늘어놓지 말라.
⑩ 당황하지 말라.

3) TV 인터뷰 10원칙

① 계획하고, 계획하고, 계획하라.

② 방송 출연이 예정되었을 땐 충분한 시간을 갖고 출발하라.

③ 주위를 깨끗이 하라.

④ 방해 요소를 제거하라.

⑤ 대본을 미리 점검하라.

⑥ 진행자와 친근감을 형성하라.

⑦ 세부 사항에 주의하라.

⑧ 자신 있게 이야기하라.

⑨ 오직 진실만을 이야기하라.

⑩ 카메라 주위에선 항상 긴장하라.

3 경찰 홍보와 법적·사회적 문제

경찰의 홍보 활동 중 범죄 사실의 발표의 경우에는 다음의 사항을 주의하여야 한다.

① 범죄 사실이라도 공공의 이익을 위한 것이 아닌 때에는 발표해서는 안 된다.

② 범죄 사실을 발표하는 경우에도 그와 밀접한 관련이 있는 것에 한정하여야 한다.

③ 진실의 증명이 불가능한 사실 또는 진실이라고 믿기에 상당한 이유가 없는 경우에는 발표해서는 안 된다.

④ 청소년 범죄의 소년범이나 성범죄의 경우에는 실명으로 발표해서는 안 된다.

⑤ 경찰보도기관의 발표 담당자는 지방경찰청장, 경찰서장이나 수사본부장 또는 지정을 받은 책임 있는 지위에 있어야 한다.

경찰 홍보에는 '개인의 비밀의 자유'와 '국민의 알 권리'의 충돌 가능성이 크다. 따라서 양자의 적절한 조화가 필요하다. 이를 위하여 아래의 원칙이 준수되어야 한다.

(1) 범죄 사실이라도 공공의 이익을 위한 것이 아닌 경우에도 발표되어서는 안 된다.
⇒이 경우 연예인이나 정치인은 사생활 보호의 필요성보다 국민의 알 권리의 충족이 더 중요하므로 공개의 필요성이 일반인보다 더 크다(공적 인물의 이론).

(2) 발표 내용은 범죄 사실 및 밀접한 관련 사실에 국한하여야 한다.

(3) 진실의 증명이 불가능한 사실 등은 발표되어서는 안 된다.
(4) 청소년 범죄의 소년범이나 성범죄자는 실명으로 발표할 수 없다.
⇒단, 청소년보호법에 의해 원조교제자는 판결 확정 후 일정한 절차를 거쳐 공개된다.
(5) 발표 담당자는 발표할 수 있는 책임 있는 지위에 있는 자여야 한다.

4 주의 사항 및 오보 등의 시정(언론에 의해 피해의 구제 방안)

1) 의 의

국민이 언론사의 언론 보도로 인하여 명예나 권리 그 밖의 법익에 관하여 침해를 받았을 때 다양한 오보의 시정 제도가 있다.

① 정정 보도 : 언론의 보도 내용의 전부 또는 일부가 진실하지 아니한 경우 이를 진실에 부합되게 고쳐서 보도하는 것

② 반론 보도 : 보도 내용의 진실 여부에 관계 없이 그와 대립되는 반박적 주장을 보도하는 것

③ 언론중재위원회 : 언로 보도 또는 게재로 인한 분쟁 조정 · 중재 및 침해 사항을 심의하기 위하여 두는 기구(언론중재 및 피해구제 등에 관한 법률 제7조)

2) 구제 방안

① 행정상 구제 : '언론중재 및 피해구제 등에 관한 법률'상의 정정보도청구권 · 반론보도청구권 · 추후보도청구권 등

② 민사상 구제 : 정정보도청구권(민법 제764조) · 손해배상청구

③ 형사상 구제 : 출판물에 의한 명예훼손죄

3) 정정보도청구권

사실적 주장에 관한 언론 보도가 진실하지 아니함으로 인하여 피해를 입은 자가 그 보도 내용에 관한 정정 보도를 언론사에 청구하는 것

① 법적 근거 : 언론중재 및 피해 구제 등에 관한 법률 · 공선법

② 요건 : 당해 언론 보도가 있음을 안 날부터 3월 이내에 또는 언론 보

도가 있은 후 6월 이내에 그 보도 내용에 관한 정정 보도를 언론사에 청구할 수 있다.

정정 보도 청구는 언론사의 대표자에게 서면으로 신청하여야 한다.

정정 보도의 청구에는 언론사의 고의·과실이나 위법성을 요하지 아니한다.

4) 반론보도청구권

사실적 주장에 관한 언론 보도로 인하여 피해를 입은 자는 그 보도 내용에 관한 반론 보도를 언론에 청구할 수 있다.

반론 보도의 청구에는 언론사의 고의·과실이나 위법함을 요하지 아니하며, 보도 내용의 진위 여부를 불문한다.

반론보도 청구에 관하여는 정정 보도에 관한 규정을 준용한다.

5) 추후보도청구권

언론에 의하여 범죄 혐의가 있거나 형사상의 조치를 받았다고 보도 또는 공표된 자는 그에 대한 형사 절차가 무죄 판결 또는 이와 동등한 형태로 종결된 때에는 그 사실을 안 날부터 3월 이내에 언론사에 이 사실에 관한 추후 보도의 게재를 청구할 수 있다.

추후보도청구권은 특별한 사정이 있는 경우를 제외하고는 이 법의 규정에 의한 정정보도 청구권이나 반론보도청구권의 행사에 영향을 미치지 아니한다.

6) 조 정

언론중재법에 따른 정정 보도 청구·반론 보도 청구 및 추후 보도 청구와 관련하여 분쟁이 있는 경우 피해자 또는 언론사는 중재위원회에 조정을 신청할 수 있다.

정정 보도 청구 등과 손해배상의 조정 신청은 당해 언론 보도가 있음을 안 날부터 3월(있은 날로부터 6월)의 기간 이내에 구술이나 서면 등의 방법으로 하며, 피해자가 언론사에 먼저 정정 보도 등을 청구한 때에는 피해자와 언론사 간의 협의가 불성립된 날부터 14일 이내에 하여야 한다.

조정 결과 당사자 간에 합의가 성립하거나 합의가 이루어진 것으로 간주되는 경우 및 직권 조정 결정에 이의 신청이 없는 때에는 재판상 화해와 동일한 효력이 있다.

7) 중 재

당사자 쌍방은 정정보도 청구 또는 손해배상의 분쟁에 관하여 중재부의 종국적 결정에 따르기로 합의하고 언론중재위에 중재를 신청할 수 있다. 중재 결정은 확정 판결과 동일한 효력이 있다.

8) 소 송

피해자는 당해 언론 보도가 있음을 안 날부터 3월(있은 날로부터 6월)의 기간 이내에 법원에 정정 보도 청구 등의 소를 제기할 수 있다. 사전에 중재위원회의 중재를 거치지 아니하고 정정 보도 청구 등의 소를 제기할 수 있다. 정정보도청구 등의 소는 접수 후 3월 이내에 판결을 선고하여야 한다.

9) 언론중재위원회

① 중재위원회는 40인 이상 90인 이내의 중재위원으로 구성하며, 중재위원은 문화관광부 장관이 위촉한다.

② 중재위원회에 위원장 1인, 2인 이내의 부위원장 및 2인 이내의 감사를 두되, 중재위원 중에서 호선한다.

③ 위원장 · 부위원장 · 감사 및 중재위원의 임기는 각각 3년으로 하되, 1회에 한하여 연임할 수 있다.

④ 중재위원회는 재적 위원 과반수의 출석과 출석 위원 과반수의 찬성으로 의결한다.

10) 보도 관련 용어

① 엠바고(embargo) : 어느 시한까지 보도하지 않을 것을 전제로 자료 제공이 이루어지는 관행

② 오프더 레코드(off the record) : 보도하지 않을 것을 조건으로 하는

자료나 정보의 제공

③ 리드(lead) : 기사 내용을 요약해서 1~2줄 정도로 간략하게 쓴 글

④ 이슈(issue) : 일정 시정에서 중요시되어 토론 · 논쟁이나 갈등의 요인이 되는 사회 · 문화 · 경제 · 정치적 관심이나 사고

⑤ 데드라인(deadline) : 취재된 기사를 편집부에 넘겨야 하는 기사 마감시간

⑥ 가십(gossip) : 원래 험담이나 루머 등 확인되지 않은 뉴스를 말하나, 언론에서는 스트레이트로 처리하기 힘든 흥밋거리, 뒷이야기, 스케치 등을 함축성 있게 처리한 기사로 사용

⑦ 크레디트(credit) : 외신 기사 머리에 발신 · 통신사명 등을 밝히는 것으로 기사의 신뢰성과 계약 관계를 명시한다.

제 6 편
경찰통제와 과제

제1장 경찰통제

제1절 의의 및 필요성

1 경찰통제의 의의

경찰통제란 경찰의 조직과 활동을 점검하고 감시함으로써 경찰조직과 경찰 활동의 적정을 도모하기 위한 제도적 장치 또는 활동을 말한다. 곧 책임 확보 보장 수단이다.

[표 6-1-1] 경찰행정 책임

의의	공무원이 공익과 국민의 기대 및 희망 그리고 행정 관계 법령이 규정한 근무규율 등 일정한 행동 기준에 따라 행동할 의무를 지고 그 결과에 대하여 책임을 지는 것
기준	(1) 합법성 (2) 공익 (3) 근무규율 (4) 국민의 요청이나 고객의 요구 (5) 정책목표

2 경찰통제의 필요성

(1) 경찰의 민주적 운영 : 경찰위원회 제도의 도입

민주주의를 기본 이념으로 하는 경찰은 민주주의를 수호하기 위한 조직으로서 민주적으로 조직되고 운영되고 관리되어야 한다.

우리 경찰법은 경찰위원회 제도를 도입함으로써 경찰의 민주적 통제를 시도하고 있다.

(2) 정치적 중립의 확보

독립 이후 우리 경찰의 역사는 정치적 중립을 위한 몸부림의 역사로서 경찰의 기구 독립이나 제도 개혁 등은 이에 초점이 맞추어져 왔다.

(3) 경찰 활동상의 법치주의 도모

경찰 활동은 법의 수권 범위 내에서 직무 권한이 행사되어야 하며, 이를 일탈하여서는 아니 된다. 이를 일탈할 경우에는 법적 책임을 묻게 된다.

(4) 국민의 인권 보호

경찰 활동은 성격상 국민의 인권과의 접경에서 이루어지는 일이 많으며, 따라서 인권 침해의 여지가 늘 동반한다. 그러나 경찰 활동의 궁극적인 목표가 국민의 인권 보호에 있다고 볼 때, 경찰 활동 자체에서 오는 인권 침해의 여지를 제거하여야 한다.

(5) 경찰조직의 부패 방지와 건강 유지

경찰통제 수단을 통하여 경찰의 조직이나 예산, 인력, 장비 등의 운영시에 낭비나 방만한 요소, 부조리를 방지하여야 한다.

3 경찰통제의 기본 요소

1) 권한의 분산

절대 권력은 반드시 부패하므로 경찰 권한의 적절한 분산이 필요하다.

권한 분산의 방법으로는 자치체 경찰 제도, 권한의 계층 간 분산 방법(중앙조직과 지방조직, 상급자와 하급자 간), 경찰위원회 조직에 의한 경찰조직에 대한 감사권 부여 등이 있다. 권한의 분산이 반드시 자치경찰제의 시행만을 의미하는 것은 아니라는 것을 유의하여야 한다. 가장 먼저 이루어져야 한다.

권한의 분산은 지방으로의 권한 분산인 자치경찰제의 시행만을 의미하는 것은 아니며, 경찰의 중앙조직과 지방조직 간의 권한의 분살 상위계급자와 하위계급자 간의 권한의 분산 등이 더욱 필요하다.

2) 공 개

정보의 공개는 행정의 투명성을 확보하고 국민의 알 권리를 충족하는 기능을 한다. 따라서 정보 공개는 행정통제의 근본이 된다.

공공기관의 정보 공개에 관한 법률은 행정기관의 정보 공개를 의무화하고, 공공기관은 공개 청구되지 아니한 정보도 국민이 알아야 할 필요가 있다고 인정되는 정보는 국민에게 제공하도록 하고 있다.

그러나 정보 공개가 모든 정보의 공개를 의미하는 것은 아니므로 공개 대상이 아닌 직무 곤란 사항에 관한 정보는 공개 대상에서 제외되어야 한다.

종래 행정기관은 비밀주의에 입각하여 행정이 가지고 있는 각종 정보를 폐쇄적으로 관리해 왔다. 그러나 오늘날 국민의 알 권리를 보장하고 국정에 대한 국민의 참여와 국정 운영의 투명성을 확보함을 목적으로 행정기관의 정보 공개가 강력히 요청되며, 정보의 공개는 행정 통제의 근본이 되고 있다.

3) 참 여

(1) 절차적 권리의 보장

종래에는 행정에 대한 국민의 참여를 인정하지 않고 실체적 권리 보장에 중점을 두었으나, 오늘날은 사전에 행정에 참여할 수 있는 절차적 권리를 인정하고 있다.

우리 나라도 국민의 행정 참여를 유도하여 행정의 공명성·투명성 및 신뢰성을 확보하고 국민의 권리를 보호할 목적으로 행정절차법을 제정하여 시행하고 있다.

주권자인 국민에게는 사전적 절차로서 자기의 권리를 보호해 나가기 위하여 행정에 참여할 기회가 인정되어야 한다.

오늘날 국민에게는 국민의 행정 참여를 도모함으로써 행정의 공정성, 투명성 및 신뢰성을 확보하고 국민의 권익을 보호할 목적으로 행정절차법에 의한 절차적 권리가 보편적으로 인정되었으며, 이와 같은 요구는 경찰기관에 대해서도 마찬가지로 작용하고 있다.

(2) 생활안전 리콜제

생활안전 리콜(recall)제는 생활안전 요령을 적극 홍보하여 지역 생활 안전 활동과 관련해서 주민이 요망 사항을 기재하여 경찰관서에 리콜할 수 있도록 하기 위하여 '포돌이·포순이' 캐릭터가 도안된 그림엽서를 제작, 파출소 경찰관이 순찰 등 외근 활동시 지역 주민 및 일반 가정 등에 배포하여 다정한 경찰상을 심어 주고 자위 생활 안전 의식을 제고하는 한편, 주민들로부터 리콜된 의견을 매 분기별로 분석·평가하여 지역 치안 시책에 적극 반영하는 제도이다.

① 일선기관의 권한과 재량의 폭이 넓어져야만 효과적으로 활용할 수 있다.

② 고객 지향 행정의 최종 목표는 고객이 만족하는 행정 서비스의 제공에 있다.

③ 잘못된 행정 서비스에 대한 불만 제기권을 시민에게 부여하고 이를 시정하는 장치이다.

④ 경찰행정 과정에의 주민 참여를 권장하기 위한 제도이다.

(3) 경찰위원회 제도

경찰위원회 제도를 통하여 제한적이지만 경찰에 대한 민주적 통제와 간접적인 참여가 가능하여 경찰의 민주화에 기여하고 있다.

민주적 통제 장치의 일환으로서 국민의 경찰행정에 대한 참여를 도모하기 위한 목적으로 경찰위원회가 구성되어 있는 등 제한적으로 간접적 참여의 장치도 마련되어 있다.

(4) 자치경찰제

자치경찰제에서는 주민의 참여의 폭이 더욱 넓다.

자치경찰 제도가 시행된다면 경찰행정에 대한 주민의 참여의 폭은 더 넓어질 것이다. 치안행정협의회도 동일한 취지로 전국 경찰서 단위로 설치되어 있다.

4) 책 임

경찰통제의 과정에서 잘못이 있으면 책임을 져야 하는데, 이에는 구성원 개인 책임(responsibility)과 조직 책임(accountability)이 있다.

개인 책임은 개인의 위법·부당 행위에 대한 형사·민사·징계책임 등을 의미하고, 조직 책임은 행정경찰기관의 행정에 대한 조직으로서의 책임을 말한다.

개인의 책임은 무거우나 정책의 결정에 대한 책임이나 조직개혁에 미온적이어서 발생되는 책임에 대해서는 경시하는 경우가 많은데 이는 문제이다. 따라서 경찰에 대한 통제의 과정에서 잘못으로 드러난 문제에 대해서는 분명히 책임을 추궁하여야 한다.

경찰은 그 구성원 개인의 위법행위나 비위에 대해서 형사 책임·민사 책임이나 징계 책임 등의 책임(responsibility)을 져야 할 뿐만 아니라, 경찰기관의 행정에 대해서 조직으로서 책임(accountability)을 져야 할 경우가 있다.

개인 책임(responsibility)	조직 책임(accountability)
경찰 구성원 개인이 위법행위니 비위에 대해서 지는 형사·민사·징계 등의 책임	경찰기관이 행정에 대해서 조직으로서 지는 책임(경찰행정기관의 설명책임)
일반적으로 조직의 정책 책임을 공무원의 개인 책임보다 경시하는 경우가 많다.	

5) 환 류

경찰통제는 경찰행정의 목표와 관련하여 그 수행 과정의 적정 여부를 확인하는 과정으로서, 이의 확인 결과에 따라 책임을 추궁하고 나아가 환류(feedback)를 통하여 순환을 발전적으로 유도하여야 한다.

<table>
<tr><td>의의</td><td colspan="2">경찰의 조직과 활동을 체크하고 감시함으로써 경찰조직과 경찰 활동의 적정을 도모하기 위한 제도적 장치 또는 활동의 총칭
행정책임은 행정통제를 통하여 보장되며 행정통제는 행정의 책임성을 확보하는 수단 ⇒ 행정책임과 행정통제는 서로 표리의 관계</td></tr>
<tr><td>필요성</td><td colspan="2">(1) 경찰의 민주적 운영
(2) 경찰의 정치적 중립성 확보
(3) 법치주의의 실현
(4) 국민의 인권 보호
(5) 조직의 부패 방지</td></tr>
<tr><td rowspan="5">기본 요소</td><td>권한의 분산</td><td>(1) 자치경찰제 운영 ⇒ 중앙과 지방의 권한 분산
(2) 단기적으로 행정적 분산⇒ 상위 계급과 하위 계급 간의 권한 분산</td></tr>
<tr><td>공개</td><td>(1) 정보의 공개 없으면→참여 불가→통제 불가
⇨ 공개는 경찰통제의 근본이며 전제 요소 주의
(2) 알 권리와 투명성을 확보⇒'공공기관의 정보 공개에 관한 법률'</td></tr>
<tr><td>절차적 참여보장</td><td>(1) 절차적 참여의 보장⇒'행정절차법'⇒공정성·투명성·신뢰성 확보
(2) 참여의 확보 방안⇒경찰위원회의 구성, 자치경찰제의 도입</td></tr>
<tr><td>책임</td><td>(1) 경찰은 법적·도의적 책임을 부담
(2) 책임 추궁은 발전을 위한 과정으로 이해하여야</td></tr>
<tr><td>환류</td><td>통제는 환류를 위한 과정⇒순환적 발전을 유도하여야</td></tr>
</table>

제 2 절 통제의 유형 및 장치

1 민주적 통제와 사법적 통제

1) 개 념

(1) 영미법계의 국가

주로 경찰조직의 민주성을 확보하기 위한 제도적 장치 마련, 예를 들어 경찰위원회, 경찰책임자의 선거, 자치경찰 제도의 시행 등을 통하여 시민이 직접 또는 그 대표기관을 통해서 참여와 감시를 가능케 하는 시스템을 구축하고 있다.

(2) 대륙법계의 국가

경찰행정에 대한 사법심사, 예를 들어 행정소송이나 국가배상 제도 등을 통하여 법원이 행정부의 행위를 심사함으로써 통제하는 시스템을 구축하고 있다.

특히 대륙법계의 국가에서는 초기 행정소송 등의 열기주의에서 개괄주의로 전환함으로써 행정에 대한 법원의 통제를 확대하고 있으며, 이는 국민의 사법적 구제의 길을 확대시킴으로써 행정에 대한 통제를 강화하는 효과를 가져왔다.

민주적 통제 (영미법계)	(1) 영미법계 국가에서 발달, 절차적 통제·사전 통제에 중점을 둠(예: 경찰위원회, 자치경찰제도, 경찰책임자의 선거). (2) 민주성 확보를 위한 제도적 장치 마련⇒'적정 절차의 원칙' (3) 우리의 경우 경찰위원회를 채택(⇒민주적 통제 장치가 미약)
사법적 통제 (대륙법계)	(1) 대륙법계 국가에서 발달, 실체적·사후 통제에 중점을 둔다(列記主義→개괄주의). (예: 행정소송 제도, 국가배상 제도) (2) 사법심사 제도의 발달(행정소송·국가배상)⇒'실제적 권리 보장' (3) 우리의 경우 행정소송(재량통제의 강화) 및 국가배상 제도를 채택

그러나 오늘날에는 모든 국가에서는 양 통제 시스템을 모두 받아들이려는 노력을 계속하여 점차 혼합적인 시스템이 구축되고 있다.

2) 우리 나라의 제도

(1) 민주적 통제

경찰조직의 민주성 확보를 통한 통제로서 우리 나라의 경우에는 경찰위원회와 자치경찰 제도는 도입되어 있지만, 선거 제도는 시행되고 있지 않다.

다만 우리 나라 현행 경찰위원회는 경찰의 주요 정책 등에 관하여 심의·의결하는 권한을 가지고 있으나(경찰법 제9조 제1항), 행정자치부 장관의 재의요구권(동법 제9조 제2항)이 인정되기 때문에 실질적으로는 심의회 수준에 머물고 있어서 명실상부한 민주적 통제 장치로 보기는 어렵다.

현재 지방자치를 강화하기 위한 차원에서 자치경찰의 도입이 추진되고 있는데, 이는 경찰을 중앙정부보다는 주민과 더 가까이 있게 한다는 측면에서 경찰에 대한 민주적 통제를 강화시킬 것이다.

(2) 사법적 통제

경찰기관의 행위에 대하여 법원이 사법심사를 통하여 행정기관의 행위를 통제하는 방식으로서, 우리 나라는 행정소송법과 국가배상법을 통하여 행정의 위법한 처분 등에 대하여 통제를 가하고 있다.

국민은 경찰관청의 위법한 처분 등 공권력의 행사 또는 불행사로 인하여 권리 또는 이익의 침해를 받은 경우에는 항고소송 등의 행정소송을 통하여 구제를 받을 수 있고, 경찰공무원의 위법한 행위로 손해를 입은 국민은 국가를 상대로 손해배상을 청구할 수 있다.

경찰의 활동은 일반적으로 행정편의주의에 입각하여 고도의 재량에 의하는 것이 보통이다. 그러나 오늘날 재량의 일탈이나 남용이 사법심사의 대상이 되는 것은 물론이다(행정소송법 제27조).

	민주적 통제	사법적 통제
통제 방법	경찰위원회나 경찰책임자의 선거, 자치경찰 제도 등을 통하여 시민이 직접 대표기관을 구성하거나 선출된 대표기관을 통하여 간접적으로 감시	행정소송(개괄주의)·국가배상 제도 등의 사법심사 제도
채택 국가	영미법계 국가	대륙법계 국가
우리 나라	경찰위원회 제도 채택, 선거 제도·자치경찰제 미도입	행정소송과 국가배상 모두 인정

2 사전 통제와 사후 통제

1) 개 념

종래 행정에 대한 통제는 주로 실체적 권리를 중심으로 국민이 자기의 권리나 이익이 침해를 받은 후에 법원 등을 통하여 구제를 청구하는 사후

구제가 주를 이루었으나, 오늘날에는 권리나 이익이 침해받기 전에 행정청에 절차적으로 참여하는 사전 통제를 강화하고 있다.

2) 우리 나라의 제도

(1) 사전 통제

행정에 대한 사전 통제를 규정하고 있는 기본법은 행정절차법이다.

동법은 행정청이 불이익 처분 등을 행할 경우에 상대방에 대하여 청문 등의 절차에 참여케 하여 자기의 이익에 관하여 변명할 기회를 부여하고 있다.

입법이나 행정계획 등을 수립할 경우에도 관계자의 권리나 이익을 고려하여 입법예고제(행정절차법 제41조)나 행정예고제(동법 제46조) 등을 통하여 미리 입법이나 행정계획·정책 등의 수립에 이해관계인의 참여 권리를 인정하고 있다.

경찰과 관련하여 형사 관계 법령에 의하여 행하는 사항이나 공무원 인사 관계 법령에 의한 징계, 기타 처분에 대해서는 행정절차법에 의한 사전 절차가 적용되지 아니한다(동법 제3조). 전자는 형사소송법 자체가 형사법적 절차가 적용되기 때문이라고 생각되나, 후자는 입법 정책상 아쉬운 점이 있다.

사전적 통제 수단으로서 입법기관인 국회가 입법권, 예산 심의·의결권 등을 통하여 경찰관계 법령의 제정이나 경찰 예산의 편성 과정에서 통제를 가할 수 있다.

(2) 사후 통제

행정에 대한 사후 통제는 사법부의 사법심사에 의한 통제가 중심을 이루고 있다.

행정부에 의한 통제	입법부에 의한 통제
징계 책임이나 상급기관의 하급기관에 대한 감사권, 행정심판을 통한 통제가 가능하다.	국회의 예산결산권이나 국정감사·조사권 등의 행정감독 기능을 통하여 통제가 가해질 수 있다.

사전통제	(1) 행정절차법(사전통제의 기본법)의 시행(청문·이유 부기, 처분·신고·행정상 입법예고·행정예고 및 행정지도의 절차에는 적용되지만, 형사·행형 및 보안처분 관계 법령에 의하여 행하는 사항과 공무원 인사 관계 법령에 의한 징계, 기타 처분에 대해서는 적용되지 않는다. 행정계획 절차 없다.) (2) 국회의 입법권·예산심의권을 통한 통제 (3) 참다운 능률은 민주적 절차를 통할 때 가장 능률적이라는 것이 사전통제의 의의가 있다.
사후통제	(1) 사법부에 의한 사법심사 (2) 행정부 내의 징계 책임, 감독권, 행정심판 (3) 국회의 예산결산권, 국정감사·조사권, 입법부의 행정감독권

3 내부적 통제와 외부적 통제

1) 의 의

경찰에 대한 내부적 통제란 경찰조직 내의 통제를 의미하며, 외부적 통제는 경찰조직 외의 통제를 말한다.

통제는 자기 통제가 바람직하지만, 조직은 자기 비호의 성격과 보수성을 갖고 있으므로 외부 통제가 필요하다.

통제는 조직 자체가 자기 통제를 위주로 자기 정화하고 자기의 정책을 법과 국민의 뜻에 맞게 고쳐 나가는 것이 가장 바람직하다고 하겠으나, 조직의 내부에서는 그 조직의 문제점을 발견하기가 쉽지 아니하므로 외부 통제가 필요하게 되는 것이다.

내부 통제	내부적 통제가 가장 바람직하나 현실적 여건상 외부적 통제의 필요성이 증대하고 있다.	
	감사관 제도	(1) 경찰청의 '감사관', 지방경찰청의 '감사담당관'⇒감사 기능을 수행 (2) 경찰서의 '청문감사관' 제도 ⇒감사+민원상담+경찰서 내 인권 보호 상황을 확인
	훈령권 등	상급관청이나 상관이 훈령이나 직무명령을 발할 수 있는 권한
	행정심판의 재결권	재결청은 처분행정청의 직근 상급 행정기관임. 소청심사위원회는 외부 통제에 해당

외부 통제	입법통제(국회)	예산권, 국정감사·조사권, 입법권⇒가장 강력한 경찰통제기관	
	사법통제(법원)	사후 통제에 그치지만 가장 실효성이 큰 경찰통제기관	
	행정통제(행정부)	대통령	임명권, 정책결정권
		감사원	회계검사 및 직무감찰권
		행정자치부 장관	임명제청권
		소청심사위원회	행정부 소속으로서 소청의 심사권을 가진다.
		국민고충 처리위원회	(1) 국민의 고충사항의 처리⇒시정권고권을 가진다. (2) 수사 및 경찰인사의 사항은 제외한다.
		경찰위원회	
		기타	국정원·국방부·검찰의 지휘 조정과 통제
	민중통제	여론, 이익집단, 언론기관(제4의 정부), 정당, NGO(비정부기구) 등	

2) 우리 나라의 제도

(1) 내부적 통제

(가) 감사관 및 청문감사관 제도

경찰청에는 감사관, 지방경찰청에는 시·도별로 감사담당관을 두고, 경찰기관에 대한 감사·산하단체에 대한 감사와 사정 업무·경찰기관의 공무원에 대한 진정 및 비위 사항 조사 처리 등의 업무를 수행한다.

경찰서의 청문감사관 제도는 경찰서의 감찰·감사 업무, 민원인의 고충 등 상담·해소 및 경찰서 내의 인권 보호 상황의 확인·점검을 위하여 1999년에 신설되었다.

① 경찰청 감사관은 경무관으로 보하며, 그 밑에 감찰담당 총경 및 감사담당 총경 각 1인을 두고, 경찰청 및 그 소속기관과 지방경찰기관에 대한 감사, 산하단체에 대한 감사, 사정 업무, 경찰기관 공무원에 대한 진정 및 비위 사항의 조사·처리 등의 업무를 수행하면서 내부 통제를 기하고 있다(경찰청과 그 소속기관 등 직제 제7조).

② 지방경찰청에는 시·도별로 감사담당관을 두고 있다.

③ 경찰서에는 청문감사관을 두고 있다.

④ 주로 비위 경찰공무원에 대한 징계처분을 통한 내부 통제가 주류를 이루고 있는데, 지나친 감찰 기능의 운용은 조직의 경직화, 피동화를 초래

할 수도 있고 자율성에 바탕을 둔 동기 부여에는 그 효과가 미치지 못하므로, 건설적인 방향의 감사관 제도의 운용이 요구된다.

〈청문감사관의 직무 범위〉

(1) '수사·교통사고 진행문의 카드제' 및 '진술인 의견청취제'의 운용 실태 확인 및 지도
(2) 고소·고발사건 및 교통사고 사건 등 관련 민원인 불편·불만 사항 상담 및 해소
(3) 범죄 다발 지역에 대한 순찰 강화 등 주민 요구 사항이 제대로 반영되고 있는지 여부에 대한 확인 및 시정
(4) 대민 친절 봉사 이행 실태 점검 및 지도
(5) 유치장, 형사계 등 구속 또는 조사 장소 인권 보호 실태 점검
(6) 경찰서의 감찰·감사 업무

(나) 훈령권과 직무명령권

상급기관은 하급기관에 대한 지시·감독권 등의 훈령권을 행사하여 하급기관의 위법이나 잘못된 재량권 행사를 통제할 수 있다. 그리고 상급자는 하급자에 대한 직무명령을 통하여 통제할 수 있다.

상급관청은 하급 관청에 대하여 지시권이나 감독권 등의 훈령권을 행사함으로써 하급관청의 위법이나 재량권 행사의 오류를 시정하는 등 통제를 가할 수 있다.

상급자는 하급 경찰공무원에 대하여 직무명령을 통하여 그 행위를 통제하기도 한다.

(다) 행정심판의 재결권

① 원칙

행정심판은 위법·부당한 행정처분에 대하여 행정청에 불복하는 방법이다. 경찰행정과 관련한 행정심판은 청구인의 주소지를 관할하는 파출소·경찰서(지방경찰청 경우)·지방경찰청 또는 면허시험장 민원실에 제출하여야 한다.

이에 대한 심리 의결은 국무총리 행정심판위원회에서 담당하며, 재결청은 경찰청장이다.

행정심판의 경우에는 행정청의 처분 또는 부작위에 대하여는 당해 행정청의 직근 상급 행정기관이 재결관청이 되므로(행정심판법 제5조), 상급 경

찰관청은 하급 경찰관청의 행정의 위법은 물론 부당한 문제에 대해서도 행정심판의 재결청으로서 통제를 가할 수 있다.

② 예외

'집회 및 시위에 관한 법률'에 의거, 집회의 금지 통고에 대하여는 금지 통고를 행한 경찰관서의 직근 상급 경찰관서의 장에게 이의를 신청할 수 있다(제9조). 따라서 경찰서장의 금지 통고에 대해서는 지방경찰청장, 지방경찰청장의 금지 통고에는 경찰청장에게 이의 신청을 할 수 있다.

또한 경찰공무원의 징계 등 불이익한 처분에 대한 심사청구는 행정자치부 소속의 소청심사위원회에서 하므로 외부적 통제가 된다.

(2) **외부적 통제**

(가) 경찰위원회

경찰위원회는 경찰의 주요 업무에 대한 심의·의결권이 있고, 경찰청은 여기에 구속되므로 외부적 통제의 일종이다. 그러나 우리 나라 경찰위원회는 형식적인 수준에 머물고 있어 그 외부적 통제 기능을 발휘하지 못하고 있다.

(나) 국회에 의한 통제

국회에 의한 통제는 사전적으로 입법권과 예산심의권 등으로 경찰 관계 법령의 제정과 경찰 예산 편성권으로 통제한다. 사후적으로 예산결산권과 국정감사·조사권 등의 행정감독 등을 통한 통제가 있다.

국회는 입법권과 예산심의·결산권, 국정감사·조사권 등의 권능을 행사함으로써 경찰의 입법 과정, 예산 책정과 결산 과정, 그리고 경찰행정에 대하여 감사하고 조사함으로써 경찰을 통제할 수 있다.

국회의 이러한 권능은 국민의 대표기관으로서 국민의 뜻을 경찰행정에 반영할 수 있는 창구가 된다는 점에서, 가장 강력한 경찰통제기관이라고 볼 수 있다. 비록 행정입법이 증가하는 등 국회의 통제기능에는 한계가 없지 아니하나, 그 경우에도 의결권을 가지고 있는 국회의 권능은 소홀히 취급될 수 없다.

(다) 사법 통제

사법 통제로는 위법한 처분 등을 행정소송으로 취소하여 시정하고, 공무원 개인에게도 민사상·형사상 책임을 물을 수 있다. 그리고 이러한 사법통제는 판례법의 형성을 통하여 위법행위를 억제하는 기능을 한다.

위법한 행정에 대한 법원의 사법심사를 통한 통제로, 위법한 처분을 취소 등을 통하여 시정케 할 뿐만 아니라, 공무원 개인에게도 민사상·형사상의 책임을 물을 수 있다는 측면에서 위법한 행정작용을 억제하는 통제효과를 가져온다.

사법통제는 판례법의 형성을 통하여 행정으로 하여금 판결 내용에 반하는 행위를 억제함으로써 국민의 권리 구제에 기여하게 된다.

(라) 행정부에 의한 통제

① 대통령

대통령은 경찰청장의 임명권·경찰위원회 위원의 임명권 등으로 경찰을 통제하고, 행정수반으로서 주요 정책을 결정함으로써 경찰을 통제할 수 있다.

② 감사원

경찰기관의 세입·세출의 결산과 경찰기관 및 경찰공무원의 직무에 대한 감찰을 통하여 경찰을 통제한다.

③ 행정자치부 장관

경찰청, 소청심사위원회가 행정자치부 소속이고(경찰법 제2조), 행정자치부 장관이 경찰청장과 경찰위원회 위원의 임명 제청권을 가지고 있으므로 상급관청으로서의 권한 행사를 통하여 경찰을 통제할 수 있다.

④ 국민고충처리심사위원회

국민의 고충 민원 등을 접수·상담하고, 이를 신속하게 조사·처리하며, 행정기관의 민원사무 처리 상황을 감시함으로써 국민의 권익을 보호하고 편익을 제공하기 위하여 대통령 소속하에 국민고충처리위원회를 두고 있다(민원사무 처리에 관한 법률 제14조, 행정규제 및 민원처리사무기본법 제15조).

고도의 정치적 판단을 요하거나 국가 기밀 또는 공무상 비밀에 관한 사항이나 업무의 성질상 수사에 관한 사항, 경찰공무원 또는 직원에 관한 인사행정상의 행위에 관한 사항 등은 국민고충처리위원회의 관할 범위에 속하지 않으므로 제외된다.

동 위원회는 고충 민원에 관한 상담 조사 및 처리, 고충 민원에 관한 조사의 결과 위법·부당한 처분 등에 대한 시정 조치의 권고, 행정 제도 및 운영의 개선에 관한 권고 또는 의견 표명 등의 기능을 수행하므로(동법 제16조), 그러한 범위 내에서 경찰에 대한 통제 기능을 수행한다.

⑤ 기타

경찰은 정보·보안 업무는 국가정보원의 조정과 통제를 받고, 대간첩 작전 수행은 국방부의 통제를 받으며, 수사 업무는 검찰의 지휘를 받는다.

특히 검사는 수사지휘권(형사소송법 제196조, 검찰청법 제53조), 경찰서 등의 구속장소 감찰권(형사소송법 제198조의 2), 교체 임용 요구권(검찰청법 제54조) 등을 통하여 경찰에 대한 막강한 통제 권한을 가지고 있다.

(마) 민중통제

민중통제는 여론, 이익집단, 언론기관, 정당 등을 통한 직·간접적인 통제를 말한다. 최근에는 시민단체의 운동(NGO)이 갈수록 영향력이 커지고 있다.

민중통제는 민주주의의 특징이라고 할 수 있다. 특히 언론기관은 제4부라고 일컬어질 만큼 그 영향력이 크며, 실질적으로 여론을 주도함으로써 국가의 정책 결정에 깊숙이 관여한다.

〈NGO(**비정부기구**)〉

1. 의의 : 비정부기구란 개인이나 민간단체가 연합하여 국제적인 기구를 조직하는 것으로 국제연합헌장에 따라 국제연합경제이사회의 자문기관으로 인정받고 있다.
2. 요건 : 지속성(활동 내용이 일회성 캠페인에 그치지 않아야 함), 비영리성(이윤을 추구하지 않아야 함), 독립성(정보 내지 정치적 영향으로부터 독립적으로 운영되어야 함), 자율성(의사 결정의 자율성이 보장되어야 함.)
3. 경찰과 NGO와의 관계
   (1) 경찰은 NGO와의 협력을 강화하여 사회 각계 계층의 경찰 지원 세력을 확보할 수 있다.
   (2) 상호 관심사를 치안정책에 반영함으로써 경찰행정의 공정성과 신뢰성을 높일 수 있다.
   (3) 법집행 사각지대를 메워 줄 수 있는 분야의 활동을 유도하여 경찰력을 보완할 수 있다. 그러나 민간단체인 NGO에게 경찰의 법집행 과정에 개입할 수 있는 법적 권한을 부여할 수는 없다.

제2장 경찰의 과제

제1절 경찰 제도 개혁

1 행정개혁

1) 의 의

행정개혁이란 새로운 환경과 시대적 요청에 부응하고 민주적 행정이 지향하는 좀더 바람직한 상태를 구현하기 위하여, 현재의 행정구조(직제)·관리 기술·절차·방법·정책 및 사업계획·인간 관계 및 행태·의사 결정모형 등의 변수를 인위적·가치적·종합적·개방적·동태적·지속적으로 변화시키는 행위를 말한다.

<table>
<tr><td>의의</td><td colspan="2">(1) 행정 체제를 더 나은 상태로 변화시키기 위한 계획적이고 의도적인 활동
(2) 정치적·기술적 성격을 가지지만, 전통의 계승과는 성격이 상반된다.</td></tr>
<tr><td>특징</td><td colspan="2">(1) 목표 지향적⇒불확실성과 위험을 수반
(2) 동태적·행동 지향적인 계속적 과정
(3) 상호 의존성(정치성)⇒많은 요인·변수
(4) 저항을 수반</td></tr>
<tr><td rowspan="3">접근 방법</td><td>구조적 접근 방법</td><td>최적 구조가 업무의 최적 수행을 보상⇒기구·기능 등을 중심</td></tr>
<tr><td>관리 기술적 접근 방법</td><td>업무 기술·절차·장비의 전문화·과학화 등에 치중</td></tr>
<tr><td>인간적 접근 방법</td><td>구성원의 형태 변화를 통한 개혁을 추구</td></tr>
</table>

2) 행정개혁의 특성

목표(가치) 지향성	개혁은 의식적으로 설정된 목적을 계획적으로 가치 지향성을 지니고 수행하는 것이다.
동태적 · 행동 지향성	개혁은 미래에 전개될 상황에 대한 통제와 예측 능력을 증대시키는 노력과 연계된 행동이다.
정치적(공적) 성향	개혁은 정치적 환경이나 정치적 지지에 의존하며, 권력 투쟁 · 타협 · 양보 · 다양한 전술이 행해지는 불확실성 속에서 전개된다.
지속적 · 계속적 변화	개혁은 단발적 · 단속적 · 일시적 변화가 아니라 다발적이고 계속적 변화이다.
개방성	개혁은 조직 내부뿐만 아니라 환경 등 조직 외적 요소들의 변화에 능동적으로 대응하는 개방적 · 능동적 활동이다.
저 항	개혁은 현상 유지적인 관료나 일반 시민의 저항을 받는다.
포괄적 관련성	개혁의 성공을 위해서는 내재적인 요인(가치관 · 행태 등)과 외재적 요인(국민적 지지나 정치 체제의 협조)뿐만 아니라 조직개편 · 정책이나 절차 등의 개혁이 있어야 한다.
기술적, 계획적	개혁은 기술적이고 계획적으로 이루어져야 한다.

3) 행정개혁의 필요성

① 사회적 환경의 변화와 행정 수요에 대한 대응
② 능률적이고 효율적인 행정의 구현
③ 전쟁 · 권력 투쟁 등 정치적 · 행정적 상황 요인
④ 정보화 사회에 대한 대비
⑤ 세계화 · 정보화 · 지방화 · 글로벌(global)체제
⑥ 관료적 이익이나 조직 확대 경향의 관성
⑦ 행정의 낙후성과 폐단 · 부패

4) 행정개혁의 추진 전략

(1) 경찰개혁 전략

구 분	내 용
목표	국민 만족의 경찰 서비스 제공-치안 만족도 향상 치안 지수(불안 요소) 파악
환경의 변화	(1) 산업사회(industrial society)에서 정보사회(information society)에로의 변화 • 가상공간, IT 기술, 네트워크화 • 정보의 자원화와 공유 • 사이버 범죄 · 테러의 등장 • 집권형 구조→다극화 구조 • 폐쇄형 사회→공개 · 투명사회 (2) 그에 따른 국민 의식의 변화 • 인터넷의 무기화 • 참여와 정보 공개 등 행정통제 강화 (3) 고객 지향의 경찰 서비스 요구 • 획일적 서비스가 아닌 다양한 맞춤형 서비스 요구
내부적 개혁	(1) E-Policing의 구현 • 전자정부에 걸맞은 지식정보 기반 구축 • 사이버경찰청 창설(2000. 10. 21) (2) 잘못된 의식 · 제도 · 관행의 타파 (3) 자율 · 창의 · 책임의 개혁 이념 내면화 (4) 사기 진작 및 자긍심 고취 (5) 경찰 서비스의 생산성 · 경쟁력 개념 도입 (6) 지역경찰 활동(community policing)의 생활안전 분야 적용
외부적 개혁	(1) 수사권 독립 (2) 자치경찰제의 도입 검토

개혁의 폭과 속도에 따른 전략	급진적 · 전면적 전략	근본적 변화를 일시에 달성하려는 광범위하고 빠른 속도의 추진 전략(개발도상국에서 사용) 유능한 지도 세력의 존재시 신속한 변화의 도입 가능
	점진적 · 부분적 전략	개혁의 영향, 수용 태세, 동원 자원을 감안하여 완만하게 추진하는 전략(소극적 개혁)
개혁의 추진 방향에 따른 전략	명령적 · 하향적 전략	대내외의 참여 없이 상층부에서 일방적으로 추진하는 전략(저항 유발, 지속화 곤란)
	참여적 · 상향적 전략	참여를 통하여 구성원의 아이디어를 수집하고 그들의 의견을 반영하여 추진하는 전략(저항 최소화, 신속한 변화 곤란)

〈치안지수〉

1. 의의

국민들이 평가한 각종 범죄 및 교통 위험에 대한 불안 수준, 범죄 간의 상대적 중요도 등을 기초로 산출한 지표를 치안지수라고 한다. 즉, 국민들이 피부로 느끼는 치안 수준을 수치로 나타낸 것이다. 이를 지역별, 범죄별로 예보까지 할 수 있는 체감 치안지수도 만들어졌다.

2. 치안지수

(1) 체감 치안지수 : 국민을 대상으로 설문조사를 실시해 개별 범죄별로 불안 수준을 도출한 뒤 범죄 유형별 가중치를 부여하여 산출하는 주관적 평가지수로, 개별 범죄에 대하여 매우 불안(1점), 불안한 편(2점), 보통(3점), 안전한 편(4점), 매우 안전(5점) 중에서 선택한 것을 평균한 값으로, 점수가 높을수록 체감 치안 상황이 개선된 것을 의미한다.

(2) 치안지수 : 치안지수는 체감치안지수를 범죄 발생 건수에 적용하여 계산한 객관적 지수로서 범죄 간의 상대적 중요도를 실제 범죄 발생 건수에 적용하여 계산한 것으로 '치안지수'가 100이 넘으면 기준 시점보다 치안 상황이 악화된 것으로, 100 이하면 개선된 것으로 해석이 가능하다.

3. 활 용

(1) 어떤 범죄가 국민을 불안하게 하는지를 파악하여 치안정책의 중점 사항을 선택할 수 있고, 정기적으로 조사하여 국민들의 치안 만족도 변화를 파악할 수 있다.

(2) 지역별로 치안지수를 산출하여 지역 특성에 맞는 치안정책을 수립할 수도 있다.

(3) 그러나, 치안지수로써 범죄 발생 원인을 분석할 수 있는 것은 아니다.

(2) 새로운 개혁전략

새경찰 새일꾼 제도	각급 경찰관서별로 경위 이하 정예 경찰관들로 위원회를 구성하여 개혁에 대한 새로운 아이디어 수집과 직원들의 건의 사항을 수렴하는 기능을 수행하는 제도
신지식 경찰관 제도	(1) 업무에 대한 전문지식을 가지고 창의성을 발휘하여 조직의 생산성을 높이는 경찰관을 발굴・포상함으로써 업무 개선 분위기를 확산시키고자 하는 제도 (2) 선발 요건⇒창의성・능동성・공유성・효과성
워크숍	기능별・직급별 의식개혁 확산을 위해 사용된 다양한 의식개혁 프로그램을 의미

리스트럭처링 (restructuring)	경영혁신을 목적으로 조직의 구조를 재설계하는 것 (예: 계장제의 폐지, 과[課]의 통폐합 등)
리엔지니어링 (reengineering)	경찰 경영의 성과를 극적으로 개선하기 위하여 업무 처리 과정을 근본적으로 재사고(再思考)하고 혁명적으로 재설계하는 것(예: 민원1회 방문처리제)
벤치마킹 (benchmarking)	다른 조직과 자기 조직을 비교하여 다른 조직이 잘하는 정보나 노하우를 얻어 자기 조직을 변화시키고 경영혁신을 이루어 가는 과정
아웃소싱 (outsourcing)	경찰 조직 내부에서 하던 일을 조직 슬림화 차원에서 민간 등 외부에 위탁하는 것(예: 운전면허시험의 일부를 민간 이양)

5) 성공적인 행정개혁의 조건

① 정치 사회적 안정과 강력한 정치적 리더십
② 정치적 지지와 변화를 수용하는 사회 여건
③ 개혁의 토착화(내재화)와 가외 장치의 고려
④ 개혁의 촉발·추진이 용이한 신축적 조직구조
⑤ 저항에 대한 원인 진단과 개방적·능동적 해결 노력
⑥ 점진적 개혁 전략의 채택

6) 행정개혁의 저항과 극복 전략

(1) 행정개혁의 저항 원인

① 정치·경제·사회·문화적 불안정과 정치적 리더십의 결여
② 정치적 무관심과 보수적·현상 유지적 태도
③ 개혁의 목표와 내용의 결함과 모호성
④ 조직의 특수성 유지 심리와 관료주의
⑤ 매몰비용의 과다와 개혁 부담
⑥ 기득권의 침해(이익 상실로 인한 불안)
⑦ 개혁 목표·추진 방법·절차의 폐쇄성과 비밀주의
⑧ 피개혁자의 능력 부족
⑨ 비협조적인 인간 관계
⑩ 미지의 상황에 대한 불확실·불안감
⑪ 법 개정의 난이도
⑫ 정치 권력과 관련 이익집단 세력
⑬ 조직구조의 높은 복잡성·집권성·공식성·계층성
⑭ 전면적 개혁

(2) 저항의 극복 방안→공감대 수단-새일꾼, 신지식경찰관, 명인, 워크숍(A. Etzioni)

공리적·기술적 전략	적절한 상징의 조작과 사회 심리적 협조에 의하여 개혁에 대한 저항을 완화·해소시키는 방법으로, 개혁에 대한 저항을 극복하는 가장 근본적 방법이다.	(1) 개혁 추진 세력의 신념·카리스마·솔선수범 (2) 참여의 확대와 집단토론 및 교육훈련, 의사소통 (3) 긴장감의 완화와 가치 갈등의 해소

규범적·사회적(협조적) 전략	개혁으로 인한 이익 침해를 방지하고 침해된 이익을 보상해 주며 개혁 과정의 기술적(시기·범위·전략) 조정을 통한 저항 방지 전략	(1) 점진적 전략추구, 수정 기회 (2) 개혁의 시기·절차·범위의 적절한 선택 (3) 개혁안의 명확화·공공성과 손실보상안의 명확화
강제적 전략	제재를 가하거나 일방적으로 권한을 행사하여 저항을 해결하는 방법	(1) 권한에 의한 명령 (2) 물리적 제재나 신분상의 불이익 처분 (3) 의식적인 긴장 구조 (4) 권력 구조의 개편

2 경찰 제도의 개혁

1) 자치제 경찰로의 전환

(1) 국가경찰과 자치제 경찰

국가경찰(중앙경찰)이란 국가가 경찰 유지의 권한과 책임을 가지는 경찰을 말하고, 자치제 경찰(지방경찰)은 지방자치단체가 경찰 유지의 권한과 책임을 가지는 경찰을 말한다.

	국가경찰 제도(중앙경찰)	자치제 경찰 제도(지방경찰)
의의	국가가 경찰 유지의 권한과 책임을 가지는 경찰	지방자치단체가 경찰 유지의 권한과 책임을 가지는 경찰
사명	복리적 경찰작용도 포함	소극적 질서 유지에 국한
조직	중앙집권적·관료적 조직	지방분권적·민주적 조직

수단	권력적인 명령·강제가 중심	비권력적 행정행위가 중심
장점	(1) 강력한 기능과 집행력⇒ 능률성 (2) 경찰기관의 협조·조정이 우수 (3) 업무 집행의 통일성 (4) 전국적 통계 자료의 정확성	(1) 정치적 중립성·탄력성·적합성⇒민주성 (2) 주민 지향적 봉사경찰⇒민경(民警)의 유대 강화 (3) 주민 협력 치안의 활성화
단점	(1) 관료화 우려와 정치적 중립성 취약 (2) 각 지방의 특수성이 저해 (3) 경찰에 대한 시민 통제가 어렵다.	(1) 전국적·광역적 범죄에 대처가 어렵다. (2) 통일성·집행력·기동력이 미약 (3) 토착 비리의 가능성이 크다.

(2) 자치제 경찰로의 전환시 고려 사항

① 중앙정부의 위기 극복 능력과 긴급 사태 대비에 대한 보완 방법

② 지방경찰의 붕당화 극복 등 정치적 중립의 유지

③ 중앙통제형 검찰의 수사권 독점 현상 극복 방안

④ 국민의 선호 여부 및 수용 자세

⑤ 불균형적인 지방 재원의 조정

⑥ 남북 분단 상황

<table>
<tr><td>고려 사항</td><td colspan="2">(1) 중앙정부의 위기 극복 능력과 긴급 사태에 대한 제도적 대처 방안
(2) 불균형적인 지방재원의 조정 · 보충 방안
(3) 지방경찰의 붕당화(朋黨化) 극복 방안
(4) 자치경찰과 검찰의 수사권 독점이라는 모순의 해결</td></tr>
<tr><td rowspan="2">정책 방향</td><td>단기</td><td>(1) 민주적 통제 장치의 보완
(예: 경찰위원화의 권한 강화, 지방치안행정협의회의 지방경찰위원회로의 격상)
(2) 자치경찰제적 요소의 강화(예: 지방경찰청장에게로의 대폭적 권한 위임)</td></tr>
<tr><td>장기</td><td>경찰 제도의 개혁 추진</td></tr>
</table>

<table>
<tr><th colspan="2">구 분(유형)</th><th>특 징</th></tr>
<tr><td rowspan="2">행정상 집권 · 분권</td><td>동일 기관 내의 상 · 하위 계층 간의 권한 배분</td><td rowspan="2">의사결정권이 상급기관이나 상위 계층에 비교적 집중되어 있는 것이 행정상 집권, 그 반대가 행정상 분권</td></tr>
<tr><td>중앙기관(상급기관)과 일선기관(하급기관) 간의 권한 배분(예: 권한의 위임)</td></tr>
<tr><td>정치상 집권 · 분권</td><td>국가(중앙정부)와 지방정부(지방자치단체) 간의 권한 배분⇒중앙집권 · 지방분권(예: 자치경찰제)</td><td>정책결정권이 중앙정부(국가)에 비교적 집중되어 있는 것이 중앙집권(정치상 집권), 그 반대가 지방분권(정치상 분권)</td></tr>
</table>

2) 내부 조직 개혁

경찰조직의 생산성 극대화를 위하여 현행의 획일적 계층구조와 조직 규모는 최적의 구조인지 여부, 지휘 계층의 비대화와 중복 여부, 치안 수요에 따른 폐지 · 축소와 통폐합 또는 새로운 탄력성 있는 구조로의 전환 여부 등 분석 · 평가하여 이를 바탕으로 조직의 내부의 개혁이 이루어져야 한다. 이에는 일선 이관과 MBO(목표에 의한 관리) 등이 있다.

① 의의

목표에 의한 관리(MBO)에 대하여 살펴보면 다음과 같다.

상하 조직 구성원들이 참여 과정을 통하여 조직의 목표를 설정하며, 그 수행 결과에 대한 평가와 환류를 통하여 궁극적으로 조직의 효율성(성과와 능률)을 증진시키고자 하는 총제적 관리 체계이다. 조직관리 수단일 뿐만 아니라 재무행정에서는 예산 제도로서, 인사행정에서는 근무성적 평정으로 활용될 수 있다.

② 절차

㉠ 목표 설정 : 참여적 목표 설정, 결과 지향적 단기 목표 중심

㉡ 목표 실행과 중간평가

㉢ 최종 평가

② 환류

③ 특징

㉠ 성장형 인간관 : 자아 실현적 인간관과 Y이론적 인간관을 전제

㉡ 참여적 · 자기 통제 : 조직 목표와 개인 목표의 일치, 집권화와 분권화의 조화를 모색

㉢ 팀워크의 강조

㉣ 관리직에 적합 :조직의 어느 수준에서나 채택 가능

㉤ 기타 : 상하 간 의사 소통과 환류 중시, 계량적 목표의 중시, 성과평가를 통한 보상 실현, 책임 소재의 명확화, 일의 과정보다는 결과를 중시하는 관리 기법이다.

④ 장점

㉠ 목표 지향적 관리

㉡ 분권적 · 참여적 관리

㉢ 의사소통 활성화

㉣ 업적 평가 기준의 명확

㉤ 기획 작성 능력의 향상

㉥ 관료제의 역기능 보완

⑤ 단점

㉠ 목표의 설정 및 성과측정 곤란 : 행정 목표의 다원적 · 무형적 성격으로 명확한 설정과 목표 달성의 성과를 측정하는 것이 용이하지 않다.

㉡ 단기적 · 양적 목표에 치중 : 장기적 · 질적 목표보다 단기적 · 양적 ·

유형적 목표에 치중하여 목표의 전환 현상을 초래

㉢ 시간·노력의 과다 소모 : 중간평가·환류 등 문서를 통한 업무 처리에 시간과 경비가 많이 든다. 관리자들은 지나치게 세밀한 서류 작성의 부담이 크다.

㉣ 유동적 상황에서의 적용 곤란 : 관리 상황이 유동적이고 변동이 심한 사회에서는 원래 계획된 목표관리가 그대로 유지되기 곤란하고, 합의에 의한 목표 설정이 어렵다.

㉤ 기타 : 분권화는 위기관리 방안으로 부적합하며, 권위주의적·집권적 조직에서는 목표관리가 어렵다. 또한 인간 중심적 관리의 경험이 없는 조직에서는 저항이 예상된다.

3 지방자치경찰 제도의 도입

1) 개 관

민주경찰 제도를 채택하고 있는 국가의 경찰 제도는 세 가지 패턴이나 패러다임으로 구분된다. 한 국가의 경찰 제도는 그 나라의 역사적 배경, 시민 의식, 정치 제도, 치안 상태 등 여건에 따라 그 형태를 달리하며 나라마다 그 운영 방법도 서로 다르다.

세 가지 패턴의 경찰 제도는 다음과 같다.

① 지방분권화 체제(fragmented system) → 경찰 업무에 대한 책임이 지방정부에 맡겨져 있는 체제(예 : 미국·캐나다·네덜란드)

② 중앙집권화 체제(centralized system) → 경찰력이 중앙정부의 직접적인 통제 아래 있는 체제(예 : 프랑스·이탈리아·핀란드)

③ 절충형 체제(integrated system) → 중앙과 지방정부가 경찰 업무의 통제를 분담하는 체제(예 : 일본, 영국, 독일, 호주, 브라질)

우리 나라 경찰은 경찰력의 분산으로 인한 안보 및 광역 경찰 기능의 약화, 경찰 위계 질서의 해이, 지역 간 경찰력의 질적 수준 불균형 등을 이유로 중앙집권적 국가경찰 체제를 일관되게 유지하여 왔다.

지방자치 경찰 제도를 도입하는 경우에도 우리 나라 어떠한 유형의 모델을 채택하는 것이 바람직할 것인가에 대하여는 여러 가지 견해가 있을 수 있다. 여기에서는 자치경찰 제도의 도입 범위, 설립 위치, 관리 형태, 기능, 책임자의 선임 방법, 국가경찰 직원의 배치 여부, 경비의 부담 문제, 업무의 협력 문제, 지방경찰에 대한 감독 등에 대하여 살펴본다.

중앙에는 국무총리 소속 아래 국가경찰위원회를 두어 경찰청을 관리하도록 하고, 지방에는 시·도지사 소속 아래 시·도 지방경찰위원회를 두어 시·도 지방경찰청을 관리하는 절충형 모델을 채택할 필요가 있다.

2) 자치경찰제의 도입 범위

대통령 직속 정부혁신지방분권위원회는 자치경찰 제도는 국가경찰과 완전히 분리·운영된다. 위와 같이 경찰조직을 이원화하여 운영하는 국가는 그리스와 스페인, 프랑스 등이 있다.

시·군·구 등 기초자치단체의 보조기관으로 자치경찰을 운영하는 지방자치경찰 제도가 2006년부터 도입되었다(제주자치경찰제).

3) 자치경찰의 업무

기초자치단체에 소속된 자치경찰의 업무는 환경·위생 등 행정경찰 업무를 비롯하여 지역 통행 및 기초 질서 유지, 지역시설 및 행사 경비 등 주민 생활에 밀착된 치안 서비스를 일차적으로 수행하는 것으로 되어 있다. 자치경찰은 기초자치단체에서 보유하고 있는 법집행 사무 및 이에 따르는 특별사법 경찰사무를 맡는다. 현재 국가경찰이 수행하고 있는 경찰 업무 중 주민 생활에 밀착된 경찰 업무를 자치경찰이 일차적으로 수행할 수 있는 권한을 부여할 예정이다. 즉, 자치경찰의 업무는 소속된 지자체 안에서 생활 안전·순찰·교통·단속·시설경비 등이 있다.

국가경찰은 범죄 수사 등을 맡게 되며 현행 국가경찰의 경찰서·파출소 조직은 그대로 유지된다. 가령 주민이 범죄를 당한 경우에는 국가경찰에 신고하여야 한다. 국가경찰의 조직은 현행처럼 그대로 유지되어 현재의 경찰은 모두 국가경찰이 된다.

자치경찰과 국가경찰과의 관계는 원칙적으로 병렬적 위치에서 완전히 독립적인 관계를 지닌다. 다만 상호간 보완적·지원적 업무 범위를 설정해 협력적 부분을 규정할 수 있다. 국가와의 관계는 광역자치단체장 산하에 자치경찰담당관(지역치안협력관)을 두거나 아니면 현재 치안행정협의회를 대폭 강화할 방침이다.

4 임명권자

기초자치단체 단위로 실시하기 때문에 기초자치단체장에게 인사권을 부여함으로써 자율과 책임이라는 지방자치 원칙에 충실하도록 하였다.

5 신 분

시 · 군 · 구에 소속된 자치경찰은 특정직 지방공무원의 신분이 된다. 인사 교류는 광역자치단체 단위에서 하는 것을 원칙으로 한다.

6 소요 예산

재원은 국가에서 지방재정조정 제도 등을 활용하여 자치경찰 소요경비를 지원한다. 또 교통 및 경범죄 범칙금 등을 자치경찰 재원으로 충당시키는 방안도 고려되고 있다.

제 2 절 수사구조 개혁

1 경찰수사권 독립

1) 현행 법규상 검찰과 경찰의 관계

(1) 개관

검사를 수사의 주재자로 하고 범죄 수사에 관하여 검사의 사법경찰관리에 대한 지휘감독권을 인정하는 형소법 제196조 이외에 이러한 관계를 표현해 주는 또 다른 법규가 있다.

검사의 조직과 권한에 관한 검찰청법 제5조에는 상기 형소법의 규정과 동일한 것이 있으며, 특히 동법 제53조는 사법경찰관리의 검사에 대한 복종 의무를 명문화하여 양자의 관계를 상명하복 관계로 하고 있다.

(2) 구체적 내용

(가) 경찰의 보고 의무(수사사무보고 및 정보보고)

사법경찰관은 중요 범죄가 발생하였다고 인정할 경우에는 즉시 관할 지방검찰청 검사장 또는 지청장에게 보고하여야 한다(사법경찰관리집무규칙 제11조). 이 법무부 규칙으로부터 검찰은 사법경찰의 수사 개시까지도 독자성을 부여하지 않을 의도임을 알 수 있다.

사법경찰관은 소요의 발생, 기타 사유로 사회적 불안을 조성할 우려가 있을 때와 정당, 사회단체의 동향이 심히 질서에 영향을 미칠 우려가 있을 때에는 그 사실과 경찰 조치를 지체없이 관할·지방검찰청 검사장 및 지청장에게 보고하여야 한다(동 규칙 제12조). 이는 경찰에 고유한 범죄 예방 및 정보 조치에 대하여도 검찰이 개입하려는 의도이다.

(나) 검찰에의 사건 송치 의무

사법경찰관은 모든 사건을 수사 종결시 관할 지방검찰청 검사장 또는 지청장에게 송치하여야 한다(사법경찰관리집무규칙 제54조). 이 법규들로부터 사법경찰은 "혐의 없음", "죄가 안 됨" 및 "공소권 없음"의 불기소 사건에 대해서도 자체 수사종결권을 가지고 있지 않음을 알 수 있다.

고소, 고발사건의 경우 2개월 내 수사를 완료하여 송치하여야 하고 만약 그 기간 내 완료치 못한 때에는 검사로부터 그 연장 품신을 받아야 한다(형소법 제28조, 사규 제39조).

사건의 송치 후 수사를 속행하는 경우에는 미리 주임검사의 지휘를 받아야 한다(사규 제59조 제1항).

사건의 송치 후에 당해 사건에 속하는 피의자의 여죄를 발견하였을 때에는 즉시 주임검사에게 보고하고 그 지휘를 받아야 한다(동 규칙 동조 제2항).

(다) 검사의 독점적 영장청구권

헌법 및 형소법은 각종 영장의 청구는 검사만이 할 수 있도록 규정하고 있다(헌법 제11조 제3항, 형소법 제201조, 제215조). 사법경찰관은 직접 법원에 영장을 청구할 수 없고 검사에게 신청하여 검사가 그 필요 여부를 판단한 후 판사에게 청구하도록 되어 있다. 이러한 검사의 독점적 영장청구권은 사법경찰에 대한 수사통제에 아주 유용한 수단으로 이용된다.

영장의 집행은 사법경찰관리가 행하나 이것 역시 검사의 지휘에 의하도록 되어 있다(형소법 제81조, 사규 제23조 제3항).

(라) 검찰의 수사중지명령권과 체임요구권

서장이 아닌 경정 이하의 사법경찰관리가 직무집행에 관하여 부당한 행위를 하는 경우에는 관할 지방검찰청 검사장은 당해 사건의 수사 중지를 명하고, 임용권자에게 그 교체 임용을 요구할 수 있다.

이 요구가 있는 때에 임용권자는 정당한 이유를 제시하지 아니하는 한 교체 임용의 요구에 응하여야 한다(검찰청법 제54조).

(마) 검사의 구속장소감찰권

검사는 매월 1회 이상 경찰의 피의자 구속 장소를 감찰하여 피구속자가 불법으로 구속된 것이라고 의심할 만한 상당한 이유가 있을 때에는 즉시 체포 또는 구속된 자를 석방하거나 사건을 검찰에 송치할 것을 명한다(형소법 제198조의 2).

(바) 검사의 변사체 검시에 대한 지휘권

변사체가 발생하면 사법경찰관은 검사에게 보고하고 지휘를 받으며 그 명에 의하여 검시조서를 작성한다(형소법 제222조, 사규 제33조). 이는 수사의 단서에 해당하는 영역까지 검사의 지휘권을 인정한 규정이다.

(사) 경찰의 타 관할 수사시 보고 의무

사법경찰관리가 관할구역 외에서 수사를 하거나 관할구역 외의 사법경찰관리의 촉탁을 받아 수사할 때에는 관할 지방검찰청 검사장 또는 지청장에게 보고하여야 하며, 긴급을 요할 때에는 사후에 보고할 수 있다(형소법 제210조).

(아) 검찰의 사법경찰관리에 대한 행정적 체임요구권

관할 지방검찰청 검사장은 폭력행위 등 처벌에 관한 법률 위반의 범죄가 발생하였음에도 불구하고, 이를 그에게 보고하지 아니하거나 그 수사를 태만히 하거나 또는 수사 능력 부족, 기타의 이유로써 사법경찰관리로서 부적당하다고 인정하는 자에 대해서는 그 임명권자에게 당해 사법경찰관리의 징계, 해임 또는 체임을 요구할 수 있다.

이 요구가 있을 경우에 임명권자는 2주일 이내에 당해 사법경찰관리에 대하여 행정처분을 한 후 이를 관할 검찰청 검사장에게 통보하여야 한다(폭력행위 등 처벌에 관한 법률 제10조). 이는 검찰이 경찰의 행정처분까지 간섭할 수 있는 규정이다.

2) 경찰수사권 독립론의 타당성

(1) 수사의 현실과 법규범과의 불일치

국가 정책적 고려를 요하는 범죄나 법률 관계가 복잡한 범죄 이외의 경찰에 인지된 대부분의 일상 범죄에 대한 수사개시는 사법경찰관의 독자적 판단에 의하여 이루어지고 있다.

경찰이 개시한 수많은 사건을 소수의 검사가 실질적으로 수사·지휘하기는 사실상 불가능하다. 만약 사법경찰은 검사의 지휘를 받아서만 수사하여야 한다는 법규범을 엄격히 적용한다면 우리 나라 수사의 97%가 사실상 불법 수사가 되는 셈이다. 이러한 수사 현실과 법규범과의 괴리를 극복하기 위해서는 경찰의 독자적 수사 개시권을 법률에 명시적으로 보장하여 주어야 한다.

아울러 사법경찰관은 범죄가 발생하였다고 인정할 경우에는 즉시 관할 검찰청 검사장 또는 지청장에게 보고하여야 한다는 실효성 없는 사법경찰관리집무규칙(법무부) 제11조도 가능한 한 철회되어야 한다.

(2) 검찰에게 비대한 권한을 부여하는 현행 제도의 문제점

우리 나라 검찰은 세계에서 그 유례를 찾아볼 수 없을 정도로 광범위한 권한을 가지고 있다. 그의 권한은 수사, 공소, 공판 및 재판의 집행으로 이어지는 모든 형사 절차에 걸친다. 또한 그 권한은 대부분 외부기관으로부터 통제받지 않는 독점적인 것이다.

사법경찰을 지휘할 수 있는 수사지휘권, 영장청구의 독점권, 수사 종결의 독점권, 기소독점주의, 범죄 혐의 있는 피의자에 대하여 단독으로 기소유예 처분을 할 수 있는 권리, 공소취소권 등 실로 막강한 권한을 행사할 수 있는 것이 우리 나라 검찰이다.

(3) 수평적 국가기관

민주주의 국가 체제에서 국가기관의 하나인 경찰이 다른 수평적 국가기관인 검찰에 예속되는 것은 그 자체가 모순이다.

민주국가에서 수평적인 기관조직에서의 기본 원리는 권력 분립과 분립된 권력체 상호간의 견제와 균형이다. 이때 각 주체에게 부여되는 권리는 독립적·독자전인 것이어야 서로 견제와 균형을 유지할 수 있다.

같은 조직 내에서는 그 명령 및 지휘 계통이 일원화되어야 하는 것은 국가조직의 기본 원리이다. 그런데 현행의 수사 체계에 의하면 경찰청 소속 사법경찰관이 법무부 산하 검찰청 소속의 검사의 지휘를 받음으로써 명령 계통이 확립되지 못하여 책임행정의 원리가 침해될 뿐 아니라 수사의 효율성도 저하시키고 있다.

(4) 문민정부 이후의 수사환경의 변화와 경찰수사 독립론

문민정부가 들어선 이후의 수사환경은 시국 치안에서 민생 치안으로 역점이 바뀌었고, 적정 절차를 통한 인권 보장의 이념이 사회 전반에 확산되고 있다. 이제는 경찰 수사가 여론 및 사법의 통제를 엄격히 받고 있으며 국민 개인의 인권 의식도 높아졌을 뿐만 아니라 실제로 국민의 인권 주장도 쉽게 이루어지고 있다.

철저한 법률 지식과 인권 의식으로 무장된 경찰대학 졸업생 및 사법시험 합격자가 경찰 수사 인력으로 모집 또는 배치되고 있다. 기존의 사법경찰에 대한 끊임없는 교육도 이루어지고 있다. 따라서 오늘날의 경찰 수사에는 검사의 수사 지휘를 받지 않더라도 충분히 국민의 인권이 보장될 수 있는 환경이 되었다.

2 외국 경찰과 수사권

국가	수 사 기 관	검사와 경찰의 관계
영국	1. 잉글랜드, 웨일스 경찰-수사권/ 검사-공소권 2. 스코틀랜드, 북아일랜드 경찰-수사보조자/검사-공소권과 수사 주재자	1. 잉글랜드, 웨일스는 경찰이 독자적 수사권 보유, 검사와는 형식적·실질적 상호 협력 관계이다. 2. 스코틀랜드, 북아일랜드는 상명하복 관계
미국	1. 경찰-수사권 보유 • 연방경찰-연방생활안전죄나 기타 법률에 의하여 지정된 범죄수사 • 주 경찰-주법에 규정된 범죄수사 • 지방경찰-이외의 범죄 수사 2. 검사-범죄소추권	1. 검사는 법률 조언 및 협력 관계 2. 수사권은 경찰이 독자적 수사권 보유
독일	1. 사법경찰-수사의 보조자(경찰의 독자적 초동수사권 인정) 2. 검사-수사의 주재자	1. 검사와는 상명하복 관계 2. 검사는 경제사범, 테러범, 정치범, 강력범의 경우에만 수사에 관여하고, 기타 사건은 경찰에 독자적인 수사권을 인정한다.
프랑스	1. 사법경찰-수사의 보조자 2. 검사-수사의 주재자(예비판사도 수사의 주재자) 3. 사법경찰(법무부) 행정경찰(내무부) 분리	1. 검사와는 상명하복 관계 2. 수사의 경우 ① 검사는 10년 이상의 중죄, 복잡한 범죄에 대해서는 예비판사에게 청구하여 사법경찰관이 예비판사의 지시에 따라 수사한다. ② 일반적인 사건은 검사의 지휘하에 경찰에서 수사한다.
일본	1. 사법경찰-일반사건의 1차적 수사권 2. 검사-수사권과 소추권	1. 검사와는 상호 협력 관계 2. 사법경찰이 독자적인 수사권을 가지고 있으나 고도의 법률 지식을 요하거나 정치성을 띠는 사건은 검사가 직접 수사한다.

3 한국 경찰과 수사권 독립

구분	내용
찬성론	(1) 검사의 수사 독점권으로 인한 국민의 편익 저해(검사는 소송 당사자로서 사전 예단의 위험성, 이중 조서로 인한 중복 수사, 변사자 검시·사체 인도의 지연 등 유족에게 불편) (2) 현실과 법규범과의 괴리(수수의 실제는 대부분 사법경찰관이 시행) (3) 행정조직 원리의 위배(명령 통일의 원리에 위배, 경찰관청에 대한 지휘권 행사는 부적절) (4) 권한과 책임의 불일치(방법은 경찰, 수사는 검찰이 행사하여 상호 조화가 어려움) (5) 경찰 업무의 과중화(검찰의 과도한 업무 개입, 인력 동원) (6) 수사요원의 사기 저하(교체임용요구권) (7) 권력의 집중 현상(공소권·수사권의 검찰 독점⇒검찰에 대한 효과적 견제 장치 미비) (8) 분권화 (9) 경찰이 검찰총장의 단일 지휘하에 있는 검사의 구체적인 수사 지휘를 받지 않으므로 정치로부터 완전히 독립할 수 있다. (10) 범죄의 예방 업무와 진압(수사) 업무가 법적 뒷받침 아래 단일 기관에 의하여 관장·운영되므로 치안 확보에 혁신적인 발전을 이룰 수 있다. (11) 법률상 책임 소재가 명확해짐으로써 민주주의 원칙에도 부합되고 책임과 권한 균형의 조직 원리에도 부합한다. (12) 범죄 수사에 대한 지휘 체계가 확립되어 강력하고 철저한 감독을 행할 수 있다. 따라서 인권을 옹호할 수 있다. (13) 외부의 지휘 없이 독자적인 수사를 전개함으로써 경찰의 사기와 능률이 극대화되어 경찰 수사에 우수한 인력의 유치가 가능하다. (14) 수사의 능률성을 향상하고 공소권의 순수성을 보장할 수 있어 형사소송법의 이념에 더욱 충실할 수 있다.
반대론	(1) 범죄 수사는 공소 제기 여부에 대한 준비 행위로서 소추권자인 검사가 수사 주체 (2) 경찰이 수사의 합목적성만을 추구하여 적정 절차를 무시할 가능성 (3) 비법률 전문가인 사법경찰관의 인권 침해 방지 (4) 경찰에의 권력 집중 현상(막강한 조직력과 정보력을 가진 경찰에 수사권 부여되면) (5) 행정·사법경찰의 분리가 전제되어야 한다. (6) 검사가 범죄수사에 대하여 사법경찰의 수사를 지휘·감독하고 있으나, 사실상 형사 정책적 차원이나 법률적 차원이지 사법경찰은 현재도 수사 개시 및 진행을 그들의 고유 권한으로 행한다. (7) 사법경찰이 검찰의 수사지휘·감독에서 벗어나 수사가 독립되기 위해서는 경찰의 조직이 행정경찰과 사법경찰로 분리되어야 한다. (8) 범죄의 수사는 소추를 전제로 하고 있으므로 소추권자가 수사의 전과정을 통제하여야 한다.

반대론	(9) 형사소송법에서 사법경찰이 작성한 수사조서의 증거 능력을 배척 한 것은 경찰의 수사 자질을 신뢰할 수 없다는 것이다. (10) 경찰의 막대한 정보 기능과 수사 기능이 결합하여 경찰국가화하여 견제가 어려워지고 국민의 인권 보장에 중대한 위험을 초래할 수 있다. (11) 검사와 경찰 간에 수사의 충돌과 경쟁이 야기되어 인권 침해의 소지와 부작용이 우려된다. (12) 경찰의 수사권 독립은 선진국의 입법례의 추세에 어긋난다. (13) 검사 제도는 원래 수사에서 인권 침해를 방지하고 수사에 대한 법적 근거를 제공하기 위하여 탄생된 제도이므로 검사의 수사지휘권의 부정은 검사 제도 자체를 무의미하게 만들 수 있다.

	(1) 검사는 수사의 주체로서 사법경찰관리의 범죄수사는 검사의 지휘·감독을 받는다. (2) 사법경찰관리의 복종 의무를 명문화(검찰청법§53)하여 양자를 상명하복 관계로 구성
수사의 개시	(1) 모든 수사는 검사의 지휘를 요구함. (2) 주요 사건 발생시 검찰에 수사사무 보고 및 정보보고 의무
수사의 실행	(1) 경찰의 독자적 권한이 없다. 영장에 관한 한 검사가 전권을 행사 (2) 검사의 수사중지명령권과 교체임용요구권
수사의 종결	검사 주재의 수사권 체제를 채택⇒경찰의 송치 의무 및 검사의 지휘권을 규정

제 3 절 통합 경찰작용법의 제정

1 경찰작용법

경찰작용법은 경찰행정의 내용을 규율하는 법규로서, 경찰행정상 법률관계의 성립·변경·소멸에 관한 법을 말한다.

우리 나라 경찰작용법의 일반법으로 경찰관직무집행법이 있다. 그런데 경찰관직무집행법은 일반법으로서의 체계를 갖추지 못하고 있어, 전체적인 체계적 통합성과 법적 명확성 등을 갖지 못한 한계가 있다.

(1) 경찰관계법

경찰관계법은 크게 경찰조직법, 경찰공무원법, 경찰작용법 등으로 구분하는 것이 일반적이다.

(2) 경찰작용법

경찰작용은 다른 어떤 행정작용보다도 국민의 자유와 권리에 긴장 관계를 일으킬 가능성이 큰 국가작용이므로 국민의 기본권을 보장하면서도 공공의 안녕과 질서에 대한 위험의 방지 · 제거라는 경찰의 임무를 충실히 수행할 수 있도록, 경찰작용의 근거 · 요건 · 한계 등에 관하여 가능한 한 명백히 규정하여 그 법적 뒷받침을 하는 것이 바람직하다.

집회 및 시위에 관한 법률, 사격 및 사격장 단속법, 총포 · 도검 · 화약류 단속법, 신용조사사업법, 도로교통법 등 다수의 단행법이 경찰작용을 규율하고 있어 경찰작용법 전체가 체계적으로 연관되어 있다기보다는 개별 목적의 별개의 입법으로 존재하고 있다고 볼 수 있다. 그 결과, 경찰작용의 통일성 · 능률성이 결여됨은 물론 국민의 권익 보호라는 차원에서도 다수의 문제점을 드러내고 있다.

(3) 경찰기본법 제정의 의의

경찰기본법의 제정은 현대적인 법 제도를 갖춘다는 것에 그치는 것이 아니라 경찰의 권한과 책임을 명백히 규정하여 경찰의 부당한 권한 행사를 방지함으로써 국민의 권익 보호에 기여하고 아울러 행정기관 간의 간섭이 배제되어 원활한 협력 체제가 도모되게 하는 것이다.

2 경찰관직무집행법의 문제점

1) 개 관

① 경찰관직무집행법 제2조의 규정이 임무규정인지 개괄적 수권 규정인지가 명확하지 않다.

② 경찰 직무의 한계로서 다른 기관과의 관계에 대한 규정이 전혀 없다.

③ 경찰의 사권(私權) 보호와 관련하여 민사 관계에 관한 경찰의 개입의 원칙과 그 한계가 명확하지 않다.

④ 경찰권 행사의 제한 기준이 부족하다.

⑤ 경찰 책임이 불명확하다.

⑥ 경찰강제 · 손실보상 · 상환청구권과 배상청구권 등의 규정이 없다.

⑦ 각종 경찰 활동의 법적 근거에 대하여 구체적으로 수권이 의문시되는 사안이 있다.

2) 경찰관직무집행법의 기본법적 지위 미흡

경찰청의 독립 이후 경찰조직에 관한 일반법으로서 경찰법이 제정되었으나 경찰작용법에 대하여는 아직까지 체계적인 정비가 이루어지지 못하고 있어서 경찰권 행사에서 법률적 근거나 행사의 한계, 각종 경찰 수단의 체계화, 경찰 책임의 확정, 경찰 비용의 상환 등과 관련하여 많은 문제를 야기하고 있다.

특히 경찰관직무집행법이 경찰권의 행사에서 일반법적인 기능을 하고 있다고는 하지만 주로 경찰 수단 가운데 즉시강제에 관한 사항을 규율하고 있어서 사항적 한계를 스스로 지니고 있다.

3) 실질적 경찰 개념 정립의 미흡

독일 · 일본 등 과거에 경찰권이 강대하였던 나라들에서는 제2차 세계대전 이후에 경찰의 기능이 축소되어 종래에 경찰의 권한 영역에 속해 있었던 광범위한 영역이 탈(脫)경찰화되었고, 그 한도에서 위험 방지 임무가 대폭 일반행정기관에 이전되었다. 그 결과 오늘날 경찰의 사실상의 직무 범위인 공공의 안녕 혹은 질서에 대한 위험 방지 기능은 경찰기관 이외에도 일반행정기관도 담당하게 됨으로써 경찰 개념에 대한 재정립의 필요성이 제기되고 있다.

4) 경찰권 발동의 근거로서의 개괄적 수권 조항의 불분명

산업사회의 고도화에 따라 예기치 못한 공공 위해 발생의 가능성이 높아지고, 이에 대하여 경찰권이 능동적으로 대처하기 위해서는 개별적 수권 조항 이외에 보충적으로 적용되는 개괄적 수권 조항을 명문화할 필요가 있다.

개괄적 수권 조항을 인정하는 경우에 '공공의 안녕 혹은 질서에 대한 위험'이라고 하는, 일견 막연하고 포괄적인 요건하에 경찰권을 발동할 수 있게 함으로써 경찰권 발동이 남용될 소지를 제공하고 있다. 그러나 개괄적 수권 조항은 어디까지나 경찰권 발동에 관한 개별적인 수권 조항이 없는 경우 제2차적 · 보충적으로만 적용되며, 학설과 판례에 의하여 개괄적 수권 조항의 내용 · 목적 · 범위가 충분히 상세화되고, 그의 의미도 분명해졌으므로 이를 인정하는 것은 별다른 문제가 없다.

5) 경찰권 발동의 요건으로서 '공공의 질서' 개념의 필요성 여부

현실적으로 공공의 안녕이라는 개념 이외에 공공의 질서라는 개념은 입법의 완비로 인하여 종래 공공의 질서 개념에 속하던 대부분의 것들이 법적 규율의 대상이 되어 있고, 따라서 공공의 질서라는 보호 이익의 전통적인 적용 영역이 현저하게 축소되고 있다.

6) 경찰 공공의 원칙, 경찰 비례의 원칙의 비명문화

우리 나라의 경우 이 같은 경찰 공공의 원칙 및 경찰 비례의 원칙은 종래 경찰권의 남용으로부터 국민의 자유와 권리를 보호하기 위하여 경찰권의 조리상의 한계를 획정하기 위한 법원칙의 하나로 다루어 왔다. 이는 경찰권 발동에 관한 일반 요건으로서의 개괄적 수권 조항과 함께 법상 명문화할 필요가 있다.

현행 경찰관직무집행법 제1조 제2항은 "경찰관의 직권은 그 직무 수행에 필요한 최소한도 내에서 행사되어야 한다."라고 하여 경찰 비례의 원칙 가운데 필요성의 원칙, 즉 최소 침해의 원칙을 규정하고 있다. 그러나 이 조항은 동법의 목적 조항에 규정하고 있어서 체계상 맞지 않을 뿐 아니라 경찰 비례의 원칙의 일부분만을 규정하고 있어서 내용적으로도 보완할 필요가 있다.

7) 경찰 재량의 비명문화

일반적으로 경찰법과 관련된 학설에서는 경찰권 발동의 요건이 충족되는 경우에는 경찰권을 발동할 수 있으며, 이 경우에 경찰권을 발동할 것인지 여부(결정 재량)와 어떻게 발동할 것인지(선택 재량)에 대하여 경찰에 재량이 인정되고 있다고 설명하고 있다.

현행 경찰관직무집행법은 이러한 경찰상의 재량에 관하여 명시적인 규정을 두고 있지 않아서 재량권의 범위 획정 등과 관련하여 문제가 될 수 있다.

8) 경찰 책임에 대한 원칙적 규정의 결여

현행법은 이러한 경찰 책임과 관련하여 명시적인 규정은 전혀 두지 않고 있어서 경찰권 발동의 대상과 관련하여 일정한 기준이 없이 경찰이 재량으로 경찰권을 발동함으로써 경찰권 남용의 소지를 제공하고 있다.

9) 경찰상의 긴급 상태에서 비책임자에 대한 경찰권 발동 규정의 미비

경찰권은 경찰 책임자에게만 발동될 수 있는 것이 원칙이지만 예외적으로 '경찰상의 긴급 상태'하에서는 경찰은 경찰 비책임자에게도 경찰권을 발동할 수 있다. 그러나 비책임자는 자신의 행위에 의하여 위험 상황을 야기하지도 않았고 위험 상황에 대한 상태 책임도 없기 때문에 매우 엄격한 전제 조건이 충족된 경우에만 경찰권이 발동되어야 한다.

일반적으로 비책임자에 대하여 경찰권을 발동하기 위해서는 반드시 개별법상 법적 근거가 있어야 한다고 설명하고 있으며, 현행법상 이러한 비책임자에 대한 경찰권 발동의 법적 근거의 예로서 소방법 제77조, 수난구호법 제8조, 풍수해대책법 제33조 등이 있다.

10) 경찰상 강제 수단의 문제점

경찰상의 강제 수단과 관련하여 경찰관직무집행법은 제3조 이하에서 개별적으로 규정하고 있다. 즉, 경찰관직무집행법은 불심검문(제3조), 보호 조치(제4조), 위험 발생의 방지(제5조), 범죄의 예방과 제지(제6조), 위험 방지를 위한 출입(제7조), 사실의 확인(제8조), 최루탄 및 장구(裝具)의 사용(제10조), 무기의 사용 등에 관하여 개별적으로 규정하고 있다.

이는 대부분 즉시강제에 해당하는 수단이며, 그 밖의 일반적인 강제집행수단에 대하여는 별다른 규정을 두고 있지 않다.

11) 경찰 비용의 책임에 관한 규정의 미비

경찰 비용에 대한 책임 문제는 경찰 책임자에 대하여 경찰권이 발동된 경우에는 원칙적으로 문제가 되지 않으나, 다수의 경찰 책임자가 있는 경우나 경찰 비책임자에 대하여 경찰권이 발동된 경우에는 문제가 된다.

다수의 경찰 책임자가 있는 경우에는 누가 경찰비용에 대하여 상환 책임이 있으며, 어떻게 비용을 상환할 것인가 하는 문제가 발생하며, 경찰 비책임자에 대하여 경찰권이 발동된 경우에는 손실보상의 문제가 제기된다.

> (1) 현행 경찰작용법은 일반법으로서 경찰관직무집행법과 개별 단행법으로 구성 ⇒ 경찰작용법 전체의 체계적 통합성과 법적 명확성의 미비
> (2) 현행 경찰관직무집행법의 문제점
> ① 즉시강제에 대한 일반법과 불과 ⇒ 경찰강제 · 손실보상 · 상환청구권 등의 불비
> ② 제2조의 직무 규정이 임무 규정인지 개괄적 수권 규정인지 불명확
> ③ 비용 부담에서 경찰 책임이 불명확 ⇒ 수익자 부담의 원칙 등이 규정되어야

3 경찰관직무집행법의 개선 방안

(1) 경찰작용에 관한 기본법 제정

경찰작용법 전체가 체계적 통합성과 법적 명확성을 가지고 있지 못한 한계를 지니고 있다. 그 결과 경찰 자신이 자신을 규율하는 법제를 명확히 파악하고 국민의 입장에서 경찰이 과연 어떠한 법령에 의하여 규율받고 있는지를 잘 알 수 있도록 하기 위해서, 그리고 국민의 권익을 보호하기 위해서 경찰작용에 관한 기본법을 제정하여야 한다.

(2) 실질적 경찰 개념의 정립

실질적 의미의 경찰은 그 작용을 담당하는 행정기관이 경찰청이든 일반행정청이든 관계 없이 '공공의 안녕과 질서에 대한 위험을 방지하기 위하여 일반통치권에 기하여 국민에게 명령 · 강제함으로써 국민의 자연적 자유를 제한하는 작용'을 그 대상으로 하면 될 것이다.

(3) 경찰권 발동의 근거로서의 개괄적 수권 조항의 명문화

현행 경찰관직무집행법 제2조 제5호의 규정은 다른 행정청과의 직무의 한계를 설정하는 동시에 임무 규정으로서의 성격이 짙으므로, 이를 개인의 기본권에 대한 침해작용이 수반되는 경찰작용에 대한 권한 규범으로서의 개괄적 수권 조항으로 보기에는 문제가 있다.

경찰상의 위험 방지를 위한 근거로서 핵심적인 역할을 담당하고 있는 개괄적 수권 조항의 필요성에 대하여는 일반적으로 공감하고 있다. 현재의 경찰상의 임무 규정과는 별도로 권한 규범으로서의 개괄적 수권 조항의 제정이 필요하다.

(4) 경찰권 발동의 요건으로서 '공공의 질서' 개념의 유용성

입법자가 입법을 하기 전에는 공공의 질서의 개념에 의존하는 것만이 새로운 유형의 위험에 대처할 수 있다는 점, 공공의 안녕에 대한 위해(危害)는 아니지만 사회적으로 수인될 수 없는 위해도 기술적·사회적 변화를 고려할 때 저지되어야 한다는 점, 여러 주체 간의 기본권이 충돌하는 경우를 공공의 질서 개념의 적용 영역으로 고려할 수도 있다는 점 등에서 아직까지 공공의 질서 개념은 그 현실적 존치 필요성이 인정되고 있다.

(5) 경찰 공공의 원칙, 경찰 비례의 원칙의 명문화

경찰권은 사회 공공의 안녕·질서를 유지하기 위해서만 발동될 수 있으며, 따라서 사회 공공의 안녕·질서와 직접적 관련이 없는 생활 관계는 경찰권 발동의 대상이 되지 않는다는 경찰 공공의 원칙과, 경찰은 가능하고 적합한 여러 가지의 수단 가운데 개인과 일반에게 최소한의 침해를 주는 수단을 선택하여야 하며, 추구하는 목적과 적정한 비례 관계가 있지 아니한 조치를 취하여서는 안 된다는 경찰 비례의 원칙을 명확히 규정하여야 한다.

(6) 경찰 재량의 명문화

이러한 경찰 재량에 관한 근거 규정을 명문화할 필요가 있으며, 특히 그 재량권 행사의 기준 내지 한계를 명확히 할 필요가 있다. 경찰권을 발동할 것인지 여부에 관한 결정 재량과 관련해서는 특히 경찰이 개입할 수박에 없는 예외적인 상황에 대하여 어느 정도 범위를 정함으로써 경찰의 부작위에 의하여 공공의 안녕과 질서에 대한 위해가 초래되는 경우가 없도록 하여야 할 것이다.

(7) 경찰 책임의 명문화

경찰은 우선 행위 책임자 및 상태 책임자에 대하여 경찰권을 발동한다는 것에 대하여 그 내용과 원칙을 정하는 것이 필요하다. 즉, 경찰상의 조치는 직접 위험의 원인을 야기한 자 또는 그에 대하여 감독적 지위에 있는 자, 어떤 물건이 경찰상의 위해를 조성하는 경우에 그 물건에 대한 사실상의 지배권을 지니는 자에 대하여 이루어져야 한다는 취지의 내용을 명문화하여야 한다.

이러한 경찰 책임자가 다수가 있는 경우 어떠한 원칙에 의하여 경찰권을 발동할 것인지에 대해서도 원칙을 정하는 것이 필요하다.

위에서 언급한 경찰 책임자에게 대하여 경찰권을 발동할 수 없는 경우에는 경찰은 스스로 또는 수임자를 통하여 조치를 직접 실시할 수 있으며, 조치의 직접 실시에 의해 비용이 발생한 경우에는 행위 책임자 또는 상태 책임자가 비용 상환 의무를 진다는 것을 명시하는 것이 바람직하다.

(8) 경찰상의 긴급 상태에서 비책임자에 대한 경찰권 발동의 명문화

현실적으로 개별적 수권 조항이 없어도 조리상 인정되는 일정한 요건하에서 비책임자에 대하여 경찰권을 발동할 수 있다고 생각되므로, 이에 대해서는 앞으로 이를 법상으로 명문화할 필요가 있다고 본다.

(9) 강제 수단의 개선 방안

(가) 일반적인 강제집행 수단의 마련

경찰관직무집행법상 불비된 일반적인 경찰상의 강제집행 수단을 규정하여, 경찰권 발동에 대한 근거 규정에 상응하는 일반적인 강제집행 수단 및 그 절차를 마련하여야 한다.

(나) 경찰상의 강제 수단

경찰상의 강제 수단으로는 대집행, 이행강제금, 직접강제, 강제징수 등이 규정될 수 있다. 이러한 강제 수단의 행사를 위해서는 상대방에게 계고되는 등 일정한 절차를 거쳐야 한다.

(10) 경찰 비용의 개선 방안

(가) 경찰 비용의 상환

다수의 경찰 책임자가 존재함에도 불구하고 그 중의 어느 한 사람이 위험 방지를 위한 중요한 책임을 갖고 있어서 그에게 경찰권을 발동하는 것만이 재량권의 행사에 하자가 없는 것으로 인정되는 경우에는 그의 비용상환청구권이 부인되어야 할 것이다.

다수의 경찰 책임자 중에서 누구에게 경찰권을 발동할 것인지가 행정청 유추에 따른 경우에는 비용 상환 청구가 인정되어야 할 것이다.

(나) 경찰 비책임자의 손실보상청구권

경찰 비책임자에 대하여 경찰권이 발동된 경우에 경찰 비책임자는 경찰상의 위해 발생에 책임이 없는 자이므로 만일 이로 인하여 경찰 비책임자가 재산상의 손실을 입은 경우에는 이에 대하여 손실보상을 제공하여야 한다.

제 4 절 통일 대비

1 서 설

경찰도 통일을 대비해 경찰 통일에 대하여 연구하여 이에 따른 문제점을 줄여 나가야 할 것이다. 이를 위해서는 통일 이후의 경찰의 역할과 기능, 이를 수행하기 위한 조직과 제도 등에 관한 표준적인 시나리오와 계획, 그리고 사전 준비와 관련하여 경찰관의 훈련이 절실히 필요하다.

2 남북 통일을 대비한 경찰 활동

1) 개 관

(1) 최대 국가적 과제

분단되어 있는 우리의 최대 국가적 과제는 통일이라고 할 수 있다. 그러나 통일은 감상적이고 이념적인 수준에 머무를 수 없으며, 우리는 이에 대한 착실한 준비를 서두르지 아니하면 통일 과정에서 그리고 통일 이후에 그 대가를 치르게 될 것이다.

독일과 같이 착실한 준비와 경제력을 가지고도 엄청난 후유증에 시달리고 있음을 우리는 교훈으로 삼아야 한다.

(2) 남북한의 평화적 통일이 성사될 경우 예상되는 치안 상황

① 급격한 상호 왕래 증가로 인한 치안 수요 증가

② 통일 반대 시위 등으로 인한 질서 파괴 행위

③ 의식구조 갈등

④ 토지, 호적 소송

⇒북한 난민의 남한 내 유입 증가로 인한 충돌 예상은 북한의 자체 붕괴 시 예상되는 치안 상황이다.

(3) 독일의 경험을 토대로 한 준비

우리는 독일의 경험을 거울삼아 경찰 통일에 따른 문제점을 가급적 줄이고, 그 기간을 단축하기 위해서 북한 경찰에 대한 연구 등 경찰 통일을 위한 대비가 구체적으로 이루어져야 하며, 통일 이후의 경찰의 역할과 기능, 이를 수행하기 위한 조직과 제도 등에 관한 표준적인 시나리오와 계획, 그리고 사전 준비와 관련 경찰관의 훈련이 절실히 필요하다.

경찰의 제도 개혁도 이와 같은 통일을 염두에 두고 장기적인 안목으로 이루어져야 한다.

2) 독일 경찰의 통일 과정

(1) 통일 전의 동·서독 경찰 제도

서독은 몇 개의 연방경찰기관이 있는 것 외에 원칙적으로 주가 경찰권을 행사하는 주경찰을 중심으로 경찰 제도가 운영되고 있었다.

동독의 경우에는 인민경찰로서 1945년 동독지역 점령국인 소련의 영향하에 지방조직으로 설립되었으나, 1946년 중반경 사회주의 체제를 공고히 하기 위하여 실질적인 중앙집권화가 추진되었고, 1964년 이후 내무부 산하에 중앙집권적으로 재편되어 있었다.

(2) 양국 경찰의 통일

1989년 11월 9일 베를린 장벽이 붕괴된 이후, 1990년 5월 5일 양독 내무부 장관 회의시 양 경찰 간에 경찰법, 경찰조직의 통합, 경찰관의 상호 교환, 공동교육 실시 등의 합의가 이루어지고, 동년 9월 29일에는 서독 내무부 장관 회의에서 동독에 재편된 신연방 5개 주를 서독 주 경찰과의 자매결연 방식으로 지원하기로 결의하여, 경찰공무원의 파견, 경찰법의 제정, 경찰조직의 구축, 경찰교육, 경찰장비 등 인적·물적 지원으로 신연방주의 민주경찰 제도의 수립을 지원하였다.

통화 동맹 및 사회통합조약 발효일인 동년 7월 1일 양독 내무부 장관 간에 경찰 협정이 체결되어 양독 경계 지역의 검문 철폐와 국경 이용 범죄의 공동 대처 등에 합의하였고, 이어 동년 9월 13일에는 동독 지역에서 민주적으로 선출된 의회에서 '경찰의 임무와 권한에 관한 법'이 제정되었으며, 경찰권은 통일조약 제13조에 의거 동년 10월 3일 0시를 기해 동독 중앙정부의 해체와 동시에 동베를린과 신연방 5개 주정부에 귀속되었다. 다만 베를린 지역은 동년 10월 1일 13시를 기하며 서베를린에서 인수하였다.

베를린의 경우에는 동년 6월부터 10월까지 베를린 내무부에 양 베를린의 고위 경찰관 및 실무 경찰관들로 경찰 통합을 위한 기획단을 설치하고, 법규와 조직 등 7개 분야(분야별로 4~10명)로 나누어 단기·중기·장기 계획으로 구분, 총 160여 항목의 목록을 작성, 항목별로 준비하였다.

신연방주에서는 동년 10월 14일의 주의회 선거 및 주헌법 등의 제정 이후, 자매 주에서 1991년 초부터 파견하기 시작한 50~90명의 자문경찰관의 지원과 '독일연방 및 각주의 통일경찰법 모범 초안'에 따라 민주경찰 제도 수립을 위한 주경찰법과 경찰조직법 등을 1991년 1월 29일 작센-안할트(Sachsen-Anhalt) 주를 시작으로 하여 1992년 8월 4일의 매클렌부르크-포르포메른(Mecklenburg-Vorpommern) 주에서 마지막으로 제정함으로써 통일 독일의 연방의 일원으로서의 법체계와 제도들을 정비해 나갔던 것이다.

연방경찰인 연방국경수비대(BGS)와 연생활안전죄수사국(BKA)도 통일 또는 인수되어 양국의 통일과 함께 경찰조직의 통일도 완성되어 갔다.

통일 전 경찰 제도	서독	주(州)경찰 중심의 국가경찰 제도
	동독	지방조직으로서의 인민경찰→중앙집권화→내무부 산하의 국가경찰 제도 채택
경찰의 통일	(1) 자매 결연 방식으로 물적·인적 지원을 통하여 신연방주의 민주경찰 제도의 수립을 지원 (2) 경찰협정 체결 : 양독 경계 지역의 검문 철폐와 국경 이용 범죄의 공동 대처 (3) 동독 정부의 해제 ⇒ 경찰권을 동베를린과 신연방 5개 주정부에 귀속 (4) 주정부별로 민주경찰제 수립을 위한 주경찰법과 경찰조직법을 제정	

3 경찰의 창설

1) 개 관

국가가 존립하고 발전해 나가기 위해서는 공공의 안녕과 질서가 유지되어야 하며, 공공의 안녕과 질서의 유지는 정치, 경제, 사회, 문화의 기반이 되는 것으로서 국가 발전의 초석이다. 그러므로 모든 국가는 공공의 안녕과 질서를 유지하기 위하여 경찰기관을 창설하고 경찰에게 강제력을 포함하는 경찰권을 부여하고 있는 것이다.

2) 경찰 제도의 유형

(1) 개관

어떠한 경찰 제도를 취하는가는 국가마다 다르고, 또한 경찰 활동의 내용이나 임무의 범위도 국가에 따라 차이가 있다.

경찰 개념 자체가 시대성·역사성을 반영하듯이, 경찰 활동의 내용이나 임무도 각국의 역사와 전통에 따라 차이가 있으며, 그 국가나 시대 사상의 영향을 많이 받는다.

(2) 독일·프랑스

독일이나 프랑스 등 대륙법계의 국가들은 경찰 활동을 공공의 안녕과 질서에 대한 위험 방지라고 하는 소위 행정경찰적 활동에 국한하며, 수사 등 사법경찰적 활동은 경찰 개념의 범주에 포함시키지 아니하고, 단지 편의상 경찰기관으로 하여금 집행케 하고 있다.

(3) 영국·미국

영·미와 같이 전통적인 민주주의 국가에서는 경찰 활동의 내용으로서 경찰의 수사권과 그 활동을 당연시하고 있다.

(4) 일본·한국

대륙법계의 영향을 받아 왔던 일본이나 우리 나라는 제2차 세계대전 후 연합국의 군정 등을 거치면서, 영·미의 영향을 받아 경찰의 범죄 수사에 관한 임무가 정식으로 형사소송법이나 경찰법 등에 규정되었으며, 따라서 일본과 우리 나라는 대륙법계와 영·미법계의 영향을 모두 받고 있다.

3) 경찰의 창설과 경찰 활동의 중점

(1) 대륙법계

과거 대륙법계의 국가들이나 일본처럼 경찰이 전제주의 국왕의 통치의 필요에 따라 창설되고, 국왕의 관리로서 국민과 대립적인 관계 속에서 통치 체제의 유지를 위한 치안 유지에 중점을 두는 국가도 있다.

(2) 영·미법계

영·미에서와 같이 경찰이 시민들의 자발적인 필요에 따라 창설되어 시민들의 생명과 재산의 보호에 중점을 두는 경찰 활동을 전개하는 국가도 있다.

4) 구체적인 경찰 활동

경찰 활동은 국가마다 또한 시대마다 다르지만 오늘날 크게 보아 공공의 안녕과 질서에 대한 위험 방지, 범죄 수사, 기타 서비스 활동으로 대별할 수 있다.

우리 나라 경찰법(제3조)과 경찰관직무집행법(제2조)은 경찰 활동을 국민의 생명·신체 및 재산의 보호, 범죄의 예방·진압 및 수사, 경비·요인 경호 및 대간첩 작전의 수행, 치안정보의 수집·작성 및 배포, 교통의 단속과 위해의 방지, 기타 공공의 안녕과 질서 유지 등으로 세분하고 있다.

국민의 생명·신체 및 재산의 보호는 경찰의 임무로서 나열식으로 규정되어 있으나, 구체적인 경찰 활동을 제시하였다고 보인다.

기타 공공의 안녕과 질서 유지는 앞에 열거된 개별적인 활동을 포괄하는 개념으로서, 비록 법률에 열거되지 아니하였을지라도 공공의 안녕과 질서 유지의 범위 내에서 직무를 수행할 수 있는 근거를 제시한 것이다.

제 7 편

경찰학 각론

제 1 장 생활안전경찰

제 1 절 생활안전경찰의 의의

1 범죄 예방의 의의

1) 범죄통제 방법

(1) 범죄통제

범죄통제(crime control) 방법은 형사사법 철학의 발전과 더불어 크게 네 가지 형태로 변화해 왔다.

① 근세 이전⇒응보와 복수
② 고전주의 사상가⇒형벌과 제재
③ 실증주의 사상가⇒교정과 치료
④ 20세기 이후의 범죄사회학자⇒범죄 예방

범죄통제의 방법	주 장 자	범죄 발생 시점에 의한 분류
응보와 복수	근세 이전	사후 통제(대응)
형벌과 제재	고전주의자	
교정과 치료	실증주의자	
범죄 예방	20세기 이후 범죄사회학자	사전 통제(대응)

(2) 사후적 대응 방법과 사전적 대응 방법

네 가지의 범죄통제 모델을 범죄 발생의 시점을 기준으로 구분할 때 앞의 세 가지의 방법들은 범죄 발생 이후에 이루어지는 사후적 대응 방법이라고 볼 수 있다. 이러한 사후적 대응 방법이 현대의 범죄학자들에 의하여 비판을 받게 되었고, 새로이 강조된 것이 사전적 대응 방법인 범죄 예방(crime prevention)이다.

2) 범죄 예방의 중요성

① 범죄가 발생하면 피해 회복의 거의 불가능하다(살인죄 등).

② 범죄자의 검거·교정 등에 고비용·저효율 현상이 나타난다.

③ 범죄자의 증가는 법의 권위 추락, 사회적 불안을 조성한다.

④ 범죄는 미연에 방지하는 것이 최선의 대응 방법이지만, 현대에 들어와서야 그 방법이 연구되었다.

생활안전경찰은 특히 범죄 예방의 업무를 전담하는 경찰로서, 주로 외근 경찰관의 일상 근무를 통하여 직접 주민과 접촉하면서 끊임없이 행해지고 있으며, 범죄 예방 활동은 바로 국민의 생명·신체 및 재산의 보호에 직결되고 또한 경찰과 지역사회 공동체와의 접점을 이룬다는 측면에서 그 중요성이 더욱 높아져 가고 있다.

3) 범죄 예방의 개념에 대한 견해들

(1) 제퍼리(C. R. Jeffery)

제퍼리는 범죄통제의 모형을 ① 형벌을 통한 범죄 억제 모델, ② 범죄자의 치료와 갱생정책을 통한 사회 복귀 모델, ③ 사회환경 개선을 통한 범죄 예방 모델로 구분한다.

<table>
<tr><td>범죄 억제 모델</td><td colspan="2">형벌을 통한 '범죄 억제'</td></tr>
<tr><td>사회 복귀 모델</td><td colspan="2">범죄자의 재사회화(치료)와 갱생을 통한 '사회 복귀'</td></tr>
<tr><td rowspan="2">범죄 예방 모델</td><td colspan="2">사회환경 개선을 통한 '범죄 예방'(⇒환경공학적 접근)</td></tr>
<tr><td>특징</td><td>(1) 범죄 발생 이전의 활동
(2) 범죄에 대한 직접적 통제
(3) 환경과의 상호작용에 초점
(4) 다양한 학문에 기초한 접근</td></tr>
</table>

이 중에서 범죄 예방 모델은 ① 범죄가 발생하기 이전의 활동이며, ② 행동에 대한 직접적 통제이고, ③ 범죄가 발생하는 환경과 환경에 대한 사람들의 상호작용에 초점을 두며, ④ 사람의 행동을 연구하는 다양한 학문에 기초한 모형이다.

범죄 예방 모델에서의 범죄 예방이란 "범죄가 발생하기 전에 이루어지는 활동으로 주로 범죄환경에 초점이 두어지는 활동"을 말한다.

(2) **미국범죄예방연구소**(National Crime Prevention Institute: NCPI)

범죄 예방이란 "범죄적 기회를 감소시키려는 사전 활동이며, 범죄에 관련된 환경적 기회를 제거하는 직접적 통제 활동"이라고 규정한다. 즉 범죄 발생의 요소를 범죄 욕구, 범죄 기술, 범죄 기회로 구분할 경우, 범죄 예방은 범죄 욕구나 범죄 기술에 대한 예방이 아니라 범죄 기회를 감소시키려는 활동이라는 것이다.

(3) 랩(S. P. Lab)

범죄 예방이란 "실제의 범죄 발생과 범죄에 대한 공중의 두려움을 줄이려는 사전 활동"이라 한다. 즉 실제상(통계상)의 범죄를 줄이는 것 외에도 공중이 가지는 범죄에 대한 안전성의 확보, 범죄에 대한 심리적 두려움을 제거하는 것도 범죄 예방에 포함시키고 있다.

개념 구성	(1) 범죄 발생 전에 수행되는 행위 (2) 범죄에 대한 두려움을 감소시키는 행위 (3) 범죄환경에 대한 직접적 통제뿐만 아니라 간접적인 활동도 포함
범위	① 범죄 억제 활동, ② 치료 및 갱생 활동, ③ 사회 발전 활동, ④ 범죄 기회의 제거 활동

C. R. Jeffery	범죄가 발생하기 전에 이루어지는 직접적인 활동으로 주로 범죄환경에 초점이 두어지는 활동
미국범죄예방연구소 (NCPI)	범죄 예방은 범죄 욕구나 범죄 기술에 대한 예방이 아니라 범죄 기회를 감소시키려는 사전 활동이며, 범죄에 관련된 환경적 기회를 제거하려는 직접적 통제 활동
S. P. Lab	실제의 범죄 발생과 범죄에 대한 공중의 두려움을 줄이는 사전 활동⇒심리적 측면까지 고려

(4) 브랜팅햄(P. J. Brantingham)과 파우스트(F. L. Faust)

범죄 예방의 대상은 1차적 예방은 일반 시민이 되는 반면, 2차적 예방은 우범자나 우범집단, 3차적 예방은 범죄자가 된다. 그리고 범죄 예방을 담당하는 주체는 크게 경찰을 비롯한 정부와 민간 분야들로 구분하여 볼 수 있다.

[표 7-1-1] 공중보건 모델적인 접근⇒범죄를 질병으로 비유

예방 유형	내 용	예방 대상
1차적 범죄 예방	(1) 물리적 · 사회적 환경 중 범죄 원인이 되는 조건의 개선에 중점. 범죄 행위를 야기할 가능성을 가진 문제들을 방지하는 것을 목적 (2) 환경설계 · 이웃감시 · 민간경비 강화 · 생활안전교육 · 형사사법기관의 활동, 조명 · CCTV 설치 등을 강조	일반 대중
2차적 범죄 예방	(1) 잠재적 범죄자를 초기에 발견하고 비합법적 행위가 발생하기 이전에 범죄의 기회를 차단, 예방하고자 우범지역에 초점. 이미 존재하는 요인들과 일탈행위를 조장하는 요인들에 더 초점 (2) 우범지역을 중심으로 우범환경이나 우범자와 많이 접하는 지역사회 지도자, 교육자, 부모 등에 의한 활동 강조	우범자 · 우범 집단
3차적 범죄 예방	(1) 실제 범죄자를 대상으로 더 이상 범죄를 범하지 않도록 하는 활동. 범죄자를 격리, 재범 예방 (2) 체포 · 기소 · 교도소 구금 · 치료 · 사회복귀, 갱생치료 등의 활동이 이에 해당하므로 대부분 형사사법기관이 담당하지만, 민간단체나 지역사회의 교정 프로그램도 이에 해당한다.	범죄자

(5) 범죄이론

뒤르켐(E. Durkheim)	범죄는 정상적 현상이다.
타르드(J. G. Tarde)	모방 법칙－거리 법칙, 위에서 아래로 법칙, 삽입의 법칙
중화 기술	책임의 부정, 가해의 부정, 피해자 부정, 비난자에 비난, 더 높은 충성심에 호소
사회적 학습이론	분화적 접촉이론(서덜랜드)
사회 유대 요소	히르쉬－애착, 집착, 몰두, 신념
아노미 이론	목표와 수단 간 괴리

4) 범죄 예방의 개념

범죄 예방 활동은 범죄가 발생하기 전에 수행되는 사전 활동이며, 실제의 범죄 및 공중에게 인지된 범죄에 대한 두려움을 감소시키는 활동이다.

범죄환경에 대한 직접적 통제뿐만 아니라 사회적·경제적 환경을 개선시키는 활동과 실제 범죄자가 더 이상 범죄를 저지르지 않도록 하는 활동 등 간접적인 활동도 포함한다.

범죄 원인 억제가 최근 경향이다.

[표 7-1-2] 범죄이론과 범죄 예방이론

<table>
<tr><th>범죄이론</th><th>범죄예방 이론</th><th>내 용</th><th>비 판</th></tr>
<tr><td>고전학파</td><td>억제 이론</td><td>자유 의사를 가진 개인
범죄에 대한 책임은 전적으로 개인에게 있음.
비결정론적 인간관에 입각한 일반 예방 효과에 중점(응보주의)
범죄에 대한 국가의 강력하고 확실한 처벌
범죄자보다는 범죄행위 그 자체(또는 범죄행위에 대한 처벌)에 관심
처벌의 확실성 : 일반 예방 효과
처벌의 엄격성 : 특별 예방 효과</td><td>폭력과 같은 충동적 범죄에는 적용에 한계가 있음.</td></tr>
<tr><td>생물학적·심리적 이론</td><td>치료 및 갱생 이론</td><td>범죄행위보다 범죄자의 치료와 갱생에 초점을 둔 생물학적·심리학적 범죄이론
범죄에 대한 책임은 개인이 아닌 사회에 있음.
결정론적 인간관에 입각한 특별 예방 효과에 중점</td><td>비용이 많이 들고 범죄자를 대상으로 하므로 일반 예방 효과에 한계가 있음.</td></tr>
<tr><td>사회학적 이론</td><td>사회 발전 이론</td><td>범죄자의 사회적 환경이 범죄자의 내재적 성향보다 더 중요한 범죄 원인으로 봄.
범죄의 동기난 범죄자의 환경에 관심
사회 발전(공동체의 유대 강화나 범죄를 유발할 수 있는 사회환경의 개선 등)을 통한 범죄의 근본적 원인의 제거</td><td>범죄의 원인이 되는 사회적 환경을 개선할 능력이 있는가의 여부가 문제시됨.</td></tr>
<tr><td></td><td colspan="3">범죄행위에 대한 위험을 높여 범죄 기회를 제거하고 범죄행위의 이익을 감소시킴으로써 범죄를 억제하려 함.
비판:
전이 효과—범죄 기회를 줄여도 실제 범죄는 감소하지 않고 다른 곳으로 이동하여 전체 범죄 건수는 감소하지 않음.</td></tr>
</table>

<table>
<tr><td rowspan="4">상황적
예방이론</td><td>합리적
선택
이론</td><td>인간의 자유 의지를 전제로 한 비결정론적 인간관
경제적 · 이기적 · 합리적 인간관(비용과 편익을 계산)
효과적인 범죄 예방은 '체포의 위험성'' 처벌의 확실성'의 제고</td></tr>
<tr><td>일상
활동
이론</td><td>범죄 발생 원인을 범죄 욕구, 범죄 능력,범죄 기회로 구분하고, 범죄가 발생하는 상황적 용인, 특히 범죄 기회를 통제하여 범죄를 예방
범죄 기회가 주어지면 누구든지 범죄를 할 수 있다. 모든 사람을 잠재적 범죄자로 본다(범죄자의 속성을 범죄의 결정적 요소로 보지 않음).
범죄의 동기, 범죄 조건, 범죄 기회, 범죄의 결과 등의 범죄에 대한 구체적인 분석을 통하여 범죄 예방에 대한 대안을 연구함(거시적 분석보다는 미시적 범죄분석에 중점을 두고 있음).</td></tr>
<tr><td>생태학적
이론</td><td>범죄 발생을 용이하게 하는 환경을 파악하여 주택 및 도시설계를 통하여 이를 개선함으로써 범죄 발생을 줄이려는 이론(예: CCTV 설치, 가로등 설치, 등 환경설계), 즉 환경 설계를 통한 범죄 예방: CPTED(Crime Prevention Through Environment Design)</td></tr>
<tr><td colspan="2">국가통제의 사회－범죄 기회를 감소하기 위하여 국가에 의한 사회통제의 정도가 강화됨으로써 시민의 기본권이 침해될 수 있음.</td></tr>
</table>

5) 생활안전경찰의 특징

① 유동성
② 임무의 전반성
③ 주민과의 접촉성
④ 관계 법령의 다양성 · 전문성

<table>
<tr><td>**의의**</td><td colspan="2">범죄 예방정책의 수립과 집행, 기타 이에 관련된 활동을 통하여 국민의 생명과 재산을 보호하고 공공의 안녕과 질서를 유지하는 목적을 달성하기 위한 경찰</td></tr>
<tr><td rowspan="6">**특성**</td><td>대상의 복잡성 · 다양성</td><td>전담 경찰의 분야를 제외한 경찰 업무 전반이 생활안전경찰의 대상이다.</td></tr>
<tr><td>대상의 유동성</td><td>당시의 국민 의식의 변화에 즉응한 지도 · 단속이 요구된다.</td></tr>
<tr><td>관계 법령의 다양성 · 전문성</td><td>법령에 대한 끊임없이 연구가 요구된다.</td></tr>
<tr><td>주민과의 접촉성</td><td>대민 서비스 분야가 다양하게 확대되어야 한다.</td></tr>
<tr><td>업무의 비긴박성 · 비즉효성</td><td>예방이 기본 업무이므로 긴박성과 즉효성이 없다.</td></tr>
<tr><td>다른 경찰작용에 대한 지원성</td><td>특히 사법경찰 작용과 불가분의 관계에 있다.</td></tr>
<tr><td>**성질**</td><td colspan="2">생활안전경찰은 경찰의 구분상 행정경찰 · 보안경찰 · 예방경찰에 해당된다.</td></tr>
</table>

⑤ 광범성
⑥ 비긴박성
⑦ 비즉효성
⑧ 관계 기관과의 연락 · 협조의 필요성

6) 소 결

① 범죄 예방 활동은 사전 활동, 즉 범죄 사건 이후에 대응하는 활동이 아니라 범죄가 발생하기 전에 수행되는 활동이다.

② 범죄 예방 활동은 실제의 범죄 발생 및 공중에게 인지된 범죄에 대한 두려움을 감소시키는 활동이다.

③ 범죄 예방 활동에는 범죄환경에 대한 직접적 통제뿐만 아니라 간접적인 활동도 포함한다.

④ 범죄를 유발하는 상황적 기회를 제거하는 활동이다.

⑤ 범죄의 근본적 원인이 되는 사회적 · 경제적 환경을 개선시키는 활동이다.

⑥ 실제 범죄자를 대상으로 하여 더 이상 범죄를 저지르지 않도록 하기 위한 활동이다.

2 생활안전경찰의 개념

1) 개 념

생활안전경찰이란 범죄 예방 정책의 수립과 집행, 기타 이에 관련된 활동을 통하여 국민의 생명과 재산을 보호하고 공공의 안녕과 질서를 유지하기 위한 경찰을 말한다. 우리가 생활안전경찰을 논할 때에는 경찰 직제상 생활안전 부서만을 생활안전경찰로 보기로 한다.

2) 특 징

생활안전경찰은 업무의 전반성(작용의 다양성 및 대상의 광범성), 대상의 유동성, 업무의 비긴박성 · 비즉효성, 주민과의 접촉성, 관계 법령의 다양성 · 전문성 등을 그 특징으로 한다.

3) 성 격

(1) 행정경찰

경찰의 종류를 사법경찰과 행정경찰로 분류할 때에 생활안전경찰은 원칙적으로 행정경찰에 속한다.

(2) 보안경찰(독립)

행정경찰을 보안경찰과 협의의 행정경찰(부수)로 구분하였을 때 보안경찰에 해당한다.

(3) 예방경찰

경찰권 발동 시점(범죄 발생)을 기준으로 하여 예방경찰과 진압경찰로 분류할 때 생활안전경찰은 범죄를 예방하기 위한 예방경찰에 속한다.

4) 생활안전경찰의 마음가짐 - 자율, 책임, 양심

① 민생 치안의 핵심
② 활동 거점
③ 안전센터
④ 예방 단속

5) 생활안전경찰 운용 방안

① 사회화(우범자 지도)
② 자료 활용

3 생활안전 활동의 종류

분 류	내 용
일반 생활안전활동 - 생활안전이 주목적	범죄의 기회와 유발 요인을 감소시키기 위하여 외근경찰의 일상적인 근무로써 행해지는 활동
	(1) 입초·경계 (2) 순찰 (3) 불심검문 (4) 출입 (5) 경범죄 단속 (6) 경고·제지 (7) 경찰관직무집행법에 의한 피난 등의 보호 조치

<table>
<tr><td rowspan="2">특별 생활 안전 활동</td><td>일반 생활안전 활동 이외의 특별한 대상 또는 사항에 대하여 수행되는 생활안전 활동</td></tr>
<tr><td>(1) 생활안전 정보 수집 (2) 우범지역 설정 (3) 시설생활안전
(4) 생활안전 심방-자료 수집 (5) 생활안전지도-결함 지도 (6) 생활안전진단
(7) 현장생활안전 (8) 생활안전상담 (9) 생활안전홍보
(10) 생활안전단체와의 협조</td></tr>
<tr><td rowspan="2">종합 생활 안전 활동</td><td>특정 지역 · 대상에 대하여 경찰과 관계 기관 · 단체 등의 활동을 합하여 종합적으로 실시하는 생활안전 활동</td></tr>
<tr><td>(1) 지역생활 안전활동 (2) 계절범죄 생활안전 활동
(3) 특정범죄 생활안전 활동</td></tr>
<tr><td rowspan="2">자율(자위) 생활안전 활동</td><td>주민 스스로가 자기 가정 · 직장 · 지역을 범죄로부터 보호하기 위한 방범 활동</td></tr>
<tr><td>(1) 가정생활 안전 (2) 직장생활 안전
(3) 지역생활 안전 (4) 생활생활 안전</td></tr>
</table>

4 지역사회 경찰활동

1) 개 념

(1) 의의

지역사회 경찰활동(community policing)이란 지역사회 공동체의 모든 분야와 협력하여 범죄 발생을 예방하고 범죄로부터 피해를 줄이는 것을 목표로 하는 경찰 활동을 말한다.

지역사회 경찰활동을 위해서는 지역사회의 문제에 대한 엄밀한 분석이 선행되어야 한다.

[표 7-1-3] 미래 경찰의 변화 방향 3R(David Carter)

초점의 변화 (Refocusing)	(1) 경찰 활동의 목표와 목적의 변화(피동적 사후 대응⇒능동적 사전 대응) (2) 서비스 제공자 및 문제 해결자적 성격의 경찰 활동
재조정 (Refining)	(1) 절차의 개혁을 의미 (2) 근무성적평정이나 교육훈련의 개혁
재배치 (Reallocating)	(1) 인력 · 예산 · 장비의 재배치를 의미 (2) 권한의 위임을 통하여 직접 주민과 접촉하는 일선관서에의 배치를 강화

(2) 경찰 활동 패러다임의 대전환(법집행 경찰 활동→지역사회 경찰활동)

오늘날 세계의 경찰 활동은 패러다임(paradigm)의 대전환기에 있다. 경찰의 범죄 인지 능력과 범인 검거 능력을 향상시켜 많은 범죄를 신속하게 해결하는 것을 목표로 하였던 전통적인 법집행 경찰활동(traditional law enforcement style policing)으로부터 지역사회 공동체의 모든 분야와 협력하여 범죄 발생을 예방하고 범죄로부터의 피해를 줄이는 것을 목표로 하는 지역사회 경찰활동(community policings)으로 전환하고 있다.

강제 → 보호
획일 → 지역 특성
집중 → 이양
통제 → 자율

(1) 오늘날 경찰 활동의 패러다임의 전환(범죄 예방의 중요성이 부각) (2) 국민의 생명·신체·재산의 보호와 직결, 경찰과 지역사회 공동체와의 접점

(3) 지역사회 경찰활동의 제도화를 위한 조직 개편

(가) 권한의 분산화 내지 일선 경찰관의 재량권 강화

경찰 활동의 중점이 생활안전경찰의 활성화에 있고, 생활안전경찰의 중점이 지역사회 경찰활동에 있다면, 지역사회 경찰활동의 제도화를 위한 조직 개편이 필요하다.

지역사회 경찰활동은 스콜니크(J. Skolnick)가 지적한 바와 같이 경찰 정책 결정 과정에서 권한의 분산화 내지는 일선경찰관의 재량권 강화를 기본으로 한다.

(나) 일선기관에 권한을 이양하는 경찰조직 체제의 개혁

현재 경찰청, 지방경찰청에 집중된 고급 인력과 정책·기획 기능을 최소화하고 경찰서 이하의 일선기관의 기능과 인력을 대폭 강화하여야 한다.

경찰서 단위에서 인력과 장비의 배치, 순찰활동 방법 등 생활안전경찰활동 전반에 걸쳐 광범위한 자율권을 행사할 수 있는 체계가 확립되어야 한다.

경찰청이나 지방경찰청은 경찰서의 활동을 지원하고 조정하며 경찰서에 생활안전 체계의 기본 방향과 모델을 제시하는 역할만을 수행하도록 하고 현재의 지휘·통제·감독 권한을 과감히 축소하여야 한다.

의의	(1) 지역사회 공동체의 모든 분야와 협력하여 범죄 발생을 예방하고, 범죄로부터의 피해를 줄이는 것을 목표로 하는 활동⇒이를 제도화하는 '조직의 개편'이 요구된다. (2) 다양한 용어(표현)⇒지역공동체 경찰활동, 민경협력 경찰활동, 문제 지향 경찰활동, 시민 지향 경찰활동, 경찰활동 실험구역, 지역사회 도보순찰 등
방안	(1) 경찰 정책결정 과정에서의 분권화(分權化) 및 권한의 하부 위임이 요구된다. ⇒경찰조직의 개혁이 필수적(지휘·감독·통제 권한의 대폭적 축소가 요구) (2) 각 경찰서의 신축적 운영과 지역의 특성에 맞는 정책 개발이 요구 ⇒규정보다는 현장(現場: 실정) 위주의 행정이 요구(예: 과거의 상록수 경찰제도) (3) 차량순찰에서 도보순찰로 전환, 경찰관의 가정방문(방문심방), 민 경의 동반자 관계 등

(4) 문제 지향 경찰활동

① 에크(Eck)와 스펠만(Spelman)의 사건 위주의 경찰 활동

㉠ 사후 대응적인 전통적인 경찰 활동

㉡ 주로 범죄 피해자 목격자 용의자로부터 정보 수집

㉢ 경찰 활동의 주요 수단은 형사처벌의 효과를 발동하여 법을 집행하는 것

㉣ 순찰경찰관이 접수 처리한 신고사건들은 많은 시간 투자에 비하여 큰 성과를 내지 못한다.

② 에크와 스펠만에 의한 문제 지향적 경찰 활동

㉠ 핵심 개념은 SARA 모델이다.

㉡ 탐색(Scanning), 분석(Analysis), 대응(Response), 평가(Assessment)가 주요 활동이다.

③ 에크와 스펠만에 의한 문제 지향적 경찰 활동의 장애 요인

㉠ 경찰 기능을 응급 처치적 기능으로 인식

㉡ 경찰이 취급하는 문제는 해결 불가능하다는 경찰관들의 고정 관념

㉢ 경찰권 발동은 최소한에 그쳐야 한다는 전통적 경찰 활동의 원칙

㉣ 경찰의 역할과 임무의 추상적인 규정

2) 효 과

단기 효과	(1) 주민의 책임 의식과 주민에 의한 범죄통제 증가 (2) 주민들의 범죄에 대한 태도와 행동의 변화 (3) 경찰과 지역사회 간 협력 및 상호작용 증가
장기 효과	(1) 범죄의 감소 (2) 범죄에 대한 두려움 감소 (3) 주거지역 생활환경 향상 (4) 지역사회의 통합 (5) 비공식적 사회통제의 증대

3) 지역사회 경찰활동의 기본 요소

스콜니크(J. Skolnick)는 ① 지역사회 범죄 예방 활동, ② 주민에 대한 일반 서비스 제공을 위한 순찰 활동으로의 방향 전환, ③ 주민에 대한 책임성 중시, ④ 정책결정 과정에서의 주민 참여를 포함한 권한의 분산화 등을 지역사회 경찰활동의 네 가지 기본 요소로 들고 있다.

4) 전통적 경찰활동과 지역사회 경찰활동의 비교

	전통적 경찰활동	지역사회 경찰활동
개념	경찰만이 유일한 법집행 책임을 지는 기관	경찰과 시민 모두에게 범죄 방지 의무 존재
역할	범죄 해결	포괄적인 문제 해결
업무평가 방식	범인 검거율	범죄와 무질서의 부존재
업무의 우선순위	범죄와 폭력의 퇴치	범죄와 폭력 퇴치+지역사회 질서문란 요인의 해결
효율성	범죄 신고에 대한 반응 시간	주민의 경찰 업무에의 협조 정도
대상	범죄사건	시민의 문제와 걱정거리
강조	집중화된 조직구조, 법과 규범에 의한 규제, 준법정신 강조	지역사회의 요구에 부응하는 분권화된 경찰관 개개인의 능력 강조
다른 기관과의 관계	갈등	원활한 협조

	전통적 경찰활동	지역사회 경찰활동
경찰의 역할	법집행자(law enforcer) 범죄투사 · 해결자(crime fighter)	서비스 제공자(service provider) 연락관(liaison officer) 문제해결자(problem solver)
주된 업무	사건	주민의 문제 및 관심 사항
조직구조	경직 · 집중된 구조	분권화된 구조
다른 기관과의 관계	경쟁 · 갈등구조	협력구조

제 2 절 생활안전 경찰활동과 그 법적 토대

1 생활안전 경찰활동과 법적 근거

(1) 경찰법과 경찰관직무집행법

경찰법 제3조와 경찰관직무집행법 제2조는 경찰의 임무(직무)로서 범죄의 예방을 들고 있는데, 여기의 범죄의 예방은 생활안전 경찰활동의 사물관할을 정한 것이다. 따라서 생활안전경찰은 순찰과 같이 국민의 권리와 자유를 침해하지 아니하는 범위 내의 활동이라면, 경찰법 제3조와 경찰관직무집행법 제2조의 임무에 관한 규정만으로도 그 활동이 가능하다.

(2) 기타 법률

풍속 영업의 단속 등과 같이 침해를 수반하는 경우에는 반드시 그에 관한 권한의 수권이 필요하므로, 풍속 영업의 규제에 관한 법률, 총포 · 도검 · 화약류 등 단속법과 같이 경찰의 조치 권한을 구체적으로 수권하고 있는 법령에 의거하여 생활안전 경찰활동을 전개하게 된다.

일반 규정	경찰법, 경찰관직무집행법
개별 규정	청소년보호법, 소년법, 풍속영업 규제에 관한 법률, 총포 · 도검 · 화약류 단속법 등

경찰청과 그 소속 기관 등 직제(§11)
(1) 범죄 예방 및 각종 안전사고의 예방, 용역경비에 관한 업무
(2) 112신고 제도 및 파출소·지서 외근 업무의 기획
(3) 풍속사범, 총포·도검·화약류 등의 지도·단속
(4) 즉결심판 청구 업무의 지도
(5) 소년 비행 방지에 관한 업무 및 소년 범죄의 수사 지도

업무 분야	관련 법규
생활안전 및 외근 분야	• 경찰관 직무집행법 • 경범죄처벌법 • 즉결심판에 관한 절차법 • 유실물법

총포·화약 분야	총포·도검·화약류 등 단속법
풍속 분야	음악산업 진흥에 관한 법률 영화 및 비디오물 진흥에 관한 법률 게임산업 진흥에 관한 법률 풍속 영업의 규제에 관한 법률 사행행위 등 규제 및 처벌 특례법 성매매 알선 등 행위의 처벌에 관한 법률 식품위생법 공중위생관리법
소년 업무 분야	청소년보호법 아동복지법 근로기준법

2 생활안전경찰의 업무 분장

1) 담당 부서

경찰국 생활안전국은 범죄 예방에 관한 업무, 경비업에 관한 업무, 외근 업무, 풍속사범에 관한 지도 및 단속, 총포·도검·화약류 등의 지도·단속, 즉결심판에 관한 사항, 각종 안전사고의 예방에 관한 업무, 소년 비행 방지와 소년 범죄의 수사 등의 업무를 담당한다. 즉 외근경찰 활동, 경찰사범의 단속, 청소년 선도와 보호, 즉결심판에 관한 업무, 민간생활 안전 관련 업무 등으로 나눌 수 있다.

[표 7-1-4] 경찰청 생활안전국의 업무

생활안전과	생활안전계	(1) 범죄 예방에 관한 연구 및 기획 (2) 방범 홍보에 관한 연구 및 지도 (3) 과학 방범 장비 개발 및 보급 (4) 국 예산·후생관리 (5) 기타 국내 서무와 다른 과의 주관에 속하지 아니하는 사항
	지역경찰계	(1) 파출소의 외근 업무에 관한 기획 (2) 지하철수사대 및 산악구조대의 운영 지도 (3) 방범순찰대의 운영에 관한 사항 (4) 112제도 발전계획 수립 운영 및 조정 (5) 112제도 자료관리 및 통계분석 (6) 112신고센터 운영 지도
	협력방범계	(1) 협력 방범에 관한 연구 및 지도 (2) 경비업 육성연구 및 지도 (3) 자율방범대·범죄신고요원 운영 (4) 시민경찰학교, 방범리콜제, 112봉사대 등 운영 (5) 방범 기기·시설 확충
생활질서과	생활질서계	(1) 풍속사범의 지도 단속에 관한 기획 (2) 사행행위 지도 단속 (3) 기초 및 행락질서 업무 지도 (4) 즉결심판 업무의 지도 (5) 경범통고처분 업무의 관리 지도 (6) 유실물 처리 업무의 지도 (7) 보호 조치 업무의 지도
	총포화약계	(1) 총포·도검·분사기·전자충격기 등의 허가 및 지도 단속 (2) 화학류의 허가 및 지도 단속 (3) 수렵총기 안전관리 (4) 불법무기류 자진신고 및 색출 단속 (5) 폭발물 사고 방지 및 경호안전 지도 (6) 총포·화약안전기술협회의 지도 감독 (7) 사격장 안전관리 (8) 각종 안전사고의 예방에 관한 계획·지도
	여성청소년 기획계	(1) 여성·아동·청소년 관련 치안대책 (2) 성희롱예방·여성범죄 대처 요령 등 여성 관련 업무 기획 (3) 여경 권익 향상 (4) 여성 NGO 등 업무 협조

여성 청소년과	여성계	(1) 대(對)여성범죄 지도 단속 (2) 대여성 인권 침해 사례 연구 (3) 여성 피의자·피해자 인권 보호 및 지위 향상 (4) 여경기동수사반 운영 (5) 여성상담실 운영
	청소년계	(1) 소년경찰에 관한 비행예방대책 연구 (2) 미아·가출인 보호 수배 (3) 소년범죄·수사업무 지도 (4) 청소년 유해업소 지도 단속 (5) 청소년단체 지도 감독

3 지역경찰 활동

1) 지역경찰의 의의

(1) 개념

지역경찰이란 일정한 담당구역을 가지는 순찰지구대를 활동 거점으로 하여 경찰관이 제반 경찰사고에 1차적으로 즉응하는 활동을 말한다. 즉 지역경찰은 지역을 기준으로 일정 구역의 업무를 수행하고, 최일선에서 국민과 직접 접촉하며, 전 경찰 사안에 대하여 초기적 업무를 수행한다.

경찰 업무를 일반적이고 초기적(1차적)으로 수행하는 경찰 활동과 이와 같은 임무와 활동을 적정하고 효율적으로 실시하기 위한 관리 업무가 포함된다.

의의	일정한 담당구역을 가지는 파출소를 활동 거점으로 하여 경찰관이 제반 경찰사고에 대하여 1차적으로 즉응(卽應)하는 경찰 활동 ⇒ 일반적·초기적인 경찰 활동+관리 업무
특징	(1) 업무의 전반성⇒경찰 업무 전반에 대한 초동 조치를 수행 (2) 해당 구역 책임제⇒지역을 기준으로 일정 구역의 업무를 수행 (3) 정형적인 근무 방법⇒외근 규칙에 의하여 근무가 지정되어 있다. (4) 주민과의 접촉성⇒대국민 관계에서 경찰의 얼굴

(2) 전담경찰과의 비교

전담경찰은 경무경찰·교통경찰·수사경찰 등과 같이 경찰 업무 가운데 특정 일부분을 담당하여 그 업무를 전문적 · 종국적으로 처리하는 경찰을 말한다.

지역경찰은 지역을 기준으로 임무를 수행한다는 점에서 업무의 성질을 기준으로 하는 전담경찰과 구별된다.

그러나 전담경찰과 지역경찰이 밀접하게 상호 연관성을 가지며 협조 체제를 구축할 때 치안의 효과는 극대화될 수 있다.

전담경찰은 경찰 업무 가운데 특정 일부분을 담당하여 그 업무를 전문적이며 종국적으로 처리하는 데 반하여, 지역경찰은 전 경찰사안에 대하여 일반적이며 초기적인 업무를 수행한다.

경찰조직은 그 임무를 분할하여 전담경찰은 담당 업무의 성질을 기준으로 구분된 임무를 수행하고, 지역경찰은 지역을 기준으로 구분된 임무를 수행한다. 따라서 지역경찰은 담당구역 내의 모든 경찰 업무의 창구 기능을 수행함으로써 국민의 치안 서비스의 접근을 쉽게 하는 역할을 한다.

전문화된 전담경찰과 지역성을 유지하는 지역경찰이 밀접하게 상호 연관성을 가지며 협조 체제를 구축하고 업무 처리의 종적 · 횡적 조화를 이룰 때 치안의 효과는 극대화될 수 있다.

[표 7-1-5] 지역경찰과 전담경찰의 비교

지역경찰	전담경찰
지역이 기준(지구대 · 파출소 등)	담당 업무의 성질이 기준(교통 · 수사 등)
업무 전반에 걸쳐 기초적 · 초동적 단계를 담당	전문적인 기술로 특정 업무에 대하여 활동
정형화된 근무 방법, 24시간 경찰서비스 체제의 유지	특정 업무를 수행

2) 지역경찰의 임무

(1) 상시 경계 체제의 유지 - 3교대

지역경찰은 시간과 장소를 가리지 않고 언제 어디서나 경찰 사안이 발생하면 즉시 여기에 대응하여 적정한 경찰 활동을 개시하여야 한다.

지역경찰은 일정한 지역을 단위로 하여 조직적으로 활동하고 국민의 일상 생활을 범죄나 사고의 위험으로부터 보호하여 안전과 평온을 확보하는 것을 그 기본 임무로 하고 있다.

지역경찰은 상시 경계 태세를 유지함으로써 범죄 기도자의 범의를 포기하게 하고 국민에게는 평온감을 가지고 일상 생활을 영위할 수 있도록 한다.

(1) 경찰 대개혁의 일환으로 전일제 파출소는 2교대제로 모두 전환하였으며, 1999년 12월 23일 외근경찰관근무규칙(제10조)을 개정하여(2003년 폐지) 파출소 근무를 3교대제 원칙을 제도화하였다. 이것은 열악한 근무 여건으로 인한 만성적인 피로에 시달리는 파출소 근무 제도를 개선한 방안의 하나이다

(2) 2교대 근무제란 파출소 경찰관을 2개 부(갑, 을)로 나누어 1개 부는 당번으로 1일 24시간 근무, 1개 부는 비번으로 1일 24시간 휴무하고 익일은 당·비번이 교대하는 근무 제도이다.

(3) 3교대 근무제란 파출소 경찰관을 3개 부(갑, 을, 병)로 나누어 2개 부는 당번 근무로 12시간씩 주야로 근무하고, 나머지 1개 부는 비번으로 휴무하는 방법으로 순차 교대하는 근무제이다.

(2) 경찰 업무 전반에 대한 초동 조치

(가) 의의

지역경찰은 순찰지구대 단위로 경찰업무 전반에 걸친 초기적 단계를 수행하며, 전담경찰 업무 중 일정한 범위를 분담하여 처리한다. 따라서 범죄수사와 관련하여 신고를 받은 경우에는 현행 범인의 검거, 피해 신고의 수리, 현장 보존과 증거 수집, 기타 범죄 현장을 중심으로 한 기초적 조치와 수사를 하여 수사전담 경찰관에게 업무를 인계한다. 또한 교통사고가 발생한 경우에는 부상자 구호 및 현장 표시를 한 후 교통전담 경찰관에게 인계한다.

기본적 활동 단위	순찰지구대·파출소·출장소(농어촌 지역이나 비교적 치안 수요가 적은 지역)
보조적 활동 단위	112순찰차(초동조치)·검문소(검문 검색)·이동파출소(특수경비 대상 구역)

(나) 지역경찰의 초동 조치 담당 이유

일정한 단계 이상의 업무는 전담경찰관이 처리하는 것이 사무 처리의 신속·정확과 전담경찰의 효율적 운영을 기할 수 있다.

지역경찰이 특정 사건 처리에 과다한 인력과 시간을 소모하게 되면 담당구역 전반의 치안 유지와 대민 봉사의 공백을 방지할 수 있다.

그리고 사건수사에 대한 전문지식 및 경험 미흡으로 업무 처리에 오류가 발생할 수 있다.

그러나 외근 경찰을 전담경찰에 봉사하는 것이라든가 전담경찰에 종속되어 보조 역할만을 한다고 보아서는 안 된다.

③ 주민 일상 생활의 안전과 평온의 확보

주민 일상 생활의 안전과 평온의 확보는 외근 경찰의 궁극적 임무이다.

외근 경찰이 파출소를 거점으로 지역 주민의 곁에서 상시 경계 태세를 유지하며 끊임없이 주민의 일상 생활의 안전과 평온을 보호·유지한다는 측면에서, 다른 전담경찰의 경우보다도 더욱 본질적이며 직접적인 모습으로 경찰의 임무를 수행하고 있다.

(1) 상시 경제 체제의 유지⇒즉시 대응의 필요성 때문 (2) 경찰 업무 전반에 대한 초동 조치 범죄 현장을 중심으로 한 기초적 조치와 수사⇒'상대적 개념'임에 주의할 것 (예: 신고 출동, 현행 범인 검거, 피해 신고 수리, 현장 보존과 증거 수집 등) (3) 주민의 일상적 안전을 확보

3) 지역경찰 활동의 내용(지역경찰조직 및 운영에 관한 규칙 제1조~제62조 참조, 경찰청훈령 제409호, 2003. 9. 17)

(1) 개념

지역경찰이란 일정한 담당 구역을 가지는 순찰지구대를 기준으로 각종 경찰 업무에 관련된 1차적, 초기적 대응을 담당하는 경찰이다.

(2) 목적

지역경찰의 효율적인 임무 수행을 위하여 지역경찰의 조직 및 운영, 기타 필요한 사항을 규정함을 목적으로 한다.

(3) 적용 범위

순찰지구대, 파출소, 분소, 초소 및 소속 경찰관과 지역경찰 업무 담당부서에 적용한다.

4) 전담경찰과의 차이점

지역경찰의 근무는 일상적으로 정형화된 근무 방법이 정하여져 있는 점이 전담경찰과 다르다. 그러나 지역경찰조직 및 운영에 관한 규칙상의 지역경찰 근무 방법이 정형화되어 있다고 하여 근무 내용까지 단순하다고 볼 수 없다.

실제 업무 수행시 발생되는 각종 사안은 다양하고 돌발적이어서 예측이 곤란하므로 외근 근무는 이러한 대상에 효과적으로 대처하기 위해서는 고도의 직무 수행 능력이 필요하다.

5) 지역경찰 조직 및 운영에 관한 평가 기준

안전도	**객관적 안전성 지표**	범죄 발생률, 범죄 악질률, 범죄에 대한 피해 확률
	주관적 안전성 지표	시민들의 불안감 평균치
경찰력의 수준	**방범 활동 자체의 수준**	인구당 경찰관의 수, 지역경찰관의 수
	순찰 빈도	도보순찰 및 순찰차의 순찰 횟수
경찰 활동 결과의 수준		검거율, 피해 회복률, 범죄 발생 통보율, 경찰에 대한 시민 협력의 정도

4 경찰사범의 단속

경찰사범의 단속이라 함은 사회 공공의 안녕과 질서를 유지하기 위하여 경찰이 풍속사범을 비롯한 사범을 단속하는 활동을 말한다.

경찰사범의 단속은 생활안전경찰의 중요한 역할인 범죄 예방적 환경의 조성과 법규 준수 문화를 정착시키기 위하여 필요한 활동인 바, 여기에는 풍속사범의 단속, 기초질서 위반사범의 단속과 총포·도검·화약류 단속 등이 있다.

1) 풍속사범의 단속

(1) 개념

풍속사범의 단속은 사회의 선량한 풍속을 유지하기 위하여 사회 일반의 풍기 및 건전한 생활 습관에 영향을 주는 행위를 금지·제한하는 경찰 활동이다.

(2) 선량한 풍속

선량한 풍속이란 어느 특정 시대나 국가에서 일반적으로 용인되고 있는 도덕적 관념과 규범을 말한다.

선량한 풍속은 그 사회의 공공의 안녕과 질서의 윤리적 기반을 이루고 있다는 의미에서 공공의 질서와 선량한 풍속의 두 개념을 결합하여 '공서양속'이라고 하기도 한다.

[표 7-1-6] 풍속사범의 단속 대상 행위

구분		내용
의의		(1) 사회 공공의 질서와 선량한 풍속인 '공서양속(公序良俗)'을 유지하기 위하여 사회 일반의 풍기 및 건전한 생활 습관에 영향을 주는 행위를 금지하는 활동 (2) 공속은 공공질서와 관련된 개념으로서 시대와 장소에 따라 변화하기 때문에, '전래의 풍속을 고수함'과 같은 목적은 풍속사범 단속의 이유가 될 수 없음에 유의할 것 (3) 풍속 영업에 관련된 허가권은 사행행위 이외에는 모두 시·군·구청장에게 위탁됨. (4) 행위별 단속 근거법을 숙지하되, 경찰관직무집행법은 단속 근거가 될 수 없음에 유의할 것
대상	성매매	(1) 개념 →① 불특정인을 상대로 ② 금품 기타 재산상 이익을 받거나 받을 것을 약속하고 ③ 성행위를 하는 것(⇒남녀 모두 주체가 될 수 있음.) (2) 단속 근거 →'성매매 알선 등 행위의 처벌에 관한 법률', '풍속영업의 규제에 관한 법률', '식품위생법', '아동복지법', '공중위생관리법' (3) 성매매 행위에 대한 국가별 규제 형태 → 금지주의·규제주의·(규제)폐지주의
	음란행위	(1) 음란행위→성욕의 흥분 또는 만족을 목적으로 하는 행위로서 선량한 풍속에 반하여 정상인에게 성적 수치감·혐오감을 주는 행위를 의미함. (2) 음란행위의 판단 → 평균인의 사회 감정을 기준으로 사안에 따라 객관적·구체적·개별적으로 판단해야 함(⇒추상적이고 일률적인 기준은 적합하지 않음.) (3) 단속 근거→'형법', '경범죄처벌법', '풍속영업의 규제에 관한 법률'
	사행행위	(1) 의의→우연의 사실에 따라 재물의 득실을 걸어 재산상의 이익을 취하는 행위 (2) 특성→반사회성(단속의 필요성)·요행성·다양성 (3) 단속 근거→'사행행위 등 규제 및 처벌특례법'

[표 7-1-7] 풍속 영업의 규제에 관한 법률

<table>
<tr><td>목적</td><td colspan="2">(1) 선량한 풍속을 해하거나 청소년의 건전한 육성을 저해하는 행위 등을 규제하여 미풍양속의 보존과 청소년의 보호에 이바지함.
(2) 이 법에 규정된 업소에 대해서는 다른 허가 관청의 업소의 위법 사항에 대한 고발이나 행정처분의 유무에 관계없이 경찰이 직접 단속을 할 수가 있음.</td></tr>
<tr><td rowspan="2">주요 내용</td><td colspan="2">(1) 준수 사항⇒풍속 영업을 영위하는 자(허가 또는 인가를 받지 아니하거나 등록 또는 신고를 하지 아니하고 풍속 영업을 영위하는 자를 포함함) 및 풍속영업소의 종사자는 풍속 업소에서 아래의 사항을 하여서는 아니 됨.
① 성매매 또는 음란행위를 하게 하거나 이를 알선 또는 제공하는 행위
② 음란한 물건을 반포·판매·대여하거나 진열 또는 보관하는 행위
③ 도박, 기타 사행행위를 하게 하는 것
(2) 출입·검사⇒경찰서장은 특히 필요하다고 인정하는 경우에는 경찰공무원으로 하여금 풍속영업소에 출입하여, 관계인을 입회시켜서 풍속영업자 및 종사자의 준수 사항의 준수 상태를 검사하게 할 수 있음.
① 경찰공무원은 그 권한을 표시하는 증표를 지니고 이를 관계인에게 내보여야 함.
② 출입 범위는 원칙적으로 영업소에 한정하여야 하며, 내실이나 종업원 거실 등에는 신고나 첩보 입수에 의한 단속시 외에는 출입하지 않도록 하여야 함.</td></tr>
<tr><td colspan="2">• 풍속영업소의 종사자⇒명칭 여하를 불문하고 영업자를 대리하거나 영업자의 지시를 받아 상시 또는 일시 영업행위를 하는 대리인·사용인 기타의 종업원(무도학원업의 경우 강사·강사보조원을 포함)을 의미함.</td></tr>
<tr><td rowspan="6">풍속 영업의 범위</td><td>식품위생업</td><td>① 단란주점 영업
② 유흥주점 영업⇒일반음식점(카페·다방)은 제외됨.</td></tr>
<tr><td>공중위생관리법</td><td>① 숙박업(민박업은 제외)
② 이용업(미용업은 제외)
③ 특수목욕장업⇒사우나탕업·증기탕업·복합목욕탕업</td></tr>
<tr><td>영화 및 비디오물 진흥에 관한 법률</td><td>비디오감상실업 <비디오방></td></tr>
<tr><td>음악산업 진흥에 관한 법률</td><td>노래연습장업 <노래방>⇒시장 등에게 등록하여야 하며, 주류의 판매·제공, 접대부의 고용·알선, 성매매 및 음란행위가 금지됨.</td></tr>
<tr><td>게임산업 진흥에 관한 법률</td><td>일반게임장업⇒오락실, PC방, 복합 유통·제공업을 포함</td></tr>
<tr><td>체육시설의설치·이용에 관한 법률</td><td>① 무도학원업
② 무도장업</td></tr>
<tr><td>참고 사항</td><td colspan="2">(1) 풍속 영업은 영리를 목적으로 하는 영업임
(2) 풍속 영업의 범위에 해당하지 않는 것⇒카페, 다방, 대중목욕탕(일반목욕장), 당구장, 만화대여업, 소극장, 음반 및 비디오물의 제작업·판매업·대여업 등</td></tr>
</table>

(3) 성매매

성매매(prostitution)라 함은 불특정인으로부터 금품 · 기타 재산상의 이익을 받거나 받을 것을 약속하고 성행위를 하는 것을 말한다. 불특정이란 성교의 상대방이 특정되지 않은 것을 말한다.

우리 나라는 성매매 알선 등 행위의 처벌에 관한 법률, 아동복지법과 풍속 영업의 규제에 관한 법률, 식품위생법, 공중위생관리법, 청소년 성보호에 관한 법률 등 특별법에 의해서 성매매를 처벌한다.

[표 7-1-8] 성매매 행위에 대한 국가별 규제 형태

구분	내용
금지주의	성매매를 범죄로 간주하여 금지하며, 포주 등 성매매 행위를 조장 · 착취하는 자는 물론이고 성매매 행위자들도 처벌하는 입법주의⇒성매매 행위를 범죄로 간주하여 규제함(예: 한국, 태국, 필리핀, 대만, 헝가리, 쿠바, 미국의 뉴욕 · 일리노이 주 등).
규제주의	(1) 경찰 · 행정 당국의 허가를 받고 홍등가 · 사창가 등 특정 지역 내에서만 성매매 행위를 허용하며, 등록대장 · 카드나 의료감시 등을 활용하여 정부가 관리하고 규제하는 입법주의 (2) 매매춘이 갖는 부정적 문제들을 최소화하는 것을 목적으로 '공창화'와 '정부의 통제'를 기본 골격으로 하고 있음(예: 독일, 네덜란드, 호주, 미국 네바다 주 등)
(규제)폐지주의	규제의 폐지 즉 정부의 관리 · 통제의 폐지를 의미하며, 성매매는 자유 활동으로 인정되고 개인적 활동으로 고려되나 이를 조장 · 착취하는 자나 호객행위, 가시적 방법에 의한 성매매 행위는 금지하고 있음(허용주의)(예: 영국, 프랑스, 일본, 이탈리아, 스위스, 캐나다, 오스트리아, 뉴질랜드 등).

(4) 음란행위

음란의 개념에 대하여 우리 나라 학설과 판례는 일반적으로 성욕을 자극하거나 흥분 또는 만족하게 하는 내용으로써 일반인의 정상적인 성적 수치심을 해치고 건전한 성적 도덕 관념에 반하는 것으로 규정한다. 이러한 음란 개념은 추상적인 기준일 뿐이어서 어떤 행위가 음란한 행위인가에 대한 판단은 구체적 행위를 개별적으로 판단하는 수밖에 없다.

음란행위에 대한 처벌 규정으로서 형법 제243조에 음화 반포 · 판매 · 임대 · 공연 전시 · 공연 상영과, 제244조에 243조의 목적으로 제조 · 소지 · 수입 · 슈출하는 행위를 규정하고 있다. 청소년보호법은 청소년 유해매체물에 대해서는 청소년 대상 판매 · 대여 · 배포 · 관람 등의 금지, 청소년 유해 표

시 및 포장 · 구분 · 격리 등의 조치를 취하도록 규정하고 있다.

[표 7-1-9] 청소년보호법상 '청소년 유해업소'의 유형

청소년 출입 · 고용 금지업소(출입 · 고용 ×)	청소년 고용 금지업소(출입 ○, 고용 ×)
① 유흥주점 · 단란주점 ② 비디오감상실 · 노래연습장(청소년실은 출입 가능, 고용만 금지) ③ 무도학원 · 무도장 ④ 사행행위 영업장 ⑤ 전기통신 설비를 갖추고 불특정한 사람 상호간의 전화 통화를 매개하는 것을 주된 목적으로 하는 영업 ⑥ 청소년 유해매체물, 청소년 유해약물 및 청소년 유해물건을 제작 · 생산 · 유통하는 영업 등 청소년의 출입과 고용이 청소년에게 유해하다고 인정되는 영업으로서 청소년보호위원회가 결정하여 고시한 것(성기구판매업소)	① 티켓다방, 소주방, 호프, 카페 ② 숙박업,이용업(남자 청소년 고용은 제외), 목욕장업 중 안마실을 설치하거나 객실로 구획하여 하는 영업 ③ 음반 등 판매업, 비디오물 대여업과 비디오물 소극장업, 일반게임장업 또는 복합유통 · 제공업 중 청소년 유해업이 포함된 경우 ④ 유독물 제조업 · 판매업 및 취급업 ⑤ 회비 등을 받거나 유료인 만화 대여업 ⑥ 청소년 유해매체물, 청소년 유해약물 및 청소년 유해물건을 제작 · 생산 · 유통하는 영업 등 청소년의 고용이 청소년에게 유해하다고 인정되는 영업으로서 청소년보호위원회가 결정하여 고시한 것

* 업소의 구분은 그 업소가 영업을 다른 법령에 의하여 요구되는 허가 · 인가 · 등록 · 신고 등의 여부에 불구하고 실제로 이루어지고 있는 영업행위를 기준으로 한다(영업자 준수 사항도 마찬가지).

[표 7-1-10] 성매매와 청소년 성매매의 비교

구분	성매매	청소년 성매매(원조 교제)
법적 근거	성매매 알선 행위 등의 처벌에 관한 법률	청소년의 성보호에 관한 법률
대상	불특정인	특정인이라도 관계 없음.
행위	성교행위 및 성교 유사행위를 포함	성교행위 및 성교 유사행위를 포함
연령	제한 없음.	만 19세 미만의 남녀

〈 청소년 연령에 관한 판례(判例) 〉

사회적 의미에서의 청소년이라 함은 12~13세부터 20대의 사람을 가리키는 것으로 일반적으로 통용되고 있기는 하지만 일정한 연령을 한계로 한 확일적인 기준은 없는 것으로 보이고, 법적 의미에서의 청소년의 의미도 그 법령의 입법 취지 및 목적을 기초로 한 입법자의 결단에 의하여 비로소 구체화되는 개념으로 일률적인 것은 아니며, 사회적 의미에서의 청소년의 의미와 달리 법적 의미에서의 청소년의 의미는 법적 안정성과 예측 가능성을 확보하기 위하여 명확하게 정의되어 있어야 할 것이지만 그것이 불명확한 경우에는 그 법령의 규정 내용과 입법 취지는

> 물론 입법 취지가 유사한 다른 법령과의 관계나 사회 통념 등을 종합적으로 고려하여 보충될 수 있는 것으로 보아야 할 것인바, 이러한 관점을 기초로 하여 청소년기본법상의 청소년의 정의에 관한 규정 및 입법 취지와 청소년보호법과의 관계, 아동복지법상의 아동의 정의에 관한 규정 및 입법 취지와 청소년보호법과의 관계, 사회 통념 등을 종합적으로 고려하면 청소년보호법의 청소년에는 19세 미만의 모든 사람이 포함되는 것으로 새길 것이 아니라 적어도 청소년기본법이 정의하는 연령의 하한인 9세 이상으로 새기는 것이 타당하다. 나이나 외모, 심부름 온 거리 등 모든 사정에 비추어 다른 청소년은 물론 심부름 온 만 6세의 아동 자신이 술을 마실 위험성이나 개연성이 전혀 없음이 명백하여 청소년보호법상 과징금 부과 대상이 되는 '청소년을 대상으로 하여 술을 판매한 행위'에 해당하지 아니한다(서울행정 2001. 12. 20, 2001구33822).

(5) 사행행위

사행행위(도박, gambling)는 우연의 사실에 따라 재물의 득실을 걸어 재산상의 이익을 취하는 행위를 말한다.

우리 나라는 형법에 도박죄(제276조 내지 제27조)와 복표의 발매 등의 죄(제248조)를 규정하고 있고, 특별법인 사행행위 등 규제 및 처벌 특례법에 의하여 사행행위를 처벌하고 있다.

사행행위의 특성－반사회성, 다양성, 유행성

[표 7-1-11] 사행행위 등 규제 및 처벌특례법

<table>
<tr><th>의의</th><th colspan="3">(1) 사행행위 영업의 유형⇒복표 발행업, 현상업, 기타 사행행위업(회전판돌리기업, 추첨업, 경품업)
(2) 카지노업(슬롯머신) ⇒ 관광진흥법의 적용을 받으므로 사행행위 영업에 해당되지 아니함.</th></tr>
<tr><td rowspan="5">유형</td><td>복표 발행업</td><td colspan="2">•특정한 표찰을 발매하여 다수인으로부터 금품을 모아 추첨 등의 방법에 의하여 당첨자에게 재산상의 이익을 주고 다른 참가자에게 손실을 주는 행위를 하는 영업</td></tr>
<tr><td>현상업</td><td colspan="2">•특정한 설문에 대하여 그 해답의 제시 또는 적중을 조건으로 응모자로부터 금품을 모아 그 설문에 대한 정답자나 적중자의 전부 또는 일부에 대하여 재산상의 이익을 주고 다른 참가자에게 손실을 주는 행위를 하는 영업</td></tr>
<tr><td rowspan="3">기타 사행 행위업</td><td>회전판 돌리기업</td><td>•참가자에게 금품을 걸게 한 후 그림이나 숫자 등의 기호가 표시된 회전판이 돌고 있는 상태에서 화살 등을 쏘거나 던지게 하여 회전판이 정지되었을 때 그 화살 등이 명중시킨 기호에 따라 당첨금을 교부하는 행위를 하는 영업</td></tr>
<tr><td>추첨업</td><td>•참가자에게 번호를 기입한 증표를 제공하고 지정 일시에 추첨 등으로 당첨자를 선정하여 일정한 지급기준에 따라 당첨금을 교부하는 행위를 하는 영업</td></tr>
<tr><td>경품업</td><td>•참가자에게 등수를 기입한 증표를 제공하여 당해 증표에 표시된 등수 및 당첨금의 지급 기준에 따라 당첨금을 교부하는 행위를 하는 영업</td></tr>
</table>

허가	(1) 허가권자⇒사행행위 영업을 하고자 하는 자는 일정한 시설 및 사행행위 기구를 갖추어 지방경찰청장의 허가를 받아야 함.⇒혼합적 경찰 허가 ① 영업의 대상 범위가 2 이상의 특별시·광역시 도는 도에 걸치는 경우에는 경찰청장의 허가를 받아야 함. ② 국가기관 또는 지방자치단체가 사행행위 영업을 하고자 하는 때에는 경찰청장의 승인을 얻어야 함. (2) 조건부 영업 허가⇒경찰청장 또는 지방경찰청장은 사행행위 허가를 함에 있어서 2월의 기간 내에 규정에 의한 시설 및 사행기구를 갖출 것을 조건으로 이를 허가할 수 있음. (3) 허가의 요건⇒경찰청장 또는 지방경찰청장은 허가 신청이 있을 경우에 그 허가 신청이 아래에 해당하는 경우에 한하여 각각 이를 허가할 수 있음. <2002. 04 승진>. ① 공공 복리의 증진을 위하여 특히 필요하다고 인정되는 경우 ② 상품의 판매 선전을 위하여 특히 필요하다고 인정되는 경우 ③ 관광 진흥과 관광객의 유치 촉진을 위하여 특히 필요하다고 인정되는 경우 (4) 허가의 유효 기간⇒허가의 유효 기간은 90일로 하되, 3년을 초과할 수 없음.
영업자 준수 사항	(1) 영업 명의를 다른 사람에게 대여하여서는 아니 됨. (2) 법령에 위반되는 사행기구를 설치하거나 사용하여서는 아니 됨. (3) 법령에 위반하여 사행기구를 변조하여서는 아니 됨. (4) 일정한 사행행위 영업의 영업소 안에 청소년(청소년보호법상 청소년)을 입장하게 하여서는 아니 됨. (5) 과도한 사행심을 유발하는 등 선량한 풍속을 해할 우려가 있는 광고 또는 선전을 하여서는 아니 됨.

2) 기초질서 위반사범의 단속

기초질서 위반사범이란 일상 생활에서 범하기 쉬운 경미한 범익 침해 행위로서, 경범죄처벌법과 도로교통법에 규정되어 있으며 범칙금이 부과되는 행위를 말한다.

의의	(1) 사람들이 일상 생활에서 흔히 범하기 쉬운 경미한 법익의 침해로서, 경범죄처벌법과 도로교통법 등에 행위 유형이 규정되어, 제재 수단이 '범칙금 부과'로 되어 있는 행위 (2) '깨진 유리창 이론'⇒경미한 범죄의 단속이 중범죄의 감소에 효과가 있음을 입증	
대상	경범죄처벌법	광의의 형법으로서 형법의 보충법, 일반법
	도로교통법	보행자 무단횡단 등

〈깨진 유리창 이론(Broken-Window Theory)〉

(1) 깨진 유리창 이론은 윌슨(James Q. Wilson)과 켈링(George L. Kelling)이 1982년에 공동으로 발표하였다. 이 연구는 경찰과 주민이 동반자적 관계로 주민 참여의 다양한 전략을 수립하려는 대표적 이론으로서의 기초가 되었다.
(2) 깨진 유리창 이론은 지역사회 내에서의 범죄에 대한 두려움을 관리하고 무질서를 지속적으로 단속하여 범죄 심리 유발을 차단하는 데 목적이 있다.
(3) 지역사회 경찰활동의 범죄 예방 활동은 먼저, 지역사회 주민의 참여를 통하여 주민의 책임의식과 주민에 의한 자발적 범죄통제가 증가하고 참여와 교육을 통한 상황적 인식을 기반으로 범죄에 대한 태도와 행동상의 변화를 가져오게 된다.
(4) 구체적으로 이러한 변화로 인해 가정의 안전과 주거환경의 청결 등 사회적 무질서 요인이 제거되고 지역사회의 각 부분들이 상호 협력하고 협조하는 상호작용이 증대하게 된다.
(5) 깨진 유리창 이론을 주장한 윌슨의 의도는 '지역사회 공동체의 관심'을 고조하기 위함이다. 이는 지역 주민의 관심과 참여를 바탕으로 하는 능동적인 경찰 활동을 의미하는 것이다.

(1) 개념

사람들이 일상 생활에서 흔히 범하기 쉬운 경미한 범죄의 침해행위로서, 경범죄처벌법과 도로교통법에 그 행위 유형들이 규정되어 있으며, 제재 수단이 범칙금 부과로 되어 있는 행위를 말한다.

이러한 기초 질서의 개념은 법률상의 용어나 학문적으로 정의된 개념이 아니라 실무상의 용어이다.

(2) 기초질서 위반사범 단속의 목적

국민의 일상 생활 속에서 준법 정신을 높이고 사회적 도덕심을 향상시켜 공동 생활의 평화 질서를 확보하는 데 있다.

비교적 경미한 범죄행위의 단속을 통하여 그 이후에 발생할 수도 있는 더 큰 범죄를 사전에 예방하는 데 있다.

근거 법률	주요 위반 행위	특 징
경범죄 처벌법	암표상, 오물 방치 및 방뇨, 광고물 무단 첩부, 음주 소란, 새치기, 금연 장소에서의 흡연, 자연 훼손, 덮개 없는 음식물 판매.	광의의 형법, 형법의 보충법 일반법, 형사실체법(절차법) 10만 원 이하 벌금 교사, 방조는 정범과 동일 미수범, 중지범을 처벌 않는다. 감독 의무자를 처벌한다. 구류, 과료를 병과 가능하고 면제도 가능하다.

도로교통법	신호 위반, 무단횡단, 차도 보행, 차도에서 차 잡는 행위, 주·정차금지 위반, 노상 시비·다툼으로 차량의 통행 방해	

[표 7-1-12] 경범죄 처벌법

구분	내용
의의	(1) 광의의 형법, 형법의 보충법이며 일반법(형법의 특별법이 아님.) (2) 형사실체법에 속함(통고처분 절차 규정이 있으므로 일부 절차법적 성격도 가지고 있음.) (3) 대상 범죄의 성격이 주로 추상적 위험범임(미수범 처벌 규정이 없음). (4) 처벌 대상 : 10만 원 이하의 벌금,구류, 또는 과료에 처함
특색	(1) 처벌시 형을 면제하거나 또는 구류와 과료를 함께 병과할 수 있음. (2) 벌금 이하의 형으로만 규정되어 있어서 집행유예는 불가능하나, 벌금형의 선고시 선고유예는 가능함. (3) 법인에 대해서도 벌금형 처벌이 가능 (4) 교사자 및 방조자는 정범에 준하여 처벌함(종범의 형을 감경하지 않고, 종범을 정범으로 처벌함). (5) 본법의 죄를 범한 범인을 은닉·도피하게 한 경우 범인 은닉죄가 성립함. (6) 주의·감독 책임자에 대한 처벌 : 법규 위반에 해당하는 행위를 하지 않고 단순히 주의의무 또는 감독 의무를 위반한 자도 처벌함. (7) 법인에 대한 벌칙 : 법인에 대해서도 금전벌에 한하여 처벌할 수 있음.

[표 7-1-13] 경범죄처벌법상 범칙자 제외 사유 및 통고처분 제외 사유

범칙자 제외 사유	통고처분 제외 사유
범칙행위를 상습적으로 행하는 사람 구류처분함이 상당하다고 인정되는 자 피해자가 있는 행위를 한 자 18세 미만인 사람	주거·신원 불명자 통고처분받기를 거부하는 자 그 밖에 통고처분하기가 매우 어려운 사람

[표 7-1-14] 경범죄처벌법상의 처벌 대상 범죄

구분	내용
통고처분 대상 (21종)	-오물투기, 쓰레기·죽은 짐승 등 투기, 밤배 꽁초·껌·휴지 투기 -노상 방뇨 등 대·소변 행위, 침뱉는 행위 -자연훼손 -수로 유통 방해 -불안감 조성 -음주 소란 등 -인근 소란 등 -물건 던지기 등 위험행위 -공작물 등 관리 소홀 -굴뚝 등 관리소홀 -위험동물 관리 소홀 -무단 소등 -공중 통로 안전관리 소홀 -공무원 원조 불응 -전당품 장부 허위 기재 -미신요법 -야간통행 제한 위반 -새치기 -무단 출입 -뱀 등 진열행위 -금연 장소에서의 흡연

즉결심판 대상 (29종)	-물품 강매 -장난 전화 -관명 사칭 등 -출판물의 부당 게재 등 -청객행위 -음류수 사용 방해 -동물 등에 의한 행패 등 -허위광고 -단체 가입 강청 -위험한 불씨 사용 -무임승차 및 무전 취식 -업무 방해 -자릿세 징수 -빈 집 등에의 잠복 -요부조자 등 신고 불이행 -허위신고 -구걸 부당 이득 -흉기의 은닉 휴대 -비밀 춤교습 및 장소의 제공 -폭행 등 예비 -총포 등 조작 장난 -의식 방해 -시체 현장 변경 -광고물 무단 첩부 등 -타인의 가축·기계 등의 무단 조작 -과다 노출 -지문 채취 불응 -정신병자 감호 소홀 -암표 매매 -성명 등의 허위 기재

3) 총기·도검류 등의 단속

(1) 필요성

총기 및 폭발물 등은 취급과 사용상 위험성이 크고 예측하기 어려운 사고로 인하여 다수의 사람에게 치명적인 피해를 줄 개연성이 커서 국민의 생활의 공공 안전을 확보하고, 위험 예방, 총포 화약의 소지 억제를 위해서는 규제와 관리가 필수적이다.

(2) 단속 대상

(가) 총포

총포라 함은 권총, 소총, 기관총, 포, 엽총, 기타 금속성 탄알을 발사할 수 있는 장약총포와 공기총(압축 가스를 이용하는 것 포함)을 말한다.

(나) 도검

칼날의 길이가 15cm 이상 되는 칼, 검, 창, 치도, 비수 등으로서 성질상 흉기로 쓰여질 수 있는 것과 15cm 이하라 하더라도 흉기로 사용될 위험성이 뚜렷이 있는 것을 말한다.

〈**도 검**〉(총포·도검·화약류 등 단속법 제2조, 동법 시행령 제4조)

이 법에서 '도검'이라 함은 칼날의 길이가 15cm 이상 되는 칼, 검, 창, 치도, 비수 등으로서 성질상 흉기로 쓰여질 수 있는 것과 칼날의 길이가 15cm 미만이라 할지라도 흉기로 사용될 위험성이 뚜렷이 있는 것 중에서 대통령령으로 정하는 것을 말한다.
① 월도, ② 장도, ③ 단도, ④ 검, ⑤ 창, ⑥ 치도, ⑦ 비수,
⑧ 재크나이프(칼날의 길이가 6cm 이상의 것에 한한다).
⑨ 비출 나이프(칼날의 길이가 5.5cm 이상이고 45도 이상 자동으로 펴지는 장치가 있는 것에 한한다.)
⑩ 그 밖의 6cm 이상의 칼날이 있는 것으로서 흉기로 사용될 위험성이 뚜렷이 있는 도검

(다) 화약류

화약, 폭약, 화공품을 통칭하여 화약류라고 하는데 조성 방법에 따라 여러 종류로 제조될 수 있어 성분을 중심으로 규제하고 있다.

(라) 분사기

분사기라 함은 사람의 활동을 일시적으로 곤란하게 하는 최루, 질식작용제를 분사하는 기기로서 살균·살충용 또는 산업용을 제외한 것을 말하며, 총포형, 막대형, 만년필형, 휴대형 등이 있다.

(마) 전자충격기

전자충격기라 함은 사람의 활동을 일시적으로 곤란하게 하는 강한 전류를 방류하는 기기로서 산업용·의료용을 제외한 것을 말하며, 총포형·막대형·휴대형 등이 있다.

(바) 석궁

석궁이라 함은 활과 총의 원리를 이용하여 화살 등의 물체를 발사하여 인명에 위해를 줄 수 있는 것으로서 국궁(國弓)·양궁(洋弓)에 속하는 것을 제외한 것을 말한다. 일반형, 도르레형, 권총형이 있다.

(3) 허가권자

총포·도검·화약류단속법에서는 ① 5.5mm 단탄 공기총 중요 부품의 파출소 보관, ② 총포 안전도 검사의 연 1회 정기적 실시, ③ 수렵 기간 중 산탄 엽총과 공기총 총기 보관 해제, ④ 민간 총포 보유에 대하여 허가제를 도입하여 지방경찰청장, 경찰서장의 허가를 받도록 규정하고 있다. 또한 화약류를 발파할 경우에는 화약류의 사용지를 관할하는 경찰서장의 사용 허가를 받도록 하고 있다.

① 경찰청장 : 총포·화약류의 제조업 허가 및 수출·입 허가

② 지방경찰청장 : 도검 등의 제조업 및 수출·입 허가, 총포 중 산탄 엽총·권총·소총 등의 소지 허가

③ 경찰서장 : 도검 등의 소지 허가, 총포 중 가스발사총·공기총·마취총·산업용총 또는 구명줄 발사총의 소지 허가

<table>
<tr><td>내용</td><td colspan="4">규제가 강화된다. ⇒ 신고제에서 허가제로(각 제조소, 판매소마다), 5.5mm 단탄 공기총 중요 부품의 순찰지구대 보관 등</td></tr>
<tr><td rowspan="5">허가권자</td><td></td><td>제조업</td><td>판매업</td><td>소지</td></tr>
<tr><td>경찰청장</td><td>총포·화약류</td><td>-</td><td>-</td></tr>
<tr><td>지방경찰청장</td><td>도검·분사기·전자충격기·석궁 등</td><td>지방경찰청장이 전담</td><td>총포</td></tr>
<tr><td>경찰서장</td><td></td><td></td><td>화약류·도검 및 총포 중 가스총·엽총·공기총·마취총 등</td></tr>
<tr><td>기타</td><td colspan="3">(1) 화약류 사용, 양수 허가권자→화약류 사용지 관할경찰 서장
(2) 화약류 저장소 설치 허가 →
지방청장 : 1급·2급·도화선·실탄·꽃불류·장난감용 꽃불류 저장소
경찰서장 : 3급·간이저장소</td></tr>
</table>

[표 7-1-15] 화약류저장소 및 화약류 저장량(동법 시행령 제45조, 별표 12 참조)

구 분	내 용
1급 저장소	화약 80톤, 폭약 40톤
2급 저장소	화약 20톤, 폭약 10톤
3급 저장소	화약 50kg, 폭약 25kg
간이저장소	화약 30kg, 폭약 15kg

(예: 연중 40톤 이상의 폭약을 저장할 경우 1급 화약류 관리보안 책임자를 선임하여야 한다.)

(4) 총기류 밀반입

최근에는 우리 나라에서도 총기 사건이 자주 발생하고 있으며, 주요 총기류 수출국인 중국, 러시아나 동구권 국가들과의 교역이 확대되고 통관 절차가 간소화된 틈을 타고 이들 나라에서 생산된 불법 총기류가 국내에 밀 반입되고 있는 것으로 추정된다.

5 청소년 선도와 보호 등(소년경찰 활동)

1) 의 의

소년경찰 활동이란 반사회성이 있는 소년을 발견·조사하여 선도하고,

유해한 환경을 정화하여 소년들이 올바르게 자라나 사회 활동을 영위할 수 있도록 지도·보호하는 활동을 말한다.

소년	특별예방 중점	교육 목적	보호사건
성인	일반예방 중점	처벌 목적	형사사건

2) 법적 근거

이는 경찰법 제3조(경찰의 임무)와 경찰관직무집행법 제2조(직무의 범위)에서 규정한 범죄의 예방 임무에 근거하고 있다. 그리고 소년경찰직무규칙(1998. 12. 28. 경찰청 예규 제188호)에서는 ① 범죄 수사, ② 청소년 비행 예방, ③ 우범소년 및 불량행위 소년 등 청소년 선도를 소년경찰의 임무로 규정하고 있다.

[표 7-1-15] 소년의 종류(소년경찰직무규칙)

비행 소년	범죄 소년	14세~20세 미만의 자로서 죄를 범한 자
	촉법 소년	12세~14세 미만의 자로서 형벌 법령에 저촉된 행위를 한 자
	우범 소년	12세~20세 미만의 자로서 보호자의 정당한 감독에 복종하지 않는 성벽이 있거나, 정당한 이유 없이 가정에서 이탈하거나, 범죄성이 있는 자 또는 부도덕한 자와 교제하거나 기타의 사유로 그의 성격 또는 환경에 비추어 장래 형벌 법령에 저촉되는 행위를 할 우려가 있는 자
불량 소년	• 비행 소년은 아니나 음주·흡연·싸움 기타 자기 또는 타인의 덕성을 해하는 행위를 하는 소년	
요보호 소년	(1) 비행 소년은 아니나 학대·혹사·방임된 소년 또는 보호자로부터 유기 또는 이탈되었거나, 그 보호자가 양육할 수 없는 경우, 기타 경찰관직무집행법 4 또는 아동복지법에 의하여 보호를 요하는 자로서 사회적으로 보호를 받아야 하는 자(예: 미아·기아·가출아, 혹사 소년 등) (2) 경찰관은 요보호 소년에 대하여 아동상담소·복지시설, 기타 관계 기관 단체에 통고하거나 또는 보호자에 대한 주의 조언을 하는 등 소년의 보호를 위한 필요한 조치를 하여야 함.	

[표 7-1-16] 소년경찰직무규칙

범죄 소년	1. 강제조치 등의 제한 : 경찰은 범죄 소년일지라도 부득이한 경우를 제외하고는 체포·구금, 기타 강제 조치를 하여서는 아니 됨. 2. 범죄 소년이 금고 이상의 범죄를 범한 경우에는 수사 기능에서 처리하도록 인계함.
촉법 소년	1. 촉법 소년을 관할법원 소년부에 송치하는 경우에는 '요보호 대상(부랑아·우범 소년) 소년'에 준하는 관계 서류를 작성·비치하고 송치 서류는 소년보호사건 송치서 및 진술조서로 함. 2. 사안이 경미한 경우에는 부모에게 인계하고 송치서와 참고자료만 소년부에 송치함.

내용	(1) '소년경찰직무규칙'(경찰청예규) ① 범죄 소년의 수사, ② 청소년 비행 예방, ③ 우범 소년 및 불량행위 소년 등 청소년 선도 (2) 선도의 대상 ① 비행 소년(범죄 소년·촉법 소년·우범 소년), ② 불량 소년, ③ 요보호 소년 (3) 청소년의 비행과 범죄를 막기 위해서는 예방(보호)과 선도가 가장 중요하며, 특히 '낙인찍히는 과정'을 밟지 않도록 미리 방지하여야 그 효과가 크다.
대상	'청소년보호법'(1997년) ⇨ '청소년 유해약물 등으로부터 청소년의 보호'가 목적 (1) 청소년⇒19세 미만의 자(소년법에서는 20세 미만) (2) 청소년 유해약물 등⇒술, 담배, 마약, 향정신성 의약품, 환각물질 등 (3) 벌칙⇒청소년에게 술·담배를 판매한 자(구입한 청소년은 처벌 대상이 아니다.)

3) 소년의 분류 및 주요 활동

청소년보호법의 적용을 받는 청소년이란 19세 미만의 자를 말한다. 그리고 청소년성보호법에서는 청소년과 원조 교제를 한 성인에 대한 신상 공개 조치와 처벌을, 청소년에게는 보호관찰, 위탁, 수감을 규정하고 있다.

소년법에서의 '소년'이란 20세 미만의 자를 말하는데, 이는 재판시를 기준으로 한다. 그리고 소년법에서는 비행 소년을 범죄 소년, 촉법 소년, 우범 소년(소년법 제4조 제1항)으로 나누고 있다. 촉법 소년과 우범 소년에 대해서는 송치서, 참고자료를 첨부하여 경찰서장이 직접 관할 소년부에 송치하여야 한다.

소년 범죄 사건 중 범죄 소년의 사건은 형사사건으로 검찰청에 송치한다. 소년 범죄의 수사에 있어서 다음 사건으 미성년자라도 수사(형사) 기능에서 처리한다.

① 살인, 강도, 강간, 방화 등 강력사건

② 마약, 밀수, 관세사법
③ 특수폭행사범, 절도·폭력범 중 전과 3범 이상의 사건
④ 성인과 미성년자(공범)가 관련된 동일 사건
⑤ 집시법 위반, 도로교통법, 보안 및 정보(선거법 위반) 사범
⑥ 소재 수사 및 기소중지 사범의 수배·검거 동행 사건
⑦ 수사본부 설치·운영을 요하는 중요 사건
⑧ 5명 이상의 공범이 있는 사건

4) 오늘날 소년 범죄의 경향

양적으로 크게 증가하고 있으며, 질적으로도 비행의 저연령화 및 일반화, 여자 소년 범죄 및 학생 범죄의 증가, 약물 남용 증가, 집단화, 흉포화, 그리고 재범화라는 비관적인 현상이 두드러지고 있다.

5) 중요성

형사사법기관의 가장 첫 단계에서 청소년의 비행을 예방하고 비행 소년이 낙인찍히는 과정을 밟지 않도록 선도하는 임무를 수행하는 생활안전경찰은 전 소년사법 절차(Juvenile Justice)를 통틀어 가장 핵심적인 역할을 한다고 할 수 있다.

〈가정폭력 범죄의 특징〉

(1) 순환성을 가지며 시간이 갈수록 심각해지는 경향이 있음.
(2) 피해자들이 주로 아내나 자녀 등 사회경제적 약자의 지위에 있음.
(3) 가해자·피해자가 범죄행위라는 점에 대한 인식이 부족함.
(4) 가정의 특수성으로 인하여 신고율이 저조함.

〈출동 경찰관의 조치 요령〉

(1) 피해자 보호를 위하여 최대한 피해자의 상태 및 가택 내부의 상태를 확인함.
(2) 돌발적인 위험에 대처할 수 있도록 자기보호를 위한 대비에 만전을 기함.
(3) 출동경찰관의 소속·계급·성명 및 가정폭력 범죄 수사 활동 개시를 고지함.
(4) 긴급한 내부 확인 필요시 문을 열어지지 않는 경우 즉시강제 가능함(형소법: 제216조 제3항-영장에 의하지 아니한 강제처분, 경직법 제6조 제1항-범죄의 예방과 제지, 제7조 제1항 위험 방지를 위한 출입).

6 즉결심판에 관한 업무

1) 의 의

경미한 범죄, 즉 20만 원(법정형) 이하(선고형)의 벌금 또는 구류나 과료에 처할 범죄사건에 대하여 법원조직법 제33조에 규정된 시・군 법원이 형사소송법이 규정하는 일반 형사소송절차(공판절차)를 거치지 아니하고 즉결심판에 관한 절차법에 의하여 행하는 심판을 즉결심판이란 한다(법원조직법 제34조 제1항 3호・제3항 즉결심판에 관한 절차법 제1조).

2) 기 능

즉결심판 절차는 범증이 명백하고 죄질이 경미한 범죄사건을 적정한 절차에 의하여 신속하게 심판함으로써, ① 형사절차의 장기화로 인한 피고인의 시간적 부담과 정신적 고통을 조속히 해소하여 피고인의 편의를 도모하고, ② 법원의 업무를 경감시킴으로써 형사재판의 소송 경제를 도모하는 기능을 한다.

3) 특 징

즉결심판의 청구는 검사의 공소 제기와 동일한 성질을 갖는 소송행위이며, 재판절차이다. 특별형사 소송절차이므로 형소법의 특칙이 적용된다. 공판 전 절차이지만, 공개법정주의, 직접주의가 적용된다. 따라서 경찰서장 또는 해양경찰서장의 즉결심판의 청구는 검사의 기소독점주의에 대한 예외가 된다(즉결심판에 관한 절차법 제3조 제1항). 경찰서장은 비보호 원칙에 의하여 사법권의 행사로서 훈계, 방면을 한다. 먼저 통고처분을 통하여 범칙금을 부과하고 납부 않을 때 즉결처분 절차로 이행한다.

국민 주권→법치주의→국가형벌권 제한→죄형법정주의→실체 진실, 인권 보장, 적법 절차→증거재판주의, 공판 중심주의 →전문 법칙→직접주의, 신용성 보장, 반대 신문권 보장 →증거 동의→적법성→임의성→성립 진정→내용 진정→자백 보강 법칙

즉결심판 절차에서는 내용의 진정, 자백 보강 법칙이 적용되지 않으므로 피고인의 자백만으로도 유죄를 인정할 수 있다.

즉결심판에 대한 불복은 법원에서 선고를 받은 후 7일 이내에 경찰서장에게 정식재판청구서를 제출하면 된다. 즉결심판에 대한 정식재판 절차에서는 불이익 변경 금지 원칙이 적용된다.

4) 생활안전경찰과 즉결심판

외근 경찰관에 의한 경범죄의 단속은 즉결심판 회부의 기초 자료가 되고, 생활안전경찰은 경찰서장의 즉결심판에 관한 업무를 보조한다. 그리고 실무적으로 생활안전과에서 보호실을 관리하고 있으며, 즉결 대상자의 송치 등의 업무를 처리한다. 다만 즉결심판 절차에서 구류가 확정되면 수사과 소관의 유치장에서 집행한다.

생활안전경찰은 이러한 경찰서장의 업무를 보조하게 되며, 외근 경찰관들에 의한 경범죄의 단속은 즉결심판에 회부하는 기초 자료가 된다는 점에서 상호 연관되어 있다. 즉결심판의 결과 구류가 확정되면 수사과 소관의 유치장에서 집행한다.

5) 대 상

① 형법, 행정법규, 경범죄처벌법 위반
② 장난 전화, 허위 신고, 과다 노출

[표 7-1-17] 즉결심판의 특칙

구 분	내 용
심리 장소	즉결심판의 심리는 공개된 장소에서 행하되 경찰서 이외의 장소임을 요한다.
서면 심리	판사는 상당하다고 인정되는 때에는 구류를 제외하고 개정 없이 피고인의 진술서와 서류 또는 증거물에 의하여 심판할 수 있다.
불출석 심판	벌금 또는 과료의 경우 궐석재판이 허용된다.
피고인 신문	즉결심판에 심리 기일에는 검사가 출석하지 아니하므로 형소법 제287조상의 피고인 신문의 방식이 준용되지 아니한다.
증거에 관한 특칙	지백의 보강 법칙의 배제, 증거 능력에 관한 특칙

[표 7-1-18] 즉결심판 절차와 약식 절차의 비교

구 분		즉결심판 절차	약식 절차
차이점	대상 사건	20만 원 이하의 벌금, 구류, 과료(선고형 기준)	벌금, 과료, 몰수에 처할 사건
	청구권자	경찰서장	검사
	정식재판청구권자	피고인, 경찰서장	검사, 피고인
	피고인 출석 여부	출석이 공판 개정 요건 다만, 벌금 또는 과료의 경우 궐석재판이 허용	불출석으로 서면 심리
	관할 법원	지방법원, 지원 또는 시·군법원의 판사	지방법원판사
공통점	정식재판청구에 의한 판결이 있을 때 실효 여부	실효	
	정식재판 청구 기간	7일	
	정식재판 청구 취하 시기	1심 판결 선고 전	

③ 통고처분 거부자, 주거 성명 불명자, 도주자, 60일 내 미납자

④ 법령상 경찰서 게시판의 습득물 공고 기간은 14일

7 민간 생활안전 관련 업무

오늘날 범죄 발생의 원인이 제반 사회환경과 관련되어 있어 범죄는 전사회적인 책임이라는 인식을 기반으로 민간 차원의 범죄 예방 활동이 다양하게 전개되고 있다. 민간 생활안전 활동의 형태로는 자율생활안전대·시민단체·언론매체·민간경비업에 의한 생활안전 활동 등이 있는데, 이 중에서도 생활안전 기능에서 담당하는 민간경비업이 중요한 분야가 되고 있다.

민간경비업은 1976년 용역경비업법이 제정됨에 따라 시작되었으며, 현재는 경비업법에 의하여 규율되고 있다. 청원경찰에 대한 감독 업무는 경비과에서 담당하고 있다.

1) 민간 차원의 범죄 예방 활동

(1) 시민들의 적극적 참여

오늘날 범죄는 양적으로 크게 증가되고 있을 뿐만 아니라, 날로 대담화·흉포화·지능화되고 있어서 치안 유지 활동이 더욱 어려워지고 있다. 이에 따라 각국에서는 범죄 예방을 위한 노력을 단순히 정부만이 모두 떠맡아 하지 않고 시민들이 적극적으로 참여하여 민간 차원의 범죄 예방 활동을 다양하게 전개하고 있다.

(2) 민간 생활안전 활동의 형태

민간 생활안전 활동의 형태로는 자율생활안전대에 의한 생활안전 활동, 시민단체에 의한 생활안전 활동, 언론 매체에 의한 생활안전 활동, 민간경비업 등의 생활안전 활동이 있으나, 그 중에서도 오늘날 사회 각 분야의 급속한 전문화 현상과 함께 소위 민간경비 업이 괄목할 만한 성장을 하면서 민간 생활안전 활동의 중요한 분야로 자리잡아 가고 있다.

2) 청원경찰

(1) 개념

청원경찰이란 국가기관 또는 공공단체와 그 관리하에 있는 중요 시설 또는 사업장, 국내 주재 외국기관, 기타 행정자치부령으로 정하는 중요 시설·사업장 또는 장소에 해당하는 기관의 장 또는 시설·사업장 등의 경영자가 소요 경비를 부담할 것을 조건으로 경찰의 배치를 신청하는 경우에 그 기관·시설 또는 사업장 등의 경비를 담당하게 하기 위하여 배치하는 경찰을 말한다(청원경찰법 제2조).

(2) 직무

청원경찰은 청원주와 배치된 기관·시설 또는 사업장 등의 구역을 관할하는 경찰서장의 감독을 받아 그 경비구역 내에 한하여 경찰관직무집행법에 의한 경찰관의 직무를 행한다.

(3) 청원경찰의 배치

청원경찰의 배치를 받고자 하는 자는 대통령령이 정하는 바에 의하여 관할 지방경찰청장에게 신청하여야 하고, 지방경찰청장은 신청을 받은 때에는 지체없이 그 배치 여부를 결정하여 신청인에게 통지하여야 한다.

지방경찰청장은 청원경찰의 배치가 필요하다고 인정되는 기관의 장 또는 시설·사업장의 경영자에게 청원경찰을 배치할 것을 요청할 수 있다.

(4) 청원경찰관에의 임용 등

청원경찰은 청원경찰의 배치 결정을 받은 자("청원주")가 임용하되, 그 임용시에서는 미리 지방경찰청장의 승인을 얻어야 한다.

청원경찰의 복무에 관하여는 경찰공무원에 관한 규정을 준용한다. 그리고 청원주는 청원경찰에게 지급할 봉급 및 제수당, 청원경찰의 피복비, 청원경찰의 교육비, 보상금 및 퇴직금 등의 청원경찰경비를 부담하여야 한다.

(5) 제복 착용과 무기 휴대

청원경찰은 근무 중 제복을 착용하여야 한다.

지방경찰청장은 청원경찰이 직무 수행을 위하여 필요하다고 인정할 때에는 청원주의 신청에 의하여 관할 경찰서장으로 하여금 무기를 대여하여 휴대하게 할 수 있다.

(6) 해임명령(청원경찰법 제9조 폐지)

행정규제기본법에 의한 규제정비계획에 따라 청원경찰 배치의 중지·폐지 및 배치인원의 감축에 대한 지방경찰청장의 권한을 폐지하려는 것이다.

지방경찰청장은 청원경찰이 그 업무에 관하여 청원경찰법 또는 청원경찰법에 의한 명령에 위반하거나 결격 사유에 해당하게 된 때에는 청원주에 대하여 그 청원경찰의 해임을 명할 수 있다(폐지 1999. 3. 31).

청원주가 지방경찰청장의 해임 명령을 받은 때에는 즉시 해임 조치를 하고 지방경찰청장에게 보고하여야 한다(폐지 2001. 4. 7).

(7) 감독 등

청원주는 항시 소속 청원경찰의 근무 수행 상황을 감독하고 필요한 교양을 실시하여야 한다. 그리고 관할 경찰서장은 매월 1회 이상 청원경찰을 배치한 경비구역에 임하여 복무규율 및 근무 상황, 무기관리 및 취급 사항을 감독하여야 한다.

지방경찰청장은 청원경찰의 효율적인 운영을 위하여 청원주를 지도하며 감독상 필요한 명령을 발할 수 있다.

청원경찰(국가기관 또는 지방자치단체에 근무하는 청원경찰을 제외한다)의 직무상 불법행위에 대한 배상 책임에 관하여는 민법의 규정에 의한다.

3) 민간경비업

민간경비(private security)라 함은 공경비에 대비되는 개념으로서 여러 가지 위해로부터 개인의 생명·신체 및 재산 등을 보호하기 위하여 특정한 의뢰자(specific client)인 고객으로부터 받은 보수에 따른 경비 서비스를 제공하는 개인, 단체, 영리기업 등을 말한다.

우리 나라에서는 1976년 용역경비업법(1999. 3. 31. 경비업법으로 개정)이 제정됨에 따라 국가, 공공단체 또는 개인 시설 등 경비 수요자와 도급 계약에 의한 민간경비업이 시작되었다.

미국이나 일본의 민간경비업이 이미 국민 개인에게 전문화된 생활안전 서비스를 제공하는 민간경찰기관(private police)으로서, 치안기관의 한 축으로 기능 하는 수준에 도달한 데 비하여, 우리 나라의 경우는 민간경비의 역사가 짧고, 기술적 수준도 낮아 경찰의 범죄 예방 활동의 동반자로서 충분한 역할을 수행할 위치까지는 아직 도달하지 못하고 있다.

[표 7-1-19] 경비업법

경비업의 유형	① 시설경비, ② 호송경비, ③ 행사장 경비, ④ 신변 보호, ⑤ 기계 경비, ⑥ 특수경비업(공항 등 대통령령이 정하는 국가 중요 시설의 경비 및 도난, 화재, 그 밖의 위험 발생을 방지하는 업무를 담당한다. • 선진국의 경우 : 시설경비 · 신변 보호 · 개인 정보조사 · 손실 방지 · 보안 지도 · 호송경비 등 다양한 업무를 수행하고 있음. • 일반경비원 : 특수경비 이외의 업무를 담당하는 자로서 무기를 휴대할 수 없음. • 특수경비원 : 특수경비업무를 담당하는 자로서 무기 휴대가 가능함.
경비업의 허가	허가권자 : 주된 사무소의 소재지를 관할하는 지방청장 경비업은 법인이 아니면 이를 영위할 수 없음.
일반 경비원의 결격 사유	만 18세 미만인 자, 금치산자, 한정치산자 파산 선고를 받고 복권되지 아니한 자 금고 이상의 실형의 선고를 받고 그 집행이 종료(집행이 종료된 것으로 보는 경우를 포함한다)되거나 집행이 면제된 날부터 5년이 지나지 아니한 자 금고 이상의 형의 집행유예선고를 받고 그 유예 기간 중에 있는 자

[표 7-1-20] 공경비와 민간경비의 상호 비교

	공경비	민간경비
주체	국가(정부기관)	법인(영리기업)
기능	일반시민들을 대상으로 법집행	특정한 의뢰자를 위하여 업무를 수행
목적	범인 체포 같은 법집행적 측면을 중시	고객의 재산 보호와 같은 예방적 측면 중시
권한	법집행에 대한 모든 권한	경찰에 비하여 권한이 제한적임.
서비스의 질	모든 사람이 동등하게 소비에 참여할 수 있는 비경합적 서비스	대가의 유무나 다소에 따라 서비스의 내용이 달라지는 경합적 서비스

[표 7-1-21] 민간경비의 이론적 배경

수익자 부담 이론	개인적 편익을 위한 비용 부담은 수익자 자신이 부담하여야 한다는 것(예: 은행이나 프로 축구 경기장의 자체 경비원 확보
공동화 이론	급증하는 범죄에 대하여 경찰력은 현실적인 제약으로 인하여 증가하는 치안 수요에 따라가지 못하여 공동(空洞)이 발생하므로 이를 메우기 위하여 민간 경비가 등장 : 경찰과 민간경비는 상호 보완적 관계에 있게 됨.
이익집단이론	민간경비는 이익집단으로서 자기 이익의 증대를 위하여 발전함.
경제환원이론	실업자를 민간경비로 고용함으로써 경제적 부(富)를 사회에 환원
민영화 이론	국가의 기능을 민간 부문에 이전하고 공공 부문의 관여를 줄이고자 함. 1980년대 이후에 나타난 민영화의 흐름이 민간경비의 발달 요인으로 작용

*치안공공재 이론 : 치안을 공공재로 생각한다면 민간경비가 발달할 여지는 그만큼 감소된다.

8 생활안전 활동 요령

담당구역 내의 범죄의 종별 · 수법 · 경향 · 발생 시간과 장소 등을 종합하고 주민 사이에 널려 있는 범죄 요인을 미리 파악한다. 작은 정보일지라도 소홀함이 없이 수집 · 분석한다.

1) 경찰방문 및 방범진단규칙(2006. 4. 18)

<table>
<tr><td rowspan="2">의의</td><td>경찰방문</td><td>경찰관이 관할구역 내의 각 가정, 상가 및 기타 시설 등을 방문하여 청소년 선도, 소년소녀 가장 및 독거노인·장애인 등 사회적 약자 보호 활동 및 안전사고 예방 등의 지도·상담·홍보 등을 하여 민원 사항을 청취하고, 필요시 주민의 협조를 받아 방범진단을 하는 등 예방경찰 활동을 하는 것</td></tr>
<tr><td>방범진단</td><td>범죄 예방 및 안전사고 방지를 위하여 관내 주택, 고층빌딩, 금융기관 등 현금 다액 취급업소 및 상가·여성운영업소 등에 대하여 방범시설 및 안전설비의 설치 상황, 자위방범 역량 등을 점검하여 미비점을 보완하도록 지도하거나 경찰력 운용상의 문제점을 보완하는 활동을 말한다.</td></tr>
<tr><td>목적</td><td colspan="2">경찰관이 관할구역 내의 각 가정 등을 방문하여 범죄 예방, 청소년 선도, 안전사고 방지 등의 지도·상담·홍보 등을 행하고, 민원 사항을 청취하여 주민의 협력을 얻어 예방경찰 활동의 기초자료를 수집하는 데 필요한 사항을 규정함을 목적으로 한다.</td></tr>
<tr><td>근거</td><td colspan="2">경찰 방문 및 방범진단 규칙, 지역 경찰조직 및 운영에 관한 규칙</td></tr>
<tr><td>성질</td><td colspan="2">비권력적 사실행위</td></tr>
<tr><td>방문 구역</td><td colspan="2">경찰서장은 지구대, 파출소별로 경찰 방문구역을 정하고 지역 경찰관으로 하여금 그 구역 내의 주택(아파트 포함)과 건조물(기업체·학교·금융기관·병원·선박 등)에 거주하는 내국인 및 외국인에 대하여 경찰 방문을 행하게 할 수 있다.
외국 대사관·공사관·및 영사관원과 그 관내 거주자, 주한미군·군속 등 치외법권자에 대해서는 경찰관의 방문을 특별히 서면으로 요청한 경우에만 제1항의 경찰 방문을 할 수 있다.</td></tr>
<tr><td>방문 대상</td><td colspan="2">경찰관의 방문을 요청하는 주민
지구대장 또는 파출소장(이하 "지구대장"이라 한다)이 범죄의 예방, 청소년 선도, 안전사고 방지상 지도·상당·홍보 등이 필요하다고 인정하는 가정, 기업체 등
타 경찰서장이 치안 유지상 특히 필요하다고 인정하는 지역</td></tr>
<tr><td>절차</td><td colspan="2">경찰 방문은 방문 요청이 있거나 경찰서장 또는 지구대장이 필요하다고 인정할 때 상대방의 동의를 얻어 실시한다.</td></tr>
<tr><td>시간</td><td colspan="2">주간(일출 후-일몰 전)에 실시함이 원칙
단, 주민으로부터 야간방문 요청이 있거나 특별한 사유로 인하여 야간에 실시할 경우 경찰서장의 사전 허가와 상대방의 동의를 얻어 실시 가능</td></tr>
<tr><td>방범 진단카드</td><td>보관 기간</td><td>3년</td></tr>
</table>

2) 생활안전 진단

(1) 개념

각종 범죄(특히 주거 침입 강도·절도)의 예방을 목적으로 주택, 상가, 건물에 대하여 문단속 및 기타 생활안전상의 시설들과 기구의 상황을 점검하여 불비 또는 결함을 보완하도록 지도하는 것을 말한다. 강제할 수는 없다.

(2) 생활안전 진단의 실시 요령

생활안전 진단은 외부적 진단에서 내부적 진단으로 이행하여 진행해 가는 것이 원칙이다.

구 분	진단 사항
일반주택	• 담·생활안전 등의 파손 여부 및 설치의 필요성 • 설비의 견고성 여부 • 외부의 침입시 이용될 물건의 방치 여부 • 생활안전 벨의 적정 여부 • 유리 창문의 개방의 난이 • 현관 등 내부 시정
아파트 등 집단주택	• 관리 체제 및 관리인 등의 적정 여부 • 이웃집 상호간의 협조 및 생활안전 대책
빌딩·사무실·학교·공장 등	• 관리 및 경비 체제 • 야간경비 체제의 적정성 • 경보장치, 통보장치의 정상 작동 여부

(3) 목적

잠재적인 범죄 피해자에게 초점을 맞추어 범죄 발생의 기회를 제공하는 상황과 배경을 개선시킴으로써 범죄를 사전에 방지하려는 데 그 목적이 있다.

(4) 환경설계를 통한 범죄 예방(CPTED)

생활안전 진단과 관련하여 미국에서 활발하게 연구·시도되고 있는 것이 환경설계를 통한 범죄 예방 개념이다.

환경설계를 통한 범죄 예방은 범죄와 환경과의 관계, 그리고 환경의 특성이 범죄행위에 미치는 영향을 분석하여 주거환경이나 건축물의 설계에 활용하는 방법이다.

따라서 환경의 범죄에 대한 취약성을 단순한 개인의 감각이나 경험만으로 판단하지 않고, 공학적·사회학적 이론에 근거하여 체계적이고 종합적으로 분석하고 이것을 바탕으로 지역사회의 생활환경을 개선하고, 나아가 삶의 질을 높임으로써 범죄를 예방하고자 하는 지역사회 범죄 예방 활동의 하나의 전략이다.

3) 생활안전 홍보

신문 등의 매스미디어, 좌담회·강연회 등을 통하여 지역 주민에게 범죄에 대한 정보와 방지 대책 등을 일반 시민에게 알리고 경찰과 지역사회와의 친밀한 유대 관계를 유지하기 위한 홍보 활동을 한다.

범죄의 피해 사례나 대응 요령 등을 홍보하여 그들에게 예방의 필요성을 인식시켜 준다면 범죄의 상당 부분을 예방하거나 피해의 구제가 가능하다.

범죄에 대한 홍보 활동은 많은 사람들의 관심을 불러일으키고 사람들의 범죄에 대한 관심은 곧 사회의 범죄에 대한 비공식적 통제력을 향상시켜 범죄의 억제 효과를 가져오게 된다.

4) 자율 생활안전단체 활용

지역 및 직장 생활안전단체에 대하여 필요한 지도와 협조를 한다. 생활안전단체는 자체적인 생활안전 조직과 계획으로 자율적으로 운용되는 것이므로 경찰은 이에 적절한 지도와 지원을 한다.

9 생활안전 관련 문제

1) 순 찰

(1) 개념

순찰이란 경찰관이 관내의 일정한 지역을 순회 시찰하는 외근 활동을 말한다. 순회 시찰하는 근무 중에서라도 특정한 목적 수행을 위한 순회를 제외한, 평상시 일반적인 근무로서 수행하는 활동, 즉 범죄의 예방과 제지, 현행 범인 또는 피의자의 체포, 위험 발생의 방지(위험 축대의 보수의 권유·경고 등), 생활안전 지도 계몽, 관내 상황의 관찰 및 파악, 미아·가출인의 발견 등과 같이 특정한 목적 수행을 위한 순회를 제외한 평상적인 근무로서 수행하는 순회 근무를 말한다. 순찰은 외근의 기본이다. 순찰의 근거는 '지역경찰조직 및 운영에 관한 규칙'이다.

(2) 기능

순찰의 기능은 관찰, 예방, 지시이다. 순찰은 범죄 욕구의 감소가 아니라 범죄 기회의 제거이다.

(가) 헤일(C. D. Hale)

순찰은 범죄 예방(crime prevention)과 범인 검거(criminal apprehension), 법집행(law enforcement), 질서 유지(order maintenance), 대민 서비스 제공(public service), 교통지도 단속(traffic enforcement) 등 다섯 가지 기능을 한다.

범죄 예방 활동을 포함한 모든 경찰 활동의 목적이 순찰을 통하여 달성된다.

(나) 워커(S. Walker)

순찰은 경찰 활동의 핵심이며, 범죄의 억제·공공 안전감의 증진·대민 서비스 제공의 기능을 한다.

순찰은 심리적 압박감을 행사하여 잠재적 범죄자의 범죄를 억제하고, 주민에게는 심리적 안정감을 주기 위해서는 반드시 가시적인 순찰이 필요하다.

워커는 순찰하는 경찰관은 짧은 순간만 목적될지라도 잠재적 범죄자에게는 '경찰이 도처에 있다'라는 생각을 갖게 하기 때문에 순찰은 범죄 행위를 억제하는 중요한 기능을 하게 된다고 주장한다.

순찰경찰관이 관할 지역 내에 있음으로 해서 중앙에서 파견될 때보다는 훨씬 신속히 현장에 도착하여 상황에 대처할 수 있기 때문에 경찰관이 시민의 서비스 요청에 좀더 적적히 대응하기 위해서는 순찰이 필요하다.

의 의	경찰관이 관내의 일정한 지역을 순회·시찰하면서 범죄 예방 및 단속 활동을 벌이는 외근 활동(외근경찰의 가장 핵심적·기본적 활동)
헤일 (C.D.Hale)	(1) 순찰의 기능으로 범죄 예방·범인 검거, 법집행, 질서 유지, 대민 서비스 제공, 교통지도 단속을 제시 (2) "모든 경찰 활동의 목적이 순찰을 통하여 달성된다"라고 하여 순찰의 중요성을 강조함.
워커 (S.Walker)	(1) 순찰의 기능으로 범죄의 억제, 공공 안전감의 증진, 대민 서비스 제공을 제시 (2) 순찰은 "경찰 활동의 핵심"이라고 강조 (3) 주민에게 심리적 안전감을 주기 위한 가시적(可視的) 순찰의 필요성 부각

(다) 순찰실험(순찰의 효과 연구, 미국 경찰)

뉴욕 경찰의 25구역 순찰실험 (1954)	뉴욕 시 관할구역 중 범죄가 많이 발생하는 지역인 맨해튼 동부 25구역에 4개월간 경찰관을 두 배로 증원·배치하여 순찰근무를 하게 하였다. 위의 실험 결과는 그 기간 동안은 전년도 동일 기간에 비하여 노상강도 90% 정도, 자동차 절도 66%가 감소한 것으로 나타났다. 이 통계는 경찰 자체 조사에 기초한 것이고, 연구설계 과정에서 범행에 영향을 주어 왔던 다른 변수가 통제되지 않았고, 주변 지역으로 이동한 범죄가 어느 정도인지도 측정되지 않아 신뢰성에 문제점이 많았다.
캔자스 시의 예방순찰 실험 (1972-3)	차량순찰 수준을 증가하여도 범죄는 감소하지 않았고, 일상적인 순찰을 생략하여도 범죄는 증가하지 않음 : 순찰과 범죄 예방과는 무관
플랜트 도보순찰 실험 (1979)	실험 기간 중 범죄 발생 건수가 증가하였음에도 불구하고, 도보순찰 결과 시민들은 더 안전하다고 느끼고 있음 : 도보순찰의 심리적 효과
뉴어크 시 도보순찰 실험 (1978-9)	도보순찰을 증가하여도 범죄 발생은 감소되지 않으나, 주민들은 자신들의 구역 내에서 범죄가 줄어들고 있다고 생각함 : 도보순찰의 심리적 효과

(3) 방법(노선에 의한 구분)

순찰 방식의 선택은 경찰관의 윤리 의식 및 인간관계이론과 밀접한 관련이 있다.

(가) 정선순찰

지·파출소 관할구역 전부에 대하여 정해진 노선을 규칙적으로 순찰하는 방법

(나) 난선순찰

사전에 순찰선을 정하여 놓지 않고 임의로 관내를 불규칙적으로 순찰하는 방법

(다) 요점순찰

관할구역에 설정된 중요 지점(요점)을 지정 순찰시 반드시 그곳을 통과하도록 하는 순찰(절충형)

(라) 담당 구역 자율순찰-현행

범죄 취약 지역 등을 설정하여 그 구역 내에 한하여 난선 순찰하는 순찰

정선 순찰	(1) 사전에 정하여진 노선을 지정된 시간에 규칙적으로 순찰하는 방법(X이론에 입각) (2) 단점⇒형식적·책임 회피식 순찰의 위험성, 낭비의 우려 (3) 수정된 정선순찰제(혼합 순찰) ⇒ 주간에는 자율순찰, 야간에는 축소된 정선 순찰
자율 순찰	(1) 외근 경찰관에게 순찰 시간과 지역을 정해 주고, 주어진 시간 내에 외근 경찰관의 판단과 업무 필요에 따라 순찰하게 하는 방법(Y이론에 입각) (2) 단점⇒근무의 공백 초래, 확인·감독 방법의 미흡 (3) 구역책임 자율순찰제⇒파출소 관할을 2~5개의 구역으로 분할하여 근무조별로 순찰구역을 지정하여 자기 구역 내의 치안 수요에 따라 자율적으로 순찰하는 제도
난선순찰	순찰 지역이나 노선을 선정하여 불규칙적 순찰하는 방법
요점순찰	중요 지점에서 중요 지점에 이르는 순찰로서 요점과 요점 사이에는 난선순찰을 실시하는 방법(정선순찰과 난선순찰의 절충 방식)
구역순찰	순찰 소구역을 설정하여 이를 중심으로 난선순찰(담당구역 자율 순찰)

(4) 우리 나라 순찰 방법

(가) 정선순찰제

정해진 코스에 따라 설치된 순찰함에 외근 경찰관이 순찰 근무로 지정된 시간에 획일적으로 순찰하면서 사인을 하게 되어 있는 순찰 방법이다.

이는 순찰 여부의 감독에는 효과가 있으나, 순찰 근무자의 자율성을 저해하여 기계적이고 형식적인 책임 회피식의 순찰이 될 위험성이 있다.

(나) 자율순찰제

외근 경찰관에게 순찰 시간과 순찰 지역을 정해 주고, 주어진 시간 내에

외근 경찰관의 경찰관의 판단과 업무 필요에 따라 순찰하게 하는 방법이다.

이는 정선순찰제와는 반대로 순찰 근무자가 자율성을 최대한 발휘하여 생활안전 활동을 하게 할 수 있지 않을 경우 자칫 근무의 공백을 초래할 수 있고, 이를 확인하고 감독할 방법이 없다는 난점이 있다.

(다) 수정된 정선순찰제

주간에는 자율 순찰, 야간에는 축소된 정선 순찰을 실시하는 방법이다.

(라) 구역책임 자율순찰제

파출소 관할을 2~5개의 구역으로 분할, 근무조별로 순찰구역을 자기 담당구역 내의 치안 수요에 따라 자율적·창의력으로 순찰을 하는 제도로서, 기존의 정선순찰제에서 구역책임 자율순찰제로 전환되었다.

지정된 순찰선, 지점 경유로 인한 형식적이고 반복적인 순찰의 문제점을 개선하기 위한 방안이다.

담당구역 내 범죄 취약 시간과 지점을 적극적으로 분석 및 활용하는 자율성과 창의성을 기반으로 하는 순찰 제도이다.

순찰자의 적극성과 책임감이 부족한 경우에 순찰의 효과를 보기 어렵다.

구분	정선순찰제	자율순찰제	수정된 정선순찰제
개념	(1) 정해진 코스에 따라 설치된 순찰함에 외근 경찰관이 순찰 근무로 지정된 시간에 획일적으로 순찰하면서 사인을 하는 방법 (2) 인간에 대한 불신을 바탕으로 하는 제도. X이론에 기반	(1) 외근 경찰관에게 순찰 시간과 순찰 지역을 정해 주고, 주어진 시간 내에 외근 경찰관의 판단과 업무 필요에 따라 순찰하게 하는 방법 (2) 인간에 대한 신뢰와 자율을 바탕으로 하는 제도. Y이론에 기반. 윤리 의식 필요	(1) 주간에는 자율순찰, 야간에는 축소된 정선 순찰을 하는 방법 (2) 현재 시행중인 제도
장점	순찰 여부의 감독에 효과적	순찰 근무자의 자율성 발휘	
단점	(1) 순찰근무자의 자율성 저해 (2) 획일적 순찰로 인한 경찰인력과 장비 등의 낭비 우려	(1) 근무의 공백 초래 우려 (2) 감독 방법의 결여	

(5) 순찰 종류

① 도보 순찰—원칙적 형태. 현행범 발견에 용이

② 자동차 순찰—기동성, 적재, 범위 제한—가시 생활안전 효과 크다.

③ 사이카 순찰—추적, 사고

④ 자전거 순찰

(6) 장비(정보화 기기)

<table>
<tr><td>AVL(automatic vehicle location)</td><td>최근 거리 순찰차 지령</td><td rowspan="2"></td></tr>
<tr><td>SCR(stolen car recovery)</td><td>도난 차량 자동 추적 회수</td></tr>
<tr><td>MDT(mobile data terminal)</td><td>차량용 컴퓨터 단말기</td><td>대인·대차범죄 조회, 도난 차량 조회(수배 여부 확인)</td></tr>
<tr><td>AVNI(automatic vehicle number identification)</td><td>차량번호 자동 판독 출동</td><td rowspan="3"></td></tr>
<tr><td>ANI(automatic number identification)</td><td rowspan="2">신고자의 전화번호(ANI)나 주소(ALI) 자동 판독 출동</td></tr>
<tr><td>ALI(automatic location identification)</td></tr>
</table>

(7) 생활안전순찰대

① 생활안전순찰대운영규칙

청장이 도시경찰서에 설치, 지방청장이 지휘 감독

② 생활안전순찰대의 임무

㉠ 평시—생활안전. 순찰, 불심검문, 초동 조치, 현행범 체포, 첩보 수집, 대민 봉사 등

㉡ 경비 상황시—다중범죄 진압, 혼잡 경비

㉢ 작전 상황시—간첩작전, 비상경계

2) 민경(民警) 협력 생활안전 체제의 강화 방안

(1) 지역사회 경찰활동의 도입

지역사회 경찰활동(community policing)의 핵심은 경찰과 주민과의 동

반자 관계를 정립하는 것과 지역사회의 문제 해결에 경찰이 관심을 가지고 주민들과 함께 노력하는 것이다.

지역사회 경찰활동의 핵심적 요소는 경찰과 주민과의 동반자 관계를 정립하는 것과 지역사회의 문제 해결에 경찰이 관심을 가지고 주민들과 함께 노력하는 것이다. 다시 말하면 민경 협력 생활안전 체제를 갖추는 것이 지역사회 경찰활동의 목표이다.

(2) 민간 생활안전 활동의 중요성에 대한 홍보 강화

민간 생활안전 활동은 주민들이 자발적으로 범죄 예방 활동에 참여함으로써 범죄에 대한 두려움과 범죄로부터의 피해를 줄일 수 있는 지역사회의 공동의 선을 추구하는 효과적인 수단임을 지속적으로 홍보하고 계몽한다.

주민들이 자율 생활안전 활동의 중요성과 필요성을 인식할 때 비로소 적극적인 참여가 이루어지는 것이므로, 민간 생활안전 활동은 지역사회의 공동의 선을 추구하는 효과적인 수단이라는 점을 강조하여야 한다.

홍보 활동도 경찰이 직접 나서서 하는 것보다는 민간단체가 전면에서 나서 캠페인을 벌이고, 경찰은 이들의 업무를 지원하는 방법이 더 효과적일 것이다.

(1) 민경 협력 생활안전 체제를 갖추는 것 참고: 지역담당 경찰관(미국), 교번상담원(일본) (2) 성격은 비권력적 사실행위로서 행정지도에 가까움.

(3) 자율 생활안전단체의 조직 및 운영의 합리화 - 지속적 경찰 개입 필요

자율 생활안전 단체는 비록 구성이 자율성을 가진다 해도 그 업무가 공적(公的) 성격을 지니고 있으므로 참여자의 구성이나 운영, 업무 감독과 평가 등에서 경찰의 엄중한 개입이 요구된다. ⇒ 엄격한 관리 체계가 전제
(1) 참여자 구성의 적정 (2) 다른 자원봉사단체와의 연계 강화 (3) 자원봉사자에 대한 자원 강화 (4) 재정의 확보(일반 시민의 자체적 재원 확보가 바람직) (5) 자율생활안전대원의 교육훈련(시민경찰학교의 운영) (6) 자율 생활안전 활동의 체계적 운영(계획화, 감독·평가, 사기관리)

(가) 참여자 구성의 적정

평소 지탄을 받는 사람, 성격이 포악하고 독단적인 사람, 범죄 경력이 많은 사람 등은 배제시켜는 것이 바람직하다.

경찰 협력단체를 조직하거나 자율생활안전대원을 구성할 때 그들의 신상을 철저히 파악하고, 이러한 활동에 참여하여도 될 만한 자를 면밀히 검토하여야 한다.

미국에서는 자율생활안전대원을 선발할 때 시민경찰학교(Citizen Police Academy) 졸업자나 경찰관의 추천을 받도록 하고 있다.

(나) 재정의 확보

자율생활안전단체의 운영에는 상당한 비용이 소요되므로 재정 확보가 필요한데, 경찰의 협력단체 회원뿐만 아니라 일반 시민들도 자율생활안전단체에 공식적으로 재정 지원을 할 수 있는 제도를 마련하여야 한다.

모든 조직과 단체는 그 성격이 자원봉사 활동이라고 할지라도 운영상 그 규모와 활동 범위에 상당한 비용이 들기 마련이다. 따라서 자율생활안전단체의 운영에 필요한 재정을 확보하여야 한다.

(다) 자율생활안전대원의 교육훈련

자율생활안전대원의 효과적인 업무 수행을 위해서는 체계적 관리가 필요한데, 현재 우리 나라는 자율생활안전대원들을 대상으로 하는 체계적인 교육 프로그램이 없다. 그러나 미국의 경우에는 시민경찰학교를 운영하고 있다. 따라서 자율생활안전대원들이 그들의 업무를 효과적으로 수행하도록 하기 위해서는 이들 인력을 체계적으로 교육 훈련시켜야 한다.

현재 우리 나라 자율생활안전대원들을 대상으로 하는 체계적인 교육 프로그램이 없으나, 미국의 많은 지역경찰국에서는 시민경찰학교라는 프로그램을 운영하고 있다. 여기에서는 자율생활안전대원으로 활동할 사람들에 대하여 경찰 활동에 관련된 여러 가지 이론과 실무 과목을 가르치고 있다.

〈시민경찰학교(Citizens Police Academy) 개설 운영〉

(1) 경찰청에서는 지역 주민에게 경찰 업무를 이해하고 직접 체험할 수 있는 기회를 제공하여 주민 협력 치안의 기반을 조성하고 지역 치안 역량을 강화하기 위하여 시민경찰학교를 개설 운영

(2) 시민경찰학교는 미국에서 일반화되어 있는 지역사회 경찰활동 프로그램으로서 경찰관들의 생생한 현장 경험을 토대로 한 경찰 활동 강의 및 경찰관과 함께 지역 범죄 예방에 관하여 토의하고 파출소, 112신고센터, 유치장 및 각종 경찰 단속 현장을 직접 체험할 수 있는 기회를 제공할 것임.

(3) 교육 기간은 주 1회 야간 2~3시간씩 10주 내외로 진행되며, 지역 주민으로 지역 범죄 예방 및 자원봉사 활동에 열의가 있으면 누구나 신청할 수 있고, 수료 후에는 '시민명예경찰'로 위촉되어 각종 다양한 지역치안 활동에 참여할 수 있다.

(4) 2000년 10월부터 7대 도시 소재 1개 경찰서에서 시범 운영하므로 참여 희망시 관할 지방경찰청 생활안전과로 문의하고, 2001년부터는 연 2회 전 경찰서에서 개설하므로 관할 경찰서 생활안전과로 신청하면 교육에 참여 가능.

(라) 자율 생활안전 활동의 체계적 운영

자율 생활안전 활동이 지속적으로 운영되기 위해서는 자율생활안전대의 활동 일정과 업무의 계획화가 필요하다. 일일 근무계획에서 장기적인 업무, 목표 설정에 이르기까지 명확한 활동 방향을 설정하여야 한다. 또한 업무의 감독과 평가 제도가 마련되어야 한다.

(마) 다른 자원봉사단체와의 연계 강화

자율 생활안전 활동은 자원봉사 활동의 성격을 띠고 있다. 따라서 자율 생활안전 활동을 활성화시키기 위해서 자원봉사자의 선발, 교육, 평가 업무와 관련하여 지역사회의 다른 자원봉사단체와 각종 정보를 교환할 필요가 있다.

(바) 자율봉사자에 대한 지원 강화

자율 생활안전 활동을 활성화하기 위해서는 다양한 유인 체계를 개발하여야 한다. 자율 생활안전 활동 중 발생하는 각종 사고에 대한 무상 의료 혜택 제공이나 봉사 활동에 대한 경력 점수 부여 등의 방안을 검토해 볼 수 있다.

(4) 민간경비업의 육성

민간경비의 발전을 위해서는 청원경찰 제도와 경비업 제도로 이원화된 민간경비업 체제의 일원화, 경비 인력의 전문화, 민간경비산업 육성을 위한 제도적 장치 마련, 경찰과 협력 체제 구축 등이 이루어져야 할 것이다. 민간경비업은 지방청장이 허가하며 생활안전과에서 담당한다.

(1) 범죄 문제는 전사회적(全社會的)인 현상⇒민경 협력 체제의 중요성⇒민간경비업의 두드러진 성장 (2) '경비업법'⇒경비업의 허가권자는 지방경찰청장(§4) (3) 업무 분장상 청원경찰은 경비 기능에서 담당

(가) 전망

우리 나라 민간경비업의 역사는 짧지만 앞으로는 경제적인 성장을 바탕으로 하여 민간경비에 대한 수요가 계속적으로 증가할 것이고, 따라서 이 분야의 발전이 급속도로 이루어지리라고 본다.

(나) 현황

우리 나라에서는 1976년 용역경비업법에 의거하여 국가, 공공단체 또는 개인시설 등 경비 수요자와 도급 계약에 의한 민간경비업이 시작되었다. 비교적 짧은 역사이지만 양적인 성장을 계속하여 2006년 9월 현재 3,030개 민간경비업체와 약 126,126명의 경비원이 종사하고 있다. 경비시장의 규모도 초창기 단순한 시설경비 업무에서 차츰 다양한 경비상품 개발과 함께 기계경비와 인력경비를 종합한 혼합 경비 형태로 나아가고 있다.

[표 7-1-22] 경비업체 수

(2006. 9 현재)

법인 수	허가 업종별(회사 수)					
	계	시설경비	호송경비	신변보호	기계경비	특수경비
2,577	3,030	2,460	47	349	135	39

※법인 수보다 허가 업종이 많은 것은 일부 업체가 2개 이상 허가를 득하기 때문임.

[표 7-1-23] 경비원 수

(2006. 9 현재)

계	일반경비원					특수경비원
	소계	시설	호송	신변	기계	
126,126	120,907	107,035	2,890	6,096	4,886	5,219

(다) 육성 방안

민간경비의 발전을 위해서 현재 청원경찰과 용역경비로 이원화되어 있는 민간경비업의 체제를 일원화하고, 경비 인력을 전문화하며, 민간경비산업 육성을 위한 제도적 장치를 마련하고, 경찰과 협력 체제를 구축하는 등의 노력이 뒤따라야 할 것이다.

국가 차원의 공경비인 경찰과 민간 차원의 사경비인 민간경비가 독자적인 영역을 발전시켜 나가면서 상호 협력할 때 효율적인 범죄 예방 활동 체제가 이루어질 것이다.

(라) 수익자 부담 원칙

(1) 상호 업무 협조와 조직에 대한 이해 증진
(2) 종사자들의 전문성과 윤리 의식의 제고
(3) 지역의 범죄 특성 등 정보 교류를 강화
(4) 보조금의 지급은 아니다(수익자 부담의 원칙).

〈청원경찰과 공동주택경비원〉

(1) 청원경찰은 주요 시설 및 사업장의 경영자가 소요경비를 부담할 것을 조건으로 배치를 신청하는 경우에 시설 또는 사업장 등의 경비를 담당하게 하기 위하여 배치하는 경찰관을 말한다. 청원경찰은 1977년대 국가경제의 급속한 발달로 한정된 경찰력만으로 늘어나는 산업시설의 경비를 감당할 수 없게 되자 도입한 제도인데, 그 동안 많은 국가 중요시설 및 산업시설에 대한 경비를 담당하여 왔다. 청원경찰은 1980년대 이후 민간경비업의 본격적인 등장으로 차츰 규모가 줄어들고 용역경비로 대치되는 경향을 보이고 있다. 2000년 3월 현재 청원경찰은 약 25,200여 개 시설에 3만여 명이 배치되어 근무하고 있다.
(2) 아울러 아파트 등 공동주택의 자체 경비를 담당하고 있는 공동주택경비원은 2000년 3월 현재 전국적으로 약 8만 1천여 명이 활동하고 있으며, 생활안전 능력의 향상을 위하여 관할 경찰서장이 연 2회 생활안전 교육을 실시하고 있다.

3) 생활안전경찰의 봉사 업무

직접적 봉사 업무	지리 안내, 긴급구조 및 보호, 미아 및 가출인 찾아 주기, 청소년 선도 보호
간접적 봉사 업무	순찰, 생활안전 심방
보호실 운영	경찰관직무집행법 §4에 의한 '요보호 조치자'에 한하여 유치 가능
112범죄신고처리	112 신고 접수 및 112 순찰차 출동 등
경호 관련 책임	안전 검측 및 유지 책임

제 3 절 외국의 생활안전경찰

1 미 국

1) 순찰 활동

(1) 순찰

(가) 차량순찰

미국 도시경찰의 외근경찰 활동은 조직의 수만큼이나 다양하지만 순찰은 대체적으로 순찰과(Patrol Bureau 또는 Operation Bureau)에서 담당한다. 경찰국의 규모에 따라 몇 개의 팀으로 나누어 관할구역에 대하여 차량순찰을 한다.

(나) 도보순찰

최근에는 지역사회 경찰활동(community policing)이 실시되면서 우리의 파출소와 비슷한 상가출장소(storefront office)가 설치되고, 구역별로 도보순찰도 실시하기도 한다. 또 지역사회 경찰활동이 강조되면서 이를 전담하는 부서를 설치하는 곳도 늘어나고 있다.

① 소년과, 풍속단속반

소년경찰 활동은 소년과(Juvenile Bureau 또는 Youth Bureau)에서 담

당하고, 매춘·사행행위 등의 풍속사범 단속 업무는 풍속단속반(Vice Unit)에서 담당한다.

② 생활안전과

지역 관계 및 범죄 예방 활동에 관한 업무는 생활안전과(Community Relations and Crime Prevention Bureau)에서 담당하고, 최근에는 지역사회 경찰활동을 전담하는 부서를 설치하는 곳이 늘어나고 있다.

2 일 본

베일리(Bayley)는 일본의 생활안전경찰을 지역사회경찰의 모델로 칭찬하고 있다. 싱가포르가 일본의 생활안전경찰 제도를 모방하고 있다.

1) 국가경찰

(1) 경찰청의 생활안전국

국가경찰의 구조는 중앙경찰기구로는 경찰청이 있고, 그 아래 관구경찰국이 있다.

(가) 경찰청 개편

경찰청은 1974년 6월 내부 부국을 장관관방 및 5개국으로 대폭 개편하였는데, 종래의 형사국 밑의 보안부가 담당하던 생활안전 업무를 확대·개편하여 생활안전국(生活安全局)에서 담당하고 있다.

(나) 생활안전국

생활안전국은 6개 과(생활안전기획과, 지역과, 소년과, 생활환경과, 총기대책과, 약물대책과)로 이루어져 있다. 지역과에서는 철도경찰관리실을, 생활환경과에서는 생활경제대책실을 별도로 두고 있다.

생활안전국에서는 경찰청의 소장 사무 중 ① 범죄, 사고 기타 사안에 관한 시민 생활의 안전과 평온에 관한 사항, ② 지역경찰, 기타 경라(警邏)에 관한 사항, ③ 범죄의 예방에 관한 사항, ④ 보안경찰에 관한 사항을 관장한다(일본 경찰법 제22조).

생활안전국으로의 전면 개편은 종합적인 생활안전 대책을 추진하고 지역의 안전을 확보하기 위하여 지역경찰 중심의 활동을 강화하고, 소년의 비행 대책, 총기·약물 대책 등 시민 생활 및 신변 안전과 관련되는 경찰행정을 더욱 강력하게 추진하기 위한 것이다.

생활안전국의 소관 업무 중에서 지역경찰과 관련이 있는 업무는 지역경찰(일본경찰법 제22조)인데, 이는 지역 주민의 안전한 생활환경을 확보할 목적으로 교번(交番 : 코방)과 주재소(駐在所)의 경찰관이 지역 실태를 파악하여 주민의 요망 등에 대응해 가는 경찰 활동을 의미한다. 지역경찰은 종래의 외근 활동을 말하는데, 지역사회에 더욱 밀착된 범죄 예방 활동을 추진하기 위하여, 최근 미국 등 서구에서 시행하는 지역사회 경찰활동 개념을 도입하여 그 명칭을 바꾼 것이다.

(2) 관구경찰국의 공안부 생활안전과

관구경찰국은 도쿄부(東京府)와 홋카이도(北海道)를 제외한 일본 전국을 7개 지역으로 나누어 설치된 경찰청의 사무를 지역적으로 분장하는 경찰청의 지방경찰기관이다.

관구경찰국은 3부(총무부, 공안부, 통신부)로 구성되어 있는데, 이 중에서 생활안전경찰 업무를 담당하는 생활안전과는 공안부에 속한다.

다만 간토(關東)와 긴키(近畿)도 관구경찰국에는 보안부를 따로 두어 생활안전과, 형사과, 교통과의 업무를 공안부에서 분리하여 관장하고 있다.

2) 도도부현(都道府縣) 경찰

(1) 개관

① 일본의 지방경찰기구로는 도쿄 경시청, 도부현 경찰본부가 있다.

② 도부현 경찰본부의 사무를 분장하기 위하여 지정 시에 설치하는 경찰부가 있다.

③ 그 밑에 경찰서, 교번 및 주재소가 있다.

④ 도도부현 경찰의 관리기구로서 도도부현 지사의 소할하에 설치하는 도도부현 공안위원회가 있다.

(2) 도쿄도 경시청

경시청에서 생활안전경찰 업무를 담당하는 부서는 지역부와 생활안전부가 있다. 이 중에서 지역경찰과 관련이 있는 부서는 지역부이다.

지역부는 1994년에 지역사회 경찰활동 개념을 도입하면서 종전의 경라부(警邏部)의 명칭을 바꾼 것으로, 2개 과(지역총무과, 지역지도과), 2개 대(철도경찰대, 항공대), 그리고 통신사령본부와 4개의 자동차 경라대로 구성되어 있다.

생활안전부는 7개 과(생활안전총무과, 생활경제과, 보안과, 총기대책과, 약물대책과, 소년 제1, 2과)와 생활안전특별수사대로 구성되어 있다.

(3) 도부현 경찰

도부현(道府縣) 경찰본부에서 생활안전경찰 업무는 지역부와 생활안전부에서 담당하고, 경찰서에서는 지역과와 생활안전과에서 생활안전경찰 업무를 담당한다. 경찰서 아래는 교번 또는 주재소가 설치된다.

각 도부현 경찰본부도 경시청과 비슷한 구조를 가지고 있는데, 생활안전경찰 업무를 담당하는 지역부와 생활안전부가 설치되어 있다.

경찰서에는 지역과와 생활안전과에서 생활안전경찰 업무를 담당한다.

(4) 교번

(가) 설치 및 근무 형태

교번(交番)은 대체로 도시 지역에 설치되는데, 일본 경찰의 가장 중요한 역할을 하는 일본형 초소 형태의 소규모 파출소이다. 교번은 보통 4개조로 편성되어 3개조는 8시간씩 3교대로 근무하고 1개조는 쉬는 형태를 취하고 있다.

(나) 업무지침

교번의 3대 업무지침은 '이해할 수 있고', '강력하고도 정확하게', '공정하게'이다.

(다) 임무

교번의 임무는 순찰, 순회 연락, 생활안전지도 및 홍보, 지리 안내 등의 활동을 한다. 교번의 활동은 일본 경찰의 최우선 선행 활동이자 완결 활동이라는 점을 강조하며, 교번에서 요청한 사항은 우선적으로 처리하는 등 적극적으로 지원한다. 그리고 교번에서 판단한 보고자료를 토대로 경찰 활동 계획을 수립하는 하의상달 체제를 갖추고 있다.

(라) 제도적 의의

교번은 주민과 친밀한 관계를 유지하여 지역 주민의 민원을 처리하고, 거리의 보호자 또는 안내자로서의 역할을 충실히 하는 데에 중점을 두고 있다. 따라서 법집행과는 관계가 적은 서비스적인 성격을 강하게 갖고 있는데 이를 일본에서는 '시민응접(市民應接)'이라 한다.

교번 제도는 경찰과 시민의 접촉점으로써 탁월한 기능을 하는 모범적인 경찰 시스템으로 외국에 수출까지 한 제도이다.

교번은 원칙적으로 도시 지역에 설치하며 1일 3인 이상이 당번 근무를 하는 교대제로 운영된다. 교번은 경찰서 관할구역을 구분하여 담당구역의 치안 상황 전반에 대하여 책임을 지는 일본형 소규모 파출소이다. 그러나 우리 나라 파출소보다는 소규모인 초소 형태인데, 주로 순찰, 순회 연락, 생활안전지도 및 홍보, 지리 안내 등의 활동을 한다.

일본 경찰은 교번에서의 활동을 일본 경찰의 최우선 선행 활동이자 완결 활동이라는 점을 강조하면서, 교번의 역할과 임무를 원활히 수행할 수 있도록 적극 지원한다.

상급기관의 지시 사항이나 행정 업무, 타부서의 협조 업무 등과 같은 잡무를 최소화하는 반면, 교번에서 상급기관에 요청한 사항을 우선적으로 지원하고 교번에서 판단하여 보고하는 자료를 토대로 상급관서의 경찰 활동의 계획을 수립하고 결정하는 하의상달 체제를 실천하고 있다.

(5) 주재소

직주(職住) 일체형으로 한국의 분소에 해당한다. 주재소는 주로 농촌 지역에 설치되고, 주재소에서는 경찰관이 가족과 함께 생활하며 근무한다. 경찰관의 아내는 경찰관이 순찰중이거나 부재시, 다른 일로 외부에 있을 때 자신이 주재소의 업무를 처리하며 이에 대한 수당도 받는다.

주재소의 경찰관은 1개월에 3~4번 정도만 경찰서에 등서(登署)하는 외에는 주재소의 업무를 자신의 판단하에 수행한다.

교번이 도시 지역을 중심으로 형성된 것인 반면에, 주재소는 경찰서와 떨어진 곳에 위치하며 주로 농어촌 지역에 설치되어 있다.

주재소는 숙박 설비가 되어 있어 경찰관은 그의 가족과 함께 생활하면서 근무한다.

주재소의 특징 중의 하나는 주재소 경찰관의 가족이 경찰 활동을 함께 수행한다는 것이다. 경찰청에서는 이러한 주재소 경찰관 부인에게 섭외비 명목의 수당을 지급하고 있다.

〈미국과 일본의 민간경비업〉

(1) 미국, 일본은 민간경비 업에 종사하는 인원이 경찰관의 수를 상회하고 있으며, 민간경비가 경찰과 거의 동등한 수준으로 범죄 예방 활동을 하고 있다. 미국의 경찰과 민간경비는 각자의 독자적인 영역을 구축하면서 철저하게 상호 협력 체제를 유지하고 있으며, 민간경비의 범죄 예방 기능이 국민 생활 깊숙한 곳까지 스며든 상태라고 볼 수 있다.

(2) 일본의 경우 경찰과 민간경비와의 관계는 미국과 같이 상호 대등한 위치까지는 아직 가지 못하였지만 효율적인 범죄 예방 능력의 향상을 위하여 민간경비업이 경찰의 지속적인 협조와 지도를 받으면서 발전하고 있다.

<table>
<tr><td>미국</td><td colspan="3">(1) 지방경찰 중심 ⇒ 유형의 다양성을 가진다.
(2) 구역별 도보순찰을 실시하고 우리의 파출소와 비슷한 storefront office가 설치된다.
(3) 소년과 · 풍속단속반 · 생활안전반</td></tr>
<tr><td rowspan="3">일본</td><td>국가경찰</td><td>생활안전국</td><td>경찰청 내에서 '지역경찰' 활동을 담당(우리의 생활안전국과 유사)</td></tr>
<tr><td rowspan="2">도도부현경찰</td><td>교번(交番)</td><td>(1) 도시 지역에 설치되는 소규모 파출소(우리의 파출소와 유사)
(2) 교번을 적극 지원(잡무의 최소화, 하의상달 체제의 구현)
(3) '시민응접' 활동을 수행⇒ 서비스적 성격이 강하다.</td></tr>
<tr><td>주재소</td><td>(1) 주로 농어촌에 설치, 우리의 분소(分所)와 유사
(2) 직주(職住) 일체형 조직⇒경찰 가족이 경찰 활동을 함께 수행</td></tr>
</table>

제2장 수사경찰

제1절 수사경찰의 의의

1 범죄의 진압 및 수사의 의의

1) 범죄의 의의

실정법에 의하여 형벌이 과해지는 행위, 즉 형벌 법규에 규정되어 있는 구성 요건에 해당하고, 위법 · 유책한 행위를 말한다. 따라서 과태료와 같은 형벌 이외의 제재나 보안처분의 대상이 되는 행위는 범죄가 아니다.

범죄는 자연범(형사범)과 법정범(행정범)으로 구분되는데, 행정범은 반드시 유책성(有責性)을 요구하지는 않는다.

(1) 형벌 법규에 규정되어 있는 구성 요건에 해당하고, 위법하고, 유책한 행위 (주의: 경찰학적 접근에서는 자연범[형사범]과 법정범[행정범]을 모두 포함) (2) 형벌 이외의 제재인 과태료나 보안처분의 대상이 되는 행위는 여기서의 범죄에 해당하지 않는다.

자연범 (형사범)	행위 그 자체가 법규범의 설정을 기다리지 않고 이미 반사회적 · 반도덕적으로 인식되어 있는 범죄
법정범 (행정범)	행위 그 자체는 윤리적으로 무색이고, 법률에 의하여 비로소 정하여지는 범죄 형법총칙의 적용을 배제하는 특별규정(형법§8)을 두고 있는 경우가 많다.

2) 범죄 진압의 의의

범죄의 진압이란 주로 집단적 범죄가 일어나려고 하는 것을 미연에 방지하거나, 집단적 범죄가 발생한 뒤에도 그 확대를 방지하거나 종식시키는 활동을 말한다.

다중범죄 진압은 경비경찰과 관련되어 있지만, 시위사범을 수사할 때에는 수사경찰이 필요하므로 수사와 밀접한 관련이 있다.

범죄 진압 활동의 내용은 범죄의 예방에도 해당될 수 있고, 범죄의 수사에도 관련되는 것으로, 양자의 모두에 중복되는데, 집단적 범죄의 경우에는 특히 그 예방과 수사를 합쳐서 진압이라는 말을 많이 사용한다.

범죄 진압	집단적 범죄가 막 일어나려고 하는 것을 미연에 방지하거나, 또는 집단적 범죄가 이미 발생한 뒤에도 그 확대를 방지하고, 이를 종식시키는 활동 ⇒ 예방 -수사 범죄의 진압은 경비경찰과 관련이 있지만, 특히 다중범죄 진압에서 시위사범의 수사에는 수사경찰이 필요하므로 수사와 밀접한 관련이 있다.
범죄 수사	(1) 사건에 대한 공소 제기 여부의 결정 또는 공소 제기 및 이를 유지·수행하기 위한 준비로서, 범죄 사실을 조사하고 범인 및 증거를 발견·수집·보전하는 수사기관의 일련의 활동 ⇒ 광의로는 내사와 수사 단서의 수집 활동도 포함한다. (2) 형식적 의미의 수사 ⇒ 수사 과정에서 어떤 수단과 방법을 선택할 것인가 하는 절차적 측면에서의 수사를 의미한다.
주의	(1) 경찰법, 경찰직무집행법, 형사소송법에 의해 권한 행사를 한다. (2) 범죄의 진압 및 수사는 법정주의(法定主義)의 지배를 받는다. ⇒ 수사법정주의

3) 범죄 수사의 의의

범죄의 수사란 사건에 관한 공소 제기 여부의 결정 또는 공소 제기 및 이를 유지·수행하기 위한 준비로서, 범죄 사실을 조사하고 범인 및 증거를 발견·수집·보전하는 수사기관의 일련의 활동을 말한다(다수설).

수사는 주로 공소 제기 전에 이루어지지만 공소 제기 후에도 할 수 있다.

현실적으로 범죄 혐의를 인정하기 위하여서는 범죄 혐의 유무에 대한 조

사인 내사가 전제되어야 하며, 이러한 내사를 위하여서는 상당한 정도의 범죄 정보, 진정, 투서 등의 수사 단서가 있어야 한다. 그러므로 일반적 의미의 수사 실행 전 단계에 이루어지는 내사나 수사 단서 수집 등도 넓은 의미의 수사 개념에는 포함된다. 다만 실무상 수사는 수사의 개시(입건) 이후부터라는 것을 잊어서는 안 된다.

(1) 사실의 진상을 탐지하는 활동 (3) 심증 형성을 지향하는 활동(하강 과정→전개적 추리) (2) 형사 절차의 일환 (4) 획득한 판단을 증명하는 활동(상승 과정→집중적 추리)

4) 범죄의 진압 · 수사와 경찰의 권한 · 의무

범죄의 수사는 사법경찰 작용에 속하며, 범죄의 진압은 사법경찰 작용과 밀접한 관련이 있다.

범죄의 진압과 수사는 경찰법과 경찰관직무집행법에 경찰의 임무로 규정되어 있다. 그러나 경찰의 수사권은 형사소송법에 의하여 행사하여야 하는데, 검사의 지휘를 받아야 한다.

그리고 수사에는 행정편의주의가 적용되지 않으므로 경찰관은 범죄행위가 있으면 친고죄 등 특별한 경우를 제외하고는 수사를 할 의무가 발생한다.

행정상의 경찰권의 행사가 행정편의주의에 따라 "할 수 있다"고 규정되어 있는 경우가 대부분인데 비하여, 수사에 관해서는 형사소송법 제196조가 "하여야 한다"고 규정함으로써 법정주의 원칙을 천명하고 있다.

2 수사의 기본 이념과 지도 원리

1) 수사의 기본 이념

(1) 실체적 진실의 발견

실체적 진실주의는 당사자의 주장, 인부(姻否) 또는 입증에 구애되지 않고 객관적인 사실의 진상을 규명하려는 절차법상의 이념이다. 따라서 당사자가 범죄 사실을 부인하여도 수사 경찰은 객관적 진실(교통사고의 경우 스키드마크, 목격자 진술, 동승자 진술 등)을 토대로 수사하여야 한다.

실체적 진실의 발견은 기본적 인권의 보장과 함께 수사 절차를 포함한 모든 형사소송 절차를 일관하는 기본 이념이다.

그러나 실체진실주의에도 인간 능력에 따른 한계, 제도 자체에서 오는 한계, 초소송법적 이익(군사상의 비밀 등 다른 중요한 이익과 충돌하는 경우)에 의한 제한, 인권 보장적 측면에서 가해지는 절차상의 제약 등이 있다.

(2) 기본적 인권 보장

수사 과정에서 필연적으로 국민의 기본권이 제약되므로, 수사는 임의수사가 원칙이고 강제수사는 예외적으로 인정된다.

증거를 수집하고 범인의 신병을 확보하는 과정에서 필연적으로 신체의 자유 등 국민의 여러 가지 기본권이 제약된다.

헌법과 형사소송법에는 형사소송 절차나 수사 절차상 인권 유린이 없도록 국민의 여러 가지 기본권을 보장하고 임의수사 원칙을 선언하면서, 강제처분은 법에 특별히 규정이 있을 때에만 극히 예외적으로 할 수 있도록 규정하여 인권 보장의 이념을 실현하고 있다.

기본 이념	실체적 진실의 발견, 기본적 인권 보장
지도 원리	실체적 진실주의, 무죄 추정의 원리, 필요 최소 한도의 원리, 적정 절차의 원리

실체적 진실의 발견	당사자의 주장이나 진술에 구애받지 않고 객관적 사실을 규명
기본적 인권 보장	(1) 무죄 추정의 원리⇒임의수사 원칙(강제처분 법정주의)이 도출 (2) 수사 비례의 원칙(필요 최소한의 법리)·적정 절차의 원칙

2) 수사의 지도 원리

① 실체적 진실주의
② 무죄 추정의 법리
③ 필요 최소한의 법리
④ 적법 절차의 원리

3) 수사구조

수사관	경찰과 피의자의 관계	강제처분권의 주체	영장의 성질
규문적 수사관	수직 관계	검사	허가장
탄핵적 수사관	수직 관계	법원	명령장
소송적 수사관	수평 관계(소송구조)		

제2절 수사경찰 활동과 그 법적 토대

1 수사 활동과 법적 근거

경찰법 제3조는 경찰의 임무로서 범죄의 진압과 수사를 들고 있고, 경찰관직무집행법 제2조 제1호도 마찬가지로 경찰의 직무로서 같은 내용을 규정하고 있다. 이 규정은 경찰의 사물 관할을 정한 것으로 범죄의 진압과 수사가 경찰의 직무 범위에 속함을 명시해 주고 있다.

형사소송법 제196조는 수사관, 경무관(경찰청에 근무하는 경무관 제외), 총경, 경정, 경감, 경위는 사법경찰관(영장신청권)으로서 검사(영장청구권 - 경찰이 판사에게 직접 영장을 청구하려면 헌법을 개정하여야 한다)의 지휘(상명하복 관계, 경무과장 제외)를 받아 수사를 하여야 하고, 경사, 경장, 순경은 사법경찰리로서 검사 또는 사법경찰관의 지휘를 받아 수사의 보조를 하여야 한다고 규정함으로써 경찰수사권을 제한적으로 수권하고 있다.

경찰의 수사에 관한 일반법인 형사소송법 외에, 사법경찰관리집무규칙, 범죄수사규칙 등도 경찰의 수사에 관한 규정을 두고 있다.

<table>
<tr><td rowspan="2">법적 근거</td><td>일반 규정</td><td colspan="2">경찰법(§3), 경찰관직무집행법(§2 1호)</td></tr>
<tr><td>개별 규정</td><td colspan="2">형법・형사소송법(일반법), 사법경찰관리집무규칙, 범죄수사규칙</td></tr>
<tr><td rowspan="2">형소법 (§196)</td><td>사법경찰관</td><td>수사관, 경무관-총경-경정-경감-경위</td><td>수사기관
영장신청권 있다.</td></tr>
<tr><td>사법경찰리</td><td>경사-경장-순경</td><td>수사의 보조기관
영장신청권 없다.</td></tr>
</table>

경찰청과 그 소속기관 등 직제(§12)	고찰 범위
(1) 경찰수사 업무에 관한 기획·지도·조정 및 통제 (2) 범죄통계 및 수사 자료의 분석 (3) 범죄 감식 및 범죄의 수사에 관한 사항 (4) 범죄 감식 및 범죄 기록의 수집·관리	(1) 일반 범죄의 수사 (2) 범죄정보 수집 (3) 유치장 관리 (4) 범죄 감식 및 기타

2 수사·형사 기능

1) 경찰서 수사과와 형사과(수사과와 형사과가 분리되어 있는 경찰서를 기준)

(1) 수사과

① 수사1계 : 유치장 관리, 사건 송치, 피의자 호송

② 수사2계 : 시위·선거 관련 사범 조사처리, 경제사범 수사

③ 조사계 : 부정수표단속법 위반사범 수사, 고소·고발사건 수사

(2) 형사과

① 관리계 : 변사사건 처리, 진정·탄원사건 처리

② 형사계 : 강력범, 폭력범, 마약범 수사, 형사기동순찰반 운영

범죄수사의 순서	수사의 단서⇒수사의 착수(범죄인지보고서 작성)⇒수사의 개시(수사기관의 주관적 혐의로 충분)⇒현장의 관찰 및 보존⇒수사 방침의 수립
수사의 단서	형사소송법상의 수사의 단서(변사체 검시, 현행 범인의 체포, 고소·고발, 자수) 뿐만이 아니라, 신문의 기사, 방송, 익명의 제보, 풍설 등에 의해서도 수사가 가능

2) 일반 수사 및 형사 활동

일반범죄의 수사는 수사의 단서에서 시작하여 수사 착수, 현장 관찰, 수사 방침 수립, 수사 실행, 사람과 물건 등의 조치·조사·송치의 단계적 과정에 따라 진행된다.

수사경찰 또는 형사경찰이 수행하는 수사는 생활 안전 기능의 소년사범, 교통 기능의 교통사범, 보안 기능의 보안사범, 외사 기능의 외사사범 등을 제외한 일반범죄에 관한 수사 활동을 담당한다.

일반범죄의 수사는 수사의 단서에서 시작하여 수사 착수, 현장 관찰, 수

사 방침 수립, 수사 실행, 사람과 물건 등의 조치·조사, 송치의 단계적 과정을 밟으면서 진행된다. 즉, 수사는 공통된 순서에 의하여 법령의 규제와 절차에 따라 공소 제기와 유죄 판결을 지향하여 진전하는 목적(유죄 판결) 지향적인 일련의 과정이다.

<table>
<tr><td>피의 사건의 진실 파악</td><td colspan="2">범죄 수사의 제1차적 목적</td></tr>
<tr><td>기소·불기소의 결정</td><td colspan="2">파악된 진상을 토대로 법률적 평가를 거쳐 기소의 여부를 결정</td></tr>
<tr><td>고소 제기 및 유지</td><td colspan="2">기소하기로 결정된 사건에 대한 공소 제기 및 필요시 공소 유지를 위한 추가 수사</td></tr>
<tr><td>유죄의 판결</td><td colspan="2">범죄 수사의 궁극적 목적</td></tr>
<tr><td rowspan="2">형사소송법의 목적 실현</td><td>실체면</td><td>실체적 진실의 발견</td></tr>
<tr><td>절차면</td><td>공공 복리의 유지와 기본적 인권 보장의 조화</td></tr>
</table>

(1) 내사

내사는 수사의 전 단계로서 범죄 혐의 유무를 조사할 가치가 있는 내용이 있을 때 그 진상을 밝히기 위하여 입건하지 않고 조사하는 단계를 말한다. 조사 결과 범죄 혐의가 있으면 범죄인지보고서를 작성하여 입건하고, 범죄 혐의가 없거나 입건의 필요가 없을 때는 경찰서장의 결재를 받아 내사를 종결한다.

내사는 수사의 전 단계로서 신문 등 출판물의 기사, 익명의 신고, 소문 등에 범죄 혐의 유무를 조사할 만한 가치가 있는 내용이 있을 때 그 진상을 밝히기 위하여 입건하지 아니하고 조사하는 단계를 말한다.

(2) 수사의 착수

접수 → 배당 → 조사 → 입건 → 송치

(3) 수사의 개시

수사기관이 사건을 수리하여 수사를 개시하는 것을 입건이라 한다. 입건에 의하여 혐의자는 피의자가 되고, 수사에 착수한 때에는 범죄인지보고서를 작성하여야 한다.

혐의자 → 피의자(수사 개시) → 피고인(기소)

입건의 원인은 내사를 통한 범죄의 인지, 고소(일신전속권, 성폭력 친고죄 1년) · 고발의 접수(민원실), 자수, 자복, 변사체 검시, 검사의 수사 지휘(석방-수사 종결권), 다른 사법경찰 업무 취급 관서로부터의 이송사건 수리 등이다.

내사 결과 범죄의 주관적 혐의가 있고 입건의 필요와 가치가 있을 때에는 수사 개시의 단서가 되므로 범죄인지보고서를 작성하여 입건하고 범죄 혐의가 없거나 입건할 필요가 없을 때에는 경찰서장의 결재를 받아 내사 종결한다.

실무상으로 입건이란 수사기관에 비치된 범죄사건(접수)부에 사건을 기재하고 사건번호를 부여하는 단계를 말하며, 그 이후에 혐의자가 피의자의 신분으로 된다.

[표 7-2-1] 일반범죄의 수사 단계

<table>
<tr><td rowspan="10">일반범죄의 수사</td><td>내사
(內査)</td><td colspan="2">• 수사의 전(前)단계, 진상을 밝히기 위해 입건하지 않고 조사하는 단계
• 혐의 있으면 ⇒ 범죄인지보고서를 작성하여 입건
• 혐의 없으면 ⇒ 내사 종결(경찰서장의 결재가 필요)</td></tr>
<tr><td>수사의 개시
(立件)</td><td colspan="2">• 수사의 개시 시기 ⇒ 범죄의 혐의가 있다고 사료되는 때
• 실무상으로는 사건접수부에 기재하고, 사건번호를 부여하는 단계
• 입건 이후에는 혐의자가 피의자로 된다(공고 제기 후에는 피고인).</td></tr>
<tr><td rowspan="6">수사의 실행</td><td colspan="2">(1) 수사 방침의 수립 ⇒ 수사 실행의 기준으로서 수사의 성패를 좌우
(2) 증거 자료의 수사 방법</td></tr>
<tr><td>행적수사</td><td>현장 및 그 부근에서의 범인의 행적</td></tr>
<tr><td>유류품 수사</td><td>범인이 떨어뜨린 것</td></tr>
<tr><td>감(鑑)수사</td><td>범인이 피해자 또는 주변 지역을 잘 아는 자인가를 밝히는 수사(=연고감, 지리감)</td></tr>
<tr><td>감식수사</td><td>지문 · 혈액 · DNA 등 과학적 분석을 통한 수사 방법</td></tr>
<tr><td>수법수사</td><td>범인의 침입 · 도주 방법 등 ⇒ 범죄 수법 영상 시스템</td></tr>
<tr><td>사건의 송치</td><td colspan="2">사건의 진상이 파악되고 적용 법령과 처리 의견을 제시할 정도</td></tr>
<tr><td>송치 후 수사</td><td colspan="2">보강수사, 여죄수사</td></tr>
</table>

<table>
<tr><td>범죄 정보 수집</td><td colspan="3">원칙적으로 모든 경찰이 오감을 통하여 수집(수사경찰의 독자적 영역이 아니다.)
수사의 직접적 단서는 물론 범죄로의 이행이 예상되는 사안, 이미 발생한 범죄에 관한 사항 등 그 범위가 상당히 넓다.
'수사첩보활동규칙'</td></tr>
<tr><td>유치장 관리</td><td colspan="3">유치인의 인권을 보장하고, 유치인의 도주 · 죄증 인멸 · 자해행위 등을 방지하고, 유치인의 건강 및 유치장 내의 질서를 유지하는 업무
관리 책임⇒경찰서장(수사과장이 보좌)
대상자⇒구속된 피의자나 즉결심판에 의하여 구류 판결을 받은 피고인
근거 법규⇒ '경찰관직무집행법'(§9), '피의자 유치 및 호송규칙'</td></tr>
<tr><td rowspan="5">범죄 감식 및 기타</td><td colspan="3">각종 과학장비를 통하여 복잡 다양한 범죄의 과학적 해결을 뒷받침하는 활동</td></tr>
<tr><td rowspan="3">경찰청의 과학 수사과</td><td>과학수사계</td><td>지문 검색</td></tr>
<tr><td>지문계</td><td>전과 기록 · 주민 지문을 관리</td></tr>
<tr><td>채증계</td><td>지문 · 족흔 채취, 몽타주 작성</td></tr>
<tr><td>국립과학수사연구소</td><td colspan="2">행자부 소속⇒DNA · 혈액 · 정액 · 모발 · 문서 · 교통사고의 감식</td></tr>
</table>

(4) 수사의 실행-객관적 혐의(강제 수사)+유죄 판결 가능성

① 현장관찰

② 수사 방침의 수립

수사의 실행 전에 현장에서 수집된 여러 가지 자료를 검토하여 수사를 어떠한 방향으로 전개할 것인가를 결정하는 것을 말한다.

수사방침 수립시에는 수사회의를 개최하여 다수인의 의견을 들어야 한다. 그리고 수사 진전에 따라 신빙성 있는 수사 자료가 발견되는 등 사정 변경이 있는 경우에는 수사 방침을 변경시켜야 한다.

사법경찰관은 형사소송법, 사법경찰관리집무규칙, 범죄수사규칙 등 관계 법령을 준수하여 그 범위 내에서 수사를 실행하여야 한다.

수사의 실행 전에 현장에서 수집된 여러 가지 자료를 검토하여 수사를 어떠한 방향으로 전개할 것인가를 결정하여야 한다. 중요한 사건의 경우에는 수사회의를 개최하여 수사관의 의견을 종합하여 수사방침을 수립하여야 한다.

컴스탯(Compstat)의 가장 중요한 목적은 범죄 분석 후 대책 수립이다.

③ 수사의 실행 방법

행적수사	현장 및 그 부근에서부터 범인의 행적을 수사하는 것
유류품수사	범죄 현장에서 범인이 떨어뜨린 것을 중심으로 하는 수사
감(鑑)수사	현장 상황과 피해자의 생활 상태 등으로 보아 범인은 피해자 또는 주변 지역을 잘 아는 자인가를 밝히는 방법
수법수사	범인의 침입·도주 방법, 범행 전후의 사정, 수단·방법을 살피는 방법
감식수사	범인의 지문, 족적, 혈액 등을 수거하여 범인을 발견하고자 하는 방법. 지문 감식은 경찰청 과학수사과에서 담당. 과학적 수사가 요구되며, 주관적 수사를 해서는 안 된다.

(5) 사건의 송치

하강작용	수사관의 심증 형성	전개적·연역적 추리
상승작용	검사·법관의 심증 형성	집중적·귀납적 추리

사법경찰관은 사건의 진상이 파악되고 적용 법령·처리 의견을 제시할 수 있을 정도가 되면 사건을 검찰청에 송치한다. 사건을 송치함으로써 경찰의 수사는 일단 종결된다.

사건 송치시에는 사건송치서·압수목록·의견서·기록목록·피의자통계원표 등을 첨부하고, 기소 의견으로 사건을 송치하는 경우에는 수사자료표에 의한 범죄 경력 조회를 첨부한다. 단, 혐의 없음·죄가 안 됨·공소권 없음(공소시효 경과)·각하는 수사자료표에 의한 범죄 경력 조회를 첨부하지 않는다.

사법경찰관은 사건의 진상이 파악되고 적용할 법령, 처리 의견을 제시할 수 있을 정도가 되면 사건을 검찰청에 송치한다. 이로써 경찰의 수사행위는 일단 종결된다.

[표 7-2-2] 범죄통계 규칙상의 수사경찰의 통계자료

발생 통계원표	범죄 발생시 작성. 1년간 보관(수사1계)
검거 통계원표	검거시 작성. 1년간 보관(수사1계)
피의자 통계원표	피의자 송치시 작성, 송치 서류에 첨부
피의자 환경조사서	소년사건 및 가정폭력사건만 작성

범죄분석 예측 시스템과 피해통보표에 입력－강도, 절도 등

(6) 송치 후의 수사

사건 송치 후 여죄가 발견되거나 검사의 공소 제기 또는 유지를 위한 보강수사 지시가 있는 경우에는 추가적인 수사 활동이 전개된다.

3) 범죄정보 수집

수사정보란 수사의 단서가 되는 것 외에도 범죄로의 이행이 예상되는 사안, 이미 발생한 범죄에 관한 사항 등 범죄 수사상 참고가 되는 모든 정보를 말한다.

수사정보의 수집은 수사의 출발점이며 사건 해결의 성패를 좌우한다. 그리고 범죄정보 수집은 모든 경찰관이 행하는 것으로서 수사경찰의 전담 활동은 아니다. 수사정보 수집에 관해서는 수사첩보 활동규칙이 있다.

① 범죄의 유효하고도 신속한 수사를 위해서는 범죄정보의 수집이 무엇보다도 중요하며, 이와 같은 수사에 관한 범죄정보를 수사정보라고 할 수 있다.

② 수사의 단서가 될 수 있는 것은 물론, 범죄로의 이행이 예상되는 사안, 이미 발생한 범죄에 관한 사항 등이 수사정보의 대상이 된다.

③ 경찰은 범죄의 수사에 대하여 책임을 지고 있으므로, 범죄의 종류나 발생 지역에 관계 없이 적극적으로 수사의 단서를 발견하기 위하여 노력하여야 한다.

④ 경찰청을 기준으로 살펴볼 때, 지능 범죄에 관한 정보의 처리는 수사과, 살인·마약사범 등에 관한 정보의 처리는 형사과, 그리고 조사과에서는 국익에 관련되는 중대한 범죄의 자료·첩보의 수집 등에 관한 업무를 각각 분장하고 있다.

⑤ 범죄정보 수집에 관해서는 수사첩보 활동규칙(1996. 8. 30. 경찰청예규 제167호) 등에 관계 규정을 두고 있다.

4) 유치장 관리

유치장 관리란 유치인의 인권을 보장하고, 유치인의 도주·죄증 인멸·

자해행위 등을 미연에 방지하고, 동시에 유치인의 건강 및 유치장 내의 질서를 유지하는 업무를 말한다. 구속, 구류를 집행한다.

유치장 관리 책임은 경찰서장이 피의자의 유치 및 유치장의 관리에 관하여 전반적인 지휘·감독 책임을 지며, 수사과장이 경찰서장을 보좌하여 유치 주무자가 된다. 그러나 야간 또는 공휴일에는 상황실장 또는 경찰서장이 지정하는 자가 유치 주무자의 직무를 대리하며 그 책임을 지도록 되어 있다.

유치인의 사고는 수사에 중대한 지장을 초래할 뿐만 아니라, 경찰에 대한 국민의 신뢰를 크게 손상시킬 수 있으므로, 유치인의 행태를 철저히 감시하여 돌발사고를 미연에 방지하여야 한다.

유치장 관리에 관한 관련 법규로는 유치장의 설치 근거인 경찰관직무집행법(제9조)과, 근무수칙 등을 정한 피의자 유치 및 호송규칙(1976. 8. 30. 경찰청훈령 제177호)이 있다. 피의자 유치 및 호송규칙에는 유아 대동 허가, 여성 유치시 성년여자 입회 규정이 있다.

5) 범죄 감식

범죄 감식이란 각종 과학장비를 통하여 복잡다양한 범죄의 과학적 해결을 뒷받침하는 활동을 말한다. 수사의 과학화와 민주화를 위한 초석이라고 할 수 있다.

경찰청에는 범죄 감식을 전국적으로 총괄하는 과학수사과를 두고 있으며, 여기에는 지문 검색 등을 담당하는 과학수사계와 전과 기록·주민 지문 등을 관리하는 지문계, 그리고 현장에서의 지문이나 족흔적 등을 채취하고, 몽타주를 작성하는 등의 활동을 하는 채증계 등이 있어서, 경찰수사 활동에 과학적인 기초를 제공하고 있다.

일선에서의 지문 조회나 컴퓨터를 통한 전과 조회는 바로 이러한 중앙시스템에 의존하게 되어 있으며, 다른 수사기관에서도 경찰의 감식 기능에 크게 의존한다.

행정자치부 장관 직속으로 국립과학수사연구소가 설치되어 있어서 DNA 감식 등 범죄수사의 과학화에 기여하고 있다.

경찰청 과학수사과	감식계	지문 검색, 신원 확인
	지문계	전과 기록·주민 지문 관리
	채증계	현장에서의 지문·족흔적 채취, 몽타주 작성
국립과학수사연구소 (행자부 장관 직속)		혈액·정액·모발·문서·교통사고 등의 감정, DNA 감식

3 생활안전 기능

소년 범죄의 수사와 같이 수사 활동은 생활안전경찰의 활동을 통해서도 수행된다. 따라서 소년 범죄의 수사는 전형적으로 생활안전국의 업무이다.

경찰청과 그 소속기관 등 직제 제11조는 소년비행 방지 업무와 더불어 소년 범죄의 수사를 생활안전국의 업무로 분장시키고 있다.

4 교통 기능

교통사고가 발생한 경우에 교통사고 수사는 원칙적으로 경찰서의 교통사고처리반에서 수사하고 있다. 교통사고 수사는 일반범죄 수사와 비교할 때 전문 기술적인 특성이 강하므로, 교통경찰관에 의하여 수사가 이루어지고 있다.

교통사고 수사는 사고에 관한 형사 책임의 규명(증거 수집 및 보전 활동 등) 뿐만 아니라, 교통 법령 위반에 대한 행정처분(운전 면허의 취소·정지 등), 기타 사고의 재발 방지를 위한 원인조사 등에 그 목적이 있다.

그러나 사고를 동반하지 않은 단순 무면허 운전이나 단순 음주사건의 수사도 교통 기능에서 수행한다.

5 보안 기능

보안경찰은 간첩 등 방첩수사, 좌익사범에 관한 수사 등을 담당한다.

보안경찰은 경찰청과 그 소속기관 등 직제 제15조에 의거하여, 간첩 등 방첩수사, 좌익사범에 관한 수사 등을 담당한다.

6 외사 기능

외사경찰은 국제조약 등에서 정하고 있는 범죄, 국내에서 발생한 범죄가 인적·장소적으로 2개국 이상 관련되거나 조직화하여 행해지는 국제성 범죄, 출입국관리법·여권법·외국환관리법 등 위반사범을 수사한다. 외국인 또는 외국인과 관련된 범죄수사는 외사관리과에서 담당한다.

외사수사의 활동 범위는 국내에 그치지 않고, 해외교포 집중 거주지역이나 내국인 관광객이 많이 왕래하는 국가에 대한 주재관 파견 해외 도피 피의자의 강제 송환을 위한 국가간 경찰 공조, 인터폴을 통한 각국 수배 등 전세계를 그 활동 범위로 하고 있다.

경찰청과 그 소속기관 등 직제 제19조는 외국인 또는 외국인과 관련된 범죄 수사를 외사관리관의 분장사무로 규정하고 있다.

> 경찰의 수사 업무는 다양하여 수사과·형사과 외에 경찰서의 관련 기능에서 이루어지고 있는데 정보 기능은 수사 기능이 없다.

생활안전기능	소년 범죄의 수사
교통 기능	(1) 교통사고 수사⇒교통사고처리반(전문서·기술성) (2) 사고를 동반하지 않은 단순 무면허 운전이나 단순 음주사건의 경우는 형사 기능에서 수사
보안 기능	간첩 등 방첩수사와 좌익사범에 대한 수사
외사 기능	국제 성범죄 및 일반 외사사범의 수사

제 3 절 범죄 수사의 기본 원칙

1 범죄 수사의 3대 원칙(3S 원칙)

1) 신속 착수의 원칙(Speedy Initiation)

범죄의 흔적은 시간의 경과에 따라 자연적 또는 인위적으로 멸실, 훼손되어 범죄 수사의 가능성은 점차 희박하게 된다.

2) 현장 보존의 원칙(Scene Preservation)

범죄의 현장이나 물건 등은 변화하기 쉬우므로, 수사관은 그 범죄 현장을 보존하고 철저히 관찰하지 않으면 수사가 곤경에 빠질 우려가 있다. 흔히 범죄의 현장을 '증거의 보고'라고 하는 이유가 여기에 있다.

범죄 현장은 범죄 흔적의 보고요, 범인과 범행을 무언으로 말해 주는 곳이므로 눈, 비 등의 자연적 원인은 물론, 범인 등 인위적 원인에 의한 현장 변경을 막고 그 보존된 현장의 철저한 관찰로 범죄의 흔적을 완전무결하게 포착하여야 한다.

3) 공중 협력의 원칙(Support by the Public)

범죄의 흔적은 목격자나 전문자(轉聞者)의 기억에 오래 남는 것이므로, 목격자나 전문자가 살고 있는 사회는 '증거의 바다' 라고 할 수 있다. 그러므로 일반 시민과 협력 관계를 유지하는 것은 매우 중요하다.

사건 수사시에는 물론, 평소에도 일반 시민의 적극적인 협력을 얻을 수 있도록 노력하여야 한다(예: '범죄신고자 보호 및 보상에 관한 규칙', 1995년 제정).

[표 7-2-3] 범죄수사의 3대 원칙

신속 착수의 원칙	(1) 범죄 수사는 신속히 착수하여 죄증이 인멸되기 전에 수사를 수행·종결하여야 한다는 원칙⇒강력사건의 경우 특히 그 중요성이 부각된다. (2) 살인사건은 2주일 이내에 단서를 발견하지 못하면 수사가 미궁에 빠질 우려가 있으므로 수사는 신속히 착수하여야 한다.
현장 보존의 원칙	(1) 범죄 현장은 증거의 보고(寶庫)이므로 자연적·인위적 원인에 의한 현장 변경을 막아야 한다는 원칙⇒외근경찰의 초동 조치의 중요성+임장(臨場) 수사의 중요성 (2) 살인·강도·방화 등과 같이 임장수사(臨場搜査)를 요하는 강력범죄의 수사 성패는 현장 보존 원칙의 준수 여부에 달려 있다.
공중 협력의 원칙	(1) 범죄 수사는 시민의 협력 없이는 곤란하므로 시민과 좋은 협력 관계를 유지하여야 한다는 원칙⇒시민의 적극적 협조의 중요성을 강조 (2) 중요 범인을 신고하여 검거하게 한 시민에게 신고자 보상금을 지급하는 것도 이 원칙과 관련된다.

2 수사의 기본 원칙

1) 임의수사의 원칙

수사의 방법은 임의수사를 원칙으로 하고 강제수사는 형사소송법에 특별한 규정이 있는 경우에 한하여 예외적으로 허용된다(형사소송법 제199조 제1항). 이는 무죄 추정의 법리 또는 필요 최소한도의 법리의 제도적 표현이기도 하다.

임의수사의 원칙은 임의수사 자유의 원칙을 의미하는 것은 아니므로, 현행법은 임의수사의 적정을 도모하고 임의수사에서 피의자의 인권을 보장하기 위하여 법률적 규제를 가하고 있다.

피의자 신문, 참고인 조사, 감정의 위촉, 임의 제출물 압수 등이 있다.

2) 수사 비례의 원칙

죄질과 피해가 극히 경미한 사건을 입건하는 것은 수사 비례의 원칙에 의하여 범죄인지권의 남용이라는 문제가 발생한다.

3) 수사 비공개의 원칙

수사 밀행의 원칙이라고도 한다. 이점은 공판 절차가 공개주의를 채택하는 것과 대조적이다. 관계자(피해자, 참고인, 피의자 등)의 개인적인 비밀·사생활·명예 등 인권의 보호를 위해서도 요청된다.

4) 자기부죄 강요 금지의 원칙

헌법이 자기부죄 거부의 특권을 명시하고 있고(헌법 제12조 제2항), 형사소송법이 피의자의 진술거부권을 보장하고 있다(형사소송법 제200조 제2항).

피의자 등에 대한 고문의 절대적인 금지(헌법 제12조 제2항, 형법 제125조)는 자기부죄 강요 금지의 원칙의 제도적인 표현이다.

5) 강제수사 법정주의

강제처분법정주의는 헌법상의 원칙으로서(헌법 제13조 제1항), 강제처분에 대한 법률적 제한을 그 내용으로 하며, 체포(영장 체포, 현행범 체포, 긴급체포), 구속, 압수, 수색, 검증 등이 있다.

6) 영장주의

강제처분에 관한 영장주의는 헌법상의 원칙으로서(헌법 제12조 제3항), 수사기관의 강제처분에 관하여는 영장주의의 원칙이 적용되며, 다만 엄격한 요건하에 영장주의의 예외가 허용된다.

7) 제출인 환부의 원칙

국가형벌권의 실현을 목적으로 하는 형사 절차에서는 사인 간의 실체법상 권리 관계에 관여하지 아니함을 원칙이다.

압수물이 장물인 경우에는 피해자를 보호하기 위하여 일정 요건하에 피해자 환부를 허용하고 있다(형사소송법 제219조, 제134조).

[표 7-2-4] 수사의 기본 원칙

임의수사의 원칙	(1) 수사의 방법은 임의수사를 원칙으로 하고 강제수사는 형사소송법에 규정이 있는 경우에 한하여 예외적으로 인정된다는 원칙. 불구속 수사 원칙를 원칙으로 하며, 구속 여부 결정시 도주, 인멸 우려, 범죄 경중, 연령을 고려하여 결정한다. (2) 무죄 추정의 원칙 또는 필요 최소한도의 법리에서 파생 (3) 임의수사 원칙이 임의수사 자유의 원칙을 의미하는 것은 아니므로 일정한 제한을 가한다.
강제수사 법정주의	(1) 수사기관의 강제처분은 형사소송법에 특별한 규정이 있는 경우에 한해서 허용된다는 원칙 (2) 헌법상의 원칙으로, 강제처분에 대한 법률적 제한을 내용으로 한다.
영장주의	(1) 사법경찰관은 검사에게 신청하여 검사의 청구(형소법§201①), 검사의 신청(헌법§12③)에 의하여 법원 또는 법관이 발부한 적법한 영장이 없으면 강제처분을 할 수 없다는 원칙 (2) 강제수사에는 원칙적으로 영장주의가 적용되며, 예외적으로 영장주의가 적용되지 않는다(긴급체포, 현행범체포).
수사 비례 원칙	(1) 수사의 결과에 따른 이익과 수사로 인한 법익 침해가 부당하게 균형을 잃어서는 안 된다는 원칙⇒위반시 범죄인지권을 남용이라는 문제가 발생 (2) 강제수사뿐만 아니라 임의수사에도 적용된다. (3) 강제처분을 위한 실력 행사뿐만 아니라 수사권의 발동에도 적용된다. 따라서 경미 사건을 입건하는 것은 이 원칙에 반한다.
자기부죄 강요 금지	(1) 헌법상 자기부죄 거부의 특권(헌법§12②)이 인정되고, 형사소송법에서 피의자의 진술거부권(형소법§200②), 증인의 증언거부권을 인정 (2) 고문의 절대적 금지는 이 원칙과 관련(헌법§12②
수사 비공개의 원칙	(1) 수사의 개시와 실행은 공개하지 않는다는 원칙(수사 밀행의 원칙) (2) 범인의 발견·검거 또는 증거의 발견·수집·보전뿐만 아니라, 관계자의 인권 보호를 위하여 필요. (3) 사건의 검찰 송치 후에도 검사의 공소 제기 전까지는 내용을 공개하지 않는 것이 원칙이다. 만약 기소 전에 공표한 경우에는 피의사실 공표죄를 구성한다.
제출인 환부의 원칙	(1) 압수물의 환부는 피압수자 또는 제출인에게 환부하여야 한다는 원칙 (2) 압수 장물의 경우에는 예외적으로 피해자 환부를 인정한다.

3 범죄 수사상 준수 원칙

범죄 수사상 준수 원칙이라 함은 수사관이 범죄 수사를 행할 때 일반적으로 지켜야 할 원칙이다.

선증후포(先證後捕)의 원칙(선증거 수집 후 체포의 원칙)	사건에 관하여 먼저 조사하고 증거를 확보한 후에 범인을 체포하라는 원칙
법령 준수의 원칙	형사법 규정을 숙지하고 이를 철저히 준수하는 원칙
민사 관계 불간섭의 원칙	수사는 형사사건에 한하여 행하여야 한다는 원칙. 단 사기죄·배임죄 등과 같이 민사와 형사가 교차하는 경우에는 수사 가능
종합 수사의 원칙	모든 정보 자료·수사 자료를 종합하여 상황을 파악하고, 모든 기술과 지식·조직을 동원하여 체계적이고 조직적인 종합 수사를 행하여야 한다는 원칙

4 수사 실행의 5원칙(→기술적 사항)

수사 자료 완전 수집의 원칙	수사 실행의 제1 원칙으로, 기초수사를 철저히 행하여 사건에 주어진 모든 수사 자료를 완전히 수집하여야 한다는 원칙
수사 자료 감식·검토의 원칙	과학수사를 통하여 수집된 수사 자료를 과학적 지식이나 기술을 활용하여 면밀히 감식·검토함으로써 지금까지 알지 못했던 자료의 가치를 발견하여야 한다는 원칙. 과학수사의 중요성을 강조
적절한 추리의 원칙	추측시에 수집 정리된 자료를 기초로 가상의 추측과 합리적인 판단을 하고, 추측은 가상적 판단이므로 그 진실성이 확인될 때까지는 추측을 진실이라고 주장·확신하여서는 안 된다는 원칙. 수사는 가설 검증의 과정으로서 적절한 추리의 여부는 수사의 성패를 좌우
검증적 수사의 원칙	여러 가지 추측 중에서 과연 어떤 추측이 정당한 것인가, 추측의 정당성을 결정하기 위하여 각각의 추측을 모든 각도에서 검토하여야 한다는 원칙. 진행 방향: 수사 사항 결정→수사 방법 결정→수사 실행
사실판단 증명의 원칙	수사관의 판단(주장)의 진실성이 증명되기 위해서는 누구에게나 진위가 확인될 수 있어야 되며, 판단(주장)이 언어나 문자로 표현되고 판단의 이유와 근거, 즉 증거를 제시해서 객관화하여야 한다는 원칙. 객관의 증명의 문제⇒명제화가 요구

5 개별 범죄 수사

1) 체 포

(1) 과잉 체포

비례 원칙 위반 → 위법한 공무집행 → 폭처법, 불법체포죄 → 정당방위

가능

(2) 긴급체포

(가) 사유

① 중대성 - 장기 3년 이상 중범죄

② 긴급성

③ 필요성

구속 사유 - 도망, 인멸, 객관적 혐의, 주거 부정

(나) 절차

12시간 내 검사에게 승인 건의, 체포 현장에서는 압수영장 필요, 36시간 내 영장 신청, 48시간 내 영장 청구

(3) 현행범 체포

미란다 원칙 범죄 사실 요지, 구속 이유, 변호인 선임권 고지

진술거부권 고지는 아니다.

(4) 사후 영장

체포, 구속, 범죄 현장에서의 압수, 수색, 검증

(5) 지명 통보자 소재 발견 보고서 → 출석요구서 발송

(6) 변호인 참여

피의자 신문조서만 열람 가능, 서장이 참여 허부 결정, 변호인 선임권 고지(미란다 원칙)

(7) 통신 제한

통신자 소재지 법원이 허가하여야 한다. 법적 근거는 형소법, 군사법 원법, 통신비밀보호법 등이 있다

(8) 거짓말 탐지기

① 자료검사, 동의 조건

② 기능 - 자백 기회 제공, 수사 방향 설정, 용의자 축소, 진술 비교, 단서, 증거

2) 가정폭력 범죄

① 취지 : 취지는 절차권 보장, 임시조치, 민사구제에 있다. 보호처분권은 없다.

신체, 재산, 정신적 피해를 포함한다.

② 가정폭력 범죄 지득자(知得者)의 신고 의무

③ 임시 조치 : 폭력행위 제지 등

④ 접근금지 처분

⑤ 대상 : 공갈, 협박, 명예훼손 행위도 포함되지만, 사기, 절도는 포함하지 않는다.

3) 마약류관리법

2000년 7월 통합. 마약, 대마, 향정신성 의약품(필로폰 등)이 대상이다.

(1) 대마

대마초, 대마수지, 해쉬쉬, 해쉬쉬 오일

(2) 향정신성 물질

필로폰, LSD, 행장약품 원료, 기타 향정약품

(3) 유해화학물질관리법 위반

본드류, 부탄가스, 신나류, 기타 유해물질

4) 재산 범죄

① 카드 강취 사용도 여신금융업법에 해당

② 다단계 판매는 후원 수당 가능

③ 부정수표 단속법-자기앞수표 발행(은행)은 적용하지 않는다.

5) 폭처법

야간+합동+폭행

제 4 절 외국의 수사경찰

1 영 국

1) 경찰의 독자적 수사권

(1) 수사경찰의 권한

영국의 경찰은 행정경찰과 사법경찰의 구분이 없고, 법과 질서를 유지하고 국민의 생명과 재산을 보호하며, 범죄를 예방하고, 범인을 추적하고 검거하는 것 외에, 피의자에 대한 기소 여부를 결정(죄 안됨, 혐의 없음, 공소권 없음의 경우 자체 종결)하는 등 광범위한 임무를 수행한다.

영국의 경찰은 범죄 수사에 관한 한 비교적 강력하고 광범위한 권한을 가지고 있다. 영국 경찰의 경우 모든 범죄 수사는 원칙적으로 경찰이 담당하며, 독자적인 수사 종결권을 가진다. 영국 경찰의 수사는 경찰청의 최고 책임자인 경찰청장의 권한과 책임하에 독자적으로 행한다.

(2) 일반경찰과 특별경찰

모든 범죄의 수사는 일반경찰이 담당하고, 특별경찰은 소속기관 내의 범죄나 관련 범죄를 제한된 범위 내에서 수사를 할 수 있을 뿐이다.

(3) 영장청구권

경찰은 불심검문권, 압수수색권, 체포감금권, 피의자신문권, 참고인조사권, 기타 증거조사권 등을 가지고 있고, 직접 법관에 대한 영장청구권도 가지고 있다.

<table>
<tr><td></td><td colspan="2">(1) 연방경찰, 주경찰과 지방경찰
(2) 검사 : 각 지방 재판구에 합중국 검사 1인씩 임명</td></tr>
<tr><td rowspan="2">사법경찰과 검사
(보완적 관계)</td><td>사법경찰</td><td>개개의 사건에 대한 독립된 수사 주체</td></tr>
<tr><td>검사</td><td>주로 공소제기와 유지라는 소송 절차상의 역할 수행</td></tr>
</table>

2) 기소 업무의 제외

(1) 사인 소추주의(피해자 소추주의)

소추와 관련하여, 처음에는 사인 소추주의 또는 피해자 소추주의를 채택하여 범죄 피해자 등이 직접 변호사를 통하여 기소 업무를 담당케 하였다. 당사자주의를 기본으로 하고 있는 영국에서는 프랑스, 독일 등의 대륙법계 국가들과는 달리 사인 소추주의 또는 피해자 소추주의를 원칙으로 하고 있다.

1985년 범죄사건의 기소에 관한 법률(The Prosecution of Offences Act) 제정 이전에는 범죄 피해자 등 시민들이 직접 변호사를 통하여 기소 업무를 담당케 하였으며, 수도경찰청이 창설(1829)된 이후에는 경찰이 기소 업무를 전담하였다. 이에 범죄사건 소추에 관한 법률(The Prosecution of Offences Act, 1985)이 제정되어 왕립검찰청을 설치하고 공소권은 검찰에서 담당한다.

경찰소추권의 성격은 실질적으로는 직권 소추라고 볼 수 있으나, 형식상은 사인 소추와 동일한 것으로 간주되었다.

(2) 왕립경찰청의 설치

경찰이 수사와 소추를 전담하는데서 불합리한 결과가 초래되는 경우가 많았다. 경찰이 수사·기소·공소 유지를 독점함으로써 경찰의 권한이 막강하게 되고, 소추 업무의 수행에 있어서 고도의 법률적 지식이 결여되고 공판 활동의 전문성 결여로 인하여 효율적인 공소 수행이 어렵게 되었다.

1978년에 '형사소송제도 연구를 위한 왕립위원회(Royal Commission on Criminal Procedure)'를 설치하고 1985년에는 범죄사건의 기소에 관한 법률, 즉 공소 제도를 도입하고 왕립검찰청(또는 The Crown Prosecution Service)을 두게 되었다.

이로써 전통적으로 경찰이 누려왔던 기소에 관한 권리는 검찰에서 행사하도록 되었고, 경찰에서는 죄 안됨·혐의 없음·공소권 없음을 판단하여 독자적으로 수사를 종결할 수 있는 권한만을 보유하고 있다.

제도의 발전	(1) 전통적으로 영국은 사인 소추주의(피해자 소추주의)를 채택 (2) 1829년 수도경찰청 창설 이후 경찰이 기소 업무를 담당 (3) 사인 소추주의의 전통으로 경찰 소추권의 성격은 실질적으로는 직권 소추이나, 형식상을 사인 소추와 동일한 것으로 간주
왕립 검찰청 설치	(1) 경찰이 수사와 소추를 전담하여, 경찰의 권한이 비대해지고 효과적인 공소 수행에 어려움이 발생 (2) 1985년에 왕립검찰청을 설치하여 '공소 제도'를 도입 ⇒경찰의 기소에 관한 권리는 일부를 제외하고는 검찰에서 수행
수사 검찰의 권한	(1) 행정·사법경찰의 구분이 없다. (2) 경찰은 수사종결권 등 광범위한 권한을 보유 (3) 모든 범죄 수사는 원칙적으로 경찰이 담당하며 경찰이 직접 영장청구 가능

2 미 국

1) 연방경찰

(1) 법적 근거

연방경찰에 대한 헌법상 규정은 없으나, 개별적 특별법의 제정이나 사실상의 필요에 의하여 연방경찰이 활동한다.

(2) 연방경찰기구

① 법무부의 FBI, FBI 내의 반독립적 수사기구인 DEA

② 국토안보부 산하의 Secret Service, IRS(Internal Revenue Service), ATF(Bureau of Alcohol, Tobacco and Firearms), Customs Service(관세 관련 수사)

③ 우정부(Postal Service) 소속의 The Border Patrol

④ 그 밖에도 National Park Service, U. S. Coast Guard 등 각 기관마다 전문화된 50개의 연방경찰 수사기구가 있어서, 각각 규정된 업무 범위 내의 수사를 행한다.

2) 주경찰

주경찰은 하와이를 제외한 모든 주에서 운용하며, 지방경찰로서 County의 경우는 Sheriff가, Citg의 경우에는 Local Police(Municipal or City

Police Department)가 수사를 담당한다.

미국 주경찰의 공통점은 사법경찰이 독립된 수사 주체로서 수사를 담당하고, 검사는 공소의 제기와 유지의 소송 절차상의 업무를 수행하며, 양자는 상호 보완 관계에 있다는 점이다.

미국의 검사는 각 지방 재판구에 합중국 검사를 1인씩 두어 주로 공소제기와 국가 소송의 정부대리인의 업무를 수행하게 하고 있다.

3) 검사

검사는 각 지방 재판구(裁判區)에 합중국 검사(District Attorney, County Attorney, Prosecution Attorney)를 1인씩 대통령이 상원의 조언과 동의를 얻어 임명하고 주로 공소제기 및 국가 소송의 정부대리인으로 참가하는 직무를 행한다.

4) 경찰과 검사의 관계

경찰이 독립된 수사 주체로서 개개의 사건에 관한 수사의 주체가 되며, 검사는 주로 공소 제기와 유지라는 소송 절차상의 역할을 하도록 이들의 지위를 설정하여 수사 활동과 소송 활동을 전문화의 원리를 토대로 이들 각각에게 고유한 직무 권한을 배분하고 있다.

이는 경찰의 수사 업무 집행이 검사의 보조기관으로서의 역할・지위・권한이 아니라 완전히 독립적 지위를 가진 경찰에 의하여 담당됨을 의미한다.

5) 미국 범죄수사 구조상의 제도적・기구적 특성

50여 개 주의 독특한 법제도에 따라 역할・지위・권한 관계가 다르게 설정되어 있지만 공통적인 것은 어느 주에서나 수사의 주재, 수사의 개시 및 수행은 경찰에 의하여 이루어지며, 검찰과 경찰의 양자는 보완적 상호 관계를 이루고 있다.

3 독 일

1) 수사의 권한과 의무

독일 경찰은 초동적 수사의 권한이 있지만 사건 처리를 지체없이 검사에게 송부하여 지시를 받도록 하고, 형사소송법상으로 인정된 긴급강제처분권만을 독자적으로 행사하도록 되어 있다.

2) 독자적인 수사권

실질적으로는 수사의 개시와 집행이 경찰에 의하여 행해지는 등 독자적인 수사권이 경찰에 의하여 행하여진다.

수사 개시의 단서가 되는 고소·고발이 주로 국민에 가까이 위치한 경찰에 접수되고 경찰은 범죄 예방 임무를 담당하고 있으므로 쉽게 범죄 혐의도 인지할 수 있기 때문이다.

범죄 수사에서 검찰에 비하여 경찰은 인적·물적 장비도 충분하고 수사의 기술, 정책 및 조직 등의 면에서 우월한 것도 그 이유가 된다.

3) 사법경찰과 검사의 관계

검사는 정치범, 강력범, 경제사범, 테러범 등의 경우에만 수사를 하고, 기타의 경우는 경찰에게 독자적인 수사권을 위임하고 있다.

독일	(1) 일반사건의 실질적인 수사의 개시·집행은 경찰이 담당(초동수사권 인정) ⇒검사는 경제·테러·정치·강력범죄의 경우에만 수사에 관여 (2) 경찰은 사건 처리를 검사에게 송부하여 지시를 받아야 한다.
프랑스	(1) 사법경찰은 법무부 장관의 관할 (2) 예심 제도(豫審制度)에 의하여 수사가 관리된다.⇒예심판사도 수사의 주체 (3) 사법경찰은 모든 범죄의 인지시 검사에게 보고 의무, 수사 종결시 송치 의무 부담

4 프랑스

1) 행정경찰과 사법경찰의 구별

프랑스의 경찰은 행정경찰과 사법경찰을 구분하고 수사는 사법경찰이 담당한다. 사법경찰은 사법경찰관, 사법경찰요원, 사법경찰보조원, 사법경찰 업무를 수행하는 공무원 등으로 세분화되어 수사 활동이 이루어진다.

수사는 형사소송법상의 독특한 제도인 예심 제도에 의해서 관리되는데, 사법경찰관이 그 임무를 담당하며, 사법경찰 요원이나 사법경찰 보조원은 예심판사의 위임사무 또는 예심에 대한 사무를 담당할 권한이 없고 사법경찰관을 보조할 뿐이다.

2) 검사의 지휘 · 감독

(1) 상명하복 관계

사법경찰은 수사에서 검사의 지휘와 감독을 받는다. 모든 범죄 인지시 검사에게 즉시 보고하여야 하고, 수사 종결시 송치 의무가 있다. 따라서 프랑스에서는 수사권은 수사의 주재자인 검사가 가지고 있고, 사법경찰은 수사의 보조자이며, 양자는 상명하복의 관계에 있다. 그리고 예비판사도 수사의 주재자이다.

(2) 사법경찰 요원과 사법경찰 보조원

사법경찰 요원과 사법경찰 보조원은 직무와 권한 범위에서 차이가 있으며, 이들은 사법경찰관과는 달리 예심판사의 위임사무 또는 현행범의 경우에도 예심에 관한 사무를 집행할 수 없다.

그들은 사법경찰관의 업무를 보조할 뿐이다. 즉, 그들은 임시 구금처분을 결정할 권한을 가지고 있지 않으며, 공권력을 직접 요청할 권한도 없다. 이러한 권한은 사법경찰관이 가지고 있다.

(3) 사법경찰과 검사의 관계

프랑스에서는 피의자의 인권 보장과 수사의 효율성을 위해서 사법경찰은 검사의 지휘·감독을 받는다.

검사는 범죄 수사 소추를 위한 사법경찰의 활동을 지휘하며, 검사 자신의 직무를 위하여 사법경찰에 부여된 권한과 특권을 직접 행사하거나 경찰력을 동원할 수 있다. 사법경찰은 모든 범죄를 인지한 경우에는 지체없이 검사에게 보고하며야 하며, 수사 종결시 송치 의무가 있다(형사소송법 제19조).

고등검찰청 검사장은 사법 행정상 유익하다고 판단되는 일체의 정보를 수집·보고하도록 할 수 있다(형사소송법 제38조).

3) 사법경찰의 권한

사법경찰에게는 경찰예비조사권이 있다. 그리고 현행범의 체포시에 필요시 피의자와 현장에 있는 자, 범죄 수사에 유용한 정보를 제공할 수 있는 자, 예비수사의 경우 피의자를 24시간 임시 구금을 할 수 있으며, 압수·수색·현장 변경의 금지 등을 독자적 판단하에 할 수 있다. 그러나 이 때에도 즉시 검사에게 통보하여야 한다.

5 일 본

1) 수사기관

일본의 수사기관은 사법경찰 직원과 검사이다(일본 형사소송법 제191조, 제198조). 양자는 상하 관계에 있지 않으며 상호 협력 관계이다.

수사는 사법경찰 직원이 1차적(본래적)이고, 검사가 2차적(보충적, 보정적)이다.

형사소송법 제198조 제2항은 "사법경찰 직원은 범죄가 있다고 사료되는 때에는 범인 및 증거를 수사할 수 있다"라고 규정하고 있고, 동법 제191조 제1항은 "검사는 필요가 인정되는 때에는 스스로 범죄를 수사할 수 있다" 라고 규정하고 있어 사법경찰 직원과 검사는 각각 독립된 수사기관임을 명백히 하고 있다. 사법경찰 직원은 자기의 권한과 책임하에 검사의 지휘를 받지 않고, 독자적으로 수사를 개시 수행할 수 있다.

검사의 수사가 2차적이라는 것은 기소 불기소의 권한을 적정하게 행사하기 위하여 사법경찰 직원의 수사 내용을 보충하거나, 사건의 성질상 사법경찰 직원보다 검사 자신이 직접 수사를 개시하는 것이 적절하다고 판단한 경우에는 독자적으로 수사할 수 있다는 의미이다.

2) 수사기관으로서의 사법경찰 직원

사법경찰 직원이란 범죄수사권을 갖는 수사기관의 형사소송법상의 자격을 말하는 것으로, 사법경찰원 및 사법순사의 총칭이다(제39조 제3항).

사법경찰 직원, 즉 경찰관 중에서 사법경찰원과 사법순사의 범위는 각 공안위원회가 규정하며(제189조 제1항), 국가공안위원회 규정에 따르면, 원칙적으로는 순사부장 이상을 사법경찰원, 순사를 사법순사로 하고, 특히 필요가 있는 경우에는 경찰청장관과 관구경찰국장은 순사의 계급에 해당하는 경찰관을 사법경찰원으로 지정할 수 있도록 규정하고 있으며, 도도부현 경찰의 경찰관도 동일하다.

사법경찰원의 수사 결과는 검사가 지정한 사건을 제외하고는 모두 공소관인 검사에게 송치하여야 하며, 검사의 공소제기 및 유지에 관해서는 검사의 지시·지휘를 따라야 한다. 더욱이 구류청구권은 검사에게만 인정되고 있다.

경찰과 검사의 관계	(1) 사법경찰 직원은 자기의 권한과 책임하에 독자적으로 수사를 개시·수행한다. (2) 수사는 사법경찰 직원이 제1차적(본래적)이고, 검사는 제2차적(보충적) (3) 양자는 독립의 수사기관으로서 상호 협력 관계
사법경찰 직원	(1) 수사 결과는 원칙적으로 모두 공소관인 검사에게 송치하여야 한다. (2) 공소에 관해서는 검사의 지휘를 따라야 하고, 수사의 종결권과 구류청구권은 검사에게만 인정된다.

제 5 절 가상공간의 경찰 활동(사이버 범죄)

1 사이버 범죄의 의의와 특징

1) 의 의

사이버 범죄는 컴퓨터 범죄를 포함하여 사이버 공간에서 행해지는 모든 범죄로서 사이버 테러형 범죄와 일반적인 사이버 범죄로 구분된다.

과거 컴퓨터 범죄, 정보통신 범죄, 하이테크 범죄 등의 용어가 사용되었다. 컴퓨터 범죄는 독립적인 컴퓨터 시스템에서의 범죄에 국한되기 때문에 국경을 초월한 가상공간과 관련된 범죄, 즉 인터넷이라는 사이버 공간에서의 범죄를 지칭하는 용어로는 부적절하다고 할 수 있다.

최근에는 사이버 공간을 통한 마약 공급, 정보 스파이 활동 등 현실 세계의 범죄가 사이버 공간을 매개로 발생하는 경우가 많다.

2) 특 징

① 비대면성 · 익명성 : 범죄의 발견과 특정 · 고의 입증이 곤란하다.

② 시간적 · 공간적 무제약성(비한정성) : 범죄지나 범죄 시간이 특정되지 않는다.

③ 정보의 집약 및 정보 전달의 신속성 : 빠른 전파성과 천문학적 재산 피해를 가져올 수 있다.

④ 전문성과 기술성 : 범죄의 지능화로 수사에 어려움이 많다.

⑤ 실력 과시를 위한 초범인 경우가 많고, 죄의식의 희박하다.

⑥ 최근에는 현실 세계의 범죄가 사이버 공간을 매개로 활용하여 발생하는 경우가 많다. : 온라인과 오프라인 범죄가 점차 접근하는 경향을 보이고 있다.

⑦ 개개인의 피해가 경미하다는 이유로 발생 건수에 비하여 신고하지 않는 경우가 많다.

3) 사이버 범죄의 수사 단계

① 수사첩보의 수집(신고) : 웹사이트를 드나들며 해킹 및 유행하는 범죄 행위의 정보를 수집한다.

② 피해 증거 확보 : 홈페이지, 이메일 등 피해 발생의 증거를 취득한다.

③ 피의자의 접속기록 확보 : 정보통신업체(ISP) 등과의 협력을 통하여 피의자의 로그인 기록을 확인한다.

④ 접속자의 인적 사항 확인 후 피의자 신병과 증거물의 확보

2 사이버 범죄의 유형

1) 사이버 테러

해킹, 바이러스 제작·유포 등 대규모 피해를 유발하는 사이버 공간에서의 범죄를 말하며, 다음과 같은 것들이 있다.

(1) **트로이 목마**(Trojan horse)

트로이 목마는 정상적인 기능을 하는 프로그램으로 가장하여 프로그램 내에 숨어서 의도하지 않은 기능을 수행하는 프로그램의 코드 조각이다. 이는 바이러스나 웜에서 주로 사용하는 메커니즘이다. 표면적으로 드러나는 기능과 함께 트로이 목마 프로그램은 어떤 다른 비인가된 기능을 수행한다. 전형적인 트로이 목마는 유용한 것으로 가장하여 사용자가 그 프로그램을 실행하도록 속인다. 사용자가 의심하지 않고 그 프로그램을 실행하게 되면 실제 기대하였던 기능이 수행된다. 하지만 실제 목적은 사용자의 합법적인 권한을 사용하여 시스템의 방어 체제를 침해하고 공격자는 접근이 허락되지 않는 정보를 획득하는 것이다. 트로이 목마는 새로운 시스템 기능에 대한 정보를 보여 주거나 새로운 게임이라고 하는 프로그램들에 숨어 있는 경우가 많다.

공격자는 정상적인 로그인(login) 기능을 하는 것 같은 패스워드 수집기(password grabber) 프로그램을 작성한다. 의심 없는 사용자가 로그인 프롬프트(prompt)를 보면 로그인하려고 하고, 프로그램은 정상적인 로그인

순서로 사용자가 평범한 방법으로 로그인하고 있다고 생각하게 한다. 하지만 트로이 목마를 가진 그 프로그램은 로그인 ID와 패스워드를 받으면 이 정보를 공격자 소유의 파일에 복사하거나 메일로 공격자에게 전송한다. 그리고 login incorrect라는 오류 메시지를 보낸다. 사용자는 자신이 잘못 입력하였다고 생각하고 로그인 ID와 패스워드를 다시 입력한다. 그 동안 트로이 목마를 가진 프로그램은 빠져 나오고 실제 로그인 프로그램에게 제어권을 넘겨 준다. 다음에 사용자는 성공적으로 로그인 하게 되고 자신의 로그인 ID와 패스워드 정보가 유출되었다는 사실을 전혀 의심치 않는다. 어떤 이는 이러한 종류의 트로이 목마를 Trojan mule이라고 부르는데, 그 이유는 전형적인 트로이 목마처럼 유용한 시스템 정보를 보여 주는 프로그램이나 게임 프로그램에 숨어 있는 것과는 다르게, 유용한 기능을 가장하지 않고 단순한 눈속임이기 때문이다. 어떤 트로이 목마는 자기 존재의 흔적을 남기지 않아 발견될 염려가 없고, 의심받지 않는 소프트웨어에 숨어 있다. 또 발견되기 전에 스스로를 파괴하도록 프로그래밍 될 수도 있다. 트로이 목마란 널리 사용되는 shareware나 freeware 등의 소스를 고쳐 해킹을 시도하는 것이다. 소스코드를 일일이 거치지 않고도 간단한 방법으로 굉장히 속기 쉬운 트로이 목마 만들 수 있다. 트로이 목마식 침투는 컴퓨터 시스템에 소프트웨어를 공급한 외부의 납품업체가 이용할 수도 있는데, 컴퓨터 시스템에 공급할 응용 프로그램을 트로이 목마로 이용하여 짧은 특수 명령문을 삽입하여 후에 이 컴퓨터 시스템의 한 계정 이름과 패스워드를 비밀리에 꺼내오는 것도 가능하다.

E-메일로 위장해 PC 통신 가입자에게 보내는 수법을 사용해, 통신 가입자가 E-메일을 여는 순간 해킹 프로그램이 개인 PC에 설치된다. 이를 모르는 네티즌이 키보드를 조작하는 대로 해킹 프로그램에는 계좌번호와 비밀번호 등이 그대로 기록되므로, 타인의 통장에서 현금을 인출해 갈 수 있다.

트로이 목마는 보안 위협을 일으킬 수 있는 사용자 권한을 공격할 수 있는 숨겨진 기능을 가지고 있다. 트로이 목마는 사용자가 프로그램을 설치하거나 이미 다른 방법에 의해서 불법적인 접근을 한 공격자에 의하여 설치된다. 그러면 공격자는 다른 사용자가 트로이 목마를 실행함으로써 시스템을 파괴하고자 하는 시도를 한다. 트로이라 불리는 해킹 도구는 누구나 쉽게 원격 컴퓨터에 무단 침입하여 시스템을 조종하는 백도어(back door) 프로그램으로서 침입자에게는 가장 손쉬운 방법으로 가장 만족할 만한 결과를 가져다 준다.

(2) **논리 폭탄**(Logic Bomb)

프로그램에 어떤 조건을 넣어 주고 그 조건이 만족되면 자동으로 불법 결과가 나타나게 하는 것으로 트로이 목마와 유사한 면을 가지고 있다.

(3) **데이터 디들링**(data diddling : **자료 변조**)

데이터 디들링은 가장 단순하고 안전하여 보편적으로 많이 사용하는 수법이다. 이 수법은 데이터를 입력하는 동안이나 변환하는 시점에서 행하는 것인데 컴퓨터 내에서 데이터 파일의 생성, 처리시나 기록의 전송 도중 또는 데이터를 최종적으로 컴퓨터 시스템에 입력시키는 순간에 데이터를 절취, 삭제, 변경, 추가하는 것이다. 이 수법은 금융기관의 해킹 범죄에서 많이 볼 수 있다. 원시 서류 자체를 변조, 위조해 끼워 넣거나 바꿔치기하는 수법으로 자기 테이프나 디스크 속에 엑스트라 바이트를 만들어 두었다가 데이터를 추가하는 수법이다. 자료를 코드로 바꾸면서 다른 것으로 바꿔치기 하는 수법인데 원시 자료 준비자, 자료 운반자, 자료 용역처리자 데이터와 접근이 가능한 내부자가 주로 사용하는 방법이다. 운반자, 자료 용역 처리자, 그리고 데이터와 접근이 가능한 내부자가 주로 저지릅니다. 예방법은 원시 서류와 입력 데이터를 대조해 보고 처리 결과가 예상 결과와 같은지 검토하며 시스템 로그인 파일과 수작업으로 작성된 관련 일지를 서로 비교 검토하는 작업을 정기적으로 실시하여야 하다. 아주 직접적이며 초보적인 형태의 해킹이라고 할 수 있다. 은행원이 자신이 직접 단말기를 조작해 원하는 계좌로 돈을 빼내는 경우가 이에 해당된다.

(4) **수퍼재핑**(super zapping)

수퍼재핑이란 용어는 IBM의 수퍼잽 패키지 프로그램에서 따온 것으로 이 유틸리티 프로그램은 컴퓨터가 다운되어 복구나 재부팅에 의하여서는 다시 정상적인 작동을 할 수 없을 때 사용하는 것으로 많은 컴퓨터센터에서 사용하고 있다. 이 유틸리티의 특성은 어떠한 제한이나 장애를 다 통과할 수 있는 강력한 기능을 가지고 있다는 점이다. 그러므로 이 유틸리티의 기능을 이용하여 컴퓨터 내의 접근이 금지된 영역에 침입하여 부정한 행위를 할 수 있는 것이다.

컴퓨터가 고장으로 가동이 불가능할 때 비상용으로 쓰이는 프로그램이다. 패스워드나 각종 보안 장치 기능을 상실시켜 컴퓨터의 기억장치에 수록된 모든 파일에 접근해 자료를 복사하여 가는 수법이다. 외부에서 출입하여 수리를 할 경우 입회하여 지키고 테이프나 디스크 팩, 디스켓 반출시에 내용을 확인하고 고장 내용이 수록된 파일을 복사해 가지고 나갈 경우 내용을 복사해 증거물을 남기는 법이 최선책이다. 이 방법은 거의 직접적인 수법이기에 계속 지키고 확인하는 수밖에 없다.

(5) **스캐벤징(scavenging)**

스캐벤징은 컴퓨터 전문가가 아니라도 쉽게 행할 수 있는 수법으로 컴퓨터에서 작업 수행이 끝난 뒤나 그 주위에서 정보를 획득하는 방법이다. 여기에는 두 가지 형태가 있는데 첫째로 단순한 물리적 방법으로 프린터로 출력된 폐지를 수집하여 그것에 기록되어 있는 내용을 획득하는 것이고, 둘째로는 작업 수행이 끝나고 난 컴퓨터 기억장치에 남아 있는 것을 찾아내어 획득하는 것이다. 쓰레기 주워 모으기(scavenging)는 아주 지저분한 수법이다. 컴퓨터실에서 작업하면서 쓰레기통에 버린 프로그램 리스트, 데이터 리스트, 카피 자료를 얻는 방법이다. 많은 사람들이 자신이 버리는 쓰레기가 다른 사람들의 손에 들어갈 경우 자신을 위협할 수 있는 무기가 된다는 사실을 인식하지 못하기 때문에 이러한 일이 벌어진다.

(6) **피기 배킹 임퍼서네이션(piggy backing and impersonation)**

단말기의 회선을 전환시켜 자격이 없는 단말기에 연결하여 부정하게 컴퓨터를 사용하거나 사용 허가를 받지 않은 자가 유자격자를 가장하여 컴퓨터를 부정 사용하는 것이다. 범행이 예상되는 자는 직원이나 고용인 또는 외부 용역인과 출입이 허용된 외부인 등이다. 예방 대책으로는 무권한자의 컴퓨터실 접근 방지, 수상한 행동을 하는 사람의 출입 체크 및 통제와 수시로 출입증 등을 교환하여야 한다.

(7) 와이어 태핑(wire tapping)

데이터 통신 회선에 불법적으로 선로를 접속시켜 단말기 등을 연결하고 조작하여 자료를 절취하거나 컴퓨터를 부정 사용하는 방법이 종래의 이 수법의 전형적인 방법이었으나, 오늘날에는 컴퓨터 시스템의 분산 처리와 네트워크가 비약적으로 발전되고 있고, 경제적 정보가 통신 회선을 통해서 전달되는 경우가 증가함으로써 합법적 방법으로 선로를 접속하여 사용이 금지된 영역이나, 사용료를 지불하여야 하는 경우에 이를 지불하지 않고 이용하는 경우가 발생하고 있다. 앞으로 이 방법에 의한 해킹 범죄가 증가할 것으로 예상된다. 범행이 예상되는 자는 통신 기술자뿐만 아니라 컴퓨터 통신 서비스에 가입한 가입자 등이다.

(8) 백도어(trap doors, back door)

백도어는 해커가 침투해서 자신이 원하는 작업을 마친 후에 차후에 또 접속을 하기 위하여 백도어(뒷구멍)를 만들어 놓는 것이다. ROOT의 관리자를 모르게 자신에게 ROOT의 권한을 부여한 퍼미션을 열어 두는 것이다. 백도어는 시스템의 보안이 제거된 비밀 통로로서, 서비스 기술자나 유지 보수 프로그래머들의 액세스 편의를 위하여 시스템 설계자가 고의적으로 만들어 놓은 것이다. 이러한 허점을 남기게 된 동기에 항상 악의가 있는 것은 아니며, 몇몇 운영 체계들은 현장에서 서비스 기술자나 공급사의 유지 보수 프로그래머에 의하여 사용될 목적으로 제공되는 특수한 계정이 함께 딸려 나오기도 한다. 트랩 도어(trap door)라고 부르기도 한다.

대형의 응용 소프트웨어 또는 운영 체제를 개발할 때 많은 프로그래머들은 버그(bug) 검색을 용이하게 하기 위하여 프로그램 중간에 작동을 일시 정지시킬 수 있는 코드를 포함시켜 넣어 중간 결과를 꺼내보거나 새로운 코드를 중간에 추가시킬 수 있도록 하는 것이 보통이다. 이러한 백도어는 대개 프로그램 개발이 완료될 때에 모두 제거해 버리지만 때로는 실수로 또는 프로그래머의 고의로 남겨 두게 되는 경우가 있다. 이 경우 백도어는 후에 프로그램을 쉽사리 유린할 수 있는 비밀 통로가 된다. 대개 소프트웨어를 개발하는 과정에서 이러한 백도어를 완전히 제거하려고 노력하지만 어떤 경우에도 백도어가 완전히 제거되었다고 장담하기는 힘들게 되는데,

이러한 명령이 완성된 프로그램 내에서 작동함을 이용하여 범행하는 수법이다. 범행이 예상되는 자는 주로 시스템 프로그래머나 오퍼레이터 등이다. 백도어는 시스템 접근에 대한 사용자 인증 등 정상적인 절차를 거치지 않고 응용 프로그램 또는 시스템에 접근할 수 있도록 한다. 이러한 백도어는 디버깅 시에 개발자에게 인증 및 셋업 시간 등을 단축하기 위한 뒷문으로 사용된다. 하지만 이러한 백도어는 비양심적인 프로그램과 비인가된 접근을 시도하거나 개발이 완료된 후 삭제되지 않은 백도어가 다른 사용자에 의하여 발견될 경우 대단히 위험할 수 있다.

백도어는 침입자가 아무런 인증 수단 없이 그리고 로그 기록을 남기지 않고 시스템에 다시 들어올 수 있도록 하는 수단을 말한다.

컴퓨터 시스템에 침입하려는 공격자들은 시스템에 비정상적인 방법으로 시스템에 접근하고 발견되지 않고 시스템에 침입할 수 있다. 대부분의 백도어 프로그램은 로그를 남기지 않고, 온라인으로 들어왔음에도 불구하고 이를 발견할 수 없다. 시스템에 최단 시간에 침입할 수 있다.

(9) **살라미 테크닉스**(salami techniques)

살라미란 마늘이 든 이탈리아의 소시지인데 이는 무척 짠 음식이기 때문에 조금씩 떼어먹는다는 데서 유래된 말로서 어떤 일을 정상적으로 수행하면서 관심 밖에 있는 조그마한 이익을 긁어모으는 수법이다. 금융기관 컴퓨터 시스템에서 이자 계산시나 배당금 분배시에 소수점 이하로 계산되는 적은 수를 모아서 어느 특정 계좌에 모이게 하는 수법을 말한다. 이 수법의 특징은 특별한 피해자가 없어 발견하기 힘들며 발견되지 않는 한 계속적으로 범행 상태가 유지되는 것이다. 은행 직원이나 외부인 등 전산망에 접근할 수 있는 자라면 누구나 저지를 수 있으며 계좌 중에 아주 작은 금액이 계속적으로 입금된 사실이 있는지를 검사하는 프로그램을 작성해 수행시켜 보는 방법 등을 사용하여 예방한다.

(10) **어싱크러너스 공격**(asynchronous attacks)

어싱크러너스 공격은 컴퓨터 오퍼레이팅 시스템의 비동기성을 교묘히 이용하는 것으로서 장시간 소요되는 큰 어플리케이션 몇 개를 작동시킬 때 운영 체제는 그 중간에 체크포인트와 시스템 파라미터를 저장해 두는데,

이것은 기계가 정지되었을 때 프로그램의 리스타트 지점과 시큐러티의 레벨 등을 기억하는 것이다. 그런데 오퍼레이터는 메모리나 잡(iob)의 어레인지(arrange)와 얼로케이션(allocation)을 필요로 할 때 수작업으로 스위치를 테스트시켜 프로그램 실행을 중지시킬 수 있다. 이 때에는 다른 프로그램을 접근할 수 없는 자도 체크포인트를 이용하여 접근할 수 있다.

컴퓨터 중앙처리장치 속도와 입·출력 장치 속도가 다른 점을 이용해 멀티프로그래밍(multi-programming)을 할 때 체크포인트(check-point)를 써서 자료를 입수하는 방법이다. 사용하기 쉬우면서도 효과적인 해킹 방법이다. 미리 작성해 둔 침투 프로그램으로 시스템 운영자를 속인 채 해킹을 하는 방법이다.

(11) 시뮬레이션 모델링(simulation modeling)

컴퓨터를 정상적인 시험이나 시뮬레이션하는 것처럼 하면서 실제로는 컴퓨터를 범행 도구로 이용하여 부정행위를 자행하는 수법이다. 용의자로는 컴퓨터 프로그래머나 프로그램 매니저 등이며 가끔 용역 회사 직원도 포함된다.

(12) 스푸핑(spoofing) 공격

스푸핑은 속이는 방법을 통해서 해킹을 하는 것으로 마치 로그인 화면과 같은 프로그램을 통하여 사용자로 하여금 패스워드와 계정을 입력하게 해 패스워드를 알아내는 방식이다. 주로 IP(Internet Protocol) 레벨에서 속이는 방법을 이용한다. 대상이 되는 호스트의 IP를 똑같이 주게 되면 Duplicate IP Address라는 에러가 발생하고 서버 시스템은 잠시 네트워크가 멈추게 되는데, 이 순간에 가짜 IP를 다시 한 번 이용하여 다른 시스템으로 하여금 자신이 대상이 되는 호스트로 보이게 하는 착각을 일으키게 한다. 이런 방식은 IP뿐만 아니라 DNS와 같은 곳에도 똑같이 적용된다.

인터넷 프로토콜인 TCP/IP의 구조적 결함을 이용한 방법으로서 인증(authentication) 기능을 가지고 있는 시스템을 침입하기 위하여 침입자가 사용하는 시스템을 원래의 호스트로 위장하는 방법이다. 이 방법은 자신이 침투하고자 하는 컴퓨터를 무력화하기 위하여 자신이 그 컴퓨터인 것처럼 가장하는 것이다. 아무리 방어가 잘 되어 있는 컴퓨터라도 자기 자신을 경계하지는 않기 때문이다. 해커의 호스트가 타깃 호스트가 trust하는 호스트인 척 흉내를 냄으로써 타깃 호스트가 해커의 호스트를 trust하게 되는 과정을 뜻한다.

(13) **스니핑**(sniffing) **공격**

스니퍼는 컴퓨터 네트워크상에 흘러다니는 트래픽을 엿듣는 도청장치라고 말할 수 있다. 그리고 스니핑이란 이러한 스니퍼를 이용하여 네트워크상의 데이터를 도청하는 행위를 말한다. 스니핑은 네트워크상의 한 호스트에서 그 주위를 지나다니는 패킷들을 엿보는 것으로 다른 사람의 계정과 패스워드를 알아내기 위하여 자주 쓰이는 방법이다. 스니핑이란, 자신이 찾고자 하는 정보를 발견하기 위해서 전송 상태를 감시하는 것을 의미한다. 특정 조건에 맞는 패킷을 소프트웨어에서 발견하면, 파일에 저장한다.

(14) **오버플로 공격**(over flow attack)

버퍼 오버플로 해킹은 프로그램이 실행되는 과정과 프로그램을 실행시킬 때 메모리에서 일어나는 일 등의 공격 대상 시스템의 관리자 권한을 손쉽게 획득할 수 있는 매우 위험한 해킹 수법이다.

(15) **레이스 컨디션**(race condition)

레이스 컨디션은 어떤 프로그램이 임시 파일을 만드는 특성을 이용하는 것이다.

레이스 컨디션은 이러한 특성을 이용하는 해킹 기법으로, 목표 프로그램과 해커의 exploit이 서로 경쟁하게 만듦으로써 작업의 처리 시간을 가로채는 것이다. 레이스 컨디션은 주로 임시 파일을 생성하는 setuid 프로그램을 목표 프로그램으로 하는데, 목표 프로그램이 임시 파일을 생성하기 전에 해커의 exploit이 먼저 그 임시 파일을 생성하도록 함으로써 이루어지는 것이다.

레이스 컨디션이란, 버그를 갖고 있는 setuid 프로그램과 해커의 exploit이 서로 경쟁(race) 상태(condition)에 이르게 하여, setuid 프로그램의 권한으로 다른 파일에 접근할 수 있게 하는 방법을 말한다. 한 프로그램이 root의 소유권으로 setuid가 붙어 있고, 이 프로그램이 작업의 성격상 임시 파일을 생성한다고 할 때 해커가 그 임시 파일과 같은 이름의 심볼릭 링크를 생성해 두었다면 실제로 프로그램이 조작하는 파일은 심볼릭 링크된 목표 파일일 것이다

(16) **분산 서비스 거부 공격**(DOS: denial of service attack)

분산 서비스 거부 공격은 관리자 권한이 없이도 한꺼번에 여러 곳에서 엄청난 양의 정보를 반복적으로 요구하여 컴퓨터가 이를 처리하느라 다른 일을 못하게 하는 것이다. 이 공격 방법은 대체로 악의를 품은 집단이 서버에 대하여 동시에 엄청나게 많은 접속 요구를 함으로써 서버의 리소스를 탕진시키고, 정상적인 사용자들에 대한 접속 서비스 제공을 불가능하게 만드는 형태이다. 컴퓨터에 침투 흔적을 남기지 않는 방법으로서 시위의 목적으로 주로 이용되기도 한다. 타깃 시스템이 지원하는 서비스 자체를 망가뜨리거나, 타깃 시스템 자체를 다운시키는 등의 일이 주요 목표가 되는 경우도 있다.

2) 일반 사이버 범죄

현실 세계의 범죄가 단지 컴퓨터 시스템을 이용하여 가상공간에서 행해지는 범죄로서 통신 사기, 사이버 도박, 음란 사이트 운영, 개인 정보 침해, 명예 훼손 및 모욕, 사이버 성폭력 등을 들 수 있다.

실제 피해는 오프라인(현실 세계)에서 발생하였더라도 사이버 공간을 매개로 한 경우에는 사이버 경찰의 관할이다. 예컨대 인터넷에 허위광고를 내고 구입 대금을 선납하였더니 사이트를 폐쇄한다든가, 인터넷 화상 채팅방에서 여성을 유혹하여 성폭력을 저지른 경우, 은행원이 입출금 기록을 조작하여 고객의 돈을 빼돌린 경우 등이다.

하지만, 사이버 공간 자체가 범죄의 발생 공간이나 매개가 된 것이 아니라, 물품 구매 등 과정에 불과하다면 사이버 범죄라고 할 수 없다(예: 인터넷 사이트를 통하여 농약을 구입한 뒤 독살한 행위)

3 사이버 범죄의 대응 기관

1) 경찰청

(1) 사이버테러 대응센터

(가) 불법 복제물 판매

누구든지 정당한 권한 없이 다른 사람의 프로그램 저작권을 복제하거 나 배포, 전송할 수 없다. 위반할 경우 '컴퓨터프로그램보호법'에 의하여 3년 이하의 징역 또는 5천만 원 이하의 벌금에 처해질 수 있다.

[판례] 개인 홈페이지에 불법 복제 사이트를 자동 연결할 수 있는 링크를 만들었을 경우 또는 타인에게 상업용 프로그램을 무단 복제할 수 있도록 한 행위 등은 '컴퓨터프로그램보호법' 위반으로 처벌된 바 있다(2000. 12. 22 서울지법).

(나) 불법 사이트 운영

자살 사이트의 경우 형법에 의하여 촉탁, 승낙 살인(제252조 제1항) 또는 그 미수범 등으로 처벌받을 수 있으며, 음란 사이트를 운영할 경우 정보통신망 이용 촉진 및 정보 보호 등에 관한 법률에 의하여 처벌된다.

(다) 온라인 명예 훼손과 성폭력 등

① 타인의 명예를 훼손 : 인터넷 홈페이지 등 정보통신망을 이용해 비방할 목적으로 타인의 명예를 훼손한 경우에는 정보통신망 이용 촉진 및 정보보호 등에 관한 법률에 의하여 처벌된다. 그뿐만 아니라, 인터넷상 비방 게시글을 복사 및 다른 인터넷 게시판 등에 옮겨 게재하는 이른바 '펌글' 역 시 동 법률 위반 사항이다.

② 인터넷 성폭력 : 정보통신망을 통하여 공포심이나 불안감을 유발하는 말, 음향, 글, 화상 또는 영상을 반복적으로 도달하게 하였을 경우에는 정보통신망 이용 촉진 및 정보 보호 등에 관한 법률 등에 의하여 처벌될 수 있다.

2) 국가정보원

'정보보안119'는 국가정보원이 국가정보보안관리반 운영과 함께 21세기 미래전인 사이버전에 대응 체계 구축사업의 일환으로 운영하고 있다. 주된 임무는 국가 공공기관의 정보통신망에 대한 해킹 및 컴퓨터 바이러스에 대한 예·경보 및 사고 발생시 사고 원인을 조사하고 분석 및 복구, 보안 기술 지원 등의 사이버 테러 대응 활동을 전개하고 있다. 즉, 해킹사고·컴퓨터 바이러스 감염 및 정보통신망 보안사고에 대한 처리를 전담한다.

3) 대검찰청

'인터넷범죄수사센터'는 해킹을 비롯하여 컴퓨터 바이러스의 유포와 전자상거래를 이용한 사기 및 개인 정보 침해 등에 수사의 총력을 기울인다.

4) 정보통신부

'개인정보침해신고센터'는 개인 정보의 침해에 대한 신고 접수와 조사 및 시정 조치 등의 업무들 담당한다.

4 사이버 범죄가 아닌 행위 유형

1) 온라인 게임 관련 사항

온라인 게임의 아이템이나 사이버 머니는 재물이 아니며, 소유의 대상도 되지 않는다. 따라서 게임 회사의 약관 및 계정 운용에 관한 사항이나 아이템 및 게임 계정에 관련된 사항 등은 사이버 범죄가 아니다.

2) 스팸메일 관련 사항

스팸메일이나 스팸 문자는 과태료 부과 사안(부과권자 정통부 장관)이고, 형벌을 부과할 수 있는 사안이 아니므로 사이버 범죄가 아니다. 하지만 음란 스팸메일처럼 메일의 내용 자체가 형사 사안이 되는 경우는 사이버 범죄이다.

3) 전자상거래 관련

인터넷 쇼핑몰 업체의 약관, 구입한 물품 또는 서비스의 하자(불만), 온라인 강의 사이트의 수강료 환불 문제 등은 민사상 손해 배상에 관련된 사항으로 사이버 범죄가 아니다.

4) 개인 정보 관련 사항

주민등록번호와 같이 개인을 특정할 수 있는 정보인 개인 정보는 사이버 범죄에 속한다. 그러나 이메일 주소와 같이 개인을 특정할 수 없는 정보는 개인 정보가 아니므로 사이버 범죄의 수사 대상이 아니다.

5 사이버 범죄 단속의 어려움 및 한계

1) 단속의 어려움

법적 근거나 적용할 죄명이 없어 피해가 방치되는 경우가 많고 동일 행위가 여러 법률에 중복되어 단속에 혼선을 빚을 수 있다. 그뿐만 아니라 온라인을 통한 정보 제공자가 개인정보를 남용하는 경우가 빈번하다.

이에 상승하여 불필요한 개인 정보를 수집하는 행위에 대한 객관적 규제가 없어 형평성 시비가 생길 수 있다는 점이다.

법적 근거는 있지만 단속 기준이 시대 상황이나 개인 주관에 따라 달라 혼란과 혼동을 야기하는 한계에 직면한다.

또한 개개인에 대한 피해가 경미하다는 이유로 발생 건에 비하여 신고되지 않는 경우가 많고 일반적인 현실 세계의 범죄보다 고의의 입증이 곤란하다.

다양한 경로를 통하여 범행이 동시다발 · 반복적으로 이루어진 경우 범죄 자체를 특정하기 어렵고, 범죄가 지능화되어 각국의 온라인 수사망을 빠져나가는 경우가 빈번하다.

2) 한 계

허위 사실 유포나 불건전 정보의 범람을 막기 위하여 모든 정보 제공자를 국가에서 등록 및 관리하는 것은 현실적으로 불가능할 뿐만 아니라, 그러한 생각 자체가 권위주의적 발상이라는 비판을 면하기 어렵다.

제3장 경비경찰

제1절 경비경찰의 의의

1 경비경찰의 개념

경비경찰이란 공공의 안녕이나 질서에 위험 또는 경찰 위반의 상태가 발생되었거나 발생할 우려가 있는 경우, 불법행위나 인위적 또는 자연적인 혼잡 재해 등을 예방·진압·진압·검거하는 조직적인 경찰 활동을 말한다. 이 때 위험 또는 경찰 위험의 상태는 사람에 의한 경우는 물론이고 동물이나 자연력에 의한 것(혼잡경비, 재해경비)도 포함된다.

개인적·단체적 불법행위	치안경비, 특수경비, 경호경비, 중요시설경비
인위적·자연적 혼잡	혼잡경비, 재해경비

경비경찰이라 함은 국가 비상사태 또는 긴급 중요사태 등의 경비사태가 발생하거나 발생할 우려가 있을 때이다.

공공의 안녕이나 질서에 대한 위험 또는 경찰 위반의 상태는 사람에 의해서는 물론이고, 동물이나 자연력에 의해서도 야기될 수 있다. 따라서 경비경찰의 대상에는 다중 진압경비, 대간첩 작전경비, 혼잡경비 등 주로 사람에 의한 경우는 물론이고, 풍수해 등 자연력에 의한 경우도 포함된다.

(1) 공공의 안녕이나 질서에 위험 또는 경찰 위반의 상태가 발생되었거나 발생할 우려가 있는 경우에, 이를 예방·진압하는 경찰 활동 (2) 경비경찰의 대상 ⇒ 사람·동물 등에 대한 위험·위해는 물론 풍수해 등 자연력에 의한 위험이나 위해도 포함

2 경비경찰의 중요성과 곤란성

1) 중요성

경비경찰은 공공의 안녕과 질서 유지를 직접적인 목적으로 한다.

경비경찰 기능이 충족되지 못할 경우에 국가나 사회는 중대한 위난에 직면할 수 있다. 예를 들어 남북 분단 상황하에서 경호의 실패는 곧바로 국가안보에 직결될 수 있다.

2) 곤란성

경비경찰에게는 공공의 안녕과 질서를 유지하여야 할 기본적인 임무와 민주주의, 법치주의, 인권존중주의, 정치적 중립주의의 이념 간에 서로 충돌되는 상황을 맞이할 수가 있다.

3) 비례의 원칙

경비경찰은 민주주의, 법치주의, 인권존중주의, 정치적 중립주의 등의 이념과 충돌할 가능성이 많다. 그러므로 경비경찰은 법 집행시에 비례 원칙을 준수하여 과잉 진압을 해서는 안 된다. 경비경찰의 법집행은 공공의 안녕과 질서를 유지하는 최소한의 범위 내에서, 목적 달성을 위하여 가장 피해가 적은 방법으로 행사되어야 하며, 비례 원칙의 한계를 넘어 과잉 진압을 행할 경우에는 국민에 의한 저항을 불러일으킬 수 있다. 경찰 인력을 적정 배치를 하여야 하고 충분히 배치해서는 안 된다. 보충성에 의하여 최후수단으로 사용하여야 한다.

3 경비경찰의 성격

1) 복합 기능적 활동

경비경찰은 일반적으로 특정한 사태가 발생한 후에 진압하는 사후 진압적 성격이 강하지만, 사태 발생을 미연에 방지하는 예방적 성격도 지니고 있다는 점에서 복합 기능적 활동을 수행한다.

경비경찰은 교통·정보·수사·보안 등 다른 기능과 밀접한 관계를 맺고 있기 때문에 다른 업무보다도 종합적인 성격이 강하다.

우리 나라의 경우 모든 경비사건에 대하여 징후를 파악하고 사전에 첩보를 입수하는 역할을 정보경찰이 수행하고 있으며, 경비 수행 과정에서 만약 경찰 위반의 상태가 발생하면 사안에 따라 수사경찰이나 보안경찰의 수사 활동이 전개된다.

2) 현상 유지적 활동

경비경찰은 정태적·소극적 질서 유지가 아닌 새로운 변화와 발전을 위한 동태적·적극적인 의미에서 현재의 질서 상태를 보존하는 것에 가치를 둔다.

경비경찰은 기본적으로 현재의 질서 상태를 보존하는 것에 가치를 둔다고 볼 수 있다. 그러나 정태적·소극적인 질서 유지가 아니라, 새로운 변화와 발전을 보장하기 위한 동태적·적극적인 질서 유지 작용이라 할 수 있다.

3) 즉응적 활동

경비 사태는 다중범죄, 테러, 경호상 위해나 경찰작전 상황 등이 발생하였을 경우에 긴급을 요하므로 신속한 대응이 필요하므로, 기한을 정하여 진압할 수 없다. 즉응적 조기 진압이 요구되는 것이다(예: 5분 타격대).

경찰은 즉응 태세를 유지하기 위하여 5분대기대를 운영하고 있다. 즉응 태세의 순서는 '선조치 후보고의 원칙'에 의한다. 따라서 무장간첩 등이 나타날 경우 종합상황실이 운영되면, 상황실장은 5분대기대를 인솔하여 출동함과 동시에 긴급배치를 명하며(선조치), 상황부실장은 상황실에서 서장·지방청장·인접 경찰서에 즉시 보고 및 통보(후보고)를 하여야 한다.

즉응성을 상실하면 사태가 점점 확대되어 처음에는 적은 노력과 비용으로 진압이 가능한 것을 시간이 경과함에 따라 감당하지 못할 정도로 중대한 사태로 확산될 수도 있기 때문이다.

5분대기대	(1) 상황 발생시 효과적인 초동작전 임무를 수행하기 위하여 경찰서에 설치된 분대 규모의 부대(1·21사태를 계기로 창설) (2) 최근에는 강력사건에 신속한 대처를 위하여 112타격대로서의 역할까지 병행하고 있다.
종합상황실	(1) 선(先)조치 후(後)보고의 원칙, 35분 이내에 경찰까지 최종 보고 조치 (2) 기능 : 치안 상황의 신속·정확한 파악, 상황의 신속한 전파, 긴급조치(초동조치), 유관 기관과의 협조

4) 조직적인 부대 활동

경비경찰은 개인 단위 활동보다는 보통 부대 단위로 경비 사태에 조직적이고 집단적이며 물리적인 힘으로 대처하는 것이 특징이다.

경비경찰은 경비 사태에 효과적으로 대비하기 위한 체계적인 부대 편성, 훈련과 관리 및 운영이 그 기능의 생명이라 할 수 있다.

5) 하향적 명령에 따른 활동

경비경찰은 계선 조직 지휘관의 지시나 명령에 의한 활동으로, 그 결과에 대하여 지휘관의 지휘 책임이 강조된다.

6) 사회 전반적 직접적 안녕, 질서 목적의 활동

경비경찰은 직접적으로 공공의 안녕과 질서를 파괴하는 범죄를 대상으로 한다. 따라서 경비경찰의 임무를 국가 목적적 치안의 수행이라고도 한다.

생활안전경찰이나 수사경찰은 국민의 생명, 신체 및 재산을 침해하는 범죄를 예방하거나 범죄를 수사함으로써 공공의 안녕과 질서를 유지하는 데 비하여, 경비경찰은 직접적으로 공공의 안녕과 질서를 파괴하는 범죄를 그 대상으로 한다는 점에서, 경비경찰의 임무는 국가 목적적 치안(시국 치안)의 수행이라고 부르기도 한다.

7) 조직적, 전국적, 확신적, 군중심리적

복합 기능적 활동	(1) 진압 기능+예방 기능⇒특히 예방 기능의 중요성(회복의 어려움) (2) 교통경찰이나 정소·수사·보안경찰과 밀접한 기능적 관련성을 가진다. ⇒다른 기능의 유기적 협조가 없다면 경비경찰의 목적 달성이 어려움
현상 유지적 활동	정태적·소극적 질서 유지가 아닌 동태적·적극적 의미의 유지 작용
즉응적 활동	(1) 신속한 처리(=즉응적 조기 진압)가 중요⇒처리 기한이 없다. 경비경찰의 활동은 특별한 기한이 없고 사태 종료시에 해당 업무도 종료 (2) 5분대기대와 종합상황실을 운영한다.
조직적 부대 활동	하향적 명령에 의하여 수행되는 집단적·물리적인 대처를 특징으로 한다. ⇒체계적 부대 편성 및 훈련·관리·운영이 경비 기능의 생명
직접적인 안녕 및 질서 유지 활동	경비경찰의 대상은 직접적으로 공공의 안녕과 질서를 파괴하는 범죄 ⇒'국가 목적적 치안의 수행'이라고도 한다.

4 경비경찰의 조직 및 수단

1) 경비경찰의 조직 운영 원칙

부대 단위 활동	경비경찰은 개인적 활동이 아닌 부대 단위로 운영하여야 한다.
지휘 단일성	지휘관이 한 명으로 통일된 지휘를 하여야 한다.
체계 통일성	조직의 정점으로부터 말단에 이르는 계선을 통하여 상하 계급 간에 일정한 관계가 형성되어 책임과 임무의 분담이 명확히 이루어지고 명령과 복종의 체계가 통일되어야 한다.
치안 협력성	업무 수행 과정에서 국민과 협력을 이루어야 효과적인 목적 달성이 가능하다.

2) 경비경찰의 수단

(1) 경비 수단의 원칙

적시(시점)의 원칙	상대의 허약한 시점을 포착하여 적절한 실력 행사를 한다.
균형의 원칙	균형 있는 병력 운영으로 상황에 따라 주력부대와 예비대를 적절하게 활용, 한정된 병력으로 최대의 성과를 올린다.
위치의 원칙	실력 행사시 유리한 지점과 위치를 확보한다.
안전의 원칙	사고 없이 안전한 진압을 한다.

(2) 경비 수단의 종류

방 법	종류	내용 및 근거
간접적 실력 행사	경고	• 경비부대를 전면에 배치 또는 진출시켜 위력을 과시하거나 경고하여 범죄 실행의 의사를 자발적으로 포기하도록 하는 방법 • 경찰관직무집행법 제5조에 근거하며, 경비 사태를 예방·경계·진압하기 위하여 발할 수 있는 조치
직접적 실력 행사	제지	• 경비사태를 예방·진압하기 위한 강제처분으로 세력분산·통제파괴·주동자 및 주모자의 격리 등을 실시하는 방법 • 경찰관직무집행법 제6조에 근거하며, 즉시강제에 해당
	체포	• 상대방의 신체를 구속하는 강제처분 • 형사소송법에 근거

5 한국 경비경찰의 특색

1) 경찰의 준군사적 활동

남북 분단 상황으로 인하여 경비경찰이 대간첩작전을 수행하고 있다. 대간첩작전 수행을 위하여 전투경찰대가 있으며, 경찰관직무집행법에서도 대간첩작전 수행을 경찰의 직무로 규정하고 있다.

대간첩작전을 포함한 경찰의 준군사적 활동은 우리 나라의 남북 분단 상황으로부터 야기하는 것으로서 군대가 맡는 것이 보통이나, 우리 경찰에게는 대통령 훈령 제28호에 따라 일정한 지역 및 인적 작전 대상 범위 내에서 대간첩작전을 수행하도록 되어 있다.

이를 뒷받침하는 것이 1968년 1·21 사태를 계기로 창설된 전투경찰대이며, 경찰관직무집행법에도 대간첩작전의 수행이 경비와 함께 경찰의 직무로 규정되어 있다.

2) 진압경비 수요의 과다

(1) 진압경비 수요의 과다 원인

학생 중심의 이데올로기적 집단시위에 의한 것으로, 이것이 순수한 민주화운동의 수준을 넘어 국가의 존립과 정상적인 기능에 위험을 야기하는 좌경적 학생운동에까지 이르렀을 때, 공공의 안녕과 질서를 유지하여야 할 경비경찰로서 간과할 수 없게 되는 것이다.

오늘날 님비(NIMBY) 현상이나 과격한 불법 노사 분규 등이 진압 경비의 수요를 과다하게 하는 요인이다.

(2) 시국 치안

일반적으로 시국 치안이라는 말은 진압경비에 경찰력이 경도(傾倒)되어 있을 때 등장하는 우리 나라 특유의 용어이다.

제2절 경비경찰 활동과 그 법적 토대

1 경비경찰의 업무 분장

(1) 경비교통국의 업무 중 경비 분야 업무

경찰부대의 운영, 청원경찰의 지도, 전투경찰순경의 인사 등 관리, 민방위 업무의 협조, 향토예비군의 무기 및 탄약관리, 대테러 예방 및 진압, 중요 시설의 방호, 경호 및 요인 보호, 경찰항공기의 관리·운영한다. ⇒'경비업의 지도'는 생활안전 기능에서 담당한다

(2) 경비경찰의 대상

대 상	종 류	내 용
개인적·단체적 불법행위	치안경비(다중 범죄 진압)	공안을 해하는 다중범죄 등 집단적인 범죄 사태가 발생하거나 발생할 우려가 있는 경우 적절한 조치로 사태를 예방·경계·진압하기 위한 경비 활동
	특수경비(대테러)	총포·도검·폭발물 등에 의한 인질 난동·살상 등 사회 이목을 집중시키는 중요 사건을 예방·경계·진압하는 경비 활동
	경호경비	피경호자의 신변을 보호하는 경비 활동
	중요 시설 경비	국가적으로 중대한 영향을 미치는 국가산업시설·국가행정시설을 방호하기 위한 경비 활동
인위적·자연적 재해	혼잡경비	기념 행사·경기대회·경축 제례 등에 수반하는 미조직 군중에 의하여 발생하는 자연적·인위적인 혼란 상태를 경계·예방·진압하는 활동
	재해경비	천재지변·화재 등의 자연적·인위적 돌발 사태로 인하여 인명 또는 재산상 피해가 야기될 경우 이를 예방·진압하는 활동

(3) 담당 부서

(가) 경찰청 경비교통국

경비과	경비1계	① 경비에 관한 기획 및 지도 ② 야간 동행의 제한 및 해제 ③ 행사경비(운동경기를 포함)·혼잡경비·일반경비계획 수립 및 지도 ④ 유세장, 투개표소 등 선거 관련 경비, 외국 공관저 경비 계획 및 지도 ⑤ 청원경찰에 관한 연구 및 지도 ⑥ 비상경비 실시(비상소집 업무 포함)에 관한 계획 수립 및 지도 ⑦ 민방위 업무의 협조 사항 처리 ⑧ 기타 국내 서무와 다른 과의 주관에 속하지 아니하는 사항
	경비2계	① 경비동원 인력에 대한 대책 수립 및 파악 유지 ② 다중범죄 진압에 관한 계획 및 지도 ③ 다중범죄 상황 유지 및 전파 ④ 경찰기동대 및 진압부대의 운영 지도 ⑤ 진압부대에 대한 교육 훈련 및 검열 ⑥ 진압장비의 연구개발 ⑦ 주요시설에 대한 경비계획 수립 및 지도
	전경 인사계	① 전경 정원, 현원관리 ② 전경 임용·배치·전역 관련 사항 ③ 전경사고자 인사처리 ④ 전경 모집 및 교육 전경 위탁교육 관련 사항 ⑤ 경찰대학생 기초군사교육 관련 업무

<table>
<tr><td>경비과</td><td>전경
관리계</td><td>① 전경관리 총괄
② 전경 예산 편성·배정
③ 전경 사기관리 및 후생복지 관련 사항
④ 의료비 운영위원회 지도
⑤ 경찰청 전경관리
⑥ 전경관리 지도·점검
⑦ 전경기율대 운영 및 복무 위반자 지도 단속
⑧ 전경 복제에 관한 업무
⑨ 정훈 순회교육 및 지도
⑩ 정훈교재 제작 및 전경지 발간
⑪ 전경 복무이탈자 수배 및 해제
⑫ 각종 선거 부재자 신고 및 우편투표 관리
⑬ 경찰청 홈페이지 '전·의경 쉼터' 운영</td></tr>
<tr><td rowspan="3">대테러
센터</td><td>작전계</td><td>① 경찰기본 작전계획의 수립 시행 및 지도 감독
② 통합방위 훈련 및 임전태세 검열
③ 전투경찰대의 운영 감독 및 방위비 예산 관련 사항
④ 전력 증강 업무, 제작전 요소관리 및 작전지도 관리
⑤ 검문검색 업무 및 검문소 관련 사항
⑥ 통합방위 대책 관련 회의 업무
⑦ 취약지(도서 및 산악지역 등) 관리 및 거부 대책
⑧ 작전부대 기본교육계획 수립 및 감독
⑨ 충무계획 및 을지연습계획 수립 및 감독
⑩ 응전자유화계획의 수립·시행
⑪ 정규전 관련 훈련 업무
⑫ 비상계획에 관한 계획의 수립 및 지도
⑬ 국가중요시설 방호지도 및 공항경찰대 운영 지도
⑭ 예비군 무기탄약관리</td></tr>
<tr><td>대
테러계</td><td>① 국가 대테러 관련 대책 수립 시행 및 기구 운영
② 화생방 제독부대 지도 감독
③ 대테러 관련 교육훈련 및 전술팀 운영 지도
④ 대테러 대비 능력 제고를 위한 연구·개발
⑤ 대테러 대비 능력 분석평가
⑥ 대테러 협상지원팀 운영</td></tr>
<tr><td>치안
상황실</td><td>① 치안상황실 운영
② 치안상황의 접수 및 전파
③ 긴급상황 발생시 초동 조치
④ 치안상황 일보 작성 및 배부</td></tr>
</table>

경호과	① 국내(대통령, 국무총리 등)·국외(각 국의 대통령·수상 등) 요인에 대한 경호계획 수립 및 지도 ② 요인 보호에 관한 사항 ③ 경호장비 도입 및 운용 ④ 경호 행사 분석 및 평가 ⑤ 경호 기법 및 경찰 경호 시스템 개선
항공과	① 경찰 내륙작전 ② 다중범죄 공중 진압 ③ 공중 지휘통제 및 공중 선무 방송 ④ 재해 또는 비상시 인명·재산의 구조 ⑤ 긴급 의무 이송 ⑥ 교통관리 ⑦ 화물 공수 ⑧ 시험 비행 및 기술 유지 비행 ⑨ 기타 항공기 운영관서의 장이 필요하다고 인정하는 업무

〈**경비경찰의 업무 분장**〉(경찰청 직제 §13)

(1) 경찰부대의 운영
(2) 청원경찰의 지도
(3) 민방위 업무의 협조
(4) 중요시설의 방호
(5) 경호 및 요인 보호
(6) 대테러 예방 및 진압
(7) 전투경찰 순경의 인사 등 관리
(8) 향토예비군의 무기 및 탄약 관리
(9) 경찰 항공기의 관리·운영

2 혼잡경비

1) 의 의

혼잡경비란 기념행사·경기대회·공연 등으로 모인 미조직된 군중에 의하여 발생하는 자연적 혼란 상태를 사전에 예방·경계하고, 위험 사태가 발생한 경우에는 신속히 조치하여 확대를 방지하는 경비경찰을 말한다.

혼잡경비의 대상은 미조직된 군중에 의한 혼란 상태의 방지이므로, 대규모 항의집회와 같은 조직된 군중에 의한 행위는 다중범죄 진압 대상이고 혼잡경비의 대상은 아니다.

혼잡경비 업무는 기념행사, 경기대회, 제례행사, 공연, 기타 요인으로 모인 미조직된 군중에 의하여 발생되는 자연적인 혼란 상태를 사전에 예방하거나 경계하고, 위험한 사태가 발생한 경우에는 신속히 조치하여 확대되는 것을 방지하는 경비경찰 활동이다.

2) 혼잡경비의 활동 요령

① 사전에 적정(충분히 아니다 - 비례 원칙)한 경력 배치 및 예방경비
② 군중심리 조성의 사전 차단
③ 군중의 목지점 선정 및 통제
④ 활발한 공보 활동
⑤ 행사 주최측과 협조 및 수익자 부담 원칙의 적용
⑥ 질서 유지를 위한 적정한 통제(통제의 완화가 아님.)
⑦ 관중 주시
⑧ 출연자와 관중의 통로 구분

(3) 군중 정리의 원칙

구분	내용
경쟁적 사태의 해소 (경쟁적 행동의 지양)	남보다 먼저 가려는 심리 상태를 억제시켜, 질서 있게 행동하면 모든 일이 잘 될 수 있다고 납득시키는 것
이동의 일정화	군중은 자신의 위치와 갈 곳을 잘 몰라 불안감을 가지므로 일정 방향으로 이동시켜 주위 상황을 파악할 수 있는 여건을 조성하는 것
밀도의 희박화	제한된 지역에 많은 사람이 모이면 상호 충돌 및 혼잡을 야기하므로 가급적 많은 사람이 모이는 것을 방지하는 것
지시의 철저	자세한 안내 방송으로 지시를 철저히 해서 혼잡 상황을 회피하고 사고를 미연에 방지하는 것

3 재해경비

1) 의 의

재해경비란 자연적 재난(천재지변인 폭풍우 · 지진 · 홍수 · 해일 등)과 인위적 재난(폭발사고 · 대형 구조물의 붕괴 등)으로부터 국민의 생명과 재산

을 보호하고 공공의 안녕을 유지하기 위하여 예방·경계·진압하는 경비경찰의 활동을 말한다.

재해란 태풍·홍수·호우·폭풍·해일·폭설 또는 지진, 기타 이에 준하는 자연 현상으로 발생하는 피해(자연재해대책법)를 말하고, 재난이란 화재·붕괴·폭발·교통사고·화생방 사고·환경오염 사고 등 국민의 생명과 재산에 피해를 줄 수 있는 사고로서 자연재해가 아닌 것(재난관리법)을 말한다.

재해경비의 대상은 재해와 재난을 모두 포함한다.

재해경비는 행정자치부, 군부대, 일선행정기관 등 타 행정기관과 협조하에 유기적으로 이루어지도록 평소에 협조 체제의 강구가 필요하다.

2) 발생 원인에 따른 재해의 종류

자연재해	자연 현상에 기인한 재해로, 기상 요인에 의한 기상재해와 지진·화산 활동에 의한 지질적 재해가 있다.
인위재해	인류 문명이 초래한 각종의 위해 요소로 인한 대형건물의 붕괴, 도시가스 폭발, 핵방사능의 유출 등이 있다.
혼합재해	인간에 의한 인위적인 생태계의 조작이나 자연환경 파괴행위가 자연재해로 나타나는 것, 또는 자연재난의 경우에 적절한 조치를 취하지 않음으로써 인위재난을 가져오는 경우(경미한 지진에 의한 대형건물 붕괴)를 말한다.

3) 현대 사회 재해의 특성

익명성	피해는 특정 계층과 상관 없이 누구에게나 나타날 수 있다.
일상성	위험 시기가 특별히 정해져 있는 것이 아니고 언제든지 생활 주변에서 발생할 수 있다.
타율성	개인의 자유 의지와 상관 없이 나타난다.
불확실성	재해는 성격상 예측하기 어렵다.
재난불감증	재해를 풍요에 대한 대가나 어쩔 수 없는 운명으로 받아들이는 경향이 있다.

4) 현행 재난관리 체계

현행 재난관리 체계는 자연재해에 관한 자연재해대책법, 인위재난에 관한 재난관리법, 민방위기본법으로 3원화되어 있다. 민방위기본법상의 재난에는 자연재해대책법과 재난관리법상의 재난이 포함되어 있다.

5) 재해 발생시 경찰의 조치

사전 조치 사항	재해경비계획의 수립-지형, 주민 상황, 위험 장소, 대피 계획은 융통성·탄력성을 가지고, 최악의 경우를 고려하여 수립하여야 함
현장 조치 사항	경고 및 초동 조치, 경찰관의 비상 소집과 부대 편성, 피해조사와 보고, 피난 조치 및 이재민의 구호, 교통 소통을 위한 현장 조치, 절도범 등 범죄의 단속. 채증 활동은 포함하지 않는다.

6) 현장지휘본부-장기화

(1) 설치

대규모 재난 발생시 사고지역 관할 경찰서장은 즉시 현장지휘본부를 통제선 밖에 설치하고 이를 지휘하여야 한다. 다만 일과 시간 외인 경우는 긴급현장상황반이 초동 조치를 실시한다.

현장지휘본부는 인근 파출소 등 경찰관서 및 공공건물 등을 이용하여 설치한다. 그러나 사고 인근 현장에 설치할 사무실이 없는 경우에는 지휘 차량을 신청하여 활용한다.

(2) 부상자 구호(가장 중요), 신속 보고

(3) 기능별 임무

기 능	임 무
공보	• 관련 정보 자료를 사실대로 관계인에게 제공 • 경찰 활동 사항의 적극적·다각적 홍보 • 교통통제 등 국민 협조 사항 홍보
경비	• 현장지휘본부 설치·운영 • 경찰통제선(police line) 설치 : 주민 보호, 장비의 효과적 투입을 위해서 설치한다. 제1통제선은 소방서, 제2통제선은 경찰에서 운영하고. 통제구역으로 들어가는 출입구는 되도록 단일화한다. • 동원 경력·장비의 확보 및 운용 • 비상 소집 • 현장의 제반 작업 장소에 대한 경비 활동

교통	• 비상출동으로 사전 지정 및 관리 • 현장 주변에 대한 교통 통제 • 외곽지역 교통혼잡 예상 지역 교통관리
방범	• 현장 주변 생활안전 순찰 • 대피한 건물, 사상자 소지품의 약탈 방지 • 유류품 접수 및 가족에게 인계
수사	• 피해자의 신원 확인(감정) • 사고원인 및 범죄 관련 여부 수사 • 목격자·증거 확보 및 수사상 필요한 업무
정보	• 사태와 관련된 유용한 정보의 수집·보고 • 각종 유언비어의 차단 • 피해자 가족 등 동향 파악
통신	• 현장지휘본부에 전화기·무전기 등 통신시설 설치 • 현장에 투입된 모든 임무 부서에 통신시설 제공

(4) **경찰통제선**

① 설치 목적 : 2차 사고로부터 주민 보호, 사고 수습 활동 공간의 확보, 구조 활동의 방해 요소를 제거한다.

② 통제선의 제1선은 소방, 제2선은 경찰이 담당한다.

③ 출입구는 입구 1개를 원칙으로 한다. 필요시 반대편에 1개 추가할 수 있다.

④ 설치 범위 : 구조 및 복구 작업에 지장이 없도록 초기 단계부터 충분히 넓게 설정하고 상황의 진전에 따라 축소·확대하도록 한다.

(5) **경찰정보지원센터**

① 재난 현장에 설치하여 관계인에게 피해 상황 등의 정보를 제공하는 기능을 하며, 사고 수습에 지장을 주지 않도록 경찰통제선 밖에 설치한다.

② 인근 공공기관·교회 등을 활용하고 적절한 장소가 없을 경우 경찰버스 등을 활용한다.

4 중요 시설 경비

1) 의 의

중요 시설 경비란 국가 보안 목표로 지정된 중요 시설과 보안상 중요하다고 인정되는 시설에 대하여 적이나 불순분자의 각종 위해행위로부터 시설을 보호하기 위한 제반 경비경찰 활동을 말한다.

중요 시설에는 각 지역마다 가·나·다 급으로 지정된 중요 시설과 기타 시설 등이 있는 바, 중요 시설의 경비에서는 시설의 장(툴)에 대한 지도와 근무하는 청원경찰 등의 관리와 교육훈련 등이 중요하다.

2) 법적 근거

국가 중요 시설 경비에 대해서는 통합방위법과 동법 시행령에서 위임된 사항과 그 시행에 관하여 필요한 사항을 규정하기 위한 통합방위지침(대통령훈령 제28호)이 있으며, 통합방위지침에 국가 중요 시설의 방호지침이 있다.

3) 중요 시설의 실질적 분류

가 급	(1) 적에 의하여 점령되거나 기능 마비시 광범위한 지역의 통합 방위 작전 수행이 요구되고 국민 생활에 결정적인 영향을 미칠 수 있는 시설 (2) 청와대, 국회의사당, 대법원, 정부종합청사, 국방부, 국가정보원, 한국은행 본점 등
나 급	(1) 적에 의하여 파괴되거나 기능마비시 일부 지역의 통합 방위 작전 수행이 요구되고 국민 생활에 중대한 영향을 미칠 수 있는 시설 (2) 경찰청, 대검찰청, 국책은행
다 급	(1) 적에 의하여 파괴되거나 기능 마비시 제한된 지역에서 단기간 통합 방위 작전 수행이 요구되고 국민 생활에 상당한 영향을 미칠 수 있는 시설 (2) 기타 중앙행정기관의 청

4) 방호의 책임과 임무

국가중요시설의 자체방호 책임은 당해 시설의 장 또는 시설주에게 있으며, 관계 법령에 의하여 지정된 산업단지의 자체 방호 책임은 각 산업단지를 관리하는 대표자에게 있다. 따라서 중요시설의 시설주는 청원경찰을 두어야 한다. 국가 중요시설 방호 업무의 지도 감독 책임은 경찰책임 지역 내의 군(軍) 지도 감독 시설을 제외하고는 평시는 물론이고 전시에도 당해 시·도 지방경찰청장이다.

[표 7-3-1] 3선 방호지대

구분	내용
제1지대 (경계지대)	시설 울타리 전방 취약 지점에서 시설에 접근하기 전에 저지할 수 있는 예상 접근로상의 목지점 및 감제고지(瞰制高地) 등을 장악하는 선으로 소총 유효 사거리 개념인 외곽 경비 지대를 연결하는 선이다. ⇒불규칙적인 지역수색·매복 활동으로 적 은거 및 탐지 활동 시행
제2지대 (주방어지대)	시설 내부 및 핵심시설로 침투하는 적을 결정적으로 거부하기 위한 주방어지대로서 시설 및 울타리를 연결하여 외곽의 소총 유효사거리를 고려하여 설정 ⇒시설 자체 경비요원, 주·야간 초소 및 순찰 활동 CCTV 등 설치·운용
제3지대 (핵심방어지대)	시설의 주기능에 결정적인 영향을 미치는 주요 핵심시설 주방어지대의 중심을 보강하고 침투한 적을 최종적으로 격멸하는 행심방어지대 ⇒주·야간 경계요원에 대한 계속적인 감시·통제가 될 수 있도록 경비인력 운용시설의 보강(지하화, 방호벽, 방탄막 등)을 최우선 설치

5) 주한 외국 공관의 경비

외교관에 대해서는 상응한 경의와 예의를 갖추어야 하지만 원칙적으로 경례는 하지 않는다.

경비초소는 공관의 담 외부에 설치하고, 복장은 근무복이 원칙이며, 공관은 불가침이므로 공관장의 동의 없이는 공관 지역에 들어가지 못한다.

5 다중범죄 진압(치안경비)

1) 의 의

다중범죄 진압은 공공의 안녕과 질서를 해치는 다중에 의한 불법 사태가 발생하거나 발생할 것에 대비하여 시기를 놓치지 않고 신속·적절한 조치를 취함으로써 사태를 예방·진압하여 피해를 극소화하고 궁극적으로 사회의 안녕과 질서를 유지하는 경찰 활동을 말한다.

우리 나라 경우 특히 다중범죄의 수요가 많은 것이 특징이므로, 이를 대비한 진압부대의 교육훈련과 장비의 확보 정비 등이 무엇보다도 중요하다.

다중범죄의 진압은 정보나 교통을 포함한 총체적 경찰 활동이므로 기능간의 유기적 협력이 절실히 요구된다.

2) 다중범죄

(1) 개념

다중범죄란 특정한 주의·주장을 관철하기 위한 불법 집단행동을 말한다. 다중은 어느 정도 조직된 군중이라는 점에서 혼잡경비의 대상이 되는 미조직 군중과 구별된다. 그러나 반드시 지도자가 있어야 하는 것은 아니다.

(2) 다중범죄의 특징

확신적 행동성	다중범죄의 참여자는 확신을 가지고 참여하므로 투신·분신자살 등 과감하고 투쟁적인 행동을 하는 경우가 많다.
조직적 연계성	다중범죄는 특정 조직에 기반을 두는 경우가 대부분이므로 소속 단체의 설치 목적이나 활동 방침을 분명하게 파악하는 것이 필수적이다.
부화뇌동적 파급성	다중범죄는 군중심리로 발생하는 경우가 많으므로 일단 발생하면 부화뇌동으로 인하여 갑자기 확대될 수 있다.
비이성적 단순성	시위군중은 이성적 판단 능력을 상실하여 과격·단순·편협하여 타협과 설득이 어렵다.
편협성, 피암시성	반대 의사 불허

[표 7-3-2] 다중범죄의 정책적 치료법

선수승화법 (사전에 해결)	특정한 불만 집단에 대한 정보 활동을 강화하여 사전에 불만 및 분쟁 요인을 찾아내어 해소시켜 주는 방법(예: 특정 회사 노동조합의 시위가 예상되어 경찰서 정보과에서 노사 간의 면담을 주선하여 대화에 의한 타협을 보는 경우)
경쟁행위법 (반대되는 의견을 부각)	불만 집단과 반대되는 대중 의견을 부각시켜 불만 집단이 위압되어 스스로 해산 또는 분산되도록 하는 방법(예: 지하철 노조의 명분 없는 파업에 대하여 언론에 일반 시민의 불만과 비난의 목소리가 커지자 지하철 노조가 스스로 파업을 철회하는 경우)
전이법 (다른 이슈의 제기)	다중범죄의 발생 징후나 이슈가 있을 때 국민들의 관심을 집중시킬 수 있는 경이적인 사건을 폭로하거나 규모가 큰 행사를 개최하여 원래의 이슈가 상대적으로 약화되도록 하는 방법
지연정화법 (시간의 지연)	불만 집단의 고조된 주장을 시간을 끌어 이성적으로 생각할 기회를 부여하고 정서적으로 감정을 둔화시켜서 흥분을 가라앉게 하는 방법

다중범죄는 정책적 해결법이 가장 바람지하지만, 실제 발생시에는 물리적 진압 방법과 병행되어야 한다.

(3) 군중심리의 특징

경신성 (피암시성)	군중은 유언비어 등을 쉽게 믿고 사물에 대한 정확한 판단이 어려워져 타인의 암시에 따른 행위를 쉽게 하게 되는 경향이 있음
충동성 (변이성)	군중은 충동적으로 행동을 하고, 외계의 자극을 행동에 반영하게 됨.
과장성 (단순성)	군중의 감정은 암시에 의해서 급속히 전파되어 상호간에 동일한 정서를 가지게 되므로 개성이 소멸하여 생각이 단순해지고, 감정이 강화·과장되어 나타남.
편협성 (전횡성)	군중은 스스로 절대적인 힘을 가지고 있다고 생각하여 다른 사람의 반대 의견을 허용하지 않음(대립 세력 간 충돌의 가능성이 큼).

3) 진압의 기본 원칙

① 경비계획서 수립—경비과

② 여경이나 근무복 의경을 1선에 배치하고, 진압복부대는 비노출로 대기한다.

봉쇄·방어	군중이 중요 시설이나 기관 등 보호 대상물의 점거를 기도할 경우, 사전에 진압부대가 점령하거나 바리케이드 등으로 봉쇄하여 방어 조치를 취하는 방법으로, 군중의 의도를 사전에 봉쇄하여 충돌 없이 효과적으로 무산시키는 방법
차단·배제	군중이 목적지에 집결하기 전에 중간에서 차단하여 집합을 못하게 하는 방법으로, 중요 목지점에 경력을 배치하고 검문 검색을 실시하여 가담자를 사전 색출·검거하거나 귀가 조치하여 시위 군중의 집합을 사전에 차단하는 방법
세력 분산	시위대가 집단을 형성한 이후에 시위집단의 통제력을 차단시키며 수 개의 소집단으로 분할시켜 그 세력을 분산시키는 방법
주동자 격리	주모자를 사전에 검거하거나 군중과 격리시켜 군중의 집단적 결속력을 약화시켜 계속된 행동을 못하게 진압하는 방법

[표 7-3-3] 다중범죄 진압의 단계별 조치 사항

사전조치	① 사전정보 수집 및 상황판, ② 경비 방침의 수립, ③ 경비 실시계획의 수립, ④ 경비요원의 소집, ⑤ 장비 및 출동 태세의, ⑥ 경비부대 편성, ⑦ 응원·파견 요청 대상의 결정, ⑧ 현장답사 및 작전회의의 실시
현장조치	① 부대의 배치, ② 현장점검 및 채증 활동, ③ 현장정보·공보·선무 활동, ④ 단계별 실력 행사
사후조치	① 재집결 방지 대책 마련, ② 단계별 철수, ③ 검거자의 처리 및 피해조사 활동, ④ 평가

4) 진압 활동시의 3대 원칙

신속한 해산	시위 군중은 군중심리의 영향을 받기 쉬우므로 초기 단계에서 신속·철저히 해산시켜야 한다.
주모자 체포	시위 군중은 주모자를 잃으면 무기력해지므로 주모자부터 체포한다. 전원 체포 아니다.
재집결 방지	시위군중은 일단 해산되었다가 다시 집결하기 쉬우므로, 재집결할 만한 곳에 경력을 배치하고 순찰과 검문 검색을 강화한다.

5) 5대 행동 수칙

① 규율 확립

② 시민과 분리

③ 과감한 행동

④ 감정적 행동 금지

⑤ 개인 행동 엄금

6) 신집회·시위관리 대책

① 준법집회 최대한 보장하고 제1선에 여경·근무복 의경·교통의경 등을 배치하고 우발 사태에 대비하여 진압복 부대를 비노출로 대기

② 경찰서장이 행진의 선두에 서서 진행 방향을 선도하고, 여경·의경에게 경찰통제선(police line)을 들게 함.

③ 교통경찰로 하여금 질서를 유지하여 신속히 통과하도록 함.

④ 불법·폭력 집회 및 시위에 대한 엄정 대처.

⑤ 지역 전담부대 배치 및 지역책임제로 완벽한 상황 대처

⑥ 경력의 상황 적응적·탄력적 운용
⑦ 안전 진압 수칙 준수 및 지휘관 현장 지휘, 변수 방지
⑧ 언론 취재 활동 최대 보장

6 경호경비

1) 의 의

경호경비는 정부 요인·국내외 주요 인사 등의 신변에 대하여 가해지려는 직·간접적인 위해를 방지하기 위하여 위험 요소를 사전에 제거함과 아울러, 만일의 사태 발생시 신속히 조치함으로써 궁극적으로 피경호자의 안전을 보호하는 활동이다. 경호란 신체에 대하여 직접적으로 가해지는 위해를 근접에서 방지 또는 제거하는 호위와 생명·신체를 보호하기 위하여 특정한 지역을 경계·순찰·방비하는 경비를 포함한다.

① 경호경비는 한번 실패하면 사후 보완이 불가능하며, 다른 업무에 우선하여 죄우선적으로 처리하여야 한다.

② 안전 검측 : 안전점검 ⇒ 안전검사 ⇒ 안전 유지

2) 경호의 구분

(1) 경호의 대상에 따른 구분

구 분		대 상 자	경호 책임
국내 요인	갑호	대통령과 그 가족, 대통령으로 당선된 자와 그 가족	대통령 경호실
	을호	퇴임 후 7년이 경과한 전직 대통령, 대통령 선거 후보자, 국회의장, 대법원장, 국무총리, 헌법재판소장	경찰
	병호	갑·을호 외에 경찰청장이 필요하다고 인정한 인사	
국외 요인	A, B, C, D등급	대통령, 국왕, 행정수반, 행정수반이 아닌 총리, 부통령	대통령 경호실
	E, F등급	부총리, 왕족, 외빈 ABCD 등급의 배우자 단독 방한 전직 대통령, 전칙 총리, 국제기구·국제회의의 중요 행사 기타 장관급 이상으로 경찰청장이 경호가 필요하다고 인정한 사람	경찰

(2) 행사 성격에 따른 구분

(가) 완전 공식 행사 경호

대규모 국가적인 행사로 사전 언론 등을 통하여 완전히 공개된 행사시 실시하는 경호(예: 대통령 취임식, 정례 국군의 날 행사, ASEM, APEC 회의, 월드컵 축구대회 및 올림픽 등 대규모 국제행사)

(나) 공식 행사

공개된 연례 행사시 실시하는 경호 활동(예: 국경일, 기념일, 기공식 및 준공식 행사)

(다) 비공식 행사 경호

보안 유지가 요구되는 비공개 행사시 실시하는 경호(예: 현장방문 행사

(라) 완전 비공식 행사

정무 또는 사무상 필요에 의하여 사전 통보나 절차 없이 이루어지는 행사시 실시하는 경호 활동(예: 비공식 방문·운동·공연 관람 및 기타 취미활동 행사)

(3) **연도 경호:** 경호 1·2·3·4·5등급

(4) **활동 시점 및 경호 방법에 의한 구분:** 선발 경호, 수행(근접)경호

(5) **장소에 따른 분류:** 육상경호, 해상 및 해안경호, 공중경호

[표 7-3-4] 직접경호 지역(경호 활동 지역)

제1선 (안전구역: 내부)	절대안전 확보 구역(완벽한 통제) 옥내일 경우는 건물 자체, 옥외일 경우 본부석이 해당 통상 수류탄 투척·권총 유효 사거리인 50m권을 적용 경호실 주관, 경찰은 경호실 요청시 경력 및 장비 지원 -출입자 통제관리 -MD 설치 운용 비표 확인 및 출입자 감시
제2선 (경비구역 : 내곽)	주경비지역(부분적 통제) 제1선 제외한 행사장 중심 반경 500m 내외 소총 유효 사거리 고려 경호 책임은 경찰이 담당, 군부대 내일 경우에는 군이 책임 -바리케이트 설치, 돌발 사태 대비 예비대 운영 -소방차·구급차 대기

제3선 (경비구역 : 외곽)	조기경보지역(보안 및 수색 활동) 소구경 곡사화기의 유효 사거리 고려(1~2km권) 옥내 행사인 경우 반경 600m 이내의 지역을 의미 통상 경찰이 책임 -감시조 운영 -도보 등 원거리 기동순찰조 운영 -원거리 불심자 검문 차단

3) 경호의 4대 원칙

자기 희생	어떠한 희생을 치르더라도 피경호자의 신변의 안전이 보호·유지되어야 한다는 것으로서, 피경호자가 위기에 처했을 때는 육탄 방어의 정신으로 피경호자를 보호하여야 한다.
자기 담당 구역책임	경호원은 각자 자기 담당구역 내에서 일어나는 모든 사태에 대하여 자기만이 책임을 지고 해결하여야 한다는 것으로서, 비록 인근 지역에 특별한 상황이 발생되었다고 해서 자기 책임구역을 이탈해서는 안 된다. 자기 담당구역 외의 불시의 사태에는 관여하여서는 안 된다.
하나의 통제된 지점을 통한 접근	피경호자와 접근할 수 있는 통로는 경호상 통제된 유일한 통로만이 필요하다는 것으로서, 여러 개의 통로와 출입문은 오히려 적에게 접근할 수 있는 기회를 주어 취약성을 증가시켜 주는 결과가 되고 하나의 통제된 출입문이나 통로를 통한 접근도 반드시 경호원에 의하여 확인된 후 허가 절차를 밟아 이루어져야 한다.
목표물 보존	암살 기도자 또는 위해를 가할 가능성 있는 불순분자로부터 피경호자(목적물)를 격리하여야 한다. -행차 코스, 행사 예정 장소 등은 원칙적으로 비공개되어야 한다. -동일한 장소에 수차 행차하였던 곳은 가급적 변경한다. -대중에게 노출된 도보 행차는 가급적 제한한다.

4) 행사장의 3중 경호 원칙

구 역	내 용	경호 책임
제1선 (안전구역)	피보호자가 위치하는 내부로서 옥내인 경우는 건물 자체, 옥외는 본부석이 이에 해당	대통령 경호실
제2선 (경비구역)	제1선을 제외한 행사장 중심으로 반경 600미터 내외의 취약 개소	경찰(군부대인 경우는 군)
제3선 (경계구역)	행사장 중심으로 적의 접근을 조기에 경보하고 차단하기 위하여 설정된 선	경찰

7 경찰작전

1) 의 의

경찰작전은 대간첩작전 · 전시 대비 경찰작전 · 비상 업무 · 상황실의 운영 · 검문 검색 등의 작전 상황에 대비한 경비경찰의 일체의 작전 업무를 말한다.

경찰이 작전 업무를 수행하는 것은 우리 나라 남북 분단이라는 특수한 상황으로 말미암는 것이며, 우리 경찰에게는 경찰관직무집행법 제2조와 대통령훈령 제128호에 따라 일정한 지역 및 인적 작전 대상 범위 내에서 대간첩작전을 수행하도록 되어 있다.

2) 대간첩작전

대간첩작전은 통합방위법, 통합방위법시행령, 통합방위지침(대통령훈령 제28조)에 근거한다.

구 분	개 념	선포권자
갑종 사태	전투 태세(진돗개 셋). 대규모의 적의 침투 · 도발, 확실한 정보로 인한 비상 사태로서 통합방위본부장(계엄사령관) 또는 지역군사령관의 지휘 · 통제하에 통합방위작전을 수행하여야 할 사태	대 통령
을종 사태	출동 태세(진돗개 둘). 일부 또는 수 개 지역에서 적의 침투 · 도발, 상당한 징후로 인하여 단기간 내에 치안 회복이 어려워 지역군사령관의 지휘 · 통제하에 통합방위작전을 수행하여야 할 사태	시 · 도지사
병종 사태	대기 태세(진돗개 하나). 적의 침투 · 도발 위협이 예상되거나 소규모의 적이 침투하는 때에 지방경찰청장 · 지역군사령관 또는 함대사령관의 지휘 · 통제 하에 통합방위작전을 수행하여 단기간 내에 치안이 회복될 수 있는 사태. 독자적 경찰작전 가능	

3) 통합방위 사태의 유형

갑종 사태	적의 대규모 병력 침투 또는 보발로 인한 비상 사태로서 통합방위본부장 또는 지역군사령관의 지휘 · 통제하에 통합방위작전을 수행하여야 할 사태
을종 사태	일부 또는 수개 지역에서 적의 침투 · 도발로 인하여 단기간 내에 치안 회복이 어려워 지역군사령관의 지휘 · 통제하에 통합방위작전을 수행하여야 할 사태

병종 사태	• 적의 침투 · 도발 위협이 예상되거나 소규모(5명 이내)의 적이 침투한 때에 지방청장 · 지역군사령관 또는 함대 사령관의 지휘 · 통제하에 통합방위작전을 수행하여 단기간 내에 치안이 회복될 수 있는 사태 • 병종 사태의 경우 경찰책임 지역 내의 작전은 지방청장 책임하에 실시함. 이 때 지방청장은 시 · 도 경찰작전 지휘관으로서 관할지역의 예비군관리대를 작전 통제함. ⇒ 대통령훈령 28호(통합방위지침) : 병종 사태시 경찰작전 수행의 근거 규정

① 통합바위 사태의 선포권자 : 갑종은 대통령, 을 · 병종은 시 · 도지사가 선포

② 을지연습 : 전시 또는 이에 준하는 비상 사태에 대비한 능동적 적응훈련으로 통상적으로 충무계획에 의거한 도상 연습을 실시함(통상적으로 매년 1회 실시, 민관군 합동훈련).

③ 충무계획 : 실제적으로 전쟁의 위험이 고조되거나 전쟁이 임박한 경우에 대비하여 3단계로 대응하는 방안을 구체적으로 수립한 것으로서, 이에 따라 경찰은 단계별로 정해진 작전 임무를 군과 합동으로 수행한다.

8 대테러 업무

1) 테러의 의의

테러란 정치적 목적 또는 자신의 특별한 신념을 가지고 공포심을 불러일으키기 위하여 암살 · 폭파 · 협박 등의 수단을 통하여 무고한 제3자를 고의적이며 조직적으로 살상하고 위협하는 일체의 행위를 말한다.

〈국가대테러활동지침에 의한 테러의 정의〉

(1) 국가요원 및 그 가족, 각계 주요 인사, 외국 요인, 주한 외교사절, 해외 교류 외교관 · 유학생 · 상사 주재원 · 취업근로자 및 해외 여행자 등의 납치 · 암살
(2) 국가 중요시설, 다중 이용 시설, 재외공관 및 기업체, 주한 외교사절 등의 점거 · 방화 · 폭파
(3) 항공기 · 선박 · 열차 · 차량 등 교통 수단의 납치 · 폭파
(4) 폭발물 · 총기류 · 유해 화학성 물질 및 기타 고성능 무기를 이용한 무차별 인명 살상
(5) 컴퓨터통신망을 이용한 정보 조작 및 전산망의 파괴
(6) 기타 우리 나라 또는 국민에 대한 폭력 등 불법행위

(2) 각국의 대테러조직

미국	미국의 대테러부대는 규모면에서 가장 크고 다양한 형태로 운영되고 있는데, 1972년 독일 뮌헨 올림픽 선수촌 테러사건을 계기로 닉슨 대통령에 의하여 '테러억제 각료위원회'가 구성되면서 본격적인 대테러 대응 체계를 갖추기 시작하였다. 경찰특수부대인 SWAT(Special Weapons Assault Team)는 미국 각 주립경찰서 내에 조직된 특공대로서로 아래와 같이 각각 명칭을 달리하고 있으나 테러 진압이라는 목표는 모두 같다. ① 뉴욕 : 기동타격대(Emergency Service Square) ② 비밍햄 : 전술작전단(tactual Operation Unit) ③ 로스앤젤레스 : 특별무기전술기동대 군부대 : 미육군 Delta Force, Ranger, 해군 SEAL 9·11 테러 이후 대테러 전문기관으로 2002년 11월 '국토안보부 : DHS'를 설치하여 대테러 업무를 총괄하도 하고 있음.
영국	영국은 1942년 세계 최초로 테러진압 특공대인 'SAS'를 창설 SAS(Special Air Service)는 특수공군부대의 일부로서 1972년 검은9월단 사건을 계기로 창설되어 인질·유괴·선박 항공 납치·암살을 포함한 모든 형태의 테러사태 처리를 임무로 하고 있음(일명 현장조치 팀). 1980년 이란대사관 점거사건 때 작전 개시 11분 만에 대사관을 점거한 6명의 테러리스트를 무력화시키고 인질 22명을 모두 구출해 냄.
프랑스	GIPN(경찰특공대) : 1972년 검은9월단사건 이후 창설된 도시경찰국 소속의 부대 GIGN(군인경찰특공대) : 1973년 프랑스 주재 사우디대사관 점거사건을 계기로 창설한 군경찰로 구성된 보안국 소속의 대테러 부대
독일	GSG-9 창설 : 1972년 뮌헨올림픽에서 검은9월단에 의한 이스라엘 축구선서 테러사건에 대응하여 연방국경경비대 산하에 설립됨. GSG-9는 연방내무성 장관의 명령에 의하여 주경찰이나 그 예하 단위 경찰이 해결할 수 없는 중대한 테러사건을 담당함. 소말리아 모가디슈작전 수행 SEK : 각 주와 주요 도시에 편성된 특수작전 부대로서 GSG-9이 투입되기 어려운 상황이라고 판단되면 즉시 인질 구출작전 등을 수행함(미국의 SWAT와 유사).
이스라엘	사렛트 매트칼(Sayret Matkal)은 정보국 산하에 두고 자국 비행기에 대한 납치 예방, 아랍국의 대이스라엘 테러리즘 공격에 대한 보복작전에 투입 등의 임무를 수행 1976년의 소말리아 엔테베 작전도 인질구조팀이 제35공수여단과 골라니 코만도 대원들의 합동으로 구성된 것으로 알려져 있지만, 핵심적인 역할을 담당하였던 것은 사렛트 매트칼이다.

3) 한국 KNP868(K-SWAT) : 국가대테러활동지침(대통령훈령 47호)

① 국가 대테러 위기관리 체계

대통령 직속의 대테러대책위원회를 구성하고, 위원장은 국무총리이며, 그 아래 대테러실무위원회를 두고 있다. 테러사건이 발생할 경우 사건의 해결을 위한 조치 등을 의결한다.

② 경찰의 대테러 대책기구

경찰청 차장을 위원장으로 하는 경찰청 대테러협의회(경찰청협의회), 지방경찰청에 차장을 위원장으로 하는 지방경찰청대테러협의회(지방청협의회)를 둔다.

③ 주로 국내에서 테러사건 발생시 신속한 초동 조치의 임무를 담당하는 자 : 경찰서장

㉠ 86아시안 게임과 88올림픽을 대비하기 위하여 1983년에 경찰청 직속으로 창설함(현재는 각 지방청으로 소속이 변경됨).

㉡ 현재 서울 · 부산 · 대구 · 충남 · 인천 · 전남 · 인천특공대 등 총 6개의 특공대가 편성되어 있음(여성 관련 테러의 처리를 위하여 2000년부터 여경특공대를 운영).

㉢ 1차적 임무는 인질구출작전이며, 경호 업무도 일부 수행함.

지역적 활동 범위는 국내로 한정되고, 해외작전은 군 특수기동타격대인 707대대가 전담함.

4) 세계의 주요 테러조직

(1) 중동 지역

① Abu Nidai : 리비아에 본부를 둔 팔레스타인 테러단체(ANO)

② PFLP : 이스라엘의 파멸을 통한 팔레스타인 문제 해결 주장(팔레스타인 해방인민전선)

③ Hamas : 이스라엘 점령지역 등에서 활동하는 팔레스타인 과격 테러단체

④ Hizballah : 이란의 호메이니의 무슬림 군주주의 노선에 영향을 받은 중동 최대의 조직

⑤ 검은구월단 : 팔레스타인 해방기구(PLO)에서 분리된 극좌파 무장조직

⑥ 알카에다 : 사우디 출신의 테러분자인 오사마 빈 라덴에 의하여 운영되고 있는 테러단체로서 2001년 9월 11일 발생한 미국 맨해튼 110층짜리 쌍둥이 건물인 세계무역센터와 미국 국방부에 대한 항공기 납치 자살테러 사건으로 유명

(2) 유럽

① 스페인의 바스크 독립운동(ETA)
② 독일의 바도-마인호프단(서독적군파)
③ 북아일랜드공화국군(IRA)
④ 이탈리아의 무장 프롤레타리아 조직(NAP)
⑤ 붉은여단(이탈리아에서 활동)
⑥ 터키의 쿠르드 노동당

(3) 아시아

① 일본적군파(JRA)
② 스리랑카의 타밀 타이거(LTTE)
③ 필리핀 공산당의 군사조직(NPA) 등

4) 인질범 협상의 기법

(1) 협상의 단계

① 협상의 준비, ② 논쟁의 개시, ③ 신호, ④ 제안, ⑤ 타결안, ⑥ 흥정, ⑦ 정리, ⑧ 타결

(2) 협상 과정에서의 고려 사항

① 사건 현장을 경찰이 미리 차단하여 보도진의 접근 방지
② 탈출할 수 있는 루트 제공
③ 범인들과의 신속하고 정확한 통신 방법 마련
④ 범인에 대한 신속, 정확한 신상 파악
⑤ 경찰과 범인들 간의 신뢰 관계 형성
⑥ 범인의 감정 조절

⑦ 인질의 대화 통로 단일화
⑧ 가능한 한 인질범과 협상자가 바로 시선과 용모를 볼 수 있도록 유지
⑨ 요구 조건을 적당한 선에서 들어 줌.
⑩ 신속한 보고
⑪ 인질범의 연고자들을 현장에서 멀리 떨어지게 함.
⑫ 인질범의 작은 조건이라도 무시하지 않도록 유의
⑬ 적절한 언어 사용
⑭ '예' 또는 '아니오'로 대답할 수 없는 열린 질문을 가급적 이용

9 청원경찰에 관한 업무

청원경찰은 청원경찰법에 의하여 청원주와 배치된 기관, 시설 또는 사업장 등의 구역을 관할하는 경찰서장의 감독을 받아 경비 목적을 위하여 필요한 범위 안에서 경찰관직무집행법에 의한 경찰의 직무를 수행한다.

현재 경비경찰이 지도·감독하는 부분은 국가 보안상 중요시설에 배치된 청원경찰에 한하고, 일반 민간경비업체에 대해서는 생활 안전 기능에서 전담하도록 되어 있다.

1) 청원경찰의 직무상 한계

(1) 장소적 한계

청원경찰이 직무를 수행하여야 하는 장소는 경비구역 내에서 경비 목적을 위하여 임무를 수행한다.

(2) 사항적 한계

청원경찰은 수사 활동 등 사법경찰관의 직무를 행해서는 아니 된다.

(3) 직무보고

청원경찰이 청원경찰법 제3조에 의한 직무를 행하는 경우 관할서장에게 보고하여 지시를 따라야 한다.

2) 청원경찰의 임용 및 감독

청원경찰의 임용권자는 청원주이며, 임용승인권자는 지방경찰청장이고, 감독은 관할경찰서장 · 지방경찰청장 · 청원주이다.

3) 청원경찰법의 주요 내용

청원경찰의 직권 남용 방지 등을 위하여 직무 범위를 명확화 및 과도한 복무 규정을 완화하였다. 특히 기존의 경찰공무원에 관한 규정을 포괄적으로 청원경찰의 복무 의무를 준용하던 것을 국가공무원법상의 복종 의무, 직장 이탈 금지 의무, 비밀 엄수 의무, 집단행동 금지 의무, 경찰공무원법상의 허위 보고 금지 의무 규정을 준용하도록 하였다.

지방경찰청장의 청원경찰 해임명령규정과 그에 따른 청원주의 청원경찰 해임 의무규정을 삭제하였다.

(1) 청원경찰의 신분 보장

형의 선고, 징계처분 또는 신체 · 정신상의 이상으로 직무를 감당하지 못하는 때를 제외하고는 그 의사에 반하여 면직되지 아니하도록 한다.

(2) 배치의 폐지 등

(가) 청원주

청원경찰이 배치된 시설이 폐쇄 또는 축소되어 청원경찰의 배치를 폐지하거나 배치 인원을 감축할 필요가 있다고 인정될 때에는 청원경찰의 배치를 폐지하거나 배치 인원의 감축이 가능하다.

단, 그 이유가 경비업법에 의한 특수경비원을 배치할 목적은 아니 된다.

(나) 경찰관서의 장에게 통보

청원주가 청원경찰을 폐지 또는 감축한 때에는 이를 청원경찰의 배치결정을 한 경찰관서의 장에게 통보하여야 한다.

지방경찰청장이 청원경찰의 배치를 요청한 사업장인 때에는 그 폐지 또는 감축 사유를 구체적으로 명시하여야 한다.

(3) 청원경찰에 대한 징계

파면 · 감봉 · 견책으로 하며, 감봉은 1월 이상 6월 이하로 하되, 봉급의 3

분의 1을 감한다.

10 전 · 의경 관리

전 · 의경이란 김신조 사건(1 · 21 사건)을 계기로 병역법 및 전투경찰대 설치법에 의거하여 경찰청장이 국방부 장관에게 소요 인원을 요청하여 군에서 전임(한국이 유일)하여 배정받은 작전전투 경찰순경과, 경찰 자체에서 선발하여 확정된 의무전투 경찰순경 및 경찰공무원을 포함하며, 소정의 기초 군사훈련을 마치고 대간첩작전이나 치안업무 보조요원으로 복무하기 위하여 각 부대에 편성된 자들을 말한다. 직권면직 규정도 있다.

전 · 의경관리는 이들이 치안 보조인력으로서 경찰 임무의 달성에 기여하는 바 크므로, 소극적인 측면에서 신상관리, 정훈교육(방순대장 등), 신상면담, 순찰함 설치 등을 통하여 자체 사고를 예방(구타 근절 - 지휘관이 교육)하는 데 그치지 말고, 적극적인 측면에서 통제보다 자율적으로 임무를 성공적으로 수행할 수 있는 소양과 능력을 갖추도록 교육훈련을 강화시켜야 할 것이다.

11 선거경비

1) 선거경비

혼잡 · 특수 · 경호 · 다중범죄 진압경비 등 종합적인 경비가 요구된다.

2) 투표소 외곽경비

① 투표소별 무장 정복경찰 2명 이상을 배치한다.

② 경찰서별로 전 관내를 지원할 수 있는 기동타격대 및 채증조를 운용한다.

③ 투표소를 지역별로 구분하고 권역별로 예비대를 운용하여 유사시에 대비한다.

3) 투표함 운송경비

선관위 직원이 자체적으로 실시하고, 경찰은 순찰 활동 및 112타격대 출동 대기 조치를 하는 것이 바람직하다(중앙선관위와 경찰청 간의 협의를 요함).

4) 개표소 경비

3선 개념으로 경비한다.

(1) 제1선(개표소 내부)

개표소 내부의 안전 검측 및 유지는 경찰과 선관위에서 합동으로 실시하며, 선관위원장의 책임하에 질서를 유지하며, 사태 발생시 개표소 내부에는 선관위원장의 요청이 있는 경우에만 정복 경찰관을 투입할 수 있다.

(2) 제2선(개표소 내곽)

선관위와 합동으로 출입자를 통제한다.

(3) 제3선(개표소 외곽)

검문조·순찰조를 운용하여 위하여 기도자 접근을 차단한다.

12 기 타

1) 해안선 경계 근무

해안선 일대에서 적이나 국내외 불순 세력의 관측, 침투, 공격 및 기타 위협으로부터 국토와 국민을 보호할 목적으로 실시하는 경비경찰 활동이다. 이는 대부분 군에서 전담하고, 제주도·울릉도·독도·소흑산도 등의 도서 지방에 한하여 경찰이 전담한다.

2) 경찰항공대 운영 등

경비경찰은 각 지방청별로 경찰항공대를 편성·운용하며, 민방위 업무의 협조, 향토예비군의 무기·탄약 관리 등의 업무를 수행한다.

경비경찰은 각 지방청별로 긴급 상황에 대비하여 경찰항공대를 편성·운용하고 있으며, 민방위 업무의 협조, 향토예비군의 무기·탄약관리 등의 업무를 수행하고 있다.

3) 5분대기대(112타격대)

(1) 의의

상황 발생시 효과적인 초동 작전 임무를 수행하기 위하여 경찰서에 설치된 1개 분대 규모의 부대로 24시간 출동 대기함(1968. 1. 21 사태를 계기로 창설)

(2) 임무

① 초동 조치 및 구조 활동, ② 거점 확보, ③ 수색 및 접적 유지, ④ 타격 활동

(3) 출동 유형

① A형(작전 임무 상황) : 무장 탈영병이나 간첩의 출현을 포함한 작전 임무 수행의 경우로 개인 화기 등 전투장비를 휴대

② B형(집단기습시위 상황) : 파출소 기습 등의 집단 사태에 대처할 경우로 다중 범죄 진압장비 일체를 휴대

③ C형(중요 강력사건 지원 상황) : 집단폭력배 등의 검거 상황의 경우로 경찰봉·사과탄·가스총·전자총·수갑·포승·무전기 등 경찰장구 일체를 휴대

④ D형(인명구조 상황) : 대형 안전사고 발생시의 인명구조를 위한 출동의 경우로 들것·로프 등 휴대용 인명구조 장비를 휴대

4) 경찰기동대

(1) 의의

① 각종 경비 사태의 예방과 진압에 효과적으로 대처하기 위해서 지방경찰청 예하에 설치된 경찰부대(경찰기동대의 편성·파견권자 ⇒ 경찰청장)

② 설치 근거⇒경찰직무응원법

(2) 임무

① 주된 임무 : 다중범죄 진압, 재난경비, 혼잡경비, 대간첩작전

② 지원 임무 : 교통지도 · 단속, 경호경비, 방범 활동 및 각종 범죄 단속, 기타 지방경찰청장이 필요하다고 인정하는 임무

13 경비 활동과 법적 근거

1) 헌 법

경찰의 경비 활동과 관련하여, 헌법 제37조 제2항은 "국민의 모든 자유와 권리는 국가 안전보장 · 질서 유지 또는 공공 복리를 위하여 필요한 경우에 한하여 법률로써 제한할 수 있으며, 제한하는 경우에도 자유와 권리의 본질적인 내용을 침해할 수 없다."라고 규정하고 있다.

국가 안전보장이나 사회 질서를 극도로 위태롭게 할 경우에는 국민의 자유와 권리를 제한할 수 있도록 규정함으로써, 경비경찰 활동에 따른 권리와 자유의 제한 근거를 제시하고 있다.

2) 경찰법과 경찰관직무집행법

경비경찰과 관련하여 경찰법 제3조와 경찰관직무집행법 제2조가 범죄의 진압을 언급하고 있는 외에, 경찰관직무집행법 제2조는 "경비 · 요인경호 및 대간첩작전 수행"이란 직무의 범위를 구체적으로 나열하고 있는데, 이러한 모든 개념은 경비경찰의 사물 관할을 정한 것으로서, 공공의 안녕과 질서 유지 개념에 포괄된다고 할 수 있다.

위에 열거되어 있지 아니하더라도 공공의 안녕과 질서에 반하는 위험 또는 경찰 위반의 상태에 대해서는 경찰관직무집행법 제3조(불심 검문), 제5조(위험 발생의 방지), 제6조(범죄의 예방과 제지), 제7조(위험 방지를 위한 출입), 제10조의2(경찰장구의 사용), 제10조의3(분사기 등의 사용), 제10조의4(무기의 사용) 등에 의거하여 필요한 조치를 취할 수 있다.

3) 형법 등 기타 법률

형법(제115조, 제116조), 전투경찰대설치법, 경찰직무응원법(타 관할, 기

동대), 화염병 사용 등의 처벌에 관한 법률, 계엄법, 집회 및 시위에 관한 법률, 수난구호법, 대통령경호실법, 전직 대통령 예우에 관한 법률, 통합방위법 등이 경찰의 경비에 관계된 규정을 두고 있다.

민간경비와 관련하여서는 청원경찰법, 경비업법 등이 있다.

4) 명령 · 규칙

① 위수령(衛戍令)

② 대통령훈령 제28호: 병종 사태(북괴의 무장공비 및 간첩의 침투나 도발이 예상되거나 5명 이내의 소규모가 침투하여 일부 지역에서 부분적인 도발행위를 할 경우) 발생시, 경찰 책임구역 내에서 작전을 수행하는 등 비정규 작전을 수행하도록 규정하고 있다.

③ 검문소운영규칙(1991. 7. 31. 경찰청훈령 제25호)

④ 경찰기동대운영규칙(1984. 6. 16 경찰청훈령 제139호)

(1) 경찰법(§3). 경찰관직무집행법(§2 및 기타 조항)
(2) 형법, 전투경찰대설치법, 경찰직무응원법(경찰기동대), 대통령경호실법, 통합방위법 등
(3) 대통령훈령 28호, 위수령(衛戍令)
① 병종(丙種) 사태(도발 예상 및 5인 이내의 도발 행위시) 경찰의 작전 수행
② 중요 시설에 대한 방호의 근거 규정

제 3 절 경비경찰 활동의 기본 원칙

1 비례의 원칙

1) 의 의

경찰의 질서권 발동의 조건과 정도는 공공 질서의 유지를 위하여 개인의 자유와 권리를 제한할 경우에도 필요 최소한도 내에서 행사되어야 한다는

원칙으로 질서 비례의 원칙이라고도 한다. 비례의 원칙은 임의 수단에 대해서도 적용되지만 강제 수단에 대해서는 특히 고려되어야 한다.

2) 내 용

(1) 질서권 발동의 조건

진압 조치의 경우 질서 유지상 묵과할 수 없는 경찰 위반 상태의 제거를 위해서만 발동 가능하다.

예방 조치의 경우 묵과할 수 없는 경찰 위반의 직접적 위해 또는 상당한 확실성이 있을 때만 발동 가능하다.

(2) 질서권 발동의 정도

경찰권 발동에 의한 자유 제한은 경찰 위반 상태 또는 그 위험 제거를 위하여 불가피하게 요구되는 최소한도에 그쳐야 한다.

(3) 비례 원칙 위반의 효과

비례 원칙에 위반한 경비경찰권의 발동은 법적 한계를 일탈한 위법행위가 되므로 행정통제의 대상이 되고 사법심사의 대상이 된다.

2 보충성의 원칙

경비경찰의 법집행은 공공의 안녕과 질서의 유지를 목적으로 하는 공권력에 의한 활동이므로, 다른 사회 일반적인 방법으로 통제 불가능할 때 최후 수단으로서 개입하여야 하며, 그 수단의 선택에서도 안녕과 질서를 회복하는 데 가장 적게 침해를 가하면서 사태를 해결할 수 있는 방법을 선택하여야 한다.

3 적시성의 원칙

경비경찰권은 경비 상황의 발생에 따른 개입의 조건을 고려하여 가장 적합한 시기에 발동되어야 한다는 원칙을 말한다.

경비경찰권은 원칙적으로 조건이 충족되기도 전에 발동되거나, 이미 소멸한 후에 발동되어서는 아니 된다.

비례의 원칙	조건	예방 조치의 경우⇒경찰 위반의 직접적 위험 또는 상당한 확실성이 있는 때에만 진압 조치의 경우⇒묵과할 수 없는 경찰 위반의 상태를 제거하기 위하여서만
	정도	필요 최소한도의 법칙이 요구⇒적합성·필요성·상당성이 요구된다.
보충성의 원칙	(1) 사회의 다른 일반적인 방법으로 통제 불가능시에 최후의 수단으로서 개입하여야 하고, (2) 그 수단의 선택에서도 가장 적은 침해를 수반하는 수단을 선택하여야 한다는 원칙	
적시성의 원칙	경비경찰권은 경비 상황의 발생에 따른 개입의 조건을 고려하여 가장 적합한 시기에 발동되어야 한다는 원칙	

제 4 절 외국의 경비경찰

1 영 국

1) 경비 기능의 분산

영국은 독자적인 경비경찰 분야가 독립되어 있지 않고, 경비의 각 기능을 개별적인 기관에서 수행하고 있다. 즉 다중범죄 진압, 대테러 업무, 요인경호 등 핵심 업무를 일괄적으로 한 부서에서 집권적으로 수행하고 있지 않다. 단위 경찰기관에 따라 공공의 안녕·질서 유지 업무에 종사하는 경비경찰을 가지고 있지 않는 곳도 있다.

(1) 수도경찰청

수도경찰청의 경우는 공공질서과(Public Order Department)를 두어 왕실 경비와 일반경비 업무를 담당한다.

CO11은 축구 등 각종 스포츠 행사의 정보를 수집·분석하여 경비를 담당한다.

기마경찰대는 다중범죄를 진압한다.

공공질서 훈련센터(Public Order Training Centre)는 평소의 교육을 실시한다.

(2) 내무부

내무부에서 전체 경찰 업무를 조정·협력하도록 하고 있는데, 경비 업무 역시 마찬가지이다.

내무부의 경찰정책이사회(Police Policy Directorate) 아래에 직무운영 시책국(Operational Policing Policy Unit)이 있고, 그 아래에 공공질서 분과(Public Order Section)를 두어 전체 경비 업무의 협력 및 조정 기능을 관장하고 있다.

(3) 수도경찰청의 국가상황실

대규모 시위·소요 사태시에는 1772년에 수도경찰청에 설치한 국가상황실(National Reporting Centre)에서 영국 경찰청장 협의회(ACPO) 회장이 각 지방경찰청 기동대(Police Supporting Unit)의 이동·배치 등을 지휘한다.

(4) 대테러부대

대테러부대로서 1942년 창설된 SAS라 불리는 특수공수부대(Special Air Service Regiment)가 전후에도 대테러부대로 운용되고 있으며, 이로써 영국은 테러진압특공대를 가장 일찍 창설한 나라가 되었다.

2) 경호 업무

(1) 수상이나 각료

수상이나 각료의 경호는 런던지역 내에서는 수도경찰청의 특수업무국 특수부 VIP 경호과에서 담당하고, 스코틀랜드나 웨일스 기타 지역의 수행시에는 지방경찰청 특수부의 경호요원이 근접 경호와 외곽 경호를 담당한다. 수도경찰청 특수요원은 조정관으로서 1명 정도가 수행한다.

(2) 여왕과 왕족

버킹검 궁전에는 여왕과 왕족의 경호를 위하여 정복 경찰관과 근위병이 항상 경계하며 근위병은 의장(儀仗)적인 임무를 함께 맡고 있다.

2 미 국

1) 경비경찰

(1) 시설

미국은 지방자치 경찰 제도를 채택하고 있기 때문에, 각 주마다 경찰조직이 다르다.

미국 경비경찰의 특징은 우리의 경찰청 경비국과 같이 독립적인 경비경찰 업무를 담당하는 총괄부서가 없고, 공경비보다는 사경비업체가 발전하여 공경비와 사경비의 구별이 점차 줄어들고 있다는 점이다.

(2) 민간 경비회사의 발전

최근 미국에서는 범죄가 증가하여 치안이 악화되고 있어서 자위의 필요성이 크게 강조되기 시작하였고, 이에 따라 경비산업이 활발해져서 시설경비·요인경호·안전조사·현금수송을 업으로 하는 민간 경비회사가 많이 생겼다.

현재 이러한 경비 회사에서 약 190만 이상의 직원이 경비 업무에 종사하고 있는 것으로 알려지고 있다.

경찰과 경비산업의 구별이 점차 줄어들고 있는 것도 오늘날의 미국 경찰이 보이는 특징 중 하나이다.

(3) 주군인 경찰

미국의 경비경찰로는 주군인 경찰(National Guard)이 있다. 주군인 경찰은 주(州)경찰력의 하나로서 국가육상경비대와 국가항공경비대가 있다. 국가 안전을 위하여 의회가 필요하다고 인정할 때에는 언제나 출동할 의무가 있다.

평시에는 주지사의 지휘하에 있는 부대이지만, 전시·비상시에는 미군에 편입되어 일선에 출동된다.

연방정부는 국방부에 국가경비대 사무국을 두어, 각주의 주군인 경찰의 유지·관리를 감찰할 뿐만 아니라, 훈련의 감독 및 재정적 지원 등을 하고 있다.

주군인 경찰 최고사령관은 주지사이며, 평상시의 관리는 주 군인경찰 총감이 담당한다. 주 군인경찰총감은 주 군인경찰 책임자인데, 일반적으로는 주지사에 의하여 임명되며 주 군인경찰국은 주지사에 직속된 독립기관인 것이 보통이다.

2) 경호 업무

미국의 경호 업무는 비밀경호국(Secret Service)이 담당한다. 비밀경호국은 국토안보부 산하로 관리부·수사부·경호운영부·경호조사부·정복경찰부 등의 조직을 가지고 경호 업무 등을 담당한다.

미국 경비경찰의 경호 업무는 1865년 연방 최초의 수사기관으로서 설치된 '미특별업무국(The United States Secret Service)'이 1901년 9월 매킨리 대통령이 암살당한 뒤 대통령 경호 임무를 담당하기 시작하면서부터이다.

미특별업무국(Secret Service)은 국토안보부에 속한 법 집행기관으로서 관리부, 수사부, 경호운용부, 경호조사부, 정복경찰부 등의 자체 조직을 가지고 경호 업무 등을 담당하고 있다.

3 독 일

1) 연방국경경비대

연방경찰은 연방국경경비대를 두고 주로 국경경비와 특수한 업무를 담당하고 있다. 독일 경찰의 핵심이 주 경찰은 경비 업무와 관련하여 경찰기동대가 있다. 그리고 경비 업무와 관련하여 필요한 경우에 주정부는 연방국경경비대의 출동을 요청할 수 있다.

연방국경경비대의 특징은 주의 경찰 활동은 주법의 범위 내에서만 가능한 데 대하여 연방국경경비대는 연방 또는 각 주의 존립 또는 자유민주적 기본 질서에 대한 위험을 방지하기 위해서 주의 요구나 연방정부의 결정에 의하여 투입할 수 있는 등 그 활동 범위가 연방 전체라는 점이다.

연방국경경비 업무는 연방의 내무부 장관 지휘하에 있는 연방국경경비대(Bundegrenzschutzpolizei: BGS)가 담당하는데, 기본법 저73조 제5호에 근거하여, 1951년에 창설되었다.

독일의 전(全) 국경과 공항 등에서 경찰 업무를 수행하고 있으며, 각 주 정부는 필요한 경우에 경비대의 출동을 요청할 수 있다.

각 주의 보통경찰 활동이 주법의 범위 내에서만 활동이 가능한데 대하여, 국경경비대는 연방 내에서 전체적으로 활동이 가능한 점이 특징이다.

이에 따라 독일기본법 제91조에 규정되어 있는 연방 또는 각 주의 존립 또는 자유민주적 기본 질서에 대한 위험을 방지하기 위하여, 주(州)의 요구 또는 비상사태의 경우 연방정부는 전 연방 지역에 연방국경경비경찰을 투입할 수 있다.

국경경비대의 최고 지휘관은 내무부 장관이며, 그 아래에 국경경비총감, 각대 사령관이 있다.

연방내무부 산하기구로 국경경비대 사령부, 국경경비대 관리국, 국경경비국 및 국경경비학교가 있으며, 국경경비대 비행단이라는 자체의 항공력을 가지고 있다.

국경경비대에 소요되는 예산은 연방정부가 분담한다.

2) GSG(게에스게)-9

독일 국경경비대 산하에 대테러부대(GSG-9)가 있는데 이들은 뮌헨올림픽 때 '검은9월단'에 대비하여 창설되었으며, 이들은 연방내무 장관의 지시에 따라 주 경찰 등이 해결하지 못하는 테러사건을 담당한다.

국경경비대 산하에는 대테러부대로서 GSG-9라는 조직이 있다.

GSG-9은 연방내무부 장관의 명령에 의하여 주 경찰이나 그 예하 기관의 경찰이 해결할 수 없는 테러사건을 담당하고 있다.

3) 시위 진압 업무

독일의 시위 진압 업무는 주의 경찰기동대가 담당한다. 경찰기동대는 폭동 등 전국적인 긴급치안 상황에 대비하여 연방과 각 주정부 간의 행정협정(1950)으로 창설되었다. 연방에서는 통일적인 근무 규정을 제정하고, 무기·통신 및 차량 정비 등을 지원하고 있다.

독일의 시위 진압 업무는 주(州)의 경찰기동대(Bereitschaftspolizei)에 의해서 이루어지는데, 이것은 폭동이나 시위 등 전국적인 긴급 치안 상황에 대처하기 위하여 1950년 연방과 각 주정부 간의 행정협정에 의하여 설립되었다.

각 주에서는 위 행정협정에 따라 경찰기동대를 설치·교육 및 배치 업무를 담당하고, 연방에서는 이들에 대한 통일적인 근무 규정의 제정, 무기·통신 및 차량 정비를 지원하고 있다.

4 프랑스

1) 경비경찰

(1) 국가경찰기동대

프랑스의 경비경찰은 내무부의 국립경찰청 산하의 국가경찰기동대(Compagnies Republicaines de Securite : CRS)와 국방부 산하의 군 경찰이 있다. 국가경찰기동대는 경찰관으로 편성되어 있는 경비 전담 부서로서 시위 및 폭동의 진압을 임무로 한다. 시위 진압의 경우에 군기동경찰대가 동원되기도 한다.

(2) 도시경찰국

대도시에서는 도시경찰국의 일부를 예비대로 하여 경비 업무께 임하게 하고 있다.

도시경찰국에는 1972년의 뮌헨올림픽 테러사건을 계기로 결성된 대테러특수부대(Groupe d'Intervertion de la Police Nationale: GIPN)가 있다.

(3) 군경찰

군경찰은 국립경찰이 설치되어 있지 않은 지역에 주둔하며 외근·교통·경비 등 일반적인 경찰 업무를 담당하며, 프랑스 전국의 질서 유지 및 법집행의 임무를 수행하고 있다.

시위 진압에는 기동군경찰이 동원되기도 한다.

경호전담 기구로서 국립경찰청 산하의 요인 경호를 담당하는 경호국(Service des Voyages Officiels et de la Securite des hanutes Personalites: VO)이 있다.

현역병 중 일부를 징집하여 경비 업무를 수행하게 하는 우리 나라 의무경찰 제도와 비슷한 보조경찰 제도가 있다.

2) 경호경찰

프랑스 경호경찰은 국립경찰청 산하에 요인 경호를 담당하는 경호국(VO)이 있으며, 보조경찰 제도가 있다.

5 일 본

1) 경비경찰

일본은 경찰청에 우리 나라에서와 같이 경비국을 설치하여 운영한다. 우리 나라와 가장 유사한 체제를 갖추고 있지만, 우리와는 달리 운영 업무는 경비 업무와 공안 업무를 같이 담당하고 있다.

경비경찰 활동 내용에는 우리 나라 정보경찰 활동이나 보안경찰 활동이 포함되어 운영된다는 점이 특징적이다.

2) 진압경비 업무

진압경비 업무는 경시청의 기동대와 관구 경찰국의 기동대가 담당하고, 기동대만으로 감당하기 어려운 폭동이 발생한 경우에는 자위대가 치안 활동을 한다.

그리고 도도부현 경찰 체제에서 대규모의 재해나 소란 등 긴급사태에 대비하여 국가공안위원회의 권고에 의하여 내각총리대신에게 국가 긴급사태 포고권을 부여하여 총리대신이 직접 경찰을 지휘·통제할 수 있다.

진압경비 업무는 우리와 같이 기동대를 운용하고 있는데, 이것은 1957년 도쿄 경시청에 기동대를 창설함으로써 시작되어, 1969년에는 관구 경찰국에도 기동대를 두고 주로 데모 경비 임무를 담당케 하고 있다.

기동대만으로 대처할 수 없는 폭동이 발생할 경우에는 자위대의 치안 활동이 가능하도록 되어 있다.

일본에서는 지진과 잦은 태풍 등으로 재해경비 업무에 대한 경찰의 기능이 중요시되고 있다.

3) 경호 업무

경호 활동은 우리와는 달리 경찰이 전담하고 있다.

경호 업무는 경찰청에서 담당하는데 정부요인이나 외국 요인의 신변 보호 활동이다. 경위 업무는 경찰청 직속의 황궁경찰본부가 전담하는데 황족에 대한 보호 활동을 한다.

영국	경비의 총괄적 부서가 아니다., 경비의 각 기능을 개별적인 기관에서 수행 (1) 수도경찰청⇒공공질서과, C011, 기마경찰대, 공공질서훈련센터, 국가상황실 대규모 시위·소요사태시에는 국가상황실에서 각 지방경찰청 기동대를 지휘한다. (2) 내무부⇒전체 경찰의 업무를 조정·협력하는 기능을 담당한다. (3) 대테러부대⇒SAS(특수공군부대 : 세계 최초의 테러진압 특공대) (4) 경호 업무⇒경호의 분권화의 책임제(수도경찰청과 지방경찰청의 업무 분담)
미국	독립적으로 경비 업무를 담당하고 있는 총괄부서가 아니다. (1) 최근의 치안 악화→민간 경비회사의 발전→경찰과 경비산업의 구별이 점차 감소 (2) 주군인 경찰⇒주지사의 지휘하에 비상경찰 업무를 담당한다. (3) 경호 업무⇒국토안보부 소속의 비밀경호국(Secret Service)에서 담당(과거에는 연방정보국에서 담당)
독일	(1) 연방국경경비대(BGS)⇒연방국경경비 업무를 담당(국경과 공항에서 경찰 업무 수행) (2) GSG-9 : 국경경비대 산하의 대테러부대로서 1972년 '검은9월단사건' 이후 설립된다. (3) 주(州)의 경찰기동대 : 시위진압 업무를 담당
프랑스	(1) 국가경찰기동대 : 내무부 국립경찰청 소속으로 경비 전담 부서로서의 역할을 수행 (2) 도시경찰국의 대테러특수부대⇒GIPN (3) 군 경찰 소속의 '기동군경찰'⇒관할구역이 아니다(행정구역에 관계 없이 전국을 망라).
일본	우리의 정보 및 보안경찰 활동이 경비경찰 활동에 포함되어 운용 (1) 경호 활동⇒경찰이 전담 '경호(警護) : 정부나 외국의 요인'과 '경위(警衛) : 천왕 등 왕족' 업무로 구분 (2) 진압경비 업무⇒'기동대'를 운용, 재해경비 업무에 대한 경찰의 기능이 중요시 (3) 대규모의 재해나 소란 등 긴급사태의 경우 내각총리대신의 '긴급사태 포고권'이 인정된다.

4) 대규모의 재해나 소란 등 긴급사태의 경우

도도부현 경찰 체제하에 발생될 수도 있는 대규모의 재해나 소란 등 긴급 사태를 대비하여 내각총리대신에게 국가공안위원회의 권고에 의거하여 전국 또는 일부의 지역에 대한 긴급 사태의 포고권을 부여하고 있다.

일시적으로 내각총리대신이 직접 경찰청 장관을 지휘·감독하고, 경찰청 장관은 도도부현 경찰 책임자를 직접 지휘 또는 명령하여 사태를 수습할 수 있도록 규정하고 있다(경찰법 제71조에서 제75조).

제 4 장 교통경찰

제 1 절 교통경찰의 의의

1 교통의 의의

1) 교통의 개념

① 교통은 공간적 장소의 변화 또는 장소적 이동이다. 이에는 사람의 이동, 화물이 수송, 정보의 통신도 포함된다.

② 교통은 거리 저항을 극복하는 이동이다.

③ 체계적인 교통기관과 시설에 의한 반복 현상을 갖는 이동이다.

2) 교통경찰의 대상 .

교통경찰의 대상이 되는 교통은 정보의 장소적 이동을 제외한 일반교통 영역 중에서 도로교통이다. 따라서 일반교통 중에서도 궤도에 의한 철도교통 · 항공교통은 해당 전문기관에서 취급하므로 제외되며, 해상교통은 해양경찰의 대상이 된다.

교통경찰의 주요 대상은 도로교통이라고 할 수 있다.

교통	(1) 반복 현상을 가지고 체계적인 기관에 의하여 거리 저항을 극복하면서 행해지는 인간 · 화물 · 정보의 장소적 이동 (2) 교통경찰의 주 대상은 일반교통 중 도로교통에 한한다. ⇒ 사람 및 화물의 이동
교통 경찰	교통에서 발생되는 모든 위험과 장해를 방지 · 제거하여 교통의 안전과 원활한 소통을 도모함을 목적으로 하는 경찰 활동

3) 교통의 3E 또는 4E 원칙

(1) 교통 원칙

영국에서 교통의 안전과 원활을 도모하기 위하여 설정한 것으로서, 교통경찰 운용의 기본이 되며, 교통경찰이 취하여야 할 행동지침의 성격을 갖는다.

(2) 교통의 중요성

(가) 교통과 경제 성장

교통시설은 한 지역이나 국가의 성장과 개발에 큰 영향을 끼칠 수 있다. 양호한 교통은 공업이나 상업을 발전시키자 원자재와 공산품의 가격 절감을 가져오며, 소비자에게는 낮은 비용과 폭넓은 선택 가능성을 갖게 하는 지역 간 경쟁을 유발시킨다.

(나) 교통의 역효과와 편익

① 교통의 역효과

㉠ 교통사고 위험의 증가가 대표적이다.

㉡ 소음, 주거 안정의 침해, 경관 훼손, 대기와 수질오염 등 환경 변화, 에너지 자원 소모 등을 들 수 있다.

㉢ 교통 혼잡은 통행 시간상의 손실뿐 아니라 연료 소모나 매연 방출로 인한 환경오염의 심화 등 엄청난 사회적 비용을 수반한다.

② 교통의 편익

㉠ 농촌 지역에 의료나 그 밖의 기본 서비스를 제공할 수 있게 한다.

㉡ 멀리 떨어져 살고 있는 사람들 간의 사회적 활동을 가능케 한다.

㉢ 교통의 발달로 이용자는 질이 좋은 서비스, 운임 저하와 열차 시간의

단축 등에 의한 경제적 편익을 얻을 수 있게 된다.

㉣ 화물의 경우 납기 단축으로 비용 부담이 경감된다.

<table>
<tr><td rowspan="4">4E</td><td rowspan="3">3E</td><td>교통안전 교육
(Education)</td><td>교통안전에 관한 교육훈련·홍보·계몽 등 교통안전 의식을 고취시키고, 그 실천을 유도하는 활동</td></tr>
<tr><td>교통안전 공학
(Engineering)</td><td>교통안전에 간한 도로환경 정비·교통안전시설·차량 등과 같은 물질적 요소로서 교통사고 방지 및 교통 체증 해소에 기여하는 대책의 추진</td></tr>
<tr><td>교통단속
(Enforcement)</td><td>교통규제·면허 제도·교통지도 및 단속이 포함되며, 교통법규를 준수하지 않는 도로 이용자에 대해서 단속을 실시하여 도로 교통의 질서를 유지하는 것</td></tr>
<tr><td colspan="2">교통환경
(Environment)</td><td>자동차 교통과 관련된 주위의 사물 실태를 말하며, 주로 불량 환경의 개선으로 교통안전을 실현하는 것. 위의 3요소만으로는 안전성이 부족하여 3E 원칙에 가장 최근에 첨가된 원칙임.</td></tr>
</table>

2 교통경찰의 개념과 목적

1) 교통경찰의 개념

교통경찰이란 교통에서 발생되는 모든 위해를 방지하고 제거하여 교통의 안전과 원활한 소통을 도모함을 목적으로 하는 경찰을 말한다.

교통경찰은 교통의 발전보다는 교통의 발달에서 오는 국민의 생명과 재산에 대한 위해를 예방하고 소통을 확보하는 것이 주목적이다.

도로교통법에서는 "도로에서 일어나는 교통상의 모든 위험과 장해를 방지·제거하여 안전하고 원활한 교통을 확보"함을 목적으로 하고 있다.

교통경찰은 교통규칙·정리·단속 등 경찰작용을 통하여 원활한 교통소통을 유지하고 교통사고를 방지함으로써 공공의 안녕과 질서를 유지하여 국가 발전에 기여한다.

2) 교통경찰의 목적

교통경찰의 목적은 모든 나라에 공통되는 사항으로, 교통경찰의 기본법인 도로교통법에 잘 나타나 있으며, 동법 제1조는 "도로에서 일어나는 교통상의 모든 위험과 장해를 방지·제거하여 안전하고 원활한 교통을 확보함을 목적으로 한다."고 규정하고 있다.

교통의 안전과 원활을 실현하기 위하여, 교통경찰은 교통상의 질서 유지와 교통사고의 예방이라는 책임을 맡고 있다.

3 교통경찰 활동의 특성

(1) 모든 계층의 사람이 교통경찰의 대상이 된다

운전자뿐만 아니라 보행자도 교통경찰의 대상이 된다. 인간은 누구나 도로를 일상적으로 사용하므로, 보행자이든 운전자이든 관계 없이 모든 계층의 사람들이 교통경찰의 대상이 된다.

(2) 사회 활동에 중대한 영향을 미친다

따라서 교통경찰 활동시에는 편의주의 원칙에 의하여 사회 생활에 미치는 영향을 고려하여 조치를 취하여야 한다. 경제 활동이 자동차 교통의 절대적 영향을 받고 있는 사회구조하에서 자동차 교통을 주된 대상으로 하고 있는 교통경찰의 활동은 사회 생활과 경제 생활에 많은 영향을 주고 있다.

(3) 경찰 활동 평가의 창구가 된다

교통경찰은 국민과 직접 접촉을 하므로 그 활동의 당부는 경찰에 대한 평가로 이어진다. 따라서 교통경찰관은 관계 법령의 숙지하고 친절·겸손하고 의연한 자세로 직무에 임하여야 한다.

교통경찰은 여러 계층의 사람들을 그 대상으로 하고 있으므로, 교통정리의 현장에서 또는 안전 계몽운동이나 교통 단속을 통하여 직접적으로 국민과 접촉하며 경찰 활동을 실시하게 된다.

오늘날 교통경찰에 대한 일반의 관심은 지대하며 교통경찰관의 활동에 대하여는 전체 국민이 관심을 갖기 때문에, 그 활동의 적부는 단순히 그 교통경찰관에 대한 평가에 그치지 않고, 교통경찰 전체에 대한 평가, 나아가서는 경찰 전체에 대한 평가로 이어진다.

교통경찰관은 평소 관계 법령 등의 지식을 함양하고, 교통경찰의 사명을 인식하여 친절·겸손하여야 하고 의연한 자세로 직무 집행에 임하여야 한다.

(4) 기술적 분야에 속하는 사항이 많다

교통 단속이나 교통사고의 조사를 위해서는 자동차에 대한 해박한 지식이 요구되고, 교통규제를 위해서는 교통시설에 대한 지식이 필요하다.

교통경찰 활동은 기술적 분야에 속하는 사항이 많아서 자동차에 관한 충분한 지식 없이는 교통 단속이나 교통사고의 조사가 곤란하므로, 자동차의 구조·기능·운전 등에 대하여 해박한 지식이 필요하다.

교통규제를 계획하고 신호기 기타 교통시설을 설치 관리하기 위해서는 해당 전문 분야의 지식을 필요로 한다.

(5) 일반행정 분야와의 협력을 필요로 한다

경찰은 교통을 정리하고 교통사고를 방지하여야 하는 책임이 있으나, 경찰 혼자만의 힘으로는 한계가 있으므로 교통사고의 방지와 교통의 원활한 소통을 기하기 위하여서는 관계 기관과의 협력에 의한 종합적인 대책이 필요하다.

(6) 교통환경의 변화가 급박하다

최근 자동차 수의 현저한 증가로 교통사고와 교통 혼잡이 점증하고 있다. 종래의 대도시에서뿐만 아니라 지방도시와 심지어 농촌 지역에까지 교통사고와 교통 혼잡이 점증하고 있다.

(7) 전국적인 관련성이 강하다

교통경찰의 활동 효과를 극대화시키기 위해서는 하나의 도나 시의 힘만으로는 곤란하고 전국적인 관련성을 고려한 종합적이고 일관성 있는 대책이 수립·추진되어야 한다.

교통경찰 활동은 비록 경찰관 개인에 의하여 한 장소에서 각자의 판단에 의하여 행하여지더라도 항상 전국적인 관련성이 크다는 점을 염두에 두고 이루어져야 한다.

(8) 광의의 행정경찰이다

(1) 모든 계층의 사람이 교통경찰의 대상 (2) 사회 생활과 경제 생활에 중대한 영향을 미친다. ⇒ 편의주의(便宜主義) 원칙의 중요성 (3) 경찰 활동 평가의 중요한 창구 (4) 과학·기술적 분야에 속하는 사항이 많다. ⇒ 계속적 연구와 전문적 지식이 필요 (5) 행정적 분야에 속하는 사항이 많다. ⇒ 공물관리청과의 협조를 요망. '교통안전위원회'의 조직 (6) 교통환경의 변화가 급격 (7) 전국적인 관련성이 강하다 : 교통사범의 수사시 통과 예상 통로의 연도(沿道) 경찰서의 협력

4 도로교통법상의 개념 정의

(1) 도로

(가) 개념

도로법에 의한 도로, 유료도로법에 의한 유료도로, 그 밖의 일반교통에 사용되는 모든 곳, 보도를 포함한다.

(나) 도로의 4 요건

형태성	차로의 설치, 노면의 균일성 유지 등 자동차 기타 운송 수단의 통행이 가능한 형태를 구비한 경우
이용성	사람의 왕복, 화물 수송, 자동차의 운행 등 공중의 교통 영역으로 이용되고 있는 경우
공개성	공중의 교통에 이용되고 있는 불특정 다수인 및 예상할 수 없을 정도로 바뀌는 숫자의 사람을 위하여 이용이 허용되고 실제 이용되고 있는 경우
교통경찰권	공공의 안녕과 질서 유지를 위하여 교통경찰권이 발동될 수 있는 경우

(다) 구체적 검토 : 일반교통에 사용되는 곳인지의 여부

도로에 해당하는 경우	도로에 해당되지 않는 경우
(1) 시청 내의 광장 주차창(불특정 다수의 사람과 차량이 통행하는 곳이며 충분한 통제가 이루어지지 않았다면 일반교통에 사용되는 곳으로서의 도로라 할 것이다.) (2) 크라운제과 직매장 마당 (3) 도정공장 내 마당 (4) 울산 현대조선소 구내 (5) 부두의 경우 도로의 연장 인정 (6) 농로, 임도, 광산로, 사도. 아파트단지 내 큰길. 공지, 광장, 해변, 그 밖의 도로에 연결되는 길 등도 누구에게나 자유로운 통행이 가능할 때에는 포괄적 의미의 도로로 될 수 있다. 단, 아파트단지의 경우 경비원이 일반인을 통제하는 곳은 도로가 아니다 (7) 때로는 논둑길, 밭둑길도 도로가 될 수 있다.	(1) 나이트클럽의 주차장(나이트클럽 주차장은 도로법이나 유료도로법 소정의 도로에 해당한다 할 수 없고 일반교통에 사용되는 곳이라고 보기 어려워 동 주차장에서 음주 운전을 하였더라도 처벌되지 않는다. (2) 주점 옆 주차장(주점에 출입하는 고객 전용의 주차공간은 도로에 해당되지 않으므로 음주운전을 하였더라도 처벌되지 않는다.) (3) 대형건물 부설 주차장(일반적으로 공개되지 않은 대형건물의 부설 주차장 내에서 술에 취한 상태에서 약 4m 차를 운행한 경우에 음주운전에 해당한다고 볼 수 없다.) (4) 소년원 경내 (5) 광주 고속버스터미널 내 (6) 경찰서 주차장 (7) 노상 주차장에 관하여는 도로교통법에 우선하여 주차장법이 적용

(2) 자동차 전용도로

자동차만이 다닐 수 있도록 설치된 도로

(3) 고속도로

자동차의 고속교통에만 사용하기 위하여 지정된 도로

〈고속도로 버스 전용차로〉

(1) 8인승 : 전용차로 이용 불가
(2) 9인승↔12인승 : 6인 이상이 승차하여야 함.→6인 미만은 단속 대상
(3) 13인승 이상 : 승차 인원에 관계 없음.
• 다인 승차량 전용차로→3인 이상이 승차한 승용 · 승합자만 통행 가능

(4) 차도

연석선(차도와 보도를 구분하는 돌 등으로 이어진 선), 안전표지, 그 밖

의 이와 비슷한 공작물로써 그 경계를 표시하여 모든 차의 교통에 사용하도록 된 도로의 부분

(5) **중앙선**

차마(車馬)의 통행을 방향별로 명확하게 구분하기 위하여 도로에 황색 실선이나 황색 점선 등의 안전 표지로 표시한 선 또는 중앙분리대·철책·울타리 등으로 설치한 시설물을 말하며, 가변 차로가 설치된 경우에는 신호기가 지시하는 진행 방향의 제일 왼쪽 황색 점선

(6) **차로**

차마가 한 줄로 도로의 정하여진 부분을 통행하도록 차선에 의하여 구분되는 차도의 부분

(7) **차선**

차로와 차로를 구분하기 위하여 그 경계 지점을 안전 표지에 의하여 표시한 선

(8) **자전거 도로**

안전 표지, 위험 방지용 울타리, 그 밖의 이와 비슷한 공작물로써 그 경계를 표시하여 자전거의 교통에 사용하도록 된 도로의 부분

(9) **보도**

연석선, 안전 표지, 그 밖의 이와 비슷한 공작물로써 그 경계를 표시하여 보행자(유모차 및 신체장애자용 의자차를 포함)의 통행에 사용하도록 된 도로의 부분

(10) **길 가장자리 구역**

보도와 차도가 구분되지 아니한 도로에서 보행자의 안전을 확보하기 위하여 안전 표지 등으로 그 경계를 표시한 도로의 가장자리 부분

(11) **횡단보도**

보행자가 도로를 횡단할 수 있도록 안전 표지로써 표시한 도로의 부분

〈횡단보도의 설치 기준〉

(1) 횡단보도에는 횡단보도 표시와 횡단보도 표지판을 설치함.
(2) 횡단보도를 설치하고자 하는 장소에 횡단보행자용 신호기가 설치되어 있는 경우에는 횡단보도 표시만 설치함.
(3) 횡단보도를 설치하고자 하는 도로의 표면이 포장이 되지 아니하여 횡단보도 표시를 할 수 없는 때에는 횡단보도 표지판만을 설치함(그 표지판에 횡단보도의 너비를 표시하는 보조 표지를 설치함).
(4) 횡단보도는 육교 · 지하도 및 다른 횡단보도로부터 200미터 이내에는 설치하여서는 아니됨.
→다만 어린이 보호구역으로 지정도니 구간 내 또는 보행자의 안전이나 통행을 위하여 특히 필요하다고 인정되는 경우에는 거리 제한을 받지 아니하고 설치할 수 있음.

(12) 교차로

+자로, J자로, 그 밖에 둘 이상의 도로가 교차하는 경우에 그 둘 이상의 도로(보도와 차도가 구분되어 있는 도로에서는 차도)가 교차하는 부분

(13) 안전지대

도로를 횡단하는 보행자나 통행하는 차마의 안전을 위하여 안전 표지, 그 밖의 이와 비슷한 공작물로써 표시한 도로의 부분을 말한다.

(14) 신호기

신호기란 도로 교통에 관하여 문자 · 기호 또는 등화로써 진행 · 정지 · 방향 전환 · 주의 등의 신호를 표시하기 위하여 사람이나 전기의 힘에 의하여 조작되는 장치를 말한다.

특별시장 · 광역시장 또는 시장 · 군수(광역시의 군수는 제외한다. 이하 "시장 등"이라 한다)는 도로에서의 위험을 방지하고 교통의 안전과 원활한 소통을 확보하기 위하여 필요하다고 인정하는 때에는 신호기 및 안전 표지를 설치하고 이를 관리하여야 한다. 다만, 유료도로법 제12조의 규정에 의한 유료도로에서는 그 도로관리자가 시장 등의 지시에 따라 이를 설치 · 관리하여야 한다.

(15) 안전 표지

교통의 안전에 필요한 주의 · 규제 · 지시 등을 표시하는 표지판 또는 도

로의 바닥에 표시하는 기호나 문자 또는 선을 말한다.

주의 표지	도로 상태가 위험하거나 도로 또는 그 부근에 위험물이 있는 경우에 필요한 안전 조치를 할 수 있도록 이를 도로 사용자에게 알리는 표지
규제 표지	도로 교통의 안전을 위하여 각종 제한·금지 등의 구제를 하는 경우에 이를 도로 사용자에게 알리는 표지
지시 표지	도로의 통행 방법·통행 구분 등 도로 교통의 안전을 위하여 필요한 지시를 하는 경우에 도로 사용자가 이에 따르도록 알리는 표지
보조 표지	주의 표지·규제 표지 또는 지시 표지의 주기능을 보충하여 도로 사용자에게 알리는 표지
노면 표지	도로 교통의 안전을 위하여 각종 주의·규제·지시 등의 내용을 노면에 기호·문자 또는 선으로 도로 사용자에게 알리는 표지

(16) 차마

차와 우마를 말한다. "차"라 함은 자동차·건설기계·원동기 장치 자전거·자전거 또는 사람이나 가축의 힘, 그 밖의 동력에 의하여 도로에서 운전되는 것으로서, 철길 또는 가설된 선에 의하여 운전되는 것과 유모차 및 신체장애자용 의자차 외의 것을 말하며, "우마(牛馬)"라 함은 교통·운수에 사용되는 가축을 말한다.

(17) 자동차

철길 또는 가설된 선에 의하지 아니하고 원동기를 사용하여 운전되는 차(견인되는 자동차도 자동차의 일부로 본다)로서 자동차관리법 제3조의 규정에 의한 승용자동차·승합자동차·화물자동차·특수자동차·이륜자동차 및 건설기계관리법 제26조 제1항 단서의 규정에 의한 건설기계를 말한다. 다만, 제15호의 규정에 의한 원동기 장치 자전거를 제외한다.

⇒경운기·트랙터·군용 차량은 도로교통법상 자동차에 해당하지 않음.

(18) 원동기 장치 자전거

이륜자동차 중 배기량 125cc 이하의 이륜자동차와, 50cc 미만의 원동기를 단 차

⇒50cc 미만 : 사용신고 의무나 번호판 등록 의무 없음.

(19) 긴급 자동차

(가) 개념

소방자동차·구급자동차, 그 밖의 대통령령이 정하는 자동차로서 그 본래의 긴급한 용도로 사용되고 있는 중인 자동차로서, 대통령령이 정하는 자동차는 다음 각 호에 해당하는 자동차를 말한다. 다만, 제5호 내지 제8호의 자동차는 이를 사용하는 사람의 신청에 의하여 지방경찰청장이 지정하는 경우에 한한다(도로교통법시행령 제2조 1항).

그리고 이 밖에도 ① 경찰용의 긴급 자동차에 의하여 유도되고 있는 자동차, ② 국군 및 주한국제연합군용의 긴급 자동차에 의하여 유도되고 있는 국군 및 주한국제연합군의 자동차와 ③ 생명이 위급한 환자나 부상자를 운반중인 자동차는 긴급 자동차로 본다(도로교통법시행령 제2조 2항).

(나) 긴급 자동차의 운행

소방자동차·구급자동차 및 제2조 제1항의 규정에 의한 긴급 자동차는 자동차관리법 및 동법에 의하여 발하는 자동차의 안전 운행에 필요한 기준에서 정한 긴급 자동차의 구조를 갖추어야 하며, 법 제25조 및 법 제26조, 그 밖의 법에 규정된 특례의 적용을 받고자 하는 때에는 사이렌을 울리거나 경광등을 켜야 한다. 다만, 속도에 관한 규정에 위반하는 차량을 단속하는 경우의 긴급 자동차는 그러하지 아니하다.

제2조 제2항의 규정에 의하여 긴급 자동차로 보게 되는 자동차는 전조등을 켜거나 그 밖의 적당한 방법으로 이를 표시하여야 한다.

(다) 긴급 자동차의 우선

긴급 자동차는 긴급하고 부득이한 때에는 도로의 좌측 부분을 통행할 수 있다.

긴급 자동차는 이 법 또는 이 법에 의한 명령의 규정에 의하여 정지하여야 할 경우에도 불구하고 정지하지 아니할 수 있다.

교차로 또는 그 부근에서 긴급 자동차가 접근한 때에는 모든 차는 교차로를 피하여 도로의 우측 가장자리에 일시 정지하여야 한다. 다만, 일방 통행으로 된 도로에서 우측 가장자리로 피하여 정지하는 것이 긴급 자동차의 통행에 지장이 있는 때에는 가장자리로 피하여 정지할 수 있다. 그리고 기타의 장소에서 긴급 자동차가 접근한 때에는 모든 차는 도로의 우측 가장자리로 피하여 진로를 양보하여야 하지만, 일방 통행으로 된 도로에서 우측 가장자리로 피하는 것이 긴급 자동차의 통행에 지장이 있는 때에는 좌측 가장자리로 피하여 양보할 수 있다.

〈우선 통행 순서〉
긴급 자동차 → 자동차(최고 속도 순) → 원동기 → 차마

(라) 긴급 자동차에 대한 특례

긴급 자동차에 대하여는 자동차 등의 속도(제15조), 앞지르기 금지 시기, 앞지르기 금지 장소, 끼여들기의 금지(제20조 내지 제20조의3)의 규정을 적용하지 아니한다. 다만, 제15조의 규정에 의하여 긴급 자동차의 속도를 따로 정한 경우에는 제15조의 규정을 적용한다.

앞지르기 방법, 중앙선 침범 사고, 신호 위반 등은 특례에 해당하지 않는다.

(20) 어린이 통학버스

초·중등교육법에 의한 유치원·초등학교·특수학교, 영유아보육법에 의한 보육시설 또는 학원의 설립·운영에 관한 법률에 의하여 설립된 학원 중 주로 어린이(13세 미만의 사람을 말한다)를 교습 대상으로 하는 학원의 승합자동차로서 신고된 자동차이다.

⇒도로교통법상의 유아는 6세 미만으로, 유아의 보호자는 유아만을 보행하게 하여서는 안 된다.

(21) 주차

차가 승객을 기다리거나 화물을 싣거나 고장, 그 밖의 사유로 인하여 계속하여 정지하거나 또는 그 차의 운전자가 그 차로부터 떠나서 즉시 운전할 수 없는 상태

〈주차 금지 장소〉

(1) 소화용 기계·기구가 설치된 곳으로부터 5m 이내
(2) 소방용 방화물통으로부터 5m 이내
(3) 소화전, 소방용 방화물통의 흡수구, 흡수관으로부터 5m 이내
(4) 화재경보기로부터 3m 이내
(5) 터널 안, 다리 위
(6) 도로공사구역 양쪽 가장자리로부터 5m 이내
(7) 지방경찰청장이 지정한 곳(안전 표지 설치)

(22) 정차

차가 5분을 초과하지 아니하고 정지하는 것으로서 주차 외의 정지 상태

〈정차 및 주차 금지 장소〉

(1) 교차로, 횡단보도, 차도와 보도가 구분된 도로의 보도 또는 건널목
(2) 교차로 가장자리 또는 도로의 모퉁이로부터 5m 이내의 곳
(3) 안전지대로부터 사방 10m 이내의 곳
(4) 버스여객 자동차의 정류를 표시하는 기둥, 판 또는 선이 설치된 곳으로부터 10m 이내의 곳(운행중에 한함.)
(5) 건널목 가장자리 또는 횡단보도로부터 10m 이내의 곳
(6) 지방경찰청장이 지정한 곳(안전 표지 설치)

(23) 운전

도로에서 차를 그 본래의 사용 방법에 따라 사용하는 것(조종을 포함한다.)을 말한다.

(24) 서행과 일시 정비의 비교

	서 행	일시정지
의의	차가 즉시 정지할 수 있는 느린 속도로 진행하는 것	차가 일시적으로 그 바퀴를 완전 정지시키는 것
장소	(1) 교통 정리가 행하여지고 있지 아니하는 교차로 (2) 도로가 구부러진 부근 (3) 비탈길의 고개마루 부근 (4) 가파른 비탈길의 내리막 (5) 지방경찰청장이 도로에서의 위험을 방지하고 교통의 안전과 원활한 소통을 확보하기 위하여 필요하다고 인정하여 안전 표지에 의하여 지정한 곳	(1) 교통 정리가 행하여지고 있지 아니하고 좌우를 확인할 수 없거나 교통이 빈번한 교차로 (2) 기타 → 철길 건널목. (3) 지방경찰청장이 도로에서의 위험을 방지하고 교통의 안전과 원활한 소통을 확보하기 위하여 필요하다고 인정하여 안전 표지에 의하여 지정한 곳

정지 거리 = 공주 거리(위험 인식 ⇢ 브레이크 작동시작) + 제동거리(브레이크 작동 시작 ⇢ 정지)

(25) **앞지르기**

차가 앞서가는 다른 차의 옆을 지나서 그 차의 앞으로 나가는 것

앞지르기 금지 시기	앞지르기 금지장소
(1) 앞차의 좌측에 다른 차가 앞차와 나란히 가고 있는 때에는 그 앞차를 앞지르지 못함. (2) 뒤차는 앞차가 다른 차를 앞지르고 있거나 앞지르고자 하는 때에는 그 앞차를 앞지르지 못함. (3) 모든 차의 운전자는 이 법이나 이 법에 의한 명령 또는 경찰공무원의 지시를 따르거나 위험을 방지하기 위하여 정지 또는 서행하고 있는 다른 차를 앞지르지 못함.	(1) 교차로·터널 안 또는 다리 위 (2) 도로의 구부러진 곳 (3) 지방경찰청장이 도로에서의 위험을 방지하고 교통의 안전과 원활한 소통을 확보하기 위하여 필요하다고 인정하여 안전 표지에 의하여 지정한 곳

(26) **보행자 전용도로**

보행자만이 다닐 수 있도록 안전 표지, 그 밖의 이와 비슷한 공작물로써 표시한 도로

(27) **전도－측면 접지**

(28) **전복－뒤집힘**

(29) **노면 흔적**

① 스키드 마크－미끄러진 흔적

② 요마크－바퀴가 돌면서 다소 차축과 평행하게 옆으로 미끄러진 타이어의 마찰흔

③ 충돌 스크럽－차량이 심하게 충돌하고 있을 때 차량의 손괴된 부품이 타이어를 꽉 눌러 그 회전을 방해하고 동시에 충돌로 인하여 지면을 향한 큰 힘이 작용한다. 이 때 타이어와 노면 사이에 순간적으로 강한 마찰력이 발생하면서 나타나는 현 상으로서 이것은 최대 접촉시의 바퀴 위치를 의미하므로 충돌 지점을 나타내 주는 최고의 증거가 될 수 있다.

④ 임프린트－눈, 모래, 자갈, 진흙 및 잔디와 같이 느슨한 노면 위를 타

이어가 미끄러짐 없이 굴러가면서 노면상에 타이어의 접지면의 무늬 모양을 그대로 새겨 놓은 흔적

⑤ 가속 스카프–충분한 동력이 구르는 바퀴에 전달되어 도로 표면에 적어도 한번의 스핀이나 슬립이 발생되어 나타나는 흔적

(30) **통행 우선 순위**

① 긴급자동차

② 긴급자동차 외의 자동차

③ 원동기 장치 자전거

④ 자동차 및 원동기 장치 자전거 외의 차마

5 교통정리

교통의 원화를 실현하는 기술적 활동을 말한다.

교통정리 4원칙으로느 단순화(방향, 속도, 종류), 도로의 능률, 기회 평등, 우선 통행권을 들 수 있다.

우선 교통권의 원칙을 살펴보면 다음과 같다.

① 진행 방향에 따른 우선권: 진행하는 것은 방향을 전환하는 것보다 우선권을 부여한다.

② 도로에 따른 우선권: 간선도로 또는 주요 도로를 통행하는 교통 물체에게 보조도로 또는 소도로를 통행하는 교통 물체의 종류보다 우선권이 주어진다.

③ 교통의 종류에 따른 우선권: 교통 물체의 종류에 따라 교통의 능률성과 공공성이 비추어 우선권을 부여한다.

6 교통순찰

1) 의 의

교통사고 방지 및 교통 소통의 원할을 기하기 위하여 일정 지역을 순회하면서 법규 위반자에 대한 지도 · 단속 · 교통사고 처리 · 교통 정체 요인

등을 제거하는 교통 외근 활동

2) 목 적

위반행위의 예방, 교통 상황의 주시 및 보고, 특별한 주의가 필요한 시야 장애물 등 도로 상황 관찰 , 위반자의 색출 및 단속, 공중에의 편의 제공 등을 제공한다. 교통사고 조사는 교통순찰의 주 임무는 아니지만, 순찰 중에 필요한 때는 수행하게 된다.

3) 교통순찰 방법

(1) 고정순찰

가능하면 고정된 순찰 노선이나 순찰 시간을 피하는 것이 좋고, 상습범이나 악의적인 위반자의 악용을 방지하기 위해서 역순찰을 병행하는 것이 좋다.

(2) 역순찰

지금 막 지나온 순찰 장소를 다시 돌아가서 순찰하는 등 순찰의 방법을 변경하는 것

(3) 합동순찰

다른 순찰대와 합동으로 순찰을 실시하는 것(한 대의 순찰차는 교통군을 앞질러 가고 다른 순찰차는 그 차량의 뒤를 따르는 방법)

(4) 정지관찰

위험 지역에서의 단속을 목적으로 미리 예정된 지역에 정차에 있는 방법으로서 교통 혼잡이 있거나 정지 장소의 전망이 좋을 때 채택함(휴식순찰).

제 2 절 교통경찰 활동과 그 법적 토대

1 교통경찰의 업무 분장(경찰청 직제 §13)

(1) 중앙–경찰청 교통관리관
(2) 지방–시도지방경찰청의 교통지도부(서울), 교통과(경기, 부산), 경비교통과 및 경찰서의 교통과 또는 경비교통과

(1) 담당 부서

(가) 경찰청 교통관리관

교통기획 담당관	1. 도로 교통에 관련되는 종합기획 및 심사분석 2. 도로 교통에 관련되는 법령의 정비 및 행정 제도의 연구 3. 교통경찰공무원에 대한 교육 및 지도 4. 도로교통시설의 관리 5. 자동차 운전면허 관련 기획 · 지도 6. 운전면허 시험관리단의 지도 · 감독
교통안전 담당관	1. 도로교통 사고의 지도 및 단속 2. 도로교통 사고에 관한 사항 3. 고속도로 순찰대의 운영 감독

(나) 서울청 교통지도부

교통기획과	1. 교통안전과 소통에 관한 계획의 수립 및 지도 · 단속 2. 교통안전을 위한 민간 협력조직의 운영 지도 3. 교통기동순찰대의 운영 · 감독 4. 기타 부내 다른 과의 주관에 속하지 아니하는 사항
교통안전과	1. 교통시설에 관한 계획의 수립 및 지도 · 단속 2. 교통시설의 개발 3. 자동차 운전 면허 관련 행정심판 · 행정소송 업무 4. 자동차 운전 면허의 취소와 정지에 관한 업무 5. 자동차 운전 전문학원(일반자동차운전학원을 포함한다. 이하 같다)의 지도 · 감독

- 운전면허시험관리단-경찰청 소속 책임운영기관
- 운전면허시험관리단은 운전면허 시험 실시(원동기장치 자전거 면허시험 실시권은 제외), 운전면허증 제작·교부, 적성검사, 면허전산실 운영 등 운전 면허 관련 사무와 운전면허 시험장의 유지·관리에 관한 사무를 관장한다.

2 교통 규제

1) 개 념

교통 규제란 지방경찰청장 등이 도로에서의 위험을 방지하고 교통의 안전과 원활을 도모하며, 그 밖의 도로교통으로 인한 위해를 방지하기 위하여 도로교통법 등의 관계 법령에 의거하여, 신호기나 안전 표지를 설치하는 등으로 통행의 금지·제한 등 도로에서 통행 규칙을 설정하는 활동을 말한다(도로교통법 제3조 제6조).

2) 종 류

도로 이용자에게 교통 규제를 주지시키기 위한 수단에는 신호기, 안전 표지, 교통경찰관 등의 수신호 또는 지시와 명령이 있다.

3) 교통 규제 단계

원인 탐색 → 원인 치유 → 교육, 홍보

4) 교통 규제권자와 내용

① 경찰청장의 교통 규제

② 시·도지사 등의 교통 규제

③ 지방경찰청장의 교통 규제

㉠ 차마의 통행 금지 및 통행 제한: 지방경찰청장은 도로에서의 위험 방지 등을 위하여 필요한 경우에는 구간을 정하여 차마의 통행을 금지하거나 제한할 수 있다(동법 제6조 제1항).

㉡ 기타의 교통 규제(도로교통법): 경음기의 사용 제한(제34조), 자동차의 도장 및 표지의 제한(제35조)

④ 경찰서장의 교통 규제

⑤ 경찰공무원의 교통규제

교통정리는 이러한 경찰공무원의 권한에 의거하는 것이다. 이 경우 신호기가 표시하는 신호에 관계 없이 그와 다른 의미를 표시하는 수신호를 할 수 있다.

경찰공무원은 주의 의무를 위반한 운전자에 대하여 위험 방지를 위한 운전 금지 등의 조치를 취할 수 있다(동법 제73조).

규제권자	규제 내용
경찰청장	고속도로의 경우 신호기 및 안전 표지 설치시 협의·지시(§55) 도로의 점용 허가시 도로관리청이 건교부 장관인 경우 (§65) (1) 고속도로의 관리자는 고속도로에서의 위험을 방지하고 교통의 안전과 원활한 소통을 확보하기 위하여 신호기 및 안전 표지를 설치하고 관리하여야 한다. (2) 고속도로의 관리자는 신호기 및 안전 표지를 설치하고자 하는 때에는 경찰청장과 협의하여야 한다. ⇒일반도로에서의 횡단보도·신호기의 설치·관리는 광역시급 이상은 지방경찰청장이, 기타 시군 지역에서는 경찰서장이 담당한다. (3) 경찰청장은 고속도로의 관리자에게 신호기 및 안전 표지의 관리에 관하여 필요한 사항을 지시할 수 있다(동법 제56조). 고속도로 속도 제한 (4) 도로관리청이 건설교통부 장관인 경우에는 도로의 점용 허가 등에 대해서 경찰청장의 의견을 들어야 한다(제65조 1항).
광역시·도지사	(1) 신호기 및 안전표지 설치·관리권(§3) ① 교통 규제는 시도지사 등이 신호기 및 안전 표지를 설치하고 관리함으로써 이루어진다(도로교통법 제3조). ② 시도지사의 권한은 지방경찰청장에게, 시장·군수는 경찰서장에게 교통규제권을 위탁하고 있으므로 실제로 교통규제권은 모두 경찰에 위임되어 있다(도로교통법 시행령 제71조의2). ③ 전용차로 설치(§13의 2) (2) 어린이 보호구역의 설치(§11의 2)
지방 경찰청장	① 보행자나 차마의 통행 금지 또는 제한(제6조 1항) ② 차선, 차로·가변 차로 설치(제13조) ③ 자동차 등의 속도 제한(제15조) ④ 횡단 등의 금지(제16조) ⑤ 교차로 통행 방법의 지정(제22조) ⑥ 서행 및 일시정지 구간의 지정(제27조) ⑦ 정차 및 주차 금지구역의 지정(제28조)

지방 경찰청장	⑧ 승차 또는 적재의 제한(제35조 5항) ⑨ 운전 면허 ⑩ 교통정보 제공 ⑪ 전용도로 통행 제한 ⑫ 어린이 보호구역 - 30km 속도 제한 ⑬ 횡단보도의 설치(§10) ⑭ 자동차의 속도 제한(§15) ⇒고속도로의 경우는 경찰청장 ⑮ 긴급 자동차의 지정(령§2①)
경찰서장	(1) 차마 통행의 우선 금지·제한, 도로의 통행을 금지·제한(§6②) (2) 안전 기준을 초과한 승차 또는 적재의 허가(§35①) (3) 도로의 점용 허가시 도로관리청이 시장 등인 경우(§64) ① 전용도로, 보행자, 차마의 통행을 우선 금지하거나 제한한 후 그 도로관리자와 협의하여 금지 또는 제한의 대상과 구간 및 기간을 정하여 도로의 통행을 금지하거나 제한할 수 있다(제6조 2항). 도로의 장애 제거 ② 도로공사의 신고(도로관리청, 그 밖의 공사시행청의 명령에 따라 도로를 파거나 뚫는 등 공사를 하고자 하는 사람은 3일 이전에 그 일시·구간·공사 기간·시행 방법, 그 밖의 필요한 사항을 경찰서장에게 신고하여야 한다. 다만, 산사태. 수도관 파열 등 긴급한 시공이 필요한 경우에는 그에 알맞은 안전 조치를 하고 공사를 시작한 후에 지체없이 신고하여야 한다.) ③ 도로관리청이 특별시장·광역시장·도지사 또는 시장이나 군수인 경우에는 도로의 점용 허가 등에 대해서 관할 경찰서장의 의견을 들어야 한다(제65조 1항).
경찰 공무원	(1) 위험 방지를 위한 차마 통행의 일시적 제한(§6③, §53) (2) 교통 혼잡 완화 조치(§7) (3) 주의 의무 위반자에 대한 위험 방지를 위한 운전 금지 등의 조치(§43) ① 경찰공무원은 도로의 파손, 화재의 발생, 그 밖의 사정으로 도로에서의 위험 방지를 위하여 긴급한 필요가 있다고 인정하는 때에는 그 필요한 한도 안에서 보행자나 차마의 통행을 일시 금지하거나 제한할 수 있다(제6조 3항, 제53조). ⇒경찰공무원에는 전투경찰순경이 포함되며, 경찰공무원을 보조하는 자에는 무사고 운전자 또는 유공운전자의 표지장을 받은 사람으로서 경찰청장이 정하는 바에 따라 교통안전 봉사활동에 종사하는 모범운전자와, 군사훈련 및 작전에 동원되는 부대의 이동을 유도하는 헌병이 있다. ② 교통 혼잡 완화를 위한 조치(제7조). 따라서 경찰관의 교통 정리시 신호기가 설치되어 있어도 수신호가 있다면 수신호에 따라야 한다. ③ 의무위반자에 대한 운전면허증의 제시 요구 및 위험 방지 조치(제43조) ④ 신호기의 신호와 경찰관의 수신호가 경합하는 경우 경찰관의 수신호가 우선함.

⇒보행자 전용도로의 설치(§24의 2)⇒지방경찰청장 또는 경찰서장
안전표지의 종류 : 주의, 규제, 지시, 보조, 노면 표지

*보행자 전용차로의 설치권자 : 지방청장 또는 경찰서장
*차량의 통행제한권자 : 경찰공무원, 건교부 장관(자동차관리법), 도로관리청(도로법)
*도로의 통행금지 · 제한권자 : 지방청장, 경찰서장, 경찰공무원
*어린이 보호구역의 보호 : 지방청장 또는 경찰서장은 다음의 조치를 할 수 있음.
-자동차의 통행을 금지하거나 제한하는 것
-자동차의 정차나 주차를 금지하는 것
-운행 속도를 매시 30km 이내로 제한하는 것
-이면도로(도시 지역에서 간선도로가 아닌 도로로서 일반의 교통에 사용되는 도로를 말함)를 일방통행로로 지정 · 운영하는 것.

5) 교통 규제의 일반 원칙

교통 규제의 실시는 현지조사와 판단에 의거 타당성, 합리성(객관적 발견), 합법성, 계획성, 일관성, 간명성, 관련 교통시설과의 조화, 유지관리의 용이성 등을 참작하고 관련자의 의견을 들어 계획하여야 한다.

신호등의 등화 순서는 적색 및 녹색 화살표 등화 · 황색 등화 · 녹색 등화 · 황색 등화 · 적색 등화

3 교통지도 단속

1) 개 념

교통지도 단속이란 도로에서의 위험을 방지하고 교통의 안전과 원활을 도모하기 위하여 교통 법규 위반자를 감시 · 예방 · 경고 · 주의, 그리고 필요에 따라 적발 · 검거하는 경찰 활동을 말하며, 교통경찰 활동의 중요한 분야를 차지하고 있다.

2) 기능 및 역할

(1) 기능

교통지도 단속은 설정된 교통규칙 및 계획된 교통 흐름을 실제 교통의 현장에서 실현시켜 가는 수단으로서 기능한다. 단속의 주된 기능은 교통의 흐름을 실현시키는 것이다. 단속 건수를 위한 단속은 금지된다

설정된 교통규칙을 도로 이용자가 자발적으로 지켜줄 것을 기대하게 되나, 도로 이용자 모두가 자발적으로 준수하고 행동하여 주지 않는 것이 현

실이므로 그것을 지키도록 지시하고 강제하는 조치가 있게 된다.

모든 도로 이용자에 대하여 미리 정해진 도로 이용의 방법과 계획된 교통의 흐름을 확실하게 실현시켜 나가기 위해서는 규칙 위반자에게 법적 제재를 가함으로써 의무 이행을 강제시키는 방법을 강구하게 된다. 이것이 교통 위반자에 대한 형사벌, 범칙금, 운전 면허에 대한 행정처분인 것이다.

(2) 역할

교통지도 단속의 역할은 도로 이용자가 교통 규칙을 준수하는 사회적 풍토를 조성하는 것이다.

(가) 규칙의 이해와 안전 행동의 교시

교통 참여자 모두에게 도로 이용, 통행 방법에 관하여 무엇이 잘못된 행동이고, 어떻게 행동하여야 올바른 것인가의 판단 기준을 제시하면서 도로 이용자의 의사 결정과 행동을 교통 질서 형성에 바람직한 방향으로 동조시켜 나가는 역할을 한다. 모호한 단속은 지양한다.

(나) 교통 위반 행위의 억지

교통지도 단속 활동은 위반행위를 하면 법적 제재를 받아서 불이익하다는 이미지를 확립시켜 나감으로써 교통 위반 행위를 사전에 억지하는 역할을 한다.

(다) 교통 위반 행위의 진압(배제)

교통지도 단속의 주요 기능으로서 음주 운전·무면허 운전 등의 경우에 그 이후에 운전을 계속하지 못하도록 필요한 조치를 취하는 것을 들 수 있다.

교통 위반 행위의 검거 활동은 현행범적인 성격을 띠고 있으므로 교통 위반자를 검거하여 교통 현장으로부터 배제시켜 나가는 것이 교통지도 단속 활동의 주된 역할이 된다

(라) 위반행위에 대한 법적 제재 조치의 실현

이에 의하여 교통규칙의 강행성과 실효성이 보장된다. 교통규칙의 준수 여부에 따라 수많은 인명과 사회적 손실이 달려 있으므로 교통 규칙이 어

떤 경우에도 확실하게 지켜지도록 강제력을 갖고 있어야 하는데, 법규 위반자에 대한 법적 제재 조치의 실현을 통하여 규칙의 강행성과 실효성이 보장된다.

(마) 국민과 경찰 간의 연대 의식

교통지도 단속이 공정하고 합리적일 때 국민과 경찰의 연대감이 높아지므로, 통일성과 타당성 있는 단속과 단속자의 정중한 태도 등이 요구된다.

① 교통지도 단속 활동이 공정하고 합리적으로 전개될 때에는 국민과 경찰 간의 연대 의식이 강화될 수 있다.

② 경찰이 불법행위와 위험하고 반질서적인 행위로부터 자신을 안전하고 쾌적하게 보호해 준다는 기대가 국민 의식 속에 자리잡게 되면, 국민과 경찰 간의 연대 의식이 자연스럽게 생성된다.

3) 교통 단속의 5대 원칙

① 위반행위의 명확한 확인
② 안전한 곳으로의 유도 정차
③ 경례 후 위반 사항의 고지 및 면허증 제시 요구
④ 범칙금 납부 통고서(출두 지시서 등) 발부
⑤ 경례 후 발차 지시

확인 → 유도 정차 → 고지 → 통고서 → 발차

4) 교통 단속의 방법

구분	내용
선택적 단속	교통사고의 주요 원인 및 교통 체증 원인을 날짜·시간·장소·요일·계절 등으로 구체적으로 분석하여 그 위반행위를 중점 단속하는 방법
질적 단속	교통법규 위반자에 대하여 교통사고 위험도가 가장 높아 사고와 직결되고 있는 요인행위를 집중 단속하는 방법
양적 단속	교통 단속이 지나치게 질적 단속에 집중되면 경미한 위반행위가 방치되므로, 비디오 촬영 등을 활용하여 단속 건수를 많이 하여 질서 확립과 교통사고를 예방하는 방법

5) 주요 지도 단속 내용

(1) 주요 내용과 주의 사항

교통지도 단속 활동의 내용에는 지도 및 경고, 교통 법규 위반자의 제지·검거 및 교통 흐름의 정리, 그리고 각종 보호·원조 활동 등이 있으나, 교통지도 단속의 핵심은 교통 법규의 준수를 강제하는 교통법규 위반자의 제지와 검거 활동이다.

교통의 단속은 법적 강제력을 배경으로 하고 있기 때문에 교통질서 형성과 위반 억지에 큰 힘을 발휘하며, 교통지도 단속 과정에서의 언어·태도 등의 올바른 사항, 위반 사실 적발의 타당성 확보, 위반의 감정적·논리적인 저항에 대한 적적한 대처 등이 중요한 과제가 없다.

(2) 중점 단속 대상인 사고 요인 행위

사고요인행위란 교통사고 야기와 직접적으로 관련되는 것으로서 음주, 과속, 신호 위반, 중앙선 침범 등이 이에 해당한다.

6) 교통 단속시 유의 사항

교통 단속시에는 신속성, 선별의 적정성, 적절한 언어를 구사하여야 한다.

7) 교통지도 단속의 기본 자세

교통 지도 단속의 기본 자세로는 합법성, 합리성, 타당성 등이 요구된다.

<table>
<tr><td rowspan="2">의의</td><td colspan="2">도로에서의 위험 방지 및 교통의 안전과 원활을 도모하기 위하여 교통 법규 위반자를 감시·예방·경고·주의 그리고 필요에 따라 적발·검거하는 경찰 활동</td></tr>
<tr><td>교통정리</td><td>도로 교통의 원활한 소통과 안전을 확보하기 위하여 지정된 장소에서 보행자 및 차량의 통행을 정리하고 필요한 단속을 행하는 근무</td></tr>
<tr><td>역할</td><td colspan="2">(1) 규칙의 이해와 안전 행동의 교육
(2) 교통 위반 행위의 억지
(3) 교통 위반 행위의 배제(진압)
(4) 위반행위에 대한 법적 제재 조치의 실현
(5) 국민과 경찰 간의 연대 의식 강화</td></tr>
</table>

방법	(1) 질적 단속(사고 요인행위) (2) 양적 단속(단속 건수 위주) (3) 선택적 단속(원인 분석)
주요 내용	(1) 사고 요인행위 단속(교통사고 야기와 직접적으로 관련이 있는 내용) ⇒음주, 과속, 신호 위반, 중앙선 침범 단속 등 (2) 기타 교통 위반의 제지와 검거 활동⇒보도 침범, 통행 방법 위반, 앞지르기 방법·금지 위반, 횡단보도 보행자 보호 의무 기반, 무면허 운전 등

8) 교통법규 위반자에 대한 조치 요령

외국인	내국인과 동일하게 단속함. 단, 국제면허 소지자는 즉심에 회부 외교특권자 :재판권은 면제되나, 면허행정처분에는 면책특권이 없음.
SOFA 대상자	원칙적으로 통고 처분하고, 부득이한 사유가 있을 경우에는 범칙금을 면제 처리함.
군용 차량	통고 처분하지 않고, 적발보고서를 작성하여 운전자 소속 부대에 서면 통보함.
관용 차량	일반인과 동일하게 단속함.

9) 음주 운전(단속 요령)

의의	(1) 도로교통법 제41조 및 동법 시행령 제31조의 규정에 의하여 누구든지 술에 취한 상태의 기준이 혈중 알코올 농도 0.05% 이상에서 도로교통법상의 도로에서 자동차 등을 운전하여서는 안 된다(혈액 1ml당 알코올 0.5mg). (2) 자동차 등 : 자동차(모든 건설기계 포함) 및 원동기 장치 자전거를 의미 ① 도로교통법상의 자동차 등에서 제외되는 경운기·우마차·트랙터·자전거·군용 차량 등은 음주운전의 단속 대상이 아님.
단속 지침	(1) 주취 운전자 적발보고서를 작성, 미란다 원칙 고지 후 지체없이 경찰서로 동행, 의법조치함. ① 주취 운전자 적발보고서 -대상자 : 음주 운전자, 음주 운전 교통사고 야기자, 음주 측정 거부자, 채혈 요구자 (2) 음주 측정 불응자에 대해서는 불이익을 10분 간격으로 3회 이상 명확히 고지, 측정 거부로 주취 운전자 적발보고서 작성, 작성 이후에는 당해 운전자의 요구가 있더라도 측정해서는 안 됨. (3) 음주 측정 거부자는 도로교통법 위반(제148조)으로 경찰서로 동행하여 의법 조치함. (4) 측정지수에 불복하는 운전자에 대해서는 운전자의 동의를 얻어 채혈 감정할 수 있음. (5) 미국은 음주 측정 불응행위를 이후 형사소송에서 운전자에게 불리한 증거로 사용될 수 있으나 음주 측정 불응 그 자체를 처벌하지 않는다. 일본의 경우 운전 종료 후 음주 측정 불응에 관하여 처벌 규정을 두고 있지 않다.

	음주 측정치	형 벌		행정처분 내용
처벌 기준	0.05~0.09	형사 입건		대물-100일 정지
				인피-면허 취소
	0.10 이상	형사 입건		면허 취소
	0.16 이상	8주 이상	영장청구(구속 수사)	면허 취소
		경상사고	불구속 입건	
	0.26 이상	중상사고	영장 청구	면허 취소
		무면허 사고		2년간 면허 취득 자격 정지
	0.36 이상	사고 유무 불문	영장 청구	면허 취소
		무면허		
	0.05 이상	뇌물 공여자	영장 청구	면허 취소
		3회 이상(3진 아웃)		

4 교통 법규 위반자에 대한 제재

1) 개 관

교통 법규 위반자에 대해서는 경우에 따라 형벌, 과태료의 분과(도로교통법 제115조의2), 운전 면허의 취소·정지 등 행정처분, 통고처분, 자동차 사용 정지 등의 처분이 과해지는 바, 여기서는 운전 면허의 취소·정지 등 행정처분과 통고처분에 관해서만 설명한다.

2) 운전 면허의 취소·정지처분 제도

교통의 안전과 원활이라는 목적은 형벌적 제재만으로 달성되는 것은 아니며, 그와 같이 교통에 부적합한 위반자에 대하여 더 이상의 교통 관여를 금지하거나 억제하는 것이 교통상의 위험을 예방하는 수단이기도 하다. 그러한 수단의 하나가 바로 교통법규 위반 행위자에 대한 운전 면허의 행정처분 제도이다.

운전면허 행정처분은 운전 면허의 취소와 효력 정지로 나뉘는데, 이에 관해서는 도로교통법 제93조와 동 시행령 제53조가 기준을 정하고 있다.

3) 범칙금 통고 처분

(1) 의의

범칙금 통고 처분 제도란 경미한 교통 법규 위반자에 대하여 경찰관이 직접 위반 장소에서 위반자에게 범칙금을 납부할 것을 통고하여 범칙금을 납부하도록 하고 운전을 계속하게 하는 제도를 말한다

이는 경미한 법규 위반자에게 즉심에 회부하는 번잡성을 피하고 신속 간편하게 처리하여 즉심을 받는 것과 동일한 효과를 부여, 사무처리의 능률을 기하며, 운전자에게는 재판을 받는 부담을 없애는 제도이다(도로교통법 제12장).

(2) 제도적 가치

경미한 위반자에게 대하여 일일이 즉심에 회부하는 번잡성을 피하고 신속 간편하게 처리함으로써, 즉결심판을 받은 것과 동일한 효과를 부여하여 사무 처리의 능률을 기한다.

운전자에게도 법원에 출두하여 재판을 받는 부담을 없애고 신속·원활을 생명으로 하는 현대의 교통행정에 이바지한다.

(3) 범칙행위·범칙자·범칙금

(가) 범칙행위

범칙행위라 함은 도로교통법 제113조 각 호 또는 제114조 각 호의 죄에 해당하는 위반행위를 말하며, 20만 원 이하의 벌금이나 구류 또는 과료의 형으로 벌한다.

(나) 범칙자

범칙자라 함은 범칙행위를 한 사람으로서 다음 각 호의 1에 해당하지 아니하는 사람을 말한다.

1. 범칙행위 당시 운전면허증을 제시하지 못한 자동차 등의 운전자 2. 범칙행위로 교통사고를 일으킨 사람. 다만, 교통사고처리특례법 제3조 제2항 및 제4조의 규정에 의하여(피해자의 처벌 의사가 없거나 종합보험 등에의 가입으로 가해자를 처벌하지 않게 되는 경우) 업무상 과실치상죄·중과실치상죄 또는 이 법 제108조의 죄(차의 운전자가 다른 사람의 건조물이나 그 밖의 재물을 손괴한 죄)에 대한 벌을 받지 아니하게 된 사람은 제외한다. 3. 국제운전면허증을 가진 사람

(다) 범칙금

범칙금이라 함은 범칙자가 통고 처분에 의하여 국고에 납부하여야 할 금전을 말하며, 그 범칙금의 액수는 범칙행위의 종류·지역·차종에 따라 대통령령으로 정한다(도로교통법 시행령 제73조).

(4) **통고 처분의 대상**(제118조)

① 경찰서장은 범칙자로 인정되는 사람에 대하여는 그 이유를 명시한 범칙금납부통고서로 범칙금을 납부할 것을 통고할 수 있다. 다만, 다음에 해당하는 사람에 대하여는 통고 처분이 아니라 즉결심판을 청구하여야 한다(도로교통법 제118조).

1. 성명 또는 주소가 확실하지 아니한 사람 2. 도주 염려가 있는 사람 3. 범칙금납부통고서를 받기를 거부한 사람 4. 60일 내 범칙금 미납자

② 범칙금납부통고서를 받고 납부 기일 내(1차 : 10일 이내, 2차 : 20일 이내)에 범칙금을 납부하지 아니한 사람에 대해서도 납부 기일 만료일부터 60일 이내에 즉결심판에 회부한다.

③ 경찰공무원이 위반 현장에서 법규 위반자에게 범칙금통고서를 발부할 때에는 범칙금납부통고서·범칙금납부고지서·영수증서·영수필통지서를 같은 일련번호로 작성하여 동시에 발급한다.

(5) **범칙금의 납부**(제119조)

① 범칙금납부통고서를 받은 사람은 10일 이내에 경찰청장이 지정하는 국고은행, 그 지점이나 대리점 또는 우체국에 납부하여야 한다. 다만, 천

재・지변, 그 밖의 부득이한 사유로 말미암아 그 기간 내에 범칙금을 납부할 수 없는 때에는 그 부득이한 사유가 없어지게 된 날로부터 5일 이내에 납부하여야 한다(1차 납부).

② 납부 기간 내에 범칙금을 납부하지 아니한 사람은 납부 기간이 만료되는 날의 다음 날부터 20일 이내에 통고받은 범칙금에 그 100분의 20을 더한 금액을 납부하여야 한다(2차 납부).

③ 범칙금 납부 기한 내에 공휴일이 있을 때는 그 공휴일도 계산한다.

④ 범칙금은 분할하여 납부할 수 없다.

⑤ 범칙금을 납부한 사람은 그 범칙행위에 대하여 다시 벌받지 아니한다.

범칙금을 제때 내지 않아 즉결심판에 넘겨진 경우라도 부과된 범칙금에다 50%의 가산금을 내면 즉심청구가 취소된다. 이에 따라 범칙금 통고 처분 후 2차 납부 기한(30일)까지 범칙금을 내지 않았어도 심판 전에 가산 범칙금을 내면 즉심을 면한다.

(6) **즉결심판의 청구**(제120조)

경찰서장은 다음 각 호의 1에 해당하는 사람에 대하여는 지체없이 즉결심판을 받도록 하여야 한다.

① 성명 또는 주소가 확실하지 아니한 사람

② 달아날 염려가 있는 사람

③ 범칙금납부통고서를 받기를 거부한 사람

④ 60일 내에 범칙금을 납부하지 아니한 사람

5 교통사고 처리 - 선조치 후보고

교통사고 처리는 예방 목적이 아니다.

의의	차의 교통으로 인하여 사람을 사상하거나 물건을 손괴하는 교통사고를 처리하는 것⇒ 교통사고의 형사 책임 규명을 위한 증거 수집 및 보전 활동

1) 교통사고의 개념

교통사고란 차의 교통으로 인하여 보통 과실로 다른 차마나 사람 또는 충돌하거나 접촉・충돌할 위험을 야기하여, 사람을 사상하거나 물건을 손괴하여 피해 결과를 발생시키는 경우를 말한다.

차에 의한 사고	(1) 차인 것⇒자동차, 건설기계, 원동기 장치 자전거, 자전거 또는 사람이나 가축의 힘, 그 밖의 동력에 의하여 도로에서 운전되는 것(우마차·경운기 포함) (2) 차 아닌 것⇒궤도차, 케이블카, 유모차, 장애자용 의자차(휠체어), 소아용 자전거 등
교통으로 인하여 발생한 사고	(1) 교통사고에서 교통의 개념 ⇒차량의 직접적 운행+부수적 행위+차량과 밀접한 연결 부위에 의한 사고(예: 승·하차시의 사고, 적재된 화물로 인한 사고, 차량의 일시 정지시 사고 등) (2) 도로에서의 사고이어야 하는지 여부 ① 도로의 판단⇒일반교통에의 사용 여부에 의한다(判). ② 도로교통법상의 사고 : 도로에서의 사고에 한한다. 교통사고처리특례법상의 사고 : 도로 이외의 장소도 포함(判)
피해의 결과 발생	타인의 유형적 피해만을 의미⇒자기의 피해나 무형적 피해는 해당하지 아니한다.
업무상 과실의 존재	고의에 의한 범행은 교통사고가 아니라 일반 형사사건임⇒특가법상의 도주 차량(과실+고의)

*도로에서 발생하지 않은 단순 물피사고의 경우는 민사 관계에 해당함.

2) 요 건

(1) 차에 의한 사고

차에는 자동차·건설기계·원동기 장치 자전거·자전거 또는 사람이나 가축의 힘, 그 밖의 동력에 의하여 도로에서 운전되는 것으로서, 여기에서는 철길 또는 가설된 선에 의하여 운전되는 것(기차나 전동차)과 유모차 및 신체장애자용 의자차(휠체어) 등은 제외된다(도로교통법 제2조 13호).

우선 자동차 등의 개념과 관련한 도로교통법 제2조 제13호의 정의에 비추어 볼 때 기차 전동차, 항공기, 선박 등은 차에 포함되지 아니한다.

도로교통법 제2조 제14호의 규정에 비추어 볼 때 자동차관리법 제3조의 규정에 의하여 건설교통부령으로 정한 보통 자동차, 소형 자동차, 특수 자동차는 모두 차에 해당하고, 원동기 장치 자전거, 그 밖의 일반 자전거, 운전되는 것 등도 위의 차에 해당한다.

전동차 등 궤도차와 케이블카, 소아용의 자전거(예를 들어 세발자전거),

유모차 등은 차에 해당하지 아니한다.

(가) 자동차

자동차라 함은 철길 또는 가설된 선에 의하지 아니하고 원동기를 사용하여 운전되는 차(견인되는 자동차도 자동차의 일부로 본다)로서 승용 자동차·승합 자동차·화물 자동차·특수 자동차·이륜 자동차 및 건설기계관리법 제26조 제1항 단서의 규정에 의한 건설기계를 말한다. 다만, 원동기장치 자전거를 제외한다(도로교통법 제2조 14호).

(나) 건설기계

건설기계관리법 제26조 제1항 본문에 의한 건설기계로서 도로교통법상 자동차에 해당하지 않는 것을 말한다.

건설기계 6종－덤프트럭, 아스팔트 살포기, 노상 안정기, 콘크리트 믹스트럭, 콘크리트 펌프, 트럭 적재식 천공기

(다) 원동기장치 자전거

원동기장치 자전거라 함은 이륜 자동차 중 배기량 125cc 이하의 이륜 자동차와, 50cc 미만의 원동기를 단 차를 말한다(도로교통법 제2조 15호).

(2) 교통으로 인하여 발생한 사고

(가) 교통의 개념

교통사고에서 교통이란 차의 운전을 말하고, 운전이란 사람의 왕래나 화물의 운반을 위한 운행을 뜻하는 것으로서 도로에서 차를 그 본래의 사용방법에 따라 사용하는 것(조종을 포함한다)을 말한다(도로교통법 제2조 19호). 이는 직접적인 차의 운행 외에도 차의 운행과 밀접하게 관련된 부수적인 행위를 포함한다. 또한 차체에 의하여 발생한 경우 이외에 적재된 화물이나 차량과 밀접하게 연결된 부위에 의하여 발생한 경우도 포함된다.

(나) 도로에서의 사고 여부

도로교통법상으로는 도로에서 일어난 사고여야 한다.

그러나 교통사고처리특례법 제3조 2항에 "차의 교통으로 인하여 도로교통법 제108조의 죄를 범한 운전자에 대하여"라고 규정하고 있으므로, 반드

시 도로에서 발생한 사고일 것을 요하지 않고 도로 이외의 장소에서 발생한 사고의 경우에도 교통사고에 해당한다.

아파트단지의 도로 여부에 대하여 판례는 경비원이 일반인의 출입을 통제하는 곳은 도로가 아니지만 누구나 출입이 허용되는 단지는 도로로 본다.

(3) 피해의 결과 발생

타인에 대한 생명·신체 및 재산에 대한 피해가 반드시 있어야 한다. 피해가 없는 경우에는 차의 운행 중 충돌, 접촉 등이 있다 하더라도 교통사고가 아니다. 그리고 여기서의 피해는 정신적인 것, 가해 운전자 자신의 차량과 자신의 신체, 범행의 수단 또는 도구로 제공된 차량은 포함되지 않는다.

차의 운행 중 충돌, 접촉 등으로 인한 것이라 해도 피해가 없을 경우에는 교통사고에 해당되지 않으며, 다만 행정법규 위반 여부가 문제된다.

여기서 피해는 타인에 대한 생명, 신체 및 재산에 대한 것으로, 가해 운전자 자신과 그 운전 차량이나, 범행의 수단 또는 도구로 제공된 차량 자체는 포함되지 않는다.

여기서 재산은 유형적 재물만을 의미하며 정신적 손해 등 무형적인 피해는 제외된다.

(4) 업무상 과실이 있을 것

교통사고는 기본적으로 과실과 고의가 결합된 특정범죄 가중처벌 등에 관한 법률 위반(도주 차량)의 경우를 제외하고는 과실범이고 결과범이므로, 교통사고 조사시에는 운전자의 과실을 명백히 가리고 피해 발생 여부 및 정도를 조사하는 것이 반드시 필요하다.

3) 교통사고의 특성

우발성	교통사고는 과실에 의한 것이 보통이므로 언제 어디서든지 발생할 수 있으며 그 예측이 곤란한 우발적인 성격을 지닌다. 차를 이용해 고의로 범한 범행은 교통사고가 아니다.
현장 보존의 곤란성	교통사고는 교통이 빈번한 장소에서 우발적으로 발생하므로 현장이 변경되기 쉽고 교통 소통을 위하여 현장을 계속적으로 보존하기 곤란하다.

증거 확보의 곤란성	교통사고는 범인과 목격자·참고인 등의 유동성으로 인하여 인적 증거의 확보가 곤란하고, 사고 현장에 유류된 물적 증거도 번잡한 교통의 흐름으로 멸실되기 쉽고 그 수집이 곤란하다. 따라서 교통사고의 경우는 가급적이면 신속히 현장에 출동하는 것이 증거 확보에 유리하다.

4) 교통사고에 적용되는 법령

형사 책임	교통사고처리특례법에 의한 처벌(형벌)
행정 책임	과태료의 부과, 운전 면허의 취소·정지 등 행정처분, 통고처분, 자동차 사용 정지 등
민사 책임	민사상 손해배상

① 행정 책임－면허 정지, 취소
② 민사 책임－손해 배상
③ 형사 책임

교통사고의 대부분은 과실에 의하여 발생하며, 보통은 사고 당사자의 형사 책임이 인정되어 형법상의 업무상 과실치사상(형법 제1268조), 과실치사상(형법 제267조, 제266조) 등으로 처벌된다.

교통사고로 인하여 사람을 사상하게 하거나 물건을 손괴한 때에는 사상자를 구호하는 등 필요한 조치를 취하여야 함에도 불구하고 이를 이행하지 않은 자에 대하여도 형벌이 가해진다(도로교통법 제50: 주 제106조).

인피 야기 도주 차량 운전자에 대해서는 합의 관계 없이 특례법이 배제되고 형사 입건되어 가중 처벌을 규정하고 있다(특가법 제5조의3).

일반적인 교통사고의 경우에는 교통사고처리특례법에 따라 처리한다. 물론 사고 당사자에게 도로교통법 위반의 사실이 있다면, 이에 대해서는 범칙금납부통고서를 발부하여야 한다.

〈특정범죄 가중 처벌에 관한 법률 제5조의3〉

제5조의3(도주 차량 운전자의 가중 처벌) ① 도로교통법 제2조에 규정된 자동차 · 원동기 장치 자전거 또는 궤도차의 교통으로 인하여 형법 제268조의 죄를 범한 당해 차량의 운전자(이하 "사고운전자"라 한다)가 피해자를 구호하는 등 도로교통법 제54조 제1항의 규정에 의한 조치를 취하지 아니하고 도주한 때에는 다음의 구분에 따라 가중 처벌한다. <개정 1984. 8. 4, 2002. 3. 25, 2005. 5. 31>

1. 피해자를 치사하고 도주하거나, 도주후에 피해자가 사망한 때에는 무기 또는 5년 이상의 징역에 처한다.
2. 피해자를 치상한 때에는 1년 이상의 유기징역 또는 500만 원 이상 3천만 원 이하의 벌금에 처한다.

② 사고 운전자가 피해자를 사고 장소로부터 옮겨 유기하고 도주한 때에는 다음의 구분에 따라 가중 처벌한다.<개정 1995. 8. 4>

1. 피해자를 치사하고 도주하거나 도주 후에 피해자가 사망한 때에는 사형 · 무기 또는 5년 이상의 징역에 처한다.
2. 피해자를 치상한 때에는 3년 이상의 유기징역에 처한다.

[본조 신설 1973. 2. 24][90헌바24 1992. 4. 28 특정범죄 가중처벌 등에 관한 법률(1966. 2. 23. 법률 제1744호, 개정 1973. 2. 24. 법률 제2550호, 1984. 8. 4. 법률 제3744호) 제5조의 3제2항 제1호는 헌법에 위반된다.]

<table>
<tr><td rowspan="5">인적 피해</td><td colspan="2">치사사고</td><td>형사 입건 : 공소권 있음 처리(특례법 제3조 1항)</td></tr>
<tr><td rowspan="4">치상 사고</td><td>합의 O (보험 가입)</td><td>특례법 제3조 2항 단서(특례10개 항목, 도주)를 제외하고는 형사 입건 : 공소권 없음 처리(제3조 2항, 제4조 1항)
원인행위만 도로교통법 적용 처리함.</td></tr>
<tr><td>합의 X</td><td>형사입건 : 공소권 있음 처리(특례법 제3조 1항)</td></tr>
<tr><td>특례 10개 항목, 도주</td><td>피해자와의 합의 여부, 보험 가입 등과 관계 없이 무조건 공소권 있음 처리하여 형사 처벌함.</td></tr>
<tr></tr>
<tr><td rowspan="2">물적 피해</td><td colspan="2">합의 O (보험 가입)</td><td>피해액과 관계 없이 교통사고 처리대장에 등재함으로써 처리 절차를 종결(내사 종결)하며, 형사 입건은 하지 않음.
원인행위만 도로교통법 적용 처리함.</td></tr>
<tr><td colspan="2">합의 X</td><td>형사 입건 : 공소권 있음(도로교통법 제151조).
피해액이 20만 원 미만인 사고는 즉심에 회부함.</td></tr>
<tr><td rowspan="2"></td><td colspan="2">인적 피해</td><td>형사 입건 : 공소권 있음(특가법 제5조 3).</td></tr>
<tr><td colspan="2">물적 피해</td><td>형사 입건 : 공소권 있음 처리(도로교통법 제151조)</td></tr>
</table>

도주	미신고 사고	교통사고 야기 후 사상자 구호 등 사후조치는 하였으나 신고하지 않았을 경우의 교통사고는 위의 기준에 따라 처리 단, 피해자의 구호와 교통질서 회복을 위하여 당사자의 개인적인 조치를 넘어 경찰관의 조직적인 조치가 필요하다고 인정될 경우에는 도로교통법 제148조를 적용하여 형사 입건(공소권 있음.)

*보험 또는 공제에 가입되지 않은 사고의 경우에는 2주일간의 합의 유예 기간을 두며, 그 기간 내에 합의가 성립되면 '공소권 없음'으로 처리하고, 그 원인행위만 도로교통법을 적용하여 처리함.

④ 교통지도 단속의 대상인 교통사고처리특례법 제3조 2항 10대 예외 항목(치상사고의 경우 무조건 형사 입건)

1. 신호기 또는 교통 정리를 위한 경찰공무원 등의 신호나 통행의 금지 또는 일시정지를 내용으로 하는 안전 표지가 표시하는 지시에 위반하여 운전한 경우(신호·안전 표지 위반)
2. 중앙선을 침범하거나 법에 위반하여 횡단·유턴 또는 후진한 경우(중앙선 침범)
   ① 차체의 어느 일부라도 중앙선을 침범하면 중앙선 침범 사고로 본다
   ② 중앙선 침범 사고만은 인과 관계를 따져 인과 관계가 있을 경우에만 중앙선 침범 사고가 성립한다(중앙선을 침범한 물피 사고의 경우에는 교통사고처리특례법이 아닌 도로교통법이 적용.)
3. 도로교통법의 규정에 의한 제한 속도를 매시 20킬로미터를 초과하여 운전한 경우(과속)
4. 앞지르기의 방법·금지 시기·금지 장소 또는 끼여들기의 금지에 위반하여 운전한 경우(앞지르기 방법 등 위반)
5. 건널목 통과 방법을 위반하여 운전한 경우(건널목 통과 방법 위반)
6. 횡단보도에서의 보행자 보호 의무를 위반하여 운전한 경우(횡단보도 보행자 보호 의무 위반)
   ① 보행자 보호 의무를 적용하는 예
   횡단보도를 건너고 있는 자, 손수레·자전거·오토바이를 끌고 건너고 있는 자
   ② 보행자로 볼 수 없는 경우
   손수레·자전거·오토바이를 타고 횡단하는 자, 횡단보도에 누워 있거나, 앉아 있거나, 엎드려 있거나, 교통 정리를 하고 있거나, 싸우고 있는 경우, 적재물 하역 작업하는 중, 택시 잡는 중, 보도에 서 있다가 횡단보도 내로 넘어진 경우 등
7. 운전 면허 또는 건설기계 조종사 면허를 받지 아니하거나 국제운전면허증을 소지하지 아니하고 운전한 경우(무면허 운전)
8. 주취 중에 운전을 하거나 약물의 영향으로 정상적 운전을 하지 못할 염려가 있는 상태에서 운전한 경우(음주·약물 운전). 취중 경운기 운전 제외
9. 보도가 설치된 도로의 보도를 침범하거나 보도 횡단 방법에 위반하여 운전한 경우(보도 침범)
10. 승객의 추락 방지 의무를 위반하여 운전한 경우(승객 추락 방지 의무 위반 - 개문 발차)

5) 교통사고 처리의 목적

사고처리	부상자 등의 구호, 사고의 연속 방지 및 교통 질서의 회복, 사고에 대한 형사 책임의 규명, 법령 위반에 대한 행정 조치, 사고 재발을 위한 원인 조사
사고조사	행정경찰적 목적+사법경찰적 목적(수사작용), 민사상의 목적

① 교통사고로 인한 부상자 등의 신속한 구호
② 사고의 연속 확대 방지와 교통 질서의 회복
③ 사고에 관한 형사 책임의 규명(증거 수집 및 보전 활동 등)
④ 교통 법령 위반에 대한 행정 조치(운전 면허의 취소, 정지 등)
⑤ 사고의 재발 방지를 위한 원인 조사

부상자 구조, 사고 확대 방지(사고 예방 목적 아니다), 원인 조사, 형사 책임, 자료 수집

6) 사진 촬영

파노라마, 다각적, 크기 파악 쉽게, 위치 방향 명시

6 운전 면허

1) 의 의

자동차 운전 면허 제도는 도로에서 위험을 방지하고 교통 질서를 유지하기 위하여 부적격자가 운전을 하지 않도록 하기 위한 제도로서, 경찰 허가에 해당한다.

운전 면허의 취득은 운전 면허 시험에 합격하여야 하고, 합격한 지역의 관할 지방경찰청장(시험기관장에게 위탁 - 원동기 제외)으로부터 운전면허증을 교부받아야 하다. 즉 운전 면허의 효력은 운전면허증을 본인 또는 그 대리인이 교부받은 때부터 발생한다.

자동차 등의 운전은 그 속도와 중량으로 인한 위험이 따르게 되므로 도로에서의 위험을 방지하고 교통 질서를 유지하기 위하여 부적격자가 운전하는 일이 없도록 하기 위한 제도로서 운전 면허 제도가 있다.

운전 면허 제도는 법적으로는 경찰 허가에 속하며, 그 중에서도 대인적 허가라 할 수 있다.

자동차 등을 운전하고자 하는 자는 지방경찰청장의 운전 면허를 받아야 하며, 운전 면허를 받지 아니하고는 자동차를 운전할 수 없다.

의의	도로에서의 위험을 방지하고 교통 질서를 유지하기 위하여 부적격자가 운전하는 일이 없도록 하기 위한 제도
처분권자	지방경찰청장 ⇒ 취소·정지권도 보유
법적 성질	대인적 경찰 허가(운전면허증을 교부받은 때로부터 효력이 발생)

2) 운전할 수 있는 차의 종류

<table>
<tr><td>의의</td><td colspan="3">자동차관리법의 규정에 의하여 자동차의 형식이 변경·승인되거나, 자동차의 구조 또는 장치가 변경·승인된 경우에는 다음의 구분에 의한 기준에 따라 적용함.</td></tr>
<tr><td rowspan="3">구분</td><td rowspan="2">자동차의 형식 변경</td><td>차종 변경 또는 승차 정원·적재 중량 증가</td><td>변경 승인 후의 승차 정원 또는 적재 중량</td></tr>
<tr><td>승차 정원·적재 중량 감소</td><td>변경 승인 전의 승차 정원 또는 적재 중량</td></tr>
<tr><td colspan="2">자동차의 구조·장치 변경</td><td>변경 승인 전의 승차 정원 또는 적재 중량</td></tr>
</table>

3) 무면허 운전

① 운전 면허를 받지 아니하고 운전

② 유효 기간이 지난 면허증으로 운전(정기 적성검사 기간 만료일로부터 1년간 취소 유예 기간이 지난 면허증으로 운전)

③ 면허의 취소처분을 받은 자의 운전

④ 면허 정기 기간 중에 운전

⑤ 운전면허시험에 합격한 후에 면허증 교부 전 운전

⑥ 면허외 운전

⑦ 외국인으로 국제운전면허 없이 운전

⑧ 외국인으로 입국 1년이 지난 국제운전면허증을 소지하고 운전

-무면허, 음주 운전은 도로에서 운전하는 때에 한하여 적용

4) 도로교통법상 운전 면허의 종류

운전 면허		운전 가능한 차종	비 고
종 별	구 분		
제1종	대형면허	승용 자동차 승합 자동차 원동기 장치 자전거 화물 자동차 건설기계(덤프트럭, 아스팔트 살포기, 노상 안정기, 콘크리트 믹서트럭, 콘크리트 펌프, 트럭 적재식 천공기, 도로를 운행하는 3톤 미만의 지게차) 특수 자동차(트레일러, 레카는 제외)	20세 이상, 운전 경험 1년 이상
	보통면허	승용 자동차 승차 정원 15인 이하 승합 자동차 승차 정원 12인 이하 긴급 자동차(승용 및 승합자동차에 한한다.) 적재 중량 12톤 미만 화물 자동차 건설기계(도를 운행하는 3톤 미만의 지게차에 한함.)	18세 이상
	소형면허	3륜 화물 자동차 3륜 승용 자동차 원동기 장치 자전거	18세 이상
	특수면허	트레일러 레카 제2종 보통면허로 운전할 수 있는 차량	20세 이상, 운전 경험 1년 이상
제2종	보통면허	승용 자동차(승차 정원 10인 이하 승합 자동차 포함) 적재 중량 4톤 이하 화물 자동차 원동기 장치 자전거	18세 이상
	소형면허	이륜 자동차(측차부 포함) 원동기 장치 자전거	18세 이상
	원동기장치자전거	원동기 장치 자전거	16세 이상
연습면허	제1종 보통	승용 자동차 적재 중량 12톤 미만 화물 자동차 승차 정원 15인 이하 승합 자동차	1년 유효
	제2종 보통	승용 자동차(승차 정원 9인 이하 승합 자동차 포함) 적재 중량 4톤 이하 화물 자동차	

5) 운전 면허의 결격 사유

1. 18세 미만인 사람. 다만, 원동기 장치 자전거는 16세 미만인 사람
2. 정신병자 · 정신미약자 · 간질병자
3. 듣지 못하는 사람(제1종 운전 면허에 한한다), 앞을 보지 못하는 사람, 그 밖의 대통령령이 정하는 신체장애인
4. 마약 · 대마 · 향정신성 의약품 또는 알코올 중독자
5. 양팔의 팔꿈치 관절 이상을 잃은 사람 또는 양팔을 전혀 쓸 수 없는 사람. 다만, 본인의 신체장애 정도에 적합하게 제작된 자동차를 이용하여 정상적인 운전을 할 수 있는 경우에는 예외로 한다.
6. 마약 · 대마 · 향정신성 의약품 또는 알코올 중독자
7. 제1종 대형 면허 또는 제1종 특수면허를 받고자 하는 사람이 20세 미만이거나 자동차 등(2륜 자동차와 원동기 장치 자전거를 제외한다)의 운전 경험이 1년 미만인 사람

6) 운전 면허 발급 제한 기간

즉시 응시	적성검사 또는 면허 갱신 미필자 2종에 응시하는 1종 면허 적성검사 불합격자
6월	무면허 운전을 한 자가 원동기 장치 자전거 면허를 취득하고자 하는 경우
1년	2~5년 제한 사유 이외의 사유로 면허가 취소된 경우 (대리응시, 음주운전 취소, 교통사고로 인한 면허 취소 등(뺑소니는 제외)
2년	3회 이상의 음주 운전으로 면허가 취소된 자 허위 또는 부정한 수단으로 운전 면허를 받은 자 무면허 운전 또는 면허 정지 기간에 자동차 등을 운전한 자 운전 면허를 받은 사람이 자동차 등을 이용하여 범죄행위를 한 때 다른 사람의 자동차 등을 훔치거나 빼앗은 자
3년	음주 운전을 하다가 3회 이상 교통사고를 야기한 자 자동차 이용 범죄를 범하거나 자동차를 강 · 절도한 자가 무면허로 운전한 경우
4년	5년의 제한 사유 이외의 사유로 교통사고를 야기한 후에 도주한 경우
5년	무면허 운전 · 음주 운전 · 약물 · 과로 운전 중에 사람을 사상한 후 구호 조치 없이 도주한 경우

7) 운전 면허의 취소(1년 121점) · 정지(40점-처분 벌점)

누적 점수 가산 일수와 본인 피해에 대하여 벌점이 없다.

지방경찰청장은 운전 면허(연습 운전 면허 제외)를 받은 사람이 다음 각 호의 1에 해당하는 때에는 행정자치부령이 정하는 기준에 의하여 운전 면허를 취소하거나 1년의 범위 안에서 그 운전 면허의 효력을 정지시킬 수 있다. 다만, 제1호 내지 제3호, 제5호 내지 제12호에 해당하는 때에는 그 운전 면허를 취소하여야 한다.

(1) 운전 면허의 취소·정지권자 ⇒ 지방경찰청장
(2) 벌점 누산 점수 초과로 인한 면허 취소
⇒1년(121점 이상), 2년(201점 이상), 3년(271점 이상)
(3) 벌점·처분벌점 초과로 인한 면허 정지⇒처분벌점 40점 이상부터 집행, 1점을 1일로 계산

1. 운전면허자가 ① 정신병자·정신미약자·간질병자, ② 듣지 못하는 사람(제1종 운전 면허에 한한다), 앞을 보지 못하는 사람, 그 밖의 대통령령이 정하는 신체장애인, ③ 마약·대마·향정신성 의약품 또는 알코올 중독자가 된 때
2. 적성검사를 받지 아니하거나 그 적성검사에 불합격된 때
3. 운전 면허를 받을 자격이 없는 사람이 운전 면허를 받거나 허위 또는 부정한 수단으로 운전 면허를 받거나 운전 면허 효력의 정지 기간 중 운전면허증 또는 운전면허증에 갈음하는 증명서를 교부받은 사실이 드러난 때
4. 운전 중 고의 또는 과실로 교통사고를 일으킨 때
5. 운전 면허를 받은 사람이 자동차 등을 이용하여 범죄행위를 한 때
6. 다른 사람의 자동차 등을 훔치거나 빼앗은 때
7. 다른 사람이 부정하게 운전 면허를 받도록 하기 위하여 제71조의 규정에 의한 운전면허시험에 응시한 때
8. 술에 취한 상태에서 운전을 하거나 술에 취한 상태에 있다고 인정할 만한 상당한 이유가 있음에도 불구하고 경찰공무원의 측정에 응하지 아니한 때(거부 후 재측정 불가)
9. 이 법에 의한 교통 단속 임무를 수행하는 경찰공무원 등 및 시·군 공무원에 대하여 폭행한 때(불구속 수사 - 정지, 구속수사 - 취소)
10. 운전면허증을 다른 사람에게 빌려 주어 운전하게 하거나 다른 사람의 운전면허증을 빌려 이를 행사한 때
11. 자동차관리법의 규정에 의하여 등록되지 아니하거나 임시 운행 허가를 받지 아니한 자동차(이륜 자동차 제외)를 운전한 때
12. 교통사고로 사람을 사상한 후 제50조 제1항 및 제2항의 규정에 의한 필요한 조치 및 신고를 하지 아니한 때
13. 이 법 및 이 법에 의하여 도로교통의 안전과 원활한 소통을 확보하기 위하여 행하는 명령이나 처분을 위반한 때

[표 7-4-1] 정지처분 개별 기준 1(법규 위반시)

벌점	내 용
110	(1) 면허증 갱신 기간 만료일 다음 날부터 면허증 갱신을 받지 아니하고 1년을 경과한 때
100	(1) 술에 취한 상태의 기준을 넘어서 운전한 때(혈중 알코올 농도 0.05 % 이상 0.1% 미만)
90	(1) 운전자가 단속 경찰공무원 등에 대한 폭행으로 형사 입건된 때
40	(1) 출석 기간 또는 범칙금 납부 기간 만료일부터 60일이 경과될 때까지 즉결심판을 받지 아니한 때 (2) 정차 · 주차 위반에 대한 조치 위반(단체에 소속되거나 다수인에 포함되어 경찰공무원의 3회 이상의 이동명령에 따르지 아니하고 교통을 방해한 경우에 한한다.) (3) 안전운전 의무 위반(단체에 소속되거나 다수인에 포함되어 경찰공무원의 3회 이상의 안전운전 지시에 따르지 아니하고 타인에게 위험과 장해를 주는 속도나 방법으로 운전한 경우에 한한다.) (4) 승객의 차내 소란행위 방치 운전
30	(1) 통행 구분 위반(중앙선 침범에 한함) (2) 속도 위반 (40km/H 초과한 경우) (3) 철길 건널목 통과 방법 위반 (4) 고속도로 갓길 통행 또는 버스 전용차로 · 다인승 전용차로 통행 위반 (5) 운전면허증 제시 의무 위반
15	(1) 신호 또는 지시에 따를 의무 위반 (2) 속도 위반(20km/H 초과 40km/H 이하) (3) 앞지르기 금지 위반 (4) 운전 중 휴대용 전화 사용 금지의 위반 (5) 운행기록계 미설치 차량 운전 금지 등의 위반 (6) 어린이 통학버스 운전자의 의무 위반
10	(1) 통행 구분 위반(보도 침범 · 보도횡단 방법 위반) (2) 차로에 따른 통행 위반(진로 변경 금지 장소에서의 진로 변경 포함) (3) 일반도로 버스 전용차로 통행 위반 (4) 안전거리 확보 불이행(진로 변경 방법 위반 포함) (5) 앞지르기 방법 위반 (6) 보행자 보호 의무 불이행(정지선 위반 포함) (7) 승객 또는 · 하차자 추락 방지 조치 위반 (8) 노상 시비 · 다툼 등으로 차마의 통행 방해행위 (9) 어린이 통학버스 특별보호 위반

[표 7-4-2] 인적 피해 교통사고 야기시 사고 결과에 따른 벌점 기준

사망 1명마다	90	사고 발생시로부터 72시간 이내에 사망한 때
중상 1명마다	15	3주 이상의 치료를 요하는 의사의 진단이 있는 사고
경상 1명마다	5	3주 미만 5일 이상의 치료를 요하는 의사의 진단이 있는 사고
부당 1명마다	2	5일 미만의 치료를 요하는 의사의 진단이 있는 사고

• 교통사고시에는 인피사고에만 벌점이 부과되고, 물피사고의 경우에는 벌점이 부과되지 않음.
• 교통사고 발생 원인이 불가항력이거나 피해자의 명백한 과실인 때에는 행정처분을 하지 아니함.
• 차 대 사람 교통사고의 경우 쌍방 과실인 때에는 그 벌점을 2분의 1로 감경함.
차 대 차 교통사고의 경우에는 그 사고 원인 중 중한 위반 행위를 한 운전자만 적용함.
• 교통사고로 인한 벌점 산정은 처분받을 운전자 본인의 피해에 대하여는 벌점을 산정하지 아니함.

[표 7-4-3] 교통 사고 야기시 조치 등 불이행에 따른 벌점 기준

물피 뺑소니(자진 신고시 벌점 감경 규정 없음.)	15
인피 뺑소니(고속도로, 특별시·광역시 및 시의 관할구역과 군의 관할구역 중 경찰관서가 위치하는 리 또는 동 지역에서 3시간, '그 밖의 지역에서는 12시간' 이내에 자진 신고한 때	30
위 인피 뺑소니 규정에 의한 시간 후 48시간 이내에 자진 신고를 한 때	60

(1) 교통사고 야기시 도주하거나 신고 조치를 불이행한 경우 : 자수와 관계 없이 벌점이 부과됨.
-인피 뺑소니 : 면허 취소
-인피 뺑소니, 자진 신고 : 벌점 감경(30/ 60)점
(2) 교통사고 야기자의 신고 의무
-도로에서 일어난 사고에 한하여 사고 운전자의 신고 의무가 발생하며, 신고의 내용은 사고 발생의 객관적인 사실에 한정됨.
-다만, 운행중인 차량이 손괴된 것이 분명하고 도로에서의 위험 방지와 원활한 소통을 위하여 필요한 조치를 한 때에는 신고 의무가 발생하지 아니함.

[표 7-4-4] 교통 법규 위반자에 대한 제재

형사 책임	교통사고처리특례법이나 도로교통법에 의한 처벌(형사입건·벌금 등 부과) 통고처분, 과태료 부과 처분
행정 책임	운전 면허의 취소·정지 등 행저처분, 자동차 사용 정지 등
민사 책임	민사상 손해배상

교통사고 사망자 통계 처리 : 교통사고가 주원인이 되어 30일 이내에 사망한 것

[표 7-4-5] 과태료 처분(도로교통법)

구분	내용
의의	(1) 속도 위반 차량, 버스 전용차선 위반 차량, 주·정차 위반 차량 등이 사진·비디오테이프 등 영상 매체 기록에 의하여 입증되는 경우에 당해 위반 운전자를 판명할 수 없는 때에, 차주 등에게 20만 원 이하의 과태료를 부과하는 처분 (2) 군용 차량의 경우→소속 부대에 교통 법규 위반자 적발 사실을 서면 통보하게 됨.
부과 절차	(1) 부과권자 ① 경찰서장(지방경찰청장의 위임에 의해) → 무인교통 단속 장비로 적발된 신호·속도의 위반, 고속도로 전용차로 위반 ② 시장·군수·구청장 → 주·정차 위반, 일반도로 전용차로 위반 (2) 과태료를 부과하고자 하는 경우에는 10일 이상의 기간을 정하여 과태료 처분 대상자가 구술 또는 서면으로 의견을 진술할 기회를 주어야 함. → 이 경우 운전자가 판명이 된 경우에는 통고 처분의 대상이 되어 범칙금 납부고지서를 발급함. (3) 과태료는 과태료 납부고지서를 받은 날부터 30일 이내에 납부하여야 함. (4) 과태료 부과 대상자의 소재 파악이 되지 않아 과태료 납부고지서가 반송된 경우에는 소재 수사 등을 통하여 새 주소지를 확인 후에 재발송하게 되고, 다시 반송된 경우에는 강제징수 절차(압류공고 후 강제압류)를 취하게 됨.
부과 제외 대상	(1) 그 차가 도난당하였거나 기타 부득이한 사유가 있는 경우 ① 범죄의 예방·진압 기타 긴급한 사건·사고의 조사를 위한 경우 ② 도로공사 또는 교통지도 단속을 위한 경우 ③ 응급 환자의 수송 또는 치료를 위한 경우 ④ 화재·수해·재해 등의 구난작업을 위한 경우 ⑤ 장애인복지법의 규정에 의한 장애인의 승·하차를 돕는 경우 ⑥ 기타 부득이한 사유라고 인정할 만한 상당한 이유가 있는 경우 (2) 운전자가 당해 위반행위로 통고 처분을 받은 경우 (3) 의견 진술의 결과 위반행위를 한 운전자가 밝혀진 경우 (4) 그 자동차가 자동차운수사업법에 의한 자동차대여사업자가 대여한 자동차로서 자동차만을 임대할 것이 명백한 경우
불복	(1) 과태료 처분에 불복이 있는 사람은 그 처분의 고지를 받은 날부터 30일 이내에 지방경찰청장 또는 시장 등에게 이의를 제기할 수 있음. (2) 과태료 처분을 받은 사람이 이의를 제기한 때에는 지방경찰청장 또는 시장 등은 지체없이 관할 법원에 그 사실을 통보하여야 하며, 그 통보를 받은 법원은 비송사건절차법에 의한 과태료의 재판을 함.

8) 국제운전면허증

(1) 국제운전면허증에 의한 자동차 등의 운전

도로 교통에 관한 협약의 규정에 의한 운전면허증을 외국에서 발급받은 사람은 입국한 날로부터 1년의 기간에 한하여 국내에서 그 국제운전면허증으로 자동차 등을 운전할 수 있다. 이 경우에 운전할 수 있는 차종은 그 국제운전면허증에 기재된 것에 한한다. 그러나 자동차운수사업법에 의한 사업용 자동차의 운전을 할 수는 없다(단, 대여용 자동차는 제외).

(2) 국제운전면허증의 교부 등

① 국내 운전 면허를 받은 사람이 국외에서 운전하기 위하여 국제협약에 의한 국제운전면허증을 교부받고자 하는 때에는 지방경찰청장에게 신청하여야 한다. 여기서 국내 운전 면허를 받은 사람에는 원동기 장치 자전거 및 연습운전 면허를 받은 자는 제외된다.

② 국제운전면허증의 유효 기간은 교부받은 날로부터 1년으로 한다.

③ 국제운전면허증은 이를 교부받은 사람의 국내 운전 면허의 효력이 없어지거나 취소된 때에는 그 효력도 없어진다.

④ 국제운전면허증은 이를 교부받은 사람의 국내 운전 면허의 효력이 정지된 때에는 그 정지 기간 중 효력이 정지된다.

⑤ 국제운전면허증 소지자에 대하여 1년의 범위 안에서 자동차의 운전을 금지시킬 수 있으나, 면허 취소 사유에 해당한다 해도 발행청이 외국 행정청이므로 경찰이 국제 운전 면허를 취소할 수는 없다.

(3) 자동차 등의 운전 금지

제97조(자동차 등의 운전 금지) ① 제96조의 규정에 의하여 국제운전면허증을 가지고 국내에서 자동차 등을 운전하는 사람이 다음 각 호의 어느 하나에 해당하는 경우에는 그 사람의 주소지를 관할하는 지방경찰청장은 행정자치부령이 정한 기준에 의하여 1년을 넘지 아니하는 범위 이내에서 국제운전면허증에 의한 자동차 등의 운전을 금지할 수 있다.

② 제1항의 규정에 의하여 자동차 등의 운전이 금지된 사람은 지체없이 국제운전면허증에 의한 운전을 금지한 지방경찰청장에게 그 국제운전면허증을 제출하여야 한다.

③ 지방경찰청장은 제1항의 규정에 의한 금지 기간이 만료된 경우 또는 금지 처분을 받은 사람이 그 금지 기간 중에 출국하는 경우에 그 사람의 반환 청구가 있는 때에는 지체없이 보관 중인 국제운전면허증을 돌려 주어야 한다.

7) 연습 운전 면허

(1) 연습 운전 면허의 효력 등

① 연습 운전 면허는 그 면허를 받은 날로부터 1년의 효력을 가진다. 다만, 그 이전이라도 연습 운전 면허를 받은 사람이 제1종 보통면허 또는 제2종 보통면허를 받은 경우에는 연습 운전 면허의 효력이 상실된다.

② 연습 운전 면허를 받은 사람이 운전할 수 있는 자동차의 종류, 그 밖의 필요한 사항은 행정자치부령으로 정한다.

(2) 위반시 조치

지방경찰청장은 연습 운전 면허를 교부받은 사람이 운전 중 고의 또는 과실로 교통사고를 일으키거나 도로교통법 또는 이 법에 의한 명령에 위반한 때에는 그 면허를 취소하여야 한다. 다만, 본인에게 귀책 사유가 없는 경우 등 대통령령이 정하는 경우에는 그러하지 아니하다.

(3) 연습 운전면허 취소의 예외

도로교통법 제93조 제3항 단서에서 "본인에게 귀책 사유가 없는 경우 등 대통령령이 정하는 경우"라 함은 다음에 해당하는 경우를 말한다.

① 운전면허시험장의 도로주행시험을 담당하는 경찰관, 전문학원의 강사 또는 기능 검정원의 지시에 따라 운전하던 중 교통사고를 일으킨 경우
② 도로가 아닌 곳에서 교통사고를 일으킨 경우
③ 교통사고를 일으켰더라도 단순히 물적 피해만 일으킨 경우

7 교통 활동과 법적 근거

1) 경찰법, 경찰관직무집행법

경찰법 제3조는 교통의 단속을, 그리고 경찰관직무집행법 제2조는 교통의 단속과 위해의 방지를 그 임무 또는 직무로 규정하고 있다.

교통경찰은 경찰법과 경찰관직무집행법이 정하는 직무에 관한 사물 관할의 범위 내에서, 도로 교통에 수반하는 위험, 즉 교통사고의 발생을 방지하고 교통의 안전과 원활을 도모함으로써 교통 질서를 유지함을 그 기본

임무로 하고 있다.

이와 같은 임무를 수행하기 위한 교통경찰관의 권한에 관한 구체적 수권은 도로교통법에 규정되어 있다.

일반규정	경찰법(§3:교통의 단속), 경찰관직무집행법(§2:교통의 단속과 위해의 방지)
개별규정	도로교통법(일반법적 성격), 형법, 교통사고처리특례법, 특정범죄가중처벌법

2) 도로교통법

교통경찰관이 도로 교통상의 위험을 방지하기 위하여 필요한 범위 내에서 조치를 취할 수 있는 권한이 도로교통법 제6조 제3항, 제7조, 제43조, 제54조 등에 의해 수권되어 있는 것이다.

도로교통법은 교통경찰에 관한 일반법이라고 할 수 있다.

3) 기 타

그 밖에 교통사고의 처리와 관련하여서는 형법, 교통사고처리특례법, 특정범죄가중처벌 등에 관한 법률(제5조의 3(도주차량 운전자의 가중처벌) 등이 적용된다.

교통경찰의 사물 관할	경찰법(제3조)과 경찰관직무집행법(제2조)
교통경찰의 일반법(작용법)	도로교통법. 도로법은 아니다.
교통사고의 처리	형법, 교통사고처리특례법, 특정범죄 가중처벌에 관한 법률(제5조의 3)

8 신뢰의 원칙

1) 의 의

(1) 개념

신뢰의 원칙이라 함은 스스로 교통 법규를 준수하는 운전자는 다른 교통관여자가 교통규칙을 준수할 것이라고 신뢰하면 족하고, 타인이 교통규칙을 위반하여 비이성적으로 행동할 것까지 예견하고 방어 조치를 취할 의무는 없다는 원칙이다.

신뢰의 원칙은 운전자로 하여금 타인의 적법한 행위를 신뢰할 수 있게 함으로써 과실범의 처벌을 완화하고 주의 의무를 합리적으로 조정하여 원활한 교통을 가능하게 하는 이론이다.

신뢰의 원칙은 과실범에게 주의 의무의 한계를 정하는 원칙으로, 교통규칙에 맞추어 행동하는 사람은 다른 교통 관여자도 교통규칙을 잘 지킬 것이라고 신뢰하면 충분하고, 타인의 교통규칙 위반 사실을 인식할 수 있는 특별한 사정이 없는 한, 미리 그 타인이 교통규칙을 위반할 것을 예견하고 주의 의무를 할 필요가 없다는 원칙이다.

(2) 가치

신뢰의 원칙은 현대 사회의 도로 교통의 사회적 의미를 고려하여, 과실범의 처벌을 완화하고 주의 의무를 합리적으로 조정하여 원활한 교통을 가능하게 하는 이론이라고 할 수 있다.

(3) 연혁

신뢰의 원칙은 자동차 교통의 양적인 증가와 교통 수단의 중요성을 고려하고, 교통 범죄자에 대한 관용이 필요하다는 이유로 독일 판례(1935)에서 처음 인정된 이래 판례와 학설을 통하여 확립되었다. 우리의 경우에도 고속 도로상의 무단 횡단사고 등에서 이 원칙을 인정(1971)한 이래 점차 확대 적용하고 있다.

<table>
<tr><td>의의</td><td colspan="2">교통규칙을 준수하는 운전자는 다른 관여자들도 교통규칙을 준수할 것을 신뢰하여도 좋고, 다른 관여자들이 교통규칙을 위반하는 경우까지 예상하여 이에 대한 방어 조치를 취할 의무는 없다는 원칙⇒ 허용된 위험의 특별한 경우로서 객관적 주의 의무를 제한하는 기능</td></tr>
<tr><td rowspan="2">연혁</td><td>외국</td><td>1935 독일 제국법원 (최초)</td></tr>
<tr><td>한국</td><td>1957 최초 인정 → 1971 고속도로 → 1972 시내 자동차 교통</td></tr>
<tr><td>적용 범위</td><td colspan="2">(1) 자동차와 자동차, 자동차와 자전거 ⇒ 일반적으로 신뢰의 원칙을 적용(判)
(2) 자동차와 사람 ⇒ 관례는 한정적으로 적용하고 있다(예: 고속도로나 자동차 전용도로, 육교 밑, 횡단보도의 보행 금지 신호의 경우)
(3) 적용 범위의 확대⇒ 분업적 공동작업이 필요한 모든 경우에 확대 적용 확대를 위해서는 신뢰를 기초지을 수 있는 분업 관계가 확립되어 있어야 한다.</td></tr>
</table>

적용 한계	(1) 상대방의 규칙위반을 알고 있었던 경우⇒중앙선 침범을 이미 목격한 경우(判) (2) 상대방의 규칙 준수를 신뢰할 수 없는 경우⇒어린아이(判), 노인, 불구자 (3) 운전자가 스스로 교통규칙을 위반한 경우 ⇒단, 규칙 위반이 결정적 원인이 아니면 신뢰의 원칙의 적용이 가능 (예: ㅏ자형 교차로에서 과속은 하였으나 신호 위반 차량 때문에 사고가 난 경우: 判)

2) 관련 판례

(1) 자동차와 자동차의 사고

① 운전자는 중앙선 표시가 있는 도로에서 차선을 침범한 경우, 중앙선이 표시되지 않은 도로를 운행하는 자동차 운전자의 마주 오는 차가 도로 좌측 부분으로 운행하는 경우에 대한 주의 의무가 없다.

② 교차로에서 통행의 우선 순위와 관련하여 우선권을 가진 차량의 운전자는 상대방 차가 대기할 것을 기대하면 족하다고 하였다. 이러한 기대 신뢰하에 상당한 주의를 한 이상 상대방 차량측의 부주의로 야기된 충돌사고에 대한 책임이 없다.

③ 신호를 무시하고 진행하는 차량을 예상하여 사고를 방지하여야 할 주의 의무가 없고, 무모한 앞지르기를 하는 차량을 위하여 서행하여야 할 업무상 주의 의무는 없다. 또한 운전자가 후방을 주시하여 2차선과 인도 사이로 추월하려는 오토바이를 위하여 정차하거나 서행하여도 오토바이를 선행하도록 할 주의 의무는 없다.

(2) 자동차와 자전거의 사고

① 자동차 운전자는 자동차 전용도로에서의 자전거 출현에 대한 예견 의무가 없다.

② 반대 방향에서 진행하던 자전차가 전방 5, 6미터 지점에서 서행중인 피고인 차량 앞으로 횡단하던 중 넘어진 경우나 야간에 무등화인 채로 도로 횡단을 하는 경우의 이를 예측할 주의 의무는 없다.

(3) 자동차와 보행자에 대한 사고

자동차와 보행자의 사고에 관하여는 대법원은 신뢰의 원칙을 철저히 적용하고 있지 않다.

① 횡단보도 아닌 곳에서의 무단 횡단의 경우 운전자의 주의 의무를 인정하였다.

② 고속도로에서 보행자가 무단 횡단하다가 충돌한 경우에는 주의 의무가 없다.

③ 육교 밑을 무단 횡단하는 보행자를 충격한 사건에서 운전자에 대한 주의 의무가 없다.

④ 횡단보도의 신호가 적색인 경우에 보행자에 대한 운전자는 보행자가 횡단보도를 건너지 않을 것으로 신뢰해도 좋다고 하였다. 또 운전사가 무면허인 상태에서 제한 속도를 초과하여 진행한 잘못이 있다 하더라도 그러한 잘못이 사고의 원인이 되었다고는 볼 수 없다.

⑤ 자동차 전용도로에서의 보행자를 충격한 경우에 운전자의 주의 의무를 부정하였다.

(4) 기타의 주의 의무를 부정한 사례

고속도로에서의 노면의 장애물에 대하여 판례는 자동차 전용의 고속도로의 주행선상에 아무런 위험 표시 없이 노면 보수를 위한 모래 무더기가 있으리라는 것은 일반적으로 예견할 수 있는 사정이 아니다.

넓은 도로를 운행하는 차량의 운전자는 교차로에서 좁은 도로의 차량이 교통 법규에 따라 적절히 행동을 취할 것을 신뢰하여 운전하므로 좁은 도로에서 진입하는 차량이 일단 정지를 하지 않고 계속 진행하여 큰 도로로 진입할 것을 미리 예견하고 이에 대한 방어 조치를 강구할 필요는 없다.

운전자에게는 후방 주시를 하여 후행 차량을 발견하고 충돌을 방지할 조치를 취하여야 한다던가, 나아가 일시 정차하거나 속도를 낮추어 앞지르려는 후행차량을 선행하도록 하여 줄 주의 의무가 없으나, 교차로에서 좌회전 신호를 보내지도 않고 거울을 통하여 뒤따라오는 차량이 있는지 여부를 확인함도 없이 좌회전하다가 차량 우측 뒤를 따라오던 후행 차량을 차체로 충격하여 사망에 이르게 한 경우에는 주의 의무 위반이 인정된다.

제 5 장 정보경찰

제 1 절 정보경찰의 의의

1 정보경찰의 개념

1) 개 념

정보경찰이란 국가의 안전을 침해하는 공공의 안녕과 질서에 대한 위험 또는 경찰 위반 상태를 제거하기 위한 경찰 활동을 위하여 그 전제가 되는

개념	공공의 안녕과 질서에 대한 위험 또는 경찰 위반의 상태를 제거하기 위한 경찰 활동을 위하여 그 전제가 되는 치안정보와 그 배경이 되는 일반정보를 수집·분석·배포하는 경찰작용
특질	(1) 정보경찰은 국가 안전과 공공의 안녕 질서 유지를 1차적 목적으로 한다. ⇒국가 목적적 치안 유지 활동 (2) 정보경찰은 범죄가 발생하기 전의 그 원인을 대상으로 한다(위태성 범죄가 대상). (3) 정보조직은 전문분야의 특성을 살릴 수 있도록 세분되어 있다(전문성의 원칙).
필요성	(1) 예방 수단(豫防手段)으로서의 정보 활동 (2) 진압 또는 검거를 위한 사후 수단(事後手段)으로서의 정보 활동
주의	(1) 정보 활동에 대한 구체적 수권이 없는 경우(예: 일본)에도 경찰 업무의 성질상 당연히 정보 활동은 가능(日判 1966)⇒'비권력적 사실행위'이기 때문 (2) 정보 활동은 범죄·보안·외사 등 다른 기능에서도 취급하고 있고, 경찰관 모두에게 정보 수집의 의무가 있다.

치안정보 또는 그 배경이 되는 정치나 경제 등 사회의 일반적인 정보 등을 수집·분석·작성·배포하는 경찰을 말한다.

2) 담당 기능

경찰의 정보 활동은 기능 분장상 정보국, 정보부, 정보과 등에서 담당하고 있다. 그러나 범죄정보·보안정보·외사정보 등 다른 기능에서도 취급하므로 정보 수집의 의무는 모든 경찰관에게 있다.

3) 정보 활동의 원칙

객관성, 체계적 이용, 출처 보호, 중앙통제 원칙이 있다.

2 정보경찰 활동의 필요성

정보 활동은 경찰 위반 상태의 예방적 차원이나 사후 진압적 차원에서도 모두 필요하다.

1) 예방 수단으로서의 정보 활동

공공의 안녕과 질서 유지를 기본적 임무로 하는 경찰로서는 예방 수단으로서의 정보 활동을 통하여 공공의 안녕과 질서에 대한 위험이나 경찰 위반의 상태를 야기하는 경비 상황 또는 범죄를 사전에 방지하는 데 최선을 다하여야 한다.

불법폭력 시위를 획책하는 다중 범죄가 우려되는 상황 속에서, 경찰에 의한 사전정보의 수집과 분석 등 정보 활동을 통하여, 그러한 불법 폭력시위가 사전에 차단되면, 사태 발생으로 인한 공공의 안녕과 질서에 대한 침해와 사회적 파장을 최소화할 수 있다.

2) 진압 또는 검거를 위한 사후 수단으로서의 정보 활동

경찰은 사태가 발생한 후에도 진압 또는 검거를 위한 사후 수단으로서의 정보 활동을 통하여, 위해(危害)의 최소화를 도모하고 적절한 조치를 가능케 한다.

3 정보요원의 자질

1) 기본 자질

대인 능력	정보 수집은 대부분 사람과의 접촉에서 시작되므로, 정보요원은 인간관계를 잘 유지하여야 하고, 사람을 판별하는 능력이 뛰어나야 한다.
주의력	다양한 관심과 호기심을 갖고 세심한 주의력을 가져야 한다.
식별력	입수 내용에 대한 진위 여부를 식별하고 중요도(우선 순위)를 가릴 줄 아는 능력이 있어야 한다.
탐구심	어떤 징후를 포착하면 강한 집착력을 가지고 종결될 때까지 파헤쳐 보는 집념을 가져야 한다.
논리적인 사고력	정보 수집 과정에서의 중복·누락·부족 등을 피하기 위해서는 순서에 입각한 합리적이고 논리적인 사고력이 필요하다.
다양한 재능	광범위한 분야에 대하여 다양하게 재능을 가져야 한다.
정보적 감각	남들이 평범하게 보는 사소한 정보 속에서 가치 있는 정보를 창출·발굴해 내고, 미래를 예측할 수 있는 감각이 있어야 한다.

2) 자 세

목적 의식	수집 계획이나 지침을 숙지하고 무엇 때문에, 어떤 내용을 수집하겠다는 뚜렷한 목적 의식을 가지고 임하여야 한다.
타인의 견해 존중	항상 타인의 견해를 존중하여 경청하고 수용하는 자세로 임하여야 한다.
개인적 보상을 탐내지 말 것	정보요원은 개인의 명예나 돈에 대해서는 초연하고 묵묵히 일하는 자세를 가져야 한다.
행동성	정보가 발생되는 현장에 가능한 한 직접 나가 보고, 듣고, 느껴야 한다.
사명감	성실과 책임감을 가지고 임무를 수행하여야 한다.

4 정보경찰 활동의 특색

1) 성질상의 특징

(1) 기초 활동성

경비정보, 범죄정보, 보안정보, 외사정보, 기타 정보 등의 정보 수집 활동은 각종 경찰 활동의 기초가 되는 활동이다. 따라서 정보 기능에는 최종적인 조치 권한이 없으며, 최종적인 조치 권한은 다른 기능 또는 다른 기관에서 실행한다.

(2) 사실 행위성

따라서 취소소송 등 항고소송의 대상이 아니다. 그러나 국민이 정보 수집 활동으로 인하여 손해가 발생한 경우에는 손해배상을 청구할 수 있다.

(3) 비권력성

정보 활동은 비권력 작용이고, 국민의 자유와 권리를 침해하지 않는 범위 내에서 하여야 한다. 따라서 정보 수집 활동은 구체적인 수권 규정이 없어도 경찰법이나 경찰관직무집행법상의 사물 관할(임무 또는 직무)의 규정만으로도 가능하다.

정보경찰 활동은 국민과의 관계에서 국민의 자유와 권리를 침해하는 권력적 작용이 아니라 임의 수단에 의한 비권력 작용이다. 따라서 명령·강제 등 권력적 수단을 동원해서는 아니 되며, 국민의 자유 또는 권리를 침해하지 않는 범위 내에서 활동이 가능하다.

(4) 광범성

경찰정보 활동은 기초적인 활동이므로 그 범위가 광범위하다. 경찰의 첩보 활동에는 치안정보뿐만 아니라 치안정보의 배경이 되는 내외의 정치나 경제, 사회, 문화 등의 일반적 정보 등이 포함된다.

정보경찰 활동은 모든 경찰 활동을 위한 기초 활동이기 때문에, 활동 대상면에서 제한이 없다.

정보경찰 활동은 시간적으로도 공공의 안녕과 질서에 대한 침해의 발생 전후를 불문하고 활동한다.

(5) 비공개성

방범경찰이 범죄 예방을 위하여 순찰 활동을 한다거나 수사경찰이 범인을 검거하기 위하여 탐문수사를 벌이는 등 공개적인 활동을 하는 것과는 달리 정보경찰은 비공개적인 활동을 하는 경우가 많다.

(6) 업무의 목적상 특징

정보경찰도 경찰의 일부이므로 "국민의 생명·신체·재산을 보호하고 사회 공공의 안녕과 질서를 유지"하기 위해서 활동을 하는 것은 일반 경찰 활동과 동일하지만, 단순한 개인적 법익을 침해하는 범죄나 질서 유지를 위한 일시적인 경찰권 활동의 대상은 정보경찰의 직접적인 활동 대상이라고 보기 어렵다.

2) 조직상의 특징

총괄성	정보조직은 목적 달성을 위하여 기획 기능·첩보 수집 기능·분석 및 생산 기능·수요자에게 적시에 배포하는 기능을 할 수 있도록 조직되어 있다.
전문성	정보조직은 전문 분야의 업무에 전념할 수 있도록 세분되어 있다.
조정	총괄성과 전문성이라는 원칙을 융합시키기 위하여 조정이 필요하다.

3) 수단상 특칙

비공개성, 비노출, 합목적성이 있다.

5 정보 활동의 한계

1) 실정법적 한계

경찰의 정보 활동은 임의적 수단이며, 사실행위에 속한다. 그러나 그 활동 범위가 광범위하고 대상에 제한이 없으므로 정치적으로 민감한 부분이나 사생활의 비밀 침해 등 기본권 침해의 문제가 있어 그 한계가 논의된다.

2) 초법규적 한계: 필요성, 상당성, 타당성

경찰법 제4조가 "경찰은 그 직무를 수행함에 있어서 헌법과 법률에 따라 국민의 자유와 권리를 존중하고, 국민 전체에 대한 봉사자로서 공정 중립을 지켜야 하며, 부여된 권한을 남용하여서는 아니 된다."고 규정한 것이나, 경찰관직무집행법 제1조 제2항이 "경찰관의 직권은 그 직무 수행에 필요한 최소한도 내에서 행사되어야 하며 이를 남용하여서는 아니 된다"라고 규정한 것은 정보경찰 활동의 한계를 분명히 한 것이다.

경찰법 제4조와 경찰관직무집행법 제1조 2항에 의하면 경찰이 정보 수집 활동을 할 때는 정보 수집 활동의 필요성과 정보 수집 수단의 상당성, 사회적 타당성이 있어야 한다. 즉, 경찰이 정보 수집 활동을 수행할 경우에는 각개의 상황에 따라 대상·수단과 방법, 기본적 인권의 제한 유무, 현장 상황 등을 고려하여야 한다.

구체적으로 경찰이 정보 활동을 수행할 경우에는, 그 활동이 경찰의 행정 목적 달성을 위하여 어느 정도 필요한가(필요성), 그리고 정보 활동 수단이 필요성과 관련해서 상당한 것인가(상당성), 또 사회적으로 보아 타당한 것인가(타당성)를 충분히 고려하여 행하여야 한다.

3) 비합법적 활동의 한계

첩보 원천 이용이 가능하다.

4) 일본의 경우

일본의 경우 정보경찰 활동의 근거가 법률에 명시되어 있지 아니하고, 판례에 의하여 경찰의 책무로써 정보경찰 활동이 인정된다.

이에 관한 판례가 정보 수집, 특히 범죄 또는 공안을 해하는 사태가 아직 구체적으로 발생하고 있지 않은 경우에 행하는 경찰의 예방 수단으로서의 정보 수집은, 대상이 구체적으로 특정되어 있지 않기 때문에 그 행위의 위법의 한계를 명확히 하는 기준으로서, 목적의 정당성, 그 행위의 필요성 및 그 행위의 상당성의 세 가지 요건을 구비하여야 적법행위라고 볼 수 있다(판례).

6 정보경찰의 목적

정보경찰	국가 안전	고등경찰	위태성 범죄(사전 예방적)
질서경찰	사회 질서	일반경찰	침해성 범죄(예방·사후 교정적)

의의	임의 수단이면서 사실행위(비권력적 사실행위)이므로 작용법적인 구체적 수권을 요하지 않고 조직법적 임무 규정만으로도 활동이 가능⇒조리에 의한 제한의 필요성이 크다.
내용	필요성·상당성·타당성(日判의 경우 정당성)⇒ 비례의 원칙

제 2 절 정보이론

1 정보의 의의

1) 정보의 개념

정보(intelligence)는 정보기관이 조직 활동을 통하여 수집된 첩보를 평가·분석·종합·해석하여 얻어진 완전한 지식을 말한다. 따라서 정보의 자료가 되는 첩보(information)와 구별되며, 새로이 알려지는 것이고 행동하기 전에 알아야 할 것이라는 점에서 이미 알려진 것을 의미하는 지식(knowledge)과도 구별된다.

[표 7-5-1] 정보의 개념에 대한 정의

로빈슨 (G. O. Robinson)	정보를 경제 상품과 비교하여 "정보는 아무리 사용해도 감가상각되지 않으며 훔치기 쉽고 또한 이를 적발하기 어렵기 때문에 한 사람이 독점하기가 곤란하여 자산권에 대한 법적 개념이 불명확하며, 인간의 서비스와는 달리 정보의 서비스는 저장될 수 있으며 정보의 종류와 내용에 따라서는 매우 낮은 가격으로 무한히 생산할 수 있다"라고 함(정보의 경제적 측면을 강조).

켄트 (Sherman Kent)	저서 『전략정보』에서 "정보란 지식이며 조직이고 활동이다"라고 정의하여 정보의 최종 산출물인 지식과 이 지식을 얻거나 기타 정보 수집을 하기 위한 조직체와 정보 활동 그 자체를 전부 정보라고 정의한다(정보의 사회 일반적 차원의 정의).
클라우제비츠 (Karlvan Clausewits)	저서 『전쟁론』에서 "정보란 적과 적국에 관한 우리들의 지식의 총체"를 의미하며, "전쟁에서 아군의 계획 및 행동의 기초를 이루는 것"(군사학적 측면을 강조)
데이비스 (G. B. Davis)	정보란 받아들이는 사람에게 필요한 형태로 처리된 데이터이며, 현재 또는 장래의 의사 결정시에 실현되든가 또는 가치를 인정받는 것(정보의 과학기술적 측면을 강조)
위너 (N. Wiener)	정보란 인간이 적용하려고 행동하고, 또 그 조절 내용의 결과를 외계로부터 감지할 때에 외계와 교환하는 것(정보가 인간의 환경 적응의 필수적 요소임을 강조)
캔턴과 도딕 (B.Canton & H.S. Dordick)	정보를 하나의 자원으로 인식한다. 정보자원은 분배를 해도 그 가치가 줄어들지 않으며, 오히려 새로운 사용자가 생기므로 인하여 그 가치가 더욱 증대한다. 정보는 항상 부족한 부분이 있으므로 새로운 정보를 필요로 하고, 부족한 부분을 보완하기 때문에 상호 교환하는 특성이 있다. 정보를 통제하고 분산하는 사람들은 사회 내에서 세력집단을 형성하며 새로운 정보계층을 탄생시키고 있다. 정보는 소멸되거나 완전히 통제될 수 없는 것이기 때문에 오히려 더 많은 정보와 지식 개발을 가져오기 때문에 사회 내에서 무한한 성장의 가능성을 제시할 수 있다.
정보기관 (경찰)	정보란 국가의 정책 결정을 위하여 수집된 첩보를 평가·분석·종합·해석한 결과로 얻은 지식(정보와 첩보의 구분을 강조)

2) 구별 개념

문자(기호)	글자(가·나·A·B 등), 숫자 또는 특수 부호를 의미
자료(data)	특정 목적에 의하여 평가되지 않은 단순한 사실이나 기호
첩보(information)	목적성을 가지고 의도적으로 수집된 자료

구 분	광의의 정보		
	자 료	첩 보	정 보
의미	단순사실, 신호, 소재	목적의식에 의하여 수집된 자료	일정 절차에 따라 처리된 유용한 정보
용어	데이터(자료)	1차 정보, 첩보, 생정보	2차 정보, 정보, 가공정보, 지식
활동	입력	수집	평가·분석·가공
활동 특성	임의적	의식적	의식적
활동 주체	전임 직원	전임직원	정보전문 부서
특성	무의미	불확실성	확실성

유용성	소(小)	중(中)	대(大)
시간	자동적	신속성	지연성

	정보(intelligence)	첩보(information)
정확성	객관적으로 평가된 정확한 지식	부정확한 전문지식을 포함
완전성	특정한 사용 목적에 맞도록 평가·분석·종합·해석하여 만든 완전한 지식	기초적·단편적·불규칙적·미확인 상태의 지식
적시성	정보 사용자가 필요로 하는 때에 제공되어야 하는 적시성이 특히 요구됨.	시간에 구애받지 않고 과거와 현재의 것을 불문
사용자의 목적성	사용자의 목적에 맞도록 작성된 지식	사물에 대하여 보고 들은 상태 그 자체의 묘사이므로 목적성이 없음.
생산 과정의 특수성	첩보의 요구·수집 및 정보의 생산·배포 등의 과정을 거치면서 여러 사람의 협동 작업을 통하여 생산	협동작업이 아닌 단편적이고 개인의 식견에 의한 지식
공통점	지식으로서의 자료적 가치를 갖는다.	

정 보	첩 보
수집된 첩보를 가공하여 객관적으로 평가된 정확하고도 완전한 지식을 적시성 있게 사용 목적에 부합하도록 만들어진 정책적 산물	평가·해석되지 않은 부정확하고 목적적 구성도 없는 단편적·불규칙적·미확인된 사실로서 개인의 식견에 의한 전문(專門) 사항
2차 정보	1차 정보·생(生)정보
정확성·완전성·적시성·목적성을 가진다.	정확성·완전성·적시성·목적성이 없다.
순환과정에서 협동작업을 통하여 생산된다.	단편적인 개인의 식견에 의한 지식에 불과
(1) 정보와 첩보의 공통점⇒모두 지식으로서의 자료적 가치를 가진다. (2) 정보의 특성⇒정확성·완전성(상대적 조건)·적시성(정보의 절대적 생명: 사용 시점 기준)	

2 정보의 특성

1) 학문적 특성

합목적성	정보는 국가 목적의 정책 자료로서 국가 의도에 맞추어 만들어지는 지식이므로 합법성보다는 합목적성이 지배한다.
전문성	정보의 생산을 위해서는 첩보 수집의 기술과 분석 기법 등 고도의 전문기법과 상당한 경험이 요구된다.
변수에 의한 제약성 (존재 구속성)	정보는 과거·현재 및 미래의 사상(事象)을 근간으로 생산되어 변수에 부딪치는 경우가 많다.

2) 일반적 특성

(1) 가치성

정확성	정보는 객관적으로 평가된 정확한 지식이어야 한다. 정보는 행동 방책 등의 결정요소이므로 내용이 부정확할 경우 오류를 범하게 된다. 부정확한 것은 첩보에 불과하다.
적시성	정보는 사용자가 가장 필요한 시기에 알맞게 제공되어야 한다. 즉 너무 빠르거나 너무 늦게 제공되어서는 안 된다. 가장 중요한 정보의 속성으로서 정보의 절대적 생명이다.
완전성	정보는 주제에 맞는 내용이면서 관련된 모든 사항이 포함되어야 한다. 부분적 단편적인 지식은 사용자의 의사 결정에 도움을 주지 못한다. 이는 절대적 완전성이 아니라 상대적 완전성을 의미한다.

(2) 변화성

정보는 사용자의 태도 등에 따라 가치가 인정되는 선별적 가치성을 지닌다. 또한 정보는 시간의 경과에 따라 가치가 체감한다.

(3) 다양성

정보는 주제와 관련한 학문과 정보 생산의 전문성을 갖고 종합적으로 처리되어야 객관적 가치를 얻을 수 있다. 편면적·단편적 시각이나 이론을 적용하여 생산한다면 정보로서의 가치가 없다.

(4) 필요성

정보는 사용자가 필요한 지식이어야 한다. 따라서 그 지식이 사용자와 아무런 관계가 없는 경우에는 정보라고 할 수 없다.

(5) 누적 효과성

정보가 생산·축적되면 될수록 그 가치가 커진다.

(6) 무한 가치성

정보가 필요한 사람이면 누구에게나 가치를 지닌다.

(7) 비이전성

정보를 타인에게 전달하여도 본인에게 그 가치가 그대로 남아 있다.

(8) 신용 가치성

정보 출처의 신용 정도에 따라 가치가 달라진다.

(9) 정보 제공의 빈도

정보 사용자에게 정보가 제시되는 빈도에 따라 그 가치가 달라진다. 빈도란 정보의 사용자가 얼마나 자주 필요로 하고, 또 수집되며 생산되는가를 측정하는 기준으로 정보의 빈도가 높을수록 사용자에게 도움이 되며, 정보의 가치가 높아진다.

3 정보의 분류

1) 성질에 의한 분류

전략정보	(1) 국가정책과 안전 보장에 막대한 영향을 주는 국가 수준의 정보(국가의 기본적 종합정보) (2) 평시에는 국가의 안전과 관련된 정책 결정의 기초가 되며, 전시에는 군사 작전계획의 기초로 사용된다.
전술정보	(1) 전략정보의 기본적인 방침 아래 이를 구체적으로 수행하기 위한 세부적이고 부분적인 정보 (2) 전략정보와는 상대적으로 구별되지만 적극정보의 성격을 지닌다는 점에서는 공통적이다.
방첩정보	(1) 적 또는 제3국의 정보 공작에 대항하기 위한 정보 (2) 소극적·방어적 의미의 정보

2) 출처에 의한 분류

첩보 입수 단계	근본 출처	정보가 획득되는 실질적인 원천(첩보를 원형 그대로 입수) 첩보가 존재하는 장소적 개념을 첩보 원천이라고 하는데, 이러한 첩보의 원천을 이용한 정보 활동도 가능
	부차적 출처	근본 출처에서 획득한 정보를 중간기관에 의하여 부분적으로 평가·요약·변형된 것을 제공받은 출처(제2차적 출처)
첩보의 주기성 여부	정기 출처	정기적으로 정보를 획득할 수 있는 출처(정기간행물·방송·신문·정보원 등)
	우연 출처	우연히 정보가 제공되는 출처(다중이 모인 장소, 다방, 공원, 시장 등)

첩보 존재의 공개 여부	비밀 출처	(1) 외부로부터 강력히 보호를 받아야 하는 출처(예: 정보망 등 인간 정보의 활용, 비밀 공작, 첩보원, 도청, 감시 등) (2) 조작되지 않은 고급의 가치를 가진 첩보를 얻을 수 있으나, 법적 문제가 제기될 우려가 있으므로 특별하고 신중한 관리가 요구됨.
	공개 출처	(1) 첩보가 공개되어 있어 합법적으로 이용이 가능한 출처로서, 실제 첩보 수집에서 필요한 대다수의 첩보가 공개 출처에서 얻어진다(파레토의 법칙). 경제학자 파레토: "우리가 일상 업무에서 필요로 하는 정보의 80%는 주변에 널려 있다." (예: 신문·잡지·방송·서적·기타 공개적인 사물 등) (2) 비밀 출처보다 객관도·신뢰도는 높으나 중요도는 떨어지는 경향이 있으나, 활용시에 법적 문제가 발생되지 않으며 또한 실제 필요한 대분의 정보가 공개 출처에서 얻어지기 때문에 원칙적인 첩보 수집의 출처가 된다. (3) 공개 정보의 중요성과 관련하여 최근 강조되는 첩보 획득의 지침 'Know Where'

3) 사용 주체에 의한 분류

내부정보	독립기관 자체에서 발생 또는 생산되는 정보
외부정보	다른 개체 또는 기관에서 발생·생산되어 전달되는 정보

4) 입수 형태에 따른 분류

직접정보	정보 입수자가 직접적으로 얻은 정보
간접정보	중간매체를 통하여 얻은 정보

5) 기능에 따른 분류

기본정보	모든 사상(事象)의 정적이고 기초적인 상태를 기술한 정보, 과거에 대한 기초 자료(관내 유흥주점 허가 현황)
현용정보	모든 사상의 동태를 현재의 시점에서 객관적으로 기술한 정보(시사정보·현행 정보·현상정보). 현용 정보는 TV·라디오 등 방송 매체에 의하여 가장 신속하게 입수할 수 있다(농민단체의 데모 상황).
판단정보	특정 문제를 체계적이며 실증적으로 연구하여 미래에 있을 어떤 상태를 추리·평가한 정보(농민단체의 최근 동향과 향후 운동 예상 방향) 기본정보와 현용정보를 기초로 해서 추리·판단한 정보로서 사용자에게 적당한 사전지식을 주는 것을 사명으로 하며, 정보 생산자의 능력을 가장 많이 필요로 하는 정보(일명 '기획정보')

6) 경찰 업무에 따른 분류

일반정보	국가 안전 및 사회 공공 질서 유지 등 포괄적인 정보 활동에서 입수되는 정보
보안정보	북한의 이념에 동조하고 국익을 해하는 세력에 대한 활동 상황이나 단체·개인에 대한 정보수집, 국내 간첩 활동을 차단하기 위한 정보 활동
외사정보	자국인 또는 내국인에 관계되는 정보를 제외한 모든 정보
범죄정보	범죄 수사상 참고가 되는 모든 정보
교통정보	교통의 안전 등에 관한 모든 정보

7) 요소에 따른 분류

정치정보	개인 또는 집단의 정치 권력의 획득·유지·행사 등에 대한 정치적인 능력과 취약성 및 가능한 행동 방책에 관한 지식
경제정보	개인 또는 조직체가 재화를 얻어 욕망을 충족시키는 활동에 대한 경제적인 능력과 취약성 및 가능한 행동 방책에 관한 지식
사회정보	사회적 요소에서의 사회적 현상에 관한 개인 또는 조직체 등이 공동 생활을 영위하는 데 필요한 능력과 취약성 및 가능한 행동 방책에 관한 지식
군사정보	군사 역량에 관계되는 요소로서 규모·편제·확장·힘·실용성·전투 등에 관한 지식
과학정보	한 국가의 과학적 요소에 관한 정보로서 과학적 능력과 취약성 및 가능한 행동 방책에 관한 지식
산업정보	수출산업시설, 첨단 과학기술업체 정보 등에 관한 지식

4 정보의 순환-상호간 관련

1) 정보 순환의 개념

정보 활동은 ① 소요되는 정보 요구를 결정하고(정보의 요구), ② 요구를 충족시키기 위한 첩보를 수집한 후(첩보의 수집), ③ 수집된 첩보를 평가·분석·종합·해석하여 정보를 생산하고(정보의 생산), ④ 생산한 정보를 사용자에게 배포하는(정보의 배포) 4단계를 끊임없이 순환하면서 이루어지는데, 이러한 연속적 과정을 정보 순환이라 한다.

2) 정보 순환의 성격

정보 순환은 연속적으로 이루어지며 전 단계가 동시에 발생할 수도 있다. 새로운 첩보가 수집되고 있는 동안에 이미 입수된 정보는 처리·분석되고 있으며, 한편에서는 처리된 정보가 전파되고 수요자들에 의하여 사용되며, 다른 한편에서는 새로운 정보 수요가 나타난다. 각 단계는 매 단계마다 소순환 과정을 거쳐 전체 순환 과정에 연결된다.

3) 정보 순환의 4단계

특 징	정보 과정은 일방적·반복적인 순환 과정으로서 연속성과 동시성을 가진다.
정보 요구 단계	정보 활동의 기초로서 첩보의 수집 활동을 지시하는 것, 첩보 수입계획서를 작성한다(첩보의 기본 요소의 결정 ⇢ 첩보 수집계획서의 작성 ⇢ 첩보 수집 명령하달 ⇢ 사후 검토).
첩보 수집 단계	첩보를 수집하여 이를 지시·요구한 사용자에게 제공하는 단계(첩보 수집계획 ⇢ 첩보 출처의 개척 ⇢ 첩보의 획득 ⇢ 첩보의 전달)
정보 생산 단계 (정보 작성)	수집된 첩보를 사용자의 요구에 맞도록 평가·분석·종합·해석의 과정을 거쳐 정보화하는 단체⇒ 학문적 성격이 가장 많이 지배(첩보의 선택 ⇢ 기록 ⇢ 평가 ⇢ 분석 ⇢ 종합 ⇢ 해석)
정보 배포 단계	생산된 정보를 수요기관에 유용한 형태로 배포하는 것

(1) 정보의 요구

(가) 정보의 요구 과정

정보를 요구하기 위해서는 ① 첩보의 기본 요소를 결정하고 ② 첩보 수집계획서를 작성하여, ③ 수집 활동에 적합한 시기에 요구 내용을 구두(口頭)나 서면으로 명령하면 된다. 그리고 ④ 요구된 내용이 잘 수집되고 있는지, 수집 지시된 내용 중에서 필요 없는 내용이나 보완하여야 할 요구 사항은 없는지를 검토하고, 계획서를 작성·하달한다(사후 검토).

첩보 수집 활동의 적정성을 위하여 정보 요구자의 지속적인 지시·감독이 필요하다.

정보 요구의 형태(정보의 수요)는 다음과 같다.

㉠ 국가 지도자 및 정책 입안자의 요구

㉡ 횡적 기관에서 요구

㉢ 정보 생산자 자체 판단에서 요구

어떠한 형태의 정보 요구이든 간에 우선 필요한 정보의 내용이 '일반적인 분야인가 또는 특정 분야인가'와 '일시적 사항인지 또는 계속되는 사항인지'를 먼저 검토하여야 한다.

① 정보 요구의 소순환 과정

㉠ 첩보의 기본 요소 결정

요구 내용을 한정하고 구체적인 요구를 가능하게 하기 위하여, 정치·경제·사회 등 어느 분야의 정보를 수집할 것인가를 결정하는 단계

㉡ 수집계획서의 작성

첩보 수집 지시의 편리성을 위하여 계획서를 작성하는 단계로서 요구하고자 하는 요소, 첩보수집기관, 구체적 활동지침, 관련된 배경 첩보 등을 명시하여야 한다.

㉢ 요구 내용의 명령 및 하달

정보 요구 방법에 따라 서면 또는 구두로 수집기관에 첩보 수집 책임을 부여하는 단계

㉣ 사후 검토

수집기관이 잘 수집하고 있는지, 보완·변경 사항이 없는지를 검토하는 단계

② 요구 방법

효과적인 정보 수집을 위해서는 우선순위를 결정하고 이에 따라 수집 요구 및 활동이 이루어져야 한다.

(나) 요구 방법(정보 활동의 우선순위)

효과적인 정보 수집을 위해서는 우선 순위를 결정하고 이에 따라 수집 요구 및 활동이 이루어져야 한다.

'견문 수집 및 처리규칙'에 규정된 정보 활동의 우선순위: PNIO → EEI → SRI → OIR

PNIO(Priority of National Intelligence Objective) 국가정보 목표 우선순위	국가 안전보장이나 정책에 관련되는 국가정보, 정부의 연간 기본 정책의 수립 · 시행에 필요한 정보로서, 모든 정보기관 활동의 기본 방침이 된다. *해당 부서의 정보 활동을 위한 일반지침인 EEI와 구분
EEI(Essential Eliments of Information) 첩보 기본 요소	(1) 정부 각 부처 정책 수행에 필요한 정보로서 계속적 · 반복적 · 장기적 · 지속적 · 긴급 상황과 관계 없이 전 지역에 걸쳐 수집되어야 할 사항으로서, 일반적 · 통상적 · 장기적인 문제 해결을 위한 첩보 요구이다. (2) 대부분의 통계표와 같이 공개적인 것이 많고 사회연구기관에서 주로 담당한다. (3) 국가지도자 또는 정책담당자가 임무를 효율적으로 수행하기 위하여 우선적으로 필요로 하는 가장 기본적인 사항이며, 첩보 수집계획서의 핵심으로서 국가정보 목표에 따라 결정된다. 따라서 EEI와 PNIO는 직접적인 관련성을 가진다. (4) 해당 부서의 정보 활동을 위한 일반적인 지침이다. (5) 사전에 반드시 첩보 수집계획서가 필요하다(서면 요구가 원칙이고, 통상 첩보 수집계획서는 EEI계획서를 의미한다).
SRI(Special Requirements for Information) 특별(특정) 첩보 요구	(1) 임시적 · 수시적 · 한시적, 단편적이며, 돌발적 특수 지역적 특수 상황에 대한 단기적 문제 해결을 위한 특정 첩보 요구(새만금간척사에 업반대하는 환경단체 현황) (2) 수시로 단편적 사안에 대하여 명령하는 것이 원칙이고, SRI는 요구 형식은 서면과 구두 모두 가능하고, 사전에 첩보 수집계획서가 필요 없다. (3) 첩보 수집지침은 사안과 대상에 따라 상이하며 비교적 구체성 · 전문성이 요구된다. (4) SRI의 수집에는 정보의 신뢰성도 중요 하지만, 정보 사용자가 적시에 사용할 수 있도록 제공하는 것이 중요 (5) 통상적인 경찰 업무에서 활용되는 정보 요구는 주로 SRI에 의한다.
OIR(Other Intelligence Requirement) 기타 정보 요구	(1) 급변하는 정세 변화에 따라 불가피하게 국가정책의 수정이 요구되는 경우에 필요한 정보를 요구하는 것. PNIO에 포함되어 있지 않거나 포함되어 있다 할지라도 정책 우선 순위가 변경된 경우 등에 대응하기 위한 자료이다. (2) OIR로 책정되는 정보는 PNIO에 우선하여 작성된다.

[표 7-5-2] EEI와 SRI의 비교

첩보의 기본 요소(EEI)	특별첩보 요구(SRI)
계속적 · 반복적 · 전국적 사항	임시적 · 돌발적 · 특수지역적인 특수 사항
일반적 · 통상적 · 장기적인 문제 해결 →첩보의 신뢰성이 중요	돌발적 · 단기적인 급박한 문제 해결 →첩보의 적시성이 중요
서면 요구가 원칙	서면과 구두 모두 가능
사전에 반드시 첩보 수집계획서가 필요	반드시 필요하지는 않음.

2) 첩보 수집

(1) 첩보 수집의 의의

첩보의 수집이란 첩보 수집기관이 요구된 정보의 자료가 되는 첩보를 수집하는 활동으로 출처의 개척, 첩보의 입수 · 획득, 첩보의 전달 · 보고 등의 과정으로 이루어진다. 가장 중요하고 어려운 단계로서 협력자가 필요한 단계이다.

(2) 첩보 원천(출처)

첩보가 존재하는 장소적 개념을 첩보 원천(출처)이라고 하는데, 이는 기관 · 인간 · 사물 · 사건 등 여러 가지 형태로 존재할 수 있다.

단일의 출처만을 이용하는 것보다는 첩보출처를 다양화(다원화)할 때 좀 더 첩보의 신뢰성을 높일 수 있다.

(3) 첩보 수집의 원칙

유 용 성	수집된 첩보는 사용자의 임무 수행에 도움이 되어야 한다.
중 요 성	중요도가 높은 것부터 우선적으로 수집하여야 한다.
수집 가능성	첩보는 수집 가능하여야 한다. 따라서 필요한 첩보를 얻기 위한 출처의 연구 및 개발이 요구된다.
출처의 신빙성	첩보에는 역정보 · 허위 정보 · 착오 등의 가능성이 있으므로 신빙성에 대한 평가가 반드시 필요하다.

계획성 있는 정보 수집을 위하여 우선순위를 결정할 때 고려하여야 할 기준

① 고이용 정보 우선의 원칙－이용 가치가 높은(중요도) 정보부터 수집

② 참신성의 원칙－이제까지 알려지지 않은 정보부터 수집

③ 긴급성의 원칙－긴급한 정보부터 수집

④ 수집 가능성의 원칙－수집 가능성이 있는 정보부터 수집

⑤ 경제성의 원칙－경제성 있는 정보부터 수집

⑥ 접근성－정보 사용자의 관심과 욕구에 부응할 수 있는 사항부터 수집

(4) 첩보 수집 방법

① 관 찰

② 면담

③ 망원 이용

④ 공개된 자료 활용

⑤ 기타-자료 복사, 촬영, 도청, 녹화, 폐기물 조사 등과 혈연, 지연, 학연 등의 평소의 인맥이나 기타 사람을 활용하여 자료를 수집하는 방법이 있다.

[표 7-5-3] 손자(孫子)의 간첩을 쓰는 방법에 따른 분류

향간(鄕間)	적국의 시민을 사용하여 정보 활동을 하는 것
내간(內間)	적의 관리를 매수하여 정보 활동을 시키는 것
반간(反間)	적의 간첩을 거꾸로 이용하여 아군을 위하여 활동하는 것
사간(死間)	배반할 우려가 있는 아군의 간첩에게 고의로 조작된 사실을 주어 적에게 전 언 또는 누설하게 하는 것
생간(生間)	적국내에 잠입하여 정보 활동을 하고 돌아와 보고하는 간첩

(5) 첩보의 전달

① 첩보의 사용자 : 수집된 첩보를 누가 가장 필요로 할 것인가를 판단하여야 한다.

② 보고 시기 : 첩보 수집계획에 의하여 수집된 첩보는 정해진 시기 내에 보고하는 것이 통상적이지만 첩보의 중요성과 긴급성에 따라 필요한 기관에 신속히 전달되어야 한다.

③ 보고 형태 : 첩보에 따라 원형 그대로 전달하는 방법과 요약 또는 발췌하여 전달하는 방법 중 의미 전달이 확실한 것을 선택하여야 한다.

④ 전달 수단 : 해당 첩보의 중요성과 긴급성, 첩보의 형태에 따라 적절

하게 결정한다.

(6) 첩보 수집자 및 전달자의 자세

(가) 첩보 수집자의 자세

① 우선 순위에 따른 정보 수집(수집자의 주관적인 첩보평가는 지양되어야 한다.)

② 개방적인 자세(고정 관념을 버리고 정보의 수용력을 넓혀야 한다.)

③ 목표 및 문제 의식을 명확히 가지고, 표면만이 아닌 배경을 파악하는 노력이 요구된다.

④ 비공개정보보다 공개정보를 중시하여야 한다.

⑤ 정보요원이 여론을 수집하는 과정에서 녹취는 금물이며, 요점을 기억하였다가 최단 시간 내에 기록해 두어야 한다(정보기관에 대한 신뢰성 문제와 상대방의 명예훼손 문제의 발생 우려 때문).

⑥ 첩보 수집 활동시 가장 유의하여야 할 것은 합법성을 통한 인권 침해의 방지이다.

(나) 첩보 전달자의 자세

① 보안 유지 능력과 신속히 보고하는 능력이 요구된다.

② 주관적 의사를 배제하고 객관적으로 보고하여야 하며, 사실과 추리를 구별하여야 한다.

3) 정보의 생산

정보의 생산이란 수집된 첩보가 정보 생산기관에 전달되어 정보 사용자의 요구에 맞도록 평가 · 분석 · 종합 · 해석의 과정을 거쳐 정보보고서를 작성하는 과정을 말하며, 학문적 성격이 가장 많이 요구되는 단계이다.

(1) 정보 생산의 의의

정보 사용자의 요구에 맞도록 수집 · 전달된 첩보를 선택 · 기록 · 평가 · 분석 · 종합 · 해석하여 정보화하는 것을 말한다.

(2) 정보 생산의 원칙

① 개념 정의의 원칙
② 출처 규명의 원칙
③ 의미 확인의 원칙
④ 인과 관계의 원칙
⑤ 배경 파악의 원칙
⑥ 경향(추론)의 원칙
⑦ 정확도의 원칙
⑧ 결론의 원칙

(3) 정보 생산의 과정

(가) 선택

수집된 첩보 중에서 불필요한 첩보를 골라내고 긴급성, 유용성, 신뢰성, 적합성 등을 기준으로 필요한 것을 걸러내는 단계로서 제1차적인 평가 과정이라 할 수 있다.

(나) 기록

당장 사용하지 않는 첩보이거나 사용한 첩보는 기록하여 관리한다.

(다) 첩보의 평가

평가란 첩보의 내용을 파악하여 첩보의 적합성, 출처의 신뢰성, 내용의 정확성 등을 검토하여, 가치 적격을 판단하는 것을 말한다.

① 적절성 : 현재나 장래에 그 첩보가 어느 정도로 유용한 것인가를 검토하는 일

② 신뢰성 : 첩보의 능력 및 지식, 훈련과 경험, 성실성, 수집 환경, 과거 업적, 문서에 의한 증거 등을 검토

③ 가망성 : 내용에 대한 견실성, 보고서의 상세성, 일반 지식이나 경험에 의한 타당성, 타출처의 첩보 및 정보와 대조한 일치성 등을 검토

(라) 첩보의 분석

평가된 첩보를 구성 요소별로 세분화하고 세분화된 요소들의 인과 관계, 패턴이나 경향, 상관 관계 등을 논리적으로 검토하여 행정의 예측과 조정

에 도움이 되게 하는 것을 말한다.

(마) 첩보의 종합

부여된 주제에 대한 정보를 생산하기 위하여 같은 유형으로 분류된 사실을 하나의 통일체로 결합하는 과정으로, 분석에서 확인된 단편적인 자료와 여러 가지 사실을 맞추어 하나의 통일체를 만드는 작업을 말한다. 분석과 종합은 흔히 동시에 이루어진다.

(바) 첩보의 해석

평가·분석·종합된 정보에 대하여 그 의미와 중요성을 결정하고 결론을 도출할 수 있게 하는 과정으로, 주관이 개입될 가능성이 많으므로 주의하여야 한다.

(사) 결론의 도출

해석에서 나타난 여러 가정을 확정하고 최초에 부여된 문제에 대한 해답을 주는 가장 중요한 과정이다.

정보 생산의 소순환 과정은 항상 순차적으로 이루어지는 것이 아니라, 거의 동시 작용으로 이루어진다.

⇒첩보의 평가·분석 단계 : 수집된 첩보를 정보 생산의 자료로서의 가치와 적격 여부를 판단하는 과정

[표 7-5-4] 첩보 분류의 원칙

통합의 원칙	다른 것과의 관계를 생각하여 분류
점진의 원칙	순차적으로 분류하여야 한다는 원칙으로 간단하고 일반적인 것으로부터 복잡하고 특수한 것으로 분류
일관성의 원칙	동일한 분류 기준에 따라 끝까지 동일하게 분류
상호 배제의 원칙	분류의 세부 항목을 확실하게 하여 중복 없이 분류
병치의 원칙	유사한 것이나 관계되는 자료는 가깝게 위치할 수 있도록 분류

(4) 정보 기록 분류 방법

명칭별 분류	자료를 제공한 출처나 발송기관 명칭을 '가,나,다…' 또는 ABC…순으로 배열하는 방법
번호별 분류	접수되는 자료의 순차에 따라 출처나 기관에 따라 일련 번호를 배당하고 그 번호 순으로 배열하는 방법
연대별 분류	자료를 접수하는 일자 순으로 배열하는 방법 소규모 기관이나 가료를 단기간 보관하거나 일정한 기간이 경과하면 폐기하여야 하는 기관에서 효과적임.
지역별 분류	자료의 내용이 발생한 지역 또는 지명별로 배열하는 방법으로 특정 지역 문제를 연구하는 기관에 효과적임.
주제별 분류	(1) 보관할 자료의 내용을 대표하는 주제에 의하여 배열하는 방법으로 자료의 양이 많고 내용을 위주로 하는 기관에서 편리하게 활용할 수 있음. (2) 경찰 정보기록 관리에서 가장 많이 사용되나, 분류가 어렵고 고도의 분류 기술을 요함.

〈정보분석관의 자질〉

(1) 해당 분야에 대한 전문적인 지식과 경험
(2) 주어진 첩보를 객관적으로 분석할 수 있는 정직성
(3) 분석 결과를 사용자에게 간단 명료하게 전달할 수 있는 명료성
(4) 주어진 첩보가 다소 신빙성이 없어도 '그럴 수 있다'고 볼 수 있는 상상력
(5) 다양한 자료 중에서 중요 부분을 파악할 수 있는 세부 사항에 대한 관심
(6) 입수된 첩보에 대하여 의심을 가지고 접근할 수 있는 의구심

4) 정보의 배포

(1) 의의

정보의 배포란 생산된 정보를 필요로 하는 공인된 사람과 기관, 즉 사용자에게 적절한 형태와 내용을 갖추어서 적시에 전파하는 것을 말한다.

(2) 정보 배포의 원칙

(가) 의의

생산된 정보를 필요로 하는 공인된 사람과 기관, 즉 사용자에게 적절한 형태와 내용을 갖추어서 적시에 전파하는 것을 말한다.

(나) 정보 배포의 원칙

① 필요성의 원칙 : 정보는 반드시 알아야 할 필요가 있는 대상에게만 알려야 한다(배포 대상의 결정 기준).

② 적당성의 원칙 : 정보는 사용자의 능력과 상황에 맞추어서 적당한 양을 조절하여 필요한 만큼만 적절한 전파수단을 통하여 전달되어야 한다(배포량의 결정 기준).

③ 적시성의 원칙 : 정보는 정보 사용자의 정보 소요 시기에 배포되어야 한다(배포 시기의 결정 기준).

④ 보안성의 원칙 : 정보 배포시에는 보안을 갖추기 위한 장치가 필요하다.

⑤ 계속성의 원칙 : 배포된 정보와 관련성을 가진 새로운 정보를 조직적이고 계속적으로 배포하여야 한다.

⑥ 기타 : 완전성, 간결성, 경제성의 원칙 등

(다) 배포의 방법

① 브리핑 : 정보 사용자 또는 다수 인원에 대하여 개인이 정보 내용을 요약하여 구두로 설명하는 것(주로 현용 정보 중심으로 진행되고 강연, 문답식으로 진행되며 시간이 절약됨).

② 메모 : 긴급한 경우에 내용을 요약하여 기록을 전달하는 방법(주로 현용 정보를 전달하는 데 사용되고, 신속성은 좋지만 정확성이 떨어지는 단점이 있음).

③ 일일정보보고서 : 매일 24시간에 걸친 제반 정세의 변화를 중점적으로 망라한 보고서

④ 특별보고서 : 누적된 정보가 다수의 사람이나 기관에게 이해 관계가 있거나 가치가 있을 때 사용(정보의 성질과 긴급성 그리고 예정된 접수자의 필요성에 따라 장문 또는 단문으로 세분되거나 개괄적으로 작성될 수 있음).

⑤ 정기간행물 : 광범위한 배포를 위하여 주간, 월간 등으로 발행

⑥ 서적 : 정보가 다수인의 참고나 교범을 위하여 요구될 때 이용

⑦ 전신・전화 : 신속을 요하는 경우 1차적으로 전달하는 방법이며, 보안

유지가 특히 요구되는 방법

⑧ 비공식 방법 : 질문에 대한 답변·토의 형태로 직접 전달

⑨ 기타 : 연구참고용 보고서, 도표 및 사진, 필름

⇒ 구두 전달 : 가장 보안성이 우수한 정보의 배포 방법이다.

(3) **정보보고서 종류 - 이유에 초점**

① 견문보고서(오관), 특별보고서(중대 위해), 정보판단서(상황 조치)

견문보고서	경찰관이 오관의 작용을 통하여 지득한 치안상 필요한 사항을 수집하여 보고하는 형태
특별보고서	국내 치안상 중대한 위해를 미치거나 사회에 물의를 야기시킬 사항, 중요 시책 자료에 공할 사항에 대한 보고서
정보판단서	다른 견문과 자료를 종합·분석하여 작성한 보고서로서 지휘관으로 하여금 경력 동원 등 상황에 대한 조치를 요하는 보고서(판단자료서)

② 미사여구 금지, 배석자 답변 최소

③ 보고서 작성 요령-신속성, 객관성, 보안성, 완전성

(4) **견문 수집 및 처리**

(가) 견문 수집의 의의

견문이란 경찰관이 오관의 작용을 통하여 근무 또는 일상 생활 중에 알게 된 국내외의 치안상·국가 시책상 필요한 자료이다. 견문보고서는 전국 각지의 경찰관이 일반 시민들과 직접적으로 접촉하여 얻는 경우가 대부분이므로 시민의 소리를 여과 없이 생생하게 전달할 수 있어 경찰행정을 비롯한 국가의 정책 결정 및 평가에 중요한 역할을 한다.

(나) 견문 보고 자료 종류

① 특별보고자료 : 국내 치안상 중대한 위해를 미치거나 사회에 물의를 야기할 사항 및 중요 시책에 사용되는 자료로서 상급 관서에 보고하여야 하는 견문

② 중요정보보고 : 당일 중에 중요 사건·행사, 기타 관내 특수 상황 등으로서 당해 관서장 또는 상급 관서에 보고하여야 하는 견문

③ 판단서자료 : 다른 견문과 자료를 종합·분석하여 정보보고서 작성에 사용할 수 있는 견문

④ 기록자료 : 계속 보존의 가치가 있어서 존안철 등에 기록을 요하는 견문

⑤ 조사자료 : 내용이 불확실하거나 출처의 신빙성이 약하여 재확인을 요하는 견문

⑥ 통보자료 : 업무를 주관하는 부서에서 처리하도록 하거나 시책자료로 사용할 수 있도록 하기 위하여 당해 부서에 통보하여 주는 견문

⑦ 참고자료 : 단순히 정보 업무 수행에 참고가 될 뿐 사용 가치가 적은 견문

(5) 내용에 따른 정보의 종류

(가) 상황정보

일명 '속보(速報)'라고도 하며, 전체 상황을 종합적으로 평가한 것이 아니라 어떤 사상의 현상태에 관한 일시적인 것이며, 그때그때의 현실에 관한 정보를 보고하는 것으로서 현용 정보의 일종이다.

(나) 민심정보

주요 정책이나 현안 사항에 관한 국민 여론을 지역별·계층별 등으로 다양하게 파악하여 정책 조정이나 후속 조치 등에 반영할 수 있도록 하는 정보를 말한다.

(다) 시책정보(정책정보)

주요 정부 시책의 효과 및 타당성 등을 판단하고 시행 과정에서 발생하는 문제점을 파악하여 개선 방안을 제시하는 정보를 말한다.

정책정보 작성 요령은 현황의 면밀한 분석 → 문제점의 작성 → 대안 순으로 제시한다.

(라) 통치정보

정책결정권자들이 종합적인 국가정책을 수립·판단하는 데 필요한 지식을 제공하는 정보. 시책정보와 함께 판단정보라고 한다.

(마) 치안정보

치안정책의 수립·집행, 치안행정 전반에 걸친 문제점 및 제도 개선에 관한 정보를 말한다.

(6) 정보보고서 작성상 유의 사항

① 신중한 주제 선정

② 구비 요건의 충실

③ 사용자 중심의 작성

④ 철저한 점검

(7) 정보보고서의 판단을 나타내는 용어

구 분	사용 례
판단됨	어떤 징후가 나타나거나 상황이 전개될 것이 확실시되는 근거가 있는 경우
예상됨	첩보 등을 분석한 결과 단기적으로 어떤 상황이 전개될 것이 비교적 확실한 경우
전망됨	과거의 움직임이나 현재 동향, 미래의 계획 등으로 미루어 장기적으로 활동의 윤곽이 어떠하리라는 예측을 할 경우
추정됨	구체적인 근거는 없으나 현재 나타난 동향의 원인, 배경 등을 다소 막연히 추측할 때
우려됨	구체적인 징후는 없으나 전혀 그 가능성을 배제하기 곤란하여 최소한의 대비가 필요한 때

(8) 정보보고서의 유형별 작성 요령

(가) 견문보고서

① 첩보 원천이 신뢰성이 있고 시간상 급박한 예고 첩보일 경우는 즉시 청취한 내용 그대로 작성한다.

② 한 분야에만 국한된 미시적인 내용일 경우는 상급자에게 첩보 내용을 보고하여 담당 부서나 유관 부서에 관련 동향을 추가 수집할 수 있도록 한다.

③ 수집한 동향을 취합·분석, 현황 및 문제점, 대책 등의 내용으로 보고한다.

(나) 여론 · 반응 · 제언보고서

① 여론의 경우 각계를 대표할 수 있는 관련 인물을 선정하고, 발표된 정부 시책과 관련되는 분야의 인물인 경우 반드시 상반되는 입장에 있는 인물을 망라한다.

② 반응은 생생하게 있는 그대로 기술한다.

③ 제언은 핵심이 누락되지 않도록 작성한다.

④ 미사여구나 주관적 판단을 첨가해서는 안 된다.

⑤ 보고서의 양에 구애받을 필요가 없다.

(다) 특별보고서

① 현재 시행중이거나 시행 예정인 중요 정책의 문제점을 파악한다.

② 현황 또는 사례, 통계, 실태 및 문제점, 예상 상황, 대안 및 대책의 순으로 보고서를 작성한다.

(라) 친피보고서

① 공직 비리, 고위급 사칭 사범 관련 자료를 수집 · 보고한다.

② 수집된 객관적 사실에 입각해서 구체적인 비위 · 비리 · 법위반 사항, 거증 자료, 확보 방법을 제시한다.

③ 첩보 수집자 본인 자필로 작성하되 대필 · 타자 · 워드 작성시는 자필로 서명한다.

(마) 상황보고서

① 현장 상황에 대한 가장 신속하고 정확한 보고가 생명이다. 형식면에서 보고서의 요건을 갖추지 못하여 불완전하더라도 관계 없다.

② 집회 · 시위 현장이나 집단 민원 발생시 현장에서 전화나 무전으로 보고한 것을 서면으로 작성하여 보고한다.

③ 1보는 간단하게 사안의 핵심만을 보고하고, 추후 상황이 변할 때마다 2보 · 3보 형태로 작성하여 추가 보고한다.

제 3 절 정보경찰 활동과 그 법적 토대

1 정보 기능

1) 정보경찰의 업무 분장

(1) 일반 정보 활동

정보경찰 활동의 핵심 조직은 경찰청의 정보국, 서울지방경찰청의 정보부, 기타 지방경찰청의 정보과, 경찰서의 정보과 등 정보 기능이 주축이 되어 이루어진다.

경찰청과 그 소속기관 등 직제 제14조는 경찰청 정보국의 업무로서 치안정보 업무에 관한 기획·지도 및 조정, 정치·경제·노동·사회·학원·종교·문화 등 분야에 관한 치안정보의 수집·종합·분석·작성 및 배포, 정책정보의 수집·종합·분석·작성 및 배포, 집회·시위 등 집단 사태의 관리에 관한 지도 및 조정, 신원조사 및 기록관리 등을 규정하고 있다. 이를 대별하여 보면 일반정보 활동, 신원조사, 채증 활동, 집회 및 시위에 관한 업무를 들 수 있다. 따라서 정보 기능에서는 보안·외사·수사정보를 제외한 일반정보 업무를 분장한다.

이러한 정보 수집 활동으로 수집된 정보는 다른 경찰 활동 또는 다른 기관의 활동에 기초가 된다.

(가) 담당 부서

① 경찰청 정보국

정보1과	(1) 정보경찰 업무에 관한 기획·지도 및 조정 (2) 신원조사 및 기록 관리 (3) 기타 국내 다른 과의 주관을 속하지 아니하는 사항
정보2과	(1) 정치 분야에 관련되는 치안정보의 수집·종합·분석·작성 및 배포 (2) 치안정보 업무에 관한 기획·지도 및 조정 (3) 정책정보의 수집·수집·분석·작성·배포 및 조정

정보3과	(1) 경제·노동·사회 분야에 관련되는 치안정보의 수집·수집·분석·작성 및 배포 (2) 경제·노동·사회 분야에 관련되는 집회·시위 등 집단 사태의 관리에 관한 지도 및 조정
정보4과	(1) 학원·종교·문화 분야에 관련되는 치안 등 집단 사태의 관리에 관한 지도 및 조정 (2) 학원·종교·문화 분야에 관련되는 집회·시위 등 집단 사태의 관리에 관한 지도 및 조정

② 서울청 정보관리부

정보1과	(1) 정치·경제·노동·사회 분야에 관련되는 치안정보의 수집·종합·분석·작성 및 배포 (2) 정책정보의 수집·종합·분석·작성 및 배포 (3) 신원조사에 관한 사항 (4) 기타 부내 다른 과의 주관에 속하지 아니하는 사항
정보2과	학원·종료·문화 분야에 관련되는 치안정보의 수집·종합·분석·작성 및 배포에 관한 사항

(나) 구체적 내용

정보경찰은 정치 경제·노동·사회·학원·종교 및 문화 분야에 관련되는 치안정보의 수집 등의 업무를 담당한다. 따라서 정보 기능에서는 경찰청과 그 소속기관 등 직제가 규정한 보안정보, 외사정보 수사정보를 제외한 일반 정보 업무를 분장한다고 할 수 있다.

일반정보 활동은 정보의 수집·분석·종합·판단·작성·배포 활동을 포함하는데, 여기서 생산된 정보는 다른 경찰 활동 또는 다른 기관의 활동을 위한 기초 자료가 되므로 궁극적으로 공공의 안녕과 질서 유지에 기여하게 되는 것이다.

2) 신원조사

(1) 의의

신원조사란 '보안업무규정' 등에 의거하여, 보안의 대상이 되는 인원, 즉 국가 안전 또는 이에 관련되는 업무를 하는 자 및 그 예정자에 대하여 실시하는 대인 정보자료 수집 활동으로서, 대상 인원의 국가에 대한 충성심·

성실성 및 신뢰성을 조사하여 공공의 안녕을 확보하려는 데 그 목적이 있다.

신원조사기관은 국가정보원장이지만 경찰청장과 국방부 장관은 국가정보원장으로부터 위임을 받아 조사할 수 있다.

간접조사 원칙에 따른다.

(2) 신원조사의 대상

(1) 공무원 임용 예정자 (2) 비밀 취급 인가 예정자 (3) 해외 여행을 하고자 하는 자(입국하는 교포를 포함한다.) (4) 국가 중요시설 · 장비 및 자재 등의 관리자와 기타 각급 기관의 장이 국가보안상 필요하다고 인정하는 자 (5) 공공단체의 직원과 임원의 임명시에 정부의 승인이나 동의를 요하는 법인의 임원 및 직원 (6) 기타 법령이 정하는 자

*긴급 신원조사 : 경호 행사시 요인의 안전을 확보하기 위하여 행사 참가 대상자의 신원을 파악하여 24시간 이내에 대통령 경호실에 결과를 보고하는 것(보안 기능에서 담당

*신원 조회 : 각종 인 · 허가의 경우에 호적부를 관리하는 시 · 구읍 · 면장이 개인의 수형 사실 및 금치산 · 한정치산 등을 조회하여 통보하여 주는 제도

(3) 종류

① 정보 기능－신원조사

② 보안 기능－긴급조회, 긴급신원조사

③ 외사 기능－영주권 발급을 신청하는 재외 국민에 대한 범죄경력증명 신원조사

(4) 법적 근거

① 보안업무규정 및 시행규칙

② 정보 및 보안업무기획 · 조정규칙

③ 신원조사업무 처리규칙

④ 여권 발급 신청자 신원조사업무 처리규칙

3) 채증 활동 - 정보1계

(1) 의의

채증(採證) 활동이란 각종의 집회나 시위 및 치안 위해 사태의 발생시에 위법 상황을 촬영·녹화 또는 녹음 등의 방법으로 채증을 함으로써 사후에 정확한 진상 파악과 위법자의 사법 처리를 위한 증거 자료를 확보하기 위한 활동이다.

채증 활동은 지방경찰청과 경찰서 등에서 편성된 채증반을 통하여 한다. 채증 활동은 궁극적으로는 수사 또는 보안 활동을 위한 것이므로 이들과 합동으로 이루어진다.

(2) 목적

사법 처리, 치안자료 수집, 집회 상황

(3) 채증시 유의 사항

① 전체적인 배경보다 구성 요건에 중점을 두고 촬영함.

② 시위 장비 및 용품은 특정할 수 있도록 촬영함.

③ 주동자 등 인물 채증은 얼굴이, 사용된 차량은 번호가 식별될 수 있도록 채증함.

④ 주요 부분은 반복 촬영하고, 전경을 촬영할 수 없을 때는 파노라마식으로 촬영함.

⑤ 채증 자료는 신속히 판독하여야 함.

4) 집회 및 시위에 관한 업무(집회 및 시위에 관한 법률)

(1) 개관

모든 국민은 집회의 자유를 가지는 바(헌법 가21조), 집회 및 시위에 관한 법률은 적법한 집회 및 시위를 최대한 보장하고 위법한 시위로부터 국민을 보호함으로써 집회 및 시위의 권리 보장과 공공의 안녕·질서를 적절히 조화되게 함을 목적(집시법 제1조)으로 하고 있다.

집회 및 시위와 관련하여 경찰서 또는 지방경찰청 정보과에서는 신고의 수리, 보완통고, 제한조치, 금지통고 등의 업무를 처리한다.

① 옥외집회·시위의 경우 관할 경찰서장(2개 경찰서 이상의 관할에 속하는 경우에는 지방경찰청장, 2개 이상의 지방청 관할인 경우는 주최지를 관할하는 지방청장에게) 720시간 전부터 48시간 전에 신고하도록 하고 있다(동법 제6조).

② 접수증을 교부한 때로부터 12시간 이내에 주최자에게 24시간을 기한으로 그 기재 사항을 보완할 것을 통고할 수 있다.

③ 집회 또는 시위의 주최자는 금지통고를 받은 날로부터 10일 이내에 당해 경찰관서의 직근 상급 경찰관서의 장에게 이의를 신청할 수 있다.

④ 집회 금지통고에 대한 이의 신청을 받은 경찰관서장은 접수시부터 24시간 이내에 재결하여야 한다.

(2) 개념 정의

1. "옥외집회"라 함은 천장이 없거나 사방이 폐쇄되지 않은 장소에서의 집회를 말한다. 대학 구내·회사시설 구내·종교시설 구내에서의 집회도 옥외집회에 해당하나, 시설 당국의 자치권을 인정하여 학교 및 회사·종교 시설주에게 일임하고 있다. 하지만 시설 이용권이 없는 외부인이 위 시설에서 집회를 개최하는 경우에는 집회 신고를 해야 한다.
2. "시위"라 함은 다수인이 공동 목적을 가지고 도로·광장·공원 등 공중이 자유로이 통행할 수 있는 장소를 진행하거나 위력 또는 기세를 보여 불특정 다수인의 의견에 영향을 주거나 제압을 가하는 행위를 말한다.
   '헌재'는 시위의 장소에 관하여 행진의 경우에는 도로·광장·공원 등 공중이 자유로이 통행할 수 있는 장소로 한정하고 위력 또는 기세를 보이는 행태의 시위는 장소적 제한이 없다고 판시하였다.
   따라서 공중이 자유로이 통행할 수 없는 장소인 대학 구내에서의 시위도 그것이 위력 또는 기세를 보여 불특정 다수인의 의견에 영향을 주거나 제압을 가하는 행위에 해당한다면 '집회 및 시위에 관한 법률'상의 시위로서 집회 및 시위에 관한 법률의 규제 대상이 된다(헌재 94.4.28. 91헌바14).
3. "주최자"라 함은 자기 명의로 자기 책임 아래 집회 또는 시위를 개최하는 사람 또는 단체를 말한다. 주최자는 주관자를 따로 두어 집회 또는 시위의 실행을 맡아 관리하도록 위임할 수 있다. 이 경우 주관자는 그 위임의 범위 안에서 주최자로 본다.
4. "질서 유지인"이라 함은 주최자가 자신을 보좌하여 집회 또는 시위의 질서를 유지하게 할 목적으로 임명한 18세 이상의 자를 말한다.
5. "질서 유지선"이라 함은 적법한 집회 및 시위를 보호하고 질서 유지 또는 교통 소통을 위하여 집회 또는 시위 장소나 행진 구간에 일정한 구획을 정하여 관할 경찰서장 또는 지방경찰청장이 설정한 띠·방책·차선 등의 경계 표지를 말한다(실무상으로는 경찰보호선, 경찰통제선, police line 등으로 불린다).

(3) 집회 및 시위의 방해 금지(제3조)

누구든지 폭행·협박, 기타의 방법으로 평화적인 집회 또는 시위를 방해하거나 질서를 문란하게 하여서는 아니 된다.

누구든지 폭행·협박, 기타의 방법으로 집회 또는 시위의 주최자 및 질서유지인의 이 법의 규정에 의한 임무의 수행을 방해하여서는 아니 된다.

집회 또는 시위의 주최자는 평화적인 집회 또는 시위가 방해될 염려가 있다고 인정될 때에는 관할 경찰관서에 그 사실을 통고하여 보호를 요청할 수 있다. 이 경우 관할 경찰관서의 장은 정당한 이유 없이 보호 요청을 거절하여서는 아니 된다.

(4) 집회 및 시위의 절대적 금지(제5조)

1. 헌법재판소의 결정에 의하여 해산된 정당의 목적을 달성하기 위한 집회 또는 시위
2. 집단적인 폭행·협박·손괴·방화 등으로 공공의 안녕 질서에 직접적인 위협을 가할 것이 명백한 집회 또는 시위

(5) 옥외집회 및 시위의 신고 등(제6조·제7조)

옥외집회 또는 시위를 주최하고자 하는 자는 신고서를 옥외집회 또는 시위의 720시간 전부터 48시간 전에 관할 경찰서장에게 제출하여야 한다. 다만, 2 이상의 경찰서의 관할에 속하는 경우에는 관할 지방경찰청장에게 제출하여야 하고, 2 이상의 지방경찰청의 관할에 속하는 경우에는 주최지를 관할하는 지방경찰청장에게 제출하여야 한다.

신고서를 접수한 때에는 관할 경찰서장 또는 지방경찰청장("관할 경찰관서장")은 접수 일시를 기재한 접수증을 즉시 신고자에게 교부하여야 한다.

신고서의 기재 사항에 미비한 점이 있는 경우에는 관할 경찰관서장은 주최자에게 24시간을 기한으로 그 기재 사항을 보완할 것을 접수증을 교부한 때로부터 12시간 이내에 통고할 수 있다. 신고자가 보완통고서 수령시로부터 24시간 이내에 신고서의 미비점에 대한 보완 통고를 이행하지 않을 경우, 경찰서장은 접수한 때로부터 48시간 내에 집회의 금지를 통고할 수 있다.

(6) 집회 및 시위의 금지 또는 제한 통고(제8조)

① 신고서를 접수한 관할 경찰관서장은 신고된 옥외집회 또는 시위가 제5조 제1항, 제10조 본문 또는 제11조의 규정에 위반된다고 인정될 때, 제7조 제1항의 규정에 의한 기재 사항을 보완하지 아니한 때 또는 제12조 제1항의 규정에 의하여 금지할 집회 또는 시위라고 인정될 때 그 신고서를 접수한 때부터 48시간 이내에 집회 또는 시위의 금지를 주최자에게 통고할 수 있다.

② 집회 또는 시위의 시간과 장소가 경합되는 2 이상의 신고가 있고 그 목적으로 보아 서로 상반되거나 방해가 된다고 인정될 경우에는 뒤에 접수된 집회 또는 시위에 대하여 제1항의 규정에 준하여 그 집회 또는 시위의 금지를 통고할 수 있다.

㉠ 먼저 신고된 집회·시위의 주최자가 신고한 옥외집회 또는 시위를 하지 아니할 경우에는 신고서에 기재된 집회일시 전에 관할 경찰관서장에게 그 사실을 통지하여야 한다.

㉡ 먼저 신고된 집회의 미개최 통지를 받은 관할 경찰관서장은 목적 충돌로 금지통고를 받은 뒤에 신고된 집회·시위의 주최자에게 그 사실을 즉시 통지하여야 한다.

㉢ 통지를 받은 주최자는 그 금지통고된 집회 또는 시위를 최초에 신고한 대로 개최할 수 있다.

㉣ 다만, 시기를 놓친 경우에는 집회 또는 시위의 24시간 전에 관할 경찰관서장에게 신고서를 제출하고 집회 또는 시위를 개최할 수 있다.

③ 집회금지요구권: 아래의 경우 그 거주자 또는 관리자가 시설이나 장소의 보호를 요청한 때에는 집회 또는 시위의 금지 또는 제한을 통고할 수 있다.

㉠ 신고서에 기재된 장소가 타인의 주거 지역이나 이와 유사한 장소인 경우 그 거주자 또는 관리자가 재산·시설이나 사생활의 평온에 심각한 피해가 발생할 수 있는 경우

㉡ 신고 장소가 초·중등교육법의 규정에 의한 학교의 주변 지역으로서 집회 또는 시위로 인하여 학습권을 현저히 침해할 우려가 있는 경우

㉢ 신고 장소가 군사시설보호법의 규정에 의한 군사시설의 주변 지역으

로서 집회 또는 시위로 인하여 시설이나 군작전의 수행에 심각한 피해가 발생할 우려가 있는 경우

㉤ 집회 또는 시위의 금지·제한 통고는 그 이유를 명시하여 서면으로 하되 주최자 또는 연락 책임자에게 송달하여야 한다.

(7) **집회 및 시위의 금지통고에 대한 이의 신청 등(제9조)**

① 집회 또는 시위의 주최자는 제8조의 규정에 의한 금지통고를 받은 날부터 10일 이내에 당해 경찰관서의 직근 상급경찰관서의 장에게 이의를 신청할 수 있다. 따라서 경찰서장의 금지 통고에 대해서는 지방경찰청장, 지방경찰청장의 금지통고에는 경찰청장에게 이의 신청을 할 수 있다. 이의 신청을 하지 않고 바로 행정소송을 제기할 수 있다.

이의 신청을 받은 경찰관서의 장은 접수 일시를 기재한 접수증을 즉시 이의신청인에게 교부하고 접수 시부터 24시간 이내에 재결을 하여야 한다. 접수시부터 24시간 이내에 재결서를 발송하지 아니한 때에는 관할 경찰관서장의 금지통고는 소급하여 그 효력을 잃는다.

② 금지통고가 위법 또는 부당한 것으로 재결되거나 그 효력을 잃게 된 경우에는 이의신청인은 최초에 신고한 대로 집회 또는 시위를 개최할 수 있다. 다만, 금지 통고 등으로 인하여 시기를 놓친 경우에는 일시를 새로이 정하여 집회 또는 시위의 24시간 전에 관할 경찰관서장에게 신고함으로써 집회 또는 시위를 개최할 수 있다.

(8) **옥외집회 및 시위의 금지 시간 및 장소(제10조·제11조)**

누구든지 일출 시간 전, 일몰 시간 후에는 옥외집회 또는 시위를 하여서는 아니 된다. 다만, 집회의 성격상 부득이하여 주최자가 질서 유지인을 두고 미리 신고하는 경우에는 관할 경찰관서장은 질서 유지를 위한 조건을 붙여 일출 시간 전, 일몰 시간 후에도 옥외집회를 허용할 수 있다.

누구든지 아래의 청사 또는 저택의 경계 지점으로부터 100m 이내의 장소에서는 옥외집회 또는 시위를 하여서는 안 된다(절대적 금지).

① 국회의사당, 각급 법원, 헌법재판소

② 대통령관저, 국회의장공관, 대법원장공관, 헌법재판소장공관

③ 국무총리공관(다만, 행진의 경우는 예외로 한다).

④ 국내 주재 외국의 외교기관이나 외교사절의 숙소

다만, 다음에 해당하는 경우로서 외교기관이나 외교사절의 숙소의 기능이나 안녕을 침해할 우려가 없다고 인정되는 때에는 그러하지 아니하다.

⑤ 당해 외교기관이나 외교사절의 숙소를 대상으로 하지 아니하는 경우

⑥ 대규모 집회 또는 시위로 확산될 우려가 없는 경우

⑦ 외교기관의 업무가 없는 휴일에 개최되는 경우

집회 · 시위의 절대적 금지 사유는 다음과 같다.

① 헌법재판소의 결정에 의하여 해산된 정당의 목적을 달성하기 위한 집회 또는 시위

② 집단적인 폭행 · 협박 · 손괴 · 방화로 공공의 안녕 질서에 위협을 가할 것이 명백한 집회 · 시위

(9) **교통 소통을 위한 제한**(제12조)

관할 경찰관서장은 대통령령이 정하는 주요 도시의 주요 도로에서의 집회 또는 시위에 대하여 교통 소통을 위하여 필요하다고 인정할 때에는 이를 금지하거나 교통 질서 유지를 위한 조건을 붙여 제한할 수 있다.

집회 또는 시위의 주최자가 질서 유지인을 두고 도로를 행진하는 경우에는 위의 금지를 할 수 없다.

(10) **질서유지선의 설정**(제12조의2)

집회 신고를 받은 관할 경찰관서장은 집회 · 시위의 보호와 공공의 질서유지를 위하여 필요하다고 인정할 때에는 최소한의 범위를 정하여 질서유지선(police line)을 설정할 수 있다.

경찰관서장이 질서유지선을 설정할 때에는 주최자 또는 연락 책임자에게 이를 미리 서면으로 고지하여야 한다.

다만, 질서유지선을 새로이 설정하거나 변경하는 경우에는 집회 또는 시위의 장소에 있는 경찰관이 이를 구두로 고지할 수 있다.

(11) **적용의 배제**(제13조)

학문 · 예술 · 체육 · 종교 · 의식 · 친목 · 오락 · 관혼상제 및 국경 행사에 관한 집회에는 제6조 내지 제12조의 규정을 적용하지 아니한다. 행진은 신

고한다.

(1) 신고의 대상이 아닌 집회 학문 · 예술 · 체육 · 종교 · 의식 · 친목 · 오락 · 관혼상제 및 국경 행사에 관한 집회 옥내집회⇒ 금지 규정에 해당하지 않는 한 자유로이 개최 가능 (2) 집회 및 시위의 금지 장소(§11) -국회의사당 · 각급 법원 · 헌법재판소, 국내 주재 외국의 외교기관, 대통령 관저 · 국회의장 공관 · 대법원장 공관 · 헌법재판소장 공관 · 국무총리 공관, 국내 주재 외국의 외교사절의 숙소로부터 100미터 이내. 단, 국무총리 공관은 행진이 가능하다. (3) 경찰관의 출입(§17) -주최자에게 통보하고 정복을 착용하여야 한다. -옥내집회에의 출입은 직무 집행시에 긴급성이 있는 경우에 한함. (4) 질서유지선 설정권자 ⇒ 관할 경찰서장

(12) 경찰관의 출입(제17조)

경찰관은 집회 또는 시위의 주최자에게 통보하고 그 집회 또는 시위의 장소에 정복을 착용하고 출입할 수 있다. 다만, 옥내집회 장소에의 출입은 직무 집행에서 긴급성이 있는 경우에 한한다.

집회나 시위의 주최자 · 질서 유지인 또는 장소 관리자는 질서를 유지하기 위한 경찰관의 직무 집행에 협조하여야 한다.

(13) 집회 또는 시위의 해산(제18조)

관할 경찰관서장은 다음에 해당하는 집회 또는 시위에 대하여는 상당한 시간 이내에 자진 해산할 것을 요청하고 이에 응하지 아니할 때에는 해산을 명할 수 있다.

〈제5조 제1항, 제10조 본문 또는 제11조의 규정에 위반한 집회 또는 시위〉 제5조(집회 및 시위의 금지) ① 누구든지 다음 각호의 1에 해당하는 집회 또는 시위를 주최하여서는 아니 된다. 1. 헌법재판소의 결정에 의하여 해산된 정당의 목적을 달성하기 위한 집회 또는 시위 2. 집단적인 폭행 · 협박 · 손괴 · 방화 등으로 공공의 안녕 질서에 직접적 인 위협을 가할 것이 명백한 집회 또는 시위 ② 누구든지 제1항의 규정에 의하여 금지된 집회 또는 시위를 할 것을 선전하거나 선동하여서는 아니 된다.

제10조(옥외집회 및 시위의 금지 시간) 누구든지 일출 시간 전, 일몰 시간 후에는 옥외집회 또는 시위를 하여서는 아니 된다. 다만, 집회의 성격상 부득이하여 주최자가 질서 유지인을 두고 미리 신고하는 경우에는 관할 경찰관서장은 질서 유지를 위한 조건을 붙여 일출 시간 전, 일몰 시간 후에도 옥외집회를 허용할 수 있다.

제11조(옥외집회 및 시위의 금지 장소) ① 누구든지 다음 각호에 규정된 청사 또는 저택의 경계 지점으로부터 1백미터 이내의 장소에서는 옥외집회 또는 시위를 하여서는 아니 된다. <개정 1991. 11. 30, 2004. 1. 29>

1. 국회의사당, 각급 법원, 헌법재판소
2. 대통령 관저, 국회의장 공관, 대법원장 공관, 헌법재판소장 공관
3. 국무총리 공관. 다만, 행진의 경우에는 그러하지 아니하다.
4. 국내 주재 외국의 외교기관이나 외교사절의 숙소. 다만, 다음 각목의 1에 해당하는 경우로서 외교기관이나 외교사절의 숙소의 기능이나 안녕을 침해할 우려가 없다고 인정되는 때에는 그러하지 아니하다.
   가. 당해 외교기관이나 외교사절의 숙소를 대상으로 하지 아니하는 경우
   나. 대규모 집회 또는 시위로 확산될 우려가 없는 경우
   다. 외교기관의 업무가 없는 휴일에 개최되는 경우

② 종결 선언을 한 집회 또는 시위 - 주최자

③ 신고를 하지 아니하거나 제8조 또는 제12조 제1항의 규정에 의하여 금지된 집회 또는 시위

④ 교통 소통 등 질서유지에 직접적인 위험을 명백하게 초래한 집회 또는 시위

⑤ 질서를 유지할 수 없는 집회나 시위

집회 또는 시위가 해산명령을 받았을 때에는 모든 참가자는 지체없이 퇴거하여야 한다.

[표 7-5-5] 집회 및 시위에 관한 법률상 각종 시간 제한

구분	내용
옥외집회 및 시위의 신고 기간	집회 및 시위 개최 720시간 전부터 48시간 전
신고서의 보완 기간	접수증을 교부한 때로부터 12시간 이내에 주최자에게 24시간을 기한으로 보완 통고
집회 및 시위의 금지 통고 시간	신고서 접수시부터 48시간이내
금지 통고에 대한 이의 신청기간	금지 통고를 받은 때로부터 10일 이내
이의 신청에 대한 재결 시간	접수시부터 24시간 이내 재결서 발송

2 이상의 경찰서의 관할에 속하는 경우에는 관할 지방경찰청장에게 제출
2 이상의 지방경찰청의 관할에 속하는 경우에는 주최지를 관할하는 지방경찰청장에게 제출

접수증 교부	신고서 보완 통고(12시간 이내에 24시간을 기한으로)	금지통고(48시간 이내)

이의 신청	(1) 10일 이내에 금지 통고를 한 경찰관서의 직근 상급경찰관서의 장에게 신청한다. (2) 재결청은 24시간 이내에 재결을 하여야 한다.
행정소송	이의 신청을 거치지 않고 행정소송의 제기가 가능 행정소송의 피고는 금지 통고를 한 경찰관서장(처분청)

2 보안 기능

(1) 보안정보의 수집

경찰청과 그 소속기관 등 직제 제15조는 보안국의 업무로서 북한에 대한 정보의 수집 및 분석 업무를 분장하고 있다. 따라서 정보경찰의 업무에서는 제외된다.

경찰청과 그 소속기관 등 직제 제15조는 보안국의 업무로서 북한에 대한 정보의 수집 및 분석 업무를 분장시키고 있다.

보안정보의 수집은 국가의 안전을 보장하기 위한 방첩 활동의 기본 요소로서 보안경찰의 업무 중 가장 중요한 한 부분이다.

(2) 보안 기능-긴급조회, 긴급신원조사

긴급신원조사—경호 행사 참가자, 24시간 내 조사보고

3 외사 기능

경찰청과 그 소속기관 등 직제 제8조는 외사정보의 수집·분석 및 관리에 대한 업무를 외사과에 분장시키고 있다. 외사정보라 함은 대한민국의 안전과 이익, 사회 공공의 안녕과 질서 유지를 목적으로 주한 외국인, 주한 외교사절, 주한 외국기관, 상사단체, 해외교포 등을 대상으로 수집하는 각종의 정보를 말한다.

외사정보 활동이라 함은 이를 , 판단·분석하여 정책 수립 자료로 제공함으로써, 경찰상 또는 국가 안보상의 위해 요인을 사전 제거하고, 그 대책을 마련하는 활동이다.

경찰청과 소속기관 등 직제 제9조는 외사정보의 수집·분석 및 관리와 외사방첩 업무의 지도 조정 업무를 외사관리관의 임무로서 분장시키고 있다.

4 수사·형사 기능

수사정보는 범죄 수사상 참고가 되는 모든 정보를 말한다. 따라서 수사정보에는 수사의 단서는 물론 범죄로 이행이 예상되는 정보, 이미 발생한 범죄에 대한 정보 등이 모두 포함된다.

(1) 수사정보

수사의 단서가 될 수 있는 것은 물론, 범죄로의 이행이 예상되는 사안, 이미 발생한 범죄에 관한 사항 등 범죄 수사상 참고가 되는 모든 정보가 수사정보의 대상이 된다.

범죄의 광역화·기동화·교묘화에 대처하여 사건을 해결해 나가기 위해서는 그 실마리가 되는 많은 정보를 조기에 입수하여야 하며, 그런 의미에서 수사정보의 수집은 수사의 출발점이며, 사건 해결의 성부를 좌우하는 중요한 의미를 갖는다.

모든 경찰관은 범죄정보의 수집에 관심을 가져야 하며, 특히 수사·형사 기능에 종사하는 경찰관은 더욱 그러하다.

(2) 구체적 내용

경찰청을 기준으로 살펴볼 때, 지능 범죄에 관한 정보의 처리는 수사과, 살인이나 마약 사범 등에 관한 정보의 처리는 형사과, 그리고 조사과에서는 국익에 관련되는 중대한 범죄첩보의 수집 등에 관한 업무를 각각 분장하고 있다.

보안 기능	대북 정보 수집·분석, 방첩 활동
외사 기능	각종 외사활동 객체를 대상으로 한 정보 활동
수사·형사 기능	범죄 수사상의 정보 활동

일반 정보활동	정치 · 경제 · 사회 · 문화에 관련되는 치안정보→ 다른 기관의 활동의 기초 자료
신원조사	(1) '보안업무규정'에 의거 보안의 대상이 되는 인원(국가 안전에 관련되는 임무)에 대하여 국가정보원이 실시하는 대인정보 활동→ 간접조사 활동이 원칙 (2) 실시기관 : 국가정보원장(⇒행자부 장관, 국방부 장관 등에게 위임할 수 있다.) 긴급 신원조사⇒경호 행사시 참가 대상자의 신원을 파악하여 24시간 이내에 결과를 보고하는 것으로 보안 기능에서 담당하고 있다.
채증 활동	(1) 각종 집회나 시위 및 치안 위해 사태의 발생시에 위법 상황을 촬영 · 녹화 · 녹음 등의 방법으로 채증하는 것⇒사후 진상 파악 및 사법 처리 (2) 채증 활동시 유의 사항 ① 전체적인 배경보다 범죄의 구성 요건 행위 중심으로 촬영 ② 시위장비 및 용품은 특정할 수 있도록 촬영 ③ 주요 부분은 반복 촬영(전경을 촬영할 수 없을 때는 파노라마 식으로) ④ 채증 자료는 신속히 판독
집회 및 시위에 관한 업무	신고의 수리 및 보완 통고, 제한 조치, 금지 통고 등의 업무를 수행함.

6 정보 활동과 법적 근거

일반규정	경찰법(§3), 경찰관직무집행법(§2)⇒구체적 수권이 아닌 일반조항만으로 가능 주의
개별규정	외근경찰근무규칙, 견문수집 및 처리규칙, 수사첩보활동규칙

(1) 경찰법과 경찰관직무집행법

우리 나라 경우 경찰법 제3조에서 치안정보의 수집을 경찰의 임무로 규정하고 있으며, 경찰관직무집행법 제2조 제3호에서 치안정보의 수집 · 작성 및 배포를 명문으로 규정하고 있다. 그러나 일본은 경찰법에 치안정보 수집의 규정이 없어 판례로 인정되고 있다. 보안, 정보, 경비 활동이 통합되어 있다.

정보 활동은 국민과의 관계에서 국민의 자유 또는 권리를 침해하는 구체적 조치를 수반하지 아니하므로, 구체적인 수권이 필요하지 않고, 경찰법 제3조와 경찰관직무집행법 제2조와 같은 직무 또는 임무에 관한 일반 조항만으로 활동이 가능하다.

(2) **경찰청과 그 소속기관 등 직제 시행 규칙**

경찰청과 그 소속기관 등 직제 시행규칙은 각 기능의 사무로서 해당 정보의 수집 등의 업무를 분장시키고 있다.

〈**정보경찰의 업무 분장**〉(경찰청직제 §14)
(1) 치안정보 및 정책정보 업무, 주요 단체에 관련되는 치안정보의 수집・종합 및 분석 (2) 정치・경제・노동・사회・학원・종교 및 문화 분야 등에 관련되는 치안정보와 수집・종합 및 분석 (3) 신원조사 및 기록 관계
정보경찰의 근무 자세⇒사명감, 목적 의식, 정보 마인드의 유지, 객관적 자세

(3) **경찰공무원승진임용규정과 동 시행규칙**

공무원승진시험규정과 동 시행규칙(제7조)에서 경찰공무원의 근무성적의 평정 요소로서 견문 수집에 따른 점수를 부여하고 있으므로 모든 경찰관은 첩보 수집 활동을 하고 있다.

(4) **견문 수집 및 처리규칙**

7 정책정보

1) 법적 근거

경찰이 정책정보를 수집・작성・배포할 근거는 경찰법(제3조)과 경찰관직무집행법(제2조)에 치안정보의 수집 등의 직무와 관련된 경찰청과 그 소속기관 등 직제에 근거를 두고 있다. 이에 따라 경찰청과 그 소속기관 등 직제 제14조에서 경찰청 정보국의 업무로 정책정보의 수집을 분장하고 있다.

2) 치안정보와 정책정보의 관련성

경찰은 치안정보의 수집·작성 및 배포의 임무를 맡고 있는데, 치안정보라는 것은 정치·경제·사회·문화 등 제반의 상황을 반영하는 것이고, 경찰의 치안정보는 정부의 정책의제, 정책결정, 정책집행 및 정책평가의 모든 과정에 영향을 준다. 특정한 문제가 정부의 정책의제로 되는 경우 양측 이해관계인들은 갈등과 대립을 야기할 수 있는데, 이러한 의미에서 치안정보와 정책정보는 밀접한 관련을 갖는다고 할 수 있다.

3) 정책정보의 중요성

경찰의 정책정보는 정부정책에 귀중한 자료가 된다. 경찰의 정책정보로 인하여 정부정책의 시행과 정책오류 시정 등에서 비용을 최소화한다.

치안정보 수집 과정 속에서 경찰은 자연스럽게 정부의 정책을 둘러싼 국민들의 요구나 문제점 등과 접하게 되고, 이러한 정책정보는 정부정책의 설정과 결정 및 시행과 그 오류의 시정 과정에서 귀중한 자료가 되는 것이다.

4) 정책정보 작성 요령

(1) 현황의 면밀한 분석

정부 시책의 실태와 이에 대한 여론, 관내 주민의 요구 사항과 여기에 소요되는 예산, 법적 근거, 책임기관과 책임자, 그리고 집단 간의 갈등 상황이라면 갈등의 구조와 조직 규모, 갈등의 배경 등을 조사·분석한다.

(2) 문제점의 작성

조사·분석 결과 문제점이 있으면 구체적으로 제시한다. 문제점은 실제 현장에서 나타나는 문제점이나 예산상 조치나 법령의 미비, 책임기관과 책임자의 대응 방법상의 문제, 이러한 여러 문제들이 치안상으로 확대될 가능성 등 다양하게 문제점을 분석하고 제시하여야 한다. 이 때 추상적이거나 막연한 내용은 지양하여야 한다.

(3) 대책의 제시

대책은 정책정보를 수집하고 분석한 결과 나타나는 문제점에 대한 해결책이다. 대책의 제시는 경찰의 정보에 가치를 부여하는 작업이다. 만약 상황만을 그대로 보고한다면 상황정보와 다를 바가 없다.

막연한 대책은 지양하고, 경찰은 문제를 해결할 구체적이고 현실적인 대책과 방향을 제시하여야 한다. 대책의 내용은 정부 시책의 발굴에서부터 시행중인 정책에 대한 갈등과 문제점, 인사상의 조치, 조직의 개혁 등 모든 것이 포함된다.

이것은 문제의 현장에서 가장 가깝게 접근하고 있는 경찰이 정책결정자나 정책집행자보다 더 정확히, 그리고 객관적으로 사안을 바라볼 수 있는 입장이기 때문에 가능하다.

<table>
<tr><td>의의</td><td colspan="2">(1) 정부정책의 결정과 집행 과정에서 토대가 되는 정보(근거⇒경찰청직제 §14)
(예: 기업의 구조조정에 따른 노동자와 주민의 동향 및 생계를 위한 대안 등)
(2) 치안정보(일반정보)와 밀접한 관련성을 가지며 경찰의 정책정보는 정부정책과 관련한 비용과 부작용을 최소화 할 수 있다는 데서 그 중요성이 있다.</td></tr>
<tr><td rowspan="3">작성 요령</td><td>현황의 면밀한 분석</td><td>주민 요구 사항. 정책의 실태, 예산 등. 갈등의 규모와 구조</td></tr>
<tr><td>문제점의 작성</td><td>구체적으로 실제 현장에서 발생하고 있는 문제 중심</td></tr>
<tr><td>대책의 제시</td><td>정보에 가치를 부여하는 작업, 구체성·실현 가능성에 유의</td></tr>
<tr><td>방향</td><td colspan="2">단순한 정보 수집에서 벗어나, 중요시책 발굴 및 집행의 오류와 부작용을 최소화하여야 한다.</td></tr>
</table>

5) 경찰정보 활동의 방향

경찰의 정보 활동은 단순한 상황정보 위주의 정보 수집에서 벗어나, 국가의 정보 관련 기관 중 경찰만이 가지고 있는 장점인 전국망을 최대한 활용하여, 진정으로 국민이 국가에 대해서 바라고 있는 여론을 들어 국가 시책을 발굴하고, 정부에 의하여 결정된 정책의 정책 집행 과정에서의 문제점을 찾아내어 그 오류와 부작용, 문제점을 최소화하는 방향으로 전개되어야 한다. 궁극적으로는 사회 공공의 안녕과 질서 유지에 거시적으로 기여하는 역할을 하여야 한다.

압력단체	정치권에 압력을 가하는 이익집단
노동쟁의	주장 불일치 상태－사회정보사범
쟁의행위	업무저해
단체행위	업무 저해 않는 집단행위－기업별 노조, 산별 노조

제 4 절 정치 · 경제 · 사회 · 문화정보

1 정치정보

1) 압력단체

(1) 개념

현대 사회에서는 여러 사회집단이 자체의 특수이익을 옹호하며, 존립 목적을 달성하기 위하여 거대한 조직력을 가지고 정치 세력에 대하여 배후에서 여러 가지 방법으로 압력을 가하고 있는 단체로서, 압력단체는 보통 정당의 기능을 보완하며, 이익을 위하여 직접 실력을 행사하기도 한다.

(2) 발생 원인

대중민주주의의 발전	국민의 주권 의식이 높아지고 대중민주주의가 확립되면서 시민들의 정책 결정에의 참여 욕구가 강해지면서 시민들이 압력단체를 구성하여 정치의 전면에 등장하게 되었다.
이익의 다원화	각자의 이익을 조직적으로 대변하기 위하여 압력단체가 발생하게 되었다.
정당의 한계	정당 운영 과정에서 소수 간부에 의한 관료적 지배가 나타나 일반 당원의 비판의 기회가 줄어들었다. 의회에서 입법을 좌우할 수 있는 정당에 대하여 정치자금을 제공하고 그 대가로 이익을 확보할 기회를 갖게 되었다.

(3) 압력단체의 종류

(가) 이익 내용에 따른 분류

기능별 · 분야별 집단	노동 · 상업 · 농업 등 각 분야별 이익을 정치에 반영하려는 집단이다.
원인 · 촉진집단	농산물 수입정책에 대한 반대, 낙태 반대 등과 같이 특정 정책이나 이슈를 목적으로 조직화된 집단이다.

(나) 조직의 형태에 따른 분류

연합조직, 단일조직, 민주조직, 협동조직이 있다.

(다) 회원의 자격에 따른 분류

공개적 회원제	단체의 주의·주장을 지지한다면 누구나 그 집단에 가입할 수 있다.
제한적 회원제	가입에 자격 조건이 요구된다.

(라) 기능에 따른 분류

당파적 집단	공통된 경제적 이익과 직업을 기초로 한 집단이다.
촉진적 집단	경제적·직업적 공통점은 없고, 사회복지적 입장으로부터 특수한 동기와 주의·주장 및 대의명분을 추구하는 집단이다.
잠재적 집단	당파적 집단과 촉진적 집단의 범주에 속하지 않고, 직접적 연관을 갖지 않는 정치사건에 대하여 때때로 압력을 행사하는 집단으로, 주로 공공정책에 영향을 미치려는 집단이다.

(4) 압력단체의 활동 수단

로비	로비스트를 통하여 정부의 정책이 유리하게 전개되도록 활동하는 것으로서 가장 대표적인 압력 행위 방법으로, 로비 활동 중 특히 매수를 목적으로 하는 로비를 사회적 로비(social lobby)라고 함.
대중선전	TV·신문광고·잡지를 이용하거나 일반대중 또는 관심을 갖는 계층에게 직접 편지를 보내 이익집단의 목적 달성을 위한 분위기를 조성한다. 풀뿌리 로비라고도 하는데, 이를 통하여 집단의 이미지를 널리 알리고 지지자를 증가시키기도 한다.
선거운동 지원	자신들에게 유리한 입후보자 지지를 공식적으로 표명하고 선거운동에 자금과 운동원을 제공하여 당선을 도와 단체에 유리한 법안을 통과
파업	임금·시간·노동 조건 등 근로자의 이익 추구를 위한 비정치적인 행위이지만, 때로는 정치적 목적으로 이용되는 수가 있다. 정부가 어떠한 정책을 채택 또는 거부하도록 하는 데 파업을 이용하는 것이다.
기타	정상적인 영향력 행사 방법이 난관에 부딪치면 연좌 시위, 동맹 파업, 가두행진 등을 하게 된다. 이러한 행동은 대중 매체의 초점을 받아 일반 대중과 주요 단체 등의 주의를 환기시켜 여론을 일으키고, 결국 정책 결정자에게 영향을 끼치려는 것이다.

2 경제정보

1) 실업의 형태

형 태	내 용	대 책
마찰적 실업	한 직업으로부터 다른 직업으로 옮기거나 다른 작업을 찾지 위하여 자발적으로 일하지 않는 경우	취업정보의 원활한 유통
계절적 실업	특수한 계절적 요인으로 인하여 일시적으로 일하지 못하는 경우	농촌 지역에 새로운 농공지구의 설정
수요적 실업	특정 분야의 생산품에 대한 수요가 감소함으로써 관련 산업의 침체로 인하여 발생하는 경우	적자재정 실시로 총수요 증가
구조적 실업	저항력이나 장애 또는 취업에 필요한 기술 습득이 부족하여 취업을 하지 못하는 경우	교육훈련을 통한 인력 개발 정책

2) 경제 블록의 유형

자유무역지대	각 회원국 상호간에는 상품 이동에 대한 일체의 무역 재한 조치를 철폐하여 역내에서는 자유무역을 보장하는 한편, 역외의 비회원국에 대해서는 각국이 독자적인 관세정책 및 무역 제한 조치를 취하는 형태의 경제 통합을 의미한다.
관세동맹	회원국 상호간에는 상품의 자유 이동이 보장될 뿐 아니라 역외 비회원국에게는 각국이 공통의 수입관세를 부과하는 형태의 통합이다.
공동시장	회원국 상호간에는 재화뿐만 아니라 노동·자본과 같은 생산 요소의 자유 이동이 보장되며 역외 비가맹국에 대해서는 각국이 공동의 관세 제도를 채택하고 있는 형태의 통합이다.
경제동맹	공동시장을 더욱 발전시킨 형태로서 역내 상품 및 생산 요소의 자유 이동과 공동관세제의 운영과 함께 각 회원국의 금융·재정 등의 경제정책 전반에 대하여 조정·통제할 수 있는 통합 형태이다.
완전한 경제동맹	회원국 상호간에 초국가적 기구를 설치하여 그 기구로 하여금 각 회원국의 모든 사회·경제정책을 조정 통합 관리하는 형태의 통합 유형이며, 각 국은 사실상 하나의 단일 경제로 통합되는 것을 전제로 하고 있다.

3) 국제경제기구

국제통화기기금 (IMF)	통화의 안정 유지, 환기금 설치 및 자금 제공, 환제한 철폐, 회원국의 의무는 국제법상 의무
국제부흥개발은행 (IBRD)	전쟁으로 파괴된 경제 회복 및 개발 원조
국제금융공사 (IFC)	저개발 회원국의 생산적인 민간기업의 발전 촉진 -정부 보증 없이 투자 또는 국내외 자본 연결 역할 수행
국제개발공사 (IDA)	저개발국의 건전한 사업계획에 대하여 융자
세계무역기구 (WTO)	상품무역 외에 서비스 무역, 지적재산권 보호 등 새로운 분야를 포괄하는 무역 체제

3 사회정보

1) 사회적 현상의 종류

아노미(anomie) 현상	무규범, 무질서의 상태를 뜻하는 용어로서 현재의 사회구조가 구성원 개인의 욕구와 욕망에 대한 통제를 활 수 없을 때 발생하는 무질서한 사회적 상황
님비(NYMBY) 현상	자신이 거주하는 지역 주변에 산업폐기물 또는 핵폐기물 처리시설 등의 환경시설이나 장애인 수용시설 등 특수한 시설의 설치를 반대하는 이기적인 풍조(NIMBY : Not In My Bark Yard)
스프롤(Sprawl) 현상	도시의 급격한 팽창에 따라 도시의 교외 지역이 무질서하게 주택화하는 현상
U턴 현상	대도시에 취직한 시골 출신자가 고향으로 되돌아가는 형태의 노동력 이동 현상
도넛 현상	대도시의 거주 지역 및 업무의 일부가 외곽 지역으로 집중되고 도심에는 공공기간, 상업기관만 남아 도심이 도넛 모양으로 텅 비어버리는 현상(공동화 현상)
핌피(PIMFY) 현상 (임피)	님비 현상에 대응하는 용어로서 자기 지역에 이득이 되는 시설을 유치하거나 관할권을 차지하려는 현상(PIMFY : Put In My Front Yard)

바나나(BANANA) 현상	"아디에든 아무것도 짓지 마라" 는 식의 이기주의적 사고로서 유해 시설의 설치 자체를 반대하는 현상(BANANA : Build Absolutely Notthing Anywhere Near Anybody)
노비즘(Nobyism)	철저한 개인주의에 바탕을 둔 사고로서 이웃이나 사회에 피해가 가더라도 자신에게 손해가 되지 않는 일에는 무관심한 현상 도로나 공공장소에 쓰레기를 버리는 것은 관계 없지만, 자기 집 앞에 쓰레기를 버리는 것은 용납하지 못함.

2) 사회 변동

(1) 개념

사회구조가 변모한다는 의미로서 산업구조가 1차 산업에서 2차, 3차 산업으로 발전하거나, 가족구조가 확대가족에서 핵가족 제도로 변화하거나, 생활 양식이 좀더 근대화하는 등의 여러 가지 사실을 들 수 있다.

(2) 종류

① 문명적 변동 : 발명, 기술, 과학, 통신 등 물질적 부분에서의 변도

② 문화적 변동 : 지식 및 종교와 의식의 변동, 문화예술 등 예술 형식에서의 변동

③ 사회적 변동 : 사회적 관계의 평형 등에서의 변동

(3) 사회 변동의 요인

인구 변동, 태도와 가치관의 변화, 변화에의 욕구

① 변화를 지향하는 리더십과 대중의 지지

② 사회 제도 및 과학 기술의 발전

(4) 사회 변동의 저해 요인

① 특수한 가치규범과 태도

② 새로운 수용에 대한 혼란

③ 경제적 부담

④ 기득권의 저항

3) 집합행동

(1) 개념

일반적으로 동일한 대상에 초점을 맞추고 이에 반응을 하는 사람들의 행위

(2) 특징

일시적이고 구조화되어 있지 않으며, 우발적이어서 예측하기 어렵다.

(3) 스멜서(N. J. Smelser)의 부가가치 접근이론

구조적 유발성	집합행동은 어떤 구조적 문화적 선행 요건이 전제되지 않으면 발생하기 어렵다. 예컨대 미국에서의 인종 폭동과 같은 집합행동은 흑백 간의 인종적 차별이 전제되지 않았다면 발생하지 않았을 것이라는 것이다.
구조적 긴장	구조적 유발성이 사회 성원들의 심성에 파악된 상태로서 사회적 환경 속에서의 여러 갈등이나 상대적 박탈감, 인종 차별, 빈곤 등으로 구성원은 긴장 상태에 들어가게 된다.
신념화된 가치 체계	사회 성원들 간에 구조적 긴장이 쌓이게 되면 이 긴장의 원인을 찾아 문제를 해결하려고 하는 일반적인 공감대, 신념화된 가치 체계가 형성된다고 한다. 예컨대, 빈곤으로 인한 긴장일 경우 부유층을 공격하면 될 것이라는 등의 신념 체계가 구성원들 사이에 형성된다는 것이다.
촉발 요인	촉발 요인은 앞의 신념화된 가치가 집합행동이 될 수 있도록 하는 요인을 말한다. 1965년 미국 LA시 와츠 지역의 흑인 폭동의 경우 음주 운전을 한 흑인 청년을 백인 경찰이 체포하면서 시작되었다. 이웃 주민과 부모 형제가 이를 항의하고 말리다가 폭동으로 번진 것이다.
행동을 위한 참여자의 동원	사회적 조건이 모두 갖추어진다 해도 참여자가 없이는 폭동과 같은 집합행동이 이루어질 수 없다. 사람들을 동원하기 위해서는 커뮤니케이션과 리더십이 필요하다.
사회통제 기제로서 작용	사회통제 기제란 지금까지의 집합행동의 요인을 억제 또는 저지하는 작용을 하는 사회적 작용으로서 주로 경찰, 법원, 입법 및 지역사회의 지도자에 의하여 수행되거나 조직적인 여론에 의하여 이루어진다. 사회통제 기제의 작용이 효율적일 경우 집합행동은 억제되나 그렇지 못한 경우에는 집합적 행동을 더욱 촉진시킬 수도 있다.

(4) 군중의 행동

군중이란 어떤 사건을 중심으로 하여 공통의 이해를 가지고 일시적으로 모인 사람들의 집합체이다. 이들은 물리적으로는 근접해 있지만 조직화되어 있지 않으며, 구성원들은 기존에 상호작용이 없는 사람들이다.

[표 7-5-6] 군중의 종류

우연적 군중	사람들이 일시적으로 특정한 개인이나 사건에 대한 관심 때문에 모여 든 경우로서 교통사고 주위에 모여서 사고현장을 지켜보거나 길거리 약장수의 현란한 말솜씨를 구경하는 사람들이 여기에 속한다. 서로 공통된 목적이나 상호작용이 없기 때문에 관심이 사라지면 흩어진다.
인습적 군중	동일한 목적지로 가지 위해 탑승한 비행기의 승객이라든가, 음악회에 모인 청정, 운동경기 시합을 구경하기 위하여 모인 관중들과 같이 특정한 목적을 위하여 한 자리에 모인 사람들을 인습적 군중이라고 한다. 인습적 군중의 행동은 임시적 군중의 행동보다 규칙화되어 있으며 행동 체계가 더욱 확립되어 있다.
능동적 군중	어떤 쟁점을 이루는 사건에 관심을 가지고 자발적으로 집합한 사람들이다. 이들은 감정적으로 매우 긴장되어 있으며 이들을 자발적으로 집합하게 만든 사건은 사람들로 하여금 분개, 노여움, 행동의 욕구를 일으키게 자극시키는 것이 대부분이다. 예측할 수 없는 행동이나 때에 따라서는 난폭한 행동을 하며, 재산의 피해나 인명의 피해를 초래하기 쉽고, 폭도로 변하기 쉽다(예: 경기자의 관중이 심판의 판정에 불만을 품고 패싸움을 벌이는 경우).

4) 노동조합 및 노동관계조정법

(1) 노동조합의 의의

① 근로자가 주체가 되어 자주적으로 단결하여 근로 조건의 유지·개선, 기타 근로자의 경제적·사회적 지위의 향상을 도모함을 목적으로 조직하는 단체 또는 그 연합단체를 말한다.

② 노동조합으로 보지 않는 경우

㉠ 사용자 또는 항상 그의 이익을 대표하여 행동하는 자의 참가를 허용하는 경우

㉡ 경비의 주된 부분을 사용자로부터 원조받는 경우

㉢ 공제·수양 기타 복리사업만을 목적으로 하는 경우

㉣ 근로자가 아닌 자의 가입을 허용하는 경우

다만, 해고된 자가 노동위원회에 부당노동쟁의의 구제 신청을 한 경우에는 중앙노동위원회의 재심판이 있을 때까지는 근로자가 아닌 자로 해석하여서는 아니 된다.

(2) 노동조합의 설립

연합단체인 노동조합과 2 이상의 특별시·광역시·도에 걸치는 단위 노

동조합은 노동부 장관에게, 그 외의 노동조합은 특별시장 · 광역시장 · 도지사에게 신고서를 체출하여야 한다.

노동부 장관 또는 특별시장 · 광역시장 · 도지사는 설립신고서를 접수한 때에는 3일 이내에 신고증을 교부하여야 하며, 보완이 필요한 경우에는 20일 이내의 기간을 정하여 보완을 요구하여야 하고, 이 경우 보완된 설립신고서 또는 규약을 접수한 때에는 3일 이내에 신고증을 교부하여야 한다.

(3) 노동조합의 해산

해산 사유	(1) 규약에서 정한 해산 사유가 발생한 경우 (2) 합병 또는 분할로 소멸한 경우 (3) 총회 또는 대의원회의 해산 결의가 있는 경우 (4) 노동조합의 임원이 없고 노동조합으로서의 활동을 1년 이상 하지 아니한 것으로 인정되는 경우로서 행정관청이 노동위원회의 의결을 얻는 경우
해산 신고	(1), (2), (3)의 사유로 노동조합이 해산한 때에는 그 대표자는 해산한 날부터 15일 이내에 행정관청에 신고하여야 한다.

(4) 쟁의행위

(가) 쟁의행위의 실질적 정당성 한계

당사자에 의한 한계	쟁의행위는 단체협약 체결 능력이 있는 노동조합이 이를 조직하고 주도하여야 한다. 다만, 여기서의 노동조합은 노동조합 및 노동관계조정법상의 형식적 요건까지를 갖춘 것을 의미하는 것은 아니다.
목적에 의한 한계	(1) 쟁의행위는 사용자가 직접 법률적으로나 사실적으로 수용 가능한 것을 요구하여야 한다. 따라서 단순히 정부각료의 퇴진을 주장하거나 특정 법령의 제정을 반대한다든지, 다른 사업장에서의 파업을 지원키 위한 경우는 정당한 쟁의행위가 아니다. (2) 정당한 조합활동의 보장에 관한 협정 체결을 요구하는 쟁의행위나 공장장 또는 회사 간부의 퇴진을 요구하더라도 그 목적이 근로 조건의 유지 · 개선을 실현하기 위하여 필요한 수단으로서 주장할 때에는 정당하다. (3) 사용자에 대하여 노동조합이 관철하려고 하는 구체적인 주장이 없거나 그 주장을 항상 변경하여 무엇이 조합측의 요구인가를 알 수 없는 경우 그 쟁의행위는 정당하지 않다.
수단 · 태양에 의한 한계	(1) 쟁의행위는 소극적으로 업무의 정상적 운영을 저해함으로써 사용자에게 경제적 타격을 주는데 그쳐야 하므로 폭행 · 협박 또는 불법 감금과 같은 행위는 허용되지 않는다. (2) 쟁의행위를 통일적으로 주도하는 노동조합 간부가 계획적으로 위법행위를 하도록 함으로써 쟁의행위를 폭력화하는 경우에는 그 쟁의 행위 전체가 위법하게 된다.

(나) 쟁의행위의 유형에 따른 정당성 한계

동맹파업	동맹파업은 소극적인 성격을 가지는 것이므로 근로자들이 적극적으로 사용자에 의한 재산의 지배·관리를 저지한다든가 수력발전소의 용수를 방류하는 행위, 환자의 생명·신체의 안전에 직접 관계되는 의료행위 거부, 공장 또는 사업자의 안전에 관한 보안작업의 거부는 정당한 쟁의행위가 아니다.
태 업	사용자의 지휘명령을 따르지 아니하고 조합의 지시에 의하여 불완전한 노무 제공을 하는 행위도 허용된다. 태업과 달리 의식적으로 생산 또는 사무를 방해하고 생산설비 등을 파괴하는 행위는 위법이다.
보이콧	1차적 보이콧은 폭력행위를 수반하지 않는 한 위법이 아니며, 그 결과 제3자와 거래가 방해되어도 반드시 정당성이 상실되는 것은 아니다. 다만, 이 로 인하여 제3자에게 심리적 압박이 강하게 나타나면 위법이 된다. 2차적 보이콧은 사용자와의 관계 및 제3자와의 관계를 고려할 때 원칙상 위법이다.
생산관리	사용자의 소유권과 경영권을 침해하는 것으로 원칙상 위법이다. 예컨대, 생산관리를 폭력에 의하여 개시한 경우나 종래 경영 방침을 무시한 경우 회사의 자재를 임의로 처분하는 경우 등은 위법이다.
피케팅	파업이나 보이콧의 보조적인 수단에 불과하다. 따라서 피케팅은 주된 쟁의행위의 적법 여부에 따른다. 반면에 폭력을 행사하거나 공장 또는 사업장 입구에서 스크럼을 짜서 출입구를 봉쇄하는 행위 등은 위법이다.
직장폐쇄	노사의 집단적 분쟁 관계에서 대항 수단으로서의 형평을 유지하는 가운데 행사되어야 한다. 따라서 사용자가 그 경제적 우위를 이용하여 쟁의행위의 목적과 수단 간의 균형이 상실되면 그 정당성을 잃는다. 예컨대, 휴업수당 지급을 회피하기 위하여 탈법적인 직장폐쇄는 정당하지 않다.

(5) 노동쟁의 조정 제도

(가) 조정

① 조정은 조정의 신청이 있는 날로부터 일반 사업은 10일, 공익사업은 15일 이내에 종료하여야 한다.

② 조정 기간은 관계 당사자 간의 합의로 일반사업은 10일, 공익사업은 15일 이내에 연장할 수 있다.

(나) 중재

노동쟁의가 중재에 회부된 때에는 그 날부터 15일간의 쟁의행위를 할 수 없다.

(다) 긴급조정

① 노동부 장관은 쟁의행위가 공익사업에 관한 것이거나 그 규모가 크거나 그 성질이 특별한 것으로서 현저히 국민경제를 해하거나, 국민의 일상 생

활을 위태롭게 할 위험이 현존하는 때에는 긴급조정의 결정을 할 수 있다.

② 관계 당사자는 긴급조정의 결정이 공표된 때에는 즉시 쟁의행위를 중지하여야 하며, 공표일부터 30일이 경과하지 아니하면 쟁의행위를 재개할 수 없다.

[표 7-5-7] 용어 정리

노동쟁의	노동조합과 사용자 또는 사용자단체 간에 임금·근로 시간·복지·해고·기타 대우 등 근로 조건의 결정에 관한 주장의 불일치로 인하여 발생한 분쟁 상태를 의미 주장의 불일치라 함은 당사자 간에 합의를 위한 노력을 계속하여도 더 이상 자주적 교섭에 의한 합의의 여지가 없는 경우를 말한다.
쟁의행위	파업·태업·직장폐쇄, 기타 노동 관계 당사자가 목적을 관철하기 위하여 행동과 이에 대항하는 행위로서 업무의 정상적인 운영을 저해하는 행위
단체행동	파업·태업은 물론 가두시위·피케팅 등과 직장폐쇄를 포함하는 집단적 행위로서, 업무의 정상적인 운영에 저해를 수반하지 않는 점에서 쟁의행위보다 넓은 개념
동맹파업	소극적인 동맹파업은 정당하지만, 적극적인 작업 방해는 정당한 쟁의행위가 아님.
보 이 콧	노동자의 보이콧 (1) 제1차적 보이콧 : 근로자가 사용자에게 압력을 가하는 것 (2) 제2차적 보이콧 : 사용자와 거래 관계에 있는 제3자에게 사용자와의 거래 관계 중단을 요구하고 불응할 때 불이익을 주겠다고 위협하는 것(원칙적으로 불법) *사용자의 보이콧 : 사용자가 파업 또는 직장폐쇄 기간 중 해당 근로자가 다른 사용자에게 취업하지 못하도록 하는 것
생산관리	근로자들이 실력으로 사용자의 의사를 물리치고 공장을 관리하며 경영하는 행위, 이는 사용자의 소유권과 경영권을 침해하는 것으로 원칙적으로 위법한 행위(종래 경영 방침을 무시, 회사의 자재를 임의로 처분)
직장폐쇄	(1) 사용자가 근로자들의 노무 제공을 집단적으로 거부(출근 저지)함으로써 공장 또는 작업장을 폐쇄하는 행위(정당한 직장폐쇄의 경우 사용자는 임금 지불 의무가 면제됨) (2) 사용자가 그 경제적 우위를 남용하여 행한 직장폐쇄(휴업수당 지급을 회피하지 위하여 탈법적인 직장폐쇄)는 위법한 직장폐쇄
태 업	사용자의 지휘명령을 따르지 아니하고 조합의 지시에 의하여 불완전한 노무 제공(일명 사보타주 : sabotage), 다만, 의식적으로 생산 또는 사무를 방해하거나 생산설비 등을 파괴하는 행위는 위법
피케팅	파업 등의 쟁의행위를 효과적으로 수행하기 위하여 파업에 참가하지 않은 근로 희망자들의 사업장 또는 공장 출입을 저지하고 파업에의 참여를 요구하는 행위로서 파업이나 보이콧의 보조적인 수단에 불과함(피케팅의 적법성은 주된 쟁의행위의 적법 여부에 달려 있음.)

준법투쟁	노동조합이 법령이나 단체협약·취업규칙 등의 내용을 엄격히 준수한다는 명분 아래 업무의 능률이나 실적을 저하시키는 집단행동으로 주로 파업 지원을 위한 보조 수단으로 사용하는 쟁의행위 수단

*타 기업의 쟁의를 지원하기 위한 파업은 원칙적으로 정당한 쟁의행위라 할 수 없지만, 경제적·사회적 지위 향상에 관계되는 동정 파업은 허용한다.

4 문화정보

1) 학생운동에 대한 이론적 접근

오이디푸스적 반항이론 (Lewis S. Feuer)	학생 소요를 학생들의 아버지와 구세대의 권의에 대한 맹목적이고 무의식적인 오이디푸스적 적개심의 표현이라고 지적한다. 대부분의 시위 학생은 폭력 수단을 통하여 시해와 살부, 자살 등의 복합적 요구를 표현한다. 이 이론의 단점은 오이디푸스적 반항은 모든 청소년이 다 가지고 있는 것이기 때문에 금세기 특유의 대학생 시위를 설명해 주는 데는 그 구체성과 역사성이 결여되어 있다는 점과 학생운동에 적극적으로 참여하는 학생들의 가정환경을 분석해 보면 그들이 다른 학생들보다 특히 오이디푸스 콤플렉스(Oedipus complex)를 더 강하게 느끼고 있는 학생들이라는 증거가 없으며 오히려 이런 학생들은 경우에 따라서는 아버지와의 관계가 다른 학생들보다 훨씬 원만할 수도 있다는 점이다.
사회적 부적응 이론 (Daniel Bell)	학생운동의 원인을 심리학적으로 분석하는 대신에 사회구조적으로 분석하고 있는데, 이는 학생들이 역사의 변화와 사회의 구조적 변화를 거부하는 데에서 학생운동이 싹튼다는 주장이다. 학생들의 시위는 진정한 의미의 혁명이 아니라 오히려 반혁명적인 성격을 띠고 있으며, 인본주의와 낭만주의의 정신이 강한 학생들은 급변하는 사회 신념 체계를 받아들이지 못하여 학생운동에 참여하게 된다고 설명한다.
플랙스(Richard Flacks)	중산층 가정에서 강조한 평등·정의·관용 등의 가치와 정부의 권위주의 등 각종 부조리가 맞물려 가치관의 혼란 속에서 학생운동이 발생한다는 이론이다.
슬레이터(Philip Slater)	새로운 문화적 가치와 기존의 문화적 가치 사이에서 갈등을 느낄 때 학생운동이 발생한다는 이론이다.
만하임(Karl Mannheim)	청년들의 심리적인 요인과 특수사회의 사회적인 요인의 이원적 요인 간의 상호작용의 결과 학생운동이 발생한다는 이론이다.

2) 정보 공개와 정보 제공의 비교

구 분	정보 공개	정보 제공
의미	국민이 원하는 정보를 접근·이용할 수 있게 하는 것	정부가 홍보·선전용으로 국민에게 제공하는 것
제공 정보	가공되지 않은 정보를 제공	가공된 홍보성 정보를 제공
청구 유무	공개 청구	공개청구 유무에 관계 없음.
제공 의무	법령에 의하여 공개가 의무화	제공 정보의 선택이 재량 사항
실례	-법령에 의한 의무적 공표 제도 -행정절차에 의한 이해관계인에 대한 정보 공개 -쟁송에 있어 증거의 제출 -정보공개 제도에 의한 정보공개 -자기정보공개청구 제도에 의한 자기정보의 공개	-홍보·공청회 제도에 의한 행정홍보 -보도기관에 대한 정보제공 -행정창구나 행정자료실에 의한 일반 정보 서비스

제 5 절 외국의 정보경찰

1 영 국

1) 영국의 정보기관

영국의 정보기관은 서로 대등한 입장에 있는 외무부 소속의 비밀정보국(SIS: Secret Intelligence Service)(구 MI 6), 내무부 소속의 보안국(SS: Security Service 구 MI 5), 국방부 소속의 국방정보참모본부(DIS: Defence Intelligence Staff) 등 세 기관으로 구성되어 있으며, 경찰조직으로는 수도경찰청의 특수 부서(Special Branch)가 있다.

2) 수도경찰청 특수 부서

수도경찰청의 특수 부서는 요인경호담당의 A과(A squad), 아일랜드 공화국군(Irish Republican Army: IRA) 관련 업무 담당의 B과(B squad), 좌익단체 및 우익단체에 대한 업무를 담당하는 CE과(CE squad) 등으로 구성되어 있다. 이러한 부서들이 담당 업무를 수행하기 위하여 정보 활동도 함께 수행하고 있다.

3) 국립범죄정보국

영국에는 수도경찰청의 특수 부서 이외에는 정보보안 업무와 유사한 업무를 수행하는 경찰기관이 없다. 최근 1992년에 창설된 국립범죄정보국(National Criminal Intelligence Service: NCIS, 1992)이 있는데, 여기서 범죄에 관한 각종 정보를 체계적으로 수집하고 있다.

SIS(외무부 소속) : 비밀정보국	국외정보 수집·분석과 공작 활동을 담당 테러집단에 대한 정보 활동과 산업 첩보 수집 활동을 수행
SS(내무부 소속) : 보안국	영국 내 간첩·태업 및 정부 전복 음모를 사전에 탐지하여 예방하는 방첩 활동을 주 임무
GCHQ(외무부 소속) : 정보통신본부	육·해·공군의 도청 부서의 활동을 지휘하고, 외국의 통신과 정보 목적의 전자 전송을 수신·분석하며, 암호 개발과 정부기관의 컴퓨터 프로그램 결함을 고치는 임무를 수행 미국의 NSA(국가안보국)와 유사한 역할을 수행

2 미 국

1) 미국의 정보기관

미국의 정보기관에는 중앙정보국(CIA : Central Intelligence Agency), 국가안보국(NSA), 국가정찰국(NRO) 등이 있다. 미국의 정보 체계는 CIA의 장이 겸하는 중앙정보국장(Director of Central Intelligence)의 지휘 아래 모든 정보기관을 정보협의체(Intelligence Community)로 묶어 운영한다. 그리고 각 주의 주 경찰, 시경찰, 카운티 경찰, 보안관 등도 자치적으로 정보 수집 활동을 한다.

2) 연방수사국(FBI)

경찰과 관련해서는 연방수사국이 있다. 연방수사국 내의 정보부에서 정보경찰의 임무를 수행한다. 법무부 산하 기관으로서, 스파이, 사보타주, 반란, 소요, 정부 전복 등의 연방범죄에 대한 수사를 전담하는 기관이지만, 국내 공안정보 수집의 임무도 담당하고 있으며, 그 임무는 정보부(Intelligence Division)에서 수행한다.

정보부는 미국 내에서 활동하고 있는 외국 첩보기관의 정보를 수집·분석하고, 그 조직 및 구성원의 행동을 시찰·내사함으로써 미국의 안전을 해하는 반미 활동의 수행을 봉쇄하는 임무를 수행한다. 이상의 활동을 수행하기 위하여 정보부에는 정보 1·2·3과가 있으며, 이 가운데 정보 3과는 우리의 외사경찰 기능과 유사하다.

연방수사국을 제외하면 우리와 유사한 정보·보안 업무를 수행하는 기관은 없다. 우리와 유사한 기능은 CIA 등이 전담한다.

3 독 일

1) 독일의 정보기관

독일의 주요 정보기관으로는 연방정보부(BND), 국방부 산하의 국방보안국(MAD), 내무부 산하의 연방헌법보호청(BVS), 주헌법보호청(LVS) 등이 있으며, 독일경찰의 핵심인 주 경찰 정보 업무의 전담 조직은 없다.

주 정부에는 주 헌법보호청(LVS) 등이 있으나, 독일 경찰조직의 핵심인 주 경찰 내부에는 따로 정보 업무를 전담하는 조직은 없다.

2) 연방헌법보호청과 연방범죄수사국

독일의 경우에는 연방경찰이라고 볼 수 있는 연방헌법보호청(BVS, 베파우에스)이 반헌정 질서범죄 및 범죄자에 대한 정보 수집 및 배포 임무를 수행한다.

독일의 경우에는 이른바 기관분리의 원칙에 의거하여, 연방경찰로서의 집행 권한은 없으며, 그 집행은 연방범죄수사국(BKA, 베카)이 담당한다.

주헌법보호청(LVS)과 주 범죄수사국(LKA)의 관계도 또한 같다.

4 프랑스

1) 프랑스의 정보기관

프랑스의 정보기구는 국립경찰청 산하의 정보국(D.C.R.G), 국방부 소속의 국외정보와 방첩 업무를 담당하는 해외안전총국(D.G.S.E) 등이 정보 활동의 주축을 이루며, 그 밖에 외무부 정보과와 각 군 정보기관이 있다.

2) 정보국

(1) 우리 나라 정보국과 유사

프랑스의 경찰 체제는 크게 내무부장관의 지휘를 받는 국립경찰과 국방부 장관의 지휘를 받는 군 경찰로 양분되어 있는데, 프랑스의 정보경찰 중 우리 나라 정보국에 상응하는 것이 프랑스의 국립경찰청 산하의 정보국이다. 프랑스 정보경찰은 경마도박부를 제외하면 우리 정보경찰과 가장 유사하며, 가장 우수한 자질의 경찰들로 구성되어 있는 것으로 전해지고 있다.

(2) 조직

정보국은 과거에 비밀경찰이라고 부르던 것으로 정부기관에 필요한 모든 정보를 제공할 임무를 띠고 있다.

정보국의 중앙조직으로는 일반첩보부, 특별첩보부, 조사부, 관리부, 경마도박부가 있다.

지방조직으로는 23개의 지방본부와 103개 도지부가 있는데, 정보국의 지방조직은 지방경찰청장과 중앙의 정보국장의 2중 감독을 받는다.

(3) 임무

① 혐의가 있는 인물 및 단체를 감시
② 치안 유지에 필요한 정치 · 경제 · 사회 · 언론 등 전반적 정보 활동
③ 정치적 폭력 · 테러의 감시 및 분석
④ 유흥장 · 도박장 · 승마장의 감시를 통한 정보 수집

5 일 본

1) 일본의 정보기관

일본의 정보기구는 국가 수준의 종합정보기관인 내각정보조사실(내조실), 방위청, 공안조사청, 외무성의 정보조사국 등이 있다.

2) 내각정보조사실(내조실)

총무부, 국제 1·2부, 국내 1·2부, 경제부, 자료부 등으로 구성되어 있으며, 내각의 중요정책에 관한 정보 수집, 보고 및 국내외 언론의 논조 분석, 국내 치안 관련 정보 등을 취급하고 있다.

외형상으로는 방위청·경찰청·외무성·공안조사청 등으로부터 직원이 파견 근무를 하고 있어 각 성청에서 수집한 정보를 종합하는 체제로 유지되고 있으나, 실제로는 각 성청이 중요 정보에 대해서는 직접 총리에게 보고하고 있다.

3) 공안조사청

폭력주의적 파괴 활동을 규제하기 위한 법률인 '파괴활동방지법'에 의거, 관련 단체의 조사 및 해산 등의 업무를 담당하기 위하여 1952년 법무성의 외청으로 설립되었다. 일본을 8개 구역으로 나누어 각각 공안조사국을, 그리고 43개 지역에 공안조사부 사무소를 설치·운영하고 있다.

4) 일본 경찰의 정보 활동

일본 경찰의 정보 활동은 경찰청 경비국, 국제부, 관구경찰국 공안부, 도도부현 경찰본부 공안부 또는 경비부의 라인으로 이루어진다.

(1) 경찰청 경비국

경찰청 경비국은 경비기획과, 공안1과, 공안2과, 공안3과, 경비과, 외사과 등 모두 6개 과로 이루어져 있고, 각자의 업무 영역에서 정보를 수집하고 분석하는 업무를 담당한다. 과별 업무 내용을 보면 다음과 같다.

① 경비기획과: 경비경찰에 관한 법령·제도·운영의 조사·연구와 경비정보의 종합·조사 업무

② 공안 1과: 일본 공산당에 대한 정보 활동

③ 공안 2과: 좌익에 대한 정보 활동

④ 공안 3과: 극우파에 대한 정보 활동

⑤ 경비과: 경비 업무와 실제 정보 활동의 지휘 감독

⑥ 외사과: 방첩 업무

(2) 국제부

최근에 조직된 관방 장관하의 국제부(1994. 7.)는 외국의 국정이나 국제정세, 치안 상태, 경찰 제도, 경찰 시설 등의 실태, 경찰관의 지식·기술 수준 등의 정보를 수집하는 업무 및 외국 경찰기관과의 정보 교환 등의 국제적인 정보 업무를 담당한다.

(3) 공안경찰

일본의 정보경찰 활동은 국외에 관련된 것만 국제부에서 담당하고 그 외는 원칙적으로 경비경찰에 소속되어 있는 공안경찰이 담당한다. 경비·공안경찰은 공안정보 활동이라고 하여 국가의 공안이나 이익에 관계된 범죄정보 및 정치·사회운동에 관련된 범죄정보 수집 등을 임무로 활동한다.

이와 같이 우리 나라의 보안 활동과 정보 활동, 그리고 경비 활동이 통합되어 있다는 데 특징이 있다.

영국	(1) 외무부의 SIS, 내무부의 SS, 국방부의 DIS 및 수도경찰청 특별부서 (2) 국립범죄정보국(NCIS)
미국	(1) 중앙정보국(CIA), 국가안보국(NSA), 국가정찰국(NRO) 및 연방수사국(FBI) (2) CIA의 장이 겸하는 중앙정보부장의 지휘 아래 모든 정보기관을 정보협의체로 묶어 운영 (3) FBI 외에는 전문적 정보경찰 기능은 없으며, 정보 활동은 CIA에서 전담
독일	(1) 연방정보부(BND), 국방부에 국방보안국(MAD), 내무부에 연방헌법보호청(BVS) (2) 독일경찰의 핵심인 주(州)경찰에는 정보전담 조직이 없고, BVS가 일부 정보 기능을 담당하고 있으나, 집행 권한은 없다(⇒기본 분리의 원칙).
프랑스	(1) 국립경찰청 산하의 정보국(DCRG), 국방부 산하의 해외안전총국(DGSE) (2) 정보국⇒ 과거 '비밀경찰' 조직, 정부기관에 필요한 모든 정보를 제공할 임무를 수행 ⇒정보국의 임무는 경마도박부를 제외하고는 우리의 정보경찰과 가장 유사
일본	(1) 내각정보조사실(내조실), 방위청, 공안조사청, 외무성의 정보조사국 등 (2) 일본 경찰의 정보 활동은 우리의 보안·정보·경비 활동이 통합 수행되는 것이 특징

제6장 보안경찰

제1절 개 관

1 보안경찰의 의의

보안경찰이란 국가의 안전 보장을 위하여 국가 존립과 기능의 유지를 위협하는 모든 위해를 제거하는 것을 임무로 하는 경찰을 말한다.

여기서의 보안경찰은 학문적 개념인 보안경찰과는 다르다. 즉 보안경찰은 조직의 업무 분장상 보안국, 보안과, 보안계에 소속된 경찰을 의미한다.

보안경찰이란 국가 안전 보장을 위태롭게 하는 간첩 활동 및 제반 국가 활동 세력에 대비해서 국가적 대공 취약점에 대한 첩보 수집, 분석 판단과 보안사범 수사를 전담하는 경찰을 말한다.

2 헌법상 국가안전 보장과 보안경찰

보안경찰은 국가 안전보장에 대한 위해로서 공공의 안녕과 질서를 해치는 사항에 개입하게 된다. 물론, 국가의 안전 보장에 관한 업무는 경찰뿐만 아니라 군·정보기관 등 여러 국가기관이 담당한다.

3 보안경찰 업무 담당기관

경찰의 경우에 국가 안전보장에 관한 업무는 보안경찰과 외사경찰, 정보경찰이 함께 담당한다. 이 중에서 보안경찰이 담당하는 업무는 중요 방첩공작 수사, 좌익사범 수사, 반국가적 불온 유인물 수집 및 분석, 보안관찰, 공산주의 정보, 남북 교류 관련 업무 등이 있다.

우리 나라의 국가 안전 보장을 위한 업무는 국가정보원, 통일부, 외교통상부, 법무부, 국방부, 정보통신부, 해양수산부, 과학기술부, 경찰청 등이 각각 분장하고 있으나, 이중 가장 중핵적인 역할은 대통령 직속의 국가정보원이 수행한다.

1) 국가정보원

국가정보원장은 국가정보 및 보안 업무에 관한 정책의 수립 등 기획 업무를 수행하며, 그와 같은 정보 및 보안 업무의 통합 기능 수행을 위하여 필요한 합리적 범위 내에서 각 정보·수사기관의 업무와 행정기관의 정보 및 보안 업무를 조정하는 권한을 갖고 있다.

국가정보원장의 보안 업무에 관한 조정 및 통합 업무는 보안경찰에 대해서도 적용된다.

> (1) 국가 안전 보장을 위한 가장 중핵적 역할은 국가정보원이 수행하고 있다.
> (2) 국정원장은 각 정보수사기관의 업무와 행정기관의 정보 및 보안 업무를 조정하는 권한을 보유한다.
> ⇒보안경찰도 방첩 업무에 관한 한 국정원의 조정을 받는다.

2) 경 찰

보안경찰은 지난 50여 년 동안의 남북 대치 상황하에서 주로 대공경찰적 임무에 집중하여 왔으며, 공산주의가 쇠퇴하는 최근에도 국내 좌익 폭력 세력의 증가 등으로 보안경찰의 중요성에는 여전히 변함이 없다.

우리 나라는 세계 그 어느 국가보다도 경찰기관이 보안 활동을 주요 기능으로 취급하는 특색이 유지되고 있다.

4 보안의 3원칙

알아야 할 사람만 알아야 하는 원칙, 부분(구분)화, 보안과 능률의 조화

5 보안경찰의 근거

경찰법, 경직법, 보안업무규정(국정원 조정) 경찰청 직제

6 보안경찰의 특징

(1) 국가질서, 국가 법익, 국가 목적, 국가 대상(=정보경찰과 동일)

보안경찰도 정보경찰과 마찬가지로 국가 안전과 사회 공공의 안녕 질서 유지를 목적으로 한다. 따라서 국민의 생명·신체·재산의 보호를 목적으로 하는 보통경찰과 다르다.

(2) 대공경찰이 주 대상

보안경찰도 정보경찰과 마찬가지로 국가적·사회적 침해 행위를 그 대상으로 하나 주 대상은 대공(對共)에 관한 사항이다.

(3) 비공개

보안경찰 활동은 직접 국가 안전 보장에 관련되는 범죄를 대상으로 하기 때문에 고도의 보안을 요하는 비공개 활동이다.

보통경찰	사회질서	사회 개인적 법익 보호	실질적 경찰
보안경찰	국가질서	국가적 법익 보호	형식적 경찰

내재적 취약성	사회적 응집력이 낮다. 물리적 기초의 취약→경제 위기의 가능성 상존
외재적 위해	(1) 군사적 위협, (2) 정치적 위협, (3) 사회적 위협, (4) 경제적 위협

7 보안사범의 특징

확신범	자기가 지키는 수범이나 질서를 현행 국가의 질서보다 상위의 것으로 평가하고, 범행을 수행할 의무가 있다고 확신하는 것⇒전문성·인격의 필요성
보안성	자체의 보안에 위장술·은닉술 같은 특별한 대책을 강구 ⇒ 치밀의 원칙
비노출적 범행	범행의 결과가 노출되지 않아 범죄의 인식이 매우 어려움.
조직적 범죄	지하조직과 같은 조직적·집단적 범행의 경우가 많음.
비인도적 범행	목적 달성을 위하여 수단과 방법을 가리지 않음.
동족 간의 범행	우리 나라에 고유한 특징

8 보안 대상

(1) 보호 대상

① 인원(외국인 포함)—신원조사, 보안 조치, 보안교육

② 시설(개인 시설 포함), 통신, 지역, 문서

(2) 경계 대상—인원 등

(3) 보안수사 대상—금품 수수, 잠입 탈출, 편의 제공, 무고 날조 죄 등

제 2 절 한국 보안경찰 환경과 그 특색

1 국가 안전보장 위해 요소의 특색

1) 우리 나라의 내재적 취약성

남한 내부의 좌익운동 실태나 불법 폭력시위 등을 고려한다면 우리 나라

의 사회적 응집력은 그다지 높다고 보기 어렵다.

정치적으로도 지역 분할 구도의 정치 행태에서 벗어나고 있지 못하여 취약한 면을 가지고 있다.

더욱이 우리 나라는 좁은 국토와 빈약한 천연자원을 보유한 물리적 기초가 열악한 나라로서, 국민총생산의 아주 높은 비율을 수출에 의존하며, 국제 경제의 변동에 쉽게 노출되는 취약성을 가지고 있다.

2) 우리 나라에 대한 외재적 위해

(1) 군사적 위협

군사적 위협 요소는 북한이다. 그러나 오늘날 남북이 화해를 하고 정상회담을 갖는 등 화해 무드를 조성하여 긴장이 완화되고는 있으나 긴장과 경계를 게을리해서는 안 될 것이다. 진정한 평화 정착을 위해서는 현재의 휴전협정을 평화협정으로 바꾸는 것이 중요하다.

막강한 군사력을 가지고 있는 북한은 아직도 전국적 범위에서 민족해방과 인민민주주의의 혁명 과업을 완수하고 전 사회의 주체사상화와 공산주의 사회 건설을 꿈꾸고 있으며, 그러한 차원에서 군사적 위협에는 변함이 없다.

(2) 정치적 위협

남북의 이념적 대립은 우리의 정치적 위협이 된다. 그리고 한반도를 둘러싼 4강의 정치적 역학 관계에 영향을 받기 쉽다. 세계 4강이 우리 한반도를 둘러싸고 있어서, 국제정치 역학 관계에 따라 영향을 받기가 쉬운 지정학적 위치에 놓여 있는 특수한 상황을 갖고 있다.

(3) 사회적 위협

불법 체류 외국인의 문제는 사회 위험의 차원에서 다루어져야 한다. 불법 체류 외국인들 사이에는 국가 안보를 저해하는 불순분자도 있을 수 있고, 이들이 생성하는 범죄문화는 사회적 위협이 되기 때문이다. 남한 내의 북한과 직·간접으로 연계된 좌경폭력 세력의 존재는 사회적 위협 중 가장 큰 비중을 차지하고 있다. 또한 오늘날 불법 체류 외국인의 급증도 사회적 위협의 관점에서 다루어야 할 문제이다.

(4) 경제적 위협

경제 시스템의 구조적 모순과 개혁 실패에 따른 취약한 아시아 경제는 국제적인 핫 머니, 글로벌 펀드, 헤지펀드 등의 급격한 유·출입으로 금융 위기가 동남아시아로부터 시작되어 1997년 후반부터는 우리 나라에 영향을 미쳐 IMF의 구제금융을 받게 되고, 이로 인한 대규모의 실업 사태는 사회 불안의 요인이 되고 있다.

2 한국의 국가안전보장기관과 보안경찰의 특색

우리 나라의 국가 안전 보장의 업무는 국가정보원, 통일부, 외무부, 법무부, 국방부, 정보통신부, 해양수산부, 과학기술부, 경찰청 등이 분장하고 있다. 이들 중 핵심은 국가정보원이다. 국가정보원장은 국가정보 및 보안 업무에 관한 정책을 수립하고, 합리적인 범위 내에서 정보수사기관의 업무와 행정기관의 정보 및 보안 업무를 조정하는 권한을 가지고 있다.

오늘날 많은 국가에서 보안경찰 기능은 국가 안전 보장을 위한 위해의 제거 업무가 경찰 기능의 일부로서 이루어지지만, 보안경찰의 대상은 상이하다. 우리의 경우 보안경찰은 대공 업무에 주력하여 왔으나, 공산주의가 쇠퇴한 최근에는 좌익폭력 세력이 증가하여 보안경찰 활동의 중요성이 더해 가고 있다.

제 3 절 보안경찰 활동

1 보안 기능

경찰청의 보안국은 보안경찰 업무에 관한 기획 및 교육, 보안 관찰에 관한 업무 지도, 북한 이탈 주민 관리 및 경호 안전 대책 업무, 간첩 등 보안사범에 대한 수사의 지도·조정, 보안 관련 정보의 수집 및 분석, 남북 교류와 관련되는 보안경찰 업무, 간첩 등 중요 방첩수사에 관한 업무, 중요

좌익사범의 수사에 관한 업무를 관장한다.

보안 업무를 대별하면, 방첩 활동, 보안수사, 보안 관찰, 남북교류 협력 및 탈북자 대책과 관련한 활동이 있다.

1) 보안경찰 활동의 업무 분장

(1) 담당 부서

(가) 경찰청 보안국

보안1과	(1) 보안경찰 업무에 관한 기획 및 교육 (2) 북한의 실상에 대한 홍보 (3) 북한 이탈 주민 관리 및 경호안전대책 업무 (4) 보안관찰에 관한 업무 지도 (5) 기타 보안경찰 제반 지원 업무
보안2과	(1) 간첩 등 보안사범에 대한 수사의 지도 및 조정 (2) 안보 위해성 선전·표현물의 수집 및 분석 (3) 북한에 대한 정보의 수집 및 분석 (4) 남북 교류와 관련되는 보안경찰 업무
보안3과	(1) 간첩 등 중요 방첩수사 (2) 중요 좌익사범의 수사

(나) 서울청 보안부

보안1과	(1) 방첩 계몽 및 관련 단체와의 협조 (2) 간첩 등 보안사범에 대한 수사의 지도 및 조정 (3) 불온 유인물의 수집·분석 및 관리 (4) 기타 부내 다른 과의 주관에 속하지 아니하는 사람

보안2과	간첩 등 보안사범의 수사에 관한 사항의 분장.
보안3과	(1) 외사정보의 수집·분석 및 관리 (2) 외국인 또는 외국인과 관련된 범죄의 수사 및 지도 (3) 출입국자의 동태 파악 (4) 기타 외사경찰 업무

(다) 보안 기능과 외사 기능이 통합

지방경찰의 경우에는 보안 기능과 외사 기능이 통합되어 있으며, 다만 부산지방청의 경우에만 외사기능이 보안 기능으로부터 분리되어 있다.

외사 대상자의 간첩행위 등 국가보안법 위반 사항이나 산업 스파이 등 기타 반국가적 행위의 여부를 파악하고 동향을 관찰하는 외사경찰의 활동

방첩 활동	상대방으로 하여금 우리측의 의도를 간파하지 못하게 하고, 우리측도 어떤 상황도 또한 상대에게 전파되어서는 안 된다는 것(기밀 유지 · 보안 유지) 소극적 보안 활동 : 보안업무규정에 따른 보안 활동 적극적 보안 활동 : 방첩공작 방첩 활동을 위한 보안정보의 수집은 보안경찰의 업무 중 가장 중요한 부분
보안수사	(1) 국가 안전 보장과 관련된 반국가사범인 정보사범을 인지 · 색출 · 검거 · 심문하는 일련의 활동(정보사범⇒'정보 및 보안업무기획 · 조정 규정'에 열거) (2) 정보사범의 범위⇒내란 · 외환죄, 군형법상 반란 · 이적 · 군사기밀 누설죄
보안관찰	행위 속에 객관화된 행위자의 장래의 위험성 때문에 행위자의 개선과 그에 대한 보안이라는 사회 방위를 주목적으로 과해지는 형벌 이외의 형사 제재 (1) 보안 관찰의 법적 성격⇒대인적 보안처분(§1) (2) 보안관찰 처분은 검사가 청구하고, 법무부 장관이 결정를 행한다(§7). (3) 보안관찰처분에 대한 불복⇒60일 이내에 행정소송을 제기(§23)
남북교류협력 관련 활동	(1) '남북교류협력에 관한 법률' (2) 남북 교류 협력의 주관자⇒통일부 장관(남북 교류 협력 추진의 위원장)
북한 이탈 주민의 보호	(1) '북한 이탈 주민의 보호 및 정착 지원에 관한 법률' (2) 탈북자의 '발생 · 입국', '보호 · 관리', '배출 · 정착'에 보안경찰이 관계

1) 방첩 활동

(1) 방첩의 의의↔공작

방첩이란 상대방으로부터 우리의 의도나 상황을 알 수 없게 하는 것, 즉 상대로 하여금 우리측의 의도를 간파하지 못하게 하고, 우리측의 어떤 상황도 상대에게 간파되어서는 안 된다는 것으로서 기밀 유지 · 보안 유지라고도 한다.

즉 ① 외세 또는 국내의 불순 세력의 국가 위해 행위로부터 국가 안전을 보장하기 위한 안전통제 방책이고, ② 적의 정보 활동에 대비하여 간첩 · 태업(대치 곤란이 특성) · 전복행위 등을 미연에 방지하고 적발하기 위한 조직 활동이며, ③ 첩보 · 인원 · 시설 · 물자 등을 보호하기 위한 적극적 · 소극적 보안대책에 관계되는 활동이다.

경찰청과 소속기관 등 직제 제15조는 보안국의 업무로서 북한에 대한 정보의 수집 및 분석 업무를 분장시키고 있는데, 보안정보의 수집은 국가의 안전을 보장하기 위한 방첩 활동의 기본 요소로서 보안경찰의 업무 중 가장 중요한 한 부분이라고 할 수 있다.

(2) 방첩의 기본 원칙

완전 협조의 원칙	완전한 방첩을 위해서는 방첩기관과 보조기관 및 일반 대중과 완전 협조가 이루어져야 한다.
치밀의 원칙	간첩침투는 치밀한 계획 하에 교묘한 방법을 사용하므로 방첩 활동은 더욱 치밀한 계획과 준비를 요한다.
계속 접촉의 원칙	간첩 등의 용의자를 발견하더라도 즉시 검거하지 않고 조직망 전체가 완전히 파악될 때까지 계속 유·무형의 접촉을 한다. *계속 접촉 유지 단계 : 탐지→판명→주시→이용→검거

(3) 방첩의 수단

구분	개 념	사 례
적극적 수단	침투된 적과 적의 공작망 분쇄를 위하여 취하는 공격적 수단	첩보수집, 첩보공작 수집, 대상인물 감시, 침투 공작, 간첩 신문, 역용 공작
소극적 수단	우리 쪽(我方)의 보호를 위해 자체 보안 기능을 발휘하는 방어적 조치 수단	정보·자재보안의 확립, 인원·시설보안의 확립, 보안 업무 규정화, 입법 사항 건의
기만적 수단	비밀이 노출될 가능성이 있는 상황 하에서 우리 쪽(我方)이 기도한 바를 적이 오인토록 하는 방해 조치	허위정보 유포, 양동 간계 시위, 유언비어 유포

(4) 방첩의 대상

<table>
<tr><td>간첩</td><td colspan="4">국가 기밀 수집·내부 혼란의 목적으로 잠입한 자 또는 이에 지원·동조·협조하는 모든 조직적 구성분자</td></tr>
<tr><td rowspan="3">태업</td><td>의의</td><td colspan="3">(1) 대상 국가의 방위력 또는 전쟁 수행 능력을 직·간접으로 손상하기 휘하여 행해지는 일체의 행위 → 태업의 목표는 일단 파괴되면 대치가 곤란한 것이어야 함.
(2) 원래는 노동쟁의의 수단이었으나, 공산주의자들이 침략 전술로 이용하여 방첩 활동의 주요 대상이 되고 있음.
(3) 태업에 대한 가장 근본적이 대책은 '보안 유지'라 할 수 있음.</td></tr>
<tr><td rowspan="2">유형</td><td rowspan="2">물리적 태업</td><td>방화태업</td><td>인화물로 목적물에 화재를 발생(가장 파괴력이 강하고 우연한 사고로 위장 용이)</td></tr>
<tr><td>폭파태업</td><td>폭발물을 사용하여 목표물 파괴(파괴가 전체적이고 즉각적이어야 할 때 주로 사용)</td></tr>
</table>

<table>
<tr><td rowspan="5">**태업**</td><td rowspan="5">유형</td><td></td><td>기계태업</td><td>철물, 황산 등의 기계투입, 열차탈선 등으로 손실 초래, 주로 장기 공작원에 의하여 행해지며 목표물에 접근해 있는 자가 실행한다(범행이 용이하며 사용자가 사전에 결함 발견이 곤란).</td></tr>
<tr><td rowspan="3">심리적 태업</td><td>선전태업</td><td>유언비어 유포, 반국가적 여론 조성 등으로 사회불안, 국민의 사기 저하 등 유도</td></tr>
<tr><td>경제태업</td><td>화폐 위조 및 남발, 악성 노동쟁의 등으로 경제질서 혼란 초래</td></tr>
<tr><td>정치태업</td><td>정치적 갈등, 부당한 정치적 물의를 일으켜 국민의 일체감을 약화</td></tr>
<tr></tr>
<tr><td rowspan="4">**전복**</td><td>의의</td><td colspan="3">헌법 질서에 위반하여 국가변혁·국가 기능 소멸·정권 타도를 추구하는 모든 행위</td></tr>
<tr><td>수단</td><td colspan="3">전위당(공산당) 조직, 통일전선, 선전·선동, 테러, 파업과 폭동, 게릴라 전술 등</td></tr>
<tr><td rowspan="2">형태</td><td>국가전복</td><td colspan="2">피치자가 치자를 무력으로 타도하여 정권 탈취</td></tr>
<tr><td>정부전복</td><td colspan="2">동일 계급의 일부 세력이 집권 세력을 폭력으로써 타도하여 정권을 탈취</td></tr>
</table>

(5) 간첩

타국에 대한 첩보 수집 행위, 태업, 전복 행위 등을 목적으로 대상국 내에 잠입한 자 또는 이를 지원·동조하거나 협조하는 자를 말한다.

(가) 간첩망의 형태

유 형	특 징	장 점	단 점
단일형	기성조직을 이용하지 않고 직접 단독 활동하는 형태	-보안 유지 및 신속한 활동이 가능 -대남 간첩이 많이 사용	활동 범위가 좁고 공작성과 낮음.
삼각형	-간첩이 3명 이내의 행동공작원을 직접 지휘(공작원 간의 횡적 연락을 차단) -지하당 구축에 흔히 활용	-횡적 연락이 차단되어 보안 유지에 용이 -일망 타진의 가능성이 적음	주공작원의 정체가 쉽게 규명되고 활동 범위가 좁음.
서클형	간첩이 합법적 신분을 이용하여 적국의 이념이나 사상에 동조토록 유도하여 공작 목표를 달성하기 위한 조직 형태	-활동이 자유롭고 대중적 조직·동원이 가능 -전선조직(첩보전)에서 많이 사용	폭로시 외교 문제가 유발될 수 있음.

피라미드형	간첩-주공작원-행동공작원을 두는 형태	입체적 공작우로 활동 범위가 넓음	노출이 쉬워 일망타진 가능성이 높음.
레포형	피라미드형 조직에서 간첩과 주공작원 간, 행동공작원 상호간에 연락원을 두고 종횡으로 연결하는 방식으로 현대 첩보전에서는 사용 안함.		

(나) 활동 방법 분류

고정간첩	일정 기역 내에서 영구적으로 간첩 임무를 부여받고 활동하는 간첩으로 일정한 공작 기간이 없고 합법적으로 보장된 신분이나 보장될 수 있는 조건을 구비함.
배회간첩	고정간첩과 대응하는 개념으로서 일정한 주거 없이 전국을 배회하면서 임무를 수행, 합법적인 신분을 취득하면 고정간첩으로 변할 수 있음.
공행간첩	타국에 공용의 명목하에 입국하여 합법적인 신분(외교관, 상사 주재원 등)을 갖고 이를 기화로 상대국에 대한 각종 정보를 수집하는 것을 목적으로 하는 간첩임.

(다) 활동 범위에 의한 분류

대량형 간첩	특정한 대상의 지목이 없이 광범위한 분야에서 정보를 입수하는 간첩, 전시에 많이 파견됨(색출이 용이).
지명형 간첩	특정한 목표와 임무를 부여받아 특수한 정보를 수집하는 간첩, 평시에 파견됨(색출이 곤란함).

(6) **대공 상황**

(가) 의의

국가안보와 관련된 새로운 제반 사태 중 보안경찰의 업무 영역에 해당되는 상황을 의미한다(예: 간첩 출현, 거동 수상자 발견 보고, 대형 화재·폭발사건 등).

(나) 조치 요령

① 대공 상황이 발생·탐지되면 즉시 신속·정확하게 보고·전파하고 이에 대한 적절한 대책을 조속히 수립하여야 한다.

② 대공 상황의 보고와 전파시에는 적시성·정확성·간결성·보안성이 고려되어야 한다.

③ 상황이 발생하면 우선 개요를 보고하고, 의문점에 대하여는 2보·3보

로 연속하여 보고한다.

④ 현장 확보, 목배치 등 초동 조치는 사건 처리의 중요한 관건이다.

(다) 대공 상황의 분석 판단

① 대공 상황의 분석 : 상황 발생 및 발전 과정을 세밀히 파악하고 그 내용을 확인하며 관련성을 검토·체계화하는 것을 의미한다.

② 대공 상황의 판단 : 상황 분석한 내용을 전개 과정과 결과 발생을 종합하여 결론을 도출하는 것을 의미한다.

③ 대공 상황 분석·판단의 필요성 : 정책 결정자에게 사태에 따른 처리 방향과 결심을 주기 위한 활동으로서 이 과정에는 일반형사 사건과 마찬가지로 현장조사가 매우 중요하다.

〈대공 상황 분석·판단시 주의 사항〉
(1) 전체적인 관련성 유지
(2) 사태에 대한 적절하고 정확한 분석과 해석
(3) 타 출처에서 나온 많은 정보를 활용
(4) 합리적이고 논리적인 분석
(5) 주어진 상황과 결론이 일치할 것

〈대공 상황 분석·판단시 구비 요건〉
(1) 사실 그대로를 수집하고 수집된 자료를 종합
(2) 모든 사태를 객관성 있게 관찰하여 종합 판단
(3) 반드시 실제 증거와 사실을 근거로 할 것
(4) 유관 기관과 협조하여 의견을 종합 판다
(5) 신속성(시간성)
(6) 과대한 표현 방법의 기양
(7) 객관적 자료를 제시하고 간명하게 기술
(8) 사소한 의아점이라도 끝까지 확인

2) 공작 활동

공작이란 정보기관이 어떠한 목적하에 주어진 목표에 대하여 계획적으로 수행하는 비밀 활동으로서, 방첩 업무에 현저히 가치가 있는 보안 정보의 수집이나 간첩·반국가단체에 대한 범증 수집 및 범인 색출 등 국가 안전 보장을 위한 비노출적 보안 활동이다.

(1) 비밀 공작-전제성(강력한 통제) 인정

방첩 업무에 현저한 가치가 있는 보안정보의 수집, 간첩·반국가단체에 대한 증거 수집 및 범인 색출 등 국가 안전 보장을 위한 비노출적 보안 활동을 의미한다.

(가) 공작의 성격

① 전제성 : 강력한 통제하에 수행되며, 지령에 대한 하급자의 반대 불허
② 헌신성 : 비밀공작의 종사 요원에 대하여 국가 목적적 헌선성 요구
③ 다양성 : 적대국·제3국·우방 등 다양한 대상에 대하여 전개
④ 변화성 : 현실 상황에 따라 다양한 대처로 비정형적 성격
⑤ 복선성 : 노출에 대비 주관자는 철저한 위장 대책의 수립 요구
⑥ 비밀성 : 계획·추진 과정은 물론 종료 후에도 비밀 유지 요구
⑦ 장기성 : 목전의 성과보다 장기에 걸친 활동 효과를 추구

(나) 공작의 4요소

① 주관자 : 상부로부터 받는 지령을 계획하고 수행하는 집단으로서 공작의 책임자(대표자는 공작관)

② 목표 : 공작 상황에 따라 결정되며, 개괄적이고 광범위한 것부터 구체적이거나 특정된 것까지 있으나, 공작의 진행에 따라 구체화·세분화됨이 보통이다.

③ 공작원

㉠ 주공작원 : 공작관 밑에 위치하는 공작망의 책임자이며, 공작관의 명령 시달에 의하여 자기 공작망 산하 공작원에 대한 지휘 조종의 책임을 담당

㉡ 행동공작원 : 공작 목표에 대하여 실제로 첩보 수집, 기타 공작 임무를 직접 수행(통상 주 공작원의 지휘 조종을 받아 임무 수행)

㉢ 지원공작원 : 비밀 활동을 수행하는 공작원·조직체에 공작에 필요한 기술·물자 등을 지원하는 활동을 수행(통상 주공작원의 지휘 조종을 받아 임무 수행)

④ 공작금

공작 활동에서 노출 방지를 위한 2대 필수 요소:

가장, 신호(차량 감시-교통 법규를 준수해서 노출을 방지한다.)

(다) 공작평가보고서 → 지방청장 승인, 진행에 따라 세분화한다.

일선 경찰서에서 방첩 공작을 진행하기 위하여 보안첩보를 입수하여 내사 진행을 거쳐 공작의 가치가 있다고 판단되면 공작평가보고서를 작성하여 지방경찰청으로 공작 승인을 요청한다.

방첩 공작의 진행 순서는 다음과 같다.

① 보안첩보 수집 → ② 내사 → ③ 공작평가보고서 작성 → ④ 지방청장의 공작 승인 → ⑤ 방첩 공작

(라) 비밀 공작의 순환 단계

① 지령 → ② 계획 → ③ 모집 · 훈련 → ④ 브리핑 → ⑤ 파견 및 귀환 → ⑥ 디브리핑 → ⑦ 보고서 작성 → ⑧ 해고(해고의 경우 보안 및 비밀 유지에 주의하여야 함.)

(마) 공작의 분류

공작 운영 기구	통합공작(연락, 연합공작). 합동공작
공작 대상 지역	대북, 대공산권, 대우방국 공작
공작 목적	첩보 수집, 태업, 지원, 와해 모략(심리전) 공작 등

(바) 비밀 공작망의 형태

구분	직접망	주공작원망	혼합망
개념	최선단에서 활동하는 공작원이 직접 공작관과 연락되어 공작관의 조정 통제를 받는 망 형태이다.	공작관으로부터 공작 임무를 위임받은 주공작원이 공작망을 조정 통제하는 망 형태이다.	직접망과 주공작원망을 혼합하여 조직하는 형태이다.
장점	-조정 · 통제가 용이 -공작관과 공작원이 직접 접촉하게 되어 공작원에 대한 테스트가 용이 -양질의 첩보 수집과 보안 유지가 가능 -공작비가 절약	-많은 공작원을 간접적으로 조정 -공작관이 노출될 염려가 적다. -유용한 공작원의 활용으로 능률 향상 -공작관의 언어상 장벽 해소	-공작관일 직접 주공작원을 통제할 수 있다. -공작관이 보고의 전위를 확인할 수 있다.
단점	-공작관의 신분이 아려져 조직 노출의 우려 -공작원의 업무량 과다 -많은 목표를 대상으로 할 수 없다.	-공작관이 공작원을 직접 통제할 수 없다. -공작비가 과다 지출 -공작원에 대한 평가 곤란	-주공작원망의 단점을 거의 그대로 지니게 된다.

(2) 비밀 공작 활동의 유형

(가) 가장－정보 활동에 관한 요소의 정체가 외부에 노출되지 않도록 내외 요소를 꾸미는 것(외관만을 다르게 꾸미는 위장과 구별됨.)

① 원리－합리성, 임기응변성

② 종류

중가장	가장을 충분히 입증할 수 있는 증명 문건 등을 완전히 구비하여 일반적 수사에서 정체가 쉽게 폭로되지 않는 가장
경가장	입증 문건 등의 구비 상태가 완벽하지 못한 가장
개인가장	개개인을 비밀 활동에 적합하게 가장
집단가장	정보기관 종사자가 집단적으로 행동할 때 취하는 가장
조직가장	조직 자체를 보통의 기관이나 기업체처럼 가장(명칭·사업 등)
자연적 가장	기존의 신분이나 직업 등 기존 사실대로 가장
인공적 가장	새로운 신분이나 직업·생활 등을 조작하여 허위의 가장
신분가장	공작 지역에 체류함으로써 자연스럽도록 신분을 가장
행동가장	정보 활동 수행상 제반 행동 사항을 보호하여 주는 가장
기본적 가장	정보 활동에서 제1차적이고 기본이 되는 가장
부차적 가장	기본적 가장이 폭로되거나 사용할 수 없는 경우에 대비한 2차적 가장

(3) 연락

비밀 공작을 수행할 때 물자·문서 등을 전달하기 위하여 설치한 수단·방법의 유지 및 운용을 의미한다.

(가) 3 요소

신속성, 정확성, 안전성

(나) 연락계획 4대 요건

연락(계속) 요건, 안전 요건, 유동 요건, 통제 요건

(다) 연락선

변동하는 각종 상황하에서도 비밀조직 내의 인원이나 기관 간에 상호 연락할 수 있도록 체계를 구성하는 것을 말한다.

정상선	정상적인 공작 상황에서의 연락선 -기본선 : 통상 개인 회합과 같은 연락 수단을 이용 -보조선 : 기본선의 과중한 사용을 피하기 위하여 또는 기본선의 사고 발생시에 대비한 것. -긴급선 : 긴급한 지령·첩보를 전달할 경우, 기본선과 보조선을 이용할 시간적 여유가 없을 경우에 사용
예비선	조직원의 교체 또는 조직의 확장, 부활, 변동시 대비한 것
비상선	(경고선) 위급 상황에서 공작의 중단이나 정지를 알리기 위한 연락선 비상선이 활용되면 모든 공작원은 즉시 공작을 중단하고 안전 가옥에 잠복하거나 국외로 도피함. 그리고 다시 공작을 계속해야 할 경우에는 예비선을 통하여 재접촉을 가진 후 정상선을 재조직하게 됨.

(4) 연락 방법

아지트	비합법적인 운동이나 간첩행위 등의 근거지로 사용하는 집회소나 지도본부 아지트는 공작원이 외부로부터 보호될 수 있는 고도의 차단성을 구비하여야 함.
비트	땅을 파고 들어가 은신하는 비합법적인 활동의 잠복 거점
드보크	• 러시아어로 참나무를 뜻하는 두푸에서 유래한 공작 용어로서 제2차 세계대전 당시 상호 연락 수단이 없었던 시베리아 지방에서 동네 입구에 서 있는 큰 참나무를 표식으로 하여 편지나 물건을 갖다 놓았던 사실에서 유래되었다. • 사람을 통하지 않고 자연지물을 이용한 비밀함에 의하여 문건이나 물건·공작금·무기 등을 주고받는 수단 • 드보크 선정 장소 -매몰과 발굴이 용이한 지점 -주변에 뚜렷하고 반영구적인 목표물이 있는 지점 -군·경의 감시나 왕래가 없는 지점 -혼자서 찾아내기 쉬운 지점 -쌍방에게 모두 편리하며 안전한 지점 • 대인 접선으로 인한 위험성을 방지하고 안전하게 연락을 실현할 수 있어 보안성이 높은 반면, 매몰 장소 식별이 곤란한 단점도 있다.
A-3 방송	북한이 남파 간첩에게 지령을 하는 수단으로 사용하고 있는 방송
난수표 (암호문)	간첩이 지령이나 보고의 내용을 은닉·보호하기 위하여 아라비아 숫자로 상호 약정한 암호 문건
유인포스트 (수수자)	조직구성원 간의 접촉이 없이 문서·물건 등의 전달을 매개하여 주는 제3자인 중간 연락자를 의미(노출의 가능성이 크므로 비상시에만 사용함이 보통임.)
무인포스트 (수수소)	직접 접촉 없이 조직의 양자간에 전달될 수 있도록 문서나 물품을 은닉하는 장소·시설물 등을 의미(공중화장실, 전화박스, 자동차, 선박 등)
편의주소 관리인	일반 우편을 이용하여 필요한 물건이나 통신문을 보내거나 받는 데 편의상 선정한 주소 관리인
손질접선	비밀문건을 일방에서 타방으로 순간적으로 전달하는 방법(순간접선)

(5) 잠복 전술의 종류

잠복 전술이란 침투 간첩들이 남한 지역에 체류하는 동안 정보 수사기관의 인지를 피하여 활동 거점을 마련하고 은신하는 기술과 활동을 의미한다.

비합법 기술잠복	가장 기본적인 잠복으로 침투 지점부터 공작 지역까지 침투·복귀시, 공작 지역에 체류하는 전기간에 기본적으로 은거하는 잠복 *잠복 장소를 비트라고 하며, 공작 지역까지의 침투 과정에서 만드는 임시 비트와 공작지에서 활동 거점으로 만드는 영구 비트가 있다.
비합법 자연잠복	비트를 굴설할 시간적 여유가 없거나, 토질 조건의 불량 등 굴설 조건이 못되는 경우에 자연지리적 조건과 지형지물을 이용하여 잠복
반합법 기술잠복	유흥접객업소 종사자와 동거·동숙하는 등 신분 확인이 곤란한 점을 이용하여 합법적인 인물처럼 공개적으로 잠복
반합법 엄호잠복	침투 간첩들이 포섭된 대상의 엄호를 받으며, 그의 거주지나 영업소에 은거하여 합법적인 인물로 가장 잠복

(6) 신호

비밀공작 활동에서 공작원 상호간에 의사를 전달하기 위하여 사전에 약정해 놓은 표시

요 건	자연성·명백성·공개성·간단성·확실성·안전성	
종 류	인식 신호	처음 만나는 양자가 상호 식별하기 위하여 사용하는 신호이며, 약정된 동작·착의·소지품 등으로 약속함.
	확인 신호	인식 신호로써 대상자임을 인식하고 접근한 후, 다시 확인하기 위하여 약속된 신호로서 통상 물자교환이나 약속된 대화를 함.
	행동 신호	계획상의 행동 수행이나 변경, 공작 활동 가능 여부를 연락하기 위한 신호
	안전·위험 신호	공작 활동에서 인원·시설·지역 또는 단체의 현재 상태가 안전 또는 위험하다는 것을 알리기 위한 신호

(7) 관찰·묘사

의 의	관찰 : 일정한 목적하에 사물의 현상 및 사건 전말을 감지하는 과정 묘사 : 관찰한 경험을 재생·표현하는 기술	
	관심의 원칙	관심은 의심을 자아내고 관찰의 계속성을 유지하는 원동력이 됨(주의를 기울려 관찰함으로써 평범한 것에서 의문·모순점을 발견).
	분류의 원칙	대상의 수량·종류 등 특징을 적절히 분류하여 관찰

관찰의 원칙		
	연상의 원칙	평소 인상 깊은 사물을 대상과 결부시켜 연상하면서 관찰(연상은 과거 경험이 요인이 되어 일어나는 과정으로 2개의 다른 사항을 동시에 상기하여 결합시킴으로써 묘사에 효과를 얻으려는 것)
	비교의 원칙	평소 가까이 접하여 친근한 사물과 비교하면서 관찰
	종합의 원칙	관찰을 계속할 때에는 어떤 기준으로 그 동안 관찰한 것을 종합 정리

(8) 사전 정찰

(가) 개념

장차 공작 활동을 위하여 공작 목표나 공작 지역에 대하여 예비 지식을 수집하는 사전 조사 활동이다.

(나) 필요성

① 회합을 위한 적당한 장소의 선정

② 보안성이 유지되는 수수소의 선정

③ 공작 대상 지역의 선정

(다) 사전 정찰의 절차

① 계획서의 작성 ⇢ ② 공작원의 선정⇢ ③ 안전대책의 점검 ⇢ ④ 정찰 실시⇢ ⑤ 보고서의 작성

(9) 감시

의 의	(1) 공작 대상인 인물·시설·물자 및 지역 등에 대한 정보를 획득할 목적으로 시각이나 청각 등의 사용으로 관찰하는 기술 (2) 법적 근거 : 대통령경호실법, 국가정보원법, 정보 및 보안업무기획·조정규정 등 (3) 한계 : 대인감시는 헌법상 기본권 보장 문제와 관련하여 국가 목적 수행을 위한 최소한의 범위 내에서 실시되어야 함	
용 도	(1) 공작 대상자의 신원 파악, (2) 신문의 기초자료 수집, (3) 입수된 첩보의 확인 (4) 제보자의 신뢰성 검토, (5) 중요 인물의 신변 보호, (6) 불법행위자 검거	
유 형	신중감시	대상자가 감지하지 못하도록 행하는 감시로서, 신중감시 도중 대상자가 접선 등 어떤 용의 사실이 발견되면 근접감시의 형태로 전환됨.
	근접감시	대상자가 감시당하고 있음을 감지하여도 계속 감시하는 것(직접감시) *대상자를 절대 놓쳐서는 안 될 경우, 대상자의 공작을 방해하기 위한 경우에 사용되는 감시 방법임..
	완만감시	대상자가 이미 알려져 있는 자로서 계속감시를 필요로 하지 않는 자에 대하여 필요한 시간·장소를 정하여 실시하며, 적은 인원으로 많은 효과를 올리고자 할 때 적합함.

3) 심리전

(1) 개념

비무력적인 선전·선동·모략 등의 수단으로 직접 상대국의 국민·군대에 정신적 자극을 주어 사상 혼란과 국론 분열을 유발시킴으로써 자국의 의도대로 유도하는 것(비무력적인 선전, 선동, 모략의 수단에 의한 전술 일체)을 말한다.

(2) 유형

목 적	선무 심리전	아측 후방 지역의 사기를 앙양시키거나 수복 지역 주민들의 협조를 얻고 질서를 유지하기 위한 선전 활동(일명 타협심리전)
	공격적 심리전	적측에 대하여 특정의 목적 달성 위하여 공격적으로 행하는 심리전
	방어적 심리전	적측에 가해 오는 공격을 와해 축소시키기 위하여 방어적으로 행하는 심리전
운 용	전략 심리전	광범위하고 장기적인 목표하에 대상국의 전국민을 대상으로 실시하는 심리전 (예: 자유진영 국가들이 공산진영 국가에 대한 대공산권 방송).
	전술 심리전	단기적인 목표하에 즉각적인 효과를 기대하고 실시하는 심리전 (예: 간첩을 체포한 후 널리 공개하는 것)
주 체	공연성 심리전, 비공연성 심리전	

(3) 주요 심리전의 수단

선전	주최측의 일정한 사상·판단·감정·관심 등을 대중에게 일방적으로 표시하여 의식·무의식 간에 그들의 태도에 일정한 경향과 방향을 부여하는 것.	
	백색선전	출처 공개 국가 또는 공인된 기관이 공식적인 보도기관을 통하여 행하게 되므로 주제·용어 등에 제한을 받지만 신뢰도가 가장 높다.
	흑색선전	출처 위장(예: 구 한민전의 '구국의 소리') 장점: 적국 내에서도 행할 수 있고 특정한 목표에 대하여 즉각적이고 집중적인 선전을 할 수 있다. 단점: 출처 노출을 피하기 위하여 많은 주의가 요구되며 정상적인 통신망을 이용할 수 없다.
	회색선전	출처 비공개 장점: 선전이라는 선입관을 주지 않고 효과를 얻을 수 있다. 단점: 적의 역선전에 대항하기 어렵다. 출처의 은폐로 선전의 효과를 거두기 어렵다.

선동	대중의 심리를 자극하여 감정을 폭발시킴으로써 군중 심리에 의하여 폭력을 유발하게 하는 활동으로서 대중의 주체 의식과 개성을 상실시키는 특징이 있음. *대중의 감정을 간파하고 호소할 수 있는 웅변·예언이 뛰어난 대중 인기인에 의하여 행해짐.
유언비어	-사회 불안을 이용하여 확실한 근거가 없고 출처가 불분명한 풍설을 퍼뜨리는 활동, 인위적은 물론이거니와 자연적으로 발생하는 경우도 있음. -방지책 : 비공식적 해명, 정확한 보도, 사전 방지, 근원지의 색출 등
전단	심리전 주체가 의도한 선전 내용을 간단히 문자·그림·사진 등으로 수록한 유인물 장점 : 소지가 쉽고, 타인에게 보여줄 수가 있어 다량 전파가 가능하며, 사용이 자유로움. 단점 : 많은 시간이 거리며, 적의 역대응에 약하고, 기상 등의 영향을 받음.
불온선전물	-북한이 대남 심리전의 목적으로 각종 문제를 그때 그때의 시사성에 맞추어 왜곡·선전하여 살포하는 선전물(전단·책자·화보·신문·삐라 등) -국내에서 집회·시위 또는 인권운동의 수단으로 사회·노동단체, 학생 등이 제작 살포하는 불온 유인물과 구별 *불온 유인물의 규제 법률 : 국가보안법, 경범죄처벌법, 옥외광고물 등 관리법
모략	계획적·날조적으로 상대측의 특정 개인·단체에게 누명을 씌우거나, 상대 국가 세력을 약화 또는 단결력을 파괴시키는 활동 모략의 최적기 : 목표 집단의 지도 이념이나 가치가 파괴되었을 때

4) 공산주의 이론

(1) 공산주의 이론구조

철학이론	변증법	양(量)의 질화(質化) 및 그 역의 법칙 대립물의 통일의 법칙 부정의 부정 법칙
	유물론	변증법적 유물론
	유물사관	생산력+생산 관계=생산 양식(역사 발전의 원동력) 하부구조와 상부구조론 계급투쟁론(역사 발전 단계) 원시공산제 → 고대 노예제 → 중세 봉건제 → 근대 자본주의 → 사회주의(공산주의 사회) 국가사멸론
경제이론	노동가치설 잉여가치설	상품의 가치는 수요와 공급이 아니라, 사회적으로 필요한 평균 노동량에 의하여 결정된다고 봄으로써 시장의 기능을 부정하고 있음. 노동이 상품가치를 형성하는 원인이며, 실질이고 측정하는 척도

경제이론	자본주의 붕괴론	자본 축적의 법칙(이윤의 저하) 자본 집중의 법칙(계급 분화가 발생) 빈곤 증대의 법칙(실업자가 증대되고 노동자 빈곤화가 진전)
정치이론	폭력혁명론	공산당 선언에서 제시, 노동계급 해방의 방법론으로서 현존 제도를 폭력으로써 전복하는 것
	프롤레타리아 독재론	프롤레타리아는 자본주의를 폭력혁명으로 붕괴시키고 우선 국가 권력을 장악하고 자신을 지배계급으로 높인 다음, 부르주아의 부활과 복수 및 그 잔재를 말끔히 근절할 수 있도록 일종한 과도기가 필요하다고 하는데 이 때가 프롤레타리아 독재기이며 이 기간에 세워지는 국가가 프롤레타리아 국가이다. 그러나 이러한 프롤레타리아 독재는 사실상 공산당의 독재가 되며 그 지도자의 독재로 나타나게 된다.

(2) 서구의 급진 사조

뉴레프트 운동	1960년대에 나타난 새로운 좌익행동파 집단으로, 기존 체제와 질서를 부정하면서도 마르크스주의 노선에 입각한 기존 좌익조직의 행동 규율에 반기를 들고 행동하는 새로운 좌익행동파 집단을 지칭함.
유로 코뮤니즘	기성 공산주의에 대한 근본적인 회의와 재검토에서 출발한 사상으로서 선거를 통한 정권 획득으로써 자본주의의 모순점을 극복할 수 있다고 주장 프롤레타리아 독재(공산당 1당 독재)의 폐기, 자유와 민주주의 가치 중시, 소비에트형 공산주의 비판을 주요 내용으로 함.
네오 마르크시즘	레닌의 계급투쟁론을 비판하고 순수한 마르크스주의 새로운 면을 부각시키고자 한 것으로 인간의 구체적 인식 능력과 역사에서의 인간의 주체성을 강조함.

*도미노 이론 : 한 국가가 공산화되면 부근의 인접 국가도 공산화되기 쉽다는 이론

(3) 북한의 대남 전략 전술

(가) 북한의 대남 전략 전술

주체사상	• 현재 북한 사회에서 당과 국가 활동, 사회주의 혁명과 건설의 지도 원칙을 결정하는 공식적 이데올로기 • 주체 사상의 4대 기본 노선 사상에서의 주체, 정치에서의 자주, 경제에서의 자립, 국방에서의 자위
조국 통일 3대 헌장	• 제1원칙 : 자주 · 평화 · 민족 대단결의 원칙(조국 통일 3대 원칙) • 제2원칙 : 고려민주연방공화국 창립 방안 • 제3원칙 : 민족 대단결 10대 강령의 원칙

통일 전선전술	• 북한의 대남 공작전술로서 대한민국 내 학생·지식인 등을 통한 투쟁을 기폭제로 하여 개인이나 단체 또는 반대 노선과도 연합하여 혁명 세력을 집결하여 궁극적으로 적화 통일을 이루려는 전술을 의미 • 남조선혁명의 주체는 남한 인민이라고 하면서 혁명 역량을 주력군(노동자·농민)과 보조 역량(각종 통일전선)으로 구분하여 편성하고 있음. • 남북한 교류협력 과정에서 북한의 이용 가능성이 가장 높다고 보이는 전술
대남 투쟁 좌표	• 자주(반미자주), 민주(반파쇼 민주), 통일(연방제 통일)

(나) 전략과 전술

전 략	전 술
역사적 단계에 따라 행동하는 정치노선	단기간에 적용되는 세부적인 행동지침
기본 목표이자 큰 행동지침	전략에 종속된 구체적 방법
거시적이면서 불변의 목적	미시적이고 정세에 따라 수시로 변화

(다) 공산주의 전략 원칙

다양성의 원칙	어떠한 역사적 정세에도 적절히 대응할 수 있는 다종·다양한 전술의 확보
임기응변의 원칙	상황이 바뀌면 곧바로 거기에 알맞은 전술로 대처할 수 있는 능력
배합의 원칙	상호 배타적·상반적인 전술을 동시에 구사하여 상대에게 혼란을 주어야 함.
일시적 후퇴와 양보의 원칙	공산화 운동은 상황에 따라 수시로 후퇴하고 양보할 수 있지만 그것은 절대적으로 일시적인 것이어야 한다는 원칙
불포기의 원칙	기존 전술은 다시 사용될 수 있으므로 절대 포기하는 것이 아님.
관망의 원칙	전략의 중간 목표가 달성되었을 때는 일시적으로 상황을 관망하고 새로운 전략과 전술을 구상하여야 함.

(라) 남북한 통일 방안 비교

한민족공동체 통일 방안(남한)	고려민주연방공화국 창립 방안(북한)
• 통일의 철학 : 자유민주주의 • 통일의 원칙 : 자주, 평화, 민주 • 통일의 과정 : 화해 협력(신뢰구축)→남북연합(체제 연합)→통일국가(1민족 1국가의 단일국가 형태) • 통일국가의 미래상 : 자유, 복지, 인간 존엄성이 구현되는 자유민주주의 국가	• 통일의 철학 : 주체 사상 • 통일의 원칙 : 자주, 평화, 민족 대단결 • 통일의 선결 조건 : 남한 연공정권(민주 정권으로 대체), 국가보안법 폐지, 주한 미군 철수, 북미평화협정 체결, 미국 간섭 배제 등 • 통일 : 연방정부 수립 (중간 과정 없는 완성 단계)→1민족 1국가 2제도 2정부의 낮은 단계의 연방제 • 통일국가의 미래상 : 자주, 중립, 평화애호적인 국가

(마) 북한의 대남 공작기구

노동당	통일전선부	남북대화 주관 및 대난심리전과 해외교포 공작, 통일전선 공작, 반제민전 활동을 담당하는 핵심적 대남공작 부서
	대외연락부	구 사회문화부, 당계통의 간첩 업무 및 남한 내 지하당조직 공작으로 혁명 토대 구축과 우회 침투를 위한 해외공작을 담당하고 있음.
	35호실	해외공작 활동(KAL858기 폭파 김현희 소속), 일명 대외정보조사부
	작전부	남파 공작원과 전투원에 대한 정규 기본훈련 및 호송·안내를 담당
인민무력성	정찰국	448부대·907부대·남포해상특수부대 등을 관장하며 특수부대의 후방 침입과 잠수함 침투·유격 활동 등 군사정찰 임무를 담당하고 있음(작전부와 공조 체계 확립).

*반제민전(반제민족민주전선)
1964년 통일혁명당(통혁당)으로 조직되어, 1985년 명칭을 한민전(한국민족민주전선)으로 개명하여 '구국의 소리' 방송을 운영하면서(2003년 8월부터 방송 중단) 북한에서 마치 남한의 지하당인 것처럼 선전하며 한국의 좌익 세력을 배후 조종하는 대남혁명투쟁의 전위조직으로서, 2005년 3월부터 명칭을 반제민족민주전선(반제민전)으로 변경하였고, 인터넷 사이트'구국전선'을 운영하고 있다.

*인민보안성 : 북한의 치안 담당기구로서 대남 공작기구가 아님에 유의할 것.
'사회안전성'을 개명한 것으로 북한 내의 사회 안전 질서 유지 및 국가와 인민의 생명과 재산을 보호하는 것을 목적으로 하는 우리의 경찰청과 유사한 조직이다.

(바) 북한 사회의 계층구조

핵심 계층	정규의 당원을 비롯하여 김정일에게 충성을 다하는 계층
동요 계층	어느 쪽으로도 분류하기 어려운 계층으로 기본 계층·회색분자·기회주의자라고도 불리며 하급간부나 기술자로 배치되는 계층
적대 계층	북한 공산집단에 동조하지 않는 계층으로 복잡 계층이라고도 하며, 유해 노동직에 배치되고 진학·입당 등이 원칙적으로 봉쇄된 계층(감시의 주대상)

(사) 남한 좌익운동의 사상적 계보

북한 및 주체사상 추종	NL 주사파	• 북한의 주체사상을 배경으로 남한 사회를 미국의 식민사회로 규정하고 민족 모순을 해결할 것을 주장하는 혁명 전략을 주장 • 노동자·농민·도시 빈민을 혁명의 주력으로 한 연방제 통일을 주장함. • 혁명노선 : 민족해방 민중민주주의 혁명론 실천 이념 : 반미자주화, 반파쇼민주화, 조국통일 등

마르크스·레닌주의 추종	NDR파	• 민족민주주의혁명론 : 민중통일전선을 형성하여 무장 봉기에 의하여 민중 공화국을 수립한 후에 사회주의 국가의 건설을 주장 • 현재는 조직이 와해되어 운동권 내에서 세력 분포가 매우 미미한 실정임.
	PDR파	민중민주주의혁명론 : 노동자 계급의 전위당을 결성하여 민중 권력을 쟁취한 후 사회주의혁명을 완수를 수장 제독PDR파(반제 반독점 민중민주주의혁명론) 제파PDR파(반제 반파쇼 민중민주주의혁명론)
트로츠키 노선추종	ISR파	트로츠키의 영구혁명론을 수용하여 남한에서 현정권을 타도하고 사회주의 혁명을 완성한 후, 북한의 노동자를 지원하여 북한 정권을 타도하고 남북 통일의 노동자 정권을 건설한다는 전략(국제사회주의혁명론)

*좌익운동권의 기본적이 투쟁 과정 : 의식화 → 조직화 → 투쟁화
*국내좌익 운동권의 사상적 토대 : 마르크스 · 레닌주의, 주체사상
*국내 좌익세력의 3대 지도 이념 : 민족주의 · 사회주의 · 폭력주의

5) 보안수사

(1) 보안수사와 정보사범

보안수사는 정보사범을 인지 · 색출 · 검거 · 심문하는 일련의 활동을 말한다.

정보사범은 국가 안전보장과 관련된 반국가사범으로서, 형법의 내란죄 · 외환죄, 군형법의 반란죄 · 이적죄 · 군사기밀누설죄 · 암호부정사용죄, 군사기밀보호법 및 국가보안법에 규정된 죄를 범한 자와 그 혐의를 받는 자를 말한다(정보 및 보안업무 기획 · 조정규정 제2조 5호).

(2) 정보사범의 특성

(가) 확신범

정보사범은 범죄학의 유형상 대부분 확신범이다. 확신범은 법 규정상으로는 부정되지만, 자신의 양심으로서는 승복할 수 있는 별개의 명령을 준수하고 수행하여야 할 의무가 있다고 믿고 범행을 하는 것이다.

자기가 지키는 규범이나 질서를 현행 국가의 질서보다 상위의 것으로 평가하고, 범행을 수행할 의무가 있다고 확신하는 것이다.

(나) 보안성

정보사범은 범죄 성격상 자체의 보안에 특별한 대책을 강구하고 있을 뿐만 아니라, 범행을 수사기관에서 인지하거나 확인하였다고 의심이 되면 즉

각 범행을 중지하거나 기타 조직적인 보안 대책을 수립하고 행동한다.

(다) 비노출적 범행

정보사범은 일반형사범인 살인, 강도, 절도 등의 범죄와 달리 범행의 결과가 노출되지 않는 경우가 허다하다. 예를 들어 간첩의 잠입, 반국가단체의 구성, 내란·외환 등의 예비·음모행위 등은 대부분 노출되지 않기 때문에 이런 범죄들은 행하여졌다고 인식하기가 매우 어렵다.

(라) 조직적 범죄

정보사범은 적 또는 적 동맹국의 지령을 받고 불법 잠입하였거나, 그들에게 포섭된 자들의 범행으로서, 그들의 활동은 대부분 지하당과 같이 조직적이고 집단적인 경우가 많다.

(마) 비인도적 범법

정보사범은 많은 경우에 있어 목적 달성을 위하여 수단·방법을 가리지 않기 때문에 살인, 방화, 폭행, 폭파 등 비인도적 범행을 자행하고도 태연자약하는 특성을 가진다.

(바) 동족 간의 범행

우리 나라의 경우 정보사범은 외국과는 달리 동족 간에 이루어지고 있다.

확신범	다른 범죄와 달리 대부분이 확신범이다.
보안성	수사기관에서 범행을 인지하거나 확인하였다고 의심이 가기만 하여도 즉각 범행을 중지하거나 기타 조직적인 보안 대책을 수립하고 행동하며, 위장술·역감시 등을 조직적으로 구사하여 수사를 어렵게 한다.
비노출성	범행 결과가 대부분 노출되지 않기 때문에 어떤 범죄가 행해졌는지 인식하기 어렵다.
조직성	단독범행보다는 조직적이고 집단적인 경우가 많다.
비인도성	정치적 성격을 지니며, 우리 나라의 경우 동족 간에 행해지는 범죄이다.
동족 간의 범행	목적 달성을 위해 살인·방화·폭파 등 비인도적 범행을 자행하고도 태연자약하는 특성을 지닌다.

6) 보안관찰

(1) 보안처분의 의의

보안처분이라 함은 형벌로는 행위자의 사회 복귀와 범죄의 예방이 불가능하거나 행위자의 특수한 위험성으로 인하여 형벌의 목적을 달성하기 곤란한 경우에 형벌을 대체하거나 보완하기 위한 예방적 성질의 목적적 조치를 말한다.

보안처분에는 행위 책임의 원칙이 적용되지 않는다. 그러나 보안처분도 개인의 자유를 침해하는 제재이므로 비례의 원칙의 범위 내에서 그 정당성을 찾을 수 있다.

(2) 보안관찰의 의의

보안관찰법은 특정 범죄를 범한 자에 대하여 재범의 위험성을 예방하고 건전한 사회 복귀를 촉진하기 위하여 보안관찰처분을 함으로써 국가의 안전과 사회의 안녕을 유지함을 목적으로 하고 있다(제1조). 이에 따라 반국가사범에 대하여 일정한 요건에 합치하는 경우에 관찰·지도·경고 등의 조치를 취할 수 있다(대인적 보안처분이다.-주거 제한적 요소는 있지만, 대가택 보호처분이 아니다).

보안관찰이란 행위자의 장래의 위험성 때문에 행위자의 치료·교육·재사회화를 위한 개선과, 그에 대한 보안이라는 사회 방위를 주목적으로 하여 과하여지는 형벌 이외의 형사 제재를 말하는데, 이는 행위 책임을 도외시하고 현존하는 행위자의 위험성으로부터 사회를 방위하기 위한 합목적적 강제 조치이다.

특정 범죄인 '반국가사범'에 대하여 일정한 요건에 합치하는 경우에 관찰·지도·경고 등의 조치를 취하는 보안관찰은 대상자의 자유를 제한하는 대인적 보안처분의 일종으로서, 보안경찰의 활동 대상이라고 하겠다.

(3) 보안관찰 대상자

보안관찰 해당 범죄 또는 이와 경합된 범죄로 금고 이상의 형의 선고를 받고 그 형기 합계가 3년 이상인 자로서 형의 전부 또는 일부의 집행을 받은 사실이 있는 자를 말한다.

[표 7-6-1] 보안관찰 대상 범죄

구분	해 당 범 죄	제 외 범 죄
형 법	내란목적살인죄, 외환유치죄, 여적죄, 간첩죄, 시설제공이적죄, 물건제공이적, 모병이적죄	내란죄, 일반이적죄, 전시군수계약불이행죄
군형법	반란죄, 반란 목적 군용물탈취죄, 군대 및 군용시설제공죄, 군용시설 등 파괴죄, 간첩죄, 일반이적죄	단순반란불고지죄
국가보안법	목적수행죄, 자진지원죄, 금품수수죄, 잠입탈출죄, 편의제공죄	반국가단체구성죄 찬양·고무죄 회합·통신죄

(가) 보안관찰 해당 범죄 또는 이와 경합된 범죄

보안관찰 해당 범죄만으로 형의 선고를 받은 경우뿐만 아니라, 보안 관찰 해당 범죄 이외에 국가보안법상의 찬양·고무죄 또는 형법상의 절도·강도 등 비보안관찰 해당 범죄와 경합된 죄로 형의 선고를 받은 경우에도 해당한다.

(나) 금고 이상의 형의 선고를 받고 그 형기 합계가 3년 이상인 자

단, 1회에 보안관찰 해당 범죄 또는 이와 경합된 범죄로 금고 3년 이상을 선고받은 경우뿐만 아니라, 2회 이상 금고 이상의 형을 받고 그 형기 합계가 3년 이상인 경우도 이에 해당한다.

(다) 형의 전부 또는 일부의 집행을 받은 자

금고 3년 이상의 형이 확정되었으나 집행되기 전에 사면되었거나 집행유예·선고유예를 받은 자는 제외한다.

(라) 재범의 위험성

보안관찰처분은 보안관찰 대상자 중에서 보안관찰 해당 범죄를 다시 범할 위험성이 있다고 인정할 충분한 이유가 있어 재범의 방지를 위한 관찰이 필요한 자에 대하여 한다. 따라서 보안관찰 해당 범죄가 아닌 범죄를 다시 범할 위험성이 있더라도 보안관찰 처분할 수는 없다.

(5) 신고

(가) 대상자의 신고

처분 대상자는 교도서 등에서 출소하기 2개월 전에 교도소 등의 장을 경유하여 거주 예정지 관할 경찰서장에게 대상자 신고된다. 그리고 처분 대상자는 출소 후 7일 이내에 거주 예정지 관할 경찰서장에게 출소 사실을 신고하여야 한다.

처분 대상자는 신고 사항에 변동이 있을 경우 7일 이내에 변동 사실을 관할 경찰서장에게 신고하여야 한다.

(나) 피보안 관찰자 신고

① 피보안 관찰자 신고－관찰처분을 받은 날부터 7일 이내

② 정기 신고－관찰처분을 받은 달부터 매 3월마다 주요 활동 사항 신고

③ 수시 신고－신고 사항에 변동이 있을 때에는 7일 이내에, 주거지 이전·국외 여행·10일 이상 국내 여행은 미리 지구대장을 거쳐 관할 서장에게 신고

(6) 보안처분의 청구와 기간

보안관찰 처분청구는 검사가 행하고, 보안관찰처분에 관한 결정은 보안관찰처분심의위원회의 의결을 거쳐 법무부 장관이 결정한다.

보안관찰처분의 기간은 2년으로 한다. 그러나 법무부 장관은 검사의 청구가 있는 때에는 보안관찰처분심의위원회의 의결을 거쳐 그 기간을 갱신할 수 있다. 갱신된 기간도 2년이고 갱신 횟수에는 제한이 없다.

(7) 이의 신청(행정소송)

보안관찰법에 의한 법무부 장관의 결정을 받은 자가 이의가 있을 때는 행정소송법이 정하는 바에 따라 그 결정이 집행된 날로부터 60일 이내에 서울고등법원에 소를 제기할 수 있다.

(8) 집행

(가) 검사의 지휘하에 관할 경찰서장이 피보안 관찰자에게 결정서 등본을 교부함으로써 집행이 개시

(나) 집행 중지

① 사유 : 피보안 관찰자의 도주, 소재 불명(1개월 이상) 등

② 절차 : 관할 경찰서장이 검사에게 신청하고, 검사는 집행중지 결정 후 지체없이 법무부 장관에게 보고

③ 집행중지의 사유가 소멸된 때에는 검사는 지체없이 그 결정을 취소하여야 한다.

(9) 보안관찰 실시(수단)

(가) 관찰 : 관할 경찰서장은 매월 1회 이상 피보안 관찰자의 동태를 파악하고, 사회 복귀 선도 및 재범 방지를 위한 조치를 행한다.

(나) 지 도

① 지도 사항

㉠ 피보안 관찰자와 긴밀한 접촉을 가지고 항상 그 행동 및 환경 등을 관찰하는 것

㉡ 피보안 관찰자에 대하여 신고 사항을 이행함에 적절한 지시를 하는 것

㉢ 기타 피보안 관찰자가 사회의 선량한 일원이 되는 데 필요한 조치를 취하는 것

② 재범 방지 조치

㉠ 보안관찰 해당 범죄를 범한 자와의 회합 · 통신 금지

㉡ 집단적인 폭행, 협박, 손괴, 방화 등으로 공공의 안녕 질서를 위협할 가능성이 명백한 집회 · 시위 장소에의 출입 금지

㉢ 피보안 관찰자의 보호 또는 조사를 위한 특정 장소에의 출석 요구

(다) 보 호

① 검사 및 사법경찰관리는 피보안 관찰자가 자조의 노력을 함에 있어, 그의 개선과 자위를 위하여 필요하다고 인정되는 아래의 적절한 보호를 할 수 있다.

㉠ 주거 · 취업의 알선

㉡ 직업훈련의 기회 제공

㉢ 환경의 개선

㉣ 기타 본인의 건전한 사회 복귀를 위하여 필요한 원조를 하는 것

② 법무부 장관은 보안관찰 처분대상자 또는 피보안 관찰자 중 국내에 가족이 없거나 가족이 있어도 인수를 거절하는 자에 대해서는 거소를 제공할 수 있다.

(라) 경고

검사 및 사법경찰관리는 피보안 관찰자가 의무를 위반하였거나 위반할 위험성이 있다고 의심할 상당한 이유가 있는 때에는 그 이행을 촉구하고 형사 처벌 등 불이익한 처분을 받을 수 있음을 경고할 수 있다.

(10) 보안관찰처분의 면제 결정

① 준법정신 확립

② 일정한 주거와 생업이 있을 것

③ 대통령령이 정하는(2인 이상) 신원 보증이 있을 것

〈보안관찰법〉

제12조(보안관찰처분심의위원회) ① 보안관찰처분에 관한 사안을 심의·의결하기 위하여 법무부에 보안관찰처분심의위원회(이하 "위원회"라 한다)를 둔다.

② 위원회는 위원장 1인과 6인의 위원으로 구성한다.

③ 위원장은 법무부 차관이 되고, 위원은 학식과 덕망이 있는 자로 하되, 그 과반수는 변호사의 자격이 있는 자이어야 한다.

④ 위원은 법무부 장관의 제청으로 대통령이 임명 또는 위촉한다.

⑤ 위촉된 위원의 임기는 2년으로 한다. 다만, 공무원인 위원은 그 직을 면한 때에는 위원의 자격을 상실한다.

⑥ 위원 중 공무원이 아닌 위원도 이 법 기타 다른 법률의 규정에 의한 벌칙의 적용에 있어서는 공무원으로 본다.

⑦ 위원장은 위원회의 회무를 통리하고 위원회를 대표하며, 위원회의 회의를 소집하고 그 의장이 된다.

⑧ 위원장이 사고가 있을 때에는 미리 그가 지정한 위원이 그 직무를 대행한다.

⑨ 위원회는 다음 각호의 사안을 심의·의결한다.

1. 보안관찰처분 또는 그 기각의 결정
2. 면제 또는 그 취소결정
3. 보안관찰처분의 취소 또는 기간의 갱신결정

⑩ 위원회의 회의는 위원장을 포함한 재적 위원 과반수의 출석으로 개의하고 출석 위원 과반수의 찬성으로 의결한다.

⑪ 위원회의 운영·서무 기타 필요한 사항은 대통령령으로 정한다.

7) 남북교류 협력과 관련한 활동

보안경찰 활동은 민간 주도로 남북한 교류와 협력을 추진할 때에도 전개된다.

(1) 의의

독일 통일 과정에서 볼 수 있었듯이 한반도의 통일 접근 방식도 상호간의 교류와 협력 과정을 통하여 점진적으로 통합해 나가는 것이 가장 합리적이고 현실적인 것이라 할 수 있는데, 이와 같은 일을 추진해 나가는 데 보안경찰 활동이 전개된다.

(2) 남북교류 협력 관련 법령

(가) 남북교류 협력에 관한 법률

남북 간의 상호 교류와 협력을 촉진하기 위하여 필요한 사항을 규정하고 있다.

(나) 남북협력기금법

남북교류 협력에 관한 법률에 의한 남북 간의 상호 교류와 협력을 지원하기 위하여 남북협력기금을 설치하고 그 운용·관리에 관하여 필요한 사항을 규정하고 있다.

(3) 남북교류 협력 제도

〈남북교류 협력에 관한 법률〉

1. 의의

(1) 목적 ➪ 남한과 북한 간의 상호 교류와 협력을 촉진하기 위하여 필요한 사항을 규정함으로써 한반도의 평화와 통일에 기여함을 목적으로 함.

(2) 타법과의 관계 ➪ 남한과 북한과의 왕래·접촉·교역·협력 사업 및 통신 역무의 제공 등 남북 교류와 협력을 목적으로 하는 행위에 관하여는 이 법률의 목적 범위 안에서 다른 법률에 우선하여 이 법을 적용함.

2. 주관자

(1) 남북교류 협력의 주관자 ➪ 통일부 장관(남북교류협력추진위 위원장)

(2) 남·북 간의 교류·협력 관계에는 기본적으로 '통일부 장관의 승인'을 요함.

3. 남북한 왕래

(1) 남·북한의 주민 ➪ 통일부 장관이 발급한 방문증명서를 소지하여야 함.

① 방문증명서 ➪ 1호에 한하여 북한 또는 남한을 방문할 수 있는 증명서.

② 수시방문증명서 ➪ 5년 이내의 유효 기간을 정하여 횟수의 제한 없이 북한 또는 남한을 방문할 수 있는 증명서로서, 방문자가 방문증명서의 유효 기간 내에 북한 또는 남한을 다시 방문하고자 하는 때에는 방문 3일 전까지 통일부 장관에게 방문 신고를 하여야 함(5년의 범위 안에서 연장 가능).

③ 통일부 장관은 방문증명서를 발급받은 자가 남북 교류·협력을 저해할 우려가 있거나 국가 안전보장·공공질서 또는 공공복리를 저해할 우려가 있을 때에는 그 발급 결정을 취소할 수 있음.

④ 관광 목적으로 북한을 왕래하는 경우에는 북한 방문증명서를 통일부 장관이 발행하는 북한의 방문을 승인하는 공문으로 갈음할 수 있음.

(2) 재외국민(외국에서 북한을 왕래하는 경우) ➪ 통일부 장관 또는 재외공관의 장에게 신고하여야 함. ➠ 단, 외국을 경유하지 않고 직접 왕래하는 때에는 방문증명서를 소지하여야 함.

(3) 무국적자인 해외 동포 ➪ 외교통상부 장관이 발급한 여행증명서를 소지하여야 함.

4. 주민 접촉

(1) 남한민이 북한 주민과 회합·통신 그 밖의 방법으로 접촉하고자 할 때에는 통일부 장관에게 접촉 10일 전까지 사전에 신고하여야 함. ➠ 접촉신고 유효 기간은 3년(또는 5년) 이내

(2) 다만, 아래의 사유에 해당하는 경우에는 접촉 후 7일 이내에 통일부 장관 또는 재외공관의 장에게 신고하여야 함.

① 북한 주민의 참가가 예상되는 국제 행사의 참가를 정부로부터 승인받고 동 행사에서 또는 동 행사와 관련하여 북한 주민과 접촉한 자

② 외국을 여행하는 중에 우발적으로 북한 주민과 접촉한 자

③ 가족인 북한 주민과 회합·통신하거나 가족의 생사 확인을 목적으로 북한 주민을 접촉한 자

④ 교역을 목적으로 긴급히 북한 주민과 접촉한 자

⑤ 사전계획 없이 전자우편·전자상거래 등 인터넷을 통하여 북한 주민과 접촉한 자

⑥ 편지의 접수 등 사전 승인이 불가능하거나 기타 부득이한 사유로 인하여 사전에 승인을 얻지 아니하고 북한 주민과 접촉한 자

(3) 통일부 장관은 접촉에 관한 신고를 받은 때에는 남북 교류·협력을 저해하거나 국가 안전보장·질서 유지 또는 공공복리에 반하는 경우에 한하여 신고의 수리를 거부할 수 있음.

5. 교역 당사자

(1) 남북한 교역 당사자를 '국가기관'·'지방자치단체'·'정부투자기관'·'대외무역법에 의한 무역을 하는 자' 또는 '통일부 장관이 협의회의 의결을 거쳐 필요하다고 인정하는 자'로 제한하고 있음

(2) 남한과 북한 간의 거래는 국가 간의 거래가 아닌 민족 내부의 거래로 봄.

6. 문제점

(1) 남북교류·협력에 관한 행위 중 일부는 국가보안법상의 잠입·탈출, 금품 수수, 회합·통신 규정에 대하여 각각 저촉될 수 있다.

(2) 기타의 국가보안법상의 조항인 반국가단체 구성·가입죄, 간첩 등 목적수행죄, 찬양·고무죄 등과 법리상 상충되는 문제가 발생할 수 있다.

(3) 국가보안법과 남북교류 협력에 관한 법률의 상충 문제는 행위가 국가의 안전·존립이나 자유민주적 기본 질서를 위태롭게 하는 것인지 여부에 따라 판단하여야 할 것이다.

8) 북한 이탈 주민의 보호

북한 이탈 주민의 보호 및 정착 지원에 관한 법률(1977)에 의하여 탈북자의 '발생·입국 단계', '보호·관리 단계', '배출·정착 단계' 등에 보안관찰활동이 전개된다.

(1) 의의

최근 급증하고 있는 탈북자들의 수용 처리·보호 및 정착 지원을 효과적으로 하기 위하여 관계 법 제정을 통하여 탈북자 발생부터 정착까지 보안경찰이 관계하게 된다. 예를 들면, 북한을 이탈하여 정착 지원 시설에 보호중인 탈북자의 정착 지원을 위하여 통일부 장관이 경찰청장에게 협조 요청을 할 경우 경찰청장은 이에 응하여야 한다.

(2) 관계 법령

① 북한 이탈 주민의 보호 및 정착 지원에 관한 법률(1999. 12. 28. 법률 제6056호)

② 북한 이탈 주민의 보호 및 정착지원에 관한 법률 시행령(2000. 1. 28. 대통령령 제16695호)

③ 북한 이탈 주민 거주지 신변 보호 지침(2000. 6. 1.경 찰청 보일 63710-866(2000. 5. 16.)

(3) 탈북자 처리 과정

(가) 발생·입국 단계

① 보호 신청

북한 이탈 주민으로서 이 법의 보호를 받고자 하는 자는 재외공관장, 기타 행정기관장에게 보호를 신청하여야 한다.

② 보호의 결정

북한이탈주민대책협의회의 심의를 거쳐 통일부 장관이 보호 여부를 결정한다. 단, 국가 안보에 현저한 영향을 끼칠 우려가 있는 자의 경우 국가정보원장이 보호 여부를 결정한다(법 제8조 제1항).

(나) 보호 · 관리단계

① 정착시설에서의 보호

통일부 장관은 보호 대상자의 기본적인 생활과 적응 활동이 이루어질 수 있도록 숙박시설, 관리시설, 교육훈련시설 및 기타 필요한 시설을 설치 · 운영할 수 있다.

② 협조 요청

통일부 장관은 정착 지원시설에서 보호중인 보호 대상자의 신변 안전을 위하여 국방부 장관 또는 경찰청장 등에게 시설의 경비 치안 유지 등에 대한 협조를 요청할 수 있으며, 협조 요청을 받은 국방부 장관 또는 경찰청장 등은 이에 응하여야 한다.

(다) 배출 · 정착 단계

① 자격 등 인정

북한 또는 외국에서 취득한 자격이나 학력 등을 인정받을 수 있다.

② 직업 알선

통일부 장관은 보호 대상자에 대하여 직업훈련을 실시, 취업을 알선할 수 있다.

③ 특별임용

북한의 공무원이었던 자 또는 군인이었던 자로서 대한민국 공무원에 임용 또는 국군에 편입을 희망하는 보호 대상자에 대하여는 경력 등을 고려하여 특별 임용할 수 있다.

④ 각종 지원

보호 대상자에게 주거 지원, 정착금 지급, 교육지원, 의료 보호 등을 제공할 수 있다.

⑤ 거주지 신변 보호

통일부 장관은 거주지로 전입한 보호 대상자의 신변 안전을 위하여 국방부 장관 또는 경찰청장에게 협조를 요청할 수 있으며 협조 요청을 받은 국방부 장관 또는 경찰청장은 이에 응하여야 한다(시행령 제42조 제1항).

2 외사 기능

1) 개 념

보안경찰 활동은 외사경찰에 의해서도 수행된다. 보안외사 활동이라 함은 대한민국의 안전과 사회 공공의 안녕 질서를 목적으로 외국인, 외국기관, 외국인과 관계 있는 내국인, 해외교포, 출입국자 등을 대상으로 간첩행위 등 국가보안법 위반행위나 산업 스파이 등 기타 반국가적 행위의 여부를 파악하고 동향을 관찰하는 활동을 말한다.

2) 업 무

이러한 활동에는 간첩 혐의가 있는 자에 대한 체포 공작, 국제 테러와 그 동향을 파악하고 대책을 수립하는 활동이 포함된다. 경찰청과 소속기관 등 직제 제19조는 외국인 또는 외국인과 관련된 간첩 검거공작 및 범죄의 수사, 대(對)공산권 외사방첩 업무, 국제 공·해항 보안 활동 등을 외사관리관에게 분장시키고 있다.

3) 담당 부서

이러한 업무는 부산지방 경찰청과 같이 외사과가 별도로 설치되어 있는 경우를 제외하고는 지방경찰청과 경찰서의 보안과 외사계 등에서 처리하고 있다.

3 보안 활동과 법적 근거

1) 경찰법 제3조와 경찰관직무집행법 제2조

공공의 안녕과 질서 유지를 경찰의 임무 또는 직무로 규정하고 있으며, 공공의 안녕의 보호 대상의 하나로서 국가의 존립과 기능의 유지가 포함된다.

우리 나라의 존립과 기능을 위협하는 요소들을 방지하고 제거하는 것이 보안경찰의 임무라고 볼 때, 보안경찰 활동의 법적 근거는 기본적으로 경찰법과 경찰관직무집행법에서 찾아야 할 것이다.

2) 기타 법률

그 밖의 법률로는 헌법, 국가보안법, 보안관찰법, 북한 이탈 주민의 보호 및 정착 지원에 관한 법률 등이 있으며, '정보 및 보안 업무 기획 · 조정규정' 등의 하부 규정들이 존재한다.

일반규정	경찰법(§3)과 경찰관직무집행법(§2) ⇒ '기타 공공의 안녕과 질서 유지'에 포함 '보안경찰 활동'이라는 명문의 직무 범위는 명시되어 있지 않다.
개별규정	형법, 국가보안법, 보안관찰법, 북한 이탈 주민의 보호 및 정착 지원에 관한 법률, 정보 및 보안 업무기획 · 조정규정

4 국가보안법

1) 목적과 성격

(1) 목적

국가의 안전을 위태롭게 하는 반국가 활동을 규제함으로써 국가 안전보장과 국민의 생존 및 자유의 확보를 목적으로 한다.

(2) 성격

국가보안법은 '반국가 활동'이라는 특정한 행위에 대하여 특별한 처벌 규정과 절차를 두고 있으므로 일반형법과 형사소송법에 대한 특별법으로서의 성격을 가지고 있다. 따라서 국가보안법에 특별한 규정이 없는 경우에는 일반법인 형법과 형사소송법이 적용된다.

2) 소송 절차상의 특성

(1) 고의범만 처벌 : 과실범의 처벌 규정 없음
(2) 예비·음모·미수의 확장 : 반국가단체 구성, 목적 수행, 자진 지원, 잠입·탈출, 이적단체 구성, 무기류 등의 편의 제공 등의 범죄에 대하여 예비·음모·미수를 처벌하고 있음.
(3) 편의 제공이나 선동·선전 및 권유 한 경우 교사·방조가 아니라 별도의 처벌 규정을 두어 정범으로 처벌하고 있음.
(4) 불고지에 대한 형사 책임
① 대상 범죄 : 반국가단체 구성, 목적 수행, 자진 지원
② 모든 국민에게 범죄고지 의무를 과하고 있음.
(5) 형벌에 있어서의 특징
① 재범자의 특수 가중 : 일정한 반국가적 범죄를 범하고 금고 이상의 형의 선고를 받은 후 5년이 경과하지 아니한 자가 다시 국가보안법상의 일정 범죄를 범한 때에는 최고형을 일률적으로 사형으로 규정하고 있음.
② 징역형의 선고시 그 형의 장기 이하의 자격정지를 병과할 수 있음.
③ 범죄 예방을 위해 자수 등을 하는 경우에는 필요적 감면을 하도록 규정하고 있음. 단, 편의 제공, 특수하여 직무 유기는 임의적 감면
(6) 참고인의 강제구인과 소환 : 참고인으로 소환을 받은 자가 정당한 이유 없이 2회 이상 소환에 불응할 때 구속영장에 의하여 참고인을 구인 하는 경우에 필요할 때에는 가장 근접한 경찰서나 기타 적당한 장소에 임시로 유치할 수 있음.
(7) 피의자 구속 기간의 연장
사법경차관의 구속 기간은 1차, 검사의 구속기간은 2차에 한하여 각각 10일씩 구속 기간의 연장 가능. 최장 50일 까지 구속 수사가 가능. 단 특수직무 유기, 무고 날조, 찬양 고무, 불고지죄의 경우 연장 불가능
(8) 공소 보류
① 검사는 국가보안법 위반사범에 대하여 공소 제기를 보류할 수 있으며, 검사가 공소 제기를 보류한 후 2년이 경과하면 소추할 수가 없음.
② 이 때 공소 보류가 취소된 경우에는 형사소송법 제208조의 '재구속의 제한' 규정에도 불구하고 동일한 범죄 사실로 재구속·소추를 할 수 있음.
(9) 몰수·추징
불기소 처분시에도 압수물을 환부하지 않고 폐기 또는 국고 귀속을 명할 수 있음.

3) 국가보안법상 범죄의 유형

(1) 반국가단체 구성죄(제2조, 3조)

① 반국가단체를 구성하거나 이에 가입하거나 타인에게 반국가단체에 가입할 것을 권유하는 행위

② 필요적 공범으로 행위자의 지위와 역할의 차이에 따라 법정형의 구별을 두고 있음.

③ 반국가단체의 성립 요건 : '정부를 참칭'하거나 '국가를 변란'할 것을 목적으로 하는 국내외의 결사 또는 집단으로서 지휘통솔 체계를 갖춘 단체

(2) **목적수행죄**(제4조)

반국가단체의 구성원 또는 지령을 받은 자가 그 목적 수행을 위한 행위(간첩행위 등)를 하는 행위

(3) **자진지원죄**(제5조)

반국가단체나 그 구성원 또는 그 지령을 받은 자를 지원할 목적으로 자진하여 목적수행죄에 규정된 행위를 하는 행위로, 반국가단체의 구성원 또는 그 지령을 받은 자를 제외한 모든 사람이 행위의 주체가 될 수 있다.

(4) **금품수수죄**(제5조 2항)

국가의 존립·안전이나 자유민주적 기본 질서를 위태롭게 한다는 정을 알면서 반국가단체의 구성원 또는 그 지령을 받은 자로부터 금품을 수수하는 행위

(5) **잠입·탈출죄**(제6조)

국가의 존립·안전이나 자유민주적 기본 질서를 위태롭게 한다는 정을 알면서 반국가단체의 지배하에 있는 지역으로부터 잠입하거나 그 지역으로 탈출하는 행위

(6) **특수직무유기죄**(제11조)

범죄수사 또는 정보의 직무에 종사하는 공무원이 이 법의 죄를 범한 자라는 정을 알면서 그 직무를 유기하는 행위

(7) **무고날조죄**(제12조)

타인으로 하여금 형사처분을 받게 할 목적으로 국가보안법에 규정된 죄에 대하여 무고 또는 위증을 하거나 증거를 날조·인멸·은닉하는 행위

허위 신고	즉심
범죄 허위 신고 처벌 고의	형법상 무고죄
국가보안법상 범죄 허위 신고	국가보안법상 무고죄

(8) **불고지죄**(제10조)

반국가단체구성죄, 목적수행죄, 자진지원죄를 범한 자라는 정을 알면서 수사기관 또는 정보기관에 고지한지 아니하는 행위(본범과 친족 관계에 있는 때에는 필요적 감면)를 말하며, 법정형이 5년 이하의 징역 또는 200만원 이하의 벌금으로 국가보안법 중 유일하게 벌금형을 두고 있고, 결과적으로 선택형이 된다.

(9) **찬양·고무 등죄**

① 이적 동조 등 죄 : 국가의 존립·안전이나 자유민주적 기본 질서를 위태롭게 한다는 정을 알면서 반국가단체나 그 구성원 또는 그 지령을 받은 자의 활동을 찬양·고무·선전 또는 이에 동조하거나 국가 변란을 선전·선동하는 행위

② 이적단체 구성·가입죄 : 이적찬양·고무·선전 행위를 목적으로 하는 단체를 구성하거나 이에 가입하는 행위

㉠ 특징 : 찬양고무죄의 가중적 구성 요건으로 필요적 공범이나, 반국가단체 구성죄와는 달리 법정형에 차등이 없음.

㉡ 주체 : 반국가단체의 구성원은 물론 그로부터 지령을 받거나 그러한 자들로부터 다시 지령을 받은 자도 주체가 될 수 있음.

㉢ 반국가단체와 이적단체의 구별 기준 : 직접 달성하려는 목적

-단체가 정부 참칭이나 국가 변란을 자체를 직접적인 1차 목적으로 삼고 있다면 반국가단체이고, 별개의 반국가단체의 존재를 전제로 하여 그 반국가단체의 활동을 찬양하는 방법으로 동조하는 것을 목적으로 하는 경우에는 이적단체에 해당함.

(10) 국가보안법 위반사범 수사를 위한 '통신사실 확인 자료 제공'(통신비밀보호법)

(가) 통신사실 확인 자료의 대상

-가입자의 전기통신 일시, 전기통신 개시·종료 시간, 발·착신 통신번호 등 상대방의 가입자 번호, 사용 도수, 그 밖에 대통령령으로 정하는 전기통신 사실에 관한 자료

(나) 전기통신사업법상의 '통신자료 제공'의 범위

-이용자의 성명, 이용자의 주민등록번호, 이용자의 주소, 이용자의 전화번호, 아이디, 이용자의 가입 또는 해지 일자

[표 7-6-2] 국가보안법상의 형의 감경과 면제

임의적 감면	필요적 감면
• 편의제공죄(제9조) • 특수직무유기(제11조) • 본범과 친족 관계가 있는 때에는 그 형을 감경 또는 면제한다.	불고지죄 제16조 (형의 감면) 다음 각호의 1에 해당한 때에는 그 형을 감경 또는 면제한다. 1. 이 법의 죄를 범한 후 자수한 때 2. 이 법의 죄를 범한 자가 이 법의 죄를 범한 타인을 고발하거나 타인이 이 법의 죄를 범하는 것을 방해한 때

제 4 절 외국의 보안경찰

1 영 국

1) 영국의 국가안전보장기관

영국의 안전보장기구로는 합동정보위원회(JIC)의 산하에 내무부의 보안국(SS), 외무부의 비밀정보국(SIS), 통신정보본부(GCHQ), 국방부의 국방

정보참모본부(DIS)와 합동정보위원회의 통제를 받지 않는 수도경찰청의 특수 부서(Special Branch) 등이 있다.

2) 수도경찰청 특수 부서

영국의 경찰조직 가운데 수도경찰청 특수 부서를 제외하고는, 우리 경찰의 보안 업무와 유사한 기능을 수행하고 있는 경찰기관은 없다.

요인경호를 담당하는 A과(A squad), 아일랜드 공화국군(IRA) 관련 업무를 수행하는 B과(B squad), 좌익단체 및 우익단체 관련 업무를 수행하는 CE과(CE squad) 등으로 구성되어 있다.

3) 제2차 세계대전과 같은 국가적 재난이 발생한 경우

제2차 세계대전과 같은 국가적 재난의 경우에는 경찰의 역할이 확대되어 국가안전보장기관으로서의 역할이 확대되고 있다.

전쟁의 개시와 더불어 영국 경찰은 방위규정(Defense Regulations)에 의하여 다양한 업무를 부가적으로 부여받는데, 제한지역에서의 카메라 휴대 금지, 등화 관제 등을 국민들이 준수하도록 감독하는 업무에서부터 민정 동향, 적국의 선전 활동의 효과 등에 대한 정보 보고, 유류 저장소, 군수공장 등의 중요 시설 경비, 산업체 근로자들의 태업 방지 활동을 하도록 되어 있다.

4) 영국의 보안경찰의 주요 대상

현재 영국의 보안경찰의 주요 대상은 아일랜드공화국군이다.

2 미 국

1) 미국의 국가안전보장기관

미국의 국가안전보장기구로는 국가안전보장회의의 통제하에 있는 대통령 직속의 중앙정보국(CIA), 국가정찰국(NRO), 국가안보국(NSA), 국방정보국(DIA), 국무부의 정보조사국(I&R), 법무부의 연방수사국(FBI), 마약단속국(DEA), 에너지원자력위원회(AEC), 재무부의 비밀경호대(USSS) 등이 있다.

미국의 보안정보 체계는 CIA의 장이 점하는 중앙정보국장(Director of Central Intelligence : DCI)의 지휘하에 모든 국가안전보장기관들이 정보협의체(Intelligence Community)로 운영되고 있다.

2) 연방수사국(FBI)과 중앙정보국(CIA)

법무부 산하 미국의 연방경찰기관으로서 연방수사국이 있는바, 연방수사국 내의 형사부(Criminal Investigation Division)의 대테러 활동과, 정보부(Intelligence Division)의 간첩 활동(espionage)에 대한 방첩 활동 등 우리나라의 보안경찰에 상응하는 업무를 수행하고 있다.

미국의 경우도 연방수사국 이외에는 우리 경찰의 보안 업무와 유사한 기능을 수행하는 전문적 경찰기관은 없다. 우리 경찰의 보안 업무와 유사한 기능은 경찰기관 이외의 중앙정보국(CIA) 등이 전담하고 있다.

3 독 일

1) 독일의 주요 정보 · 보안기관

독일의 주요 정보기관으로는 연방정보부(BND), 국방부 산하의 국방보안국(MAD), 내무부 산하의 연방경찰이라고 볼 수 있는 연방헌법보호청(BVS), 주 헌법보호청(LVS) 등이 있다.

2) 연방정보부(BND)

연방정부의 관방장관의 관할하에 있는 BND는 외국의 정보를 수집 · 분석 · 평가하여 정치, 군사, 경제, 과학, 기술 등의 모든 분야에 대한 국제 정세를 예측하고 정책의 기초 자료로 사용하고 있다.

3) 연방헌법보호청(BVS)

독일 경찰의 핵심인 주 경찰 정보 업무의 전담조직은 없다. 그러나 연방경찰이라고 볼 수 있는 헌법보호기관인 BVS(연방헌법보호청)가 국가의 존립과 안녕을 저해하는 세력 등의 국내에서의 스파이 활동에 대한 정보 수집과 배포의 임무, 연방헌법에 적대적인 세력 등에 대한 감시 업무 등을 담당한다. 그러나 기관 분리의 원칙에 의거, BVS는 집행 권한이 없으며, 집행은 연방범죄수사국(BKA)이 한다. LVS와 주 범죄수사국(LKA)의 관계도 같다.

4) 주 헌법보호청(LVS)

주 정부에도 주 헌법보호청이 설치되어 있는데, 주 헌법보호청은 주 정부의 기관이지만 연방헌법보호청(BVS)에 종속된 기관은 아니며, 고유의 관할과 책임하에 주 단위에서의 임무를 수행하며, 경찰조직의 핵심을 이룬다.

이 경우에도 기관 분리의 원칙이 적용되어 집행업무는 주 범죄수사국(LKA)에서 수행한다.

4 프랑스

1) 프랑스의 국가안전보장기구

프랑스의 정보기구는 국방부 소속의 해외안전총국(D.G.S.E), 국립경찰청 산하의 국토감시국(보안국 : D.S.T), 그 밖에 외무부 정보과와 각 군 정보기관이 있다.

2) 보안국(국토감시국)

프랑스의 정보경찰 중 우리 나라의 보안경찰에 상응하는 것이 국토감시국(D.S.T)이다. 국토감시국에서 국가의 외적 안녕에 대한 침해 행위자를 수색하여 이를 관할 법원에 인도하며, 그 증거를 관할 법원에 제출한다.

국토감시국은 1944년 11월 창설되어 8개의 지방본부와 파리에 14개의 부서와 6개의 해외 영토 분실이 있다. 이들은 영국의 MI 5와 미국의 FBI와 유사한 조직이다.

구체적으로는 영토 내의 대간첩 업무로서 프랑스 영토 내의 국가 전복, 내란, 파괴 행위의 적발과 수사 및 국가기밀 보호, 외국 공관 동향 파악 등의 책무를 가진다.

5 일 본

1) 일본의 국가안전보장기관

일본은 우리의 국가정보원이나 미국의 CIA와 같은 정보조정기관이 없다. 일본의 정보기구는 관방장관 산하에 있는 내각정보조사실, 방위청, 경찰청, 법무성(공안조사청), 외무성의 정보조사국 등이 다른 정보기관과 수평적 관계에서 국가 안전보장 업무를 수행하고 있다.

2) 공안부서

일본 경찰 중에서 우리의 보안 부서와 유사한 것은 공안(Public Security) 부서로서, 경찰청의 경비국 내에 공안1과, 공안2과, 공안3과가 설치되어 있다. 그리고 일반적으로 '경비공안경찰'로 불리는 보안경찰이 있다.

일본은 우리와 가장 유사한 보안경찰 조직을 가지고 있고, 이들의 주요 담당 업무는 대좌익 업무, 대공산당 업무 등이다.

3) 일본의 보안경찰의 주요 대상

주요 대상으로는 공산당, 극우파, 극좌파, 적군파, 중핵파 등의 극좌폭력집단 극우세력 등이 있다.

영국	(1) 내무부의 보안국(SS), 외무부의 비밀정보국(SIS), 수도경찰청 특수 부서 등 (2) 수도경찰청 특수 부서가 우리의 보안경찰과 가장 유사 (3) 국가적 재난 시에는 '방위규정'에 의하여 국가안전보장 기관으로서의 경찰 역할이 증대
미국	(1) CIA, 국가정찰국(NRO), 국방정보국(DIA), 법무부의 연방수사국(FBI) 등 ⇒CIA장이 겸하는 중앙정보국장(DCI)의 지휘아래 모든 국가안전보장기관들이 정보협의체로서 운영된다. (2) 연방수사국(FEI)이 우리의 보안경찰과 가장 유사
독일	(1) 연방정보부(BND), 연방헌법보호청(BVS)과 주(州)헌법보호청(LVS) 등 (2) 보안 업무의 전담조직은 없다.
프랑스	(1) 국방부의 해외안전총국, 국립경찰청의 국토감시국(우리의 보안경찰과 유사) (2) 국토감시국은 국가의 외적 안녕에 대한 침해 행위를 적발·응징
일본	(1) 내각 관방장관 산하의 '내각정보조사실' (2) 경찰의 공안(公安)부서 ⇒ 경찰청의 '경비국'(우리와 가장 유사한 보안경찰 조직을 보유)

제 7 장 외사경찰

제 1 절 외사경찰의 의의

1 외사경찰의 개념

1) 개 념

외사경찰이라 함은 외국인, 해외교포 또는 외국과 관련된 기관·단체 등 외사 대상에 대하여 이들의 동정을 관찰하고 이들과 관련된 범죄를 예방하고 단속하여 대한민국의 안전과 사회 공공의 안녕 및 질서 유지를 목적으로 하는 것을 주된 임무로 하는 경찰 활동을 말한다.

개 념	(1) 사회 공공의 안녕 및 질서 유지를 목적으로 외국인·해외교포·외국 관련 기관·단체 등 외사 대상에 대하여 이들의 동정을 관찰하고 이들과 관련된 범죄를 예방·단속하는 경찰 활동 (2) '외사요원 관리규칙'상의 외사요원의 정의 ⇒외사정보, 외사방첩(보안), 외사수사 공작, 대테러, 해외수사 업무를 취급하는 경찰공무원
중요성	'세계화'와 '자유시장경제'의 국제 질서(인적·물적 교류의 확대) 산업정보의 유출, 마약 밀수의 증가, 여권 위·변조사범의 증가, 수퍼 노트(super note)의 증가, 화폐 위조 및 돈세탁, 국제신용 카드 사기, 외국인 범죄의 증가, 국제 범죄조직의 침투, 내국인의 국외범 및 해외도피 사범의 증가(범죄의 탈국경화)

*최근 국제간 교류의 증대 및 무한경쟁 등으로 인하여 외사경찰의 업무는 증가하는 추세에 있다.
*국제사회에서 가장 일반적·우선적인 중요한 법원(法源) : 조약
*수퍼 노트(Super Note)의 식별 : 1980년대 말 동남아 국가에서 수퍼 노트(초정밀하게 위조된 100 달러짜리 미화로 일부 중동 국가, 북한 등이 그 제조국으로 의심받음) 발견된 후 전세계적으로 유통이 확산되고 있으며, 그 식별이 어려움이 있어 식별 전문가의 양성, 수사요원에 대한 식별 기법 교육 등 대책 마련이 시급함.

[표 7-7-1] 위조 미달러화 감별 기본 착안 사항

입체감	진폐는 조각 요판 인쇄가 많이 사용되어 있어 만져 보면 잉크가 까칠까칠하게 도드라져 솟아올라 있는 입체감을 느낄 수 있다(가장 쉬운 구별 방법). 위폐는 진폐와 같은 요판 인쇄가 없으나 최근에는 잉크의 도드라져 솟아오름을 교묘하게 위조한 위폐도 적발되고 있다.
지질	진폐는 특수 재질을 사용하여 접착력이 강하여 특정한 방향으로 찢어지지 않고 진폐의 독특한 촉감을 느낄 수 있다. 위폐는 진폐에 비하여 딱딱함과 두터운 느낌을 주고, 지질이 나쁘며, 종·횡으로 찢어지기 쉽다.
지색	진폐는 전 금액권이 모두 녹색이고 종이 제작시 걸러서 진흙같이 된 상태부터 염색한 통일된 색깔을 가지고 있다. 위폐는 백지에 착색한 것이 대부분이고 진폐에 비하여 녹색의 색깔이 다소 다른 것이 많이 발견되고 있다.
색조	진폐는 지폐 일련번호의 녹색과 재무성 인장의 녹색이 동일하다. 위폐는 지폐 일련번호와 재무성 인장의 색이 동일하지 않은 경우가 많다.

2) 외사경찰의 대상

① 대한민국 내의 주한외국인 또는 주한 외국단체가 저지른 범죄

② 대한민국 외에서 대한민국 국민이 저지른 범죄

③ 내국인이 외국인 또는 외국 단체와 공동으로 저지른 범죄

④ 내국인이 국내에서 외국인을 상대로 한 범죄

⑤ 외국인이 외국에서 대한민국 국민 또는 대한민국에 대하여 저지른 범죄

⑥ 간첩이나 불순분자가 제3국을 통한 우회 침투를 방지·색출하고 무장·과격분자 또는 국제 범죄단체 등에 의한 테러나 납치 등 국제성 범죄에 대처하는 것 등이 외사요원의 업무이다.

3) 외사요원 관리규칙

외사정보 업무, 외사방첩 업무, 외사수사 공작 업무, 대테러 업무, 해외주재 업무를 취급하는 경찰공무원을 외사요원이라고 규정하고 있다.

2 외사경찰의 중요성

세계화와 자유시장 경제 체제라는 새로운 국제질서 속에서 대외무역의 증가, 새로운 국가와의 교류 확대, 해외 여행자의 증가, 관광객 및 외국인 노동자를 비롯한 국내 체류 외국인의 증가 등으로 인하여 외사 대상도 날로 증가하는 추세에 있어 외사경찰의 중요성 또한 증대되고 있는 것이다.

외사 업무는 국제 교류가 활발해지고 인적·물적 교류의 확대로 외국과의 접촉이 빈번해지면서 이러한 추세에 따라 국제적인 범죄도 폭발적인 증가 추세에 있다. 그리고 과거의 적국은 물론 동구권의 여러 나라와도 교류가 활발해지고, WTO의 자유시장 경제 체제의 국제 질서 속에서 외국인들의 잦은 왕래와 산업의 발달에 따른 산업 스파이 등의 활동 증가와 이에 대비하는 외사경찰의 활동의 중요성은 날로 더해가고 있다.

근래에는 아시아의 노동자들의 유입이 급증하면서 이에 대한 대비책도 마련할 필요성과 함께 외사경찰의 대상도 점차 증가하고 있다.

3 외사경찰의 특성

1) 대상의 특성

외사경찰은 국내에 체류하고 있는 외국인이나 외국단체와 해외교포 등인 점에서 일반경찰 활동과 구별되고, 국내의 치안 유지와 반국가적 행위의 예방 단속에서도 그 대상이 외국인·외교사절·해외교포라는 점에서 일반정보·보안 활동과 구별된다.

법률 위반 사항도 일반 형사 위반사건보다는 출입국관리법, 외국인등록법, 밀항단속법 등 주로 외국인과 관련 있는 범법행위와 내국인의 외국인 관련 범죄를 주 단속으로 한다는 점에서 특성이 있다.

외교사절도 외사경찰의 대상으로 하고 있는 바, 외교관으로서의 특권이 있기 때문에 외사경찰의 외교관에 대한 업무에서는 특별한 주의를 요한다.

2) 활동 범위의 광범성

외사경찰은 외사에 관련된 정보·보안·수사·경무 등 모든 분야의 업무를 통합적으로 취급한다. 그리고 국제협력 활동은 물론 국가 간의 문제, 국제 협력 활동, 국제정보기관과의 정보 교환 등을 다룬다는 점에서도 특색이 있으며 업무가 광범위하다.

외사경찰은 외사정보 활동, 외사보안 활동은 물론, 외사범죄의 수사, 국제협력 활동 등 광범위한 업무를 취급하고 있다. 외사경찰은 현재 우리 경찰조직의 정보·보안·수사·경무 분야에서 담당하는 업무를 통합한 형태의 업무를 취급하고 있다.

외사경찰 활동은 국내에 한정되지 아니하고 국제형사 사법공조 업무, 경찰 간 이해 증진을 위한 상호 교육 파견, 국제회의 참석, 정보기관과의 범죄정보 교환 등 국제사회를 무대로 전개된다는 특징이 있다.

3) 외사경찰의 전문성

외사경찰은 업무의 특성상 외국어와 국제안보, 국제정치, 국제경제, 국제외교, 국제 범죄조직의 동향, 컴퓨터 등에 대한 전문적인 지식이 필요하다.

4 외사사범의 특질

구분	내용
대상의 특성	외국인, 외국기관·단체, 해외교포를 대상으로 외국인 관련 범법행위와 내국인의 외국 관련 범죄(외국사절의 경우 특별한 지위 인정→업무 취급성 주의를 요함.)
범위의 광범성	국제사회를 무대로 정보·보안·수사·경무 분야의 업무를 통합한 형태의 업무를 취급 외사경찰은 기능별 분류가 아닌 대상별 분류임.
내용의 전문성	외국어 및 국제안보·경제·외교, 국제 범죄조직, 컴퓨터 등의 전문지식을 요함.
수단상의 특성⇒고도의 기술성, 국가 법익의 보호, 비공개성, 비노출성	

피해 의식 희박, 조직적, 계획적, 광역적, 외교특권, 섭외사건 특칙, 비노출

[표 7-7-2] 국제질서에 관한 주요 견해

견해	내용
홉스 (T. Hobbes)	홉스가 주장한 자연 상태의 인간은 '만인에 대한 만인의 투쟁'이라는 사상을 국제정치에 적용한 것으로 모든 국가는 생존을 위하여 투쟁하고 있으며 전쟁은 생존을 위한 대외전략의 하나로서 아무런 도덕적 또는 법적 구속을 받을 필요가 없다고 봄.
칸트 (I. Kant)	국제정치 본질은 국가 간 분쟁이 아니라 국가 내부에 존재하는 '초국가적 유대감'에 있다고 봄(홉스적 견해와는 반대 입장).
그로티우스 (Grotius)	홉스나 칸트적 견해를 모두 비판하며, 국가 간의 관계는 공동의 규율과 국제기구에 의한 제한을 받게 되며, 국제정치는 한 국가가 다른 국가와 가지는 조화로운 경제·사회적 관계의 정립이라고 봄. 주어진 국제사회 질서 속에서 상호 공존과 협력을 위하여 노력하는 것이 국제정치의 요체라고 봄(도덕성과 국제법 준수를 강조).

[표 7-7-3] 국제 질서에 대한 사상들의 변천 순서

사상	시대	주요내용
이상주의	18세기	국가도 국제 관계의 이익에 봉사(이익의 조화)
자유방임주의	19세기	전세계적 자유무역 주장
제국주의	19세기 말	보호무역, 열강들의 식민지 쟁탈전(이익의 충돌)
이데올로기적 패권주의	1차대전 이후	자유주의와 공산주의의 이데올로기 대립
경제패권주의	1980년대 이후	냉전 종식, WTO 체제, 경제적 이익 추구를 최우선시

5 외사경찰의 대상

1) 외국인의 법적 지위

<table>
<tr><td>의의</td><td colspan="2">(1) 외국인 : 대한민국의 국적을 가지지 않은 자(무국적자 포함)
이중 국적자(자국 국적과 외국 국적 모두 부여)는 내국인으로 취급함.
(2) 이중 국적자의 국적 선택 의무: 출생 기타 이법의 규정에 의하여
만 20세가 되기 전에 이중 국적자가 된 자는 만 22세가 되기 전까지,
만 20세가 된 후에 이중 국적자가 된 자는 그 때부터 2년 내에 하나의 국적을 선택하여야 함.
(3) 외국인의 지위에 관한 원칙으로는 상호주의와 평등주의가 있으나, 우리 헌법은 국제법과 조약이 정하는 바에 의하여 외국인의 지위를 보장한다고 규정하고 있음.
상호주의 -외국이 자국민에 대하여 인정하는 것과 동등한 정도의 권리·의무를 인정
평등주의 -자국민과 동일한 정도의 권리·의무를 인정
*외국인은 체류국의 통치권에 복종해야 하는 동시에 자국의 통치권에도 복종해야 하는 이중적인 복종 지위를 지님.</td></tr>
<tr><td rowspan="2">권리</td><td>공법상 권리</td><td>(1) 외국인의 공법상 권리는 금지되거나 제한되는 경우가 많음.
(2) 헌법상 신체·재산의 자유권과 재판청구권은 보장됨.
(3) 참정권이나 수익권은 외국인에게 인정되지 않음.
-공무담임권·선거권·피선거권이 없고, 생활보장청구권도 없음.
단, 영주 체류자격 취득일 후 3년이 경과한 19세 이상의 외국인으로서 당해 지자체의 외국인등록대장에 등재된 자는 지자체 의원 및 단체장의 선거권은 있음.
(4) 외국인의 보호: 최소한 자국민에 대한 것과 동등한 보호를 부여하여야 함.</td></tr>
<tr><td>사법상 권리</td><td>(1) 원칙적으로 상호주의에 입각하여 보호받고 있음(예: 토지소유권(신고주의), 저작권 등 무체재산권).
(2) 절대적으로 제한되는 권리 : 국가 안전·공공질서·국가의 중대 이익에 관련되는 재산권 및 직업은 향유할 수가 없음(예: 선박·항공기소유권, 도선사가 되는 권리).</td></tr>
<tr><td>의무</td><td colspan="2">(1) 외교사절을 제외하고는 내국인과 동일한 의무를 부담함.
다만 병역이나 교육의 의무 등 신분상의 의무와 사회보장 가입 의무 등은 부담하지 않음.
(2) 외국인 등록(출입국관리법)
제31조(외국인 등록) ① 외국인이 입국한 날부터 90일을 초과하여 대한민국에 체류하게 되는 경우 대통령령이 정하는 바에 따라 입국한 날부터 90일 이내에 그의 체류지를 관할하는 사무소장 또는 출장소장에게 외국인 등록을 하여야 한다. 다만, 다음 각호의 1에 해당하는 외국인의 경우에는 그러하지 아니하다.
1. 주한 외국공관(대사관과 영사관을 포함한다)과 국제기구의 직원 및 그의 가족
2. 대한민국 정부와의 협정에 의하여 외교관 또는 영사와 유사한 특권 및 면제를 누리는 자와 그의 가족
3. 대한민국 정부가 초청한 자 등으로서 법무부령이 정하는 자
제33조(외국인 등록증의 발급) ① 제31조의 규정에 의하여 외국인 등록을 받은 사무소장 또는 출장소장은 대통령령이 정하는 바에 따라 그 외국인에게 외국인등록증을 발급하여야 한다. 다만, 그 외국인이 17세 미만인 때에는 이를 발급하지 아니할 수 있다.
② 제1항 단서의 규정에 의하여 외국인등록증을 발급받지 아니한 외국인이 17세가 된 때에는 60일 이내에 체류지 관할사무소장 또는 출장소장에게 외국인등록증 발급 신청을 하여야 한다.
*외국인 체류자는 실무상 단기 체류자(90일 이내)와 거류자(91일 이상)로 구분하고 있음.</td></tr>
</table>

2) 내 · 외국인의 출입국

외국인입국	외국인이 입국하고자 할 때에는 유효한 여권 또는 이에 갈음할 수 있는 여행증명서, 국제연합통행증과 함께 여행 목적지 국가의 법무부 장관이 발급한 사증(visa)을 가지고 있어야 한다.
여권	(1) 대한민국 정부 · 외국 정부 또는 권한 있는 국제기구에서 발급한 내국인의 출국 또는 외국인의 입국을 허가 · 증명하는 문서로서 여권은 사증이 있어야 그 효력을 발휘하므로 여행을 할 수 있음을 증명하는 본국의 일방적인 증명서(문서)일 뿐이다. (2) 발급권자 : 외교통상부 장관 일반여권 업무는 시 · 도지사, 영사가 대행할 수 있음. 여권의 종류 : 일반여권(녹색), 관용여권(황갈색), 외교관여권(적자색) *여행증명서(연청색) 각각 단수여권(1회에 한함)과 복수여권(횟수 무제한) 여권의 유효 기간 : 일반여권은 10년 이내(단, 18세 미만자에 대하여 일반여권의 유효 기간은 5년 이내), 관용여권은 5년 유효 기간은 연장할 수 있으나, 총유효 기간이 10년을 초과할 수 는 없음.
사증(visa)	(1) 여행 목적지 국가에서 발급하는 입국 허가서 (2) 발급권자 : 법무부 장관 (3) 사증은 통상 제출된 여권에 표시되고 따로 발급되지 않음. (4) 예외적으로 사증 없이 입국할 수 있으며, 우리 나라와 미수교국의 경우에는 사증 대신 외국인 입국허가서를 받아 입국할 수 있음. 다음 각호의 1에 해당하는 외국인은 제1항의 규정에 불구하고 사증 없이 입국할 수 있다. ① 재입국 허가를 받은 자 또는 재입국 허가가 면제된 자로서 그 허가 또는 면제받은 기간이 만료되기 전에 입국하는 자 ② 대한민국과 사증면제 협정을 체결한 국가의 국민으로서 그 협정에 의하여 면제대상이 되는 자 ③ 국제 친선 · 관광 또는 대한민국의 이익 등을 위하여 입국하는 자로서 대통령령이 정하는 바에 따라 따로 입국 허가를 받은 자 ④ 난민여행증명서를 발급받고 출국하여 그 유효기간이 만료되기 전에 입국하는 자입국 허가서를 받아 입국할 수 있음.
여행 증명서	출국하는 무국적자, 국외에 체류 또는 거주 중인 자로서 여권의 발급을 기다릴 시간적 여유 없는자, 국제 입양자 등에게 외교통상부 장관이 발급하는 1년의 유효 기간을 가진 여권 대용 증명서

*외국인의 입국의 자유
-영미법계 : 외국인의 입국은 국내 문제로서 원칙적으로 금지가 가능
-대륙법계 : 외국인의 입국은 국가의 교통 권의 문제로서 원칙적으로 금지가 불가능

-통상조약이 체결되어 있지 않은 경우에도 외국인의 입국을 허용하는 것이 일반적임.
*여권을 대신할 수 있는 증명서
-국제연합통행증, 여행증명서(무국적자 등)
*선원수첩(선원신분증명서) : 대한민국 정부 또는 외국 정부가 발급한 선원임을 증명하는 문서로 종래에는 여권에 준하는 효력을 인정하였으나, 현재는 선원수첩의 여권 기능이 배제되었음.
선원신분증명서의 발급권자 : 해양수산부 해양수산관청(지방해운항만청장)

3) 출입국관리법

외국을 여행할 때에는 반드시 출입국에 필요한 통관 절차·출입국심사·검역조사를 받게 되는데, 이 절차를 CIQ 과정이라 한다.

통관절차(Customs)	세관공무원의 세관검열
출입국심사(Immigrations)	출임국관리 공무원의 검역조사
검역조사(Quarantine)	검역관리 공무원의 검역조사

(1) 내국인의 출국 금지 및 외국인의 출국 정지 사유

제4조(출국의 금지) ① 법무부 장관은 다음 각호의 1에 해당하는 국민에 대하여는 출국을 금지할 수 있다. <개정 2001. 12. 29>

1. 범죄의 수사를 위하여 그 출국이 부적당하다고 인정되는 자
2. 형사재판에 계속중인 자
3. 징역형 또는 금고형의 집행이 종료되지 아니한 자
4. 법무부령이 정하는 금액 이상의 벌금 또는 추징금을 납부하지 아니한 자
5. 법무부령이 정하는 금액 이상(5,000만 원 이상)의 국세·관세 또는 지방세를 정당한 사유 없이 그 납부 기한까지 납부하지 아니한 자
6. 그 밖에 제1호 내지 제5호에 준하는 자로서 대한민국의 이익이나 공공의 안전 또는 경제 질서를 해할 우려가 있어 그 출국이 부적당하다고 법무부령이 정하는 자

가. 벌금 1천만 원 이상
나. 추징금 2천만 원 이상을 납부하지 아니한 자
다. 5천만 원 이상의 국세, 지방세, 관세를 적당한 사유 없이 납부하지 아니한 자
라. 2억 원 이상의 국세포탈 혐의로 세무조사를 받고 있는 자
마. 20억 원 이상의 허위세금계산서 또는 계산서를 발행한 혐의로 세무조사를

받는 자

제29조(외국인 출국의 정지) 법무부 장관은 제4조 제1항 각호의 1에 해당하는 외국인에 대하여는 그 출국을 정지할 수 있다.

〈외국인의 출국〉
-외국인의 자발적 출국 : 원칙적으로 자유이므로 외국인의 출국을 금지할 수는 없음. -추방이나 범죄인 인도와 같은 강제적 출국 : 주권의 행사로서 허용되지만 정당한 이유가 요구되며, 정당한 이유 없는 강제 출국은 권리 남용 행위에 해당함.

(2) 입국의 금지

제11조(입국의 금지 등) ① 법무부 장관은 다음 각호의 1에 해당하는 외국인에 대하여는 입국을 금지할 수 있다. <개정 1997. 12. 13, 2005. 3. 24>

1. 전염병 환자·마약류 중독자, 기타 공중위생상 위해를 미칠 염려가 있다고 인정되는 자
2. 총포·도검·화약류 등 단속법에서 정하는 총포·도검·화약류 등을 위법하게 가지고 입국하려는 자
3. 대한민국의 이익이나 공공의 안전을 해하는 행동을 할 염려가 있다고 인정할 만한 상당한 이유가 있는 자
4. 경제 질서 또는 사회 질서를 해하거나 선량한 풍속을 해하는 행동을 할 염려가 있다고 인정할 만한 상당한 이유가 있는 자
5. 사리 분별 능력이 없고 국내에서 체류 활동을 보조할 자가 없는 정신장애인, 국내 체류 비용을 부담할 능력이 없는 자 그 밖에 구호를 요하는 자
6. 강제퇴거 명령을 받고 출국한 후 5년이 경과되지 아니한 자
7. 1910년 8월 29일부터 1945년 8월 15일까지 일본 정부, 일본 정부와 동맹 관계에 있던 정부, 일본 정부의 우월한 힘이 미치던 정부의 지시 또는 연계하에 인종, 민족, 종교, 국적, 정치적 견해 등을 이유로 사람을 학살·학대하는 일에 관여한 자
8. 기타 제1호 내지 제7호의 1에 준하는 자로서 법무부 장관이 그 입국이 부적당하다고 인정하는 자

② 법무부 장관은 입국하고자 하는 외국인의 본국이 제1항 각 호 외의 사유로 국민의 입국을 거부할 때에는 그와 동일한 사유로 그 외국인의 입국을 거부할 수 있다.

(3) 외국인 강제 퇴거의 대상자

제46조(강제퇴거의 대상자) ① 사무소장·출장소장 또는 외국인 보호소장은 이 장에 규정된 절차에 따라 다음 각 호의 1에 해당하는 외국인을 대한민국 밖으로 강제 퇴거시킬 수 있다.

1. 유효한 여권 또는 선원수첩과 사유없이 입국한 자
2. 입국 금지 해당 사유가 입국 후에 발견되거나 발생한 자
3. 입·출국 심사규정에 위반한 자
4. 상륙 허가 없이 상륙하였거나 상륙 허가 조건을 위반한 자
5. 체류 자격 외의 활동을 하거나 체류 기간 연장 허가를 받지 않은 자
7. 금고 이상의 형의 선고를 받고 석방된 자

제27조(여권 등의 휴대 및 제시) ① 대한민국에 체류하는 외국인은 항상 여권·선원신분증명서·외국인입국허가서·외국인등록증 또는 상륙허가서(이하 "여권 등"이라 한다)를 지니고 있어야 한다. 다만, 17세 미만인 외국인의 경우에는 그러하지 아니하다. <개정 2005. 3. 24>

② 제1항 본문의 외국인은 출입국관리 공무원 또는 권한 있는 공무원이 그 직무를 수행함에 있어 여권 등의 제시를 요구한 때에는 이에 응하여야 한다.

(4) 출국금지 예정 기간

1) 범죄의 수사를 위하여 그 출국이 부적당하다고 인정되는 자 : 1개월(지명수배자인 경우는 3월)
2) 기타 출국 금지 사유(재판·형집행·벌금·세금·국가의 이익)에 해당하는 자 : 6월
3) 출국 금지 예정 기간은 확정 기한으로 표시하여야 함.

4) 외국인 근로자의 고용 등에 관한 법률

(1) 근로계약

제9조(근로 계약) ① 사용자가 제8조 제3항의 규정에 따라 선정한 외국인 근로자를 고용하고자 하는 경우에는 노동부령이 정하는 표준근로계약서를 사용하여 근로 계약을 체결하여야 한다. 이 경우 근로 계약을 체결하는 절차 및 효력 발생 시기 등에 관하여 필요한 사항은 대통령령으로 정한다.

② 근로 계약 기간은 1년을 초과하지 못한다. 다만, 제18조 제1항의 규정에 의한 기간을 초과하지 아니한 범위 이내에서 근로 계약을 갱신할 수 있으며, 이 경우 갱신되는 매번의 근로 계약 기간은 1년을 초과할 수 없다

(2) 취업의 제한

제18조(취업의 제한) ① 외국인 근로자는 입국한 날부터 3년의 범위 내에서 취업 활동을 할 수 있다.

② 이 법에 따라 국내에서 취업한 후 출국한 외국인으로서 출국한 날부터 6월이 경과되지 아니한 자는 이 법에 따라 다시 취업할 수 없다. <개정 2005. 5. 31>

제18조의2(취업 제한에 관한 특례) ① 이 법에 따라 국내에서 취업한 후 3년의 취업 기간이 만료하는 외국인 근로자 중 출국 전에 사용자의 요청이 있는 경우에는 그 외국인 근로자에 대하여 대통령령이 정하는 바에 따라 제18조 제2항에서 정한 기간을 단축할 수 있다.

〈외국인 근로자의 고용 등에 관한 법률 시행령〉

제23조의2(취업 제한에 관한 특례) 법 제18조의2 제1항의 규정에 의하여 사용자의 요청이 있는 경우 법 제18조 제2항의 규정에 의한 취업 제한 기간은 그 외국인 근로자가 출국한 날부터 1월로 한다.[본조 신설 2005. 11. 30]

(3) 사업 또는 사업장 변경

제25조(사업 또는 사업장 변경의 허용) ① 외국인 근로자는 다음 각 호의 1에 해당하는 경우가 발생하여 그 사업 또는 사업장에서 정상적인 근로 관계를 지속하기 곤란한 때에는 노동부령이 정하는 바에 따라 직업안정기관에 다른 사업 또는 사업장으로의 변경을 신청할 수 있다.

1. 사용자가 정당한 사유로 근로 계약 기간 중 근로 계약을 해지하고자 하거나 근로 계약이 만료된 후 갱신을 거절하고자 하는 경우
2. 휴업・폐업 그 밖에 외국인 근로자의 책임이 아닌 사유로 그 사업장에서 근로를 계속할 수 없게 되었다고 인정되는 경우
3. 제19조 제1항 또는 제20조 제1항의 규정에 따라 외국인 고용 허가의 취소 또는 고용 제한 조치가 행하여진 경우
4. 그 밖에 대통령령이 정하는 사유가 발생한 경우

② 제1항의 규정에 의한 외국인 근로자의 사업 또는 사업장 변경 신청 후의 재취업 절차 및 방법에 관하여는 제6조・제8조 및 제9조의 규정을 준용한다.

③ 제1항의 규정에 의한 다른 사업 또는 사업장으로의 변경을 신청한 날부터 2월 이내에 출입국관리법 제21조의 규정에 의한 근무처 변경 허가를 받지 못하거나 사용자와 근로계약 종료 후 1월 이내에 다른 사업 또는 사업장으로의 변경을 신청하지 아니한 외국인 근로자는 출국하여야 한다.

④ 제1항의 규정에 의한 외국인 근로자의 다른 사업 또는 사업장으로의 변경은 제18조 제1항의 규정에 의한 기간중 원칙적으로 3회를 초과할 수 없다. 다만, 대통령령이 정하는 부득이한 사유가 있는 경우에는 그러하지 아니하다.

(4) 외국인 고용자의 신고 의무

제19조(외국인을 고용한 자등의 신고 의무) ① 제18조 제1항의 규정에 의하여 취업 활동을 할 수 있는 체류 자격을 가지고 있는 외국인을 고용한 자는 다음 각 호의 1에 해당하는 사유가 발생한 때에는 그 사실을 안 날부터 15일 이내에 이를 사무소장 또는 출장소장에게 신고하여야 한다.

1. 외국인을 해고하거나 외국인이 퇴직 또는 사망한 때
2. 고용된 외국인의 소재를 알 수 없게 된 때
3. 고용계약의 중요한 내용을 변경한 때
4. 고용된 외국인이 이 법 또는 이 법에 의한 명령에 위반되는 행위를 한 것을 안 때

② 제1항의 규정은 외국인에게 산업 기술을 연수시키는 업체의 장에 대하여 이를 준용한다.

제 2 절 외사경찰 활동과 그 법적 토대

1 외사경찰의 업무 분장

외사경찰의 업무는 재외국민·외국인 및 이에 관련되는 신원조사, 외국경찰기관과의 협력 및 교류, 국제형사 경찰기구에 관련되는 업무, 외사정보의 수집·분석 및 관리, 외국인 또는 외국인과 관련된 간첩의 검거 공작 및 범죄의 수사·지도, 외사방첩 업무의 지도·조정, 국제 공항 및 국제 해항의 보안 활동에 관한 계획 및 지도 등으로 하고 있다(경찰청 직제 §8 ②).

[표 7-7-4] 경찰청 외사관리관 담당 부서

외사1담당관	1. 외사경찰에 관한 기획 및 지도 2. 재외국민·외국인 및 이에 관련되는 신원조사 3. 외국 경찰기관과의 협력 및 교류 4. 외국인 또는 외국인과 관련된 간첩검거 공작 및 범죄의 수사지도 5. 외사방첩 업무의 지도 및 조정 6. 국제 공항 및 국제 해항 보안 활동에 관한 계획 및 지도 7. 불온 외국 간행물의 단속 및 지도 8. 기타 다른 담당관의 주관에 속하지 아니하는 사항
외사2담당관	외사정보의 수집·분석 및 관리
외사3담당관	1. 국제형사경찰기구에 관련되는 업무 2. 외국인 또는 외국인과 관련된 중요 범죄수사

*국제형사경찰기구(ICPO) 한국 중앙사무국 국장: 외사관리관

1) 외사정보 활동

외사정보 활동이란 주한 외국인, 주한 외교사절, 주한 외국기관, 상사단체, 해외교포 등 각종의 외사 활동의 객체를 대상으로 외사첩보를 수집하고 분석하여 정책 수립 자료로 제공함으로써 경찰상 또는 국가 안보상의 위해를 사전에 제거하고 그 대책을 마련하여, 대한민국의 안전과 이익 또는 사회 공공의 안녕과 질서를 유지하는 목적을 가진 외사경찰의 활동을 말한다. 해외공관(주재관)이 중추 부서이다.

<table>
<tr><td>외사정보 활동</td><td colspan="3">외사 활동의 객체를 대상으로 외사첩보를 수집·판단·분석·제공하는 작용</td></tr>
<tr><td rowspan="3">외사수사 활동</td><td>개념</td><td colspan="2">외사 객체를 대상으로 공소를 제기하고 이를 유지하기 위한 준비 절차로서 범죄 사실을 탐지하고 범인의 검거·조사, 증거 수집·보전하는 활동</td></tr>
<tr><td rowspan="2">유형</td><td>국제성 범죄</td><td>국제협약에서 인정하고 있는 범죄와 인적·장소적으로 2개 국가 이상이 관련되어 있는 범죄(예: 국제간첩·테러, 항공기 납치, 마약·무기 밀매, 국제통화 위조, 국제 상거래 범죄 등)</td></tr>
<tr><td>일반외사사범</td><td>국내 체류 외국인 또는 국내인의 외국 관련 범죄
(예: 각종 단행 법규나 국제협정 위반 사범)</td></tr>
</table>

외사보안 활동	외사 활동의 객체를 대상으로 국가보안법 위반 사항이나 산업 스파이 등 기타 반국가적 행위의 여부를 파악하고 동향을 관찰하는 외사경찰 활동
국제협력 활동	(1) 외국 경찰이나 인터폴 등 국제경찰 관련 기구와의 협력 관계 증진 및 정보교환 활동 (2) 국제경찰 공조의 유형 ⇒외교 경로를 통한 공조, 인터폴을 통한 공조, 해외경찰 주재관을 통한 공조
기 타	(1) 해외경찰 주재관은 외교통상부 소속 외교관으로서 외교 특권을 인정받는다. (2) 인터폴(ICPO : 국제형사경찰기구) 범죄에 대한 자료 수집, 범죄인의 소재 수사가 주력일 뿐 현재 국제적인 사법경찰로서의 형사범 체포나 구속 등에 대한 권한은 없다.

2) 외사수사 활동

(1) 개념

외사수사 활동이란 주한 외국인, 주한 외교사절, 주한 외국기관, 상사단체, 해외교포 등 각종의 외사 활동의 객체를 대상으로 그 범죄 및 범죄자에 대하여 공소를 제기하고 이를 유지하기 위한 준비 절차로서 범죄 사실을 탐지하고, 범인을 검거, 조사하며, 증거를 수집·보전하는 외사경찰의 활동을 말한다.

일반경찰수사와 다른 점은 그 대상이 외국인 또는 해외동포, 외국인 관련 사건이라는 점, 활동 무대가 국내에 한정되지 않는다는 데에 있다.

중요 범죄는 경찰청장에게 보고하여야 하나, 긴급한 경우는 처분 후 보고한다.

면담 요청시는 지체 없이 실시한다. 통역을 참여시켜야 한다.

사건 종료시까지 출국을 정지시킨다.

(2) 일반 경찰수사활동과의 차이점

그 대상이 외국인 또는 외국과 관련된 것이라는 점과 활동 범위가 국내에 그치는 것이 아니라 외국 또는 국제기구와의 경찰 공조 등 국외에 걸쳐 있다는 점이 다르다.

(3) 외사사범의 종류

(가) 내용에 따른 분류

국가의 안전 및 이익 침해사범	(1) 국가보안법에 규정된 범죄로서 외국을 위한 또는 외국인에 의한 범죄 (2) 형법 제3조 내지 제5조에 규정된 내국인의 국외범, 국외에 있는 내국 선박 등에서 외국인이 범한 죄, 외국인의 국외범 (3) 출입국관리법, 밀항단속법, 해외이주법, 외국인토지 법에 규정된 범죄 (4) 관세법, 외국환관리법, 국내재산도피방지법, 외자도입법, 외국 간행물 수입 배포에 관한 법률에 규정된 범죄
사회공익 침해사범	(1) 외국인, 해외교포 또는 외국과 관련되어 마약류 관리에 관한 법률, 관광진흥법을 위반하는 범죄 (2) 외국인, 해외교포 또는 외국과 관련되어 직업안정법을 위반하는 범죄

(나) 태양에 따른 분류

국제성 범죄	(1) 특별히 법적으로 규정된 범죄를 뜻하는 것은 아니고, 국제협약 등에 규정되고 있는 범죄나 국내 범죄가 인적, 물적, 장소적으로 2개국 이상 관련되어 있는 범죄로서, 국제성·조직성·이동성을 특징으로 한다. (2) 국제 간첩사건과 같은 반국가적 범죄, 국제 테러, 북한의 우회 침투 간첩, 마약·무기밀매나 인신 매매·국제적 매춘조직 등 인간의 존엄성과 건강을 위협하는 국제적·조직적인 범죄, 국제 통화 위조·국제상거래 범죄·돈세탁 등 신용을 해하는 범죄
일반외사사범	주로 국내 체류 외국인 또는 국내인의 외국 관련 범죄를 말하며, 범죄의 성질상 국제성 범죄에 속하지 않는 회사 사범으로서, 외국인의 국내 형사법의 위반, 한미행정협정 위반사범, 외국인토지법 위반사범, 외국간행물 수입 배포에 관한 법률 위반사범, 출입국관리법 위반사범, 밀항단속법 위반사범, 여권법 등이 이에 속한다.

(4) 외국인 범죄의 취급에 관한 특칙

(가) 준거 규정

조약·협정, 기타 특별한 규정이 있을 때에는 동 규정에 의하고, 없을 때에는 일반적인 범죄 수사 규정에 따른다.

(나) 국제법의 준수

국제법과 국제조약에 위배되지 않도록 유의하여야 한다.

(다) 외국인 범죄사건의 수사 착수

외국인 범죄사건 중 중요한 범죄에 관하여는 미리 경찰청장에게 보고하고 그 지시를 받아 수사에 착수하여야 한다.

(라) 외교사절 등에 관한 특칙

외교관 등 외교특권을 가진 자의 특권을 침해하지 않도록 주의하여야 한다.

(마) 조사와 구속에 대한 주의

언어·풍속과 습관의 차이를 고려하여야 한다.

(바) 피의자 신문조서의 기재 사항

국적·출생지와 자국에서의 주거, 여권 또는 기타 신분증명서의 유무, 전과 유무, 입국 시기·체류 기간·체류 자격과 목적, 자국을 퇴거한 시기, 가족의 유무와 그 주거 등이 있다.

(사) 조서의 작성

통역인으로 하여금 통역하게 하여 한국어로 조서를 작성하여야 하며, 필요시 외국어로 진술서를 작성하게 하거나 외국어의 진술서를 제출하게 한다.

(아) 번역문의 첨부

구속영장, 기타의 영장에 의한 처분을 할 때에는 되도록 외국어로 된 번역문을 첨부하여야 한다.

(2) 외국인 범죄 취급 요령

(가) 신분 확인

경찰관은 모든 외국인 범죄를 수사할 경우, 먼저 이러한 신분증명서의 제시 요구를 통하여 당해 외국인의 인적 사항, 법적 지위, 체류 자격, 체류 기간, 기타 관계 사항을 판단할 수 있게 되며, 외국인의 신분증명서의 종류는 일반 외국인, 외교관, 주한미군 등으로 분류할 수 있다.

(나) 체포

범죄 사실의 요지, 묵비권, 변호임 선임권 등 피의자의 각종 권리의 고지와 변명의 기회를 부여하고 조치를 취하였음을 내용으로 하는 수사보고서를 작성한 뒤, 가능한 한 빨리 통역인을 확보하여 이를 이행하고 피의자로부터 확인서를 받아 사건 기록과 함께 편철한다.

(다) 영사기관에의 통보

① 근거

구속된 외국인에 대해서 해당국 영사기관에 신병구속 사실의 통보를 요청할 수 있고, 대한민국 법률의 한도 내에서 영사기관과 접견·교통할 수 있음을 고지하여야 하며, 외국인 피의자가 구속 사실의 통보를 요청하는 때에는 지체없이 이를 해당 영사기관에 통보하여야 한다.

② 국적별 통보 의무

㉠ 이중 국적자 : 해당 피의자가 희망하는 영사관에 통보하거나 해당 영사관 모두에 통보한다.

㉡ 무국적자 : 원칙적으로 통보의 의무가 없지만 해당 피의자가 외국 정부 발행의 여권을 소지하고 있고 본인이 희망할 경우에는 여권 발행국 영사관에 통보한다.

㉢ 영사 관계가 없는 외국인 : 우리 나라와 영사 관계가 없는 국가의 국민인 외국인 피의자에 대해서는 통보할 필요가 없다.

③ 영사관에의 통보 사항

피체포자의 국적, 성명 및 생년 월일, 체포 일시, 유치 장소, 죄명 및 피의사실의 요지, 수사관서 및 수사 담당자의 직책과 성명 등이며, 통보 사항은 통보요청 확인서 및 통보장의 부본을 수사 기록에 편철한다.

④ 영사관의 접견·교통권

영사관은 해당 국민인 피의자와 접견하거나 통신·접촉할 수 있으며 그를 위하여 변호인을 알선할 수 있다. 영사관의 접견·교통권은 대한민국 법령의 범위 내에서 인정되기 때문에 형사소송법 등이 정한 제한에 따라야 한다. 즉, 접견의 일시, 장소, 시간의 지정 또는 접견시 경찰관이나 통역인의 입회 등 제한이 가해질 수 있다.

(라) 피의자 신문조서의 작성

① 신상 관계 사항의 기재 요령

성명, 주민등록번호(생년월일만 기입), 직업, 주거(호텔명과 호실, 주소를 기재 또는 주거의 안정이 없는 자는 주거 또는 주거 부정으로 기입), 본적(국적으로 고치고 정식 국명을 기재), 전과 및 검찰 처분 관계, 상훈·연금 관계, 병역, 교육, 경력, 가족, 재산 및 월수입, 종교, 정당·사회단체 등의 가입, 건강 상태(가혹행위 등을 주장할 경우에 대비), 조서 양식에 없지만 반드시 기재하여야 할 사항(여권 또는 외국인 등록증명서의 유무, 출입국 연월일 등) 등을 기재하여야 한다.

② 신문조서 기재 요령

진술거부권을 고지할 것, 한국어로 의사 소통을 하는 데 지장이 없는 외국인 피의자를 제외하고는 반드시 통역인을 통하여 조서를 작성할 것, 가능한 한 평이한 언어로 간결하게 기재할 것, 진술 상황에 관한 진실성을 확보할 것, 피의자에게 확인받을 것, 통역인의 서명 날인을 받을 것, 2명의 통역인을 통하여 조서를 작성하였을 경우에는 고정성을 확보하기 위하여 중간의 언어로 조서를 작성할 것 등이 있다.

〈외국인 범죄의 처리 요령〉

(1) 모든 외국인 범죄는 경찰서장·지방경찰청장에게 즉보하여야 함(즉보 사항).
(2) 외국인 범죄자를 경찰관서에 동행하였을 경우에는 지체없이 영사와의 면담 여부를 문의하여 면담하도록 조치하고, 면담을 원하지 않을 경우에는 진술서에 그 사실을 기록함.
(3) 체포·구금시에는 반드시 해당 영사기관에 통보하여야 함.
(4) 외국인 피의자를 조사할 때에는 공정성 확보를 위하여 반드시 통역을 참여시켜야 함.
(5) 출입국 위반사범의 처리
① 형사사건과 출입국 위반 혐의(밀입국·불법 체류)가 병합된 경우
⇒우선 일반 형사사건 절차를 종료한 후에 출입국관리사무소에 인계하여야 함.
② 단순 출입국 위반사범의 경우
⇒출입국관리사무소에 인계하고, 출입국관리소장의 고발이 있어야 공소를 제기할 수 있음.

(마) 사건 송치시의 유의 사항

검찰에서도 통역인 확보 등의 준비가 필요하기 때문에 송치일 전에 미리 피의자의 국적·성명·성별·생년 월일·여권 등 신분증명서의 유무, 피의자가 사용하는 외국어, 영사관에의 통보 사항, 사건의 개요, 송치일과 송치 방법 등에 관하여 연락을 해두는 것이 좋다.

(바) 여죄 등의 파악

외국인 피의자를 검거했을 때 출입국관리법 위반 등 여죄가 있는 경우가 많기 때문에 여죄에 대해서도 특히 소지한 여건 기타 신분증명서가 진정한 것인지에 관하여 철저하게 확인하여야 한다.

3) 외사보안 활동

외사보안 활동이란 주한 외국인, 주한 외교사절, 주한 외국기관, 상사단체, 외국인과 관계 있는 내국인, 해외교포, 출입국자 등 각종의 외사 활동의 객체를 대상으로 간첩행위 등 국가보안법 위반이나 산업 스파이 등 기타 반국가적 행위 여부를 파악하고 동향을 관찰하여 대한민국의 안전과 이익 또는 사회 공공의 안녕과 질서를 유지하는 목적을 가진 외사경찰의 활동을 말한다. 여기에는 간첩 혐의가 있는 자에 대한 검거, 국제 테러단체의 동향을 파악하고, 이에 대한 대책의 수립 등의 활동도 포함된다.

4) 국제협력 활동

국제협력 활동은 외국 및 국제 경찰조직과의 공조, 상호 방문, 교육 파견, 자매 결연·국제회의나 세미나의 참석 등을 통하여 국제 경찰기구와 협력을 증진하고 정보를 교환하여, 국제성 범죄에 효과적으로 대처하기 위한 업무를 말한다.

2 외사 활동과 법적 근거

외사 활동에 대해서는 경찰법과 경찰관직무집행법에서 직접적인 근거 규정은 없다. 그러나 외사경찰 활동이 외사에 관련된 정보를 수집하고, 이와 관련된 범죄를 진압함으로써 공공의 안녕과 질서 유지에 그 임무가 있다고 볼 때 경찰법과 경찰관직무집행법에서 그 근거를 찾을 수 있다. 이와 같은 외사 업무를 구체적으로 규정한 것은 경찰청과 그 소속기관 등 직제 제8조이다.

(1) 경찰법과 경찰관직무집행법

외사경찰의 임무 또는 직무 범위에 관한 근거 규정으로는 경찰법 제3조와 경찰관직무집행법 제2조에서 찾을 수 있으나 구체적으로 외사 업무를 명시하고 있지 않다. 즉, 외사경찰은 국민의 생명·신체 및 재산의 보호와 범죄의 예방·진압 및 수사, 치안정보의 수집 등을 통하여 공공의 안녕과 질서 유지를 그 임무로 한다.

(2) 경찰청과 그 소속기관 등 직제

위의 근거 법령을 좀더 구체화하여, 경찰청과 그 소속기관 등 직제 제9조 제12항은 경찰청 외사관리관의 업무 사항에 관해서 규정하고 있다.

(3) 기타 법률

외사경찰 활동 중에서도 외사수사 활동은 여러 단행 법령 또는 조약·협정 등에 근거해서 행해지는 경우가 많다. 조약·협정에는 한미행정협정이 있다.

외사수사 관련 업무에 관한 것으로 법령에는 출입국관리법·외국환관리법·여권법, 범죄인인도법, 국제형사사법 공조법, 국가보안법, 밀항단속법, 국내재산 도피 방지법, 외자 도입법, 해외이주법, 대외무역법, 외국인의 토지 취득 및 관리에 관한 법률, 대한민국과 아메리카합중국 간의 상호방위조약 제4조에 의한 시설과 구역 및 대한민국에서의 합중국 군대의 지위에 관한 협정(SOFA)과 협정의 시행에 관한 형사특별법과 같은 법령이나 조약 등이 있다.

일반 규정	경찰법(§3), 경찰관직무집행법(§2), 경찰청 직제
개별 규정	출입국관리법, 외국환관리법, 외자도입법, 해외이주법, 외국인토지법, SOFA협정 등

3 한미행정협정에 따른 미군 범죄에의 대응

한미주둔군지위협정(SOFA)은 주한미군의 법적 지위를 규정한 협정으로 대한민국과 아메리카 합중국 간의 상호방위조약 제4조에 따라 체결되었다.

SOFA는 정의(definitions), 시설과 구역에 관한 조항, 출입국(entry and exit), 통관과 관세(customers and duties), 선박과 항공기의 기착, 항공 교통 관제 및 운항 보조 시설(air traffic control and navigational aids), 과세(taxation), 형사재판권(criminal jurisdiction), 청구권(claims), 보안 조치(security measures), 협정의 효력 발생(entry into force of agreement), 협정의 개정, 협정의 유효 기간 등이 규정되어 있다.

이 행정협정의 특징은 일본과 독일에 비하여 우리 사법 당국의 개입은 제한적으로 규정되어 있어, 불평등하게 되어 있다는 점이다.

한미행정협정(SOFA)은 주한미군의 법적 지위를 규정한 협정으로서, 한미행협에 따라 한미행협사건에 대해서는 그 처리 과정에서 경찰 등 한국 사법 당국의 개입이 매우 제한된다.

외사경찰은 한미행협의 본질을 정확히 파악함으로써 국민의 권리를 최대한 보장하고 미군 범죄에 엄정히 대처할 수 있도록 전문적인 지식을 바탕으로 적극적인 태도로 사건 처리에 임하여야 할 것이다.

1) 한미행정협정의 주요 내용

(1) 한미행정협정의 대상자

(가) 합중국 군대의 구성원(한미행협 제1조 (가))

대한민국 영역 안에 있는 아메리카 합중국의 육군, 해군 또는 공군에 속하는 인원으로서 현역에 복무하고 있는 자를 말한다.

⇒관광 목적으로 여행 중인 미군은 제외

⇒주한미군사고문단원, 대사관 무관은 제외(준외교특권을 향유)

(나) 군속(한미행협 제1조 (나) 전단)

합중국 국적을 가진 민간인으로서 대한민국에 있는 합중국 군대에 고용되어 있거나 근무하거나 또는 동반하는 자를 말한다.

⇒한·미 양국의 국적을 모두 가진 이중 국적자인 군속의 경우에도 그가 주한 미군사령부의 지휘·통제를 받는 자라면 협정의 적용 대상이 됨.

(다) 가족(한미행협 제1조 (다))

① 미군, 군속의 배우자 및 21세 미만의 자녀

② 부모 및 21세 이상의 자녀 또는 기타 친척으로서 그 생계비의 반액 이상을 합중국 군대의 구성원 또는 군속에 의존하는 자

(라) 초청 계약자(한미행협 제15조 제1항)

① 합중국 군대 등과의 계약 이행만을 위하여 대한민국에 체류하고 합중국 정부가 지정한 자

② 법인·고용인 및 그 가족을 포함함.

⇒카투사(KATUSA) : 카투사의 인사·행정권은 한국군에 있고 지휘·감독권은 미군에 있는 것으로 보아서, 이들은 미군으로 간주되지 않으므로 SOFA가 적용되지 않고 대한민국 군인으로 간주되므로 한국 군사법정의 재판을 받는다.

합중국 군대의 구성원	대한민국 영역 안에 있는 미국의 육·해·공군에 속하는 인원으로서 현역에 복무하고 있는 자. 대사관 무관, 고문단원은 외교관
군 속	미국의 국적을 가진 민간인으로서 대한민국에 있는 미군에 고용되어 있거나, 근무하거나 또는 동반하는 자
가 족	미군·군속의 배우자 및 21세 미만의 자녀와 부모 및 21세 이상의 자녀 또는 기타 친척으로서 그 생계비의 반 이상을 미군과 군속에 의존하는 자
초청 계약자	미국 법률에 따라 조직된 법인의 직원으로서 미군 당국과 계약 이행만을 위하여 대한민국에 체류하는 자 및 그 가족

개정 전	(1) '자녀'와 '부모'의 개념 규정이 없다. (2) 기타 친척 : 생계비의 반 이상을 미군이나 군속에게 의존하는 자로 규정
개정 후	(1) '자녀'와 '부모'의 개념을 새로이 규정한다. (2) 기타 친척⇒미군(군속 포함)에게 의존하고 있는 가족 구성원 혹은 피보호자로서, 한·정부 혹은 법원이 이러한 관계를 법적으로 확인하고 미군 당국이 한국 정부에 '기타 친척'으로 통보한 경우로 한정한다.

(2) **협정의 기본 원칙**

행정협정은 다른 주둔군 지위협정과 마찬가지로 제7조에서 접수국 법령의 존중(Respect of Local Law)을 규정하여 영토 주권의 원칙을 규정하고 있다.

기본 원칙	'접수국 법령 존중의 원칙'⇒영토 주권의 원칙을 규정⇒단 일정한 배분을 규정

2) 형사재판권

주둔군의 형사재판권에 관한 국제적인 관례는 주둔군은 접수국의 관할권에 속하는 것이 원칙이다. 다만 주둔의 목적과 활동을 이유로 협정으로 이에 관한 일정한 배분을 규정하는 것이 상례이다.

한미행협의 내용 가운데 외사경찰 업무와 가장 밀접한 관련을 가지는 것이 바로 형사재판권에 관한 문제이다. 주둔군에 대한 접수국의 형사재판권에 관한 국제 판례는 주둔군은 접수국으로부터 국가 면제(State Immunity)를 누리지 못하고 접수국의 관할권에 속하는 것이 원칙이다.

다만 주둔의 이유 등을 고려하여 접수국과 파견국 간의 협정에서 이에 관한 일정한 배분을 규정하고 있는 것이 상례이다.

(1) **형사재판권 조항의 구성**

한미행정협정의 형사재판권은 행정협정 제22조 본문 12개 항, 부속문서인 합의의사록, 양해각서 및 관련 문서로 구성되어 있다.

(가) 재판관할권

형사재판권은 협정 제22조 제1항 (가)에서 영토 주권의 원칙과 국제법상의 원칙에 의하여 대한민국과 합중국이 재판권을 행사하는 주체임을 명시(재판권 분장의 원칙)하고 있다.

동조 제1항 (나)에서는 "대한민국 당국은 합중국 군대의 구성원, 군속 및 그들의 가족에 대하여 대한민국의 영역 안에서 범한 것으로서 대한민국 법령에 의하여 처벌할 수 있는 범죄에 대하여 재판권을 가진다."고 규정하고 있다.

협정은 제29조 제1항 (가)에서 "합중국 군 당국은 합중국 군대의 구성원, 군속 및 그들의 가족에 대하여 합중국 법령이 부여한 모든 형사재판권 및 징계권을 대한민국 안에서 행사할 권리를 가진다."고 규정하여 합중국 군당국이 행사하는 형사재판권이 일정한 범위 내에 한정됨을 명시하고 있다.

(나) 전속적 재판권

한미행협 대상자들이 범한 범죄로서 한미 양국 중 어느 일방 국가의 법령에 의해서는 처벌할 수 있으나, 다른 국가의 법령에 의해서는 처벌할 수 없는 경우에 처벌이 가능한 국가만이 배타적으로 형사재판권을 행사하는 경우를 전속적 재판권이라고 한다.

합중국의 전속적 재판권과 관련하여서는 제22조 제2항 (가)에 합중국 군 당국은 합중국 군대의 구성원이나 군속 및 그들의 가족에 대하여 합중국법령에 의하여서는 처벌할 수 있으나 대한민국 법령에 의하여서는 처벌할 수 없는 범죄(합중국의 안전에 관한 범죄를 포함)에 관하여 전속적 재판권을 행사할 권리를 가진다고 규정하고 있다.

대한민국의 전속적 재판권 행사와 관련하여 "대한민국 당국은 대한민국의 법령에 의하여서는 처벌할 수 있으나, 합중국 법령에 의하여서는 처벌할 수 없는 범죄(대한민국의 안전에 관한 범죄를 포함한다)에 관하여 전속적 재판권을 행사할 권리를 가진다"(제22조 제2항 (나))고 규정하고 있으나, 이와 관련한 합의 의사록에서는 "합중국 군 당국의 요청에 의하여 제2항에 따라 재판권의 행사를 포기할 수 있다"(제22조 제2항에 대한 합의 의사록)고 규정함으로써, 대한민국의 전속적 재판권의 행사를 제한하고 있다.

양국이 전속적 재판권 갖는 경우가 있으나, 한국의 전속적 재판권에 대하여 합의 의사록에서 합중국의 군당국의 21일 내 포기 요청에 따라 재판권의 행사를 포기할 수 있다고 규정하고 있어, 일정 범위에서 전속재판권을 제한하고 있다.

<table><tr><td>

〈 전속적 재판권 〉

SOFA 대상자들이 범한 범죄로서 일방국의 법령에 의해서만 처벌할 수 있는 경우에 처벌이 가능한 국가만이 배타적으로 형사재판권을 행사하는 경우
미군 당국의 전속적 재판권 → 긍정
대한민국의 전속적 재판권 → 긍정
그러나, 미군 당국의 요청에 의한 포기를 규정하고 있어 재판권이 제한되고 있다.

</td></tr></table>

(다) 재판권의 경합과 제1차적 재판권

범죄 사실이 대한민국과 합중국 양자의 재판권에 해당할 경우에 이중 처벌을 피하기 위하여 1차적 재판권을 행사할 수 있는 자를 정할 필요가 있으므로 이에 관하여 제22조 제3항에서는 "재판권을 행사할 권리가 경합하는 경우에는 다음의 규정이 적용된다"는 원칙하에 재판권의 경합에 관하여 언급하고 있다.

재판권의 경합이란 특정한 범죄 사건이 발생하였을 때 대한민국과 합중국 군당국이 각각 자국의 법률에 의하여 서로 재판권을 행사하여 처벌할 수 있는 경우를 말한다.

(라) 주한미군 당국의 제1차적 재판권 행사

주한미군 당국은 한미행협 대상자에 대해 오로지 합중국의 재산이나 안전에 대한 범죄, 또는 오로지 합중국 군의 다른 구성원이나 군속 또는 그들의 가족의 신체나 재산에 관한 범죄, 공무 집행중의 작위 또는 부작위에 의한 범죄(주한미군의 내부적 범죄와 공무집행 중의 범죄)에 대해서는 합중국이 1차적 재판권을 가진다.

공무증명서 → 합동위원회 결정(시행 양해 사항, 합의 의사록) → 한미 공동 배상

여기서 공무 집행중의 범죄가 되기 위해서는 적어도 공무는 공무 집행중이거나 공무 집행중에 부수하여 발생하고, 또 공무 집행과 범죄는 직접적으로 행위상의 관련성을 가져야 한다고 한다.

〈재판권의 경합과 제1차적 재판권〉
특정 범죄에 대하여 양국이 각각 재판권을 행사하여 처벌할 수 있는 경우 미군 당국의 1차적 재판권 행사 (1) 오로지 합중국의 법익 또는 객체에 대한 범죄 (2) 공무 집행중의 범죄 (공무판단의 기준 : 미군의 공무증명서→ 합동위의 결정) 대한민국의 1차적 재판권 행사 : 미군 당국의 1차적 관할권에 속하지 않는 모든 범죄

(마) 대한민국의 제1차적 재판권 행사

한미행정협정은 제22조 제3항 (나)에서 주한미군이 재판권을 갖는 이외 기타의 범죄에 관하여는 대한민국 당국이 재판권을 행사할 제1차적 권리를 가진다고 규정하여, 미군 당국의 제1차적 관할권에 속하지 않는 모든 범죄에 대하여 원칙적으로 대한민국 당국이 재판권을 가진다.

(바) 재판전 피의자의 체포 및 구금

① 피의자의 체포

대한민국 당국은 합중국 군당국(최단거리 헌병대장)에 합중국 군대의 구성원, 군속 또는 그들의 가족의 체포를 즉시 통고하여야 한다.

합중국 군당국은 대한민국이 재판권을 행사할 제1차적 권리를 가지는 경우에, 합중국 군대의 구성원·군속 또는 그들의 가족의 체포를 대한민국 당국에 즉시 통지하여야 한다.

협정은 한미행협 대상자에 대한 "체포와 인도에 있어서 상호 조력하여야 한다"고 상호 협력 의무를 명시하고, 이어서 한미행협 대상자를 체포한 경우에 상호 통고 및 통지 의무를 명시하고 있다.

② 피의자의 구금

합중국이 체포하였을 경우 대한민국이 재판권을 행사할 한미행협 대상자(합중국 군대의 구성원·군속 또는 그들의 가족인 피의자)의 구금은, 그 피의자가 합중국의 군당국의 수중에 있는 경우에는 모든 재판 절차가 종결되고 또한 대한민국 당국이 구금을 요청할 때까지 합중국 군당국이 계속 이를 행한다.

대한민국 당국이 체포하였을 경우 그 피의자가 대한민국의 수중에 있는 경우에는, 그 피의자는 요청이 있으면 합중국 군당국에 인도되어야 하며,

모든 재판 절차가 종결되고 또한 대한민국 당국이 구금을 요청할 때까지 합중국 군당국이 계속 구금한다.

③ 체포시 계속 구금권

개정 전	없다.
개정 후	(1) 살인 혹은 죄질이 나쁜(egregious) 강간을 저지른 미군 피의자를 우리 측이 체포하였을 경우에 미군 측에 신병을 인도하지 않고 계속 구금이 가능함을 규정 (2) 단, 증거 인멸, 도주, 피해자나 증인에 대한 가해 가능성 때문에 피의자를 구금하여야 할 필요성이 있을 경우에는 계속 구금권 행사가 가능

④ 신병 인도 시기

<table>
<tr><td>개정 전</td><td colspan="2">재판 종결 후 신병 인도</td></tr>
<tr><td rowspan="2">개정 후</td><td colspan="2">12개 중요 범죄 유형⇒기소시 신병을 인도한다(본문에 규정).
나머지 범죄⇒현행과 같이 재판 종결 후 신병을 인도한다.</td></tr>
<tr><td>12개 중요 범죄</td><td>① 살인, ② 강간, ③ 석방 대가 갈취 목적의 유괴, ④ 마약 거래, ⑤ 마약 생산, ⑥ 방화, ⑦ 흉기 휴대 강도, ⑧ 상기 7개 범죄의 미수, ⑨ 폭행치사·상해치사, ⑩ 음주운전으로 인한 치사, ⑪ 교통사고 치사 후 도주, ⑫ 상기 범죄를 포함하는 다른 죄명의 범죄</td></tr>
</table>

⑤ 구금시의 상호 협력 의무

문제는 대한민국 당국이 체포하였을 경우 그 피의자가 대한민국의 수중에 있는 경우에는 그 피의자는 요청이 있으면 합중국 군당국에 인도되어야 하며, 피의자가 합중국 군당국의 구금 하에 있는 경우에는 대한민국 당국이 행할 수 있는 구금 인도의 요청에 대하여 호의적 고려를 하여야 한다고 규정하여 중대한 형사사법 절차에서 장해를 가져온다.

협정은 피의자가 합중국 군 당국의 수중에 있을 때는 대한민국의 구금 인도 요청에 대하여 호의적 고려를 하여야 한다고 규정한 반면, 대한민국의 수중에 있는 피의자의 구금 인도에 대해서는 합중국 군 당국의 요청이 있으면 "인도되어야 한다"는 강제성을 내포하고 있다.

대한민국 수사기관이 협정 대상자를 피의자로 체포·구금하고 그 사실을 미군 당국에 통보하면 미군 측은 신병 인도 요청을 해오고, 이 때문에 일단 신병을 미군 측에 인도할 수밖에 없는 경우가 대부분이다. 그 이후 수사 진행은 다시 피의자에게 출석요구서를 발부하여 미합중국 정부대표의 참석하에 수사를 진행하여야 하는 등 제한이 따른다.

〈재판 전 피의자의 체포 및 구금〉
(1) 피의자의 체포: 상호 통고 및 통지 의무를 명시 (2) 피의자의 구금 미군 당국이 체포⇒재판 절차가 종결되고 대한민국 당국이 구금을 요청할 때까지 계속 구금할 수 있다. 대한민국이 체포⇒미군의 요청이 있으면 미국 당군에 인도되어야 한다(후에 미군이 계속 구금). (3) 구금시의 상호 협력 의무 대한민국의 구금인도 요청을 호의적 고려를 규정하고, 미군 당국의 요청에는 강제성을 내포

(사) 범죄 수사 및 증거 수집에 관한 협조

대한민국 당국과 합중국 군당국은, 범죄에 대한 모든 필요한 수사의 실시 및 증거의 수집과 제출(범죄에 관련된 물건의 압수 및 상당한 경우에는 그의 인도를 포함한다)시에 상호 조력하여야 하며, 15일 내 송치하여야 한다.

그러나, 이러한 물건은 인도를 하는 당국이 정하는 기간 내에 환부할 것을 조건으로 인도할 수 있다. 협정은 제22조 제16항 (가)에서 범죄 수사 및 증거의 수집에 대하여 대한민국과 합중국 양 당국의 상호 협력에 대한 의무를 규정하고 있다. 이 조항을 근거로 대한민국 당국과 합중국 군당국은 1967년 '한미행정협정의 시행에 관한 형사특별법'을 제정하여 시행하고 있다.

〈범죄 수사 및 증거 수집에 관한 협정〉
(1) 양 당국의 상호 협력 의무를 규정 (2) 대한민국 당국은 미정부 대표의 입회하에 신문을 할 수 있다. ⇒대표의 입회를 흠결하고 작성된 신문조서는 그 효력을 상실한다.

(아) 피의자 및 피고인의 권리

협정은 제22조 제9항에 한미행협 대상자(합중국 군대의 구성원 · 군속 또는 그들의 가족)는, 대한민국의 재판권에 의하여 피의자나 피고인이 된 경우(공소가 제기되는 때)에는 형사소송법상의 권리를 가지며, 이외에 합중국 정부대표와 접견교통권을 가지고, 자신의 재판에 대표를 입회시킬 권리를 갖는다.

여기서의 접견은 무제한한 접견이며, 대한민국 당국에 의하여 구금되거나 유치된 한미행협 대상자에 대하여 합중국 당국은 언제든지 접견할 권리가 있으며, 접견시 의류·음식·침구·의료 등 보조적인 보호와 물건을 공여할 수 있도록 하고 있다.

개정 전	변호인의 조력을 받을 권리, 신속한 재판을 받을 권리 등 규정
개정 후	(1) 질병·부상·임신 등의 경우 재판 전 신병 인도의 연기에 대한 호의적 고려를 규정 (2) 우리 측이 체포 후 계속 구금권을 행사할 경우에 변호사 출두시까지 불신문의 규정 및 변호사 부재시 취득한 증언·증거는 재판 과정에서 사용할 수 없음을 규정 ⇒신속한 수사와 재판을 위하여 미측은 미정부 대표의 신속한 출석 보장 (3) 현장 검증 과정에서의 피의자의 인권 보호와 무죄 추정의 원칙을 규정 (4) 형 집행에 관한 미당국 측의 특별 요청에 대하여 충분한 고려를 규정

(자) 대물 교통사고 처리

개정 전	없다.
개정 후	(1) 미군과 군속의 대물 교통 사고 중 공무 수행중이거나 25,000달러 이상의 보험에 가입한 경우에는 형사 불입건. 단, 피해자가 이의를 제기하는 경우 형사 입건 가능 (2) 교통사고 발생시 의료비 사전 지급 등 손해배상이 신속히 이루어지도록 상호 노력을 규정

(차) 재판 거부권

(카) SOFA 개정 협상

〈SOFA 개정 협상 주요 요지(2000. 12. 28)〉

살인, 강간, 방화, 마약거래 등 12개 중요 범죄에 대한 미군 피의자의 신병 인도 시기를 현행 '재판 종결부에서' 기소 시점으로 앞당기고, 특히 살인, 강간 등 흉악범의 경우 한국 경찰이 피의자를 체포할 경우 미군 측에 신병을 인도하지 않고 계속 구금할 수 있도록 하였다.

1) SOFA 대상 가족의 범위
2) 신병 인도 시기
3) 체포시 계속 구금권
4) 미군 피의자에 대한 법적 권리 보호
5) 대물 교통사고 처리

(타) 한미행협사건 처리 요령

① 경찰서 외사계

-기초 사실 조사 ⇢ 미군 당국에 통고 ⇢ SOFA 사건 발생 보고 ⇢ 신병 인도의 절차를 거침.

-SOFA 사건 발생 보고 : 사건 접수 후 24시간 이내에 관할 지검에 보고함.

-신병 인도 : 미군 당국이 신병 인도를 요구하면 책임장교 서명과 신병인수증을 받은 후 미군 당국에 인도하여야 한다. 단 사안이 중대하고 증거 인멸의 우려가 있는 경우에는 합중국 대표를 입회시킨 후 예비조사를 실시한 후에 인도해야 함.

② 피의자 조사

-출석 요구 : 수사 당국은 적어도 48시간 전에 미군 당국에 피의자 출석을 요구하여야 함.

-피의자 신문조서의 작성 : 조서 말미에 반드시 미정부 대표의 서명이 있어야 하며, 서명이 없는 조서는 유죄의 증거로 채택되지 않는다.

-미군속 · 초청 계약자 및 이들의 가족은 아무리 경미한 사건이라도 대한민국에 전속적 재판권이 있으므로 반드시 피의자 신문조서를 작성하여야 함.

(파) 한미행정협정상 제3자에 대한 손해배상(국가배상) 책임

① 공무 수행중 발생(간접적 보상)

⇒공무 집행 중 입힌 손해에 대해서는 대한민국이 1차 소송 당사자로서 피해자에게 배상을 한 뒤에, 다시 미군에 대하여 청구하게 됨(일본 · 독일도 유사함).

㉠ 대한민국의 법령에 따라 심사 · 해결 · 재판을 하게 됨.

⇒우리 나라의 '국가배상법'이 적용되고, 손해배상에 대한 대한민국 법원의 최종 결정은 양 당사자국에 대한 구속력을 가짐

㉡ 미군이 직무 집행중 고의 또는 과실로 대한민국 내에서 대한민국 정부 이외의 제3자에게 손해를 미친 경우에는, 피해 주민이 '지역배상심의위원회'나 '법원'에 손해배상을 청구하면 미군 또는 한미 합동으로 피해 조사를 하게 됨(배상심의회의 배상 결정은 임의적 절차임).

㉢ 만약, 배상심의위원회의 배상 결정에 대하여 미군이 이의를 제기하면, 국가배상소송을 거쳐 최종 판단하게 됨.

㉣ 배상액의 부담

-전적으로 미군의 책임인 경우 : 미군이 75%, 한국 정부가 25% 배상

-미군과 한국 정부의 공동 책임 : 양측이 각각 50%씩 배상함.

② 공무 이외에 발생(미군 당국의 직접적 보상)

-대한민국 당국이 심사를 하여 배상금 보고서를 작성하여 미군 당국에 통고하고, 미군은 이 보고서를 토대로 보상 여부 및 보상액을 결정하게 되고, 청구인이 이 보상액을 수락하면 보상 절차를 종결짓게 되며, SOFA 대상자의 공무 외에 발생한 손해에 대한 배상은 미국 정부가 100% 부담한다.

-대한민국 당국이 심사를 하여 배상금보고서를 작성하고, 미군은 이보고서를 토대로 보상 여부 및 보상액을 결정하게 되고, 청구인이 이 보상액을 수락하면 보상 절차가 종결된다.

-보상금의 지급은 청구인의 대한민국 법원에 대한 재판권에 영향을 미치지 아니한다.

-미군의 군용 차량을 허가 없이 사용하여 발생한 손해에 대해서도 이를 적용하게 된다.

4) 시설 및 구역 내외의 경찰권

협정은 군대 규율과 질서를 유지해야 하는 군대의 특수성을 감안, 미군 당국의 부대 영내·외에서의 경찰권 행사를 인정함으로써 자체적으로 질서와 안전의 유지를 위하여 필요한 적절한 조치를 취할 수 있도록 하였다.

이 조항에서는 대한민국이 형사재판권을 행사할 수 있는 한미행협 대상자를 미군이 구금하고 있거나 미군 시설 내에 있는 경우에는 이들을 한국 사법 당국에 넘겨 주어야 하는 대상에서 제외하였기 때문에 결과적으로 이들이 죄를 범하고 미군 시설에 도피하는 경우, 한국 경찰은 이들의 신병을 인도해 주도록 미군 당국에 요청하는 것 외에는 신병을 확보할 방법이 없다.

(1) 시설 및 구역 내부 경찰권

미군 당국은 그 시설 및 구역 내에서 범죄를 행한 모든 자를 체포할 수 있다.

대한민국 당국은 미군 당국이 동의한 경우와 중대한 죄를 범하고 도주하

는 현행 범인을 추적하는 때에는 미군시설 및 구역 내에서 범인을 체포할 수 있다.

대한민국 당국이 체포하려는 자가 한미행협 대상이 아닌 자가 이러한 시설 및 구역 내에 있을 경우에 대한민국 당국의 요청이 있는 경우에 미군 당국은 그 자를 체포하여 즉시 인도하여야 한다.

(2) 시설 및 구역 주변 경찰권

미군 당국(미군 군사경찰: Military Police)은 시설 및 구역 주변에서 국적 여하를 불문하고 시설 및 구역의 안전에 대하여 현행 범인을 체포 또는 유치할 수 있으며, 그 자가 한미행협 대상자가 아닌 경우에는 즉시 대한민국 당국에 인도하여야 한다.

(3) 사람이나 재산에 관한 압수 · 수색 · 검증

대한민국 당국은 미군이 동의하는 경우가 아니면 시설 또는 구역 내에서 사람이나 재산에 관하여, 또는 시설 및 구역 내외를 불문하고 미국 재산에 관하여 압수 · 수색 · 검증을 할 수 없다.

그러나 이에 관한 대한민국 당국의 요청이 있을 때에 미군은 필요한 조치를 취하여야 한다.

---

(1) 원칙적으로 미군 당국의 부대 영내외에서의 경찰권 행사를 인정
(2) 대한민국이 형사재판권을 행사할 수 있는 SOFA 대상자가 미군 측에 있을 경우
⇒이들을 대한민국 측에 인도하여야 하는 대상에서 제외
⇒신병 확보가 어렵다.

---

(1) 시설 및 구역 내부 경찰권
① 1차적으로 미군 당국에 체포권이 인정된다.
② 미군 당국이 동의한 경우와 중대한 죄를 범하고 도주하는 현행 범인 체포시 우리의 체포권이 인정된다.
③ SOFA 대상자가 아닌 경우 대한민국이 요청하는 경우 미군 당국이 체포 · 인도한다.

---

(2) 시설 및 구역 주변 경찰권
미군 당국의 현행 범인 체포 · 유치권 인정⇒SOFA 대상자가 아닌 경우 즉시 대한민국에 인도하여야 한다.

---

(3) 사람이나 재산에 관한 압수 · 수색 · 검증
미군 당국의 동의를 요한다.

[표 7-7-5] 외국 군대

<table>
<tr><td>의의</td><td>(1) 군대란 국가의 독립·권위·안전을 유지하기 위하여 존재하는 국가기관으로서 군대의 행위는 국가에 그 효과가 귀속됨.
(2) 외국 군대의 구성원은 군인·군속·그 부양 가족을 포함함, 무관은 외교특권 향유자이므로 외국 군대의 구성원에서 제외됨.</td></tr>
<tr><td>주둔</td><td>(1) 파견국과 접수국 간 우호 관계에 의거 파견국 군대가 접수국 영토 내에 주둔하는 것
(2) 주둔과 점령의 비교
<table>
<tr><td>주 둔</td><td></td><td>점 령</td></tr>
<tr><td>파견국과 접수국의 합의</td><td>근거</td><td>파견국의 일방적 행위</td></tr>
<tr><td>평시(장기 주둔)</td><td>상태</td><td>전시(戰時)</td></tr>
<tr><td>조약에 의하여 정해짐.</td><td>법적 지위</td><td>전시 국제법에 의함.</td></tr>
<tr><td>우호 관계에 기초한 것으로 주둔 지역의 영유권 귀속과는 무관함.</td><td>주둔 지역 영유권</td><td>적대 관계에 기초한 것으로 점령 지역 영유권은 평화조약에 의하여 귀속 관계를 결정함.</td></tr>
</table></td></tr>
<tr><td>지위</td><td>(1) 접수국 법령 준수 의무
(2) 출입국관리→일반적으로 출입국 절차를 간소화해 줌.
(3) 통관 및 관세→원칙적으로 접수국의 관세법이 적용됨.
-일반적으로 공용 또는 사용으로 직접 사용하기 위하여 외국 군대 당국의 공인된 기관을 통하여 수입되는 물건은 관세를 면제함.
(4) 형사재판 관할권→원칙적으로 국가 면제를 받지 못하고 접수국의 관할권에 귀속됨.
① 협정을 통하여 형사재판 관할권의 배분과 협력을 규정하는 경우가 많음.
② 일반 원칙→군대의 막사는 불가침이며, 주둔 지역 내에서 재판권이 면제됨.</td></tr>
</table>

[표 7-7-6] 외국 군함

<table>
<tr><td>의의</td><td>(1) 해군에 복종하는 승무원이 승선하고 장교의 지휘하에 있는 선박으로서 군대의 일부임.
(2) 국제법상 국가기관이므로 군함의 법률상·사실상 행위의 효과는 국가에 귀속됨.</td></tr>
<tr><td>지위</td><td>(1) 불가침권 → 연안국 관헌은 함장의 동의 없이 군함 내부로 들어갈 수 없으며, 함장이 출입을 거부하면 외교 경로를 통해 범인의 인도 요구가 가능(함정에 대한 임의적 인도 요구는 가능함.)
(2) 비호권 → 원칙적으로 비호권이 없으므로 일반 범죄인의 인도 의무가 있으며, 인도 불응시 연안국은 군함에 대하여 퇴거 요구를 할 수 있음.
(3) 치외법권
① 타국의 영해·항만에서 특권을 누리며 연안국의 재판관할권으로부터 면제됨.
→그러나 항해·위생·경찰 등 연안국의 행정규칙을 준수하여야 하며, 이의 위반시에는 퇴거 요구가 가능함.</td></tr>
</table>

② 공해상에서는 본국 이외의 어느 국가의 관할권으로부터도 면제됨.
→무해통항권은 모든 국가의 선박에 대하여 인정이 되나, 군함의 경우에는 예외적으로 보통 사전 통고제 또는 허가제를 취하고 있음(우리의 경우에는 3일전 사전통고를 요건으로 하고 있음).

*무해통항권(right of innocent passage) → 영해 내에서 외국선박이 연안국이 평화·공공질서 또는 안전 등 국가의 이익을 해하지 않는 한 자유로이 항해할 수 있는 권리

4 외교특권과 경찰

1) 외교특권의 개념

외교특권(diplomatic privilege)은 치외법권 또는 특권과 면제라고도 하는데, 외교관은 체재국법의 적용을 받지 않고 본국법을 따르는 국제법상의 특권을 말한다. 이렇게 외교사절은 종류와 계급을 불문하고 일반 외국인과는 달리 국제법과 국제 관습상 인정된 일정한 특권적 지위, 권리를 갖는데, 이를 외교특권이라 한다.

외교사절의 파견 절차는 ① 아그레망 요청 → ② 대통령의 임명 → ③ 신임장 부여 → ④ 접수국 입국 → ⑤ 신임장 부분 제출 → ⑥ 신임장 정본 제출 순으로 이루어진다.

① 아그레망 요청 : 특정의 인물을 외교사절로 파견하기를 희망하는 국가가 파견하기 전에 상대국(접수국)에게 사전 동의를 구하는 것(외교사절단의 장은 아그레망이 필요, 그 외 직원은 아그레망 없이 임명할 수 있다. 단, 무관의 경우에는 사전에 성명의 통지를 요구할 수 있다).

② 아그레망 부여 : 아그레망의 요청에 대하여 이의가 없다고 회답하는 것

③ 아그레망 거부 : 접수국이 아그레망을 요청받은 특정인이 자국의 이익을 위하여 만족할 만한 인물이 아니라고 판단되어 거부하는 것(접수국은 파견국에 대하여 아그레망의 거부 이유를 통고할 의무를 지지 않는다. 아그레망을 부여한 후에도 비우호적인 인물로 선언하고 파견국에 대하여 외교사절의 소환을 요구할 수 있다).

[표 7-7-7] 외교사절의 시기와 종기

특권 향유의 시기	부임하기 위하여 접수국의 영역에 입국하였을 때
특권 향유의 종기	접수국의 영역을 출국할 때까지

[표 7-7-8] 외교사절의 종류

상주사절 (常主使節)	국가를 일반적으로 대표할 자격을 가지고 접수국에 상주하여 본국과의 외교 관계를 처리하는 외교사절	
임시사절 (臨時使節)	사무사절	외국과의 특정한 외교교섭, 조약 체결, 국제회의 참가 등 목적으로 파견되는 일시적 외교사절
	예의사절	외국의 축전 또는 의식에 국가대표로 파견되는 일시적 외교사절

[표 7-7-9] 외교사절의 계급

대사(ambassadors)	국가의 원수에 의하여 파견된 대사
공사(ministers : 전권공사)	국가의 원수에 의하여 파견된 공사
변리공사	오늘날 이용되고 있지 않음.
대리공사(chaeges d'affaires)	외교통상부 장관에 의하여 파견된 대리공사

[표 7-7-10] 외교사절의 직무

파견국 대표	외교사절은 접수국에서 파견국을 대표한다. 단, 조약의 체결은 다시 전권 위임장을 요한다.
외교 교섭	외교사절은 파견국을 대표하여 접수국과 외교 교섭을 하며, 이 교섭은 접수국의 외무 당국을 경유한다.
관찰과 보호	적법한 수단에 의하여 접수국 내의 정치·경제·문화·교육 등을 관찰하여 본국에 보고한다.
자국민의 보호와 감독	외교사절은 접수국 내에서 자국민을 보호하고 감독한다. 접수국의 국내법에 저촉되지 않는 범위 내에서 자국민의 출생, 혼인, 사망에 관한 신고를 수리하고 여권·신분증명서를 발급한다.
우호 관계 촉진	외교사절은 파견국과 접수국 간의 우호 관계를 촉진하고, 양국 간의 정치적·경제적·문화적·군사적 관계 등의 발전을 도모한다.

〈**외교사절의 직무 종료 사유**〉(비엔나협약 제43조)

- 본국으로부터의 소환
- 접수국으로부터의 퇴거 요구
- 사절의 승진으로 원임무가 종료되고 새로운 신임장을 요하는 경우
- 외교 관계의 단절 또는 전쟁의 발발
- 본국 또는 접수국의 원수의 사망, 퇴임, 임기 만료
- 본국 또는 접수국의 정체(政體)의 변경, 소멸
- 사절 자신의 사망

2) 외교특권과 경찰 책임

경찰권의 행사는 통치권의 일종으로 영토고권(재판권 복종)과 대인고권으로 모든 영토 내 또는 모든 사람에게 미치는 것이 원칙이다. 그러나 여기에는 일정한 예외가 인정되는데 이것이 외교관에 대한 면책특권이다. 이러한 면책특권은 비엔나 협약과 국제관습법에 의한 것이다.

면책특권을 인정하는 근거에 대하여는 성질설, 국가대표자격설, 기능설 등이 대립한다. 외교관의 면책특권은 개인의 권리가 아닌 외교 임무를 능률적으로 수행할 수 있도록 하기 위해서 인정된다는 기능설이 타당하다. 따라서 파견국 측에서만 면책특권을 포기할 수 있다(비엔나협약 제32조 제1항, 2항).

외교특권을 인정하는 이론적 근거는 다음과 같다.

① 영토 외적 성질이론 : 외교사절은 접수국의 영토 외에 존재하는 것이기 때문에 특권을 인정한다는 이론

② 국가대표적 특성이론 : 외교사절은 국제법상 국가라는 법인을 대표하는 국가기관이므로 특권을 갖는다는 이론

③ 기능적 필요성 이론 : 외교사절은 그의 기능을 능률적으로 수행하는데 필요하기 때문에 특권을 인정한다는 이론

이상의 어느 설에 의하든 외교특권을 인정하는 본질적인 근거는 상호주의 원칙이다.

경찰 책임은 원칙적으로 한국인이든 외국인이든 무국적자이든 관계 없이 국내에 체류하는 모든 사람들에게 존재한다. 그러나 이러한 원칙에는 여러 가지 제한이 따르는데, 예로부터 외국의 외교·영사 대표들과 이들의

일가족, 임무 수행 중인 행정 및 기술 관계자들은 국내의 재판권과 경찰권, 과세권으로부터 면책을 받고 있다.

이는 1961년 4월 18일의 '외교 관계에 관한 비엔나협약'과 1963년 4월 24일의 '영사 관계에 관한 비엔나협약'에 따른 것으로, 외교적 면책특권과 치외법권의 원칙은 국제 관습법에 의거하여 일반적으로 승인된 국제 법규로서, 헌법 제5조에 따라 국내법과 같은 효력을 지닌다.

면책특권은 외교관에게 개인적 특권으로서가 아닌, 외교 임무의 기능 발휘를 위하여 보장된다(기능설). 따라서 파견국 측에서는 접수국의 법원이나 정부에 대하여 명확한 의사 표시를 통하여 외교관의 면책특권을 그 의사에 반하여 포기할 수 있다. 외교관 개인의 면책특권 포기는 금지된다.

[표 7-7-11] 특권·면제의 인적 범위

외교관(공관장)	대사, 대사대리: 비엔나협약의 모든 특권 향유
외교관(외교 직원)	공사, 참사관, 각급 서기관, 각종 주재관(무관·상무관·공보관·노무관 등) 외교 신분이 부여된 자 : 비엔나협약의 모든 특권 향유
행정·기능 직원	부기사·속기사·타자수, 개인 비서, 기록보관사, 교정사 등 : 민사, 행정재판권 면제는 공무 집행중의 행위에 한함.
노무 직원	요리사·운전사, 사환·하인 등 : 직무 대상 중의 행위에 한함.
개인 사용인	사용(私用) 노무 종사자로서 공관 직원의 가사에 종사하는 자 : 보수 면제, 각국의 재량

[표 7-7-12] 외교사절과 영사의 특권·면제 비교

	외교사절	영 사
성질	정치적 기관	비정치적·우호통상기관(경제)
임무 개시	신임장의 제출시	접수국의 영사 인가장 부여
신체의 불가침	포괄적(안전을 위한 일시적 구속 가능)	공무에 한하여(체포·구속·기소 가능)
공관의 불가침	포괄적(공·사 불문)	공관만 향유(추후 보상을 전제로 징발할 수 있음.)
문서의 불가침	포괄적	공문서만 보호(영사 직원의 입회하에 개봉 요구할 수 있음.)
면제권	포괄적 향유	공무상 행위만 해당

외교 교섭	가능	불가능
국적	자국민	자국민일 필요는 없음.
아그레망	필요함	불필요

(1) 외교관과 그들의 가족, 임무 수행중인 행정 및 기술관료들이 가지는 재판권과 행정권으로부터 면책권으로서, '치외법권(治外法權)' 또는 '특권과 면제(비엔나협약)' 등의 용어로 사용된다.
⇒ 외교특권은 외교사절이 입국한 때로부터 부여된다.
⇒ 외교특권을 가지는 외교관은 대사 · 공사이다(영사는 제외).
(2) '외교 관계에 대한 비엔나협약(1961)', '영사 관계에 대한 비엔나협약(1963)'
⇒비록 성문의 조약이 존재하지 않는다 해도 국제관습법으로 인정되고 있다.
(3) 법적 성질⇒기능설(파견국 측에서만 외교특권의 포기가 가능)
(4) 주한 미연합군사고문단원이나 대사관 무관의 경우 '준외교특권'을 향유한다.
(5) 영사(領事)⇒ 주국과의 통상 증진, 자국민 보호 등을 목적으로 파견된 공무원으로서 외교특권을 가지지 않는다(영사의 범죄에 대한 수사상의 특칙은 인정된다).

3) 외교특권의 내용(1961년 비엔나협약 기준)

(1) 불가침권

(가) 신체의 불가침

외교관의 신체, 명예는 불가침이다. 외교관은 어떠한 형태의 체포 또는 구금도 당하지 아니한다. 접수국은 상당한 경의(敬意)로써 외교관을 대우하여야 하며 또한 그의 신체, 자유 또는 품위, 존엄성에 대한 여하한 침해에 대하여도 이를 방지하기 위하여 모든 적절한 조치를 취하여야 한다(동 협약 제29조). 신체 불가침 특권은 입국시부터 인정된다. 외교사절의 직무 개시는 신임장의 원본이 정식으로 접수되었을 때이다.

이러한 규정에 따라 각국은 외교관의 불가침을 보장하기 위하여 행정상 · 입법상 특별한 조치를 취하고 있다. 우리의 경우도 형법 제107조 및 108조에 대한민국에 체재하는 외교사절에 대한 폭행 · 협박죄에 대하여 일반범죄보다 가중 처벌하고 있다.

(나) 관사의 불가침

외교공관은 불가침권을 가진다. 공관뿐만 아니라 외교관의 개인 주택도 불가침이다. 소유 또는 임차를 불문하며, 관사에는 부속 건물, 정원이나 차고 등을 포함한다. 관사에 대한 불가침에 준하여 외교사절의 승용차, 보트, 비행기 등 교통 수단도 불가침의 특권을 갖는다. 따라서 접수국의 당국은 영사기관장 또는 그가 지정한 자 또는 파견국의 외교공관장의 동의를 받는 경우를 제외하고 전적으로 영사기관의 활동을 위하여 사용되는 영사관사의 부분에 들어가서는 아니 된다. 외교사절의 요구나 동의가 없는 한 접수국의 관헌은 직무 수행을 위해서도 여기에 들어갈 수 없는 것이 원칙이다. 그러므로 공관과 공관 내의 시설·비품·운반 수단 등은 압수·수색·징발·압류·강제 집행의 대상이 아니다. 다만, 화재 또는 신속한 보호 조치를 필요로 하는 기타 재난의 경우에는 외교사절의 동의가 있은 것으로 추정될 수 있다.

외교공관이라고 할 지라도 범죄인의 비호권(Right of Asylum : 범죄인을 보호하는 것)은 원칙적으로 인정되지 않는다. 관사의 불가침은 원래 외교사절의 정당한 업무 수행을 위하여 인정되는 것이므로, 형사상의 범죄인이나 정치적 도망자를 비호하는 것은 그 본래의 취지에 반한다. 따라서 접수국과의 조약상 특별한 규정이 없는 한, 접수국의 요청이 있으면 범죄인을 인도하거나 외부(관사 밖)로 추방하여야 한다. 다만 정치범에 한하여 무질서한 폭도의 위해로부터 일시보호는 인정된다.

외교사절 자국의 범죄인을 본국에 송환하기 위하여 일시 유치할 목적으로 관사 내에 감금하는 것은 허용되지 않는다.

(다) 문서의 불가침 등

파견국의 문서(공문서, 사문서)와 서류는 언제·어디서나 불가침이고, 압수·수색·검열의 대상이 아니며, 그 문서의 제시를 요구할 수도 없다. 외교관의 개인 서류, 통신 문서 및 그의 개인 재산도 또한 불가침이며, 문서가 어느 장소에 있든지, 심지어 외교 단절의 경우에도 접수국은 문서의 불가침을 존중하고 보호하여야 한다. 이러한 문서의 불가침은 양국 간의 외교 관계가 단절되는 경우 즉, 무력 충돌의 경우에도 외교관사와 외교기관의 재산 및 외교문서를 존중하며 또한 보호하여야 한다.

그러나 관사에 속한 문서가 간첩 행위의 서증이 되거나, 사절과 동일한 국적의 간첩이 주재국에서 절취 또는 복사한 문서로서 그것을 접수국이 입수한 경우에는 그 문서는 불가침성을 상실한다.

(라) 통신의 불가침

파견국 측과의 자유로운 전화·전자 서신 왕래는 보호되어야 한다. 따라서 대사관의 통신 왕래가 감시를 받아서는 안 되며, 대사관에서의 대화의 도청이나 녹취를 위한 기술적 도구의 투입은 불허된다.

외교기관은 통신의 자유를 갖고 있으며, 접수국은 외교기관에 대하여 모든 공용 목적을 위한 통신의 자유를 허용하며 또한 보호하여야 한다. 외교기관의 공용 서한은 불가침이다.

<table>
<tr><td rowspan="3">불가침권</td><td>신체의 불가침</td><td colspan="2">(1) 어떠한 경우에도 체포·구금·소추·처벌을 받지 않는다.
소환 요구나 추방 조치, 일시적 신체의 자유의 구속은 가능
(2) 형법§107·108의 특별보호 규정</td></tr>
<tr><td>관사의 불가침</td><td colspan="2">(1) 공관+개인 주택+교통 수단 ⇒ 수색·압류·강제집행 안 된다.
(2) 범죄인의 비호권은 인정되지 않는다. ⇒ 폭도로부터의 일시적 보호는 가능</td></tr>
<tr><td>문서의 불가침</td><td colspan="2">(1) 문서가 있는 장소 및 공문서·사문서 여부는 불문한다.
(2) 외교 단절의 경우에도 불가침이 인정
(3) 불가침성이 상실되는 경우
간첩행위의 서증(書證)이 되는 경우
동일 국적의 간첩이 절취·복사한 문서</td></tr>
<tr><td rowspan="5">치외법권
(면제권)</td><td colspan="3">외교사절은 원칙적으로 접수국의 통치권(재판·행정·과세권)에 복종하지 않는다.</td></tr>
<tr><td rowspan="3">재판권의 면제</td><td>형사재판권</td><td>완전 면제⇒공무+개인 자격의 행위 모두 포함</td></tr>
<tr><td>민사재판권</td><td>원칙적으로 면제가 되고 예외적으로 허용된다.</td></tr>
<tr><td>증언 의무</td><td>증언 의무가 없다(자발적 증언은 가능).</td></tr>
<tr><td>경찰권의 면제</td><td colspan="2">(1) 교통신호 등의 기초질서에 대한 준수 의무는 존재한다.
⇒그러나 공권력으로 관철될 수는 없다(경찰벌에서 면제).
(2) 긴급방어나 긴급사태의 상황이 존재할 경우 경찰강제가 허용된다.
행위 책임 ⇒ 음주 운전자에 대한 위험 방지 조치
상태 책임 ⇒ 화재나 전염병의 발생시 관사 출입 가능</td></tr>
<tr><td>경비 의무</td><td colspan="3">(1) 경찰은 외교관과 관사에 대하여 보호 의무를 부담
(2) 공관경비로서 중요 시설경비에 해당한다.</td></tr>
</table>

(2) 치외법권(면제권)

외교사절은 원칙적으로 접수국의 통치권에 복종하지 않는다. 접수국의 사법인, 행정권, 과세권으로부터 면제된다. 경찰 책임과 관련하여 특히 중요한 것은 다음과 같다.

(가) 재판권의 면제

① 형사재판권으로부터의 면제

외교관은 접수국의 형사·민사·행정재판 관할권으로부터의 면제를 향유한다. 따라서 외교관에 대하여 여하한 강제집행 조치도 취할 수 없다. 이는 공무 집행과 관련된 행위이건 사적 행위이건 모두 인정된다.

형사 재판권	㉠ 외교사절은 먼저 접수국의 형사재판 관할권으로부터 면제된다. 외교관은 어떠한 경우에도 체포·구금·소추 또는 처벌되지 않는데(동 협약 제31조 제1항), 이는 공무 수행 중에 행하여진 행위에 대해서뿐만 아니라 개인 자격으로 행한 행위에 대의서도 그러하다. ㉡ 재판 관할권으로부터의 면제는 행위에 대한 책임으로부터의 면제를 의미하는 것은 아니므로, 접수국 정부는 외교관을 형사범으로 소추할 수는 없지만, 사건이 중대할 경우에는 소환을 요구하거나 추방 조치를 취하거나 또는 긴급한 필요가 있을 경우에는 일시적으로 신체의 자유를 구속할 수 있다. 재판권 면제라도 수사는 가능하다. 억류는 할 수 없다. 동의한 경우에는 신문조서, 지문 채취가 가능하다. 특권을 상실, 포기한 경우에는 소추가 가능하다. ㉢ 완전면제 : 공무 및 개인 자격의 행위 모두 포함(포괄적)
민사 재판권	외교사절에 대하여는 원칙적으로 민사소송을 제기할 수 없으며, 접수국은 이를 수리할 수 없다. 다만, 자진 출소와 응소의 경우 또는 개인의 부동산 영업, 손해배상, 상속에 관한 소송, 공무 이외의 영업 및 상업 활동에 관한 소송은 면제되지 않고, 본국 정부의 허가를 얻어 면제권을 포기할 수 있다.
증언 의무	외교사절은 민사·형사사건을 불문하고 증언 의무를 지지 않는다. 다만, 자발적인 증언은 할 수 있다. 그리고 재판 당사자로서의 증언 의무는 면제되지 않는다.

② 경찰권의 면제와 허용

외교사절은 행정 관할권으로부터 면제되므로 경찰권도 면제된다는 것이 통설이므로, 원칙적으로 경찰의 명령이나 규칙은 외교사절을 구속하지 않는다. 그러나 외교사절에게 경찰권에 대한 완전 면제를 의미하는 것은 아니다. 경찰권으로부터 완전히 자유로이 행동할 특권을 부여하는 것은 아니므로, 일상적인 교통 관련 경찰권에는 복종하여야 한다. 따라서 교차로에서 적색 신호의 경우에는 외교관의 차량이라도 정지하여야 하는 것이다.

외교사절은 주재국의 법질서를 존중할 의무로부터 해방되는 것은 아니며, 특히 이 의무가 공공의 안녕의 보호 즉 형법·환경법·도로교통법 등의 규범에 적용될 경우에 그러하다.

예외적인 경우에 외교사절과 영사 업무에 종사하는 자들에 대한 경찰 강제가 허용되는 경우가 있는데, 긴급방어나 긴급사태의 경우가 여기에 해당한다. 경찰 법규 위반시 긴급한 경우에는 일시적으로 신체의 자유를 구속할 수 있다. 경찰 법규를 위반한 경우 퇴거를 요구할 수 있다.

㉠ 행위책임과 관련하여 대사관 소속원의 임무를 벗어나 다른 사람에 대한 공격, 음주 운전 등이 있는 경우는 경찰은 긴급방어를 할 수 있다.

㉡ 상태 책임과 관련하여 화재나 전염병 발생의 경우, 외교사절의 동의 없이 공안을 유지하기 위하여 긴급을 요하는 경우에는 사절의 동의 없이 공관에 들어갈 수 있는데, 이는 국제적 관습으로 인정되고 있다.

③ 과세권 면제

㉠ 사유부동산·간접세에 대한 조세·수수료 등은 제외한다. 상속으로 취득한 재산에 세금 부과를 할 수 있다. 원칙적으로 노무에 대한 수수료 등을 부과할 수 있다.

㉡ 전기·가스·수도 등 공익사업의 사용료는 원칙적으로 면제되지 않으나 국제 예양상 면제하는 경우가 많다.

4) 외교관과 관사에 대한 경찰의 의무

UN총회는 1973년 '외교관을 포함한 국제적으로 보호되는 사람에 대한 범죄 예방 및 처벌에 관한 협약' 등을 채택하여 당사국에 대해서 범죄의 예방을 위하여 필요한 모든 조치를 취하고, 정보교환·행정조치의 상호 조정 등 국제 협력을 도모하고 있다.

접수국 정부는 관사의 불가침을 보장하기 위하여 관사의 보호 의무를 지며 어떠한 형태의 외교사절의 본국 또는 공관에 대한 침해에 대하여 적대적인 시위를 행하는 폭도 또는 군중으로부터 보호와 방지, 위엄을 위하여 모든 적절한 조치를 취할 특별한 의무를 가진다(비엔나협약 제22조).

〈영사의 계급〉(1963년 영사 관계에 관한 비엔나협약 제9조 제1항)
① 총영사(Consul general), ② 영사(Consul), ③ 부영사(Vice consul), ④ 영사대리

[표 7-7-13] 영사의 종류

전임영사(전무영사)	본국으로부터 일정한 급여를 받고 영사 직무에 전임하는 자 파견국의 국민이며 관사, 본무영사 또는 파견영사라고 함.
명예영사(선임영사)	접수국의 국민 중에서 선임되며 단순히 위촉을 받아 영사 직무에 종사하나 이에 전임되는 것은 아니며 수당 성격의 보수받음(예: 손지창 · 오연수 부부).

5 인터폴(ICPO) : 국제형사경찰기구(International Criminal Police Organization)

1) 의 의

범죄의 예방과 진압을 위한 범죄에 대한 자료의 수집, 범죄인의 소재 수사 등(국제)범죄정보 및 자료의 교환을 주된 목적으로 하여 설립된 기구이다.

우리 나라는 1964년에 가입하여, 현재 경찰청 외사관리관 소속의 외사3 담당관 국제공조계가 KNCB(한국국가중앙사무국)의 업무를 수행하고 있다 (KNCB의 국장은 경찰청 외사관리관이 담당하고 있음).

2) 한 계

인터폴 자체는 범죄수사권이 없으며, 수사권은 회원국 자체 내의 국내 경찰에 의하여 행사될 뿐이므로 인터폴은 국제수사기관이 아니라 국제공조 기구에 불과함. 즉 인터폴 내의 자체적인 국제수사관이 없고, 체포나 구속 등에 대한 권한도 없다.

인터폴의 활동 범위는 일반형사범죄와 관련된 업무에 국한되고, 정치 · 군사 · 종교 · 인종적 성격을 가진 사항에 대한 관여나 활동은 엄격히 금지된다.

3) 국제수배서

국외도피범, 실종자, 우범자 및 장물 등 국제 범죄와 관련된 수배 대상인 인적 · 물적 사항에 관한 정확한 자료를 회원국에 통보하여 국제적으로 범죄 수사에 공동 대응하기 위한 것이다.

[표 7-7-14] 국제수배서의 종류

적색 수배서	체포 수배서
청색 수배서	국제정보 조회 수배서(신원 확인, 소재 확인 요청 등)
녹색 수배서	상습 국제 범죄자 수배서
황색 수배서	가출인 수배서
흑색 수배서	변사자 수배서
오렌지 수배서	테러범, 위험인물 경고 수배서
장물 수배서	장물 수배서
범죄수법 수배서	범죄 수법 수배서

〈국제 수배서의 발행 및 취소〉

(1) 발행 : 사무총국은 각 회원국에서 수배 의뢰한 내용을 종합하여 수시로 국제수배서를 발행하여 우편 또는 인터폴 통신망(긴급을 요할 경우)을 이용하여 각 회원국에 배포한다.

(2) 취소 : 수배자 검거, 시효 완료, 범인 인도, 소재 확인, 신원 파악, 장물 회수 등 수배취소 사유 발생 시에는 사무총국에 통보하고, 사무총국은 이를 종합하여 월 2회 수배 해제를 각 회원국에 통보함. 그러나 녹색수배서의 경우에는 특별한 경우 외에는 취소되지 않으며 수배 요청국의 재량에 의해 취소될 수 있을 뿐이다.

〈국제 수배자 및 장물 발견시의 조치 사항〉

(1) 국제 수배자 및 장물 발견시의 조치 사항은 각 국제 수배서에 기록되어 있으나, 원칙적으로 대상물의 발견시에는 사무총국 및 수배 요청국에 통보하여 외교적 절차를 밟아 해결한다.

(2) 다만, 적색 수배서의 경우에는 이를 긴급인도 구속 청구서로 인정하는 국가의 경우에는 즉시 체포와 신병 인도가 가능하지만, 그렇지 않은 국가의 경우에는 수배국에 입국 사실을 통보하여야 하며, 수배국에서 범죄인 인도를 청구할 수 있도록 적절한 조치를 취해야 한다.

*__인터폴 공용어__ : 영어, 불어, 스페인어, 아랍어

*__인터폴 사무총국__ : 상설 행정기관으로 프랑스 리용에 있음. 사무총국 제2국이 연락 및 범죄정보의 배포 등 핵심적 기능을 수행함.

*__인터폴 국가중앙사무국__ : 모든 회워눅 내에 설치된 상설기구로 회원국 간의 각종 공조 요구에 대응하고 있음(NCB : National Central Bureau).

*__인터폴의 가입__ : 총회에서 출석 회원 2/3 이상의 찬성을 얻어야 함(2004년 1월 현재 회원국은 181개국).

〈국제형사경찰기구 헌장 제2조〉

각국의 국내법 범위 내에서 세계인권선언의 정신에 입각하여 형사경찰 당국 간의 최대한 협조를 보장·증진하고, 범죄의 예방과 진압에 효과적으로 기여할 수 있는 모든 제도를 설립·발전시킨다.

〈국제형사경찰기구 헌장 제3조〉

국제형사경찰기구는 정치적·종교적·군사적·인종적 성격을 띤 사항에 대해서는 어떠한 간섭이나 활동을 하는 것을 엄격히 금지한다.

*유로폴(Europol) : 유럽연합조약에 근거하여 네덜란드 헤이그에 본부를 두고 테러의 예방과 진압, 마약의 불법적 거래, 돈세탁에 관련된 정보 교환 등과 함께 각국 경찰 등 법집행기관의 활동을 보조하는 것을 임무로 하는 단체
*트레비(TREVI) 그룹 : 1975년 이탈리아의 로마에서 개최된 오스트리아 등 8개국 내무 및 법무장관 회의에서 조직범죄·국제범죄에 대응키 위하여 창설. 'TREVI'라는 명칭은 국제적 테러리즘, 급진주의, 과격주의, 폭력(International Terrorism, Radicalism, Extremism, Violence)에서 따온 것이라고 한다.
*K-4 위원회 : 유럽연합조약의 발효와 함께 유럽연합조약에 의하여 트레비 그룹이 K-4 위원회로 전환되었으며, K-4 위원회는 유럽연합 15개 회원국의 대표자들로 구성되어 있으며, 프랑스의 경우 내무부 장관이 위원으로 참여하고 나머지는 대부분 외교관들이 조정자로 참여하고 있다.
*마약범죄 단속에 대한 국제적 협력을 내용으로 구성된 다자간 참여 경찰협력 기구: CELAD, 상호협조그룹, 퐁피두(Pompidou) 그룹 등
대마약 진압 유럽위원회(CELAD)는 1989년 유럽공동체 중 12개국 정상이 모인 스트라스부르 정상회담에서 창설되었으며 회원국 간 대 마약 범죄에 관한 협력을 내용으로 하고 있으며, 상호협조 그룹은 유럽연합의 12개 회원국 관세 대표자들의 모임으로 1967년 이탈리아 네이플스(Naples)조약으로 창설되었고, 퐁피두(Pompidou)그룹은 1972년 프랑스 퐁피두 대통령의 발안으로 창설된 것으로 마약범죄 진압을 위한 협력을 목적으로 하고 있다.

*인터폴을 통한 공조 절차
순찰지구대 등 → 경찰서 외사계 → 지방청 외사계 → 경찰청 외사3과 국제공조계 → 상대국 인터폴 중앙사무국 → 상대국 경찰서

*외국의 요청에 따른 수사의 공조 절차
공조 요청국 → 외교통상부 장관 → 법무부 장관 → 지방검찰청 검사장 → 검사 → 경찰

6 범죄인 인도 원칙

자국민 불인도의 원칙(제9조)	자국민은 원칙적으로 인도의 대상이 아님(임의적 거절 사유). 보편적인 국제 원칙이 아님(대륙법계 국가에서는 채택되고 잇으나, 영미법계 국가에서는 채택하지 않고 있음.
정치범 불인도의 원칙(제8조)	인도 대상인 범죄는 일반 범죄에 한하고, 정치범은 인도하지 않는다. 범죄인인도법은 정치범에 대한 개념 규정이 없고, 인도의 예외 사항만 규정하고 있음(예외: 국가원수 암살, 항공기 불법납치, 집단학살, 전쟁범죄, 야만·약탈행위, 해적행위, 노예·인신 매매, 위조, 마약 거래, 인종 차별, 고문 등)
상호주의의 원칙(제4조)	우리 나라와 범죄인 인도조약이 체결되지 않은 국가의 경우에 동일·유사한 사안의 경우에 대한민국의 공조 요청에 응한다는 요청국의 보증이 있는 경우에만 인도에 응한다는 원칙

<table>
<tr><td colspan="2">쌍방 가벌성의 원칙(제6조)</td><td>양국에서 모두 범죄가 성립되는 경우에만 범인을 인도한다는 원칙
우리 나라의 경우 인도 범죄의 대상 → 사형 · 무기 · 장기 1년 이상의 징역 또는 금고에 해당하는 경우</td></tr>
<tr><td colspan="2">특정성의 원칙(제10조)</td><td>인도의 대상이 되었던 범죄 항목에 대해서만 처벌해야 한다는 원칙. 즉 다른 명목의 범죄로 처벌하거나 제3국에 인도될 수 없다는 원칙</td></tr>
<tr><td rowspan="3">법규정 없음</td><td>유용성</td><td>범죄인의 인도가 실제로 유용한 경우에 인도하여야 한다는 원칙
시효 완성이나, 사면이 있는 경우 인도할 필요 없음.</td></tr>
<tr><td>최소 중요성</td><td>인도 기술상 요구되는 원칙. 대한민국과 청구국의 법률에 의하여 인도 범죄가 사형 · 무기 · 장기 1년 이상의 징역 또는 금고에 해당하는 경우</td></tr>
<tr><td>군사범 불인도</td><td>군대 내의 범죄라 하여도 일반 범죄로서의 성격을 동시에 가지는 경우는 인도의 대상이 될 수 있음.</td></tr>
</table>

(1) 정치범 불인도 원칙

① 소극적 대상–상대적 정치범 기타

② 적극적 대상–순수 정치범

(2) 인도의 임의성 – 장기 1년 이상

(3) 조약 미체결 – 상호주의, 일본

(4) 불인도 근거

정치 질서, 범죄 불성립, 비파렴치범

(5) 범죄인 인도 청구의 심사 절차

① 인도청구서의 접수 → ② 외교통상부 장관의 처리 → ③ 법무부 장관의 인도심사청구명령 → ④ 서울고등검찰청의 인도심사청구 → ⑤ 서울고등법원의 심사(범죄인이 구속중인 경우에는 구속된 날로부터 2개월 이내에 결정하여야 함).

(6) 인도 대체 수단

인터폴 수배를 통한 강제 송환, 추방 요구, 3국에서의 인도, 여권 무효, 외국 사법 처리(기소)

(7) 국제형사사법 공조의 기본 원칙

상호주의, 쌍방 가벌성의 원칙, 특정성의 원칙

제 8 장 해양경찰

1 해양경찰의 강령 및 헌장

(1) 강령

충 성	어떠한 고난에도 굴하지 않고 헌신하며 국가에 대한 충성심
정 신	경찰관으로서 양심에 따라 공정하고 법을 집행하는 의로운 정신
임 무	해양 질서 유지와 해양환경 보전의 임무
자기 개발	공복(公僕)으로서 무한한 봉사와 부단한 자기 개발에 대한 각오

(2) 해양경찰 헌장

우리는 해양 민족의 기상과 전통을 계승하여 우리의 바다를 지키는 자랑스런 대한민국 해양경찰이다. 우리는 국민의 자유와 권익을 보호하고 국가의 안정과 번영을 추구하며 나아가 인류 평화에 이바지하는 역사적 사명을 지고 있다. 이에 우리는 맡은 바 책임을 완수할 것을 다짐하며 우리의 나아갈 길을 밝히고자 한다.

1. 우리는 해양 치안의 주역으로서 어떠한 고난에도 굴하지 않고 헌신하는 충성스런 해양경찰이다.
1. 우리는 법과 정의의 상징으로서 오직 양심에 따라 올바르게 법을 집행하는 의로운 해양경찰이다.
1. 우리는 국제 해양 질서를 유지하고 인류공동의 자산인 해양을 보전하는 세계적인 해양경찰이다.
1. 우리는 창의적인 자세로 지식과 능력을 개발하여 미래를 지향하는 발전적인 해양경찰이다.

2 해양경찰의 국내 범죄 수사 활동

① 취약 해역 및 항·포구에 고속 형사기동정, 순찰정 집중 배치
② '형사 활동 책임구역제'를 통한 현장 위주 수사 활동 전개
③ 취약 시기별, 범죄 유형별 범죄 단속 실시
④ 바다 가족 대상 준법 의식 및 신고 정신 고취

3 해양경찰의 국제범죄 수사 활동

① 해적, 해상강도 척결을 위한 국내외 협력 체제 구축

② 국내 유관기관·단체와 협조 체제 구축 및 동남아 각국, 국제해적센터 등 국제협력 강화, 밀수·밀입국 등 국제범죄 차단

③ 시세 차익과 한탕주의를 노린 해상 밀수·밀입국 및 국제 범죄조직의 국내 유입 차단, 외국 어선 불법행위 강력 단속

④ 우리 해역 침범 외국 어선 불법 어로, 해양오염 및 공해상 우리 어선에 대한 각종 불법행위 감시 단속 강화

4 대민 서비스 구현

(1) 출장 조사제

'대민 봉사행정 구현'을 중점 과제로 해양경찰은 국민 편익 증진과 생업 불편을 해소하고 있다. 특히 해양경찰도 낙도·오지 등 원거리 거주민과 거동 불편자 대상으로 경찰서에 출석 조사받는 불편을 덜어 주고자 경찰관들이 현지에 직접 출장하여 조사하는 출장조사 서비스를 확대 실시하고 있다.

(2) 선적지 관할 사건 이첩 제도

사건 발생지 관할 경찰서에서 사건조사의 경우 조업 종료 또는 주거지 복귀로 조사받기 불편한 경우 수사상 지장이 없는 범위 내에서 선박 선적

지 및 주거지 관할 경찰서에서 조사를 받을 수 있도록 한다.

(3) 법률 서비스 제공

5 해상경비 구난활동(COSPAS-SARSAT 시스템)

국제 코스파스 사르새트 제도는 1982년 미국, 러시아, 프랑스 및 캐나다가 공동 개발하여 지구 상공을 저궤도 운항하는 인공위성에 수색·구조를 위한 장치를 탑재하여 선박, 항공기 등의 조난 위치 등 조난 정보를 취득할 수 있도록 한 시스템이다.

해상 조난자의 효율적인 구조 활동을 실시하기 위해서는 신속·정확한 조난 및 안전통신 체계의 확립이 무엇보다도 긴요함을 인식하여 국제해사기구를 중심으로 전 세계 해상조난 및 안전통신 제도(GMDSS)를 개발·시행(1992. 2. 강제화)하기에 이르렀다.

1986년 국제해사기구 내 해사안전위원회(MSC)에서 시스템의 유효성이 인정되어 세계해상조난 안전시스템(GMDSS)에 광범위하게(A1 - A4구역) 도입하기로 결정되었고, 그 후 그 후 1988년 동 시스템의 국제적 참여를 유도, 그 활용성을 제고할 목적으로 상기 4개국간 국제 코스파스 사르새트 프로그램 협정이 서명되어 같은 해 8월 30일 발효되었으며, 한국은 1995년 10월 25일 제28번째 회원국이 되었다.

⇒ 해상에서 조난자에 대한 인명구조 문제는 1912년 대서양에서 발생한 호화 여객선 타이타닉 호 참사(1,502명 사망) 이래 국제적인 관심사로 대두되었다.

6 국가방제기본계획

국가방제기본정책 및 체제를 정한 최상위계획으로 2000년 1월 11일 국무회의보고 확정, 2000년 1월 17일 시행하였다. 그 주요 내용으로는 ① 방제 체제 및 대응조직, ② 지역방제 실행계획 수립, ③ 방제 능력 확보 등 사고대비, ④ 사고 발생시 방제 조치의 실행 절차와 방법 등이 있다.

7 해상교통 사고 예방

해상에서 일어나는 선박 항해상의 모든 위험과 장해를 제거함으로써 원활한 해상교통을 확보하여 안전사고를 예방하고 국민의 생명과 재산을 보호하기 위한 활동을 전개한다.

8 외국의 해양경찰 착용

(1) 일본의 해상보안청

우리의 해양경찰청과 유사 조직으로 해난구조, 해상범죄의 단속, 해양오염의 방지를 하는 기구이다. 이는 1948년 운수성의 외국으로 설치되었다.

(2) 미국의 해안경비대(U.S.Cost Guard)

① 해안에서 법 집행을 담당한다.

② 1790년 세입감시선에서 비롯되었다.

③ 1915년에는 해난구조, 항해안전, 등대 업무를 더하여 해안경비대가 되었다.

〈 해상교통안전법 〉

제8조의2(주취중의 조타기 조작 등 금지) ① 누구든지 술에 취한 상태에서 운항을 위하여 조타기를 조작하거나 그 조작을 지시하여서는 아니 된다.

② 해양경찰청 소속 경찰공무원은 다음 각호의 1에 해당하는 경우에는 운항을 위하여 조타기를 조작하거나 그 조작을 지시하는 자(이하 "운항자"라 한다)가 술에 취하였는지의 여부를 측정할 수 있으며, 당해 운항자는 해양경찰청 소속 경찰공무원의 측정에 응하여야 한다.

1. 해상 교통안전과 위험 방지를 위하여 필요하다고 인정되는 경우
2. 제1항의 규정에 위반하였다고 인정할 만한 상당한 이유가 있는 경우

③ 제2항의 규정에 의하여 술에 취하였는지의 여부를 측정한 결과에 불복하는 운항자에 대하여는 당해 운항자의 동의를 얻어 혈액 채취 등의 방법으로 다시 측정할 수 있다.

④ 해양경찰서장은 운항자가 제1항의 규정에 위반한 때에는 당해 운항자에 대하여 정상적으로 조타기를 조작하거나 그 조작을 지시할 수 있는 상태에 이르기까지 승선 금지를 명하고 그에 필요한 조치를 할 수 있다.

⑤ 제1항의 규정에 의한 술에 취한 상태의 기준은 대통령령으로 정한다.

위반 행위	해당 법조문	과태료 금액
1. 법 제8조의2 제1항의 규정에 위반하여 다음 각목의 구분에 의한 혈중 알코올 농도의 술에 취한 상태에서 선박직원법 제2조 제1호의 규정에 의한 선박 외의 선박에서 조타기를 조작하거나 그 조작을 지시한 때 가. 혈중 알코올 농도 0.08%~0.11% 미만 나. 혈중 알코올 농도 0.11%~0.26% 미만 다. 혈중 알코올 농도 0.26% 이상	법 제56조 제1항 제1호의2	 50만 원 100만 원 200만 원
2. 선박직원법 제2조제1호의 규정에 의한 선박 외의 선박의 운항자로서 법 제8조의2 제2항의 규정에 위반하여 해양경찰청 소속 경찰공무원의 음주 측정에 응하지 아니한 때	법 제56조 제1항 제1호의3	200만 원

〈선박직원법〉

제2조(정의) 이 법에서 사용하는 용어의 정의는 다음 각호와 같다. <개정 1990. 8. 1, 2001. 1. 29, 2005. 3. 31>

1. "선박"이라 함은 '선박법' 제2조의 규정에 의한 한국 선박을 말한다. 다만, 다음 각목의 어느 하나에 해당하는 선박은 제외한다.
   가. 총톤수 5톤 미만의 선박. 다만, 총톤수 5톤 미만의 선박이라 하더라도 다음의 어느 하나에 해당하는 선박에 대하여는 이 법의 규정을 적용한다.

(1) 여객 정원이 13인 이상인 선박
(2) '낚시어선업법' 제4조의 규정에 따라 낚시어선업을 하기 위하여 신고된 어선
(3) '유선 및 도선사업법' 제3조의 규정에 따라 영업구역을 바다로 하여 면허를 받거나 신고된 유·도선

   나. 주로 노와 상앗대로 운전하는 선박
   다. 기타 대통령령이 정하는 선박

부 록

각종 경찰공무원 시험 대비 기출 및 예상 문제

1 경찰학의 학문적 기초

1 다음 중 경찰의 개념에 대한 설명으로 잘못된 것은? (2001.3.11. 일반순경)

① 형식적 의미의 경찰은 실정법적·조직법적 기준에서 파악된 개념이다.
② 일반행정기관도 실질적 의미의 경찰작용을 하는 경우가 있다.
③ 정보경찰의 활동은 성질상 실질적 의미의 경찰 개념이다.
④ 형식적 의미의 경찰에는 사법경찰 작용도 포함된다.

해설 정보경찰은 형식적 의미의 경찰 개념이다.
경찰의 분류 중 개념에 따른 분류를 묻는 문제이다. 형식적 의미의 경찰과 실질적 의미의 경찰을 분류하는 것은 독일에서의 분류 방식으로 형식적 의미의 경찰과 실질적 의미의 경찰은 일치하지 않는다. 또한 실질적 의미의 경찰 중 형식적 의미의 경찰에의 포함 여부는 각국의 입법정책의 문제이다.

	형식적(제도적=실정법상) 의미의 경찰	실질적(학문적=이론상) 의미의 경찰
의의	실정법(정부조직법, 경찰법)상 보통경찰기관에 분배되어 있는 임무를 달성하기 위하여 행하여지는 모든 경찰 활동이다.	사회공공의 안녕과 질서를 유지하기 위하여 일반통치권에 위하여 국민에게 명령,강제하는 권력적 작용이다.
종류	정보, 수사, 보안, 각종 서비스, 행정경찰	건축, 위생, 경제 등의 협의의 행정경찰

2 경찰학의 분류 중 사회 공공의 안녕과 질서를 유지하기 위하여 다른 행정작용에 부수되지 않고 그 자체로서 독립하여 행해지는 경찰작용에 해당하는 것은? (2001.6.3 일반순경)

① 비상경찰　② 협의의 행정경찰
③ 사법경찰　④ 보안경찰

해설 ② 다른 행정기관에 이관하지 않고 그 자체로서 질서유지작용을 담당하는 경찰을 보안경찰이라 하며 이에 해당하는 경찰은 방범경찰, 풍속경찰, 교통경찰 등이며, 다른 행정 업무를 수행하면서 그에 부수적으로 행하는 경찰을 협의의 행정경찰이라 하며 보안경찰과 협의의 행정경찰을 합쳐서 광의의 행정경찰이라 한다.

3 현대 경찰의 개념과 가장 일치하는 것은 무엇인가? (2001.7.22 101경비단)

① 국가의 전체 활동　② 소극적인 질서 유지
③ 적극적인 복리 증진　④ 국가의 내무행정

해설 경찰(Police, Polizei)은 도시국가를 의미하는 Polis에 어원을 둔 Politeia, Politia에서 유래되어 고대 시대에서는 전체국가행정, 국헌을 의미하였다. 14세기 프랑스에서는 국가의 질서 있는 상태라는 의미의 La Police라는 말이 성립되었으며 15세기 독일에서는 교회행정 활동을 제외한 나머지 국가 활동을 의미하는 Polizey가 성립되었다. 이후 17~18세기 전반에 경찰국가시대가 열리면서 경찰 개념이 내무행정 전반, 즉 소극적인 질서 유지를 위한 위험 방지 및 적극적인 복리 증진을 위한 작용까지 포함하는 개념이 되었으며 18세기 중엽이후 법치국가시대가 열리면서 경찰의 개념은 소극적인 질서 유지를 위한 위험 방지만으로 축소 정립하였다.

4 범죄의 예방과 검거 등 보안경찰 이외의 행정경찰사무, 즉 위생경찰·관세경찰·건축경찰 등의 경찰사무를 다른 행정관청의 분장사무로 이관하는 조치를 무엇이라고 하는가? (2001.10.14 여경)

① 비범죄화　② 비경찰화
③ 권력이동　④ 사무이관

해설 비경찰화란 경찰의 업무에 속해 있던 사무를 다른 행정관청의 관장사무로 이관한 조치를 말하며, 그 대상은 영업경찰, 건축경찰, 보건경찰, 경제경찰 등의 이른바 협의의 행정경찰이며 이는 2차 세계대전 이후 독일, 일본, 한국에서 경찰권의 민주화·분권화의 한 축으로 연합국의 점령 당국에 의한 조치였다.

정답 1 ③ 2 ④ 3 ② 4 ②

5 행정경찰과 사법경찰의 차이점에 관한 다음 기술 중 잘못된 것은? (2002.3.17 여경)

① 행정경찰은 경찰 법규에 의거하여 발동하지만, 사법경찰은 형사소송법에 의한다.
② 행정경찰의 사무는 검사의 지휘하에 수행하고 사법경찰의 사무는 경찰청장의 지휘·감독을 받는다.
③ 행정경찰은 경찰의 개념에 속하고, 사법경찰은 사법작용이다.
④ 행정경찰은 현재 및 장래에 대하여 발동하는 작용이고, 사법경찰은 과거의 사태에 대한 작용이다.

해설 행정경찰의 사무는 경찰청장의 지휘·감독을 받고, 사법경찰의 사무는 검사의 지휘를 받아 경찰기관이 수행한다. 행정경찰은 질서 유지와 위험 방지를 목적으로 하는 실질적 의미의 경찰을 말하며, 사법경찰은 범죄의 수사와 범인 체포를 목적으로 하는 경찰을 말한다. 분류 기준은 각 경찰의 주된 목적이며 구별의 유래는 프랑스 경죄처벌법전(제18조)이다. 우리 나라는 이념상으로 구별하나 조직법상으로 구별하지 않고 양자를 모두 보통경찰기관의 임무로 하고 있다.

	행정경찰	사법경찰
근거 법규	경찰법규	형사소송법
지휘·감독권	경찰청장	검사
경찰권 발동 내용	현재 및 장래의 사태	과거의 사태
비 고	실질적 의미의 경찰	형식적 의미의 경찰

6 다음 설명으로 적절하지 못한 것은? (2002.5.12 일반순경)

① 경찰권 발동을 시점으로 볼 때 예방경찰과 진압경찰로 나눌 수 있으며, 방범경찰은 전자에 속한다.
② 실질적 의미의 경찰에서 건축경찰은 협의의 행정경찰이다.
③ 협의의 행정경찰과 보안경찰 중 방범경찰은 전자에 속한다.
④ 방범경찰은 다음 경찰 분야에 비하여 주민과 가장 밀접하게 접촉하고 있다.

해설 보안경찰과 협의의 행정경찰

		의 의	내 용	분류 기준
광의의 행정 경찰	보안 경찰	그 자체로 하나의 독립행정 부문을 이루어 사회공공의 안녕과 질서 유지 활동을 하는 경찰	방범, 교통, 풍속 경찰 등	경찰 업무 수행의 독자성 여부
	협의의 행정 경찰	다른 행정 업무를 수행하면서 부수적으로 행하는 경찰	건축, 산림, 위생경찰 등	

7 다음 중 사법경찰과 행정경찰의 구별이 엄격하게 확립되어 발전된 국가는? (2002.7.21 101경비단)

① 독 일 ② 미 국 ③ 프랑스 ④ 영 국

해설 프랑스는 철저한 삼권분립의 사상으로 인하여 행정경찰과 사법경찰을 엄격하게 구별되어 발전해 왔다.

8 다음 경찰의 개념에 대한 구별 기준이 잘못된 것은? (2002.7.21 101경비단)

① 업무의 독자성에 따라 보안경찰과 협의의 행정경찰로 나눈다.
② 권한과 책임의 소재에 따라 국가경찰과 자치제경찰로 나눈다.
③ 위해정도 및 담당기관에 따라 평시경찰과 봉사경찰로 나눈다.
④ 경찰권 발동의 시점에 따라 예방경찰과 진압경찰로 나눈다.

해설 위해 정도 및 담당기관에 따라 평시경찰과 비상경찰로 나눈다.

경찰의 분류 중 개별 기준에 따른 분류

분류 기준	분 류
각 경찰의 주된 목적	행정경찰과 사법경찰
경찰권 발동 시점	예방경찰과 진압경찰
경찰 업무 수행의 독자성 여부	보안경찰과 협의의 행정경찰
경찰 활동의 질적인 면과 내용	질서경찰과 봉사경찰
위해 정도 및 담당기관	평시경찰과 비상경찰
설립과 관리, 책임	국가경찰과 자치제경찰
경찰에 의하여 보호되는 법익의 가치	고등경찰과 보통경찰

정답 5 ② 6 ③ 7 ③ 8 ③

9 법치국가 시대에는 경찰행정작용의 영역이 소극적 위험 방지의 분야로 한정되었다. 이와 관계한 변화와 가장 밀접한 것은? (2002.7.21 101경비단)

① 크로이츠베르크(Kreuzberg) 판결
② 블랑코(Blanco) 판결
③ 미란다(Miranda) 판결
④ 분리하되 동등한 판결(Separate but equal)

해설 ① 크로이츠베르크 판결은 1882년 경찰 개념을 적극적인 복리 증진이 아닌 소극적인 질서 유지를 위한 위험 방지라고 판시함 최초의 판례이다. 이러한 개념을 이론적으로 확립한 학자는 퓌터(J.S Pütter)이며 그는 "복지 증진은 본래 경찰의 임무가 아니다"라고 했다. 또한 이에 관련한 최초의 법령은 1794년 프로이센 일반란트법, 1795년 프랑스 경죄처벌법전으로 프랑스 경죄처벌법전은 일본 최초의 경찰작용법인 행정경찰규칙에 영향을 주었고, 이는 다시 1894년 우리 나라 최초의 경찰작용법인 행정경찰장정에 영향을 주었다.
② 블랑코 판결: 블랑코 판결은 프랑스에서 나온 판례로 꼬마 블랑코가 길가를 가다가 담배를 수송하던 마차에 부상을 당하면서 사건이 시작되었는데 담배를 수송하던 마차에 의한 부상을 행정재판소에서 관할을 할 것인지 민사재판으로 관할을 할 것인지의 문제이고, 이는 행정법을 적용하느냐 아니면 행정재판소에서 재판을 하느냐의 문제였고 결국 행정재판소에서 결정으로 하기로 한 사례이다. 블랑코 판결은 관할권을 결정 및 확대하는 이론적 기준을 확립한 중요한 사례이다.
③ 미란다 판결: 1966년 미국 연방대법원의 판결로 미란다 판결은 변호인 선임권, 접견교통권 및 진술거부권을 고하지 않은 상태에서 이뤄진 자백의 증거 능력을 부정하여, 자백의 임의성과 관계 없이 채취 과정에서 위법이 있는 자백은 배제시키는 계기가 된 판결이다.
④ 분리하되 동등한 판결: 흑백 인종차별 관련 판례이다.

10 형식적 의미의 경찰 개념과 실질적 의미의 경찰 개념에 대한 설명 중 틀린 것은? (2003.3.9 일반순경)

① 형식적 의미의 경찰 개념은 실정법상 보통경찰기관에 분배되어 있는 임무를 달성하기 위한 경찰 활동이다.
② 실질적 의미의 경찰 개념은 일반통치권에 근거하여 국민에게 명령·강제하는 권력적 작용이다.
③ 경찰관직무집행법 제2조는 실질적 의미의 경찰을 의미한다.
④ 실질적 의미의 경찰 개념은 실무상으로 정립된 개념이 아니라 학문상으로 확립된 개념이다.

해설 경찰관직무집행법은 경찰작용에 관한 일반법으로 실정법이다. 즉, 경찰관 직무집행법 제2조는 형식적 의미의 경찰을 의미하는 것이다. 경찰의 분류 중 개념에 따른 분류를 묻는 문제로 시험에서 항상 1번, 2번의 위치를 차지하는 것으로 경찰의 개념을 명확하게 이해하는 것이 필요하고, 형식적 의미의 경찰은 제도적 의미의 경찰, 실정법상의 경찰로, 실질적 의미의 경찰은 학문상 의미의 경찰, 이론적 의미의 경찰로 표현되어 출제될 수 있으므로 주의하길 바란다.

11 다음 중 틀린 것은? (2003.4.20 여경)

① 사법경찰은 형식적 의미의 경찰이다.
② 강제력을 수반하지 않는 비권력적 수단으로 직무를 수행하는 경찰은 봉사경찰이다.
③ 교통위반자에 대한 처분과 같은 강제력을 수단으로 하는 경찰은 질서경찰이다.
④ 풍속경찰은 다른 행정작용에 부수하여 행하여지는 협의의 행정경찰이다.

해설 풍속경찰은 사회 공공의 안녕과 질서 유지 활동을 하는 경찰 활동에 해당하는 보안경찰이며 그 자체 하나로 하나의 독립행정 부문을 이루는 경찰이다. 협의의 행정경찰은 건축, 산림, 위생행정 등의 업무를 처리함에 있어 부수적으로 수행되는 경찰의 개념으로 다른 행정의 임무와 경찰권을 가지고 있는 것이다. 보안경찰과 협의의 행정경찰의 분류 기준은 경찰 업무 수행의 독자성 여부에 따라 나눌 수 있다.

12 다음 중 국가경찰 제도에 비추어 자치제경찰 제도의 단점인 것은? (2003.7.20 101경비단)

① 각 지방의 특수성, 창의성이 저해되기 쉽다.
② 다른 행정기관 및 국가행정기관과 협조가 곤란하다.
③ 정부의 특정 정책 수행에 이용되어 본연의 임무를 벗어날 우려가 있다
④ 관료화되어 국민을 위한 봉사가 저해될 수 있다.

해설 자치경찰 제도는 다른 경찰기관과의 협조, 응원 체제가 곤란하다는 단점이 있다. 자치제경찰 제도의 논의가 활발한 만큼 출제될 확률이 높고 그 동안에 자주 출제된 문제의 유형이다. 국가경찰 제도와 자치제경

정답 9 ① 10 ③ 11 ④ 12 ②

찰 제도에 대하여 아래 도표를 통해 잘 숙지해 두길 바란다. ①, ③, ④는 국가경찰 제도의 단점이다.

국가경찰 제도와 자치경찰 제도의 비교

	국가경찰 제도	자치제경찰 제도
설립, 관리, 책임의 소재	국가	자치단체
장 점	① 강력한 집권적 경찰권의 행사가 가능하다. ② 기동성과 능률성의 발휘 ③ 전국적인 통계자료의 정확성을 기할 수 있다.	① 지역 주민에 대한 경찰의 책임감이 높다. ② 지역 실정에 맞는 경찰조직의 운영이 가능하다.
단 점	① 관료화되어 지역 주민을 위한 봉사자 의식이 희박하다. ② 경찰 본연의 업무 이외 타행정업무에 이용당할 수 있다. ③ 각 지방의 특수성·창의성이 저해되기 쉽다.	① 강력하고 집중적인 경찰권의 행사가 불가능하다. ② 기동성과 능률성이 떨어진다. ③ 다른 경찰기관과의 협조, 응원 체제가 곤란하다. ④ 통계자료에 정확을 기하기 힘들다.

13 다음 영미법계와 대륙법계의 경찰 개념에 대한 설명으로 바르지 못한 것은? (2003.11.9 일반순경)

① 대륙법계 국가에서 경찰 개념은 통치권을 전제로 조직체로서 역할을 중심으로 형성되었다.
② 영미의 경찰 개념은 주민의 자치권에 그 권력 관계적 기초를 두고 있다.
③ 대륙법계 국가에서 수사활동은 당연히 경찰의 고유한 임무로 취급된 것은 아니었다.
④ 영미의 경찰 개념은 경찰을 시민과 대립적인 관계로 보지 않는다.

해설 대륙법계 국가에서의 경찰 개념은 경찰권이라는 통치권적 개념을 전제로 그 활동 범위와 성질을 기준으로 형성된 반면, 영미법계 국가에서의 경찰 개념은 시민을 위하여 법을 집행하고 서비스하는 기능 또는 역할을 수행하는 조직체로 그 기능과 역할을 중심으로 형성되었다.

14 다음 중 경찰의 직무를 공공의 안녕·질서 유지 등 소극적 목적으로 한정한 것과 관계 깊은 것으로 연결된 것은? (2004.3.12 여경)

① 나폴레옹헌법 – 프로이센 일반란트법
② 크로이츠베르크판결 – 나폴레옹헌법
③ 프랑스 경죄처벌법 – 블랑코 판결
④ 프랑스 경죄처벌법 – 프로이센 일반란트법

해설 경찰의 직무를 공공의 안녕·질서 유지 등 소극적 목적으로 한정한 것과 관계 깊은 최초의 법령은 1794년 프로이센 일반란트법, 1795년 프랑스 경죄처벌법전이다. 또한 프랑스 경죄처벌법전은 일본의 최초의 경찰작용법인 행정경찰규칙에 영향을 주었고 이는 다시 1894년 우리 나라의 최초의 경찰작용법인 행정경찰장정에 영향을 주었다.

15 경찰국가 시대의 경찰 개념에 대한 설명으로 옳지 않은 것은? (2004.10.11 여경)

① 경찰권발동의 범위가 소극 목적에 한정되었다.
② 외교는 경찰 개념에서 제외되었다.
③ 공공복지 증진을 위한 강제력 행사를 경찰이라고 하였다.
④ 관료는 포괄적 권한에 근거하여 국민의 권리 관계에 간섭할 수 있었다.

해설 17~18세기는 복지경찰 시대이다. 이 시기에는 경찰과 행정의 분화가 국가작용의 전문화·세분화되어 군정·외정·재정·사법으로 나뉘었다. 이 시기의 경찰은 소극적 목적(안녕·유지)에 한정하지 않고 적극적 목적(공공복리 증진)으로까지 범위가 확대되었다.

16 다음 중 대륙법계 국가에서의 경찰 개념 형성 과정에 대한 설명으로 바르지 못한 것은? (2004.11.7 일반순경)

① 중세에는 교회행정을 제외한 일체의 국가행정을 경찰이라 하였다.
② 경찰국가 시대에도 외교, 국방, 재정은 경찰 개념에서 제외되었다.
③ 법치국가 시대의 경찰 개념은 적극적 복지경찰 분야를 제외한 소극적 위험 방지 분야에 한정되었다.
④ 법치국가 시대에 사법이 국가의 특별한 작용으로 인정되기 시작하였다.

정답 13 ① 14 ④ 15 ① 16 ④

해설 법치국가시대에 사법이 국가의 특별작용으로 분리된 것이 아니고, 경찰국가 시대에 분리되었다.

17 사회공공의 안녕과 질서를 유지하기 위하여 일반통치권에 근거하여 국민에게 명령, 강제하는 권한을 경찰권이라고 할 때 이에 대한 설명으로 타당하지 않은 것은? (2005 일반, 여경 2차)

① 협의의 경찰권 발동은 긴급한 필요가 있는 경우에는 법령상 근거가 없어도 경찰책임자가 아닌 자에게도 가능하다.
② 법원의 법정경찰권과 같이 부분사회의 내부 질서를 목적으로 하는 경우에는 원칙적으로 법정경찰권이 일반경찰권보다 우선하다.
③ 경찰권의 상대방은 특별한 규정 없는 한 통치권에 복종하는 모든 자가 된다.
④ 통설은 다른 행정기관이나 행정 주체가 일반 사인과 마찬가지로 사법적 활동을 하는 경우에는 경찰권의 발동이 허용된다.

해설 경찰긴급권에 대한 설명으로서 의무 없는 제3자 (경찰 비책임자)에 대하여 새로운 의무를 부과하고 권리를 침해하는 작용으로서 반드시 법률유보의 원칙이 적용되어야 한다.
경찰긴급권은 1차적으로 경찰책임자에 대하여 경찰권을 발동하여 목적 달성 불가능한 경우에 극히 예외적으로 허용되며, 반드시 법적 근거가 필요하며, 경찰권 발동결과 손실이 발생하였다면, 반드시 손실보상을 하여야 한다.

18 영·미의 경찰 개념에 대한 설명으로 옳지 못한 것은? (2005 일반, 여경 2차)

① 경찰은 사회구성원의 구성원이자 전문적인 문제해결자로 봄으로써 기능과 기술, 봉사와 협력 요인을 더 강조하는 견해이다.
② 주권자인 시민으로부터 자치권을 위임받은 조직이다.
③ 통치권을 토대로 한 경찰 개념이다.
④ 경찰은 시민을 위하여 법을 집행하고 서비스하는 기능이다.

해설 국가통치권을 토대로 한 경찰 개념은 대륙법계 경찰 개념이다.

19 다음 중 대륙법계 국가의 경찰 개념에 대한 설명으로 타당하지 않는 것은? (2006 일반, 여경 1차)

① 경찰이라는 용어는 라틴어의 politia에서 유래하였다.
② 14세기 말 프랑스에서는 국가 목적 또는 국가작용을 의미하였다.
③ 16세기 독일 제국경찰법은 외교, 군사, 재정, 사법을 제외한 내무행정 전반을 의미하였다.
④ 18세기 계몽철학의 등장으로 법치주의 시대가 도래하면서 적극인 복지경찰 분야가 제외되고, 소극적인 위험 방지 분야에 한정되었다.

해설 16세기 독일 제국경찰법은 교회행정을 제외한 일체의 국가행정을 경찰 개념화하였고, 경찰 개념이 외교, 군사, 재정, 사법을 제외한 내무행정 전반을 의미하게 된 것은 17세기 경찰국가 시대였다.

20 다음 설명 중 타당하지 않는 것은? (2006 일반, 여경 2차)

① 실질적 의미의 경찰은 일반통치권에 의거하여 국민에게 명령·강제하는 권력작용이다.
② 협의의 행정경찰은 다른 행정작용에 부수하여 그 행정작용과 관련해서 일어나는 공공의 안녕·질서에 대한 위험 방지를 위한 경찰작용으로 위생경찰, 풍속경찰 등이 이에 해당한다.
③ 형식적 의미의 경찰 개념에 입각한 경찰 활동의 범위는 나라마다 차이가 있다.
④ 불심검문은 보안경찰, 예방경찰, 질서경찰로서의 성질을 모두 가지고 있다.

해설 풍속경찰은 보안경찰에 해당한다. 보안경찰이라 함은 사회 공공의 안녕·질서를 유지하기 위하여 다른 행정작용에 수반함이 없이 그 자체로서 독립하여 행하여지는 경찰작용으로 풍속경찰 외에도 교통경찰, 해양경찰, 생활안전경찰 등이 이에 해당한다.

21 수사권은 원칙적으로 내국인, 외국인 상관 없이 발동될 수 있으나 일부 제한이 인정되고 있다. 다음 중 제한이 인정되지 않는 자는? (2001. 6.3 일반순경)

① 직무 수행중인 미군 병사 ② 주한 외국기업 사원
③ 외교사절 ④ 대통령

해설 주한 외국기업 사원은 원칙적으로 수사권이 제한되지 않는다. 따라서 경찰의 인적 관할의 예외가 아니다. 외교사절은 국제법에 의하여 직무 수행중인 미군 병

정답 17 ① 18 ③ 19 ② 20 ② 21 ②

사는 한미행정협정(SOFA)에 의하여 대통령은 헌법에 의하여 경찰수사권의 발동이 제한된다.

22 다음 중 위험에 대한 설명으로 틀린 것은? (2001. 11.11 일반순경)

① 경찰상 위험이란 가까운 장래에 공공의 안녕 또는 질서에 손해가 나타날 수 있는 가능성이 개개의 경우에 충분히 존재하는 상태를 말한다.
② 구체적 위험은 개개의 경우에 실제로 존재하는 경우를 말한다.
③ 사전 배려 원칙에 따라 추상적 위험 이전의 상태에서도 경찰 개입이 가능하다.
④ 위험 혐의 상황에서는 경찰의 위험 방지는 위험의 존재 여부가 명백해질 때까지는 예비적 조치에만 국한되어야 하며 이러한 상황은 위험조사 차원의 개입을 정당화시키는 것이다.

해설 추상적 위험 이전의 상태에서는 경찰 개입에 대하여 정당성이 부여되지 않는다.

위험의 종류

종 류	의 의	비 고
구체적 위험	구체적 시간과 장소에 따라 가까운 장래에 손해 발생이 생길 수 있는 가능성이 충분한 상태	경찰의 개입에 대해 정당성 부여
추상적 위험	일반적·추상적으로 생각해 보건대 구체적인 경우 손해 발생이 생길 수 있는 가능성이 있다고 가설적으로 예상해 보는 위험 상태	경찰의 개입에 대해 정당성 부여
외관상 위험	경찰이 개입할 당시에는 해당 경찰관뿐만 아니라 평균적인 성실한 경찰관의 판단에 의해서도 존재하는 위험, 즉 경찰이 의무에 합당한 사려 깊은 상황 판단을 하였음에도 불구하고 위험을 잘못 긍정하는 경우의 위험	① 진정한 위험으로 볼 수 있다. ② 경찰권 발동 가능
위험 혐의(위험의 의심)	해당 경찰관도 객관적으로 위험이 존재하는지에 대한 확신을 할 수 없고 의심을 가져보는 경우	경찰 조사권의 최소한의 요건
오상 위험	착오로, 즉 불충분한 객관적 평가에 의해 위험이 있다고 판단하는 경우	경찰 개입시 그에 따른 책임을 져야 함.

23 다음 설명이 올바른 것은? (2002. 5.12 일반순경)

① 대통령은 재직 중 모든 범죄에 대해서도 소추되지 않는다.
② 국회의원은 국회 외에서 행한 직무상 발언에 대해서도 책임을 지지 않는다.
③ SOFA협정 해당 군인이 저지른 모든 범죄의 1차적 재판권을 미국이 갖는다.
④ 외국의 원수와 외교관 그 가족 및 내국인이 아닌 종자인 수행자에게는 형법이 적용되지 않는다.

해설 헌법 제84조(대통령의 형사상 특권)는 "대통령은 내란 또는 외환의 죄를 범한 경우를 제외하고는 재직 중 형사상의 소추를 받지 아니한다."라고 규정하여 내란의 죄 또는 외환의 죄를 저지를 경우에는 소추가 가능하다.

② 헌법 제45조(발언, 표결의 원외면책)는 "국외의원은 국회에서 직무상 행한 발언과 표결에 관하여 국회 외에서 책임을 지지 아니한다."라고 규정하여 국회 내에서 직무상 행한 발언과 표결에 관해서만 면책특권을 주고 있다.

③ SOFA협정에 의하면, 미국 군 당국이 1차적 재판권을 가지는 경우는 a) 오로지 합중국의 재산이나 안전에 대한 범죄 또는 오로지 합중국 군대의 다른 구성원이나 군속 또는 그들의 가족의 신체나 재산에 대한 범죄 b) 공무집행 중의 작위 또는 부작위에 의한 범죄로 규정하고 있다.

24 A는 야간에 행인이 없는 지방국도에서 교통 신호를 무시하고 통과하였는데, 마침 순찰중이던 교통경찰관에게 적발되어 단속되었다. 이 때 단속의 근거를 위험의 방지로 설명한다면 가장 잘못된 것은? (2002. 11.10 일반순경)

① 위험이란 경찰상 보호 법익에 대한 침해 가능성을 말한다.
② 차도에 차가 전혀 다니지 않는다 하더라도 경찰책임자가 된다.
③ 행인이 없었기 때문에 위험은 존재하지 않았고, 단속은 잘못되었다.
④ 공공의 안녕의 보호 법익인 도로교통법을 침해하였기 때문에 단속은 정당하다.

해설 경찰상 위험이란 현재의 상황을 방치해 두면 공공의 안녕과 질서에 대한 침해를 가져올 가능성이 있는 상태를 말한다. 위험의 종류는 구체적 위험과 추상적 위험, 외관상 위험 등으로 나눌 수 있으며 구체적 위험

정답 22 ③ 23 ④ 24 ③

은 구체적 시간과 장소에 따라 가까운 장래에 손해발생이 생길 수 있는 가능성이 충분한 상태이며 추상적 위험은 일반적·추상적으로 생각해 볼 때 구체적인 경우 손해 발생이 생길 수 있는 가능성이 있다고 가설적으로 예상해 보는 위험 상태이다. 이 두 경우 경찰의 개입에 대해서 정당성이 부여된다. 문제에서 제시한 상황은 추상적 위험에 해당하며 법질서의 불가침성의 침해, 그리고 공공의 안녕을 보호 법익으로 하는 도로교통법을 침해한 것이기 때문에 경찰 개입은 정당하다.

25 경찰의 임무를 공공의 안녕과 질서에 대한 위험의 방지라고 정의할 때 위험에 대한 설명 중 잘못된 것은?

① 위험이란 가까운 장래에 공공의 안녕에 손해가 나타날 수 있는 가능성이 개개의 경우 충분히 존재하는 상태를 말한다.
② 위험의 존재는 경찰 개입의 최소 요건이다.
③ 위험은 보호를 받게 되는 법익에 대하여 필수적으로 존재해야 하는 것은 아니다.
④ 오상 위험에 경찰 개입이 이루어졌더라도 손해배상 등의 문제는 발생하지 않는다.

해설 경찰의 지역 관할이란 경찰권이 발동될 수 있는 지역적 범위를 말한다. 원칙적으로 대한민국 영역 내가 경찰의 관할이나 그 예외가 존재한다. 경찰의 지역관할의 예외: a) 해양, b) 열차 내 및 역 구내, c) 국회, d) 법정 내, e) 치외법권지역(외교공관, 외교관의 개인 주택, 외교관의 교통 수단), f) 미군영 내외 특히 열차 및 역 구내에 대한 문제는 자주 출제된다.

① 열차 및 역 구내에서 발생한 현행 범인은 건설교통부에서 관할한다. ③ 성당은 치외법권 지역이 아니다. ④ 치외법권 지역도 경찰의 상태 책임을 지는 경우도 있다.

경찰청과 건설교통부와의 업무 한계 협정

발생 범죄의 종류	처리기관
열차 내 및 역 구내에서 발생한 현행 범인	건설교통부
열차 내 및 역 구내에서 발생한 비현행 범인	경찰
현행범 중에서 열차 내 및 역 구내에서 발생한 살인, 화재, 변사사건	건설교통부로부터 협조 의뢰가 있을 경우만 경찰이 처리

26 다음 중 경찰의 지역관할에 관한 설명으로 옳지 않은 것은? (2003. 6.22 일반순경)

① 해양에서의 경찰사무는 해양경찰청 관할이다.
② 국회의장의 요청으로 경찰관이 파견된 경우는 회의장 건물 밖에서 경호할 수 있다.
③ 국회 안에서 현행 범인이 있을 때에는 이를 체포한 후 의장의 지시를 받아야 한다.
④ 열차 내 및 역 구내에서 현행 범일 경우에는 건설교통부에서 체포하고 비현행범일 경우에는 경찰에서 수사하며, 살인·방화·강간 기타의 경우에는 경찰청에서 처리한다.

해설 열차 내 및 역 구내에서 살인, 방화, 변사사건 등은 건설교통부의 협조 의뢰가 있을 때에만 경찰에서 처리할 수 있다.

경찰권이 발동될 수 있는 지역적 범위

<table>
<tr><td rowspan="2">해양경찰청과의 관할 구분</td><td>일반경찰</td><td>육상에서 경찰사무</td></tr>
<tr><td>해양경찰</td><td>해양에서 경찰사무</td></tr>
<tr><td rowspan="2">국회 및 법정 내부</td><td>국회</td><td>• 국회의장이 국회 내에서 경호권 행사
• 의장이 필요시 경찰관 파견 요청 - 경찰관은 회의장 건물 밖에서 경호
• 국회 안에 현행 범인이 있을 경우-의장의 명령에 의하여 체포 가능</td></tr>
<tr><td>법원법정 경찰권</td><td>• 재판장이 행사
• 경찰 파견 요청시-재판장이 지휘</td></tr>
<tr><td>치외법권 지역</td><td colspan="2">• 외교공관과 외교관의 개인 주택, 보트 등 불가침
• 화재나 전염병의 발생을 위하여 긴급을 요하는 경우는 사절의 동의 없이 공관에 진입 가능</td></tr>
<tr><td>미군 영내</td><td colspan="2">1) 시설 및 구역 내부 경찰권
• 미군 당국이 동의한 경우는 대한민국 경찰도 시설 및 구역 내에서 체포 가능
• 중대한 죄를 범하고 도주하는 현행 범인을 추적하는 경우는 대한민국의 경찰도 시설 및 구역 내에서 체포 가능
• 경찰이 체포하려는 자가 한·미행정협정의 대상이 아닌 경우는 대한민국 경찰의 요청이 있으면 미군 당국은 즉시 체포·인도 의무 발생
2) 사람이나 재산에 관한 압수·수색·검증
• 동의 없이 압수·수색·검증이 불가하다.</td></tr>
<tr><td>건설교통부의 관할 구분</td><td colspan="2">1) 구내 및 열차 내의 현행 범인 - 건설교통부
2) 구내 및 열차 내에서의 비현행 범인 - 경찰청에서 처리
3) 살인·화재·변사사건 - 건설교통부에서 협조 의뢰가 있는 경우에만 경찰청에서 처리</td></tr>
</table>

정답 25 ④ 26 ④

27 경찰관직무집행법상 명시적 경찰 임무 범위가 아닌 것은? (2003. 7.20 101경비단)

① 국민의 생명·신체 및 재산의 보호
② 범죄의 예방·진압 및 수사
③ 경비·요인의 경호
④ 치안정보의 수집

해설 경찰관직무집행법 제2조에는 직무의 범위가 명시되어 있다.

경찰관직무집행법 제2조 직무의 범위

1. 범죄의 예방, 진압 및 수사 2. 경비·요인경호 및 대간첩작전의 수행 3. 치안정보의 수집, 작성 및 배포 4. 교통의 단속과 위해의 방지 5. 기타 공공의 안녕과 질서 유지

* 경찰관직무집행법 외에도 경찰법 제3조도 경찰의 임무가 규정되어 있으며 입법상의 불비로 경찰법과 경찰관직무집행법의 규정이 다소 차이가 있다.

28 다음 중 경찰의 임무에 대하여 설명이 적절하지 못한 것은? (2003.11.9 일반순경)

① 국민의 생명·신체 및 재산의 보호는 공공의 안녕의 일요소를 이룬다.
② 대간첩작전 수행은 경찰의 임무이다.
③ 경찰은 국민의 생명·신체 및 재산의 보호를 궁극적 임무로 한다.
④ 오늘날은 서비스 지향적 임무가 중요해졌다.

해설 경찰의 궁극적 임무는 공공의 안녕과 질서의 유지이고, 실질적 의미의 경찰의 임무는 사회 공공의 안녕과 질서 유지이다.

형식적 의미의 경찰의 임무

	경찰관직무집행법(제27조)	경찰법(제3조)
차이점	범죄의 방, 진압 및 수사 경비, 요인 경호 및 대간첩작전의 수행 치안정보의 수집, 작성 및 배포 교통의 단속과 위해의 방지	국민의 생명, 신체 및 재산의 보호 범죄의 예방, 진압 및 수사 치안정보의 수집 교통의 단속
공통점	기타 공공의 안녕과 질서 유지	

*경찰법과 경찰관직무집행법에 규정된 임무의 내용은 입법상의 불비로 그 내용이 상이하며 5호의 기타 공공의 안녕과 질서 유지는 1-4 각 호의 규정의 경찰의 임무를 포함하는 최상위 개념의 임무이다.

29 "법적 보호가 적시에 이루어지지 않고, 경찰의 원조 없이는 법을 실현시키는 것이 무효화되거나 사실상 어려워질 경우"에만 경찰이 개입할 수 있다는 말과 관련이 깊은 것은? (2005. 일반, 여경1차)

① 비례성의 원칙 ② 적합성의 원칙
③ 보충성의 원칙 ④ 필요성의 원칙

해설 보충성의 원칙이다.

30 다음 설명 중 경찰개입청구권을 인정한 판례와 관련이 없는 것은 몇 개인가? (2005 일반, 여경 3차)

가. 크로이츠베르크 판결 나. 띠톱 판결 다. 미란다(Miranda) 판결 라. 김신조 무장공비 침투사건 판결 마. 에스코베도(Escobedo) 판결

① 1개 ② 2개
③ 3개 ④ 4개

해설 가, 다, 마는 관련 없다.

31 경찰관직무집행법 제2조에 대한 직무 범위가 아닌 것은? (2006. 일반, 여경 2차)

① 국민의 생명, 신체, 재산의 보호
② 범죄의 예방 진압 및 수사
③ 경비요인 경호 대간첩작전의 수행
④ 치안정보의 작성 수집 배포

해설 국민의 생명 신체 및 재산의 보호는 경찰법 제3조에 규정되어 있음.

32 건설교통부와 경찰청과의 수사업무 한계협정에 관한 설명으로 옳지 않은 것은? (2006. 일반, 여경 2차)

① 건설교통부에서 처리하여야 할 사건에 대한 사건 수배는 건설교통부의 수사 협조 의뢰가 있을 때에만 수배한다.
② 역 구내에서 발생한 살인, 화재, 변사사건은 원칙적으

정답 27 ① 28 ③ 29 ③ 30 ③ 31 ①

로 경찰청에서 처리한다.
③ 열차사고는 경찰청에서 처리함을 원칙으로 한다.
④ 즉결심판 청구사건은 건설교통부에서 관련 서류 등을 구비하여 관할 경찰서장에게 인계한다.

해설 역 구내 및 열차 안에서 빌생한 현행범 중 살인, 화재, 변사 등 중요 사건에 대하여 건교부로부터 협조 의뢰가 있을 때에는 경찰청에서 처리한다.

33 다음 중 오늘날 복지국가적 행정을 요구하고 있는 시대적 요망에 따라 개인이 경찰권 발동을 요청할 수 있는 권리라고 할 수 있는 '경찰개입청구권'을 인정하기에 이르렀다. 가장 관계가 깊은 것은?

① 보충성의 원칙 기속행위화 ② 경영주의적 경찰철학
③ 재량권 0으로의 수축이론 ④ 수인 가능성의 원칙

해설 재량권 0으로의 수축이론이란 경찰의 활동은 경찰재량에 의하여 수행되며, 이 경우 경찰권은 공권으로서 각 개인이 자신을 위하여 경찰권의 발동을 요구할 수 없었으나 현대에 와서 법익 침해가 목전에 이르고 이에 대한 보호 수단이 경찰권 밖에 없는 경우 경찰의 재량은 0으로 수축되어 기속행위로 바뀌며 개인은 경찰청구권을 가지고 경찰은 이에 응할 의무가 있음을 말하는 것으로 이를 인정한 최초의 판례는 띠톱 판결이다.

34 다음 중 처음으로 독일에서 국민에게 경찰개입청구권을 인정하는 판결로 재량권 0으로의 수축이론이 확립된 판례는? (2003.11.9 일반순경)

① 띠톱 판결 ② 크로이츠베르크 판결
③ 미란다 판결 ④ 블랑코 판결

해설 *독일헌법재판소의 띠톱 판결(Bandsangeurteil, BVerwGE 11, 95)
이 사안은, 주거지역에 설치된 석탄 제조업체에서 사용하는 띠톱에서 배출되는 먼지와 소음 등으로 피해를 받고 있던 인근 주민이 행정청에게 건축경찰상의 금지처분을 발할 것을 청구하자, 행정청은 이 업소의 조업은 건축 관계 법규에 위반되지 않는 것이라 하여 기각하였고, 이에 인근 주민들이 기각처분에 대한 취소소송을 제기한 것이다. 이에 베를린 고등법원은, 원고에게는 건축 법규에 기한 특정 처분을 청구할 수 있는 권리가 없다고 보고 원고의 청구를 기각하였다. 그러나 연방재판소는, 경찰법상의 일반수권 조항의 해석에서, 첫째 인근 주민의 무하자 재량행사 청구권을 인정하고, 둘째 재량권의 영으로의 수축이론에 의거하여 원고의 청구를 인용하였다.

35 경찰개입청구권에 관한 기술로 틀린 것은? (2004.7.11 일반순경)

① 경찰재량이 0으로 수축되는 경우를 전제로 함이 보통이다.
② 그 경우 오직 한 가지 결정만이 타당한 결정이 된다.
③ 독일에서 이 권리를 인정한 판결의 효시는 띠톱 판결이다.
④ 경찰권 행사로 국민이 받는 이익이 반사적 이익인 경우에는 인정될 수 있다.

해설 전통적 견해에 의하면, 행정관청의 규제권 행사로 사인이 어떠한 이익을 향유하더라도 그것은 반사적 이익에 불과하여 법률상의 권리라 할 수 없으므로 그에 대하여 구제권의 불행사로 손해를 입었다고 할지라도 행정소송상 원고 적격이 인정되지 않았으며 국가배상법상의 보호 대상이 되지 않는다고 보았다. 그러나 우리 나라의 연탄공장 설치 허가에 관한 대법원이 "도시계획법과 건축법의 보호 이익은 단순히 반사적 이익이나 사실상의 이익이 아닌 법률에 의하여 보호되는 이익이다."라고 판시하여 기존의 반사적 이익론을 극복하고 법적 이익으로 인정하여 사법심사의 폭을 넓히고 있습니다. 이를 반사적 이익의 법적 이익화 경향, 반사적 이익의 극복이라 하며 경찰권의 행사에서도 반사적 이익의 법상 보호 이익화 경향으로 경찰개입청구권이 인정되고 있다.

정답 32 ② 33 ③ 34 ① 35 ④

2 경찰철학

1 경찰법 제1조에 따를 때 경찰의 조직상의 이념을 가장 잘 표현한 것은? (2001.3.11 일반순경)

① 효과성과 능률성 ② 효율성과 능률성
③ 민주성과 효율성 ④ 민주성과 정치적 중립성

해설 이 법은 경찰의 민주적인 관리·운영과 효율적인 임무 수행을 위하여 경찰의 기본 조직 및 직무 범위, 기타 필요한 사항을 규정함을 목적으로 한다(경찰법 제1조). 경찰법 제1조에서 볼 수 있는 이념은 민주적인 관리·운영에서 민주성을 찾을 수 있고 효율적인 임무 수행에서 효율성을 찾을 수 있다. 민주성에서 법치주의, 인권존중주의, 정치적 중립주의를 도출해 볼 수 있으며, 효율성의 범위를 확대하여 경영주의의 이념을 도출해 볼 수 있다.

2 다음 중 경찰관이 법집행을 하면서 대상자의 성, 나이, 전과의 유무 등에 의한 차별을 해서는 안 된다는 것은 사회계약설로부터 도출되는 경찰 활동의 어느 기준에 해당하는가?

① 공정한 접근의 보장 ② 공공의 신뢰 확보
③ 생명과 재산의 보호 ④ 냉정하고 객관적인 자세

해설 코헨과 펠드버그의 경찰 활동의 기준 중 공정한 접근의 보장에 해당하는 내용으로 경찰에 대하여 국민이 필요성을 느낄 때 사회적 신분이나 재산 정도 등에 관계 없이 누구나 공정하게 경찰의 봉사를 받을 수 있어야 한다는 것으로 청구권자에 관련한 기준을 말한다.

3 다음 컴퓨터 조립회사의 김 사장은 자신의 회사에서 만든 노트북 컴퓨터 100대를 도난당하였다. 그 후 근처 컴퓨터 대리점이 자신의 회사 물건을 다량 갖고 있는 것을 보고 의심하였으나, 김 사장은 직접 물건을 찾지 않고 경찰에 신고하여 결국 범인을 체포하였다. 이와 관련된 코헨과 펠드버그의 경찰 활동 기준 중 무엇을 말하는가? (2002.7.21 101경비단)

① 공정한 접근(fair access)
② 공공의 신뢰(public trust)
③ 협동(teamwork)
④ 냉정하고 객관적인 자세

해설 코헨과 펠드버그의 경찰 활동 기준 중 공공의 신뢰 확보란 경찰은 시민을 대신하여 시민을 위하여 경찰권을 행사함으로써 시민의 신뢰에 합당한 방식으로 경찰권을 행사하여야 한다는 것으로 이는 공적 기관이 수사, 공소 제기, 재판 등의 업무를 수행하여야 한다는 것이다.

4 사회계약설로부터 도출되는 경찰 활동의 기준으로서 부적절한 것은? (2002.7.21 일반순경)

① 공정한 접근의 보장－경찰 서비스에 대한 동등한 필요를 가진 사람들이 그것을 받을 동등한 기회를 가져야 한다.
② 공공의 신뢰 확보－경찰은 사회의 일부분이 아닌 사회 전체의 이익을 염두에 두고 업무를 수행하여야 한다.
③ 생명과 재산의 안전 보호－생명과 재산의 안전이 사회계약의 목적이고 법은 하나의 수단이다.
④ 협동－사회계약에 의하여 구성된 정부기구는 상호 협력하여야 한다.

해설 ②는 냉정하고 객관적인 자세에 관한 설명이다. 공공의 신뢰 확보란 경찰의 강제력 행사는 사회계약상 안전 확보를 위하여 국민이 부여한 권한으로서 단지 경찰이 대신 행사하는 것이므로 국민이 수긍하고 신뢰할 수 있는 합당한 방식으로 사용되어야 한다는 것으로 수단으로서 권력을 의미하는 것이며, 경찰권의 남용을 금지하는 내용이다.

5 코헨과 펠드버그의 공공의 신뢰 확보에 관한 설명으로 맞는 것은? (2002.10.13 여경)

① 성별, 전과, 나이 등에 의한 차별은 금지한다.
② 경찰은 행정부에 속하는 다른 기관들과 협력하여야 한다.
③ 경찰의 역할은 법집행이다.
④ 수사상 권한을 사용하여 신뢰에 합당한 방식으로 권한을 사용한다.

해설 공공의 신뢰 확보는 경찰의 강제력 행사는 국민이 부

정답 1 ③ 2 ① 3 ② 4 ② 5 ④

여한 권한으로 국민이 수긍하고 신뢰할 수 있는 합당한 방식으로 사용되어야 한다는 것이다. ① 공정한 접근의 보장에 관한 설명(청구권자 관련), ② 협동에 관련한 설명으로 분산된 권력은 서로 협동하라는 내용, ③ 경찰의 법집행은 사회계약의 근본 목적인 생명과 재산의 안전을 위하여 행해져야 한다는 생명과 재산의 안전 보호의 기준을 나타내는 것이다(경찰의 목적에 관련).

6 코헨과 펠드버그는 경찰 활동에 대한 사회계약설 접근을 통하여 경찰 활동이 지향하여야 할 기준을 도출하였다. 코헨과 펠드버그의 내용이 잘못 짝지어진 것은? (2003.6.22 일반순경)

① 공정한 접근의 보장－경찰은 사회 전체의 필요에 의해서 생겨난 기구로서 경찰 서비스에 대한 공정한 접근을 허용하여야 한다.
② 공공의 신뢰 확보－경찰은 시민들의 신뢰에 합당한 방식으로 권한을 사용하여야 한다.
③ 협동－경찰은 행정부에 속하는 다른 기구 및 입법부와 협력하여야 한다.
④ 냉정하고 객관적인 자세－개인의 생명·재산의 안전이 사회 계약의 목적이다.

해설 코헨과 펠드버그의 기준에 의할 때 냉정하고 객관적인 자세라 경찰관은 사회의 일부분이 아닌 사회 전체의 이익을 염두에 두어야 하므로 시민들에 대하여 냉정하고 객관적인 방식으로 업무를 처리하여야 한다는 것을 의미한다. 민주경찰 활동을 위한 사상적 토대에서 코헨과 펠드버그의 경찰 활동 기준 다섯 가지는 사회계약설을 통하여 도출되었다.

7 A는 자기집 TV를 도둑맞고 옆집에 사는 사람이 의심스럽다고 생각하였으나, 자신이 직접 물건을 찾지 않고 경찰에 신고하여 범인을 체포하였다. 이것은 사회계약설에서 도출되는 경찰 활동의 어느 기준에 해당하는가? (2001.6.3. 일반순경 2004.4.18 일반순경)

① 공공의 신뢰 확보　② 주관적인 자세
③ 협동　④ 공정한 접근의 보장

해설 문제의 예시는 경찰은 시민을 대신해서 시민을 위하여 경찰권을 행사함으로써 시민의 신뢰에 합당한 방식으로 경찰권을 행사하여야 한다는 공공의 신뢰 확보에 관한 내용이다. 이는 경찰권이 수단으로서 권력임을 표현하는 것이며 공적기관이 수사, 공소 제기, 재판 등의 업무를 수행해야 함을 말한다.

8 다음 중 사회계약설로부터 도출되는 다섯 가지 경찰 활동 기준에 대한 설명으로 타당하지 않은 것은? (2004.10.11 여경)

① 경찰은 사회 일부분이 아닌 사회 전체의 이익을 염두에 두고 공공의 신뢰를 확보하여야 한다.
② 사회 계약에 의하여 구성된 정부기구는 국민의 생명과 재산 보호를 위하여 상호 협력하여야 한다.
③ '갑'은 노트북 컴퓨터를 도둑맞고 옆집에 사는 '을'이 의심스러웠으나 직접 물건을 찾지 않고 경찰에 신고하여 범인을 체포하였다면 이는 공공의 신뢰 확보와 관련된다.
④ 생명과 재산의 안전이 사회계약의 목적이고 법은 하나의 수단이다.

해설 ①의 설명은 냉정하고 객관적인 자세에 대한 것이다.

9 다음 여러 가지 경찰 활동 중 로크의 사회계약설에 가장 부합하는 경찰 활동을 한 경찰관은? (2005. 일반, 여경1차)

① A순경은 과속하는 운전자를 단속하였다.
② B순경은 살인사건의 범인을 검거하였다.
③ C순경은 불우이웃에게 기부금을 제공하였다.
④ D순경은 노조에 대한 첩보를 입수하였다.

해설 로크의 사회계약설에 의할 때 경찰 본연의 임무는 국민의 생명과 재산의 보호이다.

10 민주경찰이 지향하여야 할 내용 중 직무 수행 과정에서 권한을 자의적으로 행사하지 않고 수사상 권한 및 물리력을 최소한 사용하는 것은 어느 지향인가? (2005.일반,여경1차)

① 공정한 접근　② 객관적 자세
③ 공공의 신뢰　④ 상호간 협동

해설 과잉진압 금지 원칙이 시민이 믿는 합당한 방식이고, 이것이 공공의 신뢰 확보 원칙이다.

정답 6 ④ 7 ① 8 ① 9 ② 10 ③

3 경찰사학

1 다음 한국 경찰의 역사에 대한 설명 중 틀린 것은? (2004. 3.14 여경)

① 고려 시대의 순군만호부는 정치경찰적 활동을 수행하기도 했다.
② 조선 시대에는 중앙의 각 기관이 경찰 기능을 수행하였다.
③ 일제 식민지 시기에는 치안 수요가 많은 도시나 개항장에 헌병경찰을, 지방에 일반경찰을 주로 배치하였다.
④ 미군정 시대에는 6인의 위원으로 구성된 '중앙경찰위원회'가 설치되어 경찰정책의 수립 및 경찰관리의 임면 등에 대한 사항을 심의하였다.

해설 식민지 시대의 경찰은 도시나 개항장에는 일반경찰을 군사상 필요한 지역이나 의병 활동 지역에는 헌병경찰을 주로 배치하였다.

2 다음 중 1900년대의 경부경찰 체제에 대한 설명으로 잘못된 것은? (2004.10.11 여경)

① 경부는 한성 및 각 개항 시장의 경찰 업무와 감옥사무를 통할하는 조직으로서 이로 하여금 국내 일체의 경찰사무를 관리하도록 하였다.
② 지방에는 총순을 두어 관찰사를 보좌하도록 하는 이원적인 체제로 운영하였다.
③ 경찰이 내부 직할에서 중앙관청이 경부로 독립하였다는 점에서 큰 의미가 있다.
④ 경부경찰제는 1905년 을사보호조약까지 지속되었다.

해설 경부경찰 체제는 1900년 광무개혁시 경부관제에 의하여 내부에서 독립시켰으나 1년간 존속하다가 실패하였다. 후에 2월 28일의 칙령3호 경무청관제를 통하여 경무청이 경부의 업무를 관리하였다. ① 경부경찰 체제는 이원적으로 운영되었고 중앙의 운영 방식이다. ② 지방은 총순을 두어 관찰사를 보좌하여 치안 업무를 담당하였다.

3 조선 시대의 경찰에 대한 설명으로 타당하지 않은 것은? (2001.10.14 여경)

① 중앙의 의금부는 왕적의 범죄 등 중요한 특별 범죄를 관장하였다.
② 지방의 관찰사는 지방행정과 사법사무의 일체를 관장하였다.
③ 경찰권은 일원화되었다.
④ 포도청은 성종 2년 도적의 횡포를 막고자 만든 포도장제에서 유래되었다.

해설 조선 시대의 경찰은 경찰 기능과 다른 행정작용 또는 군사작용이 미분화되어 있었으나 불완전하지만 전문적인 경찰기관들도 등장하기 시작하였다. 경찰 사상은 치안 질서 유지를 통한 전제왕권의 강화에 있으며 중국의 영향하에 법령, 기타 관제 등이 정비되었으므로 경찰의 경우도 중국의 영향을 많이 받았다.

4 삼국 시대의 경찰 제도에 관한 설명으로 잘못된 것은? (2001.11.11 101경비단)

① 고구려는 지방 장관인 욕살이 경찰권을 행사하였다.
② 백제는 지방의 달솔이 치안 책임을 담당하였다.
③ 신라는 지방의 군주로 하여금 치안을 담당하게 하였다.
④ 행정과 군사 및 경찰이 일체를 이루고 있었다.

해설 백제는 지방의 군에 군장으로 덕솔을 두어 치안을 담당케 하였다.

덕솔은 16관등 중 4품으로 지방의 5방 아래 10군의 3명의 군장직에 임명되었고, 덕솔은 16관등 중 2품에 해당하여 수도 5부와 지방 5방의 장으로 임명되었다.

국 가	명 칭
고구려	5부(장관은 욕살), 176성(성주는 도사, 처려근지, 군지휘관은 대모달, 말객)
백 제	5방(장관은 방령), 각군(군장은 덕솔)
신 라	5주(장관은 군주), 군현제(군은 태수, 현은 현령이 장임)

5 고려 시대 경찰 제도의 설명으로 틀린 것은?

① 금오위는 수도의 경찰 업무를 담당하였다.
② 도(道)의 장인 안찰사는 경찰 업무를 제외한 행정, 군사, 사법 등 사무를 처리하였다.

정답 1 ③ 2 ④ 3 ③ 4 ②

③ 지방기관인 위아는 현재의 경찰서에 해당한다는 주장이 있다.
④ 순군만호부는 왕권의 보호를 위하여 정치경찰적 활동을 수행하기도 하였다.

해설 고려 시대 도(道) 의 장관인 안찰사는 경찰 업무 및 행정, 군사, 사법 등의 사무를 처리하였다.

6 동예에서는 각 읍락마다 경계가 설정되어 있어서 서로 경계를 침범하는 경우에 노예나 우마로 배상하는 제도가 있다. 이를 무엇이라 하는가?

(2002.7.21 101경비단)

① 책화 제도 ② 일책십이법
③ 8조금법 ④ 무천

해설 동예는 읍락에서 서로 침범하는 경우가 발생하면 노예 혹은 우마로 배상하는 책화 제도가 있었다. 살인자는 사형에 처하였다. 동예와 옥저는 고구려와 예속 관계에 있었으며 왕이 없어 여러 읍락들이 후, 읍군, 삼노라는 거수(군장)에 의하여 사회를 다스리는 자치체를 이루고 있었다.

7 조선 시대의 포도청에 대한 설명 중 잘못된 것은?

(2002.11.10 101경비단)

① 포도청은 갑오경장 이후에도 존속하였다.
② 전국적으로 극성을 부리던 도적의 횡포를 막고자 설치되었다.
③ 도적을 잡고 야간순찰을 실시하는 등의 임무를 수행하였다.
④ 양반집의 수색과 여자 도적 체포를 위하여 '다모(茶母)'라는 여자 관비도 있었다.

해설 포도청은 1894년에 당시의 좌우 포도청을 합하여 경무청으로 하고 내무아문 소속하에 두었고 경무사의 총괄하에 한성부 내의 경찰사무와 감옥사무를 행하였다.

8 조선 시대의 경찰에 대한 설명으로 옳은 내용은?

(2003.4.20 여경)

① 사헌부는 왕족의 범죄, 모역죄, 반란 등에 관한 범죄를 다루었다.
② 형조는 풍속 교정을 담당하는 등 풍속경찰의 임무를 수행하였다.
③ 관찰사 등 지방의 수령은 행정과 경찰의 기능을 함께 수행하였다.
④ 경찰 기능이 포도청으로 일원화되었다.

해설 ① 사헌부는 고려 시대 어사대의 후신으로 감찰, 탄핵의 업무를 수행한 중앙경찰기관이다.

② 형조는 법률, 소송, 노예 등에 관한 업무를 수행하였다.

④ 불완전하지만 구체적인 경찰의 업무를 드러낸 포도청 같은 전문적인 경찰기관들도 등장하기 시작하였으나 아직은 경찰 기능과 다른 행정작용, 군사작용이 미분화되어 있어 경찰 기능의 미분리, 중복 현상이 지속되고 있었다.

9 다음 중 틀린 것은 무엇인가? (2004.7.11 일반순경)

① 통일신라 시대의 범죄의 수사와 집행을 맡아 보았던 기관은 이방부이다.
② 금오위는 풍속 교정을 담당하는 등 풍속 경찰의 임무 수행 및 관리 탄핵 규칙을 주임무로 하였다.
③ 고려 시대 중앙경찰기관은 어사대, 형부, 금오위이다.
④ 관인수재죄를 처벌하는 것은 삼국 중 백제이다.

해설 금오위는 수도의 경비와 순찰, 방법 업무를 수행한 고려 시대의 경찰기관이다.

10 우리 나라에서 최초로 여자 경찰을 채용한 시기는?

(2001.4.8 여경)

① 갑오경장 ② 미군정 시대
③ 일제 무단통치기 ④ 자유당 정권

11 다음 미군정 시대에 설치된 것은? (2003.3.9 일반순경)

① 경무국 위생과가 설치되는 등의 위생사무를 강화하였다.
② 정보 업무를 담당할 정보과가 신설되었다.
③ 경제경찰과 고등경찰이 설치되었다.
④ 경찰의 고유 영역의 확대로 인하여 출판경찰이 설치되었다.

해설 정보경찰은 미군정 시대에 신설되었으며, 남북이 대치하는 특이한 상황 속에서 식민지 경찰 체제를 완전히 벗어나지는 못하였다. ③ 미군정 시대의 경찰은 영미법계의 도입으로 민주적 요소가 도용되었으며 비경찰화 작업으로 고등경찰이 폐지되고 위생사무가 위생국 사무로 이관되었다. ④ 출판경찰은 설치된 적이 한 번도 없다.

정답 5 ② 6 ① 7 ② 8 ③ 9 ② 10 ② 11 ②

12 1894년 갑오경장 이후 한서부의 종전 좌우포도청을 합하여 경무청을 창설하였다. 이에 대한 설명 중 가장 거리가 먼 것은? (2003.6.22 일반순경)

① 경무청관제직장에 의하여 창설되었다.
② 초기에는 외무아문 소속이었다.
③ 경찰사무와 감옥사무를 담당하였다.
④ 일본의 경시청을 모방하였다.

해설 1894년 갑오경장을 통하여 김홍집 내각은 '각아문관제'에서 '법무아문관리사법행정경찰'로 정하여 우리 법제상 경찰이란 용어를 처음으로 사용하며 법무아문에 그 경찰을 창설하도록 결정하였다. 그러나 곧 법무아문에서 내무아문으로 경찰의 소속을 변경하였으며 경무청관제직장과 행정경찰장정으로 제정하였다.

13 다음 중 미군정하에서 일제 시대의 치안 악법 중 가장 늦게 폐지된 법은 무엇인가? (2004.4.18 일반순경)

① 정치범처벌법 ② 보안법
③ 예비검속법 ④ 치안유지법

해설 1907년 제정된 보안법은 미군정 시대까지 효력을 유지하다가 1948년 4월 8일에 폐지되었으나 나머지 ①, ③,④의 법은 보통경찰(1919년 3월 1일 이후의 경찰) 시대에 제정되어 미군정 시대에 폐지되었다.

14 갑오경장 이후 일본의 헌병이 조선에 주둔하면서 벌인 경찰 활동에 대한 설명으로 가장 거리가 먼 것은? (2004.11.7 일반순경)

① 최초 한성과 부산 간의 군용 전신선 보호 명목으로 주둔하였다.
② 헌병은 시찰이나 정탐 등을 임무로 하고 있었다.
③ 군사경찰 업무와 행정경찰 업무를 수행하고, 사법경찰 업무는 제외하였다.
④ 사회단체의 단속, 항일 인사의 체포, 일본 관민의 보호 등 고등경찰 업무도 수행하였다.

해설 일본의 1881년 헌병조례에 의하면 일본의 헌병은 군사경찰 업무, 행정경찰 업무 이외에도 사법경찰 업무를 수행하였다.

15 다음 중 일본의 한국 경찰권 강탈 과정을 순서대로 바르게 연결한 것은? (2004.11.7 일반순경)

㉠ 한국 사법 및 감옥사무 위탁에 관한 각서 ㉡ 재한국 외국인에 대한 경찰에 관한 한일협정 ㉢ 한국 경찰사무 위탁에 관한 각서 ㉣ 경찰사무에 관한 취극서

① ㉢-㉡-㉠-㉣ ② ㉢-㉠-㉡-㉣
③ ㉣-㉡-㉠-㉢ ④ ㉣-㉠-㉡-㉢

16 다음 중 한국의 경찰사를 통하여 얻을 수 있는 교훈으로 가장 적절한 것은? (2003.3.9 일반순경)

① 1894년 갑오경장에 따른 일본 경찰 제도 도입은 자주적 결정이었다.
② 미군정 시대에는 경찰이 담당하였던 위생 사무가 위생국으로 이관되었고, 경제경찰·고등경찰·정보경찰이 폐지되는 등 비경찰화 작업이 진행되었다.
③ 1953년 경찰관의 직무 집행에 관한 근거 법령으로 제정된 경찰관직무집행법에는 국민의 생명·신체·재산의 보호라는 영미법적 사고가 반영되었다.
④ 1991년 경찰법 제정은 경찰에 대한 정치적 중립의 요청과 내부적으로 제기되어 온 기구 독립에의 열망에 따른 것이었으나, 지방경찰청을 독립관청화하지 못한 아쉬움이 있다.

해설 ③ 1953년 경찰관의 직무 집행에 관한 근거 법령으로 제정된 경찰관직무집행법은 영미법계의 도입으로 민주적 요소가 도용되어 있다. ① 1894년 갑오경장에 따른 일본 경찰 제도의 도입은 치안 유지를 통한 통치권의 유지와 일본의 제국주의적 침략을 위한 것이었다. ② 미군정 시대의 비경찰화 작업으로 고등, 경제, 경무국 위생과 등이 폐지되었으나 정보경찰은 신설되었다. ④ 1991년 경찰법의 제정으로 경찰청을 내무부의 외청으로, 경찰청장과 지방경찰청장을 관청으로 승격하였다.

17 다음 3·1운동 이후 경찰 제도에 대한 설명으로 틀린 것은? (2005 일반, 여경 2차)

① 헌병경찰 제도에서 보통경찰 제도로 전환되었으나 경찰의 직무와 권한에는 변화가 없었다.
② 조선총독부 직속의 경무총감부에서 전국의 경찰사무를 담당한다.
③ 3·1운동을 기화로 정치범처벌법을 제정하여 단속 체제를 갖추었다.
④ 중일전쟁 이후에는 경제경찰과 외사경찰의 영역까지 미치는 등 경찰의 대상 영역이 더 광범위해졌다.

정답 12 ② 13 ② 14 ③ 15 ③ 16 ③ 17 ②

해설 3·1운동 이후에 헌병경찰 제도에서 보통경찰 제도로 전환됨으로써 경무총감부(헌병대)는 폐지되고 대신에 총독부 직속으로 경무국(보통경찰기구)이 설치되었다.

18 갑오경장(1894) 이전의 경찰 제도에 대하여 바르게 연결되지 않은 것은? (2005 일반, 여경 3차)

㉠ 고구려-방령	㉡ 백제-달솔
㉢ 신라-군주	㉣ 통일신라-총관
㉤ 고려-의금부	㉥ 조선-순군만호부

① 1개 ② 2개
③ 3개 ④ 4개

해설 ㄱ. 고구려-욕살, ㅁ. 고려 - 순군만호부, ㅂ. 조선 - 의금부

19 한국 경찰 역사에 관한 설명으로 틀린 것은? (2006 일반, 여경 2차)

① 한사군 시대에는 문관과 무관으로 나뉘어 있다.
② 통일신라 시대 때 왕권 보호를 위한 범죄로는 모반죄, 모대역죄, 불휼국사죄가 있다.
③ 고려 시대 경우에는 각 지방의 장이 행정, 사법, 군사, 경찰 등의 사무를 그 관할구역 내에서 통합적으로 처리하였다.
④ 조선 시대 때에는 경찰권은 일원화되지 못하고 각 관청이 소관사무와 관련하여 직권에 의하여 위법자를 체포하여 구금하였다.

해설 불휼국사죄는 관리들의 직무와 관련된 범죄이다.

20 다음 중 분권형 체제를 설명한 것 중 틀린 것은? (2001.11.11 일반순경)

① 미국, 캐나다, 스위스 등이 이에 해당한다.
② 광역화되는 범죄에도 효과적으로 대응할 수 있다.
③ 비효율적인 지방경찰이 양산되기 쉽다.
④ 제도 운영의 통일된 기준이 미비하여 많은 문제점이 야기될 수 있다.

해설 분권형 체제는 국제화·광역화되어 가는 범죄에 대응력 저하의 단점을 갖고 있다.

21 다음 중 집권화된 경찰 제도에 대한 설명과 거리가 먼 것은? (2001.11.11 101경비단)

① 집권화된 국가에서는 경찰력의 손실을 국가가 배상하고 있다.
② 사회의 권리를 개인적인 시민의 권리보다 더 중요시 한다.
③ 집권적인 경찰 제도는 전체주의 국가에서만 특징적으로 나타나는 것은 아니다.
④ 대표적인 국가로는 일본, 호주, 독일, 브라질 등이 있다.

해설 집권화 체제의 경찰을 두고 있는 나라는 프랑스, 이탈리아, 핀란드, 이스라엘, 대만, 덴마크, 스웨덴, 한국 등이 있다.

22 다음 중 각 국가의 경찰 제도 설명이 틀린 것은? (2001.11.11 101경비단)

① 영국은 경찰이 수사종결권을 가지고 있다.
② 독일은 경찰이 수사의 주재자이다.
③ 미국은 경찰이 수사의 주재자이다.
④ 일본은 경찰이 1차적 수사권을 가지고 있다.

해설

국가	수사기관
영국	-잉글랜드, 웨일스 검사 : 소추권, 경찰 : 수사권 -스코틀랜드 국가검찰관 : 기소권, 수사의 감독권, 경찰 : 수사의 주체
미국	검사 : 연방사건의 소추 경찰 : 연방 범죄나 기타 법률에 의하여 지정된 범죄에 대하여는 연방경찰이 주법에 규정된 범죄에 대하여는 주경찰이 이외의 수사는 지방경찰에 수사권을 부여
일본	검사 : 소추권, 수사권 경찰 : 일반사건의 제1차적 수사권
프랑스	검사 : 수사의 주재자(예비판사도 수사의 주체임) 경찰 : 수사의 보조자
독일	검사 : 수사의 주재자 경찰 : 수사의 보조자(경찰에게 독자적인 초동 수사권을 인정)

23 다음 각국의 검찰과 경찰의 관계가 가장 바른 것은? (2002.7.21 일반순경)

① 잉글랜드·웨일스에서는 검사는 소추권을, 경찰이 수

정답 18 ③ 19 ② 20 ② 21 ④ 22 ②

사권을 가지는 방식이며, 검찰과 사법경찰은 상호 협력 관계하에 경찰이 독자적 수사권을 갖는다.
② 미국은 검사가 연방 및 주와 지방사건의 소추를 담당하고 검사와 사법경찰과의 관계는 상명하복의 관계를 갖는다.
③ 독일은 검사가 수사의 주재자이고 경찰이 보조자이므로 경찰에게는 일체의 수사권을 부여하고 있지 아니한다.
④ 프랑스는 경찰과 검찰이 수사권을 공유하는 관계로 법률 조언이나 상호 협력 관계를 유지하고 있다.

해설 ② 미국의 검사와 사법경찰의 관계는 상명하복의 아닌 상호 대등·협력 관계, ③ 독일의 사법경찰은 독자적 초동 수사권을 보유, ④ 프랑스의 검사와 경찰의 관계는 상명하복 관계로 검찰이 수사의 주재자 경찰은 그 보조기관이다.

24 다음 외국 경찰사에 대한 설명 중 틀린 것은?

(2002.11.10 일반순경)

① 독일의 주경찰과 연방경찰은 상호 독립 관계이다.
② 미국의 연방경찰기관의 권한은 국가적 범죄 및 주간의 범죄 단속에 한정된다.
③ 프랑스는 내무부 장관 지휘하의 국가경찰이다.
④ 일본 국가공안위원회는 자치성 소할이다.

해설 일본의 국가공안위원회는 내각총리대신의 소할하에 있다. 소할이란 지휘명령권이 없는 형식적 감독을 의미한다.

25 다음 외국 경찰 제도 중 옳지 않은 것은?

(2003.4.20 여경)

① 영국-경찰청장의 임명은 경찰위원회에서 내무부 장관의 동의를 얻어 임명한다.
② 미국-경찰전문직화를 위하여 윌슨의 조직 구조, 통신의 효율성 등 경찰 업무의 혁신을 주장하였다.
③ 독일-각 주는 고유한 경찰법을 제정하여 자치경찰 체제를 시행한다.
④ 일본-경부 이상은 영장청구권을 가지고 있다.

해설 독일 경찰은 자치경찰 체제를 시행하는 것은 아니며, 각 주의 대부분이 자체입법을 통하여 주를 국가로 하는 국가경찰을 원칙으로 한다.

26 각국의 경찰 제도에 대한 설명으로 틀린 것은?

(2003.7.20 101경비단)

① 미국-연방헌법에 의하여 경찰권은 각 주에 유보되어 있다.
② 프랑스-국가경찰이 방범·수사·교통·질서 유지 등 일반적인 경찰 업무를 담당한다.
③ 영국-외형은 자치경찰로 운영되나, 실질은 중앙통제 장치를 강화하고 있다.
④ 독일-연방경찰이 원칙적으로 경찰권을 갖고 있는 절충형 체제이다.

해설 독일의 연방경찰은 헌법상 경찰권이 없으며 전국적 사항이나 국가적 긴급 사태에 대처하기 위하여 설치된 것이다. 따라서 주경찰에 대하여 원칙적으로 재정 부담이나 지휘통솔권을 갖지 못한다. 독일의 연방 경찰기구는 연방 내무부 소속으로 a) 연방헌법보호국(BFVS), b) 연방국경수비대(BGS), c) 연방범죄수사국(BKA)이 있다. 헌법상 연방경찰이 경찰권을 가진 나라는 한 나라도 없다.

27 다음은 각국의 경찰 제도에 대한 설명이다. 올바른 것은 모두 몇 개인가?

(2003.3.14 여경)

> ㉠ 영국 경찰은 법관에 대한 영장청구권, 불기소처분에 대한 독자적 수사종결권을 가지며 기소 업무도 경찰의 독자적 권한으로 인정하고 있다.
> ㉡ 미국의 펜실베이니아 주경찰국은 주지사의 직속이며 중간관리가 없이 직접 보관하고 지휘·감독을 받는다.
> ㉢ 독일 대다수의 주에서는 주를 국가로 하는 국가경찰제를 유지하고 있다.
> ㉣ 대부분 국가는 경찰관의 노동조합 결정권을 인정하지 않으나, 프랑스에서는 1948년 법을 제정하여 노동조합 결성권 및 동맹파업권을 인정하고 있다.
> ㉤ 일본에서는 경찰서의 설치권을 지사의 직무 권한으로 인정하고 있다.

① 없음 ② 1개
③ 2개 ④ 3개

해설 ㉠(×) 영국 경찰은 수사권, 영장청구권, 독자적인 수사종결권을 가지며, 1985년 '형사사건의 기소에 관한 법률'을 제정하기 전까지 기소권도 가지고 있었으나 현재 기소 업무는 검찰이 담당한다.
㉣(×) 프랑스의 경찰은 1948년 법으로 규정하여 노동조합 결성권이 있으나 동맹파업권은 인정되고 있지 않다.

정답 23 ① 24 ④ 25 ③ 26 ④ 27 ④

28 다음 중 각국 경찰 제도에 관한 설명 중 맞는 것은 몇 개인가? (2004.7.11 일반순경)

> ㉠ 영국 경찰은 1985년 범죄사건의 기소에 관한 법률 제정으로 기소권을 독자적으로 행사하게 되었다.
> ㉡ 미국 도시경찰의 시초는 보스턴 시의 야경 제도이다.
> ㉢ 독일의 연방경찰은 전국적으로 긴급 사태에 대응하기 위하여 란트 경찰에 대하여 원칙적으로 지휘 통솔의 권한을 가진다.
> ㉣ 일본의 관구경찰국은 경찰청의 지방기관으로 전국에 6개가 있고, 관구경찰국장이 소장사무의 범위 내에서 부현 경찰을 관리한다.

① 1개 ② 2개
③ 3개 ④ 4개

해설 ㉠(×) 영국 경찰은 1985년 형사사건의 기소에 관한 법률이 제정됨에 따라 기소권이 검찰에 이관되었다.
㉢(×) 독일의 연방경찰은 전국적 사항이나 국가적 긴급 사태에 대처하기 위하여 설치되었으나 주경찰에 대하여 원칙적으로 재정 부담이나 지휘통솔권을 갖지 아니한다.

29 다음 중 아래의 특징을 가진 경찰 체제를 채택하고 있지 않는 나라는? (2004 10.11 여경)

> ① 사회의 권리를 개인적인 시민의 권리보다 더 중요시한다.
> ② 법집행의 성공과 실패에 대한 직접적 책임은 중앙정부가 진다.
> ③ 전체주의 국가에만 특정적으로 나타나는 것도 아니고, 민주주의와 반드시 대립되는 것도 아니다.

① 벨기에 ② 덴마크
③ 스웨덴 ④ 핀란드

해설 집권형 경찰 제도의 설명이다. 이는 국가경찰제라고도 한다. 벨기에는 분권형 경찰 체제이다.

30 일본의 검사와 사법경찰의 관계에 대한 설명 중 잘못된 것은? (2004.10.11 여경)

① 경찰은 독자적 수사권을 가지고 있고 검사와는 상호 협력 관계에 있다.
② 검사는 경찰이 검사의 지휘에 정당한 이유 없이 따르지 않을 경우 공안위원회에 징계 또는 파면을 청구할 수 있다.
③ 경찰의 수사권은 제1차적 수사권이라고 하며 수사의 개시 및 수사종결권을 가지고 있다.
④ 고도의 법률 지식을 요하거나 정치성을 띠는 사건은 검사가 직접 수사한다.

해설 일본의 검사는 소추권과 수사권을 가지고 있고, 경찰은 일반사건의 제1차적 수사권을 가지고 있다. 수사종결권과 구속영장청권은 검사에게만 인정되는 권한이다.

31 미국의 경찰사 중 틀린 것은? (2001.4.8 여경)

① 연방경찰의 업무는 주간(州間) 범죄와 연방범죄의 단속에 한정되었다.
② 최초의 주경찰국은 텍사스 주에서 설치되었다.
③ 주지사 직속 경찰국을 둔 형태는 일리노이 주이다.
④ 최초의 도시경찰은 보스턴 시의 야경 제도이다.

해설 주지사 직속 경찰국을 둔 곳은 펜실베이니아이다.

32 다음 중 영국 경찰의 3원 체제에 따른 권한 구도에 대하여 올바르게 기술하지 못한 것은? (2002.5.12 일반순경)

① 영국의 수도경찰청은 일상 업무에 관하여 3원 체제를 가지고 있다.
② 경찰청장은 매년 경찰 활동 내역을 내무부 장관뿐만 아니라 경찰위원회에까지도 보고서를 제출한다.
③ 경찰위원회는 규칙제정권을 갖고 있다.
④ 경찰위원회는 내무부 장관 동의하에 경찰청장을 임명한다.

해설 규칙제정권은 경찰위원회가 아닌 내무부 장관이 가지고 있다. 경찰위원회는 해당 지역 경찰의 인적·물적 자원을 제공한 역할을 수행한다. 즉, 내무부 장관의 동의하에 경찰청장의 임명, 건물, 구조, 토지 등의 제공을 하며 차량, 장비, 피복 등을 경찰에 제공하고 매년 해당지역 경찰청의 활동 내역을 담은 연례보고서를 제출받고 치안과 관련한 특정 사안의 보고서 제출을 요구할 수 있다.

33 다음 중 윌슨(O.W Wilson)이 이야기한 경찰 업무의 혁신에 해당하지 않는 것은? (2001.7.21 101경비단)

① 경찰의 조직구조 ② 순찰 운영
③ 통신의 효율성 ④ 경찰 채용 기준의 강화

정답 28 ② 29 ① 30 ③ 31 ③ 32 ③

해설 윌슨(O.W Wilson)은 경찰의 조직구조, 순찰 운용, 통신의 효율성을 통한 경찰 업무의 혁신과 전문직화를 주장하였다.

34 다음 중 영국의 내무부 장관이 경찰에 대하여 갖고 있는 권한이 아닌 것은? (2002.7.21 일반순경)

① 특정 사안에 대한 진상보고서 제출 요구
② 근무 조건, 행정 등에 관한 규칙제정권 보유
③ 경찰위원회의 동의를 얻어 경찰청장 임명
④ 경찰청 간 원조 지휘

해설 경찰청장의 임명은 경찰위원회가 내무부 장관의 동의를 얻어 임명한다.

35 다음 미국 경찰에 대하여 잘못 서술한 것은? (2003.3.9 일반순경)

① 연방정부는 헌법상 명문으로 경찰권을 가지고 있지 아니하지만 헌법이 부여한 관세권 및 주간 통상 규제권 등의 행사로 사실상 경찰권을 행사한다.
② 최초의 주경찰을 보유하게 된 곳은 펜실베이니아 주 경찰이다.
③ 미국의 연방범죄수사국 이외에는 모두 특정한 법 영역만을 담당한다.
④ 미국의 도시경찰의 관리 형태는 자치제 정부의 형태에 따라 다양하다.

해설 최초의 주경찰은 텍사스에서 설치하였으며 이 경찰이 텍사스 레인저(Texas Ranger)이다. 이후 매사추세츠, 펜실베이니아에서도 주경찰이 등장하였다.

36 미국의 연방경찰에 대한 설명으로 잘못된 것은?

① 연방 법집행기관은 다수이지만 임무 중복 등의 현상이 없이 체계적인 조직을 갖추고 있다.
② 연방경찰기관의 권한은 국가적 범죄 및 주간의 범죄 단속에 한정된다.
③ 연방범죄수사국 이외에는 모두 특정한 법영역만을 담당한다.
④ 연방범죄수사국은 대부분이 연방정부의 각 기관에 속해 있다.

해설 미국의 연방경찰은 연방정부의 여러 기관이 그 자체적인 법집행력을 확보하기 위한 수단으로 설치한 것으로 그에 따른 많은 연방 법집행기관이 난립하여 임무의 중복 현상과 산발성으로 비능률적 · 비경제적이라는 비판과 함께 조직 재편성의 과제를 안게 되었다.

37 미국 경찰에 대한 설명 중 잘못된 것은? (2003.9.28 여경)

① 영국은 미국의 경찰 제도에 가장 큰 영향을 주었다.
② 보스턴 시 경찰국이 탄생하면서 최초의 제복경찰관을 도입하였다.
③ 보스턴 시 야경 제도는 미국 도시경찰의 시초가 되었다.
④ 뉴욕은 미국 최초 주경찰을 보유하고 있었다.

해설 최초의 주경찰은 텍사스의 텍사스 레인저(Texax Ranger)이다

38 영국의 지방경찰에 대한 설명 중 옳지 않은 것은? (2003.9.28 여경)

① 원칙적으로 자치경찰 체제이다.
② 예산은 내무부로부터 보조금 50% 이하를 지원받는다.
③ 지방경찰의 관리기관은 경찰위원회이다.
④ 지방의회에 경찰청장이 직접 출석하여 치안 관련 질의에 응답한다.

해설 지방의회는 치안 관련의 특정 사안이나 매년 경찰청의 활동 내역에 관하여 보고하는 것을 요구할 수 있지만 직접 출석하여 그에 응답하는 것은 요구할 수 없다.

39 다음 영국의 경찰에 대한 설명이 바르지 못한 것은? (2003.11.9 일반순경)

① 영국은 중앙경찰기구를 가지고 있다.
② 수도 및 국가적 사안에 관하여서는 3원 체제를 형성하고 있지 아니하다.
③ 내무부 장관 직속으로 국립범죄정보국을 가지고 있다.
④ 국립범죄정보국은 자체 수사 기능을 가지고 있지 아니하다.

해설 국립범죄정보국(NCIS)은 범죄정보의 수집 · 분석 · 배포의 업무를 수행하기 위하여 1992년에 만들어졌으며 1997년 경찰법의 제정으로 내무부 장관 직속에서 국립범죄정보위원회를 설치하여 그 소관으로 이속시켰으며, 그 임무에 수사 기능을 더하였다.

40 다음 미국의 「준법 및 법집행에 관한 실태조사위원회 보고서」의 내용이라고 보기 어려운 것은? (2003.11.9 일반)

정답 33 ④ 34 ③ 35 ② 36 ① 37 ④ 38 ④ 39 ④

① 정치적 간섭의 배제
② 경찰 채용 기준의 강화
③ 근무 조건의 개선
④ 통신의 효율성 등을 통한 혁신

해설 1931년 미국의 준법 및 법집행에 관한 실태조사위원회는 미국 경찰을 개혁하기 위하여 정치적 간섭 배제 경찰 채용 기준의 강화, 근무 조건의 개선, 경찰에 대한 교육의 강화 등을 제안하였다.

41 미국의 주경찰에 대한 설명으로 틀린 것은?

① 펜실베이니아 주-주지사 직속으로 주경찰국을 두고 있다.
② 조지아 주-주지사 밑에 경찰위원회를 두고 관리하고 있다.
③ 뉴욕 주-주지사 밑에 경찰위원회를 두고 관리하고 있다.
④ 일리노이 주-주지사 밑에 주경찰을 두고 있다.

해설 일리노이 주는 주지사 밑에 법집행청을 두고 이 안에 경찰국, 수사국, 소방국을 두는 형태이다.

42 다음 미국 경찰 제도에 대한 설명 중 잘못된 것은? (2004.11.7 일반순경)

① 영국은 미국의 경찰 제도에 가장 큰 영향을 주었다.
② 보스턴 시 야경 제도는 미국 도시경찰의 시초가 되었다.
③ 1931년 미국의 '준법 및 법 집행에 대한 실태조사위원회'의 보고서가 존재하였다.
④ 1838년에 보스턴 시 경찰, 1844년에 필라델피아 경찰, 1848년에 뉴욕 시 경찰이 근대적 경찰로 개혁하는 등 미국의 대도시에서 경찰개혁이 시작되었다.

해설 1838년에 보스턴 시 경찰, 1844년에 뉴욕 시 경찰, 1848년에 필라델피아 경찰이 근대적 경찰로 개혁하는 등 미국의 대도시에서 경찰개혁이 시작되었다. 지문은 필라델피아와 뉴욕 시가 바뀌었다.

43 영국 경찰 제도 개혁에 대한 설명 중 타당하지 않은 것은? (2006.일반, 여경 1차)

① 산업혁명으로 인한 치안 수요 급증으로 1829년 로버트 필 경에 의하여 수도경찰청이 창설되었다.
② 1964년 경찰법에 의하여 수도경찰청과 런던 시를 포함한 모든 경찰본부가 관리기구인 경찰위원회로 통합되었다.
③ 1992년에 국립(중앙)범죄정보국이, 1997년에 국가범죄수사국이 창설되었다.
④ 2000년부터 수도경찰청이 자치경찰화되었다.

해설 1964년 경찰법 제정으로 수도경찰청과 런던 시를 제외한 모든 경찰본부가 관리기구인 경찰위원회로 통합되고, 내무부 장관에게 경찰본부 합병권이 부여되어 비능률적인 소규모 경찰본부의 통합이 추진되었다.

44 다음 중 미국 도시경찰에 관한 설명으로 타당하지 않은 것은 모두 몇 개인가? (2006.일반 여경 1차)

> ㉠ 미국의 법집행기관 중에서 그 규모가 가장 크고 중요하다.
> ㉡ 시(市) 경찰 중에서 가장 규모가 큰 것은 뉴욕 시 경찰청이다.
> ㉢ 우리 나라의 파출소에 해당하는 말단조직을 가지고 있다.
> ㉣ 경찰서에 형사(수사) 부서를 두어 지역 주민을 보호하고 있다.
> ㉤ 미국의 경찰위원회 제도는 정당정치의 산물로 각 계파의 의견을 반영하기 위한 목적으로 시작되었다.
> ㉥ 경찰위원의 경찰관리 제도를 처음 채택한 곳은 텍사스 주의 캘버스턴 시이다.
> ㉦ 국제경찰장회의가 창설된 목적은 도시경찰조직 운영에 있어 전국적 통일의 결여를 보완하기 위해서이다.

① 2개 ② 3개
③ 4개 ④ 5개

해설 ㉢ 미국의 도시경찰은 우리 나라의 파출소에 해당하는 말단조직을 가지고 있지 않다.
㉣ 미국의 도시경찰을 우리 나라 경찰서 조직과 비교하여 볼 때 다른 점은 대부분 형사(수사) 부서가 경찰서 소속이 아니라 경찰국에서 직접 운용한다는 점이고, 경찰서장의 지휘를 받지 않으며, 인사 교류도 서로 되지 않는다는 점이다.
㉤ 미국의 경찰위원회는 시 경찰로부터 정당정치를 배제하는 것을 목적으로 하는 초당파위원회였지만, 일반적으로 그 본질에서 정당정치 배제의 측면에서는 성과를 거두지 못하였다.

45 영국의 특별경찰 중 임명권자가 다른 것은? (2006 일반, 여경 2차)

정답 40 ④ 41 ④ 42 ④ 43 ② 44 ②

① 철도경찰
② 운하 및 하천경찰
③ 군대 및 원자력위원회경찰
④ 민간항공경찰

해설 군대 및 원자력위원회경찰은 육군최고회의, 해군본부, 공군최고회의 및 원자력위원회의 지명으로 임명하고, 나머지는 치안법관이 임명한다.

46 일본의 경찰에 대하여 틀린 것은? (2001.4.8 여경)

① 경찰청과 관구경찰국이 있다.
② 경찰청은 국가공안위원회의 관리를 받는다.
③ 국가경찰과 지방경찰은 독립적이어서 국가경찰은 그 관리권이 없다.
④ 국가공안위원회는 내각총리의 소할이다.

해설 국가경찰의 경찰청 장관은 경찰청의 소장 사무의 범위 내에서 지방경찰인 도도부현 경찰을 지휘・감독한다. 따라서 국가경찰과 지방경찰은 서로 독립적인 존재가 아니다.

47 다음 독일 경찰에서 연방경찰에 대한 설명으로 잘못된 것은?

① 연방경찰은 국경 수비와 특수한 업무만 담당하였다.
② 연방경찰은 주경찰에 대하여 재정 부담의 의무를 가진다고 할 것이다.
③ 연방범죄수사국이 설립되었다.
④ 연방경찰은 전국적 사항이나 국가적 긴급사태에 대처하기 위하여 설치하였다.

해설 독일의 연방경찰은 헌법상 경찰권을 가지고 있지 못하며 전국적 사항이나 국가적 긴급사태에 대처하기 위하여 설치되므로 주경찰에 대하여 원칙적으로 재정부담이나 지휘통솔권을 갖지 못한다.

48 다음 중 프랑스 경찰에 대한 내용이 아닌 것은? (2002.7.21 일반순경)

① 경찰 체제는 전반적인 국가경찰 형태이다.
② 자치제 경찰은 지방자치단체장이 규칙 등 지역적인 경찰 업무를 담당한다.
③ 인구 3만 명 이상의 도시만 국가경찰화하였다.
④ 국방부 소속의 군경찰은 국립경찰이 배치되지 않은 지역에서 도지사의 지휘를 받아 일반경찰 업무를 수행한다.

해설 프랑스는 인구 2만 명 이상의 도시지역은 모두 국가경찰화하였고, 인구 2만 명 미만의 도시지역에서 극히 제한적으로 자치경찰이 시행되고 있다.

49 다음 일본 경찰에 대하여 틀린 설명은? (2003.3.9 일반순경)

① 경찰청은 내각총리대신의 소할이다.
② 대규모 재해 발생시 내각총리대신과 경찰청 장관의 중앙통제를 인정하고 있다.
③ 도부현 경찰본부는 경찰서설치권을 보유한다.
④ 도도부현 지사는 공안위원회를 지휘・감독하지 못한다.

해설 경찰서 설치권은 도도부현의 지사가 보유하고 있다.

50 다음 중 독일의 경찰조직에 관한 설명으로 잘못된 것은? (2003.9.28)

① 경찰권은 원칙적으로 주정부에 속해 있다.
② 연방경찰과 주경찰과는 상명하복 관계가 있다.
③ 전통적인 특수 상황에 대비하기 위한 연방경찰이 있다.
④ 주(州)를 국가로 하는 국가경찰을 원칙으로 한다.

해설 독일의 주는 그 자체가 하나의 국가로 자치성이 강항 존재이다. 연방과 주는 상호 독립적 관계에 있다. 따라서 연방경찰과 주경찰은 마찬가지로 상호 독립적 관계이다.

51 일본 도도부현 경찰에 대한 설명 중 옳지 않은 것은? (2005.일반,여경1차)

① 도도부현 경찰에는 동경도 경시청과 도부현 경찰본부가 있으며, 경찰관리 기관으로 지사의 소할하에 도도부현 공안위원회를 설치, 운영하고 있다.
② 경시청의 경시총감은 국가공안위원회가 도공안위원회의 동의를 얻어 내각 총리대신의 승인을 받아 임면한다.
③ 도부현 경찰본부장은 국가공안위원회가 도부현공안위원회의 동의를 얻어 임면한다.
④ 도도부현 지사는 공안위원회를 소할하에 두고 경찰의 운영에 관하여 위원회를 지휘, 감독할 권한을 갖는다.

해설 도도부현 지사는 공안위원회를 소할하에 두고 있으나, 경찰의 운영에 관하여 위원회를 지휘, 감독할 권한은 갖지 않는다.

정답 45 ③ 46 ③ 47 ② 48 ③ 49 ③ 50 ② 51 ④

52 다음 각국의 경찰 제도 중 옳지 않은 것은 몇 개인가? (2005 일반, 여경 2차)

> ㉠ 일본의 경찰조직은 국가경찰인 경찰청과 관구경찰국, 도도부현 경찰인 동경도경시청과 도부현 경찰본부 등 2중 체제로 구성되어 있다.
> ㉡ 프랑스 경찰은 국가경찰 체제로서 내무부 장관의 지휘하에 전국적인 조직을 갖고 있다.
> ㉢ 영국 경찰은 직접 법관에게 영장을 청구할 수 없다.
> ㉣ 미국 경찰은 일반적으로 통합적인 법집행 체제를 가지고 있다.
> ㉤ 독일은 검사가 수사의 주재자이나 자체적인 집행기관이 없어 소위 팔 없는 머리라 불린다.

① 1개 ② 2개
③ 3개 ④ 4개

해설 ㉢ 영국 경찰은 독자적 수사권을 가지고 영장청구권, 협의의 불기소 처분권을 가진다. ㉣ 미국 경찰은 분권화 결과 주 단위 자치경찰을 원칙으로 채택하고 있고 각 경찰기관(연방, 주, 지방자치경찰) 상호간에는 원칙적으로 수평적 대등 관계이다.

53 다음 중 미국 법무부에 소속된 법집행기관이 아닌 것은? (2005 일반, 여경 3차)

① 연방범죄수사국(FBI)
② 연방보안관실(U.S Marshals Service)
③ 특별업무국(SS)
④ 마약단속국(DEA)

해설 특별업무국은 국토안보부 소속이다.

54 독일에서 다음과 같은 임무를 수행하는 기관은?

> 극좌, 극우의 합법 및 비합법단체, 스파이 등 기본법 위반의 혐의가 있는 모든 행위에 대한 감시 업무와 정보 수집, 분석

① 연방정보지원처 ② 연방내무부
③ 특별업무국 ④ 연방헌법보호국

55 일본의 국가공안위위원회 설명으로 옳지 않은 것은? (2005 일반, 여경 3차)

① 위원장은 회의를 주재하며, 의결권이 없다.
② 업무 수행에 필요한 감찰 업무도 수행한다.
③ 위원의 임기는 3년이다.
④ 사법경찰 직원에 관한 징계파면권을 가진다.

해설 위원의 임기는 5년이다.

56 각국 경찰 제도에 대한 설명이다. 옳은 것은 몇 개인가? (2006.일반, 여경2차)

> ㉠ 영국 경찰은 법관에 대한 영장청구권, 불기소처분에 대한 독자적 수사종결권을 가지며 기소 업무도 담당한다.
> ㉡ 미국의 펜실베이니아 주는 파출소(station)를 근무의 거점으로 삼고 있다.
> ㉢ 독일의 경찰에 대한 교육은 주 내무부에서 담당하며, 총경 임용교육의 기간은 2년이다.
> ㉣ 대부분 국가는 경찰관의 노동조합 결성권을 인정하지 않으나, 프랑스에서는 1948년에 법을 제정하여 노동조합 결성권 및 동맹파업권을 인정하고 있다.
> ㉤ 일본의 국가공안위원회는 합의제 행정관청인 행정위원회의 성격을 갖고 있다.

① 5개 ② 4개
③ 3개 ④ 2개

해설 ㉠ 기소권은 검사 권한이다. ㉡ 미국에서 파출소(station)는 근무 거점일 뿐, 우리의 경찰서나 파출소와 같은 행정관할이 아니다. 일단 담당구역이 있지만 주민은 가장 가까운 파출소에 신고할 수 있고, 긴급사건은 가까운 파출소에서 출동하는 경우가 많다. ㉢ 독일 경찰의 교육기관은 모두 주정부 내무부 장관의 직속이고, 고급간부의 통일적인 교육을 위하여 설립한 경찰지휘관 학교의 총경임용교육 과정은 2년이며, 초급간부를 위한 교육은 연방 및 각 주에 소재한 전문대학의 경찰행정 분야에서 3년의 교육 과정으로 실시한다. ㉣ 동맹파업권은 없다. ㉤ 맞는 설명이다.

정답 52 ② 53 ③ 54 ④ 55 ③ 56 ③

4 경찰행정법

1 훈령과 직무명령의 비교에 대한 설명 중 바르지 못한 것은? (2001.3.11 일반순경)

① 직무명령은 훈령의 성격을 갖지 못한다.
② 하급경찰관청의 권한 행사에 대한 명령이 훈령이다.
③ 직무명령의 효력은 경찰공무원의 변동 여부에 영향을 받지 않는다.
④ 훈령은 원칙적으로 일반적·추상적 사항에 대해서 발해져야 하지만 개별적·구체적 사항에 대해서도 발해질 수 있다.

해설 직무명령은 공무원 개개인을 구속하므로 공무원이 교체되면 효력을 상실한다.

2 상급관청이 하급관청에 훈령을 발하였으나 하급관청이 훈령에 위반할 경우 그 효과는? (2001.4.8 여경)

① 징계 사유는 되어도 유효하다.
② 위법행위로서 당연히 취소된다.
③ 위법행위로서 행정벌의 원인이 된다.
④ 위법행위로서 무효이다.

해설 훈령을 위반한 행위는 위법이 아닌 적법이며 유효하다. 단, 이 경우 하급관청은 행정벌로서 징계 대상이 된다.

3 다음 중 훈령권에 대한 설명으로 적절하지 않은 것은? (2001.4.8 여경)

① 훈령은 경찰조직 내부에서 하급 경찰관청에 대하여 발하는 명령이다.
② 비록 일반적인 법조의 형식을 취하더라도 법규가 아니다.
③ 훈령은 일반 국민을 구속할 수 없다.
④ 훈령 위반은 위법이 된다.

해설 훈령 위반은 위법이 아니다. 그러나 훈령에 위반된 행위도 그 효력은 유효하지만 훈령 위반자에게는 징계 사유가 된다. ③ 훈령은 행정규칙으로 하급관청만 구속한다.

4 다음 중 훈령에 관한 설명으로 바르지 못한 것은 무엇인가? (2001.6.3 일반순경)

① 훈령은 하급관청의 구성원에 변동이 있더라도 소멸되지 않는다.
② 훈령의 종류에는 협의의 훈령·지시·예규·일일명령이 있다.
③ 훈령은 원칙적으로 대외적 효력을 가진다.
④ 훈령을 위반한 공무원에 대하여는 징계 책임을 물을 수 있다.

해설 훈령은 행정규칙으로 하급관청만 구속하며 예외적인 경우에만 대외적인 효력을 갖는다.

5 경찰서에 근무하는 A경찰관은 상사의 직무명령이 위법하다는 것을 알고서도 그 명령을 수행하였다. 이에 대한 가장 바른 설명은? (2002.3.17 여경)

① 상사의 명령에 복종한 A에게 책임이 있다.
② 상사의 직무명령에 복종한 A에게는 책임이 없다.
③ 부하에게는 상사의 명령을 판단할 의무가 전혀 없다.
④ 부하는 상사의 명령이 설령 명백히 위법이더라도 복종할 의무가 있다.

해설 경찰공무원은 국가공무원법 제57조에 복종 의무에 의하여 직무 수행시 소속 상관의 직무상 명령이 그 하자가 중대하고 명백하여 무효가 아닌 한 복종하여야 하나 그 명령이 위법하다는 사실을 알고도 복종하였으면 이에 복종한 공무원에게도 책임이 있다는 것이 판례의 입장이다. 또 복종하여야 할 직무상의 명령은 직무에 관계된 것뿐만 아니라 복장, 외관에 관한 것도 포함되며, 대리보다는 직무명령이 경합하는 경우 직근 상관의 명령에 복종하여야 한다.

6 "법적 보호가 적시에 이루어지지 않고, 경찰의 원조 없이는 법을 실현시키는 것이 무효화되거나 사실상 어려워질 경우에만 경찰이 개입할 수 있다"는 말과 관련이 깊은 것은? (2002.3.17 여경)

① 보충성의 원칙 ② 비례성의 원칙

정답 1 ③ 2 ① 3 ④ 4 ③ 5 ① 6 ①

③ 필요성의 원칙 ④ 적합성의 원칙

해설 문제는 경찰은 다른 행정기관의 권한에 속하는 사항에 대하여는 그 관청의 권한 행사가 우선하며 그 관청이 권한을 행사하지 않는 경우에만 보충적으로 경찰권을 행사할 수 있다는 원칙을 설명하는 것으로 이는 보충성의 원칙을 말한다.

7 법과 경찰 활동과의 관계에서 경찰 행정작용은 다음 세 가지 차원에서 법에 구속된다고 한다. 다음 빈 칸에 적합한 순서로 짝지어진 것은? (2002.10.13 여경)

> ( ) 규범으로 경찰 활동은 법률에 정해진 범위 내에서 행해져야 한다.
> ( ) 규범으로 경찰 활동은 법률의 규정에 위반해서는 안 된다.
> ( ) 규범으로 경찰기관은 수권규정 없이 자기 판단에 따라 독창적으로 행위할 수 없다.

① 제약 – 조직 – 근거 ② 조직 – 제약 – 근거
③ 근거 – 조직 – 제약 ④ 제약 – 근거 – 조직

해설 경찰 활동은 경찰의 임무를 규정하는 조직규범 내에서 행해져야 하며, 법률의 제약규범에 위반하지 않고 수행되어야 하며, 적극적으로 어떤 행위를 하고자 할 때에는 법에 근거가 있어야 한다는 것으로 경찰행정의 법치주의 원리에 해당한다.

8 상급관청이 하급관청에서 발하는 명령에 대한 설명으로 틀린 것은? (2002.10.13 여경)

① 상관이 직무에 관하여 부하에게 발하는 명령과 성격이 다르다.
② 개별적·구체적으로 발하는 명령도 포함된다.
③ 일과 업무에 대한 일일명령은 포함되지 않는다.
④ 행정의사의 통일을 기해 발해지는 것으로 대외적인 효력을 갖는 경우도 있다.

해설 상급관청이 하급관청에 발하는 명령은 훈령이라고 한다. 훈령에는 협의의 훈령, 지시, 예규, 일일명령 등이 있다.

9 경찰권 발동은 사회 공공의 안녕과 질서를 유지하기 위해서만 발동할 수 있는 것을 의미하므로 사회 공공의 안녕과 질서 유지와 직접 관계되지 아니하거나 사생활 관계에는 경찰권을 발동할 수 없다는 원칙은? (2003.7.20 101경비단)

① 소극 목적의 원칙 ② 공공의 원칙
③ 편의주의의 원칙 ④ 경찰 책임의 원칙

해설 경찰 공공의 원칙이란 경찰권은 공공의 안녕과 질서 유지에 관계 없는 사적 관계에 발동되어서는 안 된다는 원칙을 말한다. 이를 통해서 사생활 불간섭의 원칙, 사주 소 불가침의 원칙, 민사관계 불간섭의 원칙이 도출될 수 있다. 그러나 사적이라도 공공의 질서에 영향을 주는 경우 경찰권을 발동할 수 있다. 최근 가정폭력이 심각한 상황에 이르자 우리 경찰이 이에 적극 대응키로 한 것은 이 원칙에 의한 것이다.

10 경찰행정법원 중 성문 법원에 대한 기술로 틀린 것은? (2003.7.20 101경비단)

① 헌법에 의하여 체결·공포된 조약과 일반적으로 승인된 국제법규는 국내법과 같은 효력을 가진다.
② 행정기관이 법률을 집행하기 위하여 필요한 부수적·세부적 규정을 정하는 경우를 집행명령이라고 한다.
③ 지방지치단체의 의회가 제정한 조례로 형벌을 부과할 수 있다.
④ 현행 국가경찰 체제에서 조례와 규칙은 경찰 활동과 관련성이 적다.

해설 조례로써 주민의 권리 제한이나 의무 부과 또는 벌칙을 정할 때에는 법률의 위임이 필요하며 조례는 형벌을 부과할 수 없으나 1천만 원 이하의 과태료는 부과할 수 있다. 경찰행정법의 법원은 그 존재 형식에 따라 성문 법원과 불문 법원으로 나뉜다. 성문 법원에는 a) 헌법, b) 법률, c) 명령, f) 자치법규(조례, 규칙)가 있다. 조례는 지방자치단체의 의회가 제정하는 것이며 규칙은 지방자치단체장이 제정하는 것이다. 현재와 같은 경찰행정법의 법원으로서 관련성은 현재 국가경찰 제도를 취하고 있기 때문에 거의 없으나 자치경찰 제도가 도입되면 관련성은 있게 된다.

11 경찰권 발동의 조건과 정도를 명시한 원칙은? (2003.9.28 여경)

① 경찰 책임의 원칙 ② 경찰 소극 목적의 원칙
③ 사생활 불간섭의 원칙 ④ 경찰 비례의 원칙

해설 경찰권 발동의 조건과 정도를 명시한 원칙은 경찰 비례의 원칙이다. 이 원칙은 경찰권은 사회 공공의 안녕

정답 7 ② 8 ③ 9 ② 10 ③ 11 ④

과 질서 유지에 장해가 발생한 경우 그를 위하여 필요한 최소한도 내에서 발동되어야 한다는 것이다. 경찰권의 정도에 대하여는 다시 ㉠ 적합성의 원칙, ㉡ 필요성의 원칙(최소 침해의 원칙), ㉢ 상당성의 원칙(협의의 비례의 원칙, 수인 가능성의 원칙)이 있다.

12 다음 중 경찰법에서 판례법이 성립하기가 가장 곤란한 사항은? (2003.9.28 여경)

① 무효와 취소의 구별　② 소송의 제기 시한
③ 재량권 행사의 한계　④ 총기 사용의 한계

해설 판례법의 성립되기 위한 조건은 성문법의 결여된 경우와 실정법이 불분명한 개념을 사용하고 있는 경우이다. 소송의 제기 시한 같은 경우는 실정법에 명문화되어 있는 것으로 판례법이 성립할 수 없다.

13 경찰법의 존재 형식과 관련된 다음 설명 중 바른 것은? (2004.3.14 여경)

① 훈령에 의한 행정선례법의 변경은 법률의 변경에 의하지 않는 한 불가하다고 보아야 한다.
② 행정상의 법률 관계는 모두 성문 법규로 규율되므로 불문법은 경찰법의 법원이 될 수 없다.
③ 훈령은 법령의 구체적인 근거 없이 발할 수 없다.
④ 현행법상 법의 일반 원칙이 성문화되어 있는 사례는 찾아볼 수 없다.

해설 ① 맞는 지문, ④ 법의 일반 원칙은 조리를 의미하는데 조리는 경찰행정과 관련하여 성문법과 관습법이 없고 판례도 없는 경우 최후에 적용되는 보충법으로 평등의 원칙, 비례의 원칙, 금반언의 원칙 등을 들 수 있다. 최근 이러한 조리는 성문화되어 가는 추세이다.

14 경찰의 임용의 효력이 발생하는 시기는? (2001.3.11 일반순경)

① 임용장을 교부받은 날로부터
② 임용장에 날짜가 기재된 날로부터
③ 경찰청장 앞에서 선서한 날로부터
④ 공무원 명부에 등재된 때부터

해설 경찰의 임용의 효력 발생 시기는 경찰공무원 임용령 제5조에 의하여 임용장 또는 임용통지서에 기재된 일자에 임용된 것으로 본다.

15 다음 중 경찰공무원 복무규정에 관하여 잘못 설명한 것은? (2001.3.11 일반순경)

① 정당에 가입할 수 없다.
② 외국 정부로부터 표창을 받을 때에는 경찰청장의 허가를 받아야 한다.
③ 소속 상관의 승낙 없이 직장을 이탈하지 못한다.
④ 공무 이외의 영리를 목적으로 하는 업무에 종사하지 못한다.

해설 경찰공무원 복무규정에는 외국 정부의 영예의 제한을 규정하고 있다. 이는 "공무원이 외국 정부로부터 영예 또는 증여를 받는 경우는 대통령의 허가를 얻어야 한다"라는 것을 내용으로 하고 있다.

16 경찰은 '공직자윤리법'상 재산 등록을 하도록 되어 있다. 경찰이 재산 등록을 하도록 규정한 계급은? (2001.3.11 일반순경)

① 총경 이상　② 경감 이상
③ 경위 이상　④ 경사 이상

해설 공직자윤리법은 경찰공무원에 대하여 총경 이상(공직자윤리법시행령은 경사 이상)은 재산 등록 의무, 치안감 이상인 경우와 경무관 이상인 자로서 지방경찰청장인 경우에는 재산 공개의 의무를 규정하고 있다(공직자윤리법 제10조 제1항). 따라서 재산 등록의 대상은 경사 이상이며 각 지방경찰청장 이상은 재산 공개 의무가 있다.

17 다음 중 경찰 의결기관 및 경찰 협의기관에 대하여 설명이 잘못된 것은? (2001.4.8 여경)

① 경찰청장은 최고 중앙보통경찰기관이다.
② 경찰위원회 위원의 임기는 3년이며 연임할 수 없다.
③ 경찰위원회 위원은 행정자치부 장관의 제청으로 국무총리를 거쳐 대통령이 임명한다.
④ 치안행정협의회는 시·도지사 소속하에 있으며 시·도지사가 의장이 된다.

해설 치안행정협의회는 시·도지사 소속하에 있으며 부시장, 부지사가 의장이 된다.

18 다음 중 경찰위원회에 대한 설명이 틀린 것은? (2001.6.3 일반순경)

① 행정자치부 장관 소속하에 설치한다.
② 경찰에 관한 사무통할, 경찰 직무를 집행한다.

정답 12 ② 13 ① 14 ② 15 ② 16 ④ 17 ④

③ 경찰단독 결정에 단점 보완 기능을 수행한다.
④ 치안정책에 관한 심의・의결기관이다.

해설 경찰위원회는 경찰의 정치적 중립 보장과 민주적 운영을 위하여 경찰법 제9조 제1항의 각 호에 정한 사항을 심의・의결하기 위함이다. 경찰에 관한 사무통할, 경찰 직무를 수행하는 것은 경찰집행기관으로 경찰청, 지방경찰청, 경찰서에 속한 개개의 경찰공무원이 이에 해당한다.

19 경찰관청의 권한의 위임과 대리에 대한 설명으로 타당하지 않은 것은? (2001.6.3 일반순경)

① 권한의 위임은 하급관청, 권한의 대리는 보조기관이 주로 상대방이 된다.
② 권한의 위임은 권한의 법적 귀속을 변경하고 법적 근거가 있어야 한다.
③ 권한의 위임은 권한 자체가 수임청에 이전된다.
④ 권한의 위임을 받더라도 수임 하급관청은 자기 명의로 권한을 행사할 수 없다.

해설 위임은 위임기관의 권한이 수임기관에 이전되며 위임기관은 지휘권을 보유한다.

20 다음 중 의원면직에 대한 설명으로 틀린 것은? (2001.10.14 여경)

① 사직의 의사 표시가 있으면 바로 면직의 효과가 발생한다.
② 임명의 경우와 같이 쌍방적 행정행위이다.
③ 강요에 의한 사의 표시는 위법이다.
④ 사직서만 제출하고 직장을 무단 이탈하면 징계 및 형사 책임의 원인이 된다.

해설 의원면직은 공무원 자신의 서면 의사 표시를 통하여 임용권자의 처분으로 공무원 관계가 소멸되는 것으로 사직의 의사 표시만으로는 부족하며 서면에 의하여 사직서를 제출하여야 하며 임용권자의 승인이 있어야 효력이 있다. 따라서 사직서 제출 후 사표 수리 전의 결근은 무단 결근으로 징계 사유가 된다.

21 경찰공무원의 임용의 원칙으로 틀린 것은? (2001.10.14 여경)

① 평등의 원칙 ② 엽관주의 원칙
③ 실적주의 원칙 ④ 적격자 임용의 원칙

해설 엽관주의란 공직의 임면을 능력 자격에 두는 것이 아니라 당파성, 개인적 충성심, 혈연, 지연 및 학연 등을 기준으로 하는 제도를 말한다.

22 다음 경찰이 긴밀한 지역사회 관계를 형성하기 위해서는 주민들의 불만을 적절히 대처하고 해소시키는 노력이 중요한데, 다음 중 경찰이 주민들의 의견 수렴을 위해 발족시킨 기구로 보기 어려운 것은? (2001. 10.14 여경)

① 경찰위원회 ② 치안행정협의회
③ 민원봉사실 ④ 경찰서행정발전위원회

해설 경찰위원회는 경찰의 심의, 의결기관이므로 경찰과 지역사회 관계를 긴밀하게 하기 위한 치안행정협의회나 경찰서행정발전위원회 등과는 그 성격이 상이하다.

23 다음 중 경찰위원회에 대한 설명으로 틀린 것은? (2002.5.12 일반순경)

① 임기는 3년이고 연임할 수 없고, 보궐 위임 임기는 전임자의 잔임 기간으로 한다.
② 위원 중 2인은 법관 자격이 있어야 한다.
③ 경찰위원회의 위원은 위원장 1인을 포함한 상임위원 7인으로 한다. 이 때 위원장은 정무직 차관급으로 한다.
④ 위원은 행정자치부 장관 제청으로 국무총리를 거쳐 대통령이 임명한다.

해설 경찰법 제5조 이하에 규정되어 있는 경찰위원회는 위원장 1인을 포함한 7인(위원장 및 5인의 비상임, 1인의 위원은 상임)으로 구성되어 있으며, 위원장은 비상임위원 중에서 호선한다.

24 다음 중 공무원 관계의 신분을 유지하면서 공무원 관계의 내용이 변경되는 것이 아닌 것은? (2002.7.21 101경비단)

① 직위해제 ② 정직
③ 휴직 ④ 해임

해설 해임은 공무원의 신분이 상실되어 공무원으로서 근무관계가 소멸되는 것이다.

25 다음 중 공무원의 가장 기본적 의무는 무엇인가? (2002.7.21 101경비단)

① 성실 의무 ② 선서 의무

정답 18 ② 19 ④ 20 ① 21 ② 22 ① 23 ③ 24 ④

③ 청렴 의무 ④ 친절공정 의무

해설 모든 공무원은 법령을 준수하며 성실히 직무를 수행하여야 한다(국가공무원법 제56조)고 국가공무원법에 규정되어 있다. 최대한으로 공공의 이익을 도모하고 그 불이익을 방지하기 위하여 전인격과 양심을 바쳐서 성실히 직무를 수행하여야 함을 뜻하는 성실의 의무는 공무원의 의무의 원천이 되는 기본적 의무이며 자발적이고 적극적인 의무이다.

26 행정관청의 권한의 위임에 대한 설명으로 틀린 것은? (2002.7.21 일반순경)

① 권한의 위임은 권한 자체가 수임청에 이전된다.
② 권한의 위임은 법령으로 정하여진 경찰관청의 권한을 다른 경찰관청에 이전하는 효과를 가져오므로 법적 근거를 요한다.
③ 권한의 위임은 주로 하급관청에 대하여 행해진다.
④ 경찰관청의 권한의 전부 또는 일부를 다른 행정기관이 피대리 관청을 위한 것임을 표시하여 자기의 이름으로 행사하고 그 행위는 피대리 관청의 행위로서 효과를 발생하는 것이다.

해설 ④는 대리에 대한 설명이다. 권한의 위임은 법령의 근거에 의하여 자기에게 주어진 권한의 일부를 하급관청이나 보조기관이 행사하도록 하는 것이다.

27 경찰 장구 사용의 법적 성격은? (2002.11.10 101경비단)

① 대인적 즉시강제 ② 대물적 즉시강제
③ 경찰법 ④ 경찰상 강제집행

해설 대인적 즉시강제란 사람의 자유를 구속하는 경찰강제로 경찰관 직무집행법상의 불심검문(제3조), 정신착란자 등의 보호(제4조), 위험 발생의 방지(제5조), 범죄의 예방과 제지(제6조), 경찰 장구의 사용(제10조의2), 분사기 등의 사용(제10조의3), 무기 사용(제10의4) 등의 활동이 이에 해당한다.

28 경찰공무원의 직무상 불법행위로 인한 손해에서 공무원 자신의 책임이 면제되지 않는 경우는? (2002.11.10 101경비단)

① 고의가 있는 경우
② 고의 또는 중과실이 있는 경우
③ 고의 또는 과실이 있는 경우
④ 어떤 경우에도 책임은 면제되지 않고, 형(刑)의 경·중에만 차이가 있다.

해설 경찰공무원이 경과실의 경우에는 업무에 능동적으로 대처하기 위하여 공무원 자신의 책임이 면제되나 경찰공무원의 고의 또는 중과실의 경우에는 공무원 자신의 책임이 면제되지 않는다. 따라서 우리 판례는 절충설의 입장에서 공무원 개인도 고의 또는 중과실이 있는 경우 공무원의 피해자에 대한 민사상 책임을 인정하고 있다.

29 경찰의 권리 및 의무에 대한 설명으로 틀린 것은? (2003.4.20 여경)

① 경찰의 신분상의 권리는 신분 및 직위보유권, 쟁송제기권, 연금청구권, 제복착용권, 무기 휴대 및 사용권이 있다.
② 경찰공무원이 외국 정부로부터 증여를 받는 경우에는 대통령의 허가를 받아야 한다.
③ 성실의 의무는 국가공무원법상의 법적 의무이다.
④ 직무를 수행함에 있어 위법한 상관의 명령에 따르는 자는 자신이 책임을 진다.

해설 연금청구권은 신분상의 권리가 아니라 재산상의 권리이다.

30 다음 중 우리 나라의 경찰조직에 대한 설명 중 옳지 않은 것은? (2003.4.20 여경)

① 사법경찰관리는 의사집행기관이 아니라 의사결정기관이다.
② 치안행정협의회는 위원장 1인을 포함하여 9인의 위원으로 구성된다.
③ 징계위원회는 징계처분사유 설명서를 징계 의결된 자에게 교부하도록 하여 이는 사전적 구제라는 의미를 지닌다.
④ 경찰위원회 위원의 임기는 3년으로 연임할 수 없다.

해설 치안총감으로부터 순경에 이르기까지 모든 경찰공무원은 경찰행정의 집행기관이다. 경찰의사 결정기관에 해당하는 것은 경찰법 제5조 이하에 규정된 경찰위원회이다.

31 경찰에 대한 민주적 통제장치인 경찰위원회에 대한 설명으로 가장 관계가 먼 것은? (2003.7.30 101경비단)

① 치안정책에 관한 합의제 심의·의결기관이다.
② 명실상부한 민주적 통제장치로 보기는 어렵다.

정답 25 ① 26 ④ 27 ① 28 ② 29 ① 30 ①

③ 행정자치부 장관의 재의요구권은 경찰위원회의 기능을 제약하는 요소가 되고 있다.
④ 시·도지사 소속하에 설치되어 있다.

해설 경찰행정 관청의 의사를 구속하는 의결을 행하는 경찰위원회는 행정자치부 소속으로 되어 있다.

32 다음 중 직권면직의 요건과 가장 거리가 먼 것은? (2003.7.20 101경비단)

① 직제와 정원의 개폐 또는 예산의 감소 등에 의하여 폐직 또는 과원이 되었을 때
② 형사사건으로 기소된 자
③ 휴직기간의 만료 후에도 직무를 감당할 수 없을 때
④ 직위해제자가 그 기간 중 직무 수행 능력 또는 근무성적의 향상을 기대하기 어렵다고 인정된 때

해설 직권면직이란 특별한 행위에 의하여 비로소 공무원의 신분을 상실시키는 것이다. 법령에 의하여 일정한 사유가 발생하면 본인의 의사와 상관 없이 임용권자의 직권으로 발생하는 소멸 사유로 이 경우 미리 징계위원회의 의견을 듣거나 동의를 얻어야 한다.

33 경찰공무원의 성립에 대한 설명으로 잘못된 것은?

① 경찰공무원은 임용이라고 한다.
② 자격정지 이상의 형의 선고유예를 받고, 그 선고유예기간 중에 있는 자는 경찰공무원이 될 수 있다.
③ 임용의 거부를 처분으로 해석할 수 있다.
④ 경정과 순경의 신규채용은 공개경쟁시험의 성적에 의함이 원칙이다.

해설 자격정지 이상의 형의 선고유예를 받고, 그 선고유예기간 중에 있는 자는 경찰공무원이 될 수 없다(경찰공무원법 제7조 제2항 제5호). 경찰공무원의 성립에서 피임용자의 요건은 경찰공무원 법 제7조와 제8조에 규정되어 있다.

34 경찰공무원이 직무 수행 중 불법행위를 한 경우 선택적 청구인정설에 따르면 국가가 국가배상 책임을 부담하는 외에 공무원 개인이 피해자에게 부담하는 책임은? (2003.11.9 일반순경)

① 손실보상 ② 손해배상
③ 구상권 ④ 과징금

해설 손해배상은 경찰공무원이 직무를 집행할 때 고의 또는 과실로 법령을 위반하여(불법하게) 타인에게 손해를 가한 때에 국가 또는 지방자치단체가 그 손해를 배상하는 것을 말한다.

35 행정관청의 권한의 위임·대리·대결에 대한 설명 중 잘못된 것은? (2004.3.14 여경)

① 권한의 위임이란 상급관청이 하급관청에 권한의 전부 또는 주요 부분을 이전하여 수임관청의 권한으로 행하도록 하는 것이다.
② 권한이 위임되면 위임한 행정청은 그 권한을 상실한다.
③ 수권대리의 경우 본래 행정청의 권한을 대리기관에 이동하지 않는다.
④ 대결의 경우 외부에 대한 관계에서는 본래의 행정청의 이름으로 표시하게 되며 법령상의 근거는 필요하지 않는다.

해설 ①은 권한의 대리에 대한 설명이다.

36 경찰위원회와 치안행정협의회에 대한 다음 설명 중 틀린 것은? (2004.3.14 여경)

① 경찰위원회와 치안행정협의회 모두 경찰법에 근거를 둔다.
② 경찰위원회화 치안행정협의회 모두 행자부 장관 소속이다.
③ 경찰위원회는 위원장 1인 포함 7인 위원, 치안행정협의회는 위원장을 포함한 9인으로 구성한다.
④ 경찰위원회는 합의제 의결기구인 반면, 치안행정협의회는 단순 자문기관에 불과하다.

해설 치안행정협의회는 시·도지사 소속이다.

37 경찰공무원의 신분상 의무가 아닌 것은? (2004.7.11 일반순경)

① 비밀 엄수 의무 ② 영리행위 금지 의무
③ 영예 등의 제한 ④ 집단 행동의 금지

해설 영리행위 금지의 의무는 직무상의 의무이다.

38 다음 설명 중 틀린 것은? (2004.7.11)

① 행정관청이 그 보조기관에 사무처리에 관한 결정을 맡기지만 외부에 대한 관계에서는 본래의 행정청의 이름으로 표시하는 경우를 전결이라고 한다.
② 수임기관이 권한이 위임된 사항에 대하여 자신의 이름과 책임으로 그 권한을 행사하지만 행정소송에 제

정답 31 ④ 32 ② 33 ② 34 ② 35 ① 36 ② 37 ②

기된 경우 위임기관이 피고가 된다.
③ 권한위임의 경우 권한이 이전된다.
④ 행정관청의 대리는 권한의 전부에 대해서도 할 수 있다.

해설 수임기관으로 권한과 책임이 이전되고 수임기관은 자기의 이름과 책임으로 권한을 행사하게 된다. 따라서 행정소송(항고소송의 경우) 피고는 수임기관이 된다.

39 소청심사위원회에 대한 설명으로 틀린 것은?

① 경찰공무원이 징계처분 등에 불리한 처분을 받았을 때 그 시정을 요구할 수 있는 기관이다.
② 소청심사위원회의 결정이 부당하다고 인정될 때에는 행정자치부 장관은 재심을 청구할 수 있다.
③ 소청심사위원회의 결정은 본래 징계 결정보다 더 중한 결정을 할 수 없다.
④ 소청인에게 의견 진술 기회가 보장되나 의견 진술 기회를 부여하지 않고 행한 결정이라도 무효는 아니다.

해설 ② 행정자치부 장관은 소청심사위원회의 결정이 부당하다고 인정할 때에도 그에 대하여 재심을 요구할 수 없다. ④ 소청심사에 있어 소청인은 의견 진술의 기회가 주어지며 의견 진술의 기회를 부여하지 않은 경우의 결정은 무효이다.

40 다음 중 위임과 다른 개념과의 비교가 잘못된 것은?

① 위임은 권한 자체가 이전되는 것이나, 대리는 권한이 이전되지 않는다.
② 경찰관청의 권한의 위임은 공법상의 위임으로서 법규 또는 위임관청과 수임관청의 쌍방적 행위에 의하여 성립하고, 사법상의 위임은 인격 주체 사이의 사법상 계약에 의하여 성립한다.
③ 위임도 권한이 수임기관의 권한으로 귀속되고, 내부위임은 경찰관청이 그 특정사항에 관한 권한을 실질적으로는 하급경찰관에게 위임하면서 대외적으로는 위임자의 명의로 권한을 행사하게 하는 것으로서 권한의 이전이 없다는 점에서 서로 다르다.
④ 위임은 권한이 수임기관의 권한으로 귀속되고, 위임전결은 결제 내지 권한의 일부를 보조기관에게 실질적으로 위임하되 대외적인 권한의 행사는 경찰관청의 명으로 하게 하는 것으로서 권한의 이전이 없다는 점에서 서로 다르다.

해설 ② 경찰관청의 권한의 위임은 반드시 법적 근거를 요하는 행위이며 위임관청과 수임관청의 상호 의사의 합치를 필요로 하지 않습니다. 쌍방적 행위는 사법상의 행위이다. 따라서 공법상의 행위는 법적 근거를 요하는 것이지 쌍방적 행위에 의하여 성립하는 것은 아니다.

41 시위 진압을 위하여 출동한 김경장은 기동대 버스를 주차할 곳이 없어 언덕 위에 사이드 브레이크를 사용해 안전주차 하였음에도 불구하고 버스가 뒤로 밀리면서 주민 甲의 주차된 승용차를 파손하고 행인 乙에게도 전치 3주의 부상을 입혔다. 가장 올바른 설명은?

① 국가는 김경장의 과실이 있는 경우에만 배상할 책임이 있다.
② 국가는 김경장의 고의 또는 중과실의 경우에만 피해자에게 배상할 책임을 진다.
③ 국가는 무과실 책임으로서 배상책임이 있으며 만일 김경장이 고의 또는 중과실이 있다면 구상권을 행사할 수 있다.
④ 운전자 김경장과 피해자들의 책임 경중을 가려 배상하되 물적 피해에 대해서는 신중한 합의가 필요하다.

해설 ③ 손해배상은 경찰공무원이 직무를 집행함에 있어서 고의 또는 과실로 법령을 위반하여 타인에게 손해를 가한 때에 국가 또는 지방자치단체가 배상하는 것을 말한다.

사안에서처럼 김경장은 시위 진압을 위하여 주차한 것이므로 직무를 집행하던 중이었고, 사이드 브레이크를 사용하여 안전 주차를 하였으나 차가 뒤로 밀린 경우이므로 고의와 과실도 없다고 보여진다. 그러나 만약 차가 뒤로 밀리는데 김경장의 고의 또는 중과실이 있었다면 국가는 김경장에게 구상권을 행사할 수 있다. 다만 업무의 능동적 대처를 위하여 경과실은 제외된다는 것은 주의할 것!

42 고충처리와 소청심사에 관한 다음 설명 중 잘못된 것은?

① 소청심사의 대상은 징계처분 등, 기타 본인의 의사에 반하는 불리한 처분이다.
② 고충처리는 그 결과가 기속행위이다.
③ 고충심사를 청구함에 있어서는 기간의 제약을 받지 않는다.
④ 소청심사는 불이익처분에 대한 사후구제를 위한 형식

정답 38 ② 39 ②, ④ 40 ② 41 ③ 42 ②

적 쟁송 절차로서 준사법적 성격을 갖는다.

해설 ② 고충심사위원회의 심사 결정은 어떠한 행정처분에 대하여 위법 여부를 다투는 것이 아니고, 그 결정에도 기속력이 없다. ③ 고충심사청구는 제기 기간에 구애받지 아니하고 고충심사위원회가 설치된 기관의 장에게 제출하면 기관의 장은 이를 소속 고충심사위원회에 회부하여 처리하게 된다.

43 다음 중 국가공무원의 징계 사유로서 알맞지 않은 것은?

① 경찰공무원법에 의한 명령에 위반하였을 때
② 직무를 태만히 한 때
③ 근무 성적이 극히 불량한 자
④ 직무 내·외적으로 품의를 손상하는 행위를 하였을 때

해설 ③ 근무 성적이 극히 불량한 자는 직위해제 사유이다.

44 다음 중 맞는 설명은 모두 몇 개인가? (2005.일반, 여경1차)

> 가. 경찰위원회위원장의 임기는 3년이고, 연임할 수 없다.
> 나. 경찰청장의 임기는 2년이고, 중임할 수 없다.
> 다. 경찰공무원 인사위원회 위원은 경찰청 소속 총경 이상의 경찰공무원 중에서 경찰청장이 임명한다.
> 라. 경찰위원회위원은 행정자치부 장관의 재청으로 국무총리를 거쳐 대통령이 임명한다.
> 마. 경찰위원회의 회의는 재적위원 과반수의 출석과 출석위원 과반수의 찬성으로 의결한다.

① 2개　② 3개
③ 4개　④ 모두 맞는 설명이다.

45 다음 훈령과 직무명령에 대한 내용으로 틀린 개수는? (2005 일반, 여경 2차)

> ㉠ 상관이 발한 직무명령이 위법한 경우 자기 의견을 진술할 수 있으며, 복종 의무가 없다.
> ㉡ 훈령에 위반한 행위는 위법이 아니며, 징계 사유도 될 수 없다.
> ㉢ 직무명령은 훈령의 성격을 갖지 못한다.
> ㉣ 직무명령의 효력은 공무원 변동과 관련하여 효력에 변동이 없다.
> ㉤ 훈령과 직무명령은 법적 근거 없이도 가능하다.

① 2개　② 3개
③ 4개　④ 5개

해설 ㉡ 훈령은 원칙적으로 법규성이 없기 때문에 훈령에 위반한 행위는 원칙적으로 위법한 행위는 아니지만, 조직 내부의 질서 유지를 목적으로 하지 때문에 내부적으로 징계 사유는 될 수 있다.
㉣ 직무명령은 상관이 부하에게 (개인 대 개인) 발하는 명령으로서 구성원이 변경되면 그 효력도 상실된다.

46 경찰의 조직에 대한 설명이다. 잘못된 것의 모두 몇 개인가? (2005 일반, 여경 2차)

> ㉠ 경찰위원회는 경찰청장 임명에 동의권을 갖는다.
> ㉡ 치안행정협의회 위원장은 시·도지사이다.
> ㉢ 국립과학수사연구소는 행정자치부 소속하에 둔다.
> ㉣ 경찰서장은 경찰법 제정 이전에도 독자적 경찰관청이었다.
> ㉤ 경찰공무원인사위원회의 회의는 재적 위원 3분의 2 찬성으로 의결한다.

① 1개　② 2개
③ 3개　④ 4개

해설 ㉡ 치안행정협의회 위원장은 부시장, 부지사가 된다.
㉤ 경찰공무원인사위원회는 재적 과반수 찬성으로 의결한다.

47 다음 중 시보임용에 대한 설명 중 옳지 않은 것은? (2005 일반, 여경 2차)

① 경찰대학 및 간부후보생 출신 경위는 시보임용의 면제 대상이다.
② 임용권자 및 임용제청권자는 시보임용 경찰공무원이 정규 경찰공무원으로 임용함이 부적당하다고 인정되는 경우에는 직권으로 시보임용 경찰공무원을 면직시키거나 면직을 제청할 수 있다.
③ 시보임용은 필기시험의 보완이나 경찰조직의 목적 임용 내용 등에 관한 지식을 얻게 하기 위함이다.
④ 휴직, 직위해제, 징계에 의한 정직 또는 감봉 처분을 받은 기관은 시보임용 기간에 산입하지 아니한다.

해설 직권이 아니라 재량이다.

정답 43 ③ 44 ③ 45 ① 46 ② 47 ②

48 다음 중 경찰인사 제도에 관한 설명으로 타당하지 않은 것은? (2006 일반, 여경1차)

① 경정의 승진임용은 대통령이 행한다.
② 경찰서장은 지방경찰청장의 권한을 위임받아 소속 경찰관 경감 이하의 전보권을 가진다.
③ 지방경찰청장은 경찰청장의 권한을 위임받아 소속 경정의 직위를 해제할 수 있다.
④ 총경 이상의 임용은 경찰청장의 제청으로 국무총리를 거쳐 대통령이 행한다.

해설 총경 이상의 경찰공무원은 경찰청장의 추천에 의하여 행정자치부 장관의 제청으로 국무총리를 거쳐 대통령이 임용한다(경찰공무원법 제6조 제1항).

49 민주적 통제장치인 경찰위원회에 대한 설명으로 타당하지 않은 것은? (2006 일반, 여경1차)

① 행정자치부에 설치되어 있다.
② 합의제 심의·의결기관이다.
③ 위원의 임기는 3년이며, 연임할 수 없다.
④ 경찰청장의 재의요구권은 경찰위원회의 기능을 제약하는 요소가 되고 있다.

해설 경찰위원회의 심의·의결된 내용이 부적당하다고 판단될 경우에는 행정자치부 장관이 재의를 요구할 수 있는데, 이러한 행정자치부 장관의 재의요구권은 경찰위원회의 기능을 제약하는 요소가 되고 있다.

50 다음 중 경찰공무원의 신분상의 의무에 속하지 않는 것은? (2006 일반,여경1차)

① 법령 준수의 의무 ② 비밀 엄수의 의무
③ 청렴의 의무 ④ 품위 유지의 의무

해설 법령 준수의 의무는 직무상의 의무에 속한다.

직무상의 의무	신분상의 의무
• 법령 준수의 의무 • 복종의 의무 • 친절·공정의 의무 • 직무 전념의 의무 • 제복 착용의 의무 • 허위보고 등의 금지 • 지휘권 남용 등의 금지	• 비밀 엄수의 의무 • 청렴의 의무 • 품위 유지의 의무 • 영예의 제한 • 정치운동의 금지 • 집단행동의 금지

51 다음 중 ( ) 안에 알맞은 것으로 연결된 것은? (2006 일반, 여경1차)

> 경찰관의 권리이자 의무인 것은 ( )이고, 경찰관의 무기 휴대의 법적 근거는 ( )이고, 무기 사용의 법적 근거는 ( )이다.

① 장구사용권 - 경찰공무원법 - 경찰관직무집행법
② 장구사용권 - 경찰관직무집행법 - 경찰공무원법
③ 제복착용권 - 경찰관직무집행법 - 경찰공무원법
④ 제복착용권 - 경찰공무원법 - 경찰관직무집행법

52 행정관청의 권한의 위임과 대리에 대한 설명으로 옳지 않은 것은? (2006 일반,여경1차)

① 권한의 위임은 하급관청이, 권한의 대리는 보조기관이 주로 상대방이 된다.
② 대리관청은 피대리 관청을 위하는 것임을 표시하고 대리관청의 명의에 의하여 행사된다.
③ 권한의 위임은 권한 자체가 수임관청에 이전된다.
④ 권한의 위임을 받더라도 수임관청은 자기 명의로 권한을 행사할 수 없다.

해설 수임기관 자기 명의로 권한을 행사한다.

53 경찰관의 무기 사용이 사람에게 위해를 줄 수 있는 것은?

① 형법에 규정한 정당방위와 긴급 피난에 해당된 때
② 소요 사태의 진압을 위하여 필요하다고 인정되는 상당한 경우
③ 자기 또는 타인의 생명·신체에 대한 방호
④ 공무 집행에 대한 항거를 억제하기 위하여 상당한 이유가 있을 때

해설 ① 상대방에게 위해를 수반할 수 있는 무기 사용 요건은 경찰관직무집행법 제10조의 4에 규정되어 있으며 이 경우는 정당방위 또는 긴급피난에 해당하는 때, 체포·구속영장 집행에 항거하는 때, 무기·흉기를 소지한 범인 또는 소요 행위자가 경찰관의 3회 이상의 투기·투항 명령에 불응 한 때, 그리고 대간첩작전의 수행시 무장간첩이 경찰관의 투항 명령에 불응한 때, 사형, 무기 장기 3년 이상의 징역이나 금고에 해당하는 죄를 범하거나 범하였다고 의심할 만한 충분한 이유가 있는 자기 항거·도주하거나 제3자가 그를 도주시키려고 하거나 항거할 때이다.

정답 48 ④ 49 ④ 50 ① 51 ④ 52 ④ 53 ①

54 경찰상 강제집행과 즉시강제의 차이점은?

① 사전 의무 부과의 유무 ② 물리적 행사의 유무
③ 처분권의 유무 ④ 처벌의 유무

해설 ① 경찰상 강제집행과 즉시강제의 차이점은 사전 의무 부과의 유무이며, 공통점은 권력적 사실행위란 것이다.

55 경찰관직무집행법상의 보호 조치 중 강제로 보호할 수 없는 자는?

① 주취자 ② 정신병자
③ 미아 ④ 자살 기도자

해설 ③ 경찰관직무집행법상 강제보호 조치 대상자는 정신착란자, 주취자, 자살을 기도하는 자이며 이 경우 동의는 필요치 않다. 임시보호 조치의 대상자는 미아, 병자, 부상자이며 임시보호 조치를 할 때 동의를 구하여야 한다.

56 경찰 비례의 원칙에 대한 내용이 아닌 것은?

① 적극성의 원칙 ② 필요성의 원칙
③ 적합성의 원칙 ④ 상당성의 원칙

해설 ① 경찰 비례의 원칙은 경찰기관이 취하는 조치는 사회 공공의 안녕과 질서 유지를 위한 적합한 수단이어야 한다는 적합성의 원칙과 경찰기관의 조치는 목적 달성에 필요한 최소한에 그쳐야 한다는 필요성의 원칙(최소 침해의 원칙), 경찰권을 발동함으로써 얻는 이익보다 그로 인하여 침해되는 이익이 크면 발동할 수 없다는 상당성의 원칙(협의의 비례 원칙, 수인 가능성의 원칙)을 그 내용으로 하고 있다.

57 다음 중 경찰관 직무집행법상 보호 조치의 요건 및 방법에 대하여 맞는 것은? (2001.4.8. 여자순경)

① 긴급을 요한다고 하는 상당한 이유가 있는 자이어야 한다.
② 보호 조치에 대하여 판단은 기속적 판단이다.
③ 경찰관서에서의 보호 조치는 12시간을 초과할 수 없다.
④ 경찰관은 보건의료기관이나 공공구호기관에 긴급구호를 요청할 수 있고, 이들 기관이 정당한 이유 없이 긴급구호를 거절할 경우에는 처벌된다.

해설 ① 경찰관 직무집행법 제4조 보호 조치 등에는 경찰관은 수상한 거동, 기타 주위의 사정을 합리적으로 판단하여 정신착란 또는 술 취한 상태로 인하여 자기 또는 타인의 생명·신체와 재산에 위해를 미칠 우려가 있는 자와 자살을 기도하는 자, 미아, 병자, 부상자 등으로서 적당한 보호자가 없으며 응급의 구호를 요한다고 믿을 만한 상당한 이유가 있는 자를 발견한 때에는 보건 의료기관 또는 공공구호기관에 긴급구호를 요청하거나 경찰관서에 보호하는 등 적당한 조치를 할 수 있다고 규정하고 있다. ② 재량적 판단이다. ③ 경찰관서에서의 보호조치는 24시간을 초과할 수 없다(동법 제4조 제7항). ④ 긴급구호 요청을 받은 보건의료기관이나 공공구호기관은 정당한 이유 없이 긴급구호를 거절할 수 없다(동법 제4조 제2항). 그러나 이에 대한 처벌 규정은 없다.

58 교통경찰관이 교차로에서 차량 소통을 원활히 하기 위하여 신호에 관계 없이 수신호를 하는 것의 법적 성질은? (2001.4.8. 여자순경)

① 경찰 허가 ② 경찰 면제
③ 행정지도 ④ 경찰 하명

해설 ④ 문제의 지문은 경찰 목적을 위하여 국가의 일반 통치권에 의하여 개인에게 특정한 작위, 부작위, 수인, 급부의 위무를 명하는 행정행위인 경찰 하명의 예이다. 경찰 하명은 문서에 의하는 것이 원칙이나 신속을 요하거나 사안이 경미한 경우 구술(口述)이나 행동 등 여러 가지 표지를 통하여서도 행해질 수 있다.

59 다음은 경찰 비례의 원칙의 내용에 관한 설명이다. 이에 해당하는 것은? (2001.6.3. 일반순경)

> "경찰기관이 어떠한 조치가 경찰 목적 달성을 위하여 필요한 경우라 하여도 그 조치를 취함에 따른 불이익이 그 조치로 인해 발생하는 이익보다 큰 경우에는 그 조치를 하여서는 안 된다."

① 적합성 ② 필요성
③ 상당성 ④ 적절성

해설 ③ 경찰 비례의 원칙은 적합성의 원칙, 필요성의 원칙, 상당성의 원칙으로 구성되어 있고 이 중 "경찰기관이 어떠한 조치가 경찰 목적 달성을 위하여 필요한 경우라 하여도 그 조치를 취함에 따른 불이익이 그 조치로 인해 발생하는 이익보다 큰 경우에는 그 조치를 하여서는 안 된다."는 것은 상당성의 원칙에 해당

정답 54 ① 55 ③ 56 ① 57 ① 58 ④ 59 ③

한다.

60 다음 경찰관 직무집행법 제2조의 직무 범위에 관한 규정 중 제5호의 '기타 공공의 안녕과 질서 유지' 규정을 이른바 일반 조항으로 볼 때, 다음 설명 중 틀린 것은? (2001.6.3. 일반순경)

① 경찰관 발동에 관한 개별적 수권 조항이 없는 경우 2차적 보충적 수권 조항이다.
② 경찰권의 조리상의 한계이론은 주로 일반 조항과 관련되어 보충적으로 적용한다.
③ 개괄 조항의 확대 해석 등 이에 근거하여 권한을 남용하였다면 사법심사의 대상이 된다.
④ 독일에서는 일반 수권 조항을 부정하는 판례가 있다.

해설 ④ 독일에서는 일반 조항을 인정하는 것이 학설과 판례를 통하여 확립된 전통이다.

61 경찰 허가행위에 대한 설명으로 옳지 않은 것은? (2001.6.3. 일반순경)

① 무허가 행위일지라도 사법상의 법률행위의 효력에는 영향이 없다.
② 금지되었던 자연적 자유를 회복한다.
③ 상대방의 출원 없이도 가능하다.
④ 원칙적으로 자유재량이다.

해설 ④ 경찰 허가는 원칙적으로 자유재량이 아닌 기속행위이다.

62 경찰작용법에 대한 설명 중 가장 타당하지 않은 것은? (2001.10.14 여자순경)

① 경찰행정의 내용을 규율하는 법규이다.
② 경찰행정상의 법률 관계의 성립·소멸에 관련된 모든 법규를 말한다.
③ 경찰의 임무, 경찰권 발동의 근거와 한계 등에 관한 규율을 내용으로 한다.
④ 경찰작용법은 체계적 통합성과 법적 명확성을 가지고 있다.

해설 ④ 경찰작용법이란 경찰행정상의 법률 관계의 성립, 변경, 소멸에 관련된 모든 법규를 말한다. 현재 우리나라의 경찰직무집행법을 그 대표적인 것으로 들 수 있는데 이는 즉시강제의 일반법에 그치고 개별 입법에 의하여 각 단행법으로 존재하고 있어 전체가 체계적 통합성과 법적 명확성을 가지고 있지 못한 한계를 지니고 있다. 경찰관직무집행법의 문제점으로는 제2조의 직무규정이 임무규정인지 개괄적 수권규정인지 분명치 않다는 점, 경찰직계에 관한 경찰개입의 한계 또는 원칙이 제시되지 않았다는 점, 경찰권 행사의 기준이 부족하다는 점, 경찰강제, 손실보상, 상황청구권과 배상청구권 등의 불비 등이 있다.

63 다음 중 비례의 원칙의 설명 중 틀린 것은? (2001.11.11. 일반순경)

① 형식상 적법한 경우 비례의 원칙에 위반하여도 위법의 문제는 발생하지 않는다.
② 비례의 원칙은 초기에는 경찰행정 영역에서 주로 적용되었으나 오늘날에는 모든 행정 영역에서 적용된다.
③ 경찰작용에서 수단과 목적 사이에는 합리적이 비례관계가 있어야 한다.
④ 비례 원칙은 재량권의 한계를 설정해 주는 원리이다.

해설 ① 경찰 비례의 원칙 중 협의의 비례 원칙, 수인 가능성의 원칙에 해당하는 상당성의 원칙은 경찰권을 발동해서 얻는 이익보다 그로 인하여 침해되는 이익이 크면 발동할 수 없다는 원칙으로 형식상 적법한 경우에도 수단으로부터 오는 침해가 그 목적의 효과보다 크면 위법이 될 수 있다.

64 다음 중 경찰 책임에 대한 설명으로 틀린 것은? (2001.11.11. 101경비단)

① 고의·과실 없으면 책임이 없다.
② 타인의 행위에 대하여도 책임을 질 수 있다.
③ 공개된 장소에서의 행위에 대하여 책임이 있다.
④ 사생활에 대해서도 책임이 발생할 수 있다.

해설 ① 형법상 범죄의 성립은 구성 요건 해당성, 위법성, 책임성이 요구되나 경찰 책임을 위반하는 경우는 고의·과실을 요하지 않는 경우도 있다.

65 다음 중 경찰강제에 대한 설명으로 가장 바른 것은? (2002.5.12. 일반 순경)

① 강제집행의 수단에는 대집행, 집행벌, 즉시강제, 강제징수가 있으며, 즉시강제는 인권 침해의 소지가 가장 높다.
② 즉시강제의 경우는 그 성질상 명백히 목적 달성이 불가능하거나, 직접 실력을 가할 경우 그 의무를 명할 시간적 여유가 있어도 발동할 수 있다.

정답 60 ④ 61 ④ 62 ④ 63 ① 64 ① 65 ④

③ 경찰강제의 근거 조항은 개별법에 의하여 인정되는 것으로서 경찰관직무집행법에 개별적으로 수권되어 있다,
④ 즉시강제에 의하여 그 침해당한 손해는 행정소송으로 다툴 수 있으나 그 쟁송의 시간이 장기화되어 실익이 없는 것이 일반적이다.

해설 ④ 경찰강제란 국민의 신체·재산에 직접 실력을 행사하여 행정 목적을 실현시키는 작용으로 국민의 자유와 권리에 중대한 위협이 되는 것으로 단지 국민의 권리, 의무를 변동시키는 행정처분과 차이가 있다.

66 다음 중 불신검문에 대한 내용 중 틀린 것은?

(2002.5.12. 일반순경)

① 대인적 즉시 강제의 수단으로서 인정되는 것이다.
② 경찰관 직무집행법에 근거를 가지고 있으며 그 임의 동행시 상대방에 대하여 6시간 이내에 머물게 할 수 있다.
③ 불신검문시 반드시 진술거부권을 고지하여야 한다.
④ 불신검문은 경찰상 조사의 근거로도 불리운다.

해설 ③ 불신검문은 피의자로 조사를 하는 것은 아니므로 형사소송법상의 진술거부권을 고지할 필요는 없다. 불신검문은 경찰강제 중 즉시강제의 대인적 강제의 수단으로 행하여지는 것으로 경찰관직무집행법 제3조에 규정되어 있다.

67 다음 중 독일의 고금의 법언에서 경찰은 참새를 잡기 위하여 대포를 쏘아서는 안 된다는 것과 가장 관계 깊은 것은?

(2002.7.21 101경비단.2002.5.12. 일반순경과 유사)

① 경찰 공공의 원칙　　② 경찰 비례의 원칙
③ 공공 안녕의 원칙　　④ 적합성의 원칙

해설 ② 경찰권은 발동함으로써 얻는 이익보다 그로 인하여 침해되는 이익이 크면 발동할 수 없다는 원칙으로 이는 상당성의 원칙을 설명하는 것으로 경찰 비례의 원칙의 내용이다. 상당성의 원칙은 다시 협의의 비례의 원칙, 수인 가능성의 원칙으로 표현된다(수단으로부터 오는 침해 ≦목적의 효과).

67 다음 경찰 허가에 대하여 올바른 것은?

(2002.7.21. 101경비단)

① 모든 경찰 허가는 출원에 의하여야 한다.
② 경찰 허가는 대인적 허가, 대물적 허가만 있다.
③ 총포류 제조 허가는 대물적 허가이다.
④ 경찰 허가는 적법 요건에 불과하다.

해설 ④ 경찰 허가는 상대방의 신청을 요함이 원칙이나 신청에 의하지 않는 경우(통행 금지의 해제 등)도 있으며 이런 경찰 허가는 행정처분의 형식으로만 이루어진다. 경찰 허가는 경찰상의 금지만 해제하여 줄 뿐 다른 법률상의 제한까지 해제 해주는 것은 아니며 경찰 허가는 적법 요건에 불과하여 허가를 받지 않고 행한 법률행위(영업행위 등)는 처벌의 대상이긴 하나 그의 법률적 효력이 무효화되지는 않는다. 인가와의 차이가 바로 이것이다.

69 경찰 책임의 원칙에 대한 설명으로 틀린 것은?

(2002.7.21. 일반순경)

① 협의의 경찰권의 발동은 경찰책임자에게만 가능한 것이 원칙이나 예외적으로 법령상 근거가 있고 긴급한 필요가 있는 경우에만 경찰책임자가 아닌 자에게도 발동한다.
② 경찰 책임에는 상태책임·행위책임·복합책임이 있다.
③ 자기의 생활 범위 안에서 객관적으로 경찰 위반 상태가 발생한 경우 그에 대한 고의 과실의 존부와는 무관하게 경찰 책임을 진다.
④ 경찰 책임에서는 위법한 행위에 대한 처벌이 매우 중요하다.

해설 경찰의 위반 상태란 공공의 안녕과 질서를 침해하거나 그 가능성이 있는 상태이므로 처벌보다는 예방을 위한 조치가 더 중요하다고 할 수 있다. ② 경찰 책임의 원칙이란 경찰권은 원칙적으로 경찰 위반 상태에 대하여 그 책임이 있는 자에 대하여만 발동할 수 있다는 것으로 행위책임과 상태책임, 그리고 이 두 가지가 합 처진 복합(혼합)책임이 있다. 경찰 책임의 특징은 형사법의 범죄 성립은 구성 요건 해당성, 위법성, 책임성을 요구하나 경찰(항정)법의 경우 고의, 과실을 요하지 않는 경우도 있다는 것이다.

70 경찰직무집행법에 대한 설명으로 틀린 것은?

(2002.11.10. 일반순경)

① 임시 영치 기간은 30일이다.
② 보호 조치 시간은 24시간이다.
③ 임의 동행의 경우 당해인을 6시간 초과하여 경찰관서

정답 66 ③ 67 ② 68 ④ 69 ④

에 머물게 할 수 없다.

④ 동행 검문 경과 보고는 24시간 이내에 소속장에게 하여야 한다.

해설 ① 경찰직무집행법에서 보호 조치 시간은 24시간, 임시 영치 기간은 10일 이내이다(경직법 제4조 보호 조치 등).

71 다음 보호 조치 등에 대한 설명으로 틀린 것은? (2003.3.9. 일반순경)

① 경찰에서 보호는 24시간을 초과할 수 없으며, 임시 영치의 경우는 10일을 초과할 수 없다.

② 피구호자가 휴대하고 있는 무기·흉기 등 위험을 야기할 수 있는 것으로 인정되는 물건은 경찰관서에 임시 영치할 수 있다.

③ 긴급구호나 보호 조치의 경우 24시간 이내에 가족들에게 연락해 주어야 한다.

④ 정신착란자로 자기 또는 타인의 생명에 위해를 미칠 우려가 있는 자는 보호 조치 대상이다.

해설 ③ 긴급구호나 보호 조치의 경우 피구호자의 가족, 친지 연고자에게 그 사실을 지체없이 통지하여야 하며, 연고자가 발견되지 아니할 때에는 피보호자를 적당한 공중보건의료기관에 즉시 인계하여야 한다.

72 경찰 책임의 원칙에 대한 설명 중 타당하지 못한 것은? (2003.3.9. 일반순경)

① 행위책임이 인정되기 위해서는 민법상의 행위 능력이 요구된다.

② 행위책임과 상태책임이 경합하는 경우는 일반적으로 행위책임이 우선한다.

③ 경찰긴급권에 의하여 예외적으로 경찰 책임이 없는 자에게 경찰권을 발동하여 제3자에게 손실을 입히는 경우에는 보상하여야 한다.

④ 사용자가 피사용자의 행위에 책임을 질 때 그 책임은 자기 책임의 성질을 갖는다는 통설이다.

해설 ① 경찰 책임은 민법상의 행위 능력을 요하지 않는다. 또한 형사법상 범죄의 성립 요건은 구성 요건 해당성, 위법성, 책임성을 요하나 경찰법(행정법)에 위반하는 경우는 고의, 과실을 요하지 않는 경우도 있다. 경찰 책임 중 행위책임은 자기의 행위 또는 자기의 보호, 감독을 받는 자의 행위에 대한 책임은 대위 책임이 아닌 자기 책임으로 보는 곳아 통설이며, 이 점을 혼동하지 말기 바란다. 또한, 이 경우 고의, 과실을 요하지 않는다.

73 경찰의 처분을 무효 이유로 행정소송을 제기할 경우의 경찰처분의 효력은 어떻게 되는가? (2003.6.22. 일반순경)

① 집행이 정지된다.

② 구속력이 없다.

③ 공정력이 없다.

④ 원칙적으로 집행이 정지되지 않는다.

해설 ④ 흠 있는 경찰처분에 대한 구제는 국가배상(손해배상), 손실보상, 행정쟁송이 있으며, 행정쟁송이 제기되더라도 행정청이 내린 처분의 효력이 정지되지 않는 것이 우리 나라의 원칙이다.

74 지방 경찰청장이 도로에서의 위험 방지 등을 위하여 주차금지 구역을 지정하는 행위의 법적 성질은 무엇인가? (2003.7.20 101경비단)

① 경찰강제 ② 즉시강제

③ 대물적 하명 ④ 대인적 하명

해설 ③ 경찰하명은 경찰행정청이 특정인 또는 불특정 다수인에게 작위, 부작위, 급부, 수인 등의 의무를 부과하는 행위를 말한다. 부작위 의무를 과하는 것을 금지라 하고 작위, 급부, 수인 의무를 과하는 것을 명령이라 한다. 그리고 금지는 경찰 하명 중 가장 많은 부분을 차지하고 있다. 경찰 하명은 원칙적으로 그 수명자에게만 발생하는 것이나 물건의 성질이나 상태에 관해 규율하는 경우 대물적 하명이라 하며 대상인 물건에 대한 법적 지위를 승계한 자에게도 그 효과가 미치게 된다.

75 위험 방지를 위한 '긴급출입'에 대한 설명으로 틀린 것은? (2003.7.20. 101경비단. 2002.11.10. 일반순경와 유사)

① 관리자의 동의를 전제로 한다.

② 대가택적 즉시강제이다.

③ 위험에 있어 긴급출입은 위험 방지 목적 이외에 범죄 수사는 할 수 없다.

④ 주간 및 야간에도 제한을 받지 않는다.

해설 ① 긴급출입의 목적은 위해의 방지와 피해자 구조만을 목적으로 하고, 기타 범죄 수사의 목적 등으로는 할 수는 없다. 당사자의 동의 없이 주야를 불문하고 긴급하게 출입할 수 있으며 상대방은 수인 의무를 지

정답 70 ① 71 ③ 72 ① 73 ④ 74 ③ 75 ①

게 되어 불응시 공무집행방해가 된다. 경찰관직무집행법 제7조 제1항은 위험 방지를 위한 출입에 대하여 규정하고 있다. 특히 제1항은 긴급출입에 관한 내용으로 "경찰관은 제5조 제1항, 제2항 및 제6조 제1하에 규정한 위험한 사태가 발생하여 인명, 신체 또는 재산에 대한 위해가 절박한 때에 그 위해를 방지하거나 피해자를 구조하기 위하여 부득이하다고 인정할 때에는 합리적으로 판단하여 필요한 한도 내에서 타인의 토지, 건물 또는 선차 내에 출입할 수 있다"라고 규정하고 있다.

76 A는 40대 회사원으로 뒤늦게 운전면허 시험에 합격하여 면허증을 교부받았다. 다음 중 면허증 교부의 법적 사실은?

(2003.11.9. 일반 순경.2002.11.10. 일반 순경과 유사)

① 확인 ② 공증
③ 통지 ④ 하명

해설 ② 운전면허증의 교부는 의문 또는 다툼이 없는 사항에 대하여 특정 사실 또는 법률 관계의 존부를 공적 권위로 증명하는 행정행위로 공증에 해당한다.

77 다음 중 2부제 운행을 부관으로 하여 택시 영업 허가를 한 경우 이 행정행위는 어디에 해당하는가?

(2004.3.14. 여자순경)

① 법률 효과의 일부 배제 ② 부담부 행정행위
③ 조건부 행정행위 ④ 기한부 행정행위

해설 ① 택시 영업 허가의 2부제 운행, 버스 노선 지정, 신체장애자의 경우 오토매틱 자동차에 대하여만 운전면허를 허가하는 경우 등은 행정행위의 주된 내용에 부가하여 그 법적 효과 발생의 일부를 배제하는 법률효과의 일부 배제에 해당한다.

78 피의자 박모씨를 절도범으로 긴급체포하여 유치장에 수감하자 "경찰이 인권을 침해하고 있다. 무슨 근거로 유치장을 만들었느냐"라고 항의하였다. 유치장의 법적 근거에 대한 담당 형사의 올바른 답변은?

(2004.4.18. 일반순경)

① 형사소송법 ② 경찰관직무집행법
③ 사법경찰관리집무규칙 ④ 범죄수사규칙

해설 ② 유지창 설치의 근거는 경찰관직무집행법 제9조이다. 그 목적은 유치인의 인권을 보장하는 한편 유치인의 도주, 증거 인멸, 자해행위 등을 미연에 방지하고 동시에 유치인의 건강 및 유치장 내의 질서를 유지하고자 한다.

79 다음 중 경찰 활동의 성질상 법률행위가 아니어서 취소소송 등 항고소송으로 다툴 수 없는 것은?

(2004.4.18. 일반순경)

① 교통경찰관의 지시 ② 운전 면허의 취소
③ 운전 면허의 정지 ④ 총포 소지 허가

해설 ① 교통결찰관의 수신호와 같은 경찰 하명은 경찰명령으로 그 흠이 중대하면 무효일 뿐인지 취소할 수 있는 행위가 아니다.

80 다음 중 경찰관직무집행법상 출석 요구를 할 수 있는 경우는? (2004.7.11. 일반순경)

① 범죄 피해 내용을 확인하기 위한 경우
② 사고로 인한 사상자의 확인
③ 교통사고 가해자와 피해자 합의를 위한 종용
④ 형사 책임을 규정하기 위한 사실조사

해설 ② 경찰관직무집행법 제8조 사실의 확인 등에는 1) 미아를 인수할 보호자의 여부, 2)유실물을 인수할 권리자의 여부 또는 사고로 인한 사상자를 확인하기 위하거나 행정처분을 위한 교통사고 조사상의 사실을 확인하기 위하여 필요한 때에는 출석을 요하는 사유, 일시 및 장소를 명확히 한 출석요구서에 의하여 경찰관서에 출석할 것을 요구할 수 있다고 규정하고 있다.

81 다음 중 경찰의 무기 사용에 관한 가장 적절하지 못한 설명은? (2004.11.7. 일반순경. 101경비단)

① 자기 또는 타인의 생명, 신체에 대한 방호를 위한 때 무기를 사용할 수 있다.
② 경찰관의 무기 휴대의 법적 근거는 경찰관직무집행법이다.
③ 경찰관이 사용할 수 있는 장비를 규정하고 있는 것은 '경찰장비의 사용 기준 등에 관한 규정'이다.
④ 경창 장비에는 권총, 소총 등 무기 외에 인질범의 체포 등을 위한 석궁도 포함되어 있다.

해설 ② 경찰공무원은 직무 집행을 위하여 필요한 때에는 무기를 휴대할 수 있다(경찰공무원법 제20조 제2항). 따라서 경찰관의 무기 휴대의 법적 근거는 경찰직무

정답 76 ② 77 ① 78 ② 79 ① 80 ② 81 ②

집행법이 아니라 경찰공무원법이다.

82 경찰 허가에 대한 다음 기술 중 잘못된 것은?

(2004.11.7. 일반 순경. 101경비단)

① 법령에 의한 일반적·상대적 금지를 특정한 경우에 해제하여 적법하게 일정한 행위를 할 수 있게 하는 행정행위이다.
② 허가는 언제나 상대방의 출원이 있어야만 한 것은 아니다.
③ 허가는 행위의 적법 요건이고 유효 요건이다.
④ 대물적 허가의 효과는 이전성이 있다.

해설 ③ 경찰 허가는 특정 행위를 사실상 적법하게 할 수 있도록 하는 적법 요건에만 해당한다. 적법 요건에 불과한 허가를 받지 않고 행한 법률행위는 처벌의 대상이긴 하나 법률적 효력까지는 무효화되지는 않는다.
② 허가는 상대방의 출원 없이도 가능하다.

83 다음 중 경찰관직무집행법에 대한 설명으로 맞는 것은?

(2005.일반, 여경1차)

① 경찰관직무집행법 제2조의 직무 범위에는 경찰법 제3조에 명시된 국민의 생명, 신체 및 재산 보호 규정은 포함되어 있지 않다.
② 경찰관직무집행법상 '출석요구 사유'에는 형사처분을 위한 교통사고 조사상의 사실을 확인하기 위한 경우도 포함된다.
③ 경찰관직무집행법상 위험 발생 방지 조치의 대상에는 광견, 분마류 등의 출현은 제외된다.
④ 경찰관 직권 남용에 대한 별도의 벌칙 규정이 없다.

해설 ② 경찰관직무집행법상 '출석요구 사유'에는 형사처분을 위한 교통사고 조사상의 사실을 확인하기 위한 경우도 제외된다.
③ 경찰관직무집행법상 위험 발생 방지 조치의 대상에는 광견, 분마류 등의 출현은 포함된다.
④ 경찰관 직권 남용의 경우에는 1년 이하의 징역, 금고에 처한다.

84 불심검문에 대한 설명으로 옳지 않은 것은?

(2005 일반, 여경 2차)

① 경찰관직무집행법에 그 근거를 가지고 있으며 임의동행시 상대방에 대하여 경찰관서에 6시간 이내에 머물게 할 수 있다.
② 거동 불심자라고 인정되는 때에 정지시켜 질문할 수 있는 것으로서 대인적 즉시강제 수단이다.
③ 불심검문 후 범죄 혐의가 있는 자는 형사소송에 관한 법률에 의하지 아니하고는 신체를 구속당하지 아니한다.
④ 임의동행한 경우 변호인의 조력받을 권리를 고지할 의무는 없다.

해설 반드시 변호인의 조력을 받을 권리를 고지하여야 한다(경직법 제3조).

85 경찰공무원의 권리와 의무에 관한 설명으로 옳은 것은?

(2005 일반, 여경 2차)

① 경찰공무원의 신분상 권리인 무기 휴대권은 경찰관직무집행법에 무기 사용권은 경찰공무원법에 각각 근거가 있다.
② 경찰의 신분상 권리는 쟁송제기권, 연금청구권, 제복착용권, 무기 휴대 및 사용권 등이 있다.
③ 경찰의 신분상의 권리는 신분 및 직위 보유권이 있으나 시보 임용 기간 중인 자와 치안정감은 제외된다.
④ 성실 의무는 경찰공무원의 가장 기본적인 의무이며 국가공무원법상 친절 공정의 의무, 제복 착용의 의무 및 지휘권 남용 금지의 의무 등이 규정되어 있다.

해설 ③ 경찰청장은 2년 임기가 보장된다.
① 무기 휴대 근거 - 경공법, 무기 사용 근거 - 경직법이다
② 연금청구권은 재산상 권리이다.
④ 제복 착용 의무, 지휘권 남용 금지 의무 등은 경공법상 의무이다.

86 다음 보호 조치 등에 대한 설명으로 옳은 것은?

(2005 일반, 여경 3차)

① 정신착란자 또는 자살 기도자에 대하여는 경찰관서에 24시간 이내 보호가 가능하다.
② 보호 조치한 경우 가족 등에게 통지할 필요가 없다.
③ 보호 조치 대상자가 소지하고 있는 물건에 대한 임시영치 기간은 30일이다.
④ 임시영치는 대인적 즉시강제의 일종이다.

해설 ② 가족 등에게 통지하거나 즉시 연락의 기회 부여, ③ 10일이다, ④ 대물적 즉시강제이다.

87 경찰과 대중매체는 서로 연합하여 그 사회의 일탈에 대한 개념을 규정하며, 도덕성과 정의를 규정짓는 사

정답 82 ③ 83 ① 84 ④ 85 ③ 86 ①

회적 엘리트 집단을 구성한다고 주장한 사람은?

(2005.일반, 여경1차)

① C. R. Jeffery ② Sir Rcbert Mark
③ S. P. Lab ④ R. V. Ericson

88 다음 중 경찰권 발동의 한계에 대한 설명으로 타당하지 않은 것은? (2006. 일반,여경 1차)

① 경찰 소극 목적의 원칙이라 함은 경찰권은 사회 공공의 안녕과 질서의 유지라는 소극 목적을 위해서만 발동될 수 있고, 적극적으로 복리의 증진을 위해서는 발동될 수 없다는 것이다.
② 경찰 공공의 원칙이라 함은 경찰권은 사회 공공의 안녕과 질서의 유지에 직접적인 관련이 없는 사적 관계에 대해서는 원칙적으로 발동되어서는 안 된다는 것이다.
③ 경찰 책임의 원칙은 경찰권 발동의 정도를 명시한 원칙이다.
④ 경찰 비례의 원칙 중 필요성의 원칙은 경찰기관의 조치는 그의 목적 달성을 위하여 필요한 한도 이상으로 행하여져서는 안 된다는 것이다.

해설 경찰책임의 원칙은 경찰권 발동의 대상을, 경찰 비례의 원칙은 경찰권 발동의 조건과 정도를 명시한 원칙이다.

89 다음 중 경찰관직무집행법상 불심검문에 대한 설명으로 타당하지 않은 것은? (2006. 일반,여경 1차)

① 어떤 죄를 범하였거나 또는 범하려 하고 있다고 의심할 만한 상당한 이유가 있는 자를 대상으로 한다.
② 경찰관이 수상한 자를 정지시켜 질문하는 것은 대인적 즉시강제이다.
③ 경찰관서로 임의동행을 요구할 경우, 당해인(피질문자)에게 변호인의 조력을 받을 권리가 있음을 고지하여야 한다.
④ 경찰관의 직무 질문에 대하여 당해인(피질문자)은 그의 의사에 반하여 답변을 강요당하지 아니하고, 경찰관은 질문시 당해인에게 진술거부권을 고지할 의무가 없다.

해설 경찰관은 당해인(피질문자)에게 질문을 하거나 경찰관서로 임의동행을 요구할 경우, 당해인에게 자신의 신분을 표시하는 증표를 제시하면서 소속과 성명을 밝히고 그 목적과 이유를 설명하여야 하며, 동행의 경우에는 동행 장소를 밝혀야 한다(동법 제3조 제4항).

당해인에게 변호인의 조력을 받을 권리가 있음을 고지해야 하는 시점은 임의동행을 한 때이다(동법 제3조 제5항).

90 경찰관의 무기 사용 요건 중 상대방에게 위해가 수반될 수 있는 경우에 해당하지 않는 것은?

(2006. 일반,여경 1차)

① 형법상 정당방위에 해당하는 때
② 압수·수색영장의 집행시 항거·도주 방지를 위하여 필요한 때
③ 자기 또는 타인의 생명·신체에 대한 방호를 위하여 필요한 때
④ 형법상 긴급피난에 해당하는 때

해설 ③은 위해의 수반이 금지되는 경우에 해당한다.

구분	내용
무기 사용 시 위해의 수반이 금지되는 경우	•범인의 체포·도주의 방지를 위하여 •자기 또는 타인의 생명·신체에 대한 방호를 위하여 •공무 집행에 대한 항거의 억제를 위하여 •필요하다고 인정되는 상당한 이유가 있을 때
무기 사용 시 위해가 수반될 수 있는 경우	•형법상 정당방위 또는 긴급피난에 해당하는 때 •사형·무기 또는 장기 3년 이상의 징역이나 금고에 해당하는 범인을 체포하는 경우 그 항거나 도주 방지를 위하여 필요한 때 •체포·구속영장과 압수·수색영장의 집행시 항거·도주 방지를 위하여 필요한 때 •무기·흉기 등 위험한 물건을 소지한 범인·소요 행위자가 경찰관으로부터 3회 이상의 투기·투항 명령을 받고도 불응하면서 계속 항거할 때 •대간첩작전 수행 중 무장간첩이 경찰관의 투항 명령을 받고도 이에 불응할 때

91 1988년 12월 31일자 경찰관직무집행법 개정 내용이 아닌 것은?

① 최루탄 사용규정 사용 조항 추가
② 임시 영치 기간이 30일에서 10일로 단축
③ 임의동행의 요건과 절차가 강화되어 경찰관서 유치 시한을 3시간으로 규정
④ 경찰관의 직권 남용에 대한 벌칙을 6월 이하에서 1년 이하의 징역, 금고로 강화

해설 최루탄 사용 조항 추가는 3차 개정(1989년)

정답 87 ④ 88 ③ 89 ③ 90 ③ 91 ①

5 경찰관리

1 경찰의 수사권 독립을 찬성하는 쪽의 주장 중 현대 행정 원리에 반하기 때문에 수사권을 독립해야 한다고 하는데 여기서의 행정 원리는 무엇인가? (2001.3.11. 일반순경)

① 분업의 원리 ② 명령 통일의 원리
③ 통솔 범위의 원리 ④ 조정과 통합의 원리

해설 ② 명령 통일의 원칙이란 한 조직원은 한 명의 상관으로부터만 명령을 받아야 한다는 원칙을 말한다. 명령 통일의 원칙은 명확한 책임 소재와 부하들 간의 협조와 조정을 명령, 심리적 안정감의 제공을 위하여 지켜져야 될 조직 형성의 원리이다.

2 막스 베버(Max Weber)가 중요하게 여긴 관료제의 특징은? (2001.4.8. 여자순경)

① 전략적 측면 ② 병리적 측면
③ 계층적 측면 ④ 사회적 측면

해설 ③ 막스 베버가 가장 중시한 관료제의 특징은 상명하복 구조를 가진 계층적 측면이다.

3 다음 중 계급제와 직위분류제를 비교한 것으로 적절하지 못한 것은? (2002.3.17. 여자순경)

① 계급제는 사람을 중요시하며 직위분류제는 직무를 중요시한다.
② 우리 나라에서의 공직분류 제도는 계급제를 원칙으로 하고 직위분류제를 가미하고 있다.
③ 계급제는 충원 방식이 폐쇄형이지만 직위분류제는 개방형에 해당한다.
④ 직위분류제는 인사 배치가 매우 융통성을 가지고 있으나 계급제는 그러하지 못하다.

해설 ④ 직위분류제는 행정의 전문화·분업화의 강조로 인사 배치의 신충성과 융통성이 약하다. 반면 계급제는 사람의 분류로서 계급만 같으면 어떤 직무든 이동할 수 있지 때문에 인사 배치의 융통성이 있다.

4 다음 설명에 해당하는 예산은? (2002.7.21. 일반 순경)

예산이 국회를 통과하여 확정된 후에 생긴 사유로 인하여 이미 성립한 예산에 변경을 가할 필요가 있을 때 편성하는 예산

① 본예산 ② 수정예산
③ 추가경정예산 ④ 준예산

해설 ③ 추가경정예산은 예산이 통과하여 성립한 후에 생긴 사유로 인하여 이미 성립한 예산에 변경을 가할 필요가 있을 때 편성하는 예산이다. 예산의 종류와 그 개념을 묻는 문제이다.

5 다음 중 맥클리랜드(David McClelland)의 인간 욕구 이론과 관계 없는 것은? (2002.7.21. 101경비단. 2002.5.12. 일반순경)

① 성취 욕구 ② 안전 욕구
③ 권력 욕구 ④ 친교 욕구

해설 ② 매클리랜드의 인간 욕구 이론에서 제시한 인간의 욕구는 성취의 욕구, 권력의 욕구, 친교의 욕구이다. 머슬로의 인간 욕구 이론과 자주 비교해서 나오니 잘 기억해 둘 것.

6 머슬로의 욕구의 5단계설의 연결이 틀린 것은? (2002.7.21. 일반순경 .2002. 5.12. 일반순경)

① 생리적 욕구–의식주 및 건강 등의 욕구
② 안전의 욕구– 공무원의 현재 및 장래의 신분이나 생활에 대한 불안을 해소
③ 사회적 욕구–타인의 존중·신망을 받으려는 욕구
④ 자기 실현의 욕구–장래의 자기 발전·자기 완성의 욕구 및 성취감 충족

해설 ③ 타인의 존중·신망을 받으려는 욕구는 4단계 욕구에 해당하는 존경의 욕구이다.

7 관료제의 구조적 특성에 대한 설명으로 잘못된 것은? (2002.7.21. 일반순경)

① 관료의 권한과 직무 범위는 법규에 의하여 규정된다.
② 직무조직은 수평적 구조로 되어 있다.

정답 1 ② 2 ③ 3 ④ 4 ③ 5 ② 6 ③

③ 모든 직무는 전문지식과 기술을 지닌 관료가 담당한다.
④ 직무 수행은 서류에 의한다.

해설 ② 관료제는 직무조직이 계층적인 구조로 되었다.

8 다음 중 직위분류제에 관한 설명으로 틀린 것은?

(2002.10.13. 여자순경)

① 기준으로 직무의 종류와 책임도, 곤란도가 있다.
② 신축적인 인사관리와는 거리가 멀다.
③ 직무 중심의 분류 방법이다.
④ 보수의 합리화를 도모할 수 없다.

해설 ④ 직위분류제는 동일 직무에 대하여 동일한 보수를 확립함으로써 보수의 합리화를 도모할 수 있다. 직위분류제란 모든 직위를 직무의 곤란선 및 책임도에 따라 직군, 직렬 및 직급별로 직무 중심의 공직 분류 제도를 말한다.

9 다음 MBO에 대한 설명으로 바르지 못한 것은?

(2003.3.9. 일반순경)

① 수행 결과를 평가하고 환류시켜 조직의 효율성을 향상시킨다.
② 결과에 대한 책임 수락을 가능하게 한다.
③ 장기적인 질적 목표를 달성하는 적합한 기법이다.
④ 조직의 인간화를 통하여 조직 발전에 기여한다.

해설 ③ MBO는 단기적이고 양적인 목표를 달성하는 데 적합한 기법이다.

10 다음 중 경찰 예산에 대하여 바르게 기술하지 못한 것은?

(2003.3.9. 일반순경)

① 품목별 예산이란 정부 지출의 대상이 되는 물품, 품목(인건비, 급여수당, 시설비) 등을 기준으로 한 예산 제도이며, 또한 우리 나라 경찰의 예산 제도이다.
② 성과주의 예산이란 행정기관의 모든 사업 활동을 전년도 예상을 고려하지 않고 사업의 우선순위를 결정하여 이에 따라 예산을 편성하는 제도이다.
③ 계획예산 제도는 장기적인 계획과 단기적인 예산을 프로그램 작성을 통하여 유기적으로 결합하여 자원 배분에 관한 의사 결정을 일관성 있게 합리화하려는 제도이다.
④ 성과주의 예산은 정부가 무슨 일을 얼마의 돈을 들여서 완성하였는가를 일반국민이 이해할 수 있다.

해설 ② 성과주의 예산 제도는 예산의 과목을 사업별, 활동별로 분류 편성하고, 목표 달성에 적절한 경비를 계산할 수 있도록 사전에 사업별·활동별로 업무량을 측정하고 업무 단위당 원가를 산출하며, 정부계획의 성과 및 그 수행 상태를 미리 설정된 성과표준에 의하여 분석·평가하는 제도이다.

11 조직의 원리 중 조정의 원리가 필요한 이유로 가장 타당한 것은?

(2003.9.28. 여자순경)

① 구성원의 행동 통일　② 전문성의 제고
③ 세분화　④ 관리자의 지도 한계

해설 ① 오늘날의 행정조직은 전문화, 세분화되어 있기 때문에 전체적인 조화와 통합을 위한 조정이 필요하다. 또한 목표 달성 과정에서 야기되는 각종의 이해 관계의 조정, 정치적 개입, 갈등의 해결을 위하여 조정이 필요하다. 조직의 원리 중 조정의 원리란 행정의 목표를 배열하고 통일시키는 작용을 말한다. 따라서 조정의 기능은 행정 목표 달성을 위한 가장 최종적인 원리로서 무니(J. D. Mooney)는 이러한 조정의 원리를 '제1의 원리'라고 하였다.

12 다음 계층제의 순기능과 가장 관계가 먼 것은?

(2003.11.9. 일반 순경.2002.11.10. 일반순경.2002.11.10. 101경비단)

① 업무의 신중한 처리가 가능하다.
② 경찰행정의 능률성과 책임의 명확성을 보장하는 수단이 된다.
③ 경찰행정 목표를 설정하고 업무를 분담하는 수단이 된다.
④ 새로운 지식, 기술의 도입이 용이하다.

해설 ④ 계층제는 조직의 경직성으로 인하여 환경 변화에 대한 신축적 대응과 신기술의 도입이 어렵다. 계층제는 권한, 책임 및 의무의 정도에 따라 직무를 상하로 등급시키고 이 등급 간의 명령 복종과 지휘·감독 체계를 확립하는 것이다. 즉, 계층제는 목적과 기능에 따라 직무를 상하로 나누는 것이 아니고 권한과 그에 수반된 책임, 의무에 따라 직무를 상하로 나누는 것이다.

13 MBO의 단점이 아닌 것은?

(2004.3.14. 여자순경)

① 급격한 변화나 복잡한 상황에서는 목표 설정이 어렵다.

정답 7 ② 8 ④ 9 ③ 10 ② 11 ① 12 ④

② 구성원 간의 합의 도출이 어렵다.
③ 장기적·질적 목표에 치중한다.
④ 목표성과의 측정이 어렵다.

해설 ③ MBO의 단점은 급격한 환경에서는 측정 가능한 목표의 설정이 쉽지 않다는 점과 목표 달성에 집착하므로 장기적·질적 목표보다는 단기적·양적·유형적 목표에 치중한다는 점이다.

14 다음 설명에 해당하는 예산은? (2004.3.14. 여자순경)

- 정부의 구입 물품보다는 정부가 수행하는 업무에 중점
- 정부 예산을 기능·활동·사업계획에 지초
- 예산 과목을 사업계획 활동별로, 세부 사업별로 '단위원가×업무량=예산액'으로 표시하여 편성하는 예산

① 품목별 예산 ② 성과주의 예산
③ 계획예산(PPBS) ④ 영기준 예산

해설 ② 성과주의 예산 제도는 예산의 과목을 사업별·활동별로 분류 편성하고, 목표 달성에 적절한 경비를 계산할 수 있도록 사전에 사업별·활동별로 업무량을 측정하고 업무 단위당 원가를 산출하는 제도이다. 성과주의 예산 제도는 예산 집행의 결과에 대한 평가를 통하여 해당 부서의 업무 능률을 측정할 수 있으므로 국민이 예산을 통하여 쉽게 경찰 활동을 이해할 수 있는 장점이 있지만, 업무측정 단위의 선정과 단위 원가의 계산에 어려운 단점이 있다.

15 경찰조직 편성의 원리에 대한 설명 중 틀린 것은? (2004.7.11. 일반순경. 2003.4.20. 여자순경과 유사)

① 조정의 원리란 경찰행정의 목표를 효율적으로 달성하기 위하여 조직의 각 단위와 구성원의 노력과 행동을 질서정연하게 배열하고 통일시키는 작용이다.
② 계층제란 환경에 신축적인 대응이 곤란하여 새로운 지식, 기술의 도입이 어렵다.
③ 명령 통일의 원리란 한 사람은 한 사람에게만 명령해야 한다라는 것을 말한다.
④ 경찰조직 편성의 원리 중 최종적인 원리는 조정의 원리이다.

해설 ③ 명령 통일의 원리란 명령 계통을 통일하여 책임 한계를 명확히 하고 조직 내 질서를 유지하려는 것으로 조직구성원은 한 사람의 상관으로부터 명령을 받으며 보고도 한 사람에게만 한다는 원칙이다.

16 다음 중 경찰서의 재무관인 사람은? (2004.7.11. 일반순경)

① 경찰서장 ② 청문감사관
③ 경무과장 ④ 경리계장

해설 ③ 경찰서 재무는 경무과장이 담당한다. 그만큼 막강한 임무와 권한을 가진 직책이라 할 수 있다.

17 경찰 공보 활동으로서의 PR과 CR의 비교 설명이다. 맞지 않는 것은 어느 것인가? (2001.4.8. 여자순경)

① PR은 대중 매스컴을 통한 간접 수단적 성격이고, CR은 주민과 대화를 통한 직접 수단적 성격을 가진다.
② PR은 불특정 다수를 대상으로 하고, CR은 특정 다수를 대상으로 한다.
③ PR은 대외적 공보 활동으로서의 성격을 가지고, CR은 대내적 공보 활동으로서의 성격을 가진다.
④ CR은 넓게는 PR의 개념을 포함된다고 볼 수 있다.

해설 ③ PR, CR은 모두 대외적 경찰 홍보 활동에 해당하는 것이다.

18 경찰관이 업무를 수행하는 과정에서 신문 기자의 인터뷰 요청을 받았을 경우 주의할 사항으로 잘못된 것은? (2002.11.10. 101경비단)

① 모든 발언에 주의하여야 한다.
② 확실하고 명확하게 답변하여 한다.
③ 사건의 이면 사항 등 자신의 견해를 말한다.
④ 사실에 입각한 얘기만 하여야 한다.

해설 ③ 자신의 견해를 말하여서는 안 된다. 신문, 잡지 TV 등을 통하여 사건, 사고에 대한 기자들의 질문에 답하는 것은 경찰 홍보 활동 중 소극적인 홍보 활동에 해당하는 것이다.

19 경찰서 정보2계의 정보상황실은 비인가자에게 출입을 금지하고 있다. 이에 해당하는 보호구역은? (2003.3.9. 일반순경)

① 제한지역 ② 제한구역
③ 통제지역 ④ 통제구역

해설 ④ 제한구역 내에서 다시 3차적으로 설치하는 구역으로, 비인가자의 출입이 일체 금지되는 보안상 극히 중요한 장소이다. 그 예로는 암호취급소, 정보보안기록식, 무기고, 탄약고, 치안상황실, 통신보안감청실, 정

정답 13 ③ 14 ② 15 ③ 16 ③ 17 ③ 18 ③ 19 ④

보상황실, 비밀발간실, 컴퓨터실 등이 있다.

20 다음 중 비밀과 관련된 설명으로 틀린 것은?
(2003.6.22. 일반순경)

① 비밀은 Ⅰ, Ⅱ, Ⅲ,급으로 분류하고 대외비가 있다.
② 경찰공무원은 임용과 동시에 Ⅲ급 비밀취급권을 가진다.
③ 비밀을 취급할 수 있는 자는 행정청으로부터 해당 등급의 비밀 취급 인가를 받은 자에 한한다.
④ Ⅰ급 비밀은 누설되는 경우 국가 안전에 막대한 지장을 초래할 우려가 있는 비밀이다.

해설 ④ Ⅱ급 비밀에 대한 설명이다. 비밀의 구분은 비밀을 작성하거나 생산하는 자가 그 비밀 내용의 중요성과 가치의 정도에 따라 Ⅰ급, Ⅱ급, Ⅲ급으로 분류한다.

21 다음 설명에 해당하는 보호구역이 아닌 것은?
(2004.3.14. 여자순경)

비밀 또는 주요 시설 및 자재에 대한 비인가자의 접근을 방지한기 위하여 출입에 안내가 요구되는 지역

① 치안상황실 ② 현장감식반
③ 중계소 ④ 경호 담당부서 전역

해설 ① 치안상황실은 통제구역이다. 경찰의 시설보안에 관한 문제로서, 시설보안이란 국가 비밀의 보호와 국가 중요시설, 장비 및 자재의 보호를 위하여 각급 기관의 장과 국가 중요시설장비 및 자재를 관리하는 자가 일정한 범의를 정하여 제한지역, 제한구역, 통제구역으로 보호구역을 설정하여 보안상 불필요한 자의 접근 또는 출입을 제한할 수 있는 것을 말한다.

22 다음 중 비인가자의 출입이 금지되는 통제구역이 아닌 것은?
(2004.7.11. 일반순경)

① 컴퓨터실 ② 통합장비실
③ 정보기록실 ④ 치안상황실

해설 ② 통제구역에 해당하는 곳은 보안상 극히 중요한 장소로 암호취급소, 정보보안기록실, 무기고, 탄약고, 치안상황실, 통신보안감청실, 정보상황실, 비밀발간실, 전자계산소, 컴퓨터실 등이다.

23 유인물, 팸플릿 등 각종 매체를 통해 개인이나 단체의 좋은 점을 일방적으로 알리는 활동을 의미하는 것은?
(2004.7.11. 일반순경)

① 협의의 홍보 ② 지역공동체 관계
③ 광의의 홍보 ④ 기업식 경찰 홍보

해설 ① 유인물, 팸플릿 등 각종 매체를 통하여 개인이나 단체의 좋은 점을 일방적으로 알리는 활동은 협의의 홍보(PR)에 해당한다.

24 다음 설명 중 비밀과 관련된 설명으로 옳은 것은?
(2004.11.7. 101경비단)

① 비밀 또는 주요 시설 및 자재에 대한 비인가자의 접근을 방지하기 위하여 출입에 안내가 요구되는 지역은 통제구역이다.
② 통제구역으로는 암호취급소, 현장감식반, 정보기록실, 탄약실이 있다.
③ 비밀은 보호할 수 있는 최저 등급으로 분류하여야 한다.
④ Ⅰ급 비밀은 누설되는 경우 국가 안전 보장에 막대한 지장을 초래할 우려가 있는 비밀이다.

해설 ① 제한구역에 대한 설명이다. 통제구역은 비인가의 출입이 금지된 보안상 극히 중요한 장소이다. ② 현장감식반은 제한구역이다. 통제구역으로는 암호취급소, 정보보안기록실, 무기고, 탄약고, 치안상황실, 통신보안감청실, 정보상황실, 비밀발간실, 전자계산소, 컴퓨터실 등이 있다. ④ Ⅱ급 비밀은 누설되는 경우 국가 안전 보장에 막대한 지장을 초래할 우려가 있는 비밀이다.

25 직위분류제와 계급제의 설명 중 틀린 것은?
(2005 일반, 여경 2차)

① 계급제는 사람을 직위분류제는 직위를 중시한다.
② 우리 나라 공직분류 제도는 계급제가 원칙이고, 직위분류제적 요소가 가미되어 있다.
③ 계급제는 인사 배치가 용이하고, 직위분류제보다 융통적이다.
④ 계급제는 각 부서간 조정과 협조가 곤란하나, 직위분류제는 행정상 분류가 용이하다.

해설 계급제는 인관 관계 관리로서 부서간 조정과 협조가 비교적(직위분류제와 비교해 볼 때) 잘된다고 볼 수 있다. 직위분류제는 일 직무 중심으로 직무의 종류와 난이도에 따라 공직을 세분화하여야 하기 때문에 행정업무를 완전한 1인 1역 체계로 분류하는게 용이하지

정답 20 ④ 21 ① 22 ② 23 ① 24 ③ 25 ④

못하다.

26 머슬로(A. H. Maslow)가 주장하는 존경 욕구의 충족과 거리가 먼 것은? (2005 일반, 여경 3차)

① 인간 관계 개선 ② 참여 확대
③ 포상 제도 ④ 제안 제도

해설 인간 관계 개선은 애정(사회적) 욕구이다.

27 다음 중 "비인가자의 출입이 금지되는 보안상 극히 중요한 지역에 해당하지 않는 보호구역"은 모두 몇 개인가? (2006 일반, 여경 2차)

㉠ 암호취급소	㉡ 비밀발간실
㉢ 치안상황실	㉣ 과학수사센터
㉤ 경찰교환실	㉥ 무기고 및 탄약고
㉦ 정보보안기록실	

① 2개 ② 3개
③ 4개 ④ 5개

해설 ㉣㉤은 제한구역

6 경찰통제와 과제

1 다음 중 경찰 외부통제와 관련하여 틀린 것은?

(2001.3.11. 일반순경)

① 대통령-경찰청장, 경찰위원회 위원 임명
② 감사원-예산안 심의·의결, 경찰근무감찰
③ 국민고충처리위원회-국민의 편의 제공
④ 사법부-사법심사

해설 ② 예산안의 심의·의결은 국회에 의한 통제에 해당하는 곳이고 행정부에 의한 통제에 해당하는 감사원의 통제 사항은 아니다. 국회에 의한 통제는 입법권, 예산의 심의·의결권, 결산권, 국정감사권·조사권 등이 있다. 또한 이 부분에서 혼동하지 말아야 할 것은 경찰위원회에 의한 통제는 내부적 통제가 아닌 외부적 통제라는 사실이다. 반드시 기억하기 바란다.

2 경찰정보 중 공개하지 않아도 되는 정보에 속하지 않는 것은?

(2001.4.8. 여자순경)

① 경찰서장의 판공비 사용 내역
② 공개될 경우 국가의 중대한 이익을 해할 우려가 있다고 인정되는 경우
③ 주민등록번호 등에 의하여 특정인을 식별할 수 있는 개인에 관한 정보
④ 범죄의 예방과 관련된 정로보서 공개시 직무 수행에 심각한 장애를 가져올 수 있는 정보

해설 ① 경찰서장의 판공비는 국민의 세금으로 운영되므로 공개하여야 한다. 공공기관의 정보 공개에 관한 법률에는 비공개 대상 정보를 다음과 같이 규정하고 있다.
㉠ 다른 법률 또는 법률에 의한 명령에 의하여 비밀로 유지되거나 비공개 사항으로 규정된 정보
㉡ 공개될 경우 국가안전 보장·국방·통일·외교 관계 등 국가의 중대한 이익을 해할 우려가 있다고 인정되는 정보
㉢ 공개될 경우 국민의 생명·신체 및 재산의 보호, 기타 공공의 안전과 이익을 현저히 해할 우려가 있다고 인정되는 정보
㉣ 진행중인 재판에 관련된 정보와 범죄의 예방, 수사, 공소의 제기 및 유지, 형의 집행, 교정, 보안처분에 관한 사항으로 공개될 경우 그 직무 수행을 현저히 곤란하게 하거나 형사 피고인의 공정한 재판을 받을 권리를 침해한다고 인정할 만한 상당한 이유가 있는 정보
㉤ 감사, 감독, 검사, 시험, 규제, 입찰 계약, 기술 개발, 인사관리, 의사결정 과정 또는 내부 검토 과정에 있는 사항 등으로서 공개될 경우 업무의 공정한 수행이나 연구, 개발에 현저한 지장을 초래한다고 인정할 만한 상당한 이유가 있는 정보
㉥ 당해 정보에 포함되어 있는 이름, 주민등록번호 등에 의하여 특정인을 식별할 수 있는 개인에 관한 정보(법령 등이 정하는 바에 의하여 열람할 수 있는 정보, 공공기관이 작성하거나 취득한 정보로서 공개하는 것이 공익 또는 개인의 권리 구제를 위하여 필요하다고 인정되는 경우 중 개인에 관한 정보는 제외)
㉦ 법인, 단체 또는 개인의 영업상 비밀에 관한 사항으로서 공개될 경우 법인 등의 정당한 이익을 현저히 해할 우려가 있다고 인정되는 정보(사업 활동에 의하여 발생하는 위해로부터 사람의 생명, 신체 또는 건강을 보호하기 위하여 공개할 필요가 있는 정보, 위법·부당한 사업 활동으로부터 국민의 재산 또는 생활을 보호하기 위하여 공개할 필요가 있는 정보는 제외)
㉧ 공개될 경우 부동산 투기, 매점매석 등으로 특정인에게 이익 또는 불이익을 줄 우려가 있다고 인정되는 경우

3 다음 중 행정에 대한 사후 통제와 거리가 먼 것은?

(2001.11.11. 일반순경)

① 국회의 예산 심의
② 행정심판
③ 국회의 국정감사권
④ 상급기관의 하급기관에 대한 감사권

해설 ① 국회의 예산심의권은 국민의 자유와 권리를 침해하기 전에 참여 등을 통하여 인정하는 사전 통제에 해당하는 것이며 또한 외부적 통제 중 국회에 의한 통제에 해당하는 것이다.

4 경찰 통제로서의 행정심판에 대한 설명 중 부적절한 것은?

(2001.11.11. 일반순경)

정답 1 ② 2 ① 3 ①

① 보통 행정청의 처분 또는 부작위에 대하여서는 당해 행정청의 직근 상급 행정기관이 재결청이 된다.
② 집회 및 시위에 관한 법률에 의거, 집회의 금지 통고에 대하여는 직근 상급 경찰관청이 재결청이 된다.
③ 상급 경찰관청은 하급 경찰관청의 행정의 위법 문제에 대하여서만 통제를 가할 수 있다.
④ 훈령권은 내부적 통제이다.

해설 ③ 상급기관은 하급기관의 위법 문제에 관한 것뿐만 아니라 부당행위에 관한 것도 통제를 가할 수 있다.

5 NGO의 요건이 아닌 것은? (2002.10.13. 여자순경)

① 이윤 추구를 하지 않아야 한다.
② 의사결정에 자율성이 있어야 한다.
③ 정보 내지 정책적 영향을 받지 않아야 한다.
④ 일회성으로 그치지 않고 지속성이 있어야 할 것을 요하지 않는다.

해설 ④ NGO의 특성으로 ㉠ 의사결정(활동)의 자율성, ㉡ 업무의 지속성, ㉢ 비영리성 등을 가지고 있으며, 정부와 기업에 비교하여 제3섹터로 입법, 사법, 행정, 언론과 함께 제5부로 불리고 있다. NGO는 비정부, 비국가 조직체를 의미하며 자발성을 바탕으로 비영리적인 집단이나 조직 또는 결사체, 기구나 단체, 그리고 운동세력을 포함한다. 초기 봉사 영역을 중심으로 한 구제 활동으로 출발한 NGO는 그 후 각국이 가진 역사적 배경, 정치문화적 환경, 그리고 정치 체제에 다양하게 정의되고 있다.

6 경찰의 민주성 확보를 위한 방안이 아닌 것은? (2002.11.10. 101경비단)

① 경찰 책임의 완화 ② 절차 참여의 보장
③ 권한의 적절한 분배 ④ 경찰 정보의 공개

해설 ① 경찰 책임에 걸맞은 권한이 주어져야 한다. 경찰통제의 기본 요소를 묻는 문제이다. 경찰통제의 기본 요소는 권한의 분산, 정보의 공개, 국민 참여의 보장, 책임, 환류로 하고 있다.

7 경찰의 통제에 대한 다음 설명 중 틀린 것은? (2003.3.9 일반순경)

① 영·미법계 국가에서는 경찰조직의 민주성을 확보하기 위하여 경찰위원회, 자치경찰제도 시행 등 의 제도적 장치를 마련하고 있다.
② 대륙법계 국가에서는 행정소송의 열기주의에서 개괄주의로 전환함으로써 행정에 대한 법원의 동태를 축소하고 있다.
③ 경찰조직 내에서 이루어지는 자체통제로서 청문감사관 제도, 직무명령권, 훈령권 등이 있다.
④ 행정에 대한 사전 통제를 규정하고 있는 기본법은 행정절차법이다.

해설 ② 사법적 통제는 초기의 행정소송에 대한 열기주의에서 개괄주의로 전환함에 따라 행정에 대한 법원의 통제를 확대하고 있고 오늘날은 민주적 통제와 사법적 통제를 모두 받아들이는 절충적 입장을 취하는 경향으로 발전되고 있다. 경찰 통제의 유형과 그 개념을 묻는 문제이다. 경찰 통제의 유형은 민주적 통제와 사법적 통제, 사전통제와 사후통제, 내부적 통제와 외부적 통제로 나눌 수 있다. 특히 민주적 통제와 사법적 통제의 비교는 자주 출제되는 문제이다. 민주적 통제는 주로 영미법계 국가에서 사용하는 것으로 경찰조직의 민주성을 확보하기 위하여 경찰위원회, 자치경찰 제도 시행 등의 제도적 장치를 마련하여 경찰을 통제하는 것을 말한다. 사법적 통제는 대륙법계의 국가에서 행정소송이나 국가배상 제도 등을 통한 사법심사 제도를 통하여 경찰을 통제하는 것을 말한다.

8 다음 중 경찰행정의 책임을 확보하기 위한 사전통제에 해당되는 것은? (2003.4.20. 여자순경)

① 행정소송
② 국회의 예산결산권
③ 국회의 예산심의권
④ 상급기관의 하급기관에 대한 감사권

해설 ③ 사전통제란 국민의 자유와 권리를 침해하기 전에 참여 등을 통하여 통제를 인정하는 것으로 국회의 입법권, 예산심의권, 행정절차법 등이 있다.

9 다음 중 경찰에 대한 통제의 필요성에 대한 설명으로 가장 틀린 것은? (2003.6.22. 일반순경. 2002.10.13. 여자순경 유사)

① 경찰의 능률성을 확보하기 위해서 필요하다.
② 경찰의 민주적 운영을 위해서 필요하다.
③ 경찰의 정치적 중립을 위해서 필요하다.
④ 경찰조직의 부패 방지를 위해서 필요하다.

해설 ① 경찰 활동에 대한 강화는 행정의 능률성을 저해할 소지가 있지 때문에 통제는 행정의 능률성과 민주성

정답 4 ③ 5 ④ 6 ① 7 ② 8 ③ 9 ①

의 조화를 이루도록 하여야 한다. 경찰통제란 경찰의 조직과 개개 경찰관의 활동을 확인하고 감시함으로써 경찰 활동의 적정성을 도모하기 위한 제도적 장치나 활동을 말한다. 경찰통제는 경찰법 제1조에 명시된 경찰의 민주적 운영과 정치적 중립, 법치주의의 확립을 위하여 필요하며, 국민의 인권 보장과 조직의 부패 방지를 위해서 필요한 것이다.

10 다음 중 경찰통제의 기본 요소로 보기 어려운 것은? (2004.3.14. 여자순경)

① 경찰 정보의 공개
② 경찰 권한의 집중
③ 경찰 공무원의 과오에 대한 책임
④ 경찰 행정의 국민의 참여 보장

해설 ② 경찰통제의 기본 요소는 ㉠ 권한의 분산, ㉡ 정보의 공개, ㉢ 국민 참여의 보장, ㉣ 책임이다.

11 다음 경찰과 NGO의 발전적 관계로 가장 부적절한 것은? (2004.3.14. 여자순경. 2001.10.14. 여자순경)

① 상호 관심 사항을 협의하여 치안정책에 반영함으로써 경찰행정의 신뢰성을 확보할 수 있다.
② 법집행의 사각지대를 메워 줄 수 있는 분야의 활동을 유도하여 경찰력을 보완할 수 있다.
③ NGO와의 협력을 강화하기 위해서는 경찰의 법집행 과정에 개입할 수 있는 권한을 부여하여야 한다,
④ NGO와의 협력 관계로 사회 각계 각층의 경찰 지원 세력을 확보한다.

해설 ③ NGO는 외부기관으로 그 외부기관과의 협력을 위하여 경찰의 법집행에 대한 개입할 수 있는 권한을 부여할 수는 없다.

12 경찰조직 내에서 이루어지는 내부통제와 경찰조직 외부에서 이루어지는 외부통제에 대한 설명으로 타당하지 않은 것은? (2004.7.11. 일반순경)

① 민원인의 고충 등을 상담, 해소해 주고 경찰 내의 인권 보호 상황을 확인·점검하는 임무를 수행하는 청문감사관 제도는 외부통제에 해당한다.
② 국민 여론, 국회의 예산심의권, 행정소송 등은 외부통제이다.
③ 경찰위원회, 소청심위원회에 통제도 외부통제이다.
④ 훈령권, 직무명령권은 내부통제에 해당한다.

해설 ① 청문감사권은 경찰 조직 내부에 존재하는 것으로 이는 내부통제에 해당한다.

13 방범리콜 제도는 고객 지향적 행정의 사례로 볼 수 있다. 다음 중 이와 관련된 설명으로 가장 거리가 먼 것은? (2001.4.8. 여자순경)

① 고객 지향 행정의 최종 목표는 고객이 감동하는 행정 서비스의 제공에 있다.
② 방범 활동에 주민의 의견을 반영하기 위한 제도이다.
③ 잘못된 행정 서비스에 대한 불만 제기권을 시민에게 부여하고 시정하고 장치이다.
④ 행정 과정에서의 주민의 참여는 포함되지 않는다.

해설 ④ 고객 지향적 행정은 정부의 행정 활동을 서비스로 시민을 고객으로 파악하여 고객 중심의 조직으로 행정조직을 재편하고 고객과 접촉하는 일선기관의 권한과 기능을 대폭 강화하여 행정 서비스에 대한 고객의 만족도를 높이는 것으로 최종 목표는 고객이 감동하는 행정 서비스의 제공이다. 따라서 행정 과정에서의 주민의 참여는 고객 지향적 행정에 중요한 요소가 된다.

14 행정개혁의 추진전략에 관한 설명으로 틀린 것은? (2001.11.11. 101경비단)

① 보통 개발도상국에서는 급진적인 전략이 많이 사용된다.
② 점진적인 추진은 저항을 감소시킬 수 있다는 장점이 있다.
③ 상향적 전략은 신속한 변화가 가능하다.
④ 하향적 전략은 장기적 지속화에 어려움이 있다.

해설 ③ 상향적 전략은 구성원의 다양한 참여를 보장하고 의견을 반영하여 신속한 변화를 기대하기는 어렵다.

15 다음 경찰에 수사권을 부여하자는 논거와 관련하여 관련이 없는 것은? (2002.3.17. 여자순경)

① 국민의 편익 도모 문제
② 권한 책임의 불합치와 해소 문제
③ 권력 집중 현상 해소 문제
④ 경찰국가화 경향

해설 ④ 경찰국가화 경향은 경찰의 독자적 수사권 부여 반대론의 논거이다.

정답 10 ② 11 ③ 12 ① 13 ④ 14 ③ 15 ④

16 행정개혁에 대한 저항을 해소시킬 수 있는 수단으로 가장 적당하지 않은 것은? (2002.11.10. 일반순경)

① 참여의 확대
② 개혁안에 대한 조직구성원의 지지 확대
③ 개혁의 공공성 강조
④ 개혁안에 대한 수정 기회 차단

해설 ④ 개혁안에 대한 수정 기회의 차단은 개혁 추진 구성원의 합의를 이끌어 내지 못하므로 더욱 큰 저항을 불러오게 된다. 행정개혁은 기득권의 침해와 개혁 내용의 불확실성, 개혁 과정의 폐쇄성으로 인한 참여 부족, 타당성과 무능에 저항이 발생하기 마련이다. 행정개혁 바로 이 저항을 어떻게 줄이느냐 따라 그 성공의 여부가 결정된다. 행정개혁의 강조, 개혁 방법과 기술의 유통적 적용, 개혁의 점진적 추진, 교육훈련과 자기개발의 촉진 등을 들 수 있다.

17 경찰에 독자적 수사 권한을 부여하자는 논거에 대한 설명이다. 가장 거리가 먼 것은? (2003.6.22. 일반순경)

① 범죄 수사는 소추권자인 검사가 수사 주체가 되어야 한다.
② 명령 통일의 원리를 위배하고 있다.
③ 검찰의 광범위한 수사 지휘로 인하여 경찰 업무의 과중을 초래하고 있다.
④ 피의자 신문조서에 대한 증거 능력의 차등으로 인하여 이중 조사가 이루어지고 있다.

해설 ① 현재 우리 나라는 경찰법 제3조와 경찰직무집행법 제2조에서 범죄의 수사를 경찰의 임무로 규정하고 있다. 그러나 형사소송법 제196조와 사법경찰관리집무규칙에 의하여 모든 수사는 검사의 지휘를 받도록 하고 있다.

18 다음 중 경찰개혁을 통하여 변화된 패러다임으로 보기 어려운 것은? (2003.7.20. 101 경비단)

① 형사사건－구속 수사 위주에서 불구속 수사 위주로
② 교통－단속·적발 위주에서 사고 요인 제거, 지도장 활용의 방향으로
③ 집회·시위－진압 위주에서 집회·시위를 적극적으로 관리하는 방향으로
④ 경찰 운영－경찰 운영면에서는 불합리한 규제들의 철폐 및 국민들에게 치안 서비스를 제공하는 방향으로

해설 ① 경찰의 패러다임 변화로가 아닌 경찰의 수사 활동에 그 패러다임이 획일적 치안 정책에서 지역별 치안 정책으로 변화하고 있다.

19 국민들이 평가한 범죄 및 교통 위험에 대한 불안 수준, 범죄 간의 상대적 중요도 등을 기초로 산출한 지표를 치안지수라고 하는데, 다음 중 치안지수의 활용에 대한 성명으로 타당하지 않은 것은? (2003.11.9. 일반순경)

① 어떤 범죄가 국민을 불안하게 만드는지를 파악하여 치안정책의 중점 사항을 선택할 수 있다.
② 지역별로 치안지수를 산출하여 지역 특성에 맞는 치안정책을 수립할 수도 있다.
③ 정기적으로 조사하여 국민들의 치안 만족도 변화를 파악할 수 있다.
④ 범죄 발생 원인을 체계적으로 분석함으로써 범죄를 효율적으로 예방할 수 있다.

해설 ④ 치안지수를 통하여 범죄 유형별로 국민에게 불안을 주는 요소가 무엇인지는 알 수 있으나 발생 원인을 알아낼 수는 없다.

20 다면평가제에 대한 설명 중 옳은 것은? (2004.3.14. 여자순경, 2003.9.28. 여자순경 유사)

① 민간기업을 중심으로 확산되어 공기업, 공공기관에서도 지도력과 관리 능력이 요구되는 고위직에 적용되는 추세이다.
② 참여정부 출범 이후 다면평가제 확대 실시로 고위직은 물론 모든 관리직의 임용시에도 본격적으로 적용되고 있다.
③ 근무성적에 따른 뚜렷한 서열 정립이 어렵다.
④ 다면평가 방법은 빠르고 쉬운 편정 방식이다.

해설 ③ 다면평가제는 360° 평정법, 집단평정법, 복수평정법이라고도 한다. 이는 상급자, 동료, 부하, 민원인 등 여러 구성원이 동시에 평가하는 인사평정 방식이다. 다면평가제는 특정인에 대한 수평, 상향, 하향의 다양한 평가가 가능하므로 기존의 인사평정 방식의 상사에 의한 일방적 평가에서 오는 왜곡의 소지를 제거하는 장점이 있으나 다양한 평가 요소가 존재하므로 근무성적에 따른 서열 정립이 어렵다는 단점이 있다.

21 경찰개혁 과정에서 시행되고 있는 발탁인사 제도와 관련된 기술로 가장 타당하지 않은 것은?

정답 16 ④ 17 ① 18 ① 19 ④ 20 ①, ③

(2005.4.18. 일반순경)

① 미국 GE사의 잭 웰치(Jack Welch)식 인사 기법이 대표적 사례이다.
② 종래 연공서열제의 조직 침체의 단점을 보완할 수 있는 방식으로 볼 수 있다.
③ 발탁 대상자의 나이는 상관 없지만, 경력은 중요시된다.
④ 조직구성원 간에 갈등을 초래할 우려가 있으므로 신중히 적용되어야 한다.

해설 ③ 발탁인사 제도란 사원들의 능력 발휘를 유도하기 위하여 근속 연수, 학력, 연령 등에 관계 없이 성적이 우수한 직원들을 조기에 승진시키는 인사 제도를 말한다. 이러한 발탁인사 제도는 연공 중시의 인사관리로 인한 무사안일의 폐해를 극복하고 도전적인 조직 풍토를 조성함으로써 조직 운영의 객관성과 공정성을 전제로 적절한 조직 반응의 촉매제로서 창의적이고 실천적인 조직을 만들기 위해서 도입되었다고 할 수 있다.

22 다음 중 다면평가제를 공직에 도입할 경우 고려 사항으로 거리가 먼 것은?

(2004.11.7. 일반순경. 101경비단)

① 평가 기준을 문서화하거나 평가를 위한 교육 실시가 바람직하다.
② 투명성을 위하여 평가 자료를 공개하는 것이 필수적이다.
③ 부서 내 갈등을 유발할 수 있다.
④ 평가조사의 진행을 외부 업체에 위탁할 경우 객관성과 신뢰도 향상을 기대할 수 있다.

해설 ② 다면평가제는 상급자의 보복과 눈치가 두려워 객관적인 평가를 할 수 없으므로 익명성을 원칙으로 한다.

23 에치오니(Amitai W. Etzioni)의 저항 극복 전략 중 개혁지도자의 카리스마, 개혁의 논리와 당위성에 대한 여론, 교육과 훈련을 통한 의식의 개혁 등을 이용해 잠재적 저항 심리를 완화하거나 혁신에 동조하도록 하는 전략은? (2005.일반,여경1차)

① 관습적 전략 ② 규범적 전략
③ 혁신적 전략 ④ 공리적 전략

24 경찰에 독자적 수사 권한을 부여하자는 논거에 대한 설명이다. 가장 거리가 먼 것은? (2005.일반,여경1차)

① 범죄의 예방 업무와 진압(수사) 업무가 법적 뒷받침 아래 단일 기관에 의하여 관장, 운영되므로 치안 확보에 혁신적 발전이 가능해진다.
② 수사의 능률성을 향상시킬 수 있고 공소권의 준수성을 보장할 수 있어 형사소송의 이념에 더욱 충실하여 국민 복리에 이바지할 수 있다.
③ 검사와 경찰 간의 수사 충돌과 경쟁이 야기되어 인권 침해의 소지와 부작용이 우려된다.
④ 법상 책임 소재가 권한 균형의 조직 원리에도 부합한다.

정답 21 ③ 22 ② 23 ② 24 ③

7 경찰학 각론

1 다음 중 경범죄처벌법상의 처벌의 유형으로 타당한 것은? (2001.7.22 101경비단)

① 몰수 · 구류 · 과료 ② 벌금 · 과료
③ 벌금 · 구류 · 과료 ④ 과료 · 몰수

해설 ③ 경범죄처벌법상의 처벌은 유형은 10만 원 이하의 벌금(5만 원 이상), 구류(1일~30일) 또는 과료(2천 원 이상 5만 원 미만)의 형(법정형)이다.

2 파출소 직원 A는 슈퍼마켓에서 청소년에게 담배를 판매하고 있다는 범죄첩보에 따라 잠복근무 중 16세의 A, 17세의 B, 18세의 C, 19세의 D가 있었다. 이 중 청소년보호법상 청소년에 해당하지 않아 합법적으로 담배를 구입할 수 있는 사람은? (2001.7.22 101경비단)

① A, B, C ② B, C, D
③ C, D ④ D

해설 ④ 청소년보호법상 청소년이라 함은 만 19세 미만의 말한다. 다만, 만 19세에 도달하는 해의 1월 1일을 맞이한 자를 제외한다. 따라서 청소년에 해당하지 않는 사람은 D이다.

3 경찰이 범인을 검거 구속하여 사회와 격리시킴으로써 더 이상의 범죄를 저지르지 않도록 하는 것을 브랜팅햄과 파우스트는 무엇이라고 보았는가? (2001.10.14 여자순경)

① 1차적 범죄 예방 ② 2차적 범죄 예방
③ 3차적 범죄 예방 ④ 4차적 범죄 예방

해설 ③ 문제는 형사사법기관 등에서 범죄자를 대상으로 하는 예방을 말하는 것으로 이것은 브랜팅햄과 파우스트의 범죄 예방 모형 중 3차적 범죄 예방 모형에 해당하는 것이다. 범인의 검거, 구속 외에도 사회복구를 위한 교육, 민간단체나 지역사회의 교정 프로그램 등이 이에 해당한다.

4 다음 중 범죄 통제(crime control)에 대하여 고전주의 사상가들이 주장한 범죄 내용 방법은? (2001.11.11 일반순경)

① 응보와 복수 ② 범죄의 예방
③ 교정과 치료 ④ 형벌과 제재

해설 ④ 범죄 통제에 대하여 고전주의 사상가는 범죄의 원인을 인간의 자유 의지로 보았으며, 범죄의 대응 방법으로 범죄 행위에 대한 형벌과 제재를 과함으로 자유의지에 따라 범죄를 포기하고 스스로 정상적인 행위를 하게 하여야 한다고 주장한다.

5 범죄 예방의 개념에 대한 설명으로 타당하지 않은 것은? (2001.11.11 일반순경)

① 제퍼리(C. R. Jeffery)는 범죄환경의 개선을 통한 범죄 예방 모델을 제시하였다.
② 브랜팅햄(P. J. Brantingham)은 1차, 2차, 3차 모델로 나누어 범죄 예방을 설명하였다.
③ 랩(S. P. Lab)은 통계화한 범죄 감소만 범죄 예방으로 규정하였다.
④ 미국범죄예방연구소는 범죄 기회 감소를 범죄 예방으로 보았다.

해설 ③ 랩(S. P. Lab)은 범죄 예방이란 '실제의 범죄 발생과 범죄에 대하여 공중이 가지는 두려움을 줄이는 사전 활동'이라고 정의하였다.

6 다음 중 헤일(C. D. Hale)이 이야기한 다섯 가지 경찰 활동의 목적이 아닌 것은 무엇인가? (2001.11.11 101경비단)

① 공공의 안녕과 평온 ② 대민 서비스 제공
③ 교통지도 단속 ④ 법집행

해설 ① 공공의 안녕과 평온은 워커(S. Walker)의 순찰의 기능이다.

7 생활안전경찰의 특성을 설명한 것 중 가장 거리가 먼 것은? (2001.11.11 101경비단)

정답 1 ③ 2 ④ 3 ③ 4 ④ 5 ③ 6 ①

① 생활안전경찰은 행정·사법경찰의 작용이 공존하며 불가분의 관계가 있다.
② 생활안전경찰 활동은 대민 서비스 분야가 다양하게 확대되어 가고 있다.
③ 생활안전경찰은 전담 경찰과 달리 공공 안녕을 위한 경찰 임무 전반에 모두 미치게 된다.
④ 생활안전경찰 활동은 다른 기능과 관련 없이 수행되는 독립적인 분야이다.

해설 ④ 생활안전경찰은 초기적 경찰 활동에 해당하며 그 대상이 다양하며 범위가 광범위하다. 따라서 일정 단계 이상의 업무는 전담 경찰에게 인계하는 등의 다른 기능 및 행정기관과의 관련성이 매우 깊다.

8 다음 중 브랜팅햄과 파우스트의 범죄 예방 모형 중 1차적 예방모형에 해당되는 것은? (2002.3.17 여자순경)

① 우범자 또는 우범자집단
② 생활안전 교육
③ 교도소 구금
④ 구치소

해설 ② 생활안전 교육이 1차적 예방 모형에 해당한다. 브랜팅햄과 파우스트는 범죄 예방 모형을 세 유형으로 제시하였다.

9 다음 중 소년경찰의 활동에 대한 설명으로 바르지 못한 것은? (2002.3.17 여자순경)

① 범죄 소년은 형벌에 저촉되는 행위를 한 14세 이상 20세 미만의 자를 말한다.
② 소년 범죄 발생시 부득이한 경우를 제외하고 체포, 구금을 제한하여야 한다.
③ 범죄 소년이 살인이나 강도를 저지른 경우 수사 기능에서 이를 처리하도록 한다.
④ 12세 이상 14세 미만의 촉법 소년 사건은 형사 책임이 없으므로 엄중히 훈방하여 부모에게 인계한다.

해설 ④ 촉법 소년은 관할 경찰서장이 형사소송 절차에 따라 관계 서류(소년보호사건송치서, 소년신상조사표, 진술조서 등)를 작성하여 가정법원이나 지방법원 소년부에 송치하여야 한다(소년법 제5조). 단, 경미한 사안은 부모 또는 보호자에게 신병을 인도하고 송치서와 참고 자료만 소년부에 송치한다. 반면 금고 이상의 형에 해당하는 범죄를 저지른 범죄 소년은 형벌법령을 적용, 형사소송 절차에 따라 검찰청에 송치한다.

10 다음 중 즉결심판에 대한 설명 중 옳은 것은? (2002.5.12 일반순경)

① 즉결심판 청구권자는 경찰서장·해양경찰서장이며, 이는 기소독점주의의 예외이다.
② 즉결심판은 법정형으로 말할 수 있다.
③ 즉결심판은 불복이 있는 경우 14일 이내 정식재판을 청구한다.
④ 경찰서장의 즉결심판권은 검사의 소추권을 박탈한 사례라 할 것이다.

해설 ① 즉결심판이란 범증이 명백하고 죄질이 경미한 범죄사건을 신속, 적정한 절차로 심판하기 위하여(피고인의 편익 도모, 소송경제 구현) 형사소송 절차에 의하지 않고 관할(해양) 경찰서장의 청구에 의하여 지방법원, 지원, 시·군법원의 판사가 즉결심판에 관한 절차법에 따라 심판하는 것으로 그 대상은 20만 원 이하의 벌금, 구류, 과료에 처할 범죄사건에 해당하는 사람, 통고처분 제외자, 불이행자, 형법, 특별법(건축법, 소방법 등)상의 범죄를 저지를 사람이다. 이는 검사의 기소독점주의의 예외이며 피고인의 불출석 심판이 가능하고, 피고인의 자백만으로 유죄를 인정할 수 있는 등의 특징이 있다. ② 즉결심판은 선고형으로 말할 수 있다. ③ 즉결심판에 불복이 있는 경우는 선고, 고지가 있는 날로부터 7일 이내에 정식재판을 청구한다. ④ 경찰서장의 즉결심판은 검사의 소추권을 박탈한 사례로 볼 수 없다.

11 미국에서 지하철의 깨진 유리창을 방치한 결과 시민들의 준법 의식이 없어져 강력 범죄가 증가한다는 '깨진 유리창 이론'이 있다. 이 이론과 밀접한 관련이 있는 경찰 단속은? (2002.7.21 101경비단, 2001.10.14 여자순경)

① 기초질서 단속 ② 성매매 단속
③ 총포·도검 단속 ④ 음란행위 단속

해설 ① 기초질서 단속이란 일상 생활에서 흔히 범하기 쉬운 경미한 법익의 침해행위인 기초질서 위반사범에 대하여 범칙금 부과 활동 등을 하는 것을 말한다. 이는 실무상의 용어로서 국민의 준법 정신이나 사회 윤리 감각을 향상시켜 발생 가능한 더 큰 범죄를 예방하는 데 그 목적이 있다.

12 다음에서 제퍼리(C. R. Jeffery)의 범죄통제 모형에 해당하지 않는 것은? (2002.7.21 101경비단)

① 범죄인의 개선 교화

정답 7 ④ 8 ② 9 ④ 10 ① 11 ①

② 치료와 갱생을 위하여 무기한적 유치 · 보호
③ 범죄인의 재사회화
④ 환경 개선을 통한 범죄 예방

해설 ② 제퍼리의 범죄통제 모형은 ㉠ 형벌을 통한 범죄 억제 모델, ㉡ 범죄자의 치료와 갱생정책을 통한 사회복귀 모델, ㉢ 사회환경 개선을 통한 범죄예방 모델이다.

13 관내 순찰중이던 순경 갑(甲)은 슈퍼마켓 주인이 "18세 고등학생이 담배를 사려고 하는 경우 어떻게 해야 하느냐?"는 질문을 받았다. 답변으로 틀린 것은? (2002.10.13 여자순경)

① 판매하는 경우 청소년보호법에 의해 2년 이하의 징역 또는 1천만 원 이하의 벌금으로 처벌된다.
② 담배를 구입한 18세 고등학생도 처벌 대상이 된다.
③ 슈퍼마켓 주인만 처벌된다.
④ 학생의 주민등록증 확인 결과 17세이더라도 담배를 판매하였다면 슈퍼마켓 주인만 처벌된다.

해설 ② 청소년보호법의 청소년이란 만 19세 미만의 자를 말하며 다만, 만 19세에 도달하는 해의 1월 1일을 맞이한 자는 제외된다(제2조). 또한 담배를 청소년 유해약물에 해당하는 것으로(제2조) 청소년에게 담배사업법에 의한 담배를 판매한 자는 2년 이하의 징역 또는 1천만 원 이하의 벌금에 처하게 된다(제51조 벌칙). 그러나 담배를 구입한 청소년을 처벌한다는 규정은 없다.

14 A파출소 경장 갑(甲)은 "가스총을 소지하려면 어떻게 해야 하는가?"라는 민원을 받았다. 올바른 것은? (2002.10.13 여자순경)

① 지방경찰청에 신고하시오.
② 지방경찰청에 가서 허가받으시오.
③ 관할 경찰서에 가서 허가받으시오.
④ 관할 경찰서에 신고하시오.

해설 ③ 총포 · 도검 · 화약류 등을 소지하려면 관할 경찰서에 허가를 받아야 한다.

15 경찰의 기초질서 단속 중 경범죄처벌법상의 기초질서 위반행위가 아닌 것은? (2002.11.10 일반순경)

① 오물 방지 및 방뇨　　② 허위 광고 무단 첩부
③ 금연 장소 흡연　　④ 차도 무단 횡단

해설 ④ 차도 무단횡단은 기초질서 위반사범에 해당하나 도로교통법 제10조의 위반에 해당하는 사안이다.

16 다음 경범죄처벌법에 대한 설명으로 틀린 것은? (2003.3.9 일반순경)

① 동법의 위반범에 대하여는 범인은닉죄가 성립한다.
② 종범에 대한 감경 규정이 없다.
③ 경범죄처벌법은 미수범을 처벌한다.
④ 10만 원 이하의 벌금 · 과료 · 구류에 처할 수 있다.

해설 ③ 형법은 미수범처벌규정이 있으나, 경범죄 처벌은 미수범처벌규정이 없다. 경범죄처벌법의 특징을 묻는 문제이다. 생활안전경찰 파트에서 가장 자주 출제되는 부분이다. 경범죄처벌범의 특징은 일반적 특징과 형법총칙 적용상 특징, 형사소송법 적용상 특징으로 나눌 수 있다.

17 지역경찰 활동 중 그 성질이 다른 것은? (2003.4.20 여자순경)

① 생활안전 심방　　② 생활안전 단속
③ 생활안전 지도　　④ 첩보 수집

해설 ② 생활안전 심방과 생활안전 지도, 첩보 수집은 비권력적 수단을 이용하는 지역경찰 활동에 해당하지만 생활안전 단속은 권력적 수단을 이용하여 모든 경찰법규 위반사범을 단속하는 것이다.

18 다음 중 틀린 것은? (2003.6.22 일반순경)

① 민유 총포 보유시 경찰관청에의 허가 제도를 규정하고 있다.
② 5.5mm 단탄 공기총의 중요한 부품은 파출소에 보관한다.
③ 화약류 발파시 화약 저장소를 관할하는 경찰서장의 허가를 얻는다.
④ 수렵 기간 중 탄산 엽총과 공기총은 총기 보관을 해제한다.

해설 ③ 화약류를 발파 또는 연소시키려는 경우 화약류의 사용지를 관할하는 경찰서장의 허가를 받아야 한다.

19 즉결심판을 받은 A는 20만 원의 벌금을 내리는 법원의 선고에 불복하고 정식재판을 청구하려고 한다. A는 어떤 방법으로 정식재판을 청구할 수 있는가? (2003.7.20 101경비단)

정답 12 ② 13 ② 14 ③ 15 ④ 16 ③ 17 ② 18 ③

① 즉결심판을 하였던 관할 법원에 선고일로부터 5일 이내에 정식 재판청구서를 제출하면 된다.
② 즉결심판을 청구하였던 관할 경찰서에 선고일로부터 5일 이내에 정식재판청구서를 제출하면 된다.
③ 즉결심판을 하였던 관할법원에 선고일로부터 7일 이내에 정식 재판청구서를 제출하면 된다.
④ 즉결심판을 청구하였던 관할 경찰서에 선고일로부터 7일 이내에 정식 재판청구서를 제출하면 된다.

해설 ④ 즉결심판을 받은 피고인이 법원의 선고에 불복하여 정식재판을 청구하고자 하는 때는 법원의 선고나 고지를 받은 날로부터 7일 이내에 경찰서장에게 정식재판청구서를 제출하면 된다. 이 경우 경찰서장은 청구 서류를 받은 즉시 판사에게 송부하여야 한다. 또한 즉결심판에서 경찰서장이 법원의 선고에 불복하는 경우 경찰서장은 검사의 승인을 얻어 법원의 선고, 고지가 있는 날부터 7일 이내에 청구서를 판사에게 제출하여야 한다.

20 다음 중 소년의 연령 기준이 잘못된 것은?

(2003.7.20 101경비단)

① 청소년 성 보호에 관한 법－19세 미만
② 청소년보호법－19세 미만
③ 소년법－20세 미만
④ 아동복지법－16세 미만

해설 ④ 아동복지법상 아동은 18세 미만의 자를 말한다(아동복지법 제2조 제1호).

21 다음 중 순찰 활동에 대한 설명으로 잘못된 것은?

(2003.9.28 여자순경)

① 가시적 순찰 활동은 주민들에게 심리적 안정감을 준다.
② 정선순찰은 감독이 어렵다.
③ 순찰 방식의 선택은 경찰관의 윤리 의식과 밀접한 관련이 있다.
④ 정선순찰은 책임 회피식 순찰이 될 위험이 있다.

해설 ② 정선순찰이란 관할구역을 정해 놓은 노선에 따라 규칙적으로 순찰하는 것이므로 감독이 매우 용이하다.

22 범죄 예방 개념을 설명한 것으로 틀린 것은?

(2004.3.14. 여자순경 2003.11.9. 일반순경)

① 랩(S. P. Lab)은 범죄 예방이란 실제의 범죄 발생과 범죄에 대한 공중의 두려움을 줄이는 사전 활동으로 규정하였다.
② 제퍼리(C. R. Jettery)는 범죄환경의 개선을 통한 범죄 예방 모델을 제시했다.
③ 브랜팅햄(P. J. Brantingham)s과 파우스트 1차, 2차, 3차 모델로 나누어 범죄 예방을 설명했다.
④ 미국연방연구소는 범죄 예방의 개념을 범죄에 관련된 환경적 기회를 제거하는 간접적 통제 활동으로 규정하였다.

23 순찰지구대의 설치·운영에 대한 다음 설명 중 가장 바르지 못한 것은?

(2004.3.14. 여자순경)

① 지방경찰청은 인구, 면적, 행정구역과 사건사고 발생 현황 등을 고려하여 경찰서 관할지역 나누어 순찰지구대를 설치한다.
② 지구대장은 관내 치안 상황의 장악 및 현장 지휘의 직무를 수행한다.
③ 제2사무소장은 생활안전, 수사, 형사 업무를 담당한다.
④ 관리요원은 일근근무를 원칙으로 하며 민원 업무 처리 및 지역사회 봉사활동을 수행한다.

해설 ④ 민원업무 처리 및 지역사회 봉사활동을 수행하는 것은 민원당담관이다. 관리요원은 일근근무를 원칙으로 순찰지구대의 행정 및 경리 업무 등을 담당한다.

24 즉결심판 업무에 관한 설명 중 타당하지 않은 것은?

(2004.4.18. 일반순경)

① 즉결심판 절차에서 형소법상의 불이익한 자백 능력(제310조), 진술서(제313조)의 규정은 적용되지 않는다.
② 법정형이 20만 원 이하의 벌금, 구류 또는 과료에 해당하는 범죄가 즉결심판의 대상이 된다.
③ 구류에 처할 경우 피고인이 별도의 불출석 심판을 청구하지 않은 경우에 피고인 출석에 심판이 이루어져야 한다.
④ 정식재판을 청구하고자 하는 피고인이 즉결심판의 선고 고지를 받은 날로부터 7일 이내에 정식 재판청구서를 관할 경찰청장에게 제출하면 된다.

해설 ② 즉결심판의 대상은 법정형이 아니라 선고형이 20만 원 이하의 벌금, 구류 또는 과료에 해당하는 범죄이다.

25 지역경찰 조직 및 운영규칙에서 규정하는 전담 경찰관의 인원 부족, 대규모 치안 수요 발생시 종사하는

정답 19 ④ 20 ④ 21 ② 22 ④ 23 ④ 24 ②

전용 근무의 동원 사유가 아닌 것은?

(2004.7.11 일반순경)

① 다중 범죄 진압, 대간첩 작전, 기타 비상사태
② 경호경비 또는 각종 집회 및 행사의 장비
③ 지명 수배자 체포를 위한 긴급 배치
④ 화재, 폭발물, 풍수해 등 중요 사고 발생

해설 지역경찰 조직 및 운영규칙에서 규정하는 전담 경찰관의 인원 부족, 대규모 치안 수요 발생시 종사하는 전용근무의 동원 사유는 a) 다중 범죄 진압, 대간첩 작전 기타 비상사태, b) 경호 경비 또는 각종 집회 및 행사의 경비, c) 화재, 폭발물, 풍수해 등 중요사고 발생, d) 중요 범인의 체포를 위한 긴급 배치, e)기타 다수 경찰관의 동원을 필요로 하는 행사 또는 업무이다.

26 지역경찰 조직 및 운영에 관한 규칙상 지구대장의 직무 범위에 관한 설명 중 가장 옳지 않은 것은?

(2005.일반,여경1차)

① 지역경찰 활동의 실태분석 및 대책 수립
② 월간 휴무일 지정 등 사기관리
③ 관내 치안 상황의 장악 및 현장 지휘
④ 근무자 장비 및 시설 점검

해설 근무자 장비 및 시설 점검은 지구대사무소장 직무이다.

27 워커(S. Walker)가 언급한 순찰의 세 가지 기능이 아닌 것은? (2005.일반,여경1차)

① 범죄의 억제 ② 질서 유지
③ 공공 안전감의 증진 ④ 대민 서비스 제공

해설 질서 유지는 헤일(C. D. Hale)의 주장이다.

28 다음 지역경찰 조직 및 운영에 관한 규칙에 대한 설명 중 틀린 것은? (2005 일반, 여경 2차)

① 순찰지구대는 순찰지구대장, 사무소장, 순찰지도관, 관리요원 및 민원담당관으로 구성한다.
② 특수파출소장의 근무는 경찰서장이 월별 지정한다.
③ 특수파출소의 각종 행정 및 예산, 장비, 시설 업무는 순찰지구대와 별도로 집행·관리한다.
④ 특수파출소는 경찰서장이 설치 후 지방청장에게 보고한다.

해설 지방청장이 설치 후 경찰청장에게 보고한다(지역경찰 조직 및 운영에 관한 규칙 참고).

29 범죄예방이론에 대한 설명으로 바르지 못한 것은?

(2005 일반, 여경 3차)

① 고전학파 범죄이론은 범죄에 대한 국가의 강력하고 확실한 처벌이 범죄 예방에 효과적이라고 본다.
② 생물학적·심리학적 범죄이론에서 범죄자의 치료와 갱생이 범죄 예방에 효과적이라고 본다.
③ 치료 및 갱생이론에서는 범죄는 개인의 책임이 아니라 사회의 책임이다.
④ 상황적 예방이론에서는 범죄 기회의 제거가 범죄 예방에 효과적이지만 폭력과 같은 충동적 범죄에는 적용에 한계가 있다고 본다.

해설 상황적 예방이론은 범죄의 전이 효과에 대한 설명이 불충분하다는 비판이 있고, 충동적 범죄에 대한 적용 한계가 있다는 비판은 고전학파의 억제이론에 해당한다.

30 사행행위 등 규제 및 처벌특례법상 사행행위 영업이 아닌 것은? (2005 일반, 여경 3차)

① 카지노 ② 추첨업
③ 복표발행업 ④ 경품업

해설 카지노업은 관광진흥법의 적용을 받는다.

31 다음 헤일(C. D. Hale)은 순찰의 기능을 범죄 예방과 범인 검거, 법집행, 질서 유지, 대민 서비스 제공 교통지도 단속 등 다섯 가지로 나누어 설명하였다. 워커(S. Walker)의 순찰 기능과 동일한 것은?

① 범죄 예방과 범인 검거 ② 공공 안전감의 증진
③ 질서 유지 ④ 대민 서비스 제공의 업무

32 다음 중 지역경찰조직 및 운영에 관한 규칙에 규정된 내용으로 타당하지 않은 것은? (2006 일반,여경1차)

① 지방경찰청장이 치안 여건을 감안하여 순찰지구대를 설치할 때에는 경찰청장에게 보고하여야 한다.
② 경찰관서장은 중요 범인의 체포를 위한 긴급 배치가 필요할 때에는 지역경찰관을 동원할 수 있다.
③ 특수파출소장의 근무는 경찰서장이 주별로 지정하고, 특수파출소 지역경찰관은 교대제 근무를 실시한다.
④ 분소 배치 지역경찰관은 일근제 근무를 하고, 관할

정답 25 ③ 26 ④ 27 ② 28 ④ 29 ④ 30 ① 31 ④ 32 ③

내의 지역사회 경찰활동, 순찰 및 범죄 예방 활동, 민원 및 범죄 신고의 접수 처리 등의 직무를 수행한다.

해설 특수파출소장의 근무는 경찰서장이 월별로 지정한다(동규칙 제50조 제2항).

33 다음 중 경찰청 생활안전과의 업무에 해당하지 않는 것은 모두 몇 개인가? (2006 일반, 여경1차)

> ㉠ 범죄 예방에 관한 연구 및 기획
> ㉡ 즉결심판 업무의 지도
> ㉢ 경비업 관련 업무
> ㉣ 청소년 유해환경 단속의 지도
> ㉤ 112제도 발전계획 수립·운영 및 조정
> ㉥ 미아(실종아동 등)·가출인의 보호와 수배 및 영상시스템 관리
> ㉦ 지구대·파출소의 지역경찰 업무에 관한 기획
> ㉧ 풍속사범의 지도 단속에 관한 기획

① 2개 ② 3개
③ 4개 ④ 5개

해설 ㉡·㉣·㉥·㉧은 경찰청 생활질서과의 업무에 해당한다(경찰청사무분장규칙 제18조, 제19조).

34 다음 중 범인검거 공로자 보상금 지급 기준에 의할 때 보상액이 500백만 원 이하에 해당하는 범죄로 묶어 놓은 것은? (2006 일반,여경1차)

> ㉠ 2인 이하 살해
> ㉡ 조직적·반복적 강도
> ㉢ 화폐위조사건 등 사회 물의 야기 사건
> ㉣ 연쇄 방화사건
> ㉤ 약취유인사건
> ㉥ 피해액 1억 원 이상의 절도
> ㉦ 해양오염사건

① ㉡, ㉣, ㉥ ② ㉡, ㉢, ㉣, ㉥
③ ㉡, ㉣, ㉤, ㉥ ④ ㉠, ㉣, ㉥

해설 ㉠·㉢·㉤은 2천만 원 이하, ㉦은 1천만 원 이하의 보상액을 지급한다(범죄신고자 보호 및 보상에 관한 규칙(경찰청훈령 제474호 - 개정 2005.12.26) 참조).

범인 검거 공로자 보상금 지급 기준

보상액	대상 범죄
5천만 원 이하	• 3인 이상 살해, 폭력행위 등 처벌에 관한 법률 제4조(단체 등의 구성·활동)에 해당하는 폭력조직 및 범죄단체의 수괴 • 공직선거법 범죄 중 선거 무효·당선 무효의 사유에 해당되는 중요 사건
2천만 원 이하	2인 이하 살해, 기타 폭력조직 및 범죄단체의 수괴·간부, 화폐위조사건 등 사회 물의 야기사건, 약취유인사건, 위 선거사범을 제외한 기타 선거법위반 및 이에 상당한 사건
1천만 원 이하	조직폭력배의 폭력 및 갈취사건, 환경오염·해양오염사건
5백만 원 이하	조직적·반복적 강도·강간·성폭력사건, 연쇄 방화사건, 위·변조화폐 소지 및 사용, 피해액 1억 원 이상의 절도·장물사건
2백만 원 이하	강도·강간·성폭력사건, 방화사건, 특정경제범죄사건, 보건범죄사건, 피해액 5백만 원 이상의 절도·장물사건, 기타 사회 이목 집중사건
1백만 원 이하	규칙 제5조의 보상 대상사건 중 위에 열거되지 않은 사건

교통사고 야기 도주사건 범인 검거 공로자 보상금 지급 기준

보상액	대상 범죄
1천 5백만 원 이하	교통사고 야기 후 도주사건으로 피해자 3명 이상이 30일 이내에 사망한 경우
1천백만 원 이하	교통사고 야기 후 도주사건으로 피해자 2명이 30일 이내에 사망한 경우
5백만 원 이하	교통사고 야기 후 도주사건으로 피해자 1명이 30일 이내에 사망한 경우
1백만 원 이하	교통사고 야기 후 도주사건으로 피해자가 부상 피해를 입은 경우

정답 33 ③ 34 ①

경찰공무원 비리 신고보상금 지급 기준

보상액	지급기준
1천만 원 이하	사회적 파장이 큰 고질적 · 조직적 비리, 다액 금품 수수 등 경찰공무원 비리 신고로 부패 척결에 지대한 공로가 인정되는 경우
5백만 원 이하	위 공로에는 미치지 못하나 경찰공무원 비리 신고로 부패 척결에 크게 기여한 경우
1백만 원 이하	기타 경찰공무원 비리 신고로 부패 척결에 상당한 공로가 인정되는 경우

※제5조 제5호(특가법 제2조) · 제11호(형법상 뇌물죄)에 해당하는 경찰공무원의 비리 신고로 형사입건 또는 징계 등 구체적 처분이 있는 경우에 지급함.

35 다음 중 통고처분에 대한 설명으로 타당하지 않은 것은? (2006 일반,여경1차)

① 경미한 교통법규 위반자에게 경찰관이 직접 범칙금을 납부할 것을 통고하는 제도이다.
② 행정권의 작용에 의하여 재산적 제재를 가하는 조치이다.
③ 범칙금을 납부한 사람에 대해서는 동일 사건으로 다시 소추하지 않는다.
④ 주소가 확실하지 아니한 사람에게도 통고처분을 할 수 있다.

해설 성명 또는 주소가 확실하지 아니한 사람, 달아날 염려가 있는 사람, 범칙금납부통고서를 받기를 거부한 사람은 즉결심판에 회부하여야 한다(도로교통법 제118조 참조).

36 분소의 설치권자는? (2006 일반, 여경2차)

① 경찰서장 ② 지방경찰청장
③ 경찰청장 ④ 행정자치부 장관

37 도보순찰을 증가하여도 범죄 발생은 감소되지 않으나, 주민들은 자신들의 구역 내에서 범죄가 줄어들고 있다고 생각하는 것은 무슨 순찰의 효과인가? (2006 일반,여경2차)

① 플린트 순찰시험
② 뉴욕경찰 25구역 순찰실험
③ 캔자스 시 도보순찰실험
④ 뉴어크(Newark)시 도보순찰실험

38 최근 온라인 게임인 '리니지'상의 아이템 관련 범죄가 급증하고 있다. 고등학교 1학년생인 A는 게임 도중 피해자 B에게 메시지를 보내어 아이템을 싸게 팔테니 10만 원을 입금시키라고 하여 10만 원을 입금받은 후 아이템을 보내 주지 않고 휴대폰 번호를 바꾸어 버리는 등 10만 원을 편취한 사안에서 A에게 적용할 수 있는 죄는? (2001.11.11 일반순경)

① 컴퓨터 등 사용사기죄
② 정보통신망 이용 촉진 및 정보 보호 등에 관한 법률 위반죄
③ 사기죄
④ 무 죄

해설 타인을 기망하여 재산을 교부받거나 재산상의 이익을 취득하는 행위로 사기죄(형법 제347조)에 해당한다.

39 변호인 참여 제도를 개정하여 피의자 조사시 변호인 참여에 대한 설명으로 맞는 것은? (2002.5.12 일반순경)

① 변호인이 참여하였을 때는 변호인의 서명 날인이 필요 없다.
② 변호인이 변호이 선임서를 제출하지 않았을 때 피의자조사시 다시 변호인의 출석하에 조사를 받을 수 있음을 고지하여야 한다.
③ 경찰서장은 어떠한 경우에도 변호인 참여에 대한 제한을 할 수 없다.
④ 피고소인의 변호인이 고소인이 제출한 고소장을 열람하고자 할 때는 고소장을 열람할 수 있다.

해설 피의자 신문 과정에서 변호인 참여지침(경찰청 1999. 6.8)에 의하면, 변호인 참여하에 조사하는 경우, 선임 변호인이 선임 신고서를 제출하지 않더라도 피의자를 상대로 조사시 재차 변호인의 참여하에 조사받을 수 있음을 고지한 후 조사하여야 한다. 최근 피의자의 인권 보장에 관하여 활발한 논의가 이루어지고 있는 만큼 출제 가능성이 매우 높은 문제이다. 피의자 신문 과정에서의 변호인 참여 제도는 그 명문의 규정이 없으나 우리 경찰에서는 피의자 신문 과정 변호인 참여 지침(경찰청 1999. 6.8)을 통하여 시행하고 있다.

정답 35 ④ 36 ② 37 ④ 38 ③ 39 ②

40 파출소 정순경은 실적 거양을 위하여 동네 구멍가게에서 100원짜리 과자를 훔친 중학생을 검거하여 입건하였다. 이러한 정순경의 수사권 발동은 수사상 어떤 원칙에 위배되는가?

① 수사 비례 원칙 ② 임의 수사 원칙
③ 공중 협력 원칙 ④ 수사 법정주의 원칙

해설 죄질과 피해가 극히 경미한 범죄에 대하여 입건하는 것은 수사 비례의 원칙에 위배된다.

41 형사과에 근무하는 김경장은 백화점에서 10만 원을 절취한 여자를 검거하였는데, 피해자가 구속시켜 달라고 강력히 요구하고 있다. 김형사의 조치 중 가장 바르지 않은 것은? (2002.11.10 일반순경)

① 사법경찰서인 김경장은 사법경찰관의 지휘를 받아서 수사한다.
② 피해자가 강력히 구속시켜 달라고 하면 구속하는 것인 원칙이다.
③ 수사 비례의 원칙에 입각하여 가급적 임의수사 원칙을 지켜야 한다.
④ 초범이고 사안이 경미하다면 불구속하는 것이 합당하다.

해설 구속의 요건은 형사소송법 제70조에 죄를 범하였다고 의심할 만한 상당한 이유가 있고 a) 일정한 주거가 없거나, b) 증거 인멸, c) 도망·도주의 염려가 있을 때이다. 피해자가 구속시키길 원한다고 하여 구속의 요건에 해당하지도 않는데 구속할 수 없다.

42 수사에 관한 설명 중 틀린 것은? (2002.11.10 일반순경)

① 진정이 있으면 즉시 수사가 개시된다.
② 내사는 수사의 단서에 속한다.
③ 고소, 고발은 범죄인지보고서 작성이 필요없다.
④ 입건은 수사기관이 사건을 수리하는 것을 말한다.

해설 진정서가 접수된다고 해도 바로 수사가 개시되는 것은 아니며 반드시 그 사실 여부에 대하여 내사를 한 후 수사에 착수하여야 한다.

43 다음 A경찰관의 조치 중 사후영장이 필요한 경우는? (2003. 3.9 일반순경)

① 피의자가 임의로 제출한 임의 제출물을 압수하였다.
② 피의자를 긴급체포하면서 피의자의 소지물을 압수하였다.
③ 피의자를 현행 범인으로 체포하면서 현장에서 피의자를 수색하였다.
④ 범행 직후의 범죄 장소에서 증거물을 압수하였다.

해설 형사소송법 제216조 제3항에는 긴급체포나 현행범인 체포를 하는 경우가 아니더라도 범행 중 또는 범행 직후의 범죄 현장에서 긴급을 요하여 영장을 받을 시간이 없는 때에는 영장 없이 압수·수색할 수 있다. 이 경우 사후에 지체없이 영장을 발부받아야 한다.

44 다음 중 사법경찰관의 통신 제한 조치에 대한 설명으로 틀린 것은? (2003. 3.9 일반순경)

① 통신비밀보호법 제5조, 제6조에 근거하는 강제 수사이다.
② 제한조치의 기간은 2개월을 초과할 수 없고 필요하면 연장 허가를 받아야 한다.
③ 긴급한 사유가 있는 경우 법원의 허가서 없이 긴급처분을 할 수 있다.
④ 검사를 통하여 경찰서 주소지를 관할하는 법원 또는 지원의 법관에게 청구하여 허가서를 발부받는다.

해설 통신 제한 조치 허가의 신청권자는 사법경찰관이며, 검사는 허가권자이다. 통신 제한 조치 청구사건의 관할 법원은 그 통신 제한 조치를 받은 통신 당사자의 쌍방 또는 일방의 주소지·소재지, 범죄지 또는 통신 당사자와 공범 관계에 있는 자의 주소지·소재지를 관할하는 지방법원 또는 지원으로 한다(통신비밀보호법 제6조 참고).

45 다음 중 가정폭력 범죄에 대하여 틀린 것은?

① 사실상 혼인 관계에 있는 자 또는 사실상 양친자도 가정폭력 범죄의 가족 구성원에 포함된다.
② 명예훼손범도 가정폭력 범죄에 속한다.
③ 신고 받은 경찰관은 피해자의 주거·직장 등에서 100m 이내의 접근 금지 등의 임시 조치를 행할 수 있게 된다.
④ 진행중인 가정폭력 범죄에 대하여 신고받은 사법경찰관리는 긴급 치료가 필요한 피해자를 의료기관에 인도할 수 있다.

해설 임시 조치는 판사가 결정한다.

46 금융기관 컴퓨터 시스템에서 이자 계산을 하면서 단수 이하의 적은 금액을 특정 계좌로 모이게 하는 방

정답 40 ① 41 ② 42 ① 43 ④ 44 ④ 45 ③

법처럼 어떤 일을 정상적으로 수행하면서 관심 밖의 적은 이익을 긁어 모으는 컴퓨터 범죄 수법은 무엇인가?

① 살라미 기법(Salami techniques)
② 슈퍼 재핑(Super zapping)
③ 트랩 도어(Trap door)
④ 스카벤징(Scavenging)

해설 살라미 기법에 관한 내용이다.

47 다음 중 가정폭력 범죄에서 '가정구성원'이 아닌 자는? (2003.6.22 일반순경)

① 사실상 혼인 관계에 있었던 자
② 자기 또는 배우자와 직계존속 관계에 있거나 있었던 자
③ 적모와 서자의 관계에 있거나 있었던 자
④ 동거하지 않는 친족 관계에 있는 자

해설 동거하지 않는 친족 관계에 있는 자는 가정구성원에 해당하지 않는다.

48 수사관 甲이 수사 중 현장에서 지문을 발견하였다. 어디로 감정 의뢰를 해야 하는가? (2003.6.22 일반순경)

① 경찰청 과학수사과 ② 국립과학연구소
③ 경찰서 ④ 경찰청 특수수사과

해설 경찰청 과학수사과 지문반은 범죄 현장에서 채취된 지문의 신원을 확인하는 작업을 담당한다.

49 다음 중 수사기관 자신의 체험에 의한 수사 개시의 단서인 것은?

① 청원 ② 고소
③ 풍설 ④ 진정

해설 수사 개시의 단서 중 수사기관 자신의 체험에 의한 것은 현행 범인의 발견, 불심검문, 풍설 등이 있다.

50 다음 설명 중 맞는 것은? (2004. 3. 14 여경)

① 구속영장 신청과 현행범 체포는 사법경찰관만이 할 수 있다.
② 순찰 중 강도범을 현행범으로 검거한 경우 반드시 변호인 선임권 진술거부권을 고지하여야 한다.
③ 피의자 환경조사서는 소년범과 가정폭력사범만 작성한다.
④ 트랩 도어란 컴퓨터 작동이 정지된 상태를 복귀나 재작동 절차에 의하여 해결할 수 없을 때 사용하는 만능 키와 같은 프로그램의 강력한 힘을 이용하여 부정을 행하는 컴퓨터 범죄를 말한다.

해설 ③ 피의자 환경조사서는 소년범과 가정폭력사범만 작성한다. ① 현행범 체포는 누구나 할 수 있다. ② 범인의 체포와 구속시 형사소송법 제72조에 따라 범죄사실의 요지, 구속 또는 체포의 이유, 변호인을 선임할 수 있는 권리를 고지하고, 변명의 기회를 부여한다. ④ 컴퓨터 작동이 정지된 상태를 복귀나 재작동 절차에 의하여 해결할 수 없을 때 사용하는 만능키의 같은 프로그램의 강력한 힘을 이용하여 부정을 행하는 컴퓨터 범죄는 슈퍼재핑이다.

51 일반사법경찰관리와 특별사법경찰관리에 대한 설명으로 틀린 것은? (2004.4.18 일반순경)

① 특별사법경찰에는 산림, 해사, 전매, 세무, 군수사기관, 기타 특별한 사항에 관하여 수사를 담당하는 자를 말한다.
② 특별사법경찰관리는 일반사법경찰관리에 비하여 권한이 제한되어 있고 일반사법경찰관리는 권한이 포괄적이다.
③ 특별사법경찰관은 통상 일반행정 소속기관이다.
④ 일반사법경찰관리는 특별사법경찰 직무에 해당하는 범죄를 먼저 알았을 경우 특별사법경찰관에게 먼저 인계하여야 한다.

해설 범죄수사규칙에 의하면 일반사법경찰관리는 특별사법경찰 직무에 해당하는 범죄를 먼저 알았을 경우 그 수사를 특별사법경찰관에게 인계하지 않고 직접 수사하는 것이 적당하다고 인정될 때는 경찰관서장에게 보고하여 그 지휘를 받아 수사하여야 한다고 되어 있다. 그러나 특별사법경찰관에게 인계하는 것이 적당하고 인정될 때는 직접 급속을 요하는 조치를 한 후 경찰관서장에게 보고하여 그 지휘를 받아 신속히 필요한 수사 자료를 첨부하여 특별사법경찰관에게 이송하여야 한다.

52 다음 중 각국의 수사경찰에 대한 설명으로 타당하지 않은 것은? (2004.7.11 일반순경)

① 영국 경찰은 원칙적으로 모든 범죄의 수사를 담당하

여 법관에게 직접 영장을 청구할 수 있다.
② 미국 사법경찰이 독립된 수사 주체이며 검사는 주로 소송 제기와 유지라는 소송 절차상 역할을 한다.
③ 일본의 경우 사법경찰관에게 독자적 수사권이 있지만, 공소 유지를 위한 검사의 지휘 복종하여야 하며 구류청구권도 검사에게 있다.
④ 우리 나라에서 영장청구권은 검사의 권한이지만 형사소송법을 개정하면 경찰도 판사에게 영장을 청구할 수 있다.

해설 형사소송법을 개정한다고 하여도 우리 경찰이 검사의 고유 권한인 기소권을 가져올 수 없다.

53 다음 수사 절차에 대한 설명 중 옳은 것은?

(2004.10.11 여경)

① 조사 결과 공소시효가 경과한 경우에는 불기소(혐의 없음) 의견으로 송치한다.
② 형의 실효 등에 관한 법률 제5조 1항에 의하면 혐의 없음, 기소유예, 죄가 안 됨, 각하는 수사자료표에 의한 범죄 경력 조회를 첨부하지 아니한다.
③ 피의자 통계원표는 송치 서류에 첨부하고, 발생과 검거원표는 수사1계에서 영구 보관한다.
④ 피고소인을 조사하는 등 사건의 실체에 관하여 수사를 진행한 경우에도 각하 사유에 해당하는 때에는 각하처분을 할 수 있다.

해설 ① 공소시효가 완성된 때에는 면소 판결을 해야 한다. ② 사법경찰관은 피의자에 대한 수사자료표를 작성하여 경찰청에 송부하여야 한다. 다만, 즉결심판 대상자, 사법경찰관이 수리한 고소 또는 고발사건 중 불기소 처분 사유에 해당하는 사건의 피의자의 경우에는 그러하지 아니하다(형의 실효 등에 관한 법률 제5조 제1항). ③ 피의자 통계원표는 송치 서류에 첨부하고, 발생과 검거원표는 수사1계에서 1년간 보관한다.

54 유치인 보호 무 중 틀린 것은? (2004.11.7 일반순경)

① 여자를 유치할 때 그 유아가 생후 18개월 이내인 경우에는 경찰서장의 허가를 받아 대동케 할 수 있다.
② 여자 피의자 입감시 반드시 간부의 입회가 있어야 한다.
③ 살인・강도 등 죄질이 중한 유치인에 대하여는 정밀검사를 실시하여야 한다.
④ 일반적인 유치인에 대해서는 속옷을 벗고 신체검사의로 갈아입힌 후 간이검사 를 실시하는 것은 위법이다.

해설 피의자를 유치장에 입감시키거나 출감시킬 때에는 유치인 보호 주무자가 발부하는 피의자입(출감) 지휘서에 의하여야 하며 동시에 3인 이상의 피의자를 입감시킬 때에는 간부가 입회하여 순차적으로 입감시켜야 한다는 규정만 있다(동법 제7조 제1항). 여자 피의자 입감 시라는 규정은 없다.

55 최근 제정된 성매매 알선 등 행위의 처벌에 관한 법률의 내용에 대한 기술로 잘못된 것은?

(2004.11.7 일반순경)

① 위계・위력, 그 밖에 이에 준하는 방법으로 성매매를 강요당한 자 등을 성매매 피해자라 한다.
② 성매매 피해자의 성매매는 그 형을 감면할 수 있다.
③ 성매매 피해자가 청소년인 경우에는 수사 지장 초래 등 특별한 사유가 없는 한 신뢰 관계에 있는 자를 동석하게 하여야 한다.
④ 사법경찰관이 수사 과정에서 피의자가 성매매 피해자에 해당한다고 볼 만한 상당한 이유가 있을 때에는 지체없이 법정대리인 등에게 통보하여야 한다.

해설 성매매 피해자의 성매매는 처벌하지 아니한다(동법 제6조 제1항).

56 사이버 공간의 범죄 양산에 대한 기술로 적절하지 못한 것은? (2003.9.28 여자 순경)

① 사이버 범죄는 비대면성, 익명성, 시간적・공간적 무제약성 등의 특징이 있다.
② 국제화되는 추세이다.
③ 국가기간산업 전산망에 침입하는 사이버 테러의 가능성이 증대된다.
④ 온라인, 오프라인 구별이 명확하게 양극화되어 간다.

해설 최근 사이버 범죄의 경향은 현실 세계의 범죄가 사이버 공간을 매개로 활용되어 온라인과 오프라인 구별이 희박해져 가는 현상이 나타나고 있다. ①・②・③ 사이버 범죄란 컴퓨터 범죄를 포함하여 사이버 공간에서 행해지는 범죄로 그 특징이 비대면성, 익명성, 전문성과 기술성, 시간적・공간적 무제약성, 천문학적 재산 피해, 희박한 죄의식, 발견과 입증, 고의의 입증 곤란을 들 수 있다.

정답 52 ④ 53 ④ 54 ② 55 ② 56 ④

57 다음 사이버 범죄 방지를 위한 국제적 연대에 대한 설명으로 적절하지 못한 것은? (2003.11.9 일반순경)

① 지정학적으로 관련 깊은 공조 문제에 우선하여 정보 인프라가 발달한 국가 간의 공조가 강조된다.
② 외국 해커의 침입시 실시간으로 접속 기록 정보를 해당 국가에 제공한다.
③ 사이버 범죄의 특성상 발견 국가는 상대국에 관계 없이 수배, 신병 인도를 요청할 수 있다.
④ 인터폴은 세계 각국의 사이버 경찰을 상대로 사이버 범죄의 동향에 대한 최신 정보를 제공한다.

해설 국가 간 공조를 추진하기 위해서는 상대 국가와 범죄인 인도조약 또는 형사사법 공조조약이 체결되어 있어야 한다.

58 사이버 범죄의 수사 단계가 자연스레 연결된 것을 고르시오 (2004.11.7. 일반순경. 1010경비단, 2005 일반, 여경)

> 가. 접속자의 인적 사항을 확인한 후 피의자 신병과 증거물을 확보한다.
> 나. 홈페이지, 이메일 등 피해 발생의 증거를 취득한다.
> 다. 정보통신업체(ISP) 등과의 협력을 통하여 피의자의 로그 기록을 확인한다.
> 라. 웹사이트를 드나들며 해킹 등 유행하는 범죄 행위의 정보를 수집한다.

① 라-나-다-가　② 라-나-가-다
③ 가-다-나-라　④ 나-라-다-가

해설 사이버 범죄 수사의 순서는 수사첩보 수집 - 피해 발생의 증거 확보 - 로그 기록 확보 - 접속자 인적 사항 조사 등이다. 접속자 인적사항 조사, 피해 발생의 증거 확보, 로그 기록 확보, 수사첩보 수집이다. 따라서 순서는 라-나-다-가

59 신종마약 GHB에 관한 설명 중 틀린 설명은 몇 개인가?

> ㉠ 소다수 음료 등에 타서 복용하고 물뽕이라 한다.
> ㉡ 1949년 독일에서 식욕감퇴제로 쓰임
> ㉢ 진해거담제로 의사처방전이 있으면 약국에서 구입 가능
> ㉣ 짠맛이 나고 근육 강화 호르몬 분비 효과가 있다.
> ㉤ 미국 유럽 등지의 성범죄용으로 악용되며, '데이트 강간' 약물로 불림
> ㉥ 청소년들 사이에서 소주 등에 타서 마셔 정글쥬스라 한다.

① 1개　② 2개
③ 3개　④ 4개

해설 ㉡ 엑스터시, ㉢㉥ 러미나(덱스트로메트로판)

60 갑(甲)은 대통령 후보자로 조금 전 대통령에 당선·확정되었다. 甲과 그의 가족들이 받게 될 경호는? (2001.4.8 여경)

① 甲호　② 乙호
③ 1급　④ 2급

해설 대통령 당선 확정자와 그 가족이 받게 될 경호는 갑(甲)호 경호이다.

62 다음 중 경비경찰 활동의 특성을 설명한 것으로 적절하지 못한 것은? (2001.6.3 일반순경)

① 일반통치권에 근거한 질서 유지 작용이다.
② 자연력에 의한 재해는 경비경찰의 대상에 포함된다.
③ 정치적 의도에 의한 살해 등 테러행위는 경비경찰의 대상이다.
④ 범죄의 진압에 초점이 맞추어진 사후적인 부대 활동이다.

해설 경비경찰 활동은 사회 공공의 안녕과 질서 유지를 위하여 사전·사후에 복합적으로 행하여지는 활동이다.

62 다음 중 군중심리에 대한 설명 중 틀린 것은? (2001.11.11 101경비단)

① 군중의 심리는 다중의 힘을 과신, 편협적 판단으로 반대 의사를 허용한다.
② 군중은 행동에 대한 예감이나 불안을 갖지 않고 단순하게 행동한다.
③ 군중은 맹목적으로 다중의 행동에 따르는 부화뇌동적 파급성을 가진다.
④ 하나의 사건이 발생하면 또 다른 사건으로 확대 발전하는 성격이 있다.

해설 군중의 심리는 이성적인 판단 능력을 상실함으로써 과격, 단순, 편협하여 타협이나 설득이 어려운 경우가 많으므로 반대 의사를 허용치 못하는 성향이 나타나게 된다.

63 다음 중 경비경찰의 특성이 아닌 것은 무엇인가? (2002.5.12 일반순경)

정답 57 ③ 58 ① 59 ③ 60 ① 61 ④ 62 ①

① 예방과 진압을 아울러 수행하는 복합적 기능이고, 정태적·소극적 성격을 가지고 있다.
② 현상 유지적 성격을 갖는다.
③ 경비경찰은 즉시적 활동을 한다.
④ 하향적 부대 활동을 행한다.

해설 경찰경비는 복합적 기능과 동태적·적극적 성격을 가지고 있다.

64 다음 중 경호의 4대 원칙에 해당하지 아니하는 것은? (2002.7.21 101경비단)

① 목표물 분리의 원칙
② 자기 희생의 원칙
③ 담당 구역의 책임의 원칙
④ 하나로 통제된 지점을 통한 접근의 원칙

해설 경호의 4대 원칙은 ②,③,④ 외에 목표물 보존의 원칙이 있다.

65 다음 선거경비와 관련하여 가장 바르지 못한 것은? (2002.7.21 일반순경)

① 개표소 출입구에서 선거관리위원회 직원과 합동하여 출입자를 통제한다.
② 만일에 발생할 수 있는 우발 사태에 대비하여 예비대를 운영한다.
③ 개표소 내부의 소란행위의 경우 경찰 단독 결정으로 경찰력을 투입할 수 있다.
④ 개표소 경비시 선관위와 합동으로 개표장의 안전을 검측 유지한다.

해설 개표소 내부는 선거관리위원회 위원장이 요청이 있을 때에만 경찰력을 투입할 수 있다. 또한 퇴거 요구시에는 즉시 퇴거하여야 한다.

66 국가별 경비경찰의 기능으로 맞는 것은? (20002.11.10 일반순경)

① 미국의 대통령 경호 업무는 미연방정보국이 한다.
② 독일의 시위 진압 업무는 주의 경찰기동대가 한다.
③ 일본의 황족에 대한 경위 업무는 경찰청에서 담당한다.
④ 프랑스는 경호를 비밀경호국에서 전담한다.

해설 ① 미국의 대통령 경호 업무는 1865년 재무부 소속으로 설치한 비밀경호국이 담당한다. ③ 일본의 천황이나 황족에 대한 경위 업무는 경찰청 직속의 황궁 경찰본부가 전담한다. ④ 프랑스의 경호 업무는 국립경찰청 산하의 경호국이 담당한다.

67 경비경찰의 임무 중 재해경비에 대한 설명으로 타당하지 않은 것은? (2002.11.10 일반순경)

① 재해경비는 자연적인 재난과 인위적 재난 발생시 실시한다.
② 재해경비도 국민의 생명과 재산의 보호라는 임무에 부합된다.
③ 재해경비는 구청, 군부대, 일선 행정기관과 밀접한 관련이 있다.
④ 재해 발생시 경찰은 직접적 관련이 없으므로 질서 유지로 족하다.

해설 재해 발생시 경찰은 경찰관직무집행법 제5조 위험 발생의 방지를 근거로 경비경찰의 업무를 수행하여야 하므로 재해 발생은 경찰과 직접적으로 관련이 있다.

68 지방청에서 A경찰서 관내 무역박람회에 D일 H시 대통령이 참석할 예정이니 경호 준비를 철저히 하라는 지시가 발령되었다. A경찰서 경비과에서 하여야 할 임무가 아닌 것은?

① 현장에 대한 정밀답사 ② 경호경비 계획서 작성
③ 경호안전 대책서 작성 ④ 동원 병력에 대한 교양

해설 경호 업무가 발령되면 경비과는 경호경비계획서를, 보안과는 경호안전 대책서를 작성한다. 경호안전 대책서는 인적 취약 요소, 물적 취약 요소, 지리적 취약 요소에 대한 분석과 대책을 그 내용으로 하는 것으로 경비과가 아닌 경찰서 보안과 보안1계에서 작성한다.

69 혼잡경비 대책을 설명한 것으로 가장 적절하지 않은 것은? (2003.4.20 여경)

① 관중석에 배치되는 예비대는 통로 주변을 피하여 배치한다.
② 중요한 행사의 경우 3선 개념에 의한 경력을 운용한다.
③ 수익성 행사는 주최측 안전요원 위주로 배치하고 경찰은 우발사태 대비 개념으로 운영한다.
④ 치안상 문제 없는 행사는 경력 배치를 지양한다.

해설 혼잡경비 활동이란 각종 행사 등으로 모인 미조직된 군중, 특히 이상 군중심리에 이끌린 군중에 의하여 발생되는 자연적 혼란 상태를 사전에 예방하거나 경계

정답 63 ① 64 ① 65 ③ 66 ② 67 ④ 68 ③ 69 ①

하고 위험한 사태 발생시는 신속한 조치로 사태의 확대를 막는 경비경찰 활동을 말한다. 이러한 혼잡경비 활동시에는 반드시 비상출구, 비상 통로를 확보하여야 하므로 통로 주변에 경력을 배치하여야 한다.

70 경찰 단독으로 실시할 수 있는 경호는? (2003.6.22 일반순경)

① 이집트 대통령이 국빈으로 공식 방문할 때
② 대통령이 해외 순방을 위하여 출국할 때
③ 영부인이 고아원에 방문하였을 때
④ 국무총리가 개천절 행사에 참석할 때

해설 국무총리는 경찰 단독으로 실시한다.

71 경비경찰의 임무 중 중요 시설 경비에 대한 설명으로 타당하지 않은 것은? (2003.7.20 101경비단)

① 중요시설 경비에는 국가보안 목표로 지정된 시설에 대한 보호가 있다.
② 중요시설에 대한 방호의 근거 규정으로 대통령 훈령 제28호가 있다.
③ 중요시설은 청원경찰과 경찰이 전담하며 군은 직접 관계가 없다.
④ 중요시설에는 가, 나, 다급으로 지정된 시설과 기타 시설이 있다.

해설 중요 시설경비란 국가안전 목표로 지정된 중요시설과 보안상 중요하다고 인정되는 시설에 대하여 적의 여러 가지 위해 행위로부터 그 시설을 보호하기 위한 모든 활동을 말한다. 국가 중요시설의 지정절차는 국방부 장관이 국가정보원장 및 관계 행정기관의 장과 협의하여 지정 · 통보하기 때문에 군과 밀접한 관계가 있다.

72 다음 중 각국 경비경찰에 관한 설명으로 틀린 것은? (2003.9.28 여경)

① 미국은 독립적으로 경비 업무를 담당하는 총괄부서가 없다.
② 독일은 시위 진압 업무를 주경찰기동대가 담당한다.
③ 프랑스는 경비전담부의 역할을 수행하는 국가경찰기동대가 있다.
④ 일본은 천황과 황족에 대한 보호 활동을 경호라 한다.

해설 일본은 천황과 황족에 대한 보호 활동을 경위라고 하며 경찰청 직속의 황궁경찰본부가 이를 전담한다.

73 다음 중 다중범죄 진압의 현장 조치로 바르지 못한 것은? (2003.11.9 일반순경)

① 공격 및 방어가 유리한 장소를 선점
② 선무 활동을 통한 자진 해산 유도
③ 주최측과 사전 협의 및 유관 기관과 협조
④ 단계별 실력 행사

해설 다중범죄에서 주최측이라 함은 집회 및 시위의 주최측을 의미한다. 집회 및 시위의 주최측과의 사전 협의는 다중범죄 진압의 현장 조치에 해당하지 않는다.

74 다음 중 설명이 바르지 못한 것은? (2003.11.9 일반순경)

① 경비업의 업무지도는 생활안전 기능에서 담당하며 경비경찰의 업무 분장이 아니다.
② 경찰관의 무기 휴대 근거는 경찰공무원법이다.
③ 개표소 내부의 소란행위의 경우 경찰서장의 판단에 따라 정복 경찰력을 투입하여 질서를 유지한다.
④ 국회에 파견된 경찰관은 회의장 밖에서 경호를 행한다.

해설 개표소의 경비에서 경찰은 3선 개념 즉, 개표소 내부, 담장 내곽, 담장 외곽으로 경찰력을 운용하며 개표소 내부는 선거관리위원회 위원장의 요청이 있을 때만 경찰력을 투입할 수 있다. 또한 퇴거 요구시에는 즉시 퇴거하여야 한다.

75 재난 현장에서 경찰통제선(police line)을 설치하고자 한다. 다음 중 옳지 않은 것은? (2004.3.14 여경)

① 주민을 보호하고, 구조작업의 효율성을 높이기 위하여 설치한다.
② 출입구는 통제구역으로 들어가는 입구 1개는 원칙적으로 하되, 필요시 1개를 추가한다.
③ 제1통제선은 경찰이 제2통제선은 소방이 담당한다.
④ 출입이 필요하다고 인정되는 자는 적당한 표시를 하여 출입을 허용한다.

해설 재난 현장에서의 경찰통제선의 설치 및 운영은 제1통제선을 소방 담당(통제관 : 소방서장, 소방본부장)으로 하고, 제2통제선은 경찰(통제관 : 경찰서장, 지방청장)이 담당한다. 또한 그 설치 범위는 초기 단계부터 구조 및 복구작업에 지장이 없도록 충분히 넓게 정하고 상황의 진전에 따라 축소 · 확대한다.

정답 70 ④ 71 ③ 72 ④ 73 ③ 74 ③ 75 ③

76 북괴의 무장공비 및 간첩의 침투나 도발이 예상되거나 5명 이내의 소규모가 침투하여 일부 지역에서 도발행위를 할 경우 경찰이 독자적으로 작전 수행할 수 있는 근거가 되는 것은? (2004.4.18 일반순경)

① 국가대테러활동지침 ② 전투경찰대설치법
③ 경찰기동대운영규칙 ④ 대통령훈령 28호

해설 북괴의 무장공비 및 간첩의 침투나 도발이 예상되거나 5명 이내의 소규모가 침투하여 일부 지역에서 도발 행위시 경찰이 독자적으로 작전을 수행할 수 있는 근거는 대통령훈령 제28호 통합방위지침이다.

77 중요 시설을 분류하고자 한다. 그 내용이 아닌 것은? (2004. 7.11 일반순경)

① 실질적 분류는 가, 나, 다, 기타 급으로 나눌 수 있다.
② 이런 분류는 국가 안전에 미치는 중요도에 따른 분류이다.
③ 따라서 행정기관이냐 산업시설이냐는 중요한 기준이 된다.
④ 국가 중요시설에는 속하지 않으나 중앙부처장 또는 시도지사가 필요하다고 인정한 시설은 기타 급으로 분류된다.

해설 중요시설은 행정, 산업 시설을 불문하고 국가 안전에 미치는 중요도에 따라 국가정보원에서 분류한다.

78 다음 보기 중 옳은 것은? (2004.7.11 일반순경)

① SAS는 세계 최초로 창설된 대테러부대이다.
② 독일의 뮌헨올림픽을 계기로 창설된 대테러부대는 GIPN이다.
③ SAS는 델타포스와 함께 미국의 데테러부대이다.
④ 미국의 경우 대통령 경호를 연방정보국이 담당한다.

해설 ① 1942년 영국은 1942년 특수공군부대인 SAS (Special Air Service Regiment)를 창설하였다. ② 독일의 뮌헨올림픽을 계기로 창설된 대테러부대는 GSG-9부대이다. ③ SAS는 영국의 특수공군부대이고, 델타포스(DELTA-FORCE)는 미국군에 설치된 대테러부대이다. ④ 미국의 대통령 경호 업무는 비밀경호국(USSS)이 담당한다.

79 다음 설명하는 경호경비의 원칙은 무엇인가? (2004.10.11 여경)

① 행차 코스나 행자 예정 장소 등은 원칙적으로 비공개로 하여야 한다. ② 수차 행차하였던 동일한 장소는 가급적 피해야 한다.

① 자기 희생의 원칙
② 목적물 보존의 원칙
③ 자기 담당구역 책임의 원칙
④ 하나의 통로로 통제된 지점을 통한 접근의 원칙

해설 목표물 보호의 원칙은 암살자 또는 위해를 가할 가능성이 있는 자들로부터 철저히 격리시켜야 한다는 원칙이다. 따라서 이를 위하여 행차 코스나 예정 장소 변경과 동일한 장소는 가급적 피하여야 한다.

80 다음 중 일반적 경비 수단의 원칙이라고 할 수 없는 것은? (2005.일반,여경1차)

① 균형의 원칙 ② 위치의 원칙
③ 적시의 원칙 ④ 보충의 원칙

해설 안전의 원칙이 있다.

81 세계의 주요 테러조직으로 중동지역의 테러단체가 아닌 것은? (2005 일반, 여경 2차)

① 검은9월단 ② 헤즈볼라(Hizballah)
③ 하마스(Hamas) ④ 쿠르드노동자당

해설 쿠르드노동당은 터키의 테러조직이다.

82 다음 중 인질사건 발생시 나타날 수 있는 스톡홀름 증후군(Stockholm syndrome) 현상에 해당하는 것은? (2005 일반, 여경 3차)

① 인질범이 인질에 동화되는 현상
② 인질이 인질범에 동화되는 현상
③ 인질범이 인질에 대한 분노심을 표출하는 현상
④ 인질이 인질범에 대한 분노심을 표출하는 현상

83 다음은 중요시설 3지대 개념의 방호선 중 무엇에 대한 설명인가? (2006.일반,여경1차)

시설 울타리를 연하는 선으로 시설내부 및 핵심 시설에 불순분자가 침투하는 것을 방지하여 결정적으로 중요시설을 방호하는 선으로, 집중적으로 방호시설물을 설치하고 고정초소근무 및 순찰근무로써 출입자를 통제하고 무단침입자를 감시한다.

정답 76 ④ 77 ③ 78 ① 79 ② 80 ④ 81 ④ 82 ②

① 경계지대
② 주방어지대
③ 통제지대
④ 핵심방어지대

해설 주방어지대에 대한 설명이다.
3지선방호지대 개념의 방호선(통합방위세부시행지침)

구분	내용
제1선 (경계지대)	불규칙적인 지역 수색 · 매복 활동으로 적 은거 및 탐지 활동 시행
제2선 (주방어지대)	• 시설 내부 및 핵심시설로 침투하는 적을 결정적으로 거부하기 위한 주방어지대로서 시설 및 울타리를 연결하여 외곽의 소총 유효 사거리를 고려하여 설정 • 시설 자체 경계요원, 주 · 야간 초소 및 순찰 활동, CC TV 등 설치 운용.
제3선 (핵심방어지대)	• 시설의 주기능에 결정적인 영향을 미치는 주요 핵심 시설, 주방어지대의 중심을 보강하고 침투한 적을 최종적으로 격멸하는 핵심 방어지대 • 주 · 야간 경계요원에 대한 계속적인 감시 · 통제가 될 수 있도록 경계인력 운용 시설의 보강(지하화, 방화벽, 방탄막 등)을 최우선 설치

84 경비 수단 종류에 대한 설명으로 맞는 것은 몇 개인가? (2006.일반, 여경2차)

> ㉠ 경고는 임의처분이므로 경찰 비례의 원칙이 적용되지 않는다.
> ㉡ 경고는 경찰관 직무집행법 제5조에 근거를 두고 있으며, 경비사태를 예방, 경계, 진압하기 위하여 발할 수 있는 조치이다.
> ㉢ 제지는 직접적 실력 행사로써 행정상 강제집행에 해당한다.
> ㉣ 제지는 경비 사태를 예방, 진압하기 위하여 세력 분산, 통제 파괴, 주동자 및 주모자 격리 등을 실시하는 행위이다.
> ㉤ 체포는 직접적 실력 행사로써 형사소송법에 근거를 두고, 명백한 위법일 때 실력 행사를 한다.

① 4개 ② 3개
③ 2개 ④ 1개

해설 ㉠ 임의처분이라도 필요성, 상당성 원칙이 적용되고, 당연히 비례의 원칙이 적용된다.
㉢ 강제집행이 아니라 즉시강제에 해당한다.

85 속도 위반으로 무인 카메라에 단속되었으나 운전자가 식별이 안 될 때 경찰이 내리는 처분은? (2001.3.11 일반순경)

① 범칙금
② 과태료 부과
③ 과 료
④ 벌 금

해설 고용주 등(차의 운전자를 고용한 사람이나 직접 이를 관리하는 지위에 있는 사람 또는 차의 사용자)이 신호 위반 등의 사실이 사진, 비디오테이프, 기타 영상 기록 매체에 의하여 입중된 때에 해당하므로 이는 과태로 부과의 대상이 된다.

86 인적 피해가 있는 교통사고를 야기하고 도주한 피의자를 수사함에 있어서 타당하지 않은 것은? (2001. 4.8 여경)

① 도주하다 검거한 경우 도주 우려가 있어 긴급체포할 수 있다.
② 피해자가 합의를 하여 처벌을 희망하지 않으면 공소권이 없다.
③ 뺑소니는 음주인 경우가 많으므로 음주 측정을 하는 것이 좋다.
④ 위의 경우 특정범죄 가중처벌 등에 관한 법률 제5조의 3을 적용한다.

해설 인적 피해가 있는 교통사고를 야기하고 도주하였으므로 피해자의 불벌 의사와 관계 없이 특정범죄 가중처벌 등에 관한 법률 제5조의3 적용하여 형사 입건한다.
③ 뺑소니의 경우 음주 운전으로 인한 도주가 대부분이므로 음주 측정을 하는 것이 좋다.

87 다음 중 도로교통법상 도로가 아닌 것은? (2001.6.3 일반순경)

① 도로법에 의한 도로
② 일반교통에 사용되는 모든 도로
③ 일반교통에 사용되지 않는 대학구내 도로
④ 유료도로법에 의한 유료도로

정답 83 ② 84 ② 85 ② 86 ② 87 ③

해설 일반교통에 사용되지 않는 학교 구내는 도로교통법상의 도로에 해당하지 않는다. ①,②,④ 도로교통법상의 도로라 함은 도로법상의 도로, 유료도로법상의 유료도로, 그리고 그 밖의 일반교통에 사용되는 모든 곳을 의미한다.

88 자동차 등을 운전하려고 하는 자는 술에 취한 상태에서 운전할 수 없다. 다음 중에서 그렇지 아니한 경우는? (2001.6.3. 일반순경)

① 혈중 알코올 농도 0.07퍼센트인 상태에서 덤프 트럭을 운전하는 경우
② 혈중 알코올 농도 0.14퍼센트인 상태에서 건설기계인 포크레인을 운전하는 경우
③ 혈중 알코올 농도 0.10퍼센트인 상태에서 49cc 원동기 장치 자전거를 운전하는 경우
④ 혈중 알코올 농도 0.12퍼센트인 상태에서 경운기를 운전하는 경우

해설 ④ 경운기는 음주운전 금지에 해당하는 자동차가 아니므로 단속 대상이 아니다. ①,②,③ 음주운전 금지에 해당하는 자동차는 승용, 승합, 화물 자동차, 특수 자동차, 건설기계, 원동기장치 자전거이고, 혈중 알코올 농도 0.05% 이상인 경우는 음주 운전으로 단속된다.

89 다음 중 사용되는 사람의 신청에 의하여 지방경찰청장에 의하여 긴급 자동차로 지정받을 수 없는 자동차는? (2001.7.22 101경비단)

① 응급작업에 사용되는 자동차
② 범죄 수사 사용 차량
③ 민방위 수행 자동차
④ 전신 · 전화의 수리공사 등 응급작업에 사용하는 자동차

해설 범죄수사에 사용되는 차량은 긴급 자동차 중 대통령령이 정하는 긴급 자동차에 해당한다.

90 다음 중 교통순찰의 주된 임무가 아닌 것은? (2001.10.14 여경)

① 위반행위 예방
② 위반 예상자를 주시하고 있다가 위반 즉시 검거
③ 위반자의 색출 및 단속
④ 교통량의 보고

해설 교통경찰은 교통순찰의 임무를 수행할 때 위반 예상자를 주시하는 것이 아니라 전반적인 교통의 흐름이나 교통 장해의 발생의 여부를 예의 주시하고 있어야 한다.

91 다음 중 운전 면허를 반드시 취소하여야 하는 사유가 아닌 것은? (2001.11.11 일반순경)

① 적성검사에 불합격한 때
② 다른 사람의 자동차 등을 훔치거나 빼앗은 때
③ 법에 의하여 교통단속 임무를 수행하는 경찰공무원을 폭행한 때
④ 다른 사람이 부정하게 운전 면허를 받게 하기 위하여 대리시험에 응시한 때

해설 법에 의하여 교통단속 임무를 수행하는 경찰공무원을 폭행한 때 피의자가 구속된 경우는 면허를 최소하고 불구속된 경우에는 면허를 정지한다.

92 도로교통법상 차에 해당하지 않는 것은? (2001.11.11 101경비단)

① 전동차 ② 원동기를 정착한 자전거
③ 자전거 ④ 경운기

해설 ① 도로교통법상의 차라 함은 자동차, 건설기계, 원동기장치 자전거, 자전거 또는 사람이나 가축의 힘, 그 밖의 동력에 의하여 도로에서 운전되는 것으로서 철길 또는 가설된 선에 의하여 운전되는 것과 유모차 및 신체장애자용 의자차 외의 것을 말한다.

93 다음 중 통고처분에 대하여 잘못 기술된 것은? (2002.3.17 여경)

① 통고처분은 현행법상 조세범, 전매범, 교통사범 등에 적용된다.
② 경찰범의 처벌에 관한 전문적 · 기술적 편의성 및 경찰범의 신속한 처리를 고려한다.
③ 통고처분을 거부하는 자에게는 현장에서 통고처분을 행한다.
④ 납부하여야 하는 금전은 형법상 벌금이 아니고 행정제재금에 해당한다.

해설 통고처분의 제외자는 a) 성명 또는 주소가 확실하지 않은 사람, b) 달아날 우려가 있는 사람, c) 범칙금납부통고서를 받기를 거부하는 사람으로 통고처분의 제외자는 즉결심판의 대상자가 된다.

정답 88 ④ 89 ② 90 ② 91 ③ 92 ① 93 ③

94 다음 중 교통사고시 적용 법규를 가장 바르게 설명한 것은? (2002.5.12 일반순경)

① 교통사고의 법적 근거는 도로교통법 및 교통사고처리특례법, 특정경제범죄가중처벌법 등에 규정되어 있다.
② 모든 교통사고 발생시 도로교통법의 규정에 의하여 처리한다.
③ 교통사고의 법적 근거에는 형법 및 도로교통법 및 자동차관리법 등에 규정되어 있다.
④ 교통경찰의 활동 근거는 경찰관직무집행법에도 있다.

해설 교통사고의 법적 근거는 도로교통법 및 교통사고처리특례법, 특정범죄가중처벌에 관한 법률 등이다. 따라서 교통사고 발생시 이 법규를 바탕으로 처리하게 된다. 또한 경찰의 업무에 관하여 경찰관직무집행법 제2조에 교통의 단속과 위해의 방지라고 규정하고 있어 이는 교통경찰의 활동 근거가 된다.

95 다음 중 통고처분 제도에 대하여 바르게 설명하지 못한 것은? (2002.7.21 101경비단)

① 통고처분을 받기를 거부하는 사람은 즉결심판의 대상이다.
② 통고처분은 주소·신원이 불확실해도 할 수 있다.
③ 통고처분은 준사법적 행정행위라고도 한다.
④ 통고처분시 납부하여야 하는 금전은 행정제재금적 성질을 갖는다.

해설 주소·신원이 불확실하면 통고처분을 할 수 없다.

96 다음 중 운전 면허 행정처분 결과에 따른 면허 발급 제한 기간이 다른 하나는? (2002.7.21 101경비단)

① 허위 또는 부정한 수단으로 운전 면허를 발급받은 때
② 운전 면허를 받은 사람이 자동차 등을 이용하여 범죄행위를 한 때
③ 음주 운전 중 사람을 사상한 후 구호 조치 없이 도주한 때
④ 다른 사람의 자동차 등을 훔치거나 빼앗은 때

해설 5년간 면허 발급이 제한된다. ①,②,④는 2년간 면허 발급이 제한된다.

97 교통규칙에 맞추어 행동하는 사람은 다른 교통 관여자도 교통규칙을 잘 지키리라는 것을 신뢰하면 충분하고, 그 타인이 교통규칙 위반행위로 나오리라는 것을 예견하고 회피할 주의 의무까지 필요하지 않다는 원칙은?

① 비례의 원칙 ② 상당성의 원칙
③ 합리성의 원칙 ④ 신뢰의 원칙

해설 신뢰의 원칙을 말한다.

98 다음은 운전 면허의 정지처분 기준에 대한 설명이다. 옳지 않은 것은? (2002.7.21 일반순경)

① 처분벌점은 합계가 30점 이상이어야 한다.
② 정지처분을 하는 데 있어서 그 기준은 1점을 1일로 한다.
③ 운전 면허 정지처분의 집행은 관할 경찰서장이 한다.
④ 1년간 누산 점수가 121점 이상이 되면 운전 면허가 취소된다.

해설 벌점, 처분벌점의 초과로 인한 면허의 정지는 1회의 위반, 사고로 인한 벌점 또는 처분 벌점이 40점 이상이 된 때부터 결정하여 집행하되 원칙적으로 1점을 1일로 계산하여 집행한다.

99 긴급 자동차에 대한 설명 중 틀린 것은? (2002.10.13 여경)

① 전기·전화의 긴급 보수공사 차량은 대통령령에 의한다.
② 경찰관의 지시에 따라 서행하고 있는 자동차 앞에 끼어드는 행위도 허용된다.
③ 도로 위험 방지 차량은 신고에 의하여 지방경찰청장이 지정한다.
④ 응급차가 중앙선을 침범해서 사고를 야기시킨 경우 일반차와 동등하게 취급한다.

해설 전기·전화의 긴급보수공사 차량은 사용하는 사람의 신청에 의하여 지방경찰청장이 지정하는 차이다.

100 다음 중 교통 관련 대법원 판례와 일치하는 것은? (2002.10.13 여경)

① 횡단보도 보행자 신호가 녹색에서 예비 점멸 신호로 바뀌는 경우, 녹색에서 적색으로 바뀔 때와 달리 횡단보도에 통행인 있는지 주의하여야 할 의무는 없다.
② 대도시 육교 아래서 자동차 앞을 무단 횡단하려는 사람이 있을 것을 예상하여 운전하여야 한다.
③ 아파트 단지의 도로 여부에 대해 경비원이 일반인의 출입을 통제하는 곳은 도로교통법상 도로가 아니다.
④ 일반 도로로 운행할 경우, 반대 방향 차선에서 주행

정답 94 ④ 95 ② 96 ③ 97 ④ 98 ① 99 ① 100 ③

중인 차량은 중앙선 침범도 예상할 수 있다.

해설 주차구획선 내의 주차구역은 도로와 주차장의 두 가지 성격을 함께 가지는 곳으로서 도로교통법 소정의 도로라고 할 수는 없다(대판 1995.7.28 94누9566). 이는 무조건 도로로 보지 않는 것이 아니라 현실적으로 볼 때 불특정 다수의 사람이나 차량의 통행을 위하여 공개된 장소라면 교통질서 유지 등을 목적으로 하는 일반교통경찰권이 미치는 공공성이 있는 곳은 도로교통법 제2조 제1호 소정의 '도로'에 해당한다(대판 2002.9.24 2.2도3190)고 한다.

101 교통사고처리특례법상 중요 법규 위반 10개 항에 속하지 않는 것은? (2002.11.10 101경비단)

① 보도 침범으로 인한 사고
② 통행 우선순위 위반
③ 철도 건널목 통과 방법 위반
④ 무면허 운전

해설 교통사고처리특례법상 중요 법규 위반 10개 항

① 신호 위반, ② 중앙선 침범, ③ 과속(제한 속도 20km 초과 때), ④ 앞지르기 방법, 장소, 시기 또는 끼어들기 금지 위반, ⑤ 철길 건널목 통과 방법 위반, ⑥ 횡단보도 보행자 보호 의무 위반, ⑦ 무면허 위반, ⑧ 음주, 약물 복용 등의 영향하에 운전, ⑨ 보도 침범, 통행 방법 위반, ⑩ 승객 추락 방지 의무 위반

102 다음 중 운전 면허와 운전할 수 있는 차종이 바르게 연결되지 아니한 것은? (2003.3.9 일반순경)

① 1종 보통면허로 12t의 화물 자동차를 운전할 수 있다.
② 1종 보통 · 2종 보통으로 원동기장치 자전거를 운전할 수 있다.
③ 삼륜자동차는 1종 소형 면허로 운전할 수 있다.
④ 1종 특수면허로 12인 이상의 승합 자동차를 운전할 수 있다.

해설 12t의 화물 자동차를 운전할 수 있는 면허는 1종 대형 면허이다.

103 다음 중 교통사고 처리 요령으로 틀린 것은? (2003.3.9 일반순경)

① 치사사고는 교통사고처리특례법을 적용한다.
② 운전자가 종합보험에 가입해 있다 하여도 중앙선 침범으로 치상사고를 발생하게 한 경우에는 교통사고처리특례법을 적용한다.
③ 도로가 아닌 곳에서 인피사고를 야기하고 도주한 경우에는 교통사고처리특례법으로 처리한다.
④ 도로에서 물피사고를 야기하고 도주한 경우에는 도로교통법으로 처리한다.

해설 인피사고 야기 후 도주한 경우는 특정범죄 가중처벌 등에 관한 법률 제5조의3을 적용한다. ④ 단순 물피사고 야기 후 도주한 경우는 도로교통법을 적용한다. 또 교통사고처리특례법을 적용하지 않는 경우는 사망사고, 중대 과실 10개 항목을 위반하여 치상사고를 일으킨 때, 피해자의 불벌 의사가 없을 때, 사고 야기 후 도주하였을 때이다.

104 국제운전면허증의 교부에 대한 설명으로 옳지 않은 것은? (2003.4.20 여경)

① 국제운전면허증은 이를 교부받은 사람이 국내 운전면허의 효력이 정지된 때에는 그 정지 기간 중 효력이 정지된다.
② 이 때 국내운전면허증이라 함은 제1종 및 제2종 보통면허 전체를 말하는 것으로서 원동기 장치 자전거 면허도 포함된다.
③ 국내운전면허증의 효력이 없어지면 국제운전면허증의 효력도 없어진다.
④ 국제운전면허증의 유효 기간은 교부받은 날부터 1년이다.

해설 국제운전면허증의 교부에는 국내 운전 면허를 받은 사람 중에서 원동기 장치 자전거 및 연습 운전 면허를 받은 사람은 제외된다. ①,③,④ 국제운전면허증은 입국한 날로부터 1년, 교부받은 날로부터 1년간 유효하다. 또한 사업용 자동차는 임차 운전의 경우에만 가능하며 국내운전면허의 효력이 상실되면 국제운전 면허증의 효력도 상실된다.

105 운전 면허의 효력 발생 시기는? (2003.6.22 일반순경)

① 지방청장에게 발급받은 때
② 운전자나 그 대리인이 교부받은 때
③ 면허증을 소지하고 운전을 개시한 때
④ 운전 면허 취득시

해설 운전 면허의 효력 발생 시기는 운전면허증을 운전자나 그 대리인이 교부받은 때부터이다.

정답 101 ② 102 ① 103 ③ 104 ② 105 ②

106 A는 경비원이 있는 아파트 단지 내 지하 주차장에서 후진 중 부주의로 지나던 여자에게 부상을 입히고 도주하였다. 다음 중 맞는 것은? (2003.11.9 일반순경)

① 지하 주차장은 교통사고가 아니므로 안전사고로 처리한다.
② 지하 주차장도 도로에 해당하므로 도로교통법을 적용하여야 한다.
③ 지하 주차장의 뺑소니사고는 교통사고처리특례법을 적용한다.
④ 위의 경우 특정범죄 가중처벌 등에 관한 법률 제5조의3이 적용된다.

해설 교통사고처리특례법은 도로가 아닌 곳에서 인피사고가 난 경우에도 적용된다. 인피사고 야기 후 도주한 경우는 무조건 특정범죄 가중처벌 등에 관한 법률 제5조의3을 적용한다. 그러나 단순 물피사고 야기 후 도주는 도로교통법 제106조를 적용한다.

107 다음 중 도로교통법 제2조의 용어의 개념 중 옳지 않은 것은? (2004.3.14 여경)

① 차 : 자동차 · 자전거 · 원동기 장치 자전거 · 신체장애자용 휠체어
② 보도 : 연석선 · 안전표지, 그 밖의 이와 비슷한 공작물로써 그 경계를 표시하여 보행자의 통행에 사용하도록 된 도로의 부분을 말한다.
③ 횡단보도 : 보행자가 도로를 횡단할 수 있도록 안전표지로써 표시한 도로의 부분을 말한다.
④ 원동기 장치 자전거 : 자동차관리법 제3조의 규정에 의한 이륜 자동차 중 배기량 125cc 이하의 이륜 자동차와 50cc 미만의 원동기를 단 차를 말한다.

해설 도로교통법상의 '차'란 자동차, 건설기계, 원동기 장치 자전거, 자전거 또는 사람이나 가축의 힘, 그 밖의 동력에 의하여 도로에서 운전되는 것으로 철길 또는 가설된 선에 의하여 운전되는 것과 유모차 및 신체장애자용 의자차 외의 것을 말한다.

108 다음 중 교통안전 표지의 종류로 맞는 것은? (2004.4.18 일반순경)

① 주의, 규제, 안내, 경고, 보조 표지
② 주의, 규제, 지시, 보조, 노면 표지
③ 주의, 규제, 지시, 경고, 노면 표지
④ 규제, 지시, 안내, 보조, 노면 표지

해설 교통안전 표지의 종류에는 주의, 규제, 지시, 보조, 노면 표지가 있다.

109 다음 중 바르지 않은 것은? (2004.7.11 일반순경)

① 도로에서의 앞지르기 금지 장소의 지정, 도로에서의 주정차 금지구역의 설정, 개별 도로의 최고속도 제한의 규제권자는 지방경찰청장이다.
② 울산 현대조선소 구역 내의 도로는 도로교통법이 적용된다.
③ 단속경찰관을 폭행하여 형사 입건된 경우 운전 면허가 취소된다.
④ 음주 운전으로 사상사고 야기 후 필요한 구호 조치를 하지 않고 도주하면 운전 면허 시험응시 결격 기간이 5년이다.

해설 단속경찰관을 폭행하여 형사 입건된 경우 운전자는 벌점 90점을 받고 90일의 면허 정지를 당하게 된다. 그러나 단속경찰관을 폭행하여 구속된 경우는 면허 취소가 된다.

110 다음 중 2종 보통 면허를 취득할 수 있는 사람은? (2004.7.11 일반순경)

① 정신미약자 ② 알코올 중독자
③ 귀머거리 ④ 16세 미만자

해설 듣지 못하는 자에 해당하는 귀머거리는 제1종 운전면허를 취득할 수 없으나 2종 보통 운전 면허는 취득 가능하다. 또한 말을 하지 못하는 아자는 운전 면허를 취득할 수 있고 농아자는 운전 면허를 취득할 수 없다.

111 도로교통법 제2조에는 동법에서 사용되는 용어에 대한 정의를 하고 있다. 다음 중 정의가 틀린 것은? (2004.10.11 여경)

① 긴급자동차-소방자동차, 구급자동차, 그 밖의 건설교통부 장관이 정하는 차로서 그 본래의 긴급한 용도로 사용되고 있는 중인 자동차를 말한다.
② 정차-차가 5분을 초과하지 아니하고 정지하는 것으로서 주차 외의 정지 상태를 말한다.
③ 원동기 장치 자전거-자동차관리법 제3조의 규정에 의한 이륜 자동차 중 배기량 125cc 이하의 이륜 자동차와 50cc 미만의 원동기를 단 차를 말한다.

정답 106 ④ 107 ① 108 ② 109 ③ 110 ③

④ 도로-도로법에 의한 도로, 유료도로법에 의한 유료도로로 그 밖의 일반교통에 사용되는 모든 곳을 말한다.

해설 긴급자동차는 소방자동차·구급자동차, 그 밖의 대통령령이 정하는 자동차로서 그 본래의 긴급한 용도로 사용되고 있는 중인 자동차를 말한다(동법 제2조 제16호). 건설교통부 장관이 아니다.

112 현행 도로교통법시행규칙상 제1종 보통운전 면허로 운전할 수 있는 차의 종류로 옳지 않은 것은? (2004.10.11 여경)

① 승차 정원이 12인 이하의 긴급 자동차(승용 및 승합자동차에 한한다)
② 승차 정원이 15인 이하의 승합 자동차
③ 적재 중량 12톤 미만의 화물 자동차
④ 건설기계

해설 건설기계는 제1종 대형면허이다.

113 다음 중 틀린 설명은 모두 몇 개인가? (2005.일반,여경1차)

> 가. 소방기계 기구가 설치된 곳으로부터 5미터 이내의 곳은 주차금지 장소이다.
> 나. 듣지 못하는 사람은 제1종 운전 면허의 결격 사유가 된다.
> 다. 범칙금 납부통지서 받기를 거부하는 자에 대해서 통고 처분을 할 수 없다.
> 라. 주취 운전을 하다가 3회 이상 교통사고를 일으킨 경우에는 운전 면허가 취소된 날로부터 2년간 운전 면허를 받을 자격이 없다.
> 마. 철길 건널목 통과 방법 위반은, 교통사고처리특례법에서 정한 예외 단서 10개항에 해당한다.

① 없다 ② 1개
③ 2개 ④ 3개

해설 주취 운전을 하다가 3회 이상 교통사고를 일으킨 경우에는 운전 면허가 취소된 날로부터 3년간 운전 면허를 받을 자격이 없다.

114 다음 중 도로교통법상 운전면허 발급 제한 기간이 2년에 해당하는 것의 개수는? (2005 일반, 여경 2차)

> ㉠ 무면허 운전을 한 자가 원동기 장치 자전거 면허를 취득하고자 하는 경우
> ㉡ 자동차를 강·절취한 자가 무면허로 운전한 경우
> ㉢ 운전 면허를 받은 사람이 자동차 등을 이용한 범죄
> ㉣ 적성검사 또는 면허 갱신 미필의 경우
> ㉤ 3회 이상의 음주 운전으로 운전 면허가 취소된 자

① 1개 ② 2개
③ 3개 ④ 4개

해설 ㉠-6개월 ㉡-3년 ㉣-면허시험에 바로 응시 가능

115 다음 교통경찰과 관련하여 옳지 않은 것은? (2005 일반, 여경 2차)

① 통행 우선순위 위반은 교통사고특례법상 중요 법규위반 10개항에 해당하지 않는다.
② 인적 피해 야기 후 도주 자동차 운전자에 대해서는 특정범죄 가중처벌 등에 관한 법률이 적용된다.
③ 도로의 중앙선을 넘어서 앞지르기를 하다가 사고를 야기한 경우 긴급자동차라 할지라도 위반된다.
④ 경찰용 자동차 중 범죄 수사에 사용되는 차는 신청에 의하여 지방경찰청장이 긴급자동차로 지정한다.

해설 대통령령으로 인정

116 운전 면허 취소처분 후 운전면허 응시 제한 내용 중 틀린 것은? (2005 일반, 여경 3차)

① 5년-무면허, 음주 운전, 과로 운전 중 사람을 사상 후 구호 조치 및 신고 없이 도주한 경우
② 4년-5년 제한 이외의 사유로 사람을 사상한 후 구호 조치 및 신고 없이 도주한 경우
③ 3년-음주 운전으로 3회 이상 교통사고를 야기한 자
④ 2년-자동차 등을 이용하여 범죄 행위를 하거나 타인의 자동차 등을 훔치거나 빼앗은 사람이 그 자동차를 무면허 운전한 경우

해설 3년 제한에 해당한다.

117 교통사고 처리 요령 설명 중 틀린 것은? (2005 일반, 여경 3차)

① 물적 피해가 있는 도주 사고시 자수하더라도 벌점이 감경되지 않는다.
② 물적 피해가 있는 도주 사고의 경우 벌점은 30점이다.
③ 인적 피해가 있는 도주 사고의 경우 면허가 취소된다.

정답 111 ① 112 ④ 113 ② 114 ② 115 ④ 116 ④

④ 중앙선 침범으로 치상사고를 발생시킨 경우, 종합보험에 가입해 있거나 피해자와 합의가 되었더라고 기소 의견으로 송치하여야 된다.

해설 벌점 15점이다.

118 다음 중 위반할 때 벌점이 다른 하나는?
(2006 일반,여경 2차)

① 철길 건널목 통과 방법 위반
② 운전면허증 제시 의무 위반
③ 속도 위반(40㎞/h 초과)
④ 통행 구분 위반(보도 침범)

해설 통행 구분 위반은 10점, 나머지는 30점

119 사용자의 신청 여부와 관계 없이 법정 긴급 자동차에 해당하는 것은? (2006 일반,여경 2차)

① 긴급배달 우편물의 운송용 자동차
② 도로상의 위험 방지 응급작업용 자동차
③ 국군 등 군부대의 질서 유지 및 질서 있는 이동을 유도하는 데 사용하는 자동차
④ 전파감시 업무에 사용되는 자동차

해설 나머지는 사용하는 사람의 신청의 의하여 지방경찰청장이 지정

120 어느 날 갑자기 대학생들이 총장의 퇴진을 요구하면서 시위를 벌이고 있다. 이 때 경찰서장의 첩보 요구 방법은?

① PNIO ② EEI
③ SRI ④ OIR

해설 대학은 특정 지역이라 할 수 있고 총장의 퇴진을 요구한 시위는 특별한 돌발 사태이므로 이 때의 첩보 요구 방법은 SRI 에 해당한다.

121 다음 중 정보의 순환 과정을 바르게 기술한 것은?
(2001.6.3. 일반순경)

① 정보의 요구－정보의 수집－정보의 생산－정보의 배포
② 정보의 요구－첩보의 수집－정보의 생산－정보의 배포
③ 첩보의 요구－첩보의 수집－정보의 생산－정보의 배포
④ 첩보의 요구－정보의 수집－정보의 생산－정보의 배포

해설 정보의 순환 과정은 정보의 요구→첩보의 수집→정보의 생산→정보의 배포이다.

122 다음 중 EEI와 SRI에 대한 설명으로 타당하지 않은 것은? (2001.7.22 101경비단)

① SRI 치밀한 사전수집계획서가 반드시 요구된다.
② SRI는 수시로 단편적 사항에 대하여 명령되는 것이 원칙이다.
③ EEI는 요구 형식에서 서면이 원칙이다.
④ EEI는 요구 사항 중에서도 일반적인 내용으로서 포괄적 의미를 지니고 있다.

해설 SRI는 특별첩보 요구로서 특정 지역의 특별한 돌발 사태에 대하여 단기적 해결을 위하여 필요한 임시적이고 단편적인 정보를 말하는데 단기적이고 돌발적이며 수시적인 성격을 가지므로 사전수집계획서는 요하지 않는다.

123 공직선거 및 선거부정방지법에서 정하고 있는 선거별 선거 기간을 잘못 짝지은 것은?
(2001.10.14 여경)

① 대통령선거－23일 ② 국회의원선거－14
③ 지방자치단체장선거－17 ④ 지방의회의원선거－14

해설 지방자치단체장 선거는 14일이다.

124 지휘관으로 하여금 경력 동원 등 상황에 대한 조치를 구하는 보고서는? (2001.10.14 여경)

① 견문보고서 ② 정보판단서
③ 특별보고서 ④ 상황보고서

해설 정보판단서는 지휘관으로 하여금 경력 동원 등 상황에 대한 조치를 요구하는 보고서이다.

125 첩보 수집 대상 중 "정보 사용자의 관심과 욕구에 부응할 수 있는 것이어야 한다"는 것과 관련이 있는 것은? (2001.11.11 101경비단)

① 접근성 ② 시사성
③ 중요성 ④ 특이성

해설 첩보는 정보 사용자의 관심과 욕구에 부응할 수 있는 것이어야 한다.

126 다음 중 정보와 대비하여 첩보에 대하여 설명한 것으로 잘못된 것은? (2002.5.12 일반순경)

① 단편적이고 미확인 상태의 지식이다.

정답 117 ② 118 ④ 119 ③ 120 ③ 121 ② 122 ① 123 ③ 124 ② 125 ①

② 시간에 구애받지 않고 과거와 현재의 것을 불문한다.
③ 사용자의 목적에 맞도록 적용한다.
④ 모두 지식으로서의 자료적 가치를 갖는다.

해설 사용자의 목적에 맞게 작성된 지식은 정보이다.

127 정보경찰 활동의 특색에 대한 설명으로 타당하지 않은 것은? (2002.11.10 일반순경)

① 정보 활동은 각종 경찰 활동의 기초가 된다.
② 정보 활동은 법적 성격은 사실행위에 속한다.
③ 정보 활동은 강제 수단에 의한 권력적 작용이다.
④ 정보 활동 대상은 경비, 범죄, 의사 등 광범위하다.

해설 정보 활동은 국민의 자유 또는 권리를 침해하는 권력적 수단이 아닌 비권력적 수단에 의하여 행하여지는 사실행위이며 임의 수단이고 비권력적 작용이다. 따라서 국민의 자유와 권리를 침해하지 않는 범위 내에서 개별적인 수권 조항 없이 일반적 수권 조항만으로 가능하다.

128 경찰정보 활동의 필요성에 대한 설명 등 타당하지 않은 것은? (2002.11.10 101경비단)

① 정보 활동은 경찰의 귀와 눈의 작용을 하는 임무이다.
② 공공의 안녕에 대한 위험을 예방하기 위하여 필요하다.
③ 공공의 위해가 이미 발생하였다면 정보는 필요 없다.
④ 불법 폭력시위 발생시 사전정보 활동은 매우 중요하다.

해설 정보 활동은 공공의 위해가 이미 발생한 후에도 그 위해를 최소화하기 위하여 필요하다.

129 정보경찰과 여론과의 관계로서 가장 적절치 못한 것은? (2003.9.28 여경)

① 여론 분석도 정보경찰의 중요한 업무이다.
② 사회 각 분야의 여론 동향은 정보 판단과 관계가 깊다.
③ 여론 반응을 수집시 대화하면서 녹취를 하여야 한다.
④ 여론의 방향이 반드시 옳은 것만은 아니다.

해설 정보요원의 여론 반응의 수집에 있어 녹취는 금지 사항이다.

130 농민단체에서는 여의도공원에서 한·칠레 FTA 비준에 반대하는 집회를 개최하고자 한다. 신고서 제출 기한으로 가장 올바른 것은? (2004.2 14 여경)

① 옥외집회 또는 시위의 360시간 전부터 48시간 전으로
② 옥외집회 또는 시위의 720시간 전부터 48시간 전으로
③ 옥외집회 또는 시위의 12개월 전부터 48시간 전으로
④ 옥외집회 또는 시위의 48시간 전

해설 집회 및 시위의 신고서는 옥외집회 EH는 시위의 720시간 전부터 48시간 전에 관할 경찰서에 제출한다.

131 다음 정보의 성질에 따른 분류 중 그 설명이 잘못된 것은? (2004.4.18 일반순경)

① 국가 정책과 안전 보장에 막대한 영향을 주는 국가 수준의 정보를 전략정보라고 한다.
② 판단정보는 전략 정보의 기본적인 방침하에서 이를 구체적으로 수행하기 위한 정보이다.
③ 방첩정보는 적 또는 집단의 정보공작력에 대항하기 위한 정보 활동을 말한다.
④ 전시에 군사작전 계획의 기초로 사용되는 정보는 전략정보이다.

해설 판단정보란 기본정보와 현용정보를 기초로 추측·판단한 정보로 어떤 사실 또는 현상에 대한 장래를 예고하고 책임있는 사용자에게 적당한 사전 지식을 주는 것을 목적으로 하는 정보이다. 이를 기획정보라고 한다.

132 다음 중 기획의 과정을 순서대로 나열한 것은? (2004.10.11 여경)

가. 대안의 탐색과 결과	나. 목표의 설정
다. 상황분석	라. 기획 전제의 설정

① 라-나-다-가 ② 나-다-라-가
③ 나-가-다-라 ④ 나-라-가-다

해설 기획의 과정은 목표의 설정→자료의 정보와 수집→기획 전제의 설정→대안의 탐색과 비교 평가→최종 대안의 선택이다.

133 수집된 첩보 자료를 가치와 적격에 따라 분류할 때 다른 기관과의 공조 및 조정을 위하여 필요하거나 다른 사용자에 의하여 효용을 더욱 높일 수 있는 내용의 자료는? (2004.10.11 여경)

① 중요보고자료 ② 조사자료

정답 126 ③ 127 ③ 128 ③ 129 ③ 130 ② 131 ② 132 ②

③ 통보자료　　　④ 판단서자료

해설 판단정보는 확정된 사실에 관한 정보가 아니라 기본정보와 현용정보를 기초로 미래에 있을 어떤 상태에 대해서 추측·판단한 정보로서 어떤 사실 또는 사상에 대한 장래를 예고하고 책임 있는 사용자에게 적당한 사전 지식을 주는 것을 목적으로 하는 정보이며 기획정보라고도 한다.

134 생산된 정보를 배포하는 데는 일정한 원칙이 요구된다. 다음 설명 중 틀린 것은? (2004.11.7 일반순경)

① 필요성－정보는 사용자의 능력과 상황에 맞추어서 적당한 양을 조절하여 필요한 만큼 전달한다.
② 적시성－정보는 정보 사용자의 정보 소요 시기에 배포되어야 한다.
③ 계속성－배포된 정보와 관련성을 가진 새로운 정보를 조직적이고 계속적으로 배포하여야 한다.
④ 보안성－정보 배포시에는 보안을 갖추기 위한 장치가 필요하다.

해설 적당성에 관련한 지문이다.

135 다음은 정보의 요구 방법 중 무엇에 해당하는가? (2005.일반,여경1차)

경찰청에서는 국민연금 제도 실시에 대한 국민 여론이 악화되자 정책 수정을 위한 자료를 제공하고자 국민 여론 및 연금 납부 실적 등에 대한 정보를 각 지방청별로 수집 보고하도록 지시하였다.

① OIR　　　② SRI
③ PNIO　　　④ EEI

136 집회 및 시위에 관한 설명 중 맞지 않은 것은? (2005 일반, 여경 2차)

① 집회 및 시위의 금지 통고의 대한 이의 신청 재결 기간은 이의 신청 접수시부터 24시간 이내이다.
② 질서 유지인을 둔 경우에는 일출 전, 일몰 후 옥외집회를 조건부로 허용할 수 있다.
③ 옥외집회와 시위 장소에 경찰관은 주최자에게 통고하고 정·사복을 착용하고 출입할 수 있다.
④ 관할 경찰서장은 접수증을 교부한 때로부터 12시간 이내에 주최자에게 24시간을 기한으로 그 기재 사항을 보완할 것을 통고할 수 있다.

해설 사복은 안 된다.

137 정보생산 단계의 소순환 과정을 바르게 나열한 것은? (2005 일반, 여경 3차)

① 기록→선택→평가→분석→종합→해석
② 기록→선택→평가→분석→해석→종합
③ 선택→기록→평가→분석→종합→해석
④ 선택→기록→평가→분석→해석→종합

138 다음 중 정보생산 단계의 소순환 과정이 순서대로 나열된 것은? (2006일반, 여경1차)

㉠ 수집된 첩보 중에서 긴급성·유용성·신뢰성·적합성 등을 기준으로 필요한 것을 걸러내는 과정 ㉡ 첩보의 출처 및 내용에 관하여 그 신뢰성과 사실성, 즉 타당성을 판정하는 과정 ㉢ 즉각 사용되지 않거나 이미 사용된 첩보를 기록하여 관리하는 과정 ㉣ 평가된 첩보를 기본 요소별로 분류하고 기존 자료에 있는 것과 비교하여 유사한 것끼리 재분류하는 과정 ㉤ 정보의 의미와 중요성을 결정하여 건전한 결론 도출을 가능하게 하는 과정 ㉥ 부여된 주제에 대한 정보를 생산하기 위하여 동류의 것끼리 분류된 사실을 하나의 통일체로 결합하는 과정

① ㉠－㉡－㉢－㉣－㉤－㉥
② ㉠－㉢－㉡－㉣－㉤－㉥
③ ㉠－㉢－㉡－㉣－㉥－㉤
④ ㉢－㉠－㉡－㉣－㉥－㉤

해설 정보의 생산 단계에서 선택(㉠)→기록(㉢)→평가(㉡)→분석(㉣)→종합(㉥)→해석(㉤)의 소순환 과정을 통하여 정보가 생산된다. 정보 생산의 소순환 과정은 항상 순차적으로 이루어지는 것이 아니라 거의 동시 작용으로 이루어진다.

139 다음 중 집회 및 시위에 관한 법률상 집회 신고시의 보완에 관한 규정 시간이 바르게 연결된 것은? (2006 일반,여경1차)

정답 133 ④ 134 ① 135 ① 136 ③ 137 ③ 138 ③

관할 경찰서장은 집회신고서 접수 후 기재 사항에 미비한 점이 있다는 것을 안 경우에는 접수증을 교부한 때로부터 ( )시간 이내에 주최자에게 ( )시간을 기한으로 그 기재 사항을 보완할 것을 통고할 수 있고, 보완통고를 받고도 신고서의 기재 사항을 보완하지 아니할 때에는 그 신고서를 접수한 때부터 ( )시간 이내에 집회의 금지를 주최자에게 통고할 수 있다.

① 12-12-24 ② 12-24-48
③ 24-12-48 ④ 24-24-48

해설 가로 안에 순차적으로 들어갈 시간은 12시간, 24시간, 48시간이다(동 법률 제7조 제1항, 제8조 제1항 참조).

140 집회 및 시위에 관한 법률에 대한 설명으로 옳지 않은 것은? (2006일반, 여경2차)

① 누구든지 폭행, 협박 기타의 방법으로 평화적인 집회, 시위를 방해할 수 없다. 군인, 검사, 경찰관이 위반할 때는 가중 처벌한다.
② 집회, 시위 주최자는 평화적인 집회 및 시위의 방해 염려가 있다고 인정할 때 관할 경찰서에 보호 요청을 할 수 있으며 관할 경찰서장은 정당한 이유 없이 보호를 거절할 수 없다.
③ 경찰관은 질서 유지를 위하여 집회 시위 장소에 제한 없이 출입할 수 있으나 옥내집회 출입 장소는 직무 집행에 있어서 긴급성이 요하는 경우에만 가능하다.
④ 집회 또는 시위의 주최자는 총포, 폭발물, 도검, 기타 타인의 생명·신체에 위해를 가할 수 있는 기구를 휴대, 사용하거나 신고한 목적, 일시 장소, 방법 등 그 범위를 현저히 일탈하는 행위를 해서는 안 된다.

해설 경찰관은 집회 또는 시위의 주최자에게 통보하고 그 집회 또는 시위의 장소에 정복을 착용하고 출입할 수 있다. 다만, 옥내집회 장소에의 출입은 직무집행에 있어서 긴급성이 있는 경우에 한한다.

141 국가보안법 위반 사범에 대한 수사기관의 최장 구속 기간은? (2001.3.11 일반순경)

① 10일 ② 20일
③ 30일 ④ 50일

해설 국가보안법 위반 사범의 수사기관의 구속 기간은 경찰에서 1회, 검찰에서 2회 연장이 가능하다. 즉 경찰은 20일, 검찰은 20일의 구속이 가능하다.

142 다음 중 보안관찰처분에 대한 설명이 옳은 것은? (2001.4.8 여경)

① 보안관찰처분의 청구는 검사 또는 사법경찰관이 한다.
② 보안관찰처분의 기간은 2년으로 갱신할 수 없다.
③ 법무부 장관의 보안관찰처분의 결정에 대하여 이의가 있을 때 행정소송법이 정하는 바에 따라 행정소송을 제기할 수 있다.
④ 보안관찰처분은 가택보호처분이다.

해설 보안관찰처분의 구제를 위한 행정소송은 결정이 집행된 날부터 60일 이내에 서울고등법원에 제기하여야 한다.

143 청와대에서 국경일을 맞아 사회 주요 인사를 청와대로 초청하는 행사를 개최할 계획이다. 다음 주요 인사의 안전을 위하여 참석하는 사람을 대항으로 경호실에서 보안 기능에 하명하는 것은?

① 보안관찰조사 ② 국내 신원조사
③ 안전유지조사 ④ 긴급 신원조사

해설 대통령경호실법은 피경호인에 대한 경호와 안전 업무 수행을 위하여 경찰서 보안2계에서 24시간 내에 통보하여야 한다고 규정하고 있다.

144 간첩이 합법적 신분을 이용하여 공·사무 활동을 합법적으로 하면서 대상국의 정치·사회 문제를 이용, 적국의 이념이나 사상에 동조하도록 유도하여 공작 목표를 달성하기 위한 간첩망의 조직 형태는? (2001.11.11 101경비단)

① 삼각형 ② 서클형
③ 단일형 ④ 레포형

해설 서클형에 대한 설명이다.

145 보안경찰의 특징을 설명한 것으로 타당하지 않은 것은? (2002.5.12 일반순경)

① 국가 안전과 사회 공공의 안녕과 질서를 목적으로 한다.
② 고도의 보안을 요하는 비공개 활동을 특징으로 한다.
③ 경찰공무원임용령은 보안 경과를 따로 규정하고 있지 않다.
④ 방첩 공작시 국가정보원장의 조정을 받는다.

정답 139 ② 140 ③ 141 ④ 142 ③ 143 ④ 144 ② 145 ③

해설 경찰법 제3조와 경찰관직무집행법 제2조에 보안경찰의 활동 근거를 두고 경찰공무원임용령에 보안 경과를 따로 두어 보안경찰의 임무를 수행하고 있다.

146 보안관찰처분의 결정권자는 누구인가?

(2002.10.13 여경)

① 판사 ② 검사
③ 법무부 장관 ④ 행정자치부 장관

해설 보안관찰처분은 검사 및 사법경찰관의 조사와 검사의 청구와 법무부 장관의 조사를 거쳐 보안관찰처분심의위원회의 심의·의결을 거친 후 법무부 장관의 결정으로 보안관찰처분을 하고 결정서 등본을 본인에게 송달한다.

147 국가보안법과 관련하여 틀린 것은?

(2002.10.13 여경)

① 국가보안법상 무고날조죄는 형법상 무고죄와 달리 형사처분을 받게 할 목적을 요하지 않는다.
② 잠입탈출죄는 국가의 존립이나 자유민주적 기본질서를 위태롭게 한다는 점을 알면서 반국가단체의 지배하로 탈출함으로써 성립한다.
③ 참고인 등이 정당한 이유 없이 2회 이상 출석에 불응한 경우 구속영장을 발부받아 구인할 수 있다.
④ 형법상 일반이적죄는 보안관찰 대상 범죄가 아니다.

해설 국가보안법 제12조는 무고날조죄를 규정하고 있다. 이는 타인으로 하여금 형사처분을 받게 할 목적으로 국가보안법에 규정된 죄에 대하여 무고, 위증, 증거날조 등을 처벌하는 규정이다. 하지만 형사처분을 받게 할 목적이 유일한 목적일 필요는 없다.

148 다음 중 방첩 활동의 기본 원칙에 속하지 않는 것은? (2002.11.10 일반순경, 2001.10.14 여경)

① 방첩기관과 보조기관 및 일반 국민이 완전 협조를 이루어야 한다.
② 방첩 활동은 치밀한 계획과 준비로써 활동하여야 한다.
③ 간첩 등의 용의자를 발견하면 즉시 검거하여야 한다.
④ 국민의 협력을 얻기 위하여 주민신고망을 구성한다.

해설 즉시검거가 아니라 계속 접촉의 원칙이다.

149 남북교류 협력 절차에 대한 설명으로 옳지 않은 것은? (2002.11.10 101경비단, 2001. 10.14 여경)

① 남북한 주민이 상대 지역을 왕래하고자 할 때에는 통일부 장관이 발급하는 방문증명서를 소지하여야 한다.
② 국제행사에 참가한 남한 주민이 북한 주민과 접촉하는 경우에는 사후 당국에 신고하면 된다.
③ 남북한 교역을 해하기 위한 당사자가 될 수 있는 자격에 별도의 제한을 두고 있지 않다.
④ 남북 교류 과정에서 발생하는 반국가적인 경우에 해당하지 않는 법정 절차 위반은 국가보안법이 적용되지 않는다.

해설 교역 당사자가 될 수 있는 자격은 국가기관, 지방자치단체, 정부투자기관 외에 대외무역법에 의한 무역업 허가를 받은 자로 제한하고 있다.

150 다음 국가보안법에 대한 설명으로 틀린 것은?

(2003.3.9 일반순경, 2002.3.17 여경)

① 참고인이 정당한 이유 없이 2회 이상 출석 요구에 불응하는 경우 구속영장을 발부받아 참고인을 구인·유치할 수 있다.
② 단기간에 사안을 정확히 파악하기 어렵기 때문에 사법경찰관에게 1회, 검사에게 2회까지 구속기관 연장을 할 수 있도록 하고 있다.
③ 내란죄 등 반국가적 금고 이상의 형의 집행을 종료한 자가 10년 이내에 재범을 한 경우 법정최고형을 사형으로 규정하고 있다.
④ 불기소 처분시에도 압수물을 환부하지 않고 폐기 또는 기속을 명할 수 있다.

해설 국가보안법 제13조는 재범자의 특수 가중을 규정하고 있는데 그 대상은 국가보안법상의 모든 범죄 및 형법상의 간첩죄, 형법상의 내란죄, 외환죄 등 반국가적 범죄를 범하여 금고 이상의 형의 선고를 받고, 그 형의 집행을 종료하지 아니한 자 또는 그 집행을 종료하거나 집행을 받지 않기로 확정된 후 5년이 경과하지 아니한 자가 국가보안법상의 일정한 범죄를 다시 범한 때에는 그 죄에 대한 법정최고형을 일률적으로 사형으로 규정하고 있다.

151 보안관찰에 대한 설명으로 틀린 것은?

(2003. 4. 20 여경)

정답 146 ③ 147 ① 148 ③ 149 ③ 150 ③

① 법무부 장관의 보안관찰처분의 결정에 대해 이의가 있을 때 행정소송법이 정하는 바에 따라 행정소송을 제기할 수 있다.
② 보안관찰 기간은 2년이고 갱신할 수 있다.
③ 주거 제한적 요소가 있다.
④ 형법상 내란죄도 보안관찰 대상 범죄이다.

해설 형법상 일반이적죄, 내란죄, 전시군수계약 불이행죄는 제외된다.

152 보안관찰처분을 받는 자의 신고 의무에 대한 설명 중에서 틀린 것은? (2003.6.22 일반순경)

① 피보안관찰자 신고 ② 정기 신고
③ 출소사실 신고 ④ 수시 신고

해설 출소사실 신고는 보안관찰처분 대상자의 신고 사항이다.

153 다음 중 형법상의 범죄 중 보안관찰에 해당하는 범죄인 것은? (2003.9.28 여경)

① 모병이적죄 ② 내란죄
③ 일반이적죄 ④ 전시군수계약 불이행죄

해설 보안관찰 대상 범죄

	해당 범죄	제외 범죄
형법	내란목적살인죄, 외환유치죄, 여적죄, 간첩죄, 시설제공이적죄, 물건제공이적죄, 모병이적죄	내란죄, 일반이적죄, 전시군수계약 불이행죄
군형법	반란죄, 반란목적 군용물탈취죄, 군대 및 군용시설제공죄, 군용시설 등 파괴죄, 간첩죄, 일반이적죄	단순반란 불고지죄
국가보안법	목적수행죄, 자진지원죄, 금품수수죄, 잠입탈출죄, 편의제공죄	반국가단체구성죄, 찬양·고무죄 회합·통신죄

154 A 경찰서 보안과장은 조선족을 가장한 우회 침투 간첩을 색출하기 위하여 내사를 진행하면서 불법 입국이 발견되더라도 즉시 검거하지 말고 배후 조직을 파악한 후 검거하였다. 이런 원칙은?
(2004.3.14 여경, 2001.6.3 일반순경, 2001.10.14. 여경)

① 계속 접촉의 원칙 ② 치밀성의 원칙
③ 사전 준비의 원칙 ④ 완전 협조의 원칙

155 다음 중 북한의 노동당 계열 대남 공작기구가 아닌 것은? (2004. 4.18, 2001.11.11 일반순경)

① 통일전선부 ② 정찰국
③ 35호실 ④ 대외연락부

해설 북한의 대남 공작기구

노동당	통일전선부	남북 대화 주관 및 대남 심리전과 해외교포 공작, 통일전선 공작, 한민전 활동을 담당하는 핵심적 대남 공작 부서
	대외연락부	구 사회문화부, 당계통의 간첩 업무 및 남한내 지하당조직 공작으로 혁명 토대 구축과 우회 침투를 위한 해외공작을 담당하고 있음.
	35호실	해외공작 활동(KAL858기 폭파 김현희 소속), 일명 대외정보조사부
	작전부	남파 공작원과 전투원에 대한 정규 기본 훈련 및 호송·안내를 담당
인민무력성	정찰국	448부대·907부대·남포해상특수부대 등을 관장하며 특오부대의 후방 침입과 잠수함 침투·휴격 활동 등 군사정찰 임무를 담당하고 있음(작전부와 공조 체계 확립).

156 방첩 활동에 대한 다음 설명 중 틀린 것은?
(2004.4.18 일반순경)

① 국내 불순 세력으로부터 국가 안전을 보장하기 위한 것이다.
② 적의 정보 활동으로부터 자기 편을 보호하기 위한 것이다.
③ 보안사범의 재범 우려 등에 대비하여 지속적으로 관찰하기 위한 것이다.
④ 간첩, 태업, 전복행위를 미연에 방지하기 위한 것이다.

해설 보안사범의 재범 우려 등에 대비하여 지속적 관찰을 하기 위한 것은 보안관찰 활동을 말한다.

157 보안관찰처분 면제의 요건으로 보기 어려운 것은?
(2004.11.7 일반순경, 101경비단)

① 준법정신이 확립되어 있을 것
② 일정한 주거와 생업이 있을 것

정답 151 ④ 152 ③ 153 ① 154 ① 155 ② 156 ③

③ 2인 이상의 신원보증인의 보증이 있을 것
④ 사회봉사단체에 가입하여 활동할 것

해설 보안관찰법 제11조 제1항 : 법무부 장관은 보안관찰처분대상자 중 ①, ②, ③의 요건을 갖춘 자에 대하여는 보안관찰처분을 하지 아니하는 결정(이하 '면제결정'이라 한다)을 할 수 있다.

158 보안관찰에 대한 설명이다. 맞는 것은?
(2005.일반,여경1차)

① 보안관찰처분의 기간은 3년으로 하며, 법무부 장관은 검사의 청구가 있는 때에는 보안관찰 처분심의위원회의 의결을 거쳐 그 기간을 갱신할 때에는 행정소송법상 소를 제기할 수 있다.
② 보안관찰법에 의한 법무부 장관의 결정을 받은 자가 그 결정에 이의가 있을 때에는 행정소송법에 정하는 바에 따라 그 결정이 집행되는 날로부터 60일 이내에 서울고등법원에 소를 제기하여야 한다.
③ 보안관찰처분 대상자는 보안관찰 해당 범죄 또는 이와 경합된 범죄로 금고 이상의 형의 선고를 받고, 그 형기 합계가 2년 이상인 자로서 형의 전부 또는 일부의 집행을 받은 사실이 있는 자를 말한다.
④ 형법상의 범죄 중 모병이적죄는 보안관찰 해당 범죄가 아니다.

해설 ① 보안관찰처분의 기간은 2년으로 하며, 법무부 장관은 검사의 청구가 있는 때에는 보안관찰 처분심의위원회의 의결을 거쳐 그 기간을 갱신할 수 있다.
③ 보안관찰처분 대상자는 보안관찰 해당 범죄 또는 이와 경합된 범죄로 금고 이상의 형의 선고를 받고, 그 형기 합계가 3년 이상인 자로서 형의 전부 또는 일부의 집행을 받은 사실이 있는 자를 말한다.
④ 형법상의 범죄 중 모병이적죄도 보안관찰 해당 범죄이다.

159 공작 활동의 유형 분류 중 성격상 같은 것끼리 연결하지 않은 것은? (2005.일반,여경1차)

① 통합공작－합동공작 ② 대북공작－대공산권공작
③ 연합공작－지원공작 ④ 첩보수집공작－태업공작

해설 ① 통합공작－합동공작 → 공작운영기구,
② 대북공작－대공산권공작－대우방국공작 → 공작대상 지역
④ 첩보수집공작－태업공작－지원공작－와해모략공작 → 공작 목적에 의한 분류

160 다음 중 잘못된 것은 모두 몇 개인가?
(2005 일반, 여경 2차)

> ㉠ 검사는 국가보안법 위반 사범에 대하여 공소 제기를 보류할 수 있다.
> ㉡ 공소 보류 결정을 받은 자가 공소 제기 없이 2년이 경과한 때에는 소추할 수 없다.
> ㉢ 보안관찰처분의 집행중지 결정은 관할 경찰서장이 한다.
> ㉣ 일반이적죄는 형법상 보안관찰 해당 범죄이다.
> ㉤ 공소 보류가 취소된 때에는 형사소송법 제208조의 규정에도 불구하고 동일한 범죄 사실로 재차 구속할 수 있다.

① 1개 ② 2개
③ 3개 ④ 4개

해설 ㉢ 경찰서장의 신청으로 검사가 결정
㉣ 형법상 일반이적죄는 보안관찰 해당 범죄가 아니지만, 군형법상 일반이적죄는 보안관찰 해당 범죄이다.

161 다음 중 보안관찰에 대한 설명이 올바른 것은?
(2005 일반, 여경 3차)

① 처분의 청구는 검사가 한다.
② 처분의 기간은 2년으로, 갱신할 수 있다.
③ 법무부 장관의 보안관찰 처분의 결정에 대하여 이의가 있을 때 행정소송법이 정하는 바에 따라 행정소송을 제기할 수 있다.
④ 보안관찰 처분 대상자 또는 피보안 관찰자 중 국내에 가족이 없거나 가족이 있어도 인수 거절된 자는 가택보호 처분을 할 수 있다.

해설 '구'사회안전법에서는 가택보호처분 제도가 있었으나, 현행 보안관찰법에서는 주거 제한적 요소는 있으나, 가택보호 처분은 할 수 없다.

162 다음 적극적 방첩 수단이 아닌 것은?
(2006 일반, 여경1차)

① 시설보안의 확립
② 대상 인물 감시
③ 적의 첩보공작 분석
④ 침투공작 전개

해설 시설보안의 확립은 소극적 방첩 수단이다.

정답 157 ④ 158 ② 159 ③ 160 ② 161 ④ 162 ①

방첩의 수단

적극적 방첩 수단	• 침투되어 있는 적 및 적의 공작망을 분쇄하기 위하여 취하는 공격적인 수단을 말한다. • 적극적 방첩 수단으로는 대간첩행위, 대태업행위, 대전복행위 등을 들 수 있다. • 현실적으로 취하여지는 조치는 적에 대한 첩보 수집, 적의 첩보공작 분석, 대상 인물 감시, 침투 공작 전개, 역용 공작, 간첩신문 등이다.
소극적 방첩 수단	• 적의 비밀공작으로부터 아측을 보호하기 위한 자체 보안의 기능을 발휘하는 방어적 조치 수단을 말한다. • 소극적 방어 수단으로는 정보 및 자재보안의 확립(비밀 사항에 대한 표시 방법 또는 보호 방법 강구), 인원보안의 확립(비밀취급 인가 제도를 확립하고 비밀 사항을 취급하는 인원에 대해서 철저한 신원조사를 실시), 시설보안의 확립(시설에 대한 경비, 출입자에 대한 통제), 보안업무 규정화 확립(소극적 방첩 수단을 통일성 있게 통제할 수 있는 가장 효과적인 방법), 입법 사항 건의 등이 있다.
기만적 방첩 수단	• 비밀이 적에게 노출되어 있는 상황하에서 우리가 기도한 바를 적이 오인하도록 방해하는 조치이며, 고도의 기술과 계획이 요구된다. • 허위정보의 유포, 유언비어의 유포, 양동간계 시위(陽動奸計示威)(거짓 행동을 적에게 시위함으로써 우리가 기도한 바를 적이 오인·판단하게 하는 방법) 등이 이에 해당한다.

163 간첩망에 대하여 올바르지 않은 것은?
(2006. 일반, 여경 2차)

① 단일형은 단독 활동으로 보안 유지 및 신속한 활동이 가능한 반면, 활동 범위가 좁고 공작성과가 비교적 낮은 형태이다.
② 레포형은 피라미드형 조직에서 간첩과 주공작원 간, 행동공작원 상호간에 연락원을 두고 종횡으로 연결하는 방식이다.
③ 피라미드형은 간첩이 주공작원 2~3명을 두고 그 밑에 각각 2~3명의 행동공작원이 있는 형태이다.
④ 서클형은 간첩이 3명 이내의 공작원을 포섭하여 지휘·포섭된 공작원 간 횡적 연락 차단하는 형태이다.

해설 ④ 삼각형에 대한 설명이다.

164 한·미행정협정 적용 대상자가 될수 없는 자는?
(2001.4.8 여경, 2001.7.22 101경비단)

① 주한 미군의 배우자
② 주한미군의 18세의 자녀
③ 주한미군의 20세의 자녀
④ 주한미군의 23세의 독립한 자녀

해설 한미행정협정의 적용 대상자는 합중국 군대의 구성원, 군속, 가족, 초청 계약자이며, 가족의 경우 배우자 및 21세 미만의 자녀, 부모 및 21세 이상의 자녀 또는 친척으로 그 생계비 반액 이상을 미국 군대의 구성원, 군속에 의존하는 자가 한미행정협정의 대상이다.

165 외교사절이 범죄를 저질렀을 경우의 조치로서 틀린 것은?
(2001.6.3 일반순경)

① 개인 자격으로 행한 행위에 대해서는 체포된다.
② 중대한 범죄로 인정될 경우 접수국에서 추방할 수 있다.
③ 외교사절은 접수국의 행정권, 과세권에 복종하지 않는다.
④ 사안이 중대할 경우 소환 요구 및 추방 조치를 취할 수 있다.

해설 외교관은 접수국의 형사재판 관할권으로부터 면제된다. 따라서 어떠한 경우에도 접수국에서는 외교관을 소추하거나 형벌을 부과할 수 없다.

166 인터폴의 업무가 아닌 것은? (2001.7.22 101 경비단)

① 국제수배서 및 간행물을 발간한다.
② 범죄의 예방과 진압에 관한 자료를 교환한다.
③ 각 나라를 돌아다니면서 수배자를 검거한다.
④ 회원국 간의 정보를 교환한다.

해설 인터폴은 국제형사 공조기구로서 인터폴 자체 내에 국제수사관을 두지 않고 있으며, 강제수사권이나 체포권은 없다.

167 외교사절에 대하여 특권을 부여하는 시기는?
(2001. 11.11 일반순경)

① 신임장을 휴대하고 입국한 즉시
② 아그레망이 접수된 즉시
③ 신임장 증정이 이루어진 즉시
④ 아그레망이 부여된 즉시

해설 외교사절에 대해여 특권이 부여되는 시기는 신임장을 휴대하고 접수국의 영역에 입국한 때이며 그 종기는 외교사절의 직무가 종료되거나 접수국에서 퇴거하거

정답 163 ④ 164 ④ 165 ① 166 ③ 167 ①

나 또는 퇴거에 필요로 하는 상당한 기간이 만료되었을 때이다.

168 다음 중 인터폴에서 할 수 있는 조치가 아닌 것은? (2001.11.11 101경비단)

① 범죄 예방과 진압에 관한 자료 교환
② 국제 범죄의 범죄인 체포 및 구속
③ 국제 범죄에 관한 사실 확인 및 그에 관한 조사
④ 국제 범죄인에 대한 소재 수사

해설 인터폴은 임의조직으로 국제조약에 의한 것이 아닌 임의조직이기에 강제수사권이나 체포권은 가지고 있지 못한다.

169 외교사절이 범죄를 저지른 경우의 조치로 적합하지 아니한 것은? (2002.3.17 여자순경, 2002.5.12 일반순경 유사)

① 중대한 범죄로 인정될 경우 접수국에서 구속할 수 있다.
② 개인 자격으로 행한 행위에 대해서도 체포되지 아니한다.
③ 외교사절은 접수국의 행정권, 과세권에 복종하지 아니한다.
④ 사안이 중대한 경우 소환 요구 및 추방 조치를 취할 수 있다.

해설 외교사절은 어떠한 형태의 체포 또는 구금을 당하지 않는다는 신체 불가침성을 가지고 있다. 따라서 접수국은 이것이 침해되지 않도록 적절한 조치를 취하여야 하며, 만일 침해된 경우 구제를 위한 적절한 조치를 취하여야 한다. 그러나 자국 국내법에 의하여 외교관을 일시 구속(외교관이 행하는 범죄의 일시적 억제, 만취 상태의 외교관의 일시 보호 등)은 할 수 있다. 이러한 구속은 일시적이어야 하며 긴급한 필요가 없을 경우 바로 해제하여야 한다. 사안이 중대한 경우에는 소환 요구 및 추방 조치를 취할 수 있으나 절대 처벌할 수 없다.

170 SOFA협정에 대한 내용으로 틀린 것은? (2002.10.13 여자순경)

① 중대한 범죄를 저지르고 도주하는 현행 범인이 미군 시설 내에 들어간 경우 추적하여 체포할 수 있다.
② 미군 강간 피의자를 검거한 경우 48시간 이내에 관할 지방검찰청에 한미행협사건 발생 보고를 한다.
③ 미군이 체포되었을 때 미군 대표는 음식·침구 등을 제공할 수 있다.
④ 미군이 미군 피의자의 신병 인도를 요청하는 경우 살인 등 12개 범죄 유형 외에는 즉시 신병 인도를 하게 되었다.

해설 SOFA협정의 대상자가 범죄를 저지른 경우 경찰은 SOFA협정의 대상자임을 확인하고 소속, 계급, 성명, 범죄 사실 등의 기초 사실을 조사한 후 피의자에 대한 예비조사와 합중국 군 당국에 통고하고 예비조사를 토대로 사건을 접수한 다음 24시간 이내에 관할 지검에 한미행정협정사건 발생 보고를 하여야 한다.

171 다음 중 범죄인 인도에 대한 설명으로 틀린 것은? (2003.4.20 여자순경)

① 범죄인인도조약이 체결되지 않은 나라에 대해서도 상호주의에 의하여 인도할 수 있다.
② 정치범은 인도해서는 아니 된다.
③ 범죄인이 자국민일 경우 인도하지 아니할 수 있다.
④ 장기 3년 이상의 징역·금고를 범한 경우에 한하여 인도한다.

해설 우리 나라의 범죄인인도법은 대한민국과 청구국의 법률에 의하여 인도 범죄가 사형, 무기, 장기 1년 이상의 징역 또는 금고에 해당하는 범죄를 인도 대상으로 하고 있다.

172 다음 중 SOFA(한미행정협정) 대상자가 아닌 것은? (2003.6.22 일반순경)

① 한국에 주둔하는 미군
② 한국에 주둔하는 미군의 군속
③ 미 군사고문단원
④ 초청 계약자

173 B는 오산 공군비행장에 근무하는 미공군 조종사로 휴가를 받아 오산 시내에서 술을 마시던 중 한국인과 시비가 벌어져 한국인에게 3주의 폭행을 가하였다. 이 경우 한국 경찰의 수사는? (2003.7.20 101경비단)

① SOFA에 의하여 한국 경찰은 피의자 신문을 할 수 없다.
② 공무 수행이 아니므로 경찰은 수사를 진행할 수 있다.
③ 피의자를 체포하였을 경우 미군의 신병 요구를 거절

정답 168 ② 169 ① 170 ② 171 ④ 172 ③

할 수 있다.
④ 미국 정부의 대표는 한국 경찰의 수사 과정에 입회할 수 없다.

해설 미국 군 당국이 제1차적 재판권을 가지는 경우는 ㉠ 오로지 합중국의 재산이나 안전에 대한 범죄 또는 오로지 합중국 군대의 다른 구성원이나 군속 또는 그들의 가족의 신체나 재산에 대한 범죄, ㉡ 공무 집행중의 작위 또는 부작위에 의한 범죄이다. 이러한 경우가 아닌 나머지는 대한민국 당국에 제1차적 재판권이 있다. 따라서 문제의 경우 공무 수행중이 아니므로 우리 경찰이 수사를 진행할 수 있다.

174 다음 오로지 미군의 다른 구성원이나 그들 가족의 신체나 재산에 관한 범죄에 대한 1차적 재판권은? (2003.11.9 일반순경)

① 미국 ② 한국
③ 한국과 미국 ④ 제3국

해설 오로지 합중국의 재산이나 안전에 대한 범죄 또는 오로지 합중국 군대의 다른 구성원이나 군속 또는 그들의 가족의 신체나 재산에 대한 범죄는 미국이 제1차적 재판권을 가지고 있다.

175 다음 중 외교특권에 대한 내용으로 틀린 것은? (2004.3.14 여자순경)

① 아그레망 부여와 동시에 외교사절에 대한 특권이 인정된다.
② 신체·문서·통신에 대한 불가침권을 인정한다.
③ 헌법 제6조에 따라 국제관습법에 의거하여 일반적으로 승인된 법규로서 국내법과 동일한 효력을 갖는다.
④ 비엔나협약에는 외교관에 대한 신체의 불가침권이 명시적으로 규정되어 있다.

해설 외교사절에 대하여 특권을 부여하는 시기는 신임장을 휴대하고 접수국의 영역에 입국한 때이며 그 종기는 외교사절의 직무가 종료되거나 접수국에서 퇴거하거나 또는 퇴거에 필요로 하는 상당한 기간이 만료되었을 때이다.

176 입국한 날로부터 90일을 초과하여 체류하는 외국인 중 외국인 등록을 하여야 하는 사항은? (2004.4.18 일반순경)

① 한미연합사령부 근무 미국 군인
② 주한 브라질 대사 부인
③ 관광 목적으로 입국한 17세 해외 입양되었던 자(국적 없음)
④ IMF에 근무하는 직원

해설 외국인 등록의 대상자는 주한외국 공관과 국제기구의 직원 및 그 가족, 외교관 또는 영사와 유사한 특권 및 면제를 누리는 자와 그 가족, 대한민국 정부가 초정한 자를 제외한 외국인으로 입국한 날로부터 90일을 초과하여 체류하게 되는 자이다. 외국인등록증 발급은 17세 미만의 자는 제외이지만 17세가 되면 60일 이내에 외국인등록증 발급을 신청하여야 한다.

177 다음 중 미국 시설 및 구역 내의 경찰권에 관한 기술로 잘못된 것은? (2004.10.11 여자순경)

① 미군 당국은 그 시설 및 구역 내에서 범죄를 행한 모든 자를 체포할 수 있다.
② 대한민국 당국이 체포하려는 자로서 미군, 군속 또는 그 가족이 아닌 자가 이러한 시설 및 구역 내에 있을 때에 대한민국 당국이 요청하는 경우에는 미군 당국은 그 자를 체포하여 즉시 대한민국 당국에 인도하여야 한다.
③ 중대한 죄를 범하고 도주하는 현행 범인을 추적하는 때에는 대한민국 당국은 미군 시설 및 구역 내에서 미군 당국의 도움 없이는 범인을 체포할 수 없다.
④ 미군 당국도 시설 및 구역 주변에서 국정 여하를 불문하고 시설 및 구역의 안전에 대하여 현행범을 체포 또는 유치할 수 있다.

해설 중대한 죄를 범하고 도주하는 현행 범인을 추적하는 때에는 한국 경찰은 미군 시설 및 구역 내에서 미국 당국의 도움 없이도 영내에 들어가 체포할 수 있다.

178 다음 국제수배서를 바르게 연결하지 못한 것은? (2004.11.7 일반순경, 101 경비단)

① 청색수배서－상습적으로 범행하였거나 범행할 우려가 있는 국제 범죄자의 동향을 파악케 하여 그 범행을 방지할 목적으로 작성된 수배서
② 적색수배서－국제체포 수배서라할 수 있는데 일반 형법을 위반하여 체포영장이 발부되고 범인 인도를 목적으로 하는 경우에 발행하는 수배서
③ 황색수배서－가출인의 소재 확인 또는 기억상실자의 신원을 파악하기 위하여 발행하는 수배서
④ 흑색수배서－사망자의 신원을 확인할 수 없거나 또는

정답 173 ② 174 ① 175 ① 176 ③ 177 ③ 178 ①

사망자가 가명을 사용하였을 경우 정확한 신원을 확인할 목적으로 발행하는 수배서

해설 녹색수배서의 내용에 해당한다. 청색수배서는 국제정보 조회수배서로 수배자의 신원과 소재 확인이 목적이다.

179 다음 외국인의 출국 정지 사유가 아닌 것은? (2005 일반, 여경 2차)

① 입국 후에 입국 금지 대상 사유가 발견되었거나 발생한 자
② 대한민국의 안전 또는 사회 질서를 해하거나 기타 중대한 죄를 범한 혐의가 있어 수사중인 자
③ 징역형 또는 금고형의 집행이 종료되지 아니한 자
④ 대한민국의 이익 보호를 위하여 그 출국이 특히 부적당하다고 생각되는 자

해설 강제 출국 사유이다.

180 다음은 경찰관의 외국 군함에의 출입에 관한 설명이다. 잘못된 것은? (2005 일반, 여경 3차)

① 당해 군함의 함장의 승낙이나 청구가 있는 경우 외에는 출입할 수 없다.
② 중대한 범죄를 범한 자가 도주하여 대한민국 영역 안에 있는 외국 군함으로 들어갔을 때는 신속히 경찰청장에게 보고하여 지시를 받아야 한다.
③ 급속을 요할 경우 신분을 밝히고 출입할 수 있다.
④ 급속을 요할 경우 당해 함장에 대하여 임의의 인도를 요구할 수 있다.

해설 외국 군함은 항구의 정박 여부를 불문하고 외국 영토로 인정된다. 국제법상 특권과 면제가 인정된다. 범죄인의 체포 등 수사에 있어서 급속을 요하는 경우에도 그 신병의 인도나 협조를 요구할 수 있을 뿐이다(범죄수사규칙 211조 외군함에의 출입).

181 다음은 인터폴을 통한 외국에 대한 공조 요청 절차이다. ( ) 안에 들어갈 말은? (2006 일반, 여경 1차)

지구대 등 → 경찰서 외사계 → 지방청 외사계 → 외사수사과 → ( ) → 상대국 경찰관서

① 한국 인터폴 ② 상대국 인터폴
③ 주한 상대국 대사관 ④ 상대국 주재 한국 대사관

해설 [인터폴을 통한 공조 절차]

▸외국에 대한 공조 요청

지구대·파출소 등 → 경찰서 외사계 → 지방청 외사계 → 경찰청 외사3담당관실 → 상대국 인터폴 → 상대국 경찰관서

※검찰, 세관 등 다른 법집행기관의 경우 경찰청 외사3담당관실에 요청하여 공조할 수 있다.

▸외국의 공조 요청

일반적으로 외국에 대한 공조 요청의 역순이다.

182 다음 중 출입국 관리법상 외국인의 출국 정지 사유는 몇 개인가? (2006 일반, 여경 2차)

㉠ 출국이 국익, 공공의 안전 또는 경제 질서를 해할 우려가 있는 자
㉡ 유효한 여권 또는 선원수첩과 사증 없이 입국한 자
㉢ 징역형 또는 금고형의 집행이 종료되지 아니한 자
㉣ 입국 금지 해당 사유가 입국 후에 발견되거나 발생된 자
㉤ 5년 이상의 징역 또는 금고의 형을 선고받고 석방된 자 중 법무부령이 정하는 자
㉥ 5천만 원 이상의 국세·관세 또는 지방세를 정당한 사유 없이 그 납부 기간까지 납부하지 아니한 자
㉦ 상륙 허가 없이 상륙하였거나 상륙허가 조건을 위반한 자
㉧ 외국인 등록 거소 또는 활동 범위의 제한 기타 준수 사항을 위반한 자

① 6개 ② 5개
③ 4개 ④ 3개

해설 ㉠㉢㉥외 나머지는 강제 퇴거 사유이다.

183 관할 지구대로부터 미군 피의자를 인계받은 경찰서 폭력팀 A형사의 조치 사항으로 틀린 것은? (2006. 일반, 여경 2차)

① 구속 대상 피의자의 경우 미군 당국의 신병 인도 요청이 있어도 신병을 인도하지 않고 계속 구금한다.
② 군인 신분증 등으로 피의자 인적 사항을 확인 SOFA 적용 대상자인가를 확인한다.
③ 미군측에 신병 인도를 하는 경우 책임 장교의 서명과 신병 인수증을 받은 후 인도한다.
④ 사건이 중대하고, 증거 인멸의 우려가 있을 경우 미국 정부 대표를 출석·입회시켜 예비조사를 실시한다.

정답 179 ① 180 ③ 181 ② 182 ③ 183 ①

참고 문헌

국내 문헌

경실련. (2000). 「경실련 부패지수」, 경실련 부정부패추방운동본부.

경찰대학. (2000). 「경찰경무론」, 서울: 경찰대학.

———. (2000). 「경찰경비론」, 서울: 경찰대학.

———. (2000). 「경찰교통론」, 서울: 경찰대학.

———. (2000). 「경찰방범론」, 서울: 경찰대학.

———. (2000). 「경찰보안론」, 서울: 경찰대학.

———. (2000). 「경찰수사론」, 서울: 경찰대학.

———. (2000). 「경찰외사론」, 서울: 경찰대학.

———. (2000). 「비교경찰론」, 서울: 경찰대학.

———. (2004). 「경찰실무전서」, 서울: 경찰공제회.

———. (2004). 「범죄예방론」, 서울: 경찰공제회.

경찰사편찬위원회. (1995). 「경찰50년사」, 서울: 경찰청.

경찰수사보안연구소. (2000). 「컴퓨터범죄 수사」,

경찰청. (2006). 「2006 경찰백서」, 서울: 경찰청.

______. (2000). 「21세기 한국 경찰의 나아갈 방향」, 서울: 세일문화사.

경찰청 기획관리실. (1995). 「일본경찰법 해설」.

곽채기. (1998). "자치경찰제 도입에 따른 재원배분 방안," 자치경찰제도 공청회, 경찰개혁위원회.

김기춘. (1990). 「조선시대형전」, 서울: 삼영사.

김동희. (2002). 「행정법Ⅱ」, 서울: 박영사.

김상호. (2003). "경찰학의 정체성 및 학문적 성격에 대한 고찰," 「경찰학연구」, 제4호, 경찰대학.

김상호 외. (2004).「경찰학개론」, 서울: 법문사.
김성호. (1998). "경찰관리기관으로서의 국가지방경찰위원회의 모형 및 상호관계에 관한 연구," 자치경찰제도공청회, 경찰개혁위원회.
김영종. (1988). "민주사회 발전을 위한 행정부패의 방지전략,"「한국행정학회보」, 401.
김진우. (1989). "검찰과 경찰과의 관계,"「사법행정」, 89. 7.
김충남. (2006).「경찰학개론」, 서울: 박영사.
______. (2004).「경찰수사론」, 서울: 박영사.
김충남 역. (1991).「경찰과 지역사회: 현대의 위기」, 서울: 여명출판사.
김형만. (1996).「일본의 수사구조 및 사법경찰제도」,「주요 국가의 수사구조 및 사법경찰제도」, 치안연구소.
김형중. (1998).「한국중세경찰사」, 서울: 수서원.
남궁구. (1988). "경찰학의 정체성 규명에 관한 시론,"「한국정책연구」, 제11호. 치안연구소.
대검찰청. (1995~1996).「마약류 범죄백서」.
문성호. (2002). "경찰부패와 경찰옴부즈만: 각국 사례를 중심으로,"「한국부패학회보」, 제6호.
문재우. (1998). "국가경찰의 자치경찰 지휘감독 체계에 관한 연구," 자치경찰제도공청회, 경찰개혁위원회.
박병식 외. (1997). "파출소 근무제도 및 순찰 개선 방안 연구보고서," 97-05. 치안연구소.
박상기 외. (1999).「형사정책」, 서울: 한국형사정책연구원.
박상희·서정범. (1996). "경찰작용법제의 개선 방안," 한국법제연구소.
배철효 외. (2006).「경찰학개론」, 서울: 경찰고시연구원.
______. (2006).「민간경비론」, 서울: 엑스퍼트.
______. (2006).「경찰종합실무(상, 하)」, 서울: 경찰고시연구원.
______. (2005).「핵심 경찰수사론」, 서울: 백산출판사.
______. (2004).「현대행정관리론」, 서울: 대영문화사.
______. (2006) "피의자 신문조서의 증거 능력에 관한 고찰,"「한국치안행정논집」, 제2권 제2호. 한국자치경찰경비학회.
______. (2006) "DNA형 감정의 운용에 관한 지침의 개정에 관한 고찰,"「한국치안행정논집」, 제3권 제1호. 한국자치경찰경비학회.
______·박동균(2004).「경찰인사관리론」, 서울: 남두도서.
______. "경찰수사권 독립에 관한 쟁점 검토,"「한국경찰연구」, 제4권 제1호. 한국경찰발전연구학회.

______. “치안환경 변화에 따른 민간경비와 경찰의 협력 방안에 관한 연구,” 「한국경찰연구」, 제4권 제1호. 한국경찰발전연구학회.

백원기. (1996). 「프랑스의 수사구조 및 사법경찰제도」, 「주요 국가의 수사구조 및 사법경찰제도」, 치안연구소.

부패방지입법시민연대. (2001). 「부패방지입법시민연대 백서」.

서기영. (1976). 「한국경찰행정사」, 서울: 법문사.

서병훈. (1995). “자유의 본질과 유토피아: 존 스튜어트 밀의 정치사상,” 「사회비평사」.

서정범. (1992). “경찰권 발동에 관한 연구,” 고려대학교 박사학위 논문.

석진강. (1995). “왜 검사의 수사 지휘가 필요한가,” 「시민과 변호사」, 1995. 1.

손동권. (1994). “수사독립권, 경찰에게 보장하여야 한다.” 「시민과 변호사」, 11.

손봉선. (2001). 「경찰학개론」, 서울: 형설출판사.

송광섭. (1992). 「수사 체계의 문제점과 수사권 독립」, 「수사연구」, 1992. 9.

신현기 · 이영남. (2003). 「경찰인사관리론」, 서울: 법문사.

신현기 외. (2004). 「경찰학개론」, 서울: 법문사.

신현호. (1992). “경찰수사권 독립의 범위,” 「수사연구」, 1992. 11.

안영훈. (1998). “프랑스의 경찰조직 체계와 수사구조에 관한 연구,” 경찰개혁위원회.

윤태범. (1998). “자치경찰제도하에서의 효율적인 경찰 인사관리 방안,” 자치경찰제도공청회, 경찰개혁위원회.

이관희. (1992). “경찰수사권의 독자성 확보 방안,” 「수사연구」, 1992. 2.

이기우. (1990). “경찰작용법의 체계,” 「수사연구」, 1990. 2.

이무영. (1997). “한국 경찰관의 직무만족에 관한 연구,” 동대행정대학원 석사학위 논문.

이무영. (1998). 「수사전서」, 서울: 제일가제법령출판사.

이민웅. (1993). 「수사실무」, 서울: 정문출판사.

이백철 외. (1995). “민간방범 역량 강화를 위한 사경비 제도 발전 방안,” 「치안논총」, 제11집. 경찰대학 치안연구소,

이상안. (1993). 「미국의 수사구조」, 서울: 이삭원.

———. (1995). 「신경찰행정학」, 서울: 대한문화사.

———. (1998). 「범죄경제학」, 서울: 박영사.

———. (1999). 「신경찰행정학」, 서울: 대명출판사.

이석우. (1995). 「한미행정협정연구」, 서울: 도서출판 민.

이영남 · 신현기. (2003). 「경찰조직관리론」, 서울: 법문사.

이영란. (1996). “한국의 수사권 체제,” 「형사정책」, 1995. 7.

이운주. (1999).「경찰학개론」, 서울: 경찰대학.

이윤근. (2001).「비교경찰제도론」, 서울: 법문사.

이황우 · 조병인 · 최응렬. (2001).「경찰학개론」, 서울: 한국형사정책연구원.

———. (1998). "우리나라 실정에 맞는 자치경찰제도" 자치경찰제도 공청회 경찰개혁위원회.

———. (2001). "경찰학의 학문적 발전 방향,"「한국공안행정학회보」, 제12호, 한국공안행정학회.

이황우 외. (2001).「경찰학개론」, 서울: 한국형사정책연구원.

임창호. (2004).「경찰학의 이해」, 서울: 대왕사.

장석헌 외. (1999). "사이버 테러리즘의 본질과 전망,"「한국경찰학회보」.

전용찬. (2000).「경찰윤리론」, 서울: 경찰대학.

정균환. (1988).「경찰개혁(상, 중, 하)」, 도서출판 좋은세상.

정진환. (1998).「경찰행정론」, 서울: 대영문화사

______. (1996).「비교경찰제도」, 서울: 학문사.

조강원. (2003). "문제해결 방안으로서 자치경찰제도와 국가경찰 체제 내 개선 방안,"「경찰학연구」, 제5호. 경찰대학.

조병인 · 전영실. (1996). "서울시민의 기초질서 준수에 관한 연구," 형사정책연구원.

조철옥. (2003).「경찰행정론」, 서울: 대영문화사.

천사령. (1990). "경찰공무원의 윤리관 확립 방안에 관한 연구," 동국대학교 석사학위 논문.

최기문.(2001). "한국적 자치경찰제 확립 방안에 관한 연구," 동국대학교 박사학위 논문.

최선우. (2003).「경찰과 커뮤니티」, 서울: 대왕사.

최영호. (1995).「컴퓨터와 범죄 현상」, 컴퓨터 출판.

치안본부. (1987).「일본경찰」, 서울: 형설출판사.

———. (1988).「미국경찰」, 서울: 치안본부.

———. (1989).「서구경찰」, 서울: 정양사.

치안연구소. (1996).「각국의 수사구조 및 사법체계」.

———. (1996).「주요 국가의 수사구조 및 사법경찰제도」.

행정쇄신위원회. (1994). 경찰 행정쇄신 방안 행정쇄신위원회.

허경미. (2003). "경찰청 자치경찰제안의 문제점 및 대안,"「한국공안행정학회보」, 제16호, 한국공안행정학회.

홍대식 역. (1984).「사회심리학」, 서울: 박영사.

홍준형. (1997). "경찰통합법에 관한 연구," 치안연구소.

국외 문헌

Adams, Stacy J. (1980). "Interorganizational Processes and Organization Boundaries Activities," L. L. Cummings & B. W. Staw (eds.). *Research in Organizational Behavior,* Greenwich: JAI Press, Vol. 2.

Alexander, Judith W. & W. Alan Randolph. (1985). "The Fit between Technology and Structure as Predictor of Performance in Nursing Subunits," *AMJ*, Vol. 28-4.

Astley, W. Graham. (1985). "The Two Ecologies: Popuation and Community Perspectives on Organization Evolution," *ASQ*, Vol. 30.

——(1985). "Administrative Science as Socially Constructed Truth," *ASQ,* Vol. 30.

Astley, W. Graham & Andrew Van de van. (1983). "Central Perspectives and Debates in Organization Theory," *ASQ*, Vol. 28-2.

Betton, John & Gregory G. Dess. (1985). "The Application of Population Ecology Models to the Study of Organizations," *AMR*, Vol. 10-4.

Biggart, Nicole Woolsey & Gary G. Hamilton. (1984). "The Power of Obedience." *ASQ*, Vol. 29.

Block, Fred. (1977). "The Ruling Class Does Not Rule," *Socialist Revolution,* Vol, 7, No. 3.

Blackburn, Richard & Larry L. Cummings. (1982). "Cognition of Work Unit Structure," *Academy of Management Journal(AMJ)*, Vol. 25-4.

Boal, Kimberil B. & L. L. Cummings. (1981). "Cognitive Evaluation Theory: An Experimental Test of Processes and Outcomes," *OBHP*, Vol 28.

Bonefeld, W. (1993). "The Global Monet Power of Capital and the Crisis of Keynesianism," *Common Sense*, 13.

Brass, Daniel J. (1984). "Being in the Right Place: A Structural Analyis of Individual Influence in an Organization." *ASQ*, Vol. 29.

Brewer, J. D et al. (1988). *The Police, public Order and the State*, Macmillian.

Bruce, L. Berg. (1999). *Policing in Morern Society*, Woburn, Ma: Butterworth-Heinemann.

Burnham, P. (1990). *The Political Economy of Postwar Reconstruction,* London: Macmillan.

Clarke, S. (1988). *Keynesianism, Monetarism and the Crisis of the State,*

London: Edward Elgar.

Cohen, Howard S. & Feldberg, Michael. (1990). *Power and Restraint: The Moral Dimension of Police Work*, Praeger.

Cook, Karen S. & Richard M. (1980). "Power, Equity, Commitment in Exchange Networks," *AMR*, Vol. 5.

Crandon, Garth. (1990). "The Media View of the Police," *Policing*, Vol. 6, No. 3. Autumn.

Cumings, Bruce. (1981). *The Origins of the Korean War*, Princeton University Press.

Egelfoff, William G. (1982). "Stratery and Structure in Multinational Corporations: An Information-Processing Approach," *ASQ*, Vol. 27-3.

Elliston, Frederick A. & Michal Feldeberg.(eds). (1985). *Moral Issue in Police Wolk*, Rowan and Allanheld.

Erickson, R. V. (1982). *Repreducing Order*, University of Toronto Press.

Erickson, Richard V. (1991). "Mass Media, Crime, Law, and Justice: An Institutional Approach," *British Journal of Criminology*, Vol. 31, No. 3 Summer.

Feldman, Jack. (1986). "On Difficulty of Learning from Experience," Henry P. Sims, et at. (ed). *The Thinking Organization,* San Francisco: Jossey-Bass.

Field, R. H. George. (1982). "A Test of the Vroom: Yetton Normative Model oh Leadership," *JAP*, Vol. 67-7.

Fombrun, Charles J. (1986). "Structural Dynamics Withim and Bewteen Organizational." *ASQ,* Vol. 31.

Ford, Jeffrey D. (1985). "The Effect of Causal Attributions on Decision Makets' Responses to Performance Downturns." *AMR*, Vol. 10-4.

Forester, John. (1984). "Bounded Rationnality and the Politics of Muddling Through, *PAR*.

Fredrickson H. George. (1980). *New Public Administration*, Alabama: Univ. of Alabama Press.

Frice, Pavol & Walek Czeslae. (2001). "Crossin the Thin Blue Line: An International Annual Review of Anti-Corruption in the Police," *Transparency International Cech*, Prague.

Fyfe, james J. (1997). *Police Patrol: Operations & Management*, Prentice Hall.

Gardner, Lindzey & Aronson Elliot. (1969). *The Handbook of Social Psychology*, Addison Wesley Publishing Company, Inc.

Gladstein, Deborah L. (1984). "Groups in Context: A Model of Task Group Effectiveness," *ASQ*, Vol. 29.

Hamilton, Nora. (1981). "State Autonomy and Dependent Capitalism in Latin America," *British Journal of Sociology*, Vol. 32, No. 3.

Hamilton, V. l. (1980). "Intuitive Psychology or Intuitive Lawer? Alternative Model of the Attribution Process," *Journal of Personality and Socoal Psycholgy*, Vol. 39.

Hannan. Michael T. & John H. Freeman. (1978). "The Population Ecology of Organizations,"(AJS, 1977), in M. W. Meyer, et al.(eds.), *Envirinments and Organizations,* San Francisco: Jossey-Bass.

Hannan, Micheal T. & John Freeman. (1984). "Structural Inertia and Organizational Change," *ASR*, Vol. 49.

Harmom, Micheal M. (1981). *Action Theory of Public Administration*, New York: Longman.

Hatfield, Elaine & Susan Spresher. (1984). "Equity Theory and in Organizational," in Samuel B. Bacharach. (ed.). *Research in The Sociology of Organizational*, Vol. 3.

J. S. Dempsey. (1999). *An Introduction to Policing*, NY: West/Wadsworth Publishing Company.

Kindra, G. S. & Stapenhurst, P. (1988). *Social Marketing Strategies to Fight Corruption*, The Economic Development Institute of the World Bank.

King, Robert (1990). "Policy and Processes in the Modern, in James Simmie and Roberg King," *The State in Action: Public Police and Politics*, London & NY: Pinter Publishers.

Klitgaard, R. (1988). *Controlling Corruption*, Berkeley: University of California Press.

Lab, S. P. (1992). *Crime Prevention Approaches, Practices and Evaluation*, Anderson Pub.

McClelland, D. C. (1961). *The Achieving Society*, New York Free Press.

National Crime Prevention Institute. (1986). *Understanding Crime Prevention*, Butterworths Publishers.

Peak, K. J. & R. W. Glensor. (1996). *Community Policing and Problem Solving: Stragies and Practices*, Prentice Hall.

Pugh, G. M. (1986). "The Good Police," *Journal of Police Science and Administration*, Vol. 14, No. 1.

Punch, Maurice. (2000). "Police Corruption and Its Prevention." *European Journal of Criminal Policy and Research 8*, Council of Europe (Netherlands).

Pursley, R, D. (1980). *Introduction to Criminal Justice*, Glencoe.

Pyo, Chang-won. (1997). *The Police and Crimewatch UK: A Study of Police Use of Crime Reconstruction and Witness Appeal Programmes in Britain*, Ph. D. Thesis.

Reiner, Robert. (1992). *The Politics of the Police*, Harvester Wheatsheaf.

Pothschild, Emma. (1992). "Adam Smith and Conservative Economics." *Economics History Review*.

Skolnick, J. & D. H. Bayley. (1988). *Community Policing: Issues and Practices around the World*, National Institute of Justice.

Sullivan, John L. (1977). *Introdution to Police Science*, McGraw-Hill.

Susan, P. Ackerman. (1978). *Corruption: A Study in Political Economy*, NY: Academic Press.

Transparency International. (2000). *Transparency International Releases the Year 2000 Corruption Perceptions Index*, Transparency International, Berlin.

Walker, S. (1992). *The Police in America: An Introduction*, McGraw-Hill.

저자 소개

배철효

- 경남대학교 대학원 행정학과 졸업(행정학 박사)
- 경비지도사 시험출제 및 검토위원
- 한국경찰발전연구학회 연구이사
- 한국자치경찰경비학회 부회장
- 현 대구산업정보대학 경찰행정과 교수
- 「경찰학개론」, 경찰고시연구원, 2006
- 「민간경비론」, 엑스퍼트, 2006
- 「핵심 경찰수사론」, 백산출판사, 2005

배재경

- 한국외국어대학교 대학원 행정학과 졸업(행정학석사)
- 경남대학교, 창원대학교, 대전대학교 공무원반 특강 강사
- 대구산업정보대학, 영남이공대학 강사
- 대전국민경찰학원 경찰학 강사
- 마산육서당고시학원 경찰학 강사
- 진주한빛고시학원 경찰학 강사
- 현 서울노량진 제일고시학원 경찰학 강사

박용수

- 경상대학교 대학원 행정학과 박사과정 수료
- 한국자치경찰경비학회 이사
- 부산 · 경남 · 울산 · 제주 행정학회 감사
- 마산동부경찰서 집회 · 시위 자문위원회
- 통영해양경찰서 민원제도개선협의회 위원
- 현 창신대학교 경찰행정과 교수
- 「경찰학개론」, 경찰고시연구원, 2006
- 「법학개론」, 21세기사, 2006

박동균

- 동국대학교 대학원 행정학과 졸업(행정학 박사)
- 경비지도사 시험출제위원
- 한국민간경비학회 총무이사
- 한국경찰발전연구학회 학술이사
- 현 대구한의대학교 경찰행정학부 교수
- 「경찰학개론」, 경찰고시연구원, 2006
- 「핵심 경찰수사론」, 백산출판사, 2005
- 「경찰인사관리론」, 남두도서, 2004

김용현

- 계명대학교 대학원 경찰행정학과 박사과정 수료
- 육군사관학교 순환교수
- (사)한국청소년지도자협회 전문위원
- 한국자치경찰경비학회 이사
- 현 영남이공대학 부사관과 교수
- 「군사윤리론」, 백산출판사, 2006
- 「최신 법학개론」, 21세기사, 2006
- 「군사학개론」, 백산출판사, 2005

경찰학개론

펴낸날 / 제1판 제1쇄 2007년 2월 28일
제1판 제2쇄 2009년 7월 10일
엮은이 / 배철효 · 박동균 · 배재경 · 김용현 · 박용수
펴낸이 / 임춘환
펴낸곳 / 도서출판 대영문화사
주소 / 서울 용산구 청파동 1가 178-2 ㊗ 140-869
등록 / 1975년 12월 26일 제3-16호
전화 / (02)716-3883, (02)714-3062
팩시밀리 / (02)703-3839
우체국 온라인 / 011353-02-009106

ISBN 978-89-7644-232-1

〔값 39,000원〕